Heinz Schreckenberg

Die christlichen Adversus-Judaeos-Texte (11.-13. Jh.)

Mit einer Ikonographie des Judenthemas bis zum 4. Laterankonzil

PETER LANG
Europäischer Verlag der Wissenschaften

Die Deutsche Bibliothek - CIP-Einheitsaufnahme

Schreckenberg, Heinz:

Die christlichen Adversus-Judaeos-Texte : (11.-13. Jh.) ; mit
einer Ikonographie des Judenthemas bis zum 4. Laterankonzil /
Heinz Schreckenberg. - 3., erg. Aufl. - Frankfurt am Main ;
Berlin ; Bern ; New York ; Paris ; Wien : Lang, 1997
  (Europäische Hochschulschriften : Reihe 23, Theologie ;
  Bd. 335)
  ISBN 3-631-31665-8

NE: Europäische Hochschulschriften / 23

ISSN 0721-3409
ISBN 3-631-31665-8
© Peter Lang GmbH
Europäischer Verlag der Wissenschaften
Frankfurt am Main 1988
3., ergänzte Auflage 1997
Alle Rechte vorbehalten.

Printed in Germany 1 2 3 4   6 7

Die christlichen Adversus-Judaeos-Texte (11.-13. Jh.)

Europäische Hochschulschriften

Publications Universitaires Européennes
European University Studies

Reihe XXIII
Theologie

Série XXIII   Series XXIII
Théologie
Theology

Bd./Vol. 335

PETER LANG

Frankfurt am Main · Berlin · Bern · New York · Paris · Wien

Titelbild: Synagoga der Kathedrale in Reims, um 1225-1240.

Inhalt

II. Päpste, Konzilien und Kanonisten zum Judenthema

a) Päpste

7

b) Judeneide

c) Historiographische und chronistische Werke

IV. Juden und Judentum als Thema in der geistlichen und
weltlichen Dichtung, Legenden

V. Jüdische Stimmen zum Christentum und zur Situation
    der Juden im christlichen Mittelalter

C. Ikonographie des Judenthemas bis zum 4. Laterankonzil im
    Jahre 1215. Bildquellen und Bildinterpretationen

A. Einleitung

Mit diesem Werk wird eine vor einigen Jahren begonnene Arbeit fortgesetzt: *Die christlichen Adversus-Judaeos-Texte und ihr literarisches und
historisches Umfeld (1.-11. Jh.)*, Frankfurt 1982. Gegenstand ist jetzt
die Zeit von der zweiten Hälfte des 11. Jahrh. bis in die erste Hälfte des
13. Jahrh., in dem das 4. Laterankonzil eine deutliche Zäsur in der Geschichte der christlich-jüdischen Beziehungen bedeutet. Absicht auch dieses Bandes ist es, die für die christlich-jüdische Auseinandersetzung
wichtigen Autoren und Texte vorzustellen und soweit wie möglich durch
ein Beschreiben der konträren Standpunkte und Konfliktelemente für ein
Verstehen der Konfliktmotive und für vergleichende Untersuchungen verschiedener Art zu erschließen. Daß dies gerade für die Blütezeit der Frühscholastik erwünscht sein muß, in der bedeutende theologische Entwicklungen beginnen, liegt auf der Hand. Aber gerade mit dem Ende des 11.
Jh. brechen die einschlägigen Handbücher von B. Blumenkranz (Juifs et
Chrétiens dans le monde occidental [430-1096], La Haye-Paris 1960; Les
auteurs chrétiens latins du moyen âge sur le Juifs et le Judaïsme, La
Haye-Paris 1963) ab, und A. L. Williams (Adversus Judaeos. A Bird's
eye View of Christian 'Apologiae' until the Renaissance, London 1935)
informiert hier noch weit unvollständiger als für die Zeit der Alten Kirche
und des Frühmittelalters. Auch hier bleiben wir bei dem 1982 bewährten
chronologischen Vorgehen und der Einbeziehung des literarischen und historischen Umfeldes, um die Verflechtungen der theologischen Kontroverse mit dem geistigen und sozialen Leben der Zeit deutlich werden zu
lassen. Ebenso bleibt auch hier noch das Bemühen, wenigstens für Mitteleuropa als den zentralen Ereignisraum annähernd vollständig die themarelevanten Texte zu erfassen; denn gerade eine breitflächige Darstellung
des ganzen Ereignisfeldes könnte eine gesamthafte Betrachtung ermöglichen, welche die Knotenpunkte und Schnittpunkte von Entwicklungsli-
nien erkennt und die Muster sieht, zu denen sie sich verdichten. Eine derartige feldmäßige, flächige Präsentation läßt vielleicht auch hier - an Hand
des ausführlichen Registers - geistige und geistig-soziale Interaktionen sehen, die einer sektoralen oder partiellen Betrachtungsweise weniger leicht
erkennbar werden. Gewiß kann auch das je Eigene und Spezifische ein-

zelner Autoren vor dem Hintergrund einer breiten szenischen Kulisse der christlich-jüdischen Literaturgeschichte eher erkannt werden. Zum Beispiel Luthers Aussagen zum Judenthema sind zweifellos leichter zu verstehen, wenn ihre weit verzweigten Wurzeln offengelegt werden, das heißt das Spektrum der einschlägigen hoch- und spätmittelalterlichen Auffassungen in voller Breite zugänglich wird. Hier ist auch nach dem Versuch von W. Bienert (Martin Luther und die Juden, Frankfurt 1982) noch sehr viel zu tun.

Im Laufe des Hoch- und erst recht des Spätmittelalters ereignet sich die christlich-jüdische apologetische Diskussion zunehmend zwischen uns namentlich bekannten Kontrahenten, was die Auseinandersetzung dialektischer macht, aber auch dazu führt, daß die Zahl der hier zu nennenden jüdischen Stimmen noch größer wird als im Frühmittelalter. Die insgesamt seit dem Hochmittelalter dichter werdende Textfülle hätte hier auch zur Abkehr von der streng chronistischen Darstellung führen können, und zwar zugunsten einer gruppenmäßigen Anordnung der Textgenera innerhalb der einzelnen Literaturepochen; denn eine zu dichte Abfolge heterogener und heteronomer Texte kann die Information so zerstückeln und aufsplittern, daß ein flüssiges Lesen erschwert wird. Gleichwohl überwiegen die Vorteile einer chronologischen Anordnung im Hinblick auf das Ermitteln und Nachzeichnen von Wirkungslinien. Abweichend vom 1982er Band sind hier allerdings die einzelnen Literaturgenera im Inhaltsverzeichnis nicht durch versetzte Anordnung gruppiert, sondern je für sich zusammengefaßt. Die Darstellung selbst bleibt nach wie vor chronologisch, wobei die im Inhaltsverzeichnis angegebenen Seitenzahlen der einzelnen Literaturwerke wie üblich zu den entsprechenden Seitenzahlen der Darstellung führen. Diese ist aber wegen der relativen Enge des Darstellungszeitraums, der die Blütezeit der Frühscholastik umfaßt, nicht mehr nach Literaturperioden gegliedert.

Wie im 1982er Band stehen auch hier im Mittelpunkt der Darstellung die Adversus-Judaeos-Texte im weiteren Sinne, also alle Texte, die sich geistig mit dem Judentum auseinandersetzen. Das ist deutlich entfernt von einer Zielsetzung, wie sie A. Bein verfolgt (Die Judenfrage. Biographie eines Weltproblems, 2 Bde., Stuttgart 1980; zur Kritik des Begriffs "Judenfrage" vgl. W. Schmitthenner, in: Die Juden als Minderheit in der Geschichte, hg. von B. Martin und E. Schulin, München 1981, 9ff.). Weder mit Bein noch mit S.W. Baron (A Social and Religious History of the Jews, 18 Bde., New York 1952-1983) oder etwa dem Quellenwerk "Germania Judaica" (3 Bde., Tübingen 1963-1987) soll hier konkurriert wer-

12

den, weil es uns gerade nicht - oder doch nur am Rande - um Judenverfolgungen und die soziale Realität der jüdischen Existenz innerhalb der Christenheit geht, sondern um Texte von normativer und autoritativer Bedeutung oder doch Quellen von einer gewissen Signifikanz und Relevanz im Hinblick auf den geistigen Agon. Weniger beachtenswert sind unter den Gesichtspunkten der geistigen Auseinandersetzung wohl auch solche christlichen Hebraisten, deren Interesse für das Judentum vor allem oder nur philologischer Natur war. Aber dies ist ein Gesichtspunkt, der mehr für das späte Mittelalter und die frühe Neuzeit Bedeutung hat.

Unsere Aufgabe muß es unter anderem sein, auf dem Wege über die Ermittlung und Analyse sachdienlicher Texte eine vertiefte Einsicht in die Entwicklungsgeschichte des christlich-jüdischen Konflikts zu ermöglichen. Es mag ein Gewinn sein, wenn dabei auch manches Stück Literatur erschlossen wird, das in diesem Zusammenhang bislang wenig oder gar nicht bekannt war. Nicht minder lohnend ist es aber wohl auch, Texte, deren Überlieferung und Untersuchung gewöhnlich in ganz verschiedenen Disziplinen zu Hause ist (z.B. lateinische und griechische theologische Traktate, Papstbriefe, Gesetzestexte, Dichtungen in den einzelnen Nationalsprachen, Texte jüdischer Autoren; dies alles etwa in den Bereichen Kirchengeschichte, Rechtsgeschichte, Philosophiegeschichte, Mediävistik, Byzantinistik, Romanistik, Anglistik, Germanistik, Judaistik, Komparatistik), fachübergreifend in größere Zusammenhänge hineinzustellen und im Sinne differenzierender und zusammenfassender Information zu erschließen; denn selbst Kenner der Geschichte der christlich-jüdischen Beziehungen vermögen kaum noch den Überblick zu behalten über die Ergebnisse einer großen Fülle einschlägiger Einzeluntersuchungen. Deshalb muß der Versuch einer zusammenfassenden Darstellung unternommen werden, auch wenn das Resultat dieser Bemühung Wünsche offen lassen sollte.

Für die Zeit nach dem 11. Jh. bleiben die Gesichtspunkte und Resultate des 1982er Bandes weiter relevant, zum Beispiel die Beobachtung, daß in der Kirchenväterzeit in Sachen "Juden" oft vom Geist des Neuen Testaments abgerückt und dieses (bzw. einzelne Stellen daraus) unangemessen verallgemeinert, vergröbert, verschärft oder überhaupt entstellt wird (vgl. etwa dort, S. 282, die Rede vom "Haß Gottes" gegen die Juden, S. 285 die "Bestrafung ohne Verzeihung", S. 293: Gott wendet seine Augen von den Juden ab, wenn sie zu ihm beten); daß Christen den Juden (Erwählungs-)Arroganz unterstellen, diesen gegenüber aber ihrerseits nicht selten einen überheblichen Triumphalismus samt exkludierendem Heilsanspruch an den Tag legen, der nicht neutestamentlich begründet ist; daß die antijüdische christliche Apologetik nicht frei ist von Widersprüchen und seltsamen Ungereimtheiten (vgl. z.B. S. 449: hätten die Propheten deutlicher vom neutestamentlichen Heilsgeschehen gesprochen, wären sie gewiß alle von den Juden getötet und ihre Bücher verbrannt worden; dies paßt wenig zu dem häufigen Vorwurf der Blindheit und bewußten, verstockten Ablehnung der Prophetenweissagungen); daß die Friedensverheißung von Is 2,4 (vgl. S. 192) erfüllt sei in der Friedfertigkeit, in der jetzt die Christen nach dem Kommen des Erlösers lebten. Doch liegt offen zutage, daß das Miteinander der Christen und christlichen Völker bis auf den heutigen Tag wenig vom Eingetretensein eines messianischen Friedens verrät - ein Argument, das hin und wieder von jüdischer Seite dafür vorgebracht wird, daß man auf den Messias noch zu warten habe. Nicht zu übersehen ist auch vor allem in der Kirchenväterzeit ein oft zwanghaftes Reproduzieren antijüdischer Argumentationen und Klischees, dies meist ohne ein jüdisches Gegenüber. Besonders B. Glassman (Antisemitic Stereotypes without Jews. Images of the Jews in England 1290-1700, Detroit, Mich., 1975) hat gezeigt, daß dieses Phänomen auch im weiteren Verlauf des Mittelalters und bis in die Neuzeit hinein zu beobachten ist. Solches Verhalten ist wohl nur mit den Mitteln der Sozialpsychologie zu begreifen. Weit vom Neuen Testament entfernt ist nicht zuletzt die antijüdische Antichristspekulation des Mittelalters, ferner die Gleichstellung von Juden mit Ketzern und überhaupt das Ablehnen der sozialen Gemeinschaft mit Juden wegen ihrer Gefährlichkeit und ihres verderblichen Einflusses. Daß die schon in der Kirchenväterzeit bisweilen erscheinende vehemente Ablehnung der talmudischen Literatur und des talmudischen Judentums im weiteren Verlauf der Geschichte zur christlichen Typisierung des "Talmudjuden" führte, hat M. Kniewasser O.P. (Die Kenntnis der nachbiblischen jüdischen Literatur und ihre Rolle für die Polemik bei den lateinischen Autoren vom 9. bis zum 13. Jahrhundert, Diss. Wien 1979, 248) festgestellt. Und es führen in der Tat viele Entwicklungsstränge aus der Kirchenväterzeit durch das Mittelalter in die Neuzeit. Daß die Väter einander oft widersprechen und in vielen Fragen, auch zum Judenthema, kein *unanimus consensus* zustande kommt, bleibt freilich eine stets zu beachtende Tatsache.

Schon für die Zeit vom 1.-11. Jh. war oft zu sehen, welche Bedeutung das Zusammenwirken von kanonischem und weltlichem Recht für die Geschichte der christlich-jüdischen Beziehungen hat. Im hohen Mittelalter verstärkt sich diese Bedeutung noch. Kirchliche und weltliche Rechtsprechung sind weithin aufeinander abgestimmt, ergänzen sich und verhalten sich subsidiär zueinander. Die Erörterung des Judenthemas in den christlichen Adversus-Judaeos-Texten des Mittelalters muß diesem Umstand oft Rechnung tragen, und zwischen theologischen und juristischen Vorstellungen bestehen in dieser Sache so viele Verbindungslinien, daß geradezu von einer ständigen ideengeschichtlichen Interaktion gesprochen werden kann. Mit dem Politischwerden der Kirche und dem Eindringen religiöser und theologischer Elemente in das Selbstverständnis mittelalterlicher weltlicher Herrschaft entstehen neue politisch-soziale Rahmenbedingungen jüdischer Existenz und neue sozialpolitische Realitäten, die ihrerseits wieder die normative Kraft des Faktischen entwickeln. So ist schon für einen Mann wie Bernhard von Clairvaux († 1153) die *servitus Judaeorum*, obwohl sie in der christlichen Antike lange Zeit nur eine theologische Fiktion war, auch als sozialpolitisches Faktum akzeptiert; denn seit einigen Jahrhunderten wurden die Juden tatsächlich - eine späte Wirkung eben dieser theologischen Vorstellung vom Unterworfensein der Juden als Volk unter das siegreiche Volk der Christen - mehr und mehr zu Bürgern minderen Rechts, die des besonderen Schutzes weltlicher Herren bedurften, eine Entwicklung, die im 13. Jh. schließlich folgerichtig in die Kammerknechtschaft einmündete (vgl. Verf. in: ANRW II 21,2, S. 1106-1217). Zwar band das Kirchenrecht im Prinzip immer nur Getaufte, aber im Laufe des Mittelalters wird dieser Grundsatz oft ignoriert, und Bonifatius VIII. (1294-1303) erhob in seiner Bulle 'Unam sanctam' den Anspruch, *omnis humana creatura* sei dem päpstlichen Jurisdiktionsprimat untergeordnet (Potthast II, Nr. 25189). Selbst Juden und Heiden lebten also in diesem Sinne, wenn auch nicht *in*, so doch *sub ecclesia*. So konnte zum Beispiel noch G. Phillips, Kirchenrecht, II, Regensburg 1846, 392, den herkömmlichen Standpunkt folgendermaßen formulieren: "Als das Reich Christi kann die Kirche weder mit dem Judaismus, noch mit dem Heidenthume, noch mit dem Islam sich befreunden; ihre ganze Tendenz ist auf die Ausrottung derjenigen Lehren gerichtet, welche die Menschen von dem Eintritte in sie entfernt halten. Zu dieser Vernichtung hat sie kraft ihrer göttlichen Mission ein Recht, Christus hat ihr die Herrschaft auch über die Ungetauften gegeben." - Manche Einzelheiten der kirchenrechtlichen und sozialpolitischen Entwicklung und nicht zuletzt die enge Verknüpfung der hochmittelalterlichen kanonischen mit der spätantiken römischen Gesetzgebung sind besser bekannt durch Fr. R. Czerwinski, The Teachings of the Twelfth and Thirteenth Century Canonists about the Jews, Diss. New York 1972. Er zeigt, wie die christliche Grundüberzeugung von der Wahrheit des Christentums und dem Irrtum des Judentums gerade bei den Kirchenrechtlern des 12. und 13. Jh., die ihrerseits starke Einflüsse von einschlägigen Traditionen des römischen Rechts und von der populären Judenfeindschaft ihrer eigenen Zeit erfahren, zu einer Festschreibung von bestimmten juristischen Positionen beiträgt, und zwar mit dem Resultat, daß mit dem Erstarken und Blühen des Kirchenrechts im 12. und 13. Jh. eine Verschlechterung der christlich-jüdischen Beziehungen Hand in Hand geht. Diese Verschlechterung ist allerdings nicht ohne weiteres und pauschal den Kanonisten anzulasten. Im Gegenteil gilt vielmehr: "Most of the canonists do not see the Jews as deliberately ignoring the divinity of Christ, but instead, as a group of suffering people, paying the price for their fathers' sins. For their failure to recognize the new dispensation the Jews are placed as enclaves within the Christian community, to be treated in some respects as heretics or excommunicate persons but to be accepted in other ways as members of the community" (S. 305-306). Doch engt die zunehmende juristische Definierung der jüdischen Existenz auch die Offenheit ein, die sie noch im Frühmittelalter hatte.- Beträchtlichen Kenntniszuwachs vor allem für das hohe Mittelalter bringt neben Czerwinski auch W.J. Pakter, De his qui foris sunt: The Teachings of the Medieval Canon and Civil Lawyers concerning the Jews, Diss. Baltimore 1974. Er zeigt, wie die im Hochmittelalter stattfindende Kompetenzerweiterung des Kirchenrechts nicht nur die Christen, sondern auch die Juden erfaßt (z.B. zum Thema Sklaven, Mischehen). Auch Pakter sieht die Rolle der mittelalterlichen Kirchenrechtslehrer differenziert und hebt ihre maßvolle Haltung und ihren mäßigenden Einfluß hervor: "The canonists were opposed to intermarriages between Christians and Jews, but their opposition never led them to ask for harsh penalties for this as was done by scholars of the Roman and secular law. During a period when the Jews appear to have been losing ground in Europe, politically, socially and economically, their position in the learned law of the church is marked by significant improvements, such as the right to defend themselves in court, to inherit and to raise Jewish children. Unfortunately, the canonists were not in a position to stem the tide of popular anti-Jewish feeling which ultimately overwhelmed late medieval Jewry" (S. III). Neben diesen umfassend angelegten rechtsgeschichtlichen Arbeiten verdient in unserem Zusammenhang besondere Beachtung ein Aufsatz von Z.W. Falk, Jewish Law and Medieval Canon Law, in: Jewish Law in Legal History and the Modern World, hg. von B.S. Jackson, Leiden 1980, 78-96. Auch Falk betont den Zusammenhang von kanonischem und überliefertem römischen Recht: "Canon lawyers were engaged in the study of 'utriusque ius', of Roman as well as of their own law" (S. 85; vgl. S. 94; S. 79 und 96 zu dem Prinzip *Ecclesia vivit lege Romana*).

Zwei weitere neuere Arbeiten verdienen wegen ihrer Bedeutung und ihrer umfassenden Darstellung der mittelalterlichen Entwicklungen hier eine besondere Erwähnung. Einmal St. B. Bowman, The Jews of Byzantium, 1204-1453, Univ. of Alabama Pr.1985. Bowman geht in nennenswerter Weise am Rande auch auf die byzantinische antijüdische Literatur ein und gibt einige gute Orientierungshilfen in diesem noch kaum erschlossenen Terrain. Ähnlich umfassend angelegt und ertragreich ist der Beitrag von J. Cohen, Mendicants, the Medieval Church, and the Jews: Dominican and Franciscan Attitudes towards the Jews in the thirteenth and fourteenth Centuries, Diss. New York 1978 (gedruckt als: The Friars and the Jews. The Evolution of Medieval Anti-Judaism, Ithaca and London 1980). Er legt unter anderem dar, daß im 13. und 14. Jh. ein bedeutsamer Wandel in der christlichen Sicht des Judentums stattfindet. Galt vorher mehr die Anschauung des Augustinus, daß die Juden mitsamt ihren heiligen Büchern und ihrer Tradition zu dulden seien als über die ganze Welt zerstreute Zeugen der Wahrheit des Christentums, so wird nun, seit dem 13. Jh., manchen christlichen Theologen mehr oder weniger schmerzhaft bewußt, daß die Juden mit ihrem Talmud auch post Christum religiös selbstbewußt und dynamisch weiterleben, und christliche Gelehrte befassen sich nun zunehmend kritisch und aggressiv mit der rabbinischen Literatur und ihren in den Augen von Christen mitunter anstössigen Texten. Der Talmud gilt nun vielfach als häretische und deshalb zu bekämpfende Abweichung der Juden von ihrer eigenen biblischen Tradition. Cohens Resultate sind gut begründet, allerdings wird sich aus unserer Arbeit zeigen, daß die von ihm zutreffend beschriebene aggressive christliche Haltung bereits voll im 12. Jh. einsetzt.

Beachtet werden muß unter den Gesichtspunkten unseres Themas auch K.S. Frank, 'Adversus Judaeos' in der Alten Kirche, in: Die Juden als Minderheit in der Geschichte, hg. von B. Martin und E. Schulin, München 1981, 30-45. Er wendet sich dagegen, "das ernste und weithin peinliche Kapitel 'Adversus Judaeos in der Alten Kirche'" mit dem Hinweis auf das allmähliche christliche Umdenken in der Judenfrage nach dem 2. Weltkrieg aufzuheben und beiseite zu legen. Auch Frank konstatiert, daß die Adversus-Judaeos-Thematik nicht nur in den unter diesem Titel überlieferten Literaturwerken erörtert ist, "sondern in zahlreichen anderen Schriften der Kirchenväter, so daß 'Adversus Judaeos' hier einfach alle antijüdische Polemik und Aktivität der Alten Kirche meint" (S. 32). Als tragende theologische Argumente ermittelt Frank aus den Schriften bis zum Beginn des 4. Jh.: Die Kirche als das wahre Israel, der Alleinanspruch auf das Alte Testament, der Vorwurf des Gottesmordes.- J. Maier, Jüdische Auseinandersetzung mit dem Christentum in der Antike, Darmstadt 1982, findet in der rabbinischen Literatur keine direkten Bezugnahmen auf das Neue Testament und läßt nur an sehr wenigen Stellen dieser Literatur Anspielungen und Reaktionen auf das Christentum gegeben sein. Ob solche Anspielungen und Reaktionen an der einen oder anderen Stelle tatsächlich gegeben sind, wird wohl vorerst umstritten bleiben, in der grundsätzlichen Feststellung, daß die Rabbinen überraschend wenig an einer apologetischen Diskussion mit dem Christentum interessiert waren, ist Maier jedoch ohne Einschränkung zuzustimmen (vgl. Verf. in: Die christlichen Adversus-Judaeos-Texte, 1982, 30.34.169.571). Richtig sieht Maier auch, daß aus dem Bereich der Patristik, d.h. aus den Referaten christlicher Theologen, in Ergänzung seiner Ermittlungen sich noch das eine oder andere an genuinen Elementen jüdischer antichristlicher Apologetik ergibt.

Schließlich bleibt herauszuheben und vorab zu nennen Cl. Thoma, Die theologischen Beziehungen zwischen Christentum und Judentum, Darmstadt 1982. Thoma formuliert sehr beachtenswerte Einsichten zu Form und Inhalt der geschichtlichen christlich-jüdischen Kontroverse. Er betont unter anderem völlig zu Recht die Bedeutung unhistorischer, gruppenzentrierter und gruppenbezogener Argumentation und Sehweisen in diesem Zusammenhang und kommt zu dem Schluß: "Es wäre dringend an der Zeit, daß sich der theologisch-philosophische Wissenszweig der Sozialethik der christlich-jüdischen Problematik annähme. Man stößt da nämlich reihenweise auf verfehltes Verhalten beider Gruppen gegeneinander und auf unheilvolle Wirkungen dieses Fehlverhaltens" (S. 154). Die christlichen Adversus-Judaeos-Texte auch des 11.-13. Jh. lassen allenthalben die Richtigkeit dieser Feststellung erkennen; denn auch seit dem Hochmittelalter hat der sogenannte christliche Antijudaismus starke Züge eines sozialpsychologischen Phänomens, und seine Spannungselemente sind vielfach gruppenpsychologischer Natur. Das bedeutet aber: Der historische christlich-jüdische Konflikt ist, wo er über die bloße Ablehnung und über legitime Widerlegungsversuche gegnerischer theologischer Positionen hinaus zu gruppenkonformen Aggressionen sich entwickelte, weitgehend verhaltensbiologisch determiniert, reproduziert also gruppendynamische Prozesse, die entwicklungsgeschichtlich ihren Sinn hatten, als der Zusammenhalt einer Gruppe (oder 'Horde') das Überleben garantierte. In einer Zeit, in der nur die friedliche Koexistenz aller Großgruppen beziehungsweise ihr friedlicher Wettbewerb die Selbstvernichtung der Menschheit verhindern kann, muß das unkontrollierte Laufenlassen irrationaler gruppendynamischer Prozesse (innerhalb deren dem einzelnen die persönliche ethische Verantwortung seines Tuns kaum noch bewußt ist und er fast nur noch unter Gruppenzwang und Gruppendruck als Gruppenwesen agiert) als destruktiv erscheinen. Erwünscht sein muß vielmehr ein Zusammengehörigkeitsgefühl der ganzen Menschheit, die auf dem Wege über ein pluralistisches Miteinander und eine multikulturelle Gesellschaft, in der die einzelnen Gruppen einander als Bereicherung und Anregung zu eigener schöpferischer Weiterentwicklung erfahren, in eine globale Identität hineinwächst und ein übergreifendes Gemeinschaftsgefühl entwickelt.- Es ist jedenfalls nicht zu übersehen, daß viele Feindschaftselemente der christlichen Majorität aus einer mehr oder weniger latenten Bedrohungsangst vor der jüdischen Minorität resultieren und daß verbale oder faktische Aggressionen oft aus einer Bewußtseinslage erwachsen, die zum Teil noch tribalistisch-archetypisch gestimmt ist. Es kann freilich keine Rede davon sein, den universalen christlichen Anspruch aufzugeben. Vielmehr bleiben die Christen aufgefordert, in friedlichem Wettstreit mit anderen Religionen, auch mit dem Judentum, die ihnen durch Christus zuteil gewordene Erlösung auch als innerweltliches Ereignis allen Nichtchristen überzeugend sichtbar zu machen.

Die Übersicht über die christlichen Adversus-Judaeos-Texte des 1.-11. Jh. hat gezeigt, daß antijüdische Gruppenvorurteile verschiedener Art, die schon in der vor- und außerchristlichen Umwelt erscheinen, in der Kirchenväterzeit Eingang in die Argumentationen und Exegesen selbst der angesehensten Theologen finden. Die einzelnen Elemente dieser Gruppenvorurteile sind hinreichend bekannt, zum Beispiel durch I. Heinemann, Antisemitismus, in: Pauly-Wissowa, Real-Encyclopädie, Suppl. V, Stuttgart 1931, 3-43, und neuere Arbeiten wie J.N. Sevenster, The Roots of Pagan Anti-Semitism in the Ancient-World, Leiden 1975 (dazu A. Schalit in: Gnomon 50, 1978, 283-287); L. Cracco Ruggini, Pagani, ebrei e cristiani: odio sociologico e odio teologico nel mondo antico, in: Gli Ebrei nell' alto medioevo, 2 Bde., Spoleto 1980, I, S. 13-101; W. Schmitthenner, Kennt die hellenisch-römische Antike eine Judenfrage?, in: Die Juden als Minderheit in der Geschichte, hg. von B. Martin und E. Schulin, München 1981, 9-21; die einschlägigen Texte sind gesammelt von M. Stern, Greek and Latin Authors on Jews and Judaism, 3 Bde., Jerusalem 1976-1984. So dringlich und nützlich eine weitergehende Untersuchung darüber wäre, wie im einzelnen die Kirchenväter den vor- und außerchristlichen Antijudaismus rezipieren und modifizieren und in welchem Maße er überhaupt ihre Meinungsbildung über das Judentum beeinflußt, zahlreiche teils unverändert in die christliche Polemik überwechselnde und auch im Hochmittelalter noch virulente Gruppenvorurteile gegen die Juden liegen offen zutage und sind so trivial, daß sie ohne weitere Umstände hier kurz referiert werden können: Sie sind argwöhnisch und schmähsüchtig (Cicero, Pro L. Flacco 68: *suspiciosa ac maledica civitas*), gelten als raubgierig (Strabo 16, 2, 37. 40), als faul wegen ihrer Arbeitsruhe am Sabbat und im Sabbatjahr (Agatharchides bei Josephus, Contra Ap. I, 209-210; Strabo 16, 2, 40; Tacitus, Historiae 5, 4, 3), als jähzornig (Cassius Dio 49, 22), als stinkend und radaulustig (Cicero, Pro L. Flacco 67; Ammianus Marcellinus 22, 5, 5: *Judaei faetentes et tumultantes*), feige (Apollonios Molon bei Josephus, Contra Ap. 2, 148), rachsüchtig (Cassius Dio 49, 22). Ihnen eignet eine angeborene Bosheit (*symphytos kakoētheia*, 3 Mkk 3, 22; vgl. Josephus, Contra Ap. 2, 236). Sie haben keine Kulturleistungen aufzuweisen (Apollonios Molon bei Josephus, Contra Ap. 2, 148; Kelsos bei Origenes, Contra Celsum 4, 31). Sie sind Menschenhasser, d.h. Feinde aller anderen Menschen (*misanthrōpoi*, Apollonios Molon bei Josephus, Contra Ap. 2, 148), meiden Verkehr und Gemeinschaft mit anderen Menschen (*ameiktos bios*, Philostratos, Vita Apollonii Tyan. 5, 33; vgl. Josephus, Contra Ap. 1, 60; Apollonios Molon bei Josephus, Contra Ap. 2, 258; Josephus, Ant. Jud. 13, 245: *amixia*; vgl. Hekataios bei Diodor 40, 3, 4: *apanthrōpos kai misoxenos bios*; Diodor 34, 1: *monous gar hapantōn ethnōn akoinōnētous einai tēs pros allo ethnos epimixiās kai polemious hypolambanein pantas*). Sie hegen Feindeshaß gegen alle Nichtjuden (Tacitus, Historiae 5,5,1:*hostile odium*), sind ein den übrigen Menschen verderbenbringendes Volk (Quintilian 3, 7, 21: *perniciosa ceteris gens*) und können zur Krankheit bzw. Seuche (*nosos*) der ganzen Erde werden (Brief des Kaisers Claudius an die Stadt Alexandrien, Corpus Papyrorum Judaicarum II, 1960, p. 41). Besonders auffällig ist ihr törichter Aberglaube (*superstitio, deisidaimonia*, Cicero, Pro L. Flacco 67; Tacitus, Historiae 2, 4, 3; 5, 8, 2; Apuleius, Florida c. 6; Quintilian 3, 7, 21; Seneca bei Augustinus, De civitate Dei 6, 11; Strabo 16, 2, 37). Auch sind sie gottlos und gottverhaßt (*atheoi*, Apollonios Molon bei Josephus, Contra Ap, 2, 148; Diodor 34, 1, 1; vgl. Cicero, Pro L. Flacco 69; vgl. *anhosios* und *impius* bei Heinemann, a.a.O., col. 20). sie verachten die Götter anderer Völker (Tacitus, Historiae 5, 5, 2; Plinius, Nat. hist. 13, 46). Die Juden sind, wie die Syrer, "ein zur Sklaverei geborenes Volk" (*natio nata servituti*, Cicero, De provinciis consularibus oratio c. 5; Apion bei Josephus,

Contra Ap. 2, 125; vgl. Tacitus, Historiae 5, 8, 2: *despectissima pars servientium*). Sie praktizieren Ritualmord (Apion bei Josephus, Contra Ap. 2, 91-111). Ihre Kultgewohnheiten sind überhaupt völlig anders als die der übrigen Menschen (Tacitus, Historiae 5, 4, 1), und ihre sonstigen Lebensgewohnheiten sind übel und schmutzig (ebd. 5, 5, 1), ihre Sitte ist abgeschmackt und schmutzig (Tacitus, Historiae 5, 5, 5: *Judaeorum mos absurdus sordidusque*), überhaupt sind sie ein ekelhaft-widerwärtiges Volk (ebd. 5, 8, 2: *taeterrima gens*). An ihren Sitten nimmt jedermann Anstoß (Oracula Sibyllina 3, 272). Auffällig ist bei den Juden auch ihr übler Körpergeruch (Ammianus Marcellinus 22, 5, 5 [s.o.]; vgl. Martial, Epigr. 4, 4, 7-8). Die Juden sind aus der Sicht eines Römers das Volk mit der größten Neigung zu Wollust und Ausschweifung (Tacitus, Historiae 5, 5, 2: *proiectissima ad libidinem gens*; vgl. 5, 5, 3: *generandi amor*). Schließlich gelten sie als aufsässig und umstürzlerisch (*stasiōdeis*, Josephus, Bell. Jud. 2, 91; 7, 314; *neōteropoiia*, Bell. Jud. 7, 421; vgl. Heinemann, col. 7), und es konnte das zahlenmäßige Anwachsen der Juden ihre Macht als gefährlich und bedrohlich erscheinen lassen (Heinemann, col. 6.14.17-18. 39; vgl. Oracula Sibyllina 3, 271 und Josephus, Ant. Jud. 14, 115, wo allerdings die Interpretation umstritten ist (dazu Heinemann, col. 16, und Verf., Die christlichen Adversus-Judaeos-Texte, 1982, 56-57).

Die Frage nach der Virulenz solcher vor- und außerchristlichen Gruppenvorurteile im christlichen Raum muß hier nicht im einzelnen beantwortet werden, doch ist ihre Bedeutung - auch für das 11.-13. Jh. - nicht zu übersehen; denn im Laufe des Mittelalters wird der Gesprächston zwischen Christen und Juden oft recht schrill, und zwar ohne jede theologische Begründung, und Judenverfolgungen und Judenvertreibungen ereignen sich zahlreicher. Gewiß blieb ein Faktor der vorchristlichen Judenfeindschaft weiter relevant: Das Für-sich-sein-Wollen der Juden konnte bei manchen Christen die Meinung evozieren: Sie haben Grund, sich abzusondern, weil sie abartig sind oder finstere Dinge tun oder planen. Gruppenvorurteile solcher Art sammelten sich wohl eher bei Leuten von geringerer Bildung und niederen Standes als bei Angehörigen der Oberschicht. Lea Dasberg, Untersuchungen über die Entwicklung des Judenstatus im 11. Jahrhundert, Paris 1965, 120, hat zu Recht darauf hingewiesen, "daß es in den katastrophalen Zeiten der Kreuzzüge stets die niederen Geistlichen und die ungeliebten Einsiedler und Asketen gewesen sind, aus deren Reihen die fanatischsten Verfolger kamen, während es öfters gerade die Prälaten waren, die zugunsten der Verfolgten eintraten." Dies ist ein wichtiger Umstand.

Hinzu kommt die Beobachtung, daß, wo im 1.-11. Jh. die vom Neuen Testament ausgehenden Traditionslinien durch böse antijüdische Polemik und massive Gehässigkeiten starke Deviationen erfahren, diese kaum je durch den theologischen Gegensatz zwischen Christen und Juden und durch theologische Argumente begründet sind, sondern fast immer durch Emotionen zustande kommen, die deutlich gruppenpsychologischer Natur sind, etwa durch ein irrationales Sich-bedroht-Fühlen, durch Überfremdungsanst und übertriebene Identitätssorge. Wo ruhig und gelassen apologetisch argumentiert wird, bleibt dem Einfließen von Überreaktionen und Hysterien jedweder Art wenig Raum. Es scheint, daß aggressiver gruppenpsychologischer Antijudaismus oft in einer Art pseudotheologischer und pseudoreligiöser Randzone Eingang findet, in der genuine neutestamentliche Positionen antijüdisch verzerrt, entstellt und verdunkelt werden. Unter entsprechenden Umständen wird dieser psychologische Antijudaismus hier sozusagen aufgeladen, und es kann ein explosives Gemisch von außerreligiösen Gruppenvorurteilen und pseudoreligiösen Argumenten entstehen, die sich ihrerseits schon auf einige antijüdische Stereotypen der Kirchenväter berufen können. Mit guten Gründen kommt M. Kniewasser O.P., Die Kenntnis der nachbiblischen Literatur, 1979, 2, für die Kreuzzugszeit zu einem ähnlichen Schluß: "Der neuzeitliche Antisemitismus allerdings, besonders der rassistische, hat größtenteils außerchristliche bzw. pseudoreligiöse Grundlagen, doch er bediente sich weithin der stereotypen Bilder und Vorstellungen des christlichen Antijudaismus. Dieser hatte aber vor allem den Boden bereitet, in den die neuen Ideologien rezipiert werden konnten."

Das Verhältnis von Christen und Juden wird seit einigen Jahrzehnten auf der christlichen Seite vielfach neu gesehen und bestimmt. Vor allem werden die vielen großen Gemeinsamkeiten hervorgehoben, etwa der Glaube an den einen Gott und der Stammvater Abraham, den die Christen mit den Juden und Muslimen gemeinsam haben; es wird von vielen erkannt, daß nicht nur ein Nebeneinander, sondern auch ein Miteinander von Christen und Juden möglich und notwendig ist, weil es nicht feindlich konkurrierende Völker Gottes gibt, sondern das Volk Christi zum Gottesvolk wurde, ohne daß Israel aus diesem Status eliminiert und seiner Erwähltheit beraubt wurde. Da auch Christus selbst sich sehr oft auf den Gott Israels berufen hat, kann es kein spezifisch christliches Gottesbild geben, das dieser Tatsache nicht auch Rechnung trägt. Mit anderen Worten: die Identität des Christentums ist nicht in feindlicher Abgrenzung gegen das Judentum zu wahren, sondern in friedlichem Wettstreit und im Bewußtsein des Weges zu einem gemeinsamen Ziel. Gesehen wird weiter, daß Judenmission in den überlieferten Formen kein dringendes kirchliches Bedürfnis ist, schon gar nicht eine raison d'être, daß es vielmehr vor allem anderen darum gehen muß, daß die Christen christlicher werden und das ihnen durch Christus zuteil gewordene Heil so sichtbar werden lassen, daß in den Juden und allen Nichtchristen - im Sinne des Paulus - ein neugieriges Interesse dafür geweckt wird. Im übrigen ist es - wenn überhaupt die Geschichte etwas zu lehren vermag - evident, daß organisiertes Missionieren oder gar Zwangspredigten, Zwangstaufen und Verfolgungen die Glaubenskraft des Judentums letztlich immer nur gestärkt haben, so daß auch von daher, wenn schon nicht aus anderen Gründen, ein ökumenisches Verhältnis zwischen Christen und Juden anzustreben ist.

Zahlreiche weitere Gesichtspunkte unseres Versuches einer neuen Gesamtdarstellung der christlichen Adversus-Judaeos-Texte sind bereits in der Einleitung des 1982er Bandes zur Sprache gekommen, so daß wir uns hier diesbezüglich kurz fassen und darauf verweisen können. Auch für den Zeitraum 11.-13. Jh. gilt, daß die obere Zeitgrenze nicht starr ist. Sie wird hier markiert durch Wilhelm von Bourges, einen in verschiedener Hinsicht für die Situation nach dem 4. Laterankonzil zeittypischen Autor.- Im übrigen sind auch die den Texten vom 11.-13. Jh. beigegebenen Literaturangaben eine Auswahlbibliographie ohne Anspruch auf Vollständigkeit, was ebenso für das bibliographische Material des zweiten Hauptteils gilt, die Ikonographie des Judenthemas.

Einige Vorbemerkungen sind noch erforderlich zur Ikonographie des Judenthemas bis zum 4. Laterankonzil, dem zweiten Teil dieses Buches. Es ist von vornherein zu erwarten, daß die generell starke thematische und inhaltliche Verflechtung christlicher theologischer Texte mit der einschlägigen Ikonographie auch für das Judenthema gilt. Wie berechtigt diese Erwartung ist, zeigt an einem Beispiel der Aufsatz "Vernunftlose Wesen? Zum Judenbild frühscholastischer Apologeten des 12. Jahrhunderts und zum Christentumsbild zeitgenössischer jüdischer Autoren", in: Gedenkschrift für Bernhard Brilling, Hamburg 1988.

Mit der christlichen Ikonographie des Judenthemas meinen wir das in der sakralen Kunst sich ausdrückende Verhältnis der Kirche zum jüdischen Volk und seiner biblischen Überlieferung, vor allem soweit und sofern einschlägige Themen auch in der antijüdischen Apologetik christlicher Theologen eine Rolle spielen, also etwa die christliche Sicht des jüdischen Milieus, in dem sich Jesus bewegt, Jesus in seiner jüdischen Umwelt, Jesu und der Apostel Begegnungen und Konfrontationen mit dieser Umwelt,

einschließlich der Passion, und überhaupt die christliche Sicht des Judeseins Jesu; zum Beispiel das Gespräch des zwölfjährigen Knaben mit den
jüdischen Lehrern im Tempel, die Vertreibung der Händler und Geldwechsler aus dem Tempel, Jesus als Gast bei dem Pharisäer Simon, Jesu
Verhältnis zur Stadt Jerusalem und zum dortigen Tempel; sodann Ecclesia
und Synagoga als allegorische theologische Personifikationen, deren Attribute und Verhaltensweisen die jeweilige christliche Sicht der christlich-jüdischen Beziehungen erkennen lassen; ferner die bildliche Darstellung der
gängigsten antijüdisch-apologetischen Bibeltestimonia, das heißt alttestamentlicher Textstellen, welche Typen christlicher Heilswahrheiten
bergen, die von den 'blinden' Juden nicht erkannt wurden (auf die Problematik der typologischen Exegese aus heutiger Sicht hat z.B. H. Haag hingewiesen, in: Theologische Quartalschrift 160, 1980, 2-16). Besonders
müssen Illustrationen alt- und neutestamentlicher Passagen interessieren,
in denen die Israeliten beziehungsweise Juden durch Gruppenmerkmale
der mittelalterlichen Judentracht (den konischen, stumpf- oder spitzkegeli-
gen Hut, den Trichterhut oder Bart und Schläfenlocken) von Jesus und
den Jüngern unterschieden werden. Weiter überhaupt Bilder, welche die
Konkordanz oder Gegensätzlichkeit von Altem und Neuem Testament hervorheben, und schließlich Darstellungen der Verstocktheit und Blindheit
der missetäterischen Juden und ihrer Höllenstrafen.

Seit der Mosaikkunst in spätantiken Kirchen tritt neben die christliche
Wortverkündigung eine Bildverkündigung. Bilder in Gestalt von Mosaiken, Fresken, Altargemälden usw. wirken wie ein Bilderevangelium oder
wie eine Bilderpredigt. Da Juden nur selten oder gar nicht Kirchen betraten
oder die Miniaturen in christlichen Bibeln oder liturgischen Büchern zu
Gesicht bekamen, wirkte diese Art von Verkündigung überwiegend innerchristlich, ähnlich wie die Traktate *Adversus Judaeos*, zu denen Juden,
schon wegen des ihnen in der Regel nicht verständlichen Lateins, nur selten Zugang hatten oder suchten. Die Bildverkündigung belehrte die des Lesens unkundigen Laien und darüber hinaus auch Kleriker über wesentliche
Glaubenswahrheiten, so daß sie zunächst der allgemeinen Glaubenssicherung und Glaubensbefestigung dienten, aber auch bei (Missions-) Gesprächen mit Nichtchristen hilfreich sein konnten. Einen unmittelbaren Zugang
zu dieser Bildverkündigung hatten Juden eigentlich nur, wenn sie im Vor-
übergehen etwa die Reliefs der Tympana über den Kirchenportalen oder
den Bildschmuck bronzener Kirchentüren sahen.

Die Bildinhalte und die ihnen - vor allem bei komplexen Darstellungen
und Bilderzyklen - zugrunde liegende theologische Systematik waren den

Künstlern in der Regel vorgegeben, insbesondere von den Auftraggebern, die oft kirchliche Würdenträger und entsprechend theologisch gebildet waren. Das zeigt sich deutlich etwa bei den karolingischen Kreuzigungsdarstellungen, die auf ihre Weise ganze soteriologische Programme bieten, in denen erstmals und dann immer wieder auch Ecclesia und Synagoga erscheinen, die durch ihr Dabeisein unter dem Kreuz die Passion vertiefend theologisch reflektieren. Die sehr häufige Wiederholung dieser Figuration bis hin zum 'Lebenden Kreuz' der frühen Neuzeit ist - ähnlich den Bemühungen zahlloser Traktate gegen die Juden - vielleicht Anzeichen eines gewissen Rechtfertigungsdrucks, unter dem die Kirche zu stehen meinte, des Gefühls der apologetischen Notwendigkeit, das christlich-jüdische Verhältnis immer wieder neu zu definieren. Vor allem zwei Linien werden dabei sichtbar, eine deutlich antijüdische Linie, derzufolge die blinden Juden und ihre allegorische Personifikation Synagoga als Feinde Christi und der Kirche ohne weiteres verstoßen werden und der Verdammnis anheimfallen, und eine zweite versöhnliche Linie, nach der Synagoga eines Tages ihre Blindheit verliert und letztendlich zu Christus findet. Adversus-Judaeos-Texte und Ikonographie des Judenthemas spiegeln je für sich diese Deutungslinien. Die Bilder geben nicht nur eine dem literarischen Bereich parallele und ebenbürtige Auslegungsgeschichte wichtiger einschlägiger Bibelstellen, sondern ermöglichen oft tiefe Einblicke in die Problemzonen der Geschichte der christlich-jüdischen Beziehungen.

Die christliche Ikonographie des Judenthemas ist einigermaßen umfassend bisher nur in einigen wenigen monographischen Arbeiten untersucht, nämlich durch P. Weber, Geistliches Schauspiel und kirchliche Kunst in ihrem Verhältnis erläutert an einer Ikonographie der Kirche und Synagoge, Stuttgart 1894 (die Arbeit ist belastet durch den hartnäckig versuchten, aber ganz mißlungenen Nachweis einer durchgehenden Abhängigkeit der Bildkunst vom Schauspiel), A. Oepke, Das neue Gottesvolk, Gütersloh 1950 (mit umfangreicher Erörterung der Ecclesia-Synagoga-Ikonographie), A. Raddatz, Die Entstehung des Motivs "Ecclesia und Synagoge". Geschichtliche Hintergründe und Deutung, Diss. Berlin 1959, W. Seiferth, Synagoge und Kirche im Mittelalter, München 1964, und vor allem durch B. Blumenkranz, Juden und Judentum in der mittelalterlichen Kunst, Stuttgart 1965, deren Ergebnisse von uns durchgehend beachtet werden. Allerdings ist in diesen Monographien nur erst ein Teil der tatsächlich vorhandenen Bildquellen ermittelt und untersucht, und so ist deren Basis für sichere Aussagen oft zu schmal. Über diese Monographien hinaus sind Einzelaspekte unseres Themas in manchen kunstgeschichtlichen Aufsätzen erörtert, deren Resultate hier von Fall zu Fall zu Wort kommen. Weniger hilfreich als erwartet sind die bekannten kunstgeschichtlichen Handbücher und Sammelwerke. Sie sollen zwar ebenfalls immer dann genannt werden, wenn sie sachdienliche Bilder aufweisen, doch wird der an einer inhaltlichen theologischen Interpretation interessierte Leser gewöhnlich enttäuscht; denn die meisten, um nicht zu sagen nahezu alle Werke dieser Art diskutieren fast nur stilgeschichtliche Fragen, das heißt sie erörtern bevorzugt die kunstgeschichtlichen Affinitäten, Derivationen und Filiationen einzelner Bilder und Bildgruppen. Wie verbreitet die Unkenntnis im Bereich der christlichen Ikonographie des Judenthemas noch ist, mag vielleicht daraus deutlich werden, daß in dem - im übrigen durchaus beachtlichen und nützlichen - "Erklärenden Wörterbuch zur christlichen Kunst" von H. Sachs, E. Badstübner und H. Neumann, Hanau 1983, S. 202 festgestellt wird, daß die Juden erst "seit dem 13. Jh. in der Gewandung durch den spitzen Judenhut gekennzeichnet" sind. Ähnlich zum Beispiel auch Lee M. Friedman, in: Hebrew Union College Annual XXIII, 2 (1950-1951), S. 433-448. Wir werden hier zu zeigen haben, daß dieses Gruppenmerkmal bereits Jahrhunderte früher erscheint, und wir werden überhaupt seine Entwicklungsgeschichte vom Beginn bis zum 4. Laterankonzil zu verfolgen haben. Es wird sich zeigen, daß es einen Typ von Kopfbedeckung gibt, der schon aus vor- und außerchristlicher Sicht bevorzugt (nichtrömische) Orientalen kennzeichnet, die sogenannte phrygische Mütze (*pileus* oder *pileum*; bekannt vor allem in zwei Formen, einer gezipfelten und einer eher konischen Form; vgl. die Abb. bei H. Koller, Orbis pictus latinus, Zürich 1983, 347, und A. Rich, Illustrirtes Wörterbuch der römischen Alterthümer, Paris 1862, 472, mit ebd. S. 21.397.497 [phrygischer Bogenschütze]. 625 [*tiara phrygia*]; vielleicht ist hier auch an den Trichterhut der *saga* [Wahrsagerin, Zauberin] zu denken, Rich, S. 530). Sie wird in die christliche Kunst der Spätantike übernommen, ebenfalls zur Kennzeichnung von Orientalen, und erscheint seit dem Frühmittelalter als unterscheidendes Gruppenmerkmal in der christlichen Kunst, etwa zur Kennzeichnung der Akteure bei der Passion Christi als (nichtchristliche) Orientalen und Juden. Im Hochmittelalter, schon lange vor dem 4. Laterankonzil, ist die (konische oder gezipfelte) phrygische Mütze mitsamt ihren Mischformen, Nebenformen und Weiterentwicklungen (es erscheinen stumpf- oder spitzkegelige, bisweilen bis zur Kalottenform abgeflachte, mit Zipfel, Knopf oder Stift oder mit am oberen Ende zu einem Knopf verdickten Stift versehene Kopfbedeckungen) wesentliches Gruppenmerkmal der zeitgenössischen Judentracht und wird zum Identifikationszeichen für Israeliten und Juden in der Ikonographie alt- und neutestamentlicher Szenen. Wir werden diese Entwicklung im einzelnen zu verfolgen haben und dabei zum Beispiel sehen, daß die Judenhutformen auch regional differenziert sein können: So dominiert etwa im französischen Raum die gezipfelte Mütze, in England der gestiftete Kalottenhut. Dieses unterscheidende Gruppenmerkmal, das seine Träger als (nichtchristliche) Orientalen und Juden, als Fremdgruppe sozusagen, kennzeichnet, ist dabei keineswegs von vornherein ein Negativsymbol. Vielmehr erhält es diesen (denunziatorischen, bisweilen gar brandmarkenden) Charakter nur in Darstellungen bestimmter, öfter neu- als alttestamentlicher Szenen. Daß seit dem Ende des Hochmittelalters die Miniaturisten in hebräischen Handschriften Angehörige des eigenen Volkes nicht selten mit dem *pileus* beziehungsweise *pileus cornutus* (d.h. der Judenhutform, die oben einen Stift hatte, der wie ein Horn aussehen konnte) ausstatteten, ist ein Problem eigener Art. Hier ist durchaus noch ungeklärt, wie es mit der innerjüdischen Akzeptanz dieses Gruppenmerkmals bestellt war. Wurde die christliche Kennzeichnung der Juden als Fremdgruppe wirklich unreflektiert zusammen mit bestimmten Maltechniken übernommen? Ist eine Art jüdischer *amor fati* im Spiel oder gar Selbstironie? Immerhin ist der mittelalterliche Judenhut aus christlicher Sicht keineswegs als solcher bereits ein diskriminierendes Gruppenmerkmal; denn zum Beispiel Nikodemus und Joseph von Arimathaia tragen ihn oft. Der Hut könnte auch als Tracht von in den Okzident einwandernden Juden mitgebracht worden sein.

Schließlich ist zu beobachten, daß die verschiedenen Judenhutformen als unterscheidendes Gruppenmerkmal nicht im byzantinischen Raum anzutreffen sind. Die Christen der Ostkirche sahen die Dinge wohl anders, und es scheint auch, daß die soziale Interaktion zwischen Christen und Juden im Abendland ausgedehnter und differenzierter war und daß die europäische Kunsttopographie diesen Sachverhalt reflektiert. Auch die westlichen Adversus-Judaeos-Traktate sind ja weit zahlreicher als die byzantinischen *Kata-Judaiōn*-Texte. Für Europa gilt jedenfalls, daß es bis zum Jahr 1215 kein einheitliches negatives Gruppenmerkmal für Juden gab, sondern daß, wo solche Merkmale erscheinen, sie einmal regional differenziert sind und zum anderen erst die jeweilige Bildszene und die mit ihr verbundene ikonographische Tradition darüber entscheiden, ob das zunächst neutrale Gruppenmerkmal eine polemische Aussage vermittelt.

Die Literaturangaben beanspruchen keine Vollständigkeit; diese ist indessen bis zu einem gewissen Grade angestrebt bei der Ermittlung des überhaupt in Frage kommenden Bildmaterials, weil nur eine möglichst breite Basis von Bildquellen einigermaßen sichere Antworten auf unsere Fragen erlaubt. Allerdings liegen auch hier die Ermittlungsschwerpunkte in dem zentralen Ereignisraum (Frankreich, Deutschland, England, Italien).

B. Die christlichen Adversus-Judaeos-Texte und ihr literarisches und historisches Umfeld (in chronologischer Darstellung).

Die von der Kirche initiierten oder geförderten **Kreuzzüge** (erster 1096-1099; zweiter 1147-1149; dritter 1189-1192; vierter 1202-1204; Kinderkreuzzug 1212; fünfter 1217-1221; Kreuzzug Kaiser Friedrichs II. 1228-1229; sechster 1248-1254; siebenter 1270-1275) und die sie verschiedentlich begleitenden Judenverfolgungen sind ein bedeutendes Thema mittelalterlicher Geschichtsschreibung. Sie haben als Vorläufer die seit der Spätantike unternommenen Pilgerfahrten zu den heiligen Stätten Palästinas und die im 10.-11. Jh. aufkommenden Feldzüge (im Sinne eines 'Heiligen Krieges') gegen Ungläubige und Kirchenfeinde. Die Kreuzfahrer, durch ein Gelübde gebunden und durch ein Kreuz gekennzeichnet, konnten weltlichen Lohn (z.B. Schuldzinsenerlaß) und Sündenvergebung erwarten. Ziel der Kreuzzüge vom Ende des 11. bis in die 2. Hälfte des 13. Jh. war die Wiedergewinnung oder Sicherung der heiligen Stätten in Palästina beziehungsweise die Sicherung christlicher Interessen im Orient überhaupt. Im Vorfeld und im Laufe der einzelnen Kreuzzugsunternehmungen kam es vielerorts zu Judenverfolgungen; denn die in Europa sich ausbreitende Stimmung gegen die Andersgläubigen hatte zwar ihr Fernziel in den Muslimen, ihr Nahziel fand sie aber, wie aus der zeitgenössischen Historiographie deutlich wird, bald in den Juden. Diese lebten unintegriert inmitten der christlichen Einheitsgesellschaft des Abendlandes, mehr oder weniger als Fremde und Außenseiter, auf jeden Fall aber als stets gefährdete Minorität, deren bewußtes Anderssein oft als verstockte, böswillige Ablehnung und Mißachtung der christlichen Religion gewertet wurde. Zwar kommt es zu keiner grundsätzlichen Änderung der überlieferten kirchlichen Einstellung zu den Juden, doch gerät die ganze mittelalterliche Gesellschaft zeitweilig in eine so starke Bewegung, in soziale und wirtschaftliche Unruhe, daß gruppenpsychologisch bedingte Emotionen und Aggressionen entstehen, die sich gerade auch gegen die Juden entladen, die überall in Europa präsent und schon früher verschiedentlich in den Verdacht geraten waren, es mit den Muslimen gegen die Christen zu halten (Vgl. Verf., Die christlichen Adversus-Judaeos-Texte 1982, 526.540.546). Ohnehin waren sie als Geldverleiher oft unbeliebt, jedenfalls erschienen sie in kritischen

Zeiten als bequeme Sündenböcke, an denen man sich mit dem Anschein
gerechten Tuns leicht gewaltsam bereichern und so die eigene bedrängte
soziale Lage bessern konnte. Die Adversus-Judaeos-Texte der verschiedensten literarischen Genera spiegeln bisweilen sehr deutlich diesen hier
zunächst ganz allgemein umrissenen Sachverhalt.

Literatur: A. Neubauer und M. Stern (Hgg.), Hebräische Berichte über die Judenverfolgungen während der Kreuzzüge, Berlin 1892 (mit deutscher Übersetzung); Aronius
1902, 78-93. 107-114; Caro, I, 1908, 202-231; I. Elbogen, Zu den hebräischen Berichten über die Judenverfolgungen im Jahre 1096, in: Beiträge zur Geschichte der deutschen
Juden. Festschrift M. Philippson, Leipzig 1916, 6-24; Edom. Berichte jüdischer Zeugen
und Zeitgenossen über die Judenverfolgungen während der Kreuzzüge, Berlin 1919; J.
Höxter, Quellenbuch zur jüdischen Geschichte und Literatur, III, Frankfurt 1927, 12-14.
63ff. 87-89; Sendung und Schicksal. Aus dem Schrifttum des nachbiblischen Judentums. Mitgeteilt von N.N. Glatzer und L. Strauß, Berlin 1931, 296-305; S. Schiff-
mann, Heinrich IV. und die Bischöfe in ihrem Verhalten zu den deutschen Juden zur Zeit
des ersten Kreuzzugs. Eine Untersuchung nach den hebräischen und lateinischen Quellen,
Diss. Berlin 1931 (Teilabdruck in: Zeitschrift für die Geschichte der deutschen Juden 3,
1931,39-58. 233-250); P. Browe, Die Judenbekämpfung im Mittelalter, Zeitschrift für
katholische Theologie 62, 1938, 197-231. 349-384, S. 211ff. 217.371ff.; M. Waxman,
A History of Jewish Literature, I, New York 1938, 427-428; J. Starr, The Jews in the
Byzantine Empire, 641-1204, Athen 1939, 203-209; I.C. Dwork,Jews and Crusaders in
Europe: A Translation of the three Hebrew Chronicles of the First Crusade, Diss. Univ.
of Southern California 1941; Browe, 1942, 17.218-219; W.B. Stevenson, in: The Cambridge Medieval History V (1948) 265-299; E.L. Dietrich, Das Judentum im Zeitalter
der Kreuzzüge, Saeculum 3, 1952, 94-131; C. Erdmann, Die Entstehung des Kreuzzug-
gedankens, Darmstadt 1955, 102-103. 321; A. Waas, Geschichte der Kreuzzüge, 2 Bde.,
Freiburg 1956; Baron, IV (1957), 89-149; St. Runciman, Geschichte der Kreuzzüge, 3
Bde., München 1957-1960; S. Landau, Christian-Jewish Relations. A New Era in Germany as the Result of the First Crusade, New York 1959; H. Liebeschütz, The Crusading Movement in its Bearing on the Christian Attitude towards Jewry, The Journal of
Jewish Studies 10, 1959, 97-111; K. Thieme, Dreitausend Jahre Judentum. Quellen und
Darstellungen zur jüdischen Geschichte, Paderborn 1960, 46-50; LThK VI (1961) 632-
636; J.R. Marcus, The Jew in the Medieval World, Cleveland 1961, 115-120; E.L. Ehrlich, in: Judenfeindschaft. Darstellung und Analysen, Frankfurt 1963, 210-211; W.
Kampmann, Deutsche und Juden. Studien zur Geschichte des deutschen Judentums, Hei-
delberg 1963, 13-20; K. Kupisch, Durch den Zaun der Geschichte. Beobachtungen und
Erkenntnisse, Berlin 1964, 354-355; Seiferth, 1964, 101-111; L. Dasberg, Untersuchungen über die Entwertung des Judenstatus im 11. Jahrhundert, Paris 1965,
102ff.115f.143ff.; H.E. Mayer, Geschichte der Kreuzzüge, Stuttgart 1968; A. Waas,
Volk Gottes und Militia Christi - Juden und Kreuzfahrer, in: Judentum im Mittelalter.
Beiträge zum christlich-jüdischen Gespräch, hg. von P. Wilpert, Berlin 1966, 410-434;

B. Brilling und H. Richtering, Westfalia Judaica, I, Stuttgart 1967, 24-30. 52-55; K. Bihlmeyer u. H. Tüchle, Kirchengeschichte, II, Paderborn 1968, 196-205. 292-298; B. Blumenkranz, in: Kirche und Synagoge, I, Stuttgart 1968, 121-124; Encyclopaedia Judaica (Jerusalem 1971) III, 101; V, 1135-1145; F. Lovsky, L'antisémitisme chrétien, Paris 1970, 62-68; Czerwinski, 1973, 11-12; A.M. Shapiro, Jews and Christians in the Period of the Crusades - A Commentary on the First Holocaust, Journal of Ecumenical Studies 9, 1972, 725-749; I. Zinberg, A History of Jewish Literature, II, Cleveland-London 1972, 23-34; H. Liebeschütz, The Relevance of the Middle Ages for the Understanding of Contemporary Jewish History, Leo Baeck Institute Year Book 18, 1973, 3-25, S. 7-8; R. Mayer, Judentum und Christentum, Aschaffenburg 1973, 71ff.; H. Wollschläger, Die bewaffneten Wallfahrten gegen Jerusalem - Geschichte der Kreuzzüge, Zürich 1973; R. Chazan, The Hebrew First-Crusade Chronicles, Revue des études juives 133, 1974, 235-254; A.M. Drabek, Judentum und christliche Gesellschaft im hohen und späten Mittelalter, in: Das österreichische Judentum, Wien 1974, 25-57, S. 32-36; J. Prawer, Die Welt der Kreuzfahrer, Wiesbaden 1975; M. Purcell, Papal Crusading Policy 1244-1291, Leiden 1975; K. Schubert, Das Judentum in der Umwelt des christlichen Mittelalters, Kairos 17, 1975, 161-217, S. 190 ff.; D. Berg u. H. Steur, Juden im Mittelalter, Göttingen 1976, 64-75; K. Geissler, Die Juden in Deutschland und Bayern bis zur Mitte des vierzehnten Jahrhunderts, München 1976, 107-116; The Jews and the Crusaders. The Hebrew Chronicles of the First and Second Crusades. Translated and Edited by Sh. Eidelberg, Madison, Wisconsin, 1977; L. Poliakov, Geschichte des Antisemitismus, I, Worms 1977, 36 ff. 44 ff.; R. Pörtner, Operation Heiliges Grab. Legende und Wirklichkeit der Kreuzzüge (1095-1187), Düsseldorf 1977; R. Chr. Schwinges, Kreuzzugsideologie und Toleranz. Studien zu Wilhelm von Tyrus, Stuttgart 1977; M. Awerbuch, Weltflucht und Lebensverneinung der "Frommen Deutschlands". Ein Beitrag zum Daseinsverständnis der Juden Deutschlands nach den Kreuzzügen, Archiv für Kulturgeschichte 60, 1978, 53-93; P. Herde, Probleme der christlich-jüdischen Beziehungen in Mainfranken im Mittelalter, Würzburger Diözesan-Geschichtsblätter 40, 1978, 79-94, S. 83-85; Kisch, I (1978) 14-15; B. Stemberger, Zu den Judenverfolgungen in Deutschland zur Zeit der ersten beiden Kreuzzüge, Kairos 20, 1978, 151-157; G. Stemberger, Zu den Judenverfolgungen in Deutschland zur Zeit der ersten beiden Kreuzzüge, Kairos 20, 1978, 53-72; H.H. Ben-Sasson (Hg.), Geschichte des jüdischen Volkes, II, München 1979, 35 ff.; H.J. Gamm, Das Judentum, Frankfurt 1979, 84-86; Kniewasser, 1979, 104-112; Awerbuch, 1980, 169; A. Bein, Die Judenfrage. Biographie eines Weltproblems, I, Stuttgart 1980, 78 ff.; Chazan, 1980; A. David, Ausschreitungen gegen französische Juden zur Zeit des Hirtenkreuzzugs 1251, Freiburger Rundbrief 32, 1980, 162-164; M. Erbstösser, Die Kreuzzüge. Eine Kulturgeschichte, Gütersloh 1980, 86-88; I. Langmuir, from Ambrose of Milan to Emicho of Leimingen: the transformation of hostility against Jews in Northern Christendom, in: Gli Ebrei nell' alto medioevo, I, Spoleto 1980, 313 ff. 366-368; B. Stemberger, Geschichte der Juden in Deutschland von den Anfängen bis zum 13. Jahrhundert, in: Veröffentlichungen aus dem Institut Kirche und Judentum 11, Berlin 1980, 15-50, S. 32 ff.; P. Máthé, Innerkirchliche Kritik an Verfolgungen im Zusammenhang mit den Kreuzzügen und dem Schwarzen Tod, in: Kritik und Gegenkritik in Christentum und Judentum, hg. von S. Lauer, Bern 1981, 83-117; D. Mertens, Christen und Juden zur Zeit des ersten Kreuzzuges, in: Die Juden als Minderheit in der Geschichte, hg. von B. Martin u. E. Schulin, München 1981, 46-47; St. Runciman, Der erste Kreuzzug, München 1981; H. Liebeschütz, Synagoge und Ecclesia. Religionsgeschichtliche Studien über die Auseinandersetzung der Kirche mit dem Judentum im Hochmittelalter, Heidelberg 1983, 95-134.

In Papst **Urbans II.** Pontifikat (12.3.1088-29.7.1099) fällt der Beginn der Kreuzzüge. Er war es, der auf der Synode von Clermont (18.-20.11.1095) mit seinem Aufruf den ersten Kreuzzug initiierte. Als ehemaliger Cluniazenser ist er den kirchenreformerischen Bestrebungen Gregors VII. (seinerseits Cluniazenser) verpflichtet und wohl auch dessen theokratischen Vorstellungen vom Primat der geistlichen über die weltliche Macht und vom notwendigen Sieg des augustinischen Gottesreiches über die Mächte des Bösen und der Finsternis. Vielleicht teilte er die Meinung vieler christlicher Theologen, welche die Juden dem Teufel und seinem Anhang, jedenfalls aber den Ungläubigen und den Feinden der Kirche zuordneten, gegen die Abgrenzung und Härte geboten schienen. So ließe sich verstehen, weshalb er nicht ausdrücklich die pogromartigen antijüdischen Ausschreitungen der Kreuzfahrer verurteilte und somit die relativ judenfreundliche Tradition Gregors d. Gr. und Alexanders II. nicht aufnahm und weiterführte. Dabei hätte es durchaus Gründe gegeben, solidarisch mit den Juden das Christen und Juden heilige Land gegen das Vordringen des Islam zu verteidigen. Andererseits legte Urban kein Veto ein, als Kaiser Heinrich IV. im Jahre 1097 den zwangsbekehrten Juden die Rückkehr zu ihrem eigenen Glauben gestattete, während zur gleichen Zeit der Gegenpapst Clemens III. dies in einem Schreiben an den Bischof von Bamberg ausdrücklich verbot (Ph. Jaffé, Bibliotheca rerum Germanicarum, V, Berlin 1869, 175; Aronius 1902, 94), also treuer an der christlichen Tradition festhielt, einmal Getauften den Abfall zu verwehren.

Literatur: LThK X (1965) 542-544; Encyclopaedia Judaica (Jerusalem 1971) XIII, 853; R. Mayer, Judentum und Christentum, Aschaffenburg 1973, 71; Grayzel 1979, 154; D. Mertens, Christen und Juden zur Zeit des ersten Kreuzzuges, in: Die Juden als Minderheit in der Geschichte, hg. von B. Martin u. E. Schulin, München 1981, 46-67, S. 52.55.57; K.R. Stow, The "1007 Anonymus" and Papal Sovereignty, Cincinnati 1984, 17-18; Alfons Becker, Papst Urban II. (1088-1099), 2 Bde., Stuttgart 1964-1987.

Der englische Mönch und Historiker Wilhelm von Malmesbury († nach Dez. 1142) berichtet in seiner um 1120 verfaßten "Geschichte der englischen Könige" über **Wilhelm II. Rufus** (1087-2.8.1100), dieser habe einmal, vermutlich im Scherz, gesagt, er wolle zum jüdischen Glauben (*secta*) übertreten, wenn die Juden in einer Religionsdisputation über die Christen siegten. Jene führten nun in London mutig ein Glaubensgespräch mit den um den christlichen Glauben besorgten Bischöfen, konnten sich aber nicht durchsetzen, behaupteten jedoch, nicht durch die Kraft der Worte ihrer Gegner, sondern durch parteiliche Machenschaften überwunden worden zu sein (Gesta regum Anglorum 4, 317; P L 179, 1279-1280). Die Juden trugen aus dieser Disputation, so berichtet Wilhelm mit Genugtuung, nichts als eine schmähliche Niederlage davon. Offenbar war das Unternehmen der Bischöfe, die Gesprächspartner zu überzeugen, nicht ganz aussichtslos; denn an gleicher Stelle unmittelbar vorher erwähnt der Historiker als "Zeichen der Unverschämtheit" (*insolentia*) der Juden "Gott gegenüber", daß sie in Rouen, als einige ihrer Glaubensgenossen Christen geworden waren, deren Rückgewinnung versuchten und im Zusammenhang damit König Wilhelm durch Geschenke ihrem Vorhaben geneigt zu machen hofften - es war nicht chancenlos, wie in Mitteleuropa das Beispiel Heinrichs IV. zeigt. Eine andere Quelle berichtet mehr darüber (Rerum Britannicarum medii aevi scriptores, vol. 81, London 1884, p. 99-100). Danach nahm König Wilhelm von den Juden in Rouen tatsächlich eine Geldsumme an und nötigte dafür einen großen Teil der Christen gewordenen Juden, zu ihrem alten Glauben zurückzukehren. Solche Berichte zeigen, daß das christlich-jüdische Verhältnis am Ende des Frühmittelalters manchenorts in gewisser Weise offen war. Es gab Glaubenswechsel in beide Richtungen, und, wo Glaubensgespräche stattfanden, wurden sie von den Juden selbstbewußt geführt und auf beiden Seiten offenbar noch nicht mit solcher Erbitterung durchgefochten, wie wir sie aus späterer Zeit kennen, als im Verlauf der Kreuzzugszeit auch die Beziehungen zwischen Christen und Juden sich verschlechterten. Es versteht sich von diesen Quellen her, wenn Wilhelm II. eine gewisse Judenfreundlichkeit zugeschrieben wird. Dazu paßt, daß sein Verhältnis zur Kirche (z.B. zu Anselm von Canterbury) tatsächlich gespannt war, und es gibt gute Gründe, ihn für einen geldgierigen Despoten zu halten.

Literatur: Caro, I (1908) 318; Murawski, 1925, 44; Browe, 1942, 60. 254-255; R.M. Ames, The Debate Between the Church and the Synagogue in the Literature of Anglo-Saxon and Mediaeval England. Diss. New York 1950, 45-47; LThK X (1965) 1133-1134; J. Gauss, Anselm von Canterbury. Zur Begegnung und Auseinandersetzung der Religionen, Saeculum 17, 1966, 277-363, S. 289-290. 356; Encyclopaedia Judaica (Jerusalem 1971) III, 33; Awerbuch, 1980, 99-100.

Im Jahre 1097 schreibt Wibert von Ravenna, der Gegenpapst **Clemens III.** (25.6.1080-8.9.1100), an den Bischof Rupert von Bamberg, er und alle seine Amtsbrüder sollten den apostatischen Rückfall von - im Laufe der Kreuzzugsverfolgungen - zwangsgetauften Juden verhindern, und zwar "gemäß kanonischer Vorschrift und dem Vorbild der Kirchenväter" (Ph. Jaffé, Bibliotheca rerum Germanicarum, V, Berlin 1869, 175; Aronius, 1902, 94). In der Tat haben christliche Theologen sich überwiegend gegen die Rückkehr getaufter Juden geäußert, dies bisweilen verbunden mit dem polemisch verschärfenden Hinweis auf 2 Petr 2, 22: "Ein Hund wendet sich zum eigenen Auswurf zurück". Im Jahre 1097 geht es vielleicht um aus dem Rheinland (wo die Verfolgung besonders heftig war) geflohene zwangsgetaufte Juden. Bemerkenswert ist, daß Wibert sich hier - ohne es zu sagen - gegen die von Heinrich IV. im gleichen Jahre 1097 erteilte Erlaubnis der Rückkehr zum Judentum wendet, also dem offenbar königstreuen Bischof von Bamberg gebietet, sich gegen Heinrich zu stellen, obwohl er, Wibert selbst, diesem in besonderer Weise verbunden war; hatte er ihn doch am 31.3.1084 zum Kaiser gekrönt.

Literatur: Aronius, 1902, 94.95-96; Browe, 1942, 256-257; LThK X (1965), 1087-1088; Encyclopaedia Judaica V (Jerusalem 1971) 601.1138; S. Grayzel, Pope Alexander III and the Jews, in: S.W. Baron Jubilee Volume, II, Jerusalem-New York 1974, 555-572, S. 556; K. Schubert, Das Judentum in der Umwelt des christlichen Mittelalters, Kairos 17, 1975, 161-217, S. 194; P. Herde, Probleme der christlich-jüdischen Beziehungen in Mainfranken im Mittelalter, Würzburger Diözesan-Geschichtsblätter 40, 1978, 79-94, S. 80.83; Grayzel, 1979, 154; D. Mertens, Christen und Juden zur Zeit des ersten Kreuzzuges, in: Die Juden als Minderheit in der Geschichte, hg. von B. Martin u. E. Schulin, München 1981, 46-67, S. 61; J. Ziese, Wibert von Ravenna. Der Gegenpapst Clemens III. (1084-1100), Stuttgart 1982 (vgl. Histor. Zeitschr. 239, 1984, 170-172).

Der Kleriker und Kirchenschriftsteller **Bernold von Konstanz** (bzw. St. Blasien, wo er eine Zeitlang als Mönch lebte; Lebenszeit: um 1054-16.9.1100) ist vor allem durch seine Streitschriften und eine Chronik bekannt, die in der üblichen Weise ältere Chroniken kompiliert, für den Zeitraum 1075-1100 aber manche sonst nicht erhaltenen Informationen bietet. Zum Jahr 1096, dem Jahr schlimmer Judenverfolgungen zu Beginn des 1. Kreuzzuges, hören wir, daß die Juden "in Worms beim Bischof Zuflucht suchten, der ihnen nur unter der Bedingung Hilfe zusicherte, daß sie sich taufen ließen. Sie erbaten darauf eine Bedenkzeit, und als sie dann in sein Zimmer traten, während die Unsrigen draußen warteten, nahmen sie sich von eigener Hand das Leben, beraten vom Teufel und ihrer eigenen Hartnäckigkeit" (PL 148, 1427; MG, Scriptores 5, 415: *diabolo et propria duricia persuadente*). Diese polemische Bewertung des jüdischen Verhaltens, die alte Klischees reproduziert, das Vorgehen des Bischofs jedoch nicht unpassend findet, kann bei einem Autor nicht verwundern, der im allgemeinen "einen ganz einseitig kirchlichen Standpunkt vertritt" und in seiner Chronik kirchlichen Berichten so breiten Raum gibt, daß es scheinen könnte, "als ob die Welt eigentlich nur mit Geistlichen bevölkert sei" (Manitius, III, 1931, 406). Bernold referiert in seiner Chronik im übrigen auch (zum Jahre 609) den anonymen *Dialogus Judaei cum Christiano quodam ceco, cui et visus restituitur*, der also wohl vor 1074, als unser Autor seine Chronik begann, entstand (PL 148, 1333-1334; MG, Scriptores 5, 414; vgl. Verf., Die christlichen Adversus-Judaeos-Texte, 1982, 555).

Ausgaben: PL 148; MG, Scriptores 5.- *Literatur*: Manitius, III (1931) 37-39. 404-407; P. Browe, Die Judenbekämpfung im Mittelalter, Zeitschrift für katholische Theologie 62, 1938, 197-231, S. 214; Browe, 1942, 218; LThK II (1958) 259; B. Blumenkranz, Les auteurs chrétiens latins du moyen âge sur les Juifs et le Judaïsme, Paris 1963, 275-276; Awerbuch, 1980, 80.

Ein typischer Vertreter der byzantinischen Chronistik ist **Georgios Kedrenos**, vermutlich ein Mönch, der um die Wende des 11./12. Jh. seine *Synopsis Historiōn* verfaßte, eine Weltchronik vom Anbeginn der Welt bis zum Jahre 1057 (PG 121). In diesem großenteils aus älteren Chroniken kompilierten Werk erscheinen, vor allem im Rahmen der Tradition des jüdischen Historikers Flavius Josephus, auch einige tralatizische Elemente der antijüdischen Apologetik. Der "wahrheitsliebende" jüdische Autor wird mit seinem erschütternden Bericht über den jüdisch-römischen Krieg und den Untergang Jerusalems im Jahre 70 n.Chr. angeführt als besonders glaubwürdiger - weil aus dem gegnerischen Lager stammender - Zeuge des Eintreffens der neutestamentlichen Untergangsprophetien, als Zeuge, der frei sei von der (üblichen) jüdischen Zanksucht und Lügenhaftigkeit (PG 121, 416.420.436.445; vgl. PG 121, 401 zum Bericht über den Herrenbruder Jakobus). Das über Zwischenquellen gegebene Referat des Josephusberichts über das Unglück der Juden ist durchsetzt mit der überkommenen Vorstellung vom Geschichtsbeweis des Jahres 70 für die Wahrheit des Christentums und mit dem Vergeltungsdenken, welches das Leid der Juden als wohlverdiente Strafe für ihre Missetaten versteht.

Ausgabe: PG 121, 23-1166; 122, 9-368.- *Literatur*: Krumbacher, 1897, 368-369; M.E. Colonna, Gli storici bizantini dal IV al XV secolo, I, Neapel 1956, 13-15; G.

Moravcsik, Byzantinoturcica, I, Berlin 1958, 273-275; LThK VI (1961) 102; I.E. Karagiannopoulos, Pēgai tēs byzantinēs Historiās, Thessalonike 1971, 273-274.

Das sogenannte **Einsiedler Prophetenspiel**, ein mittellateinisches Fragment aus dem 11./12. Jh., vermutlich die erhalten gebliebene Einleitung eines längeren Spiels, enthält Wechselchorgesänge eines *Chorus* und von *Prophete*. Es wird (im Sinne der alttestamentlichen Christusverheissungen) zur Verkündigung der Geburt Christi und zu entsprechender Festfreude aufgefordert, und es wird die künftige Herrschaft Christi und die gläubige Hinwendung der Heiden zu ihm prophezeit. Von den Juden ist die Rede als denen, die Jesus Christus verwerfen und der Verdammnis anheimfallen (der Text bei F.J. Mone, Schauspiele des Mittelalters, I, Karlsruhe 1846, 10-12; vgl. Verfasserlexikon II, 1980, 427-429).

Raschi, Abkürzung für R. Salomo ben Isaak (1040-30.7.1105), der angesehenste jüdische Bibel- und Talmudkommentator, dessen Kommentare in Talmud- und Bibelausgaben Aufnahme fanden, lernte und lehrte in Worms, Mainz und Troyes. Er hatte eine bemerkenswerte - mehr als bisher bei jüdischen Gelehrten übliche - Kenntnis von der christlichen Bibelexegese. Zwar ist im Einzelfall, wenn er weder Jesus noch das Christentum erwähnt, oft ein exakter Nachweis nicht möglich, daß Raschi mit seinen Interpretationen bestimmten nichtjüdischen Ansichten widerspricht, diese Vermutung drängt sich aber nicht selten fast unabweisbar auf. Ziemlich klar ist jedoch der Fall, wo er seinen Darlegungen beziehungsweise Widerlegungen die Formulierung beigibt: "gemäß dem Wortsinn (des Bibelverses) und als Antwort für die Häretiker (*Minim*, d.h. Christen)". Diesem Literalsinn gibt er bei seinen Bibelinterpretationen gewöhnlich den Vorzug, ohne freilich die midraschartige und allegorische Erklärung je ganz aufzugeben. Im übrigen läßt er ausdrücklich wissen, daß es ihn einige Mühe kostete, die Arbeitsergebnisse christlicher Exegeten - die in der für ihn schwierigen lateinischen Sprache schrieben - zur Kenntnis zu nehmen und zu widerlegen (E. Shereshevsky, Rashi's and Christian Interpretations, Jewish Quarterly Review 61, 1970-1971, 76-86).

Seit dem 12. und 13. Jh. belebt sich bei manchen christlichen Theologen deutlich das Interesse für die hebräische Sprache und die Bibelexegese der nachbiblischen jüdischen Literatur. Neben Vulgata und Septuaginta wird auch die Biblia hebraica mehr und mehr Gegenstand wissenschaftlicher Neugier, vor allem weil nur mit ihr ein kritischer Vergleich divergierender Lesarten möglich war. Die Bemühungen des Kirchenvaters Hieronymus um die Kenntnisnahme der jüdischen Literalexegese werden wieder aktuell und werden weitergeführt. Raschi und seine Schule wirken in diesem Zusammenhang auch in christliche Kreise hinein. Bekannt sind besonders die Einflüsse, die Nikolaus von Lyra (und über ihn Luther) von Raschi erfahren hat.

Die Christen, die für ihn wichtigsten Gegner der apologetischen Kontroverse, bezeichnet Raschi als "Minim", doch ist diese Bezeichnung bei ihm nicht so terminologisch verfestigt, daß nicht auch gelegentlich dieser Begriff mit nichtchristlichem Bezug erscheint. In seinem Kommentar zu Schabbat 139a bzw. Is 1,25 scheinen mit den "Minim, den Hassern Israels," aber wohl die Christen gemeint. Sprüche 2 versteht er als Warnung vor denen, "die Israel zum Götzendienst verführen", d.h. vor den Christen. Zu Berachot 12a bezieht er die dort genannten "Minim" auf die "Schüler Jesu". Zu Rosch haschana 17a deutet er die Minim als "Schüler Jesu, die von den Worten des wahren Gottes abfielen". Zu Mischna Sota 9, 15 (Die Regierung wird sich in Häresie [*Minut*] verwandeln) interpretiert er: "Die zum Irrtum Jesu Hingezogenen und seine Schüler heißen Minim". Zu Sanhedrin 17a (solche, die Zauberei verstehen) bemerkt er: "Solche, die verführen und in die Irre führen durch Zauberei, wie der Nazarener" (vgl. auch zu Sanhedrin 103a [der seine Speise öffentlich anbrennen läßt] und Schabbat 104b [Ben Stada]).

Verhältnismäßig zahlreich wendet sich Raschi gegen die christologische Exegese, und mitunter entsteht sogar der Eindruck, daß er von der herkömmlichen rabbinischen Bibelinterpretation abweicht, um nicht in die Nähe christlicher Deutung zu geraten. Antichristliche Apologetik liegt vielleicht schon vor gleich zu Beginn seines Pentateuchkommentars; denn er betont zu Gn 1, 1 das Verfügungsrecht Gottes über die ganze Erde und entsprechend den dauernden Anspruch der Juden auf das ihnen von Gott gegebene Land Israel: "Wenn die Völker der Welt zu Jisrael sprechen sollten, ihr seid Räuber, denn ihr habt die Länder der sieben Nationen eingenommen, so antworten sie ihnen, die ganze Erde gehört dem Heiligen, gelobt sei er. Er hat sie erschaffen und dem gegeben, der gerecht in seinen Augen (Jirm. 27, 5); nach seinem Willen hat er sie ihnen gegeben und nach seinem Willen sie ihnen genommen und uns gegeben (Jalk. Exod. 12, 2)" (Raschis Pentateuchkommentar, vollständig ins Deutsche übertragen von S. Bamberger, Frankfurt a.M. 1935, 1). Das klingt vielleicht wie ein Widerspruch gegen die alte christliche These von der Heimatlosigkeit der Juden nach dem Jahre 70, ist aber wohl eher noch ein Widerspruch gegen eine bestimmte nichtjüdische Ansicht (wie sie wenig später der jüdische Dialogpartner im 'Dialogus' Abälards referiert, ed. R. Thomas, Stuttgart 1970, p. 50-51): Das den Juden post Christum geschehene Leid ist auch eine gerechte Vergeltung (*debita ultio*) für ihre Ausrottung der Bewohner Kanaans.- Zu Gn 1, 26 (Laßt *uns* den Menschen machen) bezieht er den Plural auf die Engel beziehungsweise die Wesen in der Umgebung Gottes, zu seiner Rechten und zu seiner Linken, und bemerkt: "Obschon sie (d.h. die Engel) Ihm bei seiner Erschaffung nicht halfen und der Ausdruck Abtrünnigen Gelegenheit zu einem Angriff geben könnte, hielt sich die Schrift doch nicht zurück, Anstand und Demut zu lehren, auch der Große berate sich mit dem Kleinen und lasse sich von ihm seine Zustimmung geben. Würde stehen, Ich will einen Menschen machen, so könnten wir nicht daraus entnehmen, daß er zu seinem Gerichtshof sprach, sondern zu sich selbst. Als Antwort gegen die Abtrünnigen steht gleich daneben, Gott erschuf den Menschen, und es heißt nicht, sie erschufen" (Bamberger, S. 5). Die trinitarische Interpretatio christiana, nach der hier Gott Vater zu Gott Sohn spricht, wird abgelehnt.- Im gleichen Sinne wird von Raschi der Plural für Gn 11, 7 (*wir* wollen hinabsteigen) gedeutet (Bamberger, S. 28).- Gn 49, 10 wird sowohl die jüdische wie die herkömmliche christliche Deutung abgelehnt: "'Nicht wird das Zepter weichen von Jehuda', von David an und weiter, das sind die Exilsfürsten in Babel; denn sie waren von der Regierung (in Babel) eingesetzt" (Bamberger, S. 130-131). Auch Nm 24, 17 (ein Stern geht auf aus Jakob) wird der traditionellen christlich-messianischen Deutung widersprochen (Bamberger, S. 430).- Das Hohelied versteht Raschi allegorisch im Sinne der Beziehung zwischen Gott und Israel. Gewiß kannte er die analoge christliche Interpretation auf Jesus und die Kirche.- Ps 2, 7 (mein Sohn bist du, ich habe dich heute gezeugt) ist nicht mit den Rabbinen an den Messiaskönig zu denken, sondern an David, den König Israels. Das wendet sich (indirekt) auch gegen die seit dem Neuen Testament verbreitete christologische Deutung dieser Stelle.- Ps 22, von den Rabbinen dem Messiaskönig zugeordnet und zugleich einer der in der christlichen Tradition seit dem Neuen Testament stets christologisch verstandenen Texte, wird von Raschi als Gebet Davids bezeichnet.- Ps 110, wo ebenfalls seit dem Neuen Testament Jesus Christus erkannt wurde, ist - so auch die Rabbinen - von Gottes Verhältnis zu Abraham die Rede.- Zu Sprüche 30, 4 widerspricht Raschi heftig der christologischen Deutung.- Is 7, 14 ist mit dem Sohn, der geboren werden soll, nicht Hiskia gemeint, und ʿalmā ist nicht "Jungfrau" (im Sinne der Septuaginta [*parthénos*] und der Interpretatio christiana auf Maria), sondem die Ehefrau des Propheten. Die antichristliche Deutung wird zu Is 9, 5-6 (ein Kind ist uns geboren, ein Sohn ist uns geschenkt ...) von Raschi bekräftigt: hier ist von Hiskia die Rede, der "Friedensfürst" genannt werde, während die übrigen Hoheitstitel ("Wunderrat" usw.) Gott meinen. "Von nun an bis in Ewigkeit" kann, ebensowenig wie Is 11, 1 ff., nicht Jesus meinen, da dieser ja erst fünfhundert Jahre später geboren wurde und mit ihm nicht der ewige messianische Friede gekommen sei. Is 11, 1 ff. zielt vielmehr auf den (noch kommenden) messianischen König der Juden.- Die Passion des Gottesknechts in den Gottesknechtsliedern des Isaias galt in christlicher Sicht seit jeher als vorgreifende Beschreibung des Leidens und Sterbens Jesu Christi. Naturgemäß sieht Raschi dies anders. Is 49, 1 hört er den Propheten selbst sprechen, und zu Is 52, 13-53, 12 weist er die Vorstellung der rabbinischen Tradition vom Messiaskönig und leidenden Messias zurück beziehungsweise schweigt darüber zugunsten seiner eigenen Deutung auf das Volk Israel insgesamt und seine Leidenszeit während des ersten Kreuzzugs, eine Zeit, die bei Raschi selbst offenbar tiefen Eindruck hinterlassen hat.- Is 57, 1-4 läßt ihn an Josia denken und Jr 11, 19 an den Propheten Jeremias.- Zach 6, 12 ist nicht der Messiaskönig gemeint, eine Deutung der rabbinischen Überlieferung, sondern Serubbabel.- Zach 9, 9 findet er keine Möglichkeit der historisch-zeitgeschichtlichen Interpretation, die er sonst bevorzugt, und muß - etwas widerwillig, wie es scheint - den Vers auf den Messiaskönig hin auslegen, obwohl ihn ein solches Verfahren wenigstens methodisch in die Nähe der Deutung auf den Messias Jesus Christus bringt.

Das Erlebnis der Kreuzzugsverfolgungen hat wohl nicht nur Raschis Exegese der Gottesknechtslieder beeinflußt, sondern ihn auch eine tolerante Haltung gegenüber rückkehrwilligen zwangsgetauften Glaubensgenossen einnehmen lassen (Browe, 1942, 301-302). Verhältnismäßig offen ist er auch hinsichtlich der Aufnahme von Proselyten. Vor der messianischen Restitution des jüdischen Volkes wird es mit Proselyten verbunden sein (zu Dt 33, 19; Is 44, 4-5). Raschi teilt wohl auch überhaupt die jüdische Anschauung, daß die Christen, weil sie die noachischen Gesetze beachten, zu den Halbproselyten gehören (N.P. Levinson, bei W. Breuning - N.P. Levinson, Zeugnis und Rechenschaft, Stuttgart 1982, 49). In diesem Zusammenhang ist gewiß von Belang, daß er zu Dt 6, 4 unter Hinweis auf Soph 3, 9 und Zach 14, 9 kommentiert: "Er (Gott) ist in der Jetztzeit unser Gott und nicht der Gott der Nichtjuden. Er wird aber in der Endzeit der einzige aller Völker sein." "Nicht der Gott der Nichtjuden" ist gewiß eine schroffe Abgrenzung; sie versteht sich besser angesichts der Tatsache, daß aus jüdischer Sicht Jesus sich als die dominierende Gottesgestalt der Christen darstellte. Der Gedanke der eschatologischen Konvergenz steht aber der entsprechenden christlichen Auffassung nahe, die vor allem von Röm 11, 26 und 1 Kor 15, 28 ausgeht.

Übersetzungen: Raschi-Kommentar zu den fünf Büchern Moses, übers. von J. Dessauer, Budapest 1887 (5 Bde., Budapest 1905-1918); Raschis Pentateuchkommentar, übers. von S. Bamberger, Hamburg 1922 (Frankfurt a.M. 1935).- *Literatur*: W. Bacher, bei J. Winter - A. Wünsche, Hgg., Die jüdische Literatur seit Abschluß des Kanons, II, Trier 1894, 276-277. 280-283; A. Posnanski, Schiloh, Leipzig 1904, 126-127; A.J. Michalski, Raschis Einfluß auf Nicholas von Lyra in der Auslegung der Bücher Leviticus, Numeri und Deuteronomium, Zeitschrift für die alttestamentliche Wissenschaft 35, 1915, 218-245; 36, 1916, 29-63; Sendung und Schicksal. Aus dem Schrifttum des nachbiblischen Judentums, hg. von N.N. Glatzer u. L. Strauß, Berlin 1931, 163-168; G. v. d. Plaas, Des hl. Anselm "Cur Deus Homo" auf dem Boden der jüdisch-christlichen Polemik des Mittelalters, Divus Thomas 8, 1930, 18-32, S. 18-20; M. Waxman, A History of Jewish Literature, I, New-York-London 1938, 190-193. 265-268; Browe, 1942, 301-302; M. Goldstein, Jesus in the Jewish Tradition, New-York 1950, 183-184; E.I.J. Rosenthal, Anti-Christian Polemics in Medieval Bible Commentaries, Journal of Jewish Studies 11, 1960, 115-135, S. 124-126; J. Katz, Exclusiveness and Tolerance. Studies in Jewish-Gentile Relations in Medieval and Modern Times, London 1961, 80; H. Hailperin, Rashi and the Christian Scholars, Pittsburgh 1963; LThK VIII (1963) 993; E.I.J. Rosenthal, in: Kirche und Synagoge, I, Stuttgart 1968, 314-318; Encyclopaedia Judaica (Jerusalem 1971) III, 195; XIII, 1558-1565; Schmid, 1971, 25-27; E. Shereshevsky, Rashi's and Christian Interpretations, Jewish Quarterly Review 61, 1970-1971, 76-86; S. Noveck, Große Gestalten des Judentums, I, Zürich 1972, 131-150; I. Zinberg, A History of Jewish Literature, II, Cleveland-London 1972, 3-18; B. Blumenkranz, Auteurs juifs en France médiévale, Toulouse 1975, 98-122; K. Schubert, Das Judentum in der Umwelt des christlichen Mittelalters, Kairos 17, 1975, 161-217, S. 190; P. Lapide, Ist das nicht Josephs Sohn? Jesus im heutigen Judentum, Stuttgart 1976, 99-100; H.H. Ben-Sasson, Hg., Geschichte des jüdischen Volkes, II, München 1979, 93-94; Awerbuch, 1980, 30 ff. 101-130. 224; G. Dahan, in: SChr 288 (Paris 1981) 32. 36-37; W. Bienert, Martin Luther und die Juden, Frankfurt a.M. 1982, 135-136; Cl. Thoma, Die theologischen Beziehungen zwischen Christentum und Judentum, Darmstadt 1982, 71; Esra Shereshevsky, Rashi, The Man and His World, New York 1982; A. Grabois, La chrétienté dans la conscience juive en Occident au Xe - XIIe siècles, in: La cristianità dei secoli XI e XII in Occidente: Coscienza e struttura di una società. Atti della ottava Settimana internazionale di studio Mendola, 30 giugno - 5 luglio 1980, Milano 1983, 303-338, S. 318.

Heinrich IV. (seit 1056 deutscher König, seit 1084 Kaiser, † 7.8.1106) knüpft in markanter Weise an die judenfreundliche Politik der

Karolinger, besonders Ludwigs des Frommen, an, und er ist mit seinen Maßnahmen und Privilegien für die Judenschaft einzelner Städte ein wichtiger Meilenstein auf dem Wege zur Ausbildung eines reichseinheitlichen Judenstatus, wie er schließlich unter Kaiser Friedrich II. im 13. Jh. zustande kommt. Deutlich ist, daß Heinrich mit seinen einschlägigen Aktivitäten in einen gewissen Gegensatz zur überlieferten kirchenrechtlichen Behandlung des Judenthemas gerät, deutlich ist aber auch, daß er, nicht zuletzt wohl wegen dringenden Geldbedarfs und um der wirtschaftlichen Entwicklung des Reiches willen, seine Judenpolitik ebenso konsequent verfolgt, wie er - gegen die Kirche - an seinem herrscherlichen Investiturrecht festhält.

In Heinrichs Privileg für Worms vom 18.1.1074, das er zum Dank für erwiesene Loyalität in seinem Streit mit Gregor VII. erteilt, gewährt er "den Juden und den übrigen Bürgern von Worms" (*Judei et coeteri Wormatienses*) Zollfreiheit für die Zollstätten Frankfurt, Boppard, Hammerstein, Dortmund, Goslar und Enger. Hier sind in der Pergamenthandschrift die Worte "die Juden und die übrigen" von späterer Hand an der wohl zunächst für die Nennung weiterer Zollstätten freigelassenen Stelle nachgetragen. Vermutlich sollten hier jüdische Kaufleute auf jeden Fall genannt werden (vgl. ihre Erwähnung in der Bestätigung dieses Privilegs durch Heinrich V. im Jahre 1112; der Text in: Urkundenbuch der Stadt Worms, hg. von H. Boos, I, Berlin 1886, 52; dazu Aronius 1902, 99, sowie Germania Judaica I, Tübingen 1963, 117-118.441), doch ist die Reihenfolge ihrer Nennung *vor* den übrigen Einwohnern von Worms wohl nicht genuin bzw. nicht so vom Kaiser selbst formuliert.

Weit größere Bedeutung hat das von Heinrich IV. den Juden von Speyer am 19.2.1090 auf Fürsprache und Empfehlung des Ortsbischofs Rüdiger (Huozman) erteilte Privileg. Diesem lag wohl daran, noch kurz vor seinem Tode - er starb am 22.2.1090 - das von ihm im Jahre 1084 gegebene Privileg der Sache nach auch für die Zukunft sichern zu lassen. Heinrichs neues Privileg wird, als er in Speyer weilt, erteilt den zu ihm kommenden Juden "Juda, Sohn des Calonimus (Kalonymos), David, Sohn des Massula (Meschullam), Moyses, Sohn des Guthihel (Jekutiel)", die "mit ihren Genossen, Kindern und ihrer ganzen Klientel" in des Kaisers Schutz (*tuicio*) aufgenommen werden wollen, das heißt mit der ganzen durch die drei Honoratioren, darunter wohl der Gemeindevorsteher, vertretenen Judenschaft Speyers. Heinrich verfügt in der Urkunde u.a., daß niemand sich erdreisten solle, die Juden "zu behelligen mit irgendwelchen unbilligen Abgaben oder ihnen unberechtigt zuzusetzen noch es wage, von ihrem erblichen Besitz an Grundstücken, Gebäuden, Gärten, Weinbergen, Äckern, Sklaven oder sonstigem beweglichen und unbeweglichen Gut etwas wegzunehmen." Bei Verstoß dagegen ist in die Kasse des Königs beziehungsweise des Ortsbischofs ein Pfund Gold zu zahlen und das Doppelte des Genommenen zu erstatten. Die Juden von Speyer dürfen auch mit ihrem Eigentum Tauschhandel betreiben, innerhalb des Reiches Heinrichs IV. frei und in Frieden Handelsreisen unternehmen ohne Zoll- und Steuerpflicht. Sie müssen weder Quartier noch Transportmittel stellen. "Wurde aber bei ihnen gestohlenes Gut gefunden, und der Jude sagt aus, er habe es gekauft, soll er durch einen Eid in der bei ihnen vorgeschriebenen Weise unter Beweis stellen, um welchen Preis er es kaufte, ebensoviel (Erstattung) erhalten und es so dem Eigentümer wieder überstellen." Auf Zwangstaufen jüdischer Kinder steht eine Geldstrafe von zwölf Pfund Gold, zu entrichten an die Kasse des Königs oder des Bischofs. "Wollen sich Juden freiwillig taufen lassen, soll man sie drei Tage warten lassen, damit klar erkannt wird, ob sie wirklich um der christlichen Religion willen oder wegen eines ihnen zugefügten Unrechts ihrem Gesetz (d.h. dem mosaischen Glauben) abschwören. Und wie sie ihr Gesetz aufgaben, so sollen sie auch ihren Besitz verlieren. Auch ihre heidnischen Sklaven soll niemand, dabei die Interessen der christlichen Religion vorschützend, taufen und sie so ihrem Dienst entziehen (, weil Juden keine christlichen Sklaven besitzen durften). Wer dagegen verstößt, soll durch richterliche Gewalt genötigt werden, den Bann, d.h. drei Pfund Silber, zu bezahlen, und er soll darüber hinaus unverzüglich den Sklaven seinem Herrn zurückgeben; der Sklave aber soll in allen Stücken seinem Herrn gehorchen. Nichtsdestoweniger darf seine Praktizierung des christlichen Glaubens, dem er angehört, dabei nicht beeinträchtigt werden. Sie dürfen auch Christen gegen Entgelt für sich arbeiten lassen, ausgenommen an Fest- und Sonntagen. Nicht aber dürfen sie einen christlichen Sklaven kaufen. Bei einem Rechtsstreit zwischen einem Christen und einem Juden soll jeder nach Maßgabe der Sache gemäß seinem eigenen Gesetz prozessual sein Recht suchen und seinen Anspruch beweisen; und niemand soll einen Juden (im Sinne eines Ordals, d.h. zur Bestätigung seiner Aussage durch ein Gottesurteil) zu glühendem Eisen, zu heißem oder kaltem Wasser zwingen noch ihn auspeitschen oder einkerkern; vielmehr soll er nur schwören gemäß seinem Gesetz nach vierzig Tagen, und er soll nicht aus irgendeinem Grunde durch irgendwelche (ausschließlich nichtjüdische) Zeugen überführt werden können." Ist jemand, der einen Juden tötete, nicht in der Lage, die festgesetzte Geldstrafe zu zahlen, sollen ihm die Augen ausgerissen und die rechte Hand abgeschlagen werden. Innerjüdischer Rechtsstreit kann intern verhandelt werden, doch wenn gravierende Klagen anstehen, beziehungsweise von außen her gegen Juden vorgebracht werden, soll der Ortsbischof zuständig sein. "Auch sollen sie die Erlaubnis haben, ihren Wein, ihre Gewürze und Medikamente an Christen zu verkaufen" (W. Altmann - E. Bernheim, Hgg., Ausgewählte Urkunden zur Erläuterung der Verfassungsgeschichte Deutschlands im Mittelalter, Berlin 1909, 159-161).

Dieses Privileg für die Judenschaft Speyers soll gegebenenfalls "allen Bischöfen, Äbten, Herzögen, Grafen und überhaupt allen unter dem Gesetz unseres Reiches Stehenden zur Kenntnis gebracht werden", das heißt, es sicherte die Rechte einer, wenn auch relativ kleinen, Bevölkerungsgruppe im ganzen Reich. Wenn, wie möglich und wahrscheinlich, ähnliche (nicht erhaltene) Privilegien auch für andere Städte wie Regensburg und Mainz existierten (Germania Judaica I, Tübingen 1963, p. XXII; vgl. Pakter, 1974, 55) - auf das Wormser Privileg von 1090 kommen wir gleich zu sprechen -, war mit dem weiten Gültigkeitsbereich einer Summe derartiger normativ wirkender Privilegien ein weiter Schritt in Richtung auf ein reichseinheitliches Kollektivprivileg getan, also eine Entwicklung eingeleitet, die in ein reichseinheitliches Judenrecht hätte einmünden können. Die Kreuzzüge unterbrachen anscheinend diese Entwicklung und lenkten sie um in eine weniger judenfreundliche Richtung, hin zur Kammerknechtschaft des 13. Jh.

Hier, im Jahre 1090, verfügen die Juden Speyers noch selbstverständlich über vererbbaren und verkaufbaren Grundbesitz innerhalb und außerhalb der Stadt und über den damit gegebenen ständischen Status. Noch 1096 beginnt vielfach ein Rückzug der Juden in die Städte und ihren größeren Schutz durch Landesherren und Ortsbischöfe. Die Befreiung von der Einquartierungspflicht erinnert an ähnliche Bestimmungen des römischen Rechts (Cod. Theod. 7, 8, 2; Cod. Just. 1, 9, 4: Freistellung der Synagogen von Einquartierung). Auch hier ist an durchreisendes Militär oder das Gefolge hoher Herren zu denken, die unterzubringen und zu beköstigen waren, was Kosten und Störungen der jüdischen Art zu leben mit sich gebracht hätte.- Besonders in der nationalsozialistischen Zeit 1933-1945 wurde das sogenannte Hehlerrecht beziehungsweise 'Hehlerprivileg' diskutiert und als dem deutschen Recht fremd verworfen. Vielfach wurde jüdischen Händlern generell unterstellt, wissentlich und gefahrlos Diebesgut zu kaufen und daran zu profitieren. Da wurde verkannt, daß den Juden, die seit der Kreuzzugszeit allmählich aus dem Warengroßhandel verdrängt wurden, wenn sie zahlungsfähige Steuerzahler bleiben sollten, eine nicht allzu risikoreiche Geld- und Pfandleihe bleiben mußte. Diese Risikosicherung ging, wie wir wissen, nicht über das hinaus, was auch den christlichen Lombarden und Kawerschen garantiert wurde.

Nicht von ungefähr nimmt das Religionsthema im Speyerer Privileg einen großen Raum ein, handelt es sich doch hier um eine potentielle Konfliktzone des weltlichen und kanonischen Rechts, wie sie schon zur Zeit Agobards von Lyon bestand. Heinrich setzt hier, im Privileg für die Judenschaft Speyers, die Strafe für Zwangstaufen auf zwölf Pfund Gold fest, also so hoch wie für die Ermordung eines Juden im Wormser Privileg von 1090, erhöht also die Strafe um zwei Pfund im Vergleich zu Ludwig dem Frommen. Das muß nicht auf eine geringer werdende Sicherheit der Juden weisen, sondern könnte auch nur das starke Engagement Heinrichs unterstreichen. Ein Schlag gegen die Kirche war zweifellos die Bestimmung des Vermögensentzuges beziehungsweise Erbrechtsverlustes im Falle der Taufe. Das war eine hohe Hemmnisschwelle für taufwillige Juden, doch für Heinrich dominierte offenbar der Gesichtspunkt einer fiskalischen Einbuße bei Verringerung der Zahl vermögender Juden. Damit entstand für die kirchliche Judenmission ein Problem neu, das durch Cod. Theod. 16, 8, 28 bereits vor langer Zeit gelöst schien (vgl. Verf., Die christl. Adv.-Jud.-Texte 1982, 369). - Das Problem der Taufe heidnischer Judensklaven schwelte seit Jahrhunderten und war ein Hauptstreitpunkt bereits zwischen Ludwig dem Frommen und Agobard von Lyon. Heinrich bleibt hier auf der Linie Ludwigs, der christliches (unfreies) Gesinde im Dienst jüdischer Herren nicht anstößig fand. Allerdings verbietet er den Kauf christlicher Sklaven durch Juden und kommt damit der Kirche entgegen. Die seit Ludwig weit fortgeschrittene Christianisierung der östlichen Reichsgebiete hatte diesem Betätigungsfeld jüdischer Kaufleute ohnehin allmählich den Boden entzogen; auch war wohl der Einfluß der Kirche in diesem Punkte inzwischen stärker geworden.- Verhältnismäßig und vergleichweise günstig sind durch Heinrich die Juden bei einem Gerichtsstreit gestellt. Es bleibt ihnen auch die schon im römischen Recht festgelegte Erlaubnis, innerjüdischen Rechtsstreit intern auszutragen (vgl. z.B. Cod. Just. 1, 5, 21).- Die Erlaubnis zum Verkauf von Wein und Medikamenten an Christen lief durchaus den Interessen der Kirche zuwider. Schon Amolo von Lyon wettert gegen den Weinverkauf durch Juden, und Christen mißverstanden die strengen jüdischen Speisevorschriften dahingehend, daß den Christen von Juden auch absichtlich minderwertige und verdorbene Ware verkauft wurde (vgl. auch das Konzil zu Vannes, Kanon 12; CChr 148, 154). Die Abgabe von Medikamenten konnte in die Nähe ärztlicher Hilfe geraten, die Christen von Juden durchaus nicht annehmen sollten. Bereits Johannes Chrysostomos erregt sich über solche Vorkommnisse.

Mit dem Speyerer Privileg stimmt in Form und Inhalt weitgehend überein Heinrichs Privileg für die Juden von Worms (um 1090). Unterschiedlich ist hier unter anderem die Betonung, daß die Juden "zu unserer Kammer gehören" (*ad cameram nostram attineant*). Wenn die Wormser Juden von Heinrich als zu seiner Kammer gehörend betrachtet werden, so denkt er gewiß noch nicht an "Sklaven" im Sinne der Kammerknechtschaft (d.h. *camerae nostrae servi* bei Friedrich II., anno 1236), aber eine wichtige Station auf dem Wege dahin ist hier doch formuliert. Unterschiedlich zum Privileg Speyer ist auch eine Erlaubnis zum Geldwechsel erteilt, und zwar ausgenommen vor dem Münzgebäude und wo sonst Münzer ihr Wechselgeschäft tätigen. Über das im Privileg Speyer Gesagte hinaus geht hier ferner die Festsetzung der Strafe von 12 Pfund Gold bei Tötung eines Juden, weiter die Erlaubnis, neben christlichen Lohnarbeitern auch christliche Mägde und Ammen zu haben, "ohne daß der Bischof oder irgendein Geistlicher dies verbieten soll", wobei auffällt, daß der Kaiser seinen Standpunkt notfalls auch gegen kirchlichen Anspruch hart durchzusetzen gewillt ist. Hier war ein Punkt berührt, an dem die Kirche besonders empfindlich reagieren mußte (vgl. schon Agobard von Lyon, MG, Epistolae 5, 199, 35-37). Neu ist ferner die Bezeichnung "Judenbischof" (*Judaeorum episcopus*) für denjenigen, der bei Streitsachen unter Juden eine entscheidende Rolle spielte, und neu ist hier schließlich auch, daß in besonders gravierenden Streitsachen die Juden sich an den Kaiser wenden dürfen.

Als im Frühjahr 1096 das Unheil der Kreuzzugsverfolgungen über die Juden im Rheinland hereinzubrechen beginnt, bittet der Vorsteher der jüdischen Gemeinde in Mainz - die vermutlich einen kaiserlichen Schutzbrief besaß - den in Norditalien weilenden Kaiser als Schutzherrn der Juden um Hilfe. Der reagiert sofort in Gestalt eines (nicht erhaltenen) brieflichen Schutzerlasses (vgl. Germania Judaica I, Tübingen 1963, p. XXII. 286.336) an den Herzog Gottfried von Bouillon und die anderen weltlichen und kirchlichen Herren des Reiches. Heinrich wird durch diesen Schritt des Eintretens für die Juden im Reich - er war wohl auch durch finanzielle Erwägungen bestimmt; denn tote oder zwangsgetaufte Juden konnten keinen Schutzzins mehr an ihn zahlen - in gewisser Weise zum Schirmherrn aller mitteleuropäischen Juden, eine Entwicklung, die im Jahre 1103 einen vorläufigen Kulminationspunkt erreichen sollte. Daß Heinrich notfalls auch gegen Papst und Bischöfe seinen Souveränitätsanspruch durchzusetzen gewillt war, wurde schon besonders deutlich durch sein Verbot von Zwangstaufen in Gestalt der Taufe jüdischer Kinder gegen den Willen ihrer Eltern (Privilegien für die Judenschaft in Speyer und Worms); nun aber auch dadurch, daß er, als er aus Italien zurückkehrte und im Mai/Juni 1097 in Regensburg weilte, den dortigen während der Kreuzzugsverfolgungen zwangsgetauften Juden (und vermutlich auch anderwärts) gegen Recht und Tradition der Kirche und gegen den erklärten Willen Clemens III. die Rückkehr zum alten Glauben gestattete und so den *character indelebilis* des Taufsakraments ignorierte (MG, Scriptores 6, 208 = PL 154, 959 = Frutolfi et Ekkehardi Chronica, ed. Fr.-J. Schmale et I. Schmale, Darmstadt 1972, 108: *legibus suis uti* [bzw. *iudaizandi ritum] concessit*). Zum Jahre 1096 berichtet dieselbe Chronik des Frutolf-Ekkehard, wie die Zwangstaufen zustande kamen: Die auf dem Wege nach Jerusalem durch Mitteleuropa ziehenden verschiedenen Heerhaufen der Kreuzfahrer "vertilgten entweder gänzlich in allen Städten, die sie passierten, die Überreste der durch und durch ruchlosen Juden, dieser wirklich tiefinneren Feinde der Kirche (*nefandissimas Judaeorum reliquias, ut vere intestinos hostes ecclesiae*), oder sie zwangen sie, sich durch Annahme der Taufe zu retten; doch die meisten von ihnen kehrten später *sicut canes ad vomitum*, 'wie Hunde zum Erbrochenen' (vgl. 2 Petr. 2, 22) zurück" (MG, Scriptores 6, 208 = PL 154, 959 = Schmale, S. 110; vgl. zur Motivation der Kreuzfahrer die Aussage des anonymen Verfassers der Annales monasterii s. Aegidii Brunsvicenses zum Jahre 1096: *Et erat professio eorum, ut vellent ulcisci Christum vel in gentilibus vel in Judeis* [MG, Scriptores 30, 10]). Dieser Aspekt der "Rache" beherrscht bereits die Vindicta-Dichtungen zu Beginn des Frühmittelalters.

Im Jahre 1098 untersucht Heinrich in Mainz den Verbleib des Vermögens der in den Kreuzzugsverfolgungen getöteten Juden und geht im Zusammenhang damit auch gegen Verwandte des dortigen Erzbischofs Ruthard und indirekt wohl auch gegen Ruthard selbst vor, dem ebenfalls eine Vorteilsnahme nachgesagt wurde (MG, Scriptores 6, 209 = PL 154, 960 = Schmale, S. 110). Auch dieses Verhalten Heinrichs läßt deutlich werden, daß er notfalls auch gegen die kirchliche Hierarchie seine Ansprüche realisiert, wobei hier gewiß von Belang ist, daß er als eine Art Schutzherr der Juden ein gewisses Recht auf ihren hinterlassenen Besitz zu haben glaubte.

Die Judenverfolgungen während des ersten Kreuzzuges hatten gezeigt, daß die auf eine Stadt begrenzten jederzeit widerrufbaren Privilegien für kleinere oder größere Gruppen von Juden, wie sie seit der Karolingerzeit erteilt wurden, nur einen unzureichenden Schutz darstellten. Da Heinrich

IV. einen neuen Kreuzzug plante, für dessen Zustandekommen und Gelingen die Herstellung eines wenigstens partiell fehdefreien Umfeldes nützlich war, schloß er deshalb unter anderen auch die Juden in den Kreis der reichseinheitlich zu schützenden Personengruppen ein; dies in der Form eines Reichsfriedens beziehungsweise Landfriedens für zunächst vier Jahre, beschworen in Mainz am 6.1.1103 von Heinrich, seinem Sohn, den Erzbischöfen, Herzögen und sonstigen Großen des Reiches. "Sie beschworen also Frieden für die Kirchen, Geistlichen, Mönche, Laien (d.h. Laienbrüder), für Kaufleute, Frauen - damit sie nicht gewaltsam entführt werden dürfen - und Juden" (*pacem ecclesiis, clericis, monachis, laicis: mercatoribus mulieribus ne vi rapiantur, Judeis*; MG, Const. 1, 125-126; Quellen zur deutschen Verfassungs-, Wirtschafts- und Sozialgeschichte bis 1250. Ausgewählt und übersetzt von L. Weinrich, Darmstadt 1977, 166-167; vgl. Aronius 1902, 97). Damit war eine neue, wesentlich erweiterte Rechtsbasis des Judenschutzes hergestellt, allerdings nur in Gestalt von öffentlich-rechtlichen Richtlinien durch eine Art Rahmengesetz beziehungsweise Strafgesetz, dem keine Exekutivgewalt des Reiches Nachdruck verleihen konnte. Der Vollzug des kaiserlichen Landfriedens und die Strafverfolgung bei Verstößen (Verlust der Augen, der rechten Hand, Kahlscheren, Auspeitschen u.a.) lag bei den einzelnen Fürsten. Durch diese reichseinheitliche Regelung blieben die Juden, was sie waren, nämlich freie Nichtchristen, die im Prinzip auch Waffen tragen konnten, doch war ihr Schutz nun an ihre Waffenlosigkeit gebunden. Faktisch, obwohl Heinrich dies gewiß nicht beabsichtigt hatte, ergab sich also für sie eine deutliche Rechtsminderung und auch eine soziale Deklassierung; denn der Verlust der vollen Waffen- und Verteidigungsfähigkeit und die Schutzzinspflicht gegenüber dem Kaiser waren nicht ausgeglichen durch Statusvorteile, wie sie den ebenfalls in den Landfrieden aufgenommenen Bevölkerungsgruppen verblieben, etwa die Lehensfähigkeit der Priester. Es wiederholt sich hier, mutatis mutandis, das geschichtliche Phänomen, daß ein Privileg, ein scheinbarer Vorteil, zum Nachteil ausschlagen kann: Cäsars Befreiung der Juden von der Kriegsdienstpflicht sollte diesen die Erfüllung ihrer religiösen Pflichten erleichtern, führte aber im Laufe der Spätantike allmählich zum Ausschluß der Juden nicht nur von einer Karriere in der Armee, sondern vom (z.T. militärisch organisierten) öffentlichen Dienst überhaupt. Der durch den Landfrieden des Jahres 1103 mitbewirkte soziale Abstieg der Juden ist jedenfalls einer der Meilensteine auf dem Wege zur reichseinheitlichen Kammerknechtschaft. Auch nach Heinrich bleibt und nimmt eher noch zu das fiskalische Interesse der Herrscher an den Juden, ein Interesse, das nur zum Zuge kommen konnte, wenn diese Bevölkerungsgruppe geschützt existieren und überleben durfte. Im Grunde dachte die Kirche, im Interesse der endzeitlichen Konvergenz von Ecclesia und Synagoga, ähnlich, doch bisweilen geriet diese theologische Motivation über dem Tagesstreit um Investiturfragen etwas in den Hintergrund.

Ausgaben: MG, Diplomata 6, 341-342 (Zollbefreiung für "die Juden und die übrigen Einwohner von Worms"); MG, Diplomata 6, 546-547 (Privileg für die Juden in Speyer); MG, Diplomata 6, 548-549 (Privileg für die Juden in Worms); MG, Constitutiones 1, 125-126 (Mainzer Landfriede); A. Hilgard, Hg., Urkunden zur Geschichte der Stadt Speyer, Strassburg 1885, 12-14 (Privileg für die Juden in Speyer); W. Altmann u. E. Bernheim, Ausgewählte Urkunden zur Erläuterung der Verfassungsgeschichte Deutschlands im Mittelalter, Berlin 1909, 159-161 (Privileg für die Juden in Speyer); Elenchus fontium historiae urbanae, I, Leiden 1967, 69-70 (Zollbefreiung für "die Juden und die übrigen Einwohner von Worms"); Quellen zur deutschen Verfassungs-, Wirtschafts- und Sozialgeschichte bis 1250. Ausgewählt und übersetzt von L. Weinrich, Darmstadt 1977, 132-135 (Privileg für die Juden in Worms); Weinrich a.a.O. 1977, 166-167 (Mainzer kaiserlicher Landfriede).- *Übersetzungen*: J. Höxter, Quellenlesebuch zur jüdischen Geschichte und Literatur, III, Frankfurt 1927, 9-12 (Privileg Speyer); Chazan 1980, 60-63 (Privileg Speyer); K.H. Debus, in: Geschichte der Juden in Speyer (Beiträge zur Speyerer Stadtgeschichte, 6), Speyer 1981, 12-13 (Privileg Speyer). - *Literatur*: Stobbe, 1866, 9-10; R. Hoeniger, Zur Geschichte der Juden im frühern Mittelalter, Zeitschrift für die Geschichte der Juden in Deutschland 1, 1887, 65-97. 136-151, S. 136 ff.; O. Stobbe, Die Judenprivilegien Heinrichs IV. für Speier und für Worms, Zeitschrift für die Geschichte der Juden in Deutschland 1, 1887, 205-215; Aronius, 1902, 71-77. 93-95.97; Caro, I (1908) 172 f. 178 ff. 207 f. 215 f. 222; B. Hahn, Die wirtschaftliche Tätigkeit der Juden im fränkischen und deutschen Reich bis zum 2. Kreuzzug, Freiburg 1911, 62 ff. 96 ff.; H. Fischer, Die verfassungsrechtliche Stellung der Juden in den deutschen Städten während des 13. Jahrhunderts, Breslau 1931; J. Cohn, Die Judenpolitik der Hohenstaufen, Hamburg 1934, 13-15; Germania Judaica I, Breslau 1934, XXI-XXII. 61.117.177.181.183.286.329-331.333-336.438-439.441.442.444.445; A. Kober, Die deutschen Kaiser und die Wormser Juden, Zeitschrift für die Geschichte der Juden in Deutschland 5, 1938, 134-151, S. 134-135; W. Zuncke, Die Judenpolitik der fränkischen deutschen Könige und Kaiser bis zum Interregnum, Jena 1941, 38-52; P. Herde, in: Zeitschrift für bayerische Landesgeschichte 22, 1959, 361-362; LThK V (1960) 180-181; E. Roth, in: Monumenta Judaica. Handbuch, Köln 1963, 88-89; Baron, IX (1965), 140-141.184; XI (1967), 24; L. Dasberg, Untersuchungen über die Entwertung des Judenstatus im 11. Jahrhundert, Paris 1965; B. Brilling u. H. Richtering, Westfalia Judaica, I, Stuttgart 1967, 23-24; Encyclopaedia Judaica (Jerusalem 1971) VIII, 329; XV, 263.644; S.W. Baron, Ancient and Medieval Jewish History, New Brunswick, N.J., 1972, 296-297; Fr. Lotter, Zu den Anfängen deutsch-jüdischer Symbiose in frühottonischer Zeit, Archiv für Kulturgeschichte 55, 1973, 1-34, S. 5. 31; A.M. Drabek, Judentum und christliche Gesellschaft im hohen und späten Mittelalter, in: Das österreichische Judentum, Wien 1974, 25-57, S. 27-29.34-35; Pakter, 1974, 54-55.151; K. Schubert, Das Judentum in der Umwelt des christlichen Mittelalters, Kairos 17, 1975, 161-217, S. 189.209-210; K. Geissler, Die Juden in Deutschland und Bayern, München 1976, 23.103.105-107.133-136.165.187; Kisch, 1978-1979, I, S. 18.26.43. 45 ff. 52 ff. 56 ff. 94 ff. 109 ff. 116 ff.; II, S. 53-54.88-89.102; B. Stemberger, Zu den Judenverfolgungen in Deutschland zur Zeit der ersten beiden Kreuzzüge, Kairos 20, 1978, 151-157, S. 156; Fr. Battenberg, Zur Rechtstellung der Juden am Mittelrhein in Spätmittelalter und früher Neuzeit, Zeitschrift für historische Forschung 6, 1979, 129-183, S. 144.146.148; K. Schubert, Die Kultur der Juden, II (Wiesbaden 1979) 21-24; Chazan 1980, 60-63.113-114; B. Stemberger, in: Juden in Deutschland. Zur Geschichte einer Hoffnung, Berlin 1980, 15-50, S. 27.34-35; M.J. Wenninger, Man bedarf keiner Juden mehr, Wien 1980, 22; K.H. Debus, in: Geschichte der Juden in Speyer, Speyer 1981, 12 ff.; E. Voltmer, in: Zur Geschichte der Juden im Deutschland des späten Mittelalters und der frühen Neuzeit, hg. von A. Haverkamp, Stuttgart 1981, 94-121, S. 97-98; P. Máthé, Innerkirchliche Kritik an Verfolgungen im Zusammenhang mit den Kreuzzügen und dem Schwarzen Tod, in: Kritik und Gegenkritik in Christentum und Judentum, hg. von S. Lauer, Bern 1981, 83-117, S. 88-89.100; D. Mertens, Christen und Juden zur Zeit des ersten Kreuzzuges, in: Die Juden als Minderheit in der Geschichte, hg. von B. Martin u. E. Schulin, München 1981, 46-67, S. 59-61; H. Liebeschütz, Synagoge und Ecclesia. Religionsgeschichtliche Studien über die Auseinandersertzung der Kirche mit dem Judentum im Hochmittelalter, Heidelberg 1983, 129-130.191-192; Fr. Lotter, in: Judentum und Antisemitismus von der Antike bis zur Gegenwart, hg. von Th. Klein (u.a.), Düsseldorf 1984, 54-57; TRE XV, 1-2 (1986) 6-9.

Von **Theophylaktos**, Erzbischof **von Achrida** († um 1108), sind unter anderem zahlreiche wenig selbständige, zum Teil katenenartige Kommentare zum Alten und Neuen Testament erhalten. In seinen Kommentaren zu den Evangelien bedient er sich, wie viele seiner Vorgänger, der Werke des jüdischen Historikers Flavius Josephus, um auch durch dessen Geschichtsbericht zum Untergang Jerusalems im Jahre 70 n. Chr., das heißt die verdiente Bestrafung der Juden, die Wahrheit und Überlegenheit des Christentums gegen die ungläubigen Juden zu erweisen. So erwähnt er die Teknophagie der Maria (PG 123, 1056 zu Josephus, Bell. Jud. 6, 201 ff.; vgl. PG 123, 1052), und die Darstellung des "wahrheitsliebenden" Josephus wird ihm zur offenkundigen Realisierung von Mt 22, 7 (PG 123, 395; vgl. PG 124, 219). Mit Befriedigung und fast hämischer Genugtuung beruft er sich auf denselben jüdischen Historiker im Zusammenhang mit seiner Auslegung von Jo 13, 33: "Es suchten ihn (Jesus) also die Juden, als ihre Stadt fiel und der Zorn des Himmels sich aus allen Richtungen gegen sie entlud, wie auch Josephus bezeugt, daß wegen Jesu Tod ihnen dies geschah". Indes hat Josephus dergleichen nirgends geschrieben, und diese Notiz ist eines der vielen fiktiven, in der christlichen Überlieferung diesem jüdischen Autor untergeschobenen antijüdisch-apologetischen Testimonia. Der seit langem zu den unedierten Schriften des Theophylaktos gezählte Traktat "Gegen die Juden" hat nicht den Erzbischof von Achrida zum Verfasser, sondern Theophanes von Nikaia († um 1380).

Ausgabe: PG 123-126.- *Literatur*: Krumbacher, 1897, 133-135. 463-465; G. Moravcsik, Byzantinoturcica, I, Berlin 1958, 537-539; Beck, 1959, 649-651; LThK X (1965) 92; G. Prinzing, "Contra Judaeos": Ein Phantom im Werkverzeichnis des Theophylaktos Hephaistos, Byzantinische Zeitschrift 78, 1985, 350-354.

Anselm von Canterbury († 21.4.1109), Kirchenlehrer (seit 1720), trat 1060 in das Benediktinerkloster Bec in der Normandie ein, dem er seit 1066 als Prior und seit 1078 als Abt vorstand. Verschiedene Reisen nach England, wo sein Kloster über Besitzungen verfügte, ließen seine Qualitäten auch dort bekannt werden, so daß er am 6.3.1093 Erzbischof von Canterbury wurde. Unter seinen Werken befindet sich kein ausdrücklich der Widerlegung der Juden gewidmetes Werk, und auch auf das Judenthema kommt er nur selten zu sprechen, doch unterliegt es keinem Zweifel, daß ein großes Anliegen seiner Hauptwerke die zur Zeit Anselms besonders drängende Auseinandersetzung des Christentums mit den nichtchristlichen 'Ungläubigen' (*infideles*, d.h. Muslimen und Juden; z.B. SChr 91, 210) ist. Es gibt Grund zu der Vermutung, daß Anselm an den christlich-jüdischen Glaubensdiskussionen seiner Zeit in England irgendwie beteiligt war. Auf jeden Fall hat er in hohem Maße anregend auf seine Schüler und andere Autoren des 12. Jh. eingewirkt, die als Verfasser von Adversus-Judaeos-Texten hervorgetreten sind. Es ist ja auch nicht zu übersehen, daß die Hauptthemen seines Werkes, Trinität (nebst Göttlichkeit Christi) und Inkarnation (nebst Virginität Marias) von jeher zentrale Themen der christlich-jüdischen Kontroverse waren.

Im *Monologion* ('Selbstgespräch', ursprünglicher Titel: *Exemplum meditandi de ratione fidei*), geschrieben 1076, will er ein zentrales Dogma (Trinität) unter Verzicht auf die herkömmlichen biblischen 'Testimonia' rational so begründen, daß nicht nur Christen dadurch erbaut werden, sondern auch Ungläubige einen Zugang dazu finden können. Seine Absicht ist also zugleich apologetisch und missionarisch. Auch die Schrift *De fide Trinitatis et de incarnatione verbi* gegen den Tritheismus seines Zeitgenossen Roscelin von Compiegne richtet sich im Grunde gegen Muslime und Juden. Anselms Hauptwerk *Cur deus homo* ('Warum Gott Mensch geworden ist'), vollendet 1098 in Italien und Urban II. überreicht, hat vielleicht Anregungen des Gilbertus Crispinus aufgenommen, der ihm seine 'Disputatio Judaei cum Christiano' dedizierte beziehungsweise zur kritischen Prüfung übersandte; denn 'Cur deus homo' ist dialogisch angelegt, und zwar als Gespräch Anselms mit seinem Schüler Boso, der sozusagen den Part der Ungläubigen (d.h. Juden und Muslime) mit übernommen hat. Hier geht es Anselm vor allem darum, vernunftgemäß zu begründen, daß, da nicht Gott selbst die Sünden der Menschen sühnen konnte, nur Christus als Gott und (makelloser) Mensch zugleich durch seine Menschwerdung die Menschheit erlösen konnte. Auch in diesem Werk will er nicht nur den Christen zu einem tieferen Verständnis ihres Glaubens verhelfen, sondern sie wohl auch für Gespräche mit Nichtchristen (in erster Linie Juden und Muslime) wappnen. Ebenfalls ist eine missionarische Intention erkennbar, insofern Anselm zum Ende seines Werkes ausdrücklich die Hoffnung artikuliert, "nicht nur die Juden, sondern auch die Heiden (d.h. Muslime)" ließen sich durch seine vernunftbetonte Argumentation beeindrucken (Cur deus homo 2, 22; PL 158, 432; ed. F.S. Schmitt, 1928, S. 65; SChr 91, 460: *non solum Judaeis sed etiam paganis*). Die nachhaltige Wirkung der Schrift Anselms wird unter anderem daran erkennbar, daß in der Adversus-Judaeos-Literatur des 12. Jh. neben der Autorität biblischer Testimonia zunehmend auch die *ratio* zum Erweis der Veritas christiana eingesetzt wird.

Zwar kennt Anselm die Kirchenväter, vor allem Augustinus, gut - daneben auch Boëthius und über diesen Aristoteles -, aber er scheint zu wissen, daß er die 'Infideles' weniger durch Zitate aus den Vätern (die ihrerseits meist mit Bibelstellen argumentierten, deren Deutung von Nichtchristen leicht als willkürlich abgetan werden konnte) beeindrucken kann als vielmehr durch den Nachweis, daß die christlichen Offenbarungsweisheiten und Glaubensinhalte, vor allem die Christologie, für *ratio* und *intellectus* zugänglich sind (vgl. sein Prinzip *Credo ut intelligam*, Proslogion 1; PL 158, 227; Proslogion, ed. Fr. S. Schmitt, Bonn 1931, p. 11; vgl. *fides quaerens intellectum*, PL 158, 225). Nur so scheint ihm wohl für die Zukunft verhinderbar, daß die Infideles über den christlichen Glauben als Blödsinn lachen (*simplicitatem christianam quasi fatuam irridentes*, Cur deus homo 1,1; SChr 91, 210; vgl. unten zu Odo von Cambrai). Einen eigenen Weg beschreitet er auch in der alten Frage des Gottesmordes und der jüdischen Kollektivschuld; denn für ihn "könnte kein Mensch je wissentlich Gott töten wollen" (Cur deus homo 2, 15; PL 158, 415; Schmitt II, 1946, p. 115; SChr 91, 406). Das Vergehen der Juden ist also nur eine "verzeihliche (d.h. relativ leichte) Sünde, weil es unwissentlich geschah" (*malum veniale, quia ignoranter factum est*, ebd. 2,15).

Ganz am Rande und eher indirekt kommt das missionarische Anliegen Anselms zur Sprache in seinem Brief an zwei englische Kleriker, denen er einen gewissen kürzlich getauften Juden Robert nebst seiner Familie empfiehlt, "der nicht Not leiden, sondern froh sein sollte, um des wahren Glaubens willen den Unglauben (*perfidia*) hinter sich gelassen zu haben (PL 159, 154). Es solle durch die christliche *pietas* deutlich werden, "daß unser Glaube Gott näher ist als der jüdische" (*quia fides nostra propinquior est Deo quam Judaica*).- Alles in allem ist der 'Vater der Scholastik' ein ganz und gar unpolemischer Apologet, ebenso tolerant wie überzeugt von der Wahrheit des Christentums. Seit Anselm wird die christlich-jüdische Diskussion vielfach philosophischer, doch fehlt es schon im 12. Jh. nicht an Beispielen härtester christlicher Polemik trotz des Argumentierens mit der *ratio* und wohl gerade wegen zu hoher Erwartungen hinsichtlich der Überzeugungskraft solchen Argumentierens: Für Petrus Venerabilis werden die Juden, weil sie auch christlicher Ratio nicht zugänglich sind, zu vernunftlosen, dummen Tieren.

Ausgaben: PL 158-159; Opera omnia, hg. von F.S. Schmitt, 6 Bde., Edinburgh 1946-1961; Stuttgart 1968 (Nachdruck in 2 Bänden); SChr 91.- *Übersetzungen*: Betrachtungen. Übers. von B. Barth u. A. Hug, München 1926; Monologion, lat.-deutsch, hg. von F.S. Schmitt, Stuttgart 1964; Proslogion, lat.-deutsch, hg. von F.S. Schmitt, Stuttgart 1962; Cur deus homo, lat.-deutsch, hg. von F.S. Schmitt, Darmstadt 1967; Wahrheit und Freiheit. Vier Traktate. Übers. von H. Verweyen, Einsiedeln 1982.- *Literatur*: G. van den Plaas, Des hl. Anselm Cur Deus homo auf dem Boden der jüdisch-christlichen Polemik des Mittelalters, Divus Thomas 7, 1929, 446-467; 8, 1930, 18-32; Manitius, III (1931), 88-93; A. von Harnack, Lehrbuch der Dogmengeschichte, III, Tübingen 1932, 388-409; W.H.V. Reade, in: The Cambridge Medieval History, V, 1948, 792 ff.; G. La Piana, The Church and the Jews, Historia Judaica 11, 1949, 117-144, S. 124-125; A. Forest, in: Histoire de l´Église, hg. von A. Fliche et V. Martin, XIII, Paris 1956, 53-73; LThK I (1957) 592-594; J. Gauss, Anselm von Canterbury und die Islamfrage, Theologische Zeitschrift 19, 1963, 250-272; J. Gauss, Das Religionsgespräch zwischen Juden und Christen im Mittelalter, Christlich-Jüdisches Forum 35, 1965, 25-38, S. 33-35; J. Gauss, Anselm von Canterbury. Zur Begegnung und Auseinandersetzung der Religionen, Saeculum 17, 1966, 277-363; Fr. Kempf, in: Handbuch der Kirchengeschichte, hg. von H. Jedin, III 1, Freiburg 1966, 531-532.537-589; A. Adam, Lehrbuch der Dogmengeschichte, II, Gütersloh 1968, 66-74; K. Bihlmeyer - H. Tüchle, Kirchengeschichte, II, Paderborn 1968, 258-260; A. Funkenstein, Changes in the Pattern of Christian Anti-Jewish Polemics in the 12th Century [hebräisch], Zion 33, 1968, 125-144; Encyclopaedia Judaica (Jerusalem 1971) III, 33; A. Funkenstein, Basic Types

of Christian Anti-Jewish Polemics in the Later Middle Ages, Viator 2,1971, 373-382,
S. 377-378; W. Totok, Handbuch der Geschichte der Philosophie, II, Frankfurt a.M.
1973, 183-191; J.E. Rembaum, The New Testament in Medieval Jewish Anti-Christian
Polemics, Diss. Los Angeles 1975, 188; D.J. Lasker, Jewish Philosophical Polemics
against Christianity in the Middle Ages, New York 1977; R.Ch. Schwinges, Kreuzzugsidee und Toleranz, Stuttgart 1977, 58-63; TRE II (1978) 759-778; Kniewasser
1979, 201-202 (vgl. Kairos 22, 1980, 56); LMA I (1980) 680-687; K. Kienzle, Glauben und Denken bei Anselm von Canterbury, Freiburg 1981; J. Cohen, The Jews as
Killers of Christ in the Latin Tradition, from Augustine to the Friars, Traditio 39,
1983, 1-27, S. 12-13; M.A. Schmidt, in: Gestalten der Kirchengeschichte, hg. von M.
Greschat, III, 1 (Stuttgart 1983) 123-147; G. Dahan, S. Anselme, Les Juifs, le
judaïsme, in: Les mutations socio-culturelles au tournant des XIe-XIIe siècle, hg. von
R. Foreville, Paris 1984, 175-187.

Gegen Ende des frühen Mittelalters und zu Beginn des Hochmittelalters
bietet ein Beispiel für das hebraistische Interesse christlicher Theologen der
Benediktiner **Sigebert von Gembloux** († 5.10.1112), der vor allem
durch seine Leistungen als Chronist und als hagiographischer und kirchen-
politischer Schriftsteller bekannt ist. In seinen jüngeren Jahren lehrte er mit
großem Erfolg im Kloster St. Vinzenz zu Metz, und "nicht nur bei den
Christen, sondern auch bei den in ebendieser Stadt wohnenden Juden war
er sehr beliebt; denn er verstand sich darauf, die Wahrheit der jüdischen
Überlieferung (*hebraica veritas*, d.h. den hebräischen Wortlaut des Alten
Testaments) von den übrigen Textformen (der Bibel) zu unterscheiden,
und er äußerte gewöhnlich Zustimmung, wenn die Juden Angaben entsprechend dem hebräischen Wortlaut machten" (Gesta abbatum Gembl.
72; PL 160, 641). Christliche Gelehrte, die sich wie Sigebert mit der hebräischen Sprache befaßten, konnten leicht in den Verdacht des Judaisie-
rens geraten.

Ausgabe: PL 160.- *Literatur*: Manitius, III (1931), 332-350; LThK IX (1964),
746; E. Erb, Geschichte der deutschen Literatur von den Anfängen bis 1160, I 2, Berlin
1976, 470-471.486.

Ein starker Einfluß Anselms (und seines Schülers Gilbertus Crispinus)
wird bereits bei **Odo**, Bischof **von Cambrai** († 19.6.1113), deutlich.
Dieser, lange Zeit Lehrer für Philosophie und Astronomie an der Dom-
schule von Tournai und ein Mann von hoher Bildung - besonders beeindruckt haben ihn Boëthius und Augustinus - verfaßte als Kirchenschriftsteller eine Reihe von Arbeiten, unter denen hier die *Disputatio contra Judaeum Leonem nomine de adventu Christi filii dei* besondere Beachtung

verdient. Im Prolog zu dieser Wechselrede Odo-Leo sagt er, sie sei die erbetene schriftliche Ausarbeitung eines von ihm vor Mönchen gehaltenen Vortrages über das Problem der Inkarnation. Wie weit hier ein tatsächliches Gespräch mit einem Juden, das er im Jahre 1106 auf der Durchreise in Senlis gehabt haben will, die Vorlage bildet (PL 160, 1103), ist nicht ganz deutlich; denn zumindest ist vieles an diesem Dialog offensichtlich literarisch fingiert, wohin auch der Umstand weist, daß neben Leo Christen als weitere Gesprächspartner genannt werden, die "für die jüdische Seite" Odo nötigten, einige Dinge noch genauer und eingehender zu erörtern (PL 160, 1112), so daß unter Umständen der Eindruck entstehen kann, der Jude Leo sei überhaupt nur ein literarischer Statist. Jedenfalls ist Odos Schrift an den Mönch Acardus gerichtet (PL 160, 1103) und dient der Glaubensunterweisung (*ad instruendum fidelem monachum*, PL 160, 1103), und zwar in einem seit Anselm besonders fesselnden Thema (PL 160, 1108, *ut ... fiat deus homo*, bezieht sich vielleicht direkt auf Anselms 'Cur deus homo').

Der Inhalt der 'Disputatio' ist kurz folgender: Odo begründet - unter fast völligem Verzicht auf die herkömmlichen biblischen Testimonia - rational die Notwendigkeit der Inkarnation Christi. Zur notwendigen ewigen Seligkeit (*gloria*) finde der Mensch nur, weil Christus zur Sühne für die Sünden der Menschen in die Welt gekommen sei. Diese Sühne kann Gott bewirken, muß es aber nicht; der Mensch benötigt sie, kann sie aber nicht von sich aus bewirken, weshalb Christus, Gott und Mensch zugleich, dies Werk tun mußte (PL 160, 1107-1108). Der Absicherung dieser Anschauung dient das abschließende ausführliche Eingehen auf das Thema der Virginität Marias (PL 160, 1110-1112). Odo argumentiert hier, vielleicht weil er da eine Schwachstelle seiner Position sieht, besonders stark mit der Ratio gegen den Juden, den er hatte sagen lassen: "In einem Punkte lachen wir sehr über euch und halten euch für verrückt. Ihr behauptet nämlich, Gott, im Leib einer schwangeren Mutter ekelhaft eingekerkert, leide (dieses Schicksal) neun Monate lang und komme schließlich im zehnten Monat heraus durch einen Ausgang, dessen man sich sonst schämt ... womit ihr Gott eine so große Schmach aufladet, wie wir sie bezogen auf uns (Menschen), wenngleich zutreffend, nur unter großem Schamgefühl aussprechen" (PL 160, 110). Odo bestreitet die Unreinheit des weiblichen Körpers, der Gott ausgesetzt war, nicht, hält aber dagegen, daß für Gott, weil er alles erschaffen hat, nur die Sünde unrein ist, und er verweist in diesem Zusammenhang auf Gn 1,1; Mt 15, 10-20; 1 Tim 4,4; Lk 11,27 (PL 160, 1111-1112).

54

Der Jude Leo kommt oft und zum Teil ausführlich zu Wort, doch ist mitunter zweifelhaft, ob das, was Odo ihn sagen läßt, wirklich jüdische Anschauung ist. Immerhin bemüht sich der Bischof, einige Gegenpositionen klar zu sehen: Die Juden erwarten, entsprechend der Prophetenverheißung, von ihrem noch kommenden Messias aus aller Welt in Jerusalem als der künftigen Hauptstadt der Welt versammelt zu werden - was durch den Messias der Christen offensichtlich nicht bewirkt worden sei (PL 160, 1103). "Gesetzesbeobachtung" (*legis observantia*) gewähre Sündenvergebung (d.h. Rechtfertigung) auch ohne Jesus Christus und verbürge das irdische und himmlische Heil (PL 160, 1103-1104.1106). Da Gott den Menschen bereits für seine Sünde bestraft habe (Gn 2, 17: Verlust der Unsterblichkeit als Strafe für das Essen vom Baum der Erkenntnis), gelte: "Entweder genügen sie (d.h. die Strafen) zur Sündensühnung oder sie genügen nicht. Wenn sie genügen, folgt daraus, daß wir nach dieser Sühne ohne euren Christus zur himmlischen Glückseligkeit kommen; genügen sie nicht, muß man von Gott sagen, daß er unzweckmäßig Strafen auferlegt hat, die zur Sündensühnung nicht ausreichen" (PL 160, 1105; vgl. PL 160, 1107: Gott ist weder inkonsequent noch wankelmütig noch handlungsschwach). Damit wird die Erbsünde abgelehnt ebenso wie die Möglichkeit, daß der Tod eines einzigen Menschen eine Sündensühnung bewirke, zu der die ganze Welt nicht fähig sei (PL 160, 1108). Der Jude faßt einmal seine Stellungnahme so zusammen: "Deinen Vernunftbeweisen kann ich nicht mit Argumenten der Vernunft antworten. Gleichwohl glaube ich nicht (an die Erlösung durch Christus), damit ich nicht, getäuscht durch scharfsinnige und verschlagene Worte, den sicheren Halt des ehrwürdigen Gesetzes verliere und vergehe " (PL 160, 1109). Leo widersteht also dem Bekehrungsversuch Odos (PL 160, 1106: *precor ut relicto errore Christianus fias*), "weil ich nicht wage, die Wahrheit unserer (jüdischen) Sache von euren Worten abhängig zu machen" (PL 160, 1112).

Ausgabe:PL 160, 1103-1112.- *Literatur*: C. Werner, Der heilige Thomas von Aquino, I, Regensburg 1889, 622; O. Zöckler, Der Dialog im Dienste der Apologetik, Gütersloh 1894, 27; Manitius, III (1931), 239-240; M. Schlauch, The Allegory of Church and Synagogue, Speculum 14, 1939, 448-464, S. 458; Browe, 1942, 63.115; W. Eckert, in: Christen und Juden, hg. von W.-D. Marsch u. K. Thieme, Mainz 1961, 92; LThK VII (1962) 1099; J. Gauss, Das Religionsgespräch zwischen Christen und Juden im Mittelalter, Christlich-jüdisches Forum 35, 1965, 25-38, S. 36; J. Gauss, Anselm von Canterbury zur Begegnung und Auseinandersetzung der Religionen, Saeculum 17, 1966, 277-363, S. 315.345.

Das Konzil von **Gran** in Ungarn (anno 1114) schließt sich in der Frage, ob christliches Dienstpersonal bei Juden tätig sein darf, dem herkömmlichen kirchenrechtlichen Standpunkt an: "Juden sollen es nicht wagen, (unfreie) Knechte und Mägde, weder zum Haus gehörend noch gekauft, noch für Entgelt tätiges Personal zu haben, wenn es sich dabei um Christen handelt" (Kanon 61; Mansi 21, 112; vgl. Hefele - Leclerq, V, 542-544).

Unter den Kirchenrechtssammlungen des Bischofs **Ivo von Chartres** († 23.12.1116) ist in unserem Zusammenhang das nach systematischen Gesichtspunkten in 17 Büchern angelegte *Decretum* von besonderem Interesse, weil es auch eine größere Zahl von Kanones zum Judenthema enthält. Vorläufer und Vorgänger Ivos sind Florus von Lyon († um 860; dazu Verf., Die christlichen Adversus-Judaeos-Texte, 1982, 510-511); dann **Regino von Prüm** († 915), in dessen *Libri duo de ecclesiasticis disciplinis et religione christiana* auch - aus der kirchlichen und weltlichen Rechtstradition stammende - Bestimmungen bezüglich der Juden aufgenommen sind (PL 132, 283 [sexuelle Kontakte zwischen Christen einerseits und Juden und Heiden andererseits sind verboten]; PL 132, 284 [Christen sollen nicht einem Juden einen christlichen Sklaven verkaufen, und Juden sollen nicht christliche Sklaven verkaufen]; PL 132, 286 [man darf nicht aus Habgier einen Juden töten]; PL 132, 301 [Verbot der Beschneidung von römischen Bürgern schon im alten römischen Recht]; PL 132, 302 [Verbot der Beschneidung von nichtjüdischen Sklaven durch Juden]; PL 132, 302 [Juden und Heiden dürfen nicht aus Haß oder Habgier getötet werden]; PL 132, 311 [Unzucht eines verheirateten christlichen Mannes mit einer Jüdin oder Heidin wird mit Exkommunikation bestraft]; PL 132, 311 [Heirat zwischen einem Juden und einer Christin und einem Christen und einer Jüdin wird wie bei Ehebruch bestraft]; PL 132, 349 [kein Jude darf einen christlichen Sklaven haben und ihn zum Juden machen]; PL 132, 350 [wer sich als Christ mit Wahrsagerei und Hexerei und mit dem jüdischen Aberglauben befaßt, wird exkommuniziert].- Zum Judenthema überhaupt vgl. PL 132, 265.295.372); und schließlich **Burchard von Worms** († 1025) mit seinem *Decretum* (zum Judenthema Decretum 1, 576; 4,83.86-88.90-91; 15, 31; PL 140,576. 742-744.903; Burchards Bezugnahmen auf die einzelnen Konzilien sind nicht immer zutreffend). Ivos um 1095 entstandenes 'Decretum' (PL 161, 47-1022) schöpft aus Burchard von Worms, aus Konzilsbeschlüssen, Papstbriefen und -Dekreten (dabei ein starker Einfluß Gregors d.Gr.), aus dem antiken römischen Recht und anderen Quellen. Da diese Dinge als kanonistische Kompilationen weitestgehend nichts Neues bieten, mag hier ein summierender Abriß der einschlägigen Themen genügen. Von Ivos insgesamt mehr als 40 Bezugnahmen auf das Judenthema sind 25 gruppiert und zusammenhängend gegeben im 13. Buch des Decretum (13, 94-102.104-116; PL 161, 820-826), der Rest erscheint an verschiedenen Stellen über das Werk verteilt (PL 161, 76.82.105.123-124.125.143-144.738). Die Rezeption judenschützender Aussagen Gregors d. Gr. und Alexanders II. (mit seiner überlegten Unterscheidung zwischen Sarazenen und Juden, Decr. 13, 114-115 = PL 161, 824-825 = PL 146, 1386-1387), aber auch die Nichtberücksichtigung mancher Schärfen der westgotischen Konzile sprechen dagegen, ihm eine "judenfeindliche Politik" zu unterstellen (so H. Greive, Die Juden, Darmstadt 1980, 64; ähnlich Pakter 1974, 220 ff.; differenzierter urteilt Fr. Lotter, in: Judentum und Antisemitismus, hg. von Th. Klein u.a., Düsseldorf 1984, 55-56.58). Dazu reicht auch bei weitem nicht die Ausschließung aus dem Kriegsdienst (Decr. 13, 108, nach Cod. Theod. 16, 8, 24; vgl. Hieronymus, CChr 73,44).

Das Judenthema war - kein Wunder unmittelbar vor dem 1. Kreuzzug - in der Zeit Ivos offenbar auch kirchenrechtlich von einem gewissen Interesse, dem der Bischof von Chartres auf seine Weise, durch eine Art Bestandsaufnahme der für ihn relevanten christlichen Judengesetzgebung Rechnung trug. Die einschlägigen Themen sind (nach PL 161, 1362-1363) folgende:

Extra Ecclesiam Catholicam non salvantur (Decr. 1, 38. 99).- Publica officia Judaeis non committenda (13, 97.118).- Infirmanda eorum testimonia (13,96).- Non violenter cogendi ad baptismum et fidem Christianam (1, 179.276.285;13,94.110).- Mansuetudine ad fidem Christianam sunt adducendi (13,101).- Ante baptismum examinandi (1, 275).- Post jeiunium quadraginta dierum die Dominico baptizandi sunt Judaei (1,61).- Filii eorum baptizandi a parentibus separandi (1, 277).- De Judaeis Christianis apostatis (1, 279).- Judaeis postponi aut servire non debent Christiani (1, 282.183; 13, 103.110).- Judaeorum servi Christiani libertate donandi (1, 280; 13, 106; 16, 32).- Judaei mancipia Christiana emere non debent (13, 98).- Quis Judaeus (2,7).- De poenitentia illi imponenda qui Judaeum occidit (10, 162).- Cum eis non communicandum in erroribus suis (13,95).- Christiani conviviis Judaeorum interesse non debent (13,99.117).- Judaei a Coena Domini usque ad feriam secundam, sequentem in publico comparere non debent (13, 100).- Veteres synagogas obtinere debent (13, 104).- Eorum servi ad ecclesiam confugientes defendendi (13, 102.110).- A solemnitatibus suis arceri non debent (13, 205).- Infestandi non sunt (13, 107.104).- Bellandi potestatem amiserunt (13,108).- Condemnandi exilio perpetuo et proscribendi si Christianum circumciderint (13, 109).- Diligenter examinandum est de servis Judaeorum (13, 113).- A Judaeo medicina haud accipienda (13, 116).- De poenitentia eorum qui cum Judaeo cibum sumpserint (13, 119).- Conversi Judaei honorandi (13, 112).

Ausgabe: PL 161-162.- *Literatur*: Manitius, III (1931), 96-99; LThK V (1960) 825-826; J. Lortz, Geschichte der Kirche, I, Münster 1962, 474; B. Blumenkranz, in: The World History of the Jewish People, II 2, hg. von C. Roth, London 1966, 79; S. Grayzel, Pope Alexander III and the Jews, in: S.W. Baron Jubilee Volume, English Section II, Jerusalem-New-York-London 1974, 555-572, S. 558. 567; Pakter, 1974, 220-224; A. Linder, Christlich-jüdische Konfrontation im kirchlichen Frühmittelalter, in: Kirchengeschichte als Missionsgeschichte, II 1, München 1978, 397-441, S. 430.435; G. Dahan, in: Revue des études Augustiniennes 27, 1981, 124-125; P. Landau, in: Zeitschrift der Savigny-Stiftung für Rechtsgeschichte. Kanonistische Abteilung 101, 1984, 1-44; Fr. Lotter, in: Judentum und Antisemitismus von der Antike bis zur Gegenwart, hrsg. von Th. Klein u.a., Düsseldorf 1984, 41-63, S. 55-56.58; TRE XVI (1987) 422-427.

Gilbertus Crispinus (um 1046-1117), Schüler und Freund des Anselm von Canterbury, seit 1085 Abt von Westminster, ist ein vielseitiger Schriftsteller, dessen Werke zum Teil noch ungedruckt sind. In unserem Zusammenhang ist nur am Rande von Interesse die *Disputatio christiani cum gentili* (ed. C.C.J. Webb, in: Medieval and Renaissance Studies 3, 1954, 58-77). Stärkste Aufmerksamkeit aber darf die *Disputatio Judei et Christiani* beanspruchen, auch bekannt als *Disputatio Judaei cum Christiano de fide christiana* (PL 159, 1005-1036; ed. B. Blumenkranz, Utrecht-Antwerpen 1956). Vermutlich um 1095 niedergeschrieben, macht diese 'Disputatio' fast den Eindruck eines wahrheitsgetreuen Gesprächsprotokolls zu einem Religionsgespräch, das Gilbert mit einem ihm befreundeten Londoner Juden, einem in Mainz aufgewachsenen, offenbar gebildeten Kaufmann, führte, der geschäftlich in Westminster zu tun hatte.

Streng genommen ist die Disputatio kein Gespräch; denn sie besteht nur aus je sieben im Wechsel abgegebenen langen Standpunkterklärungen des Juden und Christen zu verschiedenen wichtigen Themen der christlich-jüdischen Apologetik, wobei der (anonyme) jüdische Gesprächspartner angreift und der Christ die angegriffenen christlichen Positionen verteidigt, jedoch nicht seinerseits den jüdischen Glauben attackiert. Gilbert schickt dem eigentlichen Dialog einen prologartigen Begleitbrief an Anselm von Canterbury voraus, in welchem er diesen um Begutachtung bittet und ihm anheimstellt, in seinem Manuskript auch zu tilgen und zu korrigieren, also fast so etwas wie ein Imprimatur erwartet (PL 159, 1005-1006; Blumenkranz, S. 27-28). Mißtrauen ist gegenüber der Darstellung der Entstehungsumstände dieser Schrift angebracht, die der Abt in dem Begleitschreiben mitteilt; denn zwar scheint er hier die protokollartige Niederschrift einer realen Disputation mitteilen zu wollen, eines Religionsgesprächs, das in Anwesenheit von Confratres im Benediktinerkonvent von Westminster stattgefunden haben soll. Aber eher handelt es sich bei der Disputatio um die literarische Ausgestaltung einer Thematik, die wohl tatsächlich bei den häufigen freundschaftlichen Besuchen des (nicht mit Namen genannten) Juden in Westminster zur Sprache kam. Daß wegen der geschäftlichen Dinge, um die es offensichtlich in erster Linie ging, gelegentlich an den Besprechungen außer Gilbert auch noch andere Christen beziehungsweise Confratres teilnahmen, ist sicher nicht ungewöhnlich, scheint aber den Abt auf den Gedanken gebracht zu haben, mit Elementen aus zahlreichen Besprechungsterminen (*saepe ad me veniebat*, PL 159,1005; Blumenkranz, S. 27) zusammenfassend sozusagen eine Art Konzentrat (auf einen Tag!) dieser zahlreichen informellen Gespräche zu geben und sie umzugießen in eine literarische Form.

Die 'Disputatio Judei et Christiani' steht, wie manche Affinitäten und Parallelen zeigen, geistig Anselm, Gilberts Lehrer, sehr nahe. Recht auffällig wird dies in dem Umstand, daß Gilbert nicht nur die herkömmlichen Schriftbeweise apologetisch verwertet, sondern gleichzeitig und durchgehend auch mit Gründen der Vernunft operiert, also die *auctoritas* der Testimonien durch Erwägungen der *ratio* abstützt, was der Qualität der Disputation sehr zustatten kommt. Entsprechend groß war - wie die zahlreich erhaltenen Handschriften dieses Textes beweisen - die Wirkung auf die Zeitgenossen, so groß sogar, daß Anfang des 12. Jh. ein Anonymus das Gespräch auf einen weiteren Tag ausdehnte und verlängerte (Blumenkranz, S. 68-75); allerdings ist das Gesprächsklima hier weniger freundlich und respektvoll, und das Gesprächsniveau sinkt.

Gilberts Motiv bei der Abfassung seiner Schrift war es gewiß nicht, ein Handbüchlein der Judenmission zu schreiben; denn das Judentum wird in der Disputatio nicht widerlegt, vielmehr werden die antichristlichen Einwände des Juden dazu benutzt, eine vertiefte christliche Glaubensüberzeugung zu gewinnen, die den theologischen und philosophischen Ansprüchen um die Wende vom 11. zum 12. Jh. genügen kann. Der Wunsch nach Bekehrung seines Gesprächspartners wird von Gilbert auch nur beiläufig, fast wie eine erwartete Pflichtübung, geäußert (PL 159, 1010.1017;

Blumenkranz, S. 32.41), und die in dem Begleitbrief an Anselm erwähnte Bekehrung eines Londoner Juden (PL 159,1006; Blumenkranz, S. 28) steht wohl nicht in unmittelbarem Zusammenhang mit dem angeblichen Religionsgespräch und seiner Wirkung - was zu sagen der Abt wohl nicht versäumt hätte -, sondern soll vielleicht den Erzbischof von Canterbury durch den Hinweis auf mögliche konkrete Resultate christlich-jüdischer Kontakte für sich und seine Disputatio einnehmen; denn sowohl Anselm wie Gilbert konnte nicht unbekannt sein, daß die kirchliche Tradition von sozialen Beziehungen zwischen Christen und Juden meist abriet - es sei denn, sie mündeten in eine Bekehrung. Und hier erfahren wir tatsächlich von freundlichem, ja freundschaftlichem Kontakt eines Abtes mit einem Juden; denn Gilbert bekennt sich nicht nur im Prolog zu einer partnerschaftlich "freundschaftlichen Gesinnung" seines Gesprächs (PL 159, 1005; Blumenkranz, S. 27), sondern auch im Dialog selbst zu "Toleranz" und "Geduld" (PL 159, 1007; Blumenkranz, S. 28-29), wie es einem Gespräch von Freund zu Freund ansteht, ja er "liebt" den Juden wie einen engen Freund (*tui amore*, PL 159, 1008; Blumenkranz, S. 29), offenbar auch ohne die Erwartung, daß diese Beziehung und das Gespräch zu einer Taufe führen und der Christ einen apologetischen Sieg feiern kann. Im Gegenteil scheint er manchmal Mühe zu haben und sich schwer zu tun, die Argumentation des Juden zu widerlegen, obwohl er weit länger zu Wort kommt als dieser.

Gleich zu Beginn fährt Gilberts Freund schweres Geschütz auf: "Wenn das Gesetz (d.h. die Tora) gut und von Gott gegeben ist (vgl. 1 Tim 1,8; Röm 7, 12), muß es beachtet werden; denn wessen Gebot müßte man noch beachten, wenn nicht das göttliche? Wenn aber das Gesetz zu beachten ist, warum behandelt ihr dann diejenigen, die sich daran halten, wie Hunde, jagt sie mit Knüppeln fort und verfolgt sie überall? Wenn ihr aber sagt, es sei jetzt keinesfalls mehr zu beachten, fällt die Schuld auf Moses, der es uns ganz sinnlos aus den Händen Gottes zur Beachtung übergeben hat. Wenn ihr nun einen Teil ausnehmt und sagt, es sei zum Teil zu beachten, zum Teil nicht zu beachten und (vielmehr) aufzuheben, so ratet uns, wie wir jenem Fluch Gottes entrinnen: 'Verflucht ist, wer nicht verharrt' bei allem, was im Gesetz geschrieben ist (Dt 27,26). Der Gesetzgeber nimmt nichts aus, sondern gebietet, dies alles insgesamt zu beachten, während ihr nach eurem Gutdünken (für euch) die Beachtung des Gesetzes und der Gebote begrenzt" (PL 159, 1007; Blumenkranz, S. 28). Der Christ beziehungsweise Gilbert nimmt den Fehdehandschuh auf und will mit Vernunftgründen und Schriftbeweisen fechten (*ratio, scripture auctori-*

tas; PL 159, 1008; Blumenkranz, S. 29). Zwar sei das Gesetz gut und von Gott gegeben, aber es nur literal zu verstehen, führe zu Widersprüchen (zum Beispiel: Einerseits ist die Welt, wie sie geschaffen ist, gut [Gn 1, 31], andererseits wird ein Teil der Tiere für unrein erklärt), aus denen nur eine wenigstens partiell typologische (christliche) Exegese herausführe (PL 159, 1009-1010; Blumenkranz, S. 30-32). Gilberts Gesprächspartner beruft sich für seine Gesetzestreue auf Ps 119, 89, macht aber nun auch einen bemerkenswerten Vorschlag in Richtung auf eine jüdisch-christliche Gemeinsamkeit: "Sollen wir den Buchstaben (des Gesetzes) verachten, um den figürlichen (d.h. typologischen und allegorischen) Sinn zu beachten? Welcher vernünftige Grund nötigt dazu, das eine zu verwerfen, um das andere zu beachten? Beachten wir doch den Wortlaut, beachten wir aber auch den figürlichen Sinn des Wortlauts. Für unser beschränktes Verständnis mag der Worltaut gültig bleiben; möge er aber auch für euer Verständnis gültig bleiben, und hinzu komme dann (für euch) das geistige Verständnis und - von Gott geschenkt - das Verstehen des (im Wortlaut) verborgenen, geheimnisvollen Sinnes. Wir wollen - weil vom Gesetz geboten - das Schwein(-efleisch) meiden, wir wollen aber auch dem aus dem Wege gehen, was vielleicht durch das Schwein versinnbildlicht wird, der Sünde. Wir wollen nicht mit Ochs und Esel pflügen, weil dies der Gesetzgeber verbot (Dt 22,10); und wenn du hier, im Falle der gemeinsamen Einjochung von Esel und Ochse, den Hinweis auf etwas Vermeidenswürdiges siehst, so gehört es sich, diesem aus dem Wege zu gehen, ja dies nicht zu tun wäre Sünde. Ebenso kann in anderen Fällen verfahren werden. So nämlich wird das Gesetz erfüllt, und so kann man dafürhalten, daß es zu erfüllen ist" (PL 159, 1011; Blumenkranz, S. 32-33).

Keine christlich-jüdische Gemeinsamkeit scheint dagegen möglich bei der Person Jesu Christi. "Ich glaube an Christus als Propheten, der immerhin durch außerordentliche Fähigkeiten eine Sonderstellung hat, und ich will auch (diesem) Christus glauben; aber *an* Christus glaube ich nicht und werde nicht glauben, weil ich nur an den einen Gott glaube. 'Höre, Israel, dein Gott, er ist der einzige Gott' (Dt 6,4). Ein einziger, kein dreifacher" (PL 159, 1011; Blumenkranz, S. 33). Der Jude beruft sich gegen den christlichen Trinitätsglauben auch auf Ex 20,7 und bekennt sich zu seiner eigenen Erwartung des noch kommenden Messias, im Sinne von Dt 18,15 (PL 159, 1011; Blumenkranz, S. 34). Der Is 2,3-4 verheißene messianische Friede sei noch nicht eingetreten: "Überall auf der Erde stellt der Nachbar dem Nachbarn nach, überfällt ihn, bringt ihn um. Volk kämpft gegen Volk mit maßlosem Kraftaufwand ... Gewiß irrt ihr Christen euch also bezüglich des Messias und seiner Ankunft" (PL 159, 1012; Blumenkranz, S. 34). Auch sagen heute die Christen nicht (im Sinne von Is 2,3) "Laßt uns hinaufziehen zum Hause des Gottes Jakobs", sondern - je nach dem Namen der einzelnen christlichenKirchen - "zum Haus des (hl.) Petrus" oder "zum Haus des (hl.) Martinus". Weder Vernunftgründe (*ratio*) noch Schriftbeweise (*scripturarum auctoritas*) können den Juden, so sagt er, zum Glauben daran nötigen, "daß Gott Mensch werden kann" (*quod deus homo fieri queat*). Vielmehr sprechen Vernunftgründe und die Autorität der Schrift (Jak 1,17; Ps 102, 26-27; Ex 33, 20) dagegen, "daß Gott Mensch geworden ist " oder werden kann (PL 159, 1018-1019; Blumenkranz, S. 43-44). Der Jude ist es, der von sich aus das Gespräch auf Is 7,14 (*Ecce, virgo concipiet*) bringt - übrigens einer der Umstände, welche die Disputatio eher als literarisches Werk denn als genaues Gesprächsprotokoll erweisen - und gegen die Virginität Marias und die christologische Deutung Front macht (PL 159, 1018-1019; Blumenkranz, S. 44). Der Christ weist verteidigend darauf hin, daß diese Virginität und diese Menschwerdung Gottes bereits Ez 44, 2-3 (nebst Baruch-Jeremias 3, 36-38) figuriert seien, daß "wer ohne den Samen eines Mannes aus nichts den Menschen schuf, (auch) ohne den Samen eines Mannes aus einem bestimmten Stoff, dem Fleisch der Mutter, den Menschen Christus schaffen konnte ... es war erforderlich, daß er ohne Sünde geboren wurde, d.h. von einer Jungfrau ohne die Liebesumarmung eines Mannes" (PL 159, 1019-1020; Blumenkranz, S. 44-46). Der Jude hält dagegen, der Christ tue der Schrift Gewalt an und biege sie zur Bestätigung seines Glaubens zurecht; denn die Deutung des "Tores" (*porta*) von Ez 44, 2-3 auf eine Frau sei willkürlich, und der Messias stamme nach Gn 22, 18 aus dem Samen Abrahams, könne mithin nicht ohne männlichen Samen geboren sein (PL 159, 1024; Blumenkranz, S. 51). Der Christ muß sich auch den Vorwurf gefallen lassen, daß die Christen "viel aus Gesetz und Propheten zitieren, was nicht im Gesetz und in den Propheten geschrieben steht", wie die Stelle aus Baruch, einem Buch, das in der hebräischen Bibel fehlt (PL 159, 1026; Blumenkranz, S. 54-55). Auch habe Isaias (7,14) nicht von einer *virgo* (Jungfrau), sondern von einer *abscondita* (Verborgene) gesprochen, ebenso nicht von einer Virginität *in conceptu* und *post partum* (PL 159, 1027; Blumenkranz, S. 55). Daß die Variante aus der christlichen Tradition stammt (Hieronymus in Is 7,14; CChr 73, 103), ist einer der Umstände, die darauf weisen, daß auch der Part des Juden mindestens überwiegend aus der Feder Gilberts stammt. In die gleiche Richtung deutet, daß Gilbert seinen Juden die Septuaginta nicht kennen läßt (PL 159,

1027-1028; Blumenkranz, S. 56), wenig glaubhaft für den hochgebildeten Mann, als der er eingeführt wird (PL 159, 1005; Blumenkranz, S. 27). Jüdisch genuin wirkt dagegen wieder der Vorwurf, "daß die Christen geschnitzte Bilder anbeten ... Gott selbst bildet ihr ab, einmal, wie er angenagelt elend am Kreuzesholz hing - an sich schon ein entsetzlicher Anblick -, und ihr betet dies an (gemeint sind die üblichen Kreuzigungsbilder mit Sonne und Mond)". Ein anderes Mal werde Gott dargestellt und verehrt als thronende Gestalt, umgeben von einem Adler, einem Menschen, einem (Stier-)Kalb und einem Löwen (d.h. den Symbolen der vier Evangelisten), was alles gegen Ex 20, 4 verstoße (PL 159, 1034; Blumenkranz, S. 65). Der Christ weist verteidigend auf einschlägige Gebote Gottes hin (Ex 25, 8-11; 28, 36) und erinnert unter anderem an die Cherubim (1 Kg 6, 29; 8,6), die Rinder des Ehernen Meeres (1 Kg 7,25) und die Seraphim (Is 6,2), sowie an Ez 1,10. Er versichert, daß die Christen zwar zur Ehre Gottes Bilder und geschnitzte Figuren anfertigen, sie aber keineswegs anbeten wie Gott (PL 159, 1034-1036; Blumenkranz, S. 65-68). Gilbert zeigt, wie sonst bisher nur wenige antijüdische Apologeten, ein hohes Maß dialektischer Einfühlsamkeit und beträchtliches Verständnis für jüdische Einwände gegen das Christentum, die er auf jeden Fall gut zu kennen scheint - unabhängig von der Frage, ob er hier wirklich nur eine Art Protokoll der Dialogbeiträge seines jüdischen Freundes gibt. So macht die Disputatio insofern einen realistischeren Eindruck als viele Dialoge dieser Art, in denen der jüdische Gesprächspartner oft nur als willfähriger Stichwortgeber für den Christen fungiert. Aber es bleibt doch nicht zu übersehen, daß der Jude des Gilbertus Crispinus das Neue Testament und spätere christliche Positionen etwas zu gut kennt, um nicht den Verdacht zu wecken, daß auch sein Part mindestens stark überwiegend Gilberts literarische Fiktion ist. Der Jude redet oft wie ein Christ, der seine eigenen christologischen Positionen reflektiert und auf Schwachstellen abklopft, wie es denn überhaupt in der gesamten Disputation um *christliche* Standpunkte und ihre Verteidigung geht, während die jüdische Religion selbst und ihre Vitalität post Christum nicht eigentlich thematisiert oder gar ernsthaft angegriffen wird, was noch mehr den akademisch-literarischen Charakter der angeblichen Religionsdisputation unterstreicht. Charakteristisch ist etwa der Umstand, daß eine so wichtige christologische Beweisstelle wie Is 7, 14 zunächst nicht von dem Christen, sondern von dem Juden herangezogen und erörtert wird (PL 159, 1018-1019.1027; Blumenkranz, S. 44.55). Natürlich greift auch der christliche Gesprächspartner in das Arsenal der herkömmlichen biblischen Testimonia, etwa mit der Interpretatio christiana von Gn

49, 10 (PL 159, 1010.1033; Blumenkranz, S. 32.64), Is 9,6 (PL 159, 1020; Blumenkranz, S. 45), Is 7, 14; 9, 1.5-6; 52, 6; 53,8; Amos 4,12; Baruch 3, 37-38; Ps 2,7; 88, 6; 110, 3 (PL 159, 1029-1030; Blumenkranz, S. 58-60) und Is 2,3 (PL 159, 1015; Blumenkranz, S. 37); doch bleibt seine Argumentation maßvoll, gelassen und unpolemisch. Einmal aber kann er es sich nicht versagen, Ps 69, 24 auf die Juden post Christum natum zu beziehen und speziell zu *dorsum eorum semper incurva* (Vulgata) in aktualisierender Deutung einen Geschichtsbeweis für die siegreiche Wahrheit des Christentums zu liefern: "Überall auf der Erde ist euer Rücken unter das Joch anderer Völker gebeugt" (PL 159,1033; Blumenkranz, S. 64), wobei er an die *servitus Judaeorum* denkt. Wirklich polemisch wird aber erst der Anonymus, der wohl gleich nach Gilberts Tod (1117) die Disputatio abschrieb und sie mit einem Anhang versah, in dem das Gespräch des Christen mit dem Juden am nächsten Tag angeblich fortgesetzt wurde. Diese Fortsetzung des genuinen Textes (Blumenkranz, S. 68-75), die unter dem geistigen Niveau Gilberts steht, ergänzt dessen Disputatio vor allem durch weitere antijüdische Beweisstellen des Alten und Neuen Testaments - als ob mehr Stellen auch ein Mehr an Überzeugungskraft hätten -, läßt aber auch Christen und Juden einander für "Verrückte" halten (Blumenkranz, S. 74; vgl. S. 69: "Idioten"). Beide, Gilbert und Pseudo-Gilbert, meiden aber einen christlichen Triumphalismus, der den Juden zerknirscht die christliche Wahrheit einsehen läßt, und halten das Gespräch in gewisser Weise offen.- An Gilberts genuine Disputatio lehnt sich stark an Ps.- Wilhelm von Champeaux mit seinem 'Dialogus inter Christianum et Judaeum de fide catholica' (PL 163, 1045-1072), der an Alexander, Bischof von Lincoln, adressiert ist.

Ausgaben: PL 159, 1005-1036 (Disputatio Judaei cum Christiano); C.C.J. Webb, in: Mediaeval and Renaissance Studies 3, 1954, 58-77; Gisleberti Crispini Disputatio Judei et Christiani, ed. B. Blumenkranz, Utrecht-Antwerpen 1956.- *Literatur*: I. Lévi, Controverse entre un Juif et un Chrétien, au XIe siècle, Revue des études juives 5, 1882, 238-245; A.C. McGiffert, Dialogue Between a Christian and a Jew, Marburg 1889, 24; C. Werner, Der heilige Thomas von Aquino, I, Regensburg 1889, 644-646; A. Posnanski, Schiloh, Leipzig 1904, 322; G. v. d. Plaas, Des hl. Anselm "Cur Deus Homo" auf dem Boden der jüdisch-christlichen Polemik des Mittelalters, Divus Thomas 7, 1929, 446-467; 8, 1930, 18-32, S. 452. 454.458-459.460.20.22-23.31; A.L. Williams, Adversus Judaeos, London 1935, 375-380; H. Liebeschütz, in: Monatsschrift für Geschichte und Wissenschaft des Judentums 84, 1939, 401-402; M. Schlauch, The Allegory of Church and Synagogue, Speculum 14, 1939, 448-464, S. 457-458; Browe, 1942, 61.126-127.128-129; B. Blumenkranz, La 'Disputatio Judei cum Christiano' de Gilbert Crispin, abbé de Westminster, Revue du moyen âge latin 4, 1948, 237-252; B.

Blumenkranz, Die jüdischen Beweisgründe im Religionsgespräch mit den Christen, Theologische Zeitschrift 4, 1948, 119-147; S. 123.133-134.135.136.137.140.144.145.146; R.M. Ames, The Debate Between the Church and the Synagogue in the Literature of Anglo-Saxon and Mediaeval England, Diss. New York 1950, 53 ff. 353-356. 207-209; Baron, V (1957), 114-115; B. Blumenkranz, Juifs et Chrétiens dans le monde occidental. 430-1096, Paris 1960; LThK IV (1960) 892; R.J.Z. Werblowsky, Crispin's Disputation, Journal of Jewish Studies 11, 1960, 69-77; W. Eckert, Geehrte und geschändete Synagoge, in: Christen und Juden, hg. von W.-D. Marsch u. K. Thieme, Mainz 1961, 67-114, S. 91-92; B. Blumenkranz, Les auteurs chrétiens latins du moyen âge sur les Juifs et le Judaïsme, Paris 1963, 279-287; A. Serper, Le débat entre Synagogue et Église au XIIIᵉ siècle, Revue des études juives 3, 1964, 307-333, S. 309; J. Gauss, Das Religionsgespräch zwischen Christen und Juden im Mittelalter, Christlich-jüdisches Forum 35, 1965, 25-38, S. 29.31.35; B. Blumenkranz , The Roman Church and the Jews, in: The World History of the Jewish People, hg. von C. Roth, London 1966, 69-99, S. 89.90.91-92.93-94; J. Gauss, Anselm von Canterbury zur Begegnung und Auseinandersetzung der Religionen, Saeculum 17, 1966, 277-363, S. 290.297.299.300-301.313.314.327-329.339-340.341.356-357.362; B. Blumenkranz, in: Kirche und Synagoge I, Stuttgart 1968, 114-115; Encyclopaedia Judaica (Jerusalem 1971) V, 1113-1114; VI, 88-89; D. Berger, Gilbert Crispin, Alan of Lille, and Jacob ben Reuben, Speculum 59, 1974, 34-47; M.L. Arduini, Ruperto di Deutz, Roma 1979, 88-95; Awerbuch, 1980, 91-99; G.R. Evans, in: Studi Medievali 22, 1981, 695-716; J. Cohen, The Friars and the Jews, Ithaca-London 1982, 25-28; Cl. Thoma, Die theologischen Beziehungen zwischen Christentum und Judentum, Darmstadt 1982, 159; A. Sapir Abulafia, in: Studia monastica 26, 1984, 55-74; A. Sapir Abulafia, The ars disputandi of Gilbert Crispin, Abbot of Westminster, in: Ad fontes. Festschrift C. van de Kieft, Amsterdam 1984, 139-152,- Works, Ed. A. Sapir Abulafia et G.R. Evans, Oxford Univ. Pr. 1986; vgl. Studia Monastica 26, 1984, 55-74.

Euthymios Zigabenos († nach 1118), byzantinischer Theologe, Exeget und Kirchenschriftsteller, Mönch eines Klosters bei Konstantinopel, verfaßte im Auftrage des - theologisch sehr intersssierten - Kaisers Alexios Komnenos sein Hauptwerk, die *Panoplia dogmatikē* (PG 130, 20-1360), ein auf seine Weise grandioses Arsenal orthodoxer Theologie gegen alle Häresien. Von den 28 Kapiteln (*Titloi*) dieses Werkes geben die Kapitel 1-7 eine systematische Darstellung der christlichen Lehre von der Schöpfung und Inkarnation, während in den Kapiteln 8-28 die einzelnen Häresien behandelt werden. Dieser zweite größere Teil des Werkes beginnt bezeichnenderweise mit dem umfangreichen Kapitel "Gegen die Hebräer" (*Kata Hebraiōn*; PG 130, 257-306; denn nach herkömmlicher Auffassung wurden die Juden meist den Ketzern zugeordnet, und sie stehen sozusagen am Anfang der Ketzergeschichte.

Euthymios' Werk ist weitgehend eine riesige Exzerptensammlung aus der griechischen Kirchenväterliteratur bis Johannes von Damaskus. Im Judenkapitel sind benutzt Basileios d.Gr., Gregor von Nyssa, Johannes Chrysostomos, Leontios von Neapolis und Johannes von Damaskus. Bewiesen werden soll hier besonders, daß im Alten Testament sowohl die Trinität Gottes wie Leben, Passion und Messianität Christi und darüber hinaus die Kirche bekundet und bezeugt sind. Zum Erweis der Gottessohnschaft und der Trinität werden angeführt Gn 1,26 (PG 130, 260), Gn 3,22; 11,7 (PG 130,261), Gn 18,1 ff. (PG 130, 261-264), Gn 19,24; Dt 6,4; Ps 36,10; Is 6,3; Ps 2,7; 110,3; Sprüche 8,25 (PG 130,264). Der Heilige Geist ist (im trinitarischen Bezug) erwähnt Ps 33,6; 104,30; 107,20; Is 48,16 (PG 130,265).- Als Testimonia der Inkarnation und messianisch-christologische Beweisstellen werden angeführt Is 9,5-6 (PG 130,265.269), Baruch 3,6.38; Is 35, 4-6; Is 7,14-15; Micha 5,1 (PG 130,268), Dn 7,13-14; Ps 110,1; Ps 72,17 (PG 130,269), Ps 21; Is 50,6; Ps 68,22; Is 53,5.7.9; Ps 15,10-11; Os 6,2 (PG 130,272).- Auf das Wirken des Evangeliums und der Kirche Christi weisen voraus Is 35,1-2 (PG 130,272), Is 54,1; Is 49,8; Ps 2,8; Is 51,4; Is 2,3; 31,31-32 (PG 130, 273), Is 62,6 (PG 130,276). Gott fügte es, daß im Alten Testament vieles nur verhüllt gesagt wurde, damit nicht die Juden in ihrer kindlichen Torheit und noch ohne die Fähigkeit zu höherem Verständnis auf unwürdige Irrwege kämen (PG 130, 257). Die Juden christlicher Zeit können seit dem Jahre 70 ihren - gesetzlich nur in Jerusalem erlaubten - Kult nicht mehr ausüben (PG 130,277-280). Aber sie selbst beachten auch von sich aus nicht ihre Kultvorschriften, insofern sie zum Beispiel ihre Söhne auch am Sabbat beschneiden, wenn dies gerade der achte Tag des Kindes ist (PG 130, 297). Im übrigen rekurriert Euthymios, unter Anführung einschlägiger Bibelstellen wie Is 1,11 und Jr 6,20, auf die traditionelle spiritualisierende Auffassung der Tora (PG 130, 280.300.304.305): Die Beschneidung und die Entfernung des überflüssigen Praeputium symbolisieren nur die Eliminierung der körperlichen Begierde, verschaffen dem Menschen aber nicht das Gerechtsein und sind dementsprechend abgelöst von der Taufe, welche den Menschen von der Sünde befreit.

Die Anschauung der Juden kommt so gut wie nicht zu Wort. Einmal wird (zu Gn 18,1 ff.) die der trinitarischen christlichen entgegengesetzte jüdische Deutung erwähnt, nach der von den drei Männern, die zu Abraham kamen, zwei Engel waren. Möglichen jüdischen Einwänden gegen die Virginität Marias wird begegnet mit dem Hinweis auf das biologische Wunder der Mutterfreuden der hochbetagten Sara (PG 130, 289-292).

Hochwillkommen ist allerdings das Zeugnis des Juden Josephus für Jesus Christus (PG 130, 272 zu Josephus, Ant. Jud. 18, 63-64), wie überhaupt dieser jüdische Geschichtsschreiber gelegentlich als (unfreiwilliger) Zeuge aus dem gegnerischen Lager dafür herhalten muß, daß die Zerstörung Jerusalems und des Tempels durch die Römer im Jahre 70 irreversibel ist (PG 130, 285.288). Weil die Juden Jesus Christus töteten, ging das Judenvolk zugrunde (PG 130,272.276) beziehungsweise lebt schon tausend Jahre in Knechtschaft (*douleuein*, PG 130,288). Die Juden können ihrer Strafe nicht ledig werden; denn die Missetat der Kreuzigung des Gottessohnes ist so groß, daß keine Verzeihung möglich ist, und für alle Zeit leben sie zerstreut unter die Völker im Zustand erbärmlichster und schimpflichster Knechtschaft (PG 130,289). Schon Kaiser Julian konnte daran nichts ändern (PG 130, 288), und schon die Juden biblischer Zeit sind zu hassen, weil sie sich wie toll gegen Moses und die Propheten benahmen (PG 130,277). Sie traten nicht nur Gottes Gesetze mit Füßen und töteten die Propheten, sondern opferten auch ihre Söhne und Töchter den Dämonen (PG 130,289; vgl. Is 57,5; Ps 106,36-37).

Wie fast alles, so übernimmt Euthymios auch Elemente der herkömmlichen Polemik in sein Konvolut. Die Juden sind verstockt und blind (PG 130,260.269.292), gottlos (PG 130,272), äußerst unverschämt (PG 130,34) und scheinen nur noch zur Schlachtung tauglich (PG 130, 292). Man kann wohl davon ausgehen, daß Euthymios mit dem Judenkapitel seiner Panoplia sich auf den Denklinien seiner Zeit bewegt. Nicht zuletzt aber ist er ein guter Zeuge und Verstärker der weitreichenden Wirkung des Johannes Chrysostomos.

Ausgabe: PG 128-130.- *Literatur*: A.C. McGiffert, Dialogue Between a Christian and a Jew, Marburg 1889, 18; Krumbacher 1897, 82-85; J. Wickert, Die Panoplia dogmatica des Euthymios Zigabenos, Oriens Christianus 8 (1907) 278-388; J. Starr, The Jews in the Byzantine Empire, Athen 1939, 213-214; G. Moravcsik, Byzantinoturcica, I, Berlin 1958, 265; Beck, 1959, 614-616; LThK III (1959) 1211; M. Hostens, in CChr., Ser. gr. 14 (Turnhout 1986) p. XXII-XXVI.

Etwa 1100-1120 schrieb **Lambert**, Kanonikus des Stifts St.-Omer in Nordfrankreich, seinen *Liber floridus*, das "Buch der Blütenlese". Diese (noch ungedruckte) umfangreiche Sammlung von wissenswerten Auszügen und Textstücken historischer, naturwissenschaftlicher und theologischer Natur aus vielen Autoren von Plinius und Seneca bis zu Anselm von Canterbury, Odo von Cambrai und Gilbertus Crispinus beleuchtet das Bildungsinteresse zu Beginn des 12. Jh. Zum Judenthema finden sich hier

Auszüge aus einschlägigen Texten des Isidor von Sevilla, des Odo von Cambrai u. des Gilbertus Crispinus, und zwar exzerpiert als Nr. 8 in der Reihenfolge der insgesamt 371 Abschnitte die *Disputatio contra Judaeum Leonem nomine* des Odo von Cambrai († 1113), als Nr. 9 der einschlägige Dialog des Gilbertus Crispinus († 1117); als Nr. 305 steht ein Text betreffend jüdische Häresien. Daneben enthalten einige Handschriften des Liber floridus eine kurze antijüdisch-apologetische Abhandlung *De bona arbore et mala. Arbor bona - Ecclesia fidelium. Arbor mala - Synagoga* (zu Mk 11, 12-14; Mt 21, 18-22; Lk 13, 6-9: Gleichnis vom unfruchtbaren Feigenbaum). Im übrigen findet sich zum Judenthema legendarisches und pseudohistorisches Material aus Flavius Josephus, Adso und anderen.

Literatur: L. Delisle in: Notices et Extraits des manuscrits de la Bibliothèque Nationale 38, 1903, 577-791; Manitius, III (1931), 241-244; B. Blumenkranz, in: Historia Judaica 12, 1950, 22; LThK VI (1961) 758-759; J. Tollebeek, Arbor mala. Het antijudaïsme van Lambertus van Sint Omaars, Studia Rosenthaliana 20, 1986, 1-33.

Eine bemerkenswerte legendarische Ausgestaltung des apologetisch so bedeutsamen Themas "Zerstörung Jerusalems" findet sich in den Versen 470-528 der (nur zum Teil erhaltenen) **Mittelfränkischen Reimbibel**, die um 1120 im Raum Köln entstand (Text in: Mittelhochdeutsches Übungsbuch, hg. von C. von Kraus, Heidelberg 1926, 1-27.273-274; früher unrichtig Mittelfränkisches Legendar genannt, als die zunächst geringe Zahl von Fragmenten noch nicht als Reimbibel gedeutet wurde). Beginnend mit der Weltschöpfung und dem Sündenfall werden in diesem zum Vorlesen bestimmten Text legendarisch verarbeitete Stücke des Alten und Neuen Testaments ziemlich locker verbunden und noch wenig kunstvoll aneinandergereiht, angereichert mit moralisierenden Deutungen. Die Verse 470-528 haben als Quelle wohl eine Fassung der Veronikalegende. Der (unbekannte) Autor der Reimbibel verweilt mit einiger Erzählfreude bei den Leidensschicksalen der Juden im Jahr 70 n. Chr.: "Thes wurthen sie geslagen unde verbrant./unde verloren thar zů ire lant (Verse 473-474)... Also sie thar sie thar inquamen uon allen landen./so wurthen sie thar in beuangen./ Von them romische here also ich saget./ that zuuene houbet man habet./ Tytum unde uespesianum./ einen uather unde einen sun./ Thice scolden sie mit gelichem urteile ane gan./ want sie wither then uather unde then sun habeten getan (Verse 495-502; daß Vespasian und Titus als Vater und Sohn die Juden strafen, ist eine angemessene Talion für deren Missetaten gegen Gott Vater und Gott Sohn)... unde sie then mennischen azzen./ Thiv můter ire Kint./ thaz waren unbarmliche dinch./ Si azzen vil manigen dach./ thaz strô unde thaz chahf/...Them vader ther sun ivnge / nam iz uon the: munde./ Thiv mûder them kinde./ thaz quam uor sundelichen thingen (Verse 505-515; die schaurigen bis zur Teknophagie einer Mutter gehenden Hungerszenen stammen letztlich aus dem Bellum Judaicum des Josephus). Iz nemach niema: them anderem gesagen./ wie groze not habeten thie iuden./ Thie burc sie tho gaben./ na then grozen ungenaden./ Tho wart ire thie zwei teil geslagen. unde verbrant./ thaz dridte teil gienc inhant./ Vnce sie an unsen geziden uon then cristen uerraten./ also iz wolde unser drehtin/ Nu waren ouch tempora nationum volle gan./ thaz sie then heithen scolden sin under dân./ Wande iz unser herre habete uor gesaget./ so uns lucas gescriben habete (Verse 516-528).- Not und schlimmes Schicksal der Juden nach der Eroberung Jerusalems erinnern den Verfasser an die Judenverfolgungen zur Zeit des ersten Kreuzzuges, als manche Bischöfe und die bürgerliche Oberschicht verschiedener Städte angesichts des Pogromdrucks die Juden nicht mehr, wie versprochen, schützten, sondern sozusagen "verrieten". In Vers 526 klingt die *servitus Judaeorum* an, und der Abschnitt mündet in ein Konstatieren, die neutestamentlichen Untergangsprophetien für Jerusalem seien mit dem Jahre 70 realisiert. Damit rekapituliert und popularisiert dieses - bis weit in den süddeutschen Raum verbreitete - Werk die traditionelle Benutzung des Josephusmaterials für die Zwecke einer christlichen Heilsgeschichte.

Ausgabe: Mittelhochdeutsches Übungsbuch, hg. von C. von Kraus, Heidelberg 1926, 1-27.273-274; Die religiösen Dichtungen des 11. und 12. Jahrhunderts, hg. von Fr. Maurer, I (Tübingen 1964) 95-168.- *Literatur*: H. Busch, Ein legendar aus dem anfange des zwölften jahrhunderts, Zeitschrift für Deutsche Philologie 18, 1879, 129-204; Ehrismann, II 1 (1922), 151-152; S. Stein, Die Ungläubigen in der mittelhochdeutschen Literatur von 1050-1250, Heidelberg 1933, 25; Kosch, II (1953), 1486; K. Geissler, Die Juden in mittelalterlichen Texten Deutschlands, Zeitschrift für bayerische Landesgeschichte 38, 1975, 163-226, S. 185-186; E. Erb, Geschichte der deutschen Literatur von den Anfängen bis 1160, I 2, Berlin 1976, 554.617; Verfasserlexikon V (1985) 1271.

Mit dem in der nordostspanischen Stadt Huesca geborenen **Petrus Alfonsi**, vor seiner Taufe Moisés Sefardí beziehungsweise R. Mosche ha-Sefardi († nach dem 14.4.1121), beginnt im Mittelalter die antijüdische Apologetik getaufter Juden und ein größeres Bekanntwerden rabbinischer Überlieferungen im christlichen Abendland. Seine *Dialogi in quibus impiae Judaeorum opiniones evidentissimis cum naturalis, tum coelesti philosophiae argumentis confutantur, quaedamque prophetarum abstrusiora loca explicantur*, auch zitiert als *Dialogus Petri cognomento Alphonsi ex*

Judaeo Christiani et Moysi Judaei (PL 157, 535-672) "sind vermutlich das bemerkenswerteste Werk der Adversus-Judaeos-Literatur des Hochmittelalters" (M. Kniewasser, in: Kairos 22, 1980, 34), nicht zuletzt, weil sein Verfasser gewisse Kenntnisse der jüdischen und arabischen Literatur hat und mit seinen astronomischen und philosophischen Interessen die frühscholastische Szene sichtlich belebt. Von seinen Werken brachte ihm den meisten Nachruhm allerdings die 'Disciplina clericalis', die älteste mittelalterliche Novellensammlung, wenngleich auch die 'Dialogi' verhältnismäßig oft abgeschrieben wurden und ihre Materialien und Argumentationen, beginnend mit Petrus Venerabilis, in manchen einschlägigen Schriften späterer Zeit bis über Luther hinaus eine Rolle spielen.

Getauft anno 1106 am Fest der Apostel Petrus und Paulus und mit König Alfons I. von Aragón, dessen Hofarzt er war, als Taufpaten, nannte er sich, zu Ehren des Apostelfürsten einerseits und seines geistlichen Vaters andererseits, "Petrus Alfunsi" (d.h. des Alfunsus Petrus, PL 157, 537-538; sein Alter zum Zeitpunkt seiner Taufe ist nicht bekannt; dazu A. Büchler, in: Journal of Jewish Studies 37, 1986, 206). Anscheinend in England, wo er seit 1110 bis etwa 1115 als Hofarzt Heinrichs I. und vielleicht auch als Botschafter Alfons I. tätig war, entstanden neben anderen Werken auch die 'Dialogi'. In ihnen stellt er in Gestalt der beiden Dialogpartner Petrus und Moyses sein neues christliches und altes jüdisches Ich einander gegenüber (PL 157, 538) und führt sozusagen einen inneren Dialog zwischen seinen beiden Identitäten in der Absicht, seine Konversion gegenüber seinen früheren Glaubensgenossen zu rechtfertigen durch eine widerlegende Auseinandersetzung mit den außerchristlichen Religionen überhaupt (vor allem Judentum, Islam) und den Nachweis der Überlegenheit des Christentums (PL 157, 538; dieser Dialog ist zum Gegenstand der hochmittelalterlichen Buchmalerei geworden, in Gestalt der Zweiergruppe *Petri Alphei* [entstellt aus *Alphonsi*] *contra Moysem*, bei H. Swarzenski, Die lateinischen illuminierten Handschriften des 13. Jahrhunderts, I, Berlin 1936, 19; die Miniatur selbst hat nur die Supraskripte *Moyses* und *Petrus* und wurde deshalb unrichtig bezogen auf die Archegeten der beiden Religionen, in Monumenta Judaica. Handbuch, Köln 1963, Abb. 58).

In einer autobiographischen Praefatio berichtet Petrus, sich dabei der Form des *Credo* annähernd, wie er zur Einsicht in die Geheimnisse der alttestamentlichen Prophetien kam, wie er begriff, "daß Gott einer ist in der Dreiheit der Personen", "daß die selige Maria, vom Heiligen Geist empfangend ohne Verkehr mit einem Mann Christus gebar", daß Christus "Gott und Mensch" ist, daß ihn die Juden aus freien Stücken kreuzigten, damit er der Erlöser der ganzen heiligen Kirche würde, daß er dem Körper nach starb, begraben wurde und am dritten Tag wieder auferstand von den Toten usw. (PL 157, 537). Er habe vor seiner Taufe "den Mantel der (jüdischen) Verkehrtheit und den Rock der (jüdischen) Sündhaftigkeit" abgelegt (PL 157, 537). In dieser Praefatio teilt er auch mit, die von seinem Schritt überraschte jüdische Gemeinde, die ihn als bibelfest, talmudkundig und in der Artes liberales gebildet kannte, habe teils geglaubt, er sei ein Verächter Gottes und der Gesetze, teils angenommen, er habe Gesetz und Propheten nicht gehörig verstanden, zum Teil aber auch gemeint, er habe um weltlicher Ehren willen aus Geltungsbedürfnis sich auf die Seite des überlegenen Christentums geschlagen (PL 157,538). Petrus will mit Hilfe des philosophischen Verstandesbeweises (ratio) und des Beweiswertes von Schriftzeugnissen (auctoritas) arbeiten (PL 157,538). Diese Doppelgleisigkeit durchzieht den ganzen Traktat, wobei allerdings den Gesichtspunkten der ratio meist eine Präferenz zukommt. Daß Petrus sich in der Bibel und in der rabbinischen Literatur wirklich so gut auskannte, wie er behauptet (PL 157,538: peritum in libris prophetarum et dictis doctorum), ist im übrigen nicht so sicher, wie es scheinen könnte.

Die zwölf Kapitel der 'Dialogi' wollen aber gewiß nicht nur Juden gegenüber seine Konversion motivieren, sondern auch überhaupt von den Gebildeten seiner Zeit gelesen werden und den Eindruck vermitteln, daß nicht nur die Schriftzeugnisse das Christentum als einzig wahre Religion erweisen, sondern auch und ganz besonders Philosophie und Naturwissenschaft. Mit anderen Worten: Petrus erarbeitet ein vertieftes Verständnis des christlichen Glaubens im Interesse zunächst wohl seiner eigenen Glaubensbefestigung, dann aber auch, um auf seine Weise bei seinen Zeitgenossen den Einfluß so mächtig erscheinender Gegner wie Judentum und Islam einzudämmen.

Als Petrus nach England kam, war Anselm von Canterbury bereits tot, doch lassen die Dialogi wohl noch erkennen, daß ihm dessen Gedanken und Argumentationsweisen nicht ganz unbekannt waren. Sicher aber hat der Hofarzt, und zwar vermutlich schon vor seiner Taufe, von Saadja ben Joseph gelernt, und vor allem sein Frontmachen gegen den anthropomorphen jüdischen Gottesbegriff (PL 157, 540 ff.) ist zweifellos von Saadja beeinflußt, der vehement Gottes Unkörperlichkeit vertreten hatte und anthropomorphe Beschreibungen Gottes in der Bibel nur allegorisch interpretiert wissen wollte, d.h. zwischen Offenbarung auf der einen Seite und Philosophie und Ratio auf der anderen Seite keinen Widerspruch sah und zuließ. Wesentlich von daher erklärt sich Petrus' Gegnerschaft gegen gewisse anthropomorphe Anschauungen der rabbinischen Literatur von Gott (PL 157, 540 ff.).

Er wendet sich zwar gegen den Talmud (übersetzt als *doctrina* [PL 157, 540], was neben der talmudischen Literatur auch die Midraschim einzuschließen scheint), greift aber nicht die Halacha an, sondern nur haggadische Elemente, und zwar auch nur, soweit sie Gott anthropomorph darstellen und soweit sie der Ratio, dem philosophierenden, wissenschaftlich denkenden Verstand, absurd erscheinen. So hallt in den Dialogen sozusagen das Echo einer genuin innerjüdischen Diskussion nach, einer Diskussion vor allem über die Berechtigung anthropomorpher Aussagen von Gott, transponiert in die christlich-jüdische Auseinandersetzung. Dieser Weg, weiter beschritten von Petrus Venerabilis, führt schließlich zu einer ganz generellen christlichen Talmudfeindschaft. Die verkürzende Sicht des Petrus hat sogar zu der Vermutung geführt, er habe überhaupt nicht den Talmud selbst, sondern nur eine Kurzausgabe mit einer Sammlung einschlägiger Zitate vor sich gehabt. Fest steht aber wohl, daß er des Hebräischen mächtig und willens und in der Lage war, Bibelexegese auf der Basis des hebräischen Textes zu betreiben (PL 157,539). Dies ist jedenfalls hier neu in der Geschichte der christlich-jüdischen Apologetik. Andererseits ist die Möglichkeit nicht ganz auszuschließen, daß Petrus - wie schon Agobard - willentlich oder irrtümlich spezifische Teile der rabbinischen Literatur als Proben des Talmud schlechthin ausgibt, also Stücke wörtlich nimmt, die allegorisch verschlüsselte Aussagen über Gott und sein Treueverhältnis zum jüdischen Volk sein wollen, nicht ganz unähnlich dem, was die Johannesapokalypse bietet.

Im Kapitel I (PL 157, 541-567) weist Petrus die fleischliche Auslegung von Bibelworten (Ex 33, 23; Is 62,8) durch die Juden zurück, die darauf hinauslaufe, Gott einen Körper zuzuschreiben, ihm einen Kopf und Arme zu geben, ihm die Stirnkapsel und Gebetsriemen anzudichten (PL 157, 541-543 zu Berachot 6a; 7a). Zurückgewiesen wird auch die Vorstellung, Gott halte sich nur im Westen auf, wo alle Sterne ins Meer fallen (PL 157, 543 ff. zu Baba batra 25a). Ferner: Gott befinde sich an einem sechsseitig begrenzten Ort (PL 157, 549 zu *in doctrinae libro tertio*, nicht identifizierbar in der rabbinischen Literatur); Gott zürne gemäß Ps 7, 12 einmal täglich, und nur Balaam kenne die Stunde seines Zorns (PL 157, 549-550 zu Berachot 7a); Gott weine einmal täglich, und von seinen Augen fielen zwei Tränen in den Ozean, und dies sei jenes Licht, das nachts von den Sternen zu fallen scheine (PL 157, 550 zu Berachot 59a); Gott weine über die Gefangenschaft der Juden, brülle vor Schmerz dreimal täglich wie ein Löwe, stampfe mit den Füßen, gurre wie eine Taube, schüttele den Kopf und bereue schmerzlich, daß er seinen Tempel zerstört und seine Söhne unter die Völker vertrieben habe (PL 157, 550-551 zu Berachot 3a; 6b); ferner schlage er wie eine Kreißende (vor Schmerz) mit den Füßen, schlage wie vor Schmerz mit den Händen und bete täglich darum, daß sein Mitleid mit seinem Volk über seinen Zorn siege (PL 157, 551 zu Berachot 7a). Die Absurdität und Lächerlichkeit solcher anthropomorphen Bilder wird zum Beispiel so erwiesen: "Wenn Gott daher so ist, wie ihr (d.h. die jüdischen *doctores*, die Rabbinen) sagt, dann muß er, da er ohne zu essen und zu trinken täglich zwei Tränen abgibt, abnehmen, es sei denn, er trinkt beständig von dem über dem Himmel befindlichem Wasser" (PL 157, 550). Einschlägige wörtliche Bibelaussagen, die solche Anthropomorphismen zu stützen scheinen, sind, als der *ratio (philosophica)* widersprechend, allegorisch zu deuten, meint Petrus (PL 157, 551 ff.). Wie von Rauch auf Feuer zu schließen ist, auch wenn man dieses selbst nicht sehen könne, so sei aus der Schöpfung auf die Existenz eines körperlosen Schöpfers zu schließen (PL 157, 555), der vollendete Weisheit besitze, ewig existiere, ungeschaffen, nicht zusammengesetzt und körperlos sei (PL 157, 559); die Welt dagegen sei mit allem in ihr geschaffen und nicht ewig (PL 157, 561).- Irrig und bar jeder Vernunft sei zum Beispiel die Behauptung der jüdischen Gelehrten, Gott habe bei der Erschaffung des Firmaments im Norden ein großes Loch gelassen, um jemanden, der sich vielleicht irgendwann Göttlichkeit anmaße, auffordern zu können, dieses Loch zu schließen, so sein, Gottes Werk, zu vollenden und die angemaßte Göttlichkeit unter Beweis zu stellen (PL 157, 564). - Absurd sei auch die Lügengeschichte über die Schlüssel zu den Schätzen des Kore (Korach), der, als er mit Mose und den Israeliten durch die Wüste zog, dreihundert Kamele mitgeführt habe, die ausschließlich mit diesen Schlüsseln beladen gewesen seien, die dazu noch sämtlich aus rindsledernen Riemen gemacht gewesen seien, um leichter getragen werden zu können. Da jedes Kamel etwa 3600 Schlüssel habe tragen können und zu jedem Schlüssel eine Schatztruhe gehört habe und jedes Kamel nur deren zwei habe tragen können, sei für den Transport der Truhen und ihre Bewachung eine absurd riesige Zahl von Kamelen und Menschen erforderlich gewesen, weshalb die ganze Geschichte vernunftwidrig und lächerlich sei (PL 157, 564-565 zu Pesachim 119a).- Ebenso absurd sei die Geschichte vom Sohn des Dan, der, als die Söhne Jakobs und Esaus mit ihrem Gefolge gleichzeitig ihre Väter zu Grabe trugen, sich begegneten und beide Gruppen dasselbe Grab für sich beanspruchten, einen so riesigen Stein auf das Heer der Esausöhne schleudern wollte, daß er sie mit einem Schlag hätte vernichten können; der aber, als die beiden feindlichen Gruppen sich unerwartet friedlich einigten, diesen Stein ins Meer warf, worauf das Meer über die Ufer trat und zwei Städte zerstörte (PL 157, 565; vgl. Sota 13a, wo aber die Geschichte anders und nicht hyperbolisch erzählt wird). - Vernunftwidrig unglaubwürdig sei ferner der Bericht über den riesenhaften König Og, der einen ungeheuer großen Felsblock auf seinen Kopf hob, um damit das israelitische Heer zu zerschmettern, worauf ein Wiedehopf (*upupa*, in seinem Verhalten z.T. dem Specht ähnelnd) heranflog und den Stein mit seinem Schnabel bearbeitete, bis er durch eine Öffnung im Kopf des Riesen bis in seinen Hals und auf die Schultern hindurchfiel, wo er von seinen Zähnen festgehalten wurde, so daß Og ihn nicht mehr heben (und werfen) konnte (PL 157, 565-566 zu Berachot 54b).- Die "Albernheit" rabbinischer Berichte zeige sich auch in der Aussage, Moses sei zum Himmel aufgestiegen, um dort das Gesetz in Empfang zu nehmen, habe sich dort mit den Engeln, die es gleichfalls beanspruchten, auseinandersetzen müssen, schließlich aber unter beifälligem Lächeln Gottes mit dem Argument gesiegt, die Engel als körperlose Wesen bedürften nicht dieses Gesetzes (PL 157, 566 zu Schabbat 88b).- Ähnlich lächerlich berichteten die Rabbinen, zu dem Gelehrten Josua ben Levi sei der Todesengel gekommen, doch jener habe vor seinem Tode noch das Paradies sehen wollen. Auf den Flügeln des Engels zu einem Aussichtspunkt oberhalb des Paradieses getragen, habe er sich fallen lassen, um im Paradies zu bleiben und so dem Tode zu entgehen. Trotz des Todesengels Beschwerde bei Gott habe der Gelehrte im Paradies bleiben dürfen, wo er bis heute lebe (PL 157,566-567; A.L. Williams, Adversus Judaeos, London 1935, 238, verweist für den Bezugspunkt in der rabbinischen Literatur auf Derech erez suta I, Ende). Petrus Alfonsi versichert schließlich seinem jüdischen Alter ego, er könne viele Bücher mit ähnlich törichten Fabeleien der Rabbinen füllen, doch genüge das Wenige als Kostprobe, um zu zeigen, daß die Worte der jüdischen Gelehrten sich darstellen wie Scherzreden von Schulknaben und spinnenden Weibern (PL 157, 567).

Im Kapitel II (PL 157, 567-581) werden Ursache und Dauer der Gefangenschaft der Juden erörtert und im Zusammenhang damit in unpolemischer Weise ganz kurz einige weitere wunderbare Talmudberichte vorgeführt, und zwar über fromme, heiligmäßige Männer in der Epoche der Zerstörung des Zweiten Tempels und der zweiten Gefangenschaft (nach der ersten Babylonischen) der Juden. Diese Männer waren so zahlreich, daß die (Jr 5 beschriebenen) Gründe der ersten (Babylonischen) Gefangenschaft für die durch Titus bewirkte zweite nicht zutreffen können und andere gesucht werden müssen. Zunächst zu diesen heiligen Männern: Jochanan ben Zakkai war so heiligmäßig, daß, wenn er auf seinem Stuhl saß, um in seinen Büchern zu lesen, Gott, um den Glanz seiner Verdienste zu zeigen, alle Vögel habe verbrennen und zur Erde stürzen lassen, die zufällig über ihn hinwegflogen (PL 157, 569; vgl. Sukka 28a, wo allerdings dies von Jonathan ben Usiel gesagt ist).- Bei einer Dürre zur Zeit des Honi habe dieser einen Ring aus Steinen gelegt, sich hineingestellt und zu Gott geschworen, erst wieder dort herauszugehen, wenn es regne; was schließlich auch genau in der gewünschten Form geschehen sei (PL 157, 569; vgl. Taanit 19a).- Chanina ben Dossas Heiligmäßigkeit wurde täglich durch eine himmlische Stimme vom Berg Horeb gerühmt, und einst füllte Gott auf wunderbare Weise seine leere Backpfanne mit Brot (PL 157, 569; vgl. Taanit 25a).- Als der fromme Nikodemon ben Gorion bei einer großen Trockenheit Gott um Regen bat, ließ dieser es auf der ganzen Erde regnen, und Nikodemon konnte das geliehene Zisternenwasser wieder erstatten (PL 157, 569-570; vgl. Taanit 20a).- Aqiba war so heiligmäßig, daß bereits Moses, als er bei der Entgegennahme des Gesetzes die ganze Zukunft schaute, erkannte, daß Aqiba würdiger als er selbst gewesen sein würde, dem Volk das Gesetz zu überbringen (PL 157,570; vgl. Menachot 29b). Kurz: Der Grund, weshalb die schreckliche Gefangenschaft der Juden nun schon 1040 Jahre gedauert hat (PL 157, 568; vgl. 157, 572; diese Zeitangabe paßt übrigens zu einem angenommenen Abfassungsdatum der 'Dialogi' von 1110/15), muß ein anderer sein. Petrus weiß ihn genau: "Da ihr geleugnet habt, daß Christus Gottes Sohn und zur Erlösung des Menschengeschlechts in die Welt gekommen ist, und da ihr nicht seine Gebote beachten wollt, werdet ihr nicht von der Gefangenschaft befreit werden können. Wenn ihr aber zu dem Glauben findet, daß er Gottes Sohn und schon gekommen ist, und wenn ihr euch an seine Weisungen haltet, werdet ihr den Zustand des Gefangenseins unverzüglich verlassen" (PL 157,568), Während der ersten (Babylonischen) Gefangenschaft konnten die Juden, abgesehen von ihrem Zustand der Versklavung (*servitus*), Ackerbau treiben, Häuser bauen und ein ungestörtes Familienleben führen. Die zweite Gefangenschaft (seit dem Jahre 70) ist in vieler Hinsicht schlimmer. Die Juden wurden getötet, verbrannt und in solchen Mengen als Kriegsgefangene verkauft, "daß für eine Silbermünze dreißig Gefangene gegeben wurden und sich doch kein Käufer fand, wie Moses ankündigte" (vgl. Dt 28,68.- Die potenzierte Talion ist ein Echo auf Mt 26, 15). "Ja, Schiffe hat man mit ihnen gefüllt und ohne Ruderer und Steuer auf dem

Meere treiben lassen, um ihre Schmach und Wertlosigkeit deutlich zu machen" (PL 157, 571). Es wurde ihnen bei schwerster Strafe verboten, die Tora zu studieren und zu praktizieren. Wer eine Jungfrau heiraten wollte, mußte sie zuvor vom Herrn der Provinz beschlafen lassen (PL 157, 571-572). Zur Sprache kommt in diesem straftheologischen Zusammenhang durch Petrus auch die Begründung: "Weil ihr Christus, Gottes Sohn, getötet habt als Zauberer und Sohn einer Hure und als einen, der das ganze Volk auf einen Irrweg führte" (PL 157,573; vgl. Schabbat 104b; Jebamot 49a). Vierzig Jahre vor der Zerstörung Jerusalems durch Titus ist durch Prodigien auf dieses Jahr 70 hingewiesen worden, "wie die Bücher eurer (rabbinischen) Lehre bezeugen" (PL 157, 373; vgl. Joma 39b). "Neid und Bosheit der Juden waren der Grund für Christi Tod, Christi Tod aber der Grund für ihre Gefangenschaft" (PL 157, 574). Dieser Mord wiegt schwerer als die Anbetung des Goldenen Kalbes (PL 157, 574; vgl. PL 157, 580 zu 1 Kg 12, 28 ff.). Nicht aus Freundlichkeit, sondern nur deshalb ließ Gott noch einen Rest der Juden überleben, damit sie allen Völkern Sklavendienst leisteten (PL 157, 574). Ihre aus Mißgunst erwachsene Ermordung des Gottessohns ist der Grund, weshalb sie überall auf der Erde zerstreut in immerwährender Knechtschaft (*perpetua servitus*) sind (PL 157, 574-575). Hätte Gott alle Juden zum Zeitpunkt ihrer Missetat vertilgt, wäre ihre Schuld allmählich in Vergessenheit geraten. Gemäß Is 65,8 wollte Gott die Juden auch deshalb nicht ganz vernichten, weil er sah, daß einige noch zum Glauben an ihn finden würden (PL 157, 575.578). Daß die Gefangenschaft der Juden wegen Christi Tod erfolgt sei, wird auch bewiesen dadurch, daß gleich zu Beginn dieser Gefangenschaft zehn führende Persönlichkeiten des jüdischen Volkes, darunter Simon ben Gamaliel und Aqiba, eingekerkert wurden wegen Verkaufs eines Juden, der nicht Joseph war (vgl. Gn 37,28), wie die jüdischen Gelehrten unter Namensvertauschung behaupten, sondern Christus (PL 157, 575-576.580; vgl. Berachot 61b). Im übrigen wird die Gefangenschaft der Juden nur dann wieder zur Freiheit gewendet und werden sie selbst das Heil erlangen, wenn sie von ihrem Unglauben ablassen (PL 157,578.581). Von ihrer Missetat gegen Christus ist Amos 2,6 deutlich die Rede (PL 157,579). Dem Einwand seines jüdischen Gegenübers, nicht das ganze israelitische Volk, das damals schon zum großen Teil in allen Ländern der Erde verteilt lebte, sei schuldig an Christi Tod, begegnet Petrus mit dem Argument, auch wenn das ganze jüdische Volk damals nicht körperlich beim Tode Christi anwesend war, so sei es doch kollektiv schuldig; denn auch die nicht in Jerusalem anwesenden Juden hätten, als sie von der Tat ihrer Glaubensgenossen gehört hätten, sich beifällig geäußert, und diese Teilhabe am Tötungswillen müsse ihnen wie die Tat selbst angerechnet werden (PL 157, 579-580). Damit kommt ein neues Element in die christlich-jüdische Diskussion.

Im Kapitel III (PL 157, 581-593) weist Petrus den törichten Auferstehungsglauben der Juden zurück, daß sie nämlich, soweit sie leben, beim Kommen des Messias - von dem kurz zuvor beiläufig als Ben David die Rede war (PL 157,581) - von der seit dem Jahre 70 dauernden Gefangenschaft erlöst werden, ihre Toten erweckt werden und alle wieder das Land Israel bewohnen. Hier wie auch sonst greift Petrus auf Anschauungen Saadjas zurück, kann aber von seinem christlichen Standpunkt die Auferstehung nicht als rein diesseitigen Vorgang begreifen, bewirkt durch das Kommen eines nicht göttlichen Messias; vielmehr bewegt er sich auf der von Mt 22,23 ff. ausgehenden Traditionslinie (PL 157, 591). Demgegenüber vertritt der jüdische Dialogpartner Moyses konsequent die Anschauung, daß die Toten nach ihrer Erweckung durch den Messias eine neue körperliche Existenz finden, in der sie sich über den Messias und sein Reich freuen, wie vormals in Jerusalem wohnen, dort nach den Riten ihrer Vorväter opfern und nach tausend Jahren ohne zu sterben hinübergehen in ein Reich ewiger Glückseligkeit und Unsterblichkeit (PL 157, 592). Petrus lehnt solche Vorstellungen im Hinblick auf die dann bald drohende Überfüllung des kleinen Landes Israel ab. Die jüdische Anschauung von der Auferstehung der Toten sei vernunftwidrig und widerspreche auch Ps 89, 49 (PL 157, 592-593).

Kapitel IV (PL 157, 593-597) zeigt, daß die Juden das mosaische Gesetz nur zu einem kleinen Teil beachten und daß selbst diese unvollkommene Observanz Gott nicht gefällt; denn die auf den Opfer- und Tempeldienst in Jerusalem und das Feiern der Feste bezüglichen Vorschriften der Tora sind schon lange, seit dem Jahre 70, nicht mehr praktizierbar. "Wenn Gott eure Opfer erwünscht wären, hätte er euch nicht derart aus dem Lande (Israel) vertrieben, so daß ihr seine Gebote gar nicht mehr erfüllen könnt" (PL 157, 594; vgl. PL 157, 596). Damit wird wieder der herkömmliche Geschichtsbeweis eingeführt. Petrus weiß aber auch Bibelstellen anzuführen (Klagelieder 3, 8.44; Is 1,15), die seine Argumentation stützen, freilich um den üblichen Preis der Auflösung der biblischen Dialektik von (erzieherischer) Strafe und Gnade (PL 157,596). Moyses hat jedenfalls keinen Erfolg mit der ebenfalls traditionellen jüdischen Verteidigung gegen die christliche Behauptung von der Irrelevanz der Tora post Christum: Gott vertrieb die Juden wegen ihrer Sünde aus ihrem Heimatland, so daß die zeitweilige Unmöglichkeit der Gesetzesobservanz entschuldigt wird; sobald sie in ihr Heimatland zurückkehren, werden sie wieder Gottes Gebote erfüllen, und es wird ihr Opfer Gott wieder willkommen sein, gemäß Mal 3, 4 (PL 157, 594).

In Kapitel V (PL 157, 597-606) unternimmt Petrus eine Widerlegung des islamischen Glaubens und seiner törichten Anschauungen. Die Konfrontation mit dem Islam und die Herausforderung durch ihn betraf im Grunde sowohl Christen wie Juden, und gewiß war auch für manche Juden vor allem in islamisch beherrschten Gebieten, wie zum Beispiel in Spanien, der Islam eine ernsthafte Alternative zum Christentum, ein Thema, das auch deutlich zur Sprache kommt (PL 157,599). Für Petrus ist der Islam unannehmbar, weil er ein Mixtum compositum aus Heidentum, Judentum und Christentum ist, weil Mohammed als Prophet und Mensch unglaubwürdig ist und eine Religion begründet hat, die philosophischer Kritik nicht standhält.

Kapitel VI (PL 157, 606-613) behandelt die Frage der Trinität, also einen alten Kontroverspunkt zwischen Christen und Juden. Petrus zitiert (PL 157,608) alttestamentliche Hinweise auf das Vorhandensein einer zweiten und dritten göttlichen Person (Sprüche 3,19; Ps 33,6; der Plural *Elohim* des Singulars *Eloha*). Nie heiße es auch in der Bibel *Elohi* (*deus meus*), stets *Elohai* (*dei mei*). Petrus' Alter ego weist verteidigend unter anderem auf das singularische Prädikat hin, daß es nämlich von Gott heiße *fecit, dixit* (Gn 1,1 ff.), was der Christ gerade zu dem Argument ausbaut: Weil Gott einer in mehreren Personen ist, steht zwar die Handlung im Singular, der Gottesname aber im Plural (PL 157, 609).- Petrus Alfonsi ist - dank seiner Herkunft und umfassenden Bildung - der erste Christ, der das Mysterium der Trinität in der Art der Kabbala deutet (PL 157, 611): Drei ineinandergreifende Ringe umfassen je zwei Buchstaben des Tetragramms *JHWH*. Es besteht, wie der Name sagt, aus vier Buchstaben mit drei verschiedenen Buchstaben, von denen einer zweimal erscheint. Die drei Zweiergruppen (*Jod-He; He-Waw; Waw-He*) symbolisieren, so meint Petrus Alfonsi, drei verschiedene Namen, schließen sich aber zur Einheit eines Namens (*JHWH*) zusammen: "Beim genauen Hinsehen wirst du erkennen, daß ein und derselbe Name sowohl einer als auch drei ist. Die Tatsache, daß er einer ist, weist daher auf die Einheit der Substanz, daß er drei ist, auf die Dreiheit der Personen" (PL 157,611). Auch das in der Bibel (z.B. Dt 4,39) beobachtbare Nebeneinander von *JHWH* (Singular; lateinisch *dominus*) und *Elohim* (Plural; lateinisch *deus*) deutet in der Sicht dieser - wie man sie nennen könnte - christlichen Kabbala darauf, daß Gott zugleich einer und eine Dreiheit ist. "Damit nun klar wird, daß es sich um denselben Gott handelt, der einmal durch ein singularisches, einmal durch ein pluralisches Wort bezeichnet wird und man daher nicht die Existenz mehr als eines Gottes annehme, fügte er (sc. Moses als Verfasser des Deuteronomiums) hinzu: 'und es gibt keinen anderen'" (PL 157, 611). Im übrigen ist auf die Trinität deutlich angespielt in dem dreifachen Segensspruch von Numeri 6, 24-26 und in dem dreimaligen "Heilig" von Is 6,3 (PL 157, 612). Ps 105, 4 ist mit *dominus, virtus* und *facies* von Gott Vater, Gott Sohn und dem Heiligen Geist die Rede (PL 157, 613).

Kapitel VII (PL 157, 613-617) wird die Virginität Marias und damit die Inkarnation thematisiert, ein zwischen Christen und Juden ähnlich umstrittener Punkt wie die Trinität. Petrus weist in diesem Zusammenhang auf die ungeschlechtliche Entstehung der Eva (PL 157, 613) und - gegen den Zweifel des Alter ego, der da an Hiskia, den Sohn des Achaz denkt - auf Is 7, 14 (PL 157, 613 ff.). Zur Sprache kommt in diesem Kontext auch Is 45, 8: Der vom Himmel kommende Tau meint den Heiligen Geist, die sich auftuende Erde bezeichnet Maria (PL 157,617).

Kapitel VIII (PL 157, 617-624) diskutiert die Inkarnation Christi und sein gleichzeitiges Menschsein und Gottsein. Zum Beweis dienen unter anderem Gn 1,26 - hier einmal nicht in der üblichen Weise als Testimonium trinitatis gewertet; vielmehr illustriert *imago dei* die von dem inkarnierten Christus angenommene menschliche Natur (PL 157, 618-619) -, Is 9,5 (PL 157,619), Is 11, 1 (PL 157, 620), Zach 12,8, Mich 5,1, Ps 45, 7-8 (PL 157,621-622). Ps 72, 1 ff. ist nach Meinung des Christen und des Juden nicht von Salomo die Rede, sondern von Jesus Christus (als Mensch und Gott) beziehungsweise von dem Messias der Juden (PL 157, 622). 1 Chronik 17, 11-14 weist nicht, wie Moyses annimmt, auf Salomo, sondern auf Jesus Christus als Mensch und Gott zugleich (PL 157, 622-623).

Kapitel IX (PL 157, 624-639) erweist, daß Christus genau zu der von den Propheten vorhergesagten Zeit kam und daß alle auf ihn zielenden Voraussagen in ihm und in seinen Werken erkennbar realisiert sind, daß mithin die Juden vergeblich weiter auf einen Messias warten. Gn 49, 10 kann nur Christus meinen; denn tatsächlich gab es, wie die Geschichte zeigt, seit seiner Ankunft keinen weiteren König von Juda mehr (PL 157, 624). In die gleiche Richtung weist Dn 9, 24-26, wo auch von der Zerstörung Jerusalems durch Titus im Jahre 70 die Rede ist (PL 157, 624-625); ferner Dt 18,15, wo nicht Josue, sondern Jesus Christus gemeint ist (PL 157, 626-627). Auf Christus ist in diesem Zusammenhang auch Is 42, 1-4.6 zu beziehen (PL 157, 627-629). Ganz besonderen Beweiswert hat das

Gottesknechtslied Is 52, 13-53, 12, wo keinesfalls der leidende Jeremias oder König Josias gemeint sein kann (PL 157, 632-633). Petrus läßt sein früheres Ich nun Bibelstellen ins Feld führen, die ein friedvolles messianisches Reich beschreiben (Is 2,4; 11, 6; 65, 25), was bisher noch nicht eingetreten sei, vielmehr erst nach der Ankunft des (von den Juden erwarteten) Messias beginnen werde, während die gegenwärtige Realität eine andere sei: "Denn bis auf den heutigen Tag kämpfen die Völker miteinander", und "Juda und Israel sind bis heute im Elend und in Gefangenschaft" (PL 157, 636). Auch die Verheißung Is 6,5-6 ist noch nicht erfüllt (PL 157, 638). Dieser antichristlich-apologetische Schriftbeweis der jüdischen Seite, der Hinweis auf die Friedlosigkeit und Unerlöstheit der Welt, den Petrus hier kenntnisreich präsentiert, hatte viele Jahrhunderte hindurch Gewicht und wurde oft wiederholt.

Kapitel X (PL 157, 639-650) weist nach, daß Christus aus eigenem freien Willen zuließ, daß die Juden ihn kreuzigten und töteten. Das führt zu der Frage des Juden: "Warum verurteilt ihr denn diejenigen, die ihn töteten und stellt sie als Missetäter hin, obwohl sie doch nur seinen Willen erfüllen?" (PL 157, 646). Der Christ sagt dagegen, es komme auf die Intention an. Die Juden hätten nicht Christi Willen erfüllen wollen, sondern ihre Tat aus Mißgunst und Bosheit getan; dies wird mit zwei Gleichnissen deutlich gemacht: Jemand wollte sein Schiff verbrennen, um die Nägel zu gewinnen (und für einen anderen Zweck zu verwenden) und aus dem Holz Kohle herzustellen. Als er sich noch mit diesem Gedanken trägt, zündet im Dunkel der Nacht ein Feind von ihm, ohne seine Absicht zu kennen, das Schiff an, weil er ihn haßt. Der Schiffseigner findet am nächsten Morgen seine eigene Absicht bereits realisiert.- Ein Hausbesitzer will sein steinernes Haus abreißen, um aus den Steinen ein anderes Gebäude zu errichten. Ein Feind dieses Mannes, der von dessen Vorhaben nichts wußte, kommt jenem zuvor, reißt das Haus ab und läßt, ganz im Sinne des Eigentümers, keinen Stein auf dem anderen. Beide Täter handeln jedoch "aus Haß und Mißgunst" und sind schuldig, ebenso wie diejenigen, die Christus töteten (PL 157, 646). Der Jude begründet nun seinerseits die Tötung Jesu: "Weil er ein Zauberer war, durch Zauberei die Söhne Israels in die Irre führte und überdies sich "Sohn Gottes" nannte (PL 157, 646-647), wogegen Petrus die Schuldlosigkeit Jesu versichert, der tatsächlich "Gottes Sohn" und"Gott und Mensch" war (PL 157, 648).

Kapitel XI (PL 157, 650-656) erörtert die Auferstehung und Himmelfahrt Christi. Von der Zeit vor und nach der Auferstehung spreche Ps 61, 7, von seiner Auferstehung und Himelfahrt sei Is 52, 13 und Is 33, 10 die

Rede, und Christi Körper war ganz heilig, rein und leicht, so daß er, wie bestimmte Arten großer Vögel (Geier, Adler) leicht aufsteigen konnte (PL 157, 650 ff.). Ps 57,6 spricht in diesem Sinne von ihm (PL 157, 654-655). Hier sei von Christus ebenso als "Mensch und Gott" die Rede wie Dn 7,9-14 (Gott Vater und Sohn).

Kapitel XII (PL 157, 656-672) beschreibt die christliche Sicht des mosaischen Gesetzes. Der Jude hält den Christen vor, Gott habe Abraham und Moses die Beschneidung als Heilszeichen geboten und selbst Christus sei beschnitten gewesen, die Apostel jedoch hätten sich gegen sie gestellt (PL 157, 657). Nun relativiert der Christ die Notwendigkeit der Beschneidung in der herkömmlichen Weise durch den Hinweis darauf, daß Gott wohlgefällige Männer wie Adam, Henoch, Noe und Job, dazu Frauen wie Sara, Rebekka und Rachel auch ohne Beschneidung Heil fanden. Die Beschneidung sei also kein Heilszeichen, sondern nichts weiter als ein Unterscheidungsmerkmal gewesen, um Juden von Nichtjuden unterscheiden zu können (PL 157, 658-659). Post Christum natum sei diese Unterscheidung durch die Taufe als neues für Männer und Frauen in gleicher Weise geltendes Heilszeichen obsolet und unnötig geworden (PL 157, 659; vgl. Kol 3,11). Ebenso sei der Sabbat nach Christi Ankunft unnötig und ersetzt durch den Sonntag als Tag der Auferstehung Christi (PL 157, 660-662). Auch das Passahfest - das Lamm weise auf das Lamm Gottes - sei obsolet und, wie alle Opferriten der Tora, nichts als Typus und Zeichen der Passion Christi und des inzwischen gekommenen christlichen Opfers (PL 157, 662-667). Den Speisegesetzen widerspreche schon Gottes Feststellung, daß alles gut war, was er geschaffen hatte (Gn 1). Im übrigen bestehe kein Gegensatz zwischen Christi Gesetz und der Tora. Die verschiedenen Gebote Gottes (z.B. die noachischen Gesetze, Gn 9, später dieTora) seien zu ihrer Zeit sinnvoll gewesen, nach Christi Ankunft aber habe sich ihre Zeit vollendet (PL 157, 667-668). Der neue Heilszustand ist Is 2, 2-3 vorausschauend beschrieben. Hier meine das Haus Gottes die Kirche Christi, der Berg aber Christus (PL 157, 668-669). Schließlich widerlegt Petrus noch den Vorwurf des Bilderkultes: "Die Christen beten, wenn sie vor dem Kruzifix niederknien, keineswegs jenes Kreuz oder das darauf befindliche Abbild an, vielmehr Gott Vater und seinen Sohn Jesus Christus" (PL 157, 670). Am Ende gibt sich Petrus' Alter ego geschlagen und gesteht ein, daß er den Christen nicht besiegen und seinen Argumenten nichts entgegensetzen kann. Petrus schließt dieses letzte Kapitel mit dem Ausdruck zuversichtlicher Hoffnung auf die Taufe seines Kontrahenten (PL 157, 671-672).

Durchgehend fällt in den 'Dialogi' auf, daß Petrus Alfonsi sein gedachtes jüdisches Gegenüber zwar manche kritische Frage bezüglich der Schwachstellen christlicher Glaubensinhalte stellen und auch die bekannten jüdischen Ansichten (z.b. Gegnerschaft gegen Trinität, Inkarnation, Gottessohnschaft und Messianität Jesu, Hoffnung auf Restitution in Israel durch den Messias) aussprechen läßt, daß Moyses im ganzen aber doch sehr theaterhaft agiert und einen nur allzu willigen Stichwortgeber und Beifallspender abgibt (z.b. PL 157, 545-546: *bene tandem intelligo; cuncta patenter intelligo; et hoc lucide patet; quod ratio ostendit, negare non valeo*; PL 157, 550: *veritati contradicere nequeo; etsi velim negare nequeo*). Auch kennt er verdächtig gut das Neue Testament (z.B. PL 157, 580). Ganz realistisch ist allerdings sein Resignieren gegenüber der christlichen Exegese des Alten Testaments: "Warum sollte ich dir weitere Argumente entgegenstellen, da du ja doch alle meine Bibelbelege nach deinem Belieben interpretierst?" (PL 157, 639). Da zeigt sich der alte Vorwurf willkürlicher Textinterpretation. Alt und herkömmlich, aber von Petrus eher beiläufig und nur ganz sporadisch artikuliert, ist der christliche Vorwurf der jüdischen Blindheit und Verstocktheit (PL 157, 536-537.546.581.593. 610). Die geringe Bedeutung dieses Vorwurfs und überhaupt die große Seltenheit einzelner polemisch klingender Formulierungen (PL 157, 537: *falsitas, iniquitas*; PL 157, 539 läßt die Formulierung *gladio occidere* an den späteren Werktitel *Pugio fidei* des Raimund Martini denken; PL 157, 636: *inscitia*; PL 157, 637: *non est gens in toto mundo stolidor vobis*; PL 157, 645: *stultissimus*; PL 157, 646.649: *odium, invidia*) können vielleicht bestätigen, daß die Intention des Hofarztes nicht judenmissionarischer Art ist. In der Tat wird, wenn überhaupt, der Wunsch nach Bekehrung seines jüdischen Alter ego von Petrus so freundlich vorgebracht (PL 157, 581.593.597.672), daß er weder verletzend noch drängend erscheint und niemals angestauten Unmut ob der *caecitas judaica* verrät. Auch wird nie betont, daß die Juden gottfern verworfen, gar hoffnungslos verworfen seien. Alles in allem erscheint Petrus als hochgebildeter Mann von Charakter, der weder um materieller Vorteile willen konvertierte noch, wie andere Konvertiten nach ihm, literarisch aggressiv und grob verleumderisch gegen seine ehemaligen Glaubensgenossen vorging. Offensichtlich wurde er Christ, weil er von der philosophischen, dem Verstand sich erschließenden Wahrheit des Christentums zutiefst überzeugt war. Zwar operiert Petrus noch in der traditionellen Weise mit der Beweiskraft alttestamentlicher Loci (*auctoritas*), doch gleichzeitig tritt daneben mindestens gleichgewichtig die *ratio (philosophica)*. Damit hat er (wie andere seiner frühscholastischen Zeitgenossen) zweifellos anregend gewirkt, wie er auch in gewisser Weise als Archeget der christlichen Kabbala gelten muß. Allerdings hat seine Gegnerschaft gegen bestimmte Elemente der rabbinischen Literatur Schule gemacht. Zunehmend wurde in christlichen Kreisen verkannt - anscheinend partiell schon von Petrus selbst - daß hier bisweilen allgemeine Wahrheiten oder bestimmte (durchaus nicht normativ und autoritativ gemeinte) Einsichten und Ansichten in ein Gewand überspitzter, hyperbolisch formulierter oder - im Falle von bildhaften Aussagen über Gott - anthropomorpher Rede gekleidet sind, die vor allem allegorisch verstanden sein will und mißverstanden wird, wenn sie mit Halacha verwechselt und als jüdische Dogmatik hingestellt wird. Übersehen wurde wohl auch, daß einerseits anthropomorphe Gottesvorstellungen bereits innerjüdisch (Saadja!) umstritten sind und andererseits selbst das Neue Testament (Johannesapokalypse) nicht davon frei ist. Im übrigen sind die 'Dialogi' in gewisser Weise Petrus' Puppenspiel mit seinen zwei Identitäten. Die Drähte werden so gezogen, daß der Sieg des christlichen Parts zu keiner Zeit in Frage steht.

Ausgabe: PL 157.- *Literatur*: C. Werner, Der heilige Thomas von Aquino, I, Regensburg 1889, 639-643; A. Posnanski, Schiloh, Leipzig 1904, 347-348. 397; G.F. Moore, Christian Writers on Judaism, Harvard Theological Review 14, 1921, 147-254, S. 202; Murawski, 1925, 42-43; Manitius, III (1931), 274-277; H. Pflaum, in: Monatsschrift für Geschichte u. Wiss. d. Judentums 76, 1932, 579-581; A.L. Williams, Adversus Judaeos, London 1935, 233-240; P. Browe, Die religiöse Duldung der Juden im Mittelalter, Archiv für katholisches Kirchenrecht 118, 1938, 3-76, S. 44-45; Browe, 1942, 115.119.120.122.153-154.213; R.W. Hunt, in: Festschrift Fr. M. Powicke, Oxford 1948, 147-148; M. Goldstein, Jesus in the Jewish Tradition, New York 1950, 196-197; Baron, V (1957), 115-116.342; IX (1965) 293; LThK VIII (1963) 332; Fr. Secret, Les Kabbalistes Chrétiens de la Renaissance, Paris 1964, 8-9; B. Blumenkranz, Jüdische und christliche Konvertiten im jüdisch-christlichen Religionsgespräch des Mittelalters, in: Judentum im Mittelalter, hg. von P. Wilpert, Berlin 1966, 264-282, S. 272-275; B. Hirsch-Reich, in: Judentum im Mittelalter, Berlin 1966, 230 ff.; A. Funkenstein, Changes in the Patterns of Christian Anti-Jewish Polemics in the 12th Century [hebräisch], Zion 33, 1968, 125-144; Ch. Merchavia,The Church versus Talmudic and Midrashic Literature (500-1248) [hebräisch], Jerusalem 1970, 93-127; Encyclopaedia Judaica (Jerusalem 1971) XIII, 347; A. Funkenstein, Basic Types of Christian Anti-Jewish Polemics in the Later Middle Ages, Viator 2, 1971, 373-382, S. 378-379; M.L. Arduini, Ruperto di Deutz, Roma 1979, 95-101; Kniewasser, 1979, 154-187.240-241.251.257; (vgl. ders. in: Kairos 22, 1980, 34-76); J. Cohen, The Friars and the Jews, Ithaca-London 1982, 27-29.31; G. Stemberger, Der Talmud, München 1982, 298-299; Cl. Thoma, Die theologischen Beziehungen zwischen Christentum und Judentum, Darmstadt 1982, 128-129; B. Ph. Hurwitz, Fidei causa et tui amore: The Role of Petrus Alphonsi's Dialogues in the History of Jewish-Christian Debate, Diss. Yale Univ. 1983; A. Büchler, A Twelfth-Century Physician's Desk Book: The *Secreta Secretorum* of Petrus Alphonsi Quondam Moses Sephardi, Journal of Jewish Studies 37, 1986, 206-212.

Von **Johannes** von Oppido Mamertina in Kalabrien (um 1070 - nach 1121), dem Sohn eines wohlhabenden normannischen Adligen, ist in der Geniza von Altkairo unter anderem das Fragment eines autobiographischen Berichts (*Obadja-Rolle*) erhalten, in dem er seinen Lebensweg und seine Konversion zum Judentum schildert: Noch als Jugendlichen bewegte ihn sehr, daß Andreas, der Erzbischof von Bari, Jude wurde. Seine theologischen Zweifel an der Wahrheit des Christentums wuchsen im Laufe seiner Ausbildung zum Kleriker, und auch die Judenverfolgungen während des ersten Kreuzzuges scheinen seine Abkehr vom Christentum befördert zu haben. Noch bevor sein Priesterstudium beendet ist, flieht er - wohl wissend um die Gefahr, in der Konvertiten seiner Art schwebten - in den Orient und wird im Jahre 1102 in Aleppo zum Proselyten **Obadja**. Nach Aufenthalten in verschiedenen Städten des Ostens läßt er sich schließlich in Fostât (Altkairo) nieder, wo unter anderem auch - in biblischem Hebräisch geschrieben - die Obadja-Rolle (*Megillat Obadja*) entsteht, von der sieben Blätter erhalten sind. Im Laufe dieses Textes wird unter anderem Joel 3,4 zitiert, und es ist die Rede von verschiedenen geschichtlichen Personen, die sich (fälschlich) als Messias der Juden ausgegeben haben. Es scheint, daß Obadja auch Jesus in diesem Zusammenhang gesehen wissen wollte. Und so mag dieser Text, auch wenn er zunächst wohl der innerjüdischen Kommunikation diente, wenigstens indirekt auch der antichristlichen jüdischen Apologetik zuzurechnen sein.

Ein anonymer hebräischer Bericht gleicher Provenienz ist möglicherweise verfaßt von Johannes' Vorbild **Andreas**. Dieser, durch Bibelstudien für den jüdischen Glauben gewonnen, reist 1066 nach Konstantinopel und konvertiert dort, indem er sich beschneiden läßt. Vermutlich, wenn Blumenkranz' Interpretation der Geniza-Texte zutrifft, wurde er von christlicher Seite verfolgt und eingekerkert, konnte aber fliehen und verfaßte dann eine Anzahl von Abhandlungen antichristlich-apologetischer Art, mit denen er auch an die Öffentlichkeit trat, gewiß in der Absicht, für eine Konversion von Christen zum Judentum zu werben. Von diesen Schriften ist nichts erhalten, wie auch aus christlichen Quellen so gut wie nichts über die Andreas-Affäre zu erfahren ist.

Literatur: Baron, III (1957), 189-190; B. Blumenkranz, Les auteurs chrétiens latins du moyen âge sur les Juifs et le Judaïsme, Paris 1963, 209-210; B. Blumenkranz, La conversion au Judaïsme d'André, Archevêque de Bari, Journal of Jewish Studies 14, 1963, 33-36; A. Scheiber, Some Notes on the Conversion of Archbishop Andreas to Judaism, Journal of Jewish Studies 15, 1964, 159-160; L. Dasberg, Untersuchungen über die Entwertung des Judenstatus im 11. Jahrhundert, Paris 1965, 177; B. Blumenkranz, in: The World History of the Jewish People, II 2, hg. von C. Roth, London 1966, 88.401; B. Blumenkranz, jüdische und christliche Konvertiten im jüdisch-christlichen Religionsgespräch des Mittelalters, in: Miscellanea Mediaevalia IV (Berlin 1966) 264-282; W. Giese, In Judaismum lapsus est, Historisches Jahrbuch 88, 1968, 407-418, S. 409.416-417; Encyclopaedia Judaica (Jerusalem 1971) XII, 1306-1308; J.R. Rosenbloom, Conversion to Judaism: From the Biblical Period to the Present, Cincinnati 1978, 81-82; D. Judant, Du christianisme au judaïsme. Les conversions au cours de l'histoire, Paris 1981, 57 ff. 66 ff.; A. Momigliano, in: History and Imagination. Essays in Honour of H.R. Trevor-Roper, ed. by H. Lloyd-Jones, London 1981, 34-35.

Zu Unrecht ist bei den Schriften des **Wilhelm von Champeaux**, Bischof von Châlons-sur-Marne († 25.1.1122), ein *Dialogus inter Christianum et Judaeum de fide catholica* abgedruckt (PL 163, 1045-1072). Der Autor ist vielmehr ein Anonymus, der im 12. Jh. die 'Disputatio' des Gilbertus Crispinus sehr frei bearbeitete und die neue Fassung an Alexander, Bischof von Lincoln (1123-1148), fast in der gleichen Weise adressierte, wie dies Gilbert mit seiner Abhandlung tat, die er an Anselm von Canterbury zur kritischen Beurteilung schickte. Daß der erste Herausgeber dieses Traktats (Ph. Despoint, Lyon 1677) ihn Wilhelm zuordnete, kann - einmal abgesehen von chronologischen Schwierigkeiten, weil Wilhelm schon vor dem Amtsantritt Alexanders starb - jedenfalls nicht dadurch gerechtfertigt werden, daß er in einem Codex Catalaunensis (d.h. einer in Châlons-sur-Marne, wo Wilhelm Bischof war, liegenden Handschrift) erhalten ist. Der Philosoph und Theologe Wilhelm, Mitbegründer der Scholastik und Lehrer Abaelards, war auch ein Gelehrter von einigem Rang, während unser Anonymus vom 2. Viertel des 12. Jh. eine eher verflachende Gilbertbearbeitung macht, in welcher dem jüdischen Gesprächspartner nicht mehr so freundlich und ausführlich das Wort gegeben wird wie bei Gilbert selbst und jener auch kein fast gleichwertiger Gegner mehr ist.

Immerhin präsentiert der Anonymus nicht ganz ungeschickt seine Argumente, und die vernunftmäßige Begründung der Inkarnation mit der Erbsünde (PL 163, 1065-1072) verrät ein gewisses Maß an scholastischer Bildung, wenngleich viel von Gilbert übernommen wurde. Wenigstens einleitend spricht er auch - darin Gilbert imitierend - noch von seiner "Liebe" zu seinem jüdischen Gesprächspartner (PL 163, 1045). Rigoroser als seine Vorlage hebt er die Fleischlichkeit der Tora im Unterschied zum spirituellen Verständnis der Christen hervor (PL 163, 1046-1048). Was das Alte Testament hinter "figürlicher Rede" verbarg, ist im Neuen offenkundige Realität geworden (PL 163, 1048), und die "Konsonanz" beider Testamente kann am Beispiel einer Nuß deutlich werden, bei welcher die Schale als "altes Gesetz" das "neue Gesetz" in Gestalt typologischer und allegorischer Aussagen in sich barg. Die unnütz gewordene Schale kann zerbrochen und ins Feuer geworfen werden zugunsten des neuen Heils (PL 163, 1048-1051). Im übrigen werden einige herkömmliche Bibelstellen angeführt, um die Verheißung Jesu Christi (PL 163, 1055 zu Gn 49, 10; PL 163, 1057 zu Ps 2,7; PL 163, 1058-1059 zu Gn 10, 2-3 [mit dem Samen Abrahams ist nicht Israel, sondern Jesus Christus gemeint]) und die Trinität (PL 163, 1057 zu Gn 1, 26 und Gn 18, 1 ff.; PL 163, 1058 zu Is 6,3) zu beweisen.

Der Jude des Anonymus beharrt zunächst wie Gilberts Jude darauf, das Moses von Gott gegebene Gesetz sei gut und müsse beachtet werden (PL 163, 1045-1048), er bezweifelt die Virginität Marias als naturwidrig, was der Christ entkräftet durch den Hinweis auf das Übernatürliche des Durchzugs der Israeliten durch das Rote Meer, des Manna (Ex 16, 1 ff.), des aus dem Felsen geschlagenen Wassers (Ex 17, 6), des sich begrünenden und Mandelfrüchte tragenden Stabes Aarons (Nm 17,23), des brennenden aber nicht verbrennenden Dornbuschs (Ex 3,2) und des Glas durchdringenden aber nicht beschädigenden Sonnenlichts (PL 163, 1054-1055). Er will sich taufen lassen, wenn der Christ ihm beweist, daß der Messias schon gekommen ist (PL 163, 1055). Jesus sei gewiß ein guter Mensch gewesen, aber nicht Gott und Gottessohn; denn es heiße, "Höre, Israel, der Herr, dein Gott, ist ein einziger Gott" (Dt 6,4), und es sei irrig und verdammenswert, daß der Christ ihn zwei Götter anzubeten heiße (PL 163, 1056). Gn 1, 26 (Laßt uns den Menschen machen) spreche Gott zu den Engeln, und Gn 12, 3 ziele nicht auf Jesus Christus, sondern auf Isaak (PL 163, 1058-1059).

Kein Wunder, wenn der Jude erscheint als "verhärteten Herzens" (PL 163, 1045), "mit starrem Nacken" und "verhängtem Herzen" (PL 163, 1050), "ungläubig" (PL 163, 1054), "blind" (PL 163, 1056) und "mit hartem Herzen" (PL 163, 1058). Die Juden, die ihren Messias nicht aufnahmen, haben ihren Tempel und ihr Königreich verloren, sind in der ganzen Welt zerstreut und sind fluchwürdig (PL 163, 1056), ja sie sind deshalb "ganz und gar ausgeschlossen aus dem Volk Gottes" und erwarten vergeblich einen noch kommenden Messias (PL 163, 1049). Wie sich Ps.-Wilhelm von Gilbert in dieser Betonung der Verstocktheit und Verworfenheit der Juden unterscheidet, so auch in der stärkeren Gewichtung der Missionierungsabsicht (PL 163, 1045.1050.1054), die gegen Ende des Gesprächs immerhin den Erfolg hat, daß der Jude zustimmt, in Jesus Christus sei Is 53 erfüllt (PL 163, 1072). Dem Sachverhalt hier entspricht die Beobachtung, daß auch sonst oft die Polemik heftiger wird, je stärker der (frustrierte) Missionswille ist.

Gilberts urbaner Gesprächston ist immerhin nicht aufgegeben, aber es schleichen sich doch auch polemische Wertungen ein. So spricht der Christ von den "läppischen Fragen und Argumentationen" des Juden (PL 163, 1045), von der jüdischen *Perfidia* (PL 163, 1050), "Blasphemie" und "Verdorbenheit" (PL 163, 1051); im Vergleich zum Neuen Testament ist die jüdische Bibel "wertloser Unsinn" (PL 163, 1052). Der Christ redet von der "Feindseligkeit" der Juden (PL 163, 1052), bedauert diese als "blind und elendig" (PL 163, 1056), beklagt aber auch die "Unverschämtheit" (PL 163, 1058) und den "rebellischen Geist" (PL 163, 1060) seines Gesprächspartners.- Im ganzen wird das Niveau Gilberts von Ps.-Wilhelm deutlich unterschritten. Er fällt überwiegend zurück in die herkömmliche, oft überhebliche Art der antijüdischen Apologetik.

Ausgabe: PL 163, 1045-1072.- *Literatur*: A.C. McGiffert, Dialogue Between a Christian and a Jew, Marburg 1889, 25; A. Posnanski, Schiloh, Leipzig 1904, 322-323; B. Blumenkranz, Die jüdischen Beweisgründe im Religionsgespräch mit den Christen, Theologische Zeitschrift 4, 1948, 119-147, S. 134; B. Blumenkranz, La 'Disputatio Judei cum Christiano' de Gilbert Crispin, abbé de Westminster, Revue du moyen âge latin 4, 1948, 237-252, S. 245.249-252; Gisleberti Crispini Disputatio Judei et Christiani, ed. B. Blumenkranz, Utrecht-Antwerpen 1956, 17; A. Forest, in: Histoire de l'Église, hg. von A. Fliche et V. Martin, XIII, Paris 1956, 78-80; LThK X (1965) 1130-1131; W. Totok, Handbuch der Geschichte der Philosophie, II, Frankfurt am Main 1973, 193; A. Grabois, The "Hebraica Veritas" and Jewish Christian Intellectual Relations in the Twelfth Century, Speculum 50, 1975, 613-634, S. 634; Awerbuch, 1980, 91-92.

Bruno, Bischof **von Segni** († 18.7.1123), als Kirchenpolitiker und Exeget gleichermaßen bedeutend, hat keinen Traktat gegen die Juden verfaßt, darf aber in einer Geschichte der christlich-jüdischen Apologetik nicht unerwähnt bleiben. Nur am Rande mag Bedeutung haben, daß Bruno in seiner Exegese zu Gn 2, 24 die Mutter, die verlassen wird, auf Synagoga deutet, von der Christus (Adam) fortgeht zu seinem Weibe Ecclesia (PL 164, 165). Aber die an gleicher Stelle ausdrücklich formulierte Gleichsetzung von Synagoga und Judaei setzt Jesus in einen Gegensatz zu seinem Volk und seinem Judesein, das wenig neutestamentlich ist. Deutlich polemisch ist oft Brunos Johanneskommentar, so wenn er hier von "den törichten Juden" spricht, die "nicht ihren eigenen Schriften glauben, in welchen sie vergeblich das ewige Leben zu haben erhoffen" (PL 165, 492), vor allem aber, wenn er (zu Jo 5,43) den von den Juden noch erwarteten Messias mit dem Antichrist gleichsetzt (PL 165,492): "Und sie, die zuvor der Wahrheit, das ist Christus, nicht glauben wollen, werden jenes (des Antichrist) Täuschungen Glauben schenken." Recht polemisch bezieht Bruno schließlich die Blätterfülle des unfruchtbaren Feigenbaumes von Mt 21, 19 auf die Geschwätzigkeit (d.h. das Wortgeklingel) der ungläubigen Synagoge (PL 165, 246).

In seiner Schrift *De incarnatione Domini et eius sepultura* (PL 165, 1079 ff.) und auch sonst scheint Bruno Anselms einschlägige Arbeiten benutzt zu haben oder doch dessen Auffassungen zu kennen, und er argumentiert hier, wie Anselm, unpolemisch.- Das Verhältnis des Alten Bundes zum Neuen Bund erörtert er in der kleinen Abhandlung *De sacrificio azymo* (PL 165, 1085-1090). Er weist die (oströmische) Anschuldigung zurück, die am ungesäuerten Brot festhaltende westliche Kirche judaisiere damit; denn Jesus habe unzweifelhaft beim letzten Abendmahl ungesäuertes Brot verwendet, wie es zu seiner Zeit beim Passahfest üblich war. Zwar sagt er: "Was jenen (den Juden) fleischlich auferlegt wurde, sehen wir bei uns geistig erfüllt", aber im gleichen Atemzug betont er: "Haben wir nicht von ihnen (den Juden) übernommen Tempel (d.h. Kirchengebäude), Priestertum, Salbung, Weihrauchopfer, Priestergewänder und Fasten?" (PL 165, 1088).Wenn diese Dinge von Israel auf die Kirche übergingen, gehöre auch das Opfer ungesäuerten Brotes dazu (PL 165, 1088).- An anderer Stelle, in einem Sermo *De sancta Trinitate* (PL 165, 973-977), versucht Bruno, noch in der herkömmlichen Weise die Trinität aus dem Alten Testament zu beweisen und so den jüdischen Vorwurf des Tritheismus zu widerlegen. Er rekurriert unter anderem (gegen des Hinweis der Juden auf Dt 6,4, Ex 20,3 und Ps 81,10) auf Gn 1,1 (wo "Anfang" Jesus Christus meint, von dem Jo 8,25 [Vulgata] als *principium* die Rede ist; vgl. Jo 1, 1), auf Gn 1,2 (wo "Geist" auf den Heiligen Geist weist), auf Ps 2,1, Ps 89, 27 usw. Schließlich wendet er sich gegen die Verwendung "platonischer Syllogismen und aristotelischer Argumente" (PL 165, 977)

und zeigt damit, daß er den Wert von Vernunftgründen weniger hoch-
schätzt als Anselm und die Scholastik seiner Zeit.

Ausgabe: PL 164-165.- *Literatur*: W. Molsdorf, Christliche Symbolik der mittelalterlichen Kunst, Leipzig 1926, 174; Manitius, III (1931), 49-50; LThK II (1958) 733;
J. Gauss, Anselm von Canterbury zur Begegnung und Auseinandersetzung der Religionen, Saeculum 17, 1966, 277-363, S. 310.315; R.K. Emmerson, Antichrist in the
Middle Ages, Manchester 1981, 46.

Marbod, Bischof von **Rennes** († 11.9.1123), lange Zeit Vorsteher
der Schule von Angers, gehört mit seinen hagiographischen und poeti-
schen Werken zu den führenden Autoren seiner Zeit. Das Judenthema erscheint in bemerkenswerter Weise in seiner *Historia Theophili metrica* (PL
171, 1593-1604; vgl. Manitius, III, 1931, 721-722), einem Gedicht von
559 zweisilbig gereimten Hexametern, in dem Marbod - seine Verfasser-
schaft ist allerdings nicht zweifelsfrei sicher - einen ihm schon vorliegen-
den Legendenstoff gestaltet, einen Stoff, der auch später, etwa durch Adgar, weitere Bearbeiter finden sollte. Marbod läßt den *vicedomnus* (Erz-
kaplan, d.h. Stellvertreter des Bischofs) Theophilus, einen frommen
Mann von großen Verdiensten, der sich zurückgesetzt fühlt, einen Bund
mit dem Teufel schließen und so doch noch die ersehnte Karriere machen.
Treibende Kraft und Vermittler dabei ist ein mit dem Teufel im Bunde stehender Jude, ein todbringender Zauberer (*pestifer et magus idem, Hebraeus gente*, PL 171, 1594), dessen Herr der Satan ist (*rex meus est Satanas*, PL 171, 1595). Später bereut Theophilus wieder und stirbt im Frieden mit der Kirche. Die hier sichtbare Affinität von Jude und Teufel gehört
zu den herkömmlichen Elementen und Faktoren des christlichen Antijudaismus.

Sicher nicht von Marbods Hand, sondern erst um 1200 entstanden ist
ein kleines Gedicht von zwei Distichen *De quodam Iudeo qui lapsus in
cloacam, ne transgrederetur legem que prohibet sabbato operari, non vole-
bat extrahi* (der Text bei F.J.E. Raby, A History of Secular Latin Poetry
in the Middle Ages, I, Oxford 1957, 355; vgl. dazu L. Lucas, in: Beiträge
zur Geschichte der deutschen Juden. Festschrift Martin Philippson, Leipzig 1916, 25-38, S. 31.). Dieses Spottgedicht *Über einen Juden, der, am
Sabbat in eine Latrine gefallen, nicht herausgezogen werden wollte, um
nicht das gesetzliche Arbeitsverbot am Sabbat zu übertreten,*

  Cum de latrina lapsum Salomona ruina
    extraherent laqueis; 'non trahar', inquit eis,

Sabbata sunt'. plaudit populus, plausum comes audit.

plaudit, et ipse iubet cras ut ibi recubet

ist ein Epigramm, das seinen Reiz in dem Kontrast zwischen der kunstvollen Form und dem derben Inhalt sucht. Aus der Sicht von Christen, deren Sonntagsruhe weit weniger streng war als die jüdische Sabbatruhe, konnte letztere leicht verschroben und komisch wirken und entsprechenden Spott auslösen. Der Spott ist hier freilich kaum noch freundlich, doch ist sicher nicht an eine Replik auf die Jesusdarstellung im Talmud (Gittin 57a) zu denken, die, ohnehin wohl nicht genuin, im 12. Jh. in christlichen Kreisen noch nicht bekannt war. Der Sarkasmus dieses Gedichts ist darin zugespitzt, daß der (christliche) Graf, der von der Sache hört, verbietet, dem Juden auch am Sonntag, dem nächsten Tag (*cras*), zu helfen, so daß der Ärmste bis Montag in seiner Lage bleiben mußte. Auf seine Weise bestätigt dieses Gedicht die andauernde Außenseiterrolle der Juden am Rande der christlichen Gesellschaft. Vgl. im übrigen Lk 14,5.

Wie viele andere seiner Zeitgenosen steht auch **Guibert von Nogent** († um 1124 als Abt von Nogent - sous - Coucy, Diözese Laon) unter dem geistigen Einfluß Anselms, auf dessen Rat hin, als dieser noch Prior von Bec war, er sich mit den Bibelkommentaren Gregors d. Gr. befaßt. Als Kirchenschriftsteller, Historiker, Exeget und Dogmatiker gehört er mit seinen - zum Teil stilistisch manierierten, schwer lesbaren - Werken, in denen er nicht darauf verzichtet, seine Kenntnis der vorchristlichen lateinischen Dichtung zur Schau zu stellen, zweifellos zu den führenden Gelehrten seiner Zeit. Sein (*Tractatus*) *De incarnatione contra Judaeos* (PL 156, 489-528) reicht gewiß nicht an Anselms 'Cur deus homo' heran, unterscheidet sich auch, abgesehen von anderem, dadurch, daß polemische Töne in die antijüdische Apologetik eindringen, eine Entwicklung, die im Judentraktat des Petrus Venerabilis einen vorläufigen Höhepunkt erreicht. Guiberts Traktat ist motiviert durch seine Gegnerschaft zu dem judaisierenden Grafen Johannes von Soissons (PL 156, 485-490; vgl. PL 156, 949-950; ed. E.-R. Labande, Paris 1981, S. 252.422 ff.) und veranlaßt durch eine Bitte des Dekans Bernhard von Soissons, dem auch die Schrift (in einer kurzen Vorrede) gewidmet ist, dessen Bitte er allerdings erst nach zweijährigem Zögern erfüllt, weil ihm die Schwierigkeiten des Themas Angst machen (PL 156, 489-490). Die Schrift 'De incarnatione contra Judaeos' argumentiert, wie andere einschlägige Werke des 12. Jh., teils scholastisch mit Vernunftgründen, teils mit den herkömmlichen Bibeltestimonia. Der Form nach ist sie zum Teil eine Abfolge von Fragen (eines Juden) und Antworten, überwiegend aber eine akademische Erörterung, die freilich da und dort unterbrochen wird durch direkte Anreden eines gedachten jüdischen Gegenübers, das Guibert wohl zur Entwicklung seiner Gedanken benötigt - dies ist im übrigen ein Hinweis darauf, daß auch solche einschlägigen Traktate, die sich als "Dialog" eines Christen mit einem Juden geben, meist insofern fiktiv sind und sich in eine literarische Tradition einreihen, die letztlich bis auf die Dialoge Platons zurückgeht.

Im ersten der drei Bücher des Traktats geht es um die Empfängnis des Gottessohns durch Maria, gewiß ein zwischen Christen und Juden kontroverses Thema. Guibert argumentiert für die Übernatürlichkeit des Ereignisses unter anderem mit Is 53,8 (*generationem eius quis enarrabit?*, PL 156, 491). Der Jude sagt so: "Nur ein Verrückter glaubt, Gott habe sich in den armseligen Leib einer Frau herabbegeben wollen und sich mit der üblichen Dauer des Wachstums (eines Fötus) abgefunden. Besonders dies ist ein abstoßender Gedanke, Gott selbst könne sich ergießen und Platz nehmen in den Schamteilen eines jungfräulichen Weibes... Deshalb ist es ganz und gar lächerlich, daß so einer für Gott gehalten wird, der offenbar in jeder Hinsicht an den menschlichen Mühsalen teil hat. Wenn er ferner als Jungfrauensohn bezeichnet wird, so ist das grundfalsch, weil ein Mensch, behaftet mit all seiner physischen Schwachheit, nicht gegen die Gesetze der Natur (*contra leges naturae*) geboren werden konnte. Als ein sehr gewichtiges Argument kommt noch dazu, daß er zusammen mit Banditen und wie ein Bandit (d.h. am Kreuz) starb. Und wie konnte er sich, in diese schlimme Situation geraten, wieder von den Toten auferwecken, er, der zuvor nicht vermochte, einem so widerwärtigen Ende zu entgehen?" (PL 156, 492). Guibert hält dagegen, der ohnehin allgegenwärtige Gott werde durch die Unreinheiten der menschlichen Natur nicht beschmutzt (PL 156, 492). Auf den Einwand des Juden, die Welt sei von Gott (nach Gn 1) "gut" erschaffen worden (die Inkarnation also unnötig), wird auf die - den Juden fremde - Erbsünde verwiesen (PL 156,492-493). Und gegen die Bedenken angesichts der sehr konkreten hygienischen und ästhetischen Probleme der christlichen Inkarnationsvorstellung (Gott hätte sich dafür ja auch den Leib eines Engels wählen können, *propter evitandos carnis fetores*, PL 156, 494) wird betont, Gott verabscheue nicht die physischen Unannehmlichkeiten der menschlichen Natur und die üblen Gerüche der weiblichen Unterleibsorgane, sondern nur die (Erb-)Sünde, d.h. die Konkupiszenz (PL 156, 493-495.495-498). Die Bibel beweise ja, daß Gott menschliche Gestalt annehmen kann (PL 156, 495 zu Gn 18, 1-33), und im übrigen bleibe auch die Sonne, deren Strahlen ja viel irdischen

Schmutz berühren, ganz und gar rein, und Gold, unter Schlamm und Unrat verborgen, bleibe Gold (PL 156, 498).

Im zweiten Buch geht es um das Problem, ob Jesus Christus tatsächlich auch ganz und gar Mensch war und wirklich nichts Menschliches außer der Sünde gescheut habe (PL 156, 499). Gegen (zum Teil fiktive) jüdische Einwände, der von den Juden erwartete Messias sei ein sterblicher Mensch, ohne Göttlichkeit, und sein Reich werde wieder ein Ende haben, wird noch einmal die Möglichkeit des übernatürlichen Handelns Gottes betont. Wenn Adam ohne Samenerguß ungeschlechtlich aus Lehm gebildet wurde, wenn Katzen aus Katzenminze und Rohrdommeln (?) aus Eisenkraut entstehen und Geier ohne Kopulation empfangen und Junge haben, "konnte da nicht Gottes Sohn durch den Heiligen Geist empfangen werden?" (PL 156, 499-500). Die Virginität Marias gehe aus Is 7,14 hervor, wo die Juden freilich darauf bestehen, daß das hebräischeWort *ha-alma* nicht "Jungfrau" bedeute (PL 156, 501-502; vgl. PL 156, 500 zu Is 9,5). Beweiskraft hat auch Is 11, 1 ff., wo zwar auch die Juden den Messias erkennen, aber einen, der nach ihrer Auffassung als sterbliches Kind eines Mannes und einer Frau geboren werden wird (PL 156, 503-504).

Im dritten Buch wird vor allem Christi Erdenleben und Passion in der herkömmlichen Weise in Beziehung gesetzt zu biblischen Testimonia, d.h. etwa zu Dt 23,15 (PL 156, 505) oder Is 52-53 (PL 156, 507-508). Es wird betont, daß Gott deshalb Mensch werden mußte, weil ein gewöhnlicher Mensch, der nicht auch Gott ist, die erforderliche Sühneleistung nicht hätte erbringen können (PL 156, 508-510). In diesem Zusammenhang kommt der Prophetie Dn 9,24-27 einige Bedeutung zu (PL 156, 510-511) sowie der Vision vom Menschensohn (PL 156, 512-513). Auch Dn, 2,34-35.44 sind christologisch zu deuten und darüber hinaus unzählige andere Stellen (PL 156, 512-513). Guibert erwähnt diesbezüglich unter anderem Ps 110, 1 (PL 156, 513), Ps 2,7-8 (PL 156,513), Gn 49, 10 (PL 156,514), Mal 1,11 (PL 156, 514), Nm 24, 17-18 (PL 156, 514), wo überall von Jesus (beziehungsweise Maria) die Rede sei "ohne Erwähnung eines Vaters oder männlichen Samens". Von Tod und Auferstehung Christi sei die Rede Ps 3,6, Ps 22,17, Ps 47,6 (PL 156,516), von der Berufung der Heidenvölker z.B. Ps 19,5 (PL 156, 516).- Wenn die Juden bei der fleischlichen Beachtung ihres Gesetzes beharren mit dem Argument, es sei ihnen von Gott am Sinai gegeben worden, so ist zu entgegnen: Gott selbst hat diesbezüglich, wie auch sonst oft, seine Meinung geändert. So stehe Gn 9,2-3 im Widerspruch zu Gn 1,29; ferner widerspreche Gn 1, 12 der Aussage Gn 3,16, und die mit Gottes Einverständnis geschehende Polygamie der biblischen Patriarchen stehe zu Gn 2,24 im Widerspruch, wo Gott nur von *einer* Ehefrau spreche (PL 156, 517-518). Gottes geänderte Meinung zur Tora - sie ist nur noch spirituell aufzufassen - zeigt sich am Beispiel Is 1,11 ff. Seit Christi Ankunft ist das alte Gesetz abgetan, wie es ja auch den Tempel in Jerusalem nicht mehr gibt. Christus ist nach Ps 110,4 der neue Hohepriester, und Ps 40,7-8 können die Juden weder auf David noch ihren Messias beziehen (PL 156, 519-522).-Gegen Ende des dritten Buches wird die christliche Bilderverehrung gegen den jüdischen Vorwurf der Idolatrie verteidigt. Die Christen verehren nicht Gegenstände wie etwa das Kreuzesholz, sondern nur Gott selbst. Bilder sind im Grunde nur ein Hilfsmittel für ungebildete, des Lesens unkundige Christen, deren Vorstellungskraft so aufgeholfen werden muß, weil sie nicht so schriftkundig sind und nicht über den Flügel des Glaubens und der Kontemplation verfügen. Im übrigen erinnert Guibert die Juden an die biblischen Cherubim, die Eherne Schlange und anderes (PL 156, 524-525; vgl. PL 156, 518). Das Werk Guiberts endet schließlich mit einer Verteidigung gegen den jüdischen Vorwurf des Tritheismus (PL 156, 525-528).

Der Abt von Nogent mischt nicht ungeschickt Verstandesbeweise und Bibeltestimonia, doch ist sein Traktat so gut wie ganz eine Art innerchristliche Befestigung des Glaubens gegen die zu seiner Zeit wieder stärker werdenden Zweifel an Inkarnation und Trinität, potentielle oder tatsächliche Hauptangriffsflächen von jüdischer und islamischer Seite. Da er mit seinem Traktat offensichtlich keine judenmissionarischen Absichten verfolgt - dies Thema kommt nur ganz am Rande zur Sprache (PL 156, 506.523.524) -, wirken seine Klagen über die Verstockung der Juden (z.B. PL 156, 515) und seine ausufernde Polemik nicht recht motiviert. Auf jeden Fall registriert er mit sichtlicher Befriedigung den apologetischen Beweiswert der Tatsache, daß Jerusalem von den Römern unter Vespasian für immer zerstört ist (PL 156, 510-511.522) und die Juden überall auf der Welt zerstreut umherirren (PL 156,522). Sie sind kein "Gottesvolk" mehr (PL 156, 516.521). Das polemische Vokabular ist reichhaltig. Es umfaßt die "Trägheit" der Juden (PL 156,489), ihre "Mißgunst" (PL 156, 500), "Starrköpfigkeit" und "Verbohrtheit" (PL 156, 501.506), die Gleichsetzung des von den Juden erwarteten Messias mit dem Antichrist (PL 156, 504), die Unterstellung von "Diebstahl und Wucher" (PL 156, 506.524), die Anrede "Taugenichts" (PL 156,509), die Behauptung, ihr verstockter Verstand sei "krummer als jede Sichel" (PL 156, 513). Schließlich gilt ihm sein gedachtes jüdisches Gegenüber, das er mal in der Einzahl, mal in der Mehrzahl anredet, als "überaus unrein" und "überaus unglückselig" (PL

156,523), als "treulos" (PL 156, 527.528), als "Spötter", "unglückselig", "verrückt" und versehen mit "aufgeblasener Eitelkeit" (PL 156,528), als Leute, die nicht einmal mehr durch ein Wunder von ihrem "Aberglauben" (*superstitio*, PL 156, 903; Labande, S. 246) zum Glauben an Jesus Christus bewogen werden können (PL 156, 528) - ein deutlicher Unterschied zu der noch im Frühmittelalter verbreiteten Überzeugung, daß gerade Mirakel Juden von der Wahrheit des christlichen Glaubens überzeugen können. Ganz auf einer schon im Frühmittelalter breiten Linie der Annahme einer Affinität Teufel - Juden liegt jedoch Guiberts Bericht über einen jüdischen Arzt, der - nach eigenem Bekunden - mit dem Teufel im Bunde stehe (PL 156, 891-892).

Nur Guibert ist Zeuge für ein Ereignis im Jahre 1096: "In Rouen begannen eines Tages die Kreuzfahrer untereinander zu hadern: 'Wir wollen eine weite Fahrt in den Osten machen, um (dort) die Feinde Gottes anzugreifen, obwohl hier vor unseren Augen sich die Juden befinden, die das gottfeindlichste Volk sind; wir packen die Arbeit am falschen Ende an'. Danach griffen sie zu den Waffen, trieben sie (die Juden) in eine Kirche, hielten sie dort - ob mit Gewalt oder List, weiß ich nicht - fest und brachten sie mit ihren Schwertern ohne Rücksicht auf Geschlecht oder Alter um. Sie verfuhren freilich dabei so, daß diejenigen dem drohenden Todesstoß entgingen, die sich verpflichteten, Christen zu werden" (PL 156, 903; Labande, S. 246-248). Guibert äußert keinerlei Bedauern, sondern berichtet anscheinend mit kühler Distanz über diese Aktion, die nicht die einzige ihrer Art ist und einem bestimmten Muster folgt: Die jüdische Minorität inmitten der Christenheit ist dem Christentum ebenso gefährlich und feindlich wie die fernen Muslime als äußere Feinde. Warum aber warten? Fangen wir mit dem Kampf gleich hier an. Diese Motivation ist nicht ohne eine gewisse schon vorhandene gruppenpsychologische Gegnerschaft denkbar, sie setzt aber auch die schon lange geübte grundsätzliche Gleichstellung der Juden mit Ketzern und Ungläubigen aller Art voraus.

Ausgaben: PL 156; De vita sua, ed. G. Bourgin, Paris 1907; Autobiographie, ed. et trad. par E.-R. Labande, Paris 1981. - *Literatur*: C. Werner, Der heilige Thomas von A-quino, I, Regensburg 1889, 647; A. Posnanski, Schiloh, Leipzig 1904, 326.347; Manitius, III (1931), 416-421; M. Schlauch, The Allegory of Church and Synagogue, Speculum 14, 1939, 448-464, S. 459; LThK IV (1960) 1266; B. Blumenkranz, in: Kirche und Synagoge, I (1968) 118; Encyclopaedia Judaica (Jerusalem 1971), XVI, 118; Kniewasser, 1979, 84.195; D. Mertens, Christen und Juden zur Zeit des ersten Kreuzzuges, in: Die Juden als Minderheit in der Geschichte, München 1981, 46-67, S. 48.55; E.-R.

Labande, in: Les mutations socio-culturelles au tournant des XIe-XIIe siècle, hg. von R. Foreville, Paris 1984, 229-236.

Als Papst **Calixtus II.** (2.2.1119-13.12.1124) sein Amt antrat, waren die heftigen Judenverfolgungen zu Beginn des ersten Kreuzzuges noch nicht vergessen. Vermutlich durch diese Erfahrungen bewogen, darüber hinaus offensichtlich auch gebeten von der Judenschaft Roms, erließ er im Jahre 1120 an alle christlichen Gläubigen eine Schutzbulle zugunsten der Juden. Diese Bulle ist nicht erhalten, da sie aber von späteren Päpsten oftmals wörtlich (mit geringfügigen Abweichungen) und z.T. unter ausdrücklicher Berufung auf Calixtus wiederholt wurde, kann ihr Wortlaut einigermaßen sicher rekonstruiert werden (der vollständige lateinische Text bei S. Grayzel, The Papal Bull 'Sicut Judeis', in: Festschrift A.A. Neumann, Leiden 1962, 243-280, S. 244): "Einerseits dürfen die Juden (*Sicut Judeis*) nicht die Freiheit haben, hinsichtlich ihrer Synagogen die gesetzlichen Grenzen zu überschreiten, andererseits (*ita*) müssen sie innerhalb ihres Freiraums keinen Rechtsnachteil hinnehmen.- Wenn sie auch lieber in ihrer Verstockung verharren als die Worte der Propheten und die verborgenen Aussagen ihrer eigenen Schriften vernehmen und so den christlichen Glauben und das Heil kennenlernen wollen, wollen wir deshalb doch, weil sie unseren Schutz (*defensio*) und unsere Hilfe begehren, in freundlicher christlicher Liebe (*ex Christianae pietatis mansuetudine*) und auf den Spuren unserer Vorgänger seligen Angedenkens, der Päpste in Rom, ihrem Ersuchen willfahren und ihnen den Schild unseres Schutzes gewähren.- Wir dekretieren auch, daß kein Christ sie gegen ihren Willen und Wunsch gewaltsam zur Taufe nötigt; wenn aber einer von ihnen freiwillig aus Glaubensinteresse bei den Christen Zuflucht gesucht hat und seine Absicht offenkundig ist, soll er ohne irgendeine Schikane Christ werden. Wer allerdings offensichtlich nicht von sich aus, sondern gegen seinen Willen zur christlichenTaufe kommt, von dem kann nicht angenommen werden, daß er den wahren christlichen Glauben hat.- Auch wage kein Christ, Angehörige dieser Bevölkerungsgruppe ohne ein Gerichtsurteil der weltlichen Obrigkeit zu verletzen, zu töten, ihnen ihr Geld zu nehmen oder das ihnen in ihrer Region bis dahin eigene Gewohnheitsrecht zu ändern. Außerdem soll niemand sie bei der Begehung ihrer Feste mit Stockschlägen oder Steinwürfen irgendwie stören; auch soll niemand sie zu Dienstleistungen nötigen, es sei denn, sie haben diese auch in der Vergangenheit gewohnheitsrechtlich erbracht. Ferner treten wir der Verderbtheit und Habgier von Bösewichten entgegen und dekretieren, daß niemand es wage, das Areal eines

95

jüdischen Friedhofs zu entweihen (zu stutzen?), zu verkleinern (*mutilare vel minuere*, s.u. zu Alexander III.) oder, um so (durch Erpressung) an Geld zu kommen, Leichen ausgräbt (vgl. Aronius, 1902, 151).- Wenn aber jemand den Inhalt dieses Dekrets kennt und, was fern sei, zuwiderzuhandeln gewagt hat, tut er dies bei Gefahr des Verlustes von Amt und Würden oder erleidet die Strafe der Exkommunikation, es sei denn, er hat seine Vermessenheit angemessen gesühnt. Selbstverständlich wollen wir aber nur diejenigen (Juden) durch diesen Schutz gesichert sehen, die nichts zu unternehmen wagen, was den christlichen Glauben untergräbt."

Mit dem Prinzip "Einerseits - andererseits" greift Calixtus zurück auf Papst Gregor d. Gr. (Brief 8,25 vom Juni 598; MG, Epistolae 2,27; vgl. Brief 2,6; MG Epistolae 1, 104-105 und schon Kaiser Claudius in seinem Brief an die Stadt Alexandrien, vgl. Verf., Die christl. Adversus-Judaeos-Texte, 1982, 328), der seinerseits ähnliche Dichotomien im römischen Recht vorfand (dazu Verf., Die christl. Adversus-Judaeos-Texte 1982, 428.432). Zwar steht Calixtus - über Zwischenstationen wie Alexander II. und Gregor I. - in der Tradition der judenschützenden Elemente des römischen Rechts und prägt und fixiert für lange Zeit die christliche Judenpolitik; denn im Laufe der nächsten Jahrhunderte griffen zahlreiche Päpste diese Sicut-Judaeis-Bulle auf, bestätigten sie zu ihrer Zeit und verhinderten so mit Sicherheit viel Ungutes. Aber die nachhaltige Stabilisierung der Situation erleichterte auch nicht gerade den Weg zu einer offeneren, freieren christlich-jüdischen Begegnung. Zum Inhalt von Calixtus' Bulle ist weiter zu bemerken, daß hier die Juden in gewisser Weise zu Schützlingen der Päpste werden, daß der Papst also auf seine Weise, wenigstens für die Juden Roms, tendenziell aber wohl auch generell, mit dem Judenschutz weltlicher Herrscher rivalisiert, wie er bereits im Laufe des Frühmittelalters manchenorts etabliert war. Wie sein Vorgänger Gregor vertritt auch Calixtus den christlichen Wahrheitsanspruch gegen die "Verstocktheit" (*duritia*) der Juden, welche die in der Bibel verborgenen christlichen Glaubensgeheimnisse (d.h. vor allem die Hinweise auf Jesus Christus) nicht erkennen, untersagt aber auch jeglichen Missionszwang und tritt für ihre Rechtssicherheit ein. Wo er konkret wird, scheint er an tatsächliche Vorfälle zu denken, so vielleicht an tätlicheAngriffe auf Juden zur Osterzeit (meist etwa zeitgleich mit dem Passahfest).- Im übrigen ist Calixtus für die Geschichte der christlich-jüdischen Beziehungen auch insofern bemerkenswert, als er der erste Papst ist, von dem berichtet wird, daß er nach seiner Wahl, bei seinem Einzug in Rom, wie von der übrigen Bevölkerung so auch von den Juden eine Huldigung entgegennahm (Vodalscalus de

Eginone et Herimanno, in: Vitae Pontificum Romanorum, ed. J.M. Watterich, Leipzig 1862, II, p. 138-139: *Nec defuere ... Judaeorum plausus, ut caeca gens vel invita confiteatur, unde magis puniatur.*

Literatur: Moritz Stern, Urkundliche Beiträge über die Stellung der Päpste zu den Juden, II 1, Kiel 1895, 1; H. Vogelstein - P. Rieger, Geschichte der Juden in Rom, I, Berlin 1896, 219; Scherer, 1901, 34-35; Caro, I (1908), 288-289; Browe, 1942, 144.235; G. La Piana, The Church and the Jews, Historia Judaica 11, 1949, 117-144, S. 123-124; Fr. X. Seppelt, Geschichte der Päpste, III, München 1956, 153-166; Baron, IV (1957), 7-8; IX (1965) 8-9.137; LThK II (1958) 884; Grayzel, 1962, 243-246. 250-251; Fr. Wasner, The Pope's Veneration of the Torah, The Bridge 4, 1962, 274-293, S. 277; K. Bihlmeyer - H. Tüchle, Kirchengeschichte, II, Paderborn 1968, 174-175; Encyclopaedia Judaica (Jerusalem 1971) IV, 1495; XIII, 853; G.I. Langmuir, in: Gli Ebrei nell' alto medioevo, I, Spoleto 1980, 352-353; R. Moulinas, Les juifs du pape en france, Toulouse 1981, 108.

Wertvolle Berichte über die Juden Böhmens finden sich in der *Chronica Boemorum* des **Kosmas von Prag** († 21.10.1125), eines gebildeten, auch in der antiken lateinischen Literatur belesenen Klerikers, der mit seiner Historiographie weniger wissenschaftliche Zwecke verfolgt, vielmehr - für die ältere Zeit - eine bunte Abfolge von Sagen und Märchen bietet. Auch seine Darstellung des 10.-11. Jh. beruht nicht auf einer zuverlässigen Chronologie. Was ihm an historiographischer Treue und Genauigkeit fehlt, ersetzt er durch Phantasie und einen farbigen Stil, in dem die Prosa oft durch Verse unterbrochen wird. Immerhin zeigt sich in seinem Werk (1119-1125 geschrieben), das nur in Böhmen und in den angrenzenden Ländern bekannt wurde, die wohl nicht untypische Haltung eines Geistlichen - er war Domdekan in Prag - zum Judentum seiner Epoche.

Für ihn sind die Juden eine andersgläubige Fremdgruppe inmitten der Christenheit. Er empfindet für sie zwar keinerlei Sympathie und registriert auch ihre unguten Schicksale nicht ohne Befriedigung, weiß aber noch nichts von Hostienschändungen, Brunnenvergiftungen und Ritualmorden zu berichten, Gruppenbeschuldigungen, die erst in späterer Zeit gängig werden. Wohl aber teilt er die - teils von ihm belegte, teils übertriebene - herkömmliche Ansicht vom Reichtum der Juden (Chronica Boemorum 2,45; 3, 5.21; ed. B. Bretholz, Berlin 1955, p.152.166.188). Er referiert als auch von der weltlichen Herrschaft praktizierten Grundsatz, daß Christen nicht bei Juden dienen dürfen (Chronica 3,57; Bretholz, p. 232). Daß ein Jude sich der Hilfe des Teufels erfreut, gilt ihm offenbar als nicht ungewöhnlich (Chronica 3, 57; Bretholz, p. 232). Über das Verhalten der anno 1096 durch Böhmen ziehenden Kreuzfahrer weiß er zu sagen, daß sie "mit Zulassung Gottes" die Juden entweder tauften oder - bei Widerstand - töteten. Bischof Kosmas von Prag habe das als kirchenrechtlich unzulässig vergeblich zu verhindern versucht. Die zwangsgetauften Juden seien aber "wegen der Nachlässigkeit des Bischofs (Hermann) und der Prälaten" wieder rückfällig geworden (Chronica 3,4; Bretholz, p. 164-165), eine Toleranz, die Hermann, seit 1099 Nachfolger des Kosmas, noch vor seinem Tode heftig bereut habe (Chronica 3,49; Bretholz, p. 222; die Juden sind hier eine *apostatrix gens*, ein "abtrünniges Volk"; der Handschlag mit Angehörigen dieses Volkes "befleckt" [*polluere*].)

Am deutlichsten äußert sich Kosmas' unfreundliche Einstellung den Juden gegenüber in seinem Bericht über den Versuch einiger der 1096 zwangsgetauften und in den alten Glauben zurückgekehrten Juden, mit ihrem Vermögen heimlich nach Polen oder Ungarn zu fliehen. Mit Befriedigung teilt er mit, der böhmische Herzog habe diesen Versuch im Jahre 1098 gewaltsam verhindert und den Juden alles genommen. Dabei wird der Anspruch der weltlichen Herrschaft auf die Juden und ihren Besitz legitimiert mit ihrem angeblichen Sklavenstatus, den sie seit Jerusalems Eroberung im Jahre 70 hätten, was seinerseits durch die bekannte (legendarische) Erzählung des Verkaufs ihrer je dreißig für eine kleine Münze (d.h. aus der fiktiven Flavius-Josephus-Tradition) belegt wird. Kosmas formuliert den Sachverhalt nach seiner Weise in einem kleinen Gedicht, einer Art Strafpredigt, die er den vom Herzog entsandten Kämmerer (d.h. Finanzminister) im Namen seines Herrn vor den Juden halten läßt (Chronica 3,5; Bretholz, p. 166): "O du ismaelitisches Bastardvolk, der Herzog befiehlt, ihm zu sagen, warum ihr flieht und unbillig ihm eure Schätze entzieht. Inzwischen ist alles, was mein ist, sämtlich mein Eigentum. Ihr habt von Solima (d.h. von Jerusalem anno 70) nicht Besitz und Vermögen mitgebracht. Von Vespasian je dreißig für eine Münze verkauft seid ihr über die Erde zerstreut. Ohne alles seid ihr gekommen, geht ohne alles, wohin ihr wollt. Daß ihr getauft wurdet, das ist, dafür ist Gott mir Zeuge, nicht auf meinen Befehl hin geschehen, sondern auf Befehl Gottes..." Der grundsätzliche Anspruch der weltlichen Herrschaft auf das Hab und Gut der Juden eilt vielleicht den sozialpolitischen Realitäten dieser Zeit noch etwas voraus, weist aber deutlich in die Richtung der späteren Kammerknechtschaft, die, wie auch sonst zu sehen ist, von Klerikern und Theologen oft geradezu antizipiert und fast herbeigeredet wird. Die Wirkmächtigkeit der Legende vom Verkauf der Juden im Jahre 70 dreißig für eine Münze (vgl. Mt 26, 15; dazu kommt die herkömmliche legendarische Weiterentwicklung von Flavius Josephus, Bellum Judaicum 6, 384: wegen des Überangebots an kriegsgefangenen Juden Verkauf "um einen sehr geringen Preis") gehört in den Zusammenhang der christlichen Talionsphantasien, die sich seit der Spätantike um das Jahr 70 und die Bestrafung der Juden für ihre Missetaten ranken. Sie ist nicht ganz so alt wie die Doktrin von der Zerstreuung und Versklavung der Juden seit dem Jahre 70, doch hat sie im Laufe des Mittelalters viel Eindruck gemacht. Kosmas, der in seiner Chronik gerade in den fingierten Reden viel mit antiken Reminiszenzen arbeitet, setzt damit auch diesem kuriosen Gedicht ein Glanzlicht auf. Aus dieser Reminiszenz des Jahres 70 ist wohl nicht zu schließen, daß man zur Zeit des Kosmas glaubte, die Juden seien "nicht lange nach der Eroberung Jerusalems durch Titus nach Böhmen verschlagen worden" (Germania Judaica I, 1963, 271); denn der sehr belesene Dekan wird wohl gewußt haben, daß es sich da um tralatizische literarische Fiktion handelt und die Juden nicht schon seit tausend Jahren in Böhmen lebten. Vielmehr paßte ihm dieses Überlieferungselement in seine polemische Sicht der Dinge, und so fügte er es ein. Ebenso muß er sich im klaren gewesen sein über den polemischen Charakter der Bezeichnung "ismaelitisches Bastardvolk"; denn das Paar Sara - Hagar (und letzterer Sohn Ismael, Sohn eines Kebsweibes und insofern "Bastard") steht seit Gal 4, 21-31 oft für Kirche und Synagoge, allerdings mit deutlicher Verschärfung der Positionen des Paulus.- Beiläufig erfahren wir von Kosmas, daß Bischof Hermann von Prag im Jahre 1107 bei den Juden Regensburgs fünf Pallien (Altartücher) verpfändete, um seinen Beitrag zu dem von König Heinrich V. geforderten Lösegeld für den gefangenen Herzog Swatopluk von Böhmen beizutragen (Chronica 3, 21; Bretholz, p. 188). Das illustriert das Engagement von Juden im Geldhandel und in der Pfandleihe in dieser Zeit.

Ausgabe: MG, Scriptores 9, 32-132; Die Chronik der Böhmen des Kosmas von Prag, ed. B. Bretholz, Berlin 1955.- *Übersetzungen*: Chronik von Böhmen, von G. Grandaur, Leipzig 1939; übers. von Fr. Huf, hg. von A. Heine, 2 Bde., Essen 1987.- *Literatur*: Aronius, 1902, 95.99.101; Manitius, III (1931), 461-466; H. Lewy, Josephus the Physician. A Mediaeval Legend of the Destruction of Jerusalem, Journal of the Warburg Institute 1, 1937-1938, 221-242, S. 236; P. Browe, Die Judenbekämpfung im Mittelalter, Zeitschrift für katholische Theologie 62, 1938, 197-231, S. 214-215; Browe, 1942, 255; B. Blumenkranz, Les auteurs chrétiens latins du moyen âge sur le Juifs et le Judaïsme, Paris 1963, 277-278; Germanica Judaica I (Tübingen 1963) 23. 28-34. 270-271; Verfasserlexikon II (1980) 14-17; P. Hilsch, in: Die Juden in den böhmischen Ländern, hg. von F. Seibt, München 1983, 15-20; LMA III (1986) 300-301; Fr. Lotter, in: Judentum und Antisemitismus von der Antike bis zur Gegenwart, hg. von Th. Klein (u.a.), Düsseldorf 1984, 57.

Rupert von Deutz († 4.3.1129/1130 in Deutz als Abt des dortigen Benediktinerklosters St. Heribert) ist vor allem bekannt als Autor von Kommentaren zu Schriften des Alten und Neuen Testaments und von geschichtstheologischen Werken. Zwar verzichtet er nicht ganz auf ein theologisches Argumentieren mit Vernunftgründen (*ratio*), hält sich aber doch von der zu seiner Zeit kräftig werden scholastischen Richtung deutlich zurück zugunsten eines mehr dogmatisierenden und mystischen Denkens, oft ohne klare Systematik und durchsichtige Gedankenführung und in einem vielfach mit Zitaten überfrachteten Stil. Am meisten Interesse beansprucht hier sein vielleicht um 1128 geschriebener *An(n)ulus sive dialogus inter Christianum et Judaeum* (PL 170, 559-610; Haacke, p. 183-242). Dieser 'Ring oder Zwiegespräch zwischen einem Christen und einem Juden' entstand auf Bitten des Kölner Abtes Rudolf, der freundliche Gesprächskontakte mit Juden unterhielt, wie überhaupt im Köln der zwanziger und dreißiger Jahre anscheinend zwischen Christen und Juden ein relativ gutes Klima herrschte. Zwar ist der Dialog rein literarischer Natur und will nicht eine tatsächliche Religionsdisputation wiedergeben, aber es ist doch möglich, daß Rupert hier Erfahrungen aus Gesprächen mit Kölner Juden verwertet. Jedenfalls hat er, allerdings wohl erst nach der Niederschrift des 'Annulus', in Münster mit dem Kölner Juden Juda ben David ha-Levi, nachmals Hermann von Scheda, diskutiert. Freilich war dieser damals ein noch eher unerfahrener junger Mann von zwanzig Jahren. Die Schrift will vor allem jungen Leuten, Anfängern, ein Hilfsbuch und Waffenarsenal sein, mit dessen Hilfe sie in die Lage versetzt werden, "die jüdische Anschauung, die sich gegen die Gottesgelehrtheit (d.h. gegen die christliche Theologie) richtet, zu überwinden" (PL 170, 561; Haacke, p. 184). Der Werktitel versteht sich vom Gleichnis "Der verlorene Sohn" (Lk 15, 11-32); denn der Christ sagt einmal: "Wie ein Bruder dem Bruder sage ich dir Worte der Wahrheit, indem ich dir Gutes für Böses vergelte, weil du meine Rettung haßt, ich aber deine Rettung wünsche... Ich und du, wir sind jene zwei Söhne; denn der eine Gott hat uns erschaffen und der eine Adam uns beide gezeugt. Siehe, du stehst vor der Tür, zornig und ungehalten, weil mein Vater mich rettete und wieder aufnahm, und du willst nicht eintreten und am Festmahl teilnehmen. Ich aber gehe zu dir hinaus und bitte dich, einzutreten. Ich zeige dir das Festkleid (*stola prima*; zugleich Terminus für "Taufkleid"), das mir der Vater im Bad (*lavacrum*; zugleich Terminus für "Taufe") gab zusammen mit dem Ring des Glaubens (*annulus fidei*) und den Schuhen des Wissens um die Wahrheit. Empfange mit mir diesen Ring, laß dir gefallen diese Glaubenspredigt, die ich, da es (darin)

100

um den Glauben geht, 'Ring' zu nennen beschloß" (PL 170, 578 [Haacke, p. 204]; vgl. PL 170, 610 [Haacke, p. 242]: der Ring ist "Zeichen des Glaubens"; zur einschlägigen Auslegungsgeschichte von Lk 15, 11-32 vgl. Verf., Die christl. Adv.-Jud.-Texte 1982, 667, Register). Dem 'Annulus' thematisch affin sind *De glorificatione trinitatis et processione sancti spiritus*, "Von der Verherrlichung der Dreifaltigkeit und wie der Heilige Geist ausgeht (von Vater und Sohn)" (PL 169, 9-202) von 1127/1128 und *De trinitate et operibus eius*, "Von der heiligen Dreifaltigkeit und ihren Werken" (PL 167; CChr, Cont. med. 21-24) von 1117. In diesen wie in sonstigen Arbeiten meidet Rupert gewöhnlich die dialektische Art der scholastischen Beweisfindung, sieht vielmehr Geschichte und Heilsgeschichte beherrscht von dem Gegensatz zwischen der Macht des Teufels und der Macht Gottes. Der Einfluß des Augustinus - den er allerdings nicht unkritisch verarbeitet - ist besonders stark, daneben kennt er ebenso die vorchristlichen lateinischen Klassiker wie überhaupt die griechischen und lateinischen Kirchenväter.

Auf den Inhalt des 'Annulus' gibt Rupert selbst eine Vorschau im Prolog (PL 170, 559-562; Haacke, p. 183-184): Er will ein literarisches "Duell" vorführen, in dem "der Christ den Juden zum evangelischen Glauben einlädt und der Jude nach Kräften aus dem Buchstaben des Gesetzes und nach seinem Verständnis (d.h. entsprechend jüdischer Literalexegese) den Christen zurückweist". Die Kampfmittel (d.h. Schriftbeweise und Argumente) des Christen holt Rupert "aus dem reichen Material des Gesetzes und der Propheten beziehungsweise aus der ganzen Heiligen Schrift" (PL 170, 561-562; Haacke, p. 184). Im ersten der drei Bücher zeigt er vor allem, daß die Beschneidung (und damit die Tora überhaupt) im Neuen Bund keine Bedeutung mehr hat. Im zweiten Buch behandelt er den Gegensatz von Christusglauben und Gesetzesglauben und daß wegen dieses Festhaltens am Gesetz die Juden verworfen sind. Das dritte Buch erörtert die herkömmlichen messianisch-christologischen Schriftbeweise und die Frage der christlichen Bilderverehrung.

Gewiß ist der Jude des 'Annulus' ein willfähriger Stichwortgeber für den Christen, der das Gespräch ausschließlich nach seinen eigenen Gesichtspunkten lenkt, und oft hat es den Anschein, als spreche der Christ durch den Mund des Juden seine eigenen Glaubenszweifel aus; aber auch so kommen nicht selten Argumente zu Wort, die so oder ähnlich wirklich von Juden zu hören gewesen wären. So beruft sich der *Judaeus* zugunsten des Bundeszeichens der Beschneidung auf Gn 17 (PL 170, 561-562; Haacke, p. 185). Er weist darauf hin, daß die Interpretatio christiana von

Gn 22, 17-18 auf Christus (als aus Abrahams Samen stammend) und die in ihm gesegneten sämtlichen Völker der Erde widerlegt werde durch die Tatsache, daß viele Menschen auf der Erde sich nichts aus Jesus Christus machen - wobei wohl besonders an die Muslime gedacht ist (PL 170, 565; Haacke, p. 189). Damit wird dem herkömmlichen Geschichtsbeweis für die Wahrheit des Christentums - Untergang Jerusalems und Zerstörung des dortigen Tempels im Jahre 70 - ein ähnlich strukturierter Beweis entgegengehalten, der neben jenen anderen tritt, der den Unfrieden und die Unerlöstheit der Welt auch noch *post Christi adventum* aufzeigt.- Nicht ungeschickt fragt der Jude, warum denn die Christen weiter sterben, obwohl doch durch die Taufe Adams Sünde, die den Tod als Strafe zur Folge hatte, wettgemacht sei (PL 170, 568; Haacke, p. 193). Im übrigen benötigte Abraham keine christliche Taufe, um vor Gott gerecht und heilig zu sein (PL 170, 569; Haacke, p. 194), was als jüdisches Argument wie ein Echo jenes traditionellen christlichen Arguments erscheint, daß die vorsinaitischen biblischen Patriarchen von Noe an auch ohne Tora Gott wohlgefällig waren, die Tora also ohnehin nur temporäre Bedeutung habe. Gewichtig ist auch der jüdische Vorwurf, daß der Christ die Bibel willkürlich auslege (PL 170, 573.597; Haacke, p. 199.277), und ebenfalls wie ein jüdisches Echo auf einen herkömmlichen christlichen Geschichtsbeweis ist: wenn Jesus Christus der von den Juden erwartete Messias ist, wo ist dann die nach den Propheten mit seiner Ankunft verbundene große Freude der Menschen? Und wieso liegt dann, im Widerspruch zu der Verheißung Zach 14, 12.14, Jerusalem seit der Zeit des Erscheinens dieses Christus zerstört am Boden (PL 170, 573; Haacke, p. 199)? Der Jude weist die traditionelle christliche Deutung von Is 6,10 auf die Juden entschieden zurück, unter anderem mit dem Argument: "Welche Schuld habe ich denn, wenn ich umnachtet und blind bin?" (PL 170, 575-576; Haacke, p. 201-202). Auch weist er die typologische und allegorische Bibelexegese der Christen entschieden zurück (PL 170, 583; Haacke, p. 211: *De figuris vel umbris mecum agere noli*). Erstaunlicherweise läßt Rupert seinen Juden sogar sagen: "Ich habe guten Grund, deinen Christus zu hassen; denn ... seine Ankunft war für mich die Ursache allen Unglücks, Ursache des Untergangs (der Stadt und des Tempels), der Gefangennahme, der Zerstreuung und einer sehr langen Gefangenschaft. Bevor der da kam, war ich Gottes Volk. Nun aber bin ich in deinen Augen weder Volk noch Gottes Volk. Sehr schlecht bekam mir also seine Ankunft" (PL 170, 587; Haacke, p. 216). Da ist vergleichsweise konventionell der Vorwurf an den Christen: "Weshalb also beachtest du (gegen Ex 20,8-11) nicht den Sabbat? Warum siehst du auf dieses Gebot herab, eines der zehn Gebote, die Gottes Finger auf steinerne Tafeln schrieb?" (PL 170, 588; Haacke, p. 216; ähnlich PL 170, 590 [Haacke, p. 219], verbunden mit dem Vorwurf, die christliche Bilderverehrung verstoße gegen Ex 20, 4-6). Ruperts Jude verteidigt sich nicht einmal gegen den Vorwurf des Christen, sie, die Juden, hielten sich für das auserwählte, edelste Volk und sähen deshalb mit Verachtung auf die nicht-jüdischen Völker herab; vielmehr unterstreicht er noch diesen seinen Erwählungsanspruch (PL 170, 593; Haacke, p. 222-223). Mühe macht dem Christen die Aussage des Juden, die Tora beanspruche immerwährende Gültigkeit, weil Gott sich nicht selbst widersprechen und unglaubwürdig werden könne (PL 170, 599; Haacke, p. 230); denn seine Unterscheidung zwischen (nicht zu haltenden) bedingten und (gültig bleibenden) unbedingten Versprechungen und Geboten wirkt etwas künstlich (PL 170, 599-600; Haacke, p. 230). Konventionell erscheint hingegen der wiederholte auf Ex 20, 4-6 gestützte antichristliche Vorwurf der Bilderverehrung (PL 170, 601 ff.; Haacke, p. 232 ff.), den der Christ routiniert unter anderem mit dem Hinweis auf die biblischen Cherubim und die Eherne Schlange (Nm 21, 8-9) zurückweist. Gegen die Inkarnation spricht nach Auffassung des Juden Ex 33, 20 und gegen die Trinität Dt 6,4 und Is 45,5 (PL 170, 603-604; Haacke, p. 235-236). Alles in allem zeigt Rupert eine gute Kenntnis wichtiger jüdischer Gegenpositionen und nutzt auch den Beweiswert der Berichte des jüdischen Historikers Josephus beziehungsweise Pseudo-Josephus (PL 169, 951; CChr, Cont. med. 9, 18.242).

Ruperts Schriftauslegung ist sehr oft mystisch-allegorisch und entsprechend scheinbar willkürlich, weshalb sie bei dem Juden auf wenig Gegenliebe stößt (PL 170, 574.580.583.596; Haacke, p. 200. 207. 211.226), ebensowenig wie seine Grundüberzeugung, daß Gott das Zeremonialgesetz den Juden als einem "zur Sklaverei geborenen Volk" gab, das nicht aus Liebe, sondern voll Furcht Gottvater verehrte; Gott befahl weder noch wollte er die Tora, vielmehr ließ er sie nur zu (PL 170, 581; Haacke, p. 208). Die Wahrheit der Schrift (des AltenTestaments) erfüllt sich nur in Jesus Christus (PL 170, 596; Haacke, p. 226). Dementsprechend ist die christologische Bibelexegese ein wichtiges Thema (auch außerhalb) des 'Annulus', z.B. PL 169, 17-18 (zu Gn 1,1: *principium* ist Jesus Christus); PL 169,19 (zu Gn 1, 1: *pro Ben, id est pro filio, Bresith, id est principium, posuit, principium nuncupans Filium Dei*); PL 170, 565.567. 586 [= Haacke, p.189.191.214, zu Gn 49, 10]. 588 [= Haacke, p. 217, zu Is, 2,3]. 596.597 [= Haacke, p. 226-227, zu Ps 110]. 606 [= Haacke, p. 238, zu Dn 9,26]). Ähnlich konventionell verläuft Ruperts trinitarische

Bibelexegese, zum Beispiel PL 169, 75-76.110.137-138 zum Plural Gn 1,26 (*faciamus hominem*); PL 169, 91-94 zum Plural Gn 11,7 (*descendamus et confundamus linguam eorum*); PL 169, 94-95 zu Gn 18 (drei Männer bei Abraham); PL 169, 109-110 (zum dreimaligen "heilig" Is 6,3).- Exegetisch konventionell ist auch die spiritualisierende Auffassung und Umwertung der Tora, etwa die Deutung der Beschneidung als Hinweis auf die Ankunft Christi als des Samens Abrahams, verbunden mit der Konsequenz, daß nach der Ankunft Christi die Beschneidung sinnlos geworden ist (PL 170, 567-568; Haacke, p. 192), oder die spirituelle Deutung des Sabbats (PL 170, 592; Haacke, p. 221). In diesem Zusammenhang weist Rupert auf Gottes schon alttestamentliche Ablehnung des jüdischen Kults Ps 50 und Is 1,11-13 (PL 170,581-582.588; Haacke, p. 209.217).- Im übrigen wurde schon Abraham nicht auf Grund der Beschneidung, sondern auf Grund seines Glaubens (an den kommenden Christus) gerechtfertigt und wurde Gottes Freund (PL 170, 563; Haacke, p. 186-187). Auch Noe wurde schon ebenso durch seinen Glauben gerechtfertigt (PL 170, 564; Haacke, p.188). Ruperts Schriftverständnis versteigt sich schließlich zu einer ebenso seltsamen wie nicht ganz neuen Aussage: "Gott wollte, daß die Heilige Schrift von solcher Beschaffenheit sei, daß bei ihrer Lektüre deine (d.h. des Juden) Augen verdunkelt würden; wenn er nämlich ihre Glaubensgeheimnisse nicht typologisch und allegorisch verschlüsselt hätte, wenn er offen gesprochen hätte, hätten deine Vorfahren dies etwa ertragen, trotzig und ungläubig wie sie waren?... Sie hätten alle biblischen Schriften verbrannt und alle Propheten getötet, wenn nicht diese Schriften ihnen verschlossen und versiegelt gewesen wären, wenn die Propheten laut und deutlich ihnen das künftige Christusgeschehen verkündet hätten" (PL 170,575; Haacke, p. 201). Hier ist eine gewisse prinzipielle Inkonsequenz und Widersprüchlichkeit der christlichen Bibelexegese nicht zu übersehen, die ein Interpretament für den schwer verständlichen jüdischen Unglauben sucht. Rupert scheint diese Schwachstelle nicht verborgen geblieben zu sein, wie vielleicht aus dem geschlossen werden kann, was er in diesem Zusammenhang dem jüdischen Dialogpartner in den Mund legt (PL 170, 575-576; Haacke, p. 201-202), vielleicht auch daraus, daß er relativ selten über die Verstocktheit der Juden klagt (z.B. PL 170, 578; Haacke, p. 204: *caecitas cordis*).

Eher schon erinnert er an die Missetat der Tötung Jesu durch die Juden (z.B. PL 169, 175-176.177.118-119; PL 170, 574 [= Haacke, p. 199]. 576 [= Haacke, p. 202: Darreichung von Galle und Essig]. 588.606 [= Haacke, p. 217.238]) und an die Bestrafung dafür in Gestalt ihrer Verskla-

vung und Unterwerfung unter die christlichen Fürsten, die sich - vorge-
dacht in der Kirchenväterzeit - inzwischen fast zu einer Art Lehre von der
servitus Judaeorum entwickelt hatte. So gelten ihm die Juden als "den
christlichen Fürsten unterworfen" (*hodie Christianis principibus subjecti
sunt*, PL 167, 532 = CChr, Cont. med. 21, 536). Die Römer Vespasian
und Titus tun im Jahre 70 ihr Werk, über das Flavius Josephus berichtet,
in Erfüllung von Dn 7, 7 (PL 169, 176-177). Das jüdische Volk ist inzwischen nur noch "klein an Zahl, lebt in Gefangenschaft und ist zerstreut"
(PL 170, 568 [Haacke, p. 193]; vgl. PL 170, 578 [Haacke, p. 203-204]).
"Deswegen wurden die Juden gefangen fortgeführt unter die an den Herrn
glaubenden Heidenvölker, weil sie seine Feinde sind und nicht, als Gläubige, seine Freunde sein wollten" (PL 170, 597; Haacke, p. 227). Der
christliche Dialogpartner redet sein jüdisches Gegenüber voll Überlegen-
heitsgefühl angesichts des Geschichtsbeweises für die christliche Wahrheit
an: "Du bist, soweit du das Schwert (der Römer im Jahre 70) überlebt
hast, über alle Länder der Erde zerstreut worden" (PL 170, 605; Haacke,
p. 237), und diese Gefangenschaft und Zerstreuung dauert nun schon
sehr lange Zeit, so lang, wie nie zuvor (PL 170, 606; Haacke, p. 238).
Geradezu triumphierend verlangt der Christ das Eingeständnis des Juden
zu seinem Geschichtsbeweis: "Sage mir nun, weshalb dich der Herr ausge-
liefert hat, warum er dich, wie gesagt, vor deinen Feinden hat zu Boden
stürzen lassen und warum über dich gekommen sind und dich gepackt haben alle von Moses aufgeschriebenen Verfluchungen (Dt 28, 15 ff.)?" (PL
170, 605; Haacke, p. 237), wogegen der Jude sich vergeblich verteidigt
mit dem herkömmlichen jüdischen Argument, dies Unglück sei über ihn
gekommen wegen seines ungenügenden Gehorsams gegenüber Gottes
Geboten (PL 170, 606; Haacke, p. 237). "Bekenne also", sagt der Christ
zu seinem jüdischen Gesprächspartner, "daß wegen der missetäterischen
Verleugnung Christi, den du verleugnet hast vor Pilatus und getötet hast,
das römische Volk mit seinem Führer Vespasian beziehungsweise seinem
Sohn Titus Jerusalem und das (dortige) Heiligtum zersprengt hat und daß
die (Dn 9, 26) vorausbestimmte Verwüstung andauert und daß du nicht das
Volk dessen bist, den du verleugnet hast" (d.h. nicht mehr Gottesvolk bist,
PL 170, 606; Haacke, p. 238). Abschließend betont der Christ noch
einmal die Wucht des Geschichtsbeweises, der mit der Erfüllung der Un-
tergangsprophetie von Lk 21, 20-24 gegeben sei: "So ist es auch geschehen. Und wenigstens diesen Teil der Wahrheit kannst du nicht verbergen;
denn du bist, soweit du das Schwert der Römer überlebt hast, gefangen
fortgeführt worden, nicht an einen Ort, sondern zu allen Völkern" (PL

170, 610; Haacke, p. 242). Von daher versteht sich, daß für Rupert, wie für Augustinus, die Juden in ihrem Schicksal der Zerstreuung und mit ihren Büchern, in denen die Christusverheißungen enthalten sind, Zeugen der christlichen Wahrheit sind (PL 168, 585). Ein wichtiges Vorausbild und Interpretament des Verworfenseins der Juden findet Rupert in der herkömmlichen Zwei-Völker-Lehre: Die Juden sind figuriert durch Hagar und Ismael beziehungsweise durch Ismael und Esau (PL 170, 586-587 [Haacke, p. 214-215] zu Gn 21, 10; vgl. PL 170, 567-568 [Haacke, p. 192]), stehen also heilsgeschichtlich nicht auf einer Ebene mit den Christen. Sie auf diese höhere Ebene hinaufzuziehen, bezweckt sein judenmissionarischer Wille, den er gelegentlich formuliert, z.b. PL 170, 578 [Haacke, p. 204] im Zusammenhang mit seiner Augustinus nachempfundenen Deutung des älteren Bruders Lk 15, 25-32 (vgl. PL 170, 561-562.608.610 [Haacke, p. 184.240.242]). Die Juden, die "Brüder Christi", sollten von den christlichen Führern nicht getötet werden (wozu vergleichend auf Ps 59, 12 [Vulgata: *ne occidas eos*] verwiesen wird), vielmehr zur Einsicht in ihre Schuld geführt werden, wobei auch mit sanfter Gewalt in Gestalt materieller Anreize nachgeholfen werden kann; dabei denkt Rupert an Gregors d. Gr. Missionsmethode der Pachtminderung für konvertierende jüdische Pächter (PL 167, 532 = CChr, Cont. med. 21, 536).

Neben einigen Elementen urbaner Freundlichkeit des Christen im 'Annulus' finden sich im Werk Ruperts aber auch manche - freilich konventionelle - polemische Aussagen, etwa die Affinität und Zuordnung der Juden zum Antichrist (PL 167, 908 [CChr, Cont. med. 22,1001]. 1801 [CChr, Cont. med. 24, 2095]; 169, 1184) und zum Teufel (PL 169, 568 [CChr, Cont. med. 9, 466-467]. 570-572 [CChr, Cont. med. 9, 468-471]. 1173-1174), wobei unter anderem Jo 8,44 verschärfend und antijüdisch interpretiert wird, oder schließlich auch die typologische Zuordnung zu Kain (PL 169, 1259). Daneben erscheint weniger gewichtig, daß die Juden gelten als "unbelehrbar und blind, die Finsternis liebend, dem Licht sich widersetzend und weltliche Ehre liebend" (PL 169, 431-432; CChr, Cont. med. 9, 293), als "begriffsstutzig" (PL 170, 596; Haacke, p. 226), "blasphemisch" (PL 169, 175); und die Schlange von Gn 3 ist Typus der Gott kreuzigenden Juden, "die in ihren Worten von der Verschlagenheit dieser boshaften Schlange sind" (PL 169, 1055). Aber solche Formulierungen gehen eigentlich kaum über die herkömmliche und auch in der Kreuzzugszeit praktizierte Polemik hinaus und reichen nicht aus, den Abt als "Judenfeind" abzustempeln (dies gegen Murawski, 1925, 43). Dazu reicht auch nicht aus seine Bemerkung, daß bei der Oratio des Karfreitags (*oremus et pro perfidis Judaeis*) keine Kniebeuge erforderlich sei, weil ohnehin das Gebet für die Juden wenig erfolgversprechend sei, solange nicht die Röm 11,25 genannte Bedingung (Erreichen der Vollzahl der Heiden) eingetreten sei (De divinis officiis 6, 18; PL 170, 163-164). Andererseits deutet Rupert die beiden Bräute des Hohenliedes auf Ecclesia und Synagoga, wobei letztere ihm als "Ecclesia des früheren Volkes" (*Ecclesia prioris populi*) gilt, die freilich - im Unterschied zu Ecclesia - Gott, ihren Bräutigam, nie erkannt habe (PL 167, 1576-1578).

Ausgaben: PL 167-170; SChr 131.165; CChr, Cont. med. 7.9.21-24.26.29; 'De victoria verbi Dei', ed. R. Haacke, Weimar 1970; Ruperto di Deutz e la controversia tra Cristiani ed Ebrei nel secolo XII, di Maria Lodovica Arduini. Con testo critico dell' 'Anulus, seu dialogus inter Christianum et Judaeum', a cura di Rhabanus Haacke, OSB., Rom (Istituto Storico Italiano per il Medio Evo) 1979.- *Literatur*: A.C. McGiffert, Dialogue Between a Christian and a Jew, Marburg 1889, 25; C. Werner, Der heilige Thomas von Aquino, I, Regensburg 1889, 646-647; O. Zöckler, Der Dialog im Dienste der Apologetik, Gütersloh 1894, 27-28; Aronius, 1902, 104-105; A. Posnanski, Schiloh, Leipzig 1904, 327; Murawski, 1925, 43; G. van den Plaas, in: Divus Thomas 7, 1929, 446-467; 8, 1930, 18-32, S. 465.467. 20-21.24; Manitius, III (1931),127-135; M. Schlauch, The Allegory of Church and Synagogue, Speculum 14, 1939, 448-464, S. 459; Verfasserlexikon III (1943) 1147-1151; V (1955) 1023; A. Oepke, Das neue Gottesvolk, Gütersloh 1950, 295; A. Forest bei A. Fliche et V. Martin, Hgg., Histoire de l'Église, XIII, Paris 1956, 165-166; A. Hauck, Kirchengeschichte Deutschlands, IV, Berlin 1958, 432-444; W.P.Eckert, Das Verhältnis von Christen und Juden im Mittelalter und Humanismus, in: Monumenta Judaica. Handbuch, 1963, 131-198, S. 144-146; LThK IX (1964) 104-106; B. Blumenkranz, Jüdische und christliche Konvertiten im jüdisch-christlichen Religionsgespräch des Mittelalters, in: Miscellanea Mediaevalia IV, Berlin 1966, 264-282, S. 276-278; W. Wattenbach - R. Holzmann, Deutschlands Geschichtsquellen im Mittelalter. Die Zeit der Sachsen und Salier, II, 3-4 (Köln 1967) 657-667; K. Bihlmeyer - H. Tüchle, Kirchengeschichte, II, Paderborn 1968, 266; E. Iserloh, in: Handbuch der Kirchengeschichte, hg. von H. Jedin, III 2, Freiburg 1968, 725.726 (vgl. ebd. S. 51.53); H.D. Rauh, Das Bild des Antichrist im Mittelalter, Münster 1973 (1979[2]), 226-230; E. Erb, Geschichte der deutschen Literatur, I 2, Berlin 1976, 570.705-706; J.H. van Engen, Rupert of Deutz, Berkeley 1983; D.E. Timmer, The Religious Significance of Judaism for Twelf-Century Monastic Exegesis: A Study in the Thought of Rupert of Deutz, c. 1070-1129, Diss. Univ. of Notre Dame 1983 (Ann Arbor, Mich., 1985); A.A. Young, The 'Commentaria in Iohannis Euangelium' of Rupert of Deutz: A Methodological Analysis in the Field of twelfth Century Exegesis, Diss. Toronto 1984. M.L. Arduini, Neue Studien über Rupert von Deutz, Siegburg 1985.

Die **Gesta Treverorum,** eine noch vor 1132 entstandene anonyme Chronik, berichtet, wie sich im Jahre 1096 Erzbischof Egilbert von Trier den Juden gegenüber verhielt, die um Schutz vor den Kreuzfahrern baten. Egilbert nimmt sie in seine befestigte Pfalz auf und nutzt die günstige Gelegenheit zu einer Missionspredigt: "Ihr Elenden, nun sind über euch eure Missetaten gekommen, die ihr dadurch begangen habt, daß ihr den Sohn Gottes und seine hochheilige Mutter lästert und herabsetzt, seine Inkarnation leugnet und seiner Mutter Eintrag tut durch euer ganz überflüssiges Gerede. Seht nun, wie ihr deswegen in Todesgefahr gekommen seid. Und ich versichere euch, wenn ihr in diesem Unglauben (*infidelitas*) verharrt, wird mit eurem Leib auch eure Seele untergehen." Sodann weist sie Egilbert auf die Beweiskraft der biblischen Christusverheißungen (Dn 9; später auf Is 53,8) hin und bittet sie, von ihrer törichten Verstocktheit (*stulticia, duricia*) zu lassen. "Deshalb folgt nun meinen Bitten und Ratschlägen, bekehrt euch und laßt euch taufen, und ich werde euch samt eurem Hab und Gut retten und hinfort vor euren Gegnern schützen" (MG, Scriptores 8, 190 [PL 154, 1207-1208]; vgl. ebd. 8, 191: den Auswirkungen der Selbstverfluchung von Mt 27, 25 können die Juden nur entgehen, wenn sie zum Glauben an Jesus Christus finden). Egilbert benutzt hier ähnlich die Notsituation der Juden zu einer Missionspredigt wie zum Beispiel Bischof Avitus von Clermont (bei Gregor von Tours und Venantius Fortunatus); denn zweifellos erhöhte die gerade in der Kreuzzugszeit häufige Alternative Tod oder Taufe die Bereitschaft mancher Juden zur (Schein-)Taufe. - Von welcher Stimmung die Kreuzfahrer im Jahre 1096 beseelt waren, berichten die Gesta Treverorum folgendermaßen: "In dieser Zeit strebten viele Leute beiderlei Geschlechts aus allen Ländern und Völkern nach Jerusalem. Es war ihr heißer Wunsch, entsprechend ihrer Liebe zu Gott und zum (christlichen) Glauben, entweder selbst denTod auf sich zu nehmen oder die Ungläubigen (d.h. Muslime und Juden) dem (christlichen) Glauben zu unterjochen. Von solchen Gedanken bewegt beschlossen sie, zuerst die Juden in Städten und Dörfern, wo immer sie wohnten, zu verfolgen und sie zu zwingen, entweder an den Herrn Jesus Christus zu glauben oder auf der Stelle das Leben zu riskieren " (MG, Scriptores 8, 190; vgl. Aronius, 1902, 88-89; Germania Judaica I, Tübingen 1963, 377).

Stimmung, Motive und Vorgehen der Kreuzfahrer anno 1096 beleuchtet exemplarisch auch ein anderer Text, die Mitte des 12. Jh. geschriebene Chronik des Richard von Cluny (Recueil des historiens des Gaules et de la France, hg. von L. Delisle, XII, Paris 1872, p. 411-412 [vgl. LThK VIII, 1963, 1288-1289]): "Bevor sie (die Kreuzfahrer) dorthin (d.h. ins Heilige Land) zogen, veranstalteten sie in fast ganz Gallien ein großes Gemetzel unter den Juden und verschonten nur die, welche sich taufen lassen wollten. Sie sagten nämlich, es werde ungerecht sein, wenn sie, die zur Verfolgung der auswärtigen Feinde Christi zu den Waffen gegriffen hätten, Christi Feinde im eigenen Land (d.h. in Frankreich) am Leben ließen (*dicebant enim iniustum fore ut inimicos Christi in terra sua vivere permitterent, qui contra rebelles Christi persequendos arma sumpserunt*).

Der Zisterzienser **Stephan Harding** († 28.3.1134 Citeaux, Diözese Chalon-sur-Saône) bemühte sich sehr um die Purgierung und Emendation der Vulgata, deren Text seit Hieronymus vielfach entstellt und verwildert war. Er schrieb einen nach textkritischen Gesichtspunkten von ihm hergestellten Bibeltext einheitlich für den gesamten Zisterzienserorden vor. Für seine verbesserte Vulgataedition (um 1106) bediente er sich der Hilfe von gelehrten Juden (*Judaeos quosdam in sua Scriptura peritos adivimus*, PL 166, 1375), vermutlich Angehörigen der Exegetenschule in Troyes, wo Raschi bis zu seinem Tode (1105) gewirkt hatte. Diese Konsultation erfolgte nach seinem eigenen Bericht (PL 166, 1375-1376) so, daß Stephan mit den jüdischen Exegeten in französischer Sprache - Latein verstanden diese wohl nicht mehr als er selbst Hebräisch - diskutierend seinen Text an vielen Stellen nach der 'Hebraica veritas' korrigierte und sekundäre Zusätze tilgte. Vermutlich hatte sich der Ruf der angesehenen Exegetenschule von Troyes auch in christlichen Kreisen verbreitet, und Stephan entschuldigt sich auch für diese Konsultation nicht im mindesten, obwohl ihm wahrscheinlich bekannt war, daß in früheren Zeiten die Juden gelegentlich beschuldigt wurden, den Wortlaut der Bibel zu entstellen, um ihren Beweiswert für Christen zu mindern. Offenbar war, auch so kurz nach den Ereignissen des ersten Kreuzzuges, schon wieder ein freundlicher wissenschaftlicher Kontakt zwischen Klerikern und gelehrten Juden möglich, wie er seit Hieronymus' Zeiten wohl immer wieder vorkam.

Literatur: Browe, 1942, 268-269; LThK IX (1964) 1044; Dictionnaire des auteurs cisterciens, Rochefort 1975, 236-240; A. Grabois, The "Hebraica Veritas" and Jewish-Christian Intellectual Relations in the Twelfth Century, Speculum 50, 1975, 613-634, S. 618-619; A. Grabois, The Christian-Jewish-Islamic Dialogue in the Twelfth Century and its Historical Significance, Ecumenial Institute for Advanced Theological Studies. Yearbook 1975-1976, Tantur-Jerusalem 1979, 69-83, S. 73-74; A.Ch. Skinner, Veritas Hebraica. Christian Attitudes toward the Hebrew Language in the High Middle Ages, Diss. Univ. of Denver 1986, 191-193.

Alfons I., 1104-8.9.1134 König von Aragón, vergrößerte sein Herrschaftsgebiet durch die Eroberung weiter Teile des muslimischen Spanien.

Nach der Einnahme von Tudela am Ebro im Jahre 1115 gewährte er Mitte März dieses Jahres den dortigen Juden in einem freundlichem Privileg einen angemessenen sozialen Status. Diese Urkunde (der lateinische Text bei Fr. Baer, Hg., Die Juden im christlichen Spanien, I, Berlin 1929, 920-921) erlaubt allen aus der Stadt geflohenen Juden die ungefährdete Rückkehr in die Stadt mit all ihrem Hab und Gut. Sie sollen in ihren Häusern Hausfriedensschutz haben und keine Einquartierung von Christen oder Mauren über sich ergehen lassen müssen. Ihre Steuer haben sie einmal im Jahr zu entrichten. Ihre Zollbefreiungen und ihr prozeßrechtlicher Status sollen dem Judenstatut von Najera entsprechen.- Damit wird an den Judenschutz der karolingischen Zeit angeknüpft, obwohl, formal gesehen, die repressive westgotische Judengesetzgebung weiter gültig blieb beziehungsweise nicht außer Kraft gesetzt war. Aber in diesem kritischen Zeitpunkt der Geschichte Spaniens, im Übergang von der muslimischen zur christlichen Herrschaft, war ein freundliches Verhältnis zur jüdischen Minorität, von der auch einige Steuerzahlungen erwartet werden durften, ein Gebot politischer Klugheit.

Literatur: Fr. Baer, Die Juden im christlichen Spanien, I, Berlin 1929, 9-11.920-921; Y. Baer, A History of the Jews in Christian Spain, I, Philadelphia 1961, 52-53; Encyclopaedia Judaica (Jerusalem 1971) II, 604; Chazan, 1980, 69-70.

An der Schwelle des höfischen Zeitalters begegnet uns in **Hildebert von Lavardin** († 18.12.1134), Bischof von Le Mans (ab 1096) und Erzbischof von Tours (ab 1125), ein bedeutender Dichter und vielseitiger Literat und Humanist, der das Bildungsgut der klassischen Antike für seine Zeit fruchtbar machte. Von seinen Zeitgenossen und der Nachwelt noch für etwa zweihundert Jahre hochgeschätzt, geriet er im späten Mittelalter ziemlich in Vergessenheit. Zu den zahlreichen unter seinem Namen überlieferten Predigten gehört auch - innerhalb der Gruppe der Sermones de diversis - der Sermo 14 *Contra Judaeos de incarnatione* (PL 171, 811-814). Hier bietet er unter anderem Bibeltestimonia für die Inkarnation und Jungfrauengeburt (Dt 18, 15; Is 7, 14; 9, 5; Ez 44, 2) und argumentiert sozusagen naturwissenschaftlich beziehungsweise mit den Mitteln der Logik für die Möglichkeit der Jungfrauengeburt. Jesus Christus ist als "Gott und Mensch" *(Deus et homo)* aus Maria geboren, die "vor, in und nach der Geburt" Jungfrau war. Hildebert redet, obwohl er vor christlichen "Brüdern" spricht, wie viele Verfasser von Schriften gegen die Juden einen imaginären Juden an und widerspricht heftig der jüdischen Überzeugung *(facessat perfidia Judaei*, PL 171, 813), daß Christus keine Göttlichkeit zukomme und Maria nicht immerwährende Jungfrau, sondern Christus von Joseph empfangen sei. Der "unglückliche" Jude ist von dichterer Finsternis umnachtet als seinerzeit die Ägypter des Pharao, weil er nicht Moses' glänzendes Antlitz, den Glanz des Gesetzes und die geheimnisvolle Glaubensverkündigung der Propheten, das heißt Jesus Christus, erkennt. Das Wunder der Virginität müßte ihm einsichtig werden, wenn er an das Wunder denkt, daß die Greisin Sara noch ein Kind bekommt (Gn 18, 9-15), daß ein Dornbusch brennt, aber nicht verbrennt (Ex 3, 2-3), daß Moses Wasser aus einem Felsen schlägt (Ex 17,5-6), daß ein Kristall, mit Wasser übergossen und den Sonnenstrahlen ausgesetzt, oft Funken sprüht, ohne daß infolge des Austretens der Funken ein Spalt zurückbleibt. Der Kristall bleibe vielmehr, wie Maria, unversehrt bei diesem Vorgang, bei dem das Wasser dem Heiligen Geist entspreche, von dem bereits die Bibel rede (Joel 3,1; Ez 36, 25). Der Heilige Geist bewahrte Maria vor jeder fleischlichen Begierde, und sie blieb rein von Schuld, so daß, gemäß Weish 1, 4, Gottes Sohn bei ihr einkehren konnte.- Die Begrenzung der antijüdischen Argumentation dieses Sermo auf die Inkarnation Christi und die Virginität Marias zeigt vielleicht, daß im Erfahrungsbereich und Umkreis Hildeberts dies die beiden Themen waren, die, vor allem weil hier Juden und Muslime gleichermaßen Front machten, als besonders verteidigungsbedürftige Schwachstellen des christlichen Glaubens empfunden wurden.

In einer anderen Predigt, innerhalb der 'Sermones de Sanctis', zum Fest des heiligen Apostels Jakobus (Sermo 63; PL 171, 644-650), deutet er Kalb, Löwenjunges und Lamm von Is 11, 6 als "Jude, Heide und beider Mittler Christus", die eschatologisch zueinanderfinden und friedlich vereint sein werden. Das meint die endzeitliche Konvergenz von Kirche und Synagoge (PL 171, 645), an der Hildebert also offensichtlich festhält. Ein etwas polemisches Element kommt in diese Darlegung dadurch hinein, daß er die Affinität Kalb (*vitulus*) - Jude damit begründet, die Juden trügen seit ihrem Auszug aus Ägypten - wie das Vieh bei der Feldarbeit - das Joch (des Gesetzes) und seien, im Sinne von Dt 32, 15, ungebärdig wie ein überfütterter Vierbeiner (PL 171,645).

Ausgabe: PL 171.- *Literatur*: A.C. McGiffert, Dialogue Between a Christian and a Jew, Marburg 1889, 25; Murawski, 1925, 43-44; Manitius, III (1931), 853-865; LThK V (1960) 340; P. von Moos, Hildebert von Lavardin; Stuttgart 1965; Encyclopaedia Judaica (Jerusalem 1971) VIII, 475.

Abraham bar (ben) Chija ha-Nasi, von Nichtjuden auch *Abraham Judaeus* genannt (um 1065-1136 Barcelona), gilt als bedeutender Mathematiker, Astronom und Philosoph - er vertritt spätplatonische und aristotelische Anschauungen -, dessen Leistung nicht zuletzt in der Vermittlung arabischer Gelehrsamkeit nach Europa besteht. Als leitender Geometer hatte er kirchenrechtswidrig einen hohen Rang im christlichen Spanien und war damit ein lebender Beweis, daß die (formal noch gültigen) westgotischen Judengesetze zu seiner Zeit wenig beachtet wurden. Dem Islam und noch mehr dem Christentum steht er ablehnend gegenüber, und es finden sich in seinen - noch nicht vollständig edierten oder gar übersetzten - Schriften dementsprechend auch Passagen mit antichristlicher Apologetik. In *Hegjon ha-Nefeš ha-Aṣubā* (The Meditation of the Sad Soul, transl. by G. Wigoder, London 1969) meint er, daß Gott nur Israel auserwählt hat und nur die Toragläubigen erhält, die anderen (nichtjüdischen) Völker dagegen verwirft, was wie ein Echo auf das *Extra ecclesiam nulla salus* klingt. In seiner Schrift *Megillat ha-Megalle* (Buchrolle des Offenbarers, spanische Übers. von J.M. Millás Vallicrosa, Madrid 1929) erörterte Abraham bar Chija die eschatologisch-messianische Erlösung, berechnete die Ankunft des Messias für die Zeit zwischen 1136 und 1448 und deutete die Angriffe der Muslime auf die Territorien des christlichen Königreichs Jerusalem, wo sich die Christen zu Unrecht etabliert hätten, ihren Bilderkult trieben und den Juden keinen Zutritt gewährten, als Vorboten der messianischen Erlösung der Juden, wie Wehen vor dem Kommen des Erlösers. Seit Augustinus war in christlichen Kreisen eine den sechs Schöpfungstagen entsprechende Lehre von den sechs Weltaltern verbreitet, deren sechstes als mit Christus beginnend gedacht wurde. Die nun von Abraham vertretene Auffassung besagt, das sechste Weltalter, in welchem der Messias komme, werde erst im Laufe der Kriege der Kreuzzugszeit vollendet, und so sei die Danielprophetie noch nicht mit Jesus von Nazareth erfüllt, sondern erst mit dem kommenden Messias der Juden. Gegen solche Anschauungen kämpfte bereits Julian von Toledo († 690).

In der Schrift 'Hegjon ha-Nefeš' formuliert Abraham besonders deutlich seine Sicht der Stellung Israels zu den nichtjüdischen Völkern. Wie Gott den Menschen herausgehoben hat aus allen anderen Lebewesen und ihm Überlegenheit über diese verliehen hat, so hat er eine Nation, Israel, aus der ganzen Menschheit herausgehoben und geheiligt zu seinem Ruhm (Wigoder, S. 52). Nur die Gerechten aus Gottes Volk nebst den Völkern (und Menschen), welche an die Tora glauben, werden gerettet gemäß Jr 30, 11 und die eschatologische Friedenszeit von Is 11, 7 erleben, die anderen bösen Völker (und Menschen) werden zugrunde gehen, gemäß Soph 3, 6, Is 33, 12, und sie werden, gemäß Is 57, 21, keinen Frieden haben, weder in dieser noch in der kommenden Weltzeit (Wigoder, S. 126-127 und S. 66.109-110). Die Lv 26 erwähnten Leiden Israels beziehen sich auf seine Zerstreuung nach der Zerstörung des Zweiten Tempels (Wigoder, S. 136; vgl. Wigoder, S. 127). Einmal spricht Abraham auch von der Vergeltung für Israels Leiden, die Gott an den anderen Völkern nimmt (Wigoder, S. 127). Bemerkenswert ist aber vor allem, daß Abraham sich nicht direkt mit den Christen (die er nicht ausdrücklich nennt, aber doch wohl unter 'Völker' subsumiert) und ihrer Bibelexegese auseinandersetzt, daß er also deutlich Distanz wahrt. Dazu paßt, daß er Lv 19,17 (weise deinen Nächsten freimütig zurecht) restriktiv auslegt und davor warnt, Menschen außerhalb des Gottesvolkes Israel ethische Paränesen zu geben (Wigoder, S. 67).

Übersetzungen: J.M. Millás Vallicrosa, Libre revelador Meguil-lat Hamega-lè, Barcelona 1929 (Katalanische Übersetzung); G. Wigoder, The Meditation of the Sad Soul, London 1929.- *Literatur*: P. Bloch in: Die jüdische Literatur seit Abschluß des Kanons, hg. von J. Winter u. A. Wünsche, II, Trier 1894, 735; A. Posnanski, Schiloh, Leipzig 1904, 111.386; M. Waxman, A History of Jewish Literature, I, New York-London 1938, 332-333; Baron, VI (1958), 231-232; LThK I (1957) 60; Y. Baer, A History of the Jews in Christian Spain, I, Philadelphia 1961, 59.66-67; Encyclopaedia Judaica (Jerusalem 1971) II, 130-133; I. Zinberg, A History of Jewish Literature, II, Cleveland-London 1972, 80-82; A. Linder, Ecclesia and Synagoga in the Medieval Myth of Constantine the Great, Revue Belge de Philologie et d'Histoire 54 II, 1976, 1019-1060, S. 1048; K. Schubert, Die Kultur der Juden, II, Wiesbaden 1979, 137-138; LMA I (1980) 52; Heinrich und Marie Simon, Geschichte der jüdischen Philosophie, München 1984, 89-96.

Acardus de Arroasia, Augustiner-Eremit von St. Nicolas d'Arrouaise, Pas-de-Calais († um 1136), in den letzten Jahrzehnten seines Lebens Prior des Tempels in Jerusalem, schrieb ein längeres gereimtes Gedicht *Super templo Salomonis*. Darin erzählt er aus der Geschichte des Jerusalemer Tempels seit David und Salomo bis auf seine eigene Zeit. Ein Höhepunkt dieser Darstellung ist die Belagerung Jerusalems durch die Römer im Jahre 70 n.Chr. (Text hg. von P.Lehmann, in: Corona quernea. Festgabe Karl Strecker, Leipzig 1941, 307-330): Zweiundvierzig Jahre nach der Passion Christi kamen Titus und Vespasian als "Rächer so großer Missetaten" (*tantorum peccatorum vindices*, Zeile 686) und zerstörten die Stadt und den Tempel, nachdem die Bewohner während der Belagerung so entsetzlich hungerten, daß eine Mutter ihr eigenes Kind briet und verzehrte

(Teknophagie der Maria; diese und weitere Einzelheiten dramatisiert und zum Teil vergröbert nach Flavius Josephus, Bell. Jud. 6, 201-213; 5, 430.571; 6, 420 ff.). Die Juden erscheinen hier als "verstocktes Volk" (*induratus populus*, Zeile 734), "missetäterisches Volk" (*nequam populus*, Zeile 736), "blindes" (*ceca plebs Judaica*, Zeile 751) und "mißgünstiges" (Zeile 697) Volk. Nach Gottes gerechtem Entscheid traf sie die Talion, insofern sie, die Gott Vater und Sohn verwarfen, auch vom Vater Vespasian und seinem Sohn Titus bestraft wurden und ihre Heimat verloren (Zeile 755-758). Das jüdische Volk, von dem Christus "für unsere (der Christen) Sünden getötet wurde" (Zeile 708, mit einer gewissen Relativierung der Schuld der Juden) ist seitdem "zerstreut und heimatlos" (*et dispersa gens Judea loco caret hactenus*, Zeile 710), und diese "Zerstreuung" der die Katastrophe des Jahres 70 überlebenden Juden dauert an (*Quorum quosdam fame, ferro, vel ignis incendio perdiderunt, quosdam autem dampnarunt exilio, ut adhuc eorum monstrat in terra dispersio*, Zeile 713-715).

Die Geschichtssicht des Jahres 70 ist geprägt von theologisierenden Gedanken. Für Acardus besteht ein Kausalzusammenhang zwischen der Passion Christi und dem Schicksal Jerusalems und des Tempels im Jahre 70. Sinnfälliges Zeichen der Strafe Gottes (und damit der Wahrheit des Christentums) ist die Heimatlosigkeit und Zerstreuung der Juden. Gottes Urteilsspruch (*iudicium*, Zeile 755) erfolgt nach dem *Jus talionis*, durch gleichartige oder doch angemessen ähnliche Vergeltung, damit dem Bestraften und aller Welt der Zusammenhang zwischen Missetat und Strafe unabweisbar deutlich wird.

Ausgaben: Marquis de Vogüé, Achard d'Arrouaise. Poème sur le 'Templum Domini', Archives de l'Orient latin (Paris) 1,1881,562-579; P. Lehmann, in: Corona quernea. Festgabe Karl Strecker, Leipzig 1941, 307-330.- *Literatur*: Manitius, III (1931), 1001-1002.

Der Kleriker **Honorius Augustodunensis** († nach 1137 bei Regensburg, wo er lebte und lehrte), Schüler Anselms von Canterbury, machte dessen frühscholastische Argumentationsmethode in Mitteleuropa bekannt. Mit enzyklopädisch weitem Interesse schreibt er - ohne großen eigenen philosophischen und theologischen Anspruch - seine zahlreichen Werke vor allem zur Belehrung der niederen Geistlichkeit und übte, nicht zuletzt wegen seines Talents zu einfacher Diktion und Popularisierung des Wissens seiner Zeit, bis über das Mittelalter hinaus eine starke Wirkung aus. Dies gilt auch für sein Frühwerk *Sigillum beatae Mariae* (PL 172,

495-518), in dem er, von seinen Schülern darum gebeten, erklärt, warum Lk 10, 38 und das Hohelied auf die Gottesmutter Maria zu beziehen seien. Er interpretiert das Hohelied mystisch-typologisch und sieht hier Maria besorgt wirkend für das (in Christus und zusammen mit den Christen sich realisierende) Heil der Synagoge und der Juden. In der *Expositio in Cantica canticorum* (PL 172, 347-496), einem umfänglichen stark symbolisierenden Kommentar zum Hohenlied, nimmt er vier Bräute an (dazu besonders PL 172, 352-353), je eine für die vier Weltzeiten (Epoche vor dem Sinai-Gesetz, Epoche des Gesetzes, der Herrschaft Christi und schließlich der des Antichrist). Die vierte Braut wird dem aus Norden kommenden Kraut Mandragora (PL 172, 353: "Mädchen ohne Kopf") gleichgestellt und meint die kopflose, vom Antichrist verführte, schließlich aber noch gerettete Menge; die dritte Braut, Sunamitis, meint die am Weltende zum Heil geführte Synagoga; sie kommt vom Westen, "im Wagen des Aminadab" (PL 172, 352-353); die zweite Braut, Tochter des babylonischen Königs, stellt die Christus zugeführten Heiden dar; Pharaos Tochter, die erste Braut, stellt die Hebräer dar, weil Gott die Hebräer aus Ägypten herausführte. Die typologische Interpretation der Braut auf die Gottesmutter hin ist hier gegenüber dem 'Sigillum' aufgegeben zugunsten einer vierstufigen heilstheologischen Geschichtsdeutung, die Züge eines Weltheilsdramas annimmt. Die Vierzahl erscheint im übrigen auch bedingt durch den Bezug auf die vier Himmelsrichtungen und die Evangelienzahl (PL 172, 351).

Daß Christus von Honorius "Bräutigam und Richter zugleich" (*sponsus qui et iudex*, PL 172, 362) genannt wird, scheint im übrigen ein Echo zu finden in der mittelalterlichen Ikonographie des zwischen Ecclesia und Synagoga gekreuzigten beziehungsweise thronenden Christus, der jene erwählt, diese aber verwirft beziehungsweise Synagoga endzeitlich heimholt und mit Ecclesia vereint (Beispiele bei Seiferth, 1964, vgl. A. Weis, in: RDK IV [1958], col. 1200; col. 1202 zur ikonographischen Wirkung der bei Honorius gegebenen Vorstellung von der *Ecclesia universalis* aus den beiden Kirchen, d.h. Kirche der Propheten und Kirche der Apostel, vor und nach Christi Ankunft; vgl. z.B. PL 172, 313: *Ecclesia coadunata de utroque populo, Judaeorum videlicet et gentium*). Solche Auffassungen wirken in die sakrale Kunst des 12./13. Jh. hinein in dem Sinne, daß Synagoga als ebenbürtige Gegnerin der Ecclesia erscheint, die - spätestens endzeitlich - ihrer Blindheit entledigt wird. Daß Honorius' leicht faßlichen und offenbar viel gelesenen Allegorien und typologischen Deutungen des Hohenliedes nicht nur die Ikonographie, sondern auch das geistliche Drama der Folgezeit beeinflußten, liegt nahe. So wird besonders wichtig, daß in seiner Sicht die Juden nicht als hoffnungslos verstockt und definitiv verworfen gelten. Für das gegenwärtige jüdische Volk gilt allerdings, daß es ohne Priestertum und weltliches Reich ist und, "ob es will oder nicht, den Christen unterworfen ist" (*judaicus populus sacerdotio et regno iam privatus Christianis volens nolensque subjectus est*, PL 172, 1261).

Ausgaben: PL 172; MG, Libelli de lite 3.- *Literatur*: Manitius, III (1931), 364-376; LThK V (1960) 477-478; W. Eckert, in: Christen und Juden, hg. von W.-D. Marsch u. K. Thieme, Mainz 1961, 78-79; W.P. Eckert, in: Emuna, Heft 5-6 (1978), S. 30; E. Erb, Geschichte der deutschen Literatur von den Anfängen bis 1160, Berlin 1976, 810-811.828; Kosch VIII (1981) 95-96; Valeri I.J. Flint, Anti-Jewish Literature and Attitudes in the Twelfth Century, Journal of Jewish Studies 37, 1986, 39-57.183-205; TRE XV (1986) 571-578.

Anaklet II., Gegenpapst (14.2.1130-25.1.1138), bei der Papstwahl als Kardinal Petrus Pierleone Rivale des Kardinals Gregorio Papareschi, nach seiner Wahl Innozenz II. (14.2.1130-24.9.1143). Innozenz, formal unrechtmäßig gewählt, siegte schließlich vor allem deshalb in diesem Schisma, weil er seinen Konkurrenten überlebte. Anaklet, ein bedeutender, untadeliger Kardinal, war der Urenkel des jüdischen Finanzmannes Baruch, der sich unter dem Namen Benedikt hatte taufen lassen, und der Enkel des ebenfalls getauften jüdischen Kaufmanns Petrus Leo (Pierleone) aus Trastevere in Rom. Bezeichnenderweise erst nach seiner Wahl wurde er wegen seiner jüdischen Herkunft (als 'Achteljude'; vgl. G. Franz, in: Deutsche Rechtswissenschaft 2, 1937, 164) angegriffen, vor allem von Bernhard von Clairvaux (PL 182, 294: daß ein Judensproß Petri Thron besetzt, ist eine Beleidigung Christi; vgl. MG, Libelli de lite 3, 92-93.107; vgl. Ordericus Vitalis, Historia ecclesiastica 12, 21 [ed. M. Chibnall, VI, Oxford 1978, p. 266-277]; Petrus Venerabilis wirft ihm vor, seine Wahl durch Bestechung gewonnen zu haben, PL 189, 928: *vi et pecunia intrusum Leonis filium*), so daß dieser Angriff als Artikulation eines Gruppenvorurteils zu sehen ist. Es ist dies das erste bedeutende Beispiel in der Kirchengeschichte, daß jüdische Herkunft als Begründung für Gegnerschaft genommen wird. Es darf (mit Kniewasser, 1979, 191; vgl. Kairos 22, 1980, 51) vielleicht gefragt werden, ob dies bereits ein Vorläufer des neuzeitlichen Rassismus ist. Jedenfalls entspricht die Anaklet von manchen Christen entgegengebrachte Haltung nicht dem bislang gültigen Grundsatz der "Kirche aus Juden und Heiden", demzufolge das Wasser der Taufe unverzüglich auch Juden zu geschätzten, brüderlich aufgenommenen Mitgliedern der christlichen Gemeinde machte (vgl. z.B. Venantius Fortunatus dazu; vgl. Verf., Die christlichen Adversus-Judaeos-Texte 1982, 422). Es wurde wohl auch von Bernhard von Clairvaux und anderen die - bisher nie ernsthaft bestrittene - Tatsache aus den Augen verloren, daß Jesus, seine Jünger und viele Angehörige der urchristlichen Gemeinde Juden waren.

Literatur: M. Güdemann, Geschichte des Erziehungswesens und der Cultur der abendländischen Juden, II, Wien 1884, 77-83; H. Vogelstein - P. Rieger, Geschichte der Juden in Rom, I, Berlin 1896, 169.221-222; Th. Pugel, Antisemitismus der Welt in Wort und Bild, Dresden 1935, 78.85-86 (antisemitisch); Browe, 1942, 211-212; Baron, IV (1957), 10-12.237-238; LThK I (1957) 467-468; M. Pinay, Verschwörung gegen die Kirche, Madrid 1963, 533-544; L. Dasberg, Untersuchungen über die Entwertung des Judenstatus im 11. Jahrhundert, Paris 1965, 135-138; Encyclopaedia Judaica (Jerusalem 1971) XIII, 853; M. Kniewasser, in: Kairos 22, 1980, 34-76, S. 51; LMA I (1980) 568-569; A. Grabois, From 'Theological' to Racial Antisemitism: The Controversy of the Jewish Pope in the Twelfth Century [hebräisch], Zion 47, 1982, 1-16; K.R. Stow, The "1007 Anonymus" and Papal Sovereignty, Cincinnati 1984, 14-15; M. Stroll, The Jewish Pope, Leiden 1987.

Um 1140 entstand das anonyme Heldengedicht **Poema de mio Cid**, ein Epos von zusammen 3730 Versen, benannt nach dem historischen spanischen Ritter Rodrigo Día de Vivar († 1099), der sich in verschiedenen Feldzügen gegen die Araber einen Namen machte und als "Cid" (von arabisch *al seyd*, d.h. der Herr) auch zur Sagengestalt wurde. In diesem - mit der Historie zum Teil frei umgehenden - Dichtwerk kommt auch das Judenthema in zeittypischer Weise zur Darstellung (Verse 85-210. 1431-1438; ed. Colin Smith, Oxford 1972, p. 5-8.46; vgl. p. 115-118.127): Der Cid wird aus seiner Heimat Kastilien vertrieben, kommt mit seiner Truppe nach Burgos. Um Proviant und Geld verlegen, schickt er seinen Freund Martin Antolinez zu den in Burgos ansässigen jüdischen Pfand- und Geldleihern Rachel und Vidas und leiht sich eine Summe von "sechshundert Mark", und zwar dreihundert Silbermünzen und dreihundert Goldmünzen. Als Pfand gibt er zwei fest verschlossene, zugenagelte, angeblich mit Gold, in Wahrheit aber mit Sand gefüllte Truhen, und zwar mit der Auflage, sie nicht vor Ablauf eines Jahres zu öffnen. Die Juden sind freundlich, ohne Gehässigkeiten und ohne irgendein Gruppenvorurteil dargestellt als freie Bürger und Geschäftsleute, die vom Cid geprellt werden. Allerdings scheint es, daß der anonyme Verfasser bei seinen Hörern ein gewisses Gefühl von Schadenfreude evozieren wollte; denn der Held macht nirgends im weiteren Verlauf des Gedichts einen Versuch, das Geld zurückzuzahlen, auch nicht Verse 1431-1438, als Rachel und Vidas wieder auf den Plan treten und versuchen, ihr Geld zurückzubekommen. Offenbar wollte der Verfasser den vielen Heldentaten des Cid auch die Leistung hinzufügen, daß er sogar die als schlau geltenden Juden hereinlegen konnte. Erst in weit späteren Fassungen der Cid-Sage empfand man sein Verhalten als unpassend, ließ ihn das Geld zurückzahlen und sich entschuldigen. Immerhin ist in der um 1140 entstandenen Urfassung nichts mehr vom antijüdischen Geist der westgotischen Judengesetzgebung zu spüren, und es fehlen im Cid überhaupt antijüdische Affekte der Art, wie sie im Mitteleuropa der Kreuzzugszeit häufig anzutreffen sind.

Ausgaben: R. Menéndez Pidal, Madrid 1960; H.-J. Neuschäfer, München 1964 (mit deutscher Übersetzung); Colin Smith, Oxford 1972; ed. J. Horrent, 2 Bde., Gent 1982.- *Übersetzung*: Der Cid. Das altspanische Heldenlied, übertragen von Fr. Eggarter, Bremen 1968.- *Literatur*: Y. Baer, A History of the Jews in Christian Spain, I, Philadelphia 1961, 58-59; H. Goldberg, in: Aspects of Culture in the Middle Ages, ed. by P.E. Szarmach, Albany 1979, 101; L. Poliakov, Geschichte des Antisemitismus, III, Worms 1979, 145; R.L. Redfield, Religious References in the 'Poema de mío Cid': Christian, Jewish, and Mohammedan Audience Reaction, Diss. University of California, 1980; LMA II (1983) 2078-2082.

Unter anderem das Lebensgefühl der jüdischen Minorität im islamischen und christlichen Spanien kommt in den thematisch vielfältigen Dichtungen des arabisch und jüdisch hochgebildeten **Moses ben Jakob ibn Esra** (um 1055 Granada - um 1140) zum Ausdruck. Aus seiner Geburtsstadt Granada in den christlichen Norden Spaniens verschlagen, führt er ein unstetes Wanderleben voll wehmütiger Sehnsucht nach der Heimatstadt, aber auch nach Erlösung seines Volkes aus dem Joch der Feinde, nach Realisierung der messianischen Verheißungen und nach Rückkehr des jüdischen Volkes ins Land seiner Väter.- Als Religionsphilosoph ist Moses ibn Esra neuplatonisch beeinflußt und vertritt die Anschauung, daß Gott als der schlechthin Vollkommene und Unfaßbare vom unzulänglichen Verstand des Menschen nicht begriffen, allenfalls in annähernden Bildern beschrieben werden kann.

Literatur: Y. Baer, A History of the Jews in Christian Spain, I. Philadelphia 1961, 59-66; Encyclopaedia Judaica (Jerusalem 1971) VIII, 1170-1174; J. Maier, in: Zukunft in der Gegenwart. Wegweisungen in Judentum und Christentum, hg. von Cl. Thoma, Bern und Frankfurt/M. 1976, 129-131; R.I. Braun, Structure and Meaning in the Secular Poetry of Moshe ibn Ezra, Diss. New York University 1981; G. Stemberger, Epochen der jüdischen Literatur, München 1982, 129-131; J.D. Katzew, Moses Ibn Ezra and Judah Halevi: Their Philosophies in Response to Exile, Hebrew Union College Annual 55, 1984, 179-195.

Hugo von St. Victor († 11.2.1141), Augustiner-Chorherr in Paris
- er leitete seit 1125 die Schule des dortigen Chorherrenstifts St. Victor -,
befruchtete mit seinem reichen schriftstellerischen Werk, das sich von der
Theologie und Philosophie über fast alle damals begangenen Wissensfelder erstreckte, Zeitgenossen und Nachwelt. Er empfängt sehr viele Denkanstöße und Motive von Augustinus, Boëthius und den lateinischen Kirchenvätern überhaupt (z.b. Hieronymus), nimmt aber auch die geistigen
Anregungen bedeutender Theologen seiner eigenen Zeit auf und entwickelt
sie eigenständig weiter. Hugo bemüht sich bei seiner Bibelexegese um den
hebräischen Urtext und spricht in diesem Zusammenhang ebenso aufgeschlossen wie freundlich mit jüdischen Gelehrten der Raschi-Schule, darunter etwa Raschis Enkel Samuel ben Meïr. Anscheinend war das geistige
Klima im Paris des zweiten Viertels des 12. Jh. solchen Gesprächen förderlich.

Den Ertrag dieser Kontakte zitiert er innerhalb seiner bibelexegetischen
Arbeiten gewöhnlich mit dem Bemerken *tradunt Hebraei, Hebraei dicunt,
Judaei dicunt, opinio Hebraeorum* oder einfach mit *quidam*. Auf Raschi
selbst bezieht er sich anscheinend mit *opinio antiqua*, auf Joseph ben Simon Kara mit *quidam Hebraeus* und auf sonstige mit *Hebraei*. Dieses Bemühen um die *Hebraica veritas* hatte bei Origenes und Hieronymus einen
bedeutenden Anfang gemacht, war aber lange Zeit nur wenig lebendig,
weil man an der Vulgata (und allenfalls noch der Septuaginta) genug zu haben und der 'Hebraica veritas' nicht zu bedürfen glaubte, gar auch dort irritierende Textfälschungen argwöhnte, aber auch wohl nicht zuletzt deshalb, weil man nähere Kontakte mit Juden samt den damit verbundenen
Gefährdungen und Verunsicherungen überhaupt scheute.

Hugo jedenfalls sucht und findet mit Hilfe jüdischer Gesprächspartner
einen neuen Weg zum hebräischen Urtext des Alten Testaments. Charakteristisch für seinen Standpunkt ist die Aussage: "Die griechischen (Bibel-)
Kodices sind glaubwürdiger als die lateinischen und die hebräischen
glaubwürdiger als die griechischen" (PL 175, 32; in Anlehnung an Hieronymus, PL 28, 152), ein trotz des Vorgangs seitens Hieronymus bemerkenswerter Neuanfang. Von daher versteht sich wohl auch Hugos neue
Sensibilität für die Relevanz der Literalexegese im Rahmen des auch von
ihm vertretenen herkömmlichen dreifachen Schriftsinnes: Literaler (bzw.
historischer), allegorischer (bzw. mystischer), moralischer (bzw. tropologischer) Schriftsinn (z.B. PL 176, 184-185.789-790). Die wörtliche Erklärung ist für ihn die unabdingbare Basis, auf der dann allerdings nicht
stehen zu bleiben ist, sondern auf welche als Fundament dann die weiteren

Stufen aufzubauen sind (z.B. PL 176, 799.801.804-805). So referiert er zwar zu Jakobs Segen (Gn 49,8 ff.) auch die literale Deutung auf Saul, deutet aber dann selbstverständlich die ganze Passage auf Jesus Christus (PL 175, 59-60).- Joel 3, 1 ff. (Hugos Autorschaft für 'In Joelem' ist allerdings nicht zweifelsfrei) weist Hugo verhältnismäßig schroff Blindheit (*caecitas*) und Verrücktheit (*insania*) der irrigen Auffassung der Juden zurück (PL 175, 353), die hier an das Kommen ihres eigenen Messias denken, "bei dessen Ankunft, wie sie selbst sagen, die Observanz des (mosaischen) Gesetzes (einschließlich des Opferkults) zur Gänze wiederhergestellt und der einstige glückselige Zustand erneuert werden wird. Nur das jüdische Volk wird den Messias empfangen. Nur die Juden werden sich unter Lobpreis zu ihm bekennen, und er wird sie hören und sich ihnen zuwenden" (PL 175,358). Da steht Anspruch gegen Anspruch, und eine exegetische Verständigung scheint ausgeschlossen.

Daß Hugo von St. Victor seine Informationen zumeist aus mündlicher Quelle hat und die rabbinische Literatur nicht etwa aus eigenem Studium kennt, wird deutlich aus der recht vagen Art, in der er einmal von ihr spricht (PL 175, 594 zu 1 Tim 1,4 und Mt 15,3). Er redet hier - im Zusammenhang der zwei Frauen Adams - von den ungeschriebenen, mündlichen Überlieferungen der Juden als "unglaubwürdigen Erzählungen" (*fabulae*) und als *deuterosis (fabulas hic dicit traditiones, quas Judaei non scriptas tenent, et alter in alterum transfundit loquendo, quas deuterosin vocant)*. Offenbar ist er sich über Art, Umfang, Inhalt und Schriftform der rabbinischen Literatur durchaus nicht im klaren.

Ausgaben: PL 175-177; SChr 155.- *Literatur*: LThK V(1960) 518; H. Hailperin, Rashi and the Christian Scholars, Pittsburgh 1963, 105-110; J. Hofmeier, Die Trinitätslehre des Hugo von St. Viktor, München 1963; B. Smalley, The Study of the Bible in the Middle Ages, Notre Dame, Indiana, 1964, 83-106; A. Funkenstein, Changes in the Patterns of Christian Anti-Jewish Polemics in the 12th Century [hebräisch], Zion 33, 1968, 125-144; Ch. Merchavia, The Church versus Talmudic and Midrashic Literature [500-1248], Jerusalem 1970, 153 ff.; J. Ehlers, Hugo von St. Viktor. Studien zum Geschichtsdenken und zur Geschichtsschreibung des 12. Jahrhunderts, Wiesbaden 1973; W. Totok, Handbuch der Geschichte der Philosophie, II, Frankfurt 1973, 225-228; A. Grabois, The 'Hebraica Veritas' and Jewish-Christian Intellectual Relations in the Twelfth Century, Speculum 50, 1975, 613-634, S. 620-621; A. Grabois, The Christian-Jewish-Islamic Dialogue in the Twelfth Century and its Historical Significance, Ecumenical Institute for Advanced Theological Studies. Yearbook 1975-1976, Tantur-Jerusalem 1979, 69-83, S. 74; Awerbuch, 1980, 197-230; J. Ehlers, in: Gestalten der Kirchengeschichte, hg. von M. Greschat, III, 1 (Stuttgart 1983) 192-204; Verfasserlexikon IV (1983) 282-

292; TRE XV (1986) 629-635; A.Ch. Skinner, Christian Attitudes toward the Hebrew Language in the High Middle Ages, Diss. Univ. of Denver 1986, 198-201.

Das **Konzil von Sens** in Frankreich befaßte sich im Jahre 1141 mit den Irrlehren des Abaelard, darunter mit seiner Trinitätsvorstellung, gemäß der Gottvater eine deutlich gegenüber dem Sohn herausgehobene Stellung hatte und der Heilige Geist unter diesen beiden stand und mit dem Vater nicht wesensgleich war (Mansi 21, 566.568). Neben dieser dem arianischen Subordinationismus nahekommenden Anschauung wurde als irrig auch Abaelards Annahme verworfen, "daß diejenigen, die Christus in Verkennung seiner Identität (als Messias und Gottessohn) ans Kreuz schlugen (d.h. die Juden), keine Missetat begingen, und daß nicht als Schuld anzurechnen ist, was in Unwissenheit geschehen sei" (Mansi 21, 566.568; vgl. PL 178, 653; zum Konzil auch Hefele - Leclercq V, 1912, 747-790).

Jehuda ben Samuel Halevi (um 1075 Spanien - 1141 Ägypten), Arzt, bedeutender Dichter und Religionsphilosoph, schrieb seine sehr zahlreichen Gedichte - sie umfassen weltliche und religiöse Themen; einige wurden in die synagogale Liturgie übernommen - in vollendetem klassischem Hebräisch. In arabischer Sprache verfaßte er dagegen sein *Buch der Beweisführung und Begründung zur Verteidigung der gedemütigten Religion*, das in der zweiten Hälfte des 12. Jh. als *Buch Kusari* (benannt nach dem südrussischen Volk der Chasaren) ins Hebräische übersetzt, sich unter den Juden Europas bald weit verbreitete. Jehudas Apologetik richtet sich sozusagen rundum, gegen die nichtjüdische, speziell arabische Philosophie und gegen die nichtjüdischen Religionen seiner Zeit, Islam und Christentum, wobei allerdings die innerjüdische Standpunktklärung stark vorherrscht und die Apologetik, soweit sie sich klar artikuliert, nie missionarische Intentionen verfolgt. Gewisse Ähnlichkeiten mit der christlichen antijüdischen Apologetik des 12. Jh. sind unübersehbar, in der sich auch oft naturwissenschaftlich gefärbtes Philosophieren (nebst der Suche nach einem neuen Verhältnis von Offenbarung und Vernunft) verbindet mit einem Frontmachen gegen die anderen Religionen.

Jehudas 'Kusari' geht aus von der Legende, nach der im 8. Jh. ein jüdischer Gelehrter am Chasarenhof weilte und den König von Kuzar (Bulan II.) samt seinem Volk zum Judentum bekehrte. Jehuda bietet die (literarisch fiktive) Disputation des Königs (*Kusari*) mit nacheinander je einem Philosophen, einem Christen, einem Muslim und dem Meister (*Chaber*, eigtl. "Kollege"), einem jüdischen Gelehrten. Mit diesem redet der König weitaus am meisten. Die Verlegung der religiösen und philosophischen Kontroversen des 12. Jh. um vier Jahrhunderte zurück hat vielleicht auch den Zweck, dem aktuellen Streit der Zeit eine unpolemische, distanzierte Bühne zu verschaffen, auf der ein 'aufgeklärter' Herrscher der überzeugenderen, besseren Sache, dem Judentum nämlich, getrost die Siegespalme geben konnte. Den ersten großangelegten Versuch einer jüdischen Apologetik kennzeichnet also vielleicht noch eine gewisse Vorsicht.

Zu Beginn des ersten der fünf Teile des 'Kusari' erklärt Jehuda Halevi, wie er dazu kam, sein Werk zu schreiben: "Man hat mich oft gefragt, welche Beweisgründe und Entgegnungen ich gegen die Angriffe vorzubringen hätte, die wir von den Philosophen, von den Bekennern anderer Religionen und von den (jüdischen) Sekten (*Minim*) erleiden, die von unserem Gesamtglauben abweichen. Und da gedachte ich an das, was ich einst von den Beweisgründen jenes Gelehrten hörte, der bei dem König von Kusar war, welcher, wie aus den Geschichtsbüchern bekannt ist, vor ungefähr vierhundert Jahren das Judentum angenommen hat" (Kusari 1,1; Das Buch Kusar des Jehuda ha-Levi, nach dem hebr. Texte des Jehuda Ibn-Tibbon herausgegeben, übersetzt und mit einem Commentar versehen von David Cassel, Berlin 1920[4], S. 21). Der König, von einem Engel im Traum dazu bewogen, erforscht, wie er Gott wohlgefällig sein könne und befragt zunächst einen Philosophen (Kusari 1,1; Cassel, S. 22). Des Kusaris Ratlosigkeit artikuliert sich zum Beispiel in dem Satz: "Wozu würden wohl Edom (d.h. Rom bzw. die Christenheit) und Ismael (d.h. der Islam), die sich in die Welt geteilt haben, einander bekämpfen, da doch jeder von ihnen auf Reinheit der Seele hält, seinen Sinn auf Gott richtet, sich absondert und zurückzieht, fastet und betet, und dann hingeht, um den anderen zu erschlagen, in dem Glauben, daß diese Tötung ein sehr gottgefälliges Werk sei, das ihn dem Schöpfer näher bringe. Beide sind überzeugt, daß sie in das Paradies kommen. Und beiden zu glauben, widerspricht ja die Vernunft" (Kusari 1,2; Cassel, S. 27-28). Für die Juden interessiert sich der Kusari zunächst noch nicht wegen "ihrer Niedrigkeit, geringen Zahl und allgemeinen Verachtung" (Kusari 1,4; Cassel, S. 29), läßt vielmehr zunächst einen christlichen Gelehrten werbend zu Wort kommen: "...verkörperte sich die Gottheit und ging über in den Leib einer Jungfrau aus dem Fürstenhause Israels, und sie gebar Einen, der äußerlich ein Mensch, innerlich ein Gott, äußerlich ein gesandter Prophet, innerlich ein gesandter Gott war; das ist der Messias, der genannt wird ein Sohn Gottes, er ist der Vater, der Sohn und der Heilige Geist. Wir glauben in Wahrheit an die Einheit; und wenn auch aus unsern Reden scheinbar die Dreiheit hervorgeht, so glauben wir doch an die Einheit. Ebenso glauben wir, daß Gott unter den Israeliten weilte, so lange der göttliche Geist an ihnen haftete, bis die große Masse sich widerspenstig gegen diesen Messias zeigte und sie ihn hängten ... Wenn wir also auch nicht von den Israeliten herstammen, so verdienen wir doch eher Israeliten genannt zu werden ... Alle Völker werden zu diesem Glauben gerufen ... wir lernen auch die Satzungen der Tora, an deren wahrhaften Göttlichkeit wir keinen Zweifel hegen. Es heißt ja auch im Evangelium unter den Reden des Messias (vgl. Mt 5,17): Ich bin nicht gekommen, irgend eines der Gebote der Kinder Israel und ihres Lehrers Moses aufzuheben, sondern ich bin gekommen, sie zu befestigen und zu bekräftigen" (Kusari 1,4; Cassel, S. 20-21). Dazu bemerkt der Kusari: "Hier ist für Vernunfttätigkeit kein Raum, ja die Vernunft verwirft das Meiste von dem Gesagten" (Kusari 1,5; Cassel, S. 30) und läßt einen islamischen Gelehrten sich äußern: "Wir glauben fest an die Einheit und Ewigkeit Gottes, daß die Welt erschaffen, daß alle Menschen von Adam stammen. Wir halten besonders alle Körperlichkeit (von Gott) fern, und wenn in unseren Schriften etwas derartiges vorkommt, so deuten wir es dahin und sagen, es sei im figürlichen Sinne aufzufassen " (Kusari 1,5; Cassel, S. 31). Schließlich sieht der König ein, daß er, nach den Philosophen, Christen und Muslimen auch einen Juden befragen muß (Kusari 1,10; Cassel, S. 33), und zwar gegen seine anfängliche Überzeugung: "Ich war von Anfang an mit mir einig, einen Juden nicht zu befragen, weil ich von ihrer Herabgekommenheit und geistigen Versunkenheit überzeugt war, da ja Druck und Elend ihnen keine gute Eigenschaft gelassen" (Kusari 1,12; Cassel, S. 34). Der jüdische Gelehrte (*Chaber*, Meister) vertritt unter anderem die Erwähltheit Israels ("wir sind das Kleinod der Menschheit", Kusari 1,27 [Cassel, S. 37]; vgl. Kusari 1,95; 2,12.44 [Cassel, S.62.96. 147]) und den Ursprung der Philosophie im Judentum, von dem die Griechen sie übernommen hätten (Kusari 1,63; Cassel, S. 46). Er legt Wert auf die Feststellung, daß die Tora nichts enthält, was mit Erfahrung und Vernunft im Widerspruch stehe (Kusari 1,67; Cassel, S. 48). Vielleicht eine Auseinandersetzung mit christlichen Vorwürfen ist die Relativierung der Anbetung des Goldenen Kalbes (Gn 31, 1 ff.), die nur durch 3.000 von insgesamt 600.000 Israeliten erfolgt sei und nicht den Entzug der Gnade Gottes zur Folge gehabt habe: "Das Manna hörte nicht auf zu fallen zu ihrer Speise, die Wolke deckte sie, die Feuersäule führte sie, die Prophetie dauerte unter ihnen fort und nahm sogar zu; kurz, sie vermißten nichts von allem, was er (Gott) ihnen gegeben, als die zwei Tafeln, die Moses zerbrochen, die aber auch auf seine Bitte ihnen ersetzt und so die Sünde ihnen verziehen wurde" (Kusari 1,97; Cassel, S. 69; ebd., im Zusammenhang mit dem Vorwurf des Bilderkults, eine verteidigende Erwähnung der Cherubim). Der Jude verteidigt schließlich sogar den Sinn der Erniedrigung des Judentums geschickt mit dem Hinweis auf Mt 5, 39: "Die Christen rühmen sich eben Dessen, der gesagt: Schlägt man dich auf die rechte Backe, so reiche die linke hin; nimmt man dir deinen Rock, so gib auch dein Hemd hin; und er und seine Jünger und Anhänger gelangten nach Jahrhunderten der Schmach und Leiden zu so wunderbaren Erfolgen, wie man weiß, und gerade dessen rühmen sie sich. In ähnlicher Weise erging es dem Stifter der israelitischen Religion und seinen Anhängern, ehe sie mächtig wurden" (Kusari 1, 113; Cassel, S. 79). Der Einwand des Kusari "Das wäre richtig, wenn eure Demut eine freiwillige wäre, aber sie ist eine gezwungene. Hättet ihr die Macht dazu, ihr würdet eure Feinde erschlagen" (Kusari 1, 114; Cassel, S. 80) macht dem jüdischen Gelehrten zu schaffen: "Da hast du unsere schwache Stelle getroffen, König von Kusar. Ganz recht; wenn die Mehrzahl der Unsrigen aus dem Drucke Demut gegen Gott und um seiner Lehre willen lernte, so hätte uns der Gottesgeist nicht so lange Zeit verlassen; aber so denkt eben nur ein kleiner Teil. Indes gebührt auch der Mehrzahl Lohn dafür, daß sie das Joch der Verbannung - gezwungen oder freiwillig - trägt ... Ja, ertrügen wir Verbannung und Druck im Namen Gottes, wie es sich gebührt, dann wären wir eine Zierde des Zeitalters, das wir mit dem Messias erwarten, und würden die Ankunft der ersehnten künftigen Rettung beschleunigen ... So gehört zur Bedeutung und zu dem Zweck der Beschneidung, daß man immer daran denke, wie sie ein Gotteszeichen sei, das Gott unserem Körper, und zwar dem Organe der mächtigsten Leidenschaft eingeprägt, auf daß man derselben mächtig werde" (Kusari 1, 115; Cassel, S. 80-81). Da ist vielleicht gegen die häufige christliche Abwertung der Beschneidung argumentiert, auf jeden Fall aber eine Sinngebung des Leidens - dessen auch freiwillige Annahme betont wird - formuliert, die der herkömmlichen christlichen Deutung gegenübersteht.

Im zweiten der fünf Teile des Buches Kusari geht es vor allem um die Gotteserkenntnis und die Attribute Gottes, sowie überhaupt um die Unzulänglichkeit menschlichen Redens über Gott, um ein Thema also, das auch bei christlichen Theologen des 12. Jh. viel diskutiert wird, gerade auch im Kontext der christlich-jüdischen Kontroverse, so daß eine innerjüdische Erörterung des Themas sich anbot. Der König befragt den Juden "wegen der Namen und Eigenschaften, die man Gott beilege; ein Teil derselben scheine eine Körperlichkeit Gottes anzudeuten, während doch die Vernunft es für unmöglich erkläre und ebenso die Tora eine solche Ansicht ausdrücklich abweise " (Kusari 2,1; Cassel, S. 85). Die verschiedenen Gottesprädikate (z.B. barmherzig, heilig) "sind Äußerungen der Ehrfurcht der Menschen gegen ihn, und wenn deren auch viele sind, so begründen sie keine Vielheit und sprechen ihm nicht die Einheit ab" (Kusari 2,2; Cassel, S. 87). Und "wir nennen ihn (Gott) Einen, um die Mehrheit auszuschließen. Ebenso nennen wir ihn Ersten, um auszuschließen, daß er nach jemandem entstanden, nicht um ihm einen Anfang zu prädiciren; ebenso den Letzten, um ihm die Endlichkeit abzusprechen, nicht um ihm ein Ende beizulegen" (Kusari, 2,2; Cassel, S. 89). Überhaupt muß anthropomorphes Reden über Gott entsprechend relativiert werden: "Der göttliche Geist ist zu erhaben, als daß ihn eine Veränderung oder ein Schaden treffen könnte durch irgendeinen Teil in der gottesdienstlichen Ordnung ... und wenn es davon heißt 'Dienst des Ewigen' (Nm 8,11), 'Brot deines Gottes' (Lv 21,8), so sind alle diese Ausdrücke nur Bezeichnungen für sein Wohlgefallen an der guten Ordnung im Volke und in der Priesterschaft, und daß er ihr Opfer - bildlich gesprochen - annimmt ... Er selbst aber ist zu erhaben und heilig, als daß er einen Genuß von ihrem Essen und Trinken hätte" (Kusari 2,26; Cassel, S. 131-132).- Neben diese Thematik treten im Buch Kusari verschiedentlich auch Aussagen zur geschichtlichen Situation und zum Selbstverständnis des Judentums in seiner christlichen Umwelt, Aussagen auch zur Fortdauer der Erwählung, wie sie auf der christlichen Seite nicht selten als verstockte Erwählungsarroganz gedeutet wurden: "Der uns aber in diesem Zustande der Zerstreuung und Verbannung aufrecht erhält, ist der lebendige Gott ... Denn es ließe sich sonst gar nicht denken, daß irgendeine Nation eine solche Verbannung ertragen könnte, ohne in eine andere Nation aufzugehen, noch dazu in so langer Zeit ... Und ich denke nicht, daß wir eine tote Sache seien. Im Gegenteil, wir stehen noch in Verbindung mit jenem göttlichen Geist durch die Gesetze, die er als einen Bund zwischen uns und ihm eingesetzt hat" (Kusari 2, 32-34; Cassel, S. 140-142).- Israel als Gottes ein für allemal erwähltes Volk verhält sich zur Menschheit insgesamt wie das Herz zum menschlichen Körper: "Israel ist unter den Völkern, wie das Herz unter den Gliedern, es ist das kränkeste von allen und zugleich das gesündeste ... so verhält sich auch der göttliche Geist zu uns, wie die Seele zum Herzen. Daher heißt es: 'Nur euch habe ich erkoren aus allen Geschlechtern der Erde, darum ahnde ich an euch (eure Sünden)' (Am 3,2), und das sind die Krankheiten. Die Gesundheit besteht darin, daß er, wie unsere Weisen sagen, 'die Sünden seines Volkes Israel verzeiht ...'. Denn er läßt unsere Sünden sich nicht anhäufen, bis sie unser völliges Verderben herbeiführen ... Und wie das Herz von den übrigen Gliedern Krankheiten erhält ... so werden die Israeliten von Leiden heimgesucht, wenn sie den Heiden ähnlich werden, gemäß dem Worte: 'Sie vermischten sich mit den Heiden und lernten von ihren Taten' (Ps 106,35). Also sei es dir nicht auffallend, wenn es heißt: 'Unsere Krankheiten trägt er' (Is 53,4). Denn während wir in Not sind, befindet sich die Welt in Ruhe; die Leiden, die uns treffen, tragen dazu bei, unsere Lehre zu befestigen, uns zu läutern und die Schlacken von uns auszuscheiden; durch unsere Lauterkeit und Förderung (Veredlung?) haftet der göttliche Geist an der Welt" (Kusari 2, 36.44; Cassel, S. 143. 145-146). Israel leidet also auch zur Sühne für die Sünden der Völker und hat eine Heilsaufgabe zugunsten der Weltvölker; es ist, so will Jehuda Halevi sagen, ein Medium der in der Welt wirkenden Kraft Gottes; wie das Herz im Körper zwar der Mittelpunkt der Menschheit, aber nicht im Sinne von Dominanz, sondern einer aufgabenorientierten Wechselbeziehung und eines messianischen Universalismus.- Israel ist, so sagt Jehuda unter anderem, ein Volk "an Masse so schwach, an Geist so stark ... es wird kaum bemerkt unter den Völkern vor Wenigkeit, Armut und Zerstreuung und doch von dem Überrest der göttlichen Lehre zusammengehalten und geeinigt" (Kusari 2,64; Cassel, S. 164-165). Gleichwohl "sind von allen Wissenschaften die Grundlagen und Prinzipien von uns (und nicht von den Griechen) ausgegangen. Auch die hebräische Sprache nimmt den ersten Rang ein durch ihr Wesen und ihre eigentümliche Beschaffenheit ... Sie ist zunächst die Sprache, in der Gott mit Adam und Eva und diese beiden selbst gesprochen" (Kusari 2, 66.68; Cassel, S. 166-168).- Auch christliche Theologen sahen im Hebräischen die Ursprache der Menschheit.

Im dritten Teil werden Einzelheiten des jüdischen Gottesdienstes erörtert. Jehuda ist besonders stolz auf den Sabbat: "Auch in anderen Nachahmungen hat kein anderes Volk uns gleichkommen können. Sieh! Anstatt des Sabbats haben sie einen Ruhetag eingeführt; haben sie uns gleichkommen können? Höchstens wie die Gestalt eines Bildes der Gestalt des lebendigen Menschen gleichkommt" (Kusari 3,9; Cassel, S. 203). Durch die religiösen Riten der Juden sicherte Gott ihr Überdauern, wie der Kusari erkennt: "So ist dem Sabbat und den Festen zum großen Teil die Erhaltung eurer äußeren Gestaltung zuzuschreiben. Denn die Völker hätten euch wegen eurer Einsicht und eures Scharfsinnes unter sich verteilt, zu Sklaven genommen, euch gar zu Kriegsleuten gemacht, wenn nicht diese Zeiten wären, die ihr mit so großer Gewissenhaftigkeit beobachtet, weil sie von Gott sind" (Kusari 3, 10; Cassel, S. 203). Da erscheint das Thema der

Kriegsdienstbefreiung, die den Juden bereits in vorchristlicher Zeit als Privileg gewährt wurde (vgl. Verf., Die christlichen Adversus-Judaeos-Texte, 1982, 257-258). Die Zweischneidigkeit dieses Themas - denn die Kehrseite dieser Vergünstigung war der Ausschluß aus dem kaiserlichen und öffentlichen Dienst in der christlichen Spätantike - wird aber von Jehuda nicht berührt.- Beiläufig ist im dritten Teil auch die Rede von "Josua ben Perachja, dessen Geschichte bekannt ist; Jeschu der Nazaräer gehörte zu seinen Schülern" (Kusari 3,65; Cassel, S. 281-282; vgl. Sota 47a; Sanhedrin 107b). Kurz darauf wird noch einmal erwähnt "Jeschu und seine Jünger, das sind diejenigen, welche die Lehre der Taufe annahmen und im Jordan getauft wurden" (Kusari 3,65; Cassel, S. 284). Beide Erwähnungen erfolgen unpolemisch.- Gestreift werden hier auch die noachischen Gesetze (Kusari 3,63; Cassel, S. 293) und der Messias ben David (Kusari 3,73; Cassel, S. 295).

Im vierten Teil geht es vor allem um die verschiedenen Gottesnamen *Elohim* und *Adonai* und um die Prophetie. Trotz der verschiedenen Attribute Gottes und der bildlichen Aussagen über Gott bleibt sein Wesen immer dasselbe, wie auch die Sonne immer dieselbe bleibe trotz der Verschiedenartigkeit der Sonnenstrahlen (Kusari 4,3; Cassel, S. 308; vgl. Kusari 4,3 [Cassel, S. 319]: "In die Sonne selbst, wenn sie hell strahlt, kann kein Auge sehen ... Das ist die Herrlichkeit des Ewigen"; vgl. Kusari 4,15 [Cassel, S. 329-330]). Entsprechend hat Jehuda auch nichts gegen die anthropomorphe Gottesvorstellung der biblischen Propheten (etwa als thronender Richter) einzuwenden: "Es ist auch nichts Befremdliches darin, daß Gott unter dem Bilde eines Menschen dargestellt wird" (Kusari 4,3; Cassel, S. 313; vgl. Kusari 4,3; Cassel, S. 319). In diesem Zusammenhang wird Gn 1, 26 zitiert (laßt uns den Menschen machen nach unserem Bilde, uns ähnlich), wo an Gott und die Engel in seiner Umgebung gedacht sei; die weit verbreitete christliche trinitarische Auslegung erwähnt Jehuda nicht einmal (Kusari 4,3; Cassel, S. 314-315). Der Gott Abrahams unterscheidet sich sehr vom Gott des Aristoteles (bzw. der Philosophen), Kusari 4, 16 (Cassel, S. 332); denn "könnten wir ihn (Gott) erfassen, so wäre das eine Unvollkommenheit an ihm" (Kusari 5,21; Cassel, S. 429). Offenbarung und Prophetie sind also höheren Ranges als die Vernunft.- Im Laufe des vierten Teils setzt sich Jehuda unter anderem geschickt mit dem herkömmlichen Geschichtsbeweis gegen das jüdische Volk auseinander und wendet sich gegen diejenigen, "die aus unserer Gedrücktheit, Armut und Zerstreuung Beweise für das Erlöschen unseres Lichts, so wie aus der Größe der Andern, ihrer weltlichen Macht und Herrschaft über uns Beweise für das Dasein ihres Lichts entnehmen ... Bei der Erklärung der Stelle 'Siehe, mein Knecht ist beglückt' (Is 52, 13) hast du ja schon nachgewiesen, daß der göttlichen Tätigkeit Armut und Niedrigkeit mehr zukommt, als Größe und Stolz. Und es wird an jenen zwei Religionsparteien selbst sichtbar. Die Christen rühmen sich nicht der Könige, der Helden, der Reichen, sondern der Männer, die Jeschu alle die lange Zeit nachfolgten, ehe sein Glaube feste Wurzeln gefaßt; diese Männer gingen in die Verbannung, mußten sich verbergen, den Tod erleiden, wo man sie fand, duldeten für die Befestigung ihres Glaubens unendliche Verachtung und tödliche Leiden; und sie sind es, mit denen sie sich jetzt segnen, deren Aufenthalts- und Leidensort sie verehren, auf deren Namen sie Tempel erbauen. Und so ist es mit denen, welche an dem Aufblühen des ismaelitischen Glaubens halfen ... ich denke an die Geachtetsten unter uns, die diese Verachtung und Knechtschaft durch ein ohne Mühe gesprochenes Wort abschütteln, plötzlich Freie werden, sich über ihre Bedrücker erheben können, und es doch nicht tun, weil sie ihrem Glauben treu sein wollen. Ist diese Hingebung nicht genügend, um Fürbitte und Versöhnung für viele Sünden zu erlangen? Fände das, was du von uns verlangst, statt, so würden wir länger nicht in der Verbannung bleiben. Denn du weißt wohl, daß das weise Vorhaben Gottes mit uns der Bestimmung eines Samenkornes zu vergleichen ist. Man legt es in die Erde, wo es sich scheinbar verändert und in Erde, Wasser, Koth übergeht, und fast gar nicht mehr wahrzunehmen ist ... Aber gerade es ist es, welches Erde und Wasser in *seine* Natur verwandelt ... So wandelt auch die Lehre Moses jeden, der nach ihm kommt, in sich um, wenn sie auch scheinbar von jedem verworfen wird. Diese Völker sind die Vorbereitung und Einleitung zu dem erwarteten Messias, der die Frucht ist, und dessen Frucht sie Alle werden, wenn sie ihn anerkennen, und alles *ein* Baum wird. Dann werden sie die Wurzel hoch ehren und achten, die sie früher geschmäht" (Kusari 4,23; Cassel, S. 336-337; vgl. unten zu Maimonides, Mischne Tora, Hilchot Melachim 11, 3-4). Hier artikuliert sich eine Art ökumenische Gesinnung, die Christen und Muslime heilsuniversalistisch in die jüdische Messiaserwartung einbezieht. Von den Christen ist noch einmal beiläufig kurz die Rede im Zusammenhang der Kontroverse um die Berechnung des Oster- und Passahfestes (Kusari 4,29; Cassel, S. 361).

Im fünften und letzten Teil des Kusari geht es um die aristotelische Philosophie, aber auch Epikur und Platon werden erwähnt. Erneut wird konstatiert, daß Gott unkörperlich und nicht begrenzt ist (Kusari 5,18 [Cassel, S. 412]; vgl. Kusari 5,21 [Cassel, S. 427]: "Kommt man bei seinen Forschungen zum höchsten Wesen und zu den dasselbe betreffenden Eigenschaften, so zieht man sich zurück, denkt sich dieselben verhüllt von einem Vorhange glänzenden Lichts, welches die Augen blendet"). Jehuda formuliert auch die (spätplatonisch beeinflußte) Überzeugung, "daß es unter den Wesen höhere und niedere Stufen giebt ... der niedrigste Mensch (steht) höher als das edelste Tier, und ebenso der niedrigste Bekenner der göttlichen Lehre höher als der edelste der Völker, bei denen die Lehre nicht ist" (Kusari 5,20; Cassel, S. 424).- Gegen Ende des Kusari artikuliert Jehuda Halevi vielleicht ein autobiographisches Element (denn er brach wohl bald nach Vollendung dieses Werkes nach Jerusalem auf): "Nachher ereignete es sich, daß der Meister beschloß, das Land Kusar zu verlassen, um nach Jerusalem zu wandern. Dem König war die Trennung von ihm leid, er sprach mit ihm darüber und sagte zu ihm: Was suchst du denn heute in Jerusalem und dem Lande Kanaan, da ja die Schechina fehlt, und die Annäherung an Gott überall durch Reinheit des Herzens und starkes Verlangen erreicht werden kann? Warum setzest du dich den Gefahren von Seiten der Wüsten, der Meere und der verschiedenen Völker aus? ... die unsichtbare geistige Schechina ist ja bei jedem eingeborenen Israeliten, dessen Handlungen rein, dessen Herz lauter, dessen Seele ungetrübt für den Gott Israels ist. Das Land Kanaan ist nun besonders für den Gott Israels bestimmt, und die religiösen Handlungen können nur da zur Vollendung gelangen. Viele israelitische Gebote sind für den nicht da, der nicht im Lande Israels wohnt" (Kusari 5,22-23 [Cassel, S. 430-431]; vgl. Kusari 5, 23-28 [Cassel, S. 431-433]). Da werden Argumentationselemente präsentiert, die auch aus der antijüdischen christlichen Apologetik bekannt sind; denn seit der Kirchenväterzeit gehört die Unmöglichkeit des überkommenen jüdischen Kults infolge der Tempelzerstörung im Jahre 70 zu den wichtigsten christlichen Beweisen für die Unerwünschtheit dieses Kults und die definitive Verstoßung Israels durch Gott. Jehuda kannte wahrscheinlich die christliche Argumentation, ist aber so selbstbewußt, Gedanken nicht schon deshalb zu verwerfen, weil sie auch in christlichen Kreisen kursierten. Er ist schließlich ein national denkender Jude und nimmt in gewisser Weise zionistische Gedanken einer weit späteren Zeit vorweg. Letztlich bleibt auch für ihn Israel (samt dem zu ihm und Jerusalem gehörenden Kult) das einzig mögliche Land der messianischen Vollendung. Gegen Ende des fünften Teils spricht er sich in dieser Richtung deutlich aus: "Durch die Erregung der Menschen, durch die Belebung ihrer Liebe zu jenem heiligen Orte wird das ersehnte Ziel ... rascher herbeigeführt ... Jerusalem wird erbaut werden, wenn alle Israeliten von äußerster Sehnsucht danach ergriffen sind, so daß sie sogar dessen Steine und Staub lieb haben (vgl. Ps 102,15). Nun dann ist es Unrecht dich zurückzuhalten (sagt der Kusari), ja eine Pflicht dich zu fördern. Gott stehe dir in deinem Vorhaben bei ... Er ist der Geber des Glücks, der Gott der Liebe und der Vergeltung; kein Gott außer ihm, kein Fels als er" (Kusari 5,28; Cassel, S. 433). Es ist da ebenso unpolemisch wie kompromißlos sowohl die Restitution Israels im Heiligen Lande wie die Ablehnung binitarisch-trinitarischer Anschauungen konstatiert.

In dieser Verteidigungsschrift für das Judentum, welche zum ersten Male die wesentlichen Elemente der jüdischen religiösen Tradition systematisch darstellt, verarbeitet Jehuda Halevi manche Anregungen und Anstöße des Geisteslebens seiner Zeit. Er kennt anscheinend gut den islamischen Theologen Algazzäli (1059-1111) und seinen Kampf gegen die "Philosophen" und für den prophetisch und mystisch inspirierten Offenbarungsglauben der islamischen Orthodoxie, und er ist dem Christentum gegenüber ähnlich unpolemisch-sachlich wie dieser. Gelernt hat Jehuda wohl auch von Abraham bar Chija (um 1065-1136), dessen Erwählungsglauben und messianischer Erwartungshaltung er nahe steht. Dagegen hat Jehuda wohl nur indirekte Kenntnis von Aristoteles und anderen griechischen Philosophen. Vor allem die aristotelische Philosophie kritisiert er (z.B. Kusari 4,25; Cassel, S. 357-358), während er andererseits oft neuplatonische Vorstellungen rezipiert. Daneben kennt er wenigstens partiell das Neue Testament und vielleicht sogar Augustinus' Gottesstaat, wobei allerdings seine Kenntnis (wie auch im Falle der griechischen Philosophie) wahrscheinlich nur indirekt gewonnen ist, teilweise wohl aus Gesprächen mit Christen.

Für Jehuda sind Christentum und Islam Tochterreligionen des Judentums, die zugleich, vor allem über die Propagierung des Monotheismus, mitwirken bei der messianischen Vollendung des Judentums und der ganzen Welt. Dies wird im Kusari mit urbaner, bisweilen fast ökumenischer Toleranz vertreten und im Kontrast zum Schreibstil christlicher Theologen wie Petrus Venerabilis. Entsprechend seiner antikaräischen, prorabbinischen Einstellung macht er gewöhnlich Front gegen ein Abrücken von der rabbinischen Überlieferung und gegen eine Überbewertung der Ratio auf Kosten von Offenbarung und Prophetie, also gegen die mittelalterliche aristotelische (und damit indirekt auch gegen die scholastische) Philosophie. Die Gegenbewegung gegen ein vor allem auf die Ratio gestütztes Philosophieren geht bei Jehuda allerdings nicht so weit, daß er anthropomorphes Reden von Gott einschränkungslos für zulässig hält; vielmehr bedarf dieses bildhafte Reden, wo es sich im Talmud findet, umsichtiger allegorischer Interpretation (z.B. Kusari 3,73; Cassel, S. 294-295). Andererseits können Talmuderzählungen mitunter auch so sein, daß der Verstand sie für unwahrscheinlich erklären muß (Kusari 3,68; Cassel, S. 292).

Für Jehudas Gefühle bezüglich seiner christlichen Umwelt ist bezeichnend, was er einmal, als er in seinen jüngeren Jahren in Toledo den christlichen Herren der Stadt - Toledo war 1085 von Alfons VI. erobert worden - als Arzt dienen mußte, an einen Freund schrieb: "So bin ich noch zu später Tagesstunde mit den nichtigen Dingen der Medizin befaßt ... Die Stadt ist groß, und ihre Bewohner sind wie Riesen und sind harte Herren. Wie kann ein Sklave seinen Herren anders gefallen als dadurch, daß er seine Tage damit zubringt, ihnen willfährig zu sein ... Wir heilen Babel (d.h. die Christen), aber es ist Heilung nicht zugänglich" (Brief an R. David von Narbonne; Y. Baer, A History of the Jews in Christian Spain, I, Philadelphia 1961, 68). Ähnlichen Empfindungen gibt er Ausdruck in einem Zionslied: "Mein Name, der mir lieblicher Harfenklang war, wurde verdreht im Munde Fremder zu einem Namen der Schmach. Die prahlten über mich hinweg mit (angeblich besserer) Prophetie" (nach Cl. Thoma, Die theologischen Beziehungen zwischen Christentum und Judentum, Darmstadt 1982, 70). Es sind wohl Christen gemeint, die wegwerfend über den jüdischen Glauben und seine messianische Hoffnung reden und dagegen die eigene überlegene Verheißung setzen, welche das Judentum als abgetane, überholte Sache erscheinen läßt. Gerade gegen solche bedrängenden und deprimierenden Behauptungen des heilsgeschichlichen Totseins Israels schreibt Jehuda Halevi die fiktiven Dialoge seines Kusari. Er soll innerjüdisch wirken und seine angesichts des übermächtig erscheinenden Christentums und Islams vielleicht da und dort resignierenden Glaubensgenossen von der Wahrheit und Überlegenheit des jüdischen Glaubens überzeugen. Dieser geschichtliche Gegenwartsbezug ist klar erkennbar. Daneben greift der Kusari aber mit seiner fiktiven Befragung eines Muslims, Christen und Juden durch einen Heiden in gewisser Weise auf die Situation der Alten Kirche zurück, als lange Zeit sich Heiden für den Monotheismus jüdisch-christlicher Prägung interessierten und so für Judentum und Christentum eine Konkurrenzsituation entstand (besonders ausgeprägt bei Commodianus erkennbar). Freilich will Jehuda keineswegs Nichtjuden missionieren, sondern es geht ihm innerjüdisch um das rechte Selbstverständnis seiner Glaubensgenossen, für die er eine Art Theologie des Exils formuliert.

Ist aber das jüdische Volk das auserwählte, heilige, allen anderen Völkern überlegene und Gott näher stehende Volk, so muß es selbst im Leiden der Zerstreuung und in der Härte des Umhergetriebenseins seiner Existenz - weil gerade auch hier seine Erwählung sichtbar wird - an seiner heilsgeschichtlichen Aufgabe festhalten, die Gotteserkenntnis der Nichtjuden und das Heil der nichtjüdischen Welt zu befördern und darf sich nicht assimilieren und so seiner Aufgabe untreu werden. In diese Richtung weisen auch manche Gedichte Jehudas, welche ein tief empfundenes Heimweh nach Zion und zugleich eine Erlösungssehnsucht ausdrücken, für die der Glaube des jüdischen Volkes und das Land Israel untrennbar zusammengehören. So steht in seinen Dichtungen das Thema "Sehnsucht nach Jerusalem" (J. Höxter, Quellenbuch zur jüdischen Geschichte und Literatur, II, Frankfurt a.M. 1928, 36-37) neben jenem "Israel lebt ewig": "Gottes Linke mag sie lassen, / Gottes Rechte wird sie fassen: / Ew'ges Volk, das ist und bleibt ihr Name. / Ach, was fürchten sie und zagen / in den schlimm und schlimmern Tagen, / daß ihr Herz am Zweifel bricht!- / Glaubt an euer ewiges Bestehen! / Allsolang nicht Tag und Nacht vergehen, / allsolang vergeht ihr selber nicht!" (Höxter, a.a.O., S. 33). Das meint: Israel bleibt auch in der Not der Zerstreuung das auserwählte Volk, und den Israeliten bleiben weiter die Sohnschaft und die Tora und die Verheißungen.

Ausgabe: The Book of Refutation and Proof on the Despised Faith (The Book of the Khazars), Known as the Kuzari, ed. by David H. Baneth, Jerusalem 1977 (arabische und hebräische Fassung).- *Übersetzungen*: Jehuda Ha-Levi, Das Buch al-Chazarî. Aus dem Arabischen übersetzt von Hartwig Hirschfeld, Breslau 1885; J. Winter - A. Wünsche, Hgg., Die jüdische Literatur seit Abschluß des Kanons, II, Trier 1894, 735-743; III, 1896, 40-46.120-131.660; Das Buch Kusari des Jehuda ha-Levi, nach dem hebräischen Texte des Jehuda ibn Tibbon hg. u. übers. von David Cassel, Berlin 1920; Jehuda Halevi. Ein Diwan. Übertragen von Emil Bernhard, Berlin 1921; Jehuda Halevi. Hymnen und Gedichte, übers. von Franz Rosenzweig, Berlin [1927]; Julius Höxter, Quellenbuch zur jüdischen Geschichte und Literatur, II, Frankfurt a.M. 1928, 25-44; N.N. Glatzer - L. Strauß, Hgg., Sendung und Schicksal, Berlin 1931, 59-67; K. Thieme, Dreitausend Jahre Judentum, Paderborn 1960, 58-62.82-83; K. Wilhelm, Jüdischer Glaube, Bremen 1961, 128-139; The Kosari of R. Yehuda Halevi. Translated, Annotated and Introduced by Yehuda Even Shmuel, Tel-Aviv 1972; Jehuda Halevi. Fünfundneunzig Hymnen und Gedichte. Übersetzt von Fr. Rosenzweig, hg. von R.N. Rosenzweig, The Hague-Boston-Lancaster 1983 (= Gesammelte Schriften IV, 1).- *Literatur*: M. Steinschneider, Polemische und apologetische Literatur in arabischer Sprache, Leipzig 1877, 351; A. Posnanski, Schiloh, Leipzig 1904, 110; Y. Baer, Eretz Jisrael und Galut in mittelalterlicher Auffassung [hebräisch], Zion 6, 1934, II, 1-23, S. 12 ff.; M. Waxman, A History of Jewish Literature, I, New-York-London 1960, 227-231. 333-339; II, 1960, 532-533; M.

Goldstein, Jesus in the Jewish Tradition, New York 1950, 187-188.239; K. Schubert, Die Religion des nachbiblischen Judentums, Freiburg 1955, 118-131; LThK V (1960) 888-889; Y. Baer, A History of the Jews in Christian Spain, I, Philadelphia 1961, 67-77; H.J. Schoeps, Israel und die Christenheit, München-Frankfurt 1961, 81-87; J. Gauss, Anselm von Canterbury zur Begegnung und Auseinandersetzung der Religionen, Saeculum 17, 1966, 277-363, S. 284-285; H.M. Graupe, Die Entstehung des modernen Judentums, Hamburg 1969 [1977^2], 263; Encyclopaedia Judaica (Jerusalem 1971) III, 193; X, 355-366; H. Greive, Glaube und Einsicht. Jehuda Halevi und Abraham ibn Ezra, Emuna 1972, 184-189; S. Noveck, Große Gestalten des Judentums, I, Zürich 1972, 81-101; I. Zinberg, A History of Jewish Literature, I, Cleveland-London 1972, 83-103; W. Totok, Handbuch der Geschichte der Philosophie, II, Frankfurt a.M. 1973, 299-300; K. Schubert, in: Das österreichische Judentum, Wien 1974, 173-175; Fr. E. Talmage, Hg., Disputation and Dialogue, New York 1975, 169-174; F.C. Copleston, Geschichte der Philosophie im Mittelalter, München 1976, 130-131; P. Lapide, Ist das nicht Josephs Sohn? Jesus im heutigen Judentum, Stuttgart 1976, 101-102; J. Maier, Das Werk des Maimonides und die damalige und spätere jüdische Gegenwartsbestimmung und Zukunftshoffnung, in: Zukunft in der Gegenwart, hg. von Cl. Thoma, Bern 1976, 127-185, S. 140 (vgl. Cl. Thoma, ebd., S. 10); H.H. Ben-Sasson, Geschichte des jüdischen Volkes, II, München 1979, 162 ff.175 ff. 184 ff.; A Grabois, The Christian-Jewish-Islamic Dialogue in the Twelfth Century and its Historical Significance, Ecumenical Institute for Advanced Theological Studies. Yearbook 1975-1976, Tantur-Jerusalem 1979, 75-76; L. Poliakov, Geschichte des Antisemitismus, III, Worms 1979, 100-104; K. Schubert, Die Kultur der Juden, II, Wiesbaden 1977, 136; N.A. Stillman, Aspects of Jewish Life in Islamic Spain, in: Aspects of Jewish Culture in the Middle Ages, hg. von P.E. Szarmach, Albany, New-York, 1979, 51-84, S. 71-74; S. Lauer, Hg., Kritik und Gegenkritik in Christentum und Judentum, Bern 1981, 14-15; G. Stemberger, Epochen der jüdischen Literatur, München 1982, 131-137; A. Grabois, La chrétienté dans la conscience juive en Occident au Xe-XIIe siècles, in: La cristianità dei secoli XI et XII in Occidente, Milano 1983, 303-338, S. 334; J.D. Katzew, Moses Ibn Ezra and Judah Halevi: Their Philosophies in Response to Exile, Hebrew Union College Annual 55, 1984, 179-195; Heinrich und Maria Simon, Geschichte der jüdischen Philosophie, München 1984, 108-119; TRE XVI (1987) 554-556.

Mit dem 1141/1142 verfaßten *Dialogus inter Philosophum, Judaeum et Christianum* des scholastischen Philosophen und Theologen **Peter Abaelard** († 21.4.1142 im Kloster St.-Marcel bei Chalon-sur-Saône) beginnt in verschiedener Hinsicht ein neuer Abschnitt in der Geschichte der christlichen Adversus-Judaeos-Texte. Er schrieb dieses - unvollendet gebliebene - Werk in der letzten Zeit vor seinem Tode, als er in der freundlichen Obhut des Petrus Venerabilis zum Frieden mit Bernhard von Clairvaux und der Kirche fand. Wie in anderen theologischen und philosophischen Werken dieses ebenso anregenden wie eigenwilligen Mannes wird auch im 'Dialogus' versucht, die christliche Theologie mit den neuen dialektischen Mitteln der Philosophie wissenschaftlicher und überzeugender zu machen und zwischen *fides* und *ratio* zu vermitteln. Als Mann von weitgespannten Interessen war Abaelard gewiß schon früh auf das im 12. Jh. vielerorts diskutierte Judenthema gestoßen. Wenn er selbst wohl auch nicht mehr vom Hebräischen verstand, als ihm an einzelnen Wörtern aus der theologischen Literatur (Hieronymus) und aus gelegentlichen Gesprächen mit Juden bekannt war, so hat er doch in Paris, wo er lange Dialektik und Theologie lehrte, Kontakt mit Juden gehabt (dies berichtet einer seiner Schüler, der Verfasser des 'Commentarius Cantabrigiensis in Epistolas Pauli e schola Petri Abaelardi', ed. A. Landgraf, Notre Dame, Indiana 1937, I, 65), die bei ihm einen bleibenden Eindruck hinterlassen haben müssen; denn die bewegende Sicht des Schicksals der Juden zu Beginn des 'Dialogus' (PL 178, 1617-1618; ed. R. Thomas, Stuttgart-Bad Cannstatt 1970, p. 50-52) fließt kaum aus reinem Buchwissen, sondern verarbeitet wohl auch Gesprächserlebnisse mit Juden, welche in der Leidenszeit des ersten Kreuzzuges lebten. Wir hören auch, daß Abaelard in persönlichem Kontakt die Bibelauslegung eines Juden zur Kenntnis nimmt (PL 178, 718 zu 1 Sam 2,36; ed. V. Cousin, I, p. 282: *ita Hebraeum quendam audivi exponentem*), daß er Nonnen das Erlernen des Hebräischen empfiehlt (PL 178, 325) und offen eingesteht, daß Christen im Gespräch mit Juden (über Bibeltestimonia) scheitern, "weil die Juden uns, die wir kein Hebräisch können, gewöhnlich leicht widerlegen, und zwar, wie sie sagen, weil unsere Übersetzungen (des Urtextes) falsch seien" (PL 178, 718). So gering Abaelards Kenntnis des Hebräischen war, so gut kennt er andererseits die vor- und außerchristlichen griechischen und römischen Autoren, vom Alten und Neuen Testament und den Kirchenvätern ganz zu schweigen. So kann zu Beginn des 'Dialogus' die Traumerscheinung der drei Abaelards Urteil begehrenden Männer kundige Leser an das Parisurteil denken lassen oder an das Somnium Scipionis im 6. Buch von Ciceros De re publica (bzw. die Tradition und Interpretation dieser Passage bei Macrobius), aber auch an Apg 10,3 und 16,19. Nahe liegt aber wohl auch der Bezug zu Gn 18,2, weshalb die Männer sich ausdrücklich vorab als "Menschen" bezeichnen (PL 178, 1611; Thomas, p. 41). Manche Affinitäten, die im einzelnen noch zu klären sind, bestehen zwischen dem 'Dialogus' und den Adversus-Judaeos-Texten seiner eigenen Zeit.

In der Exposition des *Dialogus inter Philosophum, Judaeum et Christianum* läßt Abaelard - im Rahmen der literarischen Fiktion einer Traumerscheinung - drei Männer auftreten, die auf drei verschiedene Weisen *einem* Gott dienen und, nach langem internen Disput, übereingekommen sind, Abaelard als Richter entscheiden zu lassen, welcher Glaube der wahre ist. Neben dem Juden und Christen erscheint ein *Philosophus*, der Ismael als Ahnherrn hat (PL 178, 1626; Thomas, p. 68), also Araber ist. Er wird als "Heide" (*gentilis*) eingeführt (PL 178, 1611; Thomas, p. 41), was nach damaligem Sprachgebrauch oft auch Muslime bezeichnen konnte. Dahin weist auch, daß die drei Männer ihren je eigenen Glauben (*fides*) haben (PL 178, 1611; Thomas, p. 41), was am ehesten auf Christentum, Judentum und Islam paßt. In die gleiche Richtung deutet die Teilung der Welt in verschiedene Glaubensrichtungen, von der einleitend die Rede ist (PL 178, 1613; Thomas, p. 41-42). Wenn der Philosoph, wie ausdrücklich gesagt, einer der drei großen Religionen (Christentum, Judentum, Islam) zugeordnet ist, kann das nur der Islam sein. Immerhin operiert aber der Philosoph gegen den Juden auch mit Loci des Neuen Testaments (z.B. Thomas, p. 60-61) und kennt überhaupt die Bibel samt den Kirchenvätern gut. Überdies vertritt er im Laufe des Dialogs kaum konfessionelle islamische Standpunkte, so daß man ihn wohl als 'aufgeklärten', freigeistigen Mohammedaner zu sehen hat, fast als professionellen Philosophen, wie ja auch die aristotelische und vor allem die spätplatonische Philosophie seit langem im Islam tradiert und weiterentwickelt wurden und sozusagen dort eine geistige Heimat fanden.

Der ganze Dialog ist in zwei Hauptteile gegliedert, in ein Gespräch zwischen *Philosophus* und *Judaeus* (PL 178, 1614-1634; Thomas, p. 44-84) und ein Gespräch zwischen *Philosophus* und *Christianus* (PL 178, 1634-1682; Thomas, p. 85-171). Ein Schlußteil, in dem Abaelard als Richter die Kontroverse der drei Glaubensrichtungen offenbar entscheiden wollte, fehlt, anscheinend, weil der Autor darüber starb. Der Weg vom Dialog zu einem echten Trialog ist also beschritten, aber nicht zu Ende gegangen. Immerhin ist nun die alte Konfrontation eines jüdischen und christlichen Kontrahenten erstmals aufgehoben und das Gespräch wird offener, weniger verbissen in die alten Streitpunkte der apologetischen Kontroverse. Der Philosoph hat zwar mit dem Juden den monotheistischen Standpunkt gemeinsam, lehnt aber die autoritative und normative Geltung der Bibel ab, will die Wahrheitsfindung mit Hilfe der Vernunft (*ratio*) versuchen (PL 178, 1613; Thomas, p. 41-42) und baut durchgehend auf die *Lex naturalis* (z.B. PL 178, 1611. 1614; Thomas, p. 41.44), die allen Menschen sozusagen naturgesetzlich gemeinsame philosophische Ethik, die den Weg zum "höchsten Gut" (*summum bonum*) führt. Aus der Sicht des Philosophen sind "die Juden töricht und die Christen nicht bei Trost" (PL 178, 1613; Thomas, p. 42). Immerhin läßt ihn Abaelard gegen den Juden Dinge vortragen, die dem bekannten Arsenal der christlichen antijüdischen Apologetik entstammen: Bevor die Tora-Tradition begann, gab es die *Lex naturalis* (d.h. ein vernünftiges, allgemeines Sittengesetz), durch dessen Beachtung Menschen wie Abel, Henoch, Noe, Abraham, Lot und Melchisedek Gott wohlgefällig waren (PL 178, 1619 ff.; Thomas, p. 53 ff.). Die Beschneidung war kein Heilszeichen, sondern ein bloßes Erkennungszeichen (PL 178, 1620; Thomas, p.55). Auch nachdem die Tora gegeben worden war, konnte bis auf den heutigen Tag Menschen außerhalb dieses Gesetzes die bereits vormosaische *Lex naturalis* zum Heil genügen, wie etwa Job Gottes Wohlgefallen fand (PL 178, 1622; Thomas, p. 59). Auch haben die Juden inzwischen (seit dem Jahre 70) samt Priesterschaft und Tempel das verheißene Land verloren, außerhalb dessen sie das Gesetz ohnehin nicht mehr erfüllen können (PL 178, 1622-1623; Thomas, p. 61). Neben Job wird Jeremias genannt, der laut Jr 1,5 (bevor du aus dem Mutterschoß hervorgingst, habe ich dich geheiligt) schon vor und ohne Torapraktizierung in Gottes Augen gerecht befunden und geheiligt wurde (Thomas, p. 60). Schließlich sei es, etwa nach Röm 4,15 und 7, 7-10, erst das Gesetz, welches den Menschen als Sünder abstempele (Thomas, p. 60-61). So weit der Philosoph.

Der Jude, dem Abaelard ebenfalls teilweise eigene christliche Gedanken in den Mund legt, will als erster, vor dem Christen, gegen den Philosophen disputieren; denn "Wir, die Juden, sind als erste zur Verehrung (des einen, wahren Gottes) gekommen und haben zuerst die Gesetzeszucht auf uns genommen". Von seinem christlichen "Bruder" erwartet der Jude ausdrücklich Sukkurs, dergestalt, daß der Christ, mit dem Alten und Neuen Testament wie mit einem Hörnerpaar ausgestattet, tapfer kämpft (PL 178, 1615; Thomas, p. 46). Dem von Gott gegebenen Gesetz müssen die Juden gehorchen (PL 178, 1615; Thomas, p. 48). Auch wenn man zugebe, daß Menschen zum Heil finden können ohne Beschneidung und die sonstige fleischliche Gesetzesobservanz, allein durch die *Lex naturalis*, sei die Tora nicht überflüssig, sondern sehr von Nutzen für die jüdische Religion. So dienten Gott die Beschneidung und die übrigen Vorschriften dazu, die Juden von Nichtjuden und entsprechend unguten Einflüssen getrennt zu halten. "Denn so abscheulich scheint das Merkmal der Beschneidung den Völkern zu sein, daß, wenn wir nach ihren Frauen Verlangen trügen, sie uns darin nicht willfahren würden" (PL 178, 1623; Thomas, p. 63). Im übrigen verweist der Jude aber auch auf das Faktum des Beschneidungs-

136

bundes und die Erwählung Israels durch Gott (PL 178, 1626; Thomas, p. 68-69). Wenn der Philosoph seine Argumentation auf die *Lex naturalis* (mit ihrem Gebot der Gottes- und Nächstenliebe) abstelle, so werde ihrem Anspruch auch in der jüdischen Religion Rechnung getragen, und wozu seien denn von Gott die Vorschriften der Tora überhaupt erlassen worden, wenn sie keine Heilsbedeutung hätten und im Hinblick auf die wahre *Beatitudo* nicht relevant seien? (PL 178, 1627-1628; Thomas, p. 70.73). So bleibt der Jude seiner Gesetzestradition treu, auch in der Leidenszeit seiner Zerstreuung.

Und in diesem Zusammenhang legt Abaelard dem *Judaeus* eine längere monologische Standpunktdarlegung in den Mund, die neue, in der Geschichte der christlichen Adversus-Judaeos-Texte bislang nicht gehörte Worte formuliert, die der christliche Gelehrte vielleicht teils selbst in Gesprächen mit Juden gehört hatte, teils vielleicht auch schon aus eigener Einsicht gefunden hatte (PL 178, 1617-1619; Thomas, p. 49-52): "Mit dir (dem Philosophen) teile ich den Glauben an den einen wahren Gott. Vielleicht liebe ich ihn gleich dir, und ich zeige dies darüber hinaus durch Werke (der Torapraktizierung), über die du nicht verfügst ... Entweder klage etwas in diesem Gesetz an oder unterlasse die Frage nach dem Sinn unserer Gesetzesbefolgung. Als sehr grausam stellt jeder Gott hin, der meint, unser hartnäckiges Bemühen (um die Tora), das so viel (Leid) ertrage, bleibe ohne Lohn; denn von keinem Volk weiß man oder nimmt man an, daß es so viel für Gott gelitten hat, wie wir ununterbrochen für ihn ertragen. Es kann ja keinen Sündenmakel geben, den der Feuerofen dieser Not nicht tilgt. Dies muß wohl zugegeben werden (*nullaque rubigo peccati esse potest, quam non consumere fornacem huius afflictionis concedi debeat*). Sind wir nicht unter alle Völker zerstreut und die einzigen, die, ohne König oder weltliche Regenten, durch so große Steuerforderungen bedrückt werden, daß wir fast Tag für Tag ein unerträglich hohes Lösegeld zahlen, um unser elendes Leben freizukaufen ? Ja, wir werden von allen für derart verachtens- und hassenswert gehalten, daß jeder, der uns etwas zuleide tut, dies für überaus gerecht hält und glaubt, Gott damit ein ganz großartiges Opfer darzubringen. Eine derart leidvolle Gefangenschaft (*captivitas*) könne uns, so meinen sie, nur widerfahren sein, weil Gott uns aus tiefstem Herzen hasse. Als gerechte Vergeltung (*iusta ultio*) bewerten sie es, wenn Heiden und Christen ihren Grimm an uns auslassen. Die Heiden erinnern sich gut an die Gewalttaten, mit denen wir zunächst ihr Land (Kanaan) in Besitz nahmen, und sie dann in langwährender Verfolgung ruinierten und zu vernichten suchten. So schreiben sie, was immer sie uns antun, auf das Konto angemessener Vergeltung. Die Christen aber, weil wir, wie sie sagen, ihren Herrn getötet haben, scheinen einigermaßen Grund zu haben, uns zu verfolgen. Sieh nur, unter welchen Menschen wir heimatlos in der Fremde leben und auf welche Schutzherren (*patrocinium*) wir uns verlassen müssen. Unseren schlimmsten Feinden müssen wir Leib und Leben anheimstellen, und wir sind genötigt, uns der Redlichkeit von Ungläubigen anzuvertrauen. Sogar der Schlaf, der mehr als sonst etwas den Menschenleib erquickt und erfrischt, hält uns derart in unruhiger Spannung, daß wir auch im Schlaf stets um unser Leben zittern. Nirgendwohin, außer zum Himmel, können wir gefahrlos gehen, und selbst da, wo wir wohnen, sind wir nicht sicher. Wenn wir zu irgendeinem gar nicht weiten Ort gehen, zahlen wir für einen wenig vertrauenerweckenden Wegschutz einen hohen Preis. Ausgerechnet die weltlichen Herren, die über uns gesetzt sind und deren Schutz (*patrocinium*) wir mit drückenden Abgaben bezahlen, können desto weniger auf unseren Tod warten, je zügelloser sie sich über unseren Besitz hermachen. Für uns, die wir durch diese Dinge derart eingeschnürt und zu Boden gedrückt sind, als ob sich gegen uns allein die ganze Welt verschworen hätte, ist bereits das ein Wunder, wenn man uns noch leben läßt. Weder Äcker noch Weinberge noch irgendwelchen Landbesitz dürfen wir haben, weil niemand uns solchen Besitz vor offenen oder versteckten Angriffen schützen kann. Daher bleibt uns als Erwerbsquelle, um unser elendes Leben zu fristen, fast nur, daß wir gegen Zinsen an Nichtjuden Geld verleihen. Dies macht uns freilich jenen ganz besonders verhaßt, die glauben, diesbezüglich sehr hart bedrückt zu sein. Doch über unser so überaus elendes Leben und über die uns unablässig bedrängenden Gefahren gibt ein Blick auf unsere soziale Situation mehr Aufschluß als es Worte vermögen. Hinzu kommen die Vorschriften unseres (Religions-) Gesetzes. Jeder, der sich damit befaßt, merkt sofort, wie vertrackt sie sind, so daß wir durch das Joch des Gesetzes ebenso unerträglich niedergebeugt werden wie durch die von Menschen ausgehende Bedrängnis. Und was unseren Beschneidungsritus betrifft, jeder empfindet doch angstvolle Abscheu davor, sich ihm zu unterziehen, sei es weil er sich schämt oder weil er die Strafe fürchtet. Welcher Teil des menschlichen Körpers ist so empfindlich wie jener, dem das (jüdische Religions-) Gesetz diese Verletzung zufügt, ungeachtet dessen, daß es sich dabei auch um noch ganz kleine Kinder handelt? Wie bitter sind doch die wildwachsenden Salate (d.h. Bitterkräuter, wie Lattich, Endivien), mit denen gewürzt wir unser feierliches Passahmahl verzehren? Wer sieht nicht, daß sogar fast alle besonders leckeren Speisen uns verboten sind, und zwar gerade solche, die leicht zu bekommen sind? Uns gilt als unrein alles Fleisch, von dem schon wilde Tiere gefressen haben (d.h. wohl Fleisch von Haustieren, die von wilden Tieren gerissen wurden, das also nicht von einer rituellen Schlachtung kam); auch Fleisch von verendeten und erstickten Tieren ist uns verboten. Das Fleisch nur solcher Tiere dürfen wir verzehren, die wir selbst geschlachtet haben, und erst, wenn sorgfältig Fett und Adern entfernt sind; gerade auch dies macht uns sehr zu schaffen, besonders dann, wenn wir nicht ungeschlachtete (d.h. lebende) Tiere kaufen können. Denn ebenso wie wir das Fleisch der von Nichtjuden geschlachteten Tiere gar nicht mögen, so ist ihnen das von uns kommende Schlachtfleisch zuwider. Auch vom Wein, der von anderen stammt, enthalten wir uns alle (d.h. Juden und Nichtjuden) in gleicher Weise. Aus meinen Worten erhellt gewiß, wie problematisch wir Gottes wegen (d.h. weil wir Gottes Gebote erfüllen müssen) im Exil unter euch leben. Wer (d.h. welcher Jude) schließlich scheut nicht davor zurück, die strengen vom (jüdischen) Gesetz vorgesehenen Strafen nicht nur selbst zu erdulden, sondern auch den Straffälligen aufzuerlegen? Wer (d.h. welcher Jude) nimmt gern seinem Bruder Zahn für Zahn, Auge für Auge, Leben für Leben? Noch viel weniger einverstanden ist er damit, dies über sich ergehen zu lassen, wenn er selbst betroffen ist; offensichtlich findet er sich nur deshalb damit ab, damit er nicht als jemand dasteht, der den Gang des Gesetzes aufhält. Aus diesen und zahllosen anderen Beobachtungen erhellt in der Tat, daß jeder von uns, wenn er dem (jüdischen Religions-) Gesetz gehorcht, Gott gegenüber jenen Satz des Psalmisten ausspricht: 'Um der Worte deiner Lippen willen bin ich nicht abgewichen von den schwer zu gehenden Wegen'."

Diese in vieler Hinsicht bemerkenswerten Sätze zeigen, daß Abaelard aus dem herkömmlichen Schema der Adversus-Judaeos-Literatur ein Stück weit ausbricht, nach dem der Jude meist nicht viel mehr als den Stichwortlieferanten für das Knüpfen der christlichen Beweisketten abgab. Er sieht, als einer der ersten Christen mit aller Deutlichkeit, das Leid der Juden als Zeichen ihrer Erwählung, nicht mehr nur nach dem gängigen Schema als Strafe für die Missetaten der Juden gegen Jesus und die Apostel und als klaren Beweis für die Überlegenheit des Christentums über das verworfene Judentum. Die 'Judenfrage', um hier ausnahmsweise einmal den modernen Begriff zu verwenden, wird auch als Christenfrage erkannt und die Existenz der Juden inmitten einer christlichen Umwelt als durch eben diese Umwelt und ihre Eigenart konditioniert gewertet. Situation und Schicksal der jüdischen Minorität inmitten der in der Kreuzzugszeit feindseliger gewordenen Christenheit werden als geradezu tragisch beschrieben: Die Juden, die ihrer Diasporaexistenz, in die sie geworfen sind, nicht entfliehen können, wollen trotz des Leidensdrucks und gegen ihn in Treue zu ihrem Gott überleben. Der nun, im Laufe des 12. Jh., sich mehr und mehr durchsetzende Ausschluß der Juden vom landwirtschaftlichen Grundbesitz (siehe bereits Papst Stephan III. zu diesem Thema; vgl. Verf., Die christlichen Adversus-Judaeos-Texte 1982, 477) führt dazu, wie Abaelard richtig sieht, daß die Juden vielfach auf den - für Christen verbotenen - Geldverleih als Erwerbsquelle abgedrängt werden und ausweichen, was sie wiederum fast zwangsläufig mißliebig machen mußte. Seit dem 12. Jh. entwickelt sich so in Europa allmählich das Klischee vom geldgierigen, die christlichen Schuldner ins Elend treibenden jüdischen Wucherer. Diese Tragik wird von Abaelard klar erkannt. Der christliche Theologe, der aus Gesprächen mit Juden wohl auch die innerjüdische Bewertung des Leidens als (erzieherische) Strafe für Ungehorsam kannte (z.B. Menachot 53 b: "Die Israeliten werden deshalb mit einem Olivenbaume verglichen, um dir zu sagen, wie die Olive ihr Öl nur durch Pressen hergibt, ebenso wenden sich die Israeliten nur durch Züchtigung zum Guten"), spricht in solchem Zusammenhang auch von der Notwendigkeit, daß der widerspenstigen Verstocktheit Israels und seiner Neigung zur Idolatrie von Gott durch harte Religionsgesetze (so erscheine die Beschneidung den Nichtjuden als abstoßend und abscheulich) erzieherisch entgegengewirkt werden mußte, dergestalt, daß das Volk der Juden durch seine Riten von den Nichtjuden und der sozialen Gemeinschaft mit ihnen geschieden bleibe (PL 178, 1623; Thomas, p. 62-63). Darin sind, wiewohl dem Juden in den Mund gelegt, Elemente einer eingefahrenen christlichen Deutung enthalten. In die gleiche Richtung weist übrigens das Bild vom Erziehungsschnitt der Weinreben, die keine Frucht tragen, wenn sie nicht beschnitten werden, wo vom Beschneidungsbund Gottes mit Israel ausgegangen ist, der aber im Zusammenhang als erzieherische Maßnahme Gottes gedeutet wird (PL 178, 1624; Thomas, p. 65). Gewiß ist nicht alles, was Abaelard seinen *Judaeus* sagen läßt, aus jüdischer Sicht nachvollziehbar. Das gilt vielleicht auch für die Beimischung einiger Körnchen Larmoyanz und ein bisweilen hyperbolisches, ans Komische grenzendes Psychologisieren in der langen programmatischen Rede des Juden (PL 178, 1617-1619; Thomas, p. 50-52).

Abaelards Apologetik gegen Juden und andere Nichtchristen verläßt zwar streckenweise die herkömmlichen Wege, doch legt er zum Beispiel großen Wert darauf, diesen Gruppen gegenüber die Trinität als wahre Gottesvorstellung zu erweisen (ed.Cousin, II, p. 114.414), wobei er Nachdruck auf die Feststellung legt, daß wegen der größeren Affinität das Evangelium leichter von den Philosophen (vor allem in Gestalt der spätplatonischen Anschauung des Zusammenhangs von Gott und Welt) als von den Juden aufgenommen wurde, die in ihrem Verhältnis zu Gott einer Art spirituellen *Servitus judaica* verhaftet bleiben, nämlich der Furcht vor Strafe und dem Streben nach Irdischem (Cousin, II, p. 414). Nicht nur den Juden (durch ihre Propheten), sondern jedenfalls auch den Heiden (über ihre Philosophen) wurde von Gott der Trinitätsbegriff offenbart (Cousin, II, p. 22). Die den Juden zuteil gewordene Trinitätsoffenbarung erkennt Abaelard zum Beispiel in dem Plural *Heloim* statt *Hel* für Gott (CChr, Cont. med. 12,75 zu Gn 1,1), im Plural "*wir* wollen einen Menschen machen" (CChr, Cont. med. 12,76 zu Gn 1, 26), und "*wir* wollen hinabsteigen" (CChr, Cont. med. 12,76 zu Gn 11,7); ferner in dem dreimaligen "Heilig, heilig, heilig" von Is 6,3 (CChr, Cont. med. 12,77) und in den Psalmworten: "Mein Sohn bist du, ich habe dich heute gezeugt" (CChr, Cont. med. 12, 88 zu Ps 2, 7). Sodann werden in diesem Zusammenhang - vor allem zum Beleg der dritten göttlichen Person, des Heiligen Geistes - von Abaelard zum Beispiel auch genannt Mich 5, 1-2 (CChr, Cont. med. 12,90); Is 11, 2; 48, 16; 61,1; Job 33, 4; Weish 1, 5-7 (CChr, Cont. med. 12,92). Das alles sind althergebrachte Beweismittel.

Einen bemerkenswert eigenen Weg geht Abaelard wieder in der Frage der Schuld der Juden am Tode Christi. Die These, infolge ihrer Unwissenheit bezüglich Jesu Gottessohnschaft seien die Juden bei Jesu Kreuzigung ohne Schuld gewesen - sie wurde auf Drängen Bernhards von Clairvaux auf dem Konzil zu Sens anno 1141 verurteilt -, hat Abaelard in seiner 'Apologia' relativiert (PL 178, 107-108), doch bleibt das Gewicht seiner früheren Aussagen zu diesem Thema beträchtlich: Die Kreuzigung des Herrn durch die Juden war (objektiv) ungerecht und strafwürdig, jedoch entschuldigt sie (subjektiv) ihre Unwissenheit. Und in diesem Sinne wird von Abaelard auch Lk 23, 34 interpretiert (PL 178, 655-656; ed. D.E. Luscombe, Oxford 1971, p. 62: *Quid itaque mirum si crucifigentes Dominum ex illa iniusta actione, quamvis eos ignorantia excusat a culpa, penam, ut diximus, temporalem non irrationabiliter incurrere possent? Atque ideo dictum est, 'dimitte illis', hoc est, penam quam hinc, ut diximus, non irrationabiliter incurrere possent, ne inferas.*). Entscheidend für die Schuldfrage ist also die Intention und Gesinnung bei der Tat, und in dieser Hinsicht werden die Juden exkulpiert.- Eigene Wege geht Abaelard auch insofern, als er die überkommenen Typen der antijüdischen Polemik fast völlig meidet. Nur einmal läßt er - in der Art des Petrus Venerabilis - seinen Philosophus die Juden bezeichnen als "tierisch und sinnlich" (*animales ac sensuales*), insofern sie philosophisch ganz ungebildet und zu philosophischen Diskussionen unfähig seien (PL 178, 1637; Thomas, Zeile 1314-1317). Aus der Sicht des Philosophen kommt es auch zu den Bewertungen "lügnerisch", "dumm" (PL 178,1628.1637; Thomas, Zeile 879.1323). Entgegen vielen älteren Theologen sieht er aber in seinem Römerbriefkommentar zu Röm 11, 26 wirklich "ganz Israel" eschatologisch gerettet (PL 178, 934; CChr, Cont. med. 11, 266).

Der unvollendet gebliebene 'Dialogus' bringt nicht mehr die zu Beginn in Aussicht gestellte Entscheidung Abaelards als "Richter", doch darf als sicher angenommen werden, daß der Christianus über den Judaeus und Philosophus siegen sollte. Immerhin werden nun erstmalig einigermaßen gleichberechtigt mehrere Religionen beziehungsweise Weltanschauungen nebeneinander gestellt, so daß hier Elemente der vergleichenden Religionswissenschaft einer sehr viel späteren Zeit antizipiert sind. Einiges läßt freilich auch an die alte Kontroverse Origenes-Kelsos denken oder an Gesichtspunkte bei Hermann von Scheda. Es scheint, daß Petrus Abaelard bei aller vergleichsweise beträchtlichen Toleranz nachdrücklich einem philosophisch fundierten Christentum die Siegespalme reichen wollte, das dann eine Art Weltreligion sein konnte, in der allen Gruppen ihre Heimat zu sehen möglich war, sozusagen eine vernunftbegründete Überreligion, welche die Teil- und vorläufigen Wahrheiten der anderen Religionen in sich vereinte. Zwar bietet Abaelard die seit Augustinus bedeutendste christliche Sicht des Judentums, vor allem insofern er das Leiden auch als Zeichen der Erwählung zu verstehen versucht, aber letztlich wertet er die jüdische Religion doch traditionell als nur vorläufige Gesetzesreligion, als Existenz unter dem 'Joch des Gesetzes'. Die Selbstdarstellung des Juden bei Abaelard zeugt gewiß auch für die Hellsichtigkeit des scholastischen Theologen, doch tragische Größe hat der Judaeus bei ihm entweder nicht oder sie ist zurückgenommen durch seinen etwas unheroisch übertreibenden, teils fast weinerlich wirkenden Erguß über die Härte der jüdischen Diasporaexistenz und Gesetzestreue - von 'Torafreude' (vgl. Ps 119) jedenfalls keine Spur. Die im ganzen zweifellos relativ verständnisvolle und aufgeschlossene Haltung Abaelards zeigt sich auch noch bei einem seiner Schüler, der sich lobend und anerkennend über den Lerneifer der Juden äußert: Sie haben solchen Eifer für Gott und Liebe zu seinem Gesetz, daß sie, auch wenn sie arm sind, alle ihre Kinder einschließlich der Töchter studieren lassen und ihnen ein wirkliches Verstehen von Gottes Gesetz ermöglichen (Commentarius Cantabrigiensis in Epistolas Pauli e schola Petri Abaelardi, ed. A. Landgraf, Notre Dame 1939, II, 434: *Judei vero zelo Dei et amore legis, quotquot habent filios, ad litteras ponunt, ut legem Dei unusquisque intelligat. De quibus, cum dicat apostolus* [Röm 10, 1] *... Judeus enim, quantumcumque pauper, etiamsi decem haberet filios, omnes ad litteras mitteret non propter lucrum, sicut Christiani, sed propter legem Dei intelligendam, et non solum filios, sed et filias*).

Ausgaben: PL 178; Opera, ed. V. Cousin, 2 Bde. Paris 1849-1859 (u. Hildesheim 1970); Dialectica, ed. L.M. de Rijk, Assen 1956; Dialogus inter Philosophum, Judaeum et Christianum, ed. R. Thomas, Stuttgart-Bad Cannstatt 1970; Philosophische Schriften, ed. B. Geyer, Münster 1973; Hymnarius Paraclitensis, ed. J. Szöverffy, 2 Bde. Albany, N.Y., 1975; Sic et non, ed. B.B. Boyer - R. McKeon, Chicago-London 1976-1977; Letters IX-XIV, ed. E.R. Smits, Groningen 1983; CChr, Cont. med. 11-12.- *Übersetzungen*: Dialogue entre un Philosophe, un Juif, et un Chrétien, tr. M. de Gandillac, in: Oeuvres choisies, Paris 1945; Die Leidensgeschichte und der Briefwechsel mit Heloisa, übers. von E. Brost, Heidelberg 1979; A Dialogue of a Philosopher with a Jew and a Christian, transl. by P.J. Payer, Toronto-Leiden 1979.- *Literatur*: O. Zöckler, Der Dialog im Dienste der Apologetik, Gütersloh 1894, 33-39; Manitius, III (1931), 105-112; A. von Harnack, Lehrbuch der Dogmengeschichte, III, Tübingen 1932, 368-373.409 ff.; Siegfried Stein, Die Ungläubigen in der mittelhochdeutschen Literatur von 1050-1250, Heidelberg 1933, 69; St. Kuttner, Kanonistische Schuldlehre von Gratian bis auf die Dekretalen Gregors IX., Città del Vaticano 1935, 137-138; H.I. Liebeschütz, Die Stellung des Judentums im Dialogus des Peter Abaelard, Monatsschrift für Geschichte und Wissenschaft des Judentums 83, 1939, 390-405 (vgl. The Journal of Jewish Studies 12, 1961, 1-18); M. Schlauch, The Allegory of Church and Synagogue, Speculum 14, 1939, 448-464, S. 459.464; Browe, 1942, 111. 114-115; A. Forest, in: Histoire de l'Église, hg. von A. Fliche - V. Martin, XIII, Paris 1956, 100-114; LThK I (1957) 5-6; A. Hauck, Kirchengeschichte Deutschlands, IV, Berlin 1958, 429-432; W. Eckert, in: Christen und Juden, hg. von W.-D. Marsch u. K. Thieme, Mainz 1961, 92-93; B. Smalley, The Study of the Bible in the Middle Ages, Notre Dame, Indiana, 1964, 78 ff.144f.; K. Bihlmeyer - H. Tüchle, Kirchengeschichte, II, Paderborn 1968, 260-262; R. Thomas, Der philosophisch-theologische Erkenntnisweg Peter Abaelards im Dialogus inter Philosophum, Judaeum et Christianum, Bonn 1966; A. Adam, Lehrbuch der Dogmengeschichte, II, Gütersloh 1968, 75-77; H. Wolter in: Handbuch der Kirchengeschichte, hg. von H. Jedin, III 2, Freiburg 1968, 57-58.60 ff.; Encyclopaedia Judaica (Jerusalem 1971) II, 59; VII, 142; J. Gauss, Das Religionsgespräch von Abälard, Theologische Zeitschrift 27, 1971, 30-36; R. Peppermüller, Abaelards Auslegung des Römerbriefs, Münster 1972; W. Totok, Handbuch der Geschichte der Philosophie, II, Frankfurt 1973, 194-198; M. Kurdzialek, Beurteilung der Philosophie im 'Dialogus inter Philosophum, Judaeum et Christianum', in: Peter Abaelard. Proceedings of the International Conference Louvain, May 10-12, 1971, edited by E.M. Butaert, Louvain 1974, 85-98; R. Thomas, Die meditative Dialektik im Dialogus inter Philosophum, Judaeum et Christianum, ebd., Louvain 1974, 99-115, A. Grabois, The "Hebraica Veritas" and Jewish-Christian Intellectual Relations in the Twelfth Century, Speculum 50, 1975, 613-634, S. 617.619.634; R. Thomas, Die Dialektik im "Dialogus inter Philosophum, Judaeum et Christianum" von Peter Abaelard (1079-1142), in: Studia Mediewistyczne 16, 1975, 163-201; TRE I (1977) 7-17; M.L. Arduini, Ruperto di Deutz, Roma 1979, 101-113; A. Grabois, The Christian-Jewish Dialogue in the Twelfth Century and its Historical Significance, in: Ecumenical Institute for Advanced Theological Studies. Yearbook 1975-1976, Jerusalem 1979, 69-83, S. 75-77. 81; LMA I (1980) 7-10; Awerbuch, 1980, 192-193; L. Cracco Ruggini, in: Gli Ebrei nell' alto medioevo, I, Spoleto 1980, 16-19. 101; E. Fr. Kearney, Master Peter Abelard. Expositor of Sacred Scripture: An Analysis of Abelards Approach to Biblical Exposition in Selected Writings on Scripture, Diss. Marquette Univ. 1980; M. de Gandillac, Notes préparatoires à un débat sur le Dialogus, in: Petrus Abaelardus (1079-1142). Person, Werk und Wirkung, hg. von R. Thomas, Trier 1980, 243-246; L. Steiger, Hermeneutische Erwägungen zu Abaelards Dialogus, ebd., Trier 1980, 247-265; M. de Gandillac, Le "Dialogue" d'Abélard, in: Abélard, Actes du Colloque Neuchâtel 16-17 novembre 1979, Genève 1981, 3-17; J.-P. Letort-Trégaro, Pierre Abélard (1079-1142), Paris 1981; K.M. Starnes, Peter Abelard. His Place in History, University Press of America 1980; M. de Gandillac, Juif et judéité dans le 'Dialogue' d'Abélard, in: Pour Léon Poliakov. Le racisme, mythes et sciences. Sous la direction de M. Olender, Bruxelles 1981, 385-400; Cl. Thoma, Die theologischen Beziehungen zwischen Christentum und Judentum, Darmstadt 1982, 1.69-70; A. Angenendt, in: Gestalten der Kirchengeschichte, hg. von M. Greschat, III, 1 (Stuttgart 1983) 148-160; A. Grabois, Le non-conformisme intellectuel au XIIe siècle; Pierre Abélard et Abraham Ibn Ezra, in: Modernité et non-conformisme en France à travers les âges, hg. von M. Yardeni, Leiden 1983; A.Ch. Skinner, Veritas Hebraica. Christian Attitudes toward the Hebrew Language in the High Middle Ages. Diss. Univ. of Denver 1986, 193-195. - Soliloquium, ed. Ch. Burnett, in: Studi Medievali, Ser. 3,1984, t. XXV, p. 859-893.

In der ersten Hälfte des 12. Jh. entwickelte sich die junge Universität Bologna im Zusammenhang mit der Wiederbelebung des antiken römischen Rechts zu einem Zentrum der Rechtsgelehrsamkeit. Hier lehrte auch der Benediktinermönch **Gratian** vom Kloster des hl. Felix. Aus dem Stoff seiner Vorträge schuf er in den Jahren 1140-1142 ein kanonistisches Lehrbuch, die *Concordia discordantium canonum*, später *Decreta* oder *Decretum Gratiani* genannt, in dem alles ihm wesentlich erscheinende kirchenrechtliche Material seit der Alten Kirche (Konzilstexte, ältere kanonistische Sammlungen wie die Burchards und Ivos, päpstliche Anordnungen, einschlägige Kirchenvätertexte) systematisch geordnet dargeboten und - wo nötig, bei Widersprüchen verschiedenartigen Materials - harmonisierend interpretiert wurde. Dieses dreiteilige Kirchenrechtshandbuch bildete später, vereint mit den *Decretalium collectiones* (d.h. den *Dekretalen*

Gregors IX.), das *Corpus iuris canonici*, behielt aber gleichwohl, im Unterschied zu den Dekretalen, den Charakter einer Privatarbeit ohne Gesetzeskraft. Indes war das 'Decretum Gratiani' eine so umfassende und gelungene Zusammenfassung nahezu aller kanonistisch relevanten Texte, daß die auf Gratian folgenden Kirchenrechtslehrer dieses Werk als 'Liber' zur Basis ihrer Kommentierungen, Auszüge und Bearbeitungen machten und dementsprechend als 'Dekretisten' galten. Der großen Bedeutung des 'Decretum Gratiani' entspricht auch die Tatsache, daß die Kirchenrechtssammlungen der Folgezeit den Namen 'Extravagantes' (daher auch 'Liber Extra' als Bezeichnung der Dekretalen Gregors IX.) erhielten, das heißt außerhalb des 'Decretum Gratiani' vagierend, das sozusagen ihr fester Bezugspunkt war.

Der Traditionsstoff zum Judenthema wurde von Gratian nicht in einer eigenen Abteilung seines Werkes konzentriert, sondern - entsprechend seiner systematischen Gliederung - auf die verschiedenen Sachbezüge verteilt (Corpus iuris canonici, ed. E. Friedberg, I, Leipzig 1879; deutsche Teilübersetzung von B. Schilling - C. Fr. F. Sintenis, 2 Bde., Leipzig 1834-1837).

Pars I, Distinctio IX, cap. 6; Friedberg, col. 17 (Hieronymus, ad Lucinium Baeticum epist. 28): "Einerseits ist die Zuverlässigkeit (des Textes) der alten Bücher (d.h. des lateinischen aus der Septuaginta übersetzten Bibeltextes der Praevulgata) an Exemplaren des hebräischen (Bibel-) Textes zu überprüfen, andererseits bedarf es für eine Zuverlässigkeitskontrolle der neuen Bücher (d.h. der späteren von Hieronymus aus dem Hebräischen gefertigten lateinischen Bibelübersetzung) der Richtschnur des griechischen Wortlautes (der Bibel)".- Der Hinweis auf den Wert der hebräischen Bibel war im 12. Jh. wohl angebracht; denn in dieser Zeit war die Kenntnis des Hebräischen bei christlichen Theologen noch eine ganz seltene Ausnahme (vgl. Browe, 1942, 269; B. Altaner, Zur Kenntnis des Hebräischen im Mittelalter, Biblische Zeitschrift 21, 1933, 288-308, S. 291-292).

Pars I, Distinctio XLV, cap. 3; Friedberg, col. 160-161; Schilling-Sintenis II, 437-438 (Gregor d. Gr., Brief 13,15, an Paschasius, Bischof von Neapel): Den wegen Zwangsmission Klage führenden Juden Neapels wird gegen Bischof Paschasius ausdrücklich Kultfreiheit zugesichert.

Pars I, Distinctio XLV, cap. 5; Friedberg, col. 161-162 (4. Toledo, Kanon 57): Verbot des Taufzwangs; einmal getaufte Juden, auch wenn die Taufe erzwungen wurde, müssen aber Christen bleiben.

Pars I, Distinctio LIV, cap. 13; Friedberg, col. 211 (Gregor d. Gr.,

Brief 3, 37 an Libertinus, Prätor in Sizilien): Christliche Judensklaven sind freizulassen; denn die christliche Religion wird besudelt, wenn sie (wie eine Magd) im Dienst von Juden steht.

Pars I, Distinctio LIV, cap. 14; Friedberg, col. 211 (3. Toledo, Kanon 14): Juden sollen kein öffentliches Amt erhalten; denn sie hätten so die Möglichkeit, Christen Strafen aufzuerlegen. Haben sie Christen durch den jüdischen Ritus befleckt oder sogar beschnitten, sollen sie (d.h. diese ehemals christlichen Judensklaven) ohne Lösegeld freikommen und zum Christentum zurückkehren.- Gratian verweist hier zur weiteren Erhellung des Sachverhalts auf Gregors Brief an Fortunatus, Bischof von Neapel (Brief 6, 29).

Pars I, Distinctio LIV, cap. 15; Friedberg, col. 211-212 (Gregor d. Gr., Brief 6,29 an Fortunatus, Bischof von Neapel): Will ein Judensklave Christ werden, muß ihm zur Freiheit verholfen werden beziehungsweise soll er einem christlichen Herrn überstellt werden. Handel mit heidnischen Sklaven, die kurzfristig weiterverkauft werden, ist Juden weiter gestattet.

Pars I, Distinctio LIV, cap. 16; Friedberg, col. 212 (Gregor d. Gr., Brief 4,9 an Januarius, Bischof von Cagliari): Begibt sich ein christlicher Judensklave um des christlichen Glaubens willen in den Schutz einer Kirche, soll er in Freiheit gesetzt werden.- Hiernach könnte es scheinen, daß, wenn der christliche Sklave nicht floh, vielmehr bei seinem jüdischen Herrn bleiben wollte, dies zulässig blieb, ein Jude also weiter christliche Sklaven haben konnte.

Pars I, Distinctio LIV, cap. 17; Friedberg, col. 212 (12. Toledo, Kanon 9): Judensklaven, die sich zum Christentum bekehren, sollen freigelassen werden.

Pars I, Distinctio LIV, cap. 18; Friedberg, col. 212 (Synode zu Mâcon, Kanon 16): Kein christlicher Sklave soll weiter einem jüdischen Herrn dienen. Jene sind freizukaufen, dann in Freiheit zu setzen oder einem christlichen Herrn zu überstellen.- Dies steht unausgeglichen neben jenen Bestimmungen, welche offenbar die entschädigungslose Enteignung vorsehen, wenn ein Judensklave Christ wird.

Pars II, Causa I, Quaestio IV, cap. 7; Friedberg, col. 419 (4. Toledo, Kanon 61): Christliche Kinder getaufter, später aber in Sünde gefallener (d.h. wohl ins Judentum zurückgekehrter) Juden, sollen nicht das Recht verlieren, ihre Eltern zu beerben.

Pars II, Causa II, Quaestio VII, cap. 24; Friedberg, col. 488 (4. Toledo, Kanon 64): Getaufte, wieder rückfällig gewordene Juden können vor Gericht kein Zeugnis mehr ablegen, selbst wenn sie sich als Christen ausgeben; denn von ihrer Unzuverlässigkeit hinsichtlich des christlichen Glaubens muß auf allgemeine Unzuverlässigkeit und Unglaubwürdigkeit geschlossen werden.- Diese und die beiden folgenden Regelungen betreffen wohl in erster Linie kirchenrechtliche Prozesse, waren wenigstens nicht unbedingt bindend auch vor weltlichen Gerichten.

Pars II, Causa II, Quaestio VII, cap. 25; Friedberg, col. 489 (nach einer angeblich von Papst Caius [282-295] an einen gewissen Bischof Felix erlassenen Anordnung; E. Friedberg dazu: "Caput Pseudois.; sumtum ex Conc. Carth. VII, c.2"): "Heiden, Ketzer und Juden können nicht Christen (vor Gericht) anklagen oder verleumderisch verdächtigen".- Gratian bemerkt dazu, Ankläger und Angeklagter sollten entweder hinsichtlich des Glaubens und des Lebenswandels auf einer Stufe stehen oder der Ankläger sollte höherrangig sein.

Pars II, Causa IV, Quaestio I, cap. 1; Friedberg, col. 536; Schilling-Sintenis II, 512 (nach dem Konzil von Karthago des Jahres 419): Das Recht der Anklageerhebung vor Gericht wird aufgehoben für alle mit üblem Ruf Befleckte, das heißt Schauspieler, unsittliche Leute, Häretiker, Heiden und Juden.

Pars II, Causa XVII, Quaestio IV, cap. 31; Friedberg, col. 823 (4. Toledo, Kanon 65): Ein 'Sacrilegium' begeht, wer Juden und Judensprößlingen (*ex Judaeis*, was vielleicht auch getaufte Juden meint und dann unter Umständen bereits rassistisch interpretiert werden könnte) ein öffentliches Amt anvertraut; "denn diese fügen, wenn sie (durch ein Amt) die Gelegenheit dazu erhalten, den Christen Unrecht zu."

Pars II, Causa XVIII, Quaestio IV, cap. 34; Friedberg, col. 824 (Brief des Papstes Gelasius an die Bischöfe Siracusanus, Constantius und Laurentius; PL 59, 146-147): Ein christlicher Judensklave war seinem Herrn entlaufen und hatte in einer Kirche Zuflucht gesucht. Der Fall soll fair untersucht werden, "damit weder die Religion geschädigt erscheine noch der Sklave, wenn er seine Behauptung (er sei zur Beschneidung gezwungen worden) fälschlich erhoben habe, sich dem Rechtsanspruch des rechtmäßigen Herrn zu entziehen suche".- Die Angelegenheit bleibt etwas unklar, weil gewöhnlich der christliche Sklave (schon nach dem Cod. Theod.) so oder so, ob nach oder vor der Beschneidung, jederzeit das Recht hatte, zugunsten seines Christseins seinem jüdischen Herren den Rücken zu kehren. Auch nach der Bemerkung Gratians zur Stelle bleibt es Juden anscheinend weiter möglich, mit heidnischen Sklaven nicht nur zu handeln, sondern sie auch zu beschneiden - was gewiß nicht im Interesse der Kirche lag.

Pars II, Causa XXII, Quaestio I, cap 16; Friedberg, col. 865.- Im Zusammenhang der Erörterung eines Briefes des Augustinus (Epist. CLIV, ad Publicolam) zur Frage *licet uti fide eius, qui, ut eam servet, per demonia iurat* sagt Gratian: "zwar haben laut dem Makkabäerbuch (1 Makk 8, 17 ff.) die Römer mit den Juden Frieden geschlossen, indem sie bei falschen Göttern schworen, andererseits haben aber die Juden bei dem wahren Gott geschworen (*Judei iuraverunt per Deum verum*). Auch der Eid der Römer ist gültig, obwohl sie nicht, wie die Juden, bei dem wahren Gott schworen, sondern bei *demonia*, will Gratian sagen. Beiläufig erfahren wir hier als offiziöse kirchliche Anschauung, daß die Juden sich bei ihrer Eidesleistung an den wahren Gott wendeten. Das hatte große Bedeutung für die Anerkennung des jüdischen Eides in den folgenden Jahrhunderten, betont aber indirekt auch die - bisweilen in Vergessenheit geratenen - einschlägigen Leitsätze des Paulus im Römerbrief, Kapitel 9-11, nach dem die Juden nicht aus dem Bund Gottes mit seinem Volk verstoßen sind und ihn weiter gottesdienstlich verehren.

Pars II, Causa XXIII, Quaestio IV, cap. 16; Friedberg, col. 904.- In einer Bemerkung zu einer Homilie Gregors d. Gr. (Homilia XXXVIII) zur Frage der Unterscheidung von Guten und Bösen, Freunden und Feinden aktualisiert Gratian Paulus, 1 Kor 5, 12-13 (Was geht mich denn das Urteil über die Außenstehenden an? Habt ihr nicht die zu richten, die innerhalb der Gemeinde stehen? Die Außenstehenden wird Gott richten). Es scheint, daß Gratian hier im Prinzip anerkennt, daß die Kirche keine Jurisdiktionsgewalt über Nichtchristen (Außenstehende, *qui foris sunt*, 1 Kor 5, 12) hat, das heißt, über die Ungläubigen einschließlich der Juden.

Pars II, Causa XXIII, Quaestio IV, cap. 17; Friedberg, col. 905.- Hier vertritt Gratian mit Augustinus den Grundsatz: "Die Ungläubigen können wir nicht für Christus gewinnen, wenn wir es vermeiden, mit ihnen zu sprechen und zu speisen. Deshalb hat auch der Herr mit Zöllnern und Sündern gegessen und getrunken".- Das steht, wenigstens indirekt, in deutlichem Kontrast zu jener verbreiteten christlichen Auffassung, jegliche sozialen Kontakte mit Juden seien nach Möglichkeit zu vermeiden wegen der damit verbundenen Gefährdung der Gläubigen.

Pars II, Causa XXIII, Quaestio VI, cap. 4; Friedberg, col. 949.- Zu der von Gregor d. Gr. in seinem Brief an den Bischof Maximinianus vertretenen Auffassung, glaubenslässige christliche Bauern seien durch Abgabenerhöhung zwangsweise eines Besseren zu belehren, bemerkt Gratian unter anderem: "Im Alten Bund wurden die Menschen aus Furcht vor Strafe zum Guten gezwungen, doch im Neuen Bund sollen sie ganz in Freiheit und durch die Liebe zur Gerechtigkeit (*sola libertate et dilectione iusticiae*) zum Glauben eingeladen werden".- Dies liegt auf der Linie einer etwas schematischen Einordnung des Alten und Neuen Testaments nach dem Gesichtspunkt 'Furcht und Liebe', die im christlichen Raum bis in die neueste Zeit fortwirkte.

Pars II, Causa XXIII, Quaestio VIII, cap. 11; Friedberg, col. 955 (Brief des Papstes Alexander II. an alle Bischöfe Spaniens): Nicht die Juden sind zu verfolgen, sondern die Sarazenen; denn diese befehden die Christen, jene wollen willige Untertanen der Christen sein.

Pars II, Causa XXVIII, Quaestio I, cap. 10; Friedberg, col. 1087; Schilling-Sintenis I, 52 (4. Toledo, Kanon 63): "Mit christlichen Frauen verheiratete Juden sollen vom Bischof der betreffenden Stadt aufgefordert werden, Christen zu werden, wenn sie mit ihnen zusammenbleiben wollen. Entsprechen sie der Aufforderung nicht, soll die Trennung erfolgen, weil kein Ungläubiger (*infidelis*) mit der (Frau) verbunden bleiben kann, die schon zum christlichen Glauben geführt wurde. Die Kinder einer solchen Verbindung sollen den Glauben und Status der Mutter haben. Ähnlich sollen Kinder ungläubiger Frauen und gläubiger Männer zur christlichen Religion gehören, nicht zum Aberglauben der Juden" (*Christianam sequantur religionem, non Judaicam superstitionem*; vgl. Freisen, 1893, 639.640).- Paulus ließ dagegen dem zum christlichen Glauben konvertierten Ehepartner noch die Wahl, ob er bei seinem nichtchristlichen Ehepartner bleiben wollte, beziehungsweise riet sogar zur Aufrechterhaltung der Ehe (1 Kor 7, 12-16). Das Neue Testament ist also in der kanonistischen Praxis verschärft, was nicht nur an diesem Beispiel zu sehen ist.

Pars II, Causa XXVIII, Quaestio I, cap. 11; Friedberg, col. 1087; Schilling-Sintenis I, 52 (4. Toledo, Kanon 60): "Um zu verhindern, daß (getaufte) Söhne oder Töchter der Juden weiterhin in den Irrglauben ihrer Eltern verstrickt werden, bestimmen wir, daß sie von ihnen getrennt und Klöstern oder gottesfürchtigen christlichen Männern oder Frauen überstellt werden, damit sie in deren Gesellschaft religiös erzogen und, auf den besseren Weg geführt, sich in Lebensführung und Glauben vervollkommnen.".- Dies gehört zu den - aus heutiger Sicht - zweifellos härtesten kanonistischen Regelungen.

Pars II, Causa XXVIII, Quaestio I, cap. 12; Friedberg, col. 1087; Schilling-Sintenis I, 52-53 (4. Toledo, Kanon 62): Getaufte Juden sollen jeden Kontakt mit ihren früheren Glaubensgenossen vermeiden, um nicht rückfällig zu werden. Bei Verstoß dagegen sollen erstere öffentlich ausge-

peitscht werden und letztere als Geschenk in den Besitz von Christen übergehen.

Pars II, Causa XXVIII, Quaestio I, cap. 13; Friedberg, col. 1087;
Schilling-Sintenis I, 53 (Trullanische Synode, Kanon 11): "Niemand von
den zu dem heiligen Stande Gehörenden (d.h. den Klerikern) und kein
Laie darf von den Juden gegebenes Ungesäuertes essen, mit ihnen zusammen wohnen, einen von ihnen, wenn er krank ist, rufen, Medizin von ihnen nehmen oder mit ihnen im Bad sein. Hat das aber einer getan, soll er,
wenn er ein Kleriker ist, abgesetzt, wenn ein Laie, exkommuniziert werden". Motiv solcher Abgrenzung - ihr steht ein ähnlicher Absonderungs-
und Abgrenzungswille auf jüdischer Seite gegenüber - ist nicht Rassismus;
vielmehr wurde in dem Verzehr des ungesäuerten Passahbrotes der Juden,
in der Teilnahme an ihren rituellen Bädern und dergleichen ein Praktizieren
der jüdischen Religion und damit faktische Apostasie gesehen.

Pars II, Causa XXVIII, Quaestio I, cap. 14; Friedberg, col. 1087-
1088; Schilling-Sintenis I, 53 (Konzil von Agde, Kanon 40): Kein Kleriker und Laie darf mit Juden speisen; denn da diese die bei den Christen üblichen Speisen verschmähen, wäre es entwürdigend und sakrilegisch,
wenn Christen ihre Speisen zu sich nähmen.- In diesem Zusammenhang
stellt Gratian unter anderem Ehen von Christen mit Nichtchristen und Ehen
unter Verwandten auf eine Stufe. Die Religionsverschiedenheit wurde also, wie Verwandtschaft, zum *impedimentum dirimens* (vgl. Freisen,
1893, 636.640).

Pars II, Causa XXVIII, Quaestio I, cap. 15; Friedberg, col. 1088;
Schilling-Sintenis I, 54 (Ambrosius in libro de Patriarchis, Lib. I. de Abraham, c. 9): Mischehen eines christlichen mit einem nichtchristlichen Part-
ner sind nicht gestattet (vgl. Freisen, 1893, 636).

Pars II, Causa XXVIII, Quaestio I, cap. 17; Friedberg, col. 1089;
Schilling-Sintenis I, 55 (Konzil von Clermont, Kanon 6): Wer eine christlich-jüdische Mischehe eingeht oder zuläßt, wird exkommuniziert.- Gratian
eliminiert hier die auf die Juden bezogene Formulierung *ecclesiae hostes*
("Feinde der Kirche") seiner Vorlage, dies entsprechend seiner Tendenz,
eine unpolemische, sozusagen wissenschaftlich begründete mittlere Linie
zu finden. Cap. 15 und 17 tragen der christlichen Auffassung von der Ehe
als (nur im Heilsraum der Kirche realisierbarem) Sakrament Rechnung.
Die eheliche Verbindung Christ-Jude hat somit zwangsläufig den Bruch
mit der Kirche zur Folge.

Pars II, Causa XXXV, Quaestio I; Friedberg, col. 1263 (Schilling-
Sintenis I, 140), kommt Gratian in seiner Vorbemerkung zu diesem neuen

Abschnitt beiläufig auch auf den Gang der neutestamentlichen Botschaft von den Juden zu den Heiden zu sprechen. Dies geschah, "weil das jüdische Volk in der Blindheit seines Unglaubens verblieb" (*in cecitate suae perfidiae Judaica plebe relicta*).

Pars III, De consecratione, Distinctio IV, cap. 93; Friedberg, col. 1392 (Konzil von Agde, Kanon 34): "Wenn Juden katholisch werden wollen, so sollen sie, weil sie in ihrer Treulosigkeit oft wieder zum Erbrochenen zurückkehren (vgl. 2 Petr 2,22), acht Monate lang mit den Katechumenen in die Kirche gehen (d.h. im Katechumenat bleiben). Erst wenn sich zeigt, daß sie reinen Glaubens kommen, sollen sie die Gnade der Taufe verdienen. Wenn sie nun innerhalb der vorgeschriebenen Zeit gefährlich und hoffnungslos erkranken, mögen sie (vorzeitig) getauft werden".- Die Kirche hat nicht immer so lange Fristen praktiziert. Zwangstaufen, wie sie vor allem in der Kreuzzugszeit vielfach vorkamen, gingen ohne nennenswerte Prüfungs- und Bedenkzeit vonstatten, eine Praxis, die Gratian gewiß nicht billigen konnte.

Pars III, De consecratione, Distinctio IV, cap. 94; Friedberg, col. 1392: "Man weiß, daß viele ehemalige Juden, die schon lange Christen sind, jetzt nicht nur Christus lästernd jüdische Riten praktiziert haben, sondern sogar die abscheulichen Beschneidungen vollziehen" ... Sie sollen wieder der Rechtgläubigkeit zugeführt werden. "Die von ihnen Beschnittenen sollen, wenn es sich um ihre Söhne handelt, von den Eltern getrennt werden, wenn es sich um Sklaven handelt, sollen sie, in Anbetracht ihrer körperlichen Unbill, in Freiheit gesetzt werden".- Die Beschneidung als jüdischer religiöser Ritus ist, von Christen geübt, faktisch Apostasie und damit Gotteslästerung.

Pars III, De consecratione, Distinctio IV, cap. 98; Friedberg, col. 1393 (Gregor d. Gr., Brief 8, 23, an den Defensor Fantinus): Taufwilligen Juden wird die Wartezeit der Buße bis zur Taufe auf vierzig Tage verkürzt.- Das Geschenkangebot eines Taufkleides für arme Juden, von dem Gregor ausdrücklich spricht, fehlt bezeichnenderweise bei Gratian. Er empfand vielleicht schon den Verdacht als unpassend, die Taufwilligkeit von Juden sollte durch Geschenke erhöht werden.

Gratians grundlegendes, die Kanonistik als selbständige Wissenschaft innerhalb und in gewisser Weise auch neben der Theologie begründendes Werk, verdrängte rasch ähnliche, weniger systematisch und umfassend angelegte Textsammlungen. Zwar engte es den vorher ausufernd breiten und unübersichtlich gewordenen Entscheidungsspielraum der kirchlichen Autoritäten etwas ein, hielt aber innerhalb des reduzierten Meinungsspektrums allenthalben die Situation relativ offen, indem es divergierende Auffassungen unter Verzicht auf gewaltsame und verkürzende Harmonisierung nebeneinander stehen ließ und so die kirchenrechtliche Diskussion nachhaltig befruchtete. Die angesichts der Bedeutung des Problems verhältnismäßig geringe Zahl von die Juden betreffenden Abschnitten ist in ihrer Ausrichtung und Gesamttendenz nicht judenfeindlich, obwohl sie an einigen herkömmlichen Restriktionen (Verbot des Proselytenmachens, der Mischehe, des Besitzes christlicher Sklaven, Ausschluß vom öffentlichen Dienst) festhält; denn andererseits sichert Gratian - darin besonders auf der Linie Gregors d. Gr. - wesentliche Grundrechte der Juden wie Freiheit der Religionsausübung und Fernhalten von Missionszwang. Er stabilisiert also in gewisser Weise die sozialpolitische Situation der Juden, die seit der Zeit des ersten Kreuzzuges und den diesen begleitenden religiösen Volksbewegungen erheblich gefährdet und erschüttert war. Auffällig ist zum Beispiel, daß Gratian bestimmte extreme Positionen der westgotischen Konzile bewußt beiseite läßt und zwar die Juden aus dem öffentlichen Dienst fernhalten will, jedoch die Eliminierung der Juden auch von privaten Verwaltungspositionen (bei Burchard und Ivo) nicht mitmacht. Obwohl der Bologneser Mönch nicht direkt Elemente des weltlichen römischen Rechts in seine Sammlung aufnahm, blieb doch die seinerzeitige Wiederentdeckung und Neubelebung der antiken Rechtswissenschaft nicht ohne Wirkung auf Methode und Geist seines Werkes. Das sich nun im europäischen Raum entwickelnde kanonische Judenrecht empfing aber nicht nur Anregungen aus der überlieferten weltlichen Judengesetzgebung der christlichen Kaiser, sondern wirkte auch seinerseits normativ weit in das weltliche Recht hinein. Im Laufe des Mittelalters ergab sich fast überall, daß kirchliches und weltliches Recht aufeinander abgestimmt waren. Bis zur Neuordnung des kirchlichen Rechts in Gestalt des Codex iuris canonici im Jahre 1917 blieb Gratians Leistung als Teil I dieses Corpus ein Werk von nachhaltiger und, obwohl Privatarbeit, normativer und autoritativer Bedeutung. Seine Auswahl aus den reichen ihm zur Verfügung stehenden kirchenrechtlichen Quellen und seine mitunter redigierenden Veränderungen des Wortlauts seiner Quelle (z.B. Pars I, Dist. LIV, c. 18, verschärft *blasphemum Christianae religionis* das *persecutorum* der Vorlage) verdeutlichen sowohl seinen Standort in der Beurteilung des Judenthemas wie in bestimmter Hinsicht auch die zeitgeschichtliche Situation. So ist seine Ablehnung der Zwangstaufe gewiß auch eine Antwort auf die schlimmen Ereignisse während des ersten Kreuzzuges. Er betonte die Einhaltung einer längeren Frist vor der Taufe, was geeignet war, den Übereifer mancher Kleriker und den religiösen Fanatismus des Volkes zu dämpfen. Die indirekte Berücksichtigung judenschützender Elemente des antiken römischen Rechts (z.B. über einschlägige Texte Gregors d. Gr., der seinerseits den Codex Theodosianus rezipierte) verfehlte nicht ihre Wirkung auf die Behandlung des Judenthemas im mittelalterlichen Rechtswesen. Ein gewisses Maß von Toleranz und Humanität gegenüber der jüdischen Minderheit wird gerade auch durch Gratian aufgenommen, verbindlich fixiert und tradiert.- Fr. Lotter (in: Judentum u. Antisemitismus von der Antike bis zur Gegenwart, hrsg. von Thomas Klein u.a., Düsseldorf 1984, 58) sieht bei Gratian eine "im Verhältnis zu Ivo geringe Zahl von Judenschutzbestimmungen und die relative Zunahme der Beschränkungen ... Das Judenrecht des *Decretum Gratiani* leitet somit schon über zu den einschneidenden neuen Bestimmungen des IV. Laterankonzils vom Jahre 1215, die einen grundsätzlichen Wandel in der Haltung der Hochkirche signalisieren." Ob dieses Urteil zutrifft, kann bezweifelt werden. Vielleicht unterschätzt Lotter die stabilisierende Wirkung, die von Gregors maßvollen Texten und von dem wichtigen Brief Alexanders II. ausging.

Ausgaben: PL 187; Corpus iuris canonici, ed. Aemilius Friedberg, 2 Teile, Leipzig 1879; Graz 1955 (Nachdruck); Pars prior: Decretum Magistri Gratiani.- *Übersetzung*: Das Corpus Juris Canonici in seinen wichtigsten und anwendbarsten Theilen in's Deutsche übersetzt und systematisch zusammengestellt von Bruno Schilling und Carl Friedrich Ferdinand Sintenis, 2 Bde., Leipzig 1834-1837.- *Literatur*: J. Freisen, Geschichte des canonischen Eherechts, Paderborn 1893, 636 ff.; Scherer, 1901, 33-34; Aronius, 1902, 115; J.B. Sägmüller, Lehrbuch des katholischen Kirchenrechts, I, Freiburg 1925, 115-118; B. Altaner, Zur Kenntnis des Hebräischen im Mittelalter, Biblische Zeitschrift 21, 1933, 288-308, S. 291-292; Baron, IV (1957) 18-20; IX, 1965, 18; LThK III (1959) 65-66; W.M. Plöchl, Geschichte des Kirchenrechts, II, Wien-München 1962, 469-474; V. Pfaff, in: Vierteljahrschrift für Sozial- und Wirtschaftsgeschichte 52, 1965, 168-206, S. 177.179-180.186.203.204; B. Blumenkranz, in: Kirche und Synagoge, I, Stuttgart 1968, 126; Czerwinski, 1972, 32-35.40.42.48-49.70-73.82.91-95.143-147.159.210.245-247.264-265.286-287; H.E. Feine, Kirchliche Rechtsgeschichte, Köln 1972, 276-278; Pakter, 1974, XXII.7.9-10.13-14.56-58.190-191.210-211.223.224-231; A. Grabois, The "Hebraica Veritas" and Jewish-Christian Intellectual Relations in the Twelfth Century, Speculum 50, 1975, 613-634, S. 626-627; H. Gilles, Commentaires méridionaux des prescriptions canoniques sur les Juifs, in: Juifs et judaïsme de Languedoc, hrsg. von M.-H. Vicaire, Toulouse 1977; Grayzel, 1979, 151-188, S. 158-159; Chazan, 1980, 19-26 (mit engl. Übers.); Z.W. Falk, Jewish Law and Medieval Canon Law, in: Jewish Law in Legal History and the Modern World, ed. by B.S. Jackson, Leiden 1980, 78-90, S. 82-83; J. Neumann, Grundriß des katholischen Kirchenrechts, Darmstadt 1981, 37-38; T. Lenherr, Arbeiten mit Gratians Dekret, Archiv für katholisches Kirchenrecht 151, 1982, 140-166; St. Kuttner, Gratian and the Schools of Law, 1140-1234, London 1983; R. Metz, Regard critique sur la personne de Gratien, auteur du Décret (1130-1140), d'après les résultats des dernières recherches, Revue des sciences religieuses 58, 1984, 64-76; Fr. Lotter, Die Entwicklung des Judenrechts im christlichen Abendland bis zu den Kreuzzügen, in: Judentum und Antisemitismus von der Antike bis zur Gegenwart, hrsg. von Thomas Klein u.a., Düsseldorf 1984, 41-63; H. Mordek, Systematische Kanonessammlungen vor Gratian. Forschungsstand und neue Aufgaben, in: Proceedings of the VIth International Congress of Medieval Canon Law, Berkeley, Calif., 28.7.-2.8.1980, Rom 1985, 185-201; TRE XIV, 1-2 (1985) 124-130; LMA III (1986) 264-266.

Der Benediktiner **Ordericus Vitalis** († 1142) gehört mit seinen 13 Büchern *Historia ecclesiastica*, einer in vieler Hinsicht typischen mittelalterlichen Weltchronik, zu den wirklich bedeutenden Historikern des 12. Jh. Auch für ihn offenbart sich in der Geschichte Gottes Wirken in der Welt. Auf der geistigen Linie des Augustinus sich bewegend, stellt er fest, Israel sei aus erzieherischen Gründen oft von den Philistern und anderen Völkern besiegt worden, um so zur Umkehr zu Gott und seinen Geboten genötigt zu werden (Hist. eccles. 9,14; PL 188, 695; ed. M. Chibnall, V, Oxford 1975, p. 132). Ordericus kennt die Berichte des jüdischen Historikers Flavius Josephus (über Eusebios und Beda), und er kommt von daher zu ähnlichen Aussagen wie manche historiographischen Vorgänger: "Die Juden mußten auch, zur Buße für ihre Missetaten gegen Christus, schlimme Kriegsschicksale und Drangsale ertragen, wie die genannten Gelehrten Philo und Josephus in ihren Schriften mitteilen; denn seit ihrer Freveltat blieben sie nie mehr verschont von Revolutionswirren, Krieg und Tod, bis das letzte tödliche Unheil sie umklammerte, zur Zeit, als Vespasian sie belagerte" (Hist. eccles. 2,3; PL 188, 111; Chibnall, I, 1980, p. 167).

Ausgaben: PL 188; M. Chibnall, 6 Bde., Oxford 1969-1980 (mit englischer Übersetzung).- *Literatur*: Manitius, III (1931), 522-528; H. Wolter, Ordericus Vitalis. Ein Beitrag zur kluniazensischen Geschichtsschreibung, Wien 1955; LThK VII (1962) 1208-1209; M. Chibnall, The World of Orderic Vitalis, Oxford 1984; DMA IX (1987) 260-267.

Thomas von Monmouth, ein englischer Mönch, berichtet als Zeitgenosse über den ersten angeblichen Ritualmord von jüdischer Hand, den Tod des zwölfjährigen christlichen Knaben Wilhelm von Norwich im Jahre 1144 (lateinischer Text mit englischer Übersetzung hg. von Augustus Jessop und M.R. James, De vita et passione sancti Wilhelmi martyris norwicensis, Cambridge 1896). Die von Thomas berichteten Umstände des angeblichen Verbrechens lassen es in heutiger historischer Sicht als Schauermärchen erscheinen; allein schon die in diesem Zusammenhang sich einstellende Behauptung der Verwendung von Menschenblut bei den Passahriten (etwa zur Zubereitung der 'Matzen') widerspricht allen jüdischen Vorstellungen vom Blut (striktes Verbot des Blutgenusses: Gn 9,4; Lv 3,17; 7, 26-27; 17,10-14; 19,26). Die Annahme ging dahin, daß die Juden durch die martervolle Tötung eines Christenknaben zur Osterzeit die Passion Christi imitieren und verhöhnen wollten.- Ein Vorläufer dieser nach 1144 da und dort wieder aufflackernden Ritualmordlegende erscheint schon in Gestalt der durch den antiken Grammatiker Apion aufgebrachten Behauptung, daß die Juden im Tempel zu Jerusalem jedes Jahr einen zu dem Zweck gefangenen Griechen mästeten, schlachteten, vom Geschlachteten kosteten und bei diesem rituellen Opferakt einen verschwörerischen Feindschaftseid gegen die Griechen ablegten (Flavius Josephus, Contra Apionem 2, 89-102). In diesen Zusammenhang gehört auch eine in der spätantiken 'Kirchengeschichte' des Sokrates erzählte Begebenheit (PG 67, 769-772): In Inmestar, einer Stadt zwischen Chalkis und dem syrischen Antiocheia, verspotteten betrunkene Juden die Christen und Christus, griffen sich einen Christenknaben, fesselten ihn an ein Kreuz, verspotteten ihn zunächst und schlugen ihn dann so lange, bis er starb.

Ausgabe: De vita et passione sancti Wilhelmi martyris norwicensis. The Life and Miracles of St. Wilhelm of Norwich, ed. A. Jessop and M.R. James, Cambridge 1896.- *Literatur*: C. Roth, The Mediaeval Conception of the Jew: a new interpretation, in: Essays and Studies in Memory of Linda R. Miller, ed. I. Davidson, New York 1938, 171-190, S. 185-186; R.M. Ames, The Debate Between the Church and the Synagogue in the Literature of Anglo-Saxon and Mediaeval England, Diss. New York 1950, 50; C. Roth, European Jewry in the Dark Ages: A Revised Picture, Hebrew Union College Annual 23 II, 1950-1951, 151-169, S. 155-156; LThK X (1965) 1142; Baron, XI (1967), 146; Encyclopaedia Judaica (Jerusalem 1971) IV, 1121; XII, 1126-1127; A. Funkenstein, Basic Types of Christian Anti-Jewish Polemics in the Later Middle Ages, Viator 2, 1971, 373-382, S. 380; P. Herde, Probleme der christlich-jüdischen Beziehungen in Mainfranken im Mittelalter, Würzburger Diözesan-Geschichtsblätter 40, 1978, 79-94, S. 85-86; P. Lapide, in: Gottesverächter und Menschenfeinde?, hg. von H. Goldstein, Düsseldorf 1979, 247; Fr. Graus, in: Zur Geschichte der Juden im Deutschland des späten Mittelalters und der frühen Neuzeit, Stuttgart 1981, 17-18; Z. Entin-Rokeah, The Jewish Church-Robbers and Host-Desecrators of Norwich (ca. 1285), Revue des études juives 141, 1982, 331-362; G. Stemberger (Hg.), 2000 Jahre Christentum, Salzburg 1983, 816; G.I. Langmuir, Thomas of Monmouth, Detector of Ritual murder, Speculum 59, 1984, 820-846; G.I. Langmuir, Historiographic Crucifixion, in: Les Juifs au regard de L'histoire, ed. G. Dahan, Paris 1985, 109-127.

Nicolaus Maniacoria († um 1145), Zisterziensermönch in Tre Fontane bei Rom, gehört zu den noch wenigen christlichen Exegeten des 12. Jh., die sich um die 'Hebraica veritas', den genuinen Wortlaut der Bibel vor allem im kritischen Vergleich mit der Vulgata, bemühten. Von seinen handschriftlich erhaltenen Arbeiten ist vor einigen Jahren der *Libellus de corruptione et correptione psalmorum et aliarum quarundam scripturarum* erstmals ediert von Vittorio Peri (in: Italia medioevale e umanistica 20, 1977, 88-125). Hier entwickelt Nicolaus in verschiedenen Digressionen von seiner Psalmenerklärung seine bibelexegetische Methode und praktiziert sie zugleich in der Erklärung der Psalmen. Die zahlreichen durch die Nachlässigkeit und Willkür der Abschreiber entstandenen Abweichungen der einzelnen Handschriften des lateinischen Bibeltextes voneinander lassen ihn - vor allem auf der Linie des Hieronymus - den Weg zum hebräischen Bibeltext suchen, um dort Rat zu finden, dies trotz seiner wohl nur geringen Kenntnis des Hebräischen. Infolge eines glücklichen Zufalls erhielt Nicolaus ein Exemplar der Vulgata des Hieronymus durch den Hinweis eines "Hebräers", mit dem er disputierte und dessen Psalmenexegese er mit Gewinn zur Kenntnis nahm (Peri, p. 91). Unter Berufung auf Hieronymus, aber auch auf die Autorität des Augustinus, will er bei Diskordanzen verschiedener Exemplare der lateinischen Bibel jeweils die Lesart der hebräischen Bibel darüber entscheiden lassen, welcher der divergierenden Textvarianten der Vorzug zu geben ist. Dabei läßt er den alten Einwand, daß die Juden vielleicht ihre Kodizes gefälscht haben, wenigstens im Prinzip nicht gelten (Peri, p. 92); nur wo die *perfidia* der Juden eine Rolle spielen könnte - also vermutlich bei Loci, wo es um eine christologische Deutung geht - muß man tückische Änderungen argwöhnen (Peri, p. 106). Grundsätzlich jedenfalls ist der griechische Text zuverlässiger als der lateinische und der hebräische besser als der griechische (Peri, p. 96-97). Andererseits läßt Nicolaus den konkordierenden Wortlaut aller ihm verfügbaren Handschriften der lateinischen Bibel auch gegen die Hebraica veritas gelten, votiert jedoch ausdrücklich selbst mit einer Minderzahl von lateinischen Kodizes, wenn ihre Textform durch die hebräische Bibel gestützt wird (Peri, p. 107). Seinem moderne textkritische Methoden antizipierenden Verfahren liegt die richtige Einsicht zugrunde, daß der ursprüngliche Bibeltext vielfach durch Zusätze, Auslassungen und Änderungen entstellt wurde (Peri, p. 116). Gestützt auf einschlägigen Rat des Hieronymus und Augustinus will Nicolaus den Diskordanzen der lateinischen Bibelkodizes zu Leibe rücken und verhindern, "daß die Fehler (in unseren Bibelausgaben) überhand nehmen und wir dem Gespött der Juden ausgesetzt sind"

(Peri, p. 121). In diesem Zusammenhang erzählt er, wohl auch zur Begründung seiner Textkritik, eine Begebenheit, die ihn sehr beeindruckt haben muß: Bei einer Klostervisitation, bei der er seinen Abt begleitete, kam man auch in das Scriptorium des Klosters. Dort stießen sie auf einen Mönch, der einen alten, textlich noch nicht sehr verwilderten Bibelkodex mit Hilfe eines neuen Exemplars korrigierte. "Ich frage den Schreiber: 'Woher weißt du, Bruder, daß diese neue Bibel zuverlässiger ist als die alte?' 'Weil dort (in dem neuen Exemplar) mehr steht' (d.h. der Text durch Zusätze erweitert ist), antwortet er. Ich sage: 'So wie du glaubst, daß in dem alten Text fehlt, was der neue hat, so kannst du doch auch glauben, daß in dem neuen Exemplar unnötig zugefügt ist, was in dem alten fehlt'" (Peri, p. 121). Im Scriptorum kommt es nun, angeregt durch Nicolaus, zu einer Grundsatzdiskussion über das unmögliche naive Verhalten des Handschriftenschreibers. Nicolaus legt an Ort und Stelle dar, daß die willkürlichen Zusätze gerade in neueren Bibelexemplaren sich finden, in alten, der "Quelle der Wahrheit" noch näher stehenden Exemplaren, da, wo sie aus den neueren übernommen wurden (Peri, p. 122).

Ähnliche Feststellungen macht Nicolaus anderenorts, in einer Vorrede zum römischen Psalter (der Text kritisch ediert von R. Weber, in: Revue Bénédictine 63, 1953, 6-7). Auch hier betont er die Bedeutung der 'Hebraica veritas' und sein Prinzip, spätere, nur in einem Teil der Bibelhandschriften sich findende Zusätze zu tilgen, wenn sie auch in der Biblia hebraica fehlen (Weber, p. 6). Die lateinische Bibel sei nur die dritte Stufe der Bibelüberlieferung, nach der hebräischen und griechischen Traditionsstufe (Weber, p. 7; vgl. Peri, p. 96). Es komme nicht auf die Schönheit eines Kodex an, sondern auf seine Zuverlässigkeit, und er ermahnt in diesem Kontext künftige Abschreiber, sich korrekt an die Vorlage zu halten (Weber, p. 7). In einer anderen Vorrede zum Psalter (ediert bei Weber, a.a.O., p. 9-12) spricht er ebenfalls ausführlich von durch Abschreibfehler entstehenden Diskordanzen in den Exemplaren der lateinischen Bibel, rekurriert auf die 'Hebraica veritas' und stellt sie als erste Stufe einer Entwicklung heraus, die über die griechische zur lateinischen Bibel geführt habe (Weber, p. 10-11). Selbst bei christologischen Testimonia rät er zu kritischer Vorsicht, wenn sie nicht in den "hebräischen Quellen" stehen, sondern auf dem Weg von der griechischen zur lateinischen Bibel ihre Gestalt erhielten (Weber, p. 11). Dies sind überraschend neue Töne.

Literatur: H. Denifle, Die Handschriften der Bibel-Correctorien des 13. Jahrhunderts, Archiv für Literatur und Kirchengeschichte des Mittelalters 4, 1888, 270-276; A. Wilmart, Nicolas Manjacoria, Cistercien à Trois-Fontaines, Revue Bénédictine 33, 1921,

136-143; R. Weber, Deux préfaces au psautier dues à Nicolas Maniacoria, Revue Bénédictine 63, 1953, 3-17; LThK VII (1962) 993; B. Smalley, The Study of the Bible in the Middle Ages, Notre Dame, Indiana, 1964, 79-81; E. Brouette (u.a.), Dictionnaire des auteurs Cisterciens, Rochefort 1975, 523-524; A. Grabois, The "Hebraica Veritas" and Jewish-Christian Intellectual Relations in the Twelfth Century, Speculum 50, 1975, 613-634, S. 628 ff.; V. Peri, "Correctores immo corruptores". Un saggio di critica testuale nella Roma del XII secolo, Italia medioevale e umanistica 20, 1977, 19-125 (S. 88-125 Edition des 'Libellus de corruptione et correptione psalmorum et aliarum quarundam scripturarum'); Awerbuch, 1980, 73-77. 224; A.Ch. Skinner, Veritas Hebraica, Christian Attitudes toward the Hebrew Language in the High Middle Ages, Diss. Univ. of Denver, 1986, 195-197.

Noch unveröffentlicht sind die **Excerpta ex libris beati Augustini infidelitati Judaeorum obviantia** eines anonymen Autors, der entweder im 12. Jh. oder vielleicht schon im 6./7. Jh. schrieb. Die Datierung ist vor allem deshalb recht unsicher, weil es sich hier weitgehend um kaum reflektierte und entsprechend sprachlich wenig veränderte Augustinus-Excerpte handelt. Der ursprüngliche Titel dieser Kompilation - sie ist, zusammen mit einem vom gleichen Verfasser stammenden *Liber altercationum christianae philosophiae contra erroneas et seductiles paganorum philosophorum versutias* (CChr 58 A; hier ist auch eine Edition der 'Excerpta' vorgesehen) überliefert - ist vermutlich *Liber altercationum contra Judaeos*. Das fast zur Gänze aus verschiedenen Werken des Augustinus und aus pseudoaugustinischen Texten beziehungsweise bereits aus Kompilationen, also über eine Mittelquelle, stammende Material ist einigermaßen geschickt arrangiert und zu einem auch literarisch ansprechenden, aus zwei Disputationen des Augustinus mit einem *Judaeus* bestehenden Dialog verarbeitet. Freilich kommt der Jude vergleichsweise weit weniger ausführlich zu Wort. Diskussionsebene ist, wie meist in der antijüdischen christlichen Apologetik, das Alte Testament, doch zeigen die ebenfalls recht häufigen Zitate aus dem Neuen Testament, mit dem Juden kaum vertraut waren und das für sie jedenfalls weit weniger Überzeugungskraft hatte, daß innerchristliche Belehrung und Glaubensbefestigung im Vordergrund stehen und mit der Sammlung weniger judenmissionarische Absichten verfolgt wurden. Zu solchen Absichten hätten auch die zahlreichen polemischen Formulierungen und verbalen Aggressionen wenig gepaßt.

Auffällig sind Gemeinsamkeiten mit Isidor von Sevilla, der seinerseits viel aus Augustinus übernimmt. Andererseits scheint der Kompilator - entsprechend der Tatsache, daß seine Arbeit nur in zwei Handschriften überliefert ist - nicht irgendwie von späteren Autoren benutzt worden zu sein, eigentlich kein Wunder, weil er nirgends aus eigenem theologisiert. Die in den 'Excerpta' versammelten Versatzstücke stammen aus zahlreichen authentischen Schriften Augustinus', darunter auch 'Adversus Judaeos', aber auch aus pseudoaugustinischen Werken wie 'Contra Judaeos, paganos et Arianos' und 'Adversus quinque haereses'.

Literatur: B. Blumenkranz, Une survie médiévale de la polémique antijuive de saint Augustin, Revue du moyen âge latin 5, 1949, 193-196; Blumenkranz, Les auteurs chrétiens latins du moyen âge sur les Juifs et le Judaïsme, Paris 1963, 52; D. Aschoff, Editorische Studien zu zwei anonymen Kompilationen der Spätantike, Diss. Heidelberg 1971; D. Aschoff, Kritische Bemerkungen zu einer wenig beachteten Edition eines Augustinkompilators der Spätantike, Scriptorium 28, 1974, 301-308 (vgl. D. Aschoff, in: CChr 58 A, Einleitung); D. Aschoff, Studien zu zwei anonymen Kompilationen der Spätantike, Anonymi Contra Philosophos et Contra Judaeos. Teil I, Sacris Erudiri 27, 1983, 37-91; 28, 1984, 35-154.

Um die Mitte des 12. Jh. verfaßte der Nestorianer **Mārī ibn Sulaimān** in arabischer Sprache sein *Buch des Turmes (der Burg) zum Ausschauen und Kämpfen*, eine aus nestorianischer Sicht geschriebene enzyklopädische Gesamtdarstellung der christlichen Religion und Sitte in Geschichte und Gegenwart. Das siebte und letzte Kapitel dieser 'theologischen Summe' hat den Titel *Die (Lust-) Gärten* und befaßt sich mit den durch die Annullierung der Tora für die Christen sich ergebenden Annehmlichkeiten. Sie dürfen unbeschnitten bleiben, dürfen am Sabbat arbeiten und müssen sich nicht an die strengen Speisevorschriften der Juden halten. Insbesondere der vierte Abschnitt des siebten Kapitels handelt von den Irrtümern der Juden. Aber auch im Laufe des gesamten Werkes werden Themen erörtert, die von jeher in der christlich-jüdischen Apologetik eine Rolle spielten, wie Trinität und Inkarnation. Bei der Verteidigung dogmatischer Positionen scheint sich bei Mārī die gleiche christliche Grundhaltung zu artikulieren, die auch später noch in antijüdisch-apologetischen Werktiteln wie *Fortalicium fidei* (des Alfonsus de Spina) sichtbar wird.

Literatur: J.S. Assemanus, Bibliotheca orientalis clementino-vaticana, III, 1 (Rom 1725) 554-555 (vgl. ebd. p. 580-589); M. Steinschneider, Polemische und apologetische Literatur in arabischer Sprache, Leipzig 1877, 83-84; G. Graf, Geschichte der christlichen arabischen Literatur, II, Rom 1947, 200-202.

Um 1150 entstand eine unter anderem vielleicht auch für Zwecke der Judenmission verfaßte **Ysagoge in theologiam** (d.h. Eisagōgē, Einleitung in die Theologie). Die drei Bücher dieses Werkes aus der Schule

Abaelards (Text bei A. Landgraf, Hg., Écrits théologiques de l'école d'Abélard, Louvain 1934, p. 61-285; p. 287-289 die Widmung eines gewissen Odo an Gilbert Folioth, Benediktinerabt von Gloucester von 1139 bis 1148; doch ist der in der Handschrift nahegelegte Zusammenhang zwischen dem Odo dieser Widmung und einem möglichen Odo als Verfasser der 'Ysagoge' wohl nicht richtig; vgl. LThK VII, 1962, 1098-1099) enthalten eine durchweg scholastische Erörterung fast aller Bereiche der christlichen Theologie. Im ersten Buch geht es um die Erschaffung des Menschen, die Tugenden und den Sündenbegriff; im zweiten Buch (Landgraf, p. 126-219) spielt die antijüdische Apologetik eine bedeutende Rolle (bes. p. 127-161), sowie - ohne Zusammenhang mit dem Judenthema - allgemeine christologische Gegenstände, Fragen der Sakramentenlehre und sonstige Fragen der kirchlichen Praxis; das dritte Buch (Landgraf, p. 220-289) erörtert Natur und Fall der Engel, die Person Gottes und den Trinitätsbegriff nebst seinen biblischen Beweisstellen, dabei auch einige der aus der antijüdischen christlichen Apologetik bekannten *Testimonia trinitatis* (Landgraf, p. 279-284: Gn 1, 26; Ps 45, 7-8; Ps 51, 12-14; 67, 7-8; Is 6,3; 11, 2-3; Sprüche 30, 4; Dn 3, 25 [= 3,92 Vulgata]).

Stärkeres Interesse beansprucht hier der in besonderer Weise der Judenbekehrung gewidmete Abschnitt des zweiten Buches (Landgraf, p. 126 ff.). Es ist eine christliche Pflicht, sagt Ps.-Odo beziehungsweise der anonyme Verfasser der Ysagoge, "die Juden von der Irrlehre ihres Unglaubens zurückzurufen" zum Heil (*Judeos ab erronea infidelitatis secta revocare*, Landgraf, p. 127). "Gegen die Feinde des katholischen Glaubens müssen wir disputieren und dabei uns mehr stützen auf die Beweisstellen der hebräischen Verfasser (d.h. auf den hebräischen Wortlaut der biblischen Bücher) als auf Verstandesbeweise", weil das einen Hebräer mehr beeindrucke; denn ein "ungläubiger Freund der Lüge und Feind der Wahrheit" ist nicht durch lateinische Testimonia zu überzeugen, sondern leugnet ihren Beweiswert oder verdreht den Sinn der Worte (Landgraf, p. 127). Die Verwendung der hebräischen Sprache empfiehlt sich auch deshalb, weil sie "die Mutter aller Sprachen ist und in ihr Gesetz und Propheten, also die ersten Grundlagen der Theologie überliefert und eben daraus von Griechen und Lateinern übersetzt wurden" (Landgraf, p. 127). Auch sei von Inkarnation und Trinität klarer in der hebräischen Sprache die Rede als bei den Griechen und Lateinern; denn die (siebzig) Übersetzer hätten mit klugem Bedacht viele Texte der Hebräer, die klar von der Trinität handeln, verschwiegen, um nicht Griechen und Lateiner zum Aberglauben des Polytheismus zu verführen (Landgraf, p. 127). Angesichts dieser Tatsachen will der Autor der Ysagoge (biblisch-) hebräische Voraussagen der Ankunft Christi darbieten (Landgraf, p. 128). Die nun folgenden Zitate aus der Biblia hebraica sind allerdings teilweise durch Rückübersetzung aus der lateinischen Bibel verändert, so daß der Verfasser im Grunde sich selbst nicht treu bleibt. Zwar redet er einige Male die Juden direkt an (Landgraf, p. 149: *o Judei, Judei*; p. 160: *o Judee*), doch gehört dergleichen zum traditionellen Stil apologetischer Argumentation, und es kann durchaus zweifelhaft sein, ob der unmittelbare Zweck wirklich die Judenmission war und nicht vielleicht der Verfasser eher mit seiner Kentnis des Hebräischen beeindrucken wollte und überhaupt zunächst innerchristliche Absichten hat. Immerhin erscheinen, wie im apologetischen Kontext nicht unüblich, auch hier polemische Elemente: "Die Juden haben Christus mit ihren Zungen getötet", bemerkt Ps.-Odo zum Tötungsverbot des Dekalogs (Landgraf, p. 136). Zu Ps 69, 24 notiert er: "Überall auf der Erde wird euer Rücken von den Füßen der Heidenvölker niedergedrückt, alle schon genannten und noch unzählige andere Zeichen der Propheten scheinen danach eingetreten zu sein; deshalb zweifeln wir nicht, daß der, auf den ihr wartet, bereits gekommen ist" (Landgraf, p.154).

Die Beschneidung hat eine spirituelle Bedeutung, und der Stein, mit dem sie praktiziert wird, meint Christus, der die Sünden der Welt hinwegnimmt; "denn der Stein war Christus" (Landgraf, p. 131, zu 1 Kor 10, 4). Vollkommenen Menschen wie Abraham wurde die Beschneidung als "Zeichen" gegeben, weniger Vollkommenen aus erzieherischen Gründen, ganz schlechten Menschen aber als vergeltende Strafe des zürnenden Gottes (Landgraf, p. 132). Damit wird versucht, verschiedene ältere - vielleicht je für sich als unbefriedigend empfundene - Deutungen der Beschneidung zu integrieren und sozusagen gebündelt überzeugender zu machen. Christologisch aufgefaßt wird Gn 3,15 (Landgraf, p. 140), Dt 18, 15 (Landgraf, p. 140), Ez 44, 2 (Landgraf, p. 140 f.), Is 66, 7 (Landgraf, p. 141), Is 7, 14-15 (Landgraf, p. 141 f.), Is 9,5 (Landgraf, p.142), Is 11, 1 (Landgraf, p. 142), Mich 5,1 (Landgraf, p. 143), Baruch 3, 36-38 (Landgraf, p. 143), Is 52, 6.10 (Landgraf, p. 143-144), Is 28, 16 (Landgraf, p. 144), Dn 2,35 (Landgraf, p. 144), Ps 118, 22 (Landgraf, p. 144 f.), Dn 9, 24 (Landgraf, p. 148 f.), Hab 3,4 (Landgraf, p. 149), Ps 22, 17-19 (Landgraf, p. 149-150), Ps 69, 22 (Landgraf, p. 150), Is 63, 1-9 (Landgraf, 150 f.), Zach 12, 10-11 und 13, 6-7 (Landgraf, p. 151 f.), Os 6, 1-3 (Landgraf, p. 152 f.), Dn 7, 13-14 (Landgraf, p. 153), Is 11, 10 (Landgraf, p. 154), Gn 49, 10 (Landgraf, p. 154).- Jr 31,31-32 zielt auf den Christusbund (Landgraf, p. 149), Is 2, 2-3 meint den bis in die Gegenwart der Kreuzzugszeit andauernden Zug der Christen ins Heilige Land (Landgraf, p. 153); 2 Chron 15, 3 spricht von der Verwerfung Israels (Landgraf, p. 145). Sodann werden in scholastischer Manier einige fiktive Einwände der Juden betreffend das Erlösungswerk Christi widerlegt; denn den Juden leuchtet unter anderem nicht ein, daß Gott die Passion und einen schmählichenTod auf sich nehmen mußte. Die Inkarnation Gottes war, so legt Ps.-Odo dar, notwendig, weil der Mensch als Sünder von sich aus nicht angemessene Sühne leisten konnte (Landgraf, p. 55 ff.).

Die antijüdische Apologetik ist in der Ysagoge, ähnlich wie in anderen Texten des 12. Jh., in einem Umbruch. Noch greift man wenigstens teilweise auf die traditionellen Beweisstellen des Alten Testaments zurück, doch der Vernunftbeweis (*ratio*) dringt vor, ergänzt und ersetzt teilweise die *Auctoritas* der Schriftzeugnisse. Darüber hinaus ist der anonyme Autor der Ysagoge einer der ersten Christen des 12.Jh., die aus den sich in dieser Zeit anbahnenden Einsichten in den nur relativen Wert der lateinischen Bibelübersetzung vorsichtig praktische Konsequenzen zu ziehen versuchen und einige Schritte hin zu der Denk- und Argumentationsebene der Juden, zur Biblia hebraica, tun.

Ausgabe: Écrits théologiques de l'école d'Abélard, ed.A. Landgraf, Louvain 1934.-
Literatur: J. Fischer, Die hebräischen Bibelzitate des Scholastikers Odo, Biblica 15, 1934, 50-93; J. Fischer, Einige Proben aus den hebräischen Bibelzitaten des Scholastikers Odo, Beihefte zur Zeitschrift für die alttestamentliche Wissenschaft 66, 1936, 198-206; G. Dahan, in: SChr 288 (Paris 1981) 28-29.

In einer Münchener Handschrift (Cod. Lat. 6426) ist ein lateinischer **Judeneid** aus dem 12. Jh. erhalten, der wegen seiner typischen Form hier Beachtung verdient (Text und Interpretation bei V. Zimmermann, Die Entwicklung des Judeneides, Bern 1973, 38-43; vgl. auch L. Petzoldt, in: Das Bild des Juden in der Volks- und Jugendliteratur vom 18. Jahrhundert bis 1945, hg. von H. Pleticha, Würzburg 1985, 43-44):

"Judeneid. Ich schwöre dir bei dem wahren Gott, dem Gott Abrahams, Isaaks und Jakobs, der Himmel und Erde schuf, und bei jenem heiligen Gesetz, welches der Herr mit eigener Hand Moses und unseren Vätern auf dem Berg Syna gab, und bei dem Dornbusch, in dem Gott erschien (vgl. Ex 3,4-6; Dt 33, 16), und bei der Lade des Bundes und des Zeugnisses (d.h. ʾarōn habᵉrīt, ᵃrōn hāēdūt; weil in der Bundeslade die Gesetzestafeln aufbewahrt wurden), und bei dem heiligen (Namen) Adonay, und beim Abrahams-Bund; und so wahr mich nicht die Erde lebendig verschlingen soll wie Dathan und Abiron (d.h. Abiram) beim Aufruhr des Chore (d.h.

Korach; vgl. Nm 16), und so wahr nicht der Aussatz des Syrers Neaman (d.h. Naaman) über mich kommen soll (vgl. 2 Kg 5), und so wahr nicht der Fluch über mich kommen soll, der auf das Gebirge Gilboa fiel (vgl. 2 Sam 1, 21), und so wahr nicht über mich und mein Haus kommen soll das Anathema Maranatha (d.h. dieVerfluchung; vgl. 1 Kor 16,22), und so wahr nicht über mich und mein Haus kommen soll die Plage, mit welcher Gott Ägypten schlug, und so wahr nicht (über mich) kommen sollen alle jene Verwünschungen, die in diesem Buch (d.h. in der Bibel, die der Schwörende in der Hand hält) geschrieben sind: hinsichtlich dieses Eides bin ich nicht meineidig.- Wenn ein Jude diesen Eid ablegen muß, soll er unter freiem Himmel stehen, mit erhobener rechter Hand, und soll eine knietiefe Grube graben (in der er bei der Eidesleistung zu stehen hat), und er soll (bei der Eidesleistung) auf einem Ziegenfell stehen. Ferner sei er umgürtet mit (Brombeer-) Dornen."

Einige Elemente dieses Judeneides sind schon aus früherer Zeit bekannt (vgl. Verf., Die christlichen Adversus-Judaeos-Texte, 1982, 482), andere sind neu und finden sich oft in späteren Eidformeln. Das Stehen unter freiem Himmel in einer Grube und ohne den Schutz eines Daches über dem Kopf soll im übrigen wohl die bei Meineid drohende Gefahr realistisch vergegenwärtigen, von der Erde verschlungen zu werden. Das Ziegenfell wird in späterer Zeit, als die Judeneide diskriminierender werden, zur Schweinehaut. Hier bleibt die Prozedur noch verhältnismäßig maßvoll, doch verrät die Formel durchgehend, daß sie aus einer christlichen Feder geflossen ist.

Vielleicht schon in der Mitte des 12. Jh. entstand das altfranzösische **Adamsspiel** (*Jeu d'Adam*) von 943 Versen. Der zweifellos geistliche Verfasser schuf damit ein Werk, das zwar noch nicht ganz den Zusammenhang mit der Liturgie, aus der heraus sich die geistlichen Schauspiele entwickeln, verliert, aber bereits seinen Spielort vor dem Kirchenportal hat. Von den drei Teilen des Spiels (Sündenfall, Kains Brudermord, Weissagungen des Kommens Christi in Gestalt des sogenannten Prophetenspiels) geht der dritte Teil, der Aufzug der einzelnen Propheten, auf die liturgische Lesung am Weihnachtsfest zurück und die entsprechende Passage im pseudoaugustinischen 'Sermo contra Judaeos, paganos et Arianos' (PL 42, 1123-1125). Die volkssprachige Form des Adamsspiels - sie ist unterbrochen durch Regieanweisungen in lateinischer Sprache - entspricht dem erwarteten Publikum. Zu Beginn des dritten Teils wird mit der Bühnenanweisung *Legatur in choro lectio: Vos, inquam, convenio, o Judei* (Im Chor soll die Lesung verlesen werden: 'An Euch ihr Juden, wende ich mich'!) direkt angeknüpft an eine Stelle des pseudoaugustinischen Sermo (PL 42, 1123: *Vos, inquam, convenio o Judaei*; mit den gleichen Worten beginnt übrigens der Prolog des Petrus Venerabilis zu seinem 'Tractatus adversus Judaeorum inveteratam duritiem', PL 189, 507). Im Adamsspiel treten dann der Reihe nach auf (Text und deutsche Übersetzung bei Uda Ebel, Hg., Das altfranzösische Adamsspiel, München 1968, 114 ff.): Abraham, Moses, Aaron, David, Salomo, Balaam (mit Nm 24, 17), Daniel, Habakuk (mit Hab 3,2), Jeremias (mit Jr 7,2-3), Isaias (mit Is 7, 14; 11, 1-2), Nebukadnezar (mit Dn 3, 24-25). Im weiteren Verlauf des Stückes wird ausdrücklich (Ps.-) Augustinus als Gewährsmann genannt (Ebel, S. 140). Innerhalb dieser Prophetenparade, wie man sie nennen könnte, ist eine kleine Diskussion des Isaias mit "einem von der Synagoge", das heißt, einem aus der Gruppe der Juden, eingeschoben, die als solche zu den stummen Personen des Stückes gehören. In dieser lebhaften Diskussion (Ebel, S. 126-131) erklärt der Prophet den verstockten, ungläubig-widerstrebenden Juden die christologische Bedeutung zweier wichtiger Stellen des Isaiastextes. Der Prophetenaufzug - seine Weissagungen sind zum Teil identisch mit denen bei Ps.- Augustinus, PL 42, 1123-1124 - hat innerhalb des ganzen Stückes zweifellos eine gewisse Selbständigkeit, und man findet ihn in ähnlicher Form in vielen späteren geistlichen Schauspielen. Als Verstockte erscheinen die Juden auch sonst innerhalb der Prophetenparade (Ebel, S. 120): "Juden, euch hat Gott das Gesetz gegeben, ihr aber habt ihm euren Glauben nicht geschenkt ... gegen Gott habt ihr euch aufgelehnt ... sehr streng wird die Rache an denen sein, die die höchste Stellung innehatten: sie alle werden in die Tiefe stürzen". Im ganzen zeigt sich deutlich eine moralisierende Tendenz bei der Behandlung des Judenthemas. Sie macht erstaunlicherweise nicht einmal vor den Propheten halt, die in der christlichen Überlieferung vielfach als Prächristen galten; denn laut Regieanweisung werden sie allesamt, jeder nachdem er sein Sprüchlein gesagt hat, von Teufeln in die Hölle abgeführt.

Ausgaben: Le mystère d'Adam, publié par Paul Aebischer, Genève-Paris 1963; Das altfranzösische Adamsspiel. Übersetzt und eingeleitet von U. Ebel, München 1968.- *Literatur*: Weber, 1894, 44-45.58; R.M. Ames, The Debate Between the Church and the Synagogue in the Literature of Anglo-Saxon and Mediaeval England, Diss. New York, 1950, 74; Grace Frank, The Medieval French Drama, Oxford 1954, 74-84; Fr. E. Talmage, Hg., Disputation and Dialogue, New York 1975, 100-108; I. Schwendemann, Hg., Hauptwerke der französischen Literatur, München 1976, 55; W. Engler, Lexikon der französischen Literatur, Stuttgart 1984, 513; Y. Friedman, in Kairos 26, 1984, 80-88; M. Rosenthal, in: Wenn der Messias kommt, hg. von L. Koetzsche u. P. von der Osten-Sacken, Berlin 1984, 54; A.L. King, in: Medium Aevum 53, 1984, 49-58.

Um 1150 wurde in Regensburg die **Kaiserchronik** vollendet, eine gereimte Weltgeschichte, welche die Biographien der römischen und deutschen Kaiser aneinanderreiht und den locker komponierten Geschichtsbericht anreichert mit Sagen, Legenden (dabei auch die Veronikalegende [Verse 690-838], die Zerstörung Jerusalems [Verse 839-1110] und die Silvesterlegende [Verse 7806-10380], darin die siegreiche Disputation des Papstes mit Heiden und Juden nebst anschließender Taufe [Verse 8574-10380]), Fabeln und Novellen. Die Geschichtsdichtung ist trotz ihres großen Umfangs von 17283 Versen möglicherweise keine Gemeinschaftsleistung mehrerer Autoren, sondern das Werk *eines* (nicht sicher identifizierten) Klerikers, und zwar eines Mannes, der die typische Geschichtssicht des hohen Mittelalters vertritt, nach der das Weltgeschehen zusammenfällt mit dem Wachsen der irdischen Erscheinungsform des universalen Gottesstaates, die unter der Leitung von Papst und Kaiser steht, die harmonisch zusammenwirken. Die weite Verbreitung dieser frühmittelhochdeutschen Reimchronik läßt deutlich werden, daß sie den Bildungsinteressen des Hochmittelalters und der Zeitstimmung entsprach. Ihrerseits verarbeitet die Kaiserchronik neben der Chronik des Frutolf - Ekkehard ziemlich frei verschiedenartige, im einzelnen meist nicht mehr sicher auszumachende Quellen vor allem aus dem Bereich der Legendenliteratur und Sagenüberlieferung.

Das Judenthema erscheint in der seit der Spätantike bekannten Weise verbunden mit der Veronikalegende und der Zerstörung Jerusalems im Jahre 70 (Vindicta-Salvatoris-Stoff; vgl. Verf., Die christlichen Adversus-Judaeos-Texte, 1982, 463-465). Hier, in der Kaiserchronik wird ebenfalls die Schuld am Tode Jesu ganz den Juden aufgeladen (MG, Deutsche Chroniken, I, 1, p. 96, Vers 807: *die Juden hânt den arzât erhangen*). Angesichts des von Veronika mitgebrachten Bildes des Kranke heilenden Arztes Jesus gesundet auch der Kaiser Tiberius (p. 96, Verse 830-833: *der chuninc wart gesunde / von allen sînen nôten. / die wurme vielen tôte / nider zuo der erde*) und entsendet, um die missetäterischen Juden für ihre Tat zu bestrafen, Vespasian und seinen Sohn Titus mit einem großen Heer zu einer Strafexpedition nach Jerusalem (p. 97, Verse 853-858: *Duo sante er Vespasjânum / unt sînen sun Titum. / die vazten sih uber mere / mit vil creftigem here. / da scein Rômâre gewalt / uber alle Jerusalêmisken lant*).

Jesu Klage über den bevorstehenden Untergang der Stadt (Lk 19, 41 ff; 23, 28; p. 97, Verse 862-896) und der nach Josephus gegebene Bericht über "das Wahrwerden der Worte Gottes", *diu gotes wort wurden wâr* (p. 98, Vers 897; dabei auch die berühmte Teknophagie der Maria, nach Josephus, Bell. Jud. 6, 201-213) führen die Erzählung weiter. Die Juden, hoffnungslos in Jerusalem belagert, beschließen, sich gegenseitig umzubringen und realisieren dies trotz der Warnrede des Josephus (p. 99, Verse 964-1010; hier sind Elemente des Jotapata-Geschehens, Bellum Judaicum 3, 340-391, effektvoll gerafft auf Jerusalem übertragen). Gottes vergeltende Rache kommt schließlich über alle Juden, und sie sind nicht mehr Gott lieb (p. 100, Verse 1002-1009: *do giviel diu gotes râche / uber alle Ebrêiske diet. / dâ vor wâren si gote liep / unt waren im trûte. / von ir grôzen unkûske / unt von ir unzuhte / verlurn si mit rehte / die hulde ir hêrren*). Der prophetische Josephus jedoch findet Gnade bei Titus und fliegt mit Hilfe von zwei Schilden unter seinen ausgebreiteten Armen von der Davidsburg herab zum römischen Belagerungsheer (p. 100, Verse 1011-1044; vgl. besonders Verse 1040-1044: *Tîtus hiez in neren. / sît screib er ain buoch, / daz ist nuzze unde guot: / des megen alle die wol gehen / die daz buoch hânt geleren*). Diese wunderbare Rettung eliminiert offenbar mit Absicht die zweifelhaften Umstände des Überlebens in Jotapata, wertet den jüdischen Historiker zum Bestätiger des Neuen Testaments auf und macht durch die Verlegung der Rettung von Jotapata nach Jerusalem die ganze Darstellung dramatischer. Josephus wird vom Überläufer zum Diener Gottes und zu einer bedeutender Figur der christlichen Heilsgeschichte. Die nach dem Massenselbstmord noch in Jerusalem befindlichen Juden fallen schließlich in die Hände der die Stadt erstürmenden, von Vespasian und seinem Sohn Titus geführten Römer (p. 100-101, Verse 1045-1104). Nach der Zerstörung der jüdischen Hauptstadt werden die noch lebenden Juden zu immerwährendem Exil in die Sklaverei verkauft, in der sie heimatlos und ohne Hilfe bis an den jüngsten Tag ausharren müssen (p. 101, Verse 1097-1104: *an keten unt an snuoren / hiez man si vaile vuoren, / drîzic umb ainen phennic geben / - wie maht in iemer wirs gescehen?- / in ze laster unt ze scanden. / si sint in fremeden Landen / unz an den jungisten tac, / daz in niemen gehelfen nemac*). Mit dem Verkauf "dreißig für einen Pfennig" (d.h. eine kleine Münze bzw. Silberdenar) erscheint wieder die herkömmlich potenzierte Talion für den Verrat Jesu um dreißig Silberlinge. Dahinter steht die dem geistlichen Autor gewiß bekannte Bewertung der jüdischen Diaspora als *servitus Judaeorum*. Den Christen war nicht oder nicht mehr bekannt und bewußt, daß der weitaus größte Teil der Juden des römischen Imperiums im Jahr 70 bereits nicht mehr im Mutterlande, sondern im mesopotamischen Raum und in vielen Städten am Rande des Mittelmeeres lebte, von der Katastrophe des Jahres 70 also nicht unmittelbar betroffen war - ganz zu schweigen von der Tatsache, daß durch die *Constitutio Antoniniana* Kaiser Caracallas (anno 212) fast allen Bewohnern des Imperium Romanum, auch den Juden, das volle Bürgerrecht verliehen und auch später nie widerrufen wurde. Der Autor der Kaiserchronik bedient sich der herkömmlichen ätiologisch moralisierenden Geschichtsdeutung, nach welcher der sozial mindere Status der Juden in der europäischen Gesellschaft auf die - zuvor frei nach Josephus referierten - Ereignisse des Jahres 70 zurückgeführt wird. Das Problem der Diskrepanz dieser Doktrin von der *servitus Judaeorum* mit der Realität der Diaspora-Gemeinden in Europa, die - gewiß zum Teil im Rahmen von einzelnen (die zu Schützenden in gewisser Weise unmündig machenden) Schutzvereinbarungen und Gruppenprivilegien - noch relativ frei lebten, sieht der Kleriker ebensowenig wie andere geistliche Autoren vor ihm. Vielmehr trägt er auf seine Weise und gewiß unbefangen dazu bei, die Formel von der Knechtschaft aller Juden post Christum mehr und mehr auch generell sozialpolitische und juristische Realität werden zu lassen (vgl. ANRW II, 21, 2, S. 1210).

Das Judenthema kehrt höchst bemerkenswert wieder in der auch hier erscheinenden Silvesterlegende (vgl. Verf., Die christlichen Adversus-Judaeos-Texte 1982, 255-257). Im Glaubensstreit des Papstes Silvester mit dem Archisynagogus Abiathar und den Juden siegt selbstverständlich Silvester. Hier sind die Juden klischeehaft dargestellt als dialektisch gewandt und zunächst verstockt; aber der Dichter nimmt wieder den *tiuren Josêphum, iweren hystoriographum* aus (p. 241, Verse 8694-8695; vgl. p. 99, Vers 975: *Josêphus hiez ain wîser man*), der angeblich in seinem Werk die Allmacht Jesu dadurch bezeuge, daß er von der Auferweckung der Tochter des Jairus berichte (p. 241 f., Verse 8680 ff.). In dem größeren Gesamtrahmen der Glaubensdisputation am Hof Kaiser Konstantins agieren zwar neben den jüdischen Teilnehmern auch Heiden, doch spielen diese im Vergleich zu den Juden keine nennenswerte Rolle. Die im Laufe der Kontroverse zur Sprache kommenden Themen sind die aus der christlich-jüdischen Apologetik bekannten: Trinität, christologische Prophezeiungen des Alten Testaments, Virginität Marias usw.

Ausgabe: MG, Deutsche Chroniken I 1.- *Übersetzung*: W. Bulst, Jena 1926.- *Literatur*: Ehrismann II, 1 (1922), 267-284; E. Schenkheld, Die Religionsgespräche in der deutschen erzählenden Dichtung bis zum Ausgang des 13. Jahrhunderts, Diss. Marburg

1930 (passim); S. Stein, Die Ungläubigen in der mittelhochdeutschen Literatur von 1050 bis 1250, Heidelberg 1933, 29-36; Fr. Landsberg, Das Bild der alten Geschichte in mittelalterlichen Weltchroniken, Berlin 1934, 80-85; J. Schwietering, Die deutsche Dichtung des Mittelalters, Darmstadt 1957, 95-99; A. Hauck, Kirchengeschichte Deutschlands, IV, Berlin 1958, 512-514; LThK V (1960) 1251; E. Fr. Ohly, Sage und Legende in der Kaiserchronik, Darmstadt 1968, 53-66.165-171; Chr. Gellinek, Die deutsche Kaiserchronik. Erzähltechnik und Kritik, Frankfurt 1971, 39-45; K.Geissler, Die Juden in mittelalterlichen Texten Deutschlands, Zeitschrift für bayerische Landesgeschichte 38, 1975, 163-226, S. 192-194; E. Erb, Geschichte der deutschen Literatur von den Anfängen bis 1160, Berlin 1976, 717-724.814-815; W. Wattenbach u. F.-J. Schmale, Deutschlands Geschichtsquellen im Mittelalter. Vom Tode Kaiser Heinrichs V. bis zum Ende des Interregnum, I, Darmstadt 1976, 41-45; K.H. Hennen, Strukturanalysen und Interpretationen zur Kaiserchronik, Diss. Köln 1977, I, 73 ff. 111 ff.; de Boor-Newald I, 1979, 211-220.323; Verfasserlexikon IV (1983) 949-964.

Eliezer aus Beaugency (ca. 120 km südlich von Paris) gehört zu den jüdischen Bibelexegeten des 12. Jh., die dank gewisser Lateinkenntnisse in ihren Kommentaren nicht selten die Vulgata heranziehen und sich gegen die christliche Bibelinterpretation aussprechen. So befaßt er sich in seinem Isaiaskommentar mit Is 7,14 und Is 9, 5. Er ist stark von Raschi beeinflußt, vertritt regelmäßig die Methode der literalen Schriftexegese und geht dementsprechend manchen Deutungen der rabbinischen Literatur aus dem Wege. Biblische Wunderberichte wie Is 30, 26 erklärt er rationalistisch.

Literatur: E.I.J. Rosenthal, Anti-Christian polemic in medieval Bible commentaries, Journal of Jewish Studies 11, 1960, 115-135, S. 126-127; Encyclopaedia Judaica (Jerusalem 1971) III, 195; VI, 630-631; B. Blumenkranz, Auteurs juifs en France médiévale, Toulouse 1975, 26.

Der Kirchenlehrer **Bernhard von Clairvaux** († 20.8.1153), der zweite Gründer des Zisterzienserordens, gilt nicht nur als Kirchenschriftsteller von hohem Rang, sondern auch als ein führender Theologe und Kirchenpolitiker seiner Zeit. So war er es, der maßgeblich zur Beendigung des Schismas (Innozenz II., Anaklet II.) beitrug, der unter Papst Eugen III. und im Auftrag dieses Papstes, eines ehemaligen Mönchs von Clairvaux und Schüler Bernhards, 1146 in Frankreich und im Rheinland umherziehend den zweiten Kreuzzug predigte. Er gewann Ludwig VII. von Frankreich und Konrad III. von Deutschland dafür, dem gefährdeten christlichen lateinischen Königreich, das seit 1099 in Jerusalem bestand, zu Hilfe zu eilen. Vor allem im Zusammenhang der Kreuzzugsbewegung ist auch das Judenthema von Bedeutung, soweit es überhaupt in den Schriften Bernhards erscheint. Diese Schriften, darunter zahlreiche Predigten (*Sermones*) und Briefe, sowie Abhandlungen zu verschiedenen Themen, bezeugen seine starke monastisch-asketische, der Mystik zugewandte Grundhaltung, mit der er Zeitgenossen und Nachwelt bis weit in die Neuzeit hinein in ungewöhnlichem Maße beeindruckte. Sein hoher theologischer Rang wird nicht dadurch gemindert, daß er die Schrift stark traditionsgebunden auslegt und mit seiner Argumentationsweise in einem gewissen Gegensatz zum dialektischen Rationalismus der Scholastik steht. Das überlieferte Bildungsgut der vor- und außerchristlichen Antike hat im Vergleich zu den Kirchenvätern für Bernhard nur geringe Bedeutung, wenngleich er immerhin da und dort zum Beispiel Horaz, Vergil und Ovid zitiert. Dagegen kennt er gut die führenden Köpfe seiner Zeit, steht mit ihnen im brieflichen Austausch oder bekämpft ihre Anschauungen (Peter Abaelard, Gilbert von Poitiers, Hugo von St. Victor, Wilhelm von Champeaux, Petrus Venerabilis). Unter dem Gesichtspunkt des Judenthemas interessiert hier besonders, daß Bernhard Gegenpositionen zu einschlägigen Ansichten des Petrus Venerabilis formuliert, den er dabei freilich nicht erwähnt.

Im Rheinland hatte der Zisterziensermönch Radulf, der sich, der Regula Benedicti zuwider, aus dem Kloster Clairvaux entfernt und anscheinend eine Zeitlang als Eremit gelebt hatte, als 'wilder' Prediger im Laufe des Jahres 1146 und im Vorfeld des neuen Kreuzzuges die christliche Bevölkerung mit Erfolg gegen die dort ansässigen Juden aufgebracht und eine blutige Verfolgung inszeniert. Wir wissen, daß Bernhard auf seiner Predigtreise auch nach Mainz kam, dort diesem Pogromprediger entgegentrat und ihn zur Rückkehr in sein Kloster zwang (Otto von Freising, Gesta Friderici 1, 39 [ed. Fr.-J. Schmale, Darmstadt 1974, 206-208]; MG, Scriptores 20, 372-373). Er hatte jedoch einige Mühe damit, weil der Kreuzzugsprediger Radulf sich der Gunst des Volkes erfreute und es anscheinend verstand, Gruppenemotionen gegen die Juden zu stimulieren. Aus einem Brief Bernhards an den Erzbischof von Mainz (vom gleichen Jahre 1146), der sich über Radulfs Aktionen bei jenem beklagt hatte, erfahren wir einiges über Bernhards zornige theologische Bewertung der Situation: Radulf handelt weder im Auftrag von Menschen noch im Auftrag Gottes; sein Predigtamt hat er sich eigenmächtig angemaßt; er mißachtet die Bischöfe und nimmt sich heraus, dem Mord (an Juden) das Wort zu reden (Epistola 365; PL 182, 570; ed. J. Leclercq, VIII, 1977, 321). "Bist du", so redet er im Eifer seines Briefes Radulf an (PL 182, 571; Leclercq, VIII, 321), "größer als unser Vater Abraham", der sein Schwert aus der Hand legte, als der es ihm befahl, auf dessen Geheiß er es (gegen seinen eigenen Sohn) erhoben hatte (vgl. Gn 22) ... ist nicht der Triumph der Kirche über die Juden voller, wenn sie diese Tag für Tag des Irrtums überführt und bekehrt, als wenn sie diese ein für allemal mit der Schärfe des Schwertes vertilgte? Wurde etwa vergeblich jenes allgemeine Gebet der Kirche eingeführt, das gebetet wird für die ungläubigen Juden (*perfidi Judaei*) vom Aufgang bis zum Untergang der Sonne, damit Gott der Herr die Hülle von ihren Herzen nehme und sie aus ihrer Finsternis hin zum Licht der Wahrheit gebracht werden? Würde sie (die Kirche) nämlich nicht die Hoffnung haben, daß die (noch) Ungläubigen zum Glauben finden, müßte es überflüssig und sinnlos erscheinen, für sie zu beten." Nach einem Hinweis auf Ps 59, 12 (Töte sie nicht, zerstreue sie) und auf Paulus, Röm 11, 25-26 (endzeitliche Rettung von ganz Israel), sowie auf Ps 147, 2 (der Herr baut Jerusalem, versammelt die Zerstreuten von Israel) mündet der Brief an Heinrich in eine emphatische Frage an den missetäterischen Radulf, ob er etwa den Ps 59, 12; 147, 2 und Röm 11, 25-26 formulierten Heilsplan zunichte machen und damit das Werk des Teufels tun wolle (PL 182,571; Leclercq, VIII, 322): "Bist du jener, der die Propheten zu Lügnern machen und alle Schätze des gütigen Erbarmens Jesu Christi zum Verschwinden bringen will? Dies ist nicht deine Lehre, sondern die des Vaters, der dich gesandt hat (d.h. des Teufels, Jo. 8, 44) ... Welch monströses Wissen, welch höllische Weisheit; sie stellt sich feindlich gegen Propheten und Apostel und wirft Güte und Erbarmen (Gottes, d.h. seinen Heilsplan) um! Welch überaus schmutzige Ketzerei und sakrilegische Hure, die geschwängert vom Geist der Unwahrheit den Schmerz empfing und Ungerechtigkeit gebar (vgl. Ps 7, 15)."

Dies ist in der Tat eine deutliche Verurteilung der antijüdischen Aktionen Radulfs, der wieder in sein Kloster zurückgeschickt wird. Auch an anderer Stelle macht Bernhard unmißverständlich klar, daß solche Aktionen sich nicht christlicher Begründung bedienen könne. In einem Brief vom November des Jahres 1146 an die Erzbischöfe Ostfrankens und Bayerns (Epistola 363; PL 182, 564-568; Leclercq VIII, 311-317) mahnt er: "Nicht darf man die Juden verfolgen, nicht töten, nicht einmal vertreiben. Befragt ihretwegen die Heilige Schrift. Ich weiß, was im Psalm (59, 12) über die Juden prophezeit wird: 'Gott hat mich', sagt Ecclesia, 'bezüglich meiner Feinde belehrt, töte sie nicht, damit meine Völker nie vergessen'. Sie sind für uns lebende Schriftzeichen und vergegenwärtigen die Passion des Herrn. Deshalb sind sie zerstreut in alle Gegenden (der Welt), damit sie, gerechte Strafe für ihre große Missetat leidend, unsere Erlösung bezeugen. Daher auch fügt in demselben Psalm die Kirche die Worte hinzu: 'Zerstreue sie in deiner Kraft und stürze sie, mein Schützer, Herr (Ps 59, 12)'. So geschah es auch: Sie sind zerstreut und niedergeworfen; eine harte Gefangenschaft (*captivitatem*) ertragen sie unter christlichen Herrschern. Gleichwohl werden sie sich am Abend (d.h. zum Weltende) bekehren, und zu gegebener Zeit werden sie Zuwendung erfahren (d.h. es wird sich ihrer angenommen). Schließlich, wenn die Fülle der Heiden eingetreten ist, 'dann wird ganz Israel gerettet sein', sagt der Apostel (Röm 11, 25-26). Wer freilich inzwischen stirbt, bleibt gestorben. Ich will gar nicht von unserem Kummer reden, daß, wo es keine Juden gibt, christliche Wucherer um so ärger die Rolle der Juden spielen - wenn sie überhaupt Christen und nicht eher getaufte Juden genannt werden sollen. Werden die Juden ganz und gar vernichtet, woher (d.h. wie) soll das ihnen zum Weltende verheißene Heil beziehungsweise ihre Bekehrung (zu Jesus Christus) wie erwünscht zustande kommen? ... Unterworfene sind zu schonen, vor allem diejenigen, denen das Gesetz verheißen wurde (d.h. denen Gesetz und Verheißung gehören; vgl. Röm 9, 4-5), denen die (biblischen) Väter gehören und aus denen Christus dem Fleische nach kommt, der gepriesen ist in Ewigkeit. Doch soll von ihnen (d.h. den Juden) gefordert werden, daß sie, entsprechend dem Wortlaut der päpstlichen Anordnung (vgl. Otto von Freising, Gesta Friderici 1, 37 [ed. Fr.-J. Schmale, Darmstadt 1974, 206; MG, Scriptores 20, 372), ganz auf die Zinseintreibung bei denen verzichten, die (als Kreuzfahrer) das Kreuzzeichen genommen haben" (PL 182, 567-568; Leclercq, VIII, 316).

Solches Argumentieren gegen die Juden setzt zunächst voraus, daß ihre Verweigerungshaltung im Sinne des Paulus und seiner Endzeithoffnung respektiert wird. Diese wichtige Leitlinie Bernhards erscheint auch in seinen Predigten zum Hohenlied, wo er, wie viele andere christliche Theologen, in der Braut die Kirche erkennt (Sermo 14; PL 183,840; Leclercq, I, 75-76). Hier stehen sich Ecclesia und Synagoga gegenüber, und letztere wird als "blind", "hochmütig", "mißgünstig" und heilsegoistisch charakterisiert, weil sie zu den Heiden und der von den Heiden kommenden Ecclesia Abstand halte, obwohl doch der Gott der Juden auch der Gott der Heiden sei (vgl. Röm 3, 29). Letztlich aber wird Gott sein Volk nicht verstoßen, und auch Israel wird am Ende der Zeit in Gestalt Jesu Christi "seinen eigenen Sohn aufnehmen" (PL 183, 840; Leclercq, I, 77). Das Motiv der vorläufigen "Blindheit" der Synagoge erscheint auch in einem Gedicht, das aber, wie fast alle unter Bernhards Namen überlieferte Poesie, nicht von seiner Hand stammt (PL 184, 1327-1328): Isaias hat (Christus) prophezeit, Synagoga weiß darum, bleibt aber stets blind. Wenn sie schon nicht ihren eigenen Propheten glaubt, sollte sie wenigstens den Heiden glauben, der Sibyllinischen Dichtung, in welcher dies (d.h. Christi Kommen) verheißen ist. Du Unglückliche, beeile dich (zum Heil zu kommen), finde zum Glauben, auch wenn du schon alt bist (vgl. Venantius Fortunatus, der ähnlich formuliert, Carmen 5, 5, Vers 35-40; MG, Auct. ant. 4, 109; dazu Verf., Die christlichen Adversus-Judaeos-Texte 1982, 241-243). Warum willst du der Verdammnis anheimfallen, bejammernswertes Volk? Er, über den der Buchstabe (d.h. der Text des Alten Testaments) Auskunft gibt, siehe, er ist geboren; schau, ihn hat die Wöchnerin (Maria) geboren." Hier, bei Ps.-Bernhard, ist nur von der beklagenswerten heilsgeschichtlichen Situation des Judentums post Christum die Rede, Bernhard selbst hat aber durchaus auch das sozialpolitische Element im Auge. Wir sahen schon, wie er von der "harten Gefangenschaft" (captivitas) der Juden "unter christlichen Fürsten" spricht (PL 182, 567; Leclercq, VIII, 316). Beiläufig heißt es ein anderes Mal (De consideratione 1, 3; PL 182, 732; Leclercq, III, 398): "keine Knechtschaft ist schmählicher und drükkender als die Knechtschaft der Juden (servitus Judaeorum), die sie, wohin sie auch gehen, (als ihr Schicksal) hinter sich her schleppen, und überall mißfallen sie ihren Herren." In "wohin sie auch gehen" klingt das Thema der Zerstreuung in alle Weltgegenden an, die sie zur Buße für ihre Missetaten erleiden und damit sie (überall) Zeugen der Erlösung der Christen seien (PL 182,567; Leclercq, VIII, 316). Der augustinische Gedanke der "Zerstreuung zum Zeugnis" ist hier bereits - verbunden mit der ebenfalls alten Linie der zunächst theologisch gemeinten servitus Judaeorum - ein Interpretament der sozialgeschichtlichen Situation der Juden in der Zeit Bernhards. Die Entwicklung lief, für Bernhard gewiß erkennbar, mehr und mehr auf eine reichseinheitliche Dienstbarkeit der Juden hinaus, wie sie in Gestalt der Kammerknechtschaft in der ersten Hälfte des 13. Jh. begründet wurde. Es ist also nicht ganz berechtigt, wenn heutige christliche Theologen Bernhard, Thomas von Aquin und andere Kirchenführer in Schutz nehmen mit der Behauptung, diese hätten die "Knechtschaft des Judentums" nur in heilsgeschichtlichem Sinne verstanden.

Wenn Bernhard von Clairvaux verschiedentlich im Zusammenhang mit dem Judenthema auf Röm 11, 25-26 rekurriert, so ergibt sich für ihn daraus, daß die Juden als Volk keinesfalls heilsgeschichtlich tot sind. Sie befinden sich für ihn offensichtlich bis zur eschatologischen Konvergenz in einer Art Wartestellung und sind dementsprechend in ihrer Integrität zu schützen, keinesfalls aber der Alternative "Vernichtung oder Bekehrung (der Heiden)" auszusetzen, eine Parole, die der Abt von Clairvaux selbst für die Wendenkreuzzüge ausgab (Epist. 457; PL 182, 651; Leclercq, VIII, 433; vgl. A. Waas, Geschichte der Kreuzzüge, II, Freiburg 1956, 72) und die in der Form "Bekehrung oder Vertreibung" seit der Spätantike oft den Juden widerfuhr.

Die relativ freundliche theologische Deutung der jüdischen Existenz nach Golgatha schloß nicht aus, daß Bernhard jüdischen Geldverleihern im Sinne der Anordnung Eugens III. einen Verzicht auf Zinseneintreibung bei Kreuzfahrern zumutete (PL 182, 568; Leclercq, VIII, 317). Anderererts ist er so redlich, einzuräumen, daß christliche Geldverleiher sich oft schlimmer benehmen als ihre jüdischen Kollegen (PL 182, 567; Leclercq, VIII, 316; vgl. ein ähnliches Nebeneinander bei Gerhoh von Reichersberg, Liber de novitatibus, MG, Lib. de lite 3,293: *Judei et iudaizantes heretici valenter literati*, mit Bezug auf die Leugnung der Gottessohnschaft Christi), wobei allerdings auffällt, daß er "Judaisieren" (*iudaizare*) als Synonym für "Geldverleih gegen Zinsen" beziehungsweise "wuchern" wählt, also einer starken begrifflichen Nähe von "Juden" und "Wucherern" das Wort redet, eine Affinität oder fast schon Synonymität, wie sie im Frühmittelalter da und dort zwischen "Kaufleuten" und "Juden" besteht. Offensichtlich waren zu Bernhards Zeit viele Juden als Geldverleiher beziehungsweise als Pfandleiher tätig, dies um so mehr, als im Laufe des 12. Jh. infolge des kanonischen Zinsverbots Christen dieses Gewerbe vergleichweise seltener ausübten. Daß diese Entwicklung auf die Dauer ungünstige Konsequenzen für das Bild der Juden innerhalb der christlichen Gesellschaft hatte, liegt auf der Hand. Waren doch - nicht zuletzt durch die Bewertung als *iudaizare* bei Bernhard - so die Voraussetzungen geschaffen, das notwendige Übel des Geldverleihs als etwas spezifisch Jüdisches zu typisieren und anzuprangern.

Gewiß steht der Abt von Clairvaux mit seiner Auffassung von der Zerstreuung der Juden als gerechten Strafe und zum Zeugnis der christlichen Erlösung und Wahrheit in der Tradition der Kirchenväter, vor allem des Augustinus. Gewiß ist auch seine Toleranz den Juden gegenüber eine durchaus relative, insofern er nichts unternimmt, was ihre isolierte Lage am Rande der christlichen Einheitsgesellschaft des Mittelalters nachhaltig verbessern könnte; aber es gibt keinen Grund anzunehmen, daß sein entschiedenes Auftreten gegen Radulf nicht auch aus tiefer ethischer und religiöser Überzeugung erfolgte, sondern nur aus dem Interesse der Kirchenzucht, um einen unbotmäßigen Mönch zu disziplinieren (dies gegen P.

Máthé, in: Kritik und Gegenkritik in Christentum und Judentum, hg. von S. Lauer, Bern 1981, 90). Zwar sind seine Äußerungen zum Judentum nicht sämtlich eindeutig judenfreundlich und judenschützend, daß er aber "sich stets scharf antijüdisch äußerte" (L. Dasberg, Untersuchungen über die Entwertung des Judenstatus im 11. Jahrhundert, Paris 1965, 142), daß er mit seiner Anschauung vom Beweiswert der Juden für die Wahrheit des Christentums ins Vorfeld der Legende vom Ewigen Juden gehört (Dasberg, a.a.O., S. 191) und daß er gar die Juden "haßte" (H. Kühner, Der Antisemitismus der Kirche, Zürich 1976, 133), leuchtet nicht ein. Dafür reicht nicht das Argument, daß in seinen Augen in Gestalt des Gegenpapstes Anaklet - sein Urgroßvater war der getaufte Jude Baruch-Benedikt Pierleone - "ein Judensproß auf dem Stuhl Petri Christus beleidige" (Epist. 139; PL 182, 294; Leclercq, VIII, 335-336); denn dies ist wohl als solches nicht unbedingt eine "rassistische Argumentation", wie M. Kniewasser zu glauben geneigt ist (Die Kenntnis der nachbiblischen jüdischen Literatur etc., Diss. Wien 1979, 191), sondern eher der etwas bequeme Griff nach einem handlichen polemischen Topos im Stil der Zeit. Bernhard greift ja nicht sozusagen den 'Rassejuden' Petrus Pierleone an, sondern fürchtet wohl eine (theologische) Gefährdung der Kirche durch jüdische Anschauungen und Einflüsse. Gegen Pogrome führt er freilich nur eine Begründung kühler theologischer Logik an, nicht Gründe der Humanität. Sonst bleibt fast nur noch, daß Bernhard einmal mißbilligend die Großzügigkeit des ketzerischen Grafen von Toulouse den Juden gegenüber glossiert: "Die Kirchen werden betrachtet als Synagogen, dem Heiligtum des Herrn wird die Heiligkeit abgesprochen" (Epist. 241; PL 182, 434; Leclercq, VIII, 125).

Die im ganzen gesehen relativ freundliche Haltung Bernhards den Juden gegenüber, vor allem sein Auftreten gegen Radulfs Hetzpredigt, der gefordert hatte: erschlagt die Juden, die allenthalben in den Städten und Gemeinden (Galliens und Germaniens) wohnen als Feinde der christlichen Religion (d.h. tut das, bevor ihr gegen die Feinde in der Ferne, die Muslime, zieht) (MG, Scriptores 20, 372; Fr.-J. Schmale, p. 206-208; vgl. Petrus Venerabilis, PL 189, 367 [Constable I, 328]; Radulf war im übrigen ein Zisterziensermönch "von nur mäßiger Bildung", ein religiöser Eiferer mit schauspielerischen Talenten, der es verstand, das Volk für seine Sache zu mobilisieren), diese freundliche Haltung Bernhards führte dazu, daß er in der hebräischen Chronistik dankbar erwähnt wird (Ephraim bar Jakob aus Bonn, in: Hebräische Berichte über die Judenverfolgungen, hg. von A. Neubauer und M. Stern, Berlin 1892, 187-189 [deutsche Übersetzung]).

Tatsächlich teilt Bernhard als führender Kleriker die judenschützende Einstellung der Bischöfe gegen einzelne Vertreter des niederen Klerus, die, wie Radulf, bisweilen mit pseudoreligiösen Argumenten latente Gruppenvorurteile des Volkes bis zur hellen Glut zu schüren verstanden. Andererseits ist der Abt von Clairvaux in den eigentlich theologischen Fragen nicht viel weniger konsequent und den Juden gegenüber unnachgiebig als sein Zeitgenosse Petrus Venerabilis. Das zeigt besonders deutlich der schon genannte Sermo 14 zum Hohenlied, wo Bernhard in gedrängter Form eine Art Israeltheologie formuliert (PL 183, 839-843; Leclercq, I, 75-81). Im Zusammenhang einer allegorischen Deutung des Bräutigams auf Jesus Christus und der Braut auf Ecclesia erscheint Synagoga (d.h. Israel, die Juden) als große Konkurrentin und Nebenbuhlerin, offenbar weil Bernhard sich darüber im klaren war, daß in der jüdischen Tradition hier gewöhnlich die Liebe zwischen Gott und Israel dargestellt gesehen wurde. Der Abt rügt heftig den mißgünstigen Heilsegoismus und die Erwählungsarroganz der Synagoge, die sich ihres Gesetzes, durch dessen Praktizierung sie rein und gerechtfertigt sei, rühme und hochmütig auf die götzendienerische Ecclesia herabsehe. Die Tora ist ein Joch, das die Juden seit jeher nicht tragen konnten - eine herkömmliche Verkennung der von Ps 119 ausgehenden jüdischen Tradition der 'Gesetzesfreude' (vgl. das 'Simchat Tora' am 23. Tischri), die auch affine Passagen des Neuen Testaments wie Röm 9, 3-5 ignoriert. Das Gleichnis vom verlorenen Sohn (Lk 15, 11-32) wird polemisch verzerrt: "Noch immer speist die Synagoge draußen mit ihren Freunden, den Dämonen ... während sie unter Verachtung der göttlichen und voll Achtung vor der eigenen Gerechtigkeit sagt, sie habe keine Sünde, für sie brauche man kein Mastkalb zu schlachten; hält sie sich doch um der 'Werke des Gesetzes' willen für rein und gerecht. Anders die Kirche. Seit der Vorhang des tötenden Buchstabens beim Tode des gekreuzigten Wortes zerriß ... erobert sie sich den Platz ihrer Nebenbuhlerin und genießt nun als Braut die zuvor von jener geraubten Umarmungen" (PL 183, 841; Leclercq, I, 78). Nichtsdestoweniger erwartet Bernhard zum Ende der Tage eine Rettung Israels (PL 183, 840; Leclercq, I, 76-77). Einstweilen aber gelten die Juden ihm als ganz und gar gottfern: "Der Jude will das Gericht, er soll es haben" (PL 183, 839; Leclercq, I, 76). Die Juden "verachten die Kirche" (PL 183, 839; Leclercq, I, 75), sind "blind", "streitsüchtig" und "neidisch" (PL 183, 840; Leclercq, I, 76), schließlich auch "undankbar" (PL 183, 840; Leclercq, I, 77). Der Abt von Clairvaux unterscheidet im übrigen zwischen einem "Israel nach dem Fleisch" (d.h.

die Juden) und einem "Israel nach dem Geist" (d.h. die Kirche; PL 183, 843; Leclercq, I, 81). Aber dies ist eine kühne Extrapolation von 1 Kor 10, 18, mit der die Kirche über die Synagoge erhoben wird.

Ganz aus dem Rahmen fällt die schon erwähnte Passage, wo Bernhard im Zusammenhang mit dem Wendenkreuzzug die Parole ausgibt: "Ausrottung oder Bekehrung" (*delendas penitus aut certe convertendas nationes illas*, PL 182, 651; Leclercq, VIII, p. 433); denn hier erscheint im Kontext ein Bezug auf Röm 11, 25-26. Fast scheint es so, daß Bernhard hier erwog, über eine Zwangsbekehrung der heidnischen Elbslawen auch die Bekehrung Israels näherzurücken. So oder so bleibt schockierend, daß er derartige Missionsmethoden nicht etwa nur toleriert, sondern selbst fast leidenschaftlich vorschlägt.

Bedrückend bleibt letztlich auch, daß Bernhard nicht ausdrücklich humanitäre Argumente gegen die Judenverfolgungen vorbringt, sondern vor allem Radulfs Diziplinlosigkeit rügt und daß seine Aktionen die vorgegebene heilsgeschichtliche Finalität verhindern; denn das Eintreffen der neutestamentlich verheißenen eschatologischen Konvergenz von Kirche und Synagoge werde durch die Tötung der Juden unmöglich gemacht. Daß er kaum Wert auf Judenmission legt, hängt wohl damit zusammen, daß er, die ohnehin verbürgte Endbekehrung vor Augen und eher pragmatisch denkend, Bekehrungsbemühungen um die verstockten Juden für ziemlich aussichtslos hält, solange nicht die heidnischen Völkerschaften Osteuropas christianisiert waren. Zur Frage einer möglichen Sympathie für die Gegenseite - deren Fehlen aus heutiger Sicht befremdlich wirken kann - vgl. Fr. Graus, in: Zur Geschichte der Juden im Deutschland des späten Mittelalters und der frühen Neuzeit, hg. von A. Haverkamp, Stuttgart 1981, 1-26, S. 7, mit Hinweis auf einen einschlägigen Aufsatz von Fr. Lotter.

Ausgaben: PL 182-185; L. Janauschek, Xenia Bernardina I, Wien 1891 (Sermones); J. Leclercq u.a., 8 Bde., Rom 1957-1977; Ottonis episcopi Frisingensis et Rahewini Gesta Friderici, ed. Fr.-J. Schmale, Darmstadt 1974, p. 200-209.- *Übersetzungen*: W. von den Steinen, Heilige und Helden des Mittelalters. Bernhard von Clairvaux, Leben und Briefe, Breslau 1926; A. Wolters - E. Friedrich, Die Schriften des Honigfließenden-Lehrers Bernhard von Clairvaux, 6 Bde., Wittlich 1934-1938; B. James, The Letters of St. Bernard of Clairvaux, London-Chicago 1953; M.-B. Saïd, Bernard of Clairvaux, Sermons on Conversion, Kalamazoo, Mich., 1981.- *Literatur*: Aronius, 1902, 108-109. 111-113; Caro, I (1908), 223 ff. 229 f.; B. Hahn, Die wirtschaftliche Tätigkeit der Juden im fränkischen und deutschen Reich bis zum 2. Kreuzzug, Freiburg 1911, 100-101; Murawski, 1925, 45-47; S. Dubnow, Weltgeschichte des jüdischen Volkes von seinen Uranfängen bis zur Gegenwart, IV (Berlin 1926) 286-288; Manitius, III (1931), 123-127; A. von Harnack, Lehrbuch der Dogmengeschichte, III (Tübingen 1932) 342-347;

P. Browe, Die Judenbekämpfung im Mittelalter, Zeitschrift für katholische Theologie 62, 1938, 197-231, S. 227; M. Schlauch, The Allegory of Church and Synagogue, Speculum 14, 1939, 448-464, S. 452.454; A. Fliche - V. Martin (Hgg.), Histoire de l'Église, IX, 1 (Paris 1948) 13-41; P. Dérumaux, Saint Bernard et les Infidèles, in: Mélanges Saint Bernard, Dijon 1953, 68-79; A. Waas, Geschichte der Kreuzzüge, 2 Bde., Freiburg 1956 (I, 121 f. 166 ff. 181 ff.; II, 72 ff.); A. Bredero, Studien zu den Kreuzzugsbriefen Bernhards von Clairvaux und seiner Reise nach Deutschland im Jahre 1146, Mitteilungen des Instituts für österreichische Geschichtsforschung 66, 1958, 331-343; LThK II (1958) 239-242; Fr. W. Wentzlaff - Eggebert, Kreuzzugsdichtung des Mittelalters, Berlin 1960, 17-28; W. Eckert, in: Christen und Juden, hg. von W.-D. Marsch u. K. Thieme, Mainz 1961, 77; Germania Judaica I, 1934, XXX. 23.103.181.441; M. Pinay, Verschwörung gegen die Kirche, Madrid 1963, 545 ff.; Seiferth, 1964, 49.108-109; Baron, IX (1965), 100; E.A. Synan, The Popes and the Jews in the Middle Ages, New York - London 1965, 74-79; A. Adam, Lehrbuch der Dogmengeschichte, II (Gütersloh 1968) 77-81; K. Bihlmeyer - H. Tüchle, Kirchengeschichte, II (Paderborn 1968) 232-235.265-266; B. Blumenkranz, in: Kirche und Synagoge I (1968) 119-124; Encyclopaedia Judaica (Jerusalem 1971) IV, 672-673; M.D.Knowles in: Geschichte der Kirche, hg. von L.J. Rogier, II (Einsiedeln 1971) 180-182; S.W. Baron, Ancient and Medieval Jewish History, New Brunswick, New Jersey, 1972, 298; D. Berger, The Attitude of St. Bernard of Clairvaux toward the Jews, Proceedings of the American Academy for Jewish Research 40, 1972, 89-108; W.Totok, Handbuch der Geschichte der Philosophie, II (Frankfurt 1973) 218-222; Dictionnaire des auteurs cisterciens, ed. É. Brouette (u.a.), Rochefort 1975, 104-108; A. Grabois, The "Hebraica Veritas" and Jewish Christian Intellectual Relations in the Twelfth Century, Speculum 50, 1975, 613-638, S. 629-630; K. Schubert, Das Judentum in der Umwelt des christlichen Mittelalters, Kairos 17, 1975, 161-217, S. 197-198; G. Rosenkranz, Die christliche Mission, München 1977, 480-481, R. Chr. Schwinges, Kreuzzugsideologie und Toleranz, Stuttgart 1977, 10.13; Verfasserlexikon I (1978) 754-762; B. Stemberger, Zu den Judenverfolgungen in Deutschland zur Zeit der ersten beiden Kreuzzüge, Kairos 20, 1978, 151-157, S. 151 ff.; Kniewasser, 1979, 191.195-198; vgl. Kairos 22, 1980, 51; TRE V (1980) 644-651; Chazan, 1980, 100-108; LMA I (1980) 1992-1998; B. Stemberger, in: Juden in Deutschland. Zur Geschichte einer Hoffnung, Berlin 1980, 37-38; P. Máthé, Innerkirchliche Kritik an Verfolgungen im Zusammenhang mit den Kreuzzügen und dem Schwarzen Tod, in: Kritik und Gegenkritik in Christentum und Judentum, hg. von S. Lauer, Bern-Frankfurt 1981, 90-91; W.L. Fidler, Bernard of Clairvaux: Polemics and Spirituality in the Life of a 12th Century Saint (1090-1140), Diss. Yale University 1982; O. Philippon, Bernard de Clairvaux, Bernard de tous les temps. Message actuel, Paris 1982; H. Liebeschütz, Synagoge und Ecclesia, Religionsgeschichtliche Studien über die Auseinandersetzung der Kirche mit dem Judentum im Hochmittelalter, Heidelberg 1983, 130-134; G.R. Evans, The Mind of St. Bernard of Clairvaux, Oxford 1983; H.-D. Kahl, Bernhard von Fontaines, Abt von Clairvaux, in: Gestalten der Kirchengeschichte, hrsg. von M. Greschat, III 1, Stuttgart 1983, 173-191; O. von Simson, in: Wenn der Messias kommt, hg. von L. Koetzsche u. P. von der Osten-Sacken, Berlin 1984, 113-114; J.I. Wimsatt, St. Bernard, the 'Canticle of canticles', a Mystical Poetry, in: An Introduction to the Medieval Mystics of Europe, ed. P.E. Szarmach, Albany 1984, 77-95.

Als Papst **Eugen III.** (15.2.1145-8.7.1153), Schüler Bernhards von Clairvaux, im Jahre 1145 feierlich in Rom und in den Lateranpalast einzog, waren, einem schon seit einiger Zeit bestehenden Willkommensritual entsprechend, auch die Juden Roms bei diesem freudigen Anlaß zur Stelle, und zwar mit Tora-Rollen auf ihren Schultern (Liber pontificalis, ed. L. Duchesne, II, Paris 1892, p. 387: *Judei quoque non deerant tante letitie, portantes in humeris suis legem Mosaycam*).

Im Vorfeld des zweiten Kreuzzuges verfügte Eugen in einem Brief vom Dezember 1145 an König Ludwig VII. von Frankreich unter anderem für alle lauter gesinnten Kreuzfahrer eine allgemeine Aussetzung und Stundung von Zinszahlungen für bestehende Schulden (Mansi 21, 627; vgl. MG, Scriptores 20, 372; Otto von Freising, ed. Fr.-J. Schmale, Darmstadt 1974, 206; Bernhard von Clairvaux, Opera, ed. J. Leclercq, VIII, Rom 1977, 317: *id tamen exigendum ab eis [sc. Judaeis] iuxta tenorem apostolici mandati: omnes qui crucis signum acceperint, ab omni usurarum exactione liberos omnino dimittant*). Während der Papst selbst noch allgemein formuliert, ohne die Juden zu nennen, zieht sein Kreuzzugsprediger Bernhard die praktischen Konsequenzen; denn die Juden waren wohl die größte Gruppe der betroffenen Gläubiger. Im zweiten fast identischen Schreiben Eugens in gleicher Sache vom März 1146 ist übrigens das Thema der Zinsaussetzung nicht mehr erwähnt, sondern nur noch von Sündenvergebung die Rede (Mansi 21, 681-682). Es darf wohl als sicher gelten, daß der Papst die extremen einschlägigen Standpunkte des Petrus Venerabilis nicht teilte. Daß die versprochene Zinsaussetzung die Judenfeindschaft anheizte, ist kaum anzunehmen; denn die Kreditnehmer gehörten weniger zu den ganz kleinen Leuten, sondern waren eher Adlige und hohe Kleriker (Awerbuch, 1980, 171).

"Auf den Spuren der Vorgänger seligen Angedenkens Calixtus (II.) und Eugenius (III.) wandelnd", erläßt Papst Alexander III. (7.9.1159-30.8.1181) die erste uns erhaltene sogenannte Sicut-Judaeis-Bulle (Mansi 22, 355-357). Da der Text dieser Bulle ziemlich wörtlich und fast unverändert tradiert wurde, darf der für Alexander gesicherte Text, wie schon für Calixtus II. (s. oben), so auch für Eugen III. angenommen werden. Vermutlich hat er Bernhards Einstellung zum Judenthema weitgehend geteilt. Wie Bernhard aus theologischen Gründen gegen die Judenverfolgungen im Vorfeld des ersten Kreuzzuges Stellung nahm, so scheint auch Eugen III. seine Bulle als notwendige theologische Klarstellung dafür erlassen zu haben, daß sich niemand auf die Kirche berufen kann, der die Juden zur Taufe zwingt oder ungerecht verfolgt. Allerdings ist der Zeitpunkt, zu dem die Bulle erlassen wurde, nicht bekannt. Es ist nicht auszuschließen, daß er sie schon im Spätwinter oder Frühjahr 1145 promulgierte.

Literatur: O. Stobbe, Die Juden in Deutschland während des Mittelalters, Braunschweig 1866; H. Vogelstein - P. Rieger, Geschichte der Juden in Rom, I, Berlin 1896, 222-223; Scherer, 1901, 35-49; Caro, I (1908), 220-221.288; Fr. X. Seppelt, Geschichte der Päpste, III, München 1956, 189-213; LThK III (1959) 1172; Grayzel, 1962, S. 252; B. Blumenkranz, in: Kirche und Synagoge I (1968) 126-127; Encyclopaedia Judaica (Jerusalem 1971) VI, 957; Czerwinski, 1972, 58; Dictionnaire des auteurs cisterciens, Rochefort 1975, 242-244; B. Stemberger, Zu den Judenverfolgungen in Deutschland zur Zeit der ersten beiden Kreuzzüge, Kairos 20, 1978, 151-157, S. 151 ff.; Kniewasser, 1979, 110.197-198 (vgl. Kairos 22, 1980, 53-54); Awerbuch, 1980, 171; B. Stemberger, in: Juden in Deutschland. Zur Geschichte einer Hoffnung, Berlin 1980, 38-39.41; K.R. Stow, The "1007 Anonymus" and Papal Sovereignty, Cincinnati 1984, 18-19.

Der Benediktiner **Petrus Diaconus** († nach 1153), Bibliothekar in der Abtei Montecassino, gilt als ebenso fruchtbarer wie unzuverlässiger Schriftsteller. Zu seinen - teilweise noch nicht edierten - Werken gehört auch eine aus Beda und der 'Peregrinatio Aetheriae' kompilierte Palästinabeschreibung, der *Liber de locis sanctis*. Hier erscheint unter anderem ein legendarisches Erzählelement spätantiker Provenienz: "Nicht weit von dort (d.h. von Kapharnaum) gibt es eine Synagoge, welche der Erlöser verflucht hat; denn als der Erlöser des Weges kam, während die Juden sie gerade erbauten, fragte er sie: 'Was macht ihr?' Jene antworteten: 'Nichts'. Da sagte der Herr: 'Wenn es also nichts ist, was ihr macht, wird es auch nichts bleiben'. Dies ist so bis heute; denn sooft danach die Juden sie (zu Ende) bauen wollten, zerfiel des Nachts das am Tage Gemachte, und des Morgens fand man stets den Bau in dem Grad der Fertigstellung vor, den er zur Zeit der Verfluchung hatte" (PL 173, 1128; CSEL 39, 113). Diese Erzählung reflektiert vermutlich ein schon von Kaiser Theodosios II. anno 438 formuliertes christliches Prinzip, demzufolge der Neubau von Synagogen nicht gestattet war, sondern nur das Abstützen baufälliger Synagogen (Novella Theodosii 3,3: *ne qua synagoga in novam fabricam surgat, fulciendi veteres permissa licentia quae ruinam praesentaneam minitantur*). Motiv ist wohl die normativ und autoritativ werdende Anschauung, daß blühendes religiöses Leben der Juden, das auch den Bau neuer Synagogen mit sich brachte, post Christum nicht geduldet werden kann; denn, wie schon Johannes Chrysostomos sagte: "Wenn der Kult der Juden ehrwürdig und bedeutungsvoll ist, kann der unsere nur Lug und Trug sein" (PG 48, 852). Eines schloß das andere aus, so meinte man.

Literatur: Manitius, III (1931), 549-552; B. Blumenkranz, Juden und Jüdisches in christlichen Wundererzählungen, Theologische Zeitschrift 10, 1954, 417-446, S. 423-424; LThK VIII (1963) 360-361.

Petrus Venerabilis († 25.12.1158) war Abt des Benediktinerklosters Cluny, das er, nicht zuletzt unter dem Eindruck der Kritik des Zisterziensers Bernhard von Clairvaux, nach strengen disziplinarischen Gesichtspunkten reformierte. Er ließ den Koran ins Lateinische übersetzen und schrieb eine Abhandlung gegen den Islam. Zahlreiche Briefe dokumentieren die umfangreichen Beziehungen, die er zu vielen kirchlichen und weltlichen Herren seiner Zeit unterhielt. Hinter den weitgespannten kirchenpolitischen Aktivitäten tritt seine theologische Leistung deutlich zurück. Gewiß kennt er die Kirchenväter, wenngleich hier sein Wissen nicht tief geht, und weiß sogar da und dort Horaz, Vergil und Ovid zu zitieren. Eindrucksvoll ist bei ihm aber am ehesten noch die apologetische und polemische Härte, mit der er gegen Kirchenfeinde, vor allem die Juden, vorgeht.

Zwar schreibt Petrus gegen den Islam und gegen die Juden, konnte aber weder Arabisch noch Hebräisch. Wohl scheint er, vielleicht besonders in Spanien, wohin er 1142 reiste, Gespräche mit Juden gehabt zu haben, doch ist nicht auszumachen, auch nicht aus der beiläufigen Formulierung *acerrimus disputator* (PL 189, 539-540; CChr, Cont. med. 58, p. 43), daß er an regelrechten Disputationen teilgenommen hat. Immerhin scheint er aus solchen Kontakten einiges, freilich eher oberflächliches Wissen über die rabbinische Bibelexegese und die talmudische Literatur zu haben.

In unserem Zusammenhang interessiert zunächst Petrus' Brief vom Jahre 1146 an König Ludwig VII. von Frankreich (PL 189, 366-368; The Letters, ed. G. Constable, I, 1967, 327-330), in dem er diesem vorschlägt, zur Finanzierung des zweiten Kreuzzuges die Juden heranzuziehen. Dann der (*Tractatus bzw. Liber) Adversus Judaeorum inveteratam duritiem*, "Gegen die eingefleischte Verstocktheit der Juden" (PL 189, 507-650; CChr, Cont. med. 58, p. 1-187), wahrscheinlich ungefähr gleichzeitig mit dem Traktat gegen den Islam, um 1144-1147, vermutlich in Etappen (dazu Y. Friedman, in: CChr, Cont. med. 58, p. LXX) verfaßt (vgl. PL 189,562; CChr, C.m. 58, 73). Ferner die von Petrus im Juni des Jahres 1147 in Anwesenheit König Ludwigs und Eugens III. in Paris beim Kreuzzugsaufbruch gehaltene Predigt *In laudem sepulcri Domini* (PL 189, 973-992), in der unter anderem dem strahlenden Bild der Kreuzfahrer die Christus tötenden, bösen, ungläubigen und verworfenen Juden gegenübergestellt werden (PL 189, 977.983). Zu den einschlägigen Titeln gehört gewiß auch *Adversus nefandam sectam Saracenorum libri duae* (PL 189, 663-720), insofern beide Werke, der Traktat gegen die Juden und der gegen den Islam, den Geist der Kreuzzüge gegen die Feinde der Christenheit atmen - einmal davon abgesehen, daß Petrus die Entstehung des Islam aus dem talmudischen Judentum annimmt (z.B. PL 189, 653-654) und durch eine apologetische Argumentation gegen den Talmud, wie sie im fünften Kapitel des Judentraktats geboten wird, im Grunde also beide Gegner getroffen werden. Es sind ja für Petrus vor allem die Juden und die jüdischen Gelehrten, die Mohammed ihre talmudischen "Fabeleien" einflößen, aus denen er dann seinen Koran schuf und zur Ablehnung von Trinität und "Göttlichkeit Christi" kam (PL 189, 654).

Zwar ist die Schrift "Gegen die eingefleischte Verstocktheit der Juden" kein Dialog, und sie will auch keinen Dialog wiedergeben, aber sehr oft wird die belehrende Darlegung unterbrochen durch die Anrede *Judaei, o Judaei, Judaee* (z.B. PL 189, 509.510.511.512.513.517.518; CChr, C.m. 58, 4.5.7.8.13.15), die zu den traditionellen stilistischen Mitteln der Adversus-Judaeos-Literatur gehört, um die Belehrung aufzulockern und weniger ermüdend zu machen. Trotz dieser häufigen Anreden der Juden, wodurch die Abhandlung streckenweise zum erregten Monolog vor stumm bleibenden, aber als Kulisse offenbar benötigten Gesprächspartnern wird, ist Petrus' Traktat wohl kaum zum Zwecke der Judenmission - denn dafür ist er bei weitem zu hart und polemisch in der Form - geschrieben, sondern weit mehr und fast ausschließlich zum innerchristlichen Schulterschluß und zur Mobilisierung der geistigen Kräfte im Vorfeld des zweiten Kreuzzuges. Als Apologet steht Petrus Venerabilis in der Tradition des Augustinus (PL 189, 652). Auch Agobard zitiert er einverständlich, und in der Tat stehen sich beide Kirchenmänner trotz der großen zeitlichen Distanz in verschiedener Weise nahe. Besonders auffällig erscheint Petrus' Abhängigkeit von den "Dialogen" des Petrus Alfonsi. Das die jüdische Traditionsliteratur bekämpfende fünfte Kapitel von 'Adversus Judaeorum inveteratam duritiem' scheint streckenweise auf dessen Material und Talmudkritik zu fußen. Daneben verwendet der Abt von Cluny für seine Judaica wohl mündliche Mitteilungen von jüdischen Informanten. Allerdings schließen die

181

umfangreichen Gemeinsamkeiten des Petrus Venerabilis mit Petrus Alfonsi nicht aus, daß beide je auf verschiedene Weise eine einschlägige Anthologie benutzten. Diese Frage bedarf noch der Untersuchung. Fest steht jedenfalls, daß der Abt keine tiefergehende Kenntnis der jüdischen Quellen und der jüdischen Bibelexegese seiner Zeit hat. Vielmehr fußt er in solchen Dingen sehr oft auf Hieronymus und anderen Texten der Kirchenväterzeit, wie Ps.-Augustinus' beziehungsweise Quodvultdeus' 'Contra Judaeos, paganos et Arianos'. Den lateinischen Josephus hatte er freilich in der Bibliothek von Cluny zur Verfügung.

Der Inhalt der beiden wichtigsten Texte, des Briefs an Ludwig VII. und des Judentraktats, ist in kurzen Worten folgender. Zunächst zu ersterem (Brief Nr. 36): Petrus kann als Kleriker nicht selbst kämpfen und am Kreuzzug teilnehmen, will aber das Heer mit seinem Gebet begleiten und wünscht ihm Erfolge, wie sie Moses und Josue bei ihren Siegen über die Amoräer und Kanaanäer hatten. Aber was nutzt es, in fernen Landen die Sarazenen (d.h. Muslime) zu bekämpfen, wenn die Christus und das Christentum lästernden und bekämpfenden Juden, die noch weit unter den Muslimen stehen, ungeschoren bleiben. Man muß die missetäterischen Juden hassen, darf sie zwar nicht töten, doch man sollte den verdammenswerten Juden so zusetzen, daß der Tod für sie vergleichsweise eine Wohltat wäre. Da sie sich auf Kosten der Christen betrügerisch bereichert haben, ist es legitim, sie völlig zu enteignen oder doch kräftig finanziell zur Ader zu lassen.- Ebensowenig wie seinerzeit Ludwig der Fromme auf die Memoranden Agobards, scheint Ludwig VII. auf den Vorschlag des einflußreichen Abtes Petrus reagiert zu haben.- Die fünf Kapitel des Judentraktats behandeln die Themen: "Christus ist Sohn Gottes" (PL 189, 509-519; CChr, C.m. 58, 4-16); "Christus ist insbesondere Gott" (PL 189, 519-538; CChr, C.m. 58, 17-41); "Christus (d.h. der Messias) ist nicht, wie die Juden glauben, ein weltlicher, sondern ein ewiger, himmlischer König" (PL 189, 538-558; CChr, C.m. 58, 42-67); "Christus (d.h. der Messias) wird nicht erst noch kommen, wie die Juden töricht daherreden; vielmehr ist er zu dem sicher bekannten und (im Alten Testament) im voraus bestimmten Termin gekommen" (PL 189, 558-602; CChr, C.m. 58, 68-124); "Die lächerlichen und überaus albernen Fabeleien der Juden (in der talmudischen Literatur)" (PL 189, 602-650; CChr, C.m. 58, 125-187).

Die Kapitel 1-4 bieten stark überwiegend die herkömmlichen Beweisstellen der apologetischen Tradition, während mit dem Angriff gegen den Talmud, ausgehend von dem schon durch Petrus Alfonsi gebildeten Brük-

182

kenkopf, energisch apologetisches Neuland betreten wird. Dabei dienen die aus der nachbiblischen jüdischen Literatur angeführten Stücke einzig und allein dem Zweck, diese Literatur (und damit die Juden) als ganze zu denunzieren und herabzusetzen. Überhaupt wird die Information über jüdische Anschauungen und Bibelexegesen überwiegend nicht sachlich und objektiv, sondern verzerrt und mit Polemik durchsetzt geboten. Maßgebend dafür ist Petrus' Überzeugung, daß die Juden mit ihrem "verderbten und durch die Liebe zu irdischen Dingen verschütteten Verstand" den Sinn des Bibeltextes ihrem Wunschdenken gemäß "in tierischer Weise" verdrehen (PL 189, 539; CChr, C.m. 58, 42), daß sie, jüdischer Sitte entsprechend, "die Schrift mißbrauchen" (PL 189, 621; CChr, C.m. 58, 149). Wo jüdische Schriftauslegung (z.B. *Judaicus sensus*, PL 189, 527; CChr, C.m.58,26) erwähnt wird, ist sie mit leichter Hand abgetan oder vom hohen theologischen Roß herab von vornherein für unmöglich erklärt (*hoc, si potes, Judaee, Judaice expone*, PL 189, 530; CChr, C.m. 58,30). Die Juden nehmen an, daß Christus nicht Gottessohn ist und daß ihr Messias erst noch kommen und sie ins Gelobte Land zurückführen wird (PL 189, 509.558; CChr, C.m. 58, 3.68 ff.). Aber der Messias, auf den sie warten, ist der Antichrist (PL 189, 550; CChr, C.m. 58, 57). Als Einflüsterung des Teufels bezeichnet Petrus die Haggada vom leidenden Messias in Rom, die in ähnlicher Form schon im 9.Jh. von Christen referiert wird. Zur Zeit Vespasians geboren, leide er, verborgen in unterirdischen Verstecken und wund von Hundebissen für die Sünden der Juden, die er einst aus dem Exil heimführen werde (PL 189, 549; CChr, C.m. 58, 55-56; vgl. als Ausgangspunkt einen einschlägigen Midrasch im Talmudtraktat Sanhedrin 98a). Besonders entrüstet sich der Abt von Cluny über die "alberne und tierische" Annahme der Juden, der Weltschöpfer habe - unter Hintansetzung der Völkerwelt - allein für das Heil der Juden gesorgt und sie, die Juden, seien Gottes eigenes Volk (PL 189, 557; CChr, C.m. 58, 65). Da ist die alttestamentliche Dialektik von Heilsseparatismus und Heilsuniversalismus und der jüdische Erwählungsanspruch verkürzt und entstellt wiedergegeben.

Die Juden müssen nur ihrem eigenen Gesetz und ihren eigenen Propheten glauben, um den dort verheißenen Christus zu erkennen (PL 189, 509; CChr, C.m. 58, 3). Dementsprechend wird in herkömmlicher Weise das Alte Testament auf Christus hin ausgelegt, zum Teil mit ausführlicher Erwähnung konträrer jüdischer Exegese: Gn 19, 24 (PL 189, 520-522; CChr, C.m. 58, 18-20); Gn 49, 10 (PL 189, 509.559 ff.; CChr, C.m. 58, 68 ff.); Nm 24, 17 (PL 189, 586; CChr, C.m. 58, 104-105); Ps 2, 7 (PL

189, 510.512.513-515; CChr, C.m. 58, 5 ff.); Ps 45 (PL 189, 522; CChr, C.m. 58, 20); Ps 72, 1 (PL 189, 533; CChr, C.m. 58, 34); Ps 110 (PL 189, 517; CChr, C.m. 58, 13); Is 7, 14 (PL 189, 586; CChr, C.m. 58, 104); Dn 3, 25 (PL 189, 518; CChr, C.m. 58, 14); Dn 9 (PL 189, 563 ff.; CChr, C.m. 58, 74 ff.). Die Juden, welche die Interpretatio christiana in ihrer Verstockung nicht begreifen, sind für Petrus die "erbärmlichste Gruppe von Menschen" (PL 189, 514; CChr, C.m. 58, 10), und er scheint manchmal angesichts von soviel Unverständnis nach Fassung zu ringen und sich das Verhalten der Juden notdürftig klar zu machen: "Aber warum wiederhole ich so oft sonnenklare Dinge? Kein Wunder. Einem Juden predigen, heißt soviel wie einem Tauben, einem Stein predigen" (PL 189, 542; CChr, C.m. 58, 47). Als "taub" gelten die Juden generell bei Petrus (z.B. PL 189, 507.514; CChr, C.m. 58, 1.10). Sie sind "steinern" (PL 189, 507; CChr, C.m. 58, 1), "von verstocktem Unglauben" (PL 189, 531 [CChr, C.m. 58, 32]; vgl. PL 189, 565 [CChr, C.m. 58, 77]: *obstinatio nefanda*), haben einen "starren Nacken" (PL 189, 507.563; CChr, C.m. 58, 1.74). Am häufigsten heißen sie "blind" (z.B. PL 189, 507.514.519.617; CChr, C.m. 58, 1.9.17.144) und sind - auf der Linie des Augustinus - so etwas wie die (blinden, unerleuchteten) Bücherträger der Christen, welche diesen in ihren Synagogen täglich die Bücher ihrer hebräischen Überlieferung zeigen (PL 189, 690). Die ungläubigen Juden gelten aber nicht nur als taub, steinern und blind, sondern werden in ihrer Einsichts- und Vernunftlosigkeit den Tieren gleichgestellt (PL 189, 550-551 [CChr, C.m. 58, 57-58]; vgl. z.B. PL 189, 602 [CChr, C.m. 58, 125]: *Audiet nec intelliget asinus, audiet nec intelliget Judaeus*); denn ihnen fehlt die *ratio*, das Unterscheidungskriterium zwischen Mensch und Tier (PL 189, 602; CChr, C.m. 58, 125). An passenden biblischen Beweisstellen, wie Ps 49, 13.21 und Is 6,9, fehlt es Petrus dazu nicht (PL 189, 602; CChr, C.m. 58, 125).

Die Juden glaubten nicht ihren (Christus verheißenden) Propheten (PL 189, 509; CChr, C.m. 58,3), verfolgten diese vielmehr, steinigten und töteten sie (PL 189, 526.533.977; CChr, C.m. 58, 25.33.). Entsprechend Ps 22, 17 fielen sie "wie blutdürstige Hunde" über Christus her, riefen: "Sein Blut über uns und unsere Kinder" (Mt 27,25) und "bellten" (Jo 19, 15): "Kreuzige ihn" (PL 189, 550; CChr, C.m. 58,57). Sie verlachten, verspotteten, lästerten und kreuzigten Christus (PL 189, 977.1017). Weil sie wie Kain Christi, ihres Bruders, Blut vergossen, sind sie nun Sklaven, elend und furchtgepeinigt auf der Flucht über die Erde (PL 189, 367; Constable, I, 329), unstet und flüchtig wie der Brudermörder Kain (PL 189,

560; CChr, C.m. 58, 71). Der Geschichtsverlauf, über den sie ihr eigener Historiker Josephus belehren könnte (PL 189, 562; CChr, C.m. 58, 73), zeigt, wie die Juden nach ihren Missetaten und dem Untergang Jerusalems über die ganze Erde hin zerstreut wurden, ausgesetzt den Fußtritten aller Völker (PL 189, 562. 615; CChr, C.m. 58, 73-74.141). In schmählicher "Knechtschaft" (*servitus*) fristen sie ihr Leben, allen Völkern untertan als verächtliche, wertlose "Sklaven" (*mancipia*, PL 189, 560.563; CChr, C.m. 58, 70.74). Petrus schwelgt geradezu in den Farben des Bildes, das er von der Zerstreuung und Versklavung der Juden malt. Es scheint, daß ihm keine Strafe schlimm genug sein kann, ihre brudermörderische Missetat zu ahnden und so indirekt die Wahrheit des Christentums zu beweisen (PL 189, 615 [CChr, C.m. 58,141]; vgl. PL 189, 679-680).

Zwar sind die Juden in den Augen des Abtes "verdammt und verdammenswert" (PL 189, 367.615 [CChr, C.m. 58, 141]; Constable, I, 329), doch hat er in seinem Judentraktat imerhin noch über vier Kapitel hin, wenn auch offensichtlich ohne Hoffnung, gegen ihre "eingefleischte Verstocktheit" argumentiert. Im fünften Kapitel verzichtet er auf solche Argumentationen und prangert die Juden nur noch als vernunftlose Tiere und den Talmud als Ausdruck dieser viehischen Vernunftlosigkeit an (PL 189, 602 ff.; CChr, C.m. 58, 125 ff.). Das Wort "Talmud" wird hier zum ersten Mal in christlichem Munde verwendet, und zwar als Sammelbegriff für die jüdische gelehrte Literatur christlicher Zeit, und dieser "Talmud" wird zugleich als vernunftlose, gleichwohl gefährliche jüdische Geheimlehre qualifiziert, die angeblich Christus selbst ihm, Petrus Venerabilis, enthüllt habe (PL 189, 602 [CChr, C.m. 58, 126]; vgl. PL 189, 648 [CChr, C.m. 58, 186]: *mysteria, intima sacramenta*). Die Diffamierung beginnt der Abt sogleich damit, daß er - darin über die christlichen Theologen des 9. Jh. hinausgehend - behauptet, diese neue 'doctrina' (d.h. Glaubensbuch, Sammlung der verbindlichen Lehre) werde von den Juden der Bibel vorgezogen und werde sozusagen ihre neue "erwählte Schrift" (PL 189, 602-603 [CChr, C.m. 58, 126]; vgl. PL 189, 622 [CChr, C.m. 58, 150]). Doch sei ihr Inhalt "blasphemisch, sakrilegisch, lächerlich und falsch" (PL 189, 649; CChr, C.m. 58, 186), ja es handele sich um "teuflische Bücher" (*diabolici libri*, PL 189, 649; CChr, C.m. 58,186). Aber: was Petrus als "Talmud" bezeichnet, zitiert und bekämpft, sind in Wahrheit einige haggadische Stücke, mehr oder weniger allegorische und parabelhafte Erzählungen und Legenden, die - gewiß z.T. überspitzt und schockierend - eine bestimmte Wahrheit oder Einsicht vermitteln sollen. Diese Dinge hat er möglicherweise von Petrus Alfonsi beziehungsweise einer beiden gemeinsamen Vorlage, Überschießendes anscheinend aus mündlicher Quelle von Juden oder Konvertiten (z.T. aus dem sogenannten 'Alphabet des Ben Sira'; dazu jetzt Y. Friedman, in CChr, Cont. med. 58, p. XVII-XVIII). Als Mann ohne Kenntnis des Hebräischen versteht er nicht wirklich etwas vom Talmud, von der Halacha und den Midraschim. Sonst hätte er sich auch gewiß nicht die Talmudstellen entgehen lassen, die erst im weiteren Laufe des Mittelalters als Äußerungen gegen Jesus, Maria und das Christentum bekannt wurden beziehungsweise entsprechend interpretiert wurden. Die insgesamt kaum ein Dutzend Textseiten, die er vorführt, stehen ihm für den ganzen Talmud. Immerhin gelingt es ihm in gewisser Weise, einerseits die 'Talmudjuden' als häretische Nachfahren der alttestamentlichen Juden hinzustellen und andererseits durch die Betonung der *secreta Judaica* und der Enthüllung der jüdischen *intima et occultissima* (PL 189, 602; CChr, C.m. 58, 126) eine Entwicklung einzuleiten, die schließlich auf lange Sicht zu den fiktiven 'Protokollen der Weisen von Zion' (anno 1906) führt. Tatsächlich unterscheidet sich der Abt von Petrus Alfonsi vor allem in seiner Annahme, der Talmud sei *das* jüdische Buch schlechthin, an das jeder Jude unabdingbar glauben müsse, sowie in seiner stark polemisch verzerrenden Bewertung einzelner haggadischer Traditionselemente.

Daß Gott im Himmel den Talmud studiere, mit jüdischen Gelehrten darüber diskutiere und bei der Diskussion einer Einzelfrage sogar den Talmudisten unterliege (PL 189, 606 ff. [CChr, C.m. 58, 130 ff.]; 189, 608 [CChr, C.m. 58, 133]: *vicerunt me filii mei*), ist für Petrus ein blasphemischer Anthropomorphismus. Ebenso, daß Gott einmal täglich über die Gefangenschaft der Juden weine und zwei Tränen aus seinen Augen in den Ozean fallen, wodurch das nächtliche Sternenleuchten zustande komme; daß er vor Schmerz dreimal am Tage wie ein Löwe brülle und aus diesem Grunde auch mit den Füßen stampfe und überdies wie eine Taube gurre, alles aus Kummer über die Zerstörung Jerusalems und des Tempels und über das Exil der Juden (PL 189, 622 [CChr, C.m. 58, 151]; vgl. den Talmudtraktat Berachot 59a), absurde Dinge, über die Petrus mit den Juden, diesen vernunftlosen "schamlosen Hunden und unflätigen Schweinen" gar nicht diskutieren will (PL 189, 622).- Absurd findet Petrus auch die - wie anderes, schon bei Petrus Alfonsi stehende - Geschichte vom riesenhaften König Og und dem Wiedehopf (PL 189, 925 ff; vgl. Berachot 54 b).- Das gleiche gilt von der wunderhaften Jenseitsreise des R. Josue ben Levi, der dem Todesengel nicht folgen will, weil er gerade den Talmud studiere (PL 189, 631 ff; CChr, C.m. 58, 163-166). Josue sieht in der Hölle unter anderen die Christen, fragt den Engel, warum diese verdammt seien und erhält zur Antwort: "Weil sie an den Sohn der Maria glauben und nicht das mosaische Gesetz beachten, vor allem aber weil sie nicht an den Talmud glauben" (PL 189, 631; CChr, C.m. 58, 164). Diese Geschichte hat große Ähnlichkeit mit einer Passage bei Petrus Alfonsi (PL 157, 566-567), ist aber auch durch heterogene mündliche Informationen ergänzt und jedenfalls außertalmudischer Herkunft (vgl. A. Wünsche, Aus Israels Lehrhallen. III. Kleine Midraschim zur jüdischen Eschatologie und Apokalyptik, Leipzig 1909, Nr. 11, S. 97-102: "Eine Geschichte von R. Josua ben Levi").- Die Erzählung von Rebekka (die durch offenbar ungeschicktes Absteigen vom Kamel "die Zeichen ihrer Jungfräulichkeit verliert") und Abrahams Knecht Eliezer, der, von Isaak beschuldigt, sich an seiner Verlobten Rebekka vergangen zu haben, glänzend gerechtfertigt wird (PL 189,643; CChr, C.m. 58, 178), geht auf einen Midrasch zu Gn 24, 64-67 zurück.- Ferner: Als Moses zum Himmel auffuhr, wollten ihn die Engel töten aus eifersüchtigem Neid darüber, daß die Tora nicht ihnen gegeben wurde (PL 189,643-644 [CChr, C.m. 58, 179]; ähnlich, aber kürzer, bei Petrus Alfonsi).- Die Legende vom riesigen Reichtum des Korach (PL 189, 644 [CChr, C.m. 58, 180]; ähnlich, aber ausführlicher bei Petrus Alfonsi).- Die Erzählung vom Streit der Söhne Jakobs und Esaus, in dessen Verlauf Dan mit dem Wurf eines einzigen Steines von ungeheurer Größe das ganze Heer der Esau-Söhne vernichten wollte (PL 189, 644-645 [CChr, C.m. 58, 181]; wörtlich bei Petrus Alfonsi).- Nur verkürzt gegenüber der - mündlich vermittelten - mittelalterlichen Legendenquelle, dem sogenannten 'Alphabet des Ben Sira', erzählt Petrus Venerabilis die Geschichte vom Propheten Jeremias, durch dessen Samen - er masturbierte in einem öffentlichen Bad - später seine eigene Tochter geschwängert wird und einen Sohn von wunderhaften Fähigkeiten gebiert (PL 189, 647-648; CChr, C.m. 58, 185-186). Diese seltsame Geschichte, sagt Petrus ausdrücklich, "ist nicht aus dem Talmud entnommen, jedoch aus einem Buch von nicht minderer Autorität bei den Juden" (PL 189, 648; CChr, C.m. 58, 186). Das bestätigt, daß er vom Talmud und seiner Halacha tatsächlich nichts versteht, insofern er haggadischen und außertalmudischen legendarischen Stücken einen ihnen nicht zukommenden autoritativen Rang beimißt.

Daß Abt Petrus noch judenmissionarische Absichten hatte, könnte man vielleicht aus der Einleitung seines Judentraktates entnehmen, wo er den Juden die biblischen Testimonia für die christliche messianische Interpretation empfiehlt, wohl wissend, daß diese den Messias noch nicht für gekommen und nicht als Gott und Gottessohn ansehen (PL 189, 509 [CChr,

C.m. 58, 2]; vgl. den Rückbezug auf diese Einleitung PL 189, 622 [CChr, C.m. 58, 152]). Auch am Ende des Judentraktates scheint er einen Rest von Hoffnung zu haben, daß die Juden sich beeindrucken lassen, aber im Grunde bricht er den Dialog, wenn es überhaupt einer war, abrupt und barsch ab: "Ich glaube nämlich, daß ihr nunmehr mit so gewichtigen Zeugen (d.h. vor allem christologische Bibelstellen) und Argumentationen überschüttet und durch die Wahrheit selbst zum Schweigen gebracht seid, daß ihr nicht weiter widersetzlich sein und Fragen stellen müßt" (PL 189, 650; CChr, C.m. 58, 187). Er sagt auch, wenn die Juden sich bekehren, verzichtet Christus auf die "Rache für seinen Tod" (PL 189, 509; CChr, C.m. 58, 2). Aber die Juden sind von Stein, und ohne Erleuchtung durch den Heiligen Geist kann nun einmal kein Jude zu Christus bekehrt werden (PL 189, 551; CChr, C.m. 58, 58). Aber die ganze Abhandlung "Gegen die eingefleischte Verstocktheit der Juden" ist so von Beleidigungen und Gehässigkeiten durchsetzt, will so sehr den apologetischen Gegner vernichten, daß mit ihm wohl kaum ein Jude hätte gewonnen werden können. Zwar spricht Petrus ausnahmsweise noch von der eschatologischen Konvergenz von Christen und Juden, jedoch nicht ohne das "ganz Israel" von Röm 11, 26 auf einen "Rest" zu verkürzen (PL 189, 367; Constable, I, 329). Beherrscht wird er jedoch von der Vorstellung, daß die Juden schlechthin "verdammt" sind, daß sie schon zu ihren Lebzeiten dazu verdammt sind, ruhelos über die Erde zu streifen, in der Hölle aber den Dämonen zur "immerwährenden Belustigung" zu dienen (PL 189, 615 [CChr, C.m. 58, 141]; das läßt an das Höllenbild im 'Hortus deliciarum' der Herrad von Landsberg denken, wo die Missetäter, darunter die Juden, von vergnügt-sadistischen Teufeln gepeinigt werden). Überhaupt sind sie - soweit sie nicht zum Glauben an Christus fanden - "alle in der Hölle" (PL 189, 635; CChr, C.m. 58, 169), und "der (Christus) leugnende Jude wird für immer von der ewigen Glückseligkeit ausgeschlossen" (PL 189, 549; CChr, C.m. 58, 55). Auch in seinem Gedicht *In laude Salvatoris* läßt er die Juden nicht endzeitlich gerettet werden, sondern beschreibt sie als endgültig vom Weltenrichter verdammt, den sie einst verspotteten, lästerten und kreuzigten (PL 189, 1016-1017).

Es kann kaum verwundern, daß Petrus Venerabilis vom neuzeitlichen Antisemitismus in Anspruch genommen wurde; denn bei ihm gleitet die Judengegnerschaft aus der rein apologetisch-theologischen Sphäre weit in den Bereich der Feindschaft und Gruppenpolemik hinüber, wobei wohl auch psychologische Faktoren eine Rolle spielen. Klischeehaft ist noch der "Unglaube" der Juden (PL 189, 563.609 [CChr, C.m. 58, 74.134]; vgl.

PL 189, 368 [Constable, I, 329].987) oder ihre "Gottlosigkeit" (*impietas, impius*; PL 189, 367 [Constable, I, 329]. 509.648 [CChr, C.m. 58, 2.186].977.980.983; vgl. PL 189, 615 [CChr, C.m. 58, 141]: *Depositus est a Judaeis Deus, projectus est a Judaeis*). Auf einer eingefahrenen Linie bewegt er sich auch, wenn er Juden und Ketzer in einem Atemzug nennt (PL 189, 654) und beide gleichermaßen bekämpft. Nicht mehr Apologetik, sondern reine Polemik ist seine Manie, die Juden wegen ihrer Einsichts- und Vernunftlosigkeit in der einen oder anderen Weise als Tiere und dummes Vieh zu bezeichnen und anzureden (z.B. PL 189, 539.550. 551.557.602.609.617.622 [CChr, C.m. 58, 42.43.57.58.65. 125.134. 144.151-152]). Die dieser Vernunftlosigkeit entsprechenden Anschauungen stammen vom Teufel (PL 189, 549; CChr, C.m. 58,55) beziehungsweise Antichrist (PL 189, 648; CChr, C.m. 58, 186) und haben in gewisser Weise gefährlichen Geheimcharakter (PL 189, 602.648; CChr, C.m. 58, 126.186). Überhaupt ist ihre "Verrücktheit" (*insania, insanus*, PL 189, 514.539.565.603; CChr, C.m. 58, 9.43.77.127) und "widersinnige Verdrehtheit" beziehungsweise "abwegige Verkehrtheit" (*perversitas*, PL 189, 535.563; CChr, C.m. 58, 36.74) offenkundig, dazu auch ihre "Nichtsnutzigkeit" beziehungsweise "Schlechtigkeit" (*nequities*, PL 189, 367; Constable, I, 329), "Bosheit" (*malignitas, malignus*, PL 189, 977.979) und "Feindseligkeit" (*iniquitas*, PL 189, 367; Constable, I, 329). Kein Wunder also, wenn sie Christus und alle Sakramente schmähen und lästern (*blasphemia, blasphemus*, PL 189, 367.368 [Constable, I, 328].537.563.603.609 [CChr, C.m. 58, 40.74.127.134]) und sogar schändlichen Mißbrauch mit kirchlichem sakralen Gerät treiben (PL 189, 368; Constable, I, 329), das sie (durch Kauf oder Pfandverfall) in ihre Hände bekommen (was offenbar vorkam und erst durch König Philipp Augustus im Jahre 1206 ausdrücklich verboten wurde). Die Juden sind nicht nur die "Feinde Gottes" (PL 189, 520 [CChr, C.m. 58, 18]: *hostes Dei*), sondern auch "die wichtigsten Feinde Christi und der Christen" (PL 189, 367: *summi Christi ac Christianorum inimici Judaei*). Sie "stehen noch unter den Sarazenen" (d.h. Muslimen) (PL 189, 367; Constable, I, 328) und müssen noch mehr als die Sarazenen "verwünscht und gehaßt werden" (PL 189, 367; Constable, I, 328). Es ist deshalb nicht sinnvoll, die Muslime im fernen Osten zu bekämpfen, jedoch die missetäterischen Juden mitten im christlichen Abendland ungeschoren zu lassen (PL 189, 367; Constable, I, 328). Polemisch und weit vom Geist des Neuen Testaments entfernt ist auch, daß Christus implizit ein Rachebedürfnis an seinen Mördern unterstellt wird, sofern sie sich nicht bekehren (z.B. PL 189, 509

[CChr, C.m. 58,2]: *Non est ille avidus ulciscendae mortis suae, si secuta fuerit correctio conversionis vestrae)*. Zu alledem paßt, daß Petrus von Poitiers, Freund und Sekretär des Abtes Petrus, diesen rühmt, er sei der einzige Zeitgenosse, der "die drei bedeutendsten Feinde des erhabenen Christentums, Juden, Ketzer und Sarazenen, mit dem Schwert des göttlichen Wortes erschlagen hat" (PL 189,661). Diese Art Feinddenken zeigt sich in späterer Zeit in einem Werktitel wie *Pugio fidei* (Raimund Martini, 13. Jh.).

Die zunächst theologisch-apologetisch definierte "Bosheit" der verstockten Juden konnte leicht auch als Vorbelastung im Bereich der sozialen Gruppenfeindschaft relevant werden. Die Juden, zunehmend auf bestimmte Gewerbe wie Handel, Pfandleihe und Geldgeschäfte abgedrängt - denn es wurde immer schwieriger für sie, Grund und Boden oder Manufakturen zu besitzen und mit christlichem Personal zu arbeiten - und als stets gefährdete Minorität auf relative Sicherheit durch Vermögenserwerb bedacht, konnten sich, zumal von Seiten vermeintlich zu kurz Gekommener oder Benachteiligter, den Vorwurf zuziehen, "ihr Herz an irdische und vergängliche Güter zu verlieren" (PL 189, 539; CChr, C.m. 58, 42) und in Reichtum und Luxus zu schwelgen (PL 189, 368; Constable, I, 329-330). Hier scheint Petrus auch gängige Vorurteile seiner Zeit zu artikulieren oder zu verstärken. Da lag es nicht fern, ihnen auch pauschal "Betrug" an Nichtjuden zu unterstellen und auf Kosten der Christen "unehrlich erworbenen Reichtum" (PL 189, 367-368; Constable, I, 329-330). Es mag, wie unehrliche Christen, so auch unehrliche Juden gegeben haben. Neu ist hier die generalisierende Verunglimpfung einer ganzen Bevölkerungsgruppe, die dazu besonders disponiert schien, daß sie nicht durch Ackerbau und andere ehrsame und nützliche Berufe zu Besitz kam, sondern unter Umständen auch durch (gutgläubige) Inpfandnahme von gestohlenen Wertgegenständen; denn ihre Rechtsposition war seit Kaiser Heinrich IV. (1090) so, daß ihnen bei Rückgabe gestohlener Gegenstände Ersatz zu leisten war, was Petrus entrüstet als *lex iam vetusta, sed vere diabolica* anprangert (PL 189, 368; Constable, I, 329) und vom neuzeitlichen Antisemitismus als 'Hehlerprivileg' gewertet wurde. Wie dem auch sei, der Abt Petrus schafft sich durch seine Polemik gegen die wirtschaftlichen Aktivitäten der Juden eine Basis, auf der er König Ludwig VII. die - mindestens teilweise - Enteignung der Juden vorschlägt, um damit den zweiten Kreuzzug zu finanzieren. Immerhin bleibt der Vorwurf des Wuchers aus, und Petrus weist gebührend darauf hin, daß er keineswegs die Tötung der Mörder Christi verlange, sondern nur ihre Bestrafung und Enteignung (PL

189, 367-368 [Constable, I, 329-330]: *non ... ut occidantur admoneo, sed ut ... puniantur ... reservetur eis vita, auferatur pecunia).*

Die Behandlung des Judenthemas bei dem Abt von Cluny ist auch dadurch gekennzeichnet, daß er Kain als alttestamentlichen Typus der Juden versteht (PL 189, 367 [Constable, I, 328].560.601.615 [CChr, C.m. 58, 71.123.141].990, diese dem Antichrist als ihrem Messias (PL 189, 550.648 [CChr, C.m. 58,57.186]699-700) und dem Teufel zuordnet, und zwar ausgehend von der 'Synagoge Satans', Apk 2,9 und 3,9 (PL 189, 368 [Constable, I, 329].549 [CChr, C.m. 58,55]). Damit, aber auch durch seinen Zweifel am Menschsein der Juden und durch seine irrationale Talmudfeindschaft lieferte Petrus einen Beitrag zur Dämonisierung der Juden, der um so wirkungsvoller war, als sein Judentraktat in vielen Abschriften verbreitet wurde. Seine Fernwirkung reicht jedenfalls bis Luther und darüber hinaus. Von Petrus' antijüdischem Werk nahm man früher gern an, daß es so gut wie keine nennenswerten neuen Beiträge zur Kontroverse beigesteuert habe (A.L. Williams, Adversus Judaeos, London 1935, 392). Am verbreitetsten war die Ansicht, seine antijüdische Argumentation sei gekennzeichnet durch die Mäßigung und Milde eines gütigen, liebenswürdigen Charakters (so etwa Murawski, 1925, 44-45; Manitius, III [1931], 136; anders und richtiger schon P. Browe, in: Römische Quartalschrift 34, 1926, 168). Beide Ansichten sind falsch. Der Abt von Cluny hat durch seine neue, verschärfte Behandlung des Gegenstandes vorhandene Traditionslinien verstärkt und neue begonnen. Dies gilt zum Beispiel auch für die seit ihm an Durchschlagskraft gewinnende Vorstellung vom Reichtum und Luxus, den die betrügerischen, ausbeuterischen und unmoralischen Juden auf Kosten der Christen erwerben, und überhaupt für die Vermischung theologischer Argumente und ökonomisch konditionierter Gruppenvorurteile. Petrus ist allerdings zugute zu halten, daß er in vieler Hinsicht wohl nur die in seiner Zeit verbreiteten Vorurteile bündelt und formuliert. Doch ist er geistig schon weit entfernt von Anselm von Canterbury, obwohl er, wie jener und andere Frühscholastiker, die Ratio seines Argumentierens betont und obwohl auch Anselm, freilich viel verhaltener und toleranter, die Juden und Muslime im Auge hat, gegen welche die Gläubigen im Glauben zu stärken und zu wappnen sind.- Vergleiche zu Petrus Venerabilis auch unten zum Bild Nr. 189.

Ausgaben: PL 189; J. Kritzek, Peter the Venerable and Islam, Princeton, New Jersey, 1964, 204-291 (Contra sectam Saracenorum); The Letters of Peter the Venerable. Ed. G. Constable, 2 Bde., Cambridge, Mass., 1967, CChr, Cont. med. 10 (Contra Petrobrusianos hereticos); CChr, Cont. med. 58 (Adversus Judaeorum inveteratam duritiem).- *Literatur*: M. Steinschneider, Polemische und apologetische Literatur in arabischer Sprache, Leipzig 1877, 227-234; I. Loeb, La controverse religieuse entre les Chrétiens et les Juifs au moyen âge, Revue de histoire des religions 17, 1888, 311-337, S. 326-327; I. Loeb, Polemistes chrétiens et juifs en France et en Espagne, Revue des études juives 18, 1889, 43-70, S. 43-46; C. Werner, Der heilige Thomas von Aquino, I, Regensburg 1889, 647-649; A.C. McGiffert, Dialogue between a Christian and a Jew, Marburg 1889, 25-26; A. Posnanski, Schiloh, Leipzig 1904, 349 ff.; Caro, I (Leipzig 1908), 221-224; B. Hahn, Die wirtschaftliche Tätigkeit der Juden im fränkischen und deutschen Reich bis zum 2. Kreuzzug, Freiburg 1911, 101; Murawski, 1925, 44-45; Manitius, III (1931), 136-144; A.L. Williams, Adversus Judaeos, London 1935, 384-394; P. Browe, Die religiöse Duldung der Juden im Mittelalter, Archiv für katholisches Kirchenrecht 118, 1938, 3-76, S. 45-46; Browe, 1942, 112-113. 291-293; A. Fliche, R. Foreville, J. Rousset, in: Histoire de l'Église IX, 1 (Paris 1948) 114-127; F.J.E. Raby, A History of Christian-Latin Poetry, Oxford 1953, 313-315; LThK VIII (1963) 383-384; J. Kritzeck, Peter the Venerable and Islam, Princeton, New Jersey, 1964; B. Blumenkranz, in: Kirche und Synagoge, I (1968) 119-123; H. Wolter in: Handbuch der Kirchengeschichte, hg. von H. Jedin, III 2 (Freiburg 1968) 51.53-54; F. Lovsky, L'antisémitisme chrétien, Paris 1970, 180-181.329-330; Ch. Merchavia, The Church versus Talmudic and Midrashic Literature (500-1248) [hebräisch], Jerusalem 1970, 128-152; A. Funkenstein, Basic Types of Christian Anti-Jewish Polemics in the later Middle Ages, Viator 2, 1971, 373-382, S. 378-380; M.D. Knowles, in: Geschichte der Kirche, hg. von L.J. Rogier u.a., II (Einsiedeln 1971) 180-182; Y. Friedman, Peter the Venerable and the Jews, Diss. Ramat-Gan (Bar-Ilan University) 1973 (vgl. Immanuel 6, 1976, 82-83); K. Schubert, Das Judentum in der Umwelt des christlichen Mittelalters, Kairos 17, 1975, 161-217, S. 196-197; K. Schubert, Das christlich-jüdische Religionsgespräch im 12. und 13. Jahrhundert, Kairos 19, 1977, 161-186, S. 161-163. 172 ff.; J. Cohen, Mendicants. The Medieval Church and the Jews. Diss. New York 1978, 44-45.51-53 (vgl. J. Cohen, The Friars and the Jews, Ithaca and London 1982, 28-30); Y. Friedman, An Anatomy of Anti-Semitism: Peter the Venerable's Letter to Louis VII., King of France (1146) [hebräisch], in: Bar-Ilan Studies in History, ed. P. Artzi, Ramat Gan 1978, 87-102 (vgl. Y. Friedman, in: Kairos 26, 1984, 80-88); B. Stemberger, Zu den Judenverfolgungen in Deutschland zur Zeit der ersten beiden Kreuzzüge, Kairos 20, 1978, 151-157, S. 152; Kniewasser, 1979, 188-244; K. Schubert, Die Kultur der Juden, II (Wiesbaden 1979) 34; Awerbuch, 1980, 177-196; M. Kniewasser, Die antijüdische Polemik des Petrus Alphonsi (getauft 1106) und des Abtes Petrus Venerabilis von Cluny († 1156), Kairos 22, 1980, 34-76; B. Stemberger, in: Juden in Deutschland. Zur Geschichte einer Hoffnung, Berlin 1980, 38-39; P. Máthé, in: Kritik und Gegenkritik in Christentum und Judentum, hg. von S. Lauer, Bern 1981, 96-97; G. Stemberger, Der Talmud, München 1982, 299; Y. Friedman, in: Bar-Ilan. Annual 20-21, 1983, 182-191; H. Liebeschütz, Synagoge und Ecclesia, Heidelberg 1983, 189-191; G. Stemberger (Hg.), 2000 Jahre Christentum, Salzburg 1983, 361; L. Hagemann, Die erste lateinische Koranübersetzung - Mittel zur Verständigung zwischen Christen und Muslimen im Mittelalter, in: Orientalische Kultur und europäisches Mittelalter, hg. von A. Zimmermann (u.a.), Berlin 1985, 45-58; A.Ch. Skinner, Veritas Hebraica. Christian Attitudes toward the Hebrew Language in the High Middle Ages, Diss. Univ. of Denver 1986, 208-209. Schriften zum Islam. Hg. u. übers. von R. Glei, Altenberge 1985; DMA IX (1987) 524-525.

Im Jahre 1158 entstand die *Disputatio contra Judaeos* des **Paschalis Romanus** († 1186), der eine Zeitlang in Byzanz am Hofe Manuel II. Komnenos lebte. Es handelt sich um die lateinische Übersetzung eines griechischen Textes. Erhebliche Gemeinsamkeiten bestehen mit der 'Dialexis kata Joudaion' des Ps.-Anastasios Sinaites (PG 89, 1203-1272), die um 700 oder Anfang des 8. Jh. entstand. Bis zur Identität reichen jedoch die Gemeinsamkeiten der Disputatio mit der 'Antibolē Papiskou kai Philōnos Joudaiōn pros monachon tina', die ebenfalls Anfang des 8. Jh. verfaßt wurde (vermutlich in Ägypten), so daß sie inzwischen als Übersetzung der 'Antibole' erwiesen ist: Erstmals herausgegeben von G. Dahan (Paschalis Romanus. Disputatio contra Judaeos, Recherches Augustiniennes 11, 1976, 161-213; S. 192-313 der lateinische Text, S. 163-191 eine ausführliche Einleitung). Dahan hat gezeigt, daß der Text PG 89, 1203-1272 seinerseits als Bearbeitung der 'Antibole' anzusehen ist (zu Anastasios Sinaites und Paschalis Romanus vgl. H.-G. Beck, Kirche und theologische Literatur im byzantinischen Reich, München 1977, 443).

Paschalis Romanus gehört zu den zahlreichen Lateinern, die Kaiser Manuel an seinen Hof hatte kommen lassen. Hier wird er Bekanntschaft mit der 'Antibole' gemacht haben, die er dann in ein klares, leicht verständliches Latein übersetzte, und zwar als Dialog zwischen einem Christianus und Judeus. Gewidmet ist der Text Enrico Dandolo, dem Patriarchen von Grado (Dahan, p. 192). Vgl. Verfasserlexikon VII, 1 (1987) 317.

Zu den bedeutendsten mittelalterlichen Historikern gehört der Zisterzienser **Otto**, Bischof **von Freising** († 22.9.1158), der, über seine Mutter Agnes, die Tochter Kaiser Heinrichs IV., zum Hochadel des Reiches zählte und, in seiner Eigenschaft als geistlicher Reichsfürst, im Unterschied zu kirchlichen Größen wie Bernhard von Clairvaux und Petrus Venerabilis, auch am zweiten Kreuzzug teilnahm (1146-1147). Hervorragend geschult durch einen mehrjährigen Studienaufenthalt in Paris und gut bekannt mit den lateinischen Autoren der Antike und den Kirchenvätern, vor allem Augustinus, schreibt er seine acht Bücher *Chronica sive Historia de* *duabus civitatibus* und - kurz vor seinem Tode - die *Gesta Friderici*, auf seinen Wunsch hin von seinem Kaplan Rahewin fortgesetzt. Augustinus' dualistische Weltsicht von den zwei Reichen entwickelt er weiter zu einer besonderen Idee des Zusammengehens und Zusammenwirkens von Gottesstaat und Weltstaat in Gestalt des christlichen Imperiums, wie es sich seit Konstantin d. Gr. allmählich entwickelt hatte.

Die hohe Wertschätzung seiner Werke bei der Nachwelt hat gewiß ihren Grund nicht minder in der Kraft seiner geschichtsphilosophischen und geschichtstheologischen Reflexionen als in der Detailtreue seiner zeitgeschichtlichen Berichte. Aber auch die ältere Geschichte behandelt er sehr kenntnisreich und zum Teil auch quellenkritisch. Aber während er das christlich-islamische Verhältnis und die Unterschiede und Affinitäten von Islam und Christentum distanziert und gelassen erwägt (Chronica 7,7; ed. A. Hofmeister u. W. Lammers, Darmstadt 1960, p. 510), erliegt auch er beim Judenthema dem nachhaltigen Einfluß von Rufins Übersetzung der Kirchengeschichte des Eusebios und dessen verfälschender Verarbeitung der Berichte des jüdischen Historikers Flavius Josephus. Gewiß kannte Otto auch des Josephus Bellum Judaicum als solches, das in lateinischer Übersetzung beziehungsweise Bearbeitung fast in jeder besseren Klosterbibliothek vorhanden war und überaus überzeugend die neutestamentlichen Untergangsprophetien über Jerusalem zu bestätigen schien. Gleichwohl schreibt er unter Eusebios' Einfluß (Chronica 3,18; Hofmeister-Lammers, S. 249-251): "Da die Juden 40 Jahre nach der Passion des Herrn, die sie als Frist für ihre Reue empfangen hatten, das am Heiland begangene Verbrechen nicht bereuen wollten, im Gegenteil durch die Ermordung des Stephanus und der beiden Jakobus Sünde auf Sünde häuften, da mußte endlich gegen das gottlose Volk (*populus impius*) die göttliche Rache (*ultio divina*) auflodern, die ihm vom Herrn vorausgesagt worden war. Nachdem vorher durch göttlichen Spruch den Bürgern Christi geraten worden war, sich von der gottlosen Stadt und dem ruchlosen Volk (*urbs sacrilega populusque impiissimus*) zu trennen, wie Loth von Sodom, und in die Stadt Pella jenseits des Jordan zu gehen, wurde die ungläubige Stadt (*urbs infidelis*) am Passahfest, zu dem die Leute von allen Seiten in Massen zusammengeströmt waren, von Titus eingeschlossen und schließlich mit vielem Blut der Römer erobert." Den Tempel "zerstörte er (Titus) gleichsam als etwas durch das Wachstum der Kirche Gottes überflüssig Gewordenes samt der Stadt von Grund aus und ließ entsprechend der Prophezeiung des Herrn 'keinen Stein auf dem andern' (vgl. Mk 13, 2; Mt 24,2; Lk 21,6)". Otto verweist sodann ausdrücklich auf weitere Einzelheiten des Untergangsberichts bei Josephus und konstatiert, daß die den verdienten Untergang überlebenden Juden, "angeblich an die 900 000, seitdem bis auf den heutigen Tag in der ganzen Welt zerstreut leben ... Man hält es für ein gerechtes Gericht Gottes, daß diejenigen, die gegen Gott Vater und Sohn gesündigt hatten, von zwei Menschen, ebenfalls Vater und Sohn, gezüchtigt wurden" (Chronica 3,18; Hofmeister-Lammers, S. 251).

An der kollektiven Schuld und Bestrafung der reuelosen Juden, deren (Tempel-) Kult obsolet wurde, besteht also kein Zweifel. Ihre Zerstreuung beginnt, wie herkömmlich, mit dem Jahre 70; und die Missetat gegen Gott Vater und Gott Sohn zieht als evidente Talion die Ahndung durch Vater und Sohn in Gestalt Vespasians und Titus' nach sich. Daß Christi Passion und Kreuzigung für die (christliche) Menschheit gut war, mindert nicht die Schuld der Juden (Gesta Friderici 1, 66; ed. Fr.-J. Schmale, Darmstadt 1974, p. 270). Andererseits verkennt der Historiker nicht die - irgendwie ja auch schicksalhafte - Blindheit der Juden für die Wahrheit des Christentums (Chronica 7, Prolog; Hofmeister-Lammers, S. 496), und bei seiner Darstellung der Kontroverse zwischen dem Pogromprediger Radulf und dem judenfreundlichen Bernhard von Clairvaux distanziert er sich deutlich von Radulf (Gesta Friderici 1, 39-41; ed. Fr.-J. Schmale, p. 206-208). Schließlich ist Ottos Haltung auch dadurch charakterisiert, daß er von der eschatologischen Bekehrung der Juden überzeugt ist (im Sinne von Is 10, 22), und zwar nachdem, vor dem Anbruch der endzeitlichen *civitas dei*, "der nichtchristliche Staat der ungläubigen Juden und Heiden" erloschen sei (Chronica 5, Prolog; 8,5-7; vgl. 8, 26; Hofmeister-Lammers, S. 374.594 ff.; vgl. S. 644; vgl. V. Pfaff, in: Vierteljahrschrift für Sozial- und Wirtschaftsgeschichte 52, 1965, 173). Im übrigen interessiert er sich kaum näher für die Juden und Heiden des Mittelalters, weil, wie er sagt (Prolog der Chronica; Hofm.-L., S. 374), bei ihnen kaum für Historiker aufzeichnungswürdige Dinge überliefert zu finden seien: *Manet tamen adhuc perfida Iudeorum infidelium et gentilium civitas, sed regnis nobilioribus a nostris possessis, illis iam non solum ad Deum, sed etiam ad seculum ignobilibus, vix aliqua ab eis gesta stilo digna vel posteris commendanda inveniuntur.* Das meint: Es gibt zwar noch Juden, Muslime und Heiden, aber sie sind nahezu bedeutungslos geworden angesichts der Macht der Christen.

Ausgaben: Ottonis episcopi Frisingensis Chronica sive Historia de duabus civitatibus, ed. A. Hofmeister - W. Lammers (mit deutscher Übersetzung von A. Schmidt), Darmstadt 1960; Gesta Frederici, ed. Fr.-J. Schmale (mit deutscher Übersetzung von A. Schmidt), Darmstadt 1974.- *Literatur*: Aronius, 1902, 108-109.111-112; Manitius, III

(1931), 376-388; Fr. Landsberg, Das Bild der alten Geschichte in mittelalterlichen Weltchroniken, Berlin 1934, 71 ff.; Verfasserlexikon III (1943) 679-695; V (1955) 832; A.-
D. von den Brincken, Studien zur lateinischen Weltchronistik bis in das Zeitalter Ottos
von Freising, Düsseldorf 1955, 220-228; A.Hauck, Kirchengeschichte Deutschlands, IV,
Berlin 1958, 500-510; LThK VII (1962) 1307-1309; W. Lammers, Hg., Geschichtsdenken und Geschichtsbild im Mittelalter, Darmstadt 1965, S. 298 ff. (J. Spörl), S. 321 ff.
(J. Koch); Dictionnaire des auteurs cisterciens, Rochefort 1975, 536-540; E. Erb, Geschichte der deutschen Literatur von den Anfängen bis 1160, I, 2, Berlin 1976, 725-733;
W. Wattenbach u. Fr.-J. Schmale, Deutschlands Geschichtsquellen im Mittelalter, I,
Darmstadt 1976, 48-60; R. Chr. Schwinges, Kreuzzugsidee und Toleranz, Stuttgart
1977, 118; H.-W. Goetz, Das Geschichtsbild Ottos von Freising. Ein Beitrag zur historischen Vorstellungswelt und zur Geschichte des 12. Jahrhunderts, Köln 1984; DMA IX
(1987) 302-304; Verfasserlexikon VII, 1 (1987) 215-223.

Der Hohenliedinterpretation des Williram von Ebersberg († 1085) stark
verpflichtet ist das **St. Trudberter Hohelied** (genannt nach dem Kloster St. Trudpert westlich von Freiburg am Oberrhein, in dem die wichtigste Handschrift gefunden wurde), ein Werk in deutscher Prosa, das vermutlich um 1160 von einem alemannischen oder bayerischen Kleriker ausdrücklich zur Lektüre für Nonnen geschrieben wurde. Diese erste bedeutende Leistung deutschsprachiger Mystik konzentriert die Darstellung aber
nicht mehr, wie Williram, auf den Bund Christi mit seiner Braut Ecclesia
(dazu Synagoga sozusagen als Nebenrolle), sondern deutet das Hohelied
auf die Beziehung Gottes (bzw. des Hl. Geistes) zu Maria oder zu der einzelnen menschlichen Seele, dies im Sinne einer tiefgefühlten geistlichen
Vereinigung und Einswerdung der Seele mit Gott. Dementsprechend tritt
im Vergleich zu Williram Synagoga hier ganz zurück, doch wird die Erwartung der eschatologischen Konvergenz der Juden nicht aufgegeben.
Ausgabe: H. Menhard, 2 Bde., Halle 1934.- *Literatur*: Ehrismann, II 1 (1922), 29-
39; K. Geissler, Die Juden in mittelalterlichen Texten Deutschlands, Zeitschrift für bayerische Landesgeschichte 38, 1975, 163-226, S. 183-184; de Boor-Newald, I (1979),
118-123.299.

Um 1160 entstand die sowohl älteste als auch künstlerisch eindrucksvollste dramatische Bearbeitung des Antichrist-Themas, der **Ludus de
Antichristo** ('Spiel vom Antichrist'; dieser Titel erst seit dem 19. Jh.; in
der einst im Benediktinerstift Tegernsee, jetzt in München befindlichen einzigen Handschrift ist das Stück titellos). Die über vierhundert gereimten lateinischen Verse des Dramas - sie sind mit lateinischen Regieanweisungen
durchsetzt - kamen gesungen zum Vortrag, vielleicht auf einem freien Platz

bei einer Tegernseer Kirche. Das gepflegte Mönchslatein des Schauspiels und die in ihm offen zutage tretenden politischen Reichsgedanken des staufischen Hofes weisen auf einen hochgebildeten bayerischen Kleriker als Verfasser, der wohl im Umkreis Friedrich Barbarossas lebte. In die theologische Verarbeitung des Antichriststoffes (Reflexion des Themas von 2 Thess 2) mischen sich jedenfalls auch politische Anschauungen der Zeit nach dem zweiten Kreuzzug und das Wissen um die Bedrohung Jerusalems durch den Islam.

Das Stück, dem trotz des Lateins gewiß auch Laien zuhörten, besteht aus einem ersten Teil, in dessen Verlauf der deutsche Kaiser die Weltherrschaft erringt, und einem zweiten Teil, der den Aufstieg und Untergang des Antichrist zum Gegenstand hat. Frei benutzte Hauptquelle des zweiten Teils ist Adsos einschlägiges Werk aus der Mitte des 10. Jh. (PL 101, 1291-1298; CChr, Cont. med. 45). Seinerseits hat der 'Ludus' auf die Antichrist-Schauspiele der folgenden Jahrhunderte gewirkt beziehungsweise es entstehen deutschsprachige Versionen und Bearbeitungen des lateinischen Textes. Auch das Benediktbeurer Weihnachtsspiel übernimmt eine Anzahl Verse aus dem 'Ludus de Antichristo'.

Bühnenschauplatz ist "der Tempel des Herrn zu Jerusalem", wo auch die Throne für die nacheinander auftretenden Herrscher und Mächte dieser Welt bereitstehen: Der König von Jerusalem und Synagoga, der römische Kaiser, der deutsche König, der König von Frankreich, von Griechenland, der König von Babylon und Gentilitas (d.h. die Nichtchristen, das Heidentum samt dem Islam). Auch Ecclesia hat bald nach Beginn des Stücks ihren Auftritt. Neben den führenden politischen Kräften der Zeit treten als Dramatis personae also auch die großen Religionen auf und nehmen die ihnen zugedachten Thronsitze ein, zunächst das polytheistische Heidentum (Verse 1-32), dann "die Synagoge mit den Juden" (Verse 33-44), dann (mit Brustpanzer und Krone) Ecclesia und in ihrem Gefolge Misericordia, Justitia, Apostolicus (d.h. der Papst) mit dem Klerus und der römische Kaiser mit seiner Ritterschaft (Verse 45-48). Synagoga singt: "Unser Heil ruht in Dir, o Herr (Jr 3, 23). / Leben kann man nicht von einem Menschen erhoffen: / Es ist ein Irrtum zu glauben, mit dem Namen Christi / lasse sich die Erwartung des Heils verbinden. / Es ist erstaunlich, daß einer selbst dem Tode unterlegen sein soll, / der anderen das Leben verleiht. / Der sich nicht selbst zu retten vermochte (vgl. Mt 27,42), - / wer könnte von dem gerettet werden? / Nicht ihn, sondern den, der da ist Emmanuel, / sollst du, Israel, als deinen Gott verehren (apologetische Ironie läßt hier Synagoga die schon Mt 1, 23 auf Christus bezogene Stelle Is 7,

14 zitieren!). / Jesus ebenso wie die Götter Ismahels (d.h. den Islam) / zu verabscheuen, ist mein Befehl" (Verse 33-44; Ludus de Antichristo, hg. von G. Vollmann-Profe, II, Lauterburg 1981, 5). Gegen diese selbstbewußt-trotzige Standpunktdarlegung der Synagoga setzt die nun auftretende Ecclesia ihren exkludierenden Heilsanspruch: "Dies ist der lebendigmachende Glaube, / durch den das Gesetz des Todes seine Kraft verlor (vgl. Röm 8, 2). Wer immer einen anderen Glauben hat, / den verdammen wir in Ewigkeit" (Verse 45-48; Vollmann-Profe, a.a.O., II, 7). Dieser Wechselgesang von Synagoga und Ecclesia wiederholt sich im Laufe des Stücks. Schließlich, im zweiten Teil, will der Antichrist auch Synagoga als ihr Messias für sich gewinnen und läßt die "Heuchler", seine Boten, unter anderem schmeichelnd zu ihr sagen: "Du bist ein Volk aus königlichem Geschlecht, (Gottes) besonderes Eigentum (vgl. Dt 7,6); / als getreues Volk wirst du überall gerühmt. / Um dem Gesetz gehorsam zu sein, erträgst du schon lange das Exil. / Fern von der Heimat hast du auf den Messias gewartet. / Dieses Warten wird dir nun dein Erbe zuteil werden lassen"... (Verse 305 ff.; Vollmann-Profe, II, 37). Hier lassen sich, freilich gebrochen dadurch, daß sie vom Antichrist kommen, Töne vernehmen, die in dieser Zeit sonst nur bei Petrus Abaelard zu hören sind. Zu Synagoga aber, die sich vom Antichrist hat gewinnen lassen, kommen die Propheten (Henoch und Elias, als Vorboten der endzeitlichen Erlösung): "Das Wort des Vaters hat, seine göttliche Natur behaltend, / in der Jungfrau die menschliche Natur angenommen / ... Christus hat unsere Schwachheit angenommen, / um den Schwachen Stärke zu verleihen. / Ihn haben die Juden als sterblichen Menschen gekannt; / daß er unsterblich war, haben sie nicht gewußt. / Sie haben weder seiner Lehre noch seinen Zeichen geglaubt, / unter Pilatus haben sie Christus gekreuzigt ... (Verse 329 ff.; Vollmann-Profe, II, 39-40). Sie geben sich zu erkennen, nehmen Synagoga die (blindmachende) Augenbinde ab und führen sie zu der Einsicht: "Wahrlich, wir sind vom Antichrist verführt worden, / der vorgibt, der Messias der Juden zu sein. / Sichere Beweise für unsere Freiheit sind / Elia und Henoch, die Propheten der Wahrheit. / Wir sagen dir Dank, Adonai, König der Herrlichkeit, / Dreifaltigkeit wesensgleicher Personen. / Wahrhaft Gott ist der Vater, Gott ist sein Eingeborener, / ein Gott mit ihnen ist ihrer beider Geist." (Verse 361-368; Vollmann-Profe, II, 41).

Der Antichrist sieht Gefahr für sich und läßt die beiden Propheten und Synagoga - ob auch die Juden in ihrer Begleitung, ist unklar - töten. Unmittelbar vor ihrer Hinrichtung singt sie: "Wir bereuen unseren Irrtum, wir wenden uns dem Glauben zu. / Alles, was der Verfolger uns antun wird, werden wir erdulden" (Verse 400-401; Vollmann-Profe, II, 45). Ecclesia begleitet die Hinrichtung mit dem Singen von H1 1, 12, womit sie wohl den Märtyrertod der für Jesus Christus Zeugnis ablegenden Synagoge als Auftakt der endzeitlichen Vereinigung Christi mit seiner Braut, der Kirche, deuten will (Vers 402). Dieser Märtyrertod der Synagoge ist auch der Anfang vom Ende des Antichrist, der zwar noch die Könige der Welt zu seiner Huldigung herbeiruft, aber, als ein Donner über seinem Haupte losbricht, (tot) zu Boden stürzt und so den Sieg der Ecclesia - zu der "alle", also vielleicht auch die Juden in der Begleitung Synagogas, am Ende den Weg finden - besiegelt (Verse 403-418; Vollmann-Profe, II, 45-46). Bei dieser Konzeption hat zwar Synagoga schließlich zu Christus gefunden. Aber damit scheint ihre eschatologische Rolle auch erfüllt; denn in die Heilszeit nach dem Tode des Antichrist kommt sie nicht hinein. Gleichwohl spielt sie einen freundlich bewerteten Part von tragischer Größe im Rahmen des Dramas, das in durchaus originaler poetischer Weise das Antichrist-Thema und die Idee einer Weltherrschaft des deutschen Kaisers als Schirmherrn des Christentums verknüpft.

Mit der Bekehrung der Synagoga zu Christus ist zweifellos in gewisser Weise die von Paulus (Röm 11, 26; vgl. zur Lösung der Augenbinde 2 Kor 3,13) begonnene Linie fortgeführt, wenn auch in eingeschränkter Weise. Das Fehlen jeder antijüdischen Stimmung im 'Ludus' und die ganz unpolemische, eher verständnisvolle und einfühlsame Darstellung der Synagoga reflektieren wohl auch auf ihre Weise die judenschützende Grundhaltung Friedrichs I., in dessen Umkreis der Poet beheimatet ist. Erst spätere Versionen und Bearbeitungen des Spiels vom Antichrist - dieser ist in dem frühstaufischen Dichtwerk bezeichnenderweise auch kein Judensproß wie bei Adso - behandeln das Judenthema polemischer und aggressiver.

Ausgaben: K. Langosch, Geistliche Spiele - Lateinische Dramen des Mittelalters mit deutschen Versen, Darmstadt 1957, 179-241: Tegernseer Spiel vom Deutschen Kaiser und vom Antichrist (mit deutscher Übers.); - Der Antichrist. Der staufische Ludus de Antichristo. Kommentiert von G. Günther, Hamburg, o.J. (1970?), S. 89-155 des lat. Textes der Textausgabe von Fr. Wilhelm (München 1912) und der deutschen Übers. von G. Hasenkamp (Münster 1961[5]); Ludus de Antichristo, ed. G. Vollmann - Profe, 2 Teile, Lauterburg 1981.- *Literatur*: P. Weber, Geistliches Schauspiel und kirchliche Kunst, Stuttgart 1894, 71-72.79.103; O. Frankl, Der Jude in den deutschen Dichtungen des 15., 16. und 17. Jahrhunderts, Mährisch-Ostrau, Leipzig 1905, 26-29; D. Strumpf, Die Juden in der mittelalterlichen Mysterien-, Mirakel- und Moralitäten-Dichtung Frankreichs, Ladenburg 1920, 15-27; Pflaum, H., Les scénes de juifs dans la littérature dramatique du moyen-âge, Revue des Études Juives 89, 1930, 111-134, S. 120.127-128; K. Sabatzky, Der Jude in der dramatischen Gestaltung, Königsberg [1930], 8-10; Manitius, III (1931),

1052-1056; Ehrismann, II 2, 2 (1935), 555-557; H.C. Holdschmidt, Der Jude auf dem Theater des deutschen Mittelalters, Emsdetten 1935, 66-68; A. Oepke, Das neue Gottesvolk, Gütersloh 1950, 316. 322.372-376; Fr.-W. Wentzlaff-Eggebert, Kreuzzugsdichtung des Mittelalters, Berlin 1960, 73-77; W. Eckert, in: Christen und Juden, hg. von W.-D. Marsch u. K. Thieme, Mainz 1961, 79-81; Seiferth, 1964, 125-132. 149-150.199; K. Young, The Drama of the Medieval Church, II, Oxford 1967, 371 ff.; Th. Stemmler, Liturgische Feiern und geistliche Spiele, Tübingen 1970, 116-119; W. Fr. Michael, Das deutsche Drama des Mittelalters, Berlin 1971, 53-57; H.D. Rauh, Das Bild des Antichrist im Mittelalter, Münster 1973 (1979[2]), 134.365-415; K. Aichele, Das Antichristdrama des Mittelalters, der Reformation und Gegenreformation, Den Haag 1974, 27-33; K. Geissler, Die Juden in mittelalterlichen Texten Deutschlands, Zeitschrift für bayerische Landesgeschichte 38, 1975, 163-226, S. 202-204; K. Schubert, Das Judentum in der Umwelt des christlichen Mittelalters, Kairos 17, 1975, 161-217, S. 198-200; D. Brett-Evans, Von Hrotsvit bis Folz und Gengenbach, I, Berlin 1976, 76-85; K. Geissler, Die Juden in Deutschland und Bayern, München 1976, 214; W.P. Eckert, Die Zukunft des jüdischen Volkes aus christlicher Sicht, Emuna, Heft 4, 1978, 29-36, S. 31-32; K.Schubert, Die Kultur der Juden, II, Wiesbaden 1979, 34-36; R.K. Emmerson, Antichrist in the Middle Ages, Manchester 1981, 166-172; K. Langosch, Lateinisches Mittelalter, Darmstadt 1983, 12; H. Bayer, Gral. Die hochmittelalterliche Glaubenskrise im Spiegel der Literatur, II (Stuttgart 1983) 407-415; H. Liebeschütz, Synagoge und Ecclesia, Heidelberg 1983, 175-176; A.J. Carr, Visual and Symbolic Imagery in the Twelfth-Century Tegernsee 'Ludus de Antichristo', 2 Bde., Diss. Northwestern University 1984; de Boor-Newald, III, 2 (1987), 223-225.484.

Der Karäer **Jehuda ben Elia Hadassi** von Konstantinopel, mit dem Beinamen Ha-Abel (d.h. der [wohl um die verlorene Heimat Jerusalem und über die Zerstreuung] Trauernde), der um 1075 bis um 1160 lebte, begann im Jahre 1148 mit der Niederschrift seines Hauptwerkes *Eschkol ha-Kofer*, 'Zyperblütenbüschel' (nach Hl 1, 14; Sinn etwa: enzyklopädische Sammlung). In dieser umfassenden Gesamtdarstellung - sie ist in hebräischer Reimprosa verfaßt, wobei die jeweils ersten Buchstaben der einzelnen Reimzeilen gewöhnlich der Reihe nach das hebräische Alphabet geben, und zwar alternierend vom ersten bis zum letzten und vom letzten umkehrend wieder zum ersten Buchstaben, das Ganze 379 mal - werden in größeren zusammenhängenden Abschnitten die Gesetze des Dekaloges behandelt; dabei geht Jehuda Hadassi davon aus, daß alle überhaupt zu befolgenden Gebote und Verhaltensnormen in den zehn Geboten bereits subsumiert sind, und er ordnet den einzelnen Gesetzen des Dekaloges systematisch das in der karäischen Tradition überlieferte naturwissenschaftliche, philosophische und theologische Wissen zu. Innerhalb seiner Darstellung des zweiten Dekaloggebots (Du sollst keine anderen Götter haben als mich), Alphabet [= Kapitel] 96-129, argumentiert er apologetisch gegen Rabbaniten, Sadduzäer, Samaritaner und Christen. Die antichristliche Apologetik (98.-100. Alphabet bzw. Kapitel; sie fehlen infolge Zensur im Druck dieses Werkes, Eupatoria [Krim] 1836; zugänglich gemacht von W. Bacher, in: Jewish Quarterly Review 8, 1896, 431-444) schöpft Jehuda vor allem aus Al-Mukammis und Kirkisani sowie aus dem Josippon. Er bekämpft Christi Messianität, Gottessohnschaft, Trinität, Inkarnation und Jungfrauengeburt, die Aufhebung der Tora durch die Christen und überhaupt die christologische Exegese des Alten Testaments, findet aber auch freundliche Worte für den Menschen Jesus, weniger freundliche dagegen für die Apostel, besonders Paulus. Seine Angriffe richten sich in rationalistischer Kritik auch gegen haggadisch-legendarische Elemente der rabbinischen Bibelexegese und Literatur - obwohl er auch selbst Wunder und märchenhafte Erzählungen bietet (Kapitel 373-379) -, ferner gegen den Islam (Kapitel 99; er war des Arabischen ebenso kundig wie des Griechischen) und gegen aristotelische Vorstellungen.

Literatur: M. Steinschneider, Polemische und apologetische Literatur in arabischer Sprache, Leipzig 1877, 352; J. Hamburger, in: Die jüdische Literatur seit Abschluß des Kanons, hg. von J. Winter u. A. Wünsche, II, Trier 1894, 89-90.; M. Goldstein, Jesus in the Jewish Tradition, New York 1950, 175-176; Encyclopaedia Judaica (Jerusalem 1971) VII, 1046-1047.

Johannes Beleth, Rektor der Pariser theologischen Schule und bekannter Liturgiker († nach 1165) vertritt in seinem *Rationale divinorum officium* (genuiner Titel: *Summa de ecclesiasticis officiis*; Inhalt: liturgische Erklärung von Messe, Stundengebet und Kirchenjahr) die Auffassung (PL 202,102), "daß wir nicht beten müssen für die offensichtlich nicht mehr zu Rettenden, wie für die in der Hölle Gebliebenen und für Judas, der (nach seiner Tat) verzweifelte". Die Christen beten aber unter anderem für "die Heiden, Juden, Häretiker und Schismatiker, damit Gott ihnen seine Gnade einflöße und sie zum katholischen Glauben bekehre; dabei beugen sie die Knie für die anderen, aber nicht für die Juden, da diese zur Verspottung Christi die Kniebeuge machten ... Dreimal haben die Juden mit gebeugten Knien Christus verspottet. Das erste Mal, nachdem sie sein Gesicht verhüllt hatten, im Hof des Hauses des Hohenpriesters (vgl. Lk 22, 64); zum zweiten Mal im Prätorium (Mt 27,29); denn als er von Pilatus den Juden zur Kreuzigung übergeben worden war, flochten die (heidnischen) Soldaten eine Dornenkrone, beugten die Knie (vor ihm) und verspotteten ihn. Obwohl dies nicht von den Juden getan wurde, wird es ihnen dennoch zugeschrieben, weil sie den Grund (dazu) boten. Die dritte Verspottung schließlich war, als sie zu ihm, der schon am Kreuz hing, sagten (Mt 27, 40): 'Der du niederreißt' usw".- Das Überraschende an der Aussage zur Karfreitagsliturgie ist, daß sehr wohl gesehen wird, daß es die mit der Exekution beauftragten heidnischen römischen Soldaten des Statthalters waren, welche die Knie vor Jesus beugten (Mt 27,29; Mk 15,19), die Verantwortung (und Schuld) aber offenbar einschränkungslos den Juden angerechnet wird, denen Jesus angeblich "zur Kreuzigung übergeben worden war".

Literatur: J.M. Oesterreicher, 'Pro perfidis Judaeis', Theological Studies 8, 1947, 80-96, S. 88-89; Browe, 1942, 137; B. Blumenkranz, Die Judenpredigt Augustins, Basel 1946, 193; LThK V (1960) 1009.

Es sind nicht zuletzt die Erfahrungen mit Juden und Muslimen während des ersten und zweiten Kreuzzuges, welche dazu führen, daß das 12. Jh. besonders reich an christlichen apologetischen Texten ist. Zu ihnen gehört auch der im Jahre 1166 (so PL 213, 772) in Frankreich entstandene anonyme **Tractatus adversus Judaeum** (PL 213, 747-808), der keine nennenswerte Nachwirkung erkennen läßt, was nicht verwundern kann, da nur eine Handschrift bekannt ist (nach ihr zuerst gedruckt bei E. Martène - U. Durandus, Thesaurus novus anecdotorum, V, Paris 1717, 1507-1568; danach in PL übernommen). Der Autor zeigt gelegentlich, daß er ein wenig Hebräisch kann (z.B. PL 213, 759.763); es scheint, daß er Disputationskontakte mit Juden hatte (PL 213, 749) und daß seine Empfehlungen zur Gesprächsmethodik (PL 213, 749-750) gerade aus dem Erlebnis erwachsen, daß die Christen - dabei schließt er sich selbst ein - den Juden nicht immer gewachsen sind.

So beginnt die (aus 77 Kapiteln bestehende, am Ende offensichtlich unvollendet abbrechende) Abhandlung mit einer Humiliation: Der Verfasser will in aller Bescheidenheit und Glaubenseinfalt für sich und seinesgleichen ein Hilfsbüchlein zusammenstellen, "damit wir gewappnet sind, aus der Schrift Antworten zu geben gegen den Unglauben der Juden, welche dem christlichen Glauben Abbruch tun" (PL 213, 749). "Wir schreiben also ... um nicht die Juden über unsere Unwissenheit lachen zu lassen, die so oft ihren Mutwillen an uns auslassen und gewissermaßen mit Goliath sagen: 'Wählt einen von euch aus zum Zweikampf' (1 Kg 17,8 [Vulgata] = 1 Sam 17,8). Über das Neue Testament dürfen wir keineswegs mit ihnen streiten, vielmehr müssen wir alle ihnen entgegengestellten Argumente

dem Alten Testament entnehmen", weil ihnen gegenüber den hier vorhandenen zwingenden Beweisen keine Ausflüchte mehr möglich seien (PL
213, 749). Der große Argumentationsaufwand ist notwendig; denn die Juden laufen, wenn man sie packen will, sozusagen wie gejagte Füchse in
ihrem Bau von einem Schlupfloch zum anderen, und wenn man nicht ganz
schlau zu Werke geht, entkommen sie (PL 213, 749). Der Autor des Traktats will sich deshalb bemühen, den Juden den Fluchtweg zu verlegen
"durch die bestätigenden Aussagen der Propheten, gegen die sie machtlos
sind; und was ihnen am meisten zuwider ist, nämlich die Menschwerdung
Gottes, erweisen wir als wahr durch Beweisstellen aus den Propheten"
(PL 213, 750).

Sodann wird (zu Gn 1, 1 ff.) unter anderem "Anfang" (*principium*) mit
Gott gleichgesetzt und die dreigliedrige Wortgruppe *Dominus, Deus tuus,
Deus* (Dt 6) von der Trinität gesagt verstanden (PL 213, 750). Der über
den Wassern schwebende Geist Gottes (Gn 1, 2) ist der Hl. Geist (PL
213, 751.753-754). Gn 1, 26 (*wir* wollen den Menschen machen nach
unserem Bilde) ist von mehr als einer göttlichen Person die Rede (PL 213,
751-752). Ps 2,7 ist vom Gottessohn (Jesus Christus) die Rede, eine Bezeichnung, die dem Juden zuwider ist, so daß er "mit den Zähnen knirscht
und mit finsterem Blick auf den Christen schaut" und ihm auch die Ausre-
de nicht hilft, Gott spreche da von David (PL 213, 753). Vom Hl. Geist ist
zum Beispiel die Rede Weisheit 12, 1 (PL 213, 754) und Sprüche 1, 23
(PL 213, 754-755); Is 6, 3 ist die Trinität gemeint (PL 213, 755), ebenso
mit den "drei Männern" von Gn 18, 2 (PL 213, 755-756).

Gegen die Tora wird ins Feld geführt, daß Gott selbst, da "nicht vor
dem Sabbat, sondern am Sabbat selbst (d.h. erst nach Beginn des Ruheta-
ges) alles vollendet wurde, wie die Schrift bezeugt" gegen die Ruhepflicht
am Sabbat verstoßen habe (PL 213, 756; diese Schwierigkeit sah schon
Raschi, bewertete sie aber als Scheinproblem. Darauf weist hin A.L. Williams, 1935, 396). Sodann wird, wieder ganz herkömmlich, mit Is 1, 11
ff. die Abrogation der Tora begründet (PL 213, 756-757) und schließlich
als durch entsprechende Bibelstellen bewiesen konstatiert: "Das Gesetz
und die Beschneidung wurden nur für begrenzte Zeit gegeben, zu eurer Erziehung. Was ist das für eine dreiste Anmaßung, daß du am Sabbat sinnlos
müßig gehst, obwohl doch das Gesetz sein Ende gefunden hat und der
Herr untersagt hat, daß weiter geopfert und der Sabbat beachtet wird?" (PL
213, 757). Die Juden selbst verletzen im übrigen das Gebot, am Sabbat
zuhause zu bleiben (Ex 16,29); denn die Erlaubnis rabbinischer Autoritäten
(R. Akiba, Simeon, Hillel), 2000 Schritte zu gehen, sei lächerlich und

kaum genau einzuhalten (PL 213, 757-758). Von der Jungfrauengeburt ist Gn 3, 15 die Rede (PL 213, 758-760). Abrahams Same, in dem alle Völker gesegnet werden (Gn 12, 3), ist Christus (PL 213, 760-761). Die Möglichkeit von Gottes Präsenz auf der Erde bezeugt schon Is 52, 6.8, so daß die Notwendigkeit der Inkarnation in Menschengestalt nicht befremden kann (PL 213, 762-763). In diese Richtung weisen auch Vergil, die Sibyllinischen Orakel (Vergil, Ekloge 4, 6-9; Orac. Sibyll. 3, 49). Über die Jungfrauengeburt berichtet Jr 31, 22 [Vulgata] (PL 213, 763-764), über den Geburtsort Christi Mich 5, 1-2 (PL 213, 764-765). Ähnlich christologisch oder überhaupt christlich zu interpretieren sind unter anderem Os 10, 12 (PL 213, 765), Joel 2, 23 (PL 213, 765), Am 4, 12 (PL 213, 765-766), Baruch 3, 37 (PL 213, 766), Obadja 1 (PL 213, 766-767), Mich 4, 14 [Vulgata] (PL 213, 767: Passion des Herrn und Zerstörung Jerusalems), Hab 2,1 (PL 213, 767-768: Prophezeiung der Ankunft Christi), Hab 3,3 (PL 213, 770), Hab 3,4 (PL 213, 771-772), Soph 3,14-15 (PL 213, 772-773), Nm 23, 22 [Vulgata] (PL 213, 773-774: Vergleich Christi mit dem Einhorn), Haggai 2,7-8 [Vulgata] (PL 213, 774), Job 6,8 [Vulgata] (PL 213, 775), Is 16, 1 [Vulgata] (PL 213, 775), Zach 9, 9 [Vulgata] (PL 213, 776-778: die Hoffnung der Juden auf einen an Gold und Silber überreichen, tausend Jahre in Jerusalem herrschenden König ist unbegründet), Mal 1, 10 und 2, 3 (PL 213, 778-779: Verwerfung der Juden und Christi Ankunft), Mal 3, 1 und 4,5 [Vulgata] (PL 213, 779-781: ist nicht auf Elias und Haymenon, den von den Juden erwarteten Messias zu beziehen; denn der Tempel in Jerusalem existiert seit Vespasian und Titus nicht mehr, und der Messias kam bereits, als der Tempel in Jerusalem noch stand).

Auch die chronologische Diskussion der "siebzig Wochen" (Dan 9) erweist Jesus Christus als den zur vorbestimmten Zeit gekommenen Messias (PL 213, 781-787). Der jüdische Einwand, daß der mit der Ankunft des Messias eintretende messianische Friede noch nicht gekommen und die Sünde noch nicht aus der Welt sei, "da bis auf den heutigen Tag alle Menschen sündigen", wird abgewehrt mit dem Hinweis darauf, daß alle Menschen, die im Sinne verschiedener einschlägiger neutestamentlicher Aussagen mit Jesus Christus verbunden sind, "nicht (mehr) sündigen können" (PL 213, 787). Die Verwerfung der Juden, die den Herrn verwarfen (Jo 19,15), ist offenkundig und schon zum Beispiel Is 1, 4 deutlich (PL 213, 789-790). Nur das Wasser der Taufe kann sie von ihren Missetaten reinigen (PL 213, 790-791, mit aktualisierender Exegese von Is 1, 16). Is 2, 2 ff. spricht von der Verwerfung der Juden und dem Triumph Christi und der Christen, und die jüdische Annahme ist falsch, hier werde gesprochen von dem Berg, auf dem beim Kommen des Messias der Tempel wieder erbaut sein wird (PL 213, 792). Von Jesus Christus ist auch Is 4,2 die Rede (PL 213, 793). Zum Beispiel Gn 18 und Is 6, 1-2 (Menschengestalt Gottes) beweisen die Möglichkeit, daß Gott (inkarniert) mit den Menschen verkehrt (PL 213, 794-795). Is 6,3 ist bei dem dreimaligen "Heilig" an die Trinität zu denken (PL 213, 798). Die Verstockungsweisung bei Isaias (6,9-10) bringt den "blinden und tauben" Juden nur eine relative Schuldentlastung (PL 213, 799). Abzulehnen sind schließlich im Falle der christologischen Exegese von Is 7, 14 die drei alternativen Interpretationen der Juden: es handelt sich bei der strittigen Person um den König Ezechias, um den Sohn des Isaias oder irgendeinen anderen (PL 213, 800-808).

Der Anonymus schreibt im wesentlichen herkömmliche antijüdische Apologetik, insofern er fast gar nicht scholastisch mit der *ratio* operiert, sondern sich auf die Beweiskraft der einschlägigen Bibelstellen verläßt. Allerdings verwendet er - seinem Vorsatz zu Beginn (PL 213, 749) untreu werdend - das Neue Testament insgesamt doch nicht selten. Herkömmlich ist auch der große Wert, den er auf den Geschichtsbeweis gegen die Juden und für die Wahrheit des Christentums legt: Vespasian und Titus haben Jerusalem und den Tempel (wie im Neuen Testament angekündigt) zerstört und die Juden über den ganzen Erdkreis zerstreut (PL 213, 780.784.785. 786.787). In diesem Zusammenhang fällt auch das Wort, daß man die Juden aus ihrer Heimat "ausgetilgt" hat (*delevit*). Der anonyme Verfasser spitzt den Beweiswert des Jahres 70 zu der Aufforderung an den Juden zu: "Zeige mir den von Vespasian und Titus zerstörten Tempel, und ich werde bekennen, daß Christus (noch) nicht gekommen ist" (PL 213, 780). Das meint: der Jude kann das Adynaton nicht realisieren; denn der Tempel ist seit mehr als tausend Jahren unwiederbringlich verschwunden. Wäre er tatsächlich noch da, könnte die Messianität Jesu Christi mit Recht bestritten werden.

Der Anonymus ist durchaus an der Bekehrung und Taufe der Juden interessiert (z.B. PL 213, 790-791) und möchte mit seinem Werk dazu beitragen, daß die Christen im Gespräch mit Juden beschlagener sind (PL 213, 749). Aber eine Bekehrungsschrift ist sein Opus nicht; denn als solches wendet es sich nicht an Juden, sondern an Mitchristen, und sporadisch eingestreute Anreden "o Jude" (z.B. PL 213, 781; bisweilen trägt auch ein fiktiver *Judaeus* Einwände vor, PL 213, 785) gehören seit eh und je zum literarischen Stil dieser Art von Texten. So bescheiden, ruhig und umpolemisch, wie der Verfasser sich zunächst gibt, ist er nicht immer.

Es schleichen sich auch einige traditionelle Schärfen ein. So zitiert er etwa Mal 2,3 in dem Sinne, hier sei die Rede vom "jüdischen Mist" und daß "verdientermaßen mit dem Mist zugrunde gehe, wer leugnet, daß Christus der Erlöser ist" (PL 213, 779; vgl. PL 213, 781: *falsitas;* PL 213, 784: die Juden pflegen ihren Mutwillen an den Christen auszulassen; PL 213, 786: *imperitia*; PL 213, 790: wegen der Tötung des Heilands heißen die Juden "Mörder"). Daß die Humiliatio zu Anfang des Traktats ein wenig übertrieben war, zeigt sich etwa, wenn er sich einmal beiläufig an seinen "klugen (christlichen) Leser" wendet und sagt, da es ihm darum zu tun sei, "die Mysterien der Wahrheit zu erforschen", könne es nicht seine Aufgabe sein, das "Geschwätz der Juden (d.h. ihre Standpunkte) zu referieren" (PL 213, 795). Dies macht auch deutlich, daß es dem Autor nicht um ein offenes Glaubensgespräch, um eine wirklich geistige Auseinandersetzung geht, sondern um eine hilfreiche Handreichung, einen defensiven Schutz gegen die vermeintlich größere dialektische Gewandtheit der Juden - so weit man die anfängliche Humiliatio überhaupt ernst nehmen darf.

Ausgaben: E. Martène - U. Durandus, Thesaurus novus anecdotorum, V, Paris 1717, 1507-1568; PL 213, 747-808.- *Literatur*: A.C. McGiffert, Dialogue Between a Christian and a Jew, Marburg 1889, 27; Murawski, 1925, 45; A.L. Williams, Adversus Judaeos, London 1935, 395-399; Browe, 1942, 63.102.124; B. Blumenkranz, De la polèmique antijuive à la catéchèse chrétienne, Recherches de Théologie ancienne et médiévale 23, 1956, 40-60, S. 40.

Abraham ben Meïr ibn Esra (1092/1093 - 1167), jüdisch-spanischer Exeget, Grammatiker, Naturwissenschaftler und Dichter, der im Laufe seines unruhigen Gelehrtenlebens in Spanien, Nordafrika, Frankreich und Italien tätig war, beherrschte das Arabische, schrieb aber, um von seinen Landsleuten in Frankreich und Italien verstanden zu werden, seine zahlreichen Werke in hebräischer Sprache. Als Philosoph steht er, entsprechend seiner arabischen Bildung, unter neuplatonischem Einfluß, als Exeget geht er neue Wege, insofern er zugunsten einer jeweils konzisen sprachlichen und inhaltlichen Literaturinterpretation auf langatmige philosophische und haggadische Ausführungen verzichtet. Er betont die Rolle der Vernunft bei der Bibeldeutung - z.B. sieht er, daß Teile des Pentateuchs nachmosaisch sind und nicht das ganze Buch Isaias von demselben Verfasser stammt, und daß Joel 3,4 eine astronomische Sonnenfinsternis gemeint ist, ebnet also einer rationalistischen Bibeldeutung die Wege - und lehnt die christliche Auffassung ab, der Pentateuch sei zur Gänze ainigmatisch und allegorisch-paradigmatisch gemeint (z.B.: die zwölf israelitischen Stämme sind in Wahrheit die 12 Apostel), enthalte also verschlüsselt lauter christliche Glaubensgeheimnisse. In der Vorrede zu seinem Pentateuchkommentar macht er grundsätzliche Aussagen zur Interpretationsmethodik und stellt seiner eigenen Art andere Methoden gegenüber (Übersetzung von E.I.J. Rosenthal, in: Kirche und Synagoge, I, Stuttgart 1968, 313-314): "Die erste (dieser anderen Methoden) ist die Methode der unbeschnittenen Weisen (d.h. christlicher Theologen), die sagen, die ganze Tora sei Rätsel und Gleichnisse, sowohl alles, was im Buch Genesis steht, als auch alle Gebote und gerechte Satzungen. Jeder fügt dieses hinzu oder nimmt jenes weg nach seinem eigenen Gutdünken, einmal um es zu verbessern, ein anderes Mal, um es zu verschlechtern. So sind 'die sieben Völker' (Dt 7, 1) eine Anspielung auf verborgene Dinge ... Auch die Zahl der Stämme ist eine Anspielung auf die Zahl der Apostel, die abtrünnigen (von der Zensur ersetzt durch "die 12 Sternbilder"). Aber dies ist alles eitel und nichtig; es gibt nichts dergleichen. Die Wahrheit ist, jedes Gebot, Ding und Wort zu erklären, wie sie geschrieben sind. Wenn sie dem Verstand nahe liegen, ist es auch in Ordnung, daß Dinge Geheimnisse enthalten, und sie sind in ihrem Wesen wahr, auch Rätsel, wie die Sache des Paradieses und des Baumes der Erkenntnis ... Der zuverlässige Zeuge in unserem ganzen Kommentar ist der Verstand des in unser heiliges Innere gepflanzten Herzens (d.h. Verstandes), und wer der Vernunft widerspricht, ist wie einer, der unser Empfinden verleugnet; denn die Tora unserer Väter ist Menschen des Verstandes gegeben worden. Finden wir etwas in der Tora geschrieben, was die Vernunft nicht ertragen kann, so fügen wir (erklärend) hinzu oder verbessern nach Vermögen auf Grund des Sprachgebrauchs, welchen der erste Mensch bestimmt hat. Das machen wir auch mit den Geboten so, wenn etwas in seinem Wortsinn nach der Vernunft nicht (zu erfassen) möglich ist, wie 'so beschneidet denn die Vorhaut eures Herzens' (Dt 10, 16); denn über die Gebote ist geschrieben, 'die der Mensch üben soll, daß er durch sie lebe' (Lv 18,5)". In seiner Bibelexegese lehnt Abraham ibn Esra unter anderem auch die christologisch-trinitarische Interpretation der drei Engel (Gn 18, 2 ff.) und den Bezug des leidenden Gottesknechts (Is 52-53) auf Jesus Christus ab (Encyclopaedia Judaica, II, Berlin 1928, 1183). Zu Ex 20, 3 bemerkt Ibn Esra: "Die Abgötter werden 'Elohim' genannt, nach der Meinung derer, die sie anbeten" (J. Höxter, Quellenbuch zur jüdischen Geschichte und Literatur, II, Frankfurt 1928, 48). Das könnte eine Bezugnahme auf die trinitarische christliche Deutung des grammatikalischen Plurals *Elohim* sein. Es scheint, daß Abraham, wie andere jüdische Gelehrte, eine nichtliterale, allegorische

Schriftdeutung vor allem bei solchen Bibelstellen für angebracht hält, die anthropomorph von Gott reden, Stellen, deren sich christliche Exegeten gern im Zusammenhang ihrer Inkarnationsargumentation bedienten. Daß Ibn Esra einiges von der christlichen Bibelexegese kennt, zeigt auch der Vorwurf willkürlicher Schriftdeutung in der Einleitung seines Pentateuchkommentars. Überhaupt scheint im 12. Jh. die Bereitschaft jüdischer Gelehrter zuzunehmen, sich mit christlichen Positionen geistig auseinanderzusetzen. Im übrigen sind auch Affinitäten nicht zu übersehen: Der starken Betonung der Vernunft bei Abraham ibn Esra entspricht auf der christlichen Seite in gewisser Weise die scholastische Formel *ratio et auctoritas*, das Prinzip, Schriftbeweise durch Vernunftargumente zu begleiten und zu stützen.

Schließlich ist zu vermerken, daß Ibn Esra in seinen Dichtungen unter anderem über die schwierige, leidvolle Situation der Juden in der Zerstreuung klagt und ungebrochener messianischer Hoffnung Ausdruck verleiht.

Übersetzungen. David Rosin, Reime und Gedichte des Abraham Ibn Esra, 2 Bde., Breslau 1885-94; J. Winter u. A. Wünsche (Hgg.), Die jüdische Literatur seit Abschluß des Kanons, 3 Bde., Trier 1891-1896; 1892, 733-734; 1894, 289-306; 1896, 56-65.131-140; J. Höxter, Quellenbuch zur jüdischen Geschichte und Literatur, II, Frankfurt 1928, 44-50.- *Literatur.* M. Steinschneider, Polemische und apologetische Literatur in arabischer Sprache, Leipzig 1877, 352-353; M.Güdemann, Geschichte des Erziehungswesens und der Cultur der abendländischen Juden, II, Wien 1884, 64-66; A. Posnanski, Schiloh, Leipzig 1904, 101. 108-110; LThK I (1957) 61; E.I.J. Rosenthal, Anti-Christian polemic in medieval Bible commentaries, Journal of Jewish Studies 11, 1960, 115-135, S. 118-119.126; M. Waxman, A History of Jewish Literature, I, New York 1960, 175-177. 195-199. 231-235. 339-341; E.I.J. Rosenthal, in: Kirche und Synagoge I (1968) 313-314; Encyclopaedia Judaica (Jerusalem 1971) VIII, 1163-1170; Schmid, 1971, 27-28; H. Greive, Glaube und Einsicht. Jehuda Halevi und Abraham ibn Esra, Emuna 1972, 184-189; I. Zinberg, A History of Jewish Literature, I. Cleveland-London 1972, 153-162; H. Greive, Studien zum jüdischen Neuplatonismus. Die Religionsphilosophie des Abraham ibn Esra, Berlin-New York 1973; TRE I (1977) 389-392; K. Schubert, Die Kultur der Juden, II, Wiesbaden 1979, 137; LMA I (1980) 51; A. Graboïs, Le nonconformisme intellectuel au XIIe siècle: Pierre Abélard et Abraham Ibn Esra, in: Modernité et non-conformisme en France à travers les âges, éd. par M. Yardeni, Leiden 1983, 3-13; Heinrich u. Marie Simon, Geschichte der jüdischen Philosophie, München 1984, 103-108.

Die bemerkenswerte Darstellung eines 'guten Juden' enthält das **Alexanderlied**, der nach einer französischen Vorlage (die ihrerseits wieder letztlich auf dem spätgriechischen Alexanderroman des Ps.-Kallisthenes fußt) geschaffene Versroman des Pfaffen Lamprecht, der in drei Bearbeitungen erhalten ist: 'Vorauer Alexander' (um 1150), 'Straßburger Alexander' (um 1170), 'Basler Alexander' (13. Jh.). Gegenüber der ältesten Fassung erscheinen der Straßburger und Basler Alexander wesentlich erweitert, unter anderem durch eine Paradiesfahrt (*Iter ad paradisum*) Alexanders, die ihrerseits rabbinischer Provenienz ist. In diesem 'Iter ad paradisum' (Verse 6597 ff. der Straßburger Fassung) dringt der Makedonenkönig auf seinen märchenhaft-kühnen Fahrten bis zum Paradies vor, wird an der Pforte von einem alten Mann zur Demut ermahnt, erhält von diesem einen geheimnisvollen Stein von der Größe eines Menschenauges durch das Tor des Paradieses gereicht (Verse 6932 ff.) und kehrt wieder um nach Griechenland. Dort deutet ihm ein alter Jude die Lehre des Steins: Alexander soll von seiner übermäßigen "Gier" ablassen und sich im Hinblick auf seinen Tod Maß und Bescheidenheit aneignen. Dabei entspricht der Mahnung zu Demut und Reue, die der Alte am Paradiestor den Boten Alexanders gibt, das 'Memento mori' des alten Juden. Dieser weise alte Jude untersucht an Alexanders Hof den Stein mit Hilfe einer genauen Waage, und es zeigt sich, daß er schwerer ist als selbst viele Goldstäbchen. Erst eine Flaumfeder und etwas Erde (wie sie einen Toten im Grab bedeckt) statt des Goldes in die Waagschale gelegt, lassen diese sich senken und die Schale mit dem Stein sich heben. Alexander nimmt die Deutung dieses Geschehens durch den Juden auf Nichtigkeit und Vergänglichkeit menschlicher Ruhmsucht und Überheblichkeit an, lebt und herrscht als guter Herrscher glücklich noch zwölf Jahre bis zu seinem Tod durch Gift, nach dem ihm von allem ehrgeizig Errungenen "Erde, sieben Fuß lang" (d.h. ein Grab) bleibt (Verse 7276-7278).

Für den alten Juden mit seiner Waage hat offenbar der hochmittelalterliche Typus des jüdischen Wechslers, Pfand- und Geldleihers Modell gestanden. Es zeigt sich hier in der Dichtung ein die verzerrende Sehweise einzelner christlicher Theologen (z.B. Petrus Venerabilis) korrigierendes Bild. In diesem Alexanderlied ist der Jude ein guter, weiser alter Mann, dessen Rat gesucht, freundlich gegeben und demütig befolgt wird. Daß er mit Gold, Pretiosen und der Waage als seinem wichtigsten Handwerkszeug umzugehen weiß, wird nicht feindlich vermerkt, sondern als berufliches Wissen geschätzt.

Ausgaben: K. Kinzel, Halle 1884; I. Ruttmann, Darmstadt 1974 (mit deutscher Nacherzählung).- *Literatur*: Ehrismann, II, 1 (1922), 235-255; K. Geissler, Die Juden in mittelalterlichen Texten Deutschlands, Zeitschrift für bayerische Landesgeschichte 38, 1975, 163-226, S. 190-192; K. Geissler, Die Juden in Deutschland und Bayern bis zur

Mitte des 14. Jahrhunderts, München 1976, 212; E. Erb, Geschichte der deutschen Literatur von den Anfängen bis 1160, Berlin 1976, 735-740; de Boor - Newald I (1979) 220-228.323-324.

Joseph ben Isaak Kimchi (um 1105 Südspanien - um 1170 Narbonne) ist als Grammatiker, Bibelkommentator und Übersetzer arabischer philosophischer Texte ins Hebräische bekannt. In unserem Zusammenhang interessiert er vor allem als Autor des *Sefer ha-berit* ('Bundesbuch'; der Titel wohl Anklang an das "Bundesbuch" von Ex 24, 7 und als Symbol der Einheit und Geschlossenheit gegenüber den *Minim*). Diese Schrift hat er verfaßt, sagt Joseph Kimchi in der Einleitung seiner kleinen Schrift (The Book of the Covenant of Joseph Kimḥi. Translated by Frank Talmage, Toronto 1972, p. 27-28), auf Bitten eines seiner Schüler, der interessiert war an einer Zusammenstellung von Bibelstellen, die geeignet seien zur Widerlegung von Ketzern und solchen, die den jüdischen Glauben angreifen. Das Sefer ha-berit ist deshalb zweckmäßig als Dialog zwischen einem "Gläubigen" (*ma'amin*) und einem "Ungläubigen" beziehungsweise "Ketzer" (*min*; das könnte ein Christ bzw. ein getaufter Jude sein) angelegt, und das Kampfterrain ist - wie schon bei der antijüdischen christlichen Apologetik - vor allem die Bibel, auf deren Boden "der Ungläubige seinen Glauben von unserer Tora her beweist" (Talmage, p. 67). Der antijüdischen christlichen Apologetik wird also mit den gleichen Kampfmitteln begegnet. Der Dialog ist zweifellos eine literarische Fiktion, verarbeitet aber vielleicht Erfahrungen aus Gesprächskontakten mit christlichen Klerikern und will jedenfalls Juden für mögliche Gespräche dieser Art mit Christen und Apostaten wappnen. Er ist nicht vollständig erhalten; denn er bricht mitten in der beginnenden Erörterung eines neues Themas ab (Talmage, p. 67), und es folgen "Zusätze", offenbar von späterer Hand, aber in der Art und im Geiste des Sefer ha-berit (Talmage, p. 67-81). Joseph Kimchi bringt über seine Schriften die Erfahrungen und Kenntnisse der spanischen Juden in das französische Judentum ein, und er macht einigen Eindruck bei den jüdischen Apologeten der Folgezeit.

Gleich zu Beginn des Sefer ha-berit wird die Dreistigkeit, Torheit und Unwissenheit der Christen angegriffen, welche die Bibel auf Jesus von Nazareth hin auslegen. Gn 1, 2 ist die Formulierung "Geist Gottes" kein Beweis für die Trinität (Talmage, p. 28), ebenso nicht Is 9,5, wo das Verständnis des Hieronymus (*vocabitur* statt "man nennt") wie auch in anderen Fällen falsch und vielmehr König Ezechias gemeint sei (Talmage, p. 29-30). Abgelehnt wird die Erbsünde samt der ihretwegen erforderlichen

Inkarnation Gottes (Talmage, p. 30-31), und zwar mit dem Hinweis auf Dt 24, 16 und Lk 16, 19-31: Lazarus im Schoße Abrahams, welch letzterer, wie die Gerechten, im Himmel sei, auch ohne Jesu Erlösungstat. Da wird ein altes christliches Argument, daß auch ohne Tora und vor dem Erlassen des Sinai-Gesetzes die Erzväter Gott wohlgefällig und gerechtfertigt waren, umgewendet.- Joseph Kimchi rühmt dann hyperbolisch die hohe religiöse und moralische Qualität des Lebens der Juden, ihren Bildungseifer, ihren sozialen Frieden und so weiter, wozu das sündige Leben und Handeln der Christen deutlich kontrastiere (Talmage, p. 32-33). Den Vorwurf des Christen, daß die Juden trotz des biblischen Verbots Geld auf Zinsen ausleihen, erwidert der "Gläubige" beziehungsweise Joseph durch den Hinweis auf Dt 23,21, wo dieses gegenüber Nichtjuden erlaubt werde; auch verkauften Christen Waren an Mitchristen zum doppelten Einkaufspreis (also mit einer Handelsspanne von 100 Prozent), während Juden an ihre Glaubensgenossen Lebensmittel ohne Zinsen verleihen (Talmage, p.34). Im Zusammenhang solcher Wertungen erscheint nun auch ein jüdisches Gruppenvorurteil gegen den christlichen Klerus: "It is well known that your priests and bishops who do not marry are fornicators" (Talmage, p.35). Der - gewiß nicht immer strikt eingehaltene - Zölibat wird hier zum Gegenstand des Spotts, ein Echo jenes alten christlichen Vorurteils, demzufolge die Juden sinnlich und unsittlich sind.- Die Wunder Jesu erweisen ihn nicht als Gott; denn auch biblische Propheten hätten solche verrichtet (Talmage, p. 38). Die Inkarnation Jesu ist unvereinbar mit der Annahme seines Gottseins (Talmage, p. 38), und unvereinbar damit ist auch der Ruf "Mein Gott, mein Gott, warum hast du mich verlassen!" (Mt 27, 46; Ps 22,2). Der "Gläubige" weist auch den Plural von Gn 1, 26 als Beweis für die Existenz mehr als einer göttlichen Person zurück (Talmage 39-40), lehnt Gn 49, 10 ebenso als christologisches Testimonium ab (Talmage, p. 43-45) wie Dt 18, 15 (Talmage, p. 46). Der Christ wirft dem jüdischen Gesprächspartner sein literales Schriftverständnis vor; wie ein Tier verzehre er die Spreu, während die Christen mit ihrer figürlichen Schriftdeutung den Weizen äßen und das Mark statt des Knochens (Talmage, p. 46-47). Der Jude hält dagegen, sowohl die literale wie die figürliche Interpretation seien je nach Sachlage möglich; so sei Gn 17,12 (Beschneidung) buchstäblich gemeint, während Jr 4, 4 und Ez 44, 9 neben der Beschneidung des Fleisches auch von einer Beschneidung des Herzens die Rede sei (Talmage, p. 47-48). Dn 9, 24 ff., wo die christliche Deutung sich nicht auf den hebräischen Text stützen könne, akzeptiert er nicht als christologische Beweisstelle (Talmage, p. 49-51). Is 7, 14 bezieht sich nicht auf Jesus (und Maria), sondern auf Achaz' Sohn Hiskia (Talmage, p. 53-57). Ps 110, 1 ist nicht von Gott und einer zweiten göttlichen Person die Rede, wie die christologisierende Übersetzung des Hieronymus nahelegt, der *Domino meo* statt *domino meo* schrieb (Talmage, p. 58-60), und Gn 18, 1 ff. (drei Männer) ist kein Trinitätsbeweis (Talmage, p. 61-64).

Der Dialog des Joseph Kimchi bricht ab nach dem Anschneiden des Verus-Israel-Themas: Die Christen beziehen an Israel gerichtete biblische Tröstungen und Verheißungen auf sich, dagegen - so wird in dem nicht mehr erhaltenen Textstück gestanden haben - die Verwünschungen und Strafandrohungen auf die Juden ihrer Zeit (Talmage, p. 67).- Die (sekundären) Zusätze zu dem Dialog erörtern, zunächst noch in der Form eines Gesprächs zwischen dem *min* und *ma'amin*, das Problem der Inkarnation: Dem *min*, der auf den einschlägigen Beweiswert von Gn 6,2 verweist, hält der *ma'amin* Gn 6,3 entgegen. Auch hätten die Juden Jesus mit gutem Grund getötet; weil er sich nämlich als Gott ausgab, sei er gehängt worden (Talmage, p. 68). Eine Ablehnung Jesu als Gott und Messias wird unter anderem damit begründet, daß auch nach seiner Erlösungstat der Gn 3, 16-17 ausgesprochene Fluch nicht aufgehoben sei (Talmage, p. 73). Mt 26, 39 zeige im übrigen, daß Jesus entweder (im Sinne von Ps 34, 16.20; 33,18) nicht gerecht war und dementsprechend, als Mensch, keine Rettung verdiente, oder daß er nicht Gott war; denn als Gott hätte er nicht der Hilfe anderer bedurft (Talmage, p. 77). Aus Lk 23,34 (vergib ihnen, denn sie wissen nicht, was sie tun) wird geschlossen, daß es nicht die Intention der Juden war, Gott zu töten, sondern einen Menschen. Deshalb seien sie (die Christen) nicht im Recht, wenn sie sagen, daß wir wegen der Aburteilung Jesu schon so lange Zeit im Exil leben (Talmage, p. 77-78). Dies geht gegen den herkömmlichen christlichen Geschichtsbeweis, und gegen ihn und den christlichen Ablösungsanspruch wird ausdrücklich versichert, "daß Gott uns nicht verlassen oder seinen Bund mit uns gebrochen hat"; dabei wird das Exil durchaus als Gottes Züchtigung für die Sünden der Juden gesehen, aber eben nicht als Strafe für ihr Verhalten gegen Jesus von Nazareth (Talmage, p. 78). Die "mehr als zwölfhundert Jahre" des Exils (seit dem Jahre 70), von denen in diesem Zusamenhang die Rede ist (Talmage, p. 79), erweisen beiläufig, daß diese Textstücke nicht mehr von dem (um 1170 verstorbenen) Joseph Kimchi stammen.

Mit dem Sefer ha-berit und den etwa gleichzeitigen 'Milchamot Adonai' des Jakob den Reuben beginnt eine neue Phase der jüdisch-christlichen Apologetik. Es ist zwar noch kein ganz offener Schlagabtausch der Argumente, der jetzt in Gang kommt - dem steht das fast allen Christen in dieser

Zeit noch unverständliche Medium der hebräischen Sprache im Wege -, aber die Auseinandersetzung wird doch, wenn auch mit einiger rezeptionsbedingter Verzögerung, von nun an allmählich dialektischer. Man nimmt mehr und mehr auch die Argumente der Gegenseite zur Kenntnis und versucht eine Antwort. Auch jüdische Autoren entdecken im 12. Jh. Nutzen und Möglichkeiten der Dialogform zum theologisch-wissenschaftlichen Ausbau der eigenen Position in der Auseinandersetzung mit dem Gegner. Durch das neuartige scholastische Argumentieren mit *Ratio* und *Auctoritas*, mit Vernunft und Schriftbeweisen, werden offenbar auch jüdische Gelehrte zu apologetischen Bemühungen neuer Art herausgefordert, so daß außer mit Bibelstellen auch und gerade mit Hilfe von Vernunftbeweisen gefochten wird. Wie ein Echo wirkt es allerdings, wenn nun auch hier, im Sefer ha-berit, der Nichtjude gleich fast zum bloßen Stichwortgeber schrumpft und der Jude den Löwenanteil des Gesprächs bestreitet. Gelehrte wie Joseph Kimchi kennen die christlichen Standpunkte und auch das Neue Testament offenbar recht gut, so daß die apologetische Kontroverse nicht so schablonenhaft wirkt wie oft in früheren Jahrhunderten bei christlichen Autoren. Anselms Frage "Warum ist Gott Mensch geworden?", die Inkarnation also, wird zum besonders ausführlich diskutierten Thema. Neu ist auch, daß jüdische Autoren sich nicht mehr so vorsichtig bedeckt halten, sondern durchaus polemisch und freimütig - obwohl über einzelne getaufte Juden ihre Texte bald den Christen zur Kenntnis kommen konnten - ihren Standpunkt vertreten. Der einem Gruppenvorurteil gleichkommende massive und pauschale Angriff gegen die Kriminalität und Sittenlosigkeit der Christen und das gleichzeitige Herausstreichen der friedlichen sozialen Gesinnung, der Sittenreinheit und des religiösen Eifers der Juden (Talmage, p. 32-35) hat wohl eine bestimmte Absicht. Es scheint, daß er die behauptete Erlöstheit der Christen und der Welt durch Christus bestreiten will und so dem alten Geschichtsbeweis für die Wahrheit des Christentums einen rationalen Tatsachenbeweis eigener Art entgegenstellt. Neu wirkt zum Beispiel auch das Aufgreifen der Schuldfrage am Tode Jesu unter Einbeziehung christlicher Argumentationselemente (Berufung auf Lk 23,34). Demgegenüber erscheint die Ablehnung der Erbsündenlehre und der christlichen Bibeldeutung bereits als traditionell. Auf jeden Fall gehört das Sefer ha-berit zusammen mit den Milchamot Adonai zu den grundlegenden antichristlichen Apologien des Judentums.

Ausgaben: Ozar Wikuchim. A Collection of Polemics and Disputations, ed. J.D. Eisenstein, Israel 1969, 66-78; Sefer ha-Berit, ed. Fr. Talmage, Jerusalem 1974.- *Übersetzung*: The Book of the Covenant. Translated by Frank Talmage, Toronto 1972.-

Literatur: I. Loeb, La controverse religieuse entre les Chrétiens et les Juifs au moyen âge en France et Espagne, Revue de histoire des religions 17, 1888, 311-337, S. 332; J. Winter - A. Wünsche, Hgg., Die jüdische Literatur seit Abschluß des Kanons, II, Trier 1894, 306 ff.; III, 1896, 661; A. Posnanski, Schiloh, Leipzig 1904, 139-140; M. Waxman, A History of Jewish Literature, II, New York-London 1943, 535-536; M. Goldstein, Jesus in the Jewish Tradition, New York 1950, 184-186.196; Baron, V (1957), 128.130.134; VIII (1958) 53; LThK VI (1961) 148; Encyclopaedia Judaica (Jerusalem 1971) III, 194; VI, 90; X, 1006-1007; XI, 354; I. Zinberg, A History of Jewish Literature, II, Cleveland-London 1972, 83 ff.; D. Berger, in: Harvard Theological Review 68, 1975, 296-297; B. Blumenkranz, Auteurs juifs en France médiévale, Toulouse 1975, 51-52; J.E. Edward, The New Testament in Medieval Jewish Anti-Christian Polemics, Diss. Los Angeles 1975, 138.187-188.201; Disputation and Dialogue, ed. Fr. E. Talmage, New York 1975, 11-13.117-118.164-168; P.E. Lapide, Hebräisch in den Kirchen, Neukirchen-Vluyn 1976, 51-52; P. Lapide, Ist das nicht Josephs Sohn? Jesus im heutigen Judentum, Stuttgart 1976, 100; D.J. Lasker, Jewish Philosophical Polemics against Christianity in the Middle Ages, New York 1977, 14.40.62.109.132 u. öfter; K. Schubert, Das christlich-jüdische Religionsgespräch im 12. und 13. Jahrhundert, Kairos 19, 1977, 161-186, S. 169-170; B.Z. Bokser, Religious Polemics in Biblical and Talmudic Exegesis, Journal of Ecumenial Studies 16, 1979, 705-726, S. 710-711; R. Chazan, A Medieval Hebrew Polemical Mélange, Hebrew Union College Annual 51, 1980, 89-110; Chazan, 1980, 251-253; J.E. Rembaum, in: Association for Jewish Studies Review 5, 1980, 83.86 ff.; G. Dahan, in: SChr 288 (Paris 1981) 36-37.94-95; Cl. Thoma, Die theologischen Beziehungen zwischen Christentum und Judentum, Darmstadt 1982, 154; R. Chazan, An Ashkenazic Anti-Christian Treatise, Journal of Jewish Studies 34, 1983, 63-72.

Dionysios bar Ṣalībī, jakobitischer Metropolit von Amida am Tigris († 2.11.1171), ist Autor zahlreicher (z.T. noch nicht edierter, z.T. auch verlorengegangener) Schriften in syrischer Sprache (darunter Kommentare zum Alten und Neuen Testament und zu den Kirchenvätern, philosophische und liturgische Texte). Hier interessiert naturgemäß am stärksten sein Traktat *Gegen die Juden* (ed. J. De Zwaan, Leiden 1906; Zwaans Text zusammen mit einer englischen Übersetzung bei R.H. Petersen, The Treatise of Dionysius Bar Ṣalibhi "Against the Jews", a Translation and Commentary, Diss. Duke Univ. 1964). Diese 1166/67 verfaßte Schrift verarbeitet in ihren 9 Kapiteln Polemiktraditionen, die bis zu Sergius Stylites und Ephräm zurückreichen, Traditionen, die vermutlich teilweise die Form einer Bibelstellensammlung hatten, in der alttestamentliche Testimonia für die Inkarnation und Passion Christi, für die Abwertung der Tora und die Ablösung des Alten Bundes durch den Neuen Bund zusammengestellt waren. Die zahlreichen Affinitäten des Dionysios zu seinen apologetischen

Vorgängern legen diese Vermutung dringend nahe. Dionysios kennt auch - wie Sergius Stylites - den jüdischen Autor Flavius Josephus sehr gut und weiß um seinen Wert als apologetisches Waffenarsenal. Wie seine apologetischen Vorgänger konzentriert er sich auf den Beweiswert des Pentateuchs, der Psalmen und der Propheten. Dionysios konnte wohl auch das eine oder andere vor allem an jüdischen Einwänden aus Gesprächskontakten mit Juden entnehmen, an denen es in seinem Lebens- und Erfahrungsbereich nicht fehlte. Das weitaus meiste stammt jedoch aus der literarischen apologetischen Tradition - die er als Autor von Rang zusammenfaßt und dem orientalischen Christentum weiterreicht -, und es ist die Entstehungsweise seines Traktats gegen die Juden wohl keine andere wie die seiner übrigen zahlreichen einschlägigen Streitschriften gegen Muslime, Nestorianer, Melchiten usw. Sein Anliegen ist also theologisch-literarischer Natur, Schreibtischarbeit, mit der er Themen und Fragen aufgreift, die zu seiner Zeit interessant sind, die ihn aber keineswegs existenziell bedrängen. Entsprechend der eher akademischen Art seines Schaffens ist auch der Traktat gegen die Juden unpolemisch gehalten. Er beschließt zwar seine Schrift mit einer Bekehrungsaufforderung an die Juden, doch gehört das eben auch zum literarischen Stil dieser Literaturgattung. In Wirklichkeit ist sein Werk eher eine Art Glaubenslehre unter dem besonderen Gesichtspunkt der (innerchristlichen) Glaubenssicherung und Glaubensstärkung im Hinblick auf judaisierende Zweifel und mögliche jüdische Einwände, auf keinen Fall aber eine Missions- und Bekehrungsschrift.

Dem Ziel der Belehrung von Christen dient gleich zu Beginn im *Kapitel 1* die Definition der Begriffe "Israel" und "Jude" und eine Beschreibung der einzelnen jüdischen Sekten. Wegen der Kreuzigung Christi zerstörte Gott selbst (und nicht Menschen, wie die Juden sagen) den Tempel und zerstreute die Juden für immer. Gottes Wille ist es also, daß Opfer- und Tempelkult seit dem Jahre 70 nicht mehr existieren.- Im *Kapitel 2* wird unter anderem konstatiert, daß der - an Jerusalem gebundene - jüdische Kult mit Jerusalem dahin ist. Die Tora hatte nur relative Bedeutung, da Personen wie Adam, Noe und Melchisedech auch ohne Beschneidung gerechtfertigt und Gott wohlgefällig waren.- *Kapitel 3* beantwortet mögliche kritische Fragen von Juden, etwa warum nicht alle Heiden Christus verehren oder warum Christus als Gott seine Kreuzigung nicht verhindern konnte. Weitere alttestamentliche Aussagen zur Beendigung des jüdischen Kults beschließen das Kapitel.- *Kapitel 4*: Die Beschneidung hatte den Zweck, die Juden als Volk, aus dem der Messias kommen sollte, von den nichtjüdischen Völkern zu unterscheiden. Nach dem Kommen des Messias bedarf es der Beschneidung nicht mehr. Der Glaube an die Trinität wird plausibel durch deren Vergleich mit der Sonne, deren Leuchten und deren Hitze mit der Sonne eins sind. Die Trinität wird bereits Gn 18 (drei Männer) deutlich.- *Kapitel 5* erörtert weiter Trinität und Inkarnation.- *Kapitel 6* zeigt unter anderem die Passion Christi in allen Einzelheiten im Alten Testament vorausgesagt.- In *Kapitel 7* geht es vor allem um Bibeltestimonia für die Bestattung, Auferstehung und Himmelfahrt Jesu sowie um die heilsgeschichtliche Substitution der Juden durch die Christen. Die Einwände der Juden gegen die christliche Deutung von Is 53 sind nicht stichhaltig.- *Kapitel 8* wird auf den jüdischen Einwand gegen die Kreuzes- und Reliquienverehrung der Christen - sie widerspreche Ex 34, 14 -, auf Bundeslade (mit den Cherubim), Gesetzestafeln usw. der Juden verwiesen und gesagt, das Kreuz solle an den gekreuzigten Messias denken lassen. Die Heiligen würden um ihrer Fürbitte willen verehrt. Im übrigen kam Christus entsprechend der Voraussage von Dn 9, 25.- *Kapitel 9* wird gegen den Anspruch der Juden, die Kinder Abrahams zu sein, auf den schon biblischen Heilsuniversalismus verwiesen. Heilsrelevant ist nicht der Besitz der Schrift und der Tora, sondern die richtige Interpretation. Dies wird noch einmal am Beispiel der Exegese von Dn 9 auf Christus hin gezeigt.

Dionysios ordnet im Traktat gegen die Juden seinen Stoff nicht klar und systematisch, sondern wechselt die Themen unmethodisch, springt von einem Punkt oft ab und kehrt später zu ihm, teils mehrfach, zurück. Durchgehend läßt er aber die Juden mit - meist herkömmlichen - Fragen und Einwänden zu Wort kommen, freilich nur, um die vorbereiteten, gewöhnlich traditionellen Antworten darauf geben zu können. Auch außerhalb der Schrift gegen die Juden geht Dionysios da und dort auf die Themata der antijüdischen Apologetik ein, so in seinem Matthäuskommentar (CSCO 98, 60-61 zu Mt 1, 22-23): Die Juden halten unter Verweis auf Dt 22,24 den Christen vor, das Evangelium ändere den Bibeltext von Is 7, 14. Das bestreitet Dionysios. Die Juden sagen: Das Evangelium ist im Sinne von Dt 4,2 eine "Zufügung". Dagegen Dionysios: Die Juden haben ihrerseits zur Tora die Propheten und die Weisheitsbücher zugefügt (CSCO 98, 14-15). Ebendort wird dem jüdischen Vorwurf, die Evangelien enthielten einander widersprechende Aussagen, unter anderem entgegengehalten, nach Gn 2, 17 hätte Adam eigentlich nicht 930 Jahre alt werden dürfen, d.h. Gn 2, 17 und Gn 5, 5 widersprechen sich (CSCO 98, 15).- Mich 5, 1-2 ist Jesus Christus, nicht Zerubbabel gemeint, wie die Juden glauben; denn wie schon der Name sagt, wurde er nicht in Bethlehem geboren, sondern in Babylon (CSCO 98, 77-78 zu Mt 2,6).

Ausgaben: CSCO 13.14.15.16.53.60.77.85.95.98.113.114; Dionysios Bar Ṣalibhi.Treatise against the Jews. Part I. The Syriac Text, ed. J. De Zwaan, Leiden 1906 (No more published).- *Übersetzung*: R.H. Petersen, The Treatise of Dionysius Bar Salibhi against the Jews. A Translation and Commentary, Diss. Duke Univ. 1964.- *Literatur*: R. Harris, Testimonies, I, Cambridge 1916, 7; A. Baumstark, Geschichte der syrischen Literatur, Bonn 1922, 295 ff.; A.L.Williams, Adversus Judaeos, London 1935, 107-113; G. Graf, Geschichte der christlichen arabischen Literatur, II, Rom 1947, 263-265; I. Ortiz de Urbina, Patrologia Syriaca, Rom 1958, 206; LThK III (1959) 401; St. Kazan, in: Oriens Christianus 49, 1965, 66-70.76-78; W. Cramer, in: Kirche und Synagoge, I (1968) 186; A.P. Hayman, in: CSCO 339, 22-25; TRE IX (1982) 6-9; LMA III (1986) 1076.

Jakob ben Meïr (Rabbenu Tam), um 1100/1110-1171, der zu den führenden Köpfen der nordfranzösischen Gelehrtenschule gehörte - er lebte in einem Ort nahe Troyes -, ist vor allem bekannt als Autor sehr zahlreicher Rechtsgutachten (*Responsa*) und Talmudnovellen, zum Teil gesammelt im *Sefer ha -jaschar*. In den Verfolgungen der Zeit des 2. Kreuzzuges wurde er schwer verletzt und entging dem Tod nur knapp. Bemerkenswert ist in unserem Zusammenhang eine von ihm überlieferte Exegese zu Gn 49, 10, im Rahmen eines Disputs mit einem getauften Juden (A. Posnanski, Schiloh, I, Leipzig 1904, S. 137): "Ein Apostat fragte Rabbenu Tam: 'Ihr Söhne ohne Treue' (Dt 32,20)! Warum glaubt ihr nicht an Jesus von Nazaret, von dem Jakob weissagte, indem er sprach: jabo šīloh ūlō, 'kommen wird Schiloh und ihm'? Das Notarikon dieser Worte (d.h. ihre Anfangsbuchstaben) ergibt ja den Namen Ješū, 'Jesus'! Darauf erwiderte Rabbenu Tam: 'Du mußt den Satz weiter bis ans Ende lesen! Da wirst du sicherlich finden, daß die Weissagung denjenigen betrifft, der die Welt irreführte: jabo šīloh ūlō jighat'amīm, 'kommen wird Schiloh und ihm ist die Sammlung der Völker', ergibt im ganzen das Notarikon ješu jit 'ēm, 'Jesus leitet sie irre'".- Andererseits gilt ihm das Christentum als monotheistische Religion und die Trinitätslehre als für Nichtjuden erlaubt (N.P. Levinson, in: Gottesverächter und Menschenfeinde?, hg. von H. Goldstein, Düsseldorf 1979, 48).

Odo, Abt von Ourscamp († bald nach 1171), Kardinalbischof von Tusculum, der um 1145-1165 als Kanoniker und Scholastiker in Paris wirkte (vgl. LThK VII, 1962, 1102), verfügte im **Synodalstatut für die Diözese Meaux** (Departement Seine-et-Marne) unter anderem (Kanon 57): "Die Priester sollen durch (öffentliche Androhung der) Exkommunikation verhindern, und zwar besonders zur Zeit der Weinlese an jedem Sonntag, daß kein Christ Weintrester (Treber, d.h. die Rückstände nach dem Auspressen der Trauben, also Hülsen und Kerne), welchen die Juden durch Keltern herstellen, irgendwie in seinem Besitz behalten soll; und zwar wegen jener abscheulichen Verschmutzung, die sie zur Herabsetzung des Altarsakraments anrichten. Dadurch, daß immer wieder mit der Exkommunikation gedroht wird, soll verhindert werden, daß (christliche) Schlachter Juden ihr Schlachtfleisch auswaschen lassen (d.h. das Blut aus ihm entfernen), es sei denn, dies Schlachtfleisch verbleibe zur Gänze bei den Juden" (Thesaurus novus anecdotorum, ed. E. Martène et U. Durand, IV, Paris 1717, col. 901, innerhalb der Statuta synodalia ecclesiae Meldensis; vgl. zu den Synodalstatuten des Odo von Sully, † 1208).

Literatur: Dictionnaire des auteurs cisterciens, Rochefort 1975, 532-533.

Richard von St. Victor († 10.3.1173), Prior des Stifts der regulierten Augustiner-Chorherren zu St. Victor in Paris, der zu den führenden theologischen Köpfen seiner Zeit gehört und dessen zahlreiche Schriften - in stärkerem Maße allerdings erst seit dem 14. Jh. - weit gewirkt haben, hat neben seinem Hauptwerk 'De trinitate' vor allem Bibelkommentare geschrieben, darunter die Schrift *De Emmanuele* (PL 196, 601-666), eine (kommentierende) Untersuchung von Is 7, 14 ff. Wenngleich er in herkömmlicher Weise den dreifachen Schriftsinn (literal, allegorisch, mystisch) ermitteln will, ist die mystische und philosophische Bibeldeutung bei ihm doch am stärksten entwickelt und ausgeprägt. Dies zeigt sich deutlich in der hier vorzustellenden Schrift 'De Emmanuele', die ihrerseits auch bekundet, wie neben der Trinitätsproblematik Fragen der Inkarnationstheologie zu den Interessenschwerpunkten des 12. Jh. gehören.

Richard hatte in Paris gute Gelegenheit zu Kontakten mit jüdischen Gelehrten, und dies kam seiner Abhandlung 'De Emmanuele' ebenso zustatten wie eine gewisse Kenntnis des Hebräischen. Dieser Kommentar zu Is 7, 14 ff. besteht aus zwei Büchern (PL 196, 605-634 und 633-666), deren erstes in der Form einer Abhandlung auf die jüdischen Argumente gegen die Interpretatio Christiana der Isaias-Stelle eingeht, während das zweite ein Dialog zweier Christen - statt, wie üblich, eines Christen und eines Juden - über den gleichen Gegenstand ist. Ziel der zwei Bücher ist die Widerlegung der Einwände von Juden (und judaisierenden Christen) gegen die Inkarnation und affine Lehren. Anlaß der Schrift Richards ist sein Anstoßnehmen an dem Werk "eines gewissen Magister Andreas" (d.h. Andreas von St. Victor), der die christlichen Auffassungen zu Is 7, 14 ff. ungeschickt und eher judaisierend gegen die jüdischen Einwände vertreten hatte (dazu PL 196, 601-602). So verstehen sich die beiden Dialogpartner des zweiten Buches; denn es handelt sich dabei um Hugo, einen Schüler des Andreas, der die Auffassungen seines Lehrers vorträgt, und Richard selbst, den Autor der ganzen Schrift, welcher der reinen christlichen Lehre Ausdruck verleiht. Dabei wird beiläufig erkennbar, daß in christlichen Kreisen des 12. Jh. judaisierende Zweifel gar nicht so selten waren.

Die jüdischen Einwände ergeben sich aus der literalen Schriftdeutung der Juden und aus ihrer rationalistischen Kritik: Das hebräische Wort *alma* (Is 7, 14) meint nicht "Jungfrau" (*virgo*), und die Stelle ist nicht auf die erst viele hundert Jahre später stattfindende Geburt Jesu von Nazareth zu beziehen, sondern ist aus dem zeitgeschichtlichen Kontext zu erklären als Zeichen der Rettung für König Achaz. Die Christen entstellen und verdrehen mit ihren Deutungen den Sinn der Hl. Schrift (PL 196, 603). Dagegen ist nach dem christlichen Standpunkt Maria bei der Konzeption, bei der Geburt und nach der Geburt "Jungfrau" (PL 196, 637.659-660). Die Empfängnis erfolgte ohne den Erguß männlichen Samens (PL 196,620) und ohne Marias Konkupiszenz und Libido (PL 196, 617.620.661-662). Die gegenteiligen Behauptungen der Juden, der "Feinde der Wahrheit" (PL 196, 601.639), die ihre "Wurfgeschosse auf uns schleudern" (*in nos tela iaciunt*) und die Christen verspotten (PL 196, 607.639), sind schamlos und unverschämt (*impudentia, impudens*, PL 196, 609). Einerseits wird der Verstockungsauftrag Is 6, 9-10 mit Befriedigung registriert und gesagt, die christlichen Heilsgeheimnisse wurden nur verhüllt offenbart, um nicht von böswilligen Menschen behindert zu werden; wie sie denn (nach 1 Kor 2,8) den Herrn der Herrlichkeit nicht gekreuzigt hätten, wenn sie ihn erkannt hätten (PL 196, 606-607.613), das universale Heilsgeschehen also verhindert worden wäre. Andererseits wird bewegte Klage geführt über die Verstocktheit der Juden (PL 196, 627), über ihre Blindheit (PL 196, 605.607) und *Perfidia* (PL 196, 605; vgl. 196, 623: *perfidi Judaei*). Auf die Verbreitung judaisierender Zweifel in christlichen Kreisen weist, daß Richard von St. Victor von"Juden" und "unseren Judaisierenden" (Christen) in einem Atemzug spricht (PL 196, 607.609.610; vgl. 196, 635) und über die Taubheit dieser Judaisierenden ähnlich klagt (PL 196, 607) wie sonst über die Verstocktheit der Juden.- Die Bezeichnung "judaisierend" ist wohl zum Teil eine polemische Übertreibung. Es scheinen damit vielleicht auch Christen gemeint zu sein, welche die jüdischen Argumente samt dem Wortlaut der Biblia hebraica nicht einfach vom Tisch wischten, sondern ernst nahmen und bedachten. Allerdings konnte auf den christologischen Beweiswert von Is 7, 14 nicht verzichtet werden, weil die entsprechende Deutung dieser Stelle bereits im Neuen Testament verankert ist (Mt 1, 23; Lk 1, 31).

Ausgaben: PL 196, 601-666; SChr 63.- *Literatur*: A.C. McGiffert, Dialogue Between a Christian and a Jew, Marburg 1889,26; C. Werner, Der heilige Thomas von Aquino, I, Regensburg 1889, 650-651; A. Posnanski, Schiloh, Leipzig 1904, 329-330; Manitius, III (1931), 118-120; M. Schlauch, The Allegory of Church and Synagogue, Speculum 14, 1939, 448-464, S. 459-460; R.M. Ames, The Debate Between the Church and the Synagogue in the Literature of Anglo-Saxon and Mediaeval England, Diss. New York 1950, 70; A. Forest, in: Histoire de l'Église, hrsg. von A. Fliche et V. Martin, XIII, Paris 1956, 127-131; LThK VIII (1963) 1293-1294; B. Smalley, The Study of the Bible in the Middle Ages, Notre Dame, Indiana, 1964, 106-111; Ch. Merchavia, The Church versus Talmudic and Midrashic Literature (500-1248) [hebräisch], Jerusalem 1970, 161 ff.; A. Grabois, The "Hebraica Veritas" and Jewish-Christian Intellectual Relations in the Twelfth Century, Speculum 50, 1975, 613-634, S. 622 ff.; R. Dán, "Judaizare" - The Career of a Term, in: Antitrinitarianism in the second half of the 16th century, ed. R. Dán and A. Pirnát, Leiden 1982, 25-34, S. 27.- Trois opuscules spirituels, ed. J. Châtillon, Paris 1986.

Das Konzil zu **Westminster** (anno 1173) geht in zwei Kanones auf das Judenthema ein: "Juden sollen nicht von Christen ein Treuegelöbnis entgegennehmen, und Christen sollen kein solches leisten" (Kanon 12; Mansi 22, 143). Gemeint ist wohl der Lehenseid des Vasallen beziehungsweise seine feierliche Loyalitätsverpflichtung, die ein Abhängigkeitsverhältnis begründen konnte. Es wird hier deutlich, daß die Juden in der sozialen Hierarchie ganz tief stehen, fast in der Nähe der Unfreien, die ebenfalls kein Vasallenverhältnis eingehen konnten.- Ferner wird bestimmt: "Juden sollen sich hinfort nicht erdreisten, (durch Pfandverfall oder Kauf erworbene) Pfarrbezirke (bzw. Teile davon) räumen zu lassen, zu beschlagnahmen und dort eigene landwirtschaftliche Anwesen zu haben" (Kanon 19; Mansi 22, 143).- Dies ist in engem Zusammenhang zu sehen mit dem von Papst Alexander III. in seinem ungefähr gleichzeitigen Brief an den Erzbischof von Canterbury angesprochenen Problem (Mansi 22, 357; dazu unten). Bei Besitzwechsel größerer Teile einer Parochie samt entsprechendem Ausbleiben des Kirchenzehnten konnte akute Finanznot entstehen.

Ausgabe: Mansi 22, 143.- *Literatur*: B. Blumenkranz, Juifs et Chrétiens dans le monde occidental (430-1096), Paris 1960, 386; Pakter, 1974, 225.

Samuel ben Meïr (Raschbam, d.h. unser Lehrer Samuel ben Meïr; um 1085-1174 [1160?] in Nordfrankreich, in einem Ort in der Nähe von

Troyes), ein Enkel Raschis, Bibelerklärer und Talmudkommentator (Tosafist), von dessen Arbeiten nur sein Pentateuchkommentar annähernd vollständig erhalten ist, praktiziert durchweg die literale Exegese, auch und gerade bei seinen Kontakten mit *Minim* (Abweichler, d.h. Christen), auf die er sich verschiedentlich bezieht. Dabei ist sein hartnäckiges Festhalten am einfachen Wortsinn (*peschat*) vielleicht auch durch seine Erfahrungen mit christlichen Exegeten mitverursacht. Er scheint etwas Latein verstanden zu haben, so daß er sich gelegentlich kritisch mit der Vulgata auseinandersetzen konnte (zu Gn 49, 10; Ex 20,13).

Jakobs Segen für Juda (Gn 49, 10), ein Locus classicus der christologischen Exegese, gibt Samuel ben Meïr Gelegenheit, sich entschieden von der Interpretatio christiana abzugrenzen. Gegen Hieronymus und die Vulgata-Tradition (*donec veniat qui mittendus est*; dabei ist šilō von šalaḥ [senden] her auf šaliaḥ [Sendbote] bezogen), und gegen die christliche Deutung von Schilo auf ein nicht hebräisches Wort (d.h. *salus*, Heil) interpretiert er den fraglichen Vers (Nicht wird das Zepter von Juda weichen noch der Stab des Herrschers von seinen Füßen): "Das Königtum, welches ihm verliehen wurde, so daß alle seine zwölf Brüder sich vor ihm bücken sollen. Nicht soll verschwinden diese ganze Größe und Herrschaft und der Gesetzesstab von seinem Samen, bis Juda nach Schilo kommt, d.h. bis der König von Juda kommen wird - er ist Rehabeam, Sohn Salomos, der kommt, um das Königtum in Schilo, welches nahe bei Sichem ist, zu erneuern. Aber dann fielen die zehn Stämme von ihm ab und wählten (sich) den Jerobeam (b. Nebat) zum König und dem Rehabeam ben Salomo blieben nur Juda und Benjamin (treu). 'Und ihm ist die Sammlung der Völker', die Stämme, die seinem Vater Salomo untertänig waren, wie es in 1. Kön. 5,4 geschrieben steht ... 'Neben der Terebinthe, die bei Sichem stand' (Gn 35,4) war nämlich ein geräumiges Grundstück, geeignet für die Versammlung von Menschen und zur Ehrung der darangrenzenden Stiftshütte von Schilo. Diese wörtliche Deutung ist eine Antwort an die Minim (d.h. Christen), es steht nämlich nichts geschrieben außer Schilo als Stadtname. Es gibt kein Fremdwort in der Schrift, und es ist hier nicht 'schelo' geschrieben, wie die Juden (ʿiḇrim) sagen, noch 'schaliach', wie es die Christen (noṣrim) sagen" (Der Pentateuchkommentar des R. Samuel ben Meir, ed. D. Rosin, Breslau 1881, p. 71-72; Übersetzung nach E.I.J. Rosenthal, in: Kirche und Synagoge I, 1968, 315-316). Einen anderen Locus classicus der christlichen Exegese, nämlich Gn 19, 24 (Nun ließ Jahwe über Sodom und Gomorra Schwefel und Feuer von Jahwe regnen), wo die Existenz einer zweiten göttlichen Person (Jesus Christus) bezeugt gesehen wurde, deutet Samuel so, daß er zu Beginn des Verses an den Engel Gabriel denkt und erst am Versende "von Jahwe" auf Gott selbst bezieht (nach Awerbuch, 1980, 148).- Auch durch Gesprächskontakte jüdischer Gelehrter mit christlichen Theologen, wie Samuel sie offenbar hatte, wird im Laufe des 12. Jh. die jüdische Bibelexegese in christlichen Kreisen allmählich bekannter, und es beginnt ein wirklicher geistiger Austausch oder wenigstens eine interessierte und auf christlicher Seite bisweilen engagierte Kenntnisnahme und ein kritisches Überdenken des eigenen exegetischen Standpunktes. Die *Hebraica veritas*, der Wortlaut der hebräischen Bibel, wird, teils mit Berufung auf Hieronymus, zunehmend ernst genommen.

Ausgabe (mit engl. Übers.): The Commentary on Qohelet. Ed. and transl. by S. Japhet and R.B. Salters, Jerusalem 1985.- *Literatur*: J. Winter - A. Wünsche (Hgg.), Die jüdische Literatur seit Abschluß des Kanons, II, Trier 1894, 278-279.286-288; III, 1896, 661; A. Posnanski, Schiloh, Leipzig 1904, 127-128; E.I.J. Rosenthal, Anti-Christian polemic in medieval bible commentaries, Journal of Jewish Studies 11, 1960, 115-135, S. 126; E.I.J. Rosenthal, in: Kirche und Synagoge I (1968) 315-316; Encyclopaedia Judaica (Jerusalem 1971) XIV, 809-812; I. Zinberg, A History of Jewish Literature, II, Cleveland-London 1972, 18-20; Awerbuch, 1980, 143-153. 222.224-225; H.-G. von Mutius, Das Tötungsverbot bei Samuel ben Meïr: Exegese und antichristliche Polemik, Judaica 36, 1980, 99-101; M.B. Berger, The Torah Commentary of Rabbi Samuel Ben Meir, Diss. Harvard Univ. 1982; M.I. Lockshin, Rabbi Samuel ben Meir's Commentary on Genesis, Diss. Brandeis University 1984.

Andreas von St. Victor († 1175), wie Richard von St. Victor († 1173) regulierter Augustiner-Chorherr in Paris, hatte durch seine (noch unedierten; Teilabdruck bei B. Smalley, The Study of the Bible in the Middle Ages, Notre Dame 1964, 375-394) Erklärungen zu verschiedenen biblischen Büchern starken Einfluß auf die Bibelinterpretation des 12.-14. Jh. Was Eindruck machte, war seine konsequent literale und historische Deutung, wobei er die zeitgenössische jüdische Bibelinterpretation umfangreich zu Rate zog (in der Tat lasssen sich zahlreiche Affinitäten zu Raschi und zu den Kommentaren des Joseph Bechor Schor nachweisen) sowie - in der Tradition des Hieronymus - den Wortlaut der Biblia hebraica beachtete. Dies zog ihm den Vorwurf judaisierender Bibeldeutung zu (vgl. Richard von St. Victor zu Is 7, 14), der allerdings nicht sein theologisches Ansehen minderte oder ihn gar als Häretiker erscheinen ließ. Bemerkenswert ist, daß er den "Schmerzensmann" von Is 53 wie Raschi auf das in der Babylonischen Gefangenschaft leidende jüdische Volk bezog, also historische Exegese trieb (der Text von Andreas' Kommentar zu Is 53 abgedruckt im Anhang bei Smalley, a.a.O., S. 391-392). Zu Nm 24, 17 (ein Stern geht auf aus Jakob) registriert er die Deutung der Juden auf ihren Messias, ohne die christliche Deutung auf Jesus Christus dagegenzusetzen (Smalley, S. 160), und es ist tatsächlich überhaupt die fehlende Entschlossenheit des Zurückweisens der jüdischen historisch-literalen Exegesen, die bei ihm auffällt. Er zitiert zwar, redlich und wissenschaftlich offen wie er ist, ihn beeindruckende jüdische Bibeldeutungen, auch wenn er keine überzeugende christliche Exegese entgegenzusetzen weiß, aber er verläßt nirgends den dogmatischen Rahmen der überkommenen Christologie. Es scheint, daß ihm - vor allem auch außerhalb der christologischen Loci classici des Alten Testaments - die historische, mehr philologisch-kritische Literaturexegese einfach vernunftgemäßer und einleuchtender erscheint als die allegorisch-spirituellen Deutungen, beziehungsweise erstere erscheint als Unterbau solcher Auffassungen zunächst unabdingbar. Jedenfalls konnte sich Andreas mit seinem (in seiner Zeit allerdings ungewöhnlich kräftigen) Plädoyer für eine rationale, unmystische Exegese auf Kirchenväter von Rang berufen, die keineswegs den historischen und literalen Sinn des Bibeltextes eliminiert wissen wollten. Andreas' Identifizierung des Literalsinnes mit der jüdischen Art der Bibelinterpretation beruht allerdings auf seiner ganz unzureichenden Kenntnis; er hätte sonst gewußt, daß allegorische und spekulative Schriftexegese bei jüdischen Gelehrten kaum weniger verbreitet war als bei den Christen.

Literatur: LThK I (1957) 519; H. Hailperin, Rashi and the Christian Scholars, Pittsburgh 1963, 110-111; B. Smalley, The Study of the Bible in the Middle Ages, Notre Dame, Indiana, 1964, 156-173; Ch. Merchavia,The Church versus Talmudic and Midrashic Literature (500-1248) [hebräisch], Jerusalem 1970, 161 ff.; A. Grabois, The "Hebraica Veritas" and Jewish-Christian Intellectual Relations in the Twelfth Century, Speculum 50, 1975, 613-634, S. 622 ff. 632-633; Awerbuch, 1980, 231-234; A.Ch. Skinner, Veritas Hebraica. Christian Attitudes toward the Hebrew Language in the High Middle Ages, Diss. Univ. of Denver 1986, 201-203.

Wahrscheinlich in der zweiten Hälfte des 12. Jh. entstand, vermutlich im deutschen Sprachraum, das lateinische Gedicht **Christianus Judeus Sarracenus**, das in die Gattung "Streitgedicht" gehört. Die 24 vierzeiligen Vagantenstrophen sind arg unbeholfen und von sehr schlechter Versqualität, aber inhaltlich reizvoll (der Text abgedruckt bei H. Walther, Das Streitgedicht in der lateinischen Literatur des Mittelalters, München 1920, 227-229: *Streit zwischen einem Christen, Juden und Mohammedaner über ihren Glauben*): Unter einem Baum ruhen drei Männer verschiedenen

Glaubens und streiten darüber, wessen Religion besser sei. Zu ihnen ge-
sellt sich ein tiefbetrübter vierter Mann, ein Heide (*gentilis*), den das unge-
wisse Schicksal nach seinem Tode ängstigt und der, da nicht alle Völker
mit ihren je verschiedenen Religionen zugleich zum ewigen Heil führen
können, von den drei Vertretern Auskunft und Rat begehrt. Der Muslim
(*Sarracenus, Paganus*) verheißt ihm für den Himmel der Muslime immer-
fort mehrere Frauen (also wohl *Huris*) zu haben, eine Aussicht, die den
Fragenden gar nicht erfreut, da er schon über seine einzige Frau sich täglich ärgern müsse. Der *Judeus* lockt ihn mit den herrlichsten Speisen im
lieblichen Garten Abrahams, was der Heide aus Furcht vor Schmerzen
(d.h. wohl Übelkeit und Magendrücken) ablehnt. Schließlich akzeptiert er
die Verheißung der schmerzfreien Seligkeit im christlichen Himmel samt
dem ewigen Anblick Gottes; er gibt dem Christen die Siegespalme und
wird voll Freude getauft.

Die erste Strophe beginnt mit einer regelmäßigen Vagantenzeile aus stei-
gendem Siebensilber und fallendem Sechssilber (*Viri tres sub arbore qua-
dam quieverunt*), doch finden sich im Laufe des Gedichts zahlreiche Un-
regelmäßigkeiten der Art, daß aus den Sechssilbern Siebensilber und aus
den Siebensilbern Achtsilber werden und daß die Zäsuren nicht korrekt
eingehalten sind. Trotz solcher handwerklichen Mängel hat die Dichtung -
ihre Rahmenhandlung ist von der Ekloge beeinflußt - einen gewissen
Wert. Spiegelt sie doch zum Beispiel die seit dem 12. Jh. sich verschärfende Konkurrenzsituation der drei großen Religionen wider. In etwa werden
Gedanken antizipiert, die weit später in Lessings 'Nathan der Weise'
artikuliert werden. Eine vage Ahnung wird hier, im 12. Jh., erkennbar,
daß der gleichberechtigte Anspruch der beiden mit dem Christentum kon-
kurrierenden Weltreligionen ernst genommen werden muß. Ein Anflug
scholastischer Gesinnung erscheint in Strophe 5 mit der Unterscheidung
zwischen Gut und Böse, zu der ein "vernunftbegabter Mensch" (*homo
racionalis* im Gegensatz zu *brutalis*, d.h. vernunftlos, stumpfsinnig, blöde wie ein Tier) fähig sein müsse.- Es ist vermutet worden, daß dieses Gedicht vom 'Liber de Gentili et tribus Sapientibus' des Raimund Lullus beeinflußt ist; ist das richtig, was noch zu überprüfen ist, mag es auch erst
gegen Ende des 13. Jh. verfaßt sein.

Ausgabe: H. Walther, Das Streitgedicht in der lateinischen Literatur des Mittelalters,
München 1920, 227-229 (vgl. ebd. S. 100-101).- *Literatur*: Manitius, III (1931), 954-
955; H. Pflaum, Les scènes de juifs dans la littérature dramatique du moyen-âge, Revue
des études juives 89, 1930, 111-134, S. 129-130.

Hildegard von Bingen († 17.9.1179 auf dem Rupertsberg bei Bingen), Äbtissin eines Benediktinerinnenklosters, gilt als Mystikerin von Rang, die zu ihrer Zeit mit ihren Visionen und Prophetien viel Eindruck machte. Ihre vielseitige Schriftstellerei (mystische, naturwissenschaftlich-medizinische, theologische und hagiographische Schriften, Carmina, Briefe) bewerkstelligte sie, selbst des Lateinischen nicht ausreichend kundig und ohne gelehrte Bildung, mit Hilfe einer Nonne Richardis und eines Mönchs Volmar. Am bekanntesten wurde der 1141-1151 entstandene *(Liber) Scivias* (d.h. 'Wisse die Wege' [Gottes, bzw. 'Erkenne die Wege' des Herrn), eine Art belehrender heilsenzyklopädisch-prophetischer 'Wegweiser', der in drei Büchern, unterteilt in (insgesamt 26) einzelne Visionen, die Heilsgeschichte von der Weltschöpfung bis zur Endzeit behandelt. Die fünfte Vision des ersten Buches hat "Synagoge" zum Gegenstand (CChr., Cont.med. 43,93-99). Neben manchen eher beiläufigen Bemerkungen zum Judenthema verdient noch besondere Beachtung die *Visio ad Guibertum missa* (Analecta sanctae Hildegardis opera spicilegio solesmensi parata, ed. Joannes Baptista Pitra, Montecassino 1882, p. 415 ff., S. 419-420), in der Hildegard den Apostel Paulus und sein Schicksal typologisch zum jüdischen Volk in Beziehung setzt.

Aus ihrer 'Vita', verfaßt von den Mönchen Gottfried und Theoderich, erfahren wir, daß zu den vielen neugierigen und hilfsbedürftigen Besuchern, die von ihr medizinischen oder geistigen Rat erhofften, auch Juden gehörten (PL 197, 105; Übersetzung von A. Führkötter, Düsseldorf 1968, 68): "... wies sie einige, die verkehrten und frivolen Herzens nur aus Neugier zu ihr kamen, zurecht; und da sie dem Geist, der aus ihr sprach, nicht widerstehen konnten, mußten sie, getadelt und gebessert, von ihrem schlechten Vorhaben absehen. Aber auch Juden, die von ihrem Gesetz überzeugt waren und mit Fragen zu ihr kamen, hat sie mit gütig mahnenden Worten zum Glauben an Christus ermuntert. So ist sie nach dem Apostelwort 'allen alles geworden' (1 Kor 9, 22). Auch zu den Fremden, die zu ihr kamen, selbst zu den Tadelnswerten, sprach sie gütig und liebevoll, so wie es ihr zuträglich für sie erschien." Ob Juden wirklich Hildegard um geistlichen Rat angingen, erscheint etwas zweifelhaft. Möglich ist, daß im Zusammenhang mit Geschäftsbesuchen jüdischer Kaufleute am Rande auch über religiöse Themen geredet wurde, wobei Hildegard gewiß die auch aus ihren Schriften bekannte christliche Bekehrungserwartung aussprach.

Im *Liber divinorum operum* streift die Äbtissin verschiedentlich das Judenthema, ohne irgendwie originell zu sein: "Die Juden nannten lügnerisch den Herrn ungerecht und befleckt, obwohl sie ihn in allem, was er tat, als heilig und gerecht erkannten" (PL 197, 878). Zu Jo 1, 11 (die Seinigen nahmen ihn nicht auf) wird erläuternd gesagt: "So taten Juden und Heiden, welche die Eitelkeit der Welt liebten; sie meinten zu wissen, was sie nicht wußten und meinten zu sein, was sie nicht waren; den, der ihnen Fleisch und Geist gegeben hatte, nahmen sie nicht im Glauben an" (PL 197, 896). Schon vor und nach der Sintflut und bis zur Inkarnation Christi, während der Zeit der Beschneidung, gab es solche, die Gott verehrten und dann durch Christi Blut (aus dem Limbus) erlöst wurden (PL 197, 915; gemeint sind offenbar die Gott wohlgefälligen biblischen Erzväter und Propheten). Danach habe der Teufel über Juden und Heiden Unglauben kommen lassen (PL 197, 916; vgl. PL 197, 919: wie die Welt vor dem Schöpfungswerk Gottes eine finstere leere Wüste war, so waren Juden und Heiden vor der Himmelfahrt Christi blind und taub in der Gotteserkenntnis und leer von guten Werken). Die Juden werden also in gewisser Weise entlastet, einmal durch ihre Nennung zusammen mit den Heiden, zum anderen dadurch, daß ihr Unglaube als Werk des Teufels ausgegeben wird beziehungsweise auf Unwissenheit beruhte, bevor Christus durch seinen Aufstieg zum Vater sich als Gottes Sohn erwies. Der Trennung von Wasser und Land (Gn 1, 9-10) entspricht Mt 21,43 (Das Reich wird von euch genommen und einem Volk gegeben werden, das seine Früchte bringt), das meint die Trennung der "Gläubigen" von den "ungläubigen Juden und Heiden" (PL 197, 923). Der Unglaube der Juden wird einmal damit illustriert, daß sie die Trinität nicht erfassen wollten (PL 197, 928). Hildegard sieht aber auch, daß "Juden und andere" (also wohl Juden und Heiden) ihre Schwierigkeiten hatten, Jesus als Gottes Sohn zu erkennen; denn sie erlebten ihn zwar ohne Makel der Sünde, aber doch als einen, der wie ein Mensch "aß, trank, schlief und sich kleidete". Indes glaubten sie auch nicht an Christi Wunder, sondern wurden hart wie Stein und versteckten sich wie eine Schlange in einem Felsloch (um die Wahrheit nicht zu sehen). Aber doch wird der Gottessohn eines Tages Juden und Heiden samt der zahllosen Schar der zur Rettung bestimmten Christen in seiner Hand halten und seine Hand zu seinem großen Rettungswerk erheben. "Und dann, Israel, wirst du zuversichtlich an ihn glauben, vor dessen Wundern du, wie Adam vor der Herrlichkeit des ewigen Lebens (im Paradies), flohest, indem du nicht an ihn glaubtest. Und er wird dann wie eine Scheibe Honig unter deiner Zunge sein" (PL 197, 991; vgl. PL 197, 1020: "Auch die Juden freuen sich und sagen, jener sei nun da, dessen Ankunft sie eben noch leugneten"; im Kontext wird in diesem Zusammenhang Is 4,2 zitiert). Die Juden sind also nicht eine isolierte Gruppe oder gar als solche eine Zielscheibe von Polemik. Wie alle Menschen werden sie in der endzeitlichen Konvergenz ihr Heil finden. Einst galt: "Die Augen der Juden waren in schwerem Todesschatten befangen. Sie hörten die Worte der (alttestamentlichen) Prophetie, verwarfen sie aber mit der wahren Blume, welche die ganze Erde erkannte, als sie am Kreuz verschied. Und deshalb töteten sie auch sich selbst, und so verdorrten sie wie im Alten so auch im Neuen Testament; denn das Alte Testament ist wie der Winter, der alles Grün in sich verhüllt: Das Neue Testament hingegen ist wie der Gräser und Blumen hervorbringende Sommer" (PL 197, 1021). In der Endzeit jedoch "werden Juden und Ketzer voll Freude sagen: unser Ruhm steht ganz nahe vor uns; jene werden zertreten werden, die uns plagten und vertrieben" (PL 197, 1022-1023).

Ganz ähnlich die *Visio ad Guibertum:* Paulus mit Röm 11, 25 und Lk 15, 11-32 stecken hier den Rahmen der Schau ab. Am Ende der Tage wird ganz Israel zum Heil finden wie auch der ältere Bruder (Typus des jüdischen Volkes) im Gleichnis vom verlorenen Sohn, der "zu Gott zurückkehren wird", der ihm als Vater gemeinsam ist mit dem jüngeren Sohn, dem Typus der Christen (Pitra, a.a.O., p. 419-420). "Dann wird, wenn auch spät, in Wahrheit jener Rest (vgl. Is 10,22; Röm 11,27) sich bekehren, und der fluchwürdige Schleier dieser Unwissenheit (*ignorantia*) beziehungsweise dieses Unglaubens (*perfidia*) wird abgetan, der bis heute auf dem Herzen der Juden liegt, wenn Moses vorgelesen wird" (Pitra, a.a.O., p. 420). Dabei wird Ps 59, 15 (Vulgata: *convertentur ad vesperam*) zitiert, wie im gleichen Zusammenhang bei Bernhard von Clairvaux, dem Hildegard in ihrer Sicht des jüdischen Volkes nahe steht. Eschatologisch gilt für das Verhältnis von Christen und Juden: *minor maiori imperat, et sunt novissimi primi, et servi domini, et canes filii* (wobei Gn 25, 23, Lk 15, 11-32, Mt 8, 12, Mt 15, 26-27, Mt 21,43 ins Auge gefaßt werden), also: "der Jüngere gebietet dem Älteren, die Letzten sind die Ersten, Sklaven sind Herren und Hunde Söhne" (Pitra, p. 420). Die verhältnismäßig irenische Einstellung Hildegards zeigt sich darin, daß sie den Satz "Sein Blut über uns und unsere Kinder" (Mt 27, 25) nur von einem "Teil des jüdischen Volkes" gesagt werden läßt (Pitra, p. 420), vor allem aber in ihrer typologischen Deutung des Saulus-Paulus auf die (noch) ungläubigen Juden: "aus unbekümmerter Verehrung für das alte Gesetz, das er von Gott gegeben wußte, und noch in Unkenntnis der (Heils-)Pläne Gottes", nicht aus Bosheit, trat er für das Gesetz ein und bekämpfte die Christen, erlangte aber Erbarmen, "weil er unwissend gehandelt hatte"; die "Unwissenheit" aber ist gerade das Tertium comparationis zwischen dem noch nicht christusgläubigen Judenvolk und Paulus.

Im *Liber Scivias* erscheint neben der großen Synagoga-Vision (CChr, Cont.med. 43, 93-99) das Judenthema nur ganz am Rande und eher konventionell: Die Ruhmredigkeit des jüdischen Volkes, das von hochfahrender Gesinnung war (*cum magna superbia in altitudine mentis suae volabat*) ließ Gott zu Boden fallen wie leichte Vogelfedern; denn dieses jüdische Volk "suchte seine Gerechtigkeit in sich selbst und nicht in Gott", wie die Pharisäer; der "gerechte Urteilsspruch Gottes" traf sie "wegen der Verschiedenheit ihrer Sitten" und ließ sie fallen "angesichts dieser ihrer Dreistigkeit" (CChr., Cont.med. 43, 466). Das geht gegen die auf Christen oft aufreizend wirkende Heilsgewißheit der Juden, die als Hochmut und unangemessener Stolz erschien. Ebenso erregt Anstoß, daß "das jüdische Volk" sich nicht um die Erkenntnis der lichtvollen Klarheit des Inkarnationsglaubens bemüht. Dadurch blieb es "hartnäckig und ungläubig im dunklen Schatten der äußeren Gesetzeserkenntnis gefangen und schwand so dahin" (CChr, Cont.med. 43, 562; vgl. ebd. 43, 570: "Heiden, Juden und falsche Christen [d.h. Katharer?]" lehnen den wahren Glauben ab und folgen mehr den zeitlichen als den ewigen Dingen).

Die eindrucksvollste Stellungnahme zum Judenthema macht die Äbtissin zweifellos in der fünften Vision des ersten Buches des Liber Scivias (CChr, Cont.med. 43, 93-99; zwischen p. 92 und 93 eine buchmalerische Darstellung der Synagoga noch aus dem 12. Jh., vielleicht noch zu Lebzeiten Hildegards entstanden). Sie beschreibt visionär Synagoga als blinde Frau: "Danach sah ich eine Art weibliche Gestalt, vom Scheitel bis zur Leibesmitte schemenhaft bleich und von der Leibesmitte bis zu den Füßen schwarz, an den Füßen blutrot. Um ihre Füße befand sich eine Wolke von reinstem weißen Glanz. Augen hatte sie aber nicht, und ihre Hände hatte sie unter die Achseln gelegt. Sie stand neben dem vor Gottes Augen befindlichen Altar, berührte ihn aber nicht. In ihrem Herzen stand Abraham, in ihrer Brust Moses, in ihrem Leib die übrigen Propheten. Jeder von ihnen zeigte sein Symbol (z.B. Abraham das Beschneidungsmesser, Moses die Gesetzestafeln), und sie bewunderten die Schönheit der Ecclesia. Die weibliche Gestalt war so groß wie ein Stadtturm und trug auf ihrem Haupte einen Stirnreif gleich der Morgenröte" (CChr, Cont.med. 43,93). So weit die Vision, die Hildegard, wie immer, anschließend selbst interpretiert: Die Frauengestalt ist "Synagoga, die Mutter der Inkarnation des Gottessohnes; von ihrem Entstehen an, als ihre ersten Söhne heranwuchsen, bis zu deren Mannesalter, sah sie die geheimnisvollen Pläne Gottes schattenhaft voraus, konnte sie aber nicht voll offenbar machen; sie war ja nicht das rotleuchtende Morgenrot, von dem sie offen sprach, vielmehr schaute sie es mit großer Bewunderung von fern an" (43,94)...." Solches bewunderte Synagoga an der Ecclesia, weil sie erkannte, selbst nicht durch diese Tugendkräfte beschirmt zu sein; denn Ecclesia ist ringsum durch Engel beschützt, damit sie nicht der Teufel zerfleischt und niederwirft. Dagegen liegt Synagoga, von Gott verlassen, in ihrer Schuld und Sünde" (43,95). Bis zu den Füßen "schwarz" ist Synagoga, weil sie schmutzig wurde "bei der Übertretung des Gesetzes und beim Verlassen des Bundes ihrer Väter", weil sie "vielfältig Gottes Gebote mißachtete und der Lust ihres Fleisches folgte" (43, 95). Das Blut an den Füßen und die weiße Wolke erklärt sich so, daß sie auf dem Endpunkt ihrer Entwicklung den Propheten der Propheten tötete und selbst zu Fall kam und daß zugleich der helle, lichte Glaube in den Herzen der Gläubigen sich erhob; "denn wo die Synagoge ihr Ende fand, erstand Ecclesia" (43,95-96). Die Frauengestalt ist augenlos und verbirgt ihre Hände unter den Achseln, denn sie blickte nicht in das wahre Licht und mißachtete den eingeborenen Gottessohn. Sie verbirgt deshalb auch die Werke der Gerechtigkeit, weil sie träge ist und ihre Erschlaffung nicht ablegt. Sie berührt den Altar nicht, weil sie Gottes Gesetz zwar nach göttlicher Vorschrift und nach Inaugenscheinnahme durch Gott empfing, es auch äußerlich erkannte, aber nicht sein Inneres zu berühren vermochte (43,96). Abraham, Moses und die Propheten innerhalb der Frauengestalt weisen darauf, daß Synagoga die Beschneidung usw. in sich barg (43,96). Synagoga ist groß wie ein Stadtturm, weil sie damit auf die wie eine Festung geschützte edle und auserwählte Gottesstadt (d.h. Ecclesia) vorausweist. Die dem Tag vorausgehende Morgenröte weist auf die Inkarnation und die Heilsgeheimnisse voraus. Wie Adam in Sünde fiel und starb, "so taten auch die Juden, welche anfangs Gottes Gesetz aufnahmen, danach aber den Sohn Gottes in ihrem Unglauben verwarfen. Aber wie der Mensch durch den Tod des Eingeborenen Gottes schließlich dem Verderben des Todes entrissen wurde, so wird auch Synagoga vor dem Jüngsten Tag, durch Gottes nachsichtige Güte bewogen, ihren Unglauben aufgeben und wahrhaft zur Erkenntnis Gottes kommen" (43,97). Was im Alten Testament fleischlich geschah, wird im Neuen geistig vollzogen; doch gingen die alten Gesetzesvorschriften nicht unter, sondern gingen verwandelt, wie dereinst Synagoga selbst tun wird, in die Kirche ein (43,97). Gottes Sohn kam zu seiner Inkarnation in den Bereich der Synagoga, die sich jedoch von ihm abwandte und sich dem Teufel vermählte (*tu me iustum deseruisti et diabolo te coniunxisti*, 43, 98). Gottes

Sohn seinerseits stürzte Synagoga zu Boden, enterbte ihre Söhne, und sie wurden durch die Heiden (d.h. wohl durch die Römer im Jahre 70) zugrunde gerichtet (43,98). "Am Jüngsten Tag schließlich wird Gottes Sohn Synagoga, mit der er zunächst in der Inkarnation verbunden war, die aber um die Taufgnade sich nicht kümmerte und dem Teufel folgte, wieder aufnehmen, und sie selbst wird ihren irrigen Unglauben aufgeben und zum Licht der Wahrheit zurückkehren. Denn der Teufel hatte Synagoga in ihrer Blindheit entführt". Gottes Sohn wird schließlich den Antichrist zu Boden werfen und Synagoga zum wahren Glauben zurückrufen (CChr, Cont.med. 43, 98-99).

Trotz des bisweilen wolkigen, nicht immer klaren Stils werden die Intentionen Hildegards ganz deutlich: Der Unglaube der Juden ist eher in ihrer Unwissenheit begründet oder vom Teufel verursacht als Ausdruck ihrer Bosheit. Trotz einiger herkömmlicher Anschauungen ist die Sicht des Judentums im ganzen irenisch, verständnisvoll und unpolemisch. Hauptmotiv ihrer versöhnlichen Haltung scheint die zuversichtliche Erwartung der endzeitlichen Konvergenz zu sein, was ihre Haltung sehr nahe an diejenige des Bernhard von Clairvaux rückt, wenn sie auch nicht, im Unterschied zu Abt Bernhard, sich zu den Judenverfolgungen ihrer Zeit äußert. Im übrigen erinnern die dreizehn biblischen Personen, die zum Teil aus dem Leib der Synagoga herauszuwachsen scheinen, etwas an die schon alte Vorstellung, daß das Alte Testament schwanger geht mit dem Neuen; denn Tora und Propheten sind ja, auch nach Auffassung Hildegards, voll von Hinweisen auf das künftige Heil. Im übrigen hat die Blicklosigkeit der Synagoge ihr Gegenstück in dem Schleier, der die Augen vieler mittelalterlicher Synagoga-Darstellungen verhüllt.

Mehr, als es auf den ersten Blick scheint, sind Hildegards Visionen von spekulativer Ratio getragen und spiegeln weniger die Unmittelbarkeit mystischer Erlebnisse. Vernunftgetragen sind ähnlich auch ihre Lebenshilfen und die Ratschläge, die sie für das geistliche Leben gibt. Wenn sie auf die Willensfreiheit Wert legt und die dadurch dem Menschen gewährleistete Wahl zwischen Gut und Böse, so liegt sie damit auch mit ihrer theologischen Ethik auf dem Niveau der aufblühenden Scholastik (vgl. die Qualität des *homo racionalis* in dem Gedicht Christianus Judeus Sarracenus).

Ausgaben: PL 197; Analecta sanctae Hildegardis opera spicilegio solesmensi parata, ed. J.B. Pitra, Monte Cassino 1882; CChr, Cont.med. 43.43 A.- *Übersetzungen*: Das Leben der heiligen Hildegard, verfaßt von den Mönchen Gottfried und Theoderich, übersetzt von A. Führkötter, Düsseldorf 1968; Salzburg 1980; Wisse die Wege. Scivias, übersetzt von M. Böckeler, Salzburg 1954; Briefwechsel, übersetzt von A. Führkötter,

Salzburg 1965.- *Literatur*: Manitius, III(1931), 228-237; Ehrismann, II, 2, 2 (1935), 423; E. Underhill, in: The Cambridge Medieval History, VII, 1949, 786-787; LThK V (1960) 341-342; W. Eckert, in: Christen und Juden, hg. von W.-D. Marsch u. K. Thieme, Mainz-Göttingen 1961, 76-77; E. Erb, Geschichte der deutschen Literatur von den Anfängen bis 1160, I, 2, Berlin 1976, 570-571; W.P. Eckert, Die Zukunft des jüdischen Volkes aus christlicher Sicht, Emuna 1978, Heft 4, 29-36, S. 30-31; W.P.Eckert, in: Monumenta Judaica. Handbuch, 1963, 147.151 (vgl. P. Bloch, ebd., S. 753); W. Wattenbach u. Fr.-J. Schmale, Deutschlands Geschichtsquellen im Mittelalter.Vom Tode Kaiser Heinrichs V. bis zum Ende des Interregnum, I, Darmstadt 1976, 143-146; Hildegard von Bingen. 1179-1979. Festschrift zum 800. Todestag der Heiligen, hg. von A. Ph. Brück, Mainz 1979; Verfasserlexikon III (1981) 1257-1280; W.P. Eckert, The Vision of Synagoga in the Scivias of Hildegard of Bingen, in: Standing before God. Studies on Prayer in Scriptures and in Tradition with Essays in Honor of Joh. M. Oesterreicher, ed. by A. Finkel, 'Frizzel' Lawrence, NY 1981, 301-311; Ch.M. Czarski, The Prophecies of St. Hildegard of Bingen, Diss. Univ. of Kentucky 1983; E. Gössmann, in: Gestalten der Kirchengeschichte, hg. von M. Greschat, III 1, Stuttgart 1983, 224-237; H. Liebeschütz, Synagoge und Ecclesia. Religionsgeschichtliche Studien über die Auseinandersetzung der Kirche mit dem Judentum im Hochmittelalter, Heidelberg 1983, 177-180; E.Ennen, Frauen im Mittelalter, München 1984, 115-117; R.M. Walker-Moskop, Health and Cosmic Continuity in Hildegard of Bingen, Diss. Austin (Univ. of Texas) 1984; E. Gronau, Hildegard von Bingen, 1098-1179, Stein/Rh. 1985; TRE XV (1986) 322-326; B. Newman, Sister of Wisdom, Aldershot 1987.

König Ludwig VII. von Frankreich (1137-18.9.1180) gilt unter anderem deshalb als judenfreundlich, weil er nicht erkennbar auf den Brief reagierte, den Petrus Venerabilis vor dem 2. Kreuzzug an ihn richtete, ein Schreiben, in dem der Abt von Cluny eine Enteignung beziehungsweise Schröpfung der französischen Juden vorschlug, um so den Kreuzzug zu finanzieren. Im Jahre 1144 verfügte Ludwig, daß getaufte Juden, wenn sie, vom Teufel angestachelt (*instigante diabolo*) wieder in ihren alten Glauben zurückfielen, sich nicht mehr in Frankreich aufhalten dürften. Würden sie doch im Lande ergriffen, hätten sie mit Todesstrafe oder Verstümmelung zu rechnen (Recueil des historiens des Gaules et de la France, XVI, Paris 1878, p. 8; vgl. ebd. XII, Paris 1877, p. 286: Ludwig begünstigte die Juden übermäßig und gewährte ihnen aus Gewinnsucht viele Privilegien, was gegen Gott gerichtet war und seinen eigenen und den Interessen des Reiches zuwiderlief [*graviter Deum offendit, quod in regno suo Judaeos ultra modum sublimavit, et eis multa privilegia, Deo et sibi et regno contraria, immoderata deceptus cupiditate, concessit*]). Ludwigs Einstellung zum Judenthema ist nicht auf eine Linie festzulegen und offenbar ziemlich pragmatisch von der jeweiligen Interessenlage bestimmt. So erfahren wir aus einem Brief Alexanders III. von 1179 an einen französischen Erzbischof (Mansi 21, 1106; Recueil etc., XV, Paris 1878, p. 968), daß Ludwig entgegen den kirchlichen Grundsätzen dafür eintrat, daß Juden ihr (unfreies) christliches Dienstpersonal (*mancipia*) behalten durften. Andererseits verfügt er anno 1174, daß die Juden der Stadt Castrum Nantonis (Château-Landon, Depart. Seine-et-Marne?) eine Pfandleihe, sei es am Tage oder des Nachts, nur bei Anwesenheit rechtsgültiger Zeugen vornehmen dürfen (E. Martène - U. Durand, Thesaurus novus anecdotorum, I, Paris 1717, col. 576). Im ganzen ergeben die nur sporadischen und jeweils für sich genommen etwas unsicheren Berichte kein gesichertes Gesamtbild. Dies gilt gerade auch für Erwähnungen Ludwigs in jüdischen Quellen. So scheint zu wenig gesichert die Darstellung des Ephraim b. Jakob, Ludwig habe den französischen Juden große Vermögensverluste verursacht, weil er allen Kreuzfahrern ihre Schulden bei Juden annulliert habe (A. Neubauer - M. Stern, Hebräische Berichte über die Judenverfolgungen während der Kreuzzüge, Berlin 1892, S. 196 der deutschen Übers.; einschlägig bekannt ist sonst nur der diesbezügliche Vorschlag des Petrus Venerabilis). Bestätigt und historisch gesichert ist jedenfalls die Stornierung der Zinszahlung für alle Darlehen, sei es bei Juden oder Christen.

Literatur: Caro, I (1908), 356-360; LThK VI (1961) 1189; V. Pfaff, in: Vierteljahrschrift für Sozial- und Wirtschaftsgeschichte 52, 1965, 168-206, S. 200; Encyclopaedia Judaica (Jerusalem 1971) XI, 514; Kniewasser, 1979, 197; Awerbuch, 1980, 174. 178.180; Chazan, 1980, 114-117.

Mit seinem wohl im Sommer 1159 veröffentlichten *Policraticus*, der ersten bedeutenden Staatslehre des Mittelalters, hat der Philosoph und Historiker **Johannes von Salisbury** († 1180) im Mittelalter und in der Renaissance viele Leser erreicht. Sein durch extensive Lektüre antiker lateinischer Autoren erworbenes Geschichts- und Literaturwissen wird in diesem Werk - wie auch in seinen anderen Opera - kritisch verarbeitet und zur Belehrung und für seine moralischen Theorien und ethischen Reflexionen nutzbar gemacht. Man könnte sein Verfahren ein auch nach heutigen Maßstäben wissenschaftliches nennen, wenn er nicht, Kleriker der er ist - er starb als Bischof von Chartres -, alle Geschichte selbstverständlich als Heilsgeschichte verstünde, in deren Mittelpunkt seit der großen Zäsur durch die Inkarnation die Kirche steht. Im zweiten Buch des 'Policraticus' befaßt sich Johannes besonders mit Vorzeichen, ihrer Glaubwürdigkeit und der ihnen im Hinblick auf die göttliche Vorsehung zukommenden Bedeutung. Vor allem auch interessieren ihn die *Signa* und *Prodigia* vor dem Untergang Jerusalems im Jahre 70, weil sie geeignet sind, "unseren (christlichen) Glauben zu stärken und den hartnäckigen Unglauben (*obstinatam perfidiam*) der Juden in seine Schranken zu weisen" (Policratici libri VIII, ed. Clemens C.I. Webb, I, London 1909, p. 71; als Quelle wird ausdrücklich Flavius Josephus genannt, d.h. Bell. Jud. 6, 288-309 und andere einschlägige Passagen). Die den "gottlosen" Juden nach ihren Missetaten an Jesus Christus von Gott gewährten vierzig Jahre Reuefrist vermochten nicht, ihren "harten Sinn" (*mentis duritiam*, Webb, p. 72) zu erweichen, so daß schließlich über das "verworfene und verblendete Volk" Untergang und Knechtschaft hereinbrachen (Webb, p. 74). Das "Trauerspiel" (Webb, p. 75) des Jahres 70 hatte einen ergreifenden Höhepunkt während der großen Hungersnot vor dem Fall der Stadt, als die Jüdin Maria ihr eigenes Kind tötete, briet und verzehrte (Webb, p. 79-81: *De Maria quae fame urgente comedit filium*, nach Bell. Jud. 6, 201-213), ein historiographisches Prunkstück, das später Dante vom Policraticus übernahm (Purg. 23, 30). Schließlich berichtet Johannes von Salisbury frei nach Josephus, wie die Jerusalems Zerstörung überlebenden Juden in die Sklaverei verkauft wurden und daß "dies alles im zweiten Jahr der Herrschaft Vespasians geschah gemäß den Prophezeiungen unseres Herrn und Heilandes Jesus Christus", das heißt nach den neutestamentlichen Untergangsvoraussagen für Jerusalem (Webb, p. 82). Die "gottlosen" Juden zogen sich "Gottes gerechten Urteilsspruch" zu. "Sie wurden aufs schwerste heimgesucht, durch Kriege zu Boden geworfen und vom Sturmwirbel des göttlichen Zorns aus ihrer Heimat losgerissen, so daß in der ruhmreichsten aller Städte kein Stein auf dem anderen blieb; die Heimsuchung des verhärteten, mehr als steinharten Volkes war so groß wie nie zuvor, seit es Völker gibt, bis auf den heutigen Tag" (Webb, p. 82). Als christlicher Historiker ist Johannes von großer Befriedigung darüber erfüllt, daß die Berichte des jüdischen Historikers Flavius Josephus, des Zeitgenossen der Evangelisten, die neutestamentlichen Voraussagen und damit den Anspruch des Christentums gegen die verworfenen Juden als wahr erweisen. Aus tiefster Überzeugung versichert er: "Wahrlich haben sie (die Juden) dies alles mit vollstem Recht erlitten, die gegen den Sohn Gottes ihre gottlosen Hände auszustrecken wagten, obwohl doch durch die Schriftzeugnisse und seine ruhmvollen Wundertaten feststand, daß er Christus (Sohn) des Herrn war" (Webb, p. 83).

Johannes von Salisbury hat als junger Mann in Frankreich lange Abaelard und andere Philosophen gehört, und obwohl er weder das Hebräische noch leidlich Griechisch verstand, darf er zu den bedeutendsten Köpfen des 12. Jh. gezählt werden. Trotz seiner ertragreichen Beschäftigung mit Aristoteles (über lateinische Übersetzungen) verfolgt er im allgemeinen eine antidialektische - freilich nicht antirationale - Linie. Er arbeitet kaum mit Vernunftschlüssen, sondern entwickelt seine Gedanken und ethischen Normen gewöhnlich in freiem Umgang mit dem reichen Wissensstoff, über den er verfügt und den er, im Rahmen seiner Möglichkeiten, historisch-kritisch verarbeitet. Judenmissionarische Intentionen hat er nicht, auch nicht mit dem von ihm zitierten Christuszeugnis des Juden Josephus (Webb, p. 83). Was ihn, wie auch die meisten christlichen Autoren, zu dem Geschichtsstoff des Jahres 70 greifen läßt, ist die Bestätigungsfreude, der - auch vernunftmäßig einleuchtende - Geschichtsbeweis für die heilsgeschichtliche Substitution des Judentums durch das Christentum, mit einem Wort: Die Hoffnung auf Stärkung des christlichen Glaubens und antizipierende Absicherung gegenüber möglichen Glaubenszweifeln durch den Erweis, daß es sich bei der jüdischen Religion nur um *perfidia* und *error* handeln kann (Webb, p. 71).

Ausgaben: PL 199; Policratici libri VIII, ed. Clemens C.I. Webb, 2 Bde., London 1909.- Manitius, III (1931), 253-264; J. Spörl, Grundformen hochmittelalterlicher Geschichtsanschauung, München 1935, 73-109; W.H.V. Reade, in: The Cambridge Medieval History, VI, 1936, 621-623; W. Berges, Die Fürstenspiegel des hohen und späten Mittelalters, Leipzig 1938, 3 ff.40 ff. 131-143.291-293; A. Forest, in: Histoire de l'Église, hg. von A. Fliche u. V. Martin, XIII, Paris 1956, 93-100; LThK V (1960) 1079-1080; E.R. Curtius, Europäische Literatur und lateinisches Mittelalter, Bern-München 1967, 86-87.368-369; G. Miczka, Das Bild der Kirche bei Johannes von Salisbury, Bonn 1970; K.Guth, Johannes von Salisbury (1115/20-1180), St. Ottilien 1978; M. Wilks (Hg.),The World of John of Salisbury, Oxford 1982; TRE XVIII,1-2 (1987) 153-155.

Die populäre Weltchronik (*Biblos chronikē*) des **Michael Glykas**, zeitweilig Sekretär des Kaisers Manuel I. Komnenos (1143-1180), ist stark von älteren Chroniken abhängig, doch auf ihre Art, mit ihren vielen anekdotischen, theologisierenden und populartheologischen Abschnitten, ein reizvolles, viel gelesenes Werk. Zwar ist Michael kein Kleriker und in verschiedener Hinsicht ein durchaus kritischer Kopf, doch repetiert er einigermaßen unreflektiert aus kirchlicher Sicht und in belehrend-erbaulicher Art und Weise bestimmte christliche Aussagen zum Judenthema: Die Prophezeiungen des Untergangs Jerusalems "sind sämtlich erfüllt entsprechend dem Bericht des Josephus; denn damit kein Jude im Zweifel bleibe, bot die Wahrheit keinen Nichtjuden (als Zeugen) dar, sondern einen Volksgenossen und Eiferer (für die Sache der Juden), um ihre Leiden nach Art einer Tragödie darzustellen; denn einen solchen Zorn Gottes sah noch niemand" (PG 158, 449). Der jüdische Historiker Flavius Josephus, der Zeitgenosse der Evangelisten, wird im übrigen wegen seiner Berichte über das Urchristentum als "wahrheitsliebend" gerühmt (PG 158, 444), ein anderes Mal jedoch beiläufig beschimpft, er sei "als Jude voll von Finsternis und wollte nicht zum Licht aufblicken" (PG 158, 33). So willkommen den Christen der Geschichtsbericht des Josephus für eine heilsgeschichtliche Bewertung der jüdischen Schicksale nach der Kreuzigung auch war, bisweilen bricht doch - wie hier bei Michael und zum Beispiel schon bei Hegesippus (Ps.-Ambrosius, um 370) - die Enttäuschung darüber durch, daß er zwar über die Wahrheit berichtete, sich jedoch nicht selbst zu ihr durchringen konnte. Michael Glykas' Polemik wird, wie oft auch bei anderen Autoren, generalisierend ausgeweitet gegen die Gruppe überhaupt, zu welcher der Angegriffene gehört.

Besondere Beachtung verdient sein 14. Brief (PG 158, 845-898): *Wie man den Juden begegnen soll (Pōs dei pros Joudaious apantān* bzw. *De ratione qua oportet contra Judaeos respondere)*; denn hier zeigt sich wieder das ganze Spektrum erstarrter Positionen der christlich-jüdischen Konfrontation: Ein fiktiver Jude wird angeredet (z.B. PG 158, 849), der durch Argumente von der Wahrheit des christlichen Glaubens überzeugt werden soll. Die messianischen Verheißungen der Propheten sind in Jesus Christus erfüllt (PG 158, 859-865), und Christi Passion ist bis in die Einzelheiten im Alten Testament vorausgesagt (PG 158, 853). Das mosaische Gesetz (betreffend Sabbat, Beschneidung usw.) ist jetzt spirituell zu verstehen, und insofern geht der jüdische Vorwurf, die Christen ignorierten die Tora (PG 158, 881), ins Leere. Die alttestamentlichen Straf- und Vernichtungsdrohungen sind im übrigen an den Juden erfüllt, während den Christen die dortigen Verheißungen zuteil geworden sind (PG 158, 891-896). Seit mehr als elfhundert Jahren leben die Juden in *aichmalōsia* (d.h. *captivitas, servitus*) zur Strafe für ihre vielen Missetaten, und flüchtig wie Kain sind sie auf der Erde (PG 158, 849).- Die Einwände des Juden gegen die Inkarnation Christi und Marias Virginität sind nicht stichhaltig (PG 158, 869-872), ebensowenig seine Behauptung, es sei nur *ein* Gott da, und die sonst zusammen mit ihm Genannten seien Engel (PG 158, 875). Der Jude begründet mit der Nichtrealisierung der Friedensverheißung von Is 2, 4, daß Jesus von Nazareth nicht der Messias sei und er folglich noch auf seinen Messias zu warten habe. Michael erwidert, mit Christi Ankunft sei fast auf der ganzen Erde Friede geworden, gekämpft werde nur noch von einigen Verstockten, die den Glauben an Jesus Christus nicht annehmen wollten, so daß der Prophet mit seiner Friedensverheißung keineswegs lüge. Der freche Jude solle seinen Widerspruch aufgeben (PG 158, 889). Der Jude solle sich auch nicht des Besitzes von Moses Gesetz rühmen; denn die alttestamentlichen Propheten (mit ihrer Christusprophetie) seien jetzt bei den Christen (sozusagen als prächristliche Verkündiger des Christentums), und diese seien jetzt Gottes erwähltes Volk (PG 158, 892).- Die Polemik bewegt sich im Rahmen des Üblichen: Das Herz der Juden ist härter als Stein und ist durch Vernunftgründe (*logoi, rationes*) nicht zu rühren (PG 158, 848). Der Jude ist Gottesmörder (*theoktonos*), PG 158, 856, und "bellt wie ein Hund, Christus sei nicht Gott" (PG 158, 868). Von oben herab wird er angeredet als unselig, vernunftlos und erbärmlich (PG 158, 877.885).

Ausgabe: PG 158.- *Literatur*: Krumbacher, 1897, 380-385.806-807: M.E. Colonna, Gli storici bizantini dal IV al XV secolo. I, Neapel 1956, 56-57: G. Moravcsik, Byzantinoturcica, I, Berlin 1958, 430-432; Beck, 1959, 654-655; LThK VII (1962) 396; H. Hunger, Die hochsprachliche profane Literatur der Byzantiner, I, München 1978, 422-426.

Ein anonymer bayerischer beziehungsweise österreichischer Kleriker schrieb um 1160-1180 das **Anegenge** ('Ursprung', 'Anfang', d.h. Schöpfungs- und Heilsgeschichte als Anfang und Basis alles Weltgeschehens), ein theologisches Lehrgedicht von 3242 Reimversen, dessen Deutschsprachigkeit an Laien als Publikum denken läßt, denen hier von der Weltschöpfung bis zur Himmelfahrt Christi die Welt- und Menschheitsgeschichte in scholastischer Weise als Erlösungsgeschehen vermittelt wird (Das Anegenge. Hg. von D. Neuschäfer, München 1969). Der unselbständige, bisweilen unbeholfene Autor, dessen Werk keine auffällige Nachwirkung hatte, referiert den zu seiner Zeit verbreiteten theologischen Lehrstoff und mit ihm vielleicht auch das Urteil über die Juden; denn am Ende der Darstellung der Leidensgeschichte Christi heißt es resümierend: "daz taten die Juden durch ir haz!" (Neuschäfer, S. 259, Vers 3091).

Ausgabe: D. Neuschäfer, München 1969.- *Literatur*: Ehrismann, II, 1 (1922), 58-62; Kosch, I (1968) 116; E. Erb, Geschichte der deutschen Literatur von den Anfängen bis 1160, Berlin 1976, 568-571; Verfasserlexikon I (1978) 352-354; de Boor-Newald, I (1979), 165-166.311-312; LMA I (1980) 616.

Um 1170 - 1180 schrieb ein Kölner Kleriker, der sich selbst **"Der Wilde Mann"** nennt (vermutlich der aufgelöste Familienname "Wildemann") vier längere Gedichte, darunter "Veronica" und "Vespasianus" (Die Gedichte des Wilden Mannes, hrsg. von B. Standring, Tübingen 1963). Diese verarbeiteten den uns gut bekannten Stoff der spätantiken Vindicta-Legenden und Vindicta-Dichtungen, ohne daß unmittelbare Quellen nachzuweisen wären. Hier leidet der kranke Kaiser Vespasianus in Rom unheilbar an Wespen in seinem Kopf (Standring, S. 22). In Rom hört man von dem Wunderarzt Jesus und seiner Passion. Vespasianus' Sohn Titus gelobt, falls sein Vater geheilt werde - was dann auch durch Veronikas Tuch geschieht -, Jesu Tod zu rächen. Der König Vespasian belagert (zusammen mit Titus) so lange die (hungernde) Stadt Jerusalem, *biz ein Weib ir kint az* (Standring, S. 29; die berühmte Teknophagie der Maria von Josephus, Bell. Jud. 6, 201-213). Nach dem Fall der Stadt trifft sein Zorn die Juden so sehr, daß ihrer dreißig um eine lächerlich geringe Summe verkauft werden: *sin zorn so up di iuden draf, / dat man ir drizic umbe ein hei gaf* (Standring, S. 29; "hei" ist unser "Ei", so schon K. Köhn, Hrsg., Die Geschichte des Wilden Mannes und Wernhers vom Niederrhein, Berlin 1891, p. XXIX). Die Talion für den Kauf Jesu um 30 Silberlinge (innerhalb der 'Veronica', Standring, S. 10: *unde in umbe drizich peninge virkoufte*) ist grotesk verschärft, und die Juden werden, wie in solchem Erzählzusammenhang üblich, über die ganze Welt zerstreut. Aber zum Schluß sind versöhnliche Töne angeschlagen. Die Juden, die am Ende der Zeit noch leben, können durch die Taufe Gotteskinder werden, dem Teufel entlaufen und sich zur rechten Wahrheit des Hirten bekennen (Standring, S. 30)

> *di iuden, die dan levinde sint,*
> *di werdint alli godis kint.*
>
> *so ilint si zu dovfen,*
> *deme duvile willint si intlofin*
> *undi bikennint di rechtin warheit,*
> *dat si ir hirthe het inleit.*

Diesem versöhnlichen Ausklang entspricht die beiläufige Feststellung (innerhalb des Veronica-Gedichts; Standring, S. 4), daß alle Menschen Gottes Geschöpfe sind, Laien und Pfaffen, Juden und Sarazenen (d.h. Muslime). Diese tolerante Grundstimmung mag nicht nur damit zusammenhängen, daß im Kölner Raum zahlreiche Juden lebten und Gespräche von Klerikern mit ihnen auch über religiöse Dinge offenbar nicht ganz ungewöhnlich waren (s. zu Rupert von Deutz und Hermann von Scheda), sondern auch damit, daß der ständige Anblick der relativ starken jüdischen Gemeinde Kölns bei der Ortsgeistlichkeit - und gewiß auch bei Rupert von Deutz - Bekehrungswünsche weckte, die, soviel war klar, nur in einer freundlichen Atmosphäre gewisse Aussichten hatten.

Ausgaben: K. Köhn, Die Geschichte des Wilden Mannes und Wernhers vom Niederrhein, Berlin 1891; Die Geschichte des Wilden Mannes, hrsg. von B. Standring, Tübingen 1963; Fr. Maurer (Hg.), Die religiösen Dichtungen des 11. und 12. Jahrhunderts, III, Tübingen 1970, 485-594.- *Literatur*: E. von Dobschütz, Christusbilder, Leipzig 1899, 240-241.286-287; Ehrismann, II, 1 (1922), 128-132; Siegfried Stein, Die Ungläubigen in der mittelhochdeutschen Literatur von 1050 bis 1250, Heidelberg 1933, 25-26; Verfasserlexikon IV (1953) 968-977; K. Geissler, Die Juden in mittelalterlichen Texten Deutschlands, Zeitschrift für bayerische Landesgeschichte 38, 1975, 163-226, S. 188; E. Erb, Geschichte der deutschen Literatur von den Anfängen bis 1160, Berlin 1976, 585; de Boor-Newald, I (1979), 191-192. 318; St.K. Wright, The Vengeance of our Lord: The Destruction of Jerusalem and the Conversion of Rome in Medieval Drama, Diss. Indiana University, 1984, 368.

Der erste jüdische Autor, der in einer Schrift ausschließlich und überdies ebenso systematisch wie umfänglich das Neue Testament und die christlichen theologischen Überzeugungen angreift, ist **Jakob ben Reuben** mit seinem um 1170-1180 in Südfrankreich entstandenen Werk *(Sefer) Milchamot Adonai*, auch *Sefer Milchamot ha-Schem* genannt, das heißt *Kriege des Herrn* beziehungsweise genauer *Buch der Kriege für den Herrn* (ed. Y. Rosenthal, Jerusalem 1963). In Spanien geboren wie Petrus Alfonsi - mit dessen antijüdischen Positionen er sich unter anderem auseinandersetzt - und mit den einschlägigen Standpunkten von Vorgängern wie Nestor ha-Komer, Saadja, Abraham bar Chija und Moses ibn Esra (wie dieser steht er stark unter neuplatonischem Einfluß) vertraut, dazu in Kenntnis der apologetischen Positionen des Gilbertus Crispinus und auch sonst gut informiert über christliche Dinge angeblich durch Gespräche mit einem christlichen Geistlichen (in der Einleitung der 'Milchamot' erwähnt; er ist vielleicht nicht eine literarische Fiktion, sondern eine historische Figur, freilich nicht identifizierbar), schreibt er ein antichristlich apologetisches Werk von bis dahin neuem Freimut und von beträchtlicher Stoßkraft. Entsprechend groß war die - teils über Zwischenquellen erfolgende - Wirkung dieses Buches, und zwar sowohl bei jüdischen Imitatoren und Rezeptoren wie bei christlichen Gelehrten (z.B. Alfons von Valladolid und Nikolaus von Lyra).

Die 12 Kapitel der 'Kriege des Herrn' haben als Thema einmal die Widerlegung der durch entsprechende Bibeltestimonia gestützten christlichen

Überzeugung, daß der Messias - in Gestalt Jesu Christi - schon gekommen sei, und zum anderen den Nachweis von Widersprüchen im Neuen Testament. Daneben geht es um die Trinität und die Frage der Relevanz der Tora. Kapitel 1-10 sind ein Dialog zwischen einem "Leugner" (der Einheit Gottes, d.h. dem Christ) und einem "Bekenner" (der Einheit Gottes, d.h. dem Juden bzw. dem Autor), wobei jeweils der Christ mit einer Frage beginnt und der Jude antwortet - ein Spiegelbild christlicher Adversus-Judaeos-Texte. Im Kapitel 11 werden zahlreiche Stücke des Matthäusevangeliums übersetzt und in einer Weise kommentiert und untersucht, die bereits Methoden der neuzeitlichen Exegese antizipiert. Im letzten Kapitel bietet Jakob Argumente seiner jüdischen Vorgänger dafür, daß der Messias nicht schon erschienen ist, sondern erst noch kommt.

Der Christ stützt sich ausdrücklich auf Hieronymus, Augustinus, Paulus (von Tarsus) und Gregor d. Gr.- in dieser Reihenfolge (Rosenthal, p. 5); im Laufe des Dialogs werden aber auch Justinus Martyr, Tertullian, Eusebios, Isidor von Sevilla und andere patristische Autoritäten zitiert. Regelmäßig lehnt Jakob die christologisierende Vulgata-Übersetzung des Hieronymus und die damit verbundene herkömmliche christliche Deutung ab, etwa zu Gn 49, 10; Klagelieder 4, 20; Is 7, 14; 16, 1; 45, 1. 8; 51,5; 62,11; Ez 44, 2-3; Hab 3,13. 18; 1 Sam 24,6. Typisch ist z.B. die Diskussion von Dn 9, 24 (Rosenthal, p. 135-136). Durch Ps 72,11 wird nicht die angeblich zahlenmäßige Überlegenheit des Christentums (im Sinne eines Geschichtsarguments) bewiesen, vielmehr das Gegenteil (Rosenthal, p. 74).

Jakob ben Reuben nimmt unter anderem Anstoß an der für ihn mit der Inkarnation gegebenen Vorstellung von der zeitlichen und räumlichen Begrenztheit Gottes (Rosenthal, p. 8 ff. 41-42).- Gegenstand der Diskussion mit dem Vertreter der christlichen Seite wird auch der Widerspruch zwischen dem generellen Gutsein von Gottes Schöpfung (Gn 1, 31) und späteren (Lv 11) Unterscheidungen von reinen und unreinen Tieren (Rosenthal, p. 24-25); ferner die Willkür und Ungereimtheit von Dt 22,10 (Rosenthal, p. 27-28), sowie der Umstand, daß die Tora teils wörtlich, teils allegorisch und symbolisch zu verstehen sei beziehungsweise nur für eine begrenzte Zeit gültig war. Gegen solche christlichen Äußerungen setzt Jakob, daß die Christen den Schriftsinn durch ihre allegorische Exegese verdrehen (Rosenthal, p. 37).- Zu Mt 3, 13-17 fragt Jakob, wieso der Heilige Geist jetzt, bei Jesu Taufe, erneut über ihn komme, wo er doch bereits durch den gleichen in den Leib Marias eingekehrten Heiligen Geist Fleisch angenommen habe, der Heilige Geist also mit seinem Wesen bereits verbunden sei. Auch sei im Falle Marias ungereimt, daß sowohl sie als auch ihr Mann Joseph aus Davids Geschlecht sei (Rosenthal, p. 143-144).- Mt 4,7 scheint für Jakob Jesus von Gott als einem mit ihm nicht identischen Wesen zu sprechen (Rosenthal, p. 145), ebenso Mt 11, 25-27 (Rosenthal, p. 147).- Mt 5, 33-40 deutet der Verfasser der Milchamot als verändernde Verschärfung der Tora, die dem Grundsatz widerspreche, dem Gesetz weder etwas hinzuzufügen noch wegzunehmen; dadurch falle Jesus faktisch von Gottes Gesetz ab; auch hielten sich die Christen weder an die Tora noch an Jesu neues Gesetz, denn sie gingen ohne Nächstenliebe feindlich miteinander um (Rosenthal, p. 146).- Mt 12, 1-8 begründet Zweifel an Jesu Göttlichkeit, weil er sich hier gegen das Sabbatgebot Gottes stelle. Jesu Begründung seines Verhaltens mit 1 Sam 21, 4-7 und mit den kultischen Verrichtungen der Tempelpriester auch am Sabbat (vgl. Nm 28, 9-10; für Jakob kein Widerspruch zu Ex 35, 3) sei unangemessen (Rosenthal, p. 147-148).- Mt 8, 1-4 (Heilung des Aussätzigen; Darbringung von Opfern zum Dank; Verschweigen des Wunders) stehe im Widerspruch zu Mk 5, 19-20: der geheilte Besessene soll über seine Wunderheilung berichten; vgl. Mt 10, 32 (Rosenthal, p. 149).- Zum Gottsein Jesu passe nicht seine Furcht am Ölberg; die Art und Weise, in der Jesus zum Vater bete (Mt 26, 39), beweist für Jakob ben Reuben, daß Jesus nicht Gott ist, vielmehr von dem zu trennen ist, zu dem er fleht (Rosenthal, p. 150).- Mt 21, 19 läßt ihn zu dem Schluß kommen, Jesus könne nicht (allwissender) Gott sein, weil er von vornherein hätte wissen müssen, daß der Feigenbaum keine Früchte trage; auch sei angesichts des Gebotes der Feindesliebe die Verfluchung des unschuldigen Baumes unangemessen (Rosenthal, p.151).- Eine Widersprüchlichkeit und Ungereimtheit offenbare sich in Jesu Aussage, er wolle die verirrten Schafe retten (Mt 18, 12), während er andererseits (Mt 13, 10-15) bewußt unverständlich in Gleichnissen rede (Rosenthal, p. 152-153, mit Vermerk des Widerspruchs zu Ez 33, 11).- Mt 12, 31 interpretiert der Verfasser der Milchamot Adonai als klaren Beweis für ein Auseinanderfallen der trinitarischen Einheit in einander sogar konträre Wesen (Rosenthal, p. 153).- Die Inkarnationslehre kollidiert für Jakob mit der Tatsache, daß Gott ungeteilt einer ist; denn mit dem göttlichen Teil seiner menschlichen und göttlichen Doppelnatur sei Jesus im Leib Marias getrennt von Gott dem Vater (Rosenthal, p. 154).- Schließlich spreche auch Jesu Hunger (Mt 4,2) gegen seine Göttlichkeit (Rosenthal, p. 144).

Zusammenfassend läßt sich sagen, daß der Autor der Milchamot Adonai mit seiner rationalistischen Kritik der Evangelien und der christlichen Dogmatik apologetisch neue Wege geht. Trotz etlicher Fehldeutungen von Loci des Neuen Testaments und trotz Mißverstehens des Trinitätsglaubens erkennt er das Problem, daß der in den Evangelien agierende (historische) Jesus nicht ohne weiteres ganz identisch ist mit dem Jesus der kirchlichen Christologie. Er sieht klar, daß einige Stellen des Neuen Testaments in einem gewissen Spannungsverhältnis zur späteren christologischen Dogmatik stehen. Bei aller Schärfe seines apologetischen Tons scheint er jedoch die geistige Auseinandersetzung mit Christen für notwendig und sinnvoll zu halten. Daß er jedoch diese mit seinem Werk "von der Glaubenswahrheit des Judentums zu überzeugen" beabsichtigte (so P.E. Lapide, Hebräisch in den Kirchen, Neukirchen-Vluyn 1976, 105), kann kaum richtig sein. Wäre das der Fall, hätte er selbst eine lateinische Übersetzung seines Werkes veranlassen müssen. Sein hebräisch geschriebener Traktat hatte wohl vor allem den Zweck der innerjüdischen Rückenstärkung, um zum Beispiel bei Gesprächen mit Christen besser standhalten zu können. Immerhin wurde so, wenn auch mit einiger Verzögerung und auf längere Sicht, deutlich gemacht, daß die bei etlichen frühscholastischen Theologen gängige Bewertung der begriffstutzigen Juden als "vernunftlose Tiere" eine polemische Unterschätzung des apologetischen Gegners war.

Ausgabe: Y. Rosenthal, Jerusalem 1963.- *Literatur*: M. Steinschneider, Polemische und apologetische Literatur in arabischer Sprache, Leipzig 1877, 348-349; I. Loeb, La controverse religieuse entre les Chrétiens et les Juifs au moyen âge en France et Espagne, Revue de histoire des religions 17, 1888, 311-337 (S. 333); 18, 1888, 133-156 (S. 145 ff.); I. Loeb, Polemistes chrétiens et juifs en France et en Espagne, Revue des études juives, 18, 1889, 43-70, S. 46-52; A. Posnanski, Schiloh, Leipzig 1904, 273-274; M.Goldstein, Jesus in the Jewish Tradition, New York 1950, 196-197; Baron, IX (1965), 118-119.276.294; B. Blumenkranz, Nicolas de Lyre et Jakob ben Ruben, Journal of Jewish Studies 16, 1965, 47-51; Encyclopaedia Judaica (Jerusalem 1971) III, 194; IV, 898-899; Johann Maier, Geschichte der jüdischen Religion, Berlin-New York 1972, 399; I. Zinberg, A History of Jewish Literature, Cleveland-London 1972 ff., II, 85; D. Berger, Gilbert Crispin, Alan of Lille, and Jacob ben Reuben, Speculum 59, 1974, 34-47; D. Berger, Christian Heresy and Jewish Polemic in the Twelfth and Thirteenth Centuries, Harvard Theological Review 68, 1975, 287-303, S. 298 ff.; J.E. Rembaum, The New Testament in Medieval Jewish Anti-Christian Polemics, Diss. Los Angeles 1975, 154-156.167-169. 182. 186. 200. 205-206.210-211; P.E. Lapide, Hebräisch in den Kirchen, Neukirchen-Vluyn 1976, 39-45; D.J. Lasker, Jewish Philosophical Polemics against Christianity in the Middle Ages, New York 1977, 13-14. 48-49.66.84-85.96-98.111-112.115-116.122; Cohen, 1978, 315-317; H.-G. von Mutius, Ein Beitrag zur polemischen jüdischen Auslegung des Neuen Testaments im Mittelalter, Zeitschrift für Religions- und Geistesgeschichte 32, 1980, 232-240; G. Dahan, in: SChr 288 (Paris 1981) 23-24.36-38; A. Grabois, La chrétienté dans la conscience juive en Occident au

Xe - XIIe siècles, in: La cristianità dei secoli XI e XII in Occidente, Milano 1983, 303-338, S. 328-329; M. Rosenthal, in: Wenn der Messias kommt, hg. von L. Kötzsche u. P. von der Osten-Sacken, Berlin 1984, 48-51.

Abraham ben David ha-Levi, auch bekannt als Abraham ibn Daud ha-Levi oder als (Abraham) Ibn Daud von Toledo (um 1110 - um 1180), Philosoph und Historiker, beherrschte neben dem Hebräischen auch das Arabische und die lateinische Sprache, so daß er, der rabbinisches Traditionsbewußtsein mit antikaräischer Gesinnung und (arabisch geprägtem) Aristotelismus verband, auch christlichen Gelehrten der folgenden Jahrhunderte Anregungen und Impulse geben konnte. Sein Hauptwerk als Historiker ist das 1160-1161 entstandene Buch *Sefer ha-Kabbalah* ('Das Buch der Überlieferung'; Tendenz: Die rabbinische Tradition ist die legitime, kontinuierliche Weiterführung der biblischen Überlieferung) mit seinen Anhängen 'Geschichte der Könige Israels zur Zeit des Zweiten Tempels' und 'Gedächtnis der Geschichte Roms'. Abraham äußert sich im Laufe seiner historischen Darlegungen - ihre geringe Exaktheit im einzelnen ist bei jüdischen und christlichen Gelehrten heute unbestritten - auch über die christliche Chronographie: Die Zeitangaben bezüglich Jesu Geburt in der rabbinischen Literatur weichen von denen der christlichen Zeitrechnung ab (Jesus wurde bereits zur Zeit des Alexandros Jannaios geboren [d.h. mehr als ein Jahrhundert vor dem christlichen Ansatz], wie im Zusammenhang mit Josue ben Perachja dargelegt wird), und die Evangelien sind erst geraume Zeit nach Jesus von Nazareth (im 4. Jh.) verfaßt worden. Diesem Nachweis dient das 'Gedächtnis der Geschichte Roms', in dem ein Abriß der römischen Geschichte bis in die Spätantike geboten wird.Die 'Geschichte der Könige Israels zur Zeit des Zweiten Tempels' dagegen will zeigen, daß die Realisierung der Prophetenverheißungen noch nicht zur Zeit des Zweiten Tempels erfolgt ist (d.h. auch nicht durch Jesus von Nazareth), sondern noch aussteht, daß die messianische Hoffnung der Juden also mit gutem Grund weitergeht.- Mit seinem Hauptwerk 'Sefer ha-Kabbalah' (vielleicht von ihm selbst arabisch geschrieben und erst von einem anderen ins Hebräische übersetzt) wirkte Abraham ben David nicht nur weithin auf jüdische Leser, sondern - durch Übersetzungen ins Lateinische und später in andere europäische Sprachen - auch auf christliche Gelehrte. In seinem in arabischer Sprache geschriebenen, unter dem Titel *(Sefer) Ha-Emuna ha-Rama* ('Der erhabene Glaube') ins Hebräische übersetzten philosophischen Werk vertritt er einen aristotelisch orientierten Gottesbegriff (Gott ist erster unbewegter Beweger, er ist Einer und

242

schlechthin unerkennbar; Anthropomorphismen der Bibel sind bloße Metaphern) und glaubt als Rationalist an die Übereinstimmung von philosophischer und religiöser Wahrheit. Mit seinem - arabisch vermittelten - Aristotelismus (und seiner Ablehnung der spätplatonischen Philosophie) ist er ein bedeutender Vorläufer des Maimonides. Vielleicht auch gezielt gegen das Christentum formuliert er als erster jüdischer Philosoph des Mittelalters eine Reihe von Grundüberzeugungen des Judentums, darunter: Gott ist einzig, hat keine bestimmten, konkreten Attribute, Moses kommt höchster Rang zu, und die Tora ist ewig (d.h. nicht abrogiert, wie christlicherseits behauptet).

Übersetzungen: Sefer ha-Emuna ha-Rama, hg. mit deutscher Übersetzung von Simson Weil, Frankfurt/M. 1852; The Book of Tradition (Sefer Ha-Qabbalah), hg. mit engl. Übersetzung von Gerson D. Cohen, Philadelphia 1967.- *Literatur:* LThK I (1957) 60-61; Baron, VI (1958), 206-210; G.D. Cohen, Abraham Ibn Daud's Sefer Ha-Qabbalah, a Critical Edition with an Introduction and an annotated Translation of the First Part, Diss. New York 1958; Encyclopaedia Judaica (Jerusalem 1971) VIII, 1159-1163; LMA I (1977) 51; TRE I (1977) 388-389; K. Schubert, Die Kultur der Juden, II, Wiesbaden 1979, 137; Cl. Thoma, Die theologischen Beziehungen zwischen Christentum und Judentum, Darmstadt 1982, 74; G. Stemberger, Die römische Herrschaft im Urteil der Juden, Darmstadt 1983, 156-164; Heinrich u. Marie Simon, Geschichte der jüdischen Philosophie, München 1984, 123-133; J. Shatzmiller, in: Les Juifs au regard de l'histoire, ed. G. Dahan, Paris 1985, 50-52.

Alexander III. (7.9.1159-30.8.1181) und das **3. Laterankonzil** (5.-19.3.1179).- Papst Alexander III., ehedem Rolando Bandinelli von Siena, hatte in seinen jüngeren Jahren als Rechtslehrer in Bologna gewirkt, wo um 1140-42 sein Lehrer Gratian seine 'Concordantia discordantium canonum' schuf. Rolando gehört mit seiner noch vor 1150 verfaßten *Summa*, einer der beiden ältesten Bearbeitungen des Werkes Gratians (Text: Summa Magistri Rolandi, ed. Fr. Thaner, Innsbruck 1874) zu den führenden Kanonisten des 12. Jh., die das antike römische Recht wiederentdecken und inhaltlich und methodisch für die Bewältigung der organisatorischen Aufgaben der wachsenden Kirche nutzbar machen.

Aus dem zeitgenössischen Reisebericht des Benjamin von Tudela (Benjamin von Tudela, Buch der Reisen, ins Deutsche übertragen von Rolf P. Schmitz, I, Frankfurt a.M. 1988, S. 6), wissen wir unter anderem, daß im seinerzeitigen Rom an die zweihundert jüdische Familien in günstigen Umständen lebten und daß der Papst sogar für die Zwecke seiner Hof- und Finanzverwaltung, also in einer ausgesprochenen Vertrauensstellung, einen Juden, R. Jechiel (Enkel des bekannten Lexikographen Nathan ben Jechiel), tätig sein ließ. Vielleicht hatte er auch einen jüdischen Arzt. Alexanders zeitgenössischer Biograph Kardinal Boso († 1178) berichtet im übrigen durchaus glaubwürdig, daß zur Begrüßung des Papstes bei seinem Einzug in Rom (an der Porta Lateranensis, heute Porta San Giovanni) auch eine Gruppe von Juden sich einfand, die in herkömmlicher Weise eine Tora-Rolle vor sich hertrugen (Liber pontificalis, ed. L. Duchesne, II, Paris 1892, p. 413) und mit ihrer Aufwartung sozusagen um Anerkennung und Bestätigung für ihren Kult und die jüdische Gemeinde nachsuchten.

Abfassungszeit und Adressaten der verschiedenen Texte Alexanders zum Judenthema sind z.t. nicht bekannt, doch hielt die Nachwelt sie für so gewichtig, daß etliche von ihnen in die Dekretalen Gregors IX. (und vorher z.t. schon in kanonistische Sammlungen Ende des 12. Jh.) aufgenommen und allgemeines Kirchenrecht wurden. Seine im ganzen moderaten Aussagen haben entsprechende Vorläufer in der 'Summa'. Hier wird zwar die herkömmliche Anschauung übernommen, daß die Juden weder christliche Sklaven besitzen noch ein öffentliches Amt innehaben dürfen (ed. Thaner, a.a.O., p. 9), ebenso aber auch der alte schon im antiken römischen Recht formulierte Grundsatz tradiert, daß die Juden nicht zu belästigen sind (Thaner, p. 8). Im übrigen dient Paulus mit 1 Kor 2,8 (Entschuldigung der Unwissenheit bezüglich der Identität Jesu Christi) zur Entlastung der Juden von der Kreuzigungsschuld (Thaner, p. 32). Einschlägige Texte aus der Amtszeit Alexanders III.:

1. Vielleicht im Jahre 1165, nach seinem Einzug in Rom, erließ Alexander III. - nach seinen Vorgängern Calixtus II. und Eugen III. - eine Bulle *Sicut Judaeis*, die erste erhaltene überhaupt dieses Typs, der seit Calixtus II. und über Alexander III. hinaus jahrhundertelang von zahlreichen Päpsten wiederholt wurde und jedenfalls noch lange Zeit eine mittlere Linie der kirchlichen Judenpolitik markierte. Alexanders Bulle ist zwar auf Bitten der (französischen?) Juden erlassen, vielleicht unter besonderem Einsatz der jüdischen Gemeinde in Rom beziehungsweise seines Hofbeamten Jechiel und vermutlich um der Sorge der Juden vor judengegnerischen Bestimmungen des nächsten allgemeinen Konzils zu begegnen; Adressat ist jedoch offensichtlich ein Bischof und überhaupt der hohe Klerus, der dem päpstlichen Judenprivileg im Bedarfsfalle durch Exkommunikation von Laien und Amtsenthebung von Klerikern Respekt verschaffen konnte (Mansi 22, 355-356; Jaffé-Loewenfeld II, 395, Nr. 13973):

"Einerseits dürfen die Juden nicht die Freiheit haben, hinsichtlich ihrer Synagogen die gesetzlich gesetzten Grenzen zu überschreiten, andererseits müssen sie innerhalb ihres Freiraums keinen Rechtsnachteil hinnehmen. Zwar wollen sie lieber in ihrer Verstockung verharren als die verborgenen Aussagen der Propheten zu vernehmen und so ein Wissen über den christlichen Glauben und ihr Heil zu haben; weil sie aber Schutz (*defensio*) und Hilfe von uns begehren, wollen wir deshalb doch in freundlicher christlicher Liebe (*ex Christianae pietatis mansuetudine*) und auf den Spuren unserer Vorgänger seligen Angedenkens, der römischen Päpste Callistus (d.h. Calixtus II., † 1124) und Eugenius (III., † 1153) ihrem Ersuchen willfahren und ihnen den Schild unseres Schutzes (*protectionis clypeum*) gewähren. Wir dekretieren nämlich, daß kein Christ sie gegen ihren Willen und Wunsch zur Taufe zu kommen nötige. Wenn aber einer von ihnen aus Glaubensinteresse bei den Christen Zuflucht gesucht hat und seine Absicht offenkundig ist, soll er ohne irgendeine Schikane Christ werden. Wer allerdings offensichtlich nicht von sich aus, sondern gegen seinen Willen zur christlichen Taufe kommt, von dem kann nicht angenommen werden, daß er den wahren christlichen Glauben hat. Auch wage kein Christ, Angehörige dieser Bevölkerungsgruppe ohne ein Gerichtsurteil der weltlichen Obrigkeit zu verletzen, zu töten, ihnen ihr Geld zu nehmen oder das ihnen in ihrer Region bis dahin eigene Gewohnheitsrecht zu ändern. Außerdem soll niemand sie bei der Begehung ihrer Feste mit Stockschlägen oder Steinwürfen irgendwie stören; auch soll niemand sie zu Dienstleistungen nötigen, es sei denn, sie haben diese auch zu der in Rede stehenden Zeit (d.h. zur Zeit ihrer Feste) gewohnheitsrechtlich erbracht. Ferner treten wir der Verderbtheit und Habgier von Bösewichten entgegen und dekretieren, daß niemand es wage, das Areal eines jüdischen Friedhofs zu entweihen (*mutilare* [stutzen?]) oder zu teilen (*dividere* legendum pro *invidare*? [*invilare* coni. Aronius 1902, 137; *invadere* Migne, PL 200, 1339]) oder, um so (durch Erpressung [vgl. Aronius 1902, 151]?, Entkleiden von Leichen [vgl. M. Güdemann, Geschichte des Erziehungswesens und der Cultur der abendländischen Juden, II. Wien 1884, 87]?, Nutzungsänderung des Areals?) an Geld zu kommen, Leichen ausgräbt. Wenn aber jemand den Inhalt dieses Dekrets kennt und, was fern sei, unbesonnen zuwiderzuhandeln gewagt hat, tut er dies bei Gefahr des Verlustes von Amt und Würden oder wird durch ein Exkommunikationsurteil bestraft, es sei denn, er hat sein Unterfangen durch eine angemessene Buße wiedergutgemacht."

Den bereits oben (zu Calixtus II.) gegebenen Erläuterungen ist noch hinzuzufügen, daß auch ein Mann wie Alexander III. hier eine Art Schutzanspruch über die Juden formuliert (*defensio, protectionis clypeus*) und damit in eine gewisse Konkurrenz zu den weltlichen Herrschern seiner Zeit tritt. Beachtenswert ist auch, daß - im Gegensatz zu der auf Lk 14,23 (nötige sie zum Eintritt) aufgebauten traditionellen christlichen Anschauung von der Berechtigung der Zwangsmissionierung - der Papst an der durch Gregor d. Gr. vertretenen Toleranz festhält, der seinerseits die Linie der den Juden im Codex Theodosianus garantierten Religionsfreiheit aufnimmt und weiterführt.

2. Vermutlich Teil eines nicht erhaltenen Judenprivilegs Alexanders, vielleicht sogar Anhang der Sicut-Judaeis-Bulle, ist ein von R. von Heckel (in: Zeitschrift der Savigny-Stiftung für Rechtsgeschichte, Kanonistische Abteilung, 73, N.F. 60, 314; vgl. W. Holtzmann, in: Festschrift Guido Kisch, Stuttgart 1955, 223; Czerwinski, 1972, 148-149) zugänglich gemachter Text: "Mit apostolischer Autorität verbieten wir, daß jemand euch (Juden) unter Berufung auf irgendein Gewohnheitsrecht zu zwingen wagt zur Betätigung in öffentlichen Spielen oder zum Zuschauen dabei oder euch bei dieser Gelegenheit (sonstwie) zu behelligen wagt oder eure Kinder gegen euren Willen zur Taufe heranzuziehen und zu taufen wagt oder eure Gräber zu entweihen wagt."- Die Anrede *vos* differiert allerdings von der wohl an einen hohen Kleriker adressiert gewesenen Sicut-Judaeis-Bulle, doch könnte das durch die Eigenart des Anhangs erklärt werden. Im übrigen ist die zwangsweise Beteiligung von Juden bei Volksbelustigungen sonst eher aus späterer Zeit bekannt und hier jedenfalls recht ungewöhnlich.

3. 1168/1169 schreibt der Papst an den Erzbischof von Reims (Jaffé-Loewenfeld Nr. 11484; PL 200, 526): "Es kam zu uns Petrus, ehedem Jude, jetzt aber Christ; er setzte uns mit demütiger Bitte davon in Kenntnis, daß die Äbtissin (des Benediktinerinnenklosters) von St. Petrus in Reims ihn aus dem heiligen Taufquell gehoben (d.h. ihn getauft) habe und ihm mit Zustimmung ihres ganzen Kapitels eine Unterhaltshilfe angewiesen habe. Als er diese eine Zeitlang ungestört erhalten habe, habest du sie ihm entzogen. Weil jene, die das Judentum aufgeben und sich zu unserer (christlichen) Religion bekehren, menschlich (*humane*) und gütig zu behandeln sind, weil sie leicht (über ihre mißliche Situation) verzweifeln, deshalb, lieber Bruder, ersuchen wir dich dringend, dem zuvor genannten Petrus die Unterhaltshilfe zu restituieren und ungestört zu überlassen; wenn du aber, wie wir glauben, aus gerechtem Grunde ihm seine Beihilfe entzogen hast, so sorge auf andere gleichwertige Weise für ihn, damit er nicht aus Not und wegen des Entzugs des Lebensunterhalts genötigt wird, unsere Religion aufzugeben und zu seiner eigenen wie ein Hund zum Erbrochenen (vgl. 2. Petrusbrief 2, 22) zurückzukehren". - Die nach der

Taufe (durch Enterbung seitens ihrer Verwandten oder auch wohl Enteignung durch den schutzzinsberechtigten früheren Herrn) oft mittellosen
Neuchristen bedurften in der Tat einer gewissen finanziellen Unterstützung, wollte man nicht Gefahr laufen, daß sie aus Existenznot rückfällig
wurden. Alexander liegt hier in gewisser Weise auf der Linie Gregors d.
Gr., der bereits jüdischen Konvertiten materielle Hilfe anbot (Brief 2, 38).
    4. Um 1171, jedenfalls vor 1179, ersuchte Alexander die spanischen
Bischöfe um Einschreiten gegen das Missionshindernis der Enteignung jüdischer Konvertiten (Text bei W. Holtzmann, in: Zeitschrift der Savigny-
Stiftung für Rechtsgeschichte, kanonist. Abt. 16, 1927, 70): "Es kam zur
Kenntnis unseres Apostolats, daß, wenn in euren Provinzen sich Juden
zum (christlichen) Glauben bekehren, ihr mobiler Besitz beschlagnahmt
wird und die von ihnen in der Finsternis jüdischer Unwissenheit zurückgelassenen Verwandten die Besitznachfolge ihres Immobilienbesitzes antre-
ten. Darüber wundern wir uns mit um so größerem Bedauern, als wir daraus eine Gefahr für mehr Menschen (jüdischen Glaubens, d.h.potentielle
Konvertiten) entstehen sehen; denn es würden welche konvertieren und
gehen dann (wieder) zugrunde, deren Blut von den Händen derer eingefor-
dert werden würde, die ihr Vorhaben aufhielten. Hinzu kommt, daß Juden
Steuereinzug und andere öffentliche Amtsobliegenheiten übertragen werden, obwohl kirchenrechtlich festgelegt ist, daß, weil die Juden den Christen bei dieser Gelegenheit etwas zuleide tun, die leitenden Provinzbeam-
ten ihnen nicht das Innehaben öffentlicher Ämter gestatten sollen ... Wir
verfügen ... und verbieten generell, in Zukunft einem zum christlichen
Glauben Kommenden seinen mobilen und immobilen Besitz zu nehmen
und Juden Steuereinzug und andere öffentliche Amtsobliegenheiten zu
übertragen".- Da wird heftig protestiert gegen die konversionshemmende
Aufteilung des Besitzes von jüdischen Konvertiten teils an die weltliche
Herrschaft (als Entschädigung für künftig fortfallende Einnahmen), teils an
die jüdischen Verwandten. Der Erfolg solcher Proteste muß gering gewesen sein; denn sie wiederholen sich oft in den folgenden Jahrhunderten.
Ebenso zahlreich - und oft vergeblich - waren seit dem Codex Theodosianus die Verbote einer Tätigkeit von Juden im öffentlichen Dienst. Als ge-
lehrtem Juristen war Alexander der Verlauf dieser rechtshistorischen Linie
gewiß vertraut. Um so auffälliger ist, daß er anscheinend selbst einen Juden als seinen Verwaltungs- und Finanzmanager arbeiten ließ.
    5. Wahrscheinlich vom Herbst des Jahres 1172 datiert ein Brief Alex-
anders III. an einen (vielleicht normannischen) Bischof und den Archidiakon Richard von Poitiers (der Text erstmals ediert von W. Holtzmann, in:

Festschrift G. Kisch, Stuttgart 1955,229). Darin geht es um die Rückzahlung des Darlehens (von 10 Mark; nach einem Jahr mit 15 Mark, also mit 50% Zinsen, zurückzuzahlen; dies war ein wegen der hohen Risiken seinerzeit üblicher Zinssatz) eines Londoner Juden, mit dem die Flucht Thomas Beckets nach Frankreich finanziert worden war. Da das Kapital von 10 Mark erst nach neun Jahren zurückgezahlt werden konnte, verlangte der Jude mehr als die vereinbarten 15 Mark. Der Papst weist (als guter Jurist) diesen weitergehenden Anspruch zurück mit der aus dem römischen Recht stammenden Begründung, daß die Verpflichtung zur Schuldtilgung hier infolge (objektiver, nicht von dem Beschuldigten zu vertretenden) Unmöglichkeit nicht schuldhaft versäumt wurde (Dig. 50, 17, 185: *Inpossibilium nulla obligatio est*).

6. Schreiben an Bischof Eberhard von Tournai (1173-1191), zu datieren etwa 1173-1174, betreffend die (von den Domherren verweigerte) Aufnahme eines getauften Juden (namens Milo) in das Domkapitel (Jaffé-Loewenfeld Nr. 14229; erstmals ediert von W. Holtzmann, in: Festschrift G. Kisch, Stuttgart 1955, 230-231). Der Papst betont energisch, daß Milo wegen seiner jüdischen Herkunft keinerlei Mißachtung verdiene; da ja neutestamentlich das Heil von den Juden komme (Jo 4, 22), vielmehr Freude darüber angebracht sei wie über ein verlorenes, dann aber gerettetes Schaf (Mt 10, 6). Er dürfte vom Kanonikat nicht ausgeschlossen werden.- Vielleicht spielt auch der Gesichtspunkt der Simonie hier eine Nebenrolle, insofern der offenbar mittellose Milo für die Übernahme seiner Pfründe keinen Kaufpreis zahlen konnte.

7. In derselben Sache schreibt der Papst gleichzeitig an den Dekan und das Domkapitel von Tournai (Erstausgabe bei W. Holtzmann, a.a.O., S. 232-233) und verurteilt die bei den Domherren anscheinend vorherrschende Auffassung, es sei "ungehörig und gegen die (christliche) Ehre, einen Menschen von so niedriger, jüdischer Herkunft in das Kollegium der Kanoniker aufzunehmen" (*indecens esse et inhonestum hominem tam ignobilem et de gente Judaica ortum in canonicum recipere*). Dagegen weist der Papst darauf, daß Milo zum edlen Geschlecht Abrahams, Isaaks und Jakobs gehört, von dem es heißt: "'Ein auserwähltes Geschlecht, eine königliche Priesterschaft, ein heiliger Stamm, ein zu eigen erworbenes Volk' (vgl. 1 Petr 2,9), aus dem auch die heiligen Propheten und die allerseligste Jungfrau Maria, von der unser Erlöser Jesus Christus geboren wurde, hervorgegangen waren."

8. In der Zeit zwischen 1174 und 1179 schrieb der Papst an den Erzbischof (Richard) von Canterbury (Mansi 22, 357; Jaffé-Loewenfeld Nr.

13976): "Mit großer Verwunderung hört man (hier) und muß glauben (d.h. zur Kenntnis nehmen), daß Juden in eurer Provinz, sei es durch Kauf, Pacht oder auch als Pfandtitel, Pfarrbezirke beherrschen, dies in Verachtung Gottes und der Institution des christlichen Glaubens, und daß schon klar ist, daß die (zugehörigen) Pfarrkirchen ganz und gar nicht mehr existenzfähig sind, da für sie nicht die entsprechenden Gelder entrichtet werden. Es gehört sich also, daß wir einsatzbereit und umsichtig sind, um die Dinge zu bereinigen, welche der Majestät Gottes widerstreiten und zu den Institutionen des christlichen Glaubens absolut nicht passen. Ihr, lieber Bruder, sollt, wenn Juden in eurer Provinz derart Pfarrbezirke beherrschen, sie eindringlich nötigen, diese freizugeben; dies allerdings erst, wenn (zuvor) die Zustimmung erbeten und erhalten ist unseres allerteuersten Sohnes in Christus, des erlauchten englischen Königs Heinrich (II., 1154-1189). Wenn sie (die Juden) Pfarrbezirke entweder nach der Übernahme in ihrem Besitz halten oder in Zukunft übernehmen werden, sollt ihr sie mit aller strengen Schärfe dazu zwingen, daß sie den christlichen Kirchen, zu denen die (betreffenden) Bezirke gehören, die geschuldeten eingesammelten Abgaben ungeschmälert entrichten.- Ihr sollt allen an Gott Glaubenden unter Androhung des Kirchenbanns (d.h. der Exkommunikation) verbieten, ein Lehens- und Treueverhältnis mit Juden einzugehen; denn es ist mit dem heiligen Kirchenrecht unvereinbar, daß Christen in eine verpflichtende Abhängigkeit von Juden geraten. Wenn aber jemand gegen unser Verbot aufzutreten gewagt hat und sich weigert, von seinem Tun abzulassen (?), sollt ihr über ihn die Exkommunikation verhängen."

Da ist ein Problem angesprochen, das schon das Konzil von Gerona (1068) beschäftigte, daß nämlich beim Kauf von Ländereien durch Juden der Kirche des betreffenden Bezirks der Zehnte verloren ging. Dies konnte in davon stark betroffenen Pfarrbezirken, in denen etwa jüdische Geldverleiher von zahlungsunfähigen Schuldnern in größerem Umfang verpfändetes Land übernehmen mußten, kauften oder als Pächter übernahmen, tatsächlich zu akuter Finanznot führen.

9. Aus der Anfangsformulierung *Ad haec* geht hervor, daß der so beginnende Text Alexanders Teil eines anderes Dekretale ist. Jaffé-Loewenfeld haben diesem Stück deshalb die gleiche Nummer gegeben wie dem Text Nr. 8 ("Mit großer Verwunderung"), zu dem er gehöre. Doch führt der überlieferungsgeschichtliche Sachverhalt darauf, daß *Ad haec* der zweite Teil des bei Jaffé-Loewenfeld unter Nr. 13810 registrierten Dekretale ist (in dem Klerikern das Halten von Mätressen verboten wird). Dieses Dekretale ist an Erzbischof Richard von Canterbury gerichtet und gehört in die Zeit 1174-1179 (Mansi 22, 357): "Ferner soll im Einvernehmen mit dem heiligen Kirchenrecht dafür Sorge getragen werden, daß Juden keine christlichen Sklaven haben. Kraft dieses Schreibens weisen wir dich an, daß du öffentlich, unter Ausschluß einer Berufungsmöglichkeit und mit Androhung des Kirchenbannes, anordnest, daß kein Christ Sklave eines Juden wird. Wenn aber jemand gegen dein Verbot aufzutreten gewagt hat, sollst du ihn unter Ausschluß einer Berufungsmöglichkeit mit einer Kirchenstrafe (auf den rechten Weg) zwingen." Das liegt auf der schon im Codex Theodosianus begonnenen, seither kräftig weitergezogenen Linie und illustriert die herkömmliche Synergie von weltlichem und kirchlichem Recht. Allerdings entsprach die sozialpolitische Realität kaum noch dieser Rechtsnorm, weil im Dienst von Juden Christen zumeist nur noch als bezahlte Helfer tätig waren, nicht mehr als Sklaven. Vielleicht hat der Papst Einzelfälle im Auge, daß zahlungsunfähige christliche Schuldner Schuldknechte von Juden wurden.

10. In die Dekretalen Gregors IX. (3,30,16; Corpus iuris canonici, ed. E. Friedberg, II, Leipzig 1879; col. 561) wurde ein Text aufgenommen, der zu einem vielleicht vor 1179 zu datierenden Brief Alexanders III. an den Bischof von Marseille (*Quia super his*; Jaffé-Loewenfeld, Nr. 13975) gehört: "Bezüglich der Ländereien (bzw. Grundstücke), welche Juden (als Besitzer oder Pächter) bestellen, geben wir dir, gelehrter Bruder, den Bescheid, daß du sie mit aller Strenge zwingst, den Zehnten zu zahlen beziehungsweise auf ihre Besitzrechte als Grundbesitzer zu verzichten, damit nicht etwa jener Umstand den Grund dafür abgibt, daß Kirchen um ihr Recht kommen können".- Aus jüdischer Sicht erschien es gewiß als unbillige Zumutung, Abgaben an die zuständige Pfarrkirche zu zahlen; andererseits konnten einzelne Kirchen tatsächlich in Schwierigkeiten kommen, wenn Teile ihrer gewohnten Einnahmen entfielen. Auch in diesem Fall konnte der Papst sich auf die Präzedenzregelung durch das Konzil von Gerona (1068) berufen.- Der gleiche Brief an den Bischof von Marseille enthält noch zwei weitere Bestimmungen. Einmal eine Sache betreffend, "bezüglich der wir (noch) keine kirchenrechtliche Bestimmung haben. Dir, lieber Bruder, teilen wir mit diesem Brief zur Kenntnisnahme mit, daß du deinen Klerus versammelst und in unserem wie in deinem Namen ein allgemeines Verbot aussprichst (des Inhalts), daß die Juden am Karfreitag nicht ihre Türen und Fenster öffnen, sondern ganztägig geschlossen halten" (aufgenommen in die Dekretalen Gregors IX.: 5,6,4, Friedberg, a.a.O., col. 772). Dies liegt auf einer schon im 3. Konzil von Orleans (anno 538; Kanon 30) deutlichen Linie: Der Anblick von Juden - sie galten

vielen Christen kollektiv als 'Christusmörder' - konnte an den Passionsta-
gen auf Christen besonders provokativ wirken, weshalb jene sich in dieser
Zeit von den Christen fernhalten sollten. Es scheint, daß die totale Einschränkung der jüdischen Aktionsmöglichkeiten am Karfreitag durch Alexander III. nicht so recht zu seiner Sicut-Judaeis-Bulle (dazu oben) paßt,
nach welcher den Juden keine neuen Einschränkungen ihres Gewohnheits-
rechts zugemutet werden sollten.- Derselbe Brief an den Bischof von Marseille betraf auch die schon bekannte Bestimmung bezüglich der Beschäftigung von christlichem Personal bei Juden: "Auch keine christlichen Sklaven sollst du zusammen mit ihnen wohnen lassen, sondern generell sollst
du alle anweisen, daß kein Christ es wage, in ihrem Dienst zu verbleiben,
damit sie nicht etwa, auf Grund des Umgangs mit ihnen, zum Unglauben
des Judaismus konvertieren" (Dekretalen Gregors IX.: 5,6,4).

11. An einen unbekannten Adressaten (vielleicht auch an mehrere, darunter vielleicht der Erzbischof von Canterbury) gerichtet ist ein Schreiben,
das inhaltlich dem einschlägigen Kanon 26 des 3. Laterankonzils affin ist
und deshalb wohl vor 1179 verfaßt wurde (Jaffé-Loewenfeld, Nr. 13974;
Mansi 22, 356-357 [und 21, 1105-1106]): "Gemäß dem uns anvertrauten
Amt müssen wir zwar gehörig um alle Gottesgläubigen (d.h. Christen) uns
kümmern; doch noch achtsamer haben wir mit wacher Sorge alle Kleriker
vor Behelligungen durch verworfene und bösartige Menschen zu schützen;
denn dazu sind wir, wenn auch aufgrund ungenügender Verdienste, durch
die Vorsehung (Gottes) bestellt. Uns ist nun zu Ohren gekommen, daß die
in eurer Stadt weilenden Juden sich zu einer solchen Arroganz und Hoffart
(*superbiam et elationem*) verstiegen haben, daß sie, wenn es zwischen ihnen und irgendeinem Kleriker oder zwischen euch (d.h. dem unbekannten
Empfänger dieses Briefes) und ihnen zu einem Rechtsstreit gekommen ist,
euch vor einen weltlichen Richter ziehen und vor einem beliebigen Richter
mit euch prozessieren vermittels eines simplen Dokuments (d.h. wohl eines Schutzbriefes oder Darlehensvertrages) ohne Zeugen; und daß sie mittels (nur) eines wie auch immer gearteten Christen oder Juden gegen alle
Vernunft und Gerechtigkeit ihre Rechtsauffassung beweisen wollen und
gegen diese (Zeugen) das Zeugnis hochgestellter braver Männer nicht als
gültig anerkennen. Indes ist das, was nicht jedem beliebigen Christen erlaubt ist, noch viel weniger den Feinden des Kreuzes Christi (*inimici crucis Christi*) gestattet, daß sie nämlich Kleriker vor einen weltlichen Richter
ziehen und ihren Rechtsstreit (erfolgreich) beenden durch das nicht rechtmäßige Zeugnis nur eines Zeugen. An Ew. Weisheit ist es, daß, wenn
zwischen euch und beliebigen Christen oder Juden es zu einem Rechtshan-

del gekommen ist, ihr auf niemandes Vorladung hin zu einem weltlichen Gerichtshof, um dort einen Handel auszufechten, oder zu einem weltlichen Richter zu gehen wagt. Sondern, wie Recht und Billigkeit es verlangen: in jedwedem Rechtsstreit eines Christen und besonders eines Klerikers sollt ihr wenigstens zwei oder drei Zeugen von bewährtem Lebenswandel zulassen; dies entsprechend jenem Herrenwort: 'Auf der Aussage von zwei oder drei Zeugen soll jedes Wort stehen' (Mt 18,16). Immerhin erfordern manche Streitfälle mehr als zwei Zeugen, jedoch gibt es keinen, der durch das - wenn auch noch so rechtmäßige - Zeugnis nur eines (Zeugen) entschieden werden soll. - Ferner bedeuten wir dir kraft dieses Schreibens und weisen dich an, daß ihr allen in eurer Jurisdiktion befindlichen Christen ganz und gar untersagt und notfalls unter Anwendung einer Kirchenstrafe verhindert, daß sie sich für dauernd dem Lohndienst für Juden aussetzen. Auch sind von euch alle christlichen Hebammen und Ammen an dem Unterfangen zu hindern, jüdische Kleinkinder in ihren (der Juden) Häusern zu nähren (und aufzuziehen); denn der Juden und unsere Lebensart stimmen in keinem Punkt überein, und sie (die Juden) könnten leicht wegen des häufigen Umgangs und der ständigen Vertrautheit - wobei der Feind des Menschengeschlechts (d.h. der Teufel) seine Hand im Spiel hat - ungebildet-biedere Leute (ihres christlichen Dienstpersonals) zu ihrem Aberglauben und Unglauben hinüberziehen. Ferner sollt ihr euren Pfarrkindern das Zinsnehmen auf alle Art und Weise untersagen; denn die Heilige Schrift beider Testamente verabscheut das Geldverleihen gegen Zinsen. Wenn sie nun euren Ermahnungen den Gehorsam verweigern, sollt ihr sie, wenn sie Kleriker sind, von Amt und Pfründe ausschließen und ungesäumt samt eurem schriftlichen Bericht über den wahren Sachverhalt zu mir schicken. Wenn es sich um Laien handelt, sollt ihr sie mit der Fessel der Exkommunikation binden, bis sie angemessene Buße getan haben".-
Einzelne polemische Formulierungen (*superbia, inimici, superstitio, perfidia*) sind herkömmlicher Natur. Im Vordergrund steht die angemessene Regelung praktischer Fragen (Prozeßverfahren, pastorale Sorge um christliches Personal in jüdischen Haushalten). Auch wird Klerikern und Laien der Geldverleih gegen Zinsen (*usura*) untersagt; von den Juden ist in diesem Zusammenhang aber nicht die Rede, obwohl der Geldverleih inzwischen allmählich zu einer Haupterwerbsquelle der Juden geworden war, die im Hinblick auf den häufigen Kreditbedarf - gerade auch hochgestellter - weltlicher und kirchlicher Herren einen echten Freiraum des sozialen Feldes besetzten, der ihnen deshalb auch einigermaßen unbestritten blieb. Zum Thema des Prozeßverfahrens darf man wohl auf konkrete Vorfälle

schließen, die es Alexander angeraten sein ließen, auf einer Mehrzahl von Zeugen zu bestehen, da nur ein Zeuge, sei er Christ oder Jude, leicht in den Verdacht der Parteilichkeit geraten konnte. Eine Urkunde (als alleiniges Entscheidungsmittel), etwa ein Schuldschein, konnte im übrigen unter Umständen auch gefälscht sein, auf jeden Fall aber schienen solche Dokumente ergänzungsbedürftig durch das beweisende Zeugnis von Personen.

12. Vom 16. Februar (vielleicht des Jahres 1179) datiert ist ein Brief des Papstes an den englischen König Heinrich II. (beginnend mit *Audivimus regiae magnitudini*), in dem er beiläufig sich bei dem König dafür verwendet, daß die Schulden, die das Benediktinerkloster St. Augustin in Canterbury bei einigen Juden hatte, von dem Abt des Klosters nicht in bedrängender Weise eingetrieben werden (*nec sinas eum pro debitis Judaeorum ulterius molestari*; Jaffé-Loewenfeld, Nr. 13293; PL 200, 1229-1231).

13. Das von Alexander einberufene und geleitete 3. Laterankonzil (= 11. allgemeines Konzil) vom 5.-19.3.1179, das die kirchliche Situation nach dem Streit mit Friedrich Barbarossa stabilisieren sollte, befaßte sich vor allem auch mit Maßnahmen gegen Ketzer, Muslime und Juden. Letzterer Besorgnis war im Vorfeld des Konzils entsprechend groß, erwies sich aber überwiegend als unbegründet. Der einzige einschlägige Kanon (26; Mansi 22, 231; Conciliorum oecumenicorum decreta, Bologna 1973, p. 223-224) bleibt verhältnismäßig maßvoll. Erst das 4. Laterankonzil (anno 1215) leitet eine gewisse Wende der kirchlichen Einstellung zum Judenthema ein.

Kanon 26: "Juden und Sarazenen (d.h. Muslimen) soll nicht gestattet werden, christliche Sklaven (*mancipia*; schließt hier und sonst meist auch das "Gesinde" schlechthin ein, meint also Knechte und Mägde überhaupt, gleich ob frei, halbfrei oder unfrei) in ihren Häusern zu haben, weder zum Großnähren ihrer Kinder, noch zum Dienst (in Haus und Hof) noch aus irgendeinem anderen Grunde. Exkommuniziert werden soll aber, wer mit ihnen zusammen wohnt. Wir halten dafür, daß auch das Zeugnis von Christen bei allen Rechtsfällen (von den jüdischen Prozeßgegnern) als gültig anerkannt werden muß, da jene gegen Christen ihre eigenen Zeugen verwenden. Wir ordnen an, daß alle mit dem Kirchenbann zu belegen sind, die in dieser Hinsicht die Juden den Christen vorziehen wollten; denn sie müssen den Christen unterworfen sein und von diesen aus reiner Menschlichkeit (*pro sola humanitate*) freundlich behandelt werden. Wenn sich außerdem einige (Juden), von Gott erleuchtet, zum christlichen Glauben bekehren, sollen sie auf keinen Fall ihren Besitz verlieren; denn Konvertiten sollten nach der Konversion in besserer Situation leben als vorher. Bei Verstoß dagegen verpflichten wir die weltlichen Herrscher und Machthaber der betreffenden Bezirke unter Androhung der Strafe der Exkommunikation darauf, zu veranlassen, daß ihnen ihr (zustehendes) Erb- und Vermögensteil ungeschmälert ausgehändigt wird." - Danach scheint christliches Personal (außer *christiana mancipia* im engeren Sinne, christlichen Judensklaven, die ohnehin im Laufe des 11. und 12. Jh. immer seltener wurden) im Hause von Juden weiter erlaubt gewesen zu sein, sofern es nicht mit seiner Herrschaft zusammen wohnte, sondern gegen Entgelt tätig war und außerhalb der Arbeitszeit und sonntags unter Mitchristen lebte. Die allmähliche Ablösung der - noch im Frühmittelalter sehr verbreiteten - Sklavenarbeit durch bezahltes Personal erfolgt im Zuge eines sozialgeschichtlichen Wandels, der im Laufe des Hochmittelalters vor allem in den größer werdenden Städten stattfindet. Der Textzusammenhang des Kanon 26 läßt in der Tat vermuten, daß mit *mancipia* nicht nur "Sklaven", sondern auch sonstige Abhängige (Knechte, Mägde, Dienstboten aller Art) gemeint sind. Dann müßte man sagen, daß das 3. Laterankonzil dem sozialgeschichtlichen Wandel seiner Zeit Rechnung trägt und nicht nur Sklavendienst von Christen bei Juden verbietet, sondern auch überhaupt mehr oder weniger freie Gesinde- und Pachtverhältnisse von Christen, wenn sie dadurch mit Juden ständig zusammenleben müssen. Dies wäre dann eine Verschärfung gegenüber dem spätantiken christlichen römischen Recht, in dem Kauf und Besitz christlicher Sklaven durch Juden verboten war (Cod. Theod. 16, 9, 5; vgl. Eusebius über Konstantin d. Gr., GCS 7,127,27-29). Indes wurde dieser Anspruch kaum je überall realisiert, wie viele spätere Konzilstexte beweisen, die immer wieder auf das Thema "Christen im Dienst von Juden" zurückkommen.- Im Falle eines Prozesses zwischen einem Christen und einem Juden dürfen im Hinblick auf die Benennung von Beweiszeugen die Christen nicht schlechter als die Juden gestellt sein. Es kam gewiß da und dort vor, daß etwa ein Jude einen säumigen Schuldner verklagte, sei es einen christlichen Laien oder einen Kleriker. In solchen Fällen sollten auch christliche Zeugen zugelassen werden, das heißt: wenn Juden gegen Christen, sollten auch Christen gegen Juden zeugen können.- Zwar wird vom Konzil auch auf das alte Prinzip der Unterordnung der Juden unter die Christen Bezug genommen (*eos subiacere Christianis*), doch im Zusammenhang damit auch - und dies ist, wenn auch eingeschränkt, ein ganz neuer Ton - davon gesprochen, daß sie "aus reiner Menschlichkeit" (*pro sola humanitate*) freundlich zu behandeln sind.- Schließlich sollen Juden nach ihrer Taufe vor Enterbung und Beerbung durch ihre jüdischen

Angehörigen (vgl. Cod. Theod. 16, 8, 28), denen sie als tot galten, oder, dies steht hier im Vordergrund, vor Konfiskation ihres Vermögens durch die weltliche Herrschaft geschützt werden. Letztere neigte anscheinend dazu, durch Vermögensbeschlagnahme einzugreifen, wenn ein Jude durch die Taufe von der Schutzzins- und Abgabepflicht, der er als Jude unterlag, frei wurde. Trotz der Schutzbestimmung des Konzils für Konvertiten waren diese zumeist mittellos, was die Neigung zu Konversionen nicht gerade förderte.

14. 1179/1180 schreibt der Papst an den Erzbischof von Bourges (Jaffé-Loewenfeld, Nr. 14345; Mansi 21, 1106 und 22, 441): "Du hast von uns, lieber Bruder, Auskunft erbeten, ob auf die Fürsprache einzugehen ist, die unser allerteuerster Sohn in Christus, Ludwig, der erlauchte Frankenkönig, für die Juden eingelegt hat, daß sie ihre (christlichen) Sklaven (bzw. christliches Dienstpersonal) behalten dürfen; und ob du dich abwartend verhalten sollst angesichts des Umstandes, daß die Juden neue Synagogen errichten, wo sie (vorher) keine hatten. Wir haben deshalb dem genannten König (Ludwig VII.) geschrieben, die Juden in dieser Sache nicht weiter zu schützen (*a defensione Judaeorum desinere*). Und überdies auch in anderen Dingen haben wir ihm eine Ermahnung zukommen lassen; wir glauben, daß er es bei unseren Ermahnungen bewenden läßt (d.h. sie beachtet); denn es ist nicht ratsam, das von den heiligen Vätern und kürzlich im Konzil Verfügte zu vernachlässigen. Du darfst deshalb nicht - und das bleibt unangemessen auch bei Fürsprachen dieser Art - zulasssen, daß die Juden auch neue Synagogen bauen, wo sie diese (vorher) nicht hatten. Wenn aber die alten (Synagogen) eingestürzt sind oder einzustürzen drohen, kannst du gelassen einen Neubau dulden (*tolerare*), nicht aber, daß sie diese (Synagogen) höher, weiter oder kostbarer machen als sie, wie man weiß, zuvor waren: Denn sie (d.h. die Juden) müssen es schon als etwas Großes (d.h. als bedeutende Konzession) ansehen, daß sie mit ihren (religiösen) Bräuchen und ihren alten Synagogen (überhaupt) geduldet werden (*tolerantur*)".- Das greift - über Gregor d. Gr. - auf das spätantike römische Recht (Codex Theodosianus, Novella Theodosii 3) zurück und zeigt einmal mehr die Rechtskontinuität über viele Jahrhunderte hinweg.

Als geschulter Kanonist kannte Alexander III. die rechtsgeschichtliche Behandlung des Judenthemas sehr gut, und so muß man seine Haltung zu diesem Thema auch danach bewerten, welche Elemente der überlieferten repressiven Judengesetzgebung er ignoriert. Hier zeigt er sich durchaus moderat, ebenso da, wo er ein neues Element einführt (z.B. Sicherung der Integrität jüdischer Koimeterien, Prinzip der Humanität und Toleranz). Wo er sich gegen Juden wendet, geschieht das weniger von ihm ausgehend, sondern in Gestalt von Responsen auf an ihn gerichtete Anfragen in konkreten Fällen.

Ausgaben: PL 200; Mansi 21.22; Conciliorum oecumenicorum decreta, Bologna 1973, p. 223-224; Summa Magistri Rolandi, ed. Fr. Thaner, Innsbruck 1874.- *Literatur*: Stobbe, 1866, 149; M. Güdemann, Geschichte des Erziehungswesens und der Cultur der Juden in Italien während des Mittelalters, II, Wien 1884, 75-86; M. Stern, Urkundliche Beiträge über die Stellung der Päpste zu den Juden, II 1, Kiel 1895, 1-2; H. Vogelstein - P. Rieger, Geschichte der Juden in Rom, I, Berlin 1896, 224-227.266; Aronius, 1902, 132.136-139; Caro, I (1908) 246.288-289.294-296; Browe, 1942, 180.187-188; W. Holtzmann, Zur päpstlichen Gesetzgebung über die Juden im 12. Jahrhundert, in: Festschrift Guido Kisch, Stuttgart 1955, 217-235; Fr. X. Seppelt, Geschichte der Päpste, III, München 1956, 232-290; Baron, IV (1957), 14-17; IX (1965), 20.141; LThK I (1957) 315-316; VI (1961) 816; Grayzel, 1962, 243-280, S. 252-253; Fr. Wasner, The Pope's Veneration of the Torah, The Bridge 4, 1962, 274-293, S. 278.289; M. Pinay, Verschwörung gegen die Kirche, Madrid 1963, 627-634; V. Pfaff, in: Vierteljahrschrift für Sozial- und Wirtschaftsgeschichte 52, 1965, 168-206, S. 175 ff. 180 ff.; E.A. Synan, The Popes and the Jews in the Middle Ages, New-York-London 1965, 79-82.229-232; S. Grayzel, The Church and the Jews in the XIIIth Century, New York 1966, 57. 296-297; S. Grayzel, Jews and the Ecumenical Councils, in: The Seventy-Fifth Anniversary Volume of the Jewish Quarterly Review, edited by A.A. Neumann and S. Zeitlin, Philadelphia 1967, 286-311, S. 293-296; B. Blumenkranz, in: Kirche und Synagoge I (1968) 127; Encyclopaedia Judaica (Jerusalem 1971) V, 547; XIII, 853; S.W.Baron, Ancient and Medieval Jewish History, New Brunswick, N.J., 1972, 288-289; Czerwinski, 1972; S. Grayzel, Pope Alexander III and the Jews, in: S.W. Baron Jubilee Volume. English Section, II, Jerusalem-New York 1974, 555-572; Pakter, 1974, 15.84.98-99.154-155.225-226; TRE II (1978) 237-241; Kniewasser, 1979, 88-89; Miscellanea Rolando Bandinelli, Papa Alexandro III., Siena 1986.

Zwar bietet schon der getaufte Jude Petrus Alfonsi († nach 14.4.1121) in seinem 'Dialogi' interessante autobiographische Details zu seiner Konversion vom Judentum zum Christentum, die erste eigentlich autobiographische Bekehrungsgeschichte seit Augustinus' 'Confessiones' ist aber das in stilsicherem, wenngleich etwas schwerfälligem, glanzlosem Latein geschriebene *Opusculum de conversione sua* (PL 170, 805-836; ed. G. Niemeyer, Weimar 1963) des **Hermann von Scheda**, vormals Juda(s) ben David ha-Levi (d.h. ein Levite, zum Stamm Levi gehörend). In Köln als Sohn des jüdischen Händlers und Geldverleihers David und seiner Frau Sephora 1107/1108 geboren, ist er zuletzt urkundlich sicher 1170 bezeugt als Propst (d.h. Praepositus, 'Vorgesetzter', der mit der obersten Verwaltung der äußeren, weltlichen Angelegenheiten eines Stiftskapitels betraute Kleriker) des Prämonstratenserstifts Scheda (heute ein Bauernhof bei Bausenhagen, zwischen Unna und Wickede). Vielleicht hat ihn gerade seine schon in jungen Jahren erworbene Geschäftsgewandtheit für eine solche leitende Position empfohlen. Wahrscheinlich starb er als einfacher Kleriker (*frater Hermannus* nennt ihn das Incipit, Niemeyer, p. 70) in Köln 1181. Er erhielt eine gute jüdische Bildung, doch sollte seine Behauptung, bereits als Zwanzigjähriger sei er von seinen Glaubensgenossen für einen "Schriftgelehrten" (*scriba doctus in lege*, Niemeyer, p. 97) gehalten worden, nicht überbewertet werden (wie von J. Lortz, Geschichte der Kirche, I, Münster 1962, 482, oder A.M. Drabek, in: Kairos 21, 1979, 222: "überdurchschnittliche rabbinische Schulung"; S. 224: "junger Schriftgelehrter"); denn ein solcher wollte er durch die geplante Reise zum Talmudstudium nach Frankreich (Niemeyer, p. 99) eigentlich erst werden, kam aber vor seiner Taufe (Nov. 1128 oder Nov. 1129) nicht mehr dazu. Dem jungen Kaufmann fehlten auf jeden Fall die umfassenden Kenntnisse des Petrus Alfonsi, der erst als Mann vorgerückten Alters zum Christentum fand. Seine jüdische Erziehung und Lebensgewandtheit sind aber gewiß so gut, daß er bereits als junger Mann von zwanzig Jahren (Herbst 1127 oder Herbst 1128), offenbar mit Handelsvollmacht, zu Geschäften in Mainz weilte, wo zeitweilig der deutsche König Lothar III. Hof hielt. Bischof Ekbert von Münster (1127-1132), der dort in Lothars Gefolge weilte, ging infolge des länger als erwartet sich hinziehenden Aufenthaltes das Geld aus, und Juda ben David lieh ihm eine größere Summe, und zwar ohne Pfand (man nahm in dieser Zeit anscheinend gewohnheitsrechtlich ein Pfand vom doppelten Wert der Kreditsumme als Sicherheit; Niemeyer, p. 73), vielleicht weil er den Bischof (der vor 1127 Domherr in Köln war, Rupert von Deutz kannte und wie dieser und seine Kölner Konfratres an Judenmission interessiert war) aus seiner Heimatstadt als vertrauenswürdigen Mann bereits kannte. Wegen seiner leichtfertigen Kreditvergabe von den Eltern und Freunden heftig gescholten, reist er, um die Forderung einzutreiben und im Falle ihrer Uneinbringlichkeit nicht die bei dieser Sachlage übliche 'Ausfallbürgschaft' der jüdischen Gemeinde in Anspruch nehmen zu müssen (vgl. A. Borst, in: Lebensformen im Mittelalter, Frankfurt 1973, 603), im Winter 1127/28 oder 1128/29, in Begleitung eines betagten jüdischen Tutors namens Baruch zum bischöflichen Hof nach Münster, wo er über Erwarten freundlich aufgenommen wird und wohl auch deshalb für das christliche Milieu, in dem er sich nun fast zwanzig Wochen bis zur Begleichung der Schuld bewegt, neugieriges Interesse zeigt. Er hört Predigten des Bischofs (Niemeyer, p. 73-74), geht in Schulen, in denen künftige Kleriker ausgebildet werden (Niemeyer, p. 76), erhält hier einen ersten Begriff von der lateinischen Sprache (Niemeyer, p. 76), und er begleitet auch den Bischof - vor allem, um seinen säumigen Schuldner nicht aus den Augen zu verlieren - auf einigen Reisen, einmal auf einer Visitationsreise zu der 1122 gegründeten ersten deutschen Prämonstratenser-Propstei Cappenberg (ca. 35 km südlich von Münster; eine Filialgründung des 1121 vom hl. Norbert zu Prémontré begründeten Ordens der regulierten Chorherren nach der Regel des hl. Augustinus). Dort beeindruckt ihn die fromme Eintracht der Klosterinsassen so, daß er die Verheißung des messianischen Friedens von Is 11, 6 erfüllt sieht (Niemeyer, p. 89). Es ist also gerade das vorgelebte Christentum, das ihn nachdenklich macht und für die andere Religion einnimmt, die christliche Praxis, weniger die mit den Mitteln der Ratio entwickelten Dogmen. In Münster diskutierte er auf eigenen Wunsch auch mit dem gerade dort weilenden Abt Rupert von Deutz (Niemeyer, p. 76-83), dessen 'Annulus sive dialogus inter Christianum et Judaeum' (PL 170, 559-610) in etwa der gleichen Zeit beziehungsweise kurz vorher entsteht. Blumenkranz' zeitweilige Zweifel an der Historizität dieser Disputation, begründet mit angeblichen Übernahmen aus Gilbertus Crispinus (B. Blumenkranz, Juifs et Chrétiens dans le monde occidental.430-1096, Paris 1960, 21, Anm. 118) und überhaupt an der Existenz des Hermann-Juda als Autor des 'Opusculum' sind im übrigen unbegründet (dazu Niemeyer, p. 4, und Blumenkranz selbst in seiner Schrift: Juden und Judentum in der mittelalterlichen Kunst, Stuttgart 1965, 7-8).

Die Religionsdisputation des Juda ben David mit Rupert besteht aus zwei ausführlichen Standpunkterklärungen, zuerst des Juden. Dieser konstatiert (Niemeyer, p. 77-79; deutsche Übersetzung bei August Hüsing, Der hl. Gottfried von Cappenberg, Münster 1882, 112-113): "Ihr Christen habt gegen die Juden ein großes Vorurteil (*preiudicium*), indem ihr diese, als ob sie tote Hunde seien, mit Fluch und Abscheu bespeit, obwohl ihr doch (in der Bibel) lest, daß Gott sie sich von alters her aus allen Völkern der Welt als sein besonderes Eigentumsvolk erwählt hat ... (vgl. Dt 7,6; Ps 147, 19-20). Ihr aber, geblendet von übergroßem Neid (*invidia*) ob der göttlichen Wohltaten an uns, haltet vor allen Sterblichen die für verhaßt, die, wie ihr (in der Bibel) lest und erkennt, Gott mehr ehrt und liebt als alle (anderen) Menschen. Mit Geduld und Gleichmut ertragen wir denn auch die Beschimpfungen und Verhöhnungen der (Christen-)Menschen, wofern wir nur Gottes Gesetz und den heiligen Riten treu bleiben können; denn besser ist es für uns, in die Hände der Menschen zu fallen als das Gesetz unseres Gottes im Stich zu lassen (vgl. Dn 13,23)... In Gottes Gesetz steht aber so geschrieben: Verflucht sei jeder, der nicht allem treu bleibt, was in diesem Buch geschrieben ist' (vgl. Dt 27,26; Gal 3,10). Offensichtlich wird in diesen Worten einerseits unsere auf das Gesetz gegründete Gerechtigkeit gegen all euer Gekläff durch einen unüberwindlichen Bibelbeweis verteidigt; andererseits wird auch euer Hochmut (*superbia*) als unbegründet erwiesen, den ihr grundlos bezüglich der Gesetzesobservanz an den Tag legt. Während wir aufrichtig an dem uns von unseren Vorfahren überlieferten Gesetz festhalten, erklärt ihr es offenkundig frevlerisch für abgetan ... Ihr aber handelt nicht nach dem Gesetz, wir ihr sagt, sondern werft euch über es zum Richter auf (vgl. Jak 4,11) und - lächerlich! - verbessert es nach eurem Gutdünken: Einiges übernehmt ihr zwar, das übrige aber verschmäht ihr entweder als Aberglauben oder versteht es mystisch und nicht im Wortsinn, und so entstellt jeder den Textsinn, wie es ihm gerade gefällt, mit törichten, albernen Umdeutungen ... Um vorerst aus dem Vielen, was zu eurer Verdammung schon genügt, nur einen Punkt herauszugreifen: Warum streitet ihr, die ihr euch der Gesetzesobservanz rühmt, in offenkundiger Gottlosigkeit (*impietas*) götzendienerisch gegen eben dieses Gesetz?" Damit meint Juda ben David, wie er im einzelnen beschreibt (Niemeyer, p. 79), Darstellungen des leidenden, gekreuzigten Jesus in den von ihm besuchten Kirchen. Wenn aber, wie die Bibel beweise (Dt 21,23; vgl. Gal 3,13), jeder verflucht ist, der am Holz (des Kreuzes) hänge, seien da nicht noch weit mehr verdammt diejenigen, die den Gekreuzigten verehren? Wenn (nach Jr 17,5) jeder verflucht ist, der sich auf einen Menschen verläßt und Fleisch zu seinem Arm macht, unterliegen die Christen dann nicht einem noch weit schwereren Fluch, insofern sie ihre Hoffnung auf einen Gekreuzigten setzen? "Weil ihr den Wahn dieses eures Aberglaubens (*superstitio*) nicht nur nicht verheimlicht, sondern, was ein weit schlimmeres Vergehen ist, euch dessen rühmt, tragt ihr eure Sünde wie Sodoma offen zur Schau. Wähle nun eine der beiden Alternativen: Entweder zeige mir eine biblische Begründung für euren abscheulichen Kultus, wenn du eine solche kennst, oder bekenne, wenn du das, wie sich versteht, offensichtlich nicht kannst, schamrot deinen verdammenswerten und mit dem heiligen (jüdischen) Gesetz ganz und gar im Widerspruch stehenden Irrglauben (*errorem*)" (Niemeyer, p. 79; Hüsing, S. 113-114). Daß Juden sich von den Christen wie (tote) Hunde behandelt fühlen, wie Hermann klagt, spiegelt übrigens eine häufige Form der Polemik seit dem 12. Jh. bis hin zur frühen Neuzeit. Noch Bischof Georg von Speyer († 1529) läßt die Juden seines Sprengels isolieren mit der Begründung, sie seien "keine Menschen, sondern Hunde" (H.A. Oberman, in: Die Juden und Martin Luther - Martin Luther und die Juden, hg. von H. Kremers, Neukirchen-Vluyn 1985, 138).

Das schwere Geschütz, das hier Juda ben David gegen das Christentum auffährt, benutzt nicht ungeschickt auch Munition aus dem Arsenal der antijüdischen christlichen Apologetik. Hermanns Alter ego weist die bei vielen Christen verbreitete Judenverachtung (*qui eos ac si canes mortuos execrando et abhorrendo conspuitis*) und den christlichen Erwählungsneid (*invidia*) energisch als biblisch unberechtigt zurück, und er läßt ihn auch den alten Vorwurf der Superstitio und Häresie (*error*) zurückgeben, das heißt, er versucht, das Christentum aus jüdischer Sicht in gewisser Weise wieder den Minim zuzurechnen. Auch der antichristliche Vorwurf der Idolatrie hatte mit dem Erstarken des Islam noch an Schärfe zugenommen, weshalb Rupert von Deutz sich in seiner Entgegnung mit den Mitteln der Ratio gerade auf diesen wichtigen Punkt konzentriert: Kruzifixe werden nicht angebetet, sondern sollen nur eine fromme Vergegenwärtigung des Leidens Christi erleichtern, vor allem für "einfache, ungebildete Leute", die nicht lesen können (Niemeyer, p. 80: *quod ergo nobis codices, hoc rudi vulgo representant imagines*). Ähnlich verfolgte der Bau eines Altars am Jordan (Josue 22) nicht apostatische kultische Zwecke, sondern war nur gedacht als Zeugnis der Zugehörigkeit zum Gottesvolk, also als Symbol (Niemeyer, p. 81-82). Diese Verbindung von Vernunft- und Schriftbeweis entspricht der Tendenz der Frühscholastik und ist auch für die Denkweise des Konvertiten Hermann charakteristisch (ein Neben- und Miteinander von *ratio* und *auctoritas* erscheint z.B. Niemeyer, p. 77.80. 81.82.96.97).

Nach der Disputation, die Juda-Hermann nur in gekürzter Form mitteilt, fährt er mit seinem "historischen Bericht" fort (Niemeyer, p. 83: *historie descriptio*); diesen hat er vermutlich um 1145/1150 schon als Mann in vorgerücktem Alter - denn sein gutes Latein verrät die Sicherheit langer Praxis - zu geben sich entschlossen, weil viele ihn baten, seine für fromme christliche Ohren erbauliche Bekehrungsgeschichte aufzuschreiben (Niemeyer, p. 69-70). Die Erledigung dieser "übernommenen Aufgabe" gerät gewiß auch zu einem Stück Geschichtsschreibung des 12. Jh., stellt sich aber doch in erster Linie dar als bekenntnishafte innerchristliche Erbauungsschrift "für die Gläubigen (d.h. die Christen) der Gegenwart und Zukunft" (Niemeyer, p. 70). Diesem Zweck entsprechen auch die dem chronologischen Bericht eingegliederten Traumvisionen und moralisierenden, predigtartigen Passagen.

Verschiedene Freundlichkeiten und freundliche Eindrücke am bischöflichen Hof verstärken Judas Interesse am Christentum noch, so daß, als er nach fast fünf Monaten mit dem ihm von seinen Eltern wohl nicht ohne Grund mitgegebenen Tutor Baruch nach Köln zurückkommt, seine innere Aufgeschlossenheit für das Christentum - trotz des kurzen Intermezzos einer Heirat mit einem jüdischen Mädchen (Niemeyer, p. 98 ff.) - zunimmt und schließlich zu Glaubenskämpfen und weiteren Gesprächen mit Klerikern führt, an deren Ende die Taufe steht. Mit am meisten beeindruckt ihn 2 Kor 3, 13-15 (mit dem Bezug auf Ex 34, 29-35: die Hülle über Moses' Antlitz entspricht der Hülle auf dem Herzen der Juden bei der Verlesung des Alten Bundes; Niemeyer, p. 104), und am meisten hilft das Gebet zweier frommer Frauen (Niemeyer, p. 107-108). Gegen den heftigen Widerstand seiner Glaubensgenossen läßt er sich schließlich (Nov. 1128 oder 1129) in der Basilika des hl. Petrus taufen (Niemeyer, p. 118-120), nachdem er zuvor seinen jungen in Mainz wohnenden Stiefbruder entführt und dem Christentum zugeführt hatte (Niemeyer, p. 109.114-115). Nach der Taufe tritt er in das Augustinerkloster Cappenberg ein, lernt fünf Jahre hindurch Latein (1128/1129 bis 1134/1135) und erhält dann nach und nach die einzelnen Stufen der Priesterweihe. Dieser Weg war auch insofern konsequent, als Hermann als Christ wegen des kanonischen Zinsverbots nicht mehr im Kreditgeschäft tätig sein konnte und schließlich eine Existenzbasis benötigte. Das breite Tätigkeitsfeld jüdischer Familien in der ersten Hälfte des 12. Jh. wird übrigens beiläufig durch den Umstand deutlich, daß Hermanns (anscheinend älterer und wohl schon verheirateter) Bruder Samuel in Worms lebte (Niemeyer, p. 112-113) und ein anderer Bruder, ein Stiefbruder, dreizehn Jahre jünger als er selbst, zusammen mit seiner Mutter in Mainz wohnte (Niemeyer, p. 109 ff.), während der Hauptwohnsitz seines Vaters (und sein eigener) Köln war. Diese Art zu leben kam offenbar den geschäftlichen Aktivitäten der Großfamilie zustatten. Es scheint auch, daß im Erfahrungsbereich des Juda-Hermann die Verfolgungen zur Zeit des ersten Kreuzzuges längst ruhigeren Verhältnissen Platz gemacht hatten. Jedenfalls wohnten die Kölner Juden ohne Zwang in einem eigenen kleinen Stadtviertel (vgl. Zvi Asaria, Die Juden in Köln, Köln 1959, 43), und freundliche Gespräche und Kontakte von Christen und Juden waren, so darf aus dem 'Opusculum' geschlossen werden, nicht ungewöhnlich.

Hermanns Werk ist nur in sehr wenigen Handschriften überliefert, scheint aber noch im Laufe des Mittelalters und erst recht seit dem 16. Jh. einiges Interesse gefunden zu haben.

In der Tat gibt sein Büchlein mancherlei wertvolle Informationen, zum Beispiel über die Einwände und Vorbehalte, die durchschnittlich gebildete Juden des 12. Jh. gegen das Christentum hatten: Die Christen legen die Bibel willkürlich und arrogant nach ihren eigenen Gesichtspunkten aus (Niemeyer, p. 77-78) und verfallen durch ihre Bilderverehrung und Mißachtung der Tora in Idolatrie und Aberglauben (Niemeyer, p. 78-79; vgl. p. 99: *christiana superstitio*), gefährden durch ihre "verderblichen Reden" die Juden (Niemeyer, p. 99). Aus jüdischer Sicht sind die religiösen Bräuche der (christlichen) Völker ganz und gar unrein, von Gott verabscheut und abergläubisch (Niemeyer, p. 105). Als Jude beharrte Juda-Hermann im Falle der biblischen Christuszeugnisse auf der jüdischen Literalexegese beziehungsweise wich der Beweiskraft der Testimonia durch dialektische Winkelzüge aus (Niemeyer, p. 97). Auch hielt er Christen generell für "gesetzlos und gottlos" (Niemeyer, p. 84). Die Juden, sagt er, verteidigen ihren Unglauben (d.h. die Ablehnung Jesu Christi), weil der Is 11, 6 verheißene messianische Friede noch nicht eingetreten sei (Niemeyer, p. 89). Andererseits bleibt die elegante Art und Weise, in welcher Bischof Ekbert in seinen Predigten das Alte Testament mit dem Neuen verknüpft und beide aufeinander bezieht (Niemeyer, p. 73; vgl. p. 97: *pulcherrimae allegoriae;* vgl. p. 113: *melliflua spiritualium allegoriarum dulcedo*) nicht ganz ohne Wirkung auf den jungen Mann. Seine christlichen Gesprächspartner operieren überhaupt so geschickt mit "Schriftbeweisen", "alttestamentlichen Typologien" und dem "mystischen Verständnis des mosaischen Gesetzes" (Niemeyer, p. 104), daß Juda ben David mehr und mehr seinen "Irrglauben" einsieht, jedenfalls begreift, daß die Entscheidung über den wahren Glauben mit der vom Glauben inspirierten Bibelexegese steht und fällt.

Das auch für Juda-Hermann gängige scholastische Begriffspaar "Vernunftbeweis und Schriftautorität" (*ratio, auctoritas;* dem entsprechen die schon von Augustinus inspirierten Formeln *Credo ut intelligam* Anselms und *Fides quaerens intellectum* des Richard von St. Victor in seinem Werk 'De trinitate') führt auch bei dem Propst von Scheda zu einer Abwertung der nicht in christlicher Art erkenntnisfähigen Juden, wie sie ähnlich besonders Petrus Venerabilis praktiziert; denn auch für Hermann, der dabei zustimmend Bischof Ekbert zitiert, gleichen die Juden, die überall dem allegorischen den Literalsinn der Bibel vorziehen, "gewissen vernunftlosen Arbeitstieren (*bruta quaedam iumenta*), die allein mit den Buchstaben der Schrift wie mit Spreu zufrieden sind, während die Christen wie vernunftbegabte Menschen durch ihre geistige Erkenntnis von der allersüßesten

Kernfrucht erquickt werden" (Niemeyer, p. 74). Von seiner jüdischen Vergangenheit spricht Hermann als einer Zeit, in der er "in den Ketten des jüdischen Unglaubens (*iudaice infidelitatis*) gefangen war" (Niemeyer, p. 70). Er spricht in solchem Zusammenhang zum Beispiel auch von der "jüdischen Blindheit" (*iudaica caecitas*, Niemeyer, p. 83), vom "blinden Hochmut" und der "hochmütigen Blindheit" der Juden (Niemeyer, p. 113: *ceca superbia et superba cecitas*), von der "stählernen Härte" (*adamantina duritia*) des jüdischen Herzens (Niemeyer, p. 84; vgl. ebd. *infidelitatis caligo* und p. 104: *obstinata cordis duritia*) oder überhaupt von der "fleischlichen" Bibelauslegung, mit welcher die Juden ihren "Unglauben" (*perfidia*) verteidigen (Niemeyer, p. 89).

Bei Hermann von Scheda fehlt auch nicht der seit eh und je für zugkräftig gehaltene Geschichtsbeweis gegen die Juden (Niemeyer, p. 92): "Wenn ihm (d.h. Gott) die weitere Beachtung der gesetzlich gebotenen Riten gefiele, hätte er nicht den Juden, welche ebendiese Riten beachten, so sehr seine hilfreiche Gnade entzogen, daß er ihnen all ihr Hab und Gut und ihre Heimat nahm und sie weit und breit unter alle Völker der Erde zerstreute. Würde er statt dessen die christliche Religion verfluchen, ließe er nicht zu, daß sie sich in solchem Maße über den Erdkreis ausbreiten und mächtig werden." Tatsächlich war die Situation der Juden im Raum zwischen Köln und Mainz und Worms in den zwanziger Jahren wohl nicht so schlecht, wie es Hermanns Worte vermuten lassen könnten.

Seine Bekehrung zum Christentum wertet Hermann von Scheda wie den Wechsel vom Totsein zum Leben (Niemeyer, p. 127), aus der Finsternis zum Licht (Niemeyer, p. 70) und wie eine Befreiung aus den "Fesseln des Unglaubens" (*infidelitatis laquei*), in denen ihn der Teufel gefangen hielt (Niemeyer, p. 105; vgl. *infidelitatis caligo*, Niemeyer, p. 84) und wie einen Übergang von der "Synagoge Satans" (Apk 2,9; 3,9) zum "Leib der heiligen Kirche" (Niemeyer, p. 97). Obwohl er seinen eigenen Bekehrungsweg als beispielhaftes Heilswirken Gottes versteht, distanziert er sich nicht von den Zwangstaufen der Kreuzzugszeit, die er anscheinend einmal erwähnt (Niemeyer, p. 69). Er will mit seiner persönlichen Bekehrungsgeschichte allerdings nicht nur erbauen, sondern auch belehren, nämlich darauf hinwirken, daß Christen die Juden, von denen das Heil komme (Jo 4,22), gütig und brüderlich behandeln, und zwar in der Nachfolge Christi, der am Kreuz für seine Kreuziger betete (Lk 23,34) (Niemeyer, p. 87) - womit freilich, wie herkömmlich, die Juden wieder schlechthin und kollektiv als "Kreuziger" gesehen sind. Allerdings deklariert er sein 'Opusculum' nirgends als Hilfsbüchlein und Handreichung für christliche Judenmissionare. Offen ist, ob Hermanns Bekehrung maßgeblich durch die Disputation mit einem so eindrucksvollen Mann wie Rupert von Deutz bestimmt wurde (so W.P. Eckert, in: Monumenta Judaica. Handbuch, Köln 1963, 150), oder ob Hermann Religionsdiskussionen dieser Art als Werbemittel der Judenmission entschieden ablehnte (so B. Blumenkranz, in: Judentum im Mittelalter, hg. von P. Wilpert, Berlin 1966, 276). Blumenkranz entwertet allerdings seine eigene Argumentation, wenn er (a.a.O., S. 278) meint, "Juda-Hermann, der nicht an den Erfolg religiöser Diskussionen glaubt, empfiehlt jedenfalls den ausgiebigen Gebrauch des Alten Testaments in der christlichen Predigt als wirkungsvolles Missionsmittel"; denn gerade Beweisstellen aus dem Alten Testament waren in Religionsdisputationen gewöhnlich die Hauptwaffe der Christen. So weit dem 'Opusculum' Hermanns sich überhaupt konkrete Regeln für den Umgang der Christen mit den Juden entnehmen lassen, fällt dies besonders auf: die Christen müssen christlicher werden (*imitatores Christi*, Niemeyer, p. 87), in ihrem Leben und Verhalten den alttestamentlich verheißenen messianischen Frieden repräsentieren und in diesem Sinne den Juden brüderlich begegnen, wobei allerdings, wenn auch ganz unaufdringlich, der Gesichtspunkt erscheint, "für das Heil jener zu wirken" (Niemeyer, p. 87). Die Christen sollen, wie Hermann es von Bischof Ekbert vorgelebt wurde, die Kontakte mit den ungläubigen und der Gemeinschaft mit Christen unwürdigen Juden nicht meiden, sondern vielmehr liebevoll mit ihnen sozialen Umgang haben und durch ihr vorgelebtes christliches Beispiel auf sie einwirken (Niemeyer, p. 86-87). Da sind alte kirchliche Regeln kurzerhand über Bord geworfen, die oft Klerikern und christlichen Laien den vertrauten Umgang mit Juden als gefährlich und verderblich verboten. Hier liegt die wesentliche Aussage der Autobiographie, und Hermann hat durch den Erlebnisbericht seines Seelenkampfes eindrucksvoll illustriert, daß gerade auch christliche Judenfeindschaft die Juden von Christus sich distanzieren ließ.

Einnehmende und beeindruckende Elemente seiner Lebensgeschichte, deren Wert für die Kenntnis der Zeitgeschichte des 12. Jh. zweifellos groß ist, werden allerdings teilweise wieder verdunkelt durch Stücke konventioneller Polemik, wenngleich die Gehässigkeiten etwa des Petrus Venerabilis nirgends erreicht werden und er weit weniger feindselig auf das Judentum zurückblickt als manche Konvertiten späterer Zeit. Daß seine jüdischen Glaubensgenossen Hermanns allmähliche Entfernung vom Judentum und die Entführung seines Halbbruders nicht tatenlos hinnahmen, mußte er eigentlich erwarten, und so wirkt seine Reaktion darauf - Unterstellung von

Mordabsichten (Niemeyer, p. 110-112); diese unterliegen schon deshalb Zweifeln, weil die religiöse Autonomie der jüdischen Gemeinden nicht auch die Kapitalgerichtsbarkeit einschloß - überzogen (anders W. Goez, Gestalten des Hochmittelalters, Darmstadt 1983, 250). Trivial ist, daß im Zusammenhang mit dem Judentum vom "Irrglauben" (*error*, Niemeyer, p. 73.84) gesprochen wird, vom "Aberglauben" (*superstitio*, Niemeyer, p. 101; vgl. p. 126: *sordissima iudaice superstitionis et nefandissima secta*) und "Unglauben" (*perfidia, infidelitas*, Niemeyer, p. 70.85.86-87.89.95.105-109), der vom Teufel bewirkt wird (Niemeyer, p. 98). Dazu paßt die Annahme einer besonderen Affinität der Juden (und Hermanns jüdischem Alter ego) zum Teufel (Niemeyer, p. 87 [hier 2 Tim 2,25-26 antijüdisch verschärft ausgelegt]. 100.105.121 [Mt 12, 43 antijüdisch verschärft ausgelegt: durch die Taufe wird aus dem Juden der unreine Geist ausgetrieben]). Hier macht sich auch ein Einfluß augustinischen Denkens bemerkbar, nach dem die Menschenseele ein Kampfplatz ist, auf dem der Teufel gegen die Macht des Himmels ankämpft.- Ein Stück konventioneller Polemik zeigt sich wohl auch in der Bemerkung über das "törichte Altweibergeschwätz" des Gamaliel (Niemeyer, p. 113), anscheinend Elemente der rabbinischen Literatur, die einer rationalen Betrachtungsweise nicht standzuhalten schienen. Dergleichen Kritik findet sich auch sonst im 12. Jh., zum Beispiel bei Petrus Alfonsi und Petrus Venerabilis (gegen anthropomorphe Gottesdarstellung und gegen arationale, allegorisch gemeinte Erzählungen). Daß die Juden in Worms "Christus schmähen" (Niemeyer, p. 113: *Christum blasphemare*), besagt vermutlich nur, daß sie seine Gottessohnschaft, Inkarnation und Messianität bestritten. Ein wenig wird Hermanns Bild, das er von sich entwirft, auch getrübt durch dem Umstand, daß er kein freundliches Wort für seine ihm immerhin drei Monate verbundene jüdische Frau findet, die er verläßt. Vielleicht hat er mit dem Christentum auch "die gewöhnliche Unduldsamkeit des Klerikers gegen das Weib" (Manitius III, 1931, 728) übernommen. Immerhin bestätigt seine Darstellung, daß nach der Taufe ein Jude zum angesehenen Kleriker werden konnte, daß Vorbehalte, wie sie gegen die jüdische Herkunft des Gegenpapstes Anaklet II. laut wurden, wohl nicht die Regel waren, jedenfalls nicht für die unteren Stufen der kirchlichen Hierarchie. Allerdings zeigt seine Schrift auch, daß die im christlichen Raum seit langem gehegten Vorbehalte gegen Juden als Besitzer von Landgütern (s. zu Papst Stephan III., † 772) sich allmählich in sozialpolitische Realität umsetzen; denn Juda-Hermann konstatiert bereits beiläufig, jedenfalls für seinen Erfahrungsbereich, "daß alle Juden sich mit Handel befassen" (Niemeyer, p. 72: *omnes*

Iudei negotiationi inserviunt), eine für uns in dieser Zeit und in dieser Form neue, hochwichtige Feststellung.

Einerseits bietet die Autobiographie Hermanns manche wertvollen Informationen allgemeiner Natur zur Zeitgeschichte des 12. Jh., andererseits ist zu sehen, daß sein Schicksal kein typisches, sondern ein Einzelfall ist. Seine Aufgeschlossenheit für die christliche Welt seiner Zeit, seine Fähigkeit, mit Verstandes- und Schriftbeweisen umzugehen und nicht zuletzt seine für Visionen geöffnete, in der Art des 12. Jh. mystisch gestimmte Natur bildeten eine Brücke, über die hin das Christentum zu ihm finden konnte. Hier wächst er in eine Rolle hinein, in der er sich gut zurecht findet und offenbar auch ein wenig gefällt; denn seine Lebensbeschreibung läßt erkennen, daß er, der nicht um materieller Vorteile willen oder aus Verfolgungsnot Christ wurde, sich seines Seltenheitswerts bewußt ist. Sie zeigt aber auch, daß seine intellektuellen Möglichkeiten begrenzt sind, wie er denn auch sonst nicht sicher als Autor weiterer Werke bekannt ist. Daß ein Gran Naivität und Eitelkeit in sein Werk vermengt ist, macht ihn freilich auch sympathisch. So fällt der etwas naive Stolz auf, mit dem er von seiner Disputation mit dem berühmten, ihm weit überlegenen Rupert von Deutz berichtet. Daß weder Bischof Ekbert noch andere Herren als Gesprächszeugen und Publikum genannt werden, läßt wohl darauf schließen, daß es sich dabei um ein eher beiläufiges, formloses und kurzes Gespräch handelte, das Hermann im nachhinein literarisch verarbeitet.

Es ist schließlich auch festzuhalten, daß Hermann ohne Bedenken und offensichtlich gegen den Elternwillen seinen siebenjährigen Bruder der Taufe zuführt (Niemeyer, p. 109-111), hier also bereits kirchlicher als die Kirche wird, die solche Taufen gewöhnlich mißbilligte. Es scheint auch fraglich zu sein, ob er über das Geld, das er vor seinem Weggang von Köln bei christlichen Freunden deponierte (Niemeyer, p. 115), ohne seinen Vater verfügen konnte.- Aber das ist unerheblich angesichts der Tatsache, daß Hermann in seiner Autobiographie wie ein Wanderer zwischen zwei Welten eine jüdische Sicht des Christentums und eine christliche Sicht des Judentums vereint und damit einWerk schreibt, das in seiner Art einzig ist. Dessen Wert wird vielleicht nur dadurch etwas eingeschränkt, daß die jüdischen Bewertungen des Christentums bisweilen christlich eingefärbt scheinen und wohl inhaltlich und formal gewisse Einflüsse von der herkömmlichen christlichen Sicht des Judentums erfahren haben. Hermanns neue Identität dominiert eben doch sein früheres Ich. Im übrigen gibt es anscheinend gewisse Affinitäten zu und Gemeinsamkeiten mit dem 'Annulus' Ruperts von Deutz. So wäre neben manchem anderen noch zu untersuchen, ob und wie Hermann diesen Text bei der Niederschrift seiner Autobiographie benutzt hat.

Ausgaben: PL 170, 805-836; Hermannus quondam Judaeus. Opusculum de conversione sua. Hg. von G. Niemeyer, Weimar 1963.- *Übersetzungen*: A. Hüsing, Der hl. Gottfried, Graf von Cappenberg, Prämonstratenser-Mönch, und das Kloster Cappenberg, Münster 1882, 104-164; Brischer, in: Der Katholik 2, 1888, 261-277.354-378; A. de Gourlet, Judas de Cologne, Paris 1902.- *Literatur*: F.W. Weber, Hermann der Prämonstratenser oder die Juden und die Kirche des Mittelalters. Mit einem Vorwort von Wilhelm Löhe, Nördlingen 1861; J. Aronius, Hermann der Prämonstratenser, Zeitschrift für die Geschichte der Juden in Deutschland 2, 1888, 217-231; R. Seeberg, Hermann von Scheda. Ein jüdischer Proselyt des zwölften Jahrhunderts, Leipzig 1891; O. Zöckler, Der Dialog im Dienste der Apologetik, Gütersloh 1894, 28; L. Goovaerts, Écrivains, artistes et savants de L'ordre de prémontré, I (Bruxelles 1899) 378-380; Aronius, 1902, 103-104; Caro, I (1908), 197-198.227-228; J. Greven, Die Schrift des Herimannus quondam Judaeus 'De conversione sua opusculum', Annalen des historischen Vereins für den Niederrhein 115, 1929-1930. 111-131; Browe, 1942, 62.145; Baron, V (1957), 112-113; Z. Asaria, Die Juden in Köln, Köln 1959, 48; G. Misch, Geschichte der Autobiographie, dritter Band, zweiter Teil, erste Hälfte, Frankfurt 1959, 505-522; LThK V (1960) 252-253; W. Eckert, in: Christen und Juden, hg. von W.-D. Marsch u. K. Thieme, Mainz 1961, 97; J. Lortz, Geschichte der Kirche, I, Münster 1962, 482; W.P. Eckert, in: Monumenta Judaica. Handbuch (Köln 1963) 150-151.167; Germania Judaica, I (Tübingen 1963) p. XXX. 238; B. Blumenkranz, Juden und Judentum in der mittelalterlichen Kunst, Stuttgart 1965, 7-8; J.B. Valkevens, Hermannus, quondam Judaeus, praepositus in Scheida, Analecta Praemonstratensia (Averbode) 41, 1965, 158-165; B. Blumenkranz, in: Judentum im Mittelalter, hg. von P. Wilpert, Berlin 1966, 275-278; J. Gauss, Anselm von Canterbury zur Begegnung und Auseinandersetzung der Religionen, Saeculum 17, 1966, 277-363, S. 284.312-313; Westfalia Judaica I, hg. von B. Brilling und H. Richtering, Stuttgart 1967, 30-32; Encyclopaedia Judaica (Jerusalem 1971) III, 203; VIII, 365-366; N. Backmund, Die mittelalterlichen Geschichtsschreiber des Prämonstratenserordens, Averbode 1972, 55-64; A. Borst, Lebensformen im Mittelalter, Frankfurt 1973, 600-604.608-612; W. Wattenbach - Fr.- J. Schmale, Deutschlands Geschichtsquellen im Mittelalter. Vom Tode Kaiser Heinrichs V. bis zum Ende des Interregnums, I, Darmstadt 1976, 379-381; M.L. Arduini, Ruperto di Deutz, Roma 1979, 50-57; A.M. Drabek, Hermann von Scheda, Opusculum de conversione sua. Ein Beitrag zur jüdisch-christlichen Auseinandersetzung im Mittelalter, Kairos 21, 1979, 221-235; Verfasserlexikon III (1981) 1066-1068; A. Momigliano, A Medieval Jewish Autobiography, in: History and Imagination. Essays in Honour of H.R. Trevor-Roper, London 1981, 30-36; W. Goez, Gestalten des Hochmittelalters, Personengeschichtliche Essays im allgemeinhistorischen Kontext, Darmstadt 1983, 238-253; D. Aschoff, Hermann von Scheda, der erste jüdische Konvertit Westfalens, Der Märker. Landeskundliche Zeitschrift für den Bereich der ehem. Grafschaft Mark und den Märkischen Kreis 33, 1984, 204-209.

Noch nicht ediert ist der *Dialogus contra Judaeos ad corrigendum et perficiendum destinatus*, den Bischof **Bartholomäus von Exeter** (†1184) Balduin, Bischof von Worcester (1180-1185) widmete (Cod. Oxoniensis Bodl. 482), also in hohem Alter in seinen letzten Lebensjahren schrieb. Bartholomäus läßt in seinem "Dialog" nicht einen Christen mit einem Juden die Klinge kreuzen, sondern einen (christlichen) *Magister* mit seinem *Discipulus* diskutieren. So wird erstmals auch rein formal der Umstand deutlich, daß der Hauptzweck der meisten Werke der antijüdischen Apologetik nicht die Judenbekehrung ist, sondern die innerchristliche Glaubenssicherung und Belehrung. Die Auszüge aus dem lateinischen Text des 'Dialogus' bei R.W. Hunt (in: Studies in Medieval History, Presented to Fr. M. Powicke, Oxford 1948, 147-148) geben einen ersten Einblick in Zielsetzung und Inhalt dieser Schrift:

"Lehrer: Kein frommer und gebildeter Gläubiger erträgt ihre (der Juden) Verleumdungen und Lästerungen ohne irgendeine Widerlegung, jedoch streitet er nicht mit ihnen in Gegenwart von Ungläubigen und von unwissenden Menschen; denn so oft wir mit ihnen fechten, behindern sie stets nach Art unruhiger (Arbeits-)Tiere das gemeinsam zu tuende Werk, indem sie nicht begreifen wollen (*intelligere*), daß sie sich wohl verhalten und glauben sollen. Deshalb müssen wir, soweit es mit der Nächstenliebe vereinbar ist, nicht nur Dispute mit ihnen, sondern alle Gespräche mit ihnen meiden, (wohl) wissend, 'daß schlechter Umgang gute Sitten verdirbt' (verschärfende Interpretation von 1 Kor 15,33) und daß, wer Pech berührt, sich dadurch verunreinigt. *Schüler*: Wie denn werden wir lernen, was ihnen erforderlichenfalls zu antworten und entgegenzuhalten ist, wenn nicht dadurch, daß wir mit ihnen die Klinge kreuzen? *Lehrer*: Das lerne von Gläubigen (d.h. von Christen), die mehr von den beiden Testamenten verstehen als die Juden." Auf dem gleichen Blatt der Handschrift (Hunt a.a.O.) kommen weitere zentrale Probleme der christlich-jüdischen Kontroverse zur Sprache: "*Schüler*: Vor allem nun frage ich, welches die Hauptursache unserer Uneinigkeit ist. *Lehrer*: Ich glaube, daß die Hauptursache nur Gott kennt; denn durch seine ganz und gar gerechte, wenngleich geheimnisvolle Entscheidung wurde zum allergrößten Teil Blindheit in Israel bewirkt, damit die Vollzahl der Heiden zum Glauben komme. Danach wird sich Israel zu Christus bekehren. Von den uns bekannten Ursachen unserer Uneinigkeit nun scheint mir die bedeutendste zu sein, daß jene die ganze Schrift des Alten Testaments, wo sie den Literalsinn entdecken können, stets literal verstehen, es sei denn, die Schrift biete ein offensichtliches Christuszeugnis. Dann nämlich (d.h. an solchen Stellen) bestreiten sie entweder die Schrift (d.h. ihren Wortlaut), indem sie sagen, dies sei (so) im hebräischen Urtext (*Hebraica veritas*), das heißt in ihren Büchern, nicht enthalten, oder sie verlegen sich einmal auf diese, einmal auf jene unglaubliche Ausflucht. Auch warten sie wie auf etwas noch nicht Vollendetes (im Falle alttestamentlicher Prophezeiungen) oder sie entziehen sich mit der List einer Schlange dem Zugriff, wenn sie sich in die Enge getrieben fühlen. Zu einer allegorischen Erklärung (einer Bibelstelle) greifen sie gewöhnlich nur dann, wenn sie keine andere Ausflucht mehr haben. Wir jedoch interpretieren nicht nur die Heilige Schrift mystisch (d.h. allegorisch und typologisch), sondern auch Vorgänge und Taten, so freilich, daß weder bei geschichtlichen Begebenheiten die Historie eliminiert wird noch bei (einzelnen) Schriftstellen infolge der Freizügigkeit allegorischer Deutung das angemessene (d.h. naheliegende wörtliche) Verständnis verlorengeht".- Der Tiervergleich erinnert einerseits an Petrus Venerabilis, für den die verstockten Juden wie störrisches Vieh sind, zum anderen daran, daß bei den Juden wegen ihrer dialektischen Gewandtheit schon in früherer Zeit an schlüpfrige Schlangen gedacht wurde (vgl. Verf., Die christlichen Adversus-Judaeos-Texte 1982, 553 und sonst).

Bartholomäus' Ziel ist es, mit alttestamentlichen christologischen Testimonien den christlichen Wahrheitsanspruch zu sichern. Den jüdischen Bedenken gegen die "mystische" christliche Auslegung trägt er in gewisser Weise Rechnung, indem er darlegt, daß die allegorische Interpretation keineswegs das historische und literale Verständnis ausschließt, vielmehr voraussetzt: Die Faktizität des historischen Geschehens, von dem die Bibel erzählt, wird nicht bestritten. Das liegt im Grunde auf der Linie schon des Augustinus.

Literatur: A. Morey, Bartholomew of Exeter, Bishop and Canonist, Cambridge 1937; R.W. Hunt, The Disputation of Peter of Cornwall against Symon the Jew, in: Studies in Medieval History, Presented to Fr. M. Powicke, Oxford 1948, 143-156, S. 146-148; R.M. Ames, The Debate Between the Church and the Synagogue in the Literature of Anglo-Saxon and Mediaeval England, Diss. New York 1950, 58-59; Baron, V (1957), 136; B. Smalley, The Study of the Bible in the Middle Ages, Notre Dame, Indiana, 1964, 170-171.

Dem byzantinischen Kaiser **Andronikos I. Komnenos** (†12.9.1185) wurde ein *Dialogus contra Judaeos Christiani et Judaei* (PG 133, 795-924) zugeschrieben, der aber, wie nicht zuletzt aus einer Stelle des Dialogus hervorgeht (PG 133,869), erst wesentlich später entstanden sein kann, frühestens in der zweiten Hälfte des 13. Jh. oder sogar erst im

Jahre 1310. Diese antijüdische Apologie des (Ps.-) Andronikos Komnenos (so bezeichnet er sich selbst zu Beginn des griechischen Textes) ist als griechisches Original in mehreren Handschriften erhalten, aber noch nicht ediert. In Mignes Patrologia Graeca ist eine ältere lateinische Übersetzung gedruckt. Ganz unwahrscheinlich, ja ausgeschlossen wird eine Autorschaft des Kaisers auch durch seinen Lebenslauf und Charakter, zumal durch "seine Abneigung gegenüber theologischen Diskussionen" (H. Hunger, Die hochsprachliche profane Literatur der Byzantiner, I, München 1978, 437). Vielleicht wollte sich ein nachgeborener Angehöriger des Kaiserhauses mit diesem Werk verewigen. Wir erwähnen es an dieser Stelle, weil es nun einmal mit Andronikos' Namen verbunden ist.

Wie die meisten Werke dieser Art bietet auch dieser Dialog zwischen einem *Christianus* und einer (fiktiven) Gruppe *Judaei* nur ein Scheingespräch, bei dem die Juden mehr oder weniger als Stichwortlieferanten benötigt werden und um durch weiterführende Fragen dem Christen Gelegenheit zu geben, seine Beweise und Gedanken zu entwickeln. Es dominiert in den 64 Kapiteln dieses Werkes der Schriftbeweis, und die Erörterung ist durchaus unscholastisch, über weite Strecken nur das herkömmliche Cento von Bibelstellen. Wie üblich in solchen Texten führt die christliche Seite eine Art inneren Dialog, offenbar zur Festigung der eigenen Glaubensgewißheit, und die Gruppe der Juden spielt durchweg so willig und nachgiebig dieses Spiel mit, daß hier jedenfalls nicht leicht anzunehmen ist, daß viele Elemente tatsächlicher Religionsgespräche in die Darstellung eingeflossen sind (dies trotz der Behauptung des Autors, in Konstantinopel, Mazedonien und Thessalien mit gelehrten Verteidigern der jüdischen Religion gesprochen zu haben, PL 133, 798-799). Einerseits ist bei dem *Christianus* nirgends ein ernsthafter judenmissionarischer Impetus erkennbar (PG 133, 842 einmal ein eher formelhafter Bekehrungsaufruf), andererseits wird er so unrealistisch leicht mit seinen Juden fertig, daß ein - an Widerständen Kraft gewinnender - wirklicher Missionswille gar nicht erst entsteht. So macht das Stück Literatur PG 133, 795-924 noch am ehesten den Eindruck einer theologischen Schul- und Lehrschrift, mit der ein Anonymus bei seinen Mitchristen Eindruck zu machen hoffte.

Einleitend wirft der *Christianus* (d.h. Ps.- Andronikos) zunächst den ihn interessehalber besuchenden Juden eine Übertretung ihres eigenen Gesetzes, Prophetenmord und Tötung des ihnen verheißenen Messias vor (PG 133, 799-800), beweist sodann die Richtigkeit des christlichen Trinitätsglaubens gegen die Gruppe der Juden, die verteidigend auf Ex 3,14 und Ex 20,5 hinweisen (PG 133, 800). Der Christ beweist dann, daß Gott einen Sohn zeugte, mit dem Plural von Gn 1, 26; 3, 22; 11, 7, wo die Juden an Engel als Gesprächspartner Gottes denken (PG 133, 803) und für die Einzigkeit Gottes Ex 20,2; 34,14 und Dt 32,37 anführen (PG 133, 804). Der Christ zitert als Testimonia für Christi Zeugung durch den Vater unter anderem Sprüche 8, 25 (PG 133, 807), so daß tatsächlich nach Gn 1, 26 usw. Christus Genosse des Vaters bei der Schöpfung ist (PG 133, 808). Auch die Psalmen haben einschlägige Beweiskraft (PL 133, 809-810 zu Ps 72, 17, wo die Juden freilich David von seinem Sohn Salomo reden lassen). Die Juden werden dann mit einem Schwall weiterer Stellen so "überschüttet" (z.B. Ps 110, 1.3), daß sie vorerst kleinlaut verstummen (PG 133, 811). Wo immer in der Bibel die Zahl "drei" erscheint (z.b. die drei Zweige Gn 30, 37, die drei Engel von Gn 18, das dreimalige "heilig" von Is 6,3) ist die Trinität gemeint (PG 133,813-816). Die Juden verwarfen Christus, der entsprechend der Prophetenweissagung inkarniert wurde (PG 133, 816-817 zu Baruch 3, 37-38, Is 7, 14, Sprüche 1, 24-25). Zunächst verbarg Gott die (christlichen) Glaubensgeheimnisse vor den Menschen. So "figurierte" Isaak Christi Geburt und Tod, Ismael (bzw. die Synagoge) dagegen "drückte den Typus des jüdischen Volkes aus" (PG 133, 818.820-822). Die "Synagoge" fiel von Gott ab, machte sich bei der Passion Christi schuldig und zog sich die Abrogation zu (PG 133, 818-819). Esau und Jakob sind die Typen der Juden und Christen (PG 133, 822-823). Der Stein, auf den Jakob sein Haupt legt (Gn 28, 11), ist Christus, und die in den Himmel führende Leiter meint Maria, die auch "Tor des Himmels" ist, weil durch dieses Christus aus dem Himmel herabsteigt (PG 133, 824-825). Moses und Jakobs Sohn Joseph figurieren Jesus Christus (PG 133, 833 ff.). Zum Thema Inkarnation: Gott mußte von einer reinen Jungfrau geboren werden, ohne Mitwirkung eines Mannes, um die Macht des Teufels zu brechen; zwar hätte er dies als Gott auch ohne die Inkarnation bewerkstelligen können, aber seine Tat war ruhmvoller, da sie auf dem Wege über das Fleisch bewerkstelligt wurde (PG 133, 840 ff.). Große Bedeutung kommt dem christologischen Zeugnis des Isaias zu (PG 133, 845-847 zu Is 11, 1 ff.; PG 133, 847-848.854 ff. zu Is 7, 14).

Gelegentlich leisten die *Judaei* noch retardierenden Widerstand, so wenn sie gegen die christologische Deutung von Ps 89,26-27 einwenden, daß der Autor der Psalmen dabei an sich selber denke (PG 133, 850), aber solche schwachen Einwände werden gewöhnlich mit einem ganzen Schwall weiterer Testimonia weggeschwemmt. Marias Abstammung von König David und Josephs Genealogie erörtert Ps.- Andronikos PG 133, 859-861. Er zitiert zu diesem Thema ein Buch, auf das er in Mazedonien bei einem gewissen Juden Elias stieß. Die Sache bleibt unklar. Der Anonymus kommt weiter unter anderem zu sprechen auf den apologetischen Nutzwert von Dn 9, 24 ff. (PG 133, 861-862): *Prophetia de Christi adventu*). Nach dem beispiellosen Verbrechen der Tötung Jesu Christi kam Titus mit seinem Heer, und es folgte die Versklavung. "Gott hieß den Tag der Vergeltung über Synagoga kommen" (PG 133, 865), und jetzt ist das jüdische Volk ohne Hauptstadt, Propheten und Priester (PG 133, 866). Die Missetat Synagogas, die den eingeborenen Sohn Gottes "verbrecherisch kreuzigte" und ihm am Kreuz Galle und Essig gab, ist größer als die Sodoms und wird immerdar bestraft (PG 133, 867-868). Die Juden sind - entsprechend Klagelieder 3,45-46 - preisgegeben unter den Völkern (PG 133,867).

Die Verteidigung gegen den Vorwurf der Idolatrie (PG 133, 871; vgl. 13, 874 zu den Cherubim der Juden) leitet über zu Beispielen für sakrilegische Akte von Juden gegen bildliche Darstellungen Christi (PG 133, 871-874, dabei das schon sehr alte Exempel des Kreuzigungsgemäldes zu Berytus, das nach Beschädigung blutet, ein Mirakel, nach dem die an der Missetat beteiligten Juden sich taufen lassen; strukturell ähnlich ist die herkömmliche Bewertung eines Hamanbildes am Purimfest als Schändung des Kruzifixus, für die 2. Hälfte des 12. Jh. als in Köln geschehen berichtet [MG Scriptores 21, 190]; vgl. Aronius, 1902, 148-149).- Der jüdischen Beschneidung entspricht die (jene ablösende) Taufe (PG 133, 874-875), auf welche schon im Alten Testament hingewiesen wird, zum Beispiel Is 55, 1 (PG 133, 875-877). Elias ist Typus Christi (PG 133, 877-880), ebenso Moses (PG 133, 880-881). Das jüdische Gesetz ist jetzt abrogiert (PG 133, 881-883 u.a. zu Jr 31, 31 ff.). Gewiß ist das jüdische Gesetz gut, sagt Ps.- Andronikos, aber nachdem die Sonne der Gerechtigkeit (d.h. Christi neues Gesetz) aufging, ist das andere verdunkelt (PG 133, 882). Von der Abrogation des jüdischen Gesetzes und von Christus als Gesetzgeber des evangelischen Gesetzes spricht schon die Bibel (PG 133, 883 zu Dt 18, 18, Jr 23,5 u.a.). Von der Abrogation des jüdischen Kultus ist bereits Is 1 ausführlich die Rede (PG 133, 883-887), ebenso berichtet das Alte Testament über die künftige Verstocktheit der Juden (PG 133, 887-888), sagt Christi Geburt voraus (PG 133, 888-892, u.a. zu Micha 4, 1-2, was auf Bethlehem zielt) und prophezeit die Verwerfung des jüdischen Volkes und die Berufung der Heiden (PG 133, 892-894). Da der jüdische Kult nach dem Jahre 70 nicht mehr möglich ist, andererseits aber nach Dt 12 nur in Jerusalem erlaubt war, ist er jetzt illegitim (PG 133, 893-894). Es folgen alttestamentliche Prophetien bezüglich Christi Tod

272

und Auferstehung (PG 133, 894-897), im besonderen wird erörtert Ps 2 (PG 133, 898 ff., mit nochmaligem Zitat des Vestigium Trinitatis in Gestalt von Gn 1, 26); sodann die christologische Bedeutung von Ps 22 (PG 133, 901-904). Der Sonntag der Christen entspricht dem Sabbat der Juden (PG 133, 904-906). Die Eucharistie ist vorgebildet Gn 14, 18 ff. und Ex 25, 30 (PG 133, 906-907). Schließlich wird bis zum Ende des ganzen Dialogs (PG 133, 907-924) über Christi Auferstehung von den Toten, seine Himmelfahrt und seine zweite Ankunft gehandelt. Die Juden verstummen fast ganz und es wird immer deutlicher, daß sie kaum mehr als die Kulisse für die Lehrvorträge des *Christianus* darstellen. Nicht einmal ein kurzes Schlußwort wird ihnen eingeräumt. Das zu Beginn (des griechischen Textes) formulierte Ziel, "die hebräische Irrlehre zu widerlegen", scheint erreicht, die Juden sind sozusagen mundtot gemacht und werden schon lange vor dem Ende des Dialogs entbehrlich, so daß aus dem Dialog am Ende ein Monolog wird.

Im Hinblick auf die enorme Länge des 'Dialogus contra Judaeos Christiani et Judaei' - "Christiani et Judaeorum" wäre passender, weil dem Christen eine Gruppe von Juden gegenübersteht - ist die Polemik eher sporadisch. Die Juden sind beziehungsweise die Synagoge ist "ungläubig" (PG 133, 855.862.871.893), "unwissend" (PG 133, 847), "starrköpfig" (PG 133, 853.864.879.887), "anmaßend" (PG 133, 812.864), "gottlos" (PG 133, 797), Kreuziger des Gottessohnes Jesus Christus (PG 133, 829.830.853.864.868.902.914) und "verbrecherisch" (PG 133, 797.823. 850.868.891). Daß die Juden Gottes Gnade und ihre Heimat Jerusalem verloren (PG 133, 853), ist dagegen eine durchaus banale Feststellung. An der Hoffnung auf die eschatologische Konvergenz im Sinne von Röm 11, 25-26 hält Ps.-Andronikos Komnenos fest (PG 133, 826.870).- Ob und wie der 'Dialogus' auf spätere Autoren der antijüdischen Apologetik gewirkt hat, ist noch zu klären. Sicher ist, daß er nach rückwärts gesehen sich auf bekannten Traditionslinien bewegt. So fallen deutliche Gemeinsamkeiten mit der 'Doctrina Jacobi nuper baptizati' (anno 634) auf.

Ausgabe: PG 133, 795-924 (lat. Übers.; vgl. Patrologia orientalis VIII, 738).- *Literatur*: K. Werner, Geschichte der apologetischen und polemischen Literatur, I, Schaffhausen 1861, 73-74: O. Zöckler, Der Dialog im Dienste der Apologetik, Gütersloh 1894, 26; Krumbacher, 1897, 91; A.L. Williams, Adversus Judaeos, London 1935, 181-187; J. Starr, The Jews in the Byzantine Empire, 641-1204, Athen 1939, 238; H. Hunger, Die hochsprachliche profane Literatur der Byzantiner, I, München 1978, 436-437.

Martin von León (†1185), Kanoniker im Augustiner-Chorherrenstift Sankt Isidor in León, hinterließ zahlreiche teils recht umfangreiche Predigten (*Sermones*), dazu einige Kommentare zu neutestamentlichen Schriften (PL 208-209). Thematisch einschlägig sind längere Passagen in einigen seiner Arbeiten, im Sermo 4 *In natale domini* (PL 208, 83-550; darin unter anderem, und zwar col. 423-543, antihäretische Polemik gegen Markioniten, Sabellianer, Donatisten, Arianer usw.), im Sermo 30 *In ascensione domini* (PL 208, 1085-1198) und im Sermo 34 *In festivitate sanctae trinitatis* (PL 208, 1269-1350). Bisweilen gibt er sich den Anschein, etwas Hebräisch zu können, so wenn er *Judaei* als *confessores* (d.h. Bekenner) etymologisiert (PL 208,1169.1334) oder *Jesus* als *salvator* (d.h. Retter) deutet (PL 208, 1162; vgl. PL 208, 112-113 zu den vier hebräischen Buchstaben des Gottesnamens). Aber dies schöpft er aus seinen Quellen, auf die er sehr oft, teils mit langen Auszügen, zurückgreift, so mit Namensnennung auf Ambrosius (PL 208, 359.1245), Augustinus (z.B. PL 208, 337.361.424.425), auf Gregor d. Gr. (z.B. PL 208, 353.373. 382.387.393.395.397.398.399.402.1098) und Isidor von Sevilla (PL 208, 238.287.295.330.340.374.377.403.406 und sonst sehr oft).

In der Geschichte der christlich-jüdischen Apologetik und der christlichen Theologie hat man Martin von León bislang kaum für erwähnenswert gehalten. So sucht man seinen Namen vergebens etwa in dem zweibändigen Handbuch "Kirche und Synagoge. Handbuch zur Geschichte von Christen und Juden" (Stuttgart 1968-1970) und in älteren Vorläufern dieses Werkes. Selbst das elfbändige 'Lexikon für Theologie und Kirche' (Freiburg 1957-1967) und 'Die Religion in Geschichte und Gegenwart' (Tübingen 1956-1962) übergehen ihn ganz, und er findet keinerlei Erwähnung im 'Dictionary of the Middle Ages', ed. J.R. Strayer, New York 1982 ff. Doch ist er, jedenfalls als antijüdischer Apologet, sehr beachtenswert. Zunächst fällt auf, daß er den apologetischen Zeugniswert des Neuen Testaments so hoch veranschlagt wie kaum einer seiner Vorgänger, die sich meist darüber im klaren waren, daß Juden, wenn überhaupt, eher mit alttestamentlichen Testimonia zu beeindrucken waren und ohnehin - wegen in aller Regel fehlender Lateinkenntnisse - das lateinische Neue Testament nicht selbst lesen konnten. Wenn er gleichwohl ausdrücklich mit "alt- und neutestamentlichen Belegstellen" (*auctoritates*, PL 208, 129) gegen die Juden operieren will, so kann man die Gründe dafür nur vermuten; denn zum Beispiel an den von ihm zitierten Satz "Dieser ist mein geliebter Sohn, an dem ich Wohlgefallen habe" hängt er sogleich die Bemerkung an: "Ihr (d.h. ihr Juden) sagt, daß er nicht Gottes, sondern des Zimmermanns Joseph Sohn ist" (PL 208,203 zu Mt 3,17); von der Gottessohnschaft und Göttlichkeit Jesu Christi konnten Juden durch Aussagen des Neuen Testaments wie Mt 3, 17 wohl nur schwer überzeugt werden. Vergleichsweise hat da, auch nach seinen eigenen Worten, das Alte Testament weit mehr Beweiskraft: "Auf keine Art und Weise werden wir euch besser besiegen können als dadurch, daß wir aus euren Büchern Beweisstellen (*testimonia*) anführen" (PL 208,319). "Mit Gottes Hilfe", sagt er einmal, "will ich euch mit euren eigenen Waffen (*arma*) besiegen, nämlich mit den Prophezeiungen des Gesetzes und der Propheten; denn nie wird ein Gegner besser besiegt als mit seinen eigenen Wurfspießen" (*iacula*, PL 208, 107). Solche *Testimonia* (dieser Terminus auch PL 208, 180.1342; PL 208, 1168 dafür *testes*) oder *auctoritates* (PL 208, 129.141) sind die herkömmlichen Waffen der antijüdischen Apologetik, und im 12. Jh. gängig ist auch die scholastische Art, die biblischen Zeugnisse durch Vernunftgründe (*rationes*, z.B. PG 208, 137.180.1168.1342) zu ergänzen. Darin verfährt Martin also wieder ganz konventionell. Ungewöhnlich ist aber nun, wie er die - an sich der literarischen Tradition der christlichen antijüdischen Apologetik eigene - Technik des Scheindialogs übertreibt. Gewiß ist es in einschlägigen theologischen Erörterungen seit langem ganz üblich, solche oft umfänglichen Abhandlungen aufzulockern durch gelegentliche Einfügungen der Anrede *o Judaei*, aber in dieser geistigen Auseinandersetzung spielen die Juden meist nur die Rolle eines der Form und der literarischen Technik halber benötigten dialektischen Gegenübers, die Rolle einer bequem postierten Zielscheibe. Diese Form des Scheindialogs, eines Dialogs, der weder das Protokoll einer realen Disputation ist noch insofern ein legitimes literarisches Kunstmittel ist, als er die jüdischen dialektischen Positionen ausführlich und fair zu Wort kommen läßt, wird von Martin aufgegriffen und bis zur Überspitzung weiterentwickelt. Die Juden kommen zu Wort, indem sie "Fragen stellen" (z.B. PL 208, 362-363), "antworten" (z.B. PL 208.313.318.350), "Behauptungen aufstellen" (z.B. PL 208, 195.209.320.321.329), "Einwände vorbringen" und "Gegenvorstellungen äußern" (z.B. PL 208,327.329.350.357) oder überhaupt *disputationes*, Gesprächsbeiträge und Standpunktdarlegungen bieten (z.B. PL 208,129.187.206.311; einmal auch *disputatio* zur Bezeichnung des Gesprächs Martins mit seinen fiktiven jüdischen Kontrahenten, PL 208, 107; ein anderes Mal meint *disputationes* Martins eigene Darlegungen, PL 208, 137; dementsprechend auch *conloqui* als die von Martin gewählte Form seiner theologischen Erörterung, PL 208, 164). Dazu redet er die Juden, obwohl kein Sermo ausdrücklich an sie gerichtet ist, viele hundert Male an (z.B. 208,106.107.108.109.111.112.113.114.116 und passim, oft mehr als einmal in einer Migne-Kolumne), so daß die literarische Fiktion des Dialogs dem christlichen Leser fast pausenlos bewußt bleibt. Die einzelnen Argumentationselemente sowohl der christlichen wie der jüdischen Seite ähneln sich dabei stark und werden oft, kaum variiert, wiederholt; mit einem Wort: Je weniger Realitätsgehalt der Dialog hat, desto mehr wird der Anschein von Realität erweckt, und dem - so bisher nicht bekannten - Höchstmaß von Elementen eines Scheindialogs entspricht ein Maximum an Leerlauf.

Durchaus neu in der antijüdischen apologetischen Literatur ist auch eine präzise, durch häufige Wiederholung geradezu eingehämmerte programmatische Formulierung der Zielsetzung der Adversus-Judaeos-Literatur: Der katholische Glaube soll gefestigt, gestärkt und verteidigt werden, und die falschen, lügnerischen Standpunkte der ungläubigen Juden sollen widerlegt und diese eines Besseren belehrt werden (PL 208, 129.189. 199.203.206.209.214.219.234.242.247.248.253.280-281.316.319.325. 337.354.389.390.401.402.548). Dabei wird die Sicherung des christlichen Glaubens stark überwiegend an erster Stelle genannt und unterstreicht damit die Tatsache, daß die Adversus-Judaeos-Texte schon immer in erster Linie die Christen im Glauben stärken und sichern wollten und weniger oder nur indirekt der Missionierung von Juden dienten. Da diese in dieser Zeit ohnehin gewöhnlich des Lateinischen nicht mächtig waren, geht schon deshalb die floskelhafte Anrede *o Judaei* ins Leere. Tatsächlich sind Martins Werke, wie üblich bei antijüdischer Apologetik, zur Lektüre von Christen bestimmt und dienen der innerchristlichen geistigen Auseinandersetzung mit dem Judentum. Wenn die so erstrebte Glaubensstärkung der Christen diesen auch bei Gesprächskontakten mit Juden hilfreich war, so war das allerdings ein durchaus willkommener Sekundärerfolg.

Eher aus Buchwissen als aus Umgang mit Juden gewonnen erscheinen auch die von Martin referierten jüdischen Standpunkte: Die Juden wollen Abrahamskinder sein (PL 208, 141.308), beanspruchen also trotz des Christentums und gegen dieses weiter ihre Erwählung. Gott ist einzig (PL 208,284.291.292), das heißt die Trinitätsvorstellung wird abgelehnt. Jesus ist nicht von Gott(-Vater) vor aller Zeit gezeugt, sondern Kreatur wie alle anderen Menschen (PL 208, 139.140.141.233). Die Juden wenden deshalb rational gegen die Eucharistie ein, der Körper eines von einem Weibe geborenen Menschen könne nicht von anderen Menschen empfangen und verzehrt werden. Jesus ist nicht (wahrer) Gott, sondern ein *homo purus*, ein reiner (d.h. gewöhnlicher) Mensch, ein Mensch durch und durch (PL 208, 166.187.195.201.239.241.255.301.318.321.329.338. 351.354.380.382.385.391.401), Sohn des Handwerkers Joseph (PL 208, 203-204), und er hat nicht wirklich die Welt erlöst (PL 208, 351.360). Wäre Jesus Gott, erschiene es unglaubwürdig, daß er inkarniert wurde, litt, starb und begraben wurde (PL 208, 238.239.263.301.302.380. 388). Ein einziges Wort Gottes hätte ja schon die Erlösung bewirken können (PL 208,388-389).- Dagegen hält Martin öfters, Jesu Tod sei ein "freiwilliger" Sühnetod gewesen (z.B. PL 208, 302.385). Der Messias ist noch nicht gekommen (PL 208, 241.246.247.255.261), vielmehr wird er (erstmals) am Weltende erscheinen (PL 208, 246). Die Juden, die für sich eine gute Bibelkenntnis in Anspruch nehmen (PL 208, 135), gehen davon aus, daß Jesus Christus nicht im Alten Testament "präfiguriert" ist (PL 208, 301.334.351.354), das heißt der christologischen Bibelexegese wird widersprochen. Auch die christliche Taufe ist nicht in der Bibel "präfiguriert", das heißt durch typologische Exegese dort zu erheben (PL 208, 253.271); auch wurde nicht die Taufe, sondern die Beschneidung von Gott in der Tora geboten (PL 208, 252.271). Die (christliche) Taufe reinigt den Körper, befreit aber nicht die Seele von den Sünden (PL 208, 271). Sie verweigern die Annahme des Neuen Testaments (PL 208, 318.329. 364.391), weil es - im Unterschied zur Tora - nicht von Gott gegeben (PL 208, 284.294.318.364) und nicht schon im Alten Testament angekündigt wurde (PL 208, 298). Die Christen beachten und halten nicht die Toragebote (PL 208, 415.417 zu den Speisevorschriften bezüglich Enthaltung von bestimmten Tieren; PL 208, 422 zur Behandlung der Aussätzigen gegen Lv 13,46). Die Juden bestreiten, daß Gott je befahl, einen Menschen für die Sünden des Volkes zu opfern, vielmehr gebot er ausschließlich die Opferung von Tieren (PL 208, 358). Jesus von Nazareth konnte weder von den Toten auferstehen (PL 208, 255) noch Ecclesia erlösen (PL 208,401). Überhaupt wurde der Status der vor alters von Gott durch Moses begründeten Synagoge durch Christus nicht affiziert und wird unverändert bis zum Weltende bleiben (PL 208, 547-548). Die Juden bedürfen gar nicht der christlichen Sündenvergebung, weil sie durch die Tora (bzw. deren Praktizierung) gerettet (d.h. gerechtfertigt) werden (PL 208, 373).

Da sind wesentliche jüdische Positionen einigermaßen zutreffend beschrieben, aber eine lebendige Auseinandersetzung, eine wirkliche kontroverstheologische Diskussion oder gar ein Versuch des gemeinsamen Ringens um die Exegese wichtiger Bibelstellen kommt kaum zustande. Es werden manche Denkschablonen und Stereotypen aus der gelehrten Tradition übernommen und unbesehen weitergereicht. Deshalb und auch dadurch, daß Martin von León fast ohne dialektische Aufgeschlossenheit manche Textelemente oft wiederholt, nehmen seine Darlegungen weithin Züge einer seltsamen holzschnitthaften Starre an.

Die typologische und allegorische Exegese betreibt Martin in bewußtem Kontrast zu dem unspirituellen fleischlichen Lesen der Juden, das er oft rügt und gegen die er mit "Vernunftgründen" (*rationes*) und "beweiskräftigen Bibelstellen" (*auctoritates*) operiert (PL 208, 315.336); denn für ihn "hat das Alte Testament offenkundig das Neue präfiguriert und war sein Schatten" (PL 208, 287), und es gibt für ihn eine "harmonische Übereinstimmung von Altem und Neuem Testament" (*veteris ac novi testamenti concordia*, PL 208, 319.320.329, ähnlich PL 208, 319.325.1333). So ist von der zweiten göttlichen Person die Rede Gn 1,26 (PL 208, 109) und Gn 19, 24 (PL 208, 116). Von Christus spricht Gn 6, 13 ff. (PL 208, 228: "Holz und Wasser, durch die Noe von Todesgefahr errettet wird, bezeichnen das Kreuz Christi und die Taufe). Gn 28, 11 ff. weist Jakobs Schlaf voraus auf Christi Passion und Tod (PL 208, 238). Der später mit Öl übergossene Stein unter Jakobs Haupt meint Christus; denn wer wüßte nicht, daß "Christus" (d.h. der Gesalbte) so heißt wegen der Salbung" (PL 208, 238). In der erfundenen Geschichte von dem wilden Tier, das Joseph fraß (Gn 37, 33), zielt Joseph auf Christus und das Tier auf die Juden; denn "ein blutgieriges wildes Tier, das ist das Judenvolk, tötete Christus" (PL 208, 244). Konsequent ist der Joseph von Gn 39, 7 ff. *figura Christi*, und ist Potiphars Weib *typus Synagogae* (PL 208, 386). Herkömmlich ist auch Moses ein Typus Christi (PL 208, 253). Ex 15, 2 ff. meint das bittere Wasser den "tötenden Buchstaben" oder das "Alte Testament", das Holz dagegen weist voraus auf Christi Kreuz (PL 208, 285-287). Auch das Manna von Exodus 16 "präfiguriert" Christus (PL 208, 277.279.280), und der Fels, aus dem Moses Wasser schlägt (Ex 17, 1 ff.), ist Typus des am Kreuz von einer Lanze durchbohrten Christus (PL 208,282). Dieser ist auch gemeint Is 9, 5 (PL 208, 117-118), Is 45, 1 ff. (PL 208, 108-109), Mich 4,1-2 (PL 208, 184 ff.), Mich 5, 1 (PL 208, 187.1273), Jr 23, 5 (PL 208, 128), Ps 2 (PL 208, 145.1272), Ps 45, 8 (PL 208, 106), Ps 87, 5 (PL 208, 127), Ps 110 (PL 208, 115) und Weisheit 2, 10-20 (PL 208, 132), weshalb auch die Juden das Buch Weisheit als unkanonisch eliminierten und seine Lektüre verboten (PL 208, 132). Gn 1, 1 bedeutet "Anfang" (*principium*) Christus, wie ebendort auch der hebräische Plural *Heloim* auf mehr als eine göttliche Person weist (PL 208, 1272; ähnlich PL 208, 1271-1272 zum Plural in Gn 1, 26). Der die Gesetzestafeln beschreibende Finger Gottes (Ex 31, 18) präfiguriert die

Tätigkeit des Heiligen Geistes (PL 208, 311), und das dreimalige "Heilig" von Is 6,3 weist auf die Trinität (PL 208, 1272).

Herkömmlich ist Martins Relativierung der Tora. Das geschieht auf drei Wegen. Einmal durch Hinweis auf die schon biblische grundsätzliche Abwendung Gottes vom Kult der Juden (PL 208, 1333-1334.1337 zu Is 1, 11-15; Is 5,25), dann durch die allegorische Deutung des Zerbrechens der Gesetzestafeln auf das Vergehen des Alten Bundes (PL 208, 312 zu Ex 32,19) und schließlich durch Unterstreichung des Prinzips, die Tora spirituell (*spiritualiter*) zu verstehen (PL 208, 292). Das wird im einzelnen gezeigt am Beispiel der Beschneidung, die nur ein Mittel war, die Juden von vielen anderen heidnischen Völkern zu unterscheiden, also kein Heilszeichen war und im übrigen seit Christus, auf den Dt 30, 6 weise (Gott wird dein Herz beschneiden), überholt ist (PL 208, 1332); ferner am Beispiel des Sabbats: Schon Josuas Heer habe sieben Tage hindurch, also auch am Sabbat, die Stadt Jericho umrundet (PL 208, 1336 zu Jos 6, 1 ff.; vgl. auch PL 208, 291 den Hinweis auf die schon biblische Ablehnung des Sabbats Is 1, 14); schließlich am Beispiel der unreinen Tiere, die nicht gegessen werden dürfen, während in Wahrheit alles von Gott Geschaffene gut sei und so mit den unreinen Tieren nur die schlechten Charaktereigenschaften der Menschen gemeint sein können (PL 208, 415).

Neben die Relativierung der Tora tritt das Bemühen, in der Bibel weitere wesentliche Elemente des christlichen Glaubens zu erkennen: Das Wandern der Israeliten unter der Wolke und der Durchzug durch das Schilfmeer präfigurieren Christi Taufe im Sinne von 1 Kor 10, 1-2 (PL 208, 272 zu Ex 13, 21 und 14, 15 ff.; ähnlich PL 208, 280). Auch die Waschung Aarons (Ex 29,4) präfiguriert die Taufe Christi (PL 208, 1163), und Is 1, 11-16 ist so zu verstehen, daß Gott die Opfer und Feste der Juden zugunsten der christlichen Taufe verschmähte (PL 208, 1163; dabei Is 1, 16 nach der Vulgata: *Lavamini, mundi estote*; ähnlich auch Is 43, 20 [Vulgata]).

Die 'Zwei-Völker-Lehre', wie man sie nennen könnte, das heißt die exegetische Methode, Kirche und Synagoge, Christen und Juden, typologisch biblischen Personen und Personenpaaren zuzuordnen, eine Methode, die sich auf Gal 4, 21 ff. berufen konnte, ist auch für Martin von León ein Mittel, den Sieg des Christentums über das Judentum bibelexegetisch abzusichern. Er sieht Gn 21, 8 ff. (Verstoßung Hagars und Ismaels) Synagoga und das jüdische Volk "präfiguriert" (PL 208, 224-227); Gn 25, 23 (der Ältere wird dem Jüngeren dienen) deutet er (PL 208, 234-237) auf Synagoga und Ecclesia und schließt daraus auf die "Verwerfung" der Juden und die "Erwählung" der Christen (PL 208, 236). Die beiden von Abraham vor Isaaks Opferung zurückgelassenen Knechte "präfigurierten euch, ihr vernunftlosen Juden, die ihr mit eurer Mutter, das heißt mit Synagoga, als Knechte unter dem Gesetz lebtet und die ihr nicht geistig, sondern fleischlich Gesetz und Propheten verstandet, weshalb ihr nicht zum Ort des Opfers gehen durftet" (PL 208, 232 zu Gn 22,5). Darüber hinaus bezeichnet der mit den beiden Knechten zurückgelassene Esel die "Torheit" und geistige Blindheit der Juden und ihr "Störrischsein" im Sinne von Dt 32, 15 (PL 208, 232). Juden und Christen sind typologisch vorgebildet in Manasse und Ephraim: "Zu Recht habt ihr das Land der Verheißung verloren und seid eben diesem Christenvolk als Sklaven übergeben worden" (PL 208, 250 zu Gn 48, 1-22; daneben ist ebendort die kreuzweise Auflegung der Hände in 48, 14 ein Typus des Kreuzes Christi). Nach einer ähnlichen exegetischen Tradition ist zum Beispiel Hoheslied 4 Ecclesia gemeint (PL 208, 447: vgl. PL 208, 547-548, wo der Vulgatatext von Hoheslied 8,5 auf Synagoga bezogen wird; auch ist hier Ez 16 als Vorausbeschreibung der Verwerfung "der Synagoge, eurer Mutter" gedeutet), und die Juden sind als Volk verflucht wie ihr "Typus" Kain (PL 208, 214-215).

Die Blindheit und verstockte Glaubensverweigerung der Juden konstatiert Martin oft (z.B. PL 208, 224.226.229.233.547), und er sieht sie meist in der den Juden eigenen Bosheit und Schlechtigkeit begründet (z.B. PL 208, 135.144); einmal erwähnt er wie entschuldigend daneben auch ihre "Unwissenheit" (PL 208, 135). Die künftige Blindheit der Juden sah schon Isaias voraus (PL 208, 1341 zu Is 6,9-10; 43,8), und "Gott versuchte, auf die künftige Härte eures Unglaubens hinzuweisen, als er das Gesetz nicht auf Holztafeln oder Papier, sondern auf Steintafeln schrieb" (PL 208, 299 zu Ex 31, 18). Die Juden haben für ihren Unglauben "keine Entschuldigung", nachdem sie durch so viele Vernunftgründe (*rationes*) und alt- und neutestamentliche Beweisstellen (*auctoritates*) widerlegt und besiegt sind (PL 208, 315-316). Von daher versteht sich der für die Zeit der Frühscholastik charakteristische Rekurs auf die Ratio: "Die Vernunft (*ratio*) übernehme daher in euren Köpfen, ihr Juden, die Herrschaft" (PL 208, 418). Die Juden sind dann nicht mehr "vernunftlos wie die vernunftlosen Tiere (*bruta animalia*), sondern wirklich wie vernunftbegabte Menschen", wenn sie den typologischen Bildern der Patriarchen und den Prophetenweissagungen über Christi Inkarnation, Passion und Auferstehung Glauben schenken (PL 208, 378). Damit ist ein kritischer Punkt in der Geschichte der christlich-jüdischen Kontroverse erreicht. Hatte man vor

dem 12. Jh. die anhaltende Verstockung der Juden noch meist mit ihrer an-
gestammten Bosheit oder - biblisch - mit Is 6, 9-10 begründet, so drängt
sich jetzt der Gedanke auf: Die Juden sind in ihrem Verhalten wie vernunftlose Tiere, ja sie sind Tiere. Vielleicht geht die wachsende Freude der
Theologen über die eindrucksvollen Leistungen der scholastischen Ratio
beim Beweisen christlicher Glaubenswahrheiten Hand in Hand mit einem
zunehmenden Unverständnis angesichts der jüdischen Verstockung, einem
Unverständnis, das leicht zur entrüsteten Verständnislosigkeit werden
konnte und sich ein scheinbar so naheliegendes Interpretament wie den
Tiervergleich suchte.

Die Juden als Kreuziger Christi - ohne daß eine Mitschuld der Römer
auch nur erwogen wird - sind ein herkömmliches Thema auch bei Martin
von León (z.B. PL 208, 152.215-216.230.233.244.251.548.1170; als
Prophetenmörder PL 208, 235; vgl. PL 208, 1170: sie haben Christi Apostel mit Schlägen traktiert und grausam aus dem Lande vertrieben). Auffällig sind die Widersprüche in der Begründung ihres Tuns. Meist heißt es:
Die Juden haben Jesus "ohne (objektiven) Grund" (*sine causa*) gekreuzigt
(PL 208, 145.217.224.235.250.257.258.259.362.547.1165). Daneben
gibt es als (subjektiven) Grund ihres Tuns "Haß" (PL 208,235) oder
"Mißgunst" (PL 208, 362.385) oder Martin sagt überhaupt, die Juden haben sich Jesus Christus gegenüber verhalten wie "schamlose Hunde" (*canes impudici*, PL 208, 243) und seien "befleckt mit dem Blut des Welter-
lösers" (PL 208, 250). Üblich ist auch der Bezug auf Mt 27,25 (PL 208,
224.235.1165) und die Deutung ihres leidvollen Schicksals und ihrer Verdammnis als Folgen der einstigen Missetaten: "deshalb wurdet ihr aus dem
Land der Verheißung vertrieben, und ihr lebt über die ganze Welt zerstreut,
mißachtet, Beschimpfungen und mannigfache Gewalttaten erleidend" (PL
208, 224). Auch aus dem himmlischen Vaterland werden sie verbannt bleiben, wenn sie sich nicht bekehren (PL 208, 224). Ihre "Knechtschaft"
(*servitus*) ist also eine doppelte. Einmal sind sie den christlichen Völkern
auf der ganzen Erde zu Gefangenen gegeben worden und erdulden
Knechtschaft und Exil (PL 208, 230.362), zum anderen erwartet sie die
"ewige Knechtschaft" der "Verdammnis" (PL 208, 235.548). Auf jeden
Fall ist die Kreuzigung "das schlimmste Vergehen der Missetäterin Synagoga", die dafür tief fiel und sich und ihren Nachkommen die Verdammnis
zuzog (PL 208, 547). Auf die Gefangenschaft (*captivitas*) der Juden bei
den christlichen Völkern weist schon Os 3,3 voraus (PL 208, 1165). Die
leidvollen Schicksale der Juden ergeben sich aus ihrer Kollektivschuld auf
Grund der Selbstverfluchung von Mt 27,25: "diese vertrieb euch einst aus

Judaea, heute richtet sie euch übel zu und macht euch zu Sklaven aller Völker unter dem Himmel, und sie wird euch beim Endgericht zweifellos die Verdammnis bringen ... wenn ihr euch nicht demütig taufen laßt" (PL 208, 1165). Ohne Jerusalem, des biblischen Opferkults beraubt, ohne Priester und Altar, beachten die Juden "ohne Grund" weiter die Beschneidung und verschmähen die Taufe: "O ihr Unglückseligen, ihr überaus Unglückseligen! Juden seid ihr nicht (mehr), Christen wollt ihr nicht sein ... weil ihr also vernunftwidrig (*irrationabiliter*), ohne Gesetz und ohne Evangelium, lebt ... eilt ihr zweifellos geradenwegs zur ewigen Verdammnis" (PL 208, 1165). Aber Martin vergißt auch nicht den Umstand zu nennen, daß Christi Tod ein freiwilliger Sühnetod zur Erlösung der ganzen Welt war (PL 208, 239), indes relativiert dies bei ihm nirgends die kollektive Schuld der Juden.

Er legt vielmehr den größten Wert darauf, immer wieder den Kausalzusammenhang zwischen dem gegenwärtigen Elend der Juden und ihrer einstigen Schuld herzustellen, und zwar im Sinne des bekannten Geschichtsbeweises für die Ablösung der Juden als Gottesvolk durch die Christen. Die Juden sind aus dem Gelobten Land vertrieben, in alle Welt zerstreut, ja, was noch schwerer wiegt, allen Völkern der Erde als Sklaven überantwortet (PL 208, 141). Dies eilt der erst in der ersten Hälfte des 13. Jh. beginnenden Kammerknechtschaft der Juden etwas voraus, aber die jahrhundertelange Wiederholung solcher Sätze war andererseits einer der Faktoren, welche die sozialpolitische Entwicklung diesem Punkt zusteuern ließen. Der Kreis dieser theologischen Argumentation mit dem Geschichtsbeweis war leicht zu schließen, wenn die Formen sozialer Abhängigkeit, wie sie schon der frühmittelalterliche Judenschutz mit seinen Schutzbriefen zeigt, als Bestätigung einer solchen Sicht bewertet wurden. Im außertheologischen, politisch-sozialen Raum wurde eine analoge Bewußtseinsbildung durch den Umstand gefördert, daß die Juden gerade in ihrem schutzbedürftigen Status eine ergiebige Steuerquelle waren. Martin läßt es für seine Person bei diesem Thema nicht an Nachdruck fehlen, ja er verknüpft in verhängnisvoller Weise wieder die Kain-Gestalt mit dem dazu passenden Geschichtsbeweis (PL 208, 216 zu Gn 4,12): "Unstet seid auch ihr heute, o Juden, und flüchtig auf Erden, das heißt unter alle Völker zerstreut. Unstet seid ihr und zerstreut, verlustig gegangen des irdischen und himmlischen Reiches, weil ihr Christus verleugnet habt ... Unglücklich seid ihr, o Juden, flüchtig fern von Jerusalem und in allen Himmelsgegenden zerstreut ... Wer sähe jetzt nicht, wer könnte leugnen, daß das rebellische, hartnackige Volk in der ganzen Welt zerstreut ist ... Wer sähe nicht, wie es seufzt vor Trauer ob des verlorenen Reichs und zittert aus Furcht vor dem Tod von der Hand unzähliger christlicher und heidnischer Völker? ... Unstet und flüchtig seufzt auf der Erde das jüdische Volk, mehr den zeitlichen als den ewigen Tod fürchtend ... (PL 208, 217:) Das jüdische Volk aber, sei es unter heidnischen oder unter christlichen Königen, hat noch nicht verloren das ihnen gesetzlich vorgeschriebene Zeichen der Beschneidung, durch das es von den übrigen Stämmen und Völkern unterschieden wird ... So wie also Kain sich von Gottes Angesicht entfernte, so verlaßt auch ihr Juden Gottes Angesicht, die ihr hartnäckig der schlechthinnigen Wahrheit euch widersetzt, das heißt Gottes Sohn leugnet ... Deutlich genug wurde euch, ihr Juden, gezeigt, wie offenkundig Kain euren bösen Unglauben präfiguriert hat und wie sein unschuldiger Bruder Abel auf den sterbenden Christus vorauswies ... Ihr habt aus Mißgunst den unschuldigen Christus gekreuzigt. Und weil ihr gegen den Gesetzgeber und Richter aller so schroff handeltet, deshalb habt ihr den Ort (eurer Heimat) und das Volk (d.h. den volksmäßigen Zusammenschluß in eurer Heimat) verloren". Wenn nun Hagar mit Ismael in der Wüste umherirrt (Gn 21, 8 ff.; Gal 4,21 ff.), "so weist das hin auf die ungläubige Synagoge, die mit ihrem Sohn, das heißt mit dem jüdischen Volk, also mit euch allen, o Juden, aus ihrem Heimatland vertrieben, ohne König, Gesetz, Priestertum, Altar und Opfer auf dem ganzen Erdkreis umherirrt" (PL 208, 225: ähnlich PL 208, 227.232.250.251.257.307.422, dabei col. 250.251. 307 verbunden mit dem Aspekt der *servitus*; col. 307 neben und verbunden mit *servitus* auch die Kopfsteuer der Juden thematisiert). Einmal bezeichnet Martin die Juden als Schandfleck der Menschheit (PL 208, 1170): "Zur Zeit der Patriarchen und Propheten wart ihr infolge von Gottes Güte Gott lieber als alle Völker unter dem Himmel; jetzt aber seid ihr wegen eures häretischen Unglaubens (*infidelitatis perfidia*) verächtlicher (als alle anderen); denn immer habt ihr, wie Moses sagt, den Herrn gereizt mit dem Tun eurer Hände, und deswegen seid ihr ein Schandfleck der Menschheit geworden" (*omnibus hominibus facti estis opprobrium*). Neu ist hier, daß die verachtete Lage des jüdischen Volkes auf dem letzten Rang unter allen Völkern nicht, wie sonst, ausschließlich als Folge der Kreuzigung mit dem Jahr 70 beginnt, sondern durch das schon im Alten Testament belegte Frontmachen gegen Gott begründet wird. Aber schon in der Zeit der Alten Kirche wurde der Beginn des christlichen Glaubens weit in die biblische Zeit hinaufverlegt und das rebellische Verhalten der Juden dementsprechend als Abfall vom wahren (christlichen) Glauben gedeutet.

Bei aller theologischen Strenge gegenüber den Juden sieht Martin ihre heilsgeschichtliche Situation als im Grunde noch offen an. Zwar sagt er immer wieder, sie seien verworfen und die ewige Verdammnis erwarte sie, doch läßt er dabei regelmäßig die Tür zur Bekehrung und Rettung über den Glauben an Christus offen (z.B. PL 208, 224.257.265.283.299.338.376-377.1160.1166.1340-1344 [zu Is 65, 13-15, "getötet wird Israel"].1341. 1348), ja diese (drohende) ewige Verdammnis wird als Bekehrungsmotiv verwendet. Damit wird sie ähnlich argumentativ benutzt wie das Vorstadium der ewigen Verdammnis im Diesseits, die immerwährende Knechtschaft der Juden in der Zerstreuung unter die Völker der ganzen Welt: "Je schwerer ihr, o Juden, in der gegenwärtigen Zeit durch Knechtschaft niedergedrückt seid (*servitute oppressi*), desto leidenschaftlicher müßt ihr zur wahren Freiheit (in Gestalt des christlichen Glaubens) eilen" (PL 208, 1170; ähnlich z.B. PL 208, 422). Da zeigt sich ein Argumentationsschema der Judenmission bis fast in unsere Tage hinein: Das Leid der Juden treibt sie vielleicht in die Arme des christlichen Glaubens. Darin ist - wenigstens als Denkmöglichkeit - angelegt, durch soziale Repression den Bekehrungswillen zu stimulieren, also etwas nachzuhelfen, wo die Bekehrungsbereitschaft zu wünschen übrig ließ. Diese Bereitschaft von der anderen Seite her, durch Gewähren materieller Vorteile zu stärken, war bereits durch Gregor d. Gr. eingeführt.

Teils beiläufig und fast refrainhaft, teils drängend und aggressiv wird von den Juden die Bekehrung verlangt und erwartet, nicht selten auch verbunden mit dem Hinweis auf die sonst unvermeidliche ewige Verdammnis (PL 208, 123.137.141.142.145.148.150.173.174.175.176.180.182.190. 192.224-227.233-234.237.239.245.246.249.252.259.261-262.266.268. 270-271.275.281.287-288.299.305.308.309.312.315-316.334.338.340. 348-349.350.352-353.376-377.378.392.393.398-399.418.419.420.422. 545.547.1160.1162.1164.1165.1166-1167.1168.1169-1170.1331.1342. 1343-1350). Einmal verknüpft Martin seinen Bekehrungswunsch mit der christlichen Exegese von Hoheslied 7, 1: Sulammith ist "Synagoga, eure Mutter, o Juden", die "von Ecclesia gerufen wird, um sich frei zu machen von den Schlingen des Teufels, durch die sie willentlich gefangengehalten wird, und zurückzukehren zu Jesus Christus" (PL 208, 227). Auffällig ist wieder das Motiv, das Martins Bemühungen zugrunde liegt. Es ist die christliche Nächstenliebe (*caritas*, PL 208, 164.1348), ähnlich PL 208,1342: "Mitgefühl" mit dem Unglück der Juden (*multiplici vestrae infelicitati compatior*), wobei das Unglück, wie es sich Martin darstellt, vor allem in zweierlei Gestalt sichtbar wurde: Knechtschaft und Versklavung (*servitus*) im Diesseits und Erwartung ewiger Verdammnis im Jenseits. Ergänzt werden diese Vorstellungen durch die Erwartungen der endzeitlichen Konvergenz von Kirche und Synagoge im Sinne von Röm 11,25-26. Sie erscheint allerdings nur sehr selten (PL 208, 117.121.232-233) und wird überlagert und fast verdrängt von der judenmissionarischen Hoffnung seiner Gegenwart. Einmal deutet er Hiob 38,41 eschatologisch: Der nach Futter ausfliegende (d.h. den christlichen Glauben suchende) Rabe ist das jüdische Volk, schwarz wegen der Schuld seines Unglaubens; am Weltende gibt ihm Gott sein Futter, das heißt das (für den christlichen Glauben unabdingbare) spirituelle Verständnis (PL 208,1155).

Martin von León greift so gut wie alle Muster der traditionellen antijüdischen christlichen Polemik auf und verarbeitet sie zu einem so breiten Spektrum von Wertungen, wie es aus einschlägigen antiken und mittelalterlichen Texten bisher nicht bekannt ist. Mit anderen Worten: Die herkömmlichen Polemik-Elemente werden gebündelt und zu einem durchaus neuen Fächer eigener Art ausgebreitet. Wir wollen diesen Fächer in seiner vollen Breite betrachten, weil sich hier, bei ein und demselben Autor und damit in uneingeschränkter Authenzität christliche Sehweisen des Judentums beschreiben lassen, die in den folgenden Jahrhunderten bis zum Ende des Spätmittelalters und zum Teil über Luther hinaus bis weit in die Neuzeit hinein dominant bleiben. Es lassen sich elf Felder des Spektrums ausmachen:

1. Die Unwissenheit, Ahnungslosigkeit und Dummheit der Juden, die sich vor allem im Fehlen der geistigen Fähigkeiten zur spirituellen Exegese zeigt.- Einschlägige Termini sind *ignorantia* (PL 208, 340.547), *imperitia* (PL 208,135), fehlende *prudentia* (PL 208,127.338.1163.1343; vgl. PL 208, 258 *imprudenter*), ferner *stultitia* und *stultus* (PL 208, 149.176. 232.233.246.247.256.260.364.392.1167), *stoliditas* (PL 208, 299). Schließlich sind sie "einsichtslose Toren" (*insipientes*, PL 208, 133.141. 165.173.174.176.214.233.246.256.378.1166.1167.1339.1340), leiden gar unter Amenz (*amentia*, PL 208, 281) und Demenz (*dementia*, PL 208, 1310) und haben, Dummköpfe, die sie sind, überhaupt keinen Sinn für und keine Vorstellung von spirituellem Denken und Erkennen (*non spiritualiter sapere*, PL 208, 216; *spiritalis intelligentiae cognitionem non habetis*, PL 208, 135). In diesen Linien ist vielleicht noch eine gewisse Relativierung der jüdischen Schuld erkennbar. Dummköpfe können halt nichts für ihre Dummheit.

2. Die (geistige) Blindheit, Umnachtung, Taubheit, Verstocktheit, Verhärtung und Hartnäckigkeit der Juden.- Einschlägige Termini sind *caecus* (PL 208, 143.184.246.273.314.338.1334.1377), *caecitas* (PL 208, 106.109.115.137.155.164.232.257.267.286.315.327.336. 1160. 1166. 1341), *obcaecatio* und *obcaecare* (PL 208, 315.383.352). Einmal heißt es, das geistige Sehvermögen der Juden sei durch die lange Zeit ihres Unglaubens wie durch eine mit Triefäugigkeit verbundene Augenkrankheit getrübt (*oculi lipposi*, PL 208,1166). Sie sind von der Finsternis ihres Unglaubens und ihrer Unwissenheit umnachtet (*tenebrae*, PL 208, 151.387.547; vgl. *nebula contenebrati*, PL 208, 401), dazu auch "tauben Ohres" (*surdus*, PL 208, 127.1163), empfindungs- und gefühllos wie ein Stein (*insensibilitas*, PL 208, 299), und ihr Nacken entzieht sich dem zähmenden Joch (*indomabilis cervix*, PL 208, 1341; vgl. *indomabilis cor*, PL 208, 375). Sie sind störrisch wie ein auskeilender Gaul (*recalcitratio*, PL 208, 232, mit Anbindung an Dt 32,15; vgl. *contumacia*, PL 208, 243), langsam, das heißt saumselig und begriffsstutzig (*tardi corde*, PL 208, 337.346.364.391.1167), wenn sie glauben sollen. Sehr oft klagt Martin über die Härte (*duritia*) der ungläubigen Juden (PL 208, 124.195. 232.233.237.245.262.286.299.308.396.1343.1348; ähnlich *durus*, PL 208, 216.299.337.346.391.394.1341) und veranschaulicht sie mit der Härte von Steinen (PL 208,130.1167; PL 208,155 sogar die stilistische Entgleisung *duritia incredulitatis obnubilat oculos vestrae mentis*), ja sogar mit der Härte von Stahl (*adamantinus*, PL 208, 138.240). Ohne Bezug zur Körperlichkeit und mit entsprechenden Abstrakta spricht er von ihrer Obstinatheit (*obstinatio, obstinatus*, PL 208, 122.131.165.178.209. 224.250.312.334.335.339.352.394.401.1333.1341) und ihrer rechthaberischen Hartnäckigkeit (*pertinacia, pertinax*, PL 208, 106.135.255.360. 382.1162; vgl. 208,389 *perseverare*), mit der sie Christus leugnen und bei ihrem Unglauben verharren. In ihrem Verhalten lassen sie "Reue" vermissen (*poenitentia*, PL 208, 376-377; PL 208,376: *impoenitens cor*) und sind schließlich auch "undankbar" (*ingrati*, PL 208, 256.1163). Hier, in diesem zweiten Feld des Polemik-Spektrums, treten Aspekte, die vielleicht noch entschuldigend oder schuldrelativierend gewertet werden können (wie die Blindheit) bereits deutlich hinter negativen Wertungen zurück.

3. Die Juden lehnen sich (gegen den Herrn) auf und sind rebellisch (*rebellis*, PL 208, 107.200.204.216.265.268.289.327.336.364.379.421. 464.1163.1168.1331.1333.1341; vgl. PL 208, 153: *semper contra Dominum contentiose egistis*, d.h. die Juden stellen sich immer schon streitsüchtig gegen Christus; vgl. PL 208, 1331: *antiquae rebellationis vestrae*).

4. Die Juden sind in ihrem Verhalten gegenüber Christus und den Christen hochmütig, arrogant, dreist und frech.- Terminologisch erscheinen hier *superbia* (PL 208, 240.243), *superba mens* (PL 208, 200.228. 232.242.284.285.310; vgl. *superbe* PL 208, 217.420), *iactare* und *iactantia* (PL 208, 226.307), *protervus* (PL 208, 222-223.314.327), daneben *audacia* (PL 208, 258), *impudenter* (PL 208, 258), *procaciter* (PL 208, 406: unverschämtes, freches Lästern gegen Christus) und die Feststellung: "Die Juden machen sich lustig über die Kirche" (*Ecclesia a Judaeis irridetur*, PL 208, 556). Der Kontext bei Martin erweist aber, daß die dreiste Unverschämtheit der Juden regelmäßig darin besteht, daß sie nicht die christlichen Glaubensüberzeugungen (z.B. die von der Gottessohnschaft Christi) teilen beziehungsweise Einwände dagegen vorbringen. Aus Martins Sicht erschien es offenbar wie eine Frechheit, wenn jemanden die christlichen Positionen nicht überzeugten und er ihnen gar zu widersprechen wagte. In diesem Feld der antijüdischen Polemik verstärkt sich die Schärfe der Aussagen.

5. Der Unglaube, Irrglaube und Aberglaube der Juden, ihre Gottlosigkeit.- Hier greift Martin besonders stark auf die herkömmlichen Wertungen zurück. So erscheint immer wieder *infidelitas* als vom Wortcharakter her eher beschreibende, unpolemische Bezeichnung (PL 208, 115.116.173. 174.195.196.211.239.245.246.261.309.315.359.360.366.387.392.393. 394.395.396.403.422.547.1160.1166.1167.1341; daneben *infidelis*, PL 208, 268; *infidus*, PL 208, 139), ferner *error* (PL 208, 173.195.387. 1166.1333). In Junktur mit negativen Begriffen erhalten sie jedoch durch Abfärbung oft polemischen color. Das für sich ebenfalls noch wenig polemische *incredulitas* (PL 208, 120.124.125.127.135.145.151.155.165. 182.183.189.195.196.200.211.217.219.224.225.232.233.237.239.240. 242.243.247.250.252.260.262.265.267.281.283.299.300.305.307.308. 315.316.318.338.376.377.385.391.392.394.396.401.406. 422. 1166. 1348) wird in Junkturen wie *incredulitatis culpa* (PL 208, 394), *incredulitatis stultitia atque duritia* (PL 208, 233) oder *incredulitatis malitia* (PL 208, 200.217.252.265.305.316.318.338.385.391.401.406.422) oft stark negativ gefärbt und erhält polemische Schärfe. Das gleiche Schicksal erleidet *incredulus* (PL 208, 107.127.155.192.200.204.214.225.250.251. 256.268.289.309.327.336.352.360.364.379.381.1162.1167.1168.1333. 1340-1341), vor allem in der häufigen Junktur *rebelles et increduli* (PL 208, 107.200.204.214.265.268.289.327.336.364.379.1168.1333.1340-1341). Terminologisch ist auch *perfidia* als Bezeichnung des jüdischen Unglaubens (PL 208, 115.118.122.127.135.138.139.143.145.165.183.

195.196.205.209.211.219.234.239.242.246.247.300.307.308.309.312.
319.335.338.359.377.545.1163.1331.1341), ein Wort, das von seiner
Verwendungsweise bei lateinischen Autoren der Antike bereits deutlich negativ gefärbt ist im Sinne von Wortbruch, Falschheit, Treulosigkeit, aber
im Mittelalter oft auch ein relativ unpolemischer Begriff ist, ähnlich *infidelitas*. Nicht zu verkennen ist aber, daß in der theologischen Literatur seit
der Spätantike *perfidia* nicht selten auch den Unglauben der Juden aus
christlicher Sicht als verstockt, verkehrt und abwegig definiert, wobei *perfidia* sich zu *fides* in etwa verhält wie *periurare* als negatives Gegenstück
zu *iurare* (beeiden: einen Meineid schwören). Hinzu kommt die häufige
negative Färbung von *perfidia* in entsprechenden Junkturen, zum Beispiel
"todbringender Unglaube" (*mortifera perfidia*, PL 208, 145.195), "ganz
verlogener Unglaube" (*mendacissima perfidia*, PL 208, 234). Dieser Befund bestätigt sich in der einschlägigen Verwendungsweise des Adjektivs
perfidus (PL 208, 119.231.246.247.268.298.324.334.335.338.340.
363.392.397.464.1160.1163), das semantisch *perfidia* homogen ist und
durch ähnliche charakteristische Junkturen auffällt (z.B. *o gens prava et
perfida*, PL 208, 246.338). Schließlich wird bei Martin von León der jüdische Unglaube auch terminologisch durch *superstitio* bezeichnet (PL
208, 121.135.137.139.1330.1333), eine hier schon fast tausend Jahre alte
Wertung: Die jüdische Religion ist, seit dem Jahre 70 entwurzelt und von
Gott verworfen, degeneriert und verkommen zum "Aberglauben". Auch
der letzte in diesem Polemik-Bezirk erscheinende Begriff ist sehr alt, die
Bewertung des Verhaltens der Juden als "gottlos" und "Gottlosigkeit"
(*impius, impietas*, PL 208, 258.314.1166).

   6. Die schwere Schuld des Unglaubens der Juden läßt sie in die ewige
Verdammnis eingehen; die Juden sind Diener des Teufels und erwarten
den Antichrist als ihren Messias.- Der Unglaube lastet als schwere
"Schuld" auf den Juden (*culpa*, PL 208, 393.394.396). Ihr verkehrter
Glaube ist "todbringend" (*mortifera*, PL 208, 122. 145.178.195.250.
261.312.335.339.1166.1333.; vgl. *pestifera*, PL 208, 247) und liefert sie
der "ewigen Verdammnis" aus (*aeterna damnatio*, PL 208, 145; vgl. PL
208, 338 *in aeternum perire*; PL 208, 376-377: *aeterna mors, mors perpetua, aeternus interitus, aeternus ignis*). Durch ihre ablehnende Haltung
gegenüber Christus wurden sie selbst zu "verworfenen und gottlosen
Frevlern" (*reprobi atque sacrilegi*, PL 208, 257). Sie sind nicht mehr "Juden", das heißt "Bekenner", sondern "Synagoge Satans" (PL 208, 1334;
vgl. Apk 2, 8-9; 3,9), "Teufelssöhne" (PL 208, 141; vgl. Jo 8,44). Synagoge, die Mutter der Juden, ist in den Schlingen des Teufels gefangen (PL

208, 227 zu Hoheslied 7,1), und die Juden haben sich, weil sie Christus leugneten, in die Knechtschaft des Teufels begeben (PL 208, 307) und haben ihm nun schon so lange gedient (PL 208, 1169). Die starke Affinität Juden-Teufel versteht sich auch von daher, daß der Teufel "Fürst aller Bosheit" ist (*totius malitiae princeps*, PL 208, 212), die Bosheit (*malitia*) aber eine die Juden wesensmäßig kennzeichnende Eigenschaft darstellt (dazu unten). Der Messias, auf den die Juden warten, ist der Antichrist (PL 208, 244 zu Jo 5, 44; PL 208, 246-247.269-270).

7. Die Juden sind überaus unglückliche, bedauernswerte Wesen. Terminologisch erscheinen in diesem Sinnbezirk *infelix* beziehungsweise *infelices* (PL 208, 115.116.117.126.127.130.139.140.143.149.153.154. 155.165.166.173.176.206.209.216.242.245.246.259.284.291.299.318. 323.325.335.339.347.377.381.420.546.1160.1165.1334.1339. 1340. 1341); einmal dafür *infelicitas* (PL 208, 1342), sonst *miser* beziehungsweise *miseri* (PL 208, 116.117.126.141.175.176.252.338.377.381. 382.405.415.420.547.1163.1164.1165.1166.1333.1334.1335). Das "Mitleid mit dem Unglück" der Juden (*miseriis condolere*, PL 208, 1164), in dem sich Martin überbietet, oft in superlativischen Wendungen, artikuliert eine Haltung, die vielfach in der christlichen Judenmission späterer Jahrhunderte dominiert. Martins Mitleid fließt nicht aus der Grundstimmung elementarer humanitärer Zuwendung, sondern artikuliert das christliche Schaudern angesichts der furchtbaren Bestrafung jener Missetäter, an denen Christi Drohworte wahr geworden sind: Sie sind aus dem Gelobten Land vertrieben, zerstreut über alle Länder der Erde und zu Sklaven aller Völker des Erdkreises geworden (PL 208, 141.216), unstet und flüchtig wie Kain, der ihr Typus ist (PL 208, 216-217). Ihr Unglück sollte sie bewegen, im Nachdenken über dessen Ursachen zu Christus zu finden.

8. Die Juden belügen die Christen, sind Wahrheitsfeinde und arbeiten mit Tücke und Täuschung.- Die Juden lügen (*mentiri, mendax, mendacium*) mit ihren Behauptungen (*assertiones*), Einwänden und Einlassungen (*oppositiones, objectiones*) und überhaupt mit ihren Diskussionsbeiträgen (*disputationes*), die sie in der apologetischen Auseinandersetzung mit den Christen - vertreten durch Martin - vortragen (PL 208, 141.142.175.187. 190.195.206.207.214.215.226.234.248.271.280-281.292.298.300.307. 308.311.316.319.325.327.332.334.351.364.385.390.401.402.545).Gegenstand dieser "Lügen" ist zum Beispiel die Gottessohnschaft Christi (PL 208, 141), die Vorausdarstellung des Neuen Testaments im Alten Testament und seine göttliche Einsetzung (PL 208, 298; vgl. PL 208, 364). Mit diesem Vorwurf der "Lüge" werden überhaupt alle apologetischen

Stellungnahmen und Meinungsäußerungen der Juden bedacht - gewiß keine auch für die jüdische Seite annehmbare Basis der Diskussion, die dadurch sich einmal mehr als Scheindialog erweist. Diese Einstellung Martins, daß die Einwände der Juden ihm von vornherein als Lügen gelten, weist im übrigen voraus auf die Gründe für das Scheitern der großen Religionsdisputationen der folgenden Jahrhunderte (Paris 1240, Barcelona 1263, Tortosa 1413/14 usw.). Neben "Lüge" erscheint als Bewertung der jüdischen Standpunkte bei Martin verschiedentlich auch "falsch" (*falsa assertio*, PL 208, 203; *falsa oppositio*, PL 208, 253; *falsae objectiones*, PL 208, 546), und die Juden sind überhaupt "falsche Zeugen" (PL 208, 199.319; vgl. *falsa testimonia*, PL 208, 242; *falsa perfidia*, PL 208, 242). Terminologisch ist bei Martin in diesem Zusammenhang die Bewertung der Juden als "Wahrheitsfeinde" (*inimici veritatis*, PL 208, 167.168. 173.187.201.209.223.225.227.238.247.264.291.302.304.312.313.314. 315.316.320.321.323.325.326.329.334.336.337.347.352.359.375.377. 384.389.390.402; vgl. die ähnliche Formulierung "Gerechtigkeitsfeinde", *inimici iustitiae*, PL 208, 179.218); denn die Juden sind ein Volk, dem das Licht der Wahrheit in Gestalt Christi fremd bleibt (PL 208, 273.314.338), ein Volk, das überhaupt die christliche Wahrheit bekämpft. Schließlich sind die Juden voll von "Tücke und Täuschung" (*dolus et fallacia*, PL 208, 180.318.1168), offenbar weil sie mit immer neuen lügnerischen Argumenten aufwarten und sich so dem argumentativen Zugriff der Christen entziehen. Hier wird eine Linie erkennbar, die sich im folgenden weiter verstärkt: Im Zuge der theologischen Auseinandersetzung mit den Juden führt die Erregung über ihre Uneinsichtigkeit schrittweise auch zu durchaus paratheologischen Urteilen und zu pauschaler menschlich abwertender Polemik. Diese ist anscheinend vor allem gruppenpsychologischer Natur, wie noch weiter zu sehen sein wird; angestaute Vorurteile gegen die Juden als nicht integrierte Fremdgruppe entladen sich in verbaler Aggressivität.

9. Die Juden sind böse, bösartig, voll Haß und Mißgunst gegen Christus; sie lästern ihn und verfluchen die Christen; nach ihren Missetaten gegen Christus wollen sie nun den Christen Verderben bringen.- Am häufigsten ist die Rede von der "Bosheit" (*malitia*) der Juden (PL 208, 106.122. 133.135.137.144.153.164.165.200.209.217.232.252.259.265.283.305. 309.316.318.336.338.385.389.391.394.401.403.406.422), die sie einst ihre Missetaten gegen Christus begehen ließ und sie heute an ihrem verstockten Unglauben festhalten läßt. Daß der Teufel (*diabolus*) "aller Bosheit Fürst" ist (*totius malitiae princeps*, PL 208, 212), verstärkt die Affini-

tät der Juden zu Teufel und Hölle. Daß der *diabolus* seine Hände im Spiel hat, entschuldigt die Juden aber nicht. Oft spricht Martin in ähnlicher Weise auch von der "Bösartigkeit" (*malignitas*) der Juden (PL 208, 133.141. 165.173.174.224.233.378.1167.1339.1340.1341) und ihrer "Verdorbenheit" (PL 208, 106.122.135.196.336.394.401) wie von Wesenseigenschaften. Für ihn steht fest, daß sie "Haß" (*odium*, PL 208, 242. 274.1160) und "Mißgunst" (*invidia*, PL 208, 217 [Vergleich mit Kains *indivia* gegen Abel]. 242) gegen den Gottessohn empfinden. Aus solcher Grundstimmung heraus lästern und verwünschen sie Christus und schmähen gegen christliche Glaubenswahrheiten (*blasphemare, blasphemia*, PL 208, 176.187.223.226.231.242.271.334.340.382.406.420.546). Eine "Blasphemie" ist zum Beispiel ihre Behauptung, Jesus sei nicht Gottes Sohn, sondern ein gewöhnlicher Mensch gewesen (PL 208, 382). Auch das Christenvolk "verfluchen" die Juden (*maledicere*, PL 208, 236; vgl. PL 208, 420 *detestari*). Schon das Verhalten der Juden gegen Jesus Christus war "gottlos" (*sacrilegi*, PL 208, 257); vergleiche in diesem Zusammenhang die Rede von der Missetäterin (*praevaricatrix*) Synagoga (PL 208, 547); ähnlich PL 208, 340 (*multas iniurias inferre*), schärfer PL 208, 224 (zu Mt 27,25): Die Juden bewirkten, daß Christi Blut "grausam" vergossen wurde. Die Vulgataversion von Ezechiel 2,6 lieferte im übrigen die Formel, in anachronistisch aktualisierender Deutung die Juden des Hochmittelalters insgesamt als "Verderber" zu bezeichnen, die durch Wort und Tat den Christen schaden (*o increduli et subversores Judaei*, PL 208, 352.360-361).

10. Die Juden sind (moralisch) nichtswürdig; ihre Worte, mit denen sie Christi Gottessohnschaft leugnen, kommen aus einem Munde, der schmutzig und lasterhaft ist; als Volk sind sie in ihrer Glaubensverweigerung mißgestaltet und abnorm, und ihre apologetischen Aussagen sind absurd und geistig nicht mehr normal.- Die Juden sind scheußlich anzusehen und starren vom Schmutz ihrer Nichtswürdigkeit (*nequitiae squalore foedi atque hispidi*, PL 208, 235; vgl. 208, 106). Mit schmutzig-lasterhaftem Mund (*polluto ore*, PL 208, 131.139.231.381) leugnen sie lästernd Christus als Sohn Gottes (vgl. PL 208, 250: *sanguine polluti*, besudelt vom Blut des Erlösers, das sie vergossen). Durch ihr Verhalten und ihre aberwitzigen Ansichten sind die Juden als Volk von krummer Mißgestalt und mißratener Verkehrtheit (*pravus*, PL 208, 143.173.246.256.309.314.338.376.403. 406.1162.1334.1341.1343; vgl. *pravitas*, PL 208, 135.406.1341) und abnorm (*perversus*, PL 208, 143.173.256.303.309.314.338.376.381. 403.1162.1334.1337.1343; vgl. *perversitas*, PL 208, 315). Was sie an

Diskussionsbeiträgen liefern, ist absurd, monströs, geistig nicht mehr normal (*insanus*, PL 208, 129). Solche Wertungen sind nicht theologisch begründet, vielmehr bilden sie die Brücke zu einer sozialen Verächtlichmachung und Ausgrenzung der Juden als ohnehin schon marginaler Gruppe. Die theologische Verständnislosigkeit für jüdische Standpunkte ist offensichtlich nur der Ausgangspunkt für die Artikulation von - schon vorhandenen - Gruppenvorurteilen. Die tatsächlich oder vermeintlich schwierige Situation der Juden am Rande der christlichen Gesellschaft des Hochmittelalters schien wiederum solche Gruppenvorurteile zu bestätigen; denn aus der Sicht Martins sind die Juden geringer und verächtlicher (*vilior*) als alle anderen Völker und ein "Schandfleck der Menschheit" (omnibus hominibus *opprobrium*, PL 208, 1170).

11. Die Juden haben Eigenschaften von Tieren; wie diese sind sie vernunft- und empfindungslos in der Blindheit ihrer Glaubensverweigerung.- Das tödliche Gift von "Schlangen" quillt aus ihrem Munde (PL 208, 308), wegen der Schuld ihres Unglaubens sind sie schwarz wie Raben (PL 208, 1155), wegen ihrer Vernunftlosigkeit und Widerspenstigkeit entsprechen sie dem Esel (PL 208, 232 zu Gn 22, 5 und Dt 32,15), Christus gegenüber verhielten sie sich wie "schamlose Hunde" (PL 208, 243) und waren "ein ganz und gar böses Tier", als sie ihn dem Tod überantworteten (PL 208, 244, mit typologischer Exegese von Gn 37,33). "Ein bluttriefendes Tier, nämlich das jüdische Volk, tötete Christus" (PL 208, 244). Die Juden, die nicht den (christologisch-typologisch zu deutenden) alttestamentlichen Bildern (*figurae*) und Prophetenverheißungen glauben, sind nicht "vernunftbegabte Menschen" (*homines rationales*), sondern "vernunftlos wie blöde Tiere" (*irrationabiles ut bruta animalia*, PL 208, 378). Brücke dieser Deutung ist für Martin von León offensichtlich die jüdische Unfähigkeit zur Geistigkeit der spirituellen Bibelexegese im christlichen Sinne; denn er verknüpft die Fähigkeit des Menschen zu spirituellem Verstehen (*spiritualis prudentia*) mit seiner - ihn vom Tier unterscheidenden - Fähigkeit zu Vernunftschlüssen (*rationale consilium*), und zwar so, daß er den Juden als Volk beides abspricht (*sine rationali consilio et sine spirituali prudentia*, PL 208, 127; *sine rationali consilio et absque spirituali prudentia*, PL 208, 1343). Darum sagt er ausdrücklich in diesem Zusammenhang, die Juden des christlichen Zeitalters leben "tierisch" (*bestialiter*, PL 208, 1343); und ein anderes Mal ebenso deutlich: Weil ihr also "tierisch" (*bestialiter*) lebt, seid ihr auf dem Weg in die ewige Verdammnis (PL 208, 1341); ähnlich PL 208, 130: "Mithin seid ihr nicht wie vernunftbegabte Menschen (*ut homines rationis capaces*) auf dem Wege zum ewigen Leben, sondern wie blöde Tiere (*ut bruta animalia*) unterwegs zum ewigen Tod". Von daher gelten die Juden terminologisch als empfindungslos, stumpf und vernunftlos (*insensatus*, PL 208, 178.183.232.241.270.273. 283.310.340.1344).

In die apologetische Auseinandersetzung schleichen sich Elemente offener Feindseligkeit ein, die nicht theologisch argumentativ entwickelt sind, sondern aus außertheologischen Quellen gespeist werden. Die Juden werden in ihrem nicht assimilierbaren und integrierbaren Anderssein offenbar als Bedrohung der eigenen Identität empfunden und durch polemische Etikettierungen ausgegrenzt aus der (von vornherein als christlich definierten) menschlichen Gesellschaft. Die bei Martin sichtbaren Inhalte und Formen der Gegnerschaft sind jedenfalls kaum durch den theologischen Gegensatz erklärbar und schon gar nicht neutestamentlich begründet; vielmehr sind sie anscheinend Zeichen eines angestauten sozialpsychologischen Aggressionspotentials gegen die Juden als Feindgruppe. Da an der durch Vernunft- und Schriftbeweise absolut gesicherten Richtigkeit und Wahrheit der christlichen Position keinerlei Zweifel möglich sind, müssen ihre hartnäckigen Gegner schon teufelhaft böse, verrückt oder vernunftlose Tiere sein - ein Interpretament mit dem man sich den unbequemen apologetischen Gegner gut vom Halse schaffen, aber auch christliche Selbstzweifel verhindern konnte. Die Massierung und Verschärfung der Polemik in literarischen Texten gerade des 12. Jh. zeigt: Mit der sich zusehends entwickelnden theologischen Beweismethodik der Frühscholastik nimmt gleichzeitig auch sprunghaft das Unverständnis angesichts der trotzdem andauernden Verstocktheit der Juden zu, welche die doch so eindrucksvoll bewiesenen Wahrheiten des christlichen Glaubens nicht annehmen. Die Juden werden - den Tieren und dem Teufel zugeordnet - schließlich sozusagen zu monströsen, dämonischen Wesen. In gewisser Weise rekapituliert Martin von León fast die ganze antijüdische Polemik seit der alten Kirche, so daß eine synchrone Betrachtung seiner Texte auch die diachronischen Strukturen und Trends solcher Polemik erkennen läßt.

Doch muß auch ihre Irrealität gesehen werden; denn die beinahe gebetsmühlenhaft oft wiederholten Anreden (*o Judaei*) und Beschimpfungen - samt der umfangreichen Argumentation mit der Vulgataversion des Neuen Testaments - konnten bei den Juden, die in aller Regel Hebräisch und die jeweilige Landessprache, nicht aber Latein konnten, gar nicht ankommen. Er hämmert geradezu auf die Juden ein, und so wundert nicht, daß er sich auf Augustinus beruft, der "ein starker Ketzer-, Heiden- und Judenhammer" gewesen sei (*haereticorum, paganorum atque Judaeorum malleus fortissimus*, PL 208, 337). Dieses Einhämmern auf die Juden macht auch seine judenmissionarischen Intentionen einigermaßen irreal. Martin konnte doch nicht ernsthaft erwarten, daß die mit endlosen Schimpflitaneien übergossenen Juden - einmal unterstellt, sie hätten seine Sermones zur Kenntnis nehmen können - sich dadurch zur Bekehrung motivieren ließen. Irreal ist schließlich auch Martins Verhalten, insofern er nirgends wirklich sich mit Positionen der rabbinischen Literatur auseinandersetzt. Über ihre für Juden hohe Relevanz geht er einfach hinweg und ignoriert diese Texte als abergläubische und wertlose Überlieferungen (*superstitiosae Pharisaeorum traditiones ... Pharisaeorum inutiles traditiones*, PL 208, 404) - vermutlich auch, weil er sie überhaupt nicht kannte. Auf alle Fälle setzt er hier die schon von weither kommende Linie christlicher Talmudgegnerschaft fort.

Martin von León ist als theologischer Autor eine so typische und zugleich bemerkenswerte Figur, daß abschließend auch ein kurzer Blick auf sein Persönlichkeitsprofil nützlich sein kann, wie es sich in der spanischen biographisch-hagiographischen Tradition spiegelt: Neben seiner Heiligkeit tritt dort am meisten hervor seine Inspiriertheit und sein überirdisch erscheinendes theologisches Wissen (A. Viñayo González, San Martín de León y su apologética antijudía, Madrid 1948, 39 und sonst). Biographisch besonders hervorgehoben wird auch seine harte Aszese und die außergewöhnliche Strenge, mit der er seinen Leib kasteite (Viñayo González, S. 34.37). Das erinnert ebenso an Johannes Chrysostomus wie der oft polemisch hämmernde Antijudaismus. Der Ruf seiner Heiligkeit führte jedenfalls dazu, daß er schon im 13. Jh. liturgisch um Fürbitte bei Gott gebeten wurde (Viñayo González, S. 40.279).- Eine Denkwürdigkeit, die auch ein helles Licht auf Martins Verhältnis zu seinen Quellen wirft, bleibt noch zu erwähnen. Wir notierten bereits, daß er oft aus Isidor von Sevilla, Gregor d. Gr., Augustinus usw. schöpft (dazu Viñayo González, S. 201 ff.). Die starke Abhängigkeit von Isidor ist aber so auffällig, daß sie nach einer besonderen Erklärung rief. Der Diakon Lukas, der spätere Bischof von Túy (1239-1349), berichtet in seinem Werk "Über die Mirakel des hl. Isidor" unter anderem, daß einst der hl. Isidor dem überaus frommen und tugendhaften, aber exegetisch unbedarften Martin (*intellectu Scripturarum interno fere idiota*, PL 208, 9-10) während seines nächtlichen Gebets erschien, ein kleines Buch darbot und ihn verzehren hieß. Der einfältige Martin zögerte, weil er nicht mit einer solchen Speise sein Fasten brechen wollte; doch Isidor faßte ihn beim Kinn und nötigte ihn, das Buch (kauend) herunterzuschlucken. Auf der Stelle wurde Martin erleuchtet und war von Stund an eine Blüte der Bibelexegese (PL 208, 11).

Ausgabe: PL 208-209.- *Literatur*: Wetzer und Welte's Kirchenlexikon, VIII, Freiburg 1893, 927; Browe, 1942, 102.114.118.130.292.293; A. Viñayo González, San Martín de León y su apologética antijudía, Madrid-Barcelona 1948; Revue d'histoire ecclésiastique 80, 1985, 279.

Im Sommer des Jahres 1187, als Sultan Saladin in Palästina einfiel - am 6. Oktober dieses Jahres wurde Jerusalem erobert - entstand als Werk eines Anonymus (vermutlich eines Klerikers) das lateinische Kreuzzugslied **Jerusalem, civitas inclita** (handschriftlich überlieferter Titel: *De nova via nove civitatis*). Es beschreibt die schwierige Situation der Christen und des christlichen Jerusalems und ruft dazu auf, unter Einsatz aller Kräfte das drohende Schicksal abzuwenden und die Gläubigen im Heiligen Land und die heiligen Stätten vor den andringenden Ungläubigen zu schützen. Diese Dichtung (sie umfaßt 25 Strophen von je 4 Versen, meist steigende Zehnsilber, gegen Ende auch steigende Achtsilber, Fünfzehnsilber und Sechzehnsilber) hat eine gewisse Sonderstellung unter den zahlreichen bekannten Kreuzzugsliedern, da in ihr einigermaßen ausführlich das Judenthema zu Wort kommt.

Ausgangspunkt und Mittelpunkt aller Gedanken ist Jerusalem, worauf auch der handschriftliche Titel weist: *Über einen neuen Weg zur neuen (d.h. himmlischen) Stadt (d.h. Jerusalem)*. Das meint: Der Kampf der Christen für das irdische Jerusalem und die Teilnahme am Kreuzzug (der dritte: 1189-1192) sind für den einzelnen Christen so verdienstlich, daß sie wie ein Stück Weg in seine himmlische Heimat sind. Die erste Strophe (der lateinische Text des ganzen Liedes bei H. Hagenmeyer, Deux poésies latines relatives à la IIIe croisade, Archives de l'Orient latin 1, 1881, 580-585) stellt "Jerusalem, die berühmte Stadt" vor, vor alters den Juden gegeben, nun aber nach Gottes Willen zu Recht im Besitz der Christen, offenbar als sichtbares Zeichen der heilsgeschichtlichen Substitution (Strophe 1).- Durch Gottes Macht sind die Juden (anno 70) aus der Stadt vertrieben worden; denn sie haben den Bibeltext willentlich und wissentlich verdreht (indem sie seine Christusverheißungen ableugneten) und so den Untergang des Tempels und der Stadt Jerusalem heraufbeschworen (Strophe 2).- Die Juden stammen von ruhmvollen biblischen Vorfahren ab (Strophe 3), besitzen die Weissagungen der Propheten und den altehrwürdigen Kult (Strophe 4), aber trotz dieser Vorzüge und sozusagen optimalen Voraussetzungen - und um so verwerflicher ist das - wollten sie nicht die Jungfrauengeburt zur Kenntnis nehmen, die Virginität Marias also, ein besonders im 12. Jh. zwischen Christen und Juden diskutiertes Thema (Strophe 5, Vers 20: *scire partum Virginis noluit*; zum gleichen Thema Strophe 6, dazu der Vorwurf der Verstockung: *aures claudit*, Vers 21).- Jetzt besitzen die Christen die heilbringende Stadt (Strophe 7), das Ziel vieler Pilger (Strophe 8). Das christliche Königreich Jerusalem mit seinen Gläubigen und den heiligen Stätten ist akut bedroht von den gottlosen Ungläubigen (d.h. dem muslimischen Heer des Sultans Saladin) (Strophen 9 ff.). Der andere, sozusagen innere große Feind der Christen bleibt das Judentum, gegen das, so steht zwischen den Zeilen, ebenso Front zu machen ist, ja: alle Juden sind aus den christlichen Königreichen zu vertreiben (Vers 72). Das Ölbaumgleichnis des Paulus (Röm 11, 16 ff.) wird in den Strophen 12-15 aufgegriffen und verschärfend interpretiert in einer Weise wie schon in der Alten Kirche: der Baum "stirbt ab und ist offensichtlich verdorrt" (Vers 73-74); erst durch die Implantation eines frischen Zweiges erwacht er wieder zum Leben, das meint: aus dem Boden des toten Judentums erwächst das neue Leben des Christentums. "Glaube und Gnade", die früher bei den Juden waren, sind jetzt bei den Christen (Strophe 17). Weil die Juden nicht an den Gottessohn glaubten, dessen Geburt in der Bibel vorausverkündet war, und weil ihre eigene Bosheit sie blind machte, ist "Gottes gerechter Urteilsspruch" gegen sie ergangen (Strophen 16-17). Wie einerseits die Juden aus den christlichen Königreichen vertrieben werden sollen, so sollen andererseits die Ungläubigen (*perfidi*, Vers 92 von den Muslimen) in einem Heiligen Krieg bekämpft werden von allen Christen, denen dafür reicher Lohn und wahre Freuden im himmlischen Jerusalem winken (Strophen 18-25).

Hier erscheinen Juden und Muslime in gleicher Weise als erbittert zu bekämpfende böse Feinde wie in manchen theologischen Traktaten des 12. Jh. Gegen die Christen und das Christentum gerichtete "Bosheit" (*malicia*, Verse 65.92) kennzeichnet den einen wie den anderen als Gegner. Die Juden waren in biblischer Zeit "Gottes Volk" (Vers 77), inzwischen ist die Kirche als neues, wahres Israel an die Stelle des abrogierten Volkes getreten, auch im Hinblick auf den Besitz des Heiligen Landes, das der (judenfreundliche) Saladin an sich reißen will.

Ausgabe: H. Hagenmeyer, in: Archives de l'Orient latin 1, 1881, 580-585.- *Literatur*: A. Schmuck, Mittellateinische Kreuzzugslieder, Diss. Würzburg 1954, 111-114; Fr.-W. Wentzlaff - Eggebert, Kreuzzugsdichtung des Mittelalters, Berlin 1960, 173-174; G. Spreckelmeyer, Das Kreuzzugslied des lateinischen Mittelalters, München 1974, 91-103.

Mit Rolandus Bandinelli (dem späteren Papst Alexander III.) und Rufinus († 1192) gehört **Johannes von Faënza** († wohl nach 1187) zu den bekannten Kanonisten und Glossatoren von Gratians Dekret. Aus dem Referat seiner Ansichten im 'Rosarium' des Guido de Baysio (Ausgabe: Straßburg 1473; Auszüge des lateinischen Texts bei Fr. R. Czerwinski, 1972, 167-168, und St. Kuttner, Kanonistische Schuldlehre, Rom 1935, 269; vgl. zu Johannes von Faënza LThK V, 1960, 1031) erfahren wir, daß er in Sachen Juden folgenden Standpunkt vertrat: Erwachsene Juden können nur mit ihrem Einverständnis getauft werden. Da sie aber Sklaven der weltlichen Herren sind und als Sklaven nicht über ihre Kinder verfügen können, steht es im Belieben ihrer weltlichen Herren, jüdische Kinder ihren Eltern zu nehmen und zu taufen. Der Elternwille ist in solchen Fällen belanglos. Johannes ist im übrigen davon überzeugt, daß die Juden "Gottes Willen zu tun glaubten dadurch, daß sie Christus kreuzigten und daß sie durch ihr Gesetz dazu verpflichtet wurden, und daß sie nach eben diesem ihrem Gewissen eine Todsünde begangen hätten, wenn sie ihn nicht gekreuzigt hätten" (nach dem lateinischen Text bei Kuttner, S. 269). Ähnlich wie bei Abälard und später bei Adam von Perseigne wird auch hier deutlich, daß im 12. Jh. die Frage der Schuld der Juden am Tode Jesu neu diskutiert wird und unkonventionelle neue Gedanken zu diesem Thema erscheinen.

Im englischen Raum gestaltete sich die Situation der dort lebenden Juden während der Regierungszeit **Heinrichs II.** (1154-6.7.1189) einigermaßen günstig. Mehrere hundert jüdische Familien waren - über das Land verteilt - vor allem als Geldverleiher tätig und entsprachen damit dem Bedarf des Adels, der hohen Geistlichkeit und der Klöster, während dem König im Bedarfsfall eine Gruppe zahlungskräftiger Steuerbürger zur Verfügung stand, die er - anscheinend mehr zu bestimmten Gelegenheiten als in Form regelmäßiger jährlicher Steuern - mit Abgaben belasten konnte, etwa in der Zeit der Vorbereitung des 3. Kreuzzugs oder bei seinem Regierungsantritt. Bis zum Jahre 1177 hatten die Juden Englands nur in London einen Begräbnisplatz, was im Todesfalle oft umständliche Überführungen erforderlich machte. Von nun an durften sie "in einer jeden Stadt Englands außerhalb der Stadtmauern ein *coemeterium* besitzen, wo sie es, um ihre Toten zu bestatten, zweckmäßigerweise und an geeigneter Stelle kaufen konnten" (Chronica des Rogerius de Hoveden, ed. W. Stubbs, in: Rerum Britannicarum medii aevi scriptores 51, 1861, II, 137). Trotz bisweilen drastischer Besteuerung durch den König als Judenherrn scheint die Lage der englischen Juden - sieht man von ihrem Status als in gewisser Weise unfreie Eigenleute des Königs ab - insgesamt nicht schlecht gewesen zu sein; waren sie doch frei von manchen Zwängen, denen die christliche Bevölkerung unterlag. Weder waren sie in der sozialen Abhängigkeit der zahlreichen halbfreien Kolonen, die irgendeinem Gutshof zugeordnet waren, noch waren sie etwa einem Lehnsherrn zum Kriegsdienst verpflichtet. So kam es da und dort auch zu christlichen Unmutsäußerungen gegen eine von außen her gesehen homogene, relativ wohlhabende und gebildete Bevölkerungsgruppe, vor allem wenn diese, aus christlicher Sicht, mehr als billig bevorzugt wurde und entsprechend selbstbewußt auftrat. Der Augustiner Wilhelm von Newburgh († 1198), ein besonnen urteilender bedeutender Historiograph, beschreibt die Situation unter Heinrich II. so: "(Der König) begünstigte mehr als es sich gehörte die ungläubige und den Christen feindliche Volksgruppe (*gentem perfidam et Christianis inimicam*), nämlich die jüdischen Geldverleiher (*Judaeos foenerantes*); er tat dies wegen des beträchtlichen (finanziellen) Nutzens, den er aus ihren Geldgeschäften (*foenerationes*) hatte. Diese Begünstigung führte dazu, daß sie (die jüdischen Geldverleiher) sich den Christen gegenüber unverschämt und halsstarrig (*protervi et cerviciosi*) aufführten und sie sehr bedrückten" (Historia rerum anglicarum 3,26; ed. R. Howlett, I, London 1884, p. 280).

Literatur: Scherer, 1901, 87-93; Caro, I (1908), 332-333; P. Browe, Die Judenbekämpfung im Mittelalter, Zeitschrift für katholische Theologie 62, 1938, 349-384, S. 382; P. Browe, Die religiöse Duldung der Juden im Mittelalter, Archiv für katholisches Kirchenrecht 118, 1938, 3-76, S. 22; LThK V (1960) 184; H. Greive, Die Juden. Grundzüge ihrer Geschichte, Darmstadt 1980, 74-75; M.J. Wenninger, Man bedarf keiner Juden mehr, Wien 1980, 38-39; H. Liebeschütz, Synagoge und Ecclesia, Heidelberg 1983, 194 ff.

Von **Balduin**, Erzbischof **von Canterbury** († 19.11.1190 in Tyros), sind neben Briefen etliche theologische Texte erhalten (über das Altarsakrament, das Mönchsleben usw.), darunter der *Liber de commendatione fidei* mit den hier bemerkenswerten Kapiteln *De Judaeorum excaecatione* (PL 204, 636-638; vgl. *De vocatione gentium et idololatriae subversione*, PL 204, 638-639, und *De novae legis institutione*, PL 204, 639-640). Die Blindheit der Juden und die Berufung der Heiden wird von Balduin mit Beweisstellen des Alten und Neuen Testaments erläutert und begründet z.B. mit Ps 69,24; 2 Kor 3,14; Is 29, 11.14.17-18; Lk 19, 44 (PL 204,

636-637). Jo 9, 39 wird antijüdisch verschärft ausgelegt: "Dieses Gericht (Jesu) entscheidet für uns (d.h. die Christen) und gegen die Juden" (PL 204, 637), und aus Röm 9, 30-31 und Röm 10, 2-4 schließt Balduin ebenso verschärfend, daß die Juden "blind sind gemäß Gottes gerechtem Richtspruch" (PL 204, 637). Weil sie, obwohl blind, zu sehen behaupteten, wurden sie "in der ganzen Welt zerstreut", und zwar gemäß Ps 59, 12. "Sie wurden also unter die Völker verschlagen und zerstreut in den Ländern. Sie verloren das heilige Land und die heilige Stadt Jerusalem, ihren Wohnsitz. Sie verloren den Altar und den Tempel, den Ort des Opfers und Gebets. Sie verloren die Salbung der Königsherrschaft und des Priestertums. Schließlich verloren sie auch ihr Gesetz; sie tragen es zum Zeugnis gegen sich und bewahren es nicht (für sich); vielmehr für uns bewahren sie es, um uns dadurch zu dienen " (PL 204, 638). Das ist ein fernes Echo augustinischer Gedankengänge, und konventionell bleibt auch die Befriedigung über die entsprechend Dt 32, 21, Is 9, 1 und ähnlichen Voraussagen erfolgende Berufung der einst dem Götzendienst ergebenen Heiden, während "die Juden verachtet sind" von Gott (PL 204, 638). Die Gründung der christlichen Religion wird zum Beispiel Jr 31, 33 berichtet, und von der Verwerfung des jüdischen Kults durch Gott spricht Jr 6,20. "Die sehr zahlreichen Bibelstellen zur Verblendung der Juden und Erleuchtung der Heiden, zur Abschaffung des Alten und Gründung des Neuen, die sich im Gesetz, bei den Propheten und in den Psalmen finden, sind in ihrem Wortlaut so klar, daß sie von den Juden keinesfalls geleugnet und verkannt werden könnten, wenn nicht die Bosheit ihr Herz in seltsamer, bedauerlicher Weise geblendet hätte. Die Wahrheit wird ihren Ohren eingetrichtert, und sie hören sie nicht: die Wahrheit läßt man in ihre Augen fallen, und sie achten nicht auf sie. Gottes Gesetz tragen sie in der Hand wie Blinde ein Licht, und sie wissen den Weg nicht. O du gottloser und mißgünstiger Jude, warum schaust du mißgünstig auf Gottes Ruhm und das Heil der Völker? Ist Gott nur der Gott der Juden? Nicht auch der Heiden? Ist Gott nur von den Juden anzubeten?" (PL 204, 639-640). Zur Begründung des christlichen Heilsuniversalismus werden angeführt Ps 86, 9, Joel 2, 32 [Vulgata] und Is 19, 19 (PL 204, 640). Aus Jr 7, 28 wird schließlich entnommen, daß der (wahre) Gottesglaube nun nicht mehr bei den Juden, sondern bei den Christen ist.

Es bleibt merkwürdig in der Schwebe, ob nun die Christen heilsgeschichtlich ganz und gar an die Stelle der Juden getreten sind oder Gott nur *auch* der Gott der Heiden sein soll. Deutlich ist aber, daß der alte antijüdische Vorwurf der Heils- und Erwählungsarroganz hier die Form annimmt, daß die Juden angeblich voll Neid auf das den Völkern zuteil gewordene Heil schauen. Da wird verkannt, daß dieser Neid auf das Heil der Christen vom Standpunkt einer paulinisch geprägten Missionstheologie nur erwünscht sein konnte. Es ist wohl so, daß hier, bei Balduin, ein Stück Erwählungsüberheblichkeit Platz greift - und zwar gegen Röm 11, 18 -, die bei Juden sonst oft getadelt wird.

Ausgabe: PL 204.- *Literatur*: R.M. Ames, The Debate between the Church and the Synagogue in the Literature of Anglo-Saxon and Mediaeval England, Diss. New York 1950, 58; LThK I (1957) 1205.

Für Kaiser **Friedrich I. Barbarossa** (5.3.1152-10.6.1190), der sich 1157 auf dem Reichstag zu Besançon weigerte, das Kaisertum als päpstliches Lehen (*beneficium*) anzusehen, war seine Judenpolitik nie oder allenfalls nur ganz am Rande Gegenstand seines langen Streits mit der Kirche. Vielmehr sind es hier in erster Linie Gesichtspunkte der Rechtssicherheit und des Rechtsschutzes sowie finanzielle Interessen, die ihn, ähnlich wie andere Herrscher vor ihm, darunter seinen Urgroßvater Heinrich IV., an den er besonders in Sachen Juden anknüpft, bestimmen. Auch kann Papst Alexander III., sein Hauptgegner, als relativ judenfreundlich gelten.

Es werden gewisse Trends sichtbar im Privileg Friedrichs für die Juden von Worms (am 6.4.1157), das einerseits Heinrichs IV. Privileg von 1090 erneuert und andererseits später von Kaiser Friedrich II. 1236 zum allgemeinen deutschen Judenschutzgesetz erhoben wird, Trends zur Ausweitung des Judenschutzes in Richtung auf ein generelles Besitzrecht an den Juden (MG, Constitutiones, 1,226-229; MG, Die Urkunden der deutschen Könige und Kaiser, X 1, p. 284-286; Quellen zur deutschen Verfassungs-, Wirtschafts- und Sozialgeschichte bis 1250. Ausgewählt und übersetzt von L. Weinrich, Darmstadt 1977, 240-247): "Im Namen der heiligen und ungeteilten Dreifaltigkeit, Friedrich, durch das Walten von Gottes Gnaden Römischer Kaiser, allzeit Mehrer des Reiches. Allen Bischöfen, Äbten, Herzögen, Grafen sowie allen, die den Gesetzen Unseres Reiches unterworfen sind, möge es bekannt sein, daß Wir den Juden von Worms und ihren übrigen Genossen die Erlasse Unseres (Urgroßvaters, des) Kaisers Heinrich, aus der Zeit Salmanns, des Bischofs dieser Juden, kraft Unseres Amtsgebots auch mit einer Urkunde von Uns bestätigen, durch ein Gesetz, das immer gelten soll.

1. Weil Wir also wollen, daß sie wegen jeglicher Rechtssache nur Uns berücksichtigen müssen, bestimmen Wir kraft Unserer königlichen Würde, daß weder Bischof, Kämmerer, Graf, Schultheiß noch überhaupt sonst

jemand, es sei denn sie selbst hätten ihn aus ihrer Mitte erwählt, sich herausnehmen soll, wegen irgendeiner Streitsache oder Abgabe infolge eines
Rechtsfalles mit ihnen oder gegen sie zu verhandeln, es sei denn allein derjenige, den der Kaiser aufgrund ihrer Wahl, wie zuvor gesagt, über sie
setzt - besonders da sie Unserer Kammer zugehören (*cum ad cameram
nostram attineant*)-, wie es uns gut dünkt.

2. Von den Sachen, die sie nach Erbrecht besitzen in Form von Grundstücken, Gärten, Weinbergen, Äckern, Knechten oder sonstigem beweglichen oder unbeweglichen Hab und Gut, soll sich keiner vermessen, ir-
gendetwas wegzunehmen. In dem Freiraum, den sie an Baulichkeiten an
der Stadtmauer innerhalb und außerhalb besitzen, soll sie keiner behindern. Wenn aber einer versucht, sie gegen diesen Unseren Erlaß irgendwie
zu belästigen, so ist er schuldig wider Unsere Huld, er muß ihnen aber die
Sachen, die er gestohlen hat, in doppelter Höhe zurückerstatten.

3. Sie sollen auch die freie Befugnis haben, in der ganzen Stadt mit jedermann Silber zu wechseln, ausgenommen lediglich vor dem Münzhaus
oder wo sich andere Münzleute zum Wechseln niedergelassen haben.

4. Innerhalb des Gebietes Unseres Reiches dürfen sie frei und friedlich
umherziehen, um ihre Geschäfte und ihren Handel auszuüben, um zu kaufen und zu verkaufen: und keiner soll von ihnen Zoll fordern noch irgendeine öffentliche und private Abgabe erheben.

5. In ihren Häusern sollen ihnen ohne ihre Einwilligung keine fremden
Gäste aufgeladen werden; keiner soll von ihnen ein Pferd für einen Zug
des Königs oder Bischofs oder Frondienste für einen königlichen Heeres-
zug fordern.

6. Wenn aber Diebesgut bei ihnen gefunden wird, und wenn der Jude
sagt, er habe es gekauft, soll er durch einen Schwur nach seinem Gesetz
beweisen, wie teuer er es gekauft hat, und soviel soll er dafür erhalten und
die Habe demjenigen, dem sie zu eigen war, zurückerstatten.

7. Niemand soll sich herausnehmen, deren Söhne oder Töchter gegen
ihren Willen zu taufen, doch falls er gewaltsam Gefangengenommene,
heimlich Geraubte oder Gezwungene tauft, soll er zwölf Pfund Gold an
das Schatzamt des Königs zahlen. Wenn aber einer von ihnen freiwillig
getauft werden will, so soll dies drei Tage aufgeschoben werden, damit
man eindeutig erkennen kann, ob er wirklich wegen des christlichen Glaubens oder wegen eines ihm zugefügten Unrechts sein Gesetz verlassen
will; und wie sie das Gesetz ihrer Väter verlassen haben, so sollen sie auch
ihren Erbbesitz verlassen.

8. Auch soll keiner ihre heidnischen Knechte unter dem Vorwand christlichen Glaubens taufen und dadurch ihrem Dienst entziehen; wenn er das aber tut, soll er die Bannbuße, das sind drei Pfund Silber, zahlen und den Knecht seinem Herrn zurückgeben; der Knecht aber soll in allem den Anweisungen seines Herrn gehorchen, unbeschadet jedoch der Beobachtung des christlichen Glaubens.

9. Es soll ihnen erlaubt sein, christliche Mägde und Ammen zu halten und Christen zum Ausführen von Arbeiten zu mieten, ausgenommen an Festtagen und an Sonntagen; dagegen darf auch kein Bischof oder Geistlicher Einspruch erheben.

10. Es soll ihnen nicht erlaubt sein, einen christlichen Knecht zu kaufen.

11. Wenn nun ein Jude mit einem Christen oder ein Christ mit einem Juden Streit hat, so sollen beide, je nachdem wie der Fall liegt, sich ihrem Gesetz gemäß Recht verschaffen und ihren Fall beweisen. Und so wie es einem jeden Christen erlaubt ist, durch einen öffentlichen Schwur von ihm selbst und je einem Zeugen der beiden Rechte zu beweisen, daß die durch ihn dem Juden gestellten Bürgen die Sache zur Erledigung gebracht haben (?), so soll es auch einem Juden erlaubt sein, durch einen öffentlichen Schwur von ihm und einem Juden und einem Christen zu beweisen, daß die durch ihn dem Christen gestellten Bürgen die Sache zur Erledigung gebracht haben (?); und er soll nicht weiter vom Kläger noch vom Richter behelligt werden.

12. Niemand soll einen Juden zum Gottesurteil mit glühendem Eisen, heißem oder kaltem Wasser zwingen, mit Ruten geißeln noch in den Kerker werfen, vielmehr soll er seinem Gesetz gemäß nach vierzig Tagen schwören. Niemand soll in irgendeiner Streitsache durch Zeugen, es sei denn durch Juden und Christen gemeinsam, überführt werden können. In jeder Rechtssache dürfen sie das königliche Hofgericht anrufen, Fristen sollen ihnen gewährt werden. Wer immer sie gegen diese Unsere Verfügung belästigt, soll dem Kaiser die Bannbuße, das sind drei Pfund Gold, zahlen.

13. Wenn jemand gegen einen von ihnen einen Plan ausheckt oder ihm nachstellt, um ihn zu töten, so sollen beide, Ratgeber und Mörder, zwölf Pfund Gold an das Schatzamt des Königs zahlen. Wenn er ihn aber verwundet, nur nicht tödlich, soll er ein Pfund Gold Buße zahlen. Und wenn es ein Knecht ist, der ihn tötet und verwundet, soll sein Herr das obengenannte Bußgeld leisten oder den Knecht zur Bestrafung ausliefern. Wenn er nun aus Armut das Genannte nicht zahlen kann, soll er mit derselben Strafe belegt werden, mit der zu Zeiten Kaiser Heinrichs, Unseres Ahnherrn (d.h. Heinrichs III.; vgl. zu Heinrich IV.), derjenige gestraft wurde, der den Juden namens Vivus getötet hat, und zwar sollen ihm die Augen ausgestochen und die rechte Hand abgeschlagen werden.

14. Wenn die Juden einen Streit oder eine Rechtssache untereinander zu entscheiden haben, sollen sie von ihresgleichen und nicht von anderen Leuten gerichtet werden. Und wenn unter ihnen einmal ein Treuloser die Wahrheit über eine unter ihnen verübte Tat verheimlichen will, so soll er dem, der ihr Bischof ist, die Wahrheit zu bekennen gezwungen werden. Wenn sie aber wegen einer großen Sache beschuldigt werden, sollen sie eine Frist beim Kaiser erhalten, wenn sie wollen.

15. Außerdem sollen sie die Erlaubnis haben, ihren Wein, Kräuter und Arzneien an Christen zu verkaufen, und, wie Wir vorher gesagt haben, keiner soll von ihnen Spannpferde, Frondienste oder irgendeine öffentliche oder private Abgabe fordern.

Und damit dieses Verleihungsgebot allzeit unverletzt bleibe, haben Wir daraufhin diese Urkunde ausfertigen und mit dem Aufdruck Unseres Siegels versehen lassen. Zeugen dieses Vorgangs sind: Arnold Erzbischof von Mainz, Konrad Bischof von Worms, Gunther Bischof von Speyer, Hermann Bischof von Verden, Konrad Pfalzgraf bei Rhein, Friedrich Herzog von Schwaben - Sohn König Konrads -, Graf Emicho von Leiningen, Ulrich von Horningen, Markward von Grumbach. Handzeichen des Herrn Friedrich, Römischer Kaiser, allzeit Mehrer des Reiches. Ich, Kanzler Rainald, habe in Vertretung des Erzbischofs von Mainz die Ausfertigung beglaubigt.

Gegeben zu Worms, am 6. April, unter der Herrschaft des Herrn Friedrich, unüberwindlichster Römischer Kaiser, in der 5. Indiktion, im Jahre der Geburt des Herrn 1157, im 5. Jahr seines Königtums und im 2. seines Kaisertums, Geschehen in Christus, Heil und Segen. Amen."

In diesem Privileg für die Juden von Worms kehren Rechtselemente wieder, die zum Teil schon aus dem Codex Theodosianus bekannt sind und eine lange rechtsgeschichtliche Vergangenheit haben, zum Beispiel die Befreiung vom Einquartierungszwang (Cod. Theod. 7,8,2) und die Freiheit der Religionsausübung (in Gestalt des Verbots der Zwangstaufe). Die Bestimmung des Erbverlustes bei Konversion und Taufe von Juden war - zweifellos nur indirekt und ohne Absicht - gegen die judenmissionarischen Interessen der Kirche gerichtet; denn sie minderte gewiß die Taufbereitschaft von interessierten Juden erheblich. Der unmittelbare Zweck Friedrichs war wohl die Erhaltung des fiskalischen Potentials in Gestalt vermögender Juden, also der gleiche Zweck, den wohl schon sein Urgroßvater Heinrich IV. verfolgte. Das Privileg betrifft "die Juden von Worms und ihre übrigen Genossen", was im Interesse beider Vertragsparteien so extensiv interpretiert werden konnte, daß auch die Juden des Deutschen Reichs gemeint waren - was freilich erst Kaiser Friedrich II. ausdrücklich fixierte, aber hier wohl schon in gewisser Weise antizipiert wird. Die Tradition des herrscherlichen Judenschutzes, die ja seit den Karolingern nie ganz abgerissen war, drängte offenbar nach Fortsetzung und Erweiterung. Jedenfalls füllt das Privileg für die Juden von Worms die Lücke, welche durch ihre Nichterwähnung im Reichslandfrieden von 1152 geblieben war, aus.

Am 24.9.1165 bestätigt Friedrich I. den christlichen Münzern von Worms ihre alleinigen Rechte, unter anderem in der Stadt Geld zu wechseln, und zwar "unbeschadet des Rechts der Juden" (*und sal daby den Juden ihr recht behalten sin*; vgl. Abschnitt 3 des Wormser Privilegs vom 6.4.1157.- Aronius, 1902, 126; vgl. Caro, I, 1908, 428).

In seiner Erneuerung des rheinfränkischen Landfriedens zu Weißenburg am 18.2.1179 (MG, Constitutiones 1, 381) findet sich die Formulierung bezüglich "der Juden, die zum kaiserlichen Fiskus gehören" (*iudei, qui ad fiscum imperatoris pertinent*), die in den Sonderfrieden einbezogen werden und nun einen Sonderschutz erhalten wie Kleriker und Frauen. Daß auch die Juden in einem Landfriedensgesetz neben anderen zu schützenden (aber voll rechtsfähigen) Personengruppen erscheinen, ist hier nicht neu; neu ist aber, daß in diesem Zusammenhang ihr Zuordnungsverhältnis zum kaiserlichen Fiskus (*fiscus* hier soviel wie *camera*) betont wird. Das zeigt, wie der Anspruch des Kaisers im Wachsen begriffen ist, sich die Juden generell unmittelbar zu unterstellen.

Im September des Jahres 1182 gewährt Friedrich den Juden Regensburgs ein Privileg (der lat. Text in: Mitteilungen des Instituts für österreichische Geschichtsforschung 10, 1889, 459-460): "Es ist die Pflicht Unserer kaiserlichen Majestät, es entspricht dem Gefühl für Recht und Billigkeit, und es ist ein Gebot der Vernunft (*ratio*), daß Wir einem jeden unserer Untertanen (*fideles*, eigentlich "Getreue"), nicht nur den Anhängern der christlichen Religion, sondern auch Andersgläubigen, den gemäß der von ihren Vorfahren überkommenen Tradition Lebenden, das Ihre nach Maßgabe des Rechtsgefühls bewahren; daß Wir ihrem Gewohnheitsrecht Dauer und sowohl ihrer Person wie ihrem Hab und Gut einen geschützten Status verschaffen. Deswegen tun Wir zu wissen kund allen Reichsuntertanen, gegenwärtigen und zukünftigen, daß Wir, die Wir umsichtig Sorge tragen für alle in unserem Reich lebenden Juden, die bekanntlich durch ein besonderes Vorrecht Unserer Amtswürde zur kaiserlichen Kammer gehören (*ad imperialem cameram pertinere*), daß Wir Unseren regensburgischen Juden ihr gutes Gewohnheitsrecht zugestehen und mit kaiserlicher Machtvollkommenheit bestätigen, das von ihren Rechtsvorgängern, gütig gewährt durch Unsere Rechtsvorgänger, bis in Unsere Tage weitergeleitet wurde. Das heißt also, es soll ihnen gestattet sein, Gold, Silber und jede Art von Metall und jedwede Handelsware zu verkaufen und nach ihrer alten Sitte zu erwerben (z.B. über den Verfall beliehener Pfänder), ihr Eigentum und ihre Waren zum Tausch anzubieten und in gewohnter Weise auf ihren (geschäftlichen) Vorteil bedacht zu sein".- Da ist ein in dieser Form neues herrscherliches Ethos formuliert, das nun doch in einem gewissen Gegensatz zum Kirchenrecht dieser Zeit steht, zum Beispiel zum Decretum Gratiani und selbst zu Papst Alexander III. Am nächsten sind hier vielleicht noch die zahlreichen judenschützenden Gesetze des Codex Theodosianus, deren Tendenz, wie wir früher sahen, über die Karolinger bis ins hohe Mittelalter nachwirkt; denn auch für manche christlichen Kaiser der Spätantike waren die Juden noch den Christen weitgehend gleichberechtigte, freie Untertanen. Hier, bei Friedrich I., sind im übrigen die Juden - sie sind mit den "Andersgläubigen" gemeint - deutlich durch ihr Sonderrecht von christlichen Ketzern abgegrenzt, die nicht in gleicher Weise auf die Toleranz des Kaisers hoffen konnten. Die "Zugehörigkeit zur kaiserlichen Kammer" markiert einen weiteren raumgreifenden Schritt hin zur allgemeinen, reichsunmittelbaren Kammerknechtschaft der Juden, wie sie Friedrich II. schließlich etablierte. Im besonderen Falle Regensburgs scheint Friedrich I. auch an seinen "Rechtsvorgänger" Heinrich IV. zu denken, der anno 1097 in Regensburg weilte und offenbar der dortigen Judenschaft ein Privileg gab. Festzuhalten ist, daß hier, im Jahre 1182, die Juden im bayerischen Raum anscheinend mit Warenhandel verschiedenster Art befaßt waren. Noch im Laufe des Hochmittelalters entwickelte sich eine Konkurrenz in den Städten in Gestalt christlicher Kaufmannsgilden, so daß die Tätigkeit der Juden stärker auf Geldhandel und Pfandleihe eingeschränkt wird. Schließlich ist zu sehen, daß Friedrichs Berufung auf die "Vernunft" vielleicht ein Werben um die Zustimmung der Kirche ist; denn das Argumentieren mit der Ratio (in Ergänzung des Schriftbeweises) wird im Laufe des 12. Jh. zum beherrschenden Instrument theologischen Denkens.

Am 6. Oktober des Jahres 1187 hatte Sultan Saladin Jerusalem erobert, und die Nachricht davon wurde in Mitteleuropa etwa sechs bis acht Wochen später bekannt. Vor allem aus Berichten jüdischer Chronisten wissen wir, wie nun auch bei Gelegenheit des jetzt in Gang kommenden 3. Kreuzzugs erneut die Gruppe der Juden als bequemes Nah- und Ersatzziel zum Objekt des Volkszorns wurde, und in diesen Berichten ist auch festgehalten, daß Friedrich im Frühjahr 1188 judenschützend tätig wurde und Exzesse wie im Vorfeld des ersten und zweiten Kreuzzugs verhinderte, wobei sein Eingreifen anscheinend so weit ging, christlichen Klerikern antijüdische Predigten zu verbieten, für Verwundung eines Juden das Abschlagen der Hand und für seine Ermordung die Todesstrafe festzusetzen, während gleichzeitig seitens der Bischöfe für Judenmörder die Exkommunikation angeordnet wurde mit der Maßgabe, daß auch die Teilnahme am Kreuzzug nicht von dieser Strafe befreie (Chazan, 1980, 117-122; A. Neubauer - M. Stern [Hgg.], Hebräische Berichte über die Judenverfolgungen während der Kreuzzüge, Berlin 1892, 218-219).

Am Rande mag noch Friedrichs Maßregelung des Erzbischofs Philipp von Köln erwähnt sein, die unter anderem deshalb stattfand (März 1188), weil dieser in Mißachtung des Kaisers die Juden seiner Stadt zu einer Geldzahlung genötigt hatte (Aronius, 1902, 147). Im Vorfeld einer reichseinheitlichen Kammerknechtschaft der Juden war das Verhalten Philipps nicht mehr vereinbar mit dem Anspruch des Kaisers auf die Juden als seine Eigenleute und als eine Art (zu schützendes) Reichsgut. Dieses Reichsgut entwickelte sich zum (finanziell nutzbaren, auf Zeit oder für dauernd abtretbaren und vergebbaren) Regal, dessen hoher Wert zunehmend erkannt wurde.

Ausgaben: MG, Leges 2, 89-185; MG, Constitutiones 1, 191-463; MG, Die Urkunden der deutschen Könige und Kaiser, X, 1-2, Hannover 1975-1979; W. Altmann u. E. Bernheim, Hgg., Ausgewählte Urkunden zur Erläuterung der Verfassungsgeschichte Deutschlands im Mittelalter, Berlin 1909 (p. 170-172: Judenprivileg K. Friedrichs I. 1157, April 6.); Diplomata et acta publica, ed. L. Weinrich, Darmstadt 1977 (p. 240-247): Das Judenprivileg Friedrichs I. 1157, April 6 [mit deutscher Übersetzung]). *Literatur*: R. Hoeniger, Zur Geschichte der Juden im frühern Mittelalter, Zeitschrift für die Geschichte der Juden in Deutschland 1, 1887, 65-97.136-151, S. 136 ff.; A. Neubauer u. M. Stern (Hgg.), Hebräische Berichte über die Judenverfolgungen während der Kreuzzüge, Berlin 1892, 203.209.218-219; Scherer, 1901, 73-76; Aronius, 1902, 122.123.126.139-142.145.147; Caro, I (1908), 396-404.428; S. Salfeld, Zur Geschichte des Judenschutzes in Kurmainz, in: Beiträge zur Geschichte der deutschen Juden. Festschrift Martin Philippson, Leipzig 1916, 135-167, S. 135-136; Jonas Cohn, Die Judenpolitik der Hohenstaufen, Diss. Hamburg 1934, 17-19, A. Kober, Die deutschen Kaiser und die Wormser Juden, Zeitschrift für die Geschichte der Juden in Deutschland 5, 1938, 134-151, S. 135; W. Zuncke, Die Judenpolitik der fränkisch deutschen Könige und Kaiser bis zum Interregnum, Jena 1941, 53-57; LThK IV (1960) 379-380; H. Conrad,

Deutsche Rechtsgeschichte, I, Karlsruhe 1962, 305-306; Germania Judaica, I, Tübingen 1963, XXIII.XXIV.23.72.286-287.441.442.444; L. Dasberg, Untersuchungen über die Entwertung des Judenstatus im 11. Jahrhundert, Paris 1965, 55.67.86; V. Pfaff, in: Vierteljahrschrift für Sozial- und Wirtschaftsgeschichte 52, 1965, 168-206, 195 ff.; S.W. Baron, Ancient and Medieval History, New Brunswick, N.J., 1972, 298-299; K. Geissler, Die Juden in mittelalterlichen Texten Deutschlands, Zeitschrift für bayerische Landesgeschichte 38, 1975, 163-226, S. 203; Cohen, 1978, 10; Kisch, I (1978), 18.25-26.58-59; Fr. Battenberg, Zur Rechtsstellung der Juden am Mittelrhein in Spätmittelalter und früher Neuzeit, Zeitschrift für historische Forschung 6, 1979, 129-183, S. 136; H.H. Ben-Sasson, Hg., Geschichte des jüdischen Volkes, II, München 1979, 115; Chazan, 1980, 63-66.117-122; H. Mitteis - H. Lieberich, Deutsche Rechtsgeschichte, München 1981, 210.

Chrestien de Troyes (um 1140-1190) zeigt in seinen höfischen Versepen, daß ihm das christliche Bildungsgut seiner Zeit vertraut ist. Gerade auch mit seinem *Perceval* (beziehungsweise *Conte du Graal*), der gegen Ende seines Lebens entstand, hat er weithin Eindruck gemacht, am deutlichsten erkennbar zunächst im Parzival des Wolfram von Eschenbach, aber auch darin, daß sein - unvollendet gebliebenes - Werk verschiedene Fortsetzer fand (deutsche Übersetzung des altfranzösischen Originals, samt den wichtigsten Fortsetzungen, von K. Sandkühler, 4 Bde., Stuttgart 1957-1964, davon der 1. Band: Perceval oder die Geschichte vom Gral, von Chrestien selbst). Nur am Rande, aber doch in bemerkenswerter Form, ist hier das Judenthema reflektiert. So vermittelt seine Mutter dem unwissend in der Einsamkeit aufgewachsenen Toren Perceval, der später zum idealen christlichen Ritter und Gralsdiener werden sollte, elementare Kenntnisse über Gottesdienst und Kirchen: "Dort betet man den Leichnam Jesu Christi an, des heiligen Propheten, dem die Juden manche Schande antaten. Er wurde verraten und zu Unrecht gerichtet" (Sandkühler, I, 1957, S. 17). Ein heiliger Einsiedler belehrt den unwissenden Perceval über die Bedeutung des Karfreitags, beschreibt die Passion Jesu und sagt unter anderem: "Die treulosen Juden, die man wie Hunde töten müßte, taten durch ihren Neid sich selbst viel Böses und uns viel Gutes an, als sie ihn am Kreuz aufrichteten: sich selbst verdarben sie, und uns retteten sie" (ebd., S. 113; zur - hier nicht weiter bemerkenswerten - Judendarstellung bei den Fortsetzern des Perceval vgl. ebd. II, 1959, 167.169-170; IV, 1960, 66.67 [Vespasian "zog nach Judäa, um Rache für die Unbill Jesu zu nehmen, die die Juden ihm angetan hatten"]). Ob Chrestien ein getaufter Jude war, wie - ohne überzeugende Gründe - vermutet wurde, ist für die Bewertung dieser Sätze nicht erheblich. Sie tradieren etwas von der antijüdischen Stimmung, die seit der 'Vindicta Salvatoris' mit diesem Stoff verbunden war. Die Annahme, daß in die Gralslegende auch Elemente jüdischer Vorstellungen eingeflossen sind, muß als hypothetisch gelten, so lange nicht die Quellen Chrestiens einigermaßen sicher bekannt sind.

Übersetzung: Chrestien de Troyes. Perceval oder die Geschichte vom Gral. Aus dem Altfranzösischen übersetzt von K.Sandkühler, Stuttgart 1957; Gauwain sucht den Gral, Stuttgart 1959; Irrfahrt und Prüfung des Ritters Perceval, Stuttgart 1960; Perceval der Gralskönig, Stuttgart 1964; alle 4 Bände als Abdruck auch Stuttgart 1977.- *Literatur*: E.J. Weinraub, Chrétiens Grail: A Jewish Rite? A New Investigation Based upon Medieval Hebraic Sources, Diss. Cornell Univ. 1970; L.A. Fiedler, Why is the Grail Knight Jewish?, in: Aspects of Jewish Culture in the Middle Ages, ed. by P.E. Szarmach, Albany 1979, 151-170; L.T. Topsfield, Chrétien de Troyes: A Study of the Arthurian Romances, Cambridge-London-New York 1981; LMA II (1983) 1897-1904.

Vielleicht um 1190 entstand das in oberdeutscher Sprache geschriebene Reimgedicht **Esau und Jakob** eines unbekannten Verfassers (Text in: Die religiösen Dichtungen des 11. und 12. Jahrhunderts, hg. von Fr. Maurer, II, Tübingen 1965, 355-367). In den erhaltenen 114 Versen wird die biblische Geschichte mystisch-allegorisch ausgelegt: Jakob und Esau mit ihren Nachkommen meinen den Gegensatz von Juden und Heiden, Leas und Rachels Kinder sind auf Juden und Christen zu deuten; vgl. de Boor-Newald, I (1979) 164; III, 2 (1987) 218-219.483.

Wie andere Päpste wurde auch **Clemens III.** (19.12.1187-Ende März 1191) bei seinem Einzug in Rom, im Jahre 1187, von den Juden "mit großem Jubel, mit Liedern und Lobgesang" rituell begrüßt (Liber pontificalis, ed. L. Duchesne, II, Paris 1892, 349; MG, Scriptores 5, 480), und in seinem Pontifikat bestätigte er diese jüdische Erwartungshaltung, wenn wirklich sie mit diesem Ritus verbunden gewesen sein sollte; denn im Gegensatz zu seinen Vorgängern - die allerdings dazu kaum Gelegenheit hatten, während er nach Beendigung langer Wirren wieder problemlos an seinem römischen Amtssitz residieren konnte - erneuerte und bestätigte er die herkömmliche *Sicut-Judaeis*-Bulle. Es mag dabei eine Rolle gespielt haben, daß durch den 3. Kreuzzug (1189-1191) die Existenz der europäischen Juden erneut gefährdet schien. Der Wortlaut von Clemens' Bulle (der lat. Text in: Corpus iuris canonici, ed. E. Friedberg, II, Leipzig 1879, 974; Jaffé-Loewenfeld Nr. 16577) stimmt überein mit der *Sicut-Judaeis*-Bulle Alexanders III., so daß er hier nicht wiederholt werden muß. Neu ist auch nicht die Begründung judenfreundlicher Haltung (*ex Christianae pietatis*

mansuetudine; vgl. *pro sola humanitate* im 3. Laterankonzil). In extenso
zu registrieren ist aber Clemens' Brief an einen spanischen Bischof (PL
204, 1482 [vgl. PL 204, 1493]; E. Friedberg, Quinque compilationes antiquae, Leipzig 1882, 86-87; Jaffé-Loewenfeld, Nr. 16595) zu dem Problem, ob und wie auch für die Ehen getaufter Juden und Muslime das Ehe-
hindernis der Blutsverwandtschaft gültig ist:

"Eurerseits wurde angefragt, ob Juden und Sarazenen (d.h. Muslime)
nach ihrer Konversion zum christlichen Glauben (weiter) mit ihren (nicht-
konvertierten) Frauen zusammenwohnen können, mit denen sie als im
zweiten, dritten oder vierten Grad verwandt noch als Ungläubige die Ehe
geschlossen haben, und ob es den Konvertierten erlaubt ist, ihre Frauen
zugunsten einer neuen Eheschließung zu verlassen. Mit der Autorität dieses unseres Schreibens geben wir dir den Bescheid, daß den derart zum
Christentum Konvertierten erlaubt sein soll, solange ihre Frauen bei ihnen
bleiben wollen, diese Frauen, ob sie nun konvertiert sind oder nicht, zu
behalten, wenn sie wollen; doch soll man sie dazu nicht zwingen. Im übrigen dürfen sie, solange sie (d.h. ihre Frauen) leben und bei ihnen bleiben
wollen, nicht mit anderen (Frauen) die Ehe eingehen. Wenn sie jedoch aus
Abneigung gegen den christlichen Glauben (den Ehebund) verlassen, dann
soll, nach dem Zeugnis Gregors, die Beleidigung des Schöpfers im Falle
des verlassenen (Ehemannes) die Ehe lösen, und dem Eheschluß mit einer
anderen (Frau) steht nichts im Wege. Dabei spielt es keine Rolle, ob sie,
wofern sie nur glaubensverschieden waren, (als) im zweiten oder dritten
Grad (verwandt) die Ehe schlossen; denn im alten Gesetz (vgl. Lv 18,9 ff;
20,17) war nur die Entblößung der Scham der eigenen Schwester verboten." So konnten also Leviratsehen gültig bleiben, und den Papst mag bei
seiner pragmatischen Regelung die Erwägung bestimmt haben, daß die
nichtchristliche Frau eines Konvertiten wohl oft später dem Weg ihres Gat-
ten folgte. Ähnlich pragmatisch dachte schon Gregor d. Gr.

Hier ist auch ein Text zu nennen, in dem angeblich Clemens jüdische
Grundeigentümer verpflichtet, den Kirchen des Pfarrbezirks, in dem ihr
Grundbesitz liegt, weiter die Abgaben zu entrichten wie ihre christlichen
Vorbesitzer (Quinque compilationes antiquae, ed. E. Friedberg, Leipzig
1882, Compilatio secunda, III, 17, c. 8 [Friedberg, p. 85-86]): "Durch
Deine Mitteilung kam uns zu Ohren, daß Juden mit außerordentlicher und
verdammenswerter Habgier den Pfarrbezirk des heiligen Laudus zum gro-
ßen Teil in Besitz genommen haben und den (noch freien) Rest von Tag zu
Tag in Besitz zu nehmen trachten. Weil nun die erwähnte Kirche des heiligen Laudus deswegen einen beträchtlichen Verlust ihres Besitzstandes er-

leidet, geben wir Ew. Weisheit hiermit die schriftliche päpstliche Weisung: Die in Rouen wohnenden Juden sollen entsprechend Eurer Aufforderung dafür Sorge tragen, den Zehnten und alle anderen Gelder, wie sie von den sonst dort wohnenden christlichen Pfarrkindern eingehen würden, der genannten Kirche des heiligen Laudus und den anderen Kirchen, deren Pfarrbezirke sie im Besitz haben, jedes Jahr hinreichend und vorschriftsmäßig zu entrichten. Wenn nicht, sollt ihr alle Christen männlichen oder weiblichen Geschlechts, die Juden Dienstleistungen erbringen, die von ihnen etwas leihen beziehungsweise bereits Erhaltenes zurückgeben, die Verkäufe und Verpachtungen an sie tätigen oder irgendeinen anderen Vertrag mit ihnen schließen, die sie (unterwegs, bei Begegnungen) grüßen oder ein Gespräch mit ihnen führen - es sei denn, sie machen einen mutigen Versuch der Besserung oder Bekehrung (?) -, diese Christen sollt Ihr, ohne Euch um die Gunst (des Herrschers) zu kümmern oder Furcht (vor ihm) zu haben, mit der Fessel des Bannfluchs binden, wobei (gerichtlicher) Widerspruch und Berufung entfallen. Wir wollen, daß von dieser Regelung auch alle diejenigen betroffen werden, die jenen (d.h. den Juden) durch Rat und Tat helfen oder sie begünstigen und dadurch die Durchführung der Euch (von mir) gegebenen Weisung vereiteln." Dieser Text ist offenbar die Kurzfassung einer Bulle, die in Wahrheit Coelestin III. erließ (vgl. dort). Das Problem des der Kirche entgehenden Zehnten erscheint im übrigen auch sonst im 12. Jh. und ist bereits für das Konzil von Gerona (1068) ein Thema.- Schließlich bleibt zu erwähnen, daß Clemens in einem Schreiben an den Bischof von Bamberg sich energisch dagegen wendet, den (im Zusammenhang mit Kreuzzugsverfolgungen zwangsgetauften) Juden den Rückfall ins Judentum zu gestatten (Mansi 20, 600: *Relatum est nobis a quibusdam, quod Judaeis baptizatis nescio qua ratione permissum sit, apostatare, ritumque Judaismi excolere. Quod quia inauditum est, et prorsus nefarium, te et omnes fratres nostros verbo Dei constringimus, quatinus id secundum canonicam sanctionem, et iuxta patrum exempla corrigere festinetis, ne sacramentum baptismi, et salutifera invocatio nominis Domini videatur annullari*).

Literatur: M. Güdemann, Geschichte des Erziehungswesens und der Cultur der abendländischen Juden, I, Wien 1880, 86-87; M. Stern, Urkundliche Beiträge über die Stellung der Päpste zu den Juden, II 1, Kiel 1895, 2; Aronius, 1902, 150; W. Holtzmann, Zur päpstlichen Gesetzgebung über die Juden im 12. Jahrhundert, in: Festschrift G. Kisch, Stuttgart 1955, 217-235, S. 225; Fr. X. Seppelt, Geschichte der Päpste, III, München 1956, 304-309; LThK II (1958) 1224; Grayzel, 1962, 243-280, S. 253; V. Pfaff, in: Vierteljahrschrift für Sozial- und Wirtschaftsgeschichte 52, 1965, 168-

206, S. 177.179.183; Encyclopaedia Judaica (Jerusalem 1971) V, 601; Czerwinski, 1972, 235-236; Pakter, 1974, 282-283; R. Moulinas, Les juifs du pape en france, Toulouse 1981, 107.

Ein später viel benutztes Lehrbuch des Kirchenrechts ist der Kommentar des Bologneser Kanonisten **Rufinus** († 1192 als Bischof von Assisi) zum Decretum Gratiani. Diese um 1159 entstandene *Summa* des Magisters der Schule von Bologna (ed. H. Singer, Paderborn 1902) erörtert auch die das Judenthema betreffenden Abschnitte bei Gratian. Erwähnenswert ist hier seine im Zusammenhang mit der Frage des Naturrechts erfolgende Diskussion der Tatsache, daß verschiedene Bibelexemplare hinsichtlich des Wortlauts einander widersprechen. Das Prinzip des Augustinus, bei Schwierigkeiten dieser Art auf die jeweils "älteren Bände und Exemplare zurückzugreifen" (also: bei zweifelhaften und verdächtigen Stellen im lateinischen Text zum griechischen zu greifen bzw. vom griechischen aus zum hebräischen) sei an sich richtig auch gegen Hieronymus, der den umgekehrten Weg vorgeschlagen habe; indes "man muß wissen, daß anfangs, bevor die Kirche sich über alle Teile des Erdkreises ausbreitete, die Bände der Hebräer und Griechen (d.h. Biblia hebraica und Septuaginta) noch nicht entstellt waren; im Laufe der Zeit jedoch, als das Christenvolk sehr wuchs und vieler Leute Sekten in der (griechischen) Kirche wuchsen, wurden ebenso von den mißgünstig auf die Kirche blickenden Juden wie von den Ketzern die hebräischen und griechischen (Bibel-)Exemplare entstellt, freilich mehr die hebräischen und griechischen und mehr die griechischen als die lateinischen" (Distinctio 9, cap. 6; Singer, p. 23). Aus dem Umstand, daß der hebräische Bibeltext seit der Zeit des Hieronymus entstellt wurde, schließt Rufinus also, daß - und hier wendet er sich gegen Bestrebungen seiner Zeit, auf die *Hebraica veritas* zurückzugreifen - die lateinische Vulgata der beste und den Christen zu empfehlende Text sei. Von daher erübrigen sich Kontakte mit jüdischen Gelehrten. Rufinus' Anschauung läßt freilich erkenen, daß er kein Exeget ist und das Ausmaß der exegetischen Probleme nicht einmal ahnt. So verwundert nicht, daß schon Rufinus' Schüler Stephan von Tournai († 1203) in seiner *Summa decretorum* (ed. J.F. von Schulte, Gießen 1891, p. 18 [= Dist. IX, c. 6]) sich kritisch dazu äußert.

Ausgabe: Summa, hg. von H. Singer, Paderborn 1902.- *Literatur:* LThK IX (1964) 92-93; Czerwinski, 1972, 36.73.95 ff. 149 f. 212.266.282; Pakter, 1974, 59-61.78.80.81-82.86.228; A. Grabois, The "Hebraica Veritas" and Jewish-Christian Intellectual Relations in the Twelfth Century, Speculum 50, 1975, 613-634, S. 626-627.

Die unter dem Vorsitz des päpstlichen Legaten Michael in **Montpellier** stattfindende Synode der Kirchenprovinz Narbonne (Dezember 1195) erörtert unter anderem aktuelle Probleme des Judenthemas. Die einzelnen Beschlüsse dieses Provinzialkonzils sind nicht erhalten, wohl aber der detaillierte Bericht des Legaten Michael (Mansi 22, 669): "Er (d.h. der Legat) erließ auch die Bestimmung, daß Juden und Sarazenen (d.h. Muslime) keine Verfügungsgewalt über Christen haben sollen, und niemand soll sie zu Vorgesetzten von Christen zu machen wagen. Auch soll ihnen nicht gestattet werden, weder zum Großnähren ihrer Kinder noch zum Dienst (in Haus und Hof) noch aus irgendeinem anderen Grunde männliches oder weibliches christliches Dienstpersonal zu haben. Er hat aber nun, gemäß dem (3.) Laterankonzil und anderen Anordnungen des heiligen Kirchenrechts, jene exkommuniziert, die dagegen zu verstoßen wagten und trotz Ermahnung nicht Buße tun und sich bessern wollten.- Wenn ferner jemand sich, von Gott erleuchtet, zum christlichen Glauben bekehrt hat, soll er, entsprechend dem genannten Laterankonzil, keinesfalls seinen Besitz verlieren; denn Konvertiten sollten nach der Konversion in besserer Situation leben als vorher. Bei Verstoß dagegen verpflichtete er (der Legat) die weltlichen Herrscher und Machthaber der betreffenden Bezirke unter Strafe der Exkommunikation darauf, zu veranlassen, daß ihnen (d.h. den Konvertiten) ihr (zustehendes) Erb- und Vermögensteil ungeschmälert ausgehändigt wird und daß sie gütig und liebevoll zu ihnen sind, wenn sie die Schlinge der Exkommunikation vermeiden wollen. Auch die Kirchenoberen sollen dabei von ihrer Amtsbefugnis Gebrauch machen.- Schließlich nahm er, der päpstliche Legat selbst, unter den Schutz der seligen Apostel Petrus und Paulus, des Papstes Caelestinus, unseres Herrn, der Herren Kardinäle, aller Erzbischöfe, Bischöfe und der anderen Oberen der heiligen Kirche und unter seinen eigenen Schutz alle jene Menschen aus den Provinzen seines Amtsbereichs als Legat, die aus dem Juden- oder Heidentum zum christlichen Glauben konvertierten, seit er selbst Rom verließ, oder noch konvertieren werden bis zu seiner Rückkehr zur Kirche Roms; und unter der Strafe der Exkommunikation verbot er streng, daß jemand ihnen oder ihrem Vermögen grundlos zu nahe tritt."

Damit sind Probleme angesprochen, mit denen zum Beispiel schon Alexander III. befaßt war, die also weiter bestanden. Auch weiterhin kam es offenbar vor, daß die jüdischen Angehörigen des Konvertiten oder dessen weltliche Herrschaft Anspruch auf seinen Besitz erhoben; die einen, weil sie ihn sozusagen als gestorben betrachteten, die anderen, um sich für künftig ausbleibende Abgaben im Vorgriff zu entschädigen. Dagegen richtete sich die Inschutznahme der Konvertiten durch den päpstlichen Legaten und die Kirche. Andererseits gab es anscheinend vereinzelt jüdische Amtsinhaber, etwa in einer Verwaltungstätigkeit, mit Weisungsbefugnis. Dies konnte die Kirche im Hinblick auf die schon aus der Spätantike überkommenen Grundsätze ebensowenig dulden wie christliches Dienstpersonal auf jüdischen Anwesen. Hier war die Meinungsbildung allerdings nicht einheitlich; denn zeitweiliger Lohndienst für Juden wurde oft toleriert, nicht dagegen der Dienst christlicher Judensklaven beziehungsweise das Wohnen christlichen Gesindes in Häusern von Juden - womit man freilich von neutestamentlichen Positionen abrückte (Röm 13,1; 1 Kor 7, 20-24; Eph 6, 5-8; Kol 3, 22-25; 1 Tim 6, 1-2), die nicht mehr dem Zeitgefühl entsprachen.

Ausgabe: Mansi 22, 669.- *Literatur*: Hefele-Leclercq V, 2 (1913) 1171-1172; Browe, 1942, 180; V. Pfaff, in: Vierteljahrschrift für Sozial- und Wirtschaftsgeschichte 52, 1965, 168-206, S. 181.203; S. Grayzel, The Church and the Jews in the XIIIth Century, New York 1966, 298-299; Pakter, 1974, 226.

Hildegard von Bingen an geistigem Rang vergleichbar ist **Herrad von Landsberg** († um 1196/97), Äbtissin des Augustinerkanonissen-Stifts Hohenburg (heute Odilienberg, Elsaß). Unter ihrer Leitung und maßgeblichen Mitwirkung schufen die Chorfrauen ihres Klosters im Laufe der 2. Hälfte des 12. Jh. den *Hortus deliciarum* (Garten der Wonnen, Wonnegarten, Lustgarten), eine enzyklopädische Sammlung des geistlichen und weltlichen Wissens der Zeit, ein großangelegtes Erbauungs-, Bildungs- und Lehrbuch für Nonnen, eine Art Paradies, in dem sie lustwandeln konnten, nach chronologischen und systematischen Gesichtspunkten kompiliert aus Kirchenvätern, Kirchenschriftstellern und weltlichen Autoren. Zu den genannten Quellen gehört unter anderem die Judendisputation der Silvesterlegende (Herrad of Hohenburg, Hortus deliciarum. A Reconstruction by R. Green u.a., I, Leiden 1979, p. 251 = Fol. 142 r). Der lateinische Prosatext des Werkes enthält auch 45 Gedichte, wurde bereits bei seiner Entstehung mit über 1200 deutschen Glossen versehen und ist dazu ausgestattet mit großflächigen kolorierten Miniaturen von hohem kulturgeschichtlichen Wert. Die 324 Pergamentblätter des Originals (im Großfolio-Format; etwa die Hälfte des Gesamtraumes nahmen die meist ganzseitigen Illustrationen ein, insgesamt fast 350 einzelne Szenen) wurden bei der Beschießung Straßburgs durch die deutschen Belagerer im August 1870 vernichtet, doch sind sehr große Teile des Hortus in Gestalt von (bis 1870 gemachten) Abschriften und Kopien erhalten.

Die Zusammenhänge zwischen Altem und Neuem Testament sieht Herrad bevorzugt allegorisch-mystisch und typologisch in dem Sinne, daß das neutestamentliche Geschehen und Christi Passion bildhaft oder symbolisch in der Bibel vorgebildet sind (z.B. Green, I, p. 236 = Fol. 136 r).Die Geschichtsdarstellung, beginnend mit der Weltschöpfung und bis hin zum Erscheinen des Antichrist und zum Jüngsten Gericht, ist ganz heilsgeschichtlich gesehen. Die diesbezügliche Divergenz nach Golgatha stellen Ecclesia und Synagoga unter dem Kreuz dar: Ecclesia erscheint in einer Miniatur als stolze Königin auf ihrem Tetramorph (mit den Köpfen der vier Evgl.-Symbole), Synagoga gedemütigt auf einem Esel reitend, der sein Zaumzeug abgeschüttelt hat und ihr anscheinend nicht mehr gehorchen will. Sie wendet sich, die Augen bedeckt, vom Kreuz ab, und die Speerfahne, ihr Kampfattribut, ist ihr entglitten, doch hält sie noch fest die Gesetzestafel, ein Ziegenböckchen als Symbol des Opferkults und ein Messer (Green, I, p. 267 = Fol. 150 r). Ein anderes Bild beschreibt, im Zusammenhang der Weltgerichtsdarstellung, realistisch und mit detailreicher Anschaulichkeit die Juden und andere Missetäter in den vier Etagen der Hölle, die man sich als weitläufige Höhle in den Tiefen der Erde dachte (Green, I, p. 439 = Fol. 255 r): Die Juden sind als Gruppe, eben als Juden, wie auch die Soldaten beziehungsweise Ritter, kollektiv der Strafe verfallen und werden in einem großen metallenen Kessel geschmort. Drei Teufel sind mit ihnen befaßt; einer wirft einen nackten Juden kopfüber in den bereits mit spitzhütigen Juden gefüllten Kessel - er ist, damit kein Zweifel bleibt, mit *Judei* beschriftet -; ein zweiter stochert genüßlich mit einer langen Gabel wie in einer Bratpfanne, während ein dritter Teufel einen weiteren Juden direkt in die unter dem Kessel lodernden Flammen zu befördern scheint. Einer der bereits im Kessel befindlichen Juden bedeckt sein rechtes Auge mit der Hand, vielleicht um dadurch die Blindheit anzudeuten, die ihn diese Lage gebracht hat, oder als Zeichen der Trauer.

Für Herrad, die hier wie fast überall aus bekannter christlicher Überlieferung schöpft, hatte der biblische Opferkult erzieherische Funktion, damit die Juden vom Götzendienst abgehalten wurden, und "wie das jüdische Volk der Schatten des Neuen Testaments, das heißt des christlichen Volkes war", so mußte das Bild des wahren Opfers diesem (d.h. Christus) vorangehen. Christus beendete die nur "schattenhaften Opfer" (Green, I, p. 113 = Fol. 68 r). Im Gleichnis vom verlorenen Sohn (Lk 15, 11 ff.) meint der jüngere Sohn die Heiden, der ältere die Juden. Der Vater (d.h. Gott) nimmt den jüngeren Sohn auf und zeichnet ihn aus mit dem "Gewand der Tugenden und dem Ring des Glaubens", er gibt ihm ein Kalb für ein Gastmahl und macht ihn zum Erben des himmlischen Königreiches, "während das jüdische Volk es ablehnt, zum Glaubensfest einzutreten" (Green, I, p. 205 = Fol. 122r).- In einer (an der Johannesapokalypse orientierten) Miniatur erscheint *Synagoga* als geflügelte Gestalt, welche - zugleich mit *Heresis* - die Wanne der *Impietas* ergreift und sich zugleich anscheinend bestürzt nach dem fallenden Babylonischen Turm umblickt (vgl. Zach 5, 7 ff.; Green, I, p. 107 = Fol. 65r).- Einmal, in einem Gedicht, wird Christus im Anschluß an das Neue Testament als Samenkorn beschrieben. Dabei ist der steinige Boden, auf den der Same vergeblich fällt, mit *Judaea* gleichgesetzt (*At semen Christum: Judaeam petra figurat/Fertilitate carens, quae semper saxea durat*), zweifellos eine Verschärfung der neutestamentlichen Aussage (Green, I, p. 237 = Fol 136v).

Im ganzen ist das Judenthema bei Herrad nur ein Randthema, das einigermaßen konventionell abgehandelt wird (z.B. Green, I, p. 252 = Fol. 142v: *Rupertus de Judeis*; auf den Miniaturen die *Judei* öfters in ihrem typischen Spitzhut, zum Beispiel Green, I, Pl 160; vgl. Pl 145 = p. 434: *Judei* [mit Spitzhut] *et Pagani*). Thematisch bemerkenswert ist noch die Taufe der Synagoge (Green, I, p. 296 = Fol. 167v; vgl. I, p. 307 = Fol. 180r), vor allem aber ein - oben schon erwähntes - Gedicht, das die heilsgeschichtliche Ablösung der ungläubigen blinden Juden zum Gegenstand hat (Green, I, p. 236 = Fol. 136 r):

"... Es tritt ein ins Reich (Christi) gläubig die Kanaaniterin, Hund geheissen (vgl. Mk 7, 27). Du Hebräervolk, Gottes Weinberg genannt, wendest dich ab. (Verstockt) ungläubig bist du, weigerst dich, einzutreten (ins Reich Christi), bellst nach rückwärts ... wetzt deine gottlosen Zähne gegen ihn (d.h. Christus). Laß ab von deiner Tollwut; denn die alte Zeit ist vorbei, durch Christus folgt eine glücklichere Zeit. Die dein Gesetz zu steinigen und mit dem Eisen (einer Waffe) umzubringen pflegt, die will Christi Gnade nun wieder zum Leben rufen. Überlegen ist nun die Gnade dem tötenden Buchstaben, unter dem die Sonne der Gerechtigkeit wie unter Gewölk verborgen war. Die Gnade verkündet, daß der Messias schon gekommen ist. Sie entfernt das harte Joch des Gesetzes und bringt uns Frieden. Gleichwohl wartest du auf einen anderen (Messias). Aber nimm Lehre an, erforsche die Schriften der Propheten: hier kannst du Christus finden ... Noch zerteilt das Kreuzesopfer nicht den Stein, den du in deiner Brust hast. Auch nachdem du, Judaea, so viele Zeichen gesehen hast, bleibst du ungerührt? Bleibst vielmehr immer noch gar blind in der Finsternis deines Unglaubens ... Tritt ein mit uns (ins Innere, hinter den die Sicht nehmenden Vorhang), bete den Gekreuzigten an. Nimm weg von deinem

Antlitz Moses' dichte Hülle (vgl. 2 Kor 3, 12-14); die alte Gottesverehrung hört auf, lerne die neue kennen".

Die Anrede an die Juden ist hier wie gewöhnlich in antijüdisch-apologetischen Texten eher ein rhetorisches Stilelement; denn dieses Gedicht richtet sich ebenso an ein innerchristliches Gegenüber wie der ganze Hortus. Daß aber auch in Frauenklöstern das christliche Bedauern über den verstockten Unglauben der Juden kein ganz entlegenes Gesprächsthema war, darf man annehmen. Daß Hermann von Scheda, ehedem Juda ben David ha-Levi, seine Bekehrungsgeschichte oft vor Nonnen zu erbaulichem Gehör bringt, würde dazu passen.- Zu Herrad siehe auch unten im zweiten Teil, innerhalb der Ikonographie des Judenthemas.

Ausgaben: Herrad of Hohenbourg. Hortus deliciarum. A Reconstruction by R. Green u.a., 2 Bde., Leiden 1979; Herrad von Landsberg. Hortus deliciarum, hg. von O. Gillen, Neustadt 1979.- *Literatur*: Manitius, III (1931), 1010-1014; LThK V (1960) 269-270; Verfasserlexikon, III (1981) 1138-1144; TRE XV (1986) 162-164.

Der scholastische Theologe **Petrus Cantor**, auch als Petrus Remensis bekannt († 22.9.1197), lehrte an den Domschulen von Reims und (ab 1170) von Notre Dame in Paris, wo er Kantor des Domkapitels wurde. Nur ein Teil seiner damals viel gelesenen pastoral- und moraltheologischen Werke und bibelexegetischen Arbeiten ist heute ediert und näher bekannt. Uns muß vor allem die *Summa Abel* interessieren, ein alphabetisch angelegtes Lexikon von 1250 biblischen und theologischen Begriffen (*distinctiones*, daher das Werk auch *Distinctiones Abel* genannt, nach dem Anfangswort "Abel"), von dem Teile durch J.-B. Pitra herausgegeben wurden (Spicilegium solesmense, Bd. II-III, Paris 1855). Erst G. Dahan hat den bemerkenswerten Artikel *Judei* dieses Werkes herausgegeben und untersucht (in: Revue des études Augustiniennes 27, 1981, 105-126) und damit einen wertvollen Beitrag zur Erforschung der Verarbeitung des Judenthemas bei den Scholastikern des 12. Jh. geliefert.

Petrus schreibt sub voce *Judei*: "Die Juden überleben wegen der Gerechtigkeit Gottes, damit an ihnen die Strafe und Zerstreuung sichtbar werde; wegen des Todes Christi, weil sie sagten: 'Sein Blut über uns und unsere Kinder' (Mt 27, 25); wegen der Bestätigung und damit man unserer Auffassung folgt. So nämlich können sie für uns Zeugnis ablegen gegenüber den Heiden, weil sie uns ja die Bücher nachtragen (wie im Altertum die Sklaven ihren jungen Herren auf dem Weg zur Schule - eine Vorstellung schon des Augustinus). Das von einem Gegner kommende Zeugnis ist ja rühmlich. So heißt es: 'Der Ältere wird dem Jüngeren dienen' (Gn

25, 23; Röm 9,13); Um Gottes Verheißung in Erfüllung gehen zu lassen, der da sagt: 'Wäre auch die Zahl der Söhne Israels wie der Sand des Meeres, ein Rest wird gerettet werden' (Röm 9,27)..." (Dahan, S. 106) ... "Nimm zur Kenntnis, daß die Juden, vergleichsweise nichtswürdig wegen Christi Tötung, endlich doch sich bekehrten und vergleichsweise demütig und inbrünstig (im Glauben) wurden und daß aus ihnen die Urkirche in Jerusalem bestand ..." (Dahan, S. 106; an ganz anderer Stelle, PL 205,52, innerhalb des *Verbum abbreviatum*, differenziert Petrus hinsichtlich der Tötung Christi und läßt nicht das ganze Volk schuldig sein: *Per invidiam enim crucifixus est Christus a Scribis et Pharisaeis*).

Petrus Cantor kommt dann zu sprechen auf die (typologisch auf das Volk der Juden und Christen zu beziehenden) biblischen Personenpaare Manasse-Ephraim, Kain-Abel, Ismael-Isaak, Esau-Jakob: "So wurde dem jüdischen Volk das christliche Volk vorgezogen" (Dahan, S. 106). An das alte Bild von Weizen und Spreu erinnert der Satz: "So, wie die Ähre früher da ist als das Korn und das Korn nützlicher ist als die Ähre, so waren die Juden vor den Christen da, und doch haben die Christen das bessere Gesetz" (Dahan, S. 106); denn nach dem Ausdreschen der Körner bleibt nur die Spreu. Ähnlich werden die mit dem Esel zurückbleibenden Knechte (Gn 22,5) typologisch auf die Juden gedeutet, die noch zögern, zu glauben (Dahan, S. 106). Gegen Ende der Distinctio *Judei* zitiert Petrus noch den Kanon 13 des 3. Konzils von Orleans (anno 538) mit seinem Verbot der Tischgemeinschaft mit Juden (Dahan, S. 107) und konstatiert, daß "die Juden und alle bösen Menschen mit der Spinne verglichen werden" (Dahan, S. 107; vgl. dazu Dahan, S. 121 f.).

Deutlich ist bei Petrus besonders der Einfluß augustinischer Gedanken zum Thema. Es bestätigt sich hier, daß Augustinus' Sinndeutungen auch im hohen Mittelalter geeignet bleiben, den Christen mittels Verstandesbeweisen und einschlägigen Bibelstellen einsichtig zu machen, warum die Juden als Gruppe minderen Ranges am Rande der christlichen Einheitsgesellschaft überleben müssen. Vielleicht hat diese theologische Begründung auf ihre Weise ebenso nachhaltig judenschützend gewirkt wie der (über Gregor d. Gr.) ins Kirchenrecht übernommene Grundsatz des antiken römischen Rechts, daß die Juden Kultfreiheit genießen (z.B. Decretum Gratiani, Pars I, Distinctio XLV, cap. 3).

Hinsichtlich seiner Bibelexegese steht Petrus Cantor in der Tradition seiner Zeit; zum Beispiel kannte er Andreas von St. Victor und verfügte wie dieser über Kenntnisse aus Gesprächen mit Juden. So weiß Petrus, daß diese den Emmanuel von Is 7, 14 für den Sohn des Isaias halten, und er kennt - über Andreas - die jüdische Deutung von Nm 24,17 auf den Messias der Juden, während die Christen hier an Jesus Christus denken (B. Smalley, The Study of the Bible in the Middle Ages, Notre Dame, Indiana, 1964, 232-235).

Einmal (PL 205, 158) äußert sich Petrus recht abfällig über christliche Wucherer (*feneratores*, d.h. Verleiher von Geld gegen die damals üblichen und zur Risikoabdeckung erforderlichen hohen Zinsen): "So verabscheuungswürdige Leute werden jetzt Kammerherren (d.h. Hofbeamte) bei Herrschern und Prälaten ... Sie sind auch die Geldbörsen und Blutegel der Herrscher, weil sie, wenn sie alles aufgesogen haben, es wieder von sich geben in die Kasse des Herrschers hinein ... Diese (christlichen Geldverleiher) heißen auch 'Juden'; denn sie sind die Schützlinge der Herrscher, die sie vor gerichtlicher Verfolgung bewahren und sagen: 'Sie sind unsere Juden'. Jedoch sind sie übler als die Juden, weil der Jude nach der Vorschrift des Gesetzes (Dt 23,20) ... Geld verleiht, dieser (Christ) aber sowohl dem Nächsten wie dem Fremden gegen Gottes Weisung (vgl. z.B. Lk 6, 34-35) Geld gegen Zinsen verleiht. Solche Leute kann ... wenn sie Kleriker waren, nicht einmal ihr Klerikerprivileg gegen die Herrscher schützen; denn nach deren Ableben wird ihr gesamtes Vermögen beschlagnahmt, so daß der Bischof keine Verfügungsmöglichkeit hat, auch sie selbst nicht, auch wenn welche von ihnen testamentarische Verfügungen haben treffen wollen". Das ist eine bemerkenswerte innerchristliche Kritik, die kein antijüdisches Gruppenvorurteil erkennen läßt, sondern eher realistisch die zeitgenössische Situation des Kreditgeschäfts beleuchtet.

Literatur: Manitius, III (1931), 159-182; LThK VIII (1963) 353-354; B. Smalley, The Study of the Bible in the Middle Ages, Notre Dame, Indiana, 1964, 196-263; G. Dahan, L' article 'Judei' de la 'Summa Abel' de Pierre le Chantre, Revue des études Augustiniennes 27, 1981, 105-126.

Kaiser **Heinrich VI.** (1190-1197) schritt im Jahre 1195 gegen antijüdische Gewalttaten in Speyer ein, die, wie andere Vorfälle im rheinischen Raum, durch Gruppen von Kreuzfahrern begangen wurden, die sich zur Teilnahme an dem von Heinrich geplanten Kreuzzug sammelten. Auch im Vorfeld des dritten Kreuzzuges (1189-1192), nämlich im Jahre 1188, scheint Heinrich zusammen mit seinem Vater, Kaiser Friedrich I., judenschützend gegen Kreuzfahrergruppen tätig geworden zu sein. Hebräische Chronisten erwähnen ihn jedenfalls dankbar.

Literatur: A. Neubauer u. M. Stern (Hgg.), Hebräische Berichte über die Judenverfolgungen während der Kreuzzüge, Berlin 1892, 218; Aronius, 1902, 151-152; Caro, I

(1908), 404-405; J. Cohn, Die Judenpolitik der Hohenstaufen, (Diss.) Hamburg 1934, 19-20; W. Zuncke, Die Judenpolitik der fränkisch deutschen Kaiser bis zum Interregnum, Jena 1941, 57-59; LThK V (1960) 182; Chazan, 1980, 163-165.

Aus der Erwähnung bei Innozenz III., in seiner Bulle vom 15.9.1199, wissen wir, daß auch Papst **Coelestin III.** (30.3.1191-8.1.1198) eine Sicut-Judaeis-Bulle erließ (Jaffé-Loewenfeld, Nr. 16577; vgl. Nr. 13973). Sie ist nicht erhalten, dürfte aber sehr weitgehend den gleichen Wortlaut gehabt haben wie ihre Vorgängerinnen. Erhalten ist dagegen ein Dekretale Coelestins, das durch die Klage der Pfarrei St. Lô in Rouen veranlaßt wurde und an drei Prälaten in Rouen adressiert ist (der Text erstmals vollständig kritisch herausgegeben von Holtzmann, 1955, 217-235, S. 234-235; galt früher, nach Alanus Anglicus III, 15, 6 [der nur eine Kurzfassung gibt], falsch als Brief Clemens' III.; vgl. dort). Diese Bulle *Cum judaice duricia* (Jaffé-Loewenfeld, Nr. 17646) vom 23.5.1193 an den Dekan und zwei Domherren der Kathedrale von Rouen befaßt sich unter anderem mit der Frage der sozialen Kontakte zwischen Christen und Juden:

"Da die üble Verhärtung der Juden ein solches Ausmaß angenommen hat, daß sie durch den Regen der heilbringenden (christlichen) Glaubenslehre nicht (mehr) erweicht werden kann und die (ohne positiven Einfluß auf sie bleibende) nachbarschaftliche Nähe der Christgläubigen über sie (eher noch) das Urteil schwereren Verworfenseins fällt - dieser (definitive) Urteilsspruch verhindert, daß Christi Kirchengemeinden sich über eine Bekehrung der so beschaffenen Hebräer freuen können (d.h. er verhindert ihre Bekehrung) -, muß sorgsamer verhütet werden, daß sie weder in ihrer verstockten Bosheit Gelegenheit zum Unrechttun erhalten noch eine Einbuße ihres herkömmlichen Rechts erleiden. Denn es ist uns zu Gehör gebracht worden - nehmt das zur Kenntnis -, daß die Juden in ihrer verdammenwerten Habgier den Pfarrbezirk der Pfarrei St. Lô (genannt nach dem Heiligen Laudus, von dem sich Reliquien dort befanden) sehr weitgehend in Besitz genommen haben (z.B. durch Pacht, Kauf, Pfandverfall durch Zinsschulden usw.) und den Rest (ebenfalls) von Tag zu Tag in ihren Besitz zu überführen bemüht sind. Da sie nämlich über mannigfachen Geldverleih gegen Zinsen unentwegt zu ihrer eigenen Verdammnis Geld anhäufen, erhalten sie dadurch Mittel und Wege, nach Belieben irdischen Besitz (z.B. an Grund und Boden) zu erlangen; denn durch dieses Geld machen sie sich Grundherren und Grundbesitzer geneigt, so daß sie ganz und gar jedes gewünschte ihnen nicht gehörende Stück Land bekommen können.- Weil aber nun die genannte Pfarrei St. Lô, wie gesagt, deswegen einen be-

deutenden Besitzverlust erleidet, befehlen wir Ew. Weisheit durch apostolisches (d.h. päpstliches) Schreiben und erteilen euch, unter (Androhung)
der Strafe des Amtsverlustes, die strenge Weisung: Wenn nicht die in Rou-
en wohnenden Juden auf Eure Aufforderung hin Sorge tragen, den Zehnten und alle anderen Einkünfte, welche Gottes Kirchen von den gegebenenfalls dort wohnenden christgläubigen Pfarrkindern erhalten würden,
der genannten Pfarrei St. Lô und anderen Pfarreien, deren Pfarrbezirke sie
besitzen, in jedem Jahr hinreichend und nach Gebühr zu entrichten, dann
sollt Ihr alle Menschen christlichen Zeichens, seien sie männlichen oder
weiblichen Geschlechts, die es mit irgendwelcher Anmaßung wagen, Juden Dienst zu leisten, leihweise von ihnen etwas anzunehmen oder schon
Erhaltenes zurückzugeben, von ihnen zu kaufen oder an sie zu verkaufen
oder sonst einen Vertragsabschluß mit ihnen zu tätigen oder sie zu grüßen
oder zu sprechen, es sei denn über ihre Bekehrung oder die Abkehr von
der ihnen zu eigen gewordenen Bosheit, dann sollt Ihr diese (Christen),
ohne jede Rücksicht und Scheu und ohne daß noch Widerspruch oder Einspruch möglich sind, öffentlich mit dem Kirchenbann (d.h. mit Exkommunikation) züchtigen. Von diesem Urteilsspruch sollen auch betroffen sein
alle diejenigen, die unseren Befehl vereiteln, indem sie jenen Unterstützung, Rat oder Gunstbeweise zukommen lassen.- Wir geben auch die
Weisung und verpflichten (Euch) mit aller Strenge dazu, daß Ihr obigen
Urteilsspruch im ganzen Sprengel Rouen an jedem Sonn- und Feiertag
nach (vorherigem) Auslöschen der Kerzen und Schlagen der Glocken mit
apostolischer Amtsgewalt bekannt gebt, bis unseren obigen Anordnungen
entsprochen ist. Sorgt nun so für die Realisierung dieser Maßnahme, die
wir Euch im Vertrauen auf Eure Klugheit und Eure sittlichen Qualitäten
auftragen, daß Unsere gute Meinung über Euch mehr und mehr wächst
und unumstößlich klar wird, daß weder Furcht noch begünstigende Rück-
sichtnahme noch irgendeine Habgier Euch hindert, der Erledigung dieser
Angelegenheit Euch eifrig und angelegentlich zu widmen ... Gegeben im
Lateran am 23. Mai (1193) im dritten Jahr unseres Pontifikats."

Damit wird das im 12. Jh. schon verschiedentlich zu beobachtende Problem angesprochen, daß Juden auf die eine oder andere Weise zehntpflich-
tigen Grundbesitz von Christen erwerben, als Nichtchristen sich aber nicht
verpflichtet fühlen, die von den christlichen Voreigentümern den örtlichen
Pfarrkirchen entrichteten Abgaben weiter zu zahlen. Zweifellos konnte die
wirtschaftliche Existenz solcher Pfarreien, die davon stark betroffen waren, gefährdet werden, und so verstehen sich die energischen Worte Coelestins, der durch (indirekten) wirtschaftlichen Druck auf die Juden und

durch ihre soziale Isolierung die anstehenden Probleme lösen will. Der Abbruch der sozialen Kontakte mit den Juden ist hier immerhin ein bedingungsweise geltender. Aber die in der Kirche vom Kanon 52 des Konzils von Nikaia (Mansi 2, 969) ausgehende Linie, der zufolge Klerikern (später auch Laien) der Umgang mit Juden nicht gestattet war (vgl. z.b. auch Elvira, Kanon 16; Mansi 2,8), wurde immer schon durchbrochen, wenn die Bekehrung von Juden möglich schien; denn seit Augustinus blieb die Einsicht gültig: "Die Ungläubigen können wir nicht für Christus gewinnen, wenn wir Gespräche und Tischgemeinschaft mit ihnen meiden" (Gratians Dekret vom Jahre 1142, Pars II, Causa XXIII, Quaestio IV, cap. 17; Friedberg, p. 949). Ob Coelestin im übrigen auch die grundsätzliche Problematik des Landbesitzes von Juden im Sinne Stephans III. im Auge hat, ist nicht sicher.

Obwohl Coelestin in seiner Sicut-Judaeis-Bulle in der herkömmlichen Weise den Juden die freie Kultausübung gestattet haben dürfte, hat er andererseits einmal den französischen König Philipp Augustus dafür gelobt, daß er eine Synagoge in eine Kirche umwandelte: "Bischof Celestinus, Diener der Diener Gottes, sendet seinen geliebten Söhnen, dem Dekan und den Domherren von St. Salvator in Orleans Gruß und apostolischen Segen. Es ziemt sich, daß Wir berechtigten Begehren willig zustimmen und Wünsche in Erfüllung gehen lassen, die sich nicht vom Wege vernünftiger Betrachtung entfernen. Als nun unser überaus geliebter Sohn in Christus Philippus, erlauchtester König der Franken, von himmlischem Feuereifer entflammt, die ungläubigen Juden (*Judeorum perfidiam*) ausschloß aus Eurer Stadt (d.h. aus Orleans vertrieb), überantwortete er ihre Synagoge frommen Zwecken; es sollte nämlich an ebendieser Stelle zu Ehren unseres Erlösers Jesus Christus eine Kirche entstehen, in welcher ihm unablässig Dienst geleistet werden sollte und in welcher sein Klerus und sein Volk nach dem Ritus des katholischen Glaubens mit dem Brot des Himmels ernährt werden sollten. Weil dies aber durch die Gnade ebendieses unseres Herrn Jesu Christi angemessen realisiert wurde, nehmen wir die Kirche und Euch, samt allem, was Ihr heute mit gutem Grund besitzt oder in Zukunft auf gerechte Weise durch Gottes Gnade erwerben könnt, unter des heiligen Petrus und unseren Schutz. Ganz besonders aber die Umwandlung (der Synagoge in eine Kirche), herbeigeführt durch die rechte Hand des Erhabenen (d.h. Gottes), die, wie aus dem schriftlichen Bericht über die genannte Angelegenheit klar hervorgeht, gewissenhaft vorgenommen wurde, bestätigen wir (als rechtsmäßig) mit unserer apostolischen Autorität und bekräftigen sie durch die schützende Kraft dieses Schreibens. Durch-

aus niemandem soll es mithin freistehen, diese unsere Schutz- und Bestäti-
gungsurkunde zu verletzen und ihr etwa dreist zuwiderzuhandeln. Wer
auch immer diese Sache anzufechten wagt, soll wissen, daß er sich den
Unwillen des allmächtigen Gottes und seiner heiligen Apostel Petrus und
Paulus zuzieht. Gegeben im Lateran am 14. Mai (1193), im dritten Jahr
unseres Pontifikats" (I. Loeb, Bulles inédites des papes, Revue des études
juives 1, 1880, 114-118, S. 118; Jaffé-Loewenfeld, Nr. 17002). Damit
war ein Weg beschritten, der von den Grundsätzen Gregors d. Gr. weg-
führte, der sich - gestützt auf das überlieferte römische Recht - gegen eine
Umwidmung von Synagogen zu Kirchen ausgesprochen hatte.

Ausgaben: W. Holtzmann, in: Festschrift Guido Kisch, Stuttgart 1955, 234-235; I.
Loeb, in: Revue des études juives 1, 1880, 118.- *Literatur*: M. Stern, Urkundliche Beiträge über die Stellung der Päpste zu den Juden, Kiel 1893-1895, II 1, S. 2-3; Aronius,
1902, 154; Fr. X. Seppelt, Geschichte der Päpste, III, München 1956, 307-318; W.
Holtzmann, Zur Geschichte der päpstlichen Gesetzgebung über die Juden im 12. Jahrhundert, in: Festschrift Guido Kisch, Stuttgart 1955, 217-235, S. 224.234-235; LThK
II (1958) 1254-1255; Grayzel, 1962, 243-280, S. 253; S. Grayzel, Pope Alexander III
and the Jews, in: S.W. Baron Jubilee Volume, English Section, II, Jerusalem-NewYork
1974, 555-572, S. 569; Pakter, 1974, 16-17.

Vermutlich gegen Ende des 12. Jh. wurde von einem anonymen Autor
verfaßt die **Altercatio Synagogae et Ecclesiae** *in qua bona omnium
fere utriusque instrumenti librorum pars explicatur. Opus pervetustum ac
insigne antehac nusquam typis excusum.* **Interlocutores Gamaliel et
Paulus** (so der Titel, unter dem dieses Werk im Jahre 1537 in Köln bei-
Melchior Novesianus im Druck erschien; eine 2. Auflage ebendort
1539/1540). Die 22 Kapitel dieser Schrift, die umfangreich aus den Werken des Hugo von St.Victor († 1141) schöpft und offenbar im geistigen
Umfeld des Pariser Augustinerchorherrenstifts St.Victor und seiner Klo-
sterschule entstand, wollen Christen über wesentliche Gegenstände des
christlichen Glaubens belehren und unterweisen. Nur im ersten Teil ist die
'Altercatio' wirklich ein Gespräch von Kontrahenten, nänlich des (aus dem
Neuen Testament, Apg 5,34 ff., bekannten) Rabbinen Gamaliel und seines
Christ gewordenen Schülers Paulus. Auch an das Gleichnis vom verlorenen Sohn (Lk 15, 11 ff.) ist gedacht, insofern einleitend der ältere Sohn
als Typus der Synagoge bezeichnet wird, der jüngere aber als Typus der
Heidenvölker. Aus beiden wächst die Kirche aus Juden und Heiden zusammen. Im Laufe der 'Altercatio' vertritt Gamaliel die Sache des alttestamentlichen Gesetzes, während sein ehemaliger Schüler und jetziger An-

hänger Christi Paulus für "die neue Gnade" eintritt. Diese Disputation hat selbstverständlich keinerlei historischen Anhalt in der Vita des Apostels Paulus, sondern ist ganz literarisch fiktiv. Sie ist ein theologisches Lehrstück scholastischer Erudition mit rein katechetischer Zielsetzung, wie die ausführlichen Textauszüge von B. Blumenkranz (in: Recherches de Théologie ancienne et médievale 23, 1956, 40-60) erkennen lassen. Die Argumentation läuft darauf hinaus, "daß das Gesetz nicht völlig abgeschafft, sondern (wesensmäßig) geändert ist" (Blumenkranz, S. 49), was Gedanken des Augustinus aus seinem 'Tractatus adversus Judaeos' aufgreift. Im Sinne von Lv 26, 10 ist das Alte gegen das Neue umzutauschen: "Das Gesetz gegen das Evangelium, die Beschneidung gegen die Taufe und alle gesetzlichen Regelungen derart, daß dein (d.h. Gamaliels) Rühmen eliminiert und die ganze Welt Gott untertan wird; denn auf Grund von Gesetzeswerken wird kein Fleisch vor ihm gerecht [Röm 3, 20]" (Blumenkranz, S. 48).

Schon bald nach Beginn der Altercatio löst der Verfasser Gamaliel und Paulus freilich ab durch einen anonymen Lehrer und Schüler, die in der herkömmlichen Art alttestamentliche und neutestamentliche Texte miteinander verknüpfen, wobei typologisch oder moralisierend interpretiert wird. Offenbar benutzte der Anonymus für seine Zwecke eine große Kompilation fortlaufender patristischer Bibelerklärungen, die - exemplarisch und normativ in Gestalt der 'Glossa ordinaria' des Walafrid Strabo - zur vielbenutzten Hilfe der Exegeten wurden. In der Tat konnten sehr zahlreiche Übernahmen aus der Glossa ordinaria in die Altercatio nachgewiesen werden (Blumenkranz, S. 58).

Obwohl in Gestalt des Gamaliel zunächst mit einem Juden diskutiert und gegen ihn der christliche Standpunkt vertreten wird, richtet sich die Schrift sicher an ein christliches Zielpublikum; denn zum Beispiel wird auf jüdische Standpunkte nirgends ernsthaft eingegangen, und es geht einzig und allein um die lehrhafte und schulmäßige Darlegung wichtiger christlicher Glaubensthemen. Die Altercatio ist also eher ein Monolog als ein echter Dialog, jedenfalls ein innerchristlicher Scheindialog.

Ausgaben: Köln 1537 und 1539/1540.- *Literatur*: B. Blumenkranz, De la polémique antijuive à cathéchèse chrétienne, Recherches de Théologie ancienne et médiévale 23, 1956, 40-60; B. Blumenkranz, Les auteurs chrétiens latins du moyen âge sur les Juifs et le Judaïsme, Paris 1963, 207-208.

In arabischer Sprache geschrieben ist der Bericht über eine Disputation mit einem jüdischen Lehrer, den der Nestorianer **Sabrīschō' ibn Fūlus** verfaßte, gegen Ende des 12. Jh. Priester und Lehrer im Michaelskloster bei Mosul. Ausgangspunkt dieses Religionsgesprächs war, daß der Jude Anstoß nahm an der Bezeichnung Marias als "Gottesmutter".- Vielleicht etwa in die gleiche Zeit gehört die Disputation eines anderen Nestorianers, des Mutrān Sūbḥan li-Yašū' mit dem Rabbiner Musa Ras al-Mutaiba. Ergebnis dieser Diskussion war die Bekehrung des Juden und zahlreicher Glaubensgenossen (M. Steinschneider, Polemische und apologetische Literatur in arabischer Sprache, Leipzig 1877, 136-137; G. Graf, Geschichte der christlichen arabischen Literatur, II, Rom 1947, 207).

Hier, gegen Ende des 12. Jh., mag auch eine anonyme **Disputatio contra incredulitatem Judeorum excerpta ex libris prophetarum** (Disputation gegen den Unglauben der Juden, exzerpiert aus den Prophetenbüchern) Erwähnung finden, die in einer zeitgenössischen Handschrift steht (Codex Oxoniensis, Jesus College, Nr, 11, folio 70v-76r; im Bibliothekskatalog der Rochester Priorei von 1202 erscheint dieser Traktat unter dem Titel *Arma contra Judeos* [Waffen gegen die Juden]; eine kurze Textprobe aus dieser Abhandlung bei R.W. Hunt, in: Studies in Medieval History, presented to Fr. M. Powicke, Oxford 1948, 146-147). Die Disputation beginnt: "Sprich also, Jude, der du, indem du die Trinität leugnest, entsprechend auch die Einheit nicht kennst"; Ausgangspunkt ist also der unterschiedliche Gottesbegriff. Die Erklärung für den Titel 'Arma contra Judaeos' ergibt sich aus dem Epilog, wo der anonyme Autor mitteilt: "Deswegen habe ich, indem ich dir fast nur die bloßen Bibelstellen vorlegte, gleichsam ein Bündel Pfeile in den Köcher gesteckt. Und weil dir aus den Gegenreden reichlich Material für deine Antworten bereitgestellt wird, habe ich dir immerhin 'Waffen' gegeben; welche davon dir zum Austeilen von Hieben dienen sollen, welche wie das Schwert sind, das du ziehen sollst und was der Schild ist, den du schwingen sollst, darüber konnte ich dich noch nicht genau belehren, weil noch keine Gefechte ins Haus stehen. Du hast nun vor dir, was du für einen derartigen Kampf benötigst" usw. Hunt macht auf wörtliche Affinitäten zu Petrus von Blois, 'Contra perfidiam Judaeorum', PL 207, 870, aufmerksam, und tatsächlich bezeichnen beide Autoren übereinstimmend das von ihnen bereitgestellte apologetische Material als *arma* im Kampf gegen die Juden. Welche weiteren Gemeinsamkeiten bestehen, bleibt zu untersuchen.

Richard I. Löwenherz, König von England (1189-6.4.1199), ging offenbar nur halbherzig oder doch wenig erfolgreich gegen Judenverfolgungen vor, die an seinem Krönungstage begannen und während seiner Reise zur Teilnahme am 3. Kreuzzug, im Jahre 1190, heftig aufflackerten (eine Beschreibung der Situation und des Geschehensablaufs bietet das Chronicon Thomae Wykes, bei H.R. Luard, Hg. Annales monastici IV, London 1869, p. 40-43). Von Richard Löwenherz stammt das älteste erhaltene englische Königsprivileg für Juden, das, obwohl schon weit von der karolingischen Zeit entfernt, seine Verwandtschaft mit den einschlägigen Privilegien des 9. Jh. nicht verleugnen kann und eine wichtige Station der Entwicklung des europäischen Judenrechts und Judenschutzes darstellt. Es datiert vom 22. März 1190 und erscheint wie ein Echo auf die Judenverfolgungen im Februar 1190 beziehungsweise kam vielleicht auf jüdische Bitten hin zustande (der lateinische Text in: Foedera, conventions, literae et cuiuscunque generis acta publica inter reges Angliae et alios quosvis imperatores, ed. Th. Rymer, I, London 1816, p. 51): "Richard, durch Gottes Gnade König von England, Herzog der Normandie und Aquitaniens, Graf von Anjou, grüßt die Erzbischöfe, Bischöfe, Äbte, Grafen, Barone, Vizegrafen, die im Auftrag und Dienst eines Grafen tätigen Personen und alle seine Getreuen Englands und der Normandie. Nehmt zur Kenntnis, daß wir gewährt haben und mit diesem unserem urkundlichen Privileg bekräftigt haben dem Isaac, Sohn des R. Joce, und seinen Kindern und ihren Leuten alles nach Gewohnheitsrecht ihnen Zustehende und alle Privilegien, wie sie der (Landes-)Herr, König Heinrich, unser Vater, ihnen gewährt hat und mit seinem urkundlichen Privileg den Juden Englands und der Normandie bekräftigt hat. Nämlich: frei und geachtet in unserem Land zu wohnen und von uns all jenen Besitz zu haben, den der genannte Isaac und seine Kinder besaßen zur Zeit König Heinrichs, unseres Vaters, an Grund und Boden, als Lehen, als Pfand, als Geschenk und als durch Kauf erworben, nämlich Hame, welches König Heinrich, unser Vater, ihnen für ihren Dienst gab, und Thurroc, welches der genannte Isaac dem Grafen von Ferrieres abkaufte, und alle Häuser und (kleineren) Anwesen und (verfallenen?) Pfänder, welche derselbe Isaac und seine Kinder in unserem Land hatten zur Zeit des Königs Heinrich, unseres Vaters.

Und wenn es zu einer gerichtlichen Klage kommt zwischen einem Christen und Isaac oder einem seiner Kinder und Erben, soll jener, der den anderen beklagt, um seine Klage als begründet zu erweisen, über Zeugen verfügen, nämlich einen einwandfreien (d.h. glaubwürdigen) Christen und einen einwandfreien Juden.

Und wenn der genannte Isaac beziehungsweise seine Erben oder Kinder bezüglich jener Klage über eine Urkunde (als Beweismittel) verfügen, soll die Urkunde für sie als ein Zeuge gelten. Und wenn ein Christ eine Klage gegen die genannten Juden hat, soll über die Klage durch die Vorsteher der Juden (gerichtlich) entschieden werden.

Und wenn einer der genannten Juden gestorben ist, soll seine Leiche nicht unbestattet bleiben, vielmehr soll sein Erbe sein Geld und seine Verpflichtungen haben; so wird eine Störung seiner (Toten-)Ruhe verhindert, wenn er (nämlich) einen Erben hat, der an seiner Statt verantwortlich tätig wird und für seine Schulden und sein unrechtes Tun eintritt. Den genannten Juden soll es erlaubt sein, alles ihnen (zum Ankauf) Angetragene straflos anzunehmen und anzukaufen; ausgenommen sind aus Kirchen stammende Gegenstände und blutgetränkte Kleidung.

Und wenn sie verklagt werden von jemandem, ohne daß dieser einen Zeugen (zum Beweis der Rechtmäßigkeit seines Anspruchs) hat, sollen sie wegen dieser Klage nichts zu befürchten haben, wenn sie nur einen Eid auf ihr Buch (*liber*, d.h. die Bibel bzw. die Tora, den Pentateuch) ablegen. Und bei einer Klage bezüglich der zu unserer Krone gehörenden Dinge sollen sie ähnlich nichts zu befürchten haben; es bedarf nur eines Eides auf ihre Buchrolle (*rotulus*).

Und wenn zwischen einem Christen und einem der genannten Juden oder ihren Kindern eine Meinungsverschiedenheit besteht bezüglich der verliehenen Geldsumme, soll der Jude sein (verliehenes) Kapital unter Beweis stellen (*probare*), der Christ den Zinsertrag.

Und es soll den genannten Juden erlaubt sein, ohne daß sie etwas zu befürchten haben, ihre (verfallenen) Pfänder zu verkaufen, nachdem es sicher ist, daß sie diese ein ganzes Jahr und einen Tag aufbewahrt haben; und sie sollen sich nicht einem Gerichtsurteil unterziehen, es sei denn in unserer Gegenwart oder in Gegenwart derjenigen, die für das betreffende Territorium verantwortlich zuständig sind, in deren Gerichtsbezirken sie wohnen und wo immer sie sich aufhalten.

Es soll ihnen erlaubt sein zu gehen, wohin immer sie wollen, mit all ihrem (verleihbaren Geld-)Kapital (bzw. mobilen Hab und Gut), als unser Besitz und Eigentum (*sicut nostre res proprie*), und niemandem soll erlaubt sein, sie zurückzuhalten und sie an der Mitnahme ihres Besitzes (?) zu hindern.

Und wenn ein einem Juden Geld schuldender christlicher Schuldner stirbt und der Schuldner einen Erben hat, soll der Jude sich nicht angesichts der Jugend des Erben bezüglich seiner Schuld beunruhigen, es sei denn der Grundbesitz des Erben ist in unserem Besitz.

Und wir ordnen an, daß die Juden in ganz England und in der Norman-die unbehelligt sein sollen durch alle Abgaben und durch Zoll und Wein-steuer, wie unser Besitz (*catallum*); und wir geben euch die Weisung und ordnen an, daß ihr sie in eurer verantwortlichen Obhut habt, sie verteidigt und beschützt (*quod eos custodiatis et defendatis et manuteneatis*); und wir verbieten, daß jemand, entgegen dieser Urkunde in den oben genann-ten Angelegenheiten die besagten Juden vor Gericht bringt. Bei Verstoß dagegen ist eine Buße an Uns zu zahlen [es folgen die Namen von fünf Zeugen]. Gegeben durch die Hand des Willielmus de Longo Campo (Longchamp), unseres Kanzleichefs, Bischof von Ely, in Rouen, am 22. März im ersten Jahr unserer Herrschaft."

Dieses Privileg für den Juden Isaak sowie dessen Söhne und Anhang hat anscheinend bereits einen (nicht erhaltenen) Vorläufer im England des 12. Jh., und es wird seinerseits bestätigt und bezogen auf alle Juden Eng-lands und der Normandie durch König Johann (anno 1201). Richards Urkunde wird in Rouen ausgefertigt über seinen Bevollmächtigten William Longchamp, Bischof von Ely, der die Pogromsituation in England beruhi-gen sollte. In ihr ist die Ausweitung des Rechtsbezuges auf die Juden als Bevölkerungsgruppe in gewisser Weise bereits deutlich angelegt. Immer-hin gewährt Richard der Gruppe um Isaak "freien und geachteten Aufent-halt" in seinem Reich, die Freiheit Handel und Geschäfte zu treiben und mit ihrem Besitz beliebig Ortswechsel vorzunehmen, Zoll- und Abgaben-freiheit, stellt prozessuale Normen für einen Rechtsstreit zwischen einem Christen und Isaaks Gruppe auf und sichert das innerjüdische Erbrecht oh-ne Furcht vor Beschlagnahme oder Erpressung (dadurch, daß die Bestat-tung ausgesetzt wurde, solange nicht bestimmte Verpflichtungen erfüllt waren). Die Freiheiten und Freizügigkeiten des königlichen Privilegs sind allerdings dadurch erkauft, daß die Juden Eigentum, sozusagen mobiler Besitz des Herrschers werden (*nostre res proprie, nostrum proprium ca-tallum*; aber schon vor Richard I. galten die Juden als Eigenleute des eng-lischen Königs: *ipsi Judaei et omnia sua regis sunt* [Scherer, 1901, 88]) und wohl auch hohe Abgaben an den Fiskus zu entrichten hatten. Richards Urkunde steht gewiß in der Tradition älterer uns bekannter Judenschutz-briefe, doch ist sie in ihrer Eigenart ein Meilenstein auf dem Wege zur Kammerknechtschaft der europäischen Juden.

Als Richard im Jahre 1194 wieder in England war, regelte er die Ge-schäftstätigkeit der englischen Juden durch die Anordnung, alle Schuld-scheine, Pfänder und sonstigen Besitz in ein Verzeichnis (*roll*) einzutra-gen, dies in der Absicht einer Kontrolle und besseren Besteuerung ihrer

Einkünfte. Von seinem Vorgänger hatte Richard bereits eine einschlägige Registrierstelle und Steuereinzugsbehörde übernommen, das *Scaccarium Judaeorum sive Judaismi*, exchequer of the Jews (Scherer, 1901, 89-90).

Literatur: Scherer, 1901, 87-93; Caro, 1908, 317-318.333-334; S. Dubnow, Weltgeschichte des jüdischen Volkes, IV, Berlin 1926, 306-311; P. Browe, Die Judenbekämpfung im Mittelalter, Zeitschrift für katholische Theologie 62, 1938, 197-231, S. 215; Browe, 1942, 256; LThK VIII (1963) 1291; V. Pfaff, in: Vierteljahrschrift für Sozial- und Wirtschaftsgeschichte 52, 1965, 168-206, S. 201-202; Chazan, 1980, 66-69.157-161; H. Greive, Die Juden. Grundzüge ihrer Geschichte im mittelalterlichen und neuzeitlichen Europa, Darmstadt 1980, 76-77.

Der im Laufe des Frühmittelalters zunehmende Geschäftsverkehr zwischen Christen und Juden führte gelegentlich auch zu Rechtsstreitigkeiten, zu deren Erledigung ein als Beweismittel dienender Eid von Juden (*Juramentum Judaeorum*, Eid *more iudaico, Sacramentum Judaeorum*) erforderlich werden konnte. So erwähnt etwa Heinrich IV. in seinem Privileg für die Juden von Speyer (anno 1190) dieses Thema. Im 9.-10. Jh. kommen - vermutlich auf der Grundlage nicht erhaltener spätantiker Vorstufen - einzelne lateinische und griechische Eidformeln auf, die, von Christen entwickelt, teilweise auch jüdischen Schwurbrauch berücksichtigen, im Laufe des Mittelalters aber oft diskriminierende antijüdische Elemente erhalten beziehungsweise unter entehrenden Umständen gesprochen werden müssen. In der Entwicklung dieser Judeneide spiegelt sich ein Stück Geschichte der christlich-jüdischen Beziehungen, und in ihrer Verknüpfung jüdischen und alten germanischen Rechts sind sie literarische Denkmäler von erheblicher kulturgeschichtlicher Bedeutung. Das gilt zumal vom mittelhochdeutschen **Erfurter Judeneid** (Ende 12. Jh.), dem ältesten deutschsprachigen Judeneid überhaupt, dessen Formel offenbar normativ wirkte und am Anfang einer umfangreichen Tradition stadtrechtlicher deutscher Texte dieser Art steht. Auch der Erfurter Judeneid operiert mit in dieser speziellen Verwendungsweise schon vorgegebenen Bibelstellen, die, weil das Vertrautsein mit ihnen bei Juden vorausgesetzt werden konnte, die Glaubwürdigkeit des jüdischen Eidgebers zu garantieren schienen: "Des dich dirre sculdegit, des bistur [wohl Schreibfehler für *bistu*] unschuldic, sô dir got helfe, der got der himel unde erdin gescûf, loub, blûmen, unde gras, des da vore nîne was. Unde ob du unrechte sweris, daz dich dî erde virslinde, dî Datan unde Abiron virslant. Unde ob du unrechte sveris, daz dich dî muselsucht bistê, dî Nâamannen lîz [d.h. naaman enliz] unde Iezi bestûnt. Unde ob du unrechte sweris, daz dich dî ê virtilige

328

dî got Moisy gab in dem berge Synay, dî got selbe screib mit sînen vinge-
ren an der steinir tabelen. Unde ob du unrechte sweris, daz dich vellin alle
dî scrift, di gescriben sint an den vunf bûchen Moisy. Dit ist der Iuden eit
den dî biscof Cuonrât dirre stat gegebin hât" (der Text in: Juden im Mittelalter. Eingeleitet und zusammengestellt von D. Berg und H. Steur, Göttingen 1976, 25-26, und bei V. Zimmermann, Die Entwicklung des
Judeneids, Bern-Frankfurt 1973, 48; ein Faksimile in: Jüdisches Lexikon,
III, Berlin 1929, 421).

Der Verfasser dieser ebenso schlichten wie in schönem Stil geschriebenen Eidformel, Konrad, war 1161-1165 und 1183-1200 Erzbischof von
Mainz - zu diesem Erzbistum gehörte damals auch Erfurt - und schuf diesen Text, den ein Helfer dem schwörenden Juden vorzusprechen hatte,
wohl 1183/1200. Er ist etwas rhythmisch-poetisch (teils in metrisch ge-
gliederten Abschnitten, um das Nachsprechen zu erleichtern) komponiert,
und "loub, blûmen unde gras" klingt geradezu lyrisch. Die Art und Weise,
in der von der Weltschöpfung die Rede ist, scheint eine mittelalterliche Anschauung vorauszusetzen, nach der "die Juden an jenen (wahren) Gott
glauben, der Laub und Gras erschaffen hat" (bei Zimmermann, S. 49). Die
bedingte Selbstverfluchung rekurriert auf Nm 16 (Dathan und Abiram werden beim Aufruhr des Korach von der Erde verschlungen), 2 Kg 5 (Aussatz des Syrers Naaman und des gewinnsüchtigen Gechasi [*Jezi* bei Kon-
rad], der im Dienst des Propheten Elisäus stand), wobei wohl Gechasis
Schicksal gezielt vor ungerechter Bereicherung durch einen Meineid im
Zusammenhang mit Handelsgeschäften warnen sollte. Der Rekurs auf die
Sinai-Gesetzgebung und den Pentateuch vollendet die bindende Kraft des
Eides. Auffällig ist vor allem, daß die Zeugnisfähigkeit der Juden - anders
als bereits in Cod. Just. 1, 5,21; vgl. Novella 45 (dazu Verf., Die christlichen Adversus-Judaeos-Texte 1982, 408-409.412-413) - nicht eingeschränkt ist.

Der Erfurter Judeneid als wichtiger Knotenpunkt sozialer Kontaktlinien
zwischen Christen und Juden hat Entwicklungsstationen zur Voraussetzung, die nicht mehr vollständig nachgezeichnet werden können, weil entsprechende literarische Quellen fehlen. Deutlich ist aber, daß er inhaltlich
den Judeneidformeln nahe steht, die von der Überlieferung Karl d. Gr. (†
814) zugeschrieben wurden, aber wohl erst einige Zeit später entstanden
(vgl. Verf., Die christlichen Adversus-Judaeos-Texte 1982, 480 ff.). Ähnliche Affinitäten bestehen offensichtlich zu einer byzantinischen Judeneid-
fassung, die in die Novella 55 (anno 1148) Manuel I. Komnenos (regierte
1143-1180) übernommen wurde, aber schon in der zweiten Hälfte des 10.

Jh. entstand (PG 133, 717; J. Starr, The Jews in the Byzantine Empire, 641-1204, Athen 1939, 163-164): "Zunächst soll er (d.h. der schwörende Jude) sich mit Brombeerdornen gürten, in seinen Händen halten die Erhabenheit (d.h. den erhabenen Gegenstand, die Torarolle) und so sprechen: Gepriesen sei der Herr, der Gott unserer Väter, der den Himmel und die Erde erschuf und uns trockenen Fußes durch das Rote Meer führte (; er ist mein Zeuge): Ich lüge nicht. Werde ich als Lügner befunden, gebe mir Gott der Herr den Aussatz des Giezes (d.h. des Gechasi) und des Ammas (d.h. des Naaman) und die Strafe des Priesters Eli (vgl. 1 Sam 4, 17-18), und es öffne die Erde ihren Mund und verschlinge mich bei lebendigem Leibe, wie Dathan und Abiram".- Ebenfalls innerhalb der Novella 55 wird eine andere Form des Judeneids referiert, die bei einem Erbschaftsstreit zwischen einem bekehrten Juden und seinen nicht getauften Verwandten von letzteren geleistet werden mußte, und zwar, nach dem Kontext, zur Regierungszeit des Vaters von Manuel I. Komnenos, also unter Johannes II. Komnenos (1118-1143): "Zunächst soll er sich mit Brombeerdornen gürten, einen Schlauch (wie ein Pferd) reiten, (ein Stück weit) ins Meer gehen, dreimal sein beschnittenes Glied bespeien und so sprechen: Bei Barase, Baraa, Adonai, Eloi, der Israel trockenen Fußes durch das Rote Meer führte, ihnen aus einem Felsen Wasser zu trinken gab, ihnen Manna zu essen gab und Wachteln, wenngleich sie selbst undankbar waren und Schweinefleisch nicht verschmähten; bei dem Gesetz, das Adonai gab, bei dem Bespeien des beschnittenen Körperteils und bei den Brombeerdornen, mit denen meine Lende umgürtet ist: nicht falsch schwöre ich bei dem Namen des Herrn Sabaoth; wenn ich aber meineidig schwöre, sollen verflucht sein die Sprößlinge meines Leibes, will ich wie ein Blinder herumtappend nach der Wand tasten und wie ein Mensch ohne Augen zu Fall kommen. Dazu soll die Erde ihren Mund öffnen und mich verschlingen wie Dathan und Abiram" (PG 133, 716).

Daß dieser Judeneid noch unter jüdischer Formulierungshilfe zustande kam, ist kaum vorstellbar, weil er bereits einen stark diskriminierenden Charakter hat, wie er sich im Laufe des Mittelalters verfestigen sollte. Unklar ist im übrigen, ob die "Brombeerdornen" an die Passion Christi erinnern sollen oder ob vielleicht an Ex 3, 2 ff. (brennender Dornbusch) zu denken ist.

Literatur: Aronius, 1902, 158; Germania Judaica I, Tübingen 1963, 98; E. Roth in: Monumenta Judaica. Handbuch, Köln 1963, 89-92; LThK V (1960) 1174-1175; W. Ruttor, Fränkische Judeneidsformeln, Archiv des Historischen Vereins für Unterfranken und Aschaffenburg 93, 1970 (= Mainfränkisches Jahrbuch für Geschichte und Kunst 22,

1970) 149-154, S. 149; Encyclopaedia Judaica (Jerusalem 1971) XII, 1302-1304; V. Zimmermann, Die Entwicklung des Judeneids, Bern-Frankfurt 1973, 48-51; E. Erb, Geschichte der deutschen Literatur von den Anfängen bis 1160, I, 2, Berlin 1976, 913; Kisch, 1978-1979, I, 141 ff. 171; Verfasserlexikon II (1980) 574-576; de Boor-Newald, III, 2 (1987), 397.- *Byzantinischer Judeneid.-Literatur*: J. Starr, The Jews in the Byzantine Empire, 641-1204, Athen 1939, 163-164; Baron, III (1957), 195; vgl. DMA IX (1987) 207.

Michael I. der **Syrer**, der jakobitische Patriarch von Antiocheia und Verfasser einer wertvollen Chronik († 1199), referiert einmal ein bemerkenswertes Zeugnis christlicher Reflexion über die Frage der Schuld der Juden am Tode Jesu. Zur Regierungszeit des byzantinischen Kaisers Markianos (450-457) und im Zusammenhang mit dem Monophysitismus-Streit um das Konzil von Chalkedon (451) verfaßte man einen fiktiven Brief der Juden an den Kaiser und machte ihn publik. Es hieß darin: "An den barmherzigen Kaiser Markianos: das Volk der Hebräer.- Lange Zeit hindurch hat man angenommen, unsere Väter hätten einen Gott gekreuzigt und nicht einen Menschen. Nachdem aber die Chalkedo-Synode sich versammelte und erwies, daß man einen Menschen und nicht einen Gott gekreuzigt hat, bitten wir um Vergebung für diesen Fehler und um Rückgabe unserer Synagogen" (Chronique de Michel le Syrien, ed. J.-B. Chabot, II, Paris 1901, 91). Das versteht sich vor dem Hintergrund der monophysitischen Bekämpfung nestorianischer (als judaisierend verdächtigter) Standpunkte, wie möglicherweise schon durch das Konzil von Ephesus (431) Nestorius als "neuer Jude" verunglimpft wurde (CSCO 4, 161; *novo Iudaeo* ist überliefert, doch verdient wohl die Konjektur Iudae, d.h. 'neuer Judas' den Vorzug). Die Benutzung des Etiketts "jüdisch" - wenn sie genuin ist - für die Zwecke innerchristlicher Polemik läßt erkennen, daß Christen der jüdische Standpunkt, mit Jesus sei ein Mensch gekreuzigt worden, bekannt war und daß man darüber nachdachte.

Im übrigen tradiert Michael verschiedene Judaica nach Flavius Josephus, so in seinem Bericht über die jüdischen Sekten (Chabot, I, Paris 1899, 154-155) und in seinem Referat des angeblichen Christuszeugnisses desselben jüdischen Historikers (Chabot, I, 144-145), ohne sie allerdings für die Zwecke antijüdischer Apologetik einzusetzen.

Ausgabe (mit franzos. Übers.): J.-B. Chabot, 4 Bde., Paris 1899-1924.- *Literatur*: M. Avi-Yonah, Geschichte der Juden im Zeitalter des Talmud, Berlin 1962, 246; H. Schreckenberg, Rezeptionsgeschichtliche und textkritische Untersuchungen zu Flavius Josephus, Leiden 1977, 11-12.181.

Wahrscheinlich Ende des 12. Jh. entstand **La venjance nostre seigneur**, ein altfranzösisches Chanson de geste in 107 einreimigen Strophen von insgesamt 2368 Versen (hg. von L.A.T. Gryting, The Oldest version of the Twelf-century Poem 'La venjance nostre seigneur', Univ. of Michigan Press 1952). Quellen dieser frommen Legende sind - mehr oder weniger indirekt - einmal das 'Bellum Judaicum' des Flavius Josephus, der verschiedentlich als Gewährsmann ausdrücklich erwähnt wird (so Vers 1353.2359 ff.; Gryting, p. 72.102), dann die 'Vindicta Salvatoris' (der Text bei C. von Tischendorf, Evangelia Apocrypha, Leipzig 1876, 471-486; vgl. Verf., Die christlichen Adversus-Judaeos-Texte, 1982, 463-464), sowie die 'Cura sanitatis Tiberii' (vgl. E. von Dobschütz, Christusbilder. Untersuchungen zur christlichen Legende, Leipzig 1899) und die 'Mors Pilati' (Tischendorf, a.a.O., 456-458) beziehungsweise die 'Acta Pilati' (Tischendorf, a.a.O.). Verfasser der 'Venjance' wie ihrer christlichen Quellen und Vorlagen war wohl ein Kleriker, der geschickt drei für das Mittelalter besonders attraktive Themen (Heilung eines römischen Herrschers durch das Sudarium der Veronika; Zerstörung Jerusalems im Jahre 70 als Gottesstrafe für die missetäterischen Juden; Schicksal des Pilatus) poetisch gestaltete: Strophe 1-34 über die Heilung Vespasians; Strophe 35-102 über die Belagerung und Zerstörung Jerusalems; Strophe 103-107: Pilatus' Bestrafung und Tod.

Schon die poetische Fassung der 'Venjance' ist in verschiedenen Rezensionen mit voneinander abweichenden Fassungen überliefert (die älteste Version hg. von Gryting). Auf der Basis der 'Venjance' entstanden in altfranzösischer und in verschiedenen anderen europäischen Sprachen Prosafassungen. Allein von den alt- und mittelfranzösischen Prosa-Versionen sind etwa vier Dutzend Handschriften erhalten, welche die weite Verbreitung dieses Legendenstoffes bezeugen. Die mittelfranzösische Redaktion *Vengeance de Nostre-Seigneur*, die letzte und umfangreichste vor den das gleiche Thema behandelnden Mystères des 15. Jh., ist jetzt erstmals kritisch ediert von Alvin E. Ford (La Vengeance de Nostre-Seigneur, Toronto 1984). Der Inhalt der Venjance vom Ende des 12. Jh. ist (nach Suchier, S. 161-162) folgender:

Der römische Kaiser Vespasian ist mit unheilbarem Aussatz behaftet. Da sein Seneschal Gai von einem wundertätigen Propheten gehört hat, den die Juden gekreuzigt haben, schickt ihn Vespasian nach Jerusalem, um nach einer Reliquie von ihm zu suchen. Dort erfährt Gai durch Jakob, den Vater der Maria Magdalene, seinen Wirt, von dem Christi Bild tragenden heilkräftigen Tuche der Veronika (Strophen 1-15). Nachdem ihm noch Pilatus, der römische Landpfleger, die Zahlung eines Tributs, den sein Herr Vespasian ihm durch Gai auferlegen ließ, verweigert hat, reist der Seneschal mit der Frau nach Rom, wo er gerade zur Krönung des Kaisersohnes Titus anlangt. Veronika trifft dort den heiligen Klemens, der die Römer, die als Muslime auftreten, bekehren will, ohne bisher Erfolg gehabt zu haben (Strophen 16-28). Der Kaiser wird nun geheilt, indem er, durch den Anblick von Christi Bild ergriffen, das Tuch an sich drückt; dafür macht er Klemens zum Papst und schwört, den Tod Christi an den Juden zu rächen und sich nach Vollzug der Rache mit seinen Baronen taufen zu lassen. Das Tuch wird von Klemens im Altar des heiligen Simeon versiegelt. Vespasian fährt mit dem Heere ab, landet in Acre und läßt dann die Stadt Jafes durch Titus erobern; die Einwohner werden getötet bis auf Jafel und einen andern, die in einem Keller gefangen worden sind. Als dann die Römer vor Jerusalem angekommen sind, hilft Jafel einer im Heere entstehenden Wassernot ab, indem er mit den Fellen geschlachteter Zugtiere das Tal Josaphat auslegen und in das so entstandene Becken das in Schläuchen herbeigeschaffte Wasser gießen läßt (Strophen 29-45). Nach erfolglosen Aufforderungen Vespasians zur Ergebung beginnt der Angriff; dabei wird ein seit zwanzig Jahren über Jerusalem Wehe schreiender Verrückter getötet. Jakob, von Pilatus gefangen gesetzt, wird von einem Engel ins römische Lager geführt. Um die Stadt auszuhungern, läßt Vespasian sie auf des Juden Rat mit einem Graben einschließen. Die Belagerten wollen dies verhindern und machen einen Ausfall, werden aber zurückgeschlagen (Strophen 46-62). Sobald nun der Graben vollendet ist, entsteht in der Stadt eine furchtbare Hungersnot. Verhandlungen, die Jakob mit dem in der Stadt befindlichen christlich gesinnten Priester Joseph führt, kommen zu keinem Ziel. Vielmehr steigert sich die Not derart, daß Marie, die Königin von Afrika, durch einen Engel dazu aufgefordert, ihr verhungertes Kind ißt (Strophen 63-80). Verschiedene Gesuche der Juden um freien Abzug werden von Vespasian abgelehnt, und die Lage wird so verzweifelt, daß sich der König Archelaus tötet und die Juden sich ergeben müssen. Vorher zerkleinern und essen sie noch auf Pilatus' Rat ihre Kostbarkeiten, um sie vor den Römern zu retten. Sie werden je dreißig für einen Denar, wie Christus für dreißig, verkauft, und da das Gold in ihnen bemerkt wird, getötet (Strophen 81-95). Die Stadt wird zerstört und der Rückmarsch angetreten. In Acre läßt der Kaiser sechs "Denreen", die allein verschont worden sind, je zwei in einem Schiff, aussetzen; sie kommen nach Deutschland, Flandern und England und bevölkern diese Länder. Nachdem die Römer heimgekehrt sind, lassen sich Vespasian, Titus, Jafel und Jakob von Klemens

taufen, ebenso auch der vom Kaiser verschonte Joseph und das ganze römische Volk. Pilatus, der gefangen mitgeführt war, wird verurteilt und
nach Vienne in die Verbannung geschickt. Zwei Jahre wird er dort in einem Brunnen gefangen gehalten, dann wird er in ein Gefängnis gebracht
und samt dem Hause von der Erde verschlungen (Strophe 96-107).

Zahlreiche Übernahmen aus Josephus, zum Beispiel die berühmte Teknophagie der hungernden Maria im belagerten Jerusalem (vgl. die Einzel-
nachweise der Übernahmen bei Suchier, a.a.O., S. 97-98) und im Zusammenhang damit die Prophezeiung Jesu über Jerusalem nach Lk 19, 43-44
(Verse 687 ff.; Gryting, p. 53) erzeugen ein Gefühl christlicher Erbauung
und Bestätigungsfreude angesichts eines Geschichtsverlaufs, der so wunderbar die *Veritas christiana* zu bestätigen schien. Der jüdische Historiker
des 1. Jh., Zeitgenosse der Verfasser des Neuen Testaments, wird auch
hier, in der christlichen Legende, einmal mehr zum unfreiwilligen Zeugen
gegen sein eigenes Volk. Offensichtlich ist er auch mit dem Römerfreund
Jafel im ersten Teil der Venjance gemeint; denn etwa seine Gefangennahme
in einem Keller zielt auf die Höhle von Jotapata (Bell. Jud. 3, 340-391; zur
Teknophagie der Maria vgl. Bell. Jud. 6, 201-213).

Ausgaben: The Oldest Version of the Twelfth-Century Poem 'La Venjance Nostre
Seigneur'. Edited by Loyal A.T. Gryting, University of Michigan Press 1952; La Vengeance de Nostre-Seigneur. The Old and Middle French Prose Versions: The Version of
Japheth, ed. by Alvin E. Ford, Toronto 1984.- *Literatur*: E. von Dobschütz, Christusbilder, Leipzig 1899, 287-288; Manya Lifschitz-Golden, Les Juifs dans la littérature
française du moyen âge (mystères, miracles, chroniques), New York 1935, 60-65; Baron,
IX (1967), 357-358; XI (1967) 357-358; A. Kurvinen, The Siege of Jerusalem in Prose, Helsinki 1969, 17-18; G.N. Deutsch, Déicide et vengeance, Archives Juives, XVI, 4
(1980) 69-73; St.K. Wright, The Vengeance of our Lord: The Destruction of Jerusalem
and the Conversion of Rome in Medieval Drama, Diss. Indiana University 1984,
1.44.125.

Walter von Châtillon, geboren um 1135 in Lille, das zur Diözese
Tournai gehörte (daher auch Gautier de Lille bzw. Walter ab Insulis genannt), gestorben wohl um 1200 als Kanonikus (Domherr) in Amiens, gehört als Dichter, Gelehrter und Lehrer zu den bedeutendsten Persönlichkeiten der zweiten Hälfte des 12. Jh. Als angesehener Lehrer in Châtillon
schrieb er unter anderem, etwa 1170, einen *Tractatus sive dialogus magistri Gualteri Tornacensis et Balduini Valentianensis contra Judaeos* (PL
209, 423-458). Im Prolog bezeichnet er dies Werk als schriftstellerische
Gemeinschaftsleistung (*scripsimus*), geleistet zusammen mit Balduin von

Valenciennes, Kanonikus der Kirche von Brain (PL 209, 425) und motiviert offenbar durch Gesprächskontakte mit Juden (PL 209, 424.426.450. 455.457). Der Dialog hat eine gewisse Sonderstellung in der christlichen antijüdischen Apologetik, insofern ein Christ, hier Walters Freund Balduin, den Part des jüdischen Gesprächspartners spielt, also wie eine Art Advocatus diaboli auftritt. Freilich spielt er seine Rolle nur halbherzig, eher wie ein Statist, der die Stichworte liefert, das Gespräch in Gang hält und die Darlegungen Walters wohlwollend und beifällig begleitet.

Im Prolog geht Walter, den man trotz *scripsimus* wohl als federführenden Autor sehen darf, aus von einem sündigen, der Apostasie verfallenen Zustand der Menschen biblischer Zeit, aus dem nur die alttestamentlichen Patriarchen und Patriarchensöhne herausragten, denen bis zur Ankunft Christi das Gesetz gegeben wurde (PL 209, 423-424). Ecclesia wartet auf die Wiederkunft des Hochheiligen, Synagoga aber, blind durch ihren Augenschleier, wartet - wie die *Britones* auf die Wiederkehr ihres Königs Artus - noch auf seine erste Ankunft (PL 209, 424). Israel ist verstockt und verstoßen von Gott. Die Verstoßenen finden sich freilich nicht mit der (christlichen) Wahrheit ab, sondern halten den Christen Gegenbeweise aus dem Pentateuch vor (PL 209, 424). Ihrer Unkenntnis wollen Walter und Balduin mit ihrem Büchlein abhelfen, den christlichen Standpunkt mit Prophetenstellen verteidigen und "die Lügenreden" der Juden unterbinden. "Die Prophetenverheißungen predigen ja von nichts anderem als von Christi Ankunft, Passion und Auferstehung; da jedoch einige Propheten unklar und sozusagen verschlüsselt reden, haben wir davon einige sonnenklare Verheißungen gesammelt, gegen welche jene Eselin unter dem Joch (d.h. Synagoga?), auch wenn sie wollte, nicht angehen kann" (PL 209, 425). Zunächst soll es um den Messias gehen, "von dem sie (die Juden) versichern, daß er noch nicht gekommen sei und daß er, wenn er käme, nicht von einer Jungfrau geboren werde, sondern von einer Geschwängerten" (PL 209, 425; anders M. Kniewasser, in: Kairos 19, 1977, 227, Anm. 131). Die Juden versichern, der Messias "werde auch nicht Gott, sondern ganz und gar Mensch sein und weder leiden noch auferstehen" (PL 209, 425); auch müsse von zwei Messiasgestalten gesprochen werden, von denen einer schon gekommen sei (Verdrehung der Vorstellung vom Messias Ben David?), der andere noch kommen werde; schließlich sei der (christliche) Erbsündegedanke abzulehnen; "auch rühmten die Juden sich, allein Gottes Volk zu sein, wobei sie eine Berufung der Heiden (zum Heil) ausschlössen" (PL 209, 426).

Im ersten Buch (PL 209, 425-438) wird nun, beginnend mit einschlägigen Isaias-Stellen, unter anderem bewiesen, daß die Prophetenverheißungen mit Jesu Ankunft und in seinen Lebensschicksalen realisiert sind. Dafür genannt werden etwa Is 7,14 (PL 209, 426-427), Is 9,5-6 (PL 209,427), Is 11, 1-2 (PL 209,427), Isaias' Gottesknechtlieder (Is 45,5; 52,15; 53,4-12; PL 209,429), Is 63,1-4 (PL 209,429), Is 65, 1-2 (PL 209, 429-430), Klgl 3, 14 (PL 209, 431), Dn 7, 13-14 (PL 209, 432), Dn 9, 24-26 (PL 209,433), Mich 1,3 (PL 209, 434), Mich 4,1-2 (PL 209, 434), Mich 5, 1-2 (PL 209, 434), Hab 2, 3.8 (PL 209, 435), Hab 3, 4 (PL 209, 433), Zach 9,9 ff. (PL 209,433), Zach 11, 10-13 (PL 209,436), Zach 13,6-7 (PL 209,436), Mal 3,1 (PL 209, 436).

Nachdem im ersten Buch vor allem Beweisstellen aus den Propheten vorgeführt wurden, geht das zweite Buch (PL 209, 437-450) zum Pentateuch und anderen Büchern über. Vom Heiligen Geist sprechen und die Trinität beweisen Gn 1,2.26 (PL 209, 437), von Christus redet Gn 3,15 (PL 209, 438). Von Christus ist aber auch die Rede 2 Sam 7,12-14 (PL 209, 443), wo nicht (nach jüdischer literaler Deutung) Salomo gemeint sein könne, weil dessen Thron nicht "auf ewig" steht; "sollen sie (die Juden) doch dartun, daß noch jetzt jemand aus dem Hause David auf dem Herrscherthron sitzt!" (PL 209, 443) - was sie natürlich nicht können. Von der Trinität ist die Rede 2 Sam 23, 1-2 (PL 209, 443-444), von Christus Ps 2,7; 22, 17 (PL 209, 444), sowie Ps 61, 7 (PL 209, 444-445), ebenso Weish 2, 12-22, wo zweifelsfrei, auch für ein literales Textverständnis, von Christi Passion und der Verblendung der Juden gesprochen werde (PL 209, 447).

Im dritten Buch (PL 209, 449-458) stehen Beweise für die Trinität und den Heiligen Geist im Vordergrund des Interesses, zunächst wieder der Locus classicus Gn 1, 26 (PL 209, 450-451), wo Gottvater nicht zu den Engeln, sondern zu Christus und zum Heiligen Geist spreche: "*Wir* wollen den Menschen machen", denn die Menschen können nicht auch nach dem Ebenbild der Engel gemacht sein, die keineswegs Mitschöpfer seien. Ein inzwischen bereits klassisches Testimonium Trinitatis sind auch die drei Männer vor Abrahams Zelt (PL 209, 453 zu Gn 18, 1-10). Argumentiert wird ferner mit Ex 3,15: "Der Gott Abrahams, der Gott Isaaks und der Gott Jakobs" meinen die drei göttlichen Personen (PL 209, 453). Dahin weist ebenfalls das dreifache "Heilig" von Is 6,3 (PL 209, 453), ähnlich die Dreizahl Is 33,22, Jr 7,4, Ez 9,8, 1 Kg 17,21; 18,34 (PL 209, 454). Besonders klar scheint der Trinitätsbeweis Is 48, 12-16 gegeben (PL 209, 455). Schließlich wird in diesem Zusammenhang noch verwiesen auf den

"Geist Gottes" von Gn 1,2 (PL 209, 457), auf Ps 104, 30 (PL 209,457), Weish 1, 5.7, Is 32,15, Is 44,3, Is 61,1, Mich 3,8 und Zach 4, 6 B (PL 209, 458), und der "Sohn Gottes" (*filius dei*) Dn 3,92 (Vulgata) ist Jesus Christus (PL 209, 456), ebenso wie Jr 31, 22 (Vulgata) von der "Zeugung des Heilands aus dem reinen Fleisch einer Jungfrau ohne einen männlichen Samen" die Rede ist.

Walter von Châtillon kennt sich in der vorchristlichen antiken Literatur aus und zeigt dies bisweilen sehr deutlich (z.B. PL 209, 452.454 Zitate aus Vergils Eklogen; vgl. PL 209, 447 die dezente Anspielung auf Horaz' *credat Judaeus Apella*, Satiren 1, 5, 100, das zur bildungssprachlichen Redensart wurde; PL 209,448 rekurriert er auf Platos Timaios). Noch mehr ist er natürlich in der Adversus-Judaeos-Literatur bewandert, und er teilt auch deren Eigenart, bisweilen spontan aus der gewählten Spezies (Dialog, Predigt, Abhandlung usw.) auszubrechen und die Juden als dem Christentum gegenüberstehende gegnerische Gruppe direkt anzureden (*o Judaei*, PL 209, 437.440.441.454; *Israel*, PL 209, 456), eine Eigenart, die geeignet ist, etwa einen Dialog als eher innerchristlichen Monolog beziehungsweise als Scheindialog zu erweisen. Es geht Walter darum, "Synagogas (bzw. der Juden) Horn zu zerbrechen" (PL 209, 440.443) und "den Nacken der rebellischen Synagoge unter das Joch zu zwingen" (PL 209, 447), das heißt durch biblische Testimonien und apologetische Argumente den Gegner zu entwaffnen und gefügig zu machen beziehungsweise "in die Enge zu treiben" (PL 209, 444: *arctare Judaeos*; vgl. PL 209, 447: *evidens de Filio Dei contra Judaeos testimonium*). Walter scheint darüber informiert zu sein, daß seit Raschi in der antichristlichen jüdischen Apologetik wieder stärker mit dem Wortsinn des Bibeltextes argumentiert wird. So will er bei seiner christlichen Bibelexegese auf allegorisch verschlüsselte Passagen verzichten, weil er keine Hoffnung hat, "daß die Juden dadurch literalexegetisch widerlegt werden können" (PL 209, 432; vgl. ähnlich PL 209, 434.443.447). Gleichwohl bemüht er sich mit beträchtlichem Aufwand, "in den alten Riten der Synagoga nach der Trinität zu fahnden" (PL 209, 443) - was nur mit den Mitteln der allegorischen und typologischen Exegese möglich war.

Obwohl Walter offenbar Gesprächskontakte mit Juden hatte, wirken die zur Sprache kommenden jüdischen Ansichten meist wie aus der christlichen apologetischen Tradition angelesen: Die Kruzifixe und Heiligenbilder nennen sie "Götzenbilder" (PL 209, 425-426.444), einen Vorwurf, den wir in dieser Zeit zum Beispiel aus der Autobiographie des Hermann von Scheda kennen; der Messias ist noch nicht gekommen und wird, wenn er

kommt, kein Jungfrauensohn sein (PL 209, 426); ihm kommt keine Göttlichkeit zu (PL 209, 427, wo allerdings Balduin gleich auf die christliche
Linie einschwenkt), und er ist "reiner Mensch" (*purus homo*, PL 209,
434.445); sie lehnen als unbewiesen die Vorstellung ab, "durch eine Frau
(d.h. durch Maria) müsse das Leben wiederhergestellt und das Reich des
Teufels zerstört werden" (PL 209, 438); sie scheinen zu meinen, biblische
Gebote (z.B. Dt 10, 16; 22,12; 23,10.13-14) seien nicht mehr allesamt
und gleichermaßen verbindlich, da sie nicht mehr in ihrer Heimat, sondern
in der Fremde leben; Gn 1, 26 (*wir* wollen einen Menschen machen)
spricht Gott zu den Engeln, was der Christ widerlegt durch den Hinweis
auf "nach *unserem* Bilde", was nicht die Engel einschließen könne, da
Gott andernfalls hätte sagen müssen: "nach *meinem* Bilde" (PL 209,450);
schließlich ist der "Heilige Geist" der Christen nur "Wind" (*ventus*, PL
209, 457). Daß sich hier bei Walter von Châtillon nur ein recht oberflächliches Wissen um jüdische Vorstellungen zeigt, dieser Eindruck wird eher
vertieft dadurch, daß er die hebräischen Titel einiger biblischer Bücher zu
nennen weiß (z.B. *Vaicra* für Leviticus, PL 209, 440; vgl. PL 209,
441.443.446.445; für Exodus gibt er indes *Beelezemoth*, PL 209, 440),
dazu einige hebräische Brocken (*Adonai* für *Dominus Deus*, PL 209,
440; *marahahephet* zu Gn 1, 2).

Dem vorgegebenen Beispiel der Adversus-Judaeos-Literatur folgt er
auch bei seiner Entrüstung über die Verstocktheit und Verblendung der Juden, meist mit Hinweis auf einschlägige Bibelstellen, wie Is 1, 2; 6,10;
Mal 1, 10; 2,2 (PL 209,425.426.436.443). Zwar lastet Walter den Juden
nicht ausdrücklich oder gar polemisch das Verbrechen der Kreuzigung
Christi an, doch ist "die unter Titus und Vespasian geschehene Zerstreuung der Juden" (PL 209, 439) zweifellos als verdientes Schicksal gesehen.
Seit dem Jahre 70 sind die Juden "heimatlos und leben in der Fremde" (PL
209, 442), und sie sind, entsprechend 2 Chr 15,3, "ohne Priester, Lehrer
und Gesetz" (PL 209, 448). Die Kette der jüdischen Herrscher, von der
Gn 49, 10 die Rede ist, ist abgerissen, eben weil inzwischen der verheißene Messias gekommen ist (PL 209, 440). Der, auf den Juden noch warten,
daß er sie wieder nach Judäa heimführt und (als Volk) in ihrem Heimatland
restituiert, ist nicht der Messias, sondern der Antichrist (Gedicht 16,
Strophe 12; Moralisch-satirische Gedichte, ed. K. Strecker, Heidelberg
1929, p. 142): *Miseranter misereor miseros Hebreos / qui verbis et opere
se fatentur meos; / expectant, ut veniam et reducam eos / et rursus restitu-
am Judea Judeos.* Die in der Bibel vielfach angekündigte Verstoßung der
Juden beziehungsweise der "Synagoge" und die Annahme der Heiden als

Gottesvolk (Is 1, 11.13.15; 2,6; 8,17; 9,1; Klgl 1, 15; 2,7: 3,18; Ez 39,21; Os 4,6; Soph 3,4; Gn 28,14) ist realisiert (PL 209, 425.426.427. 431.432.433.435.439).

Ob Walters Schrift unmittelbar zur Judenmission beitragen sollte, wie Manitius annahm (III, 1931, 922), erscheint durchaus zweifelhaft. Eher scheinen seine gelegentlichen Glaubensgespräche mit Juden (vgl. z.B. PL 209, 450) ihn motiviert zu haben und ihm Anlaß gewesen zu sein, einmal die christlichen kontroverstheologischen Standpunkte zu Papier zu bringen, abzuklären und zu sichern gegen mögliche jüdische Einwände, die wohl in (meist eher beiläufigen und informellen) Gesprächen zwischen Christen und Juden oft genug zur Sprache kamen; denn eine organisierte kirchliche Judenmission gibt es in dieser Zeit nicht, und die Juden lebten ihr - mehr oder weniger toleriertes und isoliertes - Leben am Rande der christlichen Einheitsgesellschaft. Nirgends trägt Walter die Judenmission als Anliegen vor, wohl im Vertrauen auf Röm 11, 25-26 und die dort verheißene eschatologische Konvergenz (PL 209,439), die offenbar manchen christlichen Theologen das Gefühl vermittelte, gelassen den Weg der Heidenmission weitergehen zu können, da ohnehin spätestens am Ende der Zeit auch "ganz Israel das Heil erlangen" würde. So sind die inzwischen längst ritualisierten Formen antijüdischer verbaler Polemik (PL 209, 424: *procax duritia, pervicax obstinatio, perfidia, infidelitas, imperitia*; PL 209, 427: *durae cervicis rebelles*; PL 209, 438: *superbia*; PL 209,444: *perfidia*; PL 209, 445: *generatio perversa, mendaces, miseri*; PL 209,449: *superbire*; PL 209,454: *infideles*; PL 209,455: *filii Belial, superstitio*; PL 209, 458: *adversarius veritatis*) nicht überzubewerten. Immerhin zeigen diese polemischen Aussagen von den Judaei und von Synagoga, daß Walters Traktat eher ein innerchristlicher Beitrag zur Diskussion des immer noch drängenden Judenthemas ist als eine Missionsschrift oder ein Hilfsbuch zur Judenmission. Zwar war die Lateinkenntnis in dieser Zeit bei Juden noch ganz selten, aber auch bei nur indirekter Vermittlung wären diese Polemikmuster wenig geeignet gewesen, jüdische Taufbereitschaft aufkommen zu lassen. Auch die herkömmliche Entrüstung darüber, daß die Juden sich erdreisten, bestimmte Bibelstellen nicht christologisch auszulegen (z.B. PL 209, 445 zu Ps 61,7), ist ganz innerchristlich zu verstehen, ähnlich wie der empörte Ausruf: "Unser Heiland, der Weg, die Wahrheit und das Leben, welches das Licht der Menschen war, hing vor den Augen der Juden am Kreuzesholz, und doch glaubte die unselige Synagoge ihrem Leben, das da hing, nicht!" (PL 209, 443). Auf die aktuelle sozialgeschichtliche Situation zielt Walter, wenn er sagt (PL 209, 442): Daß die

Juden von uns (Christen) das ausgeliehene Geld samt Zinsen wieder eintreiben, entspricht zwar Dt 23, 20-21 (Zinsnehmen von Ausländern ist erlaubt), widerspricht aber Dt 10,19 (so sollt auch ihr den Fremdling lieben): "Wie werden sie (die Juden) damit (d.h. mit diesem Widerspruch) fertig? Denn da nach ihrer Auffassung alle Unbeschnittenen Ausländer und Fremde sind, wie kann da gesagt werden, daß sie diejenigen lieben, denen sie gewaltsam Zinsen und Beute entwinden? Wir wollen jetzt gar nicht davon reden, daß sie selbst alles mögliche Diebesgut, weil es Dieben billig abgekauft werden kann, aufkaufen. Warum noch viele Worte? 'An ihren Früchten werdet ihr sie erkennen' (Mt 7, 16)." Der Vorwurf bezüglich Aufkauf von Diebesgut zielt auf die Linie der Rechtsentwicklung, die mit dem später so genannten Hehlerprivileg Kaiser Heinrich IV. beginnt (Privileg für die Juden von Speyer vom 19.2.1090; s.o.). Polemische Vorwürfe dieser Art zeigen, daß das Klima zwischen Christen und Juden kälter wird.

Ausgabe: PL 209, 423-458; MG, Libelli de lite 3, 555-560; Moralisch-satirische Gedichte, hg. von K. Strecker, Heidelberg 1929.- *Literatur*: A.C. McGiffert, Dialogue Between a Christian and a Jew, Marburg 1889, 27; O. Zöckler, Der Dialog im Dienste der Apologetik, Gütersloh 1894, 29; A. Posnanski, Schiloh, Leipzig 1904, 357; Murawski, 1925, 45; G.v.d. Plaas, Des hl. Anselm "Cur Deus Homo" auf dem Boden der jüdisch-christlichen Polemik des Mittelalters, Divus Thomas 7 (1929) 446-467; 8 (1930) 18-32, S. 452-453.466-467; Manitius, III (1931), 920-936; M. Schlauch, The Allegory of Church and Synagogue, Speculum 14, 1939, 448-464, S. 461; F.J.E. Raby, A History of Secular Latin Poetry in the Middle Ages, Oxford 1957, II, 72-80.190-214; LThK X (1965) 947-948; Alain de Lille, Gautier de Châtillon, Jabenart Giélée et leur temps. Textes réunis par H. Roussel et F. Suard, Lille 1980; P.R. Máthé, Innerkirchliche Kritik an den Verfolgungen im Zusammenhang mit den Kreuzzügen und dem Schwarzen Tod, in: Kritik und Gegenkritik in Christentum und Judentum, hg. von S. Lauer, Bern 1981, 83-117, S. 95.

Um das Jahr 1200 oder schon im letzten Drittel des 12. Jh. fertigte der Mönch **Adgar** eine altfranzösische poetische Bearbeitung lateinischer Marienlegenden (Adgar's Marienlegenden, hg. von Carl Neuhaus, Heilbronn 1886). Gegenüber den - teilweise nicht mehr zu ermittelnden - lateinischen Quellen verhält sich Adgar oft frei und trägt auch einen gewissen Antijudaismus in den Stoff hinein, so daß sein Sammelbuch ein Werk eigener Art darstellt und zugleich eine nicht unwichtige Station der Behandlung des Judenthemas in der mittelalterlichen Legende. Einschlägig sind *Der kleine Judenknabe* (Neuhaus, Nr. 5, S. 18-27; nach Neuhaus auch die Inhaltsangaben): Im Bituriensischen (d.h. in einer Stadt des Herzogtums Berry in Mittelfrankreich) soll einmal ein kleiner Judenknabe aus Unwissenheit der Gesellschaft halber mit seinen Schulgenossen, den Christenkindern, in die Kirche gegangen sein und in kindlicher Einfalt an allem, auch am Abendmahl teilgenommen haben. Als er, von seinen Eltern bereits vermißt und überall gesucht, nach Hause kommt und arglos sein Erlebnis erzählt, wirft ihn der Vater zur Strafe in einen glühenden Ofen. Auf das Wehklagen seiner Mutter hin eilen die Nachbarn zur Hilfe herbei, finden jedoch das Kind unversehrt inmitten der Flammen vor, von Maria geschützt. Staunen ergreift alle. Der Jude selber wird ergriffen und an Stelle seines Sohnes verbrannt. Die Mutter aber und viele andere Juden bekehren sich freiwillig zum Christentum.

Von der über dem Altar in einer Kirche zu Toledo gehörten Stimme (Nr. 11, S. 57-62): Als einst zu Toledo eine Messe gelesen wurde, hörte man plötzlich über dem Altar eine Stimme von oben herab über die Juden klagen. Bei einer draufhin angestellten Untersuchung der Judenhäuser findet sich ein von den Juden schlimm mißhandeltes Christusbild, eine Missetat, welche an den Juden schwer gerächt wird.

Theophilus-Legende (Nr. 17, S. 79-115): zu Adana in Kilikien lebte einst der fromme Theophilus. Er war so angesehen bei seinen Mitbürgern, daß er nach dem Ableben des Bischofs dessen Nachfolger werden sollte. Nachdem er sich hartnäckig sträubte, wurde ein anderer in dieses Amt gewählt. Nun macht der Teufel den Theophilus neidisch auf den neuen Bischof wie auf einen Nebenbuhler. Ein mit dem Teufel in Verbindung stehender böser Jude bewegt den Theophilus zu einem Pakt mit dem Teufel, so daß der vormals fromme Christ Maria und dem Christentum abschwört, durch seinen Teufelsbund doch noch Bischof wird und gemeinsam mit jenem bösen Juden lange in Prunk und Reichtum lebt. Schließlich bereut aber Theophilus sein Verhalten, bittet innig Maria um ihre Fürsprache bei Christus, löst seinen Teufelspakt und lebt in Armut und Gottesfurcht bis zu seinem seligen Ende.

Verpfändung eines Marienbildes durch den Kaufmann Tierri zu Konstantinopel (Nr. 29, S. 176-185): Tierri verarmt, läßt sich in seiner Not von dem Juden Abraham helfen, der aber ein sicheres Pfand verlangt. Der Kaufmann verpfändet ein Marienbild der St. Sophienkirche, kommt im fernen Alexandrien wieder zu viel Geld, kann aber, durch einen Sturm gehindert, den Rückzahlungstermin nicht einhalten. Voll Gottvertrauen legt er die Summe in ein Kästchen und stellt dieses in ein kleines Boot. Das Boot wird durch Wind und Wellen nach Konstantinopel zu Abraham getrieben, der aber, als Tierri später selbst zu ihm kommt, zunächst die Ankunft des Schatzes leugnet; genötigt, vor dem besagten Marienbild zu schwören, wird er von dem auf einmal laut sprechenden Bild der Lüge geziehen, zieht sich beschämt zurück und erweist fortan den Armen viel Gutes.

Rache Gottes an den Juden durch Titus, Vespasian und den Teufel in Gestalt des Moses (Nr. 36, S. 213-216): Gott hat über die Juden schwere Strafen verhängt, weil sie Jesus kreuzigten und ihre Sünden nicht bereuten. Bei einem ihrer Feste werden dreißigtausend Juden vom Wahnsinn ergriffen und erschlagen sich gegenseitig. In einem ihrer Tempel erscheint plötzlich zur Nachtzeit ein helles Licht (nach Josephus, Bell. Jud. 6, 290), ein schwertförmiger Stern erscheint über Jerusalem (nach Bell. Jud. 6, 289), und man sieht ein feuriges Gefährt, von feurigen Pferden gezogen, am Himmel dahinfahren (nach Bell. Jud. 6, 298). Titus und Vespasian töten dreißigtausend Juden an einem einzigen Tag, und je dreißig von ihnen verkauft Titus für einen Denar. Schließlich erscheint den Juden der Teufel in Gestalt des Moses, verspricht, sie ins Gelobte Land zu bringen, führt sie aber ins Meer, wo Tausende umkommen.

Wie der Jude zu Konstantinopel ein Marienbild beschimpft (Nr. 37, S. 216-219): Ein in Konstantinopel wohnender Jude wirft ein Marienbild in den Abort und will es noch weiter beschimpfen; da ereilt ihn das Gericht Gottes und das Gedärm fällt ihm aus dem Leib, während das in der Grube befindliche Bild unbeschmutzt bleibt. Mit dem Bild Marias aber geschehen Wunder: an jedem Freitagabend hebt sich zur Zeit des Sonnenuntergangs der über dem Bild hängende Schleier, und es strahlt in hellem Lichtglanz.

Einzelne Vorstufen dieser Legenden sind gut bekannt. So erinnert die Nr. 11 an Ps.-Athanasios' 'Historia imaginis Berytensis' (PG 28, 797-824; vgl. Verf., Die christlichen Adversus-Judaeos-Texte, 1982, 283), und Nr. 36 setzt unter anderem verschiedene Thematisierungen der spätantiken und frühmittelalterlichen Vindicta-Legenden voraus (vgl. z.B. Die christlichen Adversus-Judaeos-Texte, 1982, 463-465). Die bereits kräftig wirkende Talionsphantasie kulminiert hier, bei Adgar, und mischt frei Erfundenes mit echten Elementen der Josephustradition. So ist zwar der Verkauf kriegsgefangener Juden bei Josephus bezeugt (Bell. Jud. 3, 540; 6, 384.414-419), auch noch, daß sie "sehr billig" zum Verkauf kamen (Bell. Jud. 6, 384), nicht aber natürlich die *poena talionis* für die Missetaten an Jesus (dreißig Silberlinge für Jesus: dreißig Juden für einen Denar usw.). Adgars Marienlegenden lassen die Juden vor allem als böse, verstockte, blasphemische und dem Christentum feindliche Menschen erschei-

nen. Mit dem Teufel vereint schaden sie den Christen, wo immer sie können. Nur ein Mirakel kann sie, wenn überhaupt, eines Besseren belehren.

Ausgabe: Adgar's Marienlegenden. Nach der Londoner Handschrift Egerton 612 zum
ersten Mal vollständig herausgegeben von Carl Neuhaus, Heilbronn 1886.- *Literatur*:
D. Strumpf, Die Juden in der mittelalterlichen Mysterien-, Mirakel- und Moralitäten-
Dichtung Frankreichs, Ladenburg 1920, 38; M. Lifschitz-Golden, Les Juifs dans la
littérature française du moyen âge, New York 1935, 142-144; U. Ebel, Das altromani-
sche Mirakel. Ursprung und Geschichte einer literarischen Gattung, Heidelberg 1965,
22-23. 38-39.62-68.87-89; H. Biermann, Die deutschsprachigen Legendenspiele des späten Mittelalters und der frühen Neuzeit, Diss. Köln 1977, 177-187.

Um 1200 schrieb der altfranzösische Dichter **Robert de Boron** einen
höfischen Versroman in (paarweise gereimten) Achtsilbern, als *Le Roman
de Saint-Graal* oder *Estoire du Saint Graal* bekannt. Diese 'Geschichte
des Heiligen Gral' ist ein Element der stark wuchernden Legendentradi-
tion, die vor allem von den im Laufe der Antike und Spätantike entstehenden neutestamentlichen Apokryphen ausgeht (Vindicta Salvatoris, Nikodemusevangelium, Pilatusakten). Sie ist nur in einer Handschrift erhalten
und scheint keine große Wirkungsgeschichte zu haben, ist aber in ihrer Art
ein Stück Literatur, das neben Chrestien de Troyes Beachtung verdient,
weil es unter anderem das zeittypische Judenbild spiegelt (der Text hg. von
W.A. Nitze, Paris 1927; deutsche Übersetzungen von K. Sandkühler,
Stuttgart 1975, und M. Schöler-Beinhauer, München 1981): Die Abend-
mahlsschale kommt nach dem Letzten Abendmahl über Pilatus - er ist Jesus wohlgesonnen, muß ihn aber verurteilen - in den Besitz des Joseph
von Arimathäa, der zusammen mit Nikodemus den Herrn vom Kreuz
nimmt. Er wäscht die Wunden aus, fängt das Blut in der Schale auf und
bestattet in einem Felsengrab den Leichnam. Wegen dessen Verschwinden
(nach der Auferstehung) von den Juden angeklagt und eingekerkert, erhält
er von Christus selbst die wundertätige Schale (Gral), wandert nach der
Zerstörung Jerusalems in ferne Länder aus und gründet eine Gralsgemein-
de. Mit dieser Erzählung verzahnt ist die sehr ausführlich (ein Drittel der
insgesamt 3514 Verse) dargestellte Vespasianlegende. Des Kaiser Sohn
Vespasian, in Rom durch Veronikas Schweißtuch vom Aussatz geheilt,
rächt im Heiligen Lande Jesu Tod an den Juden, nachdem er zuvor Joseph
von Arimathäa aus dem Kerker befreit hat und von ihm bekehrt ist. Die Juden sind als grimmige Christushasser gezeichnet, die aus reiner Bosheit
Christus, der andere Wege ging als sie und sich gar zum König machte,
nicht mehr unter sich duldeten und ihn folterten und kreuzigten, um ihn los

zu sein. Der geheilte Vespasian bittet dementsprechend seinen Vater, "daß ihr mich ausziehen lasset, um den Tod meines rechten Herrn zu rächen, den diese stinkenden Bösewichter, die Juden, so ruchlos ums Leben gebracht haben" (Sandkühler, S. 44: vgl. ebd. S. 44: "stinkende Gottesleugner"). Die Juden brüsten sich noch vor Vespasian ihrer Missetaten an Christus und erneuern die Schuldübernahme von Mt 27, 25 (Sandkühler, S. 45-46). Angesichts ihrer "Untreue" und "Bosheit" will Vespasian "alle diese Juden vernichten"; er beginnt damit, daß er dreißig von ihnen als "Verräter" von Pferden zerreißen läßt (Sandkühler, S. 46). Später, nach seiner Bekehrung durch Joseph, "rächt Vespasian den Tod Jesu" weiter, indem er die Juden teils in Schiffen auf dem Meer aussetzt, teils ihrer je dreißig für einen Silberling verkauft. Verschont und gerettet wird aber, wer an Jesus Christus und die Trinität glaubt (Sandkühler, S. 54-55). Da sind theologische Gesichtspunkte mit legendarischen Talionsphantasien zu einer paratheologischen Deutung der christlichen Heilsgeschichte verknüpft. Der Zorn über die Missetaten der Juden entlädt sich in Formen verbaler Polemik, die seit dem 12. Jh. häufiger werden.

Ausgabe: Le Roman de l'Estoire Du Graal, ed. W.A. Nitze, Paris 1927.- *Übersetzungen*: Die Geschichte des Heiligen Gral. Aus dem Altfranzösischen übersetzt von K. Sandkühler, Stuttgart 1975; Le Roman de Saint-Graal, übersetzt und eingeleitet von M. Schöler-Beinhauer, München 1981.- *Literatur*: K. Bertau, Deutsche Literatur im europäischen Mittelalter, I, München 1972, 640 ff.; Kindlers Literatur-Lexikon, IX, Zürich 1972, 8260-8261; W. Engler, Lexikon der französischen Literatur, Stuttgart 1984, 819-820; F. Zambon, Robert de Boron e i segreti del Graal, Florenz 1984; TRE XIV (1985) 116-118.

Um 1200 entstand im kölnischen Raum das in niederdeutscher Mundart geschriebene Reimepos **Morant und Galie**, das zum Kreis der Dichtung um Karl den Großen gehört. Zu den mancherlei Gestalten, welche in dieser Dichtung um Morant, Karls treuen Gefolgsmann, und Galie, Karls Gemahlin, agieren, gehört der böse Ruhart. Von ihm wird beiläufig gesagt, daß er sein Diebesgut, darunter Kirchenraub, an Juden verkaufte (Morant und Galie, hg. von Th. Frings u. E. Linke, Berlin 1976, S. 150, Verse 4648-4654). Das seit Kaiser Heinrich IV. (siehe dort) bestehende sogenannte Hehlerprivileg schützte im Prinzip jüdische Händler, die im guten Glauben Ankäufe tätigten, doch konnte dieses Privileg nicht verhindern, ja trug vielmehr dazu bei, daß Juden wegen ihrer einschlägigen Geschäftstätigkeit in schlechten Ruf gerieten. Das wurde auch nicht dadurch verhindert, daß Juden von sich aus den (christlicherseits und innerjüdisch verbotenen) Ankauf von Kirchenraub vermieden, wenn ihnen die Provenienz der Gegenstände bekannt war.

Ausgabe: Th. Frings u. E. Linke, Berlin 1976.- *Literatur*: de Boor-Newald, II (1979), 57-59; Verfasserlexikon VI (1987) 687.

Vielleicht um 1200 entstand in Südfrankreich (Provence) die uns heute bekannte Form des Sammelwerks **Bahir** (*Sefer ha-Bahir, Buch Bahir*), so genannt nach dem hebräischen Wort *bahir* (hell, klar, d.h. Das Helle, Der Glanz) in Job 37, 21, mit welchem Bibelvers das Werk beginnt. Es bietet als Vorläufer des Zohar, des kabbalistischen Hauptwerkes, eine Art Zusammenfassung jüdischer gnostischer und mystischer Anschauungen des 12. Jh., deren Quellen heute nicht mehr vollständig im einzelnen zu ermitteln sind. Benutzt sind neben der rabbinischen Tradition unter anderem Jehuda Halevis 'Kusari' (für die Anschauung: Israel das Herz des Weltorganismus), Abraham bar Chija ha-Nasi und nicht mehr kenntliche orientalische Quellen. Die zahlreichen heterogenen Vorstellungen (Alphabetmystik, kosmologische und theosophische Spekulationen, gnostische Pleroma- und Logosphantasien, Seelenwanderung, Weltseele, Erfassen der inneren Welt Gottes über die geheime Symbolik von Buchstaben und Sätzen der Tora, die ihrerseits auch die Weltgeschehnisse symbolisieren, dazu Golemvorstellungen und anderes) sind nicht zu einem kabbalistischen System integriert, haben aber dem Zohar vorgearbeitet und auf spätere Kabbalisten und auch auf Pico della Mirandola, die christlichen Humanisten der Renaissance und die Mystiker des 17. Jh. starken Eindruck gemacht (deutsche Übersetzung des Bahir von G. Scholem, Darmstadt 1980). Andererseits stieß das Buch bei jüdischen Gegnern der Kabbala, wie Meïr ben Simon ha-Meili aus Narbonne, auf heftigen Widerspruch.

Übersetzungen: Aryeh Kaplan, New York 1979 (engl. Übers. u. Kommentar); Gershom Scholem, Darmstadt 1980 (deutsche Übersetzung und Kommentar); J. Gottfarstein, Paris 1983 (hebräischer Text und französ. Übers.).- *Literatur*: G. Scholem, Die jüdische Mystik in ihren Hauptströmungen, Frankfurt 1957; LThK V (1960) 1234; G. Scholem, Ursprung u. A.d.K., Berlin 1962, 43-174; Encyclopaedia Judaica (Jerusalem 1971) IV, 96-101; W.K. Herskowitz, Judaeo-Christian Dialogue in Provence as Reflected in Milhemet Mitzva of R. Meir Hameili, Diss. New York (Yeshiva University) 1974; G. Stemberger, Epochen der jüdischen Literatur, München 1982, 111-112.114.

Joachim von Fiore († 1202 Fiore bei Cosenza), zunächst Zisterzienser, dann Gründer eines Klosters und eines Ordens eigener Art (Floriazenser, eine im 16. Jh. wieder mit den Zisterziensern vereinigte Benediktinerkongregation), hat vor allem durch seine apokalyptisch-prophetische Geschichtstheologie eine sehr starke Wirkung gehabt, die in ihren Ausläufern über Hegel und Schelling bis in den politischen Messianismus des 20. Jh. hineinreicht. Dem von ihm erwarteten 'Dritten Reich', sozusagen ein Millenarium des Heiligen Geistes, das nach seiner Berechnung 1260 beginnen und bis zum Weltende währen sollte, geht voran die Zeit des Sohnes Jesus Christus, die ihrerseits auf die alttestamentliche Zeit des Vatergottes (mit ihrer Knechtschaft des Gesetzes, des Fleisches und des Buchstabens) folgt. Entsprechend seiner Deutung von Paulus, Röm 11, 25-26, erwartet Joachim zu Beginn des Dritten Reiches die Bekehrung der Griechen (d.h. die Rückkehr der Ostkirche zum Glauben der Westkirche) und die Bekehrung der Juden, die in seiner Heimat Kalabrien besonders zahlreich waren, was offenbar seine theologische Reflexion beflügelte. Die Epoche der Endzeitkirche, zu der die getauften Heiden ebenso wie die bekehrten Juden gehören, ist eine monastisch geprägte, gesegnete, friedvolle Zeit unter dem Leitstern des Hl. Geistes. In seinen Schriften sieht Joachim zumeist einen engen Zusammenhang zwischen dem Beginn des eschatologischen Reiches um 1260 und der kollektiven Bekehrung der Juden - darin von der christlichen Tradition abweichend, welche gewöhnlich die eschatologische Konvergenz unmittelbar vor dem Weltende eintreten läßt. Die Periodisierung der Geschichte in drei streng getrennte, den verschiedenen Personen der Trinität zugeordnete Epochen (Gefahr des Tritheismus!) und, wie es scheint, eine gewisse Relativierung der Bedeutung des Weltklerus und der Sakramente in der universalen endzeitlichen Kirche, setzten Joachim zeitweilig dem Verdacht der Häresie aus, ohne daß er freilich je zum Ketzer erklärt worden wäre.

Sowohl in seiner im Jahre 1188 veröffentlichten grundlegenden Schrift *Concordia novi ac veteris testamenti* wie in anderen Werken (*Liber figurarum, Expositio in Apocalypsim, Tractatus super quatuor Evangelia*) ist die Erwartung der kollektiven Judenbekehrung ein wichtiges Thema. Am deutlichsten sind seine Anschauungen zum Judenthema zu erkennen in seiner Frühschrift *Adversus Judeos* (ed. A. Frugoni, Rom 1957). Man hat diesen Traktat als an die Juden gerichtete Missionsschrift verstanden, als "ein Niederschlag seiner Bemühungen, einzelne noch vor der nicht mehr fern geglaubten Kollektivbekehrung für das Christentum zu gewinnen" (B. Hirsch-Reich, in: Judentum im Mittelalter, hg. von P. Wilpert, Berlin 1966, 244; vgl. K.R. Stow, Catholic Thought and Papal Jewry Policy 1555-1593, New York 1977, 256: "Not an apologetic, this tract avows as its explicit purpose to teach the Jews the validity of Christian truth and thereby to affect their conversion"). Aber, wie wir zum Beispiel durch den zeitgenössischen bekehrten Juden Hermann von Scheda wissen, der langjährig Latein nachlernen mußte, war die Kenntnis des Lateinischen auch bei gebildeten Juden keineswegs vorauszusetzen, und auch die in Joachims 'Adversus Judeos' häufig eingestreute Anrede *o Judei* gehört zu den trivialen Stilmitteln der antijüdischen christlichen Apologetik, die zumeist der innerchristlichen Identitätsfindung und Identitätssicherung sowie der Glaubensstärkung und Meinungsbildung diente. Die Überzeugung von einer andauernden Gefährdung des christlichen Glaubens durch die lebendige Weiterexistenz des Judentums nach und trotz Jesus Christus und dazu die neue starke Bedrohung durch den Islam hielten das Bedürfnis wach, die Burg des christlichen Glaubens weiter auszubauen und durch neue Fortifikationen unangreifbar zu machen. Dies wird auch hinter den gewiß vorhandenen missionarischen Interessen auf Schritt und Tritt spürbar. In Wahrheit ist seine Schrift fast ganz ein herkömmlicher apologetischer Traktat, der dem Autor Gelegenheit gibt, auch seine eigenen theologischen Anschauungen zu artikulieren. Nicht die Juden sollten - und konnten - sein Buch lesen, vielmehr sollte es den theologisch gebildeten christlichen Zeitgenossen seine Überzeugung vermitteln, daß zu der bald beginnenden langen Endphase der Menschheitsgeschichte die kollektive Judenbekehrung wesentlich dazugehört.

Nur so versteht sich, daß Joachim zu Beginn seines Traktats, wo er sozusagen sein Arbeitsprogramm entwickelt, sich gar nicht mit den Juden selbst befaßt, sondern eine innerchristliche Methodendiskussion mit den einschlägigen Auffassungen seiner christlichen Zeitgenossen (*nonnulli existimant*, Frugoni, p. 3) führt: "Manche glauben, man müsse deswegen gegen die alte Verstockung der Juden mit Schriftbeweisen vorgehen, weil, wenn niemand den Gegnern unseres Glaubens verteidigend entgegentrete, die Feinde des Kreuzes Christi Gelegenheit erhielten, sich über die Einfalt der gläubigen Christen lustig zu machen und diese, geistig nicht gewachsen, in ihrem Glauben Schiffbruch erlitten. Meine Absicht ist es aber, nicht nur deswegen nach Kräften ihrem streitlustigen Unglauben entgegenzutreten, sondern auch, weil ich die Zeit für gekommen halte, daß ihnen Erbarmen zuteil wird, daß sie getröstet werden und sich bekehren. Zunächst (in der Reihenfolge dieses Traktats) sind daher gegen sie vorzuführen die Beweisstellen des ersten Testaments, hinsichtlich ihrer Bestreitung (der Tatsache), daß der eine Gott eine Dreiheit von Personen ist, sodann hinsichtlich ihrer Leugnung der Inkarnation des Gottessohnes und, was nicht weniger beunruhigend ist, des geistigen Verständnisses, indem sie auf den Buchstaben bauen, der tötet. In dieser Hinsicht werden sie gleichwohl dann besser widerlegt, wenn wir an vielen Stellen Widersprüche der Bibel und sogar Ungereimtheiten des Wortlautes aufzeigen, auf den sie sich selbstbewußt berufen" (Frugoni, p. 3-4). Da wird der defensive Charakter der herkömmlichen Argumentation gegen die Juden deutlich, und auch Joachim hält sie für unverzichtbar. Grundsätzlich neu ist bei ihm, daß er jetzt eine Epoche der christlich-jüdischen Beziehungen gekommen sieht, die bestimmt ist von Erbarmen und Tröstung und (allgemeiner) Bekehrung der Juden im Sinne von Röm 11, 25-26 (vgl. Frugoni, p. 92). In diesem Frühwerk spricht Joachim noch kaum von chiliastischer Zukunftshoffnung, der das Judentum betreffende Teil dieser Erwartung ist allerdings schon in der Weise ausgesprochen, daß der sehnsüchtige Wunsch formuliert wird, die Juden sollten doch wie der ältere Bruder von Lk 15,31-32 schließlich am Gastmahl Gottes teilhaben (Frugoni, p. 101).

Die Ausführung des in der Einleitung von 'Adversus Judeos' entwickelten Programms stellt sich so dar, daß Joachim zunächst Schriftbeweise für die Trinität vorlegt (Frugoni, p. 4-9 zu Gn 1, 26 [*faciamus hominem*]; Gn 18,2 [*tres viri*]; Gn 19, 24 [*pluit Dominus ... a Domino*]), daß er dann Beweisstellen für Jesus Christus und seine Gottessohnschaft bietet, wobei er betont, daß oft in Wahrheit an Christus zu denken sei, wo die Bibel von *Deus* und *angelus* spreche, was die Juden nicht begreifen könnten (Frugoni, p. 9); dies sei etwa der Fall Gn 16, 7 ff. und Gn 21, 12-13 (Frugoni, p. 10), auch Gn 22, 11-12 (Frugoni, p. 11) und sonst, und daß er schließlich Schriftbeweise für den Hl. Geist vorlegt (Frugoni, p. 17-20 zu Nm 11, 25 ff., Ri 14,6, Is 11,2 u.a.). Im weiteren Verlauf seiner Abhandlung (Frugoni, p. 23 bis Schluß) begründet Joachim die Notwendigkeit spiritueller statt der (jüdischen) literalen Exegese durch Aufzeigen von Widersprüchen verschiedener Bibelstellen und Ungereimtheiten, die sich bei der literalen Exegese unvermeidlich einstellten, und beweist andererseits umfassend die Wahrheit des Christentums durch spirituelle Exegese.

Zweifellos kannte der Abt von S. Giovanni in Fiore die Argumentationsweisen der traditionelen antijüdischen Apologetik gut. So hat er sicher von Petrus Alfonsi gelernt, dessen kabbalistische Figur des Gottesnamens (in Trinitätskreisen, drei ineinander greifenden Ringen) er, etwas verändert und mit der lateinischen Transkription IEVE für JHWH, übernimmt (Joachim, Liber figurarum, ed. L. Tondelli, II, Torino 1953, Tafel XIa; vgl. Hirsch-Reich, a.a.O., S. 230 ff.240). Dabei erscheint der Buchstabe "E" in jedem der drei Kreise und symbolisiert so die Einheit in der Dreiheit. Daß schon das (vorchristliche!) Tetragramm auf die Trinität vorauswies, schien hohen Beweiswert zu haben. Später, in einer Schrift 'De unitate

Trinitatis', erläuterte Joachim die Einheit der drei göttlichen Personen miß-
verständlich nur als eine moralische Einheit, was durch den Kanon 2 des
4. Laterankonzils (1215; Mansi 22, 981; Ablehnung seiner Schriften auch
auf der Provinzialsynode in Arles, anno 1263, Mansi 23, 1001) verurteilt
wurde. Er selbst blieb aber in der Gunst der Päpste und gehört als Seliger
zu den angesehensten Gestalten der Kirchengeschichte.- Bisweilen könnte
es scheinen, Joachim habe hebräische Sprachkenntnisse gehabt, so wenn
er *dibur* (d.h. *dibbur*, Wort, bzw. Wort Gottes) als "Sohn (Gottes)" und
rua (d.h. *rūach*, Geist) als "Heiliger Geist" deutet (Frugoni, p. 25; vgl.
Frugoni, p. 23), wenn er ebendort Dt 4, 39 hebräisch zitiert *Ky Adonai
hu ha Heloym* und trinitarisch deutet (*hu ha* = der *eine* Gott, *Heloyim*
als Plural = drei Personen: *Pater, Verbum, Spiritus sanctus*) und gegen
den jüdischen antichristlichen Vorwurf, "andere Götter" einzuführen, versichert: "Wir verehren den einen Gott, den Abraham verehrte" (Frugoni,
p.25). Die Übersetzungen hebräischer Namen, die Joachim da und dort,
wie viele andere Kirchenschriftsteller vor ihm, bietet, stammen letztlich
meist aus Hieronymus, ohne daß sie bei den diese übernehmenden christlichen Theologen Hebräischkenntnis beweisen. Freilich konnte Joachim im
Einzelfall aus Kontakten mit Juden Kalabriens Auskünfte erhalten haben,
von denen wohl manche Information über jüdische apologetische Anschauungen in seinem Traktat 'Adversus Judeos' kamen. Es besteht jedenfalls kein Zweifel an seiner Angabe, er habe freundschaftliche Ge-
sprächsbeziehungen zu einem gelehrten Juden gehabt und diesen vergeblich zur Annahme der von einem bekehrten Juden (d.h. Petrus Alfonsi)
stammenden trinitarischen Deutung des Tetragramms bewegen wollen (Expositio in Apocalypsim, Editio Veneta 1527 [Nachdruck Frankfurt 1964],
Folio 36 verso). Daß Joachim von Fiore jüdischer Abstammung war (und
vielleicht von daher auf eine gewisse Affinität seiner Auffassungen zu jüdischen Vorstellungen zu schließen wäre und seine sporadischen hebräischen Materialien verständlich würden), ist auf den ersten Blick nicht besonders wahrscheinlich. Der Abt Gottfried von Auxerre († nach 1188) bezeichnet jedoch in einem - noch nicht lange bekannten - Predigtfragment
(ediert von J. Leclercq, in: Studia Anselmiana 31, 1953, 200-201) einen
gewissen angesehenen Abt Joachim als Unruhestifter, der eine jüdische
Erziehung genossen, sein Judentum aber noch nicht völlig erbrochen habe
(vgl. 2 Petr 2,22), also nach der Taufe noch Jüdisches behalten habe
(...*blasphemas disseminans novitates. Ex Iudaeis ortus persona est, in iu-
daismo, quem necdum satis evomuisse videtur, annis pluribus educata ...
dicitur enim Joachim* etc.). Da eine jüdische Herkunft Joachims sonst aber

nirgends erwähnt wird, ist an eine Verwechslung mit Petrus Alfonsi gedacht worden (z.B. von Baron, IX [1965], 102), aber es ist doch sehr wohl möglich, daß Joachims Bibelexegese und Lehre vom baldigen Kommen eines "Reich Gottes" (*regnum dei*, z.B. Tractatus super quatuor evangelia, ed. E. Buonaiuti, Rom 1930, p. 140; vgl. Buonaiuti, p. 79-80 zu Apk 18: "Das tausendjährige Reich") polemisch als jüdisch apostrophiert wurde. Für Augustinus fiel das Reich Gottes mit der in die Transzendenz reichenden Kirche zusammen, während Joachims Hoffnung auf eine im Diesseits sich ereignende langwährende eschatologische Erneuerung der Menschheit tatsächlich teilweise jüdischen messianischen Hoffnungen ähnlich erscheint.

Wohl aus der häufigen Anrede (*o*) *Judei* oder *Judee* oder *viri Judei* im Laufe des Traktats 'Adversus Judeos' ist geschlossen worden, daß diese Frühschrift Joachims Zeugnis ablegt "für mündliche Disputationen mit ihnen, auf denen sich dies Buch aufbaut" (B. Hirsch-Reich, a.a.O., S. 229). Der Schluß ist unberechtigt; denn diese Anreden (Frugoni, p. 7.9.15.21. 23.28.29.31.50.56.60.63.65.67.68.70.72.74.76.78.79.81.83.85.89.95. 100) gehören zu den herkömmlichen Stilmitteln der Adversus-Judaeos-Literatur. Wohl mag Joachim das eine oder andere apologetische jüdische Argument in seinen Gesprächskontakten erfahren haben. Der Abt referiert unter anderem, daß die Juden außer dem Vater keine weitere göttliche Person annehmen (Frugoni, p. 15), daß sie unter Berufung auf Dt 6,4 (*deus tuus unus est*, vgl, Frugoni, p. 33) die Trinitätsbekenner zutiefst verabscheuen wie "Verehrer fremder Götter" (d.h. Götzendiener), und es sei vor allem das Ärgernis der Trinität, das sie vom Glauben an Christus fern halte (Frugoni, p. 21); die Körperlichkeit (*forma corporalis*) und Fleischwerdung des Gottessohnes aus der Jungfrau Maria sei für sie ein Ärgernis, und es sei für sie entsetzlich, auch nur zu hören, "daß die so bedeutende Majestät (Gottes) den Körper einer Frau aufsuche und in einem schwachen Körper ihren Aufenthalt habe" (Frugoni, p. 29). Joachim hält dagegen die christliche Überzeugung, Christus sei "im Leib der Jungfrau ohne männlichen Samen gebildet", und *dibur*, das "Wort Gottes", sei mit der Jungfrau verbunden gewesen wie die Flamme einer Kerze oder wie die Flamme dem (dadurch nicht beschädigten) Dornbusch von Ex 3,2 (Frugoni, p. 29). Die Juden beharren bis auf den heutigen Tag bei ihrem "fleischlichen" (d.h. literalen) Schriftverständnis (Frugoni, p. 50) und akzeptieren nicht Jesu Messianität, weil mit seinem Kommen noch nicht die Sünde aus der Welt ist und noch nicht eine Zeit "ewiger Gerechtigkeit" angebrochen sei (Frugoni, p. 57). Joachim hält dagegen, daß die Juden die Bibel "verkehrt deuten" und die (für Christus zeugenden) Prophetenworte für leeres Geschwätz halten; wenn aber einmal einzelne Irrtümer der Propheten konzediert würden, müsse man überhaupt an allem zweifeln und "mit den Patarenischen Ketzern (d.h. einer Katharer-Gruppe) das ganze Alte Testament, die Wurzel des (christlichen) Glaubens als irrig erweisen, auch die (alttestamentliche) Verheißung über die Heimkehr Israels am Ende der Zeiten wäre dann zweifelhaft und nichts (mehr) sicher von allen Prophetenverheißungen, welche diese und die künftige Weltzeit betreffen" (Frugoni, p. 57-59). Wenn die Juden sagen, Marias Sohn Jesus sei nicht der Messias, weil die den Israeliten verheißene Erlösung ausgeblieben sei, weiß Joachim zu entgegnen: "Was er (Jesus Christus) noch nicht tat, wird er tun am Ende, wenn die Jahre eurer Gefangenschaft voll sind" (Frugoni, p. 79). Die Frage der Juden nach geheilten Blinden und Lahmen (als Beweis der bereits eingetretenen messianischen Heilszeit) beantwortet Joachim mit dem Hinweis auf die Rettung der zuvor im Finstern wandelnden Heiden (Frugoni, p. 80).

Neben den Differenzen, die oft das Verständnis einzelner Bibelstellen betreffen, sieht Joachim von Fiore - im Unterschied zu den meisten christlichen Theologen des Mittelalters - klar eine zentrale Gemeinsamkeit von Christen und Juden: Beide glauben (in Gestalt des Vaters) an den wahren Herrn und Gott; strittig sei, ob zur Gottheit auch der Sohn und der Heilige Geist gehöre, ob also noch "zwei weitere (göttliche) Personen außer der Person des Vaters existieren und ob sich darüber etwas in den katholischen (d.h. allgemeinen, von Christen und Juden gelesenen?) Büchern findet" (Frugoni, p. 9). Der Gott Abrahams sei auch der Gott der Christen (Frugoni, p. 25). Zwischen Juden und Christen bestehe auch Übereinstimmung darüber, daß Gott für den menschlichen Verstand unerforschlich ist, etwa im Sinne von Is 40, 28, und daß, wenn er anthropomorph dargestellt sei, dies "nicht fleischlich, sondern geistig zu verstehen sei" (Frugoni, p. 23). Da zeigt sich ein auffälliges Bemühen um Verständnis der jüdischen Positionen und ein Ausloten der Gemeinsamkeiten.

Schon B. Hirsch-Reich (a.a.O., S. 244) bemerkt zum Traktat 'Adversus Judeos': "Der größte Teil der Schrift ist rein traditionellen Charakters", und dies gilt gerade für den Bereich der christlich-spirituellen Bibelexegese, die christologische und trinitarische Interpretation der einschlägigen Stellen des Alten Testaments, das, was Joachim *spiritalis intellectus* nennt (Frugoni, p. 3; vgl. z.B. p. 60: *intelligere Scripturas*; Frugoni, p. 96: *misticus intellectus*). Die Tieropfer der Bibel waren so zum Beispiel "nur zeitweilig nützlich", als Zeichen des künftigen christlichen Opfers (Frugoni, p. 66; vgl. Frugoni, p. 63); auch war die fleischliche Beschneidung nicht zum Heil geboten worden, und Gott zerstreute die Juden, damit sie ihre Sünden bekennen und ihr geistiges Unbeschnittensein begreifen und sich dessen schämen (Frugoni, p. 66-67). Dem "nicht zum Heil, sondern vielmehr zum Zorn" (wegen der unvermeidlichen Übertretungen) gegebenen Sabbatgebot stellt Joachim den "geistigen Sabbat" gegenüber, der darin bestehe, sich der Sünde zu enthalten (Frugoni, p. 67-68). Dieser spirituellen Deutung der Tora entspricht die konsequente Deutung der alttestamentlichen "Weisheit" (z.B. Ps 147,5; Frugoni, p. 27) und anderer affiner Loci (Ps 72; Is 7,14; 9,5; 11,1; 42,1-4; 45,8; Dn 2,34-35; Dn 3; Nm 24,17; Dn 7; Mich 5,2; Ps 68,22; Dn 9; Is 53 usw.) auf den Gottessohn Jesus Christus (Frugoni, p. 32.34 ff.51 ff.88).

In herkömmlicher Weise rügt Joachim die seit biblischer Zeit bestehende "Herzenshärte" der Juden (Frugoni, p. 64.65.68.77.85.87) und ihren andauernden "Widerstand gegen den Hl. Geist" (Frugoni, p. 93). Dagegen ist Christi Tötung bei ihm kaum thematisiert. Nur einmal, zu Dn 9,26, spricht er ausdrücklich von Israels Schuldigwerden, als es Christus vor Pilatus mit denWorten verleugnete: "Wir haben keinen König außer dem Kaiser" (Frugoni, p. 48 zu Jo 19,15). Dafür operiert er aber gern mit dem traditionellen Geschichtsbeweis der vielen Jahre, in denen Davids Thron in Jerusalem leer steht, so daß eine wörtliche Erfüllung der Verheißungen etwa von Is 11, 6-7, Is 29,17 und Jr 32,37 (messianische Restitution der Juden im irdischen Jerusalem) nicht mehr zu erwarten ist (Frugoni, p. 72; vgl. Frugoni, p. 74 zu Gn 49,10; Frugoni, p. 76 [Zerstreuung der Juden für ihre Missetaten]; Frugoni, p. 78; Frugoni, p. 85 [Wegnahme des Priestertums und des Reiches und Zerstreuung in den Ländern der Feinde und Aussichtslosigkeit des Eintretens der Verheißung von Mal 3,23]; Frugoni, p. 94 [2 Chr 15,3 spricht gegen die Behauptung der Juden, "immer den wahren Gott und Moses Gesetz gehabt zu haben"]; vgl. Frugoni, p. 100).

Der jüdische Einwand gegen die christliche Deutung des Neuen Bundes von Jr 31,31 ff.: "Warum gab der Herr unseren Vätern Weisungen von nur vorübergehender Dauer?" wird beantwortet durch den Hinweis auf Ez 20,25 und damit, die göttlichen Weisungen seien "im Hinblick auf die Herzenshärte" der Juden in figürlicher, geistig im Hinblick auf das künftige Heil zu deutender Weise gegeben worden (Frugoni, p. 64-66); der Übergang der Verheißungen vom jüdischen Volk zu den Heiden sei also von vornherein intendiert gewesen.

Auffällig ist aber - und hier wirft Joachims spätere Endzeitvision eines messianischen 'Dritten Reiches', in dem Christen, getaufte Heiden und bekehrte Juden vereint leben, ihren Schatten voraus - der starke Wunsch, nach einer Bekehrung der Juden (Frugoni, p. 21.77.83). Einmal sagt er ausdrücklich, daß er mit seinem Traktat 'Adversus Judeos' noch in der voreschatologischen Zeit dazu beitragen will, daß wenigstens "einige" Juden vorab, vor der nahe geglaubten Kollektivbekehrung (vgl. Frugoni, p. 3.85 zu dieser Naherwartung) dem "Reich der Finsternis" entrissen werden (Frugoni, p. 95). Und in der Tat gab es in Süditalien nach 1290 Zwangstaufen großen Stils durch die Anjous, so daß in gewisser Weise Joachims Erwartungen tatsächlich realisiert wurden. Im übrigen erscheint auch im Lichte der späteren Entwicklungen Joachims Traktat nicht als direkt an die Juden seiner Zeit gerichtet, sondern eher als innerchristliche Propagandaschrift, mit der er seine theologischen Überzeugungen in christlichen Kreisen bekannt machen wollte, also allenfalls sehr indirekt als Missionsschrift. Auch die große Bedeutung des Hl. Geistes für die Darlegungen innerhalb von 'Adversus Judeos' antizipiert im übrigen bereits die spätere Verknüpfung der Vorstellung vom Zeitalter des Hl. Geistes mit der Kollektivbekehrung der Juden, wie vor allem B. Hirsch-Reich gesehen hat (a.a.O., S. 246 ff.). Hinsichtlich der eschatologischen (oder vielleicht besser: präeschatologischen, weil zu Beginn des Reiches des Hl. Geistes eintretenden, also lange vor dem eigentlichen Weltende sich ereignenden) Kollektivbekehrung der Juden scheint Joachim zwei Stadien zu unterscheiden, zunächst die Bekehrung einer größeren Zahl von Juden, dann kommt der Antichrist und versammelt um sich den sündigen Teil der Juden in Jerusalem, "befiehlt ihm, Moses Gesetz zu halten, und so wird das Judenvolk Stadt und Heiligtum zerstreuen, das heißt die Kirche Christi mit ihrem kommenden Führer" (Frugoni, p. 48). Später wird Os 3,3-5 ohne eine Differenzierung auf die eschatologische Bekehrung Israels bezogen (Frugoni, p. 82) und vorausgesagt, daß Elias in der Endzeit die Herzen bis dahin noch nicht bekehrter Juden erweichen wird, so daß schließlich Röm 11,26 realisiert wird (Frugoni, p. 87; ähnlich Frugoni, p. 92.100).

Im 'Tractatus super quatuor Evangelia' (ed. E. Buonaiuti, Rom 1930), Joachims letztem, unvollendet gebliebenen Werk, wird die ganze Thematik noch einmal besonders weit entfaltet: Durch das geistige Schwert des Hl. Geistes, dem kein Nichtchrist widerstehen kann, wird auch der ungläubige Jude getroffen zu Boden sinken (Buonaiuti, p. 11; vgl. die spätere Vorstellung vom *Pugio fidei* bei Raimund Martini). Zu Beginn des Dritten Zeitalters kommt der Hl. Geist mit dem Sohn, und auch das rebellische Judenvolk wird durch Elias und seine Gefährten zum Herrn bekehrt und verherrlicht ihn (Buonaiuti, p. 24). Die jetzt noch durch ihren Unglauben niedergedrückte Synagoge entspricht dem älteren Bruder im Gleichnis vom verlorenen Sohn (Lk 15, 11-32) und kann in gewisser Weise die Mutter des gläubigen Heidenvolkes genannt werden, weil in dem der Synagoge eigenen Alten Testament das Wort unseres Glaubens bleibt, durch das die gläubigen Heiden in die Tradition der biblischen Patriarchen eingegliedert werden (Buonaiuti, p. 33-34). Durch Elias' Predigt ist am Ende das Heidenvolk bekehrt, und auch die Priester der Juden bekennen sich zu Christus (Buonaniuti, p. 34). Ecclesia wird die Tochter der - ehemals unvollkommenen - Synagoge sein (Buonaiuti, p. 81). Am Ende der Zeit bekehrt sich die "Gesamtheit Israels", die einst das Wort Gottes fleischlich verstand (Buonaiuti, p. 80-81). Nach dem Sturz des Antichrist wird das Juden- und Heidenvolk im Glauben gestärkt, und das Judenvolk wird aufgerichtet durch die Predigt des Elias und seiner Begleiter und Schüler (Buonaiuti, p. 101). An die endzeitliche Einheit der ganzen Menschheit in der Epoche des Hl. Geistes denkt Joachim, wenn er sagt: Griechen (d.h. die schismatische Ostkirche) und Juden werden die Wahrheit der geistigen Erkenntnis empfangen und blühen "wie in alten Zeiten" (Buonaiuti, p. 102). Es kommt, gemäß Paulus, Röm 11,25, die Zeit des Erbarmens für Israel, wenn die Vollzahl der Heiden eingetreten ist, und dann wird ganz Israel gerettet werden. Und dann kommt der Hl. Geist wieder zu den Juden, um auch sie erblühen zu lassen, wie einst das Heidenvolk (Buonaiuti, p. 109). Wie die Kranken am Teich Bethesda (Jo 5, 1 ff.) geheilt werden, so werden auch, zunächst einzelne, die Juden gereinigt von der Finsternis des Unglaubens, bis sie eines Tages allesamt geheilt werden (Buonaiuti, p. 151). Nach dem Zeitalter der Laien kam das der Kleriker, danach kommt das dritte Zeitalter der Mönche, und zwar beginnend mit der Ankunft des Elias, der zuerst in Israel "das geistige Leben (der Mönche) zeigt" (Buonaiuti, p. 155). Am Weltende werden die Juden mehrheitlich sich zu Gott bekehren, ein nicht geringer Teil aber wird (zunächst noch) dem Antichrist anhängen (Buonaiuti, p. 321.323). Sicher ist: In der Endzeit werden Juden und Barbaren, überhaupt alle Nichtchristen, zum Herrn bekehrt (Buonaiuti, p. 229).

Diese Endzeitvorstellungen, wie sie hier und auch sonst in anderen Werken Joachims erscheinen, werden nirgends systematisch vorgetragen, sondern eher spontan und intermittierend artikuliert, mitunter im Zusammenhang der Exegese bestimmter Stellen des Neuen Testaments, zum Beispiel Lk 4,42 (Buonaiuti, p. 229), oder wenn der erblindete Tobias des gleichnamigen apokryphen biblischen Buches als Typus des jüdischen Volkes gesehen wird (so ausführlich in der 'Concordia novi ac veteris te-

354

stamenti'). Als Leitvorstellung ist aber erkennbar, daß im dritten Zeitalter die erleuchtende Kraft des Hl. Geistes unter anderem bewirkt, daß auch die Juden über das geistige und geistliche Verstehen des Bibeltextes den Weg zum wahren christlichen Glauben finden, und zwar besonders auch durch die Predigt geisterfüllter Männer. Das Verhalten gegenüber den Juden soll geprägt sein von Mitgefühl und Liebe (Frugoni, p. 99).

Dem steht unausgeglichen Polemisches gegenüber: So sind die Juden blind (Frugoni, p. 8.68.80.88). Als Christus zum Gericht in die Welt kam, wurden sie "blind" im Sinne von Jo 9,39. Sie wollten sich nicht auf die neue Zeit einstellen (*noluerunt ipsi Judei mutari cum tempore*, Buonaiuti, p. 105). So blieben die Juden, aus der Sicht Joachims unzeitgemäße Menschen, ein lebender Anachronismus, fast wie ein Stachel im Fleisch des Christentums. Es wird denn auch, freilich ohne besondere Schärfe, geklagt über ihre Herzenshärte (Frugoni, p. 3.27.64: *duritia [cordis]*, vgl. p. 88: *induratio*), ihre Hartnäckigkeit (Frugoni, p. 7: *pertinacia*), ihren Unglauben (Frugoni, p. 3.93), ihre Arroganz (Frugoni, p. 59.83: *superbia*), ihre Feindschaft gegen das Kreuz Christi (Frugoni, p. 3; vgl. Frugoni, p. 8, wo sie in einem Atemzug mit Ketzern genannt werden), ihre Unwissenheit (Frugoni, p. 27) und darüber, daß sie "die Bibel verkehrt interpretieren und die Worte aller Propheten für falsch und gehaltlos erklären" (Frugoni, p. 57). Dementsprechend gilt Joachim die literale jüdische Schriftdeutung als unreif (Frugoni, p. 51: *puerilibus adherere doctrinis*). Wie viele vor ihm, sieht Joachim eine enge Affinität der Juden zum Antichrist. Im (irrigen) Glauben, den Messias aufzunehmen, nehmen die Juden, gemäß der Prophezeiung Jo 5,43, den Antichrist auf (Frugoni, p. 48.57). Etwas unklar bleibt dabei aber der Zeitpunkt und das Ausmaß ihrer Bekehrung. Während da und dort in den Opera Joachims diese Bekehrung als erst *nach* dem Fall des Antichrist eintretend gesehen wird, weiß der 'Tractatus super quatuor Evangelia' (Frugoni, p. 143), daß *vor* der mit dem Kommen des Antichrist verbundenen Drangsal "die Reste der Juden und Heiden anfangen werden sich zu bekehren bei der Ankunft des Elias."

Im ganzen bleibt die Polemik Joachims maßvoll. Sein Katalog einschlägigen Vokabulars ist relativ begrenzt (vgl. die Liste bei B. Hirsch-Reich, a.a.O., S. 246). Weder pflegt er die Juden als Gottesmörder zu bezeichnen noch sie im Bund mit dem Teufel zu sehen. Mitunter scheint er sogar fast Verständnis für ihre Positionen aufzubringen. Schon gar nicht findet sich bei Joachim eine, möglicherweise gnostisch-markionistisch fundierte, Herabsetzung des Alten Testaments, wie man vermutet hat (Baron IX, 1965, 102, anscheinend zu Frugoni, p. 57-59, wo aber der Sinn ein anderer ist).

Daß Joachims starker Bekehrungswunsch von Mitgefühl und Liebe begleitet ist, schließt einzelne polemische Formulierungen nicht aus. Wie oft,
und vielleicht noch bei Luther, steht dahinter möglicherweise die ungedul-
dige, drängende Erwartung der Einheit aller Menschen im christlichen
Glauben, eine Erwartung, welche die zögernde oder ablehnende Haltung
von Nichtchristen nicht immer versteht und nicht gelassen hinnimmt. So
erklärt sich wenigstens partiell das Nebeneinander von freundlichen Aussagen zum Judenthema und polemischen Formulierungen bei Joachim wie
bei vielen anderen Autoren von Adversus-Judaeos-Texten, und eine Kontroverse um die Frage der Judenfreundlichkeit Joachims (dazu B. Hirsch-
Reich, a.a.O., S. 263) ist wenig sinnvoll. Dagegen ist noch lange nicht der
Umfang der Nachwirkung dieses Autors voll bekannt. Seine heilsgeschichtliche Periodisierung der Zeit und die Naherwartung eines der Imma-
nenz zugehörenden glücklichen 'Dritten Reichs' des Hl. Geistes übten eine
starke Faszination aus, und seine Ideen wirkten, vor allem über ihre Rezeption in franziskanischen Kreisen seit der zweiten Hälfte des 13. Jh.,
zum Beispiel auf das missionarische Sendungsbewußtsein des Entdeckers
Kolumbus und die Bestrebungen der seinerzeitigen Mönchsorden, die neu
entdeckten Länder auch missionarisch für das Christentum zu gewinnen
und die vom Neuen Testament vorgezeichnete Heilsgeschichte zu verwirk-
lichen. Der Anbruch eines tausendjährigen Reiches, von dem Johannes
(Apk 20) spricht, schien zum Greifen nahe und konnte, so schien es,
durch energisches Missionieren beschleunigt werden. Eine gewisse Rolle
spielte vielleicht auch, daß schon Paulus (1. Kor 15,22-28; vgl. Joachim
zu 1 Kor 15,25 [Frugoni, p. 46; Buonaiuti, p. 143]) an eine der letzten
Vollendung nur vorausgehende, also vorübergehende Herrschaft Christi
dachte, der schließlich, wenn einmal alles ihm unterworfen sein wird (d.h.
wenn alle Menschen durch Mission dem Christentum zugeführt sind), Gott
dem Vater die Königsherrschaft übergibt und sich als Sohn dem Vater un-
terwirft, "damit Gott alles in allem sei". Gewiß wollte Joachim selbst mit
seinen Vorstellungen vom tausendjährigen 'Dritten Reich' des Hl. Geistes
sich nicht in einen Gegensatz zur Kirche stellen. Aber im Laufe der Rezeptionsgeschichte seiner chiliastischen Konzeption, die über Luther noch den
neuzeitlichen Pietismus zu beeinflussen scheint, kamen auch Stimmungen
auf, welche neben der Ewigkeit der Herrschaft Christi auch die damit verbundene, in den Sakramenten und der priesterlichen Hierarchie konkret gestaltete Heilslehre der Kirche relativierten. Nicht ganz ohne Grund hat man
noch Franz Rosenzweig (1886-1929), der sich für seine Konvergenzge-
danken von Christentum und Judentum auf 1 Kor 15, 22-28 berief, eine

geistige Affinität zu Joachim von Fiore nachgesagt. Daneben ist auch eine gewisse, wenn auch nur formale Verwandtschaft nicht zu übersehen, welche Joachims Vision eines kommenden langen glücklichen Reiches hier auf Erden zur apokalyptischen jüdischen Messiaserwartung hat. Nur ist Joachims Ausgangspunkt (Apk 20) ein anderer, und ganz christlich ist auch die auf Röm 11, 25-26 gegründete oft ausgesprochene Erwartung, daß an der Wende vom zweiten zum dritten Zeitalter, zu Beginn der Endphase der Menschheitsgeschichte also, die Juden das Evangelium annehmen. Ja, die Bekehrung der Juden ist unabdingbar verknüpft mit Joachims Millenarismus. Das Kommen des Reiches durch Gebet und Mission zu beschleunigen, ja bisweilen fast ungeduldig herbeizuzwingen, ist bis auf den heutigen Tag das Anliegen pietistischer christlicher Gruppen. Die Endzeiterwartung in der Art Joachims und nachfolgender mittelalterlicher Theologen hat dabei konstitutive Bedeutung. Einen letzten Nachhall hat sie schließlich, enttheologisiert, politisch profaniert und denaturiert, in der Ideologie deutschnationaler und nationalsozialistischer Kreise des 20. Jh. Die Wirkungsgeschichte von Apk 20, 1-6 hatte einen langen Weg bis zum 20. Jh. zurückzulegen. Die wichtigste Station auf diesem Wege war zweifellos Joachim von Fiore.

Ausgaben: Adversus Judeos, ed. A. Frugoni, Rom 1957; Tractatus super quatuor Evangelia, ed. E. Buonaiuti, Rom 1930; Scritti minori di Gioacchino da Fiore, ed. E. Buonaiuti, Rom 1936: Liber figurarum, ed. L. Tondelli, 2 Bde., Turin 1953; Expositio in Apocalypsim, Venedig 1527 (Nachdruck Frankfurt 1964); Concordia novi ac veteris testamenti, Venedig 1519 (Nachdruck Frankfurt 1964); Psalterium decem chordarum, Venedig 1527 (Nachdruck Frankfurt 1965); De Vita s. Benedicti et de officio divino secundum eius doctrinam, ed. C. Baraut, in: Analecta sacra Tarraconensia 24, 1951, 42-118; De septem sigillis, ed. M. Reeves-B. Hirsch-Reich, in: Recherches de Théologie ancienne et médiévale, 21, 1954, 211-247; Das Reich des Heiligen Geistes. Bearbeitung von Alfons Rosenberg, München-Planegg 1954 (Textauszüge und Übers.); Liber contra Lombardum (vermutlich von einem Schüler Joachims verfaßt), ed. C. Ottaviani, Rom 1934; Enchiridion super Apocalypsim, ed. E.K. Burger, Toronto 1986.- *Literatur*: E. Benz, Ecclesia spiritualis. Kirchenidee und Geschichtstheologie der franziskanischen Reformation, Stuttgart 1934, 4-48; E. Underhill, in: The Cambridge Medieval History, VII (1949) 790-792; A. Forest, in: Histoire de l'Église, hrsg. von A. Fliche u. V. Martin, XIII, Paris 1956, 153; M.W. Bloomfield, Joachim of Flora: A Critical Survey of His Canon, Teachings, Sources, Biography, and Influences, Traditio 13, 1957, 249-311; LThK V (1960) 975-976; Baron, IX (1965), 101-103.292; W. Lammers (Hrsg.), Geschichtsdenken und Geschichtsbild im Mittelalter, Darmstadt 1965; B. Hirsch-Reich, Joachim von Fiore und das Judentum, in: Judentum im Mittelalter, hrsg. von P. Wilpert, Berlin 1966, 228-263; H. Liebeschütz, Das Judentum im deutschen Geschichtsbild von

Hegel bis Max Weber, Tübingen 1967, 116; K. Bihlmeyer-H. Tüchle, Kirchengeschichte, II, Paderborn 1968, 321-322; H. Wolter, in: Handbuch der Kirchengeschichte, hrsg. von H. Jedin, III 2, Freiburg 1968, 306.308-309; M. Reeves, The Influence of Prophecy in the Later Middle Ages: A Study in Joachimism, Oxford 1969; M.D. Knowles, in: Geschichte der Kirche, II, Einsiedeln 1971, 343-344; M. Reeves u. B. Hirsch-Reich, The 'Figurae' of Joachim of Fiore, Oxford 1972; W. Totok, Handbuch der Geschichte der Philosophie, II, Frankfurt 1973, 210-212; G. Wendelborn, Gott und Geschichte. Joachim von Fiore und die Hoffnung der Christenheit, Wien-Köln 1974, 137-142.148-151; G. Wendelborn, Die Hermeneutik des kalabresischen Abtes Joachim von Fiore, Communio Viatorum 17, 1974, 63-92; D.C. West (Hrsg.), Joachim of Fiore in Christian Thought. Essays on the Influence of the Calabrian Prophet, 2 Bde., New York 1974; E.R. Daniel, The Franciscan Concept of Mission in the High Middle Ages, Lexington, Kentucky, 1975, 14 ff.20 ff.79 ff.473 ff.; Dictionnaire des auteurs cisterciens, Rochefort 1975, 419-423; Bodo von Maydell, Franz Rosenzweigs und Joachim von Fiores endzeitliche Vision, Judaica 32, 1976, 146-148; M. Reeves, Joachim of Fiore and the Prophetic Future, London 1976; K.R. Stow, Catholic Thought and Papal Jewry Policy 1555-1593, New York 1977, 256-257; H. de Lubac, La postérité spirituelle de Joachim de Flore. I. De Joachim à Schelling, Paris-Namur 1979; Storia e messagio in Gioacchino da Fiore. Atti del I congresso internazionale di studi gioachimiti (FLorenz 1979), Florenz 1980; Jeremy Cohen, The Friars and the Jews, Ithaca and London 1982, 246-247; R.K. Emmerson, Antichrist in the Middle Ages. A. Study of Medieval Apocalypticism, Art, und Literature, Manchester 1981, 80; Prophecy and Millenarism. Essays in Honour of Marjorie Reeves, ed. by A. Williams, Harlow 1980; H. Mottu, in: Gestalten der Kirchengeschichte, hrsg. von M. Greschat, III 1, Stuttgart 1983, 249-266; E. Russo, 'Psalterium decem chordarum' di Gioacchino da Fiore, fonte della concordia con la 'novitas' francescana, Chiavarelle Centrale 1984; D.C. West u. S. Zimdars-Swartz, Joachim de Fiore. A Study in Spiritual Perception and History, Bloomington 1983; Deborah S. Workman, The Spirit Clothed in Flesh: The Significance of the Sabbath Age in Joachim of Fiore's Theology of History, Diss. Kent State University 1986; L'età dello Spirito e la fine dei tempi in Gioacchino da Fiore e nel Gioachimismo medievale, hg. von A. Crocco, San Giovanni in Fiore 1986; TRE XVII, 1-2 (1987) 84-88.

In seinem Abriß der englischen Geschichte von 1148-1202, den *Imagines historiarum* (Geschichtsbilder), liefert **Radulfus de Diceto**, Dekan von St. Paul in London († wahrscheinlich am 22.11.1202), als Zeitzeuge unter anderem manche wertvollen Informationen und wichtige Einzelheiten über die Regierungszeit Heinrichs II. und Richards I. So erfahren wir, daß am Tage der Krönung Richards im Jahre 1189 in London "der Friede der Juden, den sie seit alters stets besessen hatten (*pax Judaeorum, quam ab antiquis temporibus semper obtinuerant*), von Fremden (d.h. Auswärtigen, vorübergehend in London Weilenden) gebrochen wird. Einige Juden

wurden getötet, sehr viele ausgeraubt, ihre Häuser größtenteils einge-
äschert, und ihre Synagogen wurden geschändet" (Ymagines historiarum,
ed. W. Stubbs, II, London 1876, p. 69). Denkwürdig ist aber vor allem
Radulfus' Bericht über das Verhalten der von England aus zur Teilnahme
am dritten Kreuzzuge (1189-1192) Aufbrechenden (Stubbs, II, p. 75-76):
"Viele in England, die nach Jerusalem unterwegs waren, beschlossen, zuerst gegen die Juden und dann erst gegen die Sarazenen vorzugehen. So
wurden am 6. Februar alle in ihren Häusern vorgefundenen Juden in Norwich abgeschlachtet; einige von ihnen konnten sich ins Kastell flüchten.
Am 7. März, zur Zeit des Marktes, wurden viele in Stamford getötet. Am
16. März sollen in York etwa fünfhundert sich selbst gegenseitig dem Tod
überantwortet haben; denn sie wollten lieber von der Hand der eigenen
Leute umkommen als von der Hand der Unbeschnittenen ... Überall zeigte
es sich, daß die Juden von der Hand Fremder (d.h. durch die einzelnen
Städte ziehender Haufen von Kreuzfahrern) umgebracht wurden, jedenfalls da, wo sie nicht durch die Hilfe der Bürger (der einzelnen Städte) gerettet wurden. Man darf aber nicht glauben, daß bei klugen (d.h. theologisch gebildeten) Männern dieser so schlimme, unheilvolle Judenmord Bil-
ligung fand; denn es dringt (im Zusammenhang mit diesen Morden) oft
(aus ihrem Munde) an unser Ohr jener Satz Davids: 'töte sie nicht' (Ps 59,
12 [Vulgata]." Die Argumentation mit Ps 59, 12 hat hier bereits eine lange
Tradition, und im 12. Jh. ist besonders Bernhard von Clairvaux mit gewichtigen theologischen Argumenten gegen die Judenmassaker der Kreuzfahrer eingeschritten. Bemerkenswert ist im Text Radulfs wieder das
Schlagwort "erst gegen die Juden (d.h. die Feinde der Christen im eigenen
Land), dann gegen die Muslime", das seit dem Beginn der Kreuzzugszeit
die Judenverfolgungen begleitete. Damit öffnete sich dem vielfach vorhandenen Gruppenhaß gegen die - zum Teil durch Geldverleih wohlhabend
gewordene - Randgruppe ein bequemes Ventil. Daß die Juden dem höchsten Anliegen der Christenheit gegenüber meist ziemlich gleichgültig blieben und abseits standen, konnte die Feindschaft nur noch mehr schüren.
Radulfus selbst mißbilligt offenbar das Verhalten der Kreuzfahrer, weil er
sich zu den theologisch Einsichtigen zählt.

Ausgaben: Ymagines historiarum, ed. W. Stubbs, 2 Bde., London 1876.- *Literatur*:
Manitius, III (1931), 637-640; P. Browe, Die Judenbekämpfung im Mittelalter, Zeitschrift für katholische Theologie 62, 1938, 197-231, S. 215-216; LThK VIII (1963)
967.

Nur am Rande verdient hier **Gottfried von Viterbo** († nach 1202), Hofkaplan und Diplomat am Hof Kaiser Friedrichs I., Erwähnung. Er machte sich auch als Dichter und Historiker einen Namen, vor allem mit seinem *Pantheon*, einem recht unkritischen großen, mit Fabeln und Anekdoten angereicherten, im Mittelalter viel gelesenen Kompendium der Weltgeschichte. Hier (Particula 21,4; MG, Scriptores 22, 152; vgl. auch ibid. 22, 70 zur Strafaktion des Titus und Vespasian; zum traditiongeschichtlichen Zusammenhang E. von Dobschütz, Christusbilder, Leipzig 1899, 289) referiert Gottfried unter anderem die neutestamentliche Zeitgeschichte des 1. Jh.indirekt nach dem jüdischen Historiker Flavius Josephus. Dieser habe über Johannes den Täufer berichtet und auch über Jesus Christus. Es folgt bei Gottfried das sogenannte Testimonium Flavianum, Josephus, Ant. Jud. 18,63-64, woran die Bemerkung geknüpft wird: "Ich, Gotifredus, habe an dieser Stelle (meines Werkes) das Zeugnis des Juden Josephus angeführt, eines Mannes, der, was unsere Religion betrifft, überaus kenntnisreich ist. Ich wollte damit zeigen, daß die Juden von der Ankunft Christi sehr wohl informiert waren, daß sie jedoch, von Mißgunst blind gemacht, die Wahrheit über Christus nicht glauben wollten. Dies erhöhte noch das Maß ihres Verworfenseins" (vgl. Manitius, III, 1931, 392-398; W. Wattenbach - Fr.-J. Schmale, Deutschlands Geschichtsquellen im Mittelalter, I, Darmstadt 1976, 77-92). In herkömmlicher Weise wird der jüdische Autor des 1. Jh. als Zeuge gegen sein eigenes verblendetes Volk in Anspruch genommen.

Der Zisterzienser **Alanus ab Insulis** (Alain de Lille, † 1203) gehört mit seinen zahlreichen Werken, darunter auch Lehrgedichte, zu den namhaften frühscholastischen Philosophen und Theologen. Von den vier Büchern seiner dem Grafen Wilhelm VIII. von Montpellier gewidmeten Schrift *De fide catholica contra haereticos sui temporis* (PL 210, 305-430) wendet sich das erste Buch "gegen die Häretiker (d.h. Katharer, Albigenser), das zweite gegen die Waldenser, das dritte gegen die Juden (PL 210, 399-422: *Contra Judaeos*), das vierte gegen die Heiden (*pagani*, d.h. Muslime, auch *saraceni* genannt)" (PL 210, 308). Dabei bezeichnet die im Prolog genannte Reihenfolge der Themen wohl auch eine degressive Stufung der akuten Dringlichkeit. Juden und Muslime werden also (als Nichtchristen) keineswegs ganz undifferenziert zu den Häretikern gezählt, wie der Werktitel nahelegen könnte. In gekonnter, eindrucksvoller Weise praktiziert Alanus die scholastische Methode der beweisenden Argumentation mit Bibelstellen (*auctoritates*) und Vernunftgründen (*rationes*) als Kampf mit den Waffen des Geistes, wobei er einigermaßen fair jeweils abschnitts-weise auch die gegnerischen Standpunkte zu Wort kommen läßt.

Zunächst verteidigt er (gegen die Waldenser) das mosaische Gesetz als den Menschen von Gott zum Guten gegebenen wie eine Medizin einem kranken Menschen (PL 210, 337-341). Im dritten Buch, *Contra Judaeos*, für das er Entlehnungen von der einschlägigen Schrift des Gilbertus Cris-pinus macht, zeigt er sich gut informiert über die herkömmlichen Gegen-stände der christlich-jüdischen Apologetik. Die Juden lehnen, sagt Alanus, hartnäckig die Trinität ab unter Hinweis auf Dt 6,4 (PL 210, 400-401). Zur Auflösung der jüdischen Einwände gegen die Dreifaltigkeit Gottes weist Alanus auf das Bild der drei Genera *albus, alba, album* des einen Wortes *weiß*; Gott habe den Juden im Alten Testament das Mysterium der Trinität und andere christliche Glaubensgegenstände typologisch ver-schlüsselt mitgeteilt (PL 210, 402), nämlich in Gestalt des Plurals *Heloy-im* für Gott (PL 210, 403 zu Gn 1, 1), des Plurals "*Wir* wollen einen Menschen machen" (PL 210, 403 zu Gn 1, 26), wo Gottvater nicht zu den Engeln, sondern zum Sohn und zum Heiligen Geist spreche. Trinitarisch beziehungsweise christologisch zu deuten seien auch Gn 3,5 (*Götter*, PL 210, 403), Is 6,3, Ps 110, 1, Ps 2,7, Dn 3, 25 (PL 210, 404); vom Heili-gen Geist sei die Rede Gn 1,2 (der Geist Gottes), Ps 147, 18 (seinen Wind läßt er wehen), Ps 51, 13 (deinen heiligen Geist) und Is 11, 2 (der Geist der Furcht des Herrn) (PL 210, 405), sowie Ps 104, 30 (PL 210, 406). Vater, Sohn und Heiliger Geist sind eines Wesens, wie ähnlich die Dreiheit von Sonne, Lichtstrahl und Wärme (PL 210, 407).

Die Juden beharren auf der andauernden Relevanz des mosaischen Ge-setzes: "Wenn das Gesetz gut ist und von Gott gegeben wurde, muß es be-achtet werden ... die Christen aber bestimmen nach ihrem eigenen Gutdün-ken die Observanz (-Pflicht) des Gesetzes und der Gebote" (PL 210, 407, mit Berufung auf Dt 27). Nach christlichem Standpunkt ist das Gesetz ge-wiß gut und von Gott gegeben, bedarf aber der differenzierenden, vom li-teralen Verständnis auch abweichenden Interpretation, dies zumal ange-sichts von Widersprüchen; denn zu Gn 1,31 (und Gott sah alles, was er gemacht hatte, und siehe, es war sehr gut) paßt nicht die gesetzliche Unter-scheidung von Reinem und Unreinem. Das führt zu der Aussage, daß das Gesetz teils literal, teils nicht literal zu deuten ist und daß ein Teil der Ge-bote nur zu ihrer Zeit, nicht unbegrenzt gültig sein sollte (PL 210, 408). Für die unverrückbare Gültigkeit der biblischen Gottesworte läßt Alanus die Juden Ps 119,89 anführen, ja sogar Mk 13, 31 (PL 210, 408) und läßt sie einfühlend sagen: literale und figürliche Observanz schließen einander

nicht aus; "wir wollen uns vom Schwein fernhalten, weil das Gesetz es befiehlt (Lv 11,7), wir wollen uns aber auch von dem fernhalten, was etwa
(figürlich) durch das Schwein als Sünde bezeichnet ist" (PL 210, 409).
Auf diesem Wege ist den Juden also nicht beizukommen. So konzediert
Alanus ihnen ihre Bibelinterpretation, doch nur um sich auf die unangreifbar scheinende Position zurückzuziehen: Solange das (mosaische) Gesetz
noch das vorausweisende Bild der künftigen (christlichen) Wahrheit war,
mußte es beachtet werden. "Jetzt aber ist es für uns nicht (mehr) nötig, da
die (reale) Wahrheit des Bildes gegenwärtig ist" (PL 210, 109), also aus
dem Typos Realität wurde. Zum Beispiel Schweinefleisch ist "weder un-
gut noch unrein, sondern rein und sehr gut und zur Verwendung erlaubt;
weil aber dieses Tier Wollust und Unreinheit versinnbildlicht, wird dieses
Tier deshalb für unrein gehalten, und diese Unreinheit ist verboten" (PL
210, 409). Der tieferliegende Sinn der Tora ist also zu ermitteln und zu
beachten. Aus der Sicht des Alanus jedenfalls ist das literale Verstehen der
Tora tot, und er weiß das durch den herkömmlichen Geschichtsbeweis zu
unterbauen: Die Praktizierung des Gesetzes ruht weithin; "denn es existieren bei den Juden nicht mehr Opfer, Opfertier, Prophet, Gesetz, Priester,
Tempel und der (gesetzlich vorgeschriebene) Ort für das Opfer; wozu weitere Einzelheiten? Das Gesetz ist zum größten Teil dahin: offensichtlich hat
es keinen Ort mehr (wo es existieren könnte)" (PL 210, 410). "In *Sehale*
sagt ja auch Elias, die Welt werde sechstausend Jahre bestehen; davon sei-
en zweitausend Jahre eine Zeit der Nichtigkeit gewesen, was auf die Zeit
vor der mosaischen Gesetzgebung zielt; zweitausend Jahre (der Gültigkeit)
des mosaischen Gesetzes; die folgenden zweitausend Jahre seien die Zeit
des Messias. Offensichtlich sind aber mehr als viertausend Jahre vergangen, so daß klar ist, daß das Gesetz vergangen und der Messias (d.h. Jesus Christus) gekommen ist" (PL 210, 410). Das ist wohl übernommen
vom Talmudtraktat Sanhedrin 97a: "In der Schule des Elijahu wurde ge-
lehrt: Sechstausend Jahre wird die Welt bestehen; zweitausend Jahre der
Nichtigkeit, zweitausend Jahre der Tora und zweitausend Jahre der messianischen Zeit", aber Alanus konnte kein Hebräisch (daß er einmal, PL
210, 754, das Hohelied *Sir hasirim* nennt, besagt nichts) und war sicher
nicht in der Lage, selbst die hebräische Quelle zu finden und zu verstehen.
Er wird auf anderem, vielleicht mündlichem Wege davon Kenntnis erhalten haben. Darauf deutet auch die sinnlose Quellenangabe *Sehale*, vielleicht durch Unverständnis verballhornt aus *Sanhedrin*. Immerhin sehen
wir hier, im 12. Jh., erste Versuche christlicher Gelehrter, die rabbinische
Literatur für ein antijüdisch-apologetisches Beweisverfahren einzusetzen.

Diese sogenannte Eliasprophetie kam noch zu einiger Bedeutung, und mehr als dreihundert Jahre später begründete Reuchlin damit die Erhaltungswürdigkeit des Talmud.

Die Juden dagegen wollen beweisen, daß der Messias noch nicht gekommen ist; denn Is 2, 2-3 sei noch nicht realisiert. Vielmehr sagen die Christen: Wir wollen in die Kirche des Petrus, Paulus, Martinus usw. gehen, nicht aber zum Hause des Gottes Jakobs (PL 210, 410). Eingetreten sei auch noch nicht die Friedensverheißung von Is 2,4. Vielmehr erschallt überall in der Welt Kriegslärm, man rüstet sich zum Kriege, und die (christlichen) Völker und Reiche bekämpfen einander (PL 210, 410-411). Alanus hält als christliche Auffassung dagegen, mit dem Berg von Is 2, 2-3 sei Christus gemeint, "an den schon alle Länder der Erde glauben" (PL 210, 411) - wobei der islamische Teil der Welt und die (im 12. Jh. durchaus bekannten) unmissionierten Räume Asiens und Indiens großzügig übersehen sind. Im (geistigen) Raum des Christentums würden Zorn, Haß und Krieg eliminiert und kehre Friede ein. Aus der christologischen Exegese von Gn 49, 10 gewinnt Alanus den Geschichtsbeweis, daß der Messias bereits gekommen ist; denn seit dem Nichtjuden Herodes haben die Juden keinen Herrscher aus dem Stamm Juda mehr gehabt (PL 210, 412). Dn 9,24-26 bestätigt diese Geschichtsdeutung (PL 210, 412-413). "Ich frage auch die Juden, wegen welcher Missetat sie sich in einem so großen Unglück befinden und in so lange dauernder Gefangenschaft gehalten sind ... Nach Christi Passion sind sie ununterbrochen in Gefangenschaft, schon tausend Jahre und mehr; für welche Missetaten sind sie so lange gefangen? ... Es bleibt nur der Schluß, daß sie jetzt für die gegen Christus begangene Missetat bestraft werden" (PL 210, 413). Da erscheint wieder die herkömmliche Verkennung der Tatsache, daß die große Mehrheit der Juden um 70 n. Chr. bereits in der Diaspora lebte, ungefährdet blieb - im Gegensatz zum frühen Christentum, das keine *religio licita* war -, wie alle Provinzialen im 2. Jh. das römische Bürgerrecht erhielt und erst seit dem 4. Jh. eine allmählich zunehmende soziale Repression erfuhr (vgl. Verf., in: ANRW II, 21, 2 Berlin 1984, S. 1206 ff.).

Die Juden, sagt Alanus, lehnen die Göttlichkeit des Messias ab, und zwar mit dem Hinweis auf Ex 20, 7 und Dt 9. Als Vernunftbeweis führen sie, ergänzend zu diesen Schriftbeweisen, an, daß Gott infolge seiner unendlichen Größe nicht in den engen Leib einer menschlichen Mutter passe (PL 210, 413). Der Christ setzt dagegen die scholastische Ratio: nach dem Sündenfall des Menschen Adam konnte nur ein Mensch, das heißt der Mensch gewordene Gott, die Menschheit retten. Vernunftgründe sprechen

also für die Notwendigkeit der Inkarnation, wie andererseits Christi Göttlichkeit durch Baruch 3, 37-38, Micha 5,1, Am 4, 12, Is 9,5 bewiesen
werde (PL 210, 414-415). Die Juden, fährt Alanus fort, bestreiten die Virginität Marias mit der biblischen Beweisstelle Is 45,8 (die Erde tue sich
auf), wo von "Marias Defloration" die Rede sei (PL 210, 415); auf den
gleichen Sachverhalt zielt Ez 44,2 (*clausa porta aperietur principi*). Selbst
Lk 2,48 (Joseph als "Vater" Jesu) wissen Alanus' Juden gegen die Jungfrauengeburt vorzubringen (PL 210, 415), sowie das Empfangen und Ge-
bären, von dem Is 7, 14 die Rede ist, wo im Hebräischen nicht "Jungfrau"
zu verstehen sei, sondern im Sinne von *abscondita, occulta*, wogegen
Alanus als Christ von einem genuinen *alma* ausgeht, das "Jungfrau" bedeute und auch von der Septuaginta so verstanden werde (PL 210, 415-
416). Die "Öffnung" der Erde in Is 45,8 meine nicht eine mit häßlicher
Wollust verbundene Defloration, keine gewaltsame Öffnung "durch einen
Mann", sondern es handele sich um einen Vorgang wie dem Einfall eines
Sonnenstrahls durch ein Glasfenster (PL 210, 415). *Ratio* und *auctoritas*
(d.h. Bibelstellen wie Ez 44, 2 und Is 45, 8) sprechen für eine Konzeption
"ohne männlichen Samen" und für Marias Virginität. Und deshalb, weil
Christus ohne Sünde war, konnte er den Menschen von der Sünde erlösen
(PL 210, 416-417). Vom erlösenden Sühneleiden Christi sprechen etwa
Ps 96, 10 [Vulgata: *regnavit a ligno*, d.h. vom Kreuzesholz], Is 53, 2 ff.
und Ps 22, 17 [Vulgata: *foderunt manus meas et pedes meos*], von seiner
Auferstehung unter anderem Os 6, 2 (PL 210, 419-420). Das Buch 'Contra Judaeos' (PL 210, 399-422) schließt mit dem Satz: "Damit mag der Irrglaube der Juden hinreichend widerlegt sein" (*haec contra Judaeorum er-
rores dicta sufficant*), eine ebenso selbstbewußte wie gelassene Feststellung.

Im vierten Buch, gegen die Anhänger Mohammeds, in seinen Augen eine abscheuliche, nicht zuletzt durch ihre Fleischeslust bemerkenswerte
Sekte, wendet sich Alanus unter anderem gegen die jüdische und muslimische Ablehnung der christlichen Bilderverehrung. Beweisstellen wie Ex
20,4, Dt 5,8 und Ps 97, 7 lehnt er als nicht zwingend ab, unter Hinweis
auf die biblischen Cherubim, auf Is 6, 1-2 und Ez 1,5 ff. Auch werde keineswegs dem Kreuz und den Heiligen göttliche Verehrung zuteil (PL 210,
427-428). Am Ende der ganzen Schrift gibt Alanus der Hoffnung Ausdruck, daß die Häretiker (d.h. Katharer), Waldenser, Juden und Heiden
(d.h. Muslime) von ihrem Irrglauben ablassen und "zur wahren Einheit gelangen und von der wahren Glaubenseinheit zur wahren Einheit der ewigen Seligkeit aufsteigen" (PL 210, 430), doch wirkt dieser missionarische

Ausklang wie aufgesetzt, jedenfalls ohne angemessene Entsprechung und Vorbereitung im Laufe der ganzen Abhandlung. In ihr geht es tatsächlich nicht um Mission - wie hätte auch ein lateinischer Traktat etwa ein jüdisches Publikum erreichen können, das in aller Regel kein Latein verstand? Vielmehr wird, angesichts der in dieser Zeit großen Bedrohung durch alte und - besonders im südfranzösischen Raum - neue Feinde, die *fides catholica* an den am meisten bedrohten Punkten abgestützt und zu einem Bollwerk der Rechtgläubigkeit ausgebaut. Mit anderen Worten: die Fortifikation der Glaubensburg ist das Ziel, und die Grundhaltung ist eher defensiv als offensiv. So wendet sich Alanus, gerade auch im dritten gegen die Juden gerichteten Buch, mitunter ganz vom apologetischen Gegner und den kontroverstheologischen Hauptfragen ab und verliert sich in Erörterungen theologischer Nebenfragen von innerchristlicher Relevanz (z.B. PL 210, 418).

Im einzelnen sind Zweifel daran erlaubt, ob die den Juden in den Mund gelegten Argumente sämtlich so von Juden stammen könnten, etwa bei der Argumentation mit Stellen des Neuen Testaments oder der Umkehr von christologischen Testimonia wie Is 45,8 und Ez 44, 2 in antichristliche *auctoritates*. Immerhin werden die jüdischen Positionen relativ deutlich und fair dargestellt, wie überhaupt ruhige Sachlichkeit und unpolemische Gelassenheit vorherrschen. So erregt sich Alanus keineswegs angesichts des jüdischen Vorwurfs willkürlicher christlicher Bibelexegese (PL 210, 407), vergleicht vielmehr einmal selbstironisch die Handhabung biblischer Beweisstellen durch christliche Theologen mit einer Nase aus Wachs, die sich in verschiedene Richtungen biegen lasse (PL 210, 333: *Sed quia auctoritas cereum habet nasum, id est in diversum potest flecti sensum, rationibus roborandum est*). Das meint: mit literarischen Belegstellen und biblischen Testimonia kann man oft fast beliebig operieren; es müssen Vernunftgründe dazukommen, wenn die Argumentation überzeugen soll. Hier zeigt sich das Vordringen scholastischer Methodik, wie es auch im Buch III 'Contra Judaeos' deutlich wird. Die Einsicht wächst, daß antijüdische Apologetik nicht mehr nur mit Listen christologischer Beweisstellen betrieben werden kann. So wird die Auseinandersetzung allmählich dialektischer, wenngleich Alanus sein Wissen von jüdischen Positionen im wesentlichen wohl nicht aus Gesprächen mit Juden seiner Zeit hat. Daß christliche Theologen sich da und dort ausdrücklich auf solche Kontakte berufen, zeigt vielleicht, daß sie zwar von manchen als nützlich empfunden wurden, aber nicht die Regel waren und daß hier immer noch das Buchwissen dominierte. Immerhin ist Alanus eine neue Form methodischer

Gründlichkeit nicht abzusprechen, für die er auch seine Belesenheit in der antiken Literatur einsetzt, die er gern zeigt.

Ausgabe: PL 210; Liber poenitentialis, ed. J. Longère, 2 Bde., Louvain 1965; Textes inédits, ed. M.-Th. d'Alverny, Paris 1965.- *Übersetzungen:* Anticlaudianus. Transl. and commentary by J.J. Sheridan, Toronto 1973; The Plant oft Nature. Transl. and commentary by J.J. Sheridan, Toronto 1980.- *Literatur:* A.C. McGiffert, Dialogue Between a Christian and a Jew, Marburg 1889, 27; Manitius, III (1931), 794-804; M. Schlauch, The Allegory of Church and Synagogue, Speculum 14, 1939, 448-464, S. 461; A. Forest, in: Histoire de l'Église, ed. A. Fliche et V. Martin, XIII, Paris 1956, 153-157; LThK I (1957) 266; F.J.E. Raby, A History of Secular Latin Poetry in the Middle Ages, II, Oxford 1957, 15-23; Pfaff, in: Vierteljahrschrift für Sozial- und Wirtschaftsgeschichte 52, 1965, 168-206, S. 172.175-176; E.R. Curtius, Europäische Literatur und lateinisches Mittelalter, Bern-München 1967, 127-131; A. Funkenstein, Patterns of Christian Anti-Jewish Polemics in the 12th Century [hebräisch], Zion 33, 1968, 125-144; Ch. Merchavia, The Church versus Talmudic and Midrashic Literature (500-1248) [hebräisch], Jerusalem 1970, 214 ff.; A. Funkenstein, Basic Types of Christian Anti-Jewish Polemics in the Later Middle Ages, Viator. Medieval and Renaissance Studies 2, 1971, 373-382, S. 381-382; W. Totok, Handbuch der Geschichte der Philosophie, II, Frankfurt 1973, 207-209; Verfasserlexikon I (1978) 97-102; D.J. Lasker, Jewish Philosophical Polemics against Christianity in the Middle Ages, New York 1977; M.-H. Vicaire, "Contra Judaeos" méridioneaux au début du XIII. siècle. Alain de Lille, Evrard de Béthune, Guillaume de Bourges, in: Juifs et judaïsme de Languedoc, hg. von M.-H. Vicaire, Toulouse 1977, 269-293, S. 270-274; TRE II (1978) 155-160; LMA I (1980) 268-270; Alain de Lille, Gautier de Châtillon, Jakemart Giélée et leur temps. Textes réunis par H. Roussel et F. Suard, Lille 1980; Jeremy Cohen, The Friars and the Jews. The Evolution of Medieval Anti-Judaism, Ithaca and London 1982, 30-32; Gillian Rosemary Evans, Alan of Lille. The Frontiers of Theology in the Later Twelfth Century, Cambridge 1983.

Stephan von Tournai († 11.9.1203) gehört mit seiner um 1160 verfaßten *Summa decretorum* zu den führenden Dekretisten, das heißt den Kirchenrechtsgelehrten, die Zusammenfassungen beziehungsweise Bearbeitungen von Gratians Dekret herstellten. Er benutzt unter anderem die um 1159 entstandene einschlägige 'Summa' des Rufinus und die (noch vor 1150 geschriebene) 'Summa' des Rolando Bandinelli, des späteren Papstes Alexander III.- Stephan ist der erste christliche Theologe, der, seitdem in der christlichen Spätantike Juden der Besitz christlicher Sklaven verboten wurde, dieses Problem im Hinblick auf den neutestamentlichen Befund untersucht. Er zieht vergleichend heran 1 Tim 6,1 (Alle, die als Sklaven unter dem Joch stehen, sollen ihre Herren aller Ehrerbietung wert achten, damit nicht der Name Gottes und die Lehre gelästert werde), wo, wie auch sonst im Neuen Testament, der Sklavendienst christlicher Sklaven bei nichtchristlichen Herren bejaht wird. Stephan meint, Paulus spreche hier nur von den Sklaven heidnischer (nicht auch jüdischer) Herren (Summa, Dist. 54, c. 15; ed. J.F. von Schulte, Gießen 1891, p. 81), doch ist die Unterscheidung eines für christliche Sklaven annehmbaren oder nicht annehmbaren Sklavendienstes dem Neuen Testament fremd. Auch Stephans Versuch, 1 Tim 6, 1 nur auf im Hause des Sklavenbesitzers von einer Sklavin Geborene (*vernaculi*) zu beziehen (a.a.O.), ist abwegig, zeigt aber, wie man auch exegetische Gewaltsamkeiten nicht scheute, um der veränderten gesellschaftlichen Situation Rechnung zu tragen: die Juden sind nicht mehr eine der großen Volksgruppen des alten Imperium Romanum, sondern eine 'marginalisierte' (Rand-)Gruppe der christlichen Einheitsgesellschaft, eine Minorität von der Qualität eines Störfaktors. Es sind im wesentlichen die einschlägigen Normen Gregors d. Gr. und die von diesem verarbeiteten Grundsätze des Codex Theodosianus, die bei Dekretisten wie Stephan weiterwirken: Erwerb von und Handel mit christlichen Sklaven ist Juden verboten (Summa, Dist. 54, c. 13; von Schulte, p. 80), beziehungsweise widerrechtlich von Juden gekaufte christliche (oder nach dem Kauf christlich werdende heidnische) Sklaven sind freizulassen oder freizukaufen (Summa, Dist. 54, c. 13.14.15; von Schulte, p. 80-81). Motiv ist wie immer die pastorale Sorge der Kirche. So könnte der Schaden, den christliche Judensklaven nehmen müßten, darin bestehen, daß sie an Fasttagen Fleisch zu essen genötigt werden (Dist. 54, c. 14; von Schulte, p. 14).- Außerhalb seiner 'Summa decretorum', in einem Bittbrief an den Almosenier des französischen Königs Philipp II. Augustus, berührt Stephan das Problem der Alimentierung von getauften Juden, die ja durch ihre Konversion meist mittellos wurden: "Selten nur geschieht es, daß einer aus dem (geistig) unbeschnittenen, hartnäckigen Volk wiedergeboren wird zu einer neuen Existenz als Kind der Kirche und treu in ihr verweilt (d.h. nicht alsbald wieder rückfällig wird). Dieser arme Sohn jüdischer Eltern legte die Scheu vor dem Ärgernis der Juden, dem Kreuz Christi, ab und wurde vom Bischof von León (in Spanien) getauft. Aus der Schar der Verdammten kam er zu den Christen und wurde zum Domgeistlichen ..." (PL 211, 333). Materielle Anreize zur Konversion hatte schon Gregor d. Gr. für sachdienlich gehalten. Im Laufe des 12. Jh. hören wir öfters von Aktionen zur sozialen Sicherung von Konvertiten.

Etwa gleichzeitig mit Stephans Summa entstand in Paris um 1160 die sogenannte **Summa Parisiensis**, ein anonymer Gratian-Kommentar (ed. Terence P. McLaughlin, Toronto 1952), der hier beiläufig als weiteres dekretistisches Werk erwähnt sein mag. In dieser Summa wird das Judenthema ähnlich behandelt wie bei den anderen Dekretisten (z.B. McLaughlin, p. 49.151.170). Etwas aus dem üblichen Rahmen fällt (im Zusammenhang der Diskussion der Problematik christlicher Judensklaven bzw. heidnischer Judensklaven, die Christen werden wollen; vgl. dazu Gregor d. Gr., Brief 6,29) die Bemerkung, daß die kirchenrechtliche Regelung betreffend die Freilassung von Judensklaven bewußt antijüdisch formuliert sei (*in odium Judaei dictum*, McLaughlin, p. 49).

Stephan von Tournai.- *Ausgabe*: Summa Stephani Tornacensis, ed. J.F. von Schulte, Gießen 1891.- *Literatur*: LThK IX (1964) 1047-1048; Czerwinski, 1972, 74.98-99.151; Pakter, 1974, 62.65.76-78.228.318; H. Kalb, Studien zur Summa Stephans von Tournai. Ein Beitrag zur kanonistischen Wissenschaftsgeschichte des späten 12. Jahrhunderts, Innsbruck 1983.

Petrus von Blois († um 1204 als Archidiakon von London), war nach einem Studium der Rechtswissenschaft und Theologie als Lehrer und in weltlichen und kirchlichen Ämtern tätig. Die Priesterweihe empfing er erst als alter Mann, und seine verschiedenen Werke (Briefe, Gedichte, Predigten, Abhandlungen) sind auch weniger von theologischem Interesse als vielmehr wertvolle Zeugnisse der Geschichte der zweiten Hälfte des 12. Jh. Als hochgebildeter Gelehrter kennt er natürlich die wichtigsten lateinischen Kirchenväter, besonders Hieronymus, doch ist vor allem seine Kenntnis der vor- und außerchristlichen antiken Literatur bemerkenswert, durch die er sich als eine Art früher Vorläufer des Humanismus ausweist. Irgendwann während seiner Tätigkeit als Archidiakon, zunächst von Salisbury, später von London, verfaßte er die Schrift *Contra perfidiam Judaeorum* (PL 207, 825-870), die in vielen Stücken an ähnliche Schriften apologetischer Vorgänger erinnert (z.B. Isidor von Sevilla), aber doch, trotz wenig eigener Gedanken, eine für das späte 12. Jh. und die Wende vom 12. zum 13. Jh. charakteristische Sicht der Problematik bietet.

Die 38 Kapitel des an einen uns namentlich nicht bekannten Briefpartner gerichteten Werkes argumentieren fast gar nicht mit den Mitteln der scholastischen Ratio - hier zeigt sich die geringe Verwurzelung Petrus' in der Theologie seiner Zeit -, sondern zumeist mit den herkömmlichen biblischen Testimonia für die Trinität, für Christi Leben und Erlösungswerk und für das Wirken der Kirche, daneben auch mit apologetisch verwertbaren außerbiblischen heidnischen und jüdischen Zeugen (Vergil, Sibylle, Flavius Josephus). Auch der von Petrus dem Werk gegebene Titel 'Contra perfidiam Judaeorum' (Gegen den Unglauben der Juden) spiegelt eine gängige Betrachtungsweise der Problemlage, wie sie in dieser Zeit etwa in dem 1166 entstandenen anonymen Traktat 'Adversus Judaeos' erscheint, wo der Anonymus sich einleitend die Aufgabe stellt, sich und seine Leser in die Lage zu versetzen, *de Scripturis contra perfidiam Judaeorum aliqua respondere* (aus der Bibel einige Antworten gegen den Unglauben der Juden zu geben, PL 213, 749), das heißt: Bibeltestimonia für die Wahrheit des christlichen Glaubens zur Hand zu haben.

In der Praefatio des Traktates redet Petrus den (uns unbekannten) Adressaten an und formuliert einige wichtige Gesichtspunkte seiner Arbeit: "Du beklagst Dich in Deinem Brief ausführlich und besorgt darüber, daß Du, von Juden und Ketzern umringt, ununterbrochen von ihnen angegriffen wirst und nicht Stellen der Heiligen Schrift zur Hand hast, mit denen Du ihre Anwürfe zurückweisen und ihrem schlauen Blendwerk die (richtige) Antwort geben kannst. 'Denn es muß ja wohl', bezeugt der Apostel (1 Kor 11, 19), 'Parteiungen und Spaltungen geben, damit die Erprobten unter euch erkennbar werden'. Deshalb läßt man auch die Juden heute leben (*ideo et etiam Judaeis vita hodie indulgetur*), weil sie die Sklaven sind, die uns die Bücher nachtragen (*capsarii*; Übernahme von Augustinus), insofern sie zur Bestätigung (der Wahrheit) unseres Glaubens die Propheten und Moses Gesetz mit sich herumtragen. (Doch) nicht nur in ihren Büchern, sondern auch in ihren Gesichtern lesen wir von Christi Passion ... Es sollten nur Leute mit geübtem Verstand mit einem Ketzer oder Juden disputieren! Denn wegen unerlaubter und unbedachter Disputationen sprießt allenthalben die giftige Saat der Parteiungen ... während sie (d.h. die Disputanten) andere von ihren irrigen Anschauungen befreien wollen, stürzen sie selbst in noch ärgere. Es ist ja absurd, auf den Gassen der Stadt über die Trinität zu disputieren" (PL 207, 825) ... vermeide also Disputationen mit einem Juden oder Ketzer" (PL 207, 826). Es scheint, daß Petrus' Korrespondenzpartner zunächst das Gespräch mit Nichtchristen gesucht hatte (vgl. PL 207, 827: *disputare affectas*), dann aber wohl in Schwierigkeiten und Beweisnot geriet und in seinem Unterlegenheitsgefühl bei dem gelehrten Petrus von Blois Rat suchte. Petrus meint, daß solche Diskussionen "über das Altarsakrament und unsere übrigen Glaubensartikel gefahrenträchtig" sind und "daß man nicht mit denen disputieren soll, die auf die Zerstörung unseres Glaubens aus sind und stets (die christliche Wahrheit) bestreiten" (PL 207, 826). Das Problem sei "die im Falle des Unterliegens drohende Gefahr. Wenn du aber den Feind des Kreuzes Christi (durch Argumente) besiegt hast, wird er sich doch nicht im Herzen bekehren, sondern um so hartnäckiger nach Ausflüchten su-

chen, die Schrift verdrehen" usw., und " er erforscht den Vernunftsinn
von Dingen, die suprarational sind" (PL 207, 827).- Da zeigt sich ansatz-
weise eine antischolastische Haltung und eine apologetische Resignation,
die aus dem Rahmen der Zeit fällt; denn im 12. und 13. Jh. sind ja viele
scholastische Theologen gerade damit befaßt, Glaubensgeheimnisse mit
den Mitteln der Ratio einsichtig zu machen.

Gewiß wünscht Petrus von Blois letztlich auch die Bekehrung der Juden, doch wird dieser Wunsch bereits im Verlauf der Praefatio wiederholt
von apologetischer Resignation überlagert: "Daß du aber mit den Juden zu
disputieren begehrst, um sie zu überzeugen und zum (christlichen) Glauben zu bekehren, halte ich deshalb für weniger gut, weil du mit deinen
Hieben nur die Luft triffst und dich in törichter und sinnloser Mühe er-
schöpfst. Tatsächlich hat Gott ihnen ja einen unausweichlichen Zeitpunkt
(der Bekehrung am Weltende) bestimmt. Noch ist ihre Stunde nicht gekommen, vielmehr hat er sie für eine gewisse Zeit blind gemacht, bis die
Heiden bekehrt werden" ... (PL 207, 827; vgl. Is 6, 9-10; Röm 11, 25 f.).
Damit bewegt sich Petrus auf der Linie des Augustinus: Die Juden, die wie
Sklaven den Christen die Bücher (d.h. das christologisch zu deutende Alte
Testament) nachtragen und so durch ihre bloße (deshalb erhaltenswürdi-
ge!) Existenz die Wahrheit des Christentums bezeugen, werden sich ohnehin am Weltende bekehren. Petrus entfernt sich aber in zweifacher Weise
von dieser vorgegebenen Linie. Einmal fehlt ihm die liebevolle judenmissionarische Beharrlichkeit des Kirchenvaters, und zum anderen verfällt er
in für das 12. Jh. typische Formen von Polemik; denn die Juden gelten
ihm als "Volk mit hartem Nacken und wahrhaft tierischem Starrsinn" (populus durae cervicis atque pertinaciae vere bestialis, PL 207, 827; ähnlich
denkt z.B. Petrus Venerabilis). So entspricht er nur zögernd und wider
bessere Einsicht dem Hilfeersuchen seines Briefpartners, dessen "Seelenheil und christlicher Glaube gefährdet" erscheinen und der "nichts zur
Hand hat", womit er sich der tückischen Angriffe der Ketzer und Juden er-
wehren könnte (PL 207, 827). Also eine Handreichung, eine Art Verteidi-
gungshandbuch zur Vorbeugung gegen Unterlegenheitssituationen bei Gesprächskontakten mit Nichtchristen will Petrus bieten, wobei allerdings
meist nur an die Juden zu denken ist, von denen allein Petrus auch im Titel
des Traktates spricht. Sein Motiv ist jedenfalls rein defensiv. Der christliche Disputant soll "etwas zur Hand haben, an dem die hartnäckige jüdische
Tücke abprallt" und durch das die christlichen Positionen "gestärkt" werden, also, wie Petrus auch ausdrücklich sagt, im wesentlichen eine Liste

der herkömmlichen "Beweisstellen aus Gesetz und Propheten" (PL 207, 827-828).

So weit die Praefatio. Die folgenden Kapitel bieten dann die üblichen Bibeltestimonia für Gott Vater, Sohn und Hl. Geist, z.B. Ps 2,7; 110,3; Gn 19,24; Gn 1,1.26; 18, 1 ff.; Is 6,3 (PL 207,829-831). Die hebräische Pluralform *Eloim* für "Gott" weist ebenso auf die Trinität (PL 207, 832) wie die Dreiergruppen *Io-he, he-vaf, vaf-he* im Gottesnamen JHWH (PL 207, 833), eine von Petrus Alfonsi eingeführte Betrachtungsweise.

Zu Beginn des 6. Kapitels sagt Petrus: "Wir haben einiges zur Widerlegung und Beschämung des Juden vorgebracht und wollen nun einiges zum Thema 'Trinität' vortragen zur Erbauung und Tröstung des Christen". Auch hier ist von Bekehrungshoffnung nicht die Rede. Durchgehend soll vielmehr der Jude in seine Schranken verwiesen und der Christ in seinem Glauben gestärkt werden. Der Verfasser geht dabei jedoch mitunter merkwürdig ambivalent vor. Zwar erhofft er sich keine Wirkung von dem Vernunftbeweis, den einmal ein schlichter Eremit einem mit ihm disputierenden Juden präsentierte (er machte drei Falten in seine Kutte und erklärte so die Trinität: Einheit in der Dreiheit); denn die Trinität solle nicht erörtert werden mit Hilfe von Gleichnissen oder Vernunftbeweisen, sondern sei mit dem Glauben zu erfassen; er kann sich aber das Referat dieser Geschichte nicht versagen (PL 207, 834-835).

Die Göttlichkeit des Gottessohnes Jesus Christus "geht sonnenklar hervor aus dem, was man oft in unseren und der Juden Bücher (*in nostris et Judaeorum codicibus*) lesen kann" (PL 207, 835), weiß Petrus weiter zu sagen. Gn 22,18 macht nur auf Christus und die Christen gedeutet einen Sinn; denn die Juden sind ja von Gott verflucht und verdammt (PL 207, 835). Auf Christus zielen auch Nm 24, 17, Dt 18, 15 (PL 207, 835-836), Dn 2, 34 ff., Dn 3, 25 (PL 207, 837-838). Das "verschlossene" äußere Tor des Tempels von Ez 44, 2 meint Marias Schoß (*genitalia muliebria*), wobei vorausgesetzt ist, daß Christus "ohne Geschlechtsverkehr und menschlichen Samen im jungfräulichen Schoß empfangen wurde" (PL 207, 840). Im Zusammenhang damit wird um die Bedeutung des hebräischen Wortes *alma* an der seit Mt 1, 23 christologisch gedeuteten Stelle Is 7, 14 gestritten (*junge Frau* oder *Jungfrau*) (PL 207, 841). Aus der Kirchenvätertradition stammt letztlich, wie das meiste in 'Contra perfidiam Judaeorum', auch die christologische Diskussion um Mich 5, 1 und vor allem von Gn 49, 10 sowie das 9. Kapitel des Buches Daniel (bes. Dn 9, 25-26), die für den antijüdischen Geschichtsbeweis so bedeutsame Bibelpassage: "Der Jude vernehme da die Tötung Christi und sehe Christi Volk bereit, alle Todesstrafen auf sich zu nehmen, bevor es Christus verleugnet; er (d.h. der Jude) sehe hier die Verwüstung seiner Heimat, sehe, daß die Salbung bei den Juden aufgehört hat, und er erkenne die Ankunft des Messias ... beachte, du törichter und willentlich unglücklicher Jude, daß die vom Engel vorausbestimmte Zeit (vgl. Dn 9, 25 f.) schon lange vorbei ist. Deiner Stadt widerfuhr alles, was er voraussagte ... der Beginn deiner Verwüstung liegt schon lange zurück, die vorausbestimmten Zeiten sind vorbei, und deine Gefangenschaft (*captivitas*) wird, bis du dich zu Christus bekehrst, kein Ende haben. Die Stiftshütte ist verschwunden, der Tempel zerstört, die (an den Tempel gebundenen) religiösen Riten sind beendet worden, und zwar im Sinne der traditionellen christlichen Exegese von Os 3,4 (PL 207, 842-843); denn Titus belagerte Jerusalem, und der Opferkult war zu Ende (PL 207, 843). Die jetzige Gefangenschaft der Juden ist, im Gegensatz zu den Gefangenschaften in biblischer Zeit, "unbegrenzt" (*interminabilis captivitas*, PL 207, 843). "Für den so schweren Schlag, die so große Zerstreuung und die so lange Gefangenschaft kann weder ein Jude noch ein anderer einen anderen Grund finden als die aus Mißgunst gegen den Gottessohn Jesus Christus begangene Missetat", ein Sachverhalt, für den in herkömmlicher Weise neben dem Kirchenvater Hieronymus der jüdische Autor Flavius Josephus als Zeuge bemüht wird (PL 207, 843). Seit Christi Geburt ist schon mehr als ein Jahrtausend vergangen, so daß die fortdauernde Erwartung der Juden sinnlos ist (PL 207, 844).

Hinzu kommt, daß schon in biblischer Zeit Gott den jüdischen Kult verwarf (PL 207, 845-846 zu Is 1, 11 u.ä. Stellen). Zum Beispiel Is 53 paßt nur auf Jesus Christus, und "der Jude soll sehen, daß Christi Kreuz bei den Herrschern der Erde und den Völkern ruhmvoll ist, und er soll endlich zu Christus zurückkehren, der durch die Kreuzesnot uns erlöst hat ... Daraus (d.h. aus Dt 21,23 und Sach 13,3.6) ist hinreichend deutlich, daß die Juden, aus deren Volk Christus stammt, ihn kreuzigten. Bis auf den heutigen Tag lehnen sie sich auf und machen verlogen die Wunderkraft der Passion Christi herunter", in Erfüllung von Ps 66,3 (PL 207, 846). Da erscheint als zweites Element des Geschichtsbeweises gegen die Juden wieder die siegreiche Stellung des Christentums bei den Herrschern und Völkern der Erde - in dieser Zeit allerdings nur noch für das nichtislamische Europa gültig, was Petrus übergeht -, zu der die Gefangenschaft der "unglücklichen" (*miseri*, PL 207, 846) Juden stark kontrastiert. Hier wie auch sonst wird der (abweichende) Wortlaut der lateinischen Bibelübersetzung christlichem apologetischem Interesse nutzbar gemacht, und es werden in den "Feinden" von Ps 66,3 aktualisierend die Juden des Hochmittelalters wiedererkannt (PL 207, 846). Einmal mehr wird den Juden klar gemacht, daß zwischen Christi Passion (wie sie im Alten Testament angekündigt und von den Juden realisiert wurde) und ihrer Gefangenschaft ein Kausalzusammenhang besteht. "Um so verdammenswerter ist die Verbohrtheit der Juden, die die Vergeltung für ihr Verbrechen fühlen und bis auf den heutigen Tag in ihrer Bosheit hart bleiben" (PL 207, 847).

Großen Wert legt Petrus auf die Feststellung, daß die neutestamentliche Heilsgeschichte nicht nur im Neuen Testament berichtet wird, sondern auch durch außerchristliche jüdische und heidnische Texte bestätigt wird, "so daß gerade dadurch unser Glaubensbekenntnis gegen die Juden kraftvoller wird, daß ihm sogar die Feinde die Wahrheit bezeugen" (PL 207, 850). Der von Petrus anschließend gebotene Brief des Pilatus an Kaiser Tiberius (PL 207, 850-851) ist freilich als eines von vielen Elementen der neutestamentlichen Apokryphenliteratur (Nikodemusevangelium bzw. Acta Pilati) ebenso christliches Erzeugnis wie das dann (PL 207, 851-852) vorgeführte angebliche Christuszeugnis des Juden Flavius Josephus. Selbst der Jude Philo muß bezeugen, "eine wie schwere und entsetzliche Vergeltung die Juden für ihre Missetaten gegen Christus erlitten" (PL 207, 852), was *so* nirgends bei Philo zu lesen ist. In der seit dem Kirchenvater Eusebius üblichen Art deutet Petrus sodann die von Josephus berichtete Geschichte der Juden seit Christi Passion als von Gott zur Strafe verhängte Leidensgeschichte, die in der Eroberung und Zerstörung Jerusalems im Jahre 70 kulminiert, nach der die überlebenden Juden je "dreißig für eine Münze verkauft wurden" (PL 207, 853). Statt daß die Juden dieses ihr Schicksal zerknirscht beklagen, "hegen sie bis auf den heutigen Tag einen perversen Stolz auf ihr Judentum, nennen sich Gottes eigenes Volk und preisen Moses Gesetz so sehr, daß sie im Vergleich zu ihm jedes Gesetz und jede Klugheit geringschätzen" (PL 207, 853).

Dagegen relativiert Petrus das Alte Testament, indem er sich zum Beispiel lustig macht über die Bestimmungen von Lv 11, 29: "O wie tiefsinnig und unverzichtbar ist die Weisung, die uns dazu erzieht, nicht Krokodile, Fledermäuse und Maulwürfe zu verzehren!" (PL 207, 855). Offensichtlich sehnten sich die Propheten nach einem im Alten Gesetz verborgenen anderen Neuen Gesetz, worauf "das Rad inmitten eines Rades" deute (PL 207, 855 zu Ez 10, 10 [Vulgata: *rota in medio rotae*]). Sabbat und Beschneidung haben spirituelle Bedeutung, "und nicht soll sich der Jude mit der Unmöglichkeit entschuldigen, daß er sagt, die (Vorschrift der) Beschneidung des Herzens deshalb nicht zu beachten, weil sie bei einem lebenden Menschen nicht erfüllt werden könne" (PL 207, 856).

Am meisten scheint Petrus der Erwählungshochmut der Juden zu mißfallen, daß sie sich trotz Tempelzerstörung und Zerstreuung immer noch für Gottes auserwähltes Volk halten, und er hält dagegen, daß in der Bibel regelmäßig der zweitgeborene, jüngere Sohn (Abel vor Kain, Isaak vor Ismael, Jakob vor Esau usw.) den Vorrang erhalte (PL 207, 857), wobei herkömmlich solche Paare für Ecclesia und Synagoga stehen. Es fehlt Petrus nicht an Bibeltestimonia, welche die Blindheit und Verstocktheit der Juden bezeugen (PL 207, 860), auch nicht dafür, daß die Verwerfung der Juden, "die den Herrn ihren Gott töteten", und die Berufung der Heidenvölker unwiderruflich sind (PL 207, 861).

Die Juden träumen zwar noch von einem "Dritten Tempel" (PL 207, 864), doch "am Abend der Welt" werden sie sich im Sinne von Is 10, 21 und Röm 10-11 zu Christus bekehren (PL 207, 863-864). Is 60, 10 (Wiederaufbau Jerusalems) kann nicht eine messianische Hoffnung der Juden begründen, sondern präfiguriert, wie in der christlichen Gegenwart die Könige der Erde und sogar die Kaiser ihren Nacken unter Christi Joch beugen, mit öffentlichen Mitteln Kirchen erbauen und Gesetze gegen die Ketzer und die Verfolger der Kirche erlassen (PL 207, 865). Das literale Schriftverständnis der Juden ist ganz unmöglich, wie besonders das Beispiel des Hohenlieds zeigt (PL 207, 866).

Gegen Ende seiner Schrift weist Petrus noch nach, daß der Messias, auf den die Juden weiter warten, in Wahrheit der Antichrist ist (PL 207, 866-867). Eine "Restitution des israelitischen Volkes" wird es nicht geben (PL 207, 868). Schließlich werden in der Tradition von Ps.-Augustinus' 'Contra Judaeos, paganos et Arianos' (PL 42, 1125, innerhalb des mit *vos, inquam, convenio, o Judaei* [PL 42, 1123] beginnenden Abschnittes zum Judenthema) zum Zeugnis der christlichen Wahrheit noch die angeblichen Christusprophetien Vergils (PL 207, 869-870 zu Ekloge 4) und der Sibyllinischen Bücher (PL 207, 870) angeführt.

Petrus beendet seine Schrift mit einem bemerkenswerten Epilog (PL 207, 870): "Du (d.h. der anonyme Briefpartner, dem geholfen werden soll) hast nun Waffen (*arma*), zum Schutz für Deinen Glauben Dir geschickt: benutze sie umsichtig; denn der Jude bleibt nie auf einer Stelle stehen und bietet sich einmal so und einmal anders dar. Mal stimmt er zu, mal sagt er nein; bald weicht er vom Wortsinn ab, bald bezieht er den ganzen Text auf die Zeit seines Messias, das heißt des Antichrist; und nach der Art seines Vaters, des Teufels, nimmt er recht oft das Aussehen scheußlicher

Mißgestalt an. Willst Du aber seine verschlagenen Winkelzüge vollständig packen und eliminieren, so laß eine Bibel des (Hl.) Geistes (*bibliotheca Spiritus*; d.h. einen im Lichte des Hl. Geistes zu lesenden, also christologisch-ekklesiologisch-spirituell zu deutenden Bibeltext als Handbuch zum sofortigen Nachschlagen beim Disputieren?) in die Mitte (zwischen euch) legen, damit er nicht fliehen oder Ausflüchte machen kann, sondern wie Goliath durch sein eigenes Schwert erschlagen wird".- R. Hunt sieht Affinitäten dieses Epilogs zu der anonymen handschriftlich erhaltenen (Oxford, Jesus Coll. 11, ff. 70^v-76^r, 12. Jh.) 'Disputatio contra incredulitatem Judeorum excerpta ex libris prophetarum' (in: Studies in Medieval History, Presented to Fr. M. Powicke, Oxford 1948, 147). Doch bleibt die Entscheidung darüber näherer Untersuchung vorbehalten.

Wie dem auch sei, Petrus' Epilog und der ganze Traktat spiegeln einige Grundauffassungen des 12. Jh.: Der Jude ist, auch als apologetischer Gegner, ein überraschend mächtiger Feind, ein Feind von bisweilen furchterregender dialektischer Gewandtheit. Die Diskussion mit ihm, der wandlungsfähig ist wie der Teufel, dem er ohnehin nahesteht, ist ebenso gefährlich wie unergiebig - was sporadische, freilich zum Stil solcher Traktate gehörende floskelhafte Bekehrungshoffnungen (PL 207, 840.844. 846.863.864) nicht ausschließt. Doch zielt diese Bekehrungshoffnung, wenn überhaupt ernsthaft vorhanden, eher auf eine endzeitliche Konvergenz als auf Erfolge in der Gegenwart. Es ist deshalb falsch, mit R. Chazan Petrus' Traktat als "herkömmliche Bekehrungsliteratur" zu bewerten (Chazan, 1980, 334; ähnlich auch Czerwinski, 1972, 152: " a treatise to convert the Jews"). Das ist er schon deshalb nicht, weil in dieser Zeit auch gebildete Juden gewöhnlich nicht des Lateinischen kundig waren. Vielmehr ist auch diese Schrift Ausdruck eines längst ritualisierten Schattenboxens gegen einen Gegner, der oft "monströse" Züge (PL 207, 870) annimmt; dieser imaginäre Jude wird, in der seit Augustinus in solchen Traktaten stilistisch üblichen Art und Weise angeredet (PL 207, 829.830.837.838.839.840.841.842.844.845.846.849.855.856.857.859. 860.862.865.866.868), benötigt als Objekt, dem die apologetischen Argumente präsentiert werden müssen, die aber in Wahrheit überwiegend oder fast ganz defensiven Charakter haben und "Waffen zum Schutz" darstellen (PL 207, 870: *arma pro tuitione*; sinngemäß ähnlich auch der Prolog, PL 207, 825-827). Ob der Wunsch, den Juden im Juden mit dem apologetischen Schwert zu erschlagen (PL 207, 870), ein frommer Bekehrungswunsch ist, bleibt auch recht zweifelhaft, zweifelhaft wie die Effizienz des *pugio fidei* überhaupt. Im Grunde sind auch für Petrus von Blois die Juden seltsame, verstockte und feindselige Wesen, die den Teufel zum Vater haben und auf den Antichrist als ihren Messias warten (PL 207, 870). Daß der literarische Kampf gegen sie in erster Linie der innerchristlichen Glaubensstärkung und Standpunktklärung dient, wird im Falle des Petrus auch dadurch deutlich, daß er kaum je jüdische Standpunkte zitiert, geschweige denn sich ernsthaft mit ihnen auseinandersetzt. Daß er einmal beiläufig sagt, daß die Juden den Hl. Geist hartnäckig leugnen (PL 207, 833), ist schon viel.

Petrus hat seinem Traktat den Titel gegeben 'Contra perfidiam Judaeorum'. Das hindert ihn aber nicht, einleitend neben den Juden auch die Ketzer als Gegner zu nominieren (PL 207, 825.826). Indes gehört es zu den Elementen der herkömmlichen antijüdischen Apologetik, Juden und Ketzer in einem Atemzug zu nennen und sozusagen in einen Topf zu werfen. Ziemlich traditionell ist auch das antijüdische polemische Vokabular. Die Juden sind oder der Jude (als kollektive Bezeichnung) ist blind (PL 207, 860.880), taub (PL 207, 849), verhärtet und verstockt (PL 207, 847.853. 860.863.869), verworfen und verdammt (PL 207, 842.861.862.863. 866), elend und unglücklich (PL 207, 842.846.849), von anmaßender Überheblichkeit (PL 207, 857), und sie hassen das Christentum (PL 207, 869). Mögliche Einlassungen und Einwände des Juden werden als "grunzen" von Schweinen (PL 207, 859; vgl. die häufigen polemischen, verächtlich machenden bildlichen Darstellungen von Juden mit Schweinen vor allem im Spätmittelalter und in der frühen Neuzeit) oder "bellen" von Hunden (PL 207, 868) eingeführt, was Ausdruck der innerchristlichen Herabsetzung und Verächtlichmachung des apologetischen Gegners ist und ebenfalls zur Deutung des Traktats als Missions- und Bekehrungsschrift nicht paßt. Ebensowenig paßt dazu die Qualifizierung des jüdischen Verhaltens als "tierisch" (PL 207, 827) und "monströs" (PL 207, 870: sie sind mit ihren *monstruosae species*, die sie sie wir ihr Vater, der Teufel, annehmen können, apologetisch schwer zu packen, d.h. sie erscheinen als scheußliche, widernatürliche Ungeheuer) und die - hier in dieser Form erstmals im christlichen Raum erscheinende - Behauptung: "Das ist das böseste Verbrechen, das man den Juden nachsagt, weswegen sie oft vor Gericht angeklagt und auch verurteilt werden, daß sie nämlich kleine Christenkinder entführen und im verborgenen kreuzigen". Hier werden Bewertungslinien weitergeführt (z.B. die Juden als vernunftlose Tiere bei Petrus Venerabilis) oder neu begonnen, die folgenreich werden sollten. Aus der im Grunde legitimen, überwiegend sachbezogenen apologetischen Diskussion früherer Jahrhunderte gegen Gegner, die oft ausführlich mit ihren Ansichten zu Wort kommen, wird seit dem 12. Jh. zunehmend ein ritualisierter Kampf gegen ein irreales, fast schon nicht mehr menschliches Wesen. Ein Feindbild entsteht, in dessen Farbgebung mehr und mehr Komponenten einfließen, die sozialpsychologischer, gruppenpsychologischer Provenienz sind, jedenfalls nicht theologisch motiviert oder gar neutestamentlich begründet sind.

Ausgaben: Opera omnia, ed. J.A. Giles, Oxford 1846-1847; PL 207.- *Literatur:* A.C. McGiffert, Dialogue Between a Christian and a Jew, Marburg 1889, 26-27; Karl Werner, Der hl. Thomas von Aquin, Regensburg 1889, 649-650; A. Posnanski, Schiloh, Leipzig 1904, 356; Manitius, III (1923), 293-300; M. Bulard, Le scorpion, symbole du peuple juif, Paris 1935, 108; A.L. Williams, Adversus Judaeos, London 1935, 400-407; W. Berges, Die Fürstenspiegel des hohen und späten Mittelalters, Leipzig 1938, 293-294; M. Schlauch, The Allegory of Church and Synagogue, Speculum 14, 1939, 448-464, S. 460-461; Browe, 1942, 60.62.88.112-113.118.291; R.M. Ames, The Debate Between the Church and the Synagogue in the Literature of Anglo-Saxon and Mediaeval England, Diss. Columbia Univ. (New York) 1950, 58.209-210.358-360; LThK VIII (1963) 351-352; V. Pfaff, in: Vierteljahrschrift für Sozial- und Wirtschaftsgeschichte 52, 1965, 168-206, S. 170.174.175.176; Baron, XI (1967), 132; Czerwinski, 1972, 152-153; R. Köhn, Magister Peter von Blois (c.1130-1211/12). Eine Studie zur Bildungsgeschichte der Geistlichkeit in der höfischen Gesellschaft, Diss. Konstanz 1973; Awerbuch, 1980, 193-194; Chazan, 1980, 245-248; DMA IX (1987) 517-518.

Maimonides (Rabbi Moses ben Maimon, Akronym: Rambam, 30.3.1135 Córdoba - 12.12.1204 Fustat, heute Kairo) gilt als der bedeutendste jüdische Talmudist und Philosoph des Mittelalters. Als Philosoph bewegt er sich vor allem auf den Denklinien des arabischen Aristotelismus, doch sind bei ihm auch starke spätplatonische Einflüsse wirksam. Beherrschende Intention seines Denkens ist es, die jüdische religionsgesetzliche Tradition samt ihren ethischen und philosophischen Implikationen und Bezügen systematisch zu erhellen und für die jüdische Gegenwart und Zukunft heilswirksam werden zu lassen; das meint: der künftigen messianischen Zeit und der danach zu erwartenden 'Kommenden Welt' vorzuarbeiten durch den philosophisch fundierten und darum einsichtigen und überzeugenden Beweis, daß die Praktizierung der Tora *der* Heilsweg schlechthin ist und Offenbarung nicht der Vernunft widerspricht. Diesem Ziel dienen seine Hauptwerke, der arabisch geschriebene Mischnakommentar vom Jahre 1168 (*sirâĝ*, hebr. *maor*, Leuchte), die 1180 entstandene als einziges Werk in hebräischer Sprache verfaßte *Mischne Tora* (Wiederholung des Gesetzes) und der *Führer der Unschlüssigen* von 1183-1200 (Dalālat al-ḥaïrin, hebr. *Moreh nebuchim*). Obwohl Maimonides mit seinen Werken innerjüdische Zielsetzungen verfolgt und die nichtjüdische Welt nur gelegentlich als Randthema erscheint, machte - vor allem über die schon um 1240 entstandene lateinische Übersetzung des 'Führers der Unschlüssigen', den *Dux neutrorum* - seine geistige Leistung mächtigen Eindruck auf die christliche Scholastik, die ja ihrerseits und auf ihre Weise ebenso um die Verknüpfung von *ratio* und *scriptura* (bzw. *auctoritas*) bemüht war, sich hier also bestätigt und angeregt fühlen konnte.

In seinem Mischnakommentar zu Sanhedrin X, 1 formulierte Maimonides dreizehn Glaubensartikel, die sehr weite Verbreitung fanden und in dichterischer Form in zahlreiche Gebetbücher übernommen wurden (zum Beispiel in *Sidur Sefat Emet*, mit deutscher Übersetzung von Rabbiner S. Bamberger, Basel 1972, S. 2). Die Themen sind: 1. Gott ist alleiniger Schöpfer (d.h. benötigt keinen Zweiten neben sich), 2. Er ist einzig (d.h. eine unteilbare Einheit), 3. Er ist unkörperlich, 4. Er ist der Erste und der Letzte (d.h. ewig), 5. Er allein, kein anderer, verdient Anbetung, 6. Alle Worte der Propheten sind wahr, 7. Moses ist der größte Prophet, und seiner Prophetie gebührt der absolute Primat, 8. Die ganze Tora wurde von Moses gegeben (d.h. ist göttlichen Ursprungs), 9. Die Tora wird allezeit unverändert bleiben, 10. Der Schöpfer ist allwissend, 11. Der Schöpfer erweist Gutes denen, die seine Gebote beachten, er straft die Übertreter seiner Gebote, 12. Der Messias wird kommen (d.h. die messianische Erwartung geht trotz Jesus von Nazareth und Mohammed weiter), 13. Es wird zu der dem Schöpfer gefallenden Stunde die Auferstehung der Toten geben (eine deutsche Übersetzung z.B. in: Sendung und Schicksal. Aus dem Schrifttum des nachbiblischen Judentums, mitgeteilt von N.N. Glatzer u. L. Strauss, Berlin 1931, 176-177). Auch die weite Verbreitung und Aufnahme dieses Textes in jüdische Gebetbücher ließ ihn jedoch nie zu allgemeiner dogmatischer Geltung kommen, und sein Rezitieren wurde keine religiöse Pflicht. Vor dem Hintergrund der christlichen Adversus-Judaeos-Texte erscheinen die dreizehn Artikel teilweise als Antwort auf entgegenstehende christliche Aussagen und Ansprüche. Zwar wird der jüdische Erwählungsanspruch nicht ausdrücklich (etwa als "Wir sind Israel") formuliert, aber die Ablehnung der Trinität ist doch unverkennbar, und auch das Festhalten an der - nicht durch christliche Exegese zu verändernden - Tora sowie die beharrlich weitergehende Messiaserwartung betreffen die wichtigsten Punkte der christlich-jüdischen Kontroverse. Vielleicht impliziert der auf die Unkörperlichkeit Gottes gelegte Nachdruck auch eine verdeckte Ablehnung der Inkarnation.

Schon Tosefta Sanh. 13,2 formulierte: "Die Gerechten der Völker haben Anteil an der zukünftigen Welt" (R. Jehoschua gegen R. Eliezer). Maimonides greift diesen Gedanken verschiedentlich auf und spricht auch Nichtjuden, welche die noachischen Gebote (Gn 9, 1-7; vgl. Verf., Die christlichen Adversus-Judaeos-Texte, 1982, 158-159) halten (d.h. wenigstens grundsätzlich die Tora als Gottes Gebot respektieren), eine Teilhabe an der künftigen Welt zu (z.B. Mischne Tora, Hilchot teschuwa 3,5; Hilchot melachim 8,11; vgl. dazu J. Katz, in: Veröffentlichungen aus dem Institut Kirche und Judentum 9, Berlin 1979, 9), ohne daß dabei freilich der Unterschied zwischen Nichtjuden und Juden aufgehoben wäre. Die in talmudischer Zeit noch offene Diskussion zum Anteil von Nichtjuden an der künftigen Welt (vgl. b Sanhedrin 105a) wird nun jedenfalls durch Maimonides nachhaltig im heilsuniversalistischen Sinne beeinflußt. Dies ist um so auffälliger, als auf christlicher Seite die Juden meist pauschal als Verworfene, dem Teufel und der Hölle zugeordnete Wesen galten, die außerhalb der Kirche kein Heil finden konnten. Auch in der im Talmud noch offengehaltenen Frage, ob man sich über Proselyten freuen oder sie zurückstossen soll, bezieht er eine heilsuniversalistische Position. In seiner Antwort auf die Frage des Proselyten Obadja, der hatte wissen wollen, ob auch er in den einschlägigen Gebetsformulierungen vom "Gott unserer Väter" usw. sprechen dürfe, sagt er: "Abraham ist dein Vater" und "es gibt keinen Unterschied zwischen uns und dir" (deutsche Übersetzung des Textes in: Jüdischer Glaube. Eine Auswahl aus zwei Jahrtausenden. Hg.von K. Wilhelm, Bremen 1961, 188-190).

Meinungsbildend wirkte Maimonides aber auch auf die jüdische Einstellung zum Christentum. Gewiß lehnt er entschieden die Trinität ab: "Wer glaubt, daß er (d.h. Gott) Einer sei, desungeachtet aber zahlreiche Eigenschaften besitze, der nennt ihn zwar mit seinen Worten Einen, hält ihn aber in seinem Denken für eine Vielheit wie die Christen, welche sagen, Gott sei Einer, umfasse aber drei Personen, diese drei seien jedoch Einer" (Führer der Unschlüssigen 1, 50; Wilhelm a.a.O.,S. 166; The Guide of the Perplexed, Transl. by S. Pines, Chicago 1963, 111; die gleiche Ablehnung der Trinität auch 'Führer der Unschlüssigen' 1, 71.75 [Pines, S. 178.255]). Ebenso erscheint ihm die Inkarnation ganz abwegig (Führer der Unschlüssigen 2, 6; Pines, S. 263-264), und obwohl er dabei nicht ausdrücklich von Christus und vom christlichen Glauben spricht, ist der Bezug wohl deutlich. Ähnlich deutlich wohl auch an anderer Stelle, wo er verneint, daß Gott jemanden gleich ihm selbst (d.h. offenbar: eine zweite göttliche Person) erschaffen könnte (Führer der Unschlüssigen 3, 15; Pines, S. 460). Einmal sagt er: Die Edomiter (d.h. die Christen) sind Götzendiener, und an ihren Festen, zumal am Sonntag, sollen keine Geschäfte mit ihnen getätigt werden. Handel mit ihnen ist verboten schon ab Donnerstag oder Freitag jeder Woche im Lande Israel, ebenso wie am Sonntag, was überall verboten ist. Soweit es unvermeidlich ist, daß Juden in christlichen Städten (die durch ihre Kirchen ein Ort des Götzendienstes sind) wohnen, geschieht dies in Erfüllung von Dt 4, 28. Doch sollen Juden sich von den Kirchen fernhalten und sie nicht betreten (Mischne Tora, Hilchot Aboda sara IX, 3-4; nach I. Ta-Shma, Judeo-Christian commerce on Christian Holydays in Medieval Germany and Provence, Immanuel 12, Spring 1981, 110-122, S. 121-122). Es scheint, daß diese Aussage dadurch beeinflußt ist, daß er die christliche Bilderverehrung als Bilderanbetung mißversteht. Auf der anderen Seite vermag Maimonides aber auch, und zwar hinblickend auf Soph 3,9, die Tochterreligionen Christentum und Islam als Wegbereiterinnen des noch kommenden Messiaskönigs und des reinen Eingottglaubens zu sehen: Ein nicht erfolgreicher Messias oder ein Messias, der getötet wird, kann nicht der in der Tora verheißene Messias sein. "Selbst von Jesus von Nazareth, der wähnte, er sei der Messias, aber durch das Gericht getötet wurde, hatte David prophezeit ... (Dn 11, 14). Denn hat es je ein größeres Straucheln gegeben ...? Alle Propheten haben bekräftigt, daß der Messias Israel erlösen werde, sie retten, ihre Zerstreuten sammeln und die Gebote bestätigen werde. Er (d.h. Jesus) aber veranlaßte, daß Israel durch das Schwert vertilgt, ihr Rest zerstreut und erniedrigt wurde. Er war verantwortlich dafür, die Tora zu ändern, die Welt zum Irrtum zu veranlassen und einem anderen außer Gott zu dienen ... Alle diese Angelegenheiten, die sich auf Jesus von Nazareth und auf den Ismaeliten (d.h. Mohammed), der nach ihm kam, beziehen, dienten nur dazu, den Weg für den König Messias frei zu machen und die ganze Welt auf die Verehrung Gottes mit vereinten Herzen vorzubereiten, wie es (Soph 3,9) geschrieben steht: 'Dann aber will ich den Völkern reine Lippen geben, daß sie alle den Namen des Herrn anrufen sollen, um ihm einträchtig zu dienen'. Auf diese Weise sind die messianische Hoffnung, die Tora und die Gebote allgemein verbreitete Gesprächsgegenstände geworden - Gesprächsgegenstände (unter den Einwohnern) der fernen Inseln und vieler Völker, unbeschnitten an Herz und Fleisch. Sie diskutieren diese Gegenstände und die Gebote der Tora. Einige sagen, 'Diese Gebote waren wahr, haben aber ihre Gültigkeit verloren und sind nicht länger verbindlich'; andere erklären, sie hätten eine esoterische (verborgene) Bedeutung, und es bestehe nicht die Absicht, sie wörtlich zu nehmen; der Messias sei schon gekommen und habe ihre verborgene Bedeutung offenbart. Wenn jedoch der wahre König Messias erscheinen und erfolgreich sein wird, ... werden sie sofort einen Widerruf leisten und erkennen, daß sie nichts als Lügen von ihren Vätern ererbt und ihre Propheten und Vorfahren sie in die Irre geführt haben" (Mischne Tora, Hilchot Melachim 11, 3-4; deutsche Übers. von E.I.J.Rosenthal, in: Kirche und Synagoge, I, Stuttgart 1968, 329-330; engl. Übers. bei M. Goldstein, Jesus in the Jewish Tradition, New York 1950, 190-191; vgl. oben zu Jehuda Halevi, Kusari 4, 23). Den monotheistischen Religionen Christentum und Islam kommt also eine relative Dignität zu, wie in gewisser Weise ähnlich auf der anderen Seite Paulus, besonders im Römerbrief, Kapitel 9-11, dem Judentum eine heilsgeschichtliche Sonderstellung einräumte (Vorbereitung der christlichen Wahrheit und dann heilsgeschichtlicher Wartestand bis zur eschatologischen Konvergenz). Diese Textpassage der Mischne Tora erfuhr im übrigen, wie manche andere Christus und das Christentum betreffende der jüdischen Traditionsliteratur, Eingriffe durch die christliche Zensur, die seit dem 13. Jh. zunehmend in dieser Richtung tätig wurde. Sie wird oft entstellend verkürzt im Sinne einer lediglich positiven Bewertung des Christentums (als Wegbahnung des messianischen Heils) zitiert, doch sahen die christlichen Zensoren des hohen Mittelalters wohl richtig, daß Maimonides hier sehr klare Gegenpositionen zum Christentum bezieht, und sie empfanden offenbar die ebenso beiläufige und gelassene wie relativierende Abfertigung der christlichen Glaubensüberzeugungen als verletzend.

Im Jahre 1172 schrieb Maimonides in arabischer Sprache ein Trost- und Mahnschreiben an die durch die islamische Zwangsmissionierung bedrängten jüdischen Gemeinden im südarabischen Jemen (*Iggeret teman*; Epistle to Yemen, ed. A.S. Halkin, New York 1952 [mit engl. Übers. von B. Cohen; zum Inhalt: Kindlers Literatur Lexikon, V, Zürich 1971, 4741-4742), in dem er unter anderem den Erwählungsneid der nichtjüdischen Völker - gemeint sind unter anderen Muslime und Christen - als Motiv von Judenverfolgungen benennt. Wegen der (Dt 10, 15 formulierten) Erwählung Israels "haben sich alle Völker, von Neid und Gottlosigkeit getrieben, gegen uns erhoben; alle Könige der Erde, vereint in Ungerechtigkeit und Feindschaft, haben es sich angelegen sein lassen, uns zu verfolgen ... Auch sie (d.h. die intelligentesten und kultiviertesten Völker, wie etwa die Syrer, Perser und Griechen) versuchten, unser Gesetz zu zerstören und es zu verfälschen; aber dies geschah mit Hilfe von Argumenten und Auseinandersetzungen. Sie versuchten, das Gesetz abzuschaffen und jegliche Spur von ihm zu verwischen ... Danach erhob sich eine neue Sekte (d.h.

Christentum und Islam), die die beiden Methoden der gewaltsamen Unterdrückung und der geistigen Auseinandersetzung miteinander verband; sie war der Überzeugung, daß eine derartige Methode viel wirkungsvoller sei, um jede Spur des jüdischen Volkes und der jüdischen Religion auszulöschen. Sie entschloß sich, sich auf die Prophezeiung zu berufen und einen neuen Glauben in Erscheinung treten zu lassen, der unserer göttlichen Religion entgegengesetzt ist, und dabei zu behaupten, dieser Glaube sei ebenfalls von Gott gegeben" (deutsche Übersetzung bei L. Poliakov, Geschichte des Antisemitismus, III, Worms 1979, 81-82). Maimonides unterstellt hier Islam und Christentum einen generellen Vernichtungswillen, der nicht der historischen Realität entspricht. Zumindest verkennt er, daß Überzeugungen von Sinn und Notwendigkeit des Überlebens der Juden, wie sie etwa Augustinus und Bernhard von Clairvaux formulierten, im Christentum weithin dominierten. Richtig sieht er freilich, daß die Tora (d.h. die Bibel mit ihren Prophezeiungen) und ihre Auslegung im Mittelpunkt der Kontroverse stand.- Freundlicher ist die Sicht des jüdischen Philosophen in seinem 58. Gutachten, wo er meinte: "Die Christen glauben und bekennen wie wir, daß die Bibel göttlichen Ursprungs und durch unseren Lehrer Moses offenbart worden ist. Sie haben den geschriebenen Text vollständig übernommen, indes interpretieren sie ihn oft unterschiedlich" (Responsa [Kobets Teshuboth Harambam], ed. Lichtenberg, 1859, vol. I, 14b; vgl. H.J. Schoeps, Israel und Christenheit. Jüdisch-christliches Religionsgespräch in neunzehn Jahrhunderten, München 1961, 29).

Zwar äußert sich Maimonides ausdrücklich nur selten und distanziert zum Christentum und scheint von der Kontroverse mit ihm eher abzuraten; um so deutlicher artikuliert er allerdings oft jüdische Standpunkte, die indirekt auch eine Ablehnung der einschlägigen christlichen Positionen im Gefolge haben. Dies ist oft erkennbar beim Thema der Einheit Gottes und des hohen Wertes der Tora. Der Abrogation oder auch nur Relativierung der Tora - wie er sie in der christlichen Tradition zu sehen glaubte - widersprach er vehement, teilweise durch eine apologetische Interpretation von Bibelstellen wie Is 1, 11 ff. (Führer der Unschlüssigen 3, 32 [Pines, p. 529-530]), die seit jeher von christlichen Theologen für ihre antijüdische Apologetik herangezogen wurden (Vgl. Führer der Unschlüssigen 2,6 [Pines, p. 262] zu Gn 1, 26, dem Locus classicus der christlichen Trinitätsargumentation). Er meidet allerdings durchgehend eine ins einzelne gehende apologetische Diskussion christlicher Standpunkte. Doch scheint er nicht zu glauben, das Judentum sei in keiner Weise durch das Aufkommen und Erstarken von Christentum und Islam angefochten; denn große Teile seines schriftstellerischen Werkes wollen ja die Tora als einzig sicheren Heilsweg erweisen und damit wohl auch der jüdischen Glaubensstärkung gegen die Anfechtungen der christlichen und islamischen Judenmission dienen. Auf der anderen Seite war das Christentum weit stärker und unmittelbarer kontroverstheologisch orientiert, weil es mit dem Alten und Neuen Testament das Thema Israel und Judentum stets vor Augen hatte und wohl auch als Tochterreligion seine Identitätsfindung gegenüber der Mutterreligion noch als zu wenig gesichert ansah beziehungsweise als dauernde Aufgabe empfand.

In jüdischen Kreisen wurden Maimonides' Philosophie und Ethik - nicht dagegen seine halachische Arbeit - als zu rationalistisch, intellektualistisch und freidenkerisch oft abgelehnt und erst seit Moses Mendelssohn wirklich rezipiert. Hier, in der Aufklärung, halfen seine Werke bei der Neudefinition des Judentums als ethisch orientierter Vernunftreligion. Dagegen waren Scholastiker und Mystiker wie Albertus Magnus, Thomas von Aquin, Meister Ekkehart und Nikolaus von Kues uneingeschränkt angetan von der Gotteslehre seines 'Dux neutrorum' und überhaupt von der Art, mit den Mitteln des arabischen Aristotelismus Bibel und Ratio in Einklang zu bringen. Allerdings ging zeitweilig auch die christliche Zensur gegen Maimonides' Werke vor, anfangs anscheinend auf Veranlassung orthodoxer jüdischer Maimonidesgegner.

Übersetzungen: Le guide des égarés, Übers. aus dem arabischen Original von S. Munk, 3 Bde., Paris 1860; Führer der Unschlüssigen, übers. von Adolf Weiss, 3 Bde., Leipzig 1923-1924 (Nachdruck mit Einleitung von J. Maier, 2 Bde., Hamburg 1972); Rabbi Mosche ben Maimon - ein systematischer Querschnitt durch sein Werk. Ausgewählt u. eingeleitet von N.N. Glatzer, Berlin 1935 (S. 80-86 deutsche Fassung der 13 Grundsätze des Glaubens); The Guide of the Perplexed. Transl. with an Introduction and Notes by Shlomo Pines. With an Introductory Essay by Leo Strauss, Chicago 1963 (Reprint: 1974; 2 Bde., 1978-1979); The Book of Knowledge, from the Mishnah Torah.Transl. by H.M. Russel and J. Weinberg, Edinburgh 1981; Moses ben Maimon. Acht Kapitel. Eine Abhandlung zur jüdischen Ethik und Gotteserkenntnis. Arabisch und deutsch von Maurice Wolff. Mit Einführung und Bibliographie von Friedrich Niewöhner, Hamburg 1981; Treatise on Resurrection. Transl. by Fr. Rosner, New York 1982; Épîtres, übers. von J. Hulster, Paris 1984; The Code of Maimonides, in: Yale Judaica Series, New Haven 1949 ff.- *Literatur*: M. Steinschneider, Polemische und apologetische Literatur in arabischer Sprache, Leipzig 1877, 354 ff.; D. Hoffmann, Der Schulchan-Aruch und die Rabbinen über das Verhältniß der Juden zu Andersgläubigen, Berlin 1894,7-8; J. Winter - A. Wünsche, Hgg., Die jüdische Literatur seit Abschluß des Kanons, II, Trier 1894, 315-316.381-410.750-766; A. Posnanski, Schiloh, Leipzig 1904, 111-113; I. Friedländer, Moses Maimonides, Jeschurun (Berlin) 3, 1916, 258-273.367-

377; S. Dubnow, Weltgeschichte des jüdischen Volkes, IV, Berlin 1926, 387-404; Michael Guttmann, Das Judentum und seine Umwelt, I, Berlin 1927, 155-157.170-172.193; J. Höxter, Quellenbuch zur jüdischen Geschichte und Literatur, II, Frankfurt a.M. 1928, 50-75; N.N. Glatzer u. L. Strauss, Hgg., Sendung und Schicksal. Aus dem Schrifttum des nachbiblischen Judentums, Berlin 1931, 28-40.176-177.197-202.233-238.326-331; Fr. Bamberger, Maimonides und seine Wirkung in die Zeit, Der Morgen 11, 1935, 5-10; I. Elbogen, Moses ben Maimons Persönlichkeit, Monatsschrift für Geschichte und Wissenschaft des Judentums 79, 1935, 65-80; J.R. Marcus, The Jew in the Medieval World, Cincinnati 1938, 306-310.364-366; Browe, 1942, 302; M. Goldstein, Jesus in the Jewish Tradition, New York, 1950, 189-191.194-196.239.240; K. Schubert, Die Religion des nachbiblischen Judentums, Wien 1955, 132-151; Baron, V (1957), 118; VI (1959), 99-107; VIII (1958), 123-125; IX (1965), 63; M. Waxman, A History of Jewish Literature, I, New York 1960, 259-261.291-300.347-355; II, 1960, 533-534; Y.Baer, A History of the Jews in Christian Spain, I, Philadelphia 1961, 96-110; Jacob Katz, Exclusiveness and Tolerance, Oxford 1961, 174-175; LThK VI (1961) 1298-1300; K. Wilhelm, Hrsg., Jüdischer Glaube, Bremen 1961, 139-162; W.P. Eckert, in: Monumenta Judaica. Handbuch, Köln 1963, 172-173; B. Smalley, The Study of the Bible in the Middle Ages, Notre Dame, Indiana, 1964, 295-296.302.305-306; Pfaff, in: Vierteljahrschrift für Sozial- und Wirtschaftsgeschichte 52, 1965, 168-206, S. 170.172.174; A. Exeler, Das Verhältnis der Kirche zu den Juden, in: Umkehr und Erneuerung, hg. von Th. Filthaut, Mainz 1966, 235-269, S. 263-264; W. Kluxen, Die Geschichte des Maimonides im lateinischen Abendland als Beispiel einer christlich-jüdischen Begegnung, in: Judentum im Mittelalter, hg. von P. Wilpert, Berlin 1966, 146-166; S. Landmann, Die Juden als Rasse, Olten 1967, 229-235; E.I.J. Rosenthal, in: Kirche und Synagoge, I (1968) 323.328-330; K. Schubert, Die Bedeutung des Maimonides für die Hochscholastik, Kairos 10, 1968, 2-18; A. Funkenstein, Gesetz und Geschichte: Zur historisierenden Hermeneutik bei Moses Maimonides und Thomas von Aquin, Viator I, 1970, 147-178; H.H. Ben-Sasson, The Reformation in Contemporary Jewish Eyes, in: Proceedings of the Israel Academy of Science and Humanities 4, 1969-1970, 239-326, S. 240-242; Encyclopaedia Judaica (Jerusalem 1971) III, 193-194; XI, 754-781; S. Noveck, Große Gestalten des Judentums, I, Zürich 1972, 103-130; I. Zinberg, A History of Jewish Literature, I, Cleveland-London 1972, 133-151; H. Liebeschütz, The Relevance of the Middle Ages for the Understanding of Contemporary Jewish History, Leo Baeck Institute Year Book 18, 1973, 3-25, S. 12-15; M. Perlmann, The Medieval Polemics between Islam and Judaism, in: Religion in a Religious Age, ed. S.D. Goitein, Cambridge, Mass., 1974, 103-138, S. 123 ff.; W. Totok, Handbuch der Geschichte der Philosophie, II, Frankfurt 1973, 301-306; J.I. Dienstag, Christian Translators of 'Mishne Torah' into Latin, in: S.W. Baron Jubilee Volume, English Section, I, Jerusalem 1974, 287-309; K. Schubert, Das Judentum in der Welt des mittelalterlichen Islam, in: Das österreichische Judentum. Voraussetzungen und Geschichte, Wien-München 1974, 165-207, S. 173; Studies in Maimonides and St. Thomas Aquinas. Selected with an Introduction and Bibliography by J.I.Dienstag, NewYork

1975; L.V. Berman, Medieval Jewish Religious Philosophy, in: Bibliographical Essays in Medieval Jewish Studies. The Study of Judaism, II, New York 1976, 231-265, S. 245-249; F.C. Copleston, Geschichte der Philosophie im Mittelalter, München 1976, 133-140; P. Lapide, Ist das nicht Josephs Sohn? Jesus im heutigen Judentum, Stuttgart 1976, 103-104; J. Maier, Das Werk des Maimonides und die damalige und spätere jüdische Gegenwartsbestimmung und Zukunftshoffnung, in: Zukunft in der Gegenwart. Wegweisungen in Judentum und Christentum, hg. von Cl. Thoma, Bern u. Frankfurt 1976, 127-185; D.J. Lasker, Jewish Polemics Against Christianity in the Middle Ages, New York 1977; Czech, J. (u.a.), Judentum, Frankfurt a.m.-München 1978, 15-18; Cl. Thoma, Christliche Theologie des Judentums, Aschaffenburg 1978, 194-195; J. Haberman, Maimonides and Aquinas, New York 1979; J. Katz, Aufklärung und Toleranz, in: Toleranz heute, Veröffentlichungen aus dem Institut Kirche und Judentum 9, Berlin 1979, 6-14, S. 9-10; L. Poliakov, Geschichte des Antisemitismus, III, Worms 1979, 62-63; K. Schubert, Die Kultur der Juden, II, Wiesbaden 1979, 116-126.140-141; L.E. Goodman, Maimonides and Leibniz, Journal of Jewish Studies 31, 1980, 214-236; I. Twersky, Introduction to the Code of Maimonides (Mishneh Torah), New Haven 1980; E.L. Ehrlich, Die dreizehn Glaubenssätze des Maimonides heute, in: Einladung ins Lehrhaus. Beiträge zum jüdischen Selbstverständnis, hg. von W. Licharz und M. Stöhr, Frankfurt a.M. 1981; B.S. Kogan, Verkündigung und Entdeckung - Maimonides' Theorie der Offenbarung und Prophetie, in: Offenbarung im jüdischen und christlichen Glaubensverständnis, hg. von J.J. Petuchowski u.W. Strolz, Freiburg 1981, 87-122; W. Breuning - N.P. Levinson, Zeugnis und Rechenschaft. Ein christlich-jüdisches Gespräch, Stuttgart 1982, 49; J. Cohen, The Friars and the Jews, Ithaca and London 1982, 52-60; J.I. Dienstag, Eschatology in Maimonidean Thought: Messianism, Resurrection and the World to Come, New York 1982; Cl. Thoma, Die theologischen Beziehungen zwischen Christentum und Judentum, Darmstadt 1982, 146-147; D.B. Burrell, Aquinas and Maimonides: A Conversation about Proper Speech, Immanuel (Jerusalem) Nr. 16 (1983),70-86; A. Grabois, La chrétienté dans la conscience juive en Occident au Xe - XIIe siècles, in: La cristianità dei secoli XI e XII in Occidente: Coscienza e strutture di una società, Milano 1983, 303-338; J. Maier, 'Messianische Zeit' und 'Kommende Welt' in der Zukunftserwartung der Juden, in: Zukunftshoffnung und Heilserwartung in den monotheistischen Religionen, Freiburg 1983, 139-165, S. 154-155; D. Novak, The Image of the Non-Jew in Judaism, New York 1983, 138-148.275-319; D.B. Burrell, Maimonides, Aquinas and Gersonides on Providence and Evil, Religious Studies 20, 1984, 335-351; Heinrich u. Marie Simon, Geschichte der jüdischen Philosophie, München 1984, 133-156; J. Posen, Die Einstellung des Maimonides zum Islam und zum Christentum, Judaica 42, 1986, 66-79 (vgl. ebd. J. Levinger und A. Giladi).

Petrus von Poitiers († 3.9.1205), der in Paris Theologie lehrte und dort von 1193 bis zu seinem Tode als Kanzler amtierte, befaßt sich unter anderem mit der Frage der Schuld der Juden am Tode Jesu, ein Problem, das vor allem durch Abaelard in die scholastische Diskussion eingeführt worden war, aber schon seit langem in der christlich-jüdischen Apologetik präsent war; denn christliche Theologen mußten sich oft mit dem jüdischen beziehungsweise als jüdisch geltenden Argument auseinandersetzen, Jesus sei nur ein Mensch gewesen (vgl. PL 211, 203: *purus homo* von dem von den Juden erwarteten Messias), ein Mensch, der die Grundsätze der jüdischen Religion so schwer angegriffen habe, daß er zu Recht zum Tode verurteilt und hingerichtet worden sei.

Wo dieses Thema bei Petrus von Poitiers erscheint (PL 211, 833-834.1178.1199-1204), wird zugegeben, daß die Kreuzigung Christi durch die Juden mit Zulassung Gottvaters geschah, von Christus selbst gewollt wurde, die Erlösung der Menschheit bewirkte und insofern etwas Gutes war. Aber es wird differenziert: Die Juden verübten zwar ihre Tat aus Eifer für das Gesetz und Gehorsam gegenüber Gott (PL 211, 1203), und es müssen alle Taten von ihrem Ende her beurteilt werden, "ausgenommen davon bleiben aber die in sich bösen Taten; diese können nicht vom Resultat her gutgeheißen werden" (PL 211, 1203). Kriterium dabei ist die böse Intention (*mala intentio*, PL 211, 1203), wobei allerdings nicht recht klar wird, was damit gemeint ist; denn nur beiläufig ist neben ihrem Willen, Gott und dem Gesetz zu gehorchen (z.B. PL 211, 1203-1204) auch von ihrer Blindheit (*excaecatio*, PL 211, 1200) und Mißgunst (*invidia*, PL 211, 1203) die Rede. Ihre Unwissenheit bezüglich der wahren Natur Christi (*ignorantia*, PL 211, 1203-1204 mit Erwähnung von Lk 23,34; 1 Kor 2, 8) wird zwar genannt und erörtert, letztlich aber doch nicht schuldverhindernd oder schuldmindernd bewertet.

Die spirituelle Exegese des Alten Testaments ist im übrigen bei Petrus von Poitiers relativ herkömmlich: Die Beschneidung, die zur Heilung der Erbsünde (*originale peccatum*) gegeben wurde, erfolgte durch ein steinernes Messer, was auf den "Fels" Christus weise (PL 211, 1141); sie betreffe nur ein Körperglied, während die Taufe "alle Körperteile reinigt" (PL 211, 1141, offenbar mit Bezug auf die Immersionstaufe). Auch half die Beschneidung nur dem männlichen Geschlecht, während die Taufe beiden Geschlechtern nütze (PL 211, 1141). Es sind also auch Vernunftgründe, die den christlichen Glauben als überlegen erweisen.- Wie die Beschneidung so ist überhaupt das ganze Gesetz dem jüdischen Volk gegeben worden, damit dadurch "das Naturgesetz (*lex naturalis*) wiederhergestellt würde, gegen welches Adam und seine Nachkommen gesündigt hatten, und damit durch die Gesetzesbeobachtung jenes unwissende und ungläubige

Volk dazu erzogen würde, die künftige Wahrheit anzunehmen" (PL 211, 1143).

Ausgaben: PL 198.211; Allegoriae super tabernaculum Moysi, ed. Ph. S. Moore - J.A. Corbett, Notre Dame, Ind., 1938; Sententiarum libri V, ed. Ph. S. Moore - M. Dulong (u.a.), Notre Dame, Ind., 1943 ff.; Die Zwettler Summe. Sententiae magistri Pictaviensis, ed. N.M. Häring, Münster 1977; CChr, Cont. med. 51.- *Literatur:* LThK VIII (1963) 377; V. Pfaff, in: Vierteljahrschrift für Sozial- und Wirtschaftsgeschichte 52, 1965, 168-206, S. 173.

Einige Informationen über die Lage der christlich-jüdischen Beziehungen im französischen Raum vermitteln die Synodalstatuten des **Odo von Sully**, Bischof von Paris (1196-1208). In diesem Erlaß des Bischofs heißt es:

Kanon 15. "Kein Kleriker soll für einen Juden oder einen Geldverleiher Bürgschaft leisten; auch soll er unter keinen Umständen kircheneigene Kostbarkeiten (d.h. vor allem wertvolle Meßgewänder) und Bücher einem Juden verpfänden" (Mansi 22, 681; PL 212, 64).- Letzteres ist seit der karolingischen Zeit bekannt und scheint nicht selten praktiziert worden zu sein, vor allem bei dringendem Geldbedarf etwa für Kirchenreparaturen. Selbst Bischöfe liehen sich Geld bei Juden, ohne dabei irgendwelche Bedenken zu haben, wie aus der Autobiographie des Hermann von Scheda hervorgeht.

Kanon 37. "Die Priester sollen durch (öffentliche Androhung der) Exkommunikation verhindern, und zwar besonders zur Zeit der Weinlese an jedem Sonntag, daß kein Christ Weintrester, welchen Juden durch Keltern (d.h. Auspressen von Weintrauben) irgendwie herstellen, in seinem Besitz behalten soll; und zwar wegen jener abscheulichen Verschmutzung, die sie zur Herabsetzung des Altarsakraments anrichten. Verbleibt aber der Trester (im Besitz eines Christen), soll er den Schweinen gegeben werden oder man soll ihn bei der Landbestellung als Dünger verstreuen" (Mansi 22, 683; PL 212, 66; vgl. zum Synodalstatut Meaux).- Die Vermutung, daß Juden den Christen verunreinigten (Meß-)Wein verkaufen, erscheint schon im 9. Jh. Hier wird der Verdacht auf Trester (Treber) ausgedehnt, wohl um zu verhindern, daß die nach dem Auspressen anfallenden Rückstände - was möglich war - noch zur Herstellung einer besonderen Art Wein verwendet wurden.

Kanon 38. "Sie (die Priester) sollen durch häufige (öffentliche Androhung der) Exkommunikation verhindern, daß (christliche) Metzger Juden gestatten, ihr Schlachtfleisch (d.h. Schlachttiere) zu schlachten, es sei denn, das Schlachtfleisch verbleibt vollständig im Besitz der (betreffenden) Juden" (Mansi 22, 683; PL 212, 66).- Das zieht eine Linie aus, die schon im Kanon 12 des Konzils von Vannes (zwischen 461 und 491) begonnen wurde (vgl. zu Odo von Ourscamp, † nach 1171).

Kanon 60. "Wir schreiben vor, daß ermahnt wird, nicht Juden verpfändete (und als Pfand verfallene, in Kirchen befindliche?) Kronleuchter (*rotas*; an den Judenring als unterscheidendes Gruppenmerkmal für Juden denkt C. Roth, in: Hebrew Union College Annual 23, II, 1950-51, 166, sicher zu Unrecht) zu übereignen (?). Man soll diesbezüglich nach Vorschrift verfahren; andernfalls soll durch (Androhung der) Exkommunikation Druck ausgeübt werden" (Mansi 22, 685; PL 212,68).

Addendum I. "Die Priester sollen öffentlich unter Androhung des Kirchenbanns (die Christen) hindern, mit Juden Handelsverkehr zu haben, auf Borg von ihnen Geld anzunehmen für den Nießbrauch einer (ihnen als Pfand überlassenen) Sache (?), ihnen etwas zu verkaufen oder auf Borg zu geben oder von ihnen zu kaufen; denn es darf keine geistige Gemeinsamkeit sein zwischen solchen, deren Religionsausübung nicht die gleiche ist" (Mansi 22, 685).- Diese Forderung nach sozialer Abgrenzung geht weiter als sonst üblich und war gewiß in der Praxis so nicht durchsetzbar.

Addendum II. "Überdies sollen Laien unter (Androhung der) Strafe der Exkommunikation an dem Unterfangen gehindert werden, mit Juden über christliche Glaubensartikel (öffentlich) zu disputieren" (Mansi 22, 685).- Dahinter steht wohl die schon lange Erfahrung, daß angesichts der dialektischen Gewandtheit und Bibelkenntnis vieler Juden die christlichen Gesprächspartner oft einen schweren Stand hatten.

Addendum III. "Ebenso erlassen wir die Vorschrift, daß all jene Christen, die unter einem Dach mit Juden wohnen, von ihnen ein jährliches Entgelt erhalten und ihnen in ihren Häusern Dienst leisten, als aus der kirchlichen Gemeinschaft ausgeschlossen anzusehen sind und von der heiligen Kommunion fern zu halten sind" (Mansi 22, 685).- Auch dieses Problem ist alt. Hier zeigt sich Kompromißbereitschaft, insofern ein nur temporärer Lohndienst, etwa als Tagelöhner, anscheinend nicht unter Strafe gestellt wird. Im übrigen änderte sich im Laufe des 12. Jh. die Problematik; denn unfreies oder abhängiges Gesinde (*mancipia*) wurde seltener und meist durch Lohnarbeiter ersetzt.

Ausgaben: Mansi 22, 681-685; PL 212, 64-68.- *Literatur*: P. Browe, Die Hostienschändungen der Juden im Mittelalter, Römische Quartalschrift 34, 1926, 167-197, S. 185-186; Browe, 1942, 66.88.89; S. Grayzel, The Church and the Jews in the XIIIth Century, New York 1966, 300-301; Awerbuch, 1980, 194-195.

Im Juni 1209 fand in **Montélimar**, gelegen im unteren Rhônetal, etwa in der Mitte zwischen Lyon und Marseille, ein Provinzialkonzil statt unter dem Vorsitz des päpstlichen Legaten Milo. Es hatte das Ziel, im Sinne der kirchlichen Interessen auf die südfranzösischen Adeligen und besonders den mächtigen Grafen Raimund von Toulouse einzuwirken, ihre ketzer- und judenfreundliche Einstellung aufzugeben. Der Legat nötigte Raimund samt dem niederen Adel der Region, einen diesbezüglichen von ihm for- mulierten Eid (*iuramentum*) abzulegen (Mansi 22, 767 ff.; das Judenthe- ma betreffende Auszüge daraus bei S. Grayzel, The Church and the Jews in the XIIIth Century, New York, 1966, 302). Im einzelnen gebietet Milo dem Grafen, "daß du sämtliche Juden in deinem ganzen Territorium ganz und gar aus jedem öffentlichen oder privaten Amt entfernst und sie auch niemals wieder in dieses oder ein anderes einsetzt oder anderen Juden ir- gendein Amt gibst und daß du dich nie ihres (d.h. der Juden) Rat gegen Christen bedienst" (Mansi 22, 771). Die anderen Grafen und Barone müs- sen unter anderem ebenso einen Eid ablegen "betreffend die Entfernung der Juden aus jeglichem Amt oder amtlichen Position auf immerdar" usw. (Mansi 22, 771.775.779). Die Ratsherren und alle Bürger von Argentaria (d.h. von Argentière, Hautes-Alpes) schwören unter anderem: "Wir wer- den die Juden gänzlich aus jedem öffentlichen oder privaten Amt entfernen und denselben oder anderen (Juden) nie mehr dasselbe oder ein anderes Amt geben und uns nicht ihres Rates gegen Christen bedienen; auch wer- den wir nicht zulassen, daß sie in ihren Häusern Christen oder Christinnen als Dienstpersonal haben. Und wenn sie entgegen diesem Verbot (sie doch) haben und (an ihnen) festhalten, werden wir alles Hab und Gut so- wohl der Juden als auch der bei ihnen wohnenden Christen konfiszieren" (Mansi 22, 782). Hier fällt auf das hohe Maß von Durchsetzungsvermö- gen, mit dem Innozenz III. durch seinen Nuntius herkömmliche kirchen- rechtliche Prinzipien - die allerdings schon im spätantiken Codex Theodo- sianus Stützpunkte hatten - bei weltlichen Herren zur Geltung bringen konnte. Aber die die Juden betreffenden Elemente waren Teil einer, auch dem französischen König erwünschten, harten Offensive gegen die Ket- zerbewegungen der Zeit. Innozenz' Judengegnerschaft muß auch in die- sem Zusammenhang gesehen werden.

Ausgabe: Mansi 22, 767-784.- *Literatur*: Hefele-Leclercq, V 2 (1913), 1280 ff.; S. Dubnow, Weltgeschichte des jüdischen Volkes, V, Berlin 1927, 17-18; S. Grayzel, The Church and the Jews in the XIIIth Century, New York 1966, 302-303; Pakter, 1974, 232.499-500.

Die Synode zu **Avignon,** die unter dem Vorsitz des päpstlichen Legaten Milo stattfand, verabschiedete am 6.9.1209 Bestimmungen antialbigen-
sischer Natur und solche zur besseren Regelung der kirchlichen Angelegenheiten im Raum der Provence, wo zahlreiche Juden lebten. Kapitel II,
2 (Mansi 22, 785) betrifft auch die Juden: "Weil nicht alle dem Evangelium
gehorchen, bittet die Kirche zur Unterstützung des geistlichen Schwertes
öfters um weltliche Hilfe. So bestimmen wir, daß alle Bischöfe, die (in ihrem Sprengel lebenden) Bürger, Grafen, Burgvögte, Ritter und ihre anderen Pfarrkinder, bei denen das Zweck hat, notfalls mit (Androhung) einer
Kirchenstrafe zwingen, einen Eid abzulegen - wie jene von Montpellier
(bereits) einen Eid abgelegt haben - vor allem bezüglich der Ausweisung
der exkommunizierten Ketzer und der besonderen Bestrafung für diejenigen von ihnen, die hartnäckig verstockt bleiben; ferner bezüglich der Entfernung von Juden aus öffentlichen oder privaten Ämtern (d.h. allen beruflichen Positionen, in denen sie Christen gegenüber weisungsberechtigt
sind) und dahingehend, daß ihnen niemals gestattet werden darf, in ihren
Häusern Christen als Dienstpersonal zu haben.- Bezüglich der jüdischen
Geldverleiher beschloß das Konzil folgendes: Durch Exkommunikation
der mit ihnen geschäftlich oder sonstwie verkehrenden Christen sollen sie
(durch indirekte Druckausübung über christliche Geschäftsfreunde also)
gehindert werden, (Wucher-)Zinsen einzutreiben; und entsprechend der
Verordnung Papst Innozenz' III. sollen sie genötigt werden, auf die (Wu-
cher-)Zinsen zu verzichten. Wir untersagen ihnen auch und befehlen, daß
durch die Bischöfe bei ähnlicher Strafe (ihnen) untersagt wird, an Sonn-
und Feiertagen in der Öffentlichkeit zu arbeiten und an (christlichen) Fasttagen Fleisch zu essen."- Ganz neu und überraschend ist hier das Verbot
des Fleischessens an christlichen Fasttagen; denn das verstieß besonders
deutlich gegen den - freilich ohnehin oft ignorierten - Grundsatz, daß
kirchenrechtliche Regelungen Ungetaufte (*qui foris sunt*, vgl. zu Gratian)
nicht betreffen. Der Zusammenhang des Konzilstextes zeigt aber das
Motiv, die Verhütung von Provokationen: Christen sollten nicht Anstoß
nehmen müssen, und ihnen sollte kein Ärgernis gegeben werden, wenn
jemand nicht wie sie sonntags Arbeitsruhe hielt und an Fasttagen fastete.
Mit anderen Worten: Die Fremdgruppe sollte sich als Minorität den Lebensgewohnheiten der Majorität anpassen.

Ausgaben: Mansi 22, 783 ff.; S. Grayzel, The Church and the Jews in the XIIIth Century, New York 1966, 304-305 (mit engl. Übers.).- *Literatur*: Scherer, 1901, 41.44.49;
Caro, I (1908), 299.498; Hefele-Leclercq, V 2 (1913) 1283 ff.; B. Blumenkranz, Juifs et

Chrétiens dans le monde occidental. 430-1096, Paris 1960, 341-346; Baron, X (1965), 251-252; Encyclopaedia Judaica (Jerusalem 1971) V, 548.

Huguccio (auch als Hugo von Pisa, nach seinem Geburtsort, bekannt, Bischof von Ferrara, † 30.4.1210) ist mit seinem - noch ungedruckten - Hauptwerk *Summa in Decretum Gratiani* (entstanden 1178-1190) der bedeutendste Kommentator von Gratians Dekret und einer der führenden Kirchenrechtslehrer - der spätere Innozenz III. war sein Schüler und viele Kanonisten berufen sich auf ihn mit einem stereotypen *Huguccio dicit* - überhaupt. Er galt als maßgebender Interpret Gratians, bis ihn in dieser Rolle Johannes Teutonicus († 1245/46) mit seiner 'Glossa ordinaria' ablöste.

Hinsichtlich der Erörterung des Judenthemas bleibt er im großen und ganzen auf dem von Gratian gewiesenen Weg, wägt bei den einzelnen Rechtsproblemen die Gesichtspunkte ab und entscheidet oft pragmatisch. So hält er es (mit Gregor d. Gr.) nicht für unrecht, Juden durch den Anreiz materieller Vorteile zum christlichen Glauben zu bekehren; Unrecht tun aber jene, die sich mehr durch Geld als durch Liebe zum wahren Glauben bewegen lassen; auf keinen Fall sollte es ein Geschäft "Geld gegen Bekehrung" geben (der lat. Text bei Czerwinski, 1972, 155; Czerwinski bietet umfangreiche Auszüge aus der handschriftlichen Überlieferung; ebenso Pakter, 1974). Kinder ihren jüdischen Eltern wegzunehmen und zwangsweise zu taufen, lehnt Huguccio aus zwei Gründen ab: Einmal könne niemand gegen seinen Willen gerettet werden, wie schon Paulus und Augustinus lehrten, und zweitens: Wie könnte ein "Rest" Israels am Ende der Tage gerettet werden, wenn jetzt so umfangreich Taufen jüdischer Kinder vorgenommen würden (lat. Text bei Czerwinski, 1972, 169, und Pakter, 1974, 295.565-566). Eine einleuchtende Begründung wird zum christlichen Mischehenverbot gegeben: Auch schon die Juden biblischer Zeit (Esra) verboten sie (Czerwinski, S. 290-291). Pragmatisch wird die Frage sozialer Kontakte mit Juden entschieden. Huguccio sieht die Gefahr, daß Christen von Juden genötigt werden, einerseits gegen die christlichen Fast- und Abstinenzgebote zu verstoßen und andererseits die jüdische Unterscheidung reiner und unreiner Speisen zu beachten (Czerwinski, S. 74), also jüdische religiöse Riten zu praktizieren und damit faktisch vom Christentum abzufallen. Die christlichen Missionschancen seien bei der Teilnahme an jüdischen Gastmählern auch schlechter als bei Gesprächskontakten, die im übrigen für Christen auch weniger gefährlich seien (Czerwinski, S. 269-270). Pragmatisch ist auch die Ansicht: Essen mit Juden ist erlaubt, wenn dadurch der Hungertod vermieden wird, und im Falle der Not ist einem Christen auch medizinische Hilfe von jüdischer Seite erlaubt (Czerwinski, S. 268.282). Verhältnismäßig großzügig ist seine Auffassung, daß jüdische Sklavenhändler auch länger als bisher üblich über christliche Sklaven verfügen können, wenn der Weiterverkauf innerhalb der vorgeschriebenen Frist Schwierigkeiten macht (Pakter, 1974, 71.374; zu dieser Frage vgl. Verf., Die christlichen Adversus-Judaeos-Texte 1982,430). Bemerkenswert ist auch, daß Heiden und Juden - nicht dagegen Ketzer -, wenn ihnen Unrecht geschehen ist, sogar Christen anklagen können (Czerwinski, 1972, 249; Pakter, 1974, 155-156). Weniger entgegenkommend ist Huguccio bei der Erörterung der Frage, ob die Kirche auch über Nichtchristen (*qui foris sunt*) richten kann. Er grenzt diese Nichtzuständigkeit ein auf den spirituellen Bereich (z.B. Strafe der Exkommunikation ist nicht möglich), in weltlichen Dingen jedoch habe die Kirche Macht über die Juden; so können sie etwa "auf Befehl des Bischofs oder weltlichen Herrn" ausgepeitscht werden und alle Arten von Körperstrafen erhalten (Pakter, 1974, 12-13.329-330; vgl. Czerwinski, 1972, 161). Überraschend auch Huguccios ambivalente Bewertung der jüdischen Religion: Einschlägige Aussagen des Hieronymus (und Origines) stellen die jüdische Religion nach Christi Ankunft als *Idolatria* hin; jedoch ist jener Kult, so sagt Huguccio, "zum großen Teil heilig, und er ist gut, in gewissen Dingen aber schlecht. Nicht jedoch ist er Idolatrie, sondern er hat nur Eigenschaften (einer Idolatrie); und nicht sind jene (d.h. die Juden) *idolatre*, sondern haben deren Eigenschaften (*cultus ille ex magna parte sanctus est, et est bonus, set in quibusdam est malus. Non tamen est ydolatria, set quasi. Nec illi sunt idolatre; set quasi*; Pakter, 1974, 14.332; vgl. Czerwinski, 1972, 59.160 ff.). Dies erinnert an die lange Tradition, die jüdische Religion als *superstitio* zu werten, doch hält Huguccio die Bewertung wieder offen, was als Judenfreundlichkeit gesehen werden könnte (andere Gründe für eine relativ freundliche Sicht des Judentums bei Huguccio nennt Pakter, 1974, 333, Anm. 39). Aber vielleicht liegt diese Judenfreundlichkeit nur in der Tatsache, daß er seine Aussagen meist differenziert und nach sorgfältigem Abwägen macht. So unterscheidet er in der Frage der Schuld der Juden am Tode Jesu so: Die Juden waren genötigt, Jesus zu töten, weil sie sonst gegen die Vorschriften ihres eigenen Glaubens verstoßen hätten; andererseits hätten sie aber aus Gesetz und Propheten und durch Befragen der Apostel und anderer kluger und heiliger Männer die Wahrheit erfahren können, daß sie nämlich keineswegs sich versündigt hätten, wenn sie Christus nicht töteten (Czerwinski, 1972, 44;

vgl. St. Kuttner, Kanonistische Schuldlehre, Rom 1935, 269). Auch bezeichnet er nur die jüdischen Führer und Priester als "gottlos" (*impii*, Czerwinski, 1972, 45). Es wird also auch bei dem Kreis der Schuldigen differenziert. Letztlich ist aber auch für Huguccio der Irrtum der Juden (daß sie nämlich meinten, um das Gesetz zu erfüllen, Christus töten zu müssen) unentschuldbar, wie Kuttner mit Auszügen aus der 'Summa' belegt (a.a.O. S. 269).

Literatur: St. Kuttner, Kanonistische Schuldlehre, Rom 1935, 267-270; LThK V (1960) 521-522; Czerwinski, 1972, 25.37f.43ff.59ff.74.81f.88.101ff.155-162.168f.213. 233.249ff. 266-260.282f. 290-292.298f.; Pakter, 1974, 8.12-15. 63ff.76.82ff.99.109. 155ff.225ff. 279f. 283ff.294f.

Das Jüdel, vermutlich um 1210 in Süddeutschland entstanden, anscheinend die erste erhaltene deutschsprachige Dichtung zum Judenthema, ist eine gereimte Legende, die in der einen oder anderen Form seit Gregor von Tours weite Verbreitung gefunden hat. Das "Jüdel", ein Judenknabe, kommt auf seinem Schulweg - er besucht eine christliche Schule - an einer Kapelle mit einem Marienbild vorbei; er sieht darauf Spinnweben, reinigt es mit seinem Gewand und erwirbt sich so das Wohlwollen der Gottesmutter. Als er an einer Messe teilnimmt, sieht er in der Hostie das Jesuskind und fühlt sich getrieben, an der Kommunion teilzunehmen. Diese Bekehrung de facto empört den Vater des Knaben, und er wirft schließlich, von Verwandten gedrängt, seinen Sohn in einen glühenden Backofen. Da erscheint Maria, der Knabe entsteigt unversehrt dem Feuerofen und läßt sich taufen.- Diese Legende zeigt einmal mehr, daß nach christlicher Meinung des Mittelalters der spontane, freiwillige Taufwunsch von Juden am ehesten durch ein Wunder bewirkt wird. Deutlich wird auch ein Bewußtsein vom heftigen - aus christlicher Sicht bis zum Tötungswillen gehenden - Widerstand der jüdischen Glaubensgenossen, wenn doch einmal eine freiwillige Bekehrung geschah. Auch Hermann von Scheda, ehedem Juda ben David ha-Levi, berichtet, daß seine über seinen Taufwunsch entrüsteten Glaubensgenossen ihn töten wollten. Offenbar variiert die Legende auf ihre Weise die biblische Erzählung von den drei Jünglingen im Feuerofen (Dn 3).

Ausgaben: Eugen Wolter, Der Judenknabe, Halle 1879; in: Mittelhochdeutsche Übungsstücke, hg. von H. Meyer-Benfey, Halle 1920.- *Literatur*: Ehrismann, II 2,2 (1935) 371; Kindlers Literatur Lexikon VI, Zürich 1972, 5058-5059; de Boor-Newald, II (1979), 359. 495; Fr. Graus, Historische Traditionen über Juden im Spätmittelalter, in: Zur Geschichte der Juden im Deutschland des späten Mittelalters und der frühen Neuzeit, hg. von A. Haverkamp, Stuttgart 1981, 1-26, S. 17; Kosch VIII (1981) 700; Verfasser-lexikon IV (1983) 891-893.

Eberhard von Béthune in Flandern († um 1211/1212), schrieb eine noch jahrhundertelang viel benutzte lateinische Grammatik in poetischer Form, den 'Grecismus'. Sicher von ihm stammt auch der um 1200 ent-standene *(Liber) Antihaeresis*, zuerst herausgegeben unter dem Titel *Contra Waldenses* von J. Gretserus, Ingolstadt 1614, abgedruckt bei Margue-rin de la Bigne, Maxima Bibliotheca veterum patrum, Lyon 1677-1704, vol XXIV.- Kapitel 27 dieser Abhandlung ist eine kurze *Disputatio contra Judaeos*, Kapitel 28 sind *Quaestiones ad decipiendum tam haereticos quam Judaeos*.

Eberhards apologetische Gedanken zum Judenthema sind durchaus konventionell; er zählt vor allem die herkömmlichen biblischen Beweisstel-len für Jesus Christus und Maria auf, wobei er über entsprechend alte Quellen (Ps.-Augustinus und andere) sie meist in der Form der Septuagin-ta beziehungsweise Prävulgata gibt (z.B. Ez 44, 2 das geschlossene Tor; Dn 9, 26; Dt 18,18-20); er vergißt aber auch nicht den augustinischen As-pekt der Zerstreuung der Juden zum Zeugnis für die Wahrheit des Chri-stentums, mitsamt alttestamentlichen Belegen wie Ps 59, 12 und Dt 28, 64 ff.

Wie bei anderen Autoren des frühen Hochmittelalters findet sich die an-tijüdische Apologetik neben der antihäretischen Argumentation in ein- und demselben Werk. Auch seine pathetisch-entrüstete Anrede *o inimici Judaei* findet sich oft anderweitig, zum Beispiel bei Martin von Léon.

Ausgabe: Contra Waldenses, in: Trias scriptorum adversus Waldensium sectam, ed. J. Gretser, Ingolstadt 1614.- *Literatur*: Browe, 1942, 103 (unrichtig); LThK III (1959) 627-628; M.-H. Vicaire, in: Juifs et judaïsme de Languedoc, Toulouse 1977, 274-282: "Le 'Contra Judaeos' d'Evrard de Béthune"; LMA III (1986) 1523.

Adam von Dryburgh, auch Adam Scotus genannt (um 1150-1212), Prämonstratenserabt im schottischen Dryburgh und angesehener Lehrer der klösterlichen Kontemplation und Mystik, befaßt sich in einer seiner Predigten auch mit dem Judenthema: *De fide sanctae Ecclesiae et de voca-tione Synagogae ad fidem* (Sermo 7, zum 2. Adventssonntag; PL 198, 135-140). Hier stellt er die Kirche aus den Heiden, präfiguriert in Rebekka (Gn 24, 63 ff.), in Gegensatz zu "den fleischlichen Juden, die in Unglau-ben verfielen"; an Stelle dieser "blöden Narren *(fatui)*, die in der Synago-ge waren", traten die Menschen aus den Heidenvölkern (PL 198, 135-

136). Im Zusammenhang mit dem Thema von Röm 11, 28, Jo 1,11 und Lk 2,7 erörtert Adam Jesu Aufnahme bei den Heiden und seine Ablehnung seitens der Juden. Diese nahmen ihn nicht auf, obwohl die Propheten seine Ankunft verkündet hatten, "sie verleugneten ihn, als er bei ihnen war und wichen vom Weg der Wahrheit ab" (Sermo 25; PL 198, 242). Jesus "konnte durch den Glauben keinen Zugang zu den Herzen der Juden finden" (PL 198, 242). Die überheblichen ungläubigen Juden, die Christus töteten und die ihnen verkündete Wahrheit nicht annahmen, sind vorgebildet in den Bergen Gilboas (PL 198, 137 zu 2 Sam 1, 21). Synagoga und die Juden entsprechen dem älteren Bruder im Gleichnis vom verlorenen Sohn; sie sollten sich nicht in Neid verzehren, sondern am Festmahl teilnehmen (PL 198, 139 zu Lk 15, 11 ff.). Synagoga wird eindringlich zur Bekehrung aufgefordert, doch fehlt es weitgehend an den im 12. Jahrhundert verbreiteten Verdammungsurteilen, und im Sinne von Röm 11, 25 hegt der Abt die zuversichtliche Erwartung der Endbekehrung. Nur ausnahmsweise nennt er die Juden verstockt (*obstinati*) und spricht von ihrer Bosheit und Wut (*malitia, vesania*) und von der Gier (*aviditas*), mit der sie nach Christi Tod dürsteten (PL 198, 268). Durch ihr Verhalten erweisen sich die Juden als Glieder des bösen Leviathan (PL 198, 268 zu Job 7-8).

Ausgabe: PL 198.- *Literatur*: Murawski, 1925, 45; LThK I (1957) 131; V. Pfaff, in: Vierteljahrschrift für Sozial- und Wirtschaftsgeschichte 52, 1965, 168-206, S. 171.

Auf dem Konzil von **Pamiers** (südlich von Toulon) beschloß eine Versammlung geistlicher und weltlicher Würdenträger am 1.12.1212: Ebenso darf kein Ketzer, auch nach seiner Wiederversöhnung mit der Kirche, Vogt, Verwaltungsbeamter, (Gerichts-)Assessor, Zeuge in einem Gerichtsverfahren oder Advokat sein. Ganz dasselbe soll auch bezüglich der Juden gelten, ausgenommen nur, daß ein Jude gegen einen anderen Juden Zeuge sein kann" (Mansi 22, 858, Nr. XII). Auch hier zeigt sich die herkömmliche Weise, Juden und Ketzer sozusagen in einen Topf zu werfen. Während der Ketzerverfolgungen im ersten Drittel des 13. Jh. wurden auch die Juden als schon alte Fremdgruppe wieder stärker Gegenstand christlichen Argwohns und Mißtrauens. Vielleicht ist auch die Polemisierung des christlich-jüdischen Verhältnisses seit Beginn der Kreuzzüge teilweise so zu erklären, daß der bedrohlich werdende neue Feind den Ärger über den immer noch vorhandenen alten Feind steigert.

Ausgabe: Mansi 22, 858.- *Literatur*: Hefele-Leclercq, V 2 (1913), 1291-1292; S. Dubnow, Weltgeschichte des jüdischen Volkes, V, Berlin 1927, 19; S. Grayzel, The Church and the Jews in the XIIIth Century, New York 1966, 304-305.

Die Synode zu **Paris** im Jahre 1213, einberufen von Robert Curson, Kardinal-Legat in Frankreich, verfügte unter anderem:

"Wir bestimmen unter (Androhung) der Strafe der Exkommunikation, daß keine christliche Amme ein Judenkind aufzieht und daß keine christlichen Hebammen bei einer jüdischen Entbindung zugegen sein dürfen; auch sollen nicht andere Christen Dienst bei ihnen tun, damit sie nicht dadurch, daß auf den ersten Blick ihr (d.h. der Juden) Gesetz annehmbar erscheint, wovon sie mit ihrer verkehrten Auslegung (*prave exponendo*) den Anschein erwecken, die bei ihnen wohnenden und Dienst tuenden Christen zum Abgrund ihres Unglaubens (*incredulitatis baratrum*) verführen" (Mansi 22, 850).

Ebenso wird angeordnet (Mansi 22, 851-852): "Da aus angestammter Bosheit des alten Feindes (d.h. des Teufels) von solchen, die Geld gegen Zinsen verleihen (*feneratores*, d.h. Bankiers, Wucherern) fast in allen Städten, Kleinstädten und Dörfern des gesamten Königreichs Frankreich überaus konsequent Synagogen (*synagogae*) eingerichtet wurden, die man gewöhnlich *communiae* (d.h. Genossenschaften zum Zwecke von Geldgeschäften) nennt, (und) da diese Einrichtungen des Teufels (*diabolica instituta*), entgegen den kirchlichen Bestimmungen (d.h. entgegen dem mit Lk 6,34-35 begründeten kirchenrechtlichen Zinsverbot), ein Anschlag sind, der durchaus ersonnen wurde, um die gesamte kirchliche Amtsführung zugrunde zu richten (*subversionem* legendum pro *conversionem*), (deshalb) ordnen wir unter Androhung eines strengen Gerichtsverfahrens (bei Zuwiderhandlung) an: Niemand soll, nachdem er vor dem Bischof Rechtsbeschwerde eingelegt hat (?), wegen Wucher (*usura*, eigentlich Zinsnehmen) oder anderer von den Wucherern erlittenen Untaten genötigt werden, die von den genannten Synagogen festgesetzten Strafen (vermutlich Strafzinsen oder Konventionalstrafen) zu erleiden, die sie zur Sicherung ihres Wuchers und um die ganze Kirche zugrunde zu richten, festgesetzt haben. Eine Strafe ist: Wenn jemand wegen Wuchers oder unberechtigten Geldeinzuges vor dem Bischof Beschwerde führt, wird er so juristisch spitzfindig bei dem Landesherrn angeklagt - wobei man sogleich dem Landesherrn eine große Summe Geldes zukommen läßt, um sich dessen Beistand zu sichern (?) -, daß er von diesem verhaftet wird und so lange inhaftiert bleibt, bis er von der Appellation beim Bischof gegen den

Wucherer abgelassen hat. Eine zweite Strafe ist: Wenn jemand vor dem Bischof Beschwerde führt über einen solchen Wucherer, wird er unverzüglich durch einen Urteilsspruch der Synagoge, das heißt der Genossenschaft, und außerdem mit einer Strafsumme von vierzig Pfund (Silber) bestraft und mit vielen anderen Strafen belegt. Daher bestimmen wir unter (Androhung) der Strafe der Amtsenthebung und Exkommunikation, daß kein Advokat mit Wissen und Willen solche Synagogen verteidigt gegen Kirchen oder Bischöfe; denn das Kirchenrecht, soweit es dies vermag, läßt offenbar in diesen Dingen (d.h. wo es um kirchliche Angelegenheiten geht) keinerlei Schwächung zugunsten des (profanen) Geschäftsinteresses zu".- Angegriffen wird also nicht der Landesherr, sondern der Hebel wird indirekt angesetzt, um einer der Kirche unerwünschten Bevorzugung fiskalischer Interessen zu steuern.

In einer weiteren Bestimmung heißt es (Mansi 22, 852): "Da die Wucherer (*foeneratores*) und boshaften Verfolger der Kirche überall die Synagogen der Bösen (*synagogas malignantium*, d.h. Bankhäuser jüdischer Geldverleiher) errichten, indem sie Gott und der Kirche offen die Fehde ansagen, haben ebendiese Leute (d.h. die Juden) wieder neue Schulen für ihre Kinder gebaut. Sie lehren sie Lehren, welche nicht übereinstimmen mit den wirklichen Grundelementen der Schulbildung; vielmehr lassen sie ihnen beibringen, die durch Geldverleih erworbenen Außenstände ihrer Väter zu verbuchen. Wir bestimmen deshalb, daß ihnen diese Form von Schreibkunst nicht erlaubt sein soll zu lernen, vielmehr nur die wirkliche Schulbildung; denn niemand soll es gestattet sein, sich zum Nachteil eines anderen zu bereichern".

Schließlich heißt es in einer weiteren einschlägigen Bestimmung (Mansi 22, 853): "Da keine Anordnung eines weltlichen Herrschers die Gebote des Neuen und Alten Testaments oder kirchenrechtliche Dekrete ungültig machen kann, gebieten wir, daß in jedem Rechtshandel jeder Christ gegen einen Juden und gegen Nichtchristen christliche Zeugen auftreten lassen kann".- Die Zeugenbestimmung wendet sich gegen die bisherige prozeßrechtliche Praxis, bei Prozessen eines Juden gegen einen Christen und vice versa nicht nur jüdische oder nur christliche Zeugen zuzulassen, sondern zu mischen. Das Problem der Auswahl der Zeugen in einem christlich-jüdischen Prozeß besteht seit dem antiken römischen Recht, etwa ebenso lange wie die pastorale Sorge der Kirche um in jüdischen Haushalten tätige Christen. Hier, auf dem Pariser Konzil, wird einer verfahrensrechtlichen Lösung das Wort geredet, die für die jüdische Seite nachteilig sein und den

Prozeßausgang im Sinne des christlichen Kontrahenten beeinflussen konnte.

Ausgabe: Mansi, 22, 550-553.- *Literatur*: L. Lucas, Judentaufen und Judaismus zur Zeit des Papstes Innocenz III., in: Beiträge zur Geschichte der deutschen Juden. Festschrift Martin Philippson, Leipzig 1916, 25-38, S. 37; S. Grayzel, The Church and the Jews in the XIII. Century, New York 1966, 306-307; Czerwinski, 1972, 49; H.Haag, Teufelsglaube, Tübingen 1980, 480.

Bernhard von Pavia († 18.9.1213 als Bischof von Pavia) gehört zu den bedeutendsten Kirchenrechtlern nach Gratian. Er sammelte das außerhalb von Gratians Werk umlaufende kirchenrechtliche Material in der sogenannten *Compilatio I* und verfaßte unter anderem zu dieser Sammlung eine *Summa decretalium* (hg. von E.A.T. Laspeyres, Regensburg 1860), in der sich auch verschiedene Aussagen zum Judenthema finden (bes. p. 210-213: *De Judaeis et Sarracenis et eorum servis*). Von den Ansichten mancher Vorgänger hebt sich die Auffassung ab, keine entschädigungslose Enteignung der jüdischen Besitzer christlicher Sklaven (bzw. heidnischer Sklaven, die Christen werden wollen; denn Kauf, Besitz und Weiterverkauf heidnischer Sklaven durch Juden war weiter erlaubt) zuzulassen, vielmehr eine Summe von zwölf Solidi zu bestimmen. Handele es sich dabei um zum Weiterverkauf angekaufte und vorgesehene Sklaven, so sei für den Weiterverkauf an einen (allerdings nur christlichen!) Herrn eine Frist von drei Monaten abzuwarten beziehungsweise, bei dringendem Bekehrungswunsch des Sklaven, der tatsächliche Kaufpreis beziehungsweise ein angemessener Schätzpreis dem jüdischen Herrn zu erstatten (Summa, p. 212). Das liegt auf der liberalen Traditionslinie Gregors d.Gr., ebenso die Ablehnung von Bekehrungszwang: "Es müssen aber ebenso Juden wie Muslime mehr durch Schriftbeweise, Vernunftgründe (*auctoritates, rationes*) und freundliche Worte zum christlichen Glauben aufgefordert werden als durch verletzende Härte, nicht aber gezwungen werden, weil erzwungener Dienst Gott nicht gefällt" (Summa, p. 210-211). Eine Tischgemeinschaft mit Muslimen hält er für erlaubt, mit Juden dagegen für unerlaubt, "weil die Juden durch Mißbrauch der Schrift (d.h. durch ihre abweichende Bibelexegese) und dadurch, daß sie unsere Speisen verschmähen, größere Feinde unseres Glaubens sind (als die Muslime)" (Summa, p. 211). Diese Linie geht teilweise über Gratian bis ins Frühmittelalter zurück. Wenn er die Konsultation jüdischer Ärzte durch Christen verbietet und daß Christinnen als Ammen bei Juden und Muslimen tätig sind (Summa, p. 211), so ist das Motiv die pastorale Sorge um das Seelenheil - ähnlich wie bei der entsprechenden Bestimmung des Konzils von Paris, anno 1213 -, keineswegs ein Vorläufer rassistischer Vorurteile.

Ausgabe: Summa decretalium, ed. E.A.T. Laspeyres, Regensburg 1860. *Literatur*: Czerwinski, 1972, 106-107. 177.277.283-284.

Arnold von Lübeck († 27.6.1211/14), Abt des Benediktinerklosters St.-Johannes in Lübeck, schrieb um 1204-1209 seine *Cronica Slavorum* für die Jahre 1171-1209, in die er manche Berichte einfügt, die ihm nur aus Hörensagen bekannt wurden und die als dementsprechend unzuverlässig gelten müssen. Zu dieser Art Berichten gehört wohl auch das Referat einer wunderhaften Begebenheit in Köln, zur Zeit des Erzbischofs Philipp (1167-1191): Als am Karsamstag die Taufe der Kinder stattfindet, schaut aus Neugier auch ein Jude zu, und er sieht, wie der Hl. Geist in Gestalt der Taube über ein Kind kommt. Sein Unglauben (*Judaica perfidia*) läßt ihn dies skeptisch zur Kenntnis nehmen, doch am Karfreitag des nächsten Jahres erleuchtet ihn in der Synagoge Christus. "Die Juden haben eine verfluchte Sitte, um das Maß ihrer Väter voll zu machen (vgl. Mt 23, 32), jedes Jahr zur Schmähung des Heilands ein Wachsbild zu kreuzigen. Als sie dies nach ihrer Sitte schmähten und auch die übrigen im Passionsbericht zu lesenden Dinge - Geißeln, Ohrfeigen, Anspucken - getan hatten und Hände und Füße mit Nägeln durchbohrt hatten, stießen sie schließlich mit einer Lanze in seine Seite, und sogleich kam Blut und Wasser heraus ... Der besagte Jude wurde vom Himmel erleuchtet, als er das sah, und glaubte (an Christus). Er lief aus der Synagoge fort zum Erzbischof, erzählte ihm alles, sagte sich vom Unglauben der Synagoge los und ließ sich am Karsamstag taufen". Arnold weiß dann noch einiges zu sagen über die Schlechtigkeit (*nequitia*), Bosheit (*malitia*) und Verblendung (*excecatio*) der Juden und ihr schändliches Verhalten, das auf der Linie ihrer Selbstverfluchung von Mt 27,25 liege (Chronica 5,15; MG, Scriptores 21, 190-191). Die Legendenhaftigkeit dieses Mirakels ist evident, schon allein deshalb, weil, die historische Faktizität einmal unterstellt, mit Sicherheit ein Eingreifen des Erzbischofs Philipp gegen diese alljährlich praktizierte jüdische Kreuzigungssitte erfolgt wäre. Davon ist aber nichts bekannt.- Vgl. unten, Nr. 135.

Ausgabe: MG, Scriptores 21.- *Übersetzung*: C.M. Laurent, in: Die Geschichtsschreiber der deutschen Vorzeit nach den Texten der MGH in deutscher Bearbeitung, Band 71, Berlin 1940.- *Literatur*: LThK I (1957) 894; Verfasserlexikon I (1978) 472-476.

Sicard von Cremona († 8.6.1215) ist weniger als Kanonist bekannt denn als Autor einer Weltchronik und durch seine liturgische Schrift *Mitrale*. In letzterer kommt er auch auf die Karfreitagsliturgie zu sprechen, seit dem Frühmittelalter ein Thema der Liturgiker; "Zu den einzelnen Fürbitten beugen wir die Knie, weil alle Völker Christus die Kniebeuge erweisen, auch wohl deshalb, um durch die Körperhaltung die fromme Ergebenheit unseres Geistes zu zeigen. Für die Juden aber beugen wir die Knie nicht, um nicht wie jene zu spotten, weil sie spottend ihre Knie vor Gott beugten, wohl auch, weil die in Israel eingetretene Blindheit durch eine Fürbitte nicht vertrieben werden kann, bis die Vollzahl der Heiden eingetreten ist. Deshalb muß man nicht nachdrücklich für sie beten und deshalb beugen wir nicht die Knie. Gleichwohl muß gebetet werden, weil ja geschehen wird, daß der am Kreuz Erhöhte alles an sich zieht" (Mitrale 6, 13; PL 213, 317). Sicard beherzigt also die Verheißung der Endbekehrung Israels im Sinne von Röm 11,25-26, kommt aber von daher zu der pragmatischen Einstellung, es beim Karfreitagsgebet für die Juden zu belassen und die Gebetsanstrengungen für sie nicht zu übertreiben (*ideo non est pro eis vehementer orandum*).

Ausgabe: PL 213.- *Literatur*: Browe, 1942, 137.309; J.M. Oesterreicher, 'Pro perfidis Judaeis', Theological Studies 8, 1947, 88-89; LThK IX (1964) 729-730.

Das Konzil von **Melun**, Departement Seine-et-Marne (anno 1216), einberufen von Petrus de Corbeil, Erzbischof von Sens (1200-1222), bestimmt im Abschnitt 4: "Derselben Strafe (d.h. der Amtsenthebung) soll unterzogen werden ein Klostervorsteher, der irgendeine Summe Geldes von einem Juden (geliehen) nimmt" (Mansi 22, 1088; vgl. Hefele-Leclercq V 2 [1913], p. 1399-1400).- Auch hier gilt: Was verboten wird, kam mehr oder weniger oft vor, erlaubt also Schlüsse auf die gesellschaftliche Realität.

Innozenz III. (8.1.1198-16.7.1216) und das **4. Laterankonzil** (11.-30.11.1215).- Innozenz III., vor seiner Papstwahl Lothar Graf von Segni, der in Paris Theologie und in Bologna Kanonistik studiert hatte, bemühte sich mit beträchtlichem Erfolg, den geistlichen und weltlichen Anspruch der Kirche gegen die ketzerischen Albigenser, gegen die Muslime (4. Kreuzzug 1202-1204) und die Herrscher seiner Zeit durchzusetzen. Wie nur wenige andere Päpste ist er kirchenreformerisch tätig und äußert sich im Rahmen seiner kirchenpolitischen und legislatorischen Aktivitäten auch umfangreich zum Judenthema, wozu ihn seine juristische Schulung besonders befähigte. Wir verfolgen seine themarelevanten Aussagen nach der Chronologie seiner Amtsführung.

1.-Post miserabile vom 15.8.1198 (Kreuzzugsaufruf an den Erzbischof Berengar von Narbonne und andere geistliche und weltliche Herren.- Potthast, Nr. 347; PL 214, 308-312; ed. O. Hageneder [u.a.], I 1 [1964], p. 498-505).- Der Papst ordnet, entsprechend früherem päpstlichen Brauch, Zinsbefreiung für Schulden von Kreuzfahrern an, und auch jüdische Gläubiger sollen diesbezüglich zum Zinserlaß gezwungen werden: "Wir befehlen, daß die Juden durch Euch Ihr Herren, meine Söhne, und durch die weltliche Herrschaft gezwungen werden, ihnen (d.h. den Kreuzfahrern) die Zinsen zu erlassen; und solange sie ihnen diese nicht erlassen haben, soll von allen Christgläubigen, bei (Androhung) der Strafe der Exkommunikation ihnen jede Art sozialer Gemeinschaft verweigert werden, sowohl in geschäftlichen wie in sonstigen Angelegenheiten" (Hageneder, p. 503-504).- Diese Auflage für jüdische Gläubiger, Christen die Schuldzinsen zu erlassen, hatte über Innozenz III. hinaus eine starke kirchenrechtliche Nachwirkung. Die immerhin nur indirekte Ausübung sozialen Druckes auf Juden wahrte den Grundsatz, daß das Kirchenrecht nur Getaufte binden konnte.

2.-De infidelibus vom 30.12.1198, an den Erzbischof Joscius und das Domkapitel von Tyrus: Eine von Ungläubigen (*infideles*, d.h. Juden und Heiden) geschlossene Ehe soll nach der Taufe gültig bleiben, auch wenn die Ehepartner enger als kirchenrechtlich zulässig verwandt sind (Potthast, Nr. 507; PL 214, 475; Hageneder, I 1, p. 749). Der Papst begründet seine Antwort auf die Anfrage aus Tyrus mit dem Hinweis auf Mt 19,6, wo Christus die jüdische Ehe als gültig anerkannt habe. Wie schon seine Vorgänger geht Innozenz hier einen pragmatischen, die Mission nicht unnötig blockierenden Weg.

3.-Ad provisionem vom 5.11.1199, an Bischof Gauthier (Walter) von Autun, mit der strengen Weisung, für den mittellosen getauften Juden P. und seine Tochter M. zu sorgen (Potthast, Nr. 858; PL 214, 754-755; Hageneder, II 1, p. 375-376: "Zur Unterstützung des ehemaligen Juden P., Überbringer dieses Schreibens, der sich kürzlich zum Glauben Christi, von ebendiesem erleuchtet, bekehrt hat, haben wir Dich - so erinnern wir uns - durch briefliche apostolische Weisung aufgefordert. Doch zeigt die erneute Bemühung ebendieses (P.), daß Du diese Aufforderung ganz überhört hast. Du hast nicht gebührend beachtet, daß derartigen Leuten, damit sie nicht wegen der Schande der Armut, die sie nicht gelassen zu ertragen gewohnt sind, nach Aufgabe des jüdischen Unglaubens (*Judaica perfidia*) wieder rückwärts zu blicken genötigt werden, von allen Gläubigen ganz bereitwillig zu helfen ist, erst recht von den Bischöfen, deren Aufgabe die Hilfe für Bedürftige sein muß. Und Du hättest in dieser Hinsicht wenigstens deshalb entgegenkommender sein müssen, weil Du für ebendiesen P. uns (bereits) eine briefliche Bitte übermittelt hast. Hätte nicht das besondere Wohlwollen, das wir für Dich empfanden und empfinden, unseren Unmut besänftigt, wäre für die Mißachtung der früher an Dich ergangenen Weisung eher eine strenge Strafe als eine neue Ermahnung gekommen, da nämlich, während Du Dich sonst recht tugendhaft erweist, Du in den Werken der Frömmigkeit, der nach dem Versprechen des Apostels (vgl. 1 Tim 4,8) die Verheißung des gegenwärtigen und des zukünftigen Lebens gilt, Dir rücksichtslos gestattest, nicht nach der apostolischen Weisung zu verfahren.- Damit also nicht der genannte P. um den Trost päpstlicher Fürsorge betrogen wird und Deine träge Nachlässigkeit nicht andauert, befehlen wir Dir, lieber Bruder, durch apostolisches Schreiben, daß Du Dich um diesen Armen so zu sorgen bemühst, daß der genannte P. und M., seine Tochter, die mit ihm durch das Taufwasser wiedergeboren wurde, sich gleichermaßen freuen können, durch Deine großzügige Güte ohne irgendeine Verzögerung den nötigen Lebensunterhalt und die nötige Kleidung erhalten zu haben. Außerdem sollst Du dabei veranlassen, daß sie über das, was Du ihnen entsprechend ihren Bedürfnissen, wie zuvor bemerkt, (als Unterhalt) zukommen lassen wolltest, ohne irgendeine Schwierigkeit verfügen können, da Gott einen fröhlichen Geber lieb hat.- Andernfalls (d.h. bei Nichtbefolgen dieser Weisungen) sollst du wissen, daß wir unseren ehrwürdigen Bruder ... Bischof und geliebten Sohn ... den Abt von St. Martin in Nevers, beauftragt haben, wenn Du unsere Anordnung nicht befolgst, Dich zur Durchführung obiger Weisungen durch Kirchenstrafe zu zwingen, ohne daß Du ein Recht zu Widerspruch und Appellation hast."

Ob hieraus, wie zum Beispiel M. Güdemann glaubte (Geschichte des Erziehungswesens, II, Wien 1884, S. 77, Anm. 3), zu schließen ist, daß Juden auch noch nach ihrer Taufe wegen ihres Judeseins, also aus rassischen Gründen, auf Ablehnung stießen, ist sehr zweifelhaft. Möglich ist in solchen Fällen auch und eher, daß aus Kostengründen bei der Übernahme solcher langfristiger Verbindlichkeiten gezögert beziehungsweise um die Zuständigkeit gestritten wurde. Das starke Missionsinteresse des Papstes wird jedenfalls daran deutlich, daß er nicht den vermutlich rückfallgefährdeten oder schon rückfallbereiten Juden attackiert, sondern den zuständigen Kleriker, und zwar ungeachtet seines Ranges. Im übrigen war der Einsatz des Papstes in Fällen dieser Art durchaus sinnvoll; denn getaufte Juden schieden aus ihrem Familienverband aus beziehungsweise wurden verstoßen und als tot behandelt, verloren also Vermögen und Erbanspruch (vgl. z.B. im Privileg Heinrichs IV. für die Juden Speyers, vom 19.2.1090: "Und wie sie ihr Gesetz aufgeben, so sollen sie auch ihren Besitz verlieren"). Solche Gegebenheiten bekämpft Innozenz als Missionshindernis.

4.-Quanto te vom 1.5.1199, an den Bischof Huguccio von Ferrara mit der Rechtsauskunft: Falls ein Ehepartner Ketzer oder Heide wird, darf der andere Teil keine neue Ehe eingehen. Ehen unter Ungläubigen (d.h. Nichtchristen) sind kirchenrechtlich gesehen ungültig (Potthast, Nr. 684; PL 216, 1267-1268; Gregorii Decret. IV, 19, 7 [Friedberg, p. 722-723]; Hageneder, II 1, p. 88-89). Obwohl in diesem Schreiben Juden nicht erwähnt werden, darf man sie als durch dieses Dekretale mitbetroffen ansehen. Innozenz weicht hier von der Linie früherer päpstlicher Aussagen ab.

5.-Etsi necesse sit vom 20.5.1199, an den Erzbischof Petrus von Santiago de Compostela und alle Bischöfe des Königreiches León, in der Frage der kirchenrechtlich ungültigen Ehe des Königs Alfons IX. von León (Potthast, Nr. 716; PL 214, 610-615; Hageneder, II 1, p. 126-134).- Beiläufig erfahren wir, daß infolge der durch den Papst zur Druckausübung in dieser Ehesache angeordneten regionalen Aussetzung kirchlicher Dienste und des dadurch verursachten Ausbleibens der üblichen Einkünfte der Kleriker diese in Not gerieten und "sich genötigt sahen, nicht nur zu betteln, sondern Erdarbeiten zu verrichten und Dienst bei Juden zu tun, zur Schande der Kirche und der ganzen Christenheit" (Hageneder, p. 131; vgl. Lk 16,3). Hier wird nicht getadelt, "daß der dortige Klerus mit den Juden zusammenarbeitete" (so Kniewasser, 1979, 143); vielmehr ist die alte pastorale Sorge der Kirche formuliert, daß die von Christus Befreiten nicht Knechte seiner Mörder sein, ihrer Willkür preisgegeben sein und Schaden an ihrer Seele leiden dürfen. Was die Kirche schon bei christlichen Laien rügte, nämlich (glaubensgefährdenden) Dienst bei Juden, konnte sie noch viel weniger bei Klerikern dulden. Die bewertende Klimax spricht jedenfalls für sich: Betteln, Erdarbeiten, Dienst bei Juden.

6.-Licet perfidia vom 15.9.1199 setzt die Tradition der Sicut-Judaeis-Bullen früherer Päpste fort (Potthast, Nr. 834; PL 214, 864-865; Hageneder, II 1, p. 535-536): "Mag auch der Unglaube der Juden vielfach zu verwerfen sein, sollen sie, weil ja doch durch sie unser Glaube wahrhaft bewiesen wird, nicht von den Gläubigen schwer bedrückt werden, da der Prophet sagt: 'Töte sie nicht, damit sie nicht einst dein Gesetz vergessen' (Ps 59, 12, Vulgata), wie wenn es deutlicher hieße: 'Du sollst nicht die Juden gänzlich vernichten, damit nicht etwa die Christen dein Gesetz vergessen können, welches sie, ohne es selbst zu verstehen, in ihren Büchern denen darbieten, die es verstehen. Einerseits dürfen die Juden (*sicut Judeis*) nicht die Freiheit haben, hinsichtlich ihrer Synagogen die gesetzlichen Grenzen zu überschreiten, andererseits (*ita*) müssen sie innerhalb ihres Freiraums keinen Rechtsnachteil hinnehmen. Wenn sie auch lieber in ihrer Verstockung verharren als die Weisungen der Propheten und die verborgenen Aussagen des Gesetzes vernehmen und zur Kenntnis des christlichen Glaubens kommen wollen, wollen wir, weil sie immerhin die Hilfe unseres Schutzes (*defensionis auxilium*) begehren, in freundlicher christlicher Liebe (*ex christiane pietatis mansuetudine*) und auf den Spuren unserer Vorgänger seligen Angedenkens, der römischen Päpste Calixtus (II.), Eugenius (III.), Alexander (III.), Clemens (III.) und Coelestinus (III.), ihrem Ersuchen willfahren und ihnen den Schild unseres Schutzes gewähren. Wir dekretieren nämlich, daß kein Christ sie gegen ihren Willen und Wunsch gewaltsam zur Taufe nötigt; wenn aber irgendeiner von ihnen freiwillig aus Glaubensinteresse bei den Christen Zuflucht gesucht hat und seine Absicht offenkundig ist, soll er ohne irgendeine Schikane Christ werden. Wer allerdings offensichtlich nicht von sich aus, sondern gegen seinen Willen zur christlichen Taufe kommt, von dem kann nicht angenommen werden, daß er den wahren christlichen Glauben hat. Auch wage kein Christ, ohne ein Gerichtsurteil der weltlichen Obrigkeit Angehörige dieser Bevölkerungsgruppe leichtfertig zu verletzen oder ihnen gewaltsam ihr Geld zu nehmen oder das ihnen in ihrer Region bis dahin eigene gute Gewohnheitsrecht zu ändern. Außerdem soll niemand sie bei der Begehung ihrer Feste mit Stockschlägen oder Steinwürfen irgendwie stören; auch soll niemand sie zu nicht gebührenden Dienstleistungen zwingen, es sei denn zu solchen, die sie auch in der Vergangenheit gewohnheitsrechtlich erbracht haben. Ferner treten wir der Verderbtheit und Habgier von Bösewichten entgegen und dekretieren, daß niemand es wage, das Areal eines jüdischen Friedhofs zu entweihen (?), zu verkleinern oder, um so (durch Erpressung) an Geld zu kommen, schon bestattete Leichen ausgräbt (vgl. Aronius, 1902, 151; vgl. oben zu Calixtus II. und Alexander III.). Wenn aber jemand den Inhalt dieses Dekrets kennt und, was fern sei, zuwiderzuhandeln gewagt hat, soll er die Strafe der Exkommunikation erhalten, es sei denn, er hat seine Vermessenheit gebührend gesühnt. Wir wollen aber lediglich diejenigen (Juden) durch diesen Schutz gesichert sehen, die nichts zu unternehmen wagen, was den christlichen Glauben untergräbt."

Neu ist hier gegenüber früheren Bullen dieser Art vor allem die davorgesetzte Einleitung *Licet perfidia* - *representant* (mit besonders von Augustinus und Bernhard von Clairvaux her bekannten Gedanken), ebenso der Zusatz am Ende *Eos autem* - *fidei Christiane*. Auffällig ist auch, daß in der Strafandrohung bei Zuwiderhandlung nur noch von der Exkommunikation, nicht auch von Amtsenthebung die Rede ist. Aus diesen Veränderungen kann auf eine gewisse Relativierung und Abschwächung der judenschützenden Grundsätze früherer Sicut-Judaeis-Bullen geschlossen werden. Zum Beispiel der einschränkende Satz "die nichts zu unternehmen wagen, was den christlichen Glauben untergräbt", war extensiv christlich-subjektiv interpretierbar (etwa gegen jede Form antichristlicher jüdischer Apologetik), so daß die ganze Bulle durchaus auch antijüdische Argumentationen stützen konnte. Die Verwendung der Psalmenstelle (59,5 in der Vulgatafassung) ist leicht auch so zu verstehen, daß man bei der Vernichtung der Juden nur nicht zu weit gehen soll (*ne deleveris onmino Judeos*), damit nicht alle Zeugen der christlichen Wahrheit verschwinden - von Mitgefühl mit leidenden und sterbenden Mitmenschen ist hier jedenfalls nicht die Rede, als ob sie wirklich (vernunftlose) Tiere wären, wie manche frühscholastischen Theologen zu wissen glauben. Jedenfalls hebt dieser Satz beinahe die "freundliche christliche Liebe" auf, von der einleitend die Rede war.

7.-Insinuante vom 1.12.1199, an die Bischöfe von Lissabon und Coimbra. Es geht um eine adelige Dame, die ein Keuschheitsgelübde abgelegt hatte und, um einer nicht gewollten Eheschließung zu entgehen, sich zunächst drei Wochen "im Hause eines gewissen Juden", dann sechs Wochen in einer Kirche versteckt gehalten hatte, schließlich aber doch zur Heirat genötigt wurde und nun vom Papst zur Einhaltung des Gelübdes gezwungen wird (Potthast; Nr. 884; PL 214, 790-791; Hageneder, II 1, p. 428-429). Die beiläufige Information, die Dame habe drei Wochen bei einem Juden gewohnt, wird nicht, wie eigentlich zu erwarten, vom kirchenrechtlichen Standpunkt aus negativ kommentiert.

8.-Quanto populus vom 5.12.1199, an den Abt und Konvent von Saint Mary of Pratt (St. Maria de Prato) in Leicester mit der Bitte um Unterstützung für einen mittellosen getauften Juden (Potthast, Nr. 890): "Je mehr das blinde jüdische Volk sich die Oberfläche (d.h. den Wortsinn) der Heiligen Schrift angelegen sein läßt und unter Nichtachtung des echten Gehalts geistiger Lehre verdammenswert in seinem Starrsinn verharrt und sich freiwillig in den finsteren Abgrund (seines Unglaubens) begibt, desto mehr muß man sich freuen im Herrn über diejenigen (sc. Juden), welche den wahren Glauben fest erfaßt haben und die Ausbreitung des Christentums innig wünschen; wenn sich nämlich jemand, durch die Gnade des Heiligen Geistes erleuchtet, vom jüdischen Irrglauben (*error Judaicus*) lossagt, sich von der Finsternis zum Licht wendet und den christlichen Glauben annimmt, dann muß man auch sehr besorgt sein, daß sie nicht inmitten der anderen Christgläubigen Hunger leiden; denn viele von ihnen geraten aus materieller Not nach der Taufe in beträchtliche Schwierigkeiten und sehen sich zur Rückkehr (ins Judentum) gezwungen; ursächlich dafür ist der Geiz jener, die, wiewohl selbst im Überfluß lebend, sich nicht um einen armen Christen (?) kümmern wollen. So kommt es, daß unser geliebter Sohn R., der Überbringer dieses Briefes, von einem vornehmen Herrn bewogen, all seinen reichen Besitz links liegen ließ und lieber Christus folgen wollte als im schmutzigen Reichtum zu vermodern, das Taufsakrament empfing und jetzt, nachdem der genannte ihn unterhaltende vornehme Herr den Weg allen Fleisches gegangen war, so von Armut bedrückt ist, daß er nicht sein Leben fristen kann. Wir wollen deshalb, daß Ihr seiner Notlage abhelft und wir befehlen Ew. Weisheit deshalb durch dieses apostolische Schreiben, daß Ihr, um der Ehrfurcht willen vor dem, durch den er das Licht der Wahrheit empfing, ihm derart das Notwendige darbietet, daß hinsichtlich Lebensunterhalt und Kleidung für ihn gesorgt ist. Ihr sollt mit Bestimmtheit wissen, daß wir sehr ungehalten sein und es nicht ignorieren würden, wenn Ihr unseren Auftrag, der ein frommes Werk betrifft, in irgendeiner Weise unerledigt ließet" (PL 214, 792-793; Hageneder, II 1, p. 431-432).- Die Mittellosigkeit getaufter Juden ist ein im 12. Jh. auch sonst bekanntes Missionshindernis. Sie konnte entstehen, wenn die jüdische Gemeinde Apostaten wie Verstorbene behandelte oder, wie offenbar weithin üblich, der Landesherr das Vermögen des Täuflings beschlagnahmte, um sich so für die ihm künftig entgehenden hohen Abgaben zu entschädigen.

9.-*Graves orientalis* vom 31.12.1199, an den Erzbischof von Magdeburg und andere leitende Kleriker dieser Diözese; gleichlautende Schreiben gingen in die anderen Diözesen Deutschlands und verschiedener anderer europäischer Länder. Den Kreuzfahrern wird ein vollkommener Ablaß und Zinserlaß für Schulden gewährt (Potthast, Nr. 922; PL 214, 828-832; Hageneder II 1, p. 490-497). Gegen Ende des Schreibens heißt es: "Wenn nun ein Gläubiger sie zur Zinszahlung zwingt, sollt Ihr ihn mit ähnlicher Strenge zur Erstattung dieser Zinsen zwingen, ohne daß ihm eine Appellationsmöglichkeit bleibt. Die Juden aber sollen durch die weltliche Herrschaft gezwungen werden, ihnen die Zinsen zu erlassen; und solange sie ihnen diese nicht erlassen haben, soll von allen Christgläubigen bei (Androhung) der Strafe der Exkommunikation ihnen jede Art sozialer Gemeinschaft (*communionem omnimodam*) verweigert werden (Hageneder, p. 497). Auch dieses Verfahren konnte sich auf Handlungsvorbilder bei früheren Kreuzzügen berufen. Daß man auf jüdischer Seite nicht glücklich war, ein so christliches Unternehmen wie einen Kreuzzug zu finanzieren, läßt sich denken. Etwas anders, aber doch vergleichbar, war das Problem der Weiterzahlung des Kirchenzehnten bei Übernahme christlichen Grundbesitzes durch Juden. Auch dies wurde kirchenrechtlich zu regeln versucht.

10.-Nisi nobis vom 4.1.1200, an die Gläubigen der Kirchenprovinz Vienne, Depart. Isère, (und in zahlreichen anderen Regionen Europas) mit der Mahnung, dem bedrängten Heiligen Lande zu helfen (Potthast, Nr. 935; PL 214, 832-835; Hageneder, II 1, p. 497-501).- Auch hier wird den Kreuzfahrern unter anderem ein vollkommener Ablaß und ein Zinserlaß zugesichert, und es heißt: "Die Juden aber sollen durch die weltliche Herrschaft gezwungen werden, ihnen die Zinsen zu erlassen; und solange sie ihnen diese nicht erlassen haben, soll ihnen von allen Christgläubigen bei (Androhung) der Strafe der Exkommunikation jede Art sozialer Gemeinschaft, ebenso in Handelsgeschäften wie in anderer Hinsicht, verweigert werden" (Hageneder II 1, p. 501).- Gegenüber *Graves orientalis* ist hier die Unterbrechung der sozialen Kontakte von Christen zu Juden näher definiert.

11.-Deus qui vom 19.4.1201, an den Bischof von Riga in Livland. Der Papst empfiehlt Großzügigkeit hinsichtlich der Gültigkeit von Schwagerehen jüdischer Täuflinge, obwohl diese Praxis nicht mit dem Kirchenrecht übereinstimme (Potthast, Nr. 1323; PL 216, 1268-1269; Gregorii Decret. IV, 19,9 [Friedberg, p. 724-725]).- Pragmatische Haltung bei Konversionen war seit Gregor d. Gr. in der Kirche die Regel.

12.-Maiores ecclesiae von Sept./Okt. 1201, an den Erzbischof von Arles. Der Papst bejaht die Frage des Bischofs, ob die Taufe von Zwangsgetauften gültig sei. Er erörtert in diesem Sinne auch die Taufe von kleinen Kindern, von Schlafenden oder vorübergehend Geistesgestörten. Daß er dabei gerade auch an Juden denkt, zeigt seine Berufung auf die einschlägigen Aussagen des 4. Konzils von Toledo. Ungültig sei die Taufe nur bei demjenigen, welcher der Taufe "nie zustimmt, sondern ihr ganz und gar widerspricht" (*qui numquam consentit, sed penitus contradicit*), sowie bei solchen, die schon bevor sie geistesgestört wurden oder einschliefen, hartnäckig der Taufe widersprochen hätten (Potthast, Nr. 1479; Gregorii Decret. III., 42,3 [Friedberg, p. 644-646]).- Damit war Gregors d. Gr. Ablehnung der Zwangsmission praktisch rückgängig gemacht; denn Innozenz mußte sich darüber im klaren sein, daß die Juden in den zahlreichen Notsituationen der Kreuzzugszeit meist nur die Alternative hatten: Zwangstaufe (d.h. Scheintaufe) oder Tod.

13.-Loca divinis vom 23.3.1204, an den Dekan und die Kanoniker von St. Croix in Étampes (Departement Essonne) billigt die Umwidmung einer Synagoge in eine Kirche (Potthast, Nr. 2162; PL 215, 312-313): "Für den (christlichen) Gottesdienst dienstbar gemachte Stätten, zumal diejenigen, welche nach der Blindheit des jüdischen Unglaubens (*Judaicae perfidiae caecitatem*) mit der Signatur 'christlich' das Licht der Gnade empfingen, müssen durch apostolischen Schutz gesichert und mit immerwährender Freiheit ausgestattet werden; denn es steht fest, daß es nicht mehr die Söhne der Magd, sondern der Freien sind (vgl. Gal 4,21-31), die erwählt sind, dort in der Freiheit des Geistes Gott zu dienen. Deswegen, geliebte Söhne im Herrn, haben wir unter den Schutz des heiligen Petrus und unseren Schutz genommen Eure in Rede stehende Kirche, die unser teuerster Sohn in Christus, Philippus, erlauchter Frankenkönig, mit Zustimmung des Erzbischofs G. von Sens (Departement Yonne), guten Angedenkens, in (dem Baukörper) der Synagoge, aus der er die Juden herausgeworfen hatte, zur Ehre des allersiegreichsten Kreuzes erbauen ließ ...".- Auch in dieser Frage weicht Innozenz von Gregors d. Gr. Rechtsnormen, die sich ihrerseits auf den Codex Theodosianus stützten, ab. Die Synagoge war vermutlich nach der Vertreibung der Juden aus Frankreich (anno 1182) beschlagnahmt worden, und sowohl Grundstück wie Baukörper scheinen die Nutzungsänderung nahegelegt zu haben. Daß solche Fälle gar nicht so selten waren, geht vielleicht daraus hervor, daß das Sacramentarium Gelasianum eine eigene Messe (bzw. ein Meßgebet) dafür hatte (PL 74, 1144). Darin heißt es unter anderem, daß der Schmutz in Gestalt des jüdischen Aberglaubens abgewischt worden sei (*Judaicae superstitionis foeditate detersa*; vgl. ebd. *vestutate Judaici erroris expulsa*), bevor die Umwidmung erfolgte.

14.-Etsi non displiceat vom 16.1.1205, gerichtet an Philipp Augustus, König von Frankreich, zu verschiedenen Themen der christlich-jüdischen Beziehungen (Potthast, Nr. 2373; PL 215, 501-503):"Obwohl es dem Herrn nicht mißfällt, vielmehr ihm erwünscht ist, daß die Juden in der Zerstreuung unter katholischen Königen und christlichen Herrschern in Knechtschaft leben (*vivat et serviat dispersio Judaeorum*), bis dann endlich ein Rest gerettet wird, wenn in jenen Tagen 'Juda gerettet wird und Israel in Sicherheit wohnt' (Jr 23,6), so beleidigen doch sehr stark die Augen der himmlischen Majestät diejenigen (Herrscher), welche die Söhne der Kreuziger, gegen die bis heute das Blut (Christi) in den Ohren Gottvaters schreit, den Miterben des gekreuzigten Christus vorziehen und, wie wenn der Sohn der Magd Miterbe des Sohnes der Freien sein könnte, geben wir dem jüdischen Sklaventum (*Judaica servitus*) den Vorzug vor der Freiheit jener, die der Sohn befreit hat. Du sollst durchaus wissen, daß es uns zu Ohren gekommen ist, daß in Frankreich die Juden so dreist werden, daß sie unter dem Deckmantel des üblen Geldverleihens, wodurch sie nicht nur Zinsen, sondern Zinseszinsen erpressen, sich Kirchengüter und christlichen Besitz aneignen. Und so scheint bei den Christen erfüllt, was der Prophet auf die Juden bezogen beklagt (Klagelieder 5,2): 'Unser Erbe ist Fremden zugefallen (*ad alienos*), unsere Häuser an Ausländer (*ad extraneos*). Ferner, obwohl im (3.) Laterankonzil bestimmt wurde (Kanon 26), daß Juden nicht erlaubt werden soll, christliches Personal (*mancipia*) in ihren Häusern zu haben, weder unter dem Vorwand des Großnährens ihrer Kinder noch zum Dienst (in Haus und Hof), noch aus irgendeinem anderen Grunde, daß vielmehr exkommuniziert werden soll, wer mit ihnen zusammenwohnt, trotzdem haben sie bedenkenlos christliche Sklaven und Ammen, mit denen (zusammen) sie manchmal scheußliche Dinge tun, die mehr die Bestrafung durch Dich verdienen als sich für uns deren ausführliche Darlegung schickt. Darüber hinaus hat dasselbe Konzil das Zeugnis von Christen gegen Juden in gemeinsamen Rechtsstreitigkeiten (d.h. bei Prozessen zwischen Christen und Juden) für zulässig erklärt, da auch jene gegen Christen sich jüdischer Zeugen bedienen, und es hat beschlossen, daß mit dem Kirchenbann zu treffen ist, wer immer diesbezüglich die Juden den Christen vorzieht. Gleichwohl wird ihnen in Frankreich so sehr Ehre erwiesen, daß christliche Zeugen gegen sie keinen Glauben finden, sie selbst aber zum Zeugnis gegen Christen zugelassen werden. Wenn nun einmal ihre Kreditnehmer christliche Zeugen für die stattgefundene Bezahlung beibringen, wird der Urkunde, die der Schuldner aus Nachlässigkeit oder Sorglosigkeit unbesonnen bei ihnen zurückließ, mehr geglaubt als den beigebrachten Zeugen. Ja, in so einem Rechtsfall werden überhaupt keine Zeugen gegen sie akzeptiert; sie gebärden sich, was wir nur schamrot berichten können, so dreist, daß sie in Sens nahe bei einer alten Kirche eine neue wesentlich höhere Synagoge errichtet haben, in der sie nicht wie einst, bevor sie aus dem Königreich (Frankreich) vertrieben wurden, mit gedämpfter Stimme, sondern sehr laut, entsprechend dem jüdischen Ritus, ihren Kult praktizieren und bedenkenlos den Gottesdienst in ebendieser

Kirche behindern. Schlimmer noch, sie lästern den Namen Gottes, machen sich öffentlich über die Christen lustig, daß sie an einen gewissen vom jüdischen Volk gehenkten Hinterwäldler glauben ... Auch laufen die Juden am Karfreitag, entgegen einer alten Gepflogenheit, öffentlich auf Straßen und Plätzen hin und her; sie verspotten die Christen, die wie üblich von überall her zusammenkommen, um den Gekreuzigten am Kreuz anzubeten, und bemühen sich, sie durch ihren Spott an der frommen Anbetung zu hindern. Auch stehen die Türen der Judenhäuser bis Mitternacht für Diebe offen, und wenn Diebesgut bei ihnen gefunden wird, kann niemand über sie juristisch obsiegen. Es mißbrauchen also die Juden die Geduld des Königs; und da sie ihre Bleibe mitten unter den Christen haben, greifen sie in ihrer Schlechtigkeit nach jeder Gelegenheit, Christen heimlich zu töten, so wie es sich neulich ereignet haben soll, als die Leiche eines armen Studenten in ihrem Abtritt gefunden wurde. Damit also nicht durch sie Gottes Name gelästert werde und nicht die Freiheit der Christen hinter der Knechtschaft der Juden (*servitus Judaeorum*) zurückstehe, ermahnen wir Euch, königliche Durchlaucht, fordern Euch auf im Herrn und legen Euch im Hinblick auf die Vergebung Eurer Sünden die Verpflichtung auf, hinsichtlich dieser und ähnlicher Dinge die Dreistigkeit der Juden so zu zügeln und so derartige üble Praktiken aus Frankreich tunlichst zu eliminieren, daß Du neben dem Eifer für Gott auch die rechte Einsicht erkennen läßt (vgl. Röm 10,2); und da auch die weltlichen Gesetze ziemlich hart vorgehen gegen Gotteslästerer, magst Du so gegen Lästerer dieser Art vorgehen, daß die Bestrafung einiger abschreckend auf alle wirkt und nicht Leichtigkeit der Verzeihung zu Missetaten anspornt. Darüber hinaus sollst Du Dich machtvoll an die Eliminierung der Ketzer aus Frankreich machen ..."

Dieses Dekretale wird beherrscht von dem Bemühen, die schon zur Kirchenväterzeit unter anderem durch Bibelstellen wie Gn 25, 23 und Gal 4,21-31 begründete theologisch-geistige Knechtschaft der Juden in einen juristisch definierten sozialen Status umzumünzen. Für dieses Verhalten hat Innozenz zahlreiche Vorgänger und Vorläufer, aber neu ist doch hier der konsequente Nachdruck, mit dem die einst noch keineswegs sozialpolitisch gemeinte *servitus Judaeorum* umgewertet wird, ein Nachdruck, der sich auch in anderen Texten Innozenz' III. findet. Diese Bewertung der jüdischen Existenz post Christum hat zur Folge, daß er alle zu dem niedrigen Status der Juden nicht passenden Verhaltensweisen der Juden (z.B. antichristliche Apologetik und Polemik, gleichberechtigtes Benutzen von Straßen und Plätzen auch an hohen christlichen Feiertagen, Praktizieren von Religion und Beruf im Rahmen herkömmlicher Privilegien) schroff und erregt als anmaßend und ungehörig angreift. So konnten wohl schon die - im Judentum verbreiteten - Zweifel an der Virginität Marias als Gotteslästerung registriert werden. Der im Judenquartier gefundene tote christliche Scholar, offenkundig ein (kriminalistisch unklarer) Einzelfall, gibt den Anlaß zu der generalisierenden Behauptung: "Juden töten heimlich Christen", die in den Umkreis der Ritualmordvorwürfe gehört. Ebenso führt zu einem generellen Vorwurf im Sinne des 'Hehlerprivilegs' die Tatsache, daß jüdische Pfandleiher noch am späten Abend aufgesucht werden konnten und - unvermeidlich bei diesem Geschäft - gelegentlich auch (als solches nicht erkanntes) Diebesgut angekauft wurde, eine Eventualität, für die aber schon durch Kaiser Heinrich IV. (Privileg von Worms vom 18.1.1074) eine Regelung gefunden war.- In einer außertalmudischen Nebenüberlieferung (Tosefta zu Megilla 4, 22-23; dazu Jüdisches Lexikon, V, Berlin 1930, 795-796) wurde gefordert, daß eine Synagoge an höchstmöglicher Stelle gebaut werden oder doch die anderen Gebäude in ihrer Umgebung überragen sollte. Daß in Sens eine nahe Synagoge offenbar die Kirche etwas überragte, legt Innozenz aber nicht als traditionsbewußtes Verhalten, sondern anscheinend als Affront aus, spricht im übrigen ein Problem an (akustische Störungen durch die Lautstärke der jüdischen Andacht), mit dem schon Gregor d. Gr. sich befassen mußte (vgl. Verf., Die christlichen Adversus-Judaeos-Texte, 1982, 427.428). Am auffälligsten ist vielleicht in diesem Dekretale, daß die Juden in aktualisierender Auslegung von Klagelieder 5,2 als Fremdgruppe innerhalb der christlichen Gesellschaft (*alieni, extranei*) charakterisiert werden können. Das deutet auf eine allmähliche Überlagerung der rein theologischen Kontroverse durch Betrachtungsweisen, die sozialpsychologisch konditioniert sind.

15.-Non decet vom 20.1.1205, an den Magister Petrus, Presbyter von Sancta Columba, vermutlich einer Gemeinde des Erzbistums Sens, mit der Weisung, nicht christliche Sklaven (bzw. Gesinde) mit Juden zusammen wohnen zu lassen (Potthast, Nr. 2378; PL 215, 507): "Es gehört sich nicht, daß diejenigen, welche das Taufwasser in Christus zu neuem Leben erweckt und unter die Zahl der Kinder des wahren Lichts aufgenommen hat, zusammenwohnen mit jenen, die ihre Herzenshärte (*duritia cordis*) blind gemacht hat (*obcaecavit*) für die Erkenntnis des wahren Lichts, damit nicht in die Finsternis deren Unglaubens diejenigen verfallen, die der wahre Glaube zum Licht geführt hat. Deshalb, geliebter Sohn im Herrn, der Du neben dem Eifer für Gott auch die rechte Einsicht zu haben scheinst (vgl. Röm 10,2), geben wir Deiner frommen Ergebenheit mit diesem amtlichen Schreiben anheim, daß Du ohne Rücksicht auf irgendeines Wider-

spruch und Appellation die christlichen Sklaven (*mancipia*; hier, wie auch
sonst oft, vielleicht nur "Gesinde", dessen Abhängigkeit vom Herrn allerdings vielfach an den Sklavenstatus grenzte), die in Deiner Pfarrei mit Juden zusammenzuwohnen gewagt haben, durch (Androhung der) Exkommunikation von einem derartigen Unterfangen abbringen kannst, gemäß
den kirchenrechtlichen Bestimmungen, daß so von einem derartigen Dienst
diejenigen abgehalten werden, welche das Judentum von der Gnade der
Freiheit in die Schande der Knechtschaft zurückzubringen trachtet." - Hier
ist den Juden - auffällig ist die Kollektivbezeichnung *Judaismus*, vielleicht
schon im Sinne von 'Judenschaft' - pauschal ein Missionswille unterstellt,
der so nicht vorhanden war. Christliche Judensklaven wurden im übrigen
im Laufe des 12.und 13. Jh. seltener.

16.-Evangelica docente vom 21.1.1205, an die Bischöfe, Äbte und die
übrigen Kleriker Konstantinopels zu den Resultaten des vierten Kreuzzuges (1202-1204), der zur Eroberung Konstantinopels und zur Etablierung
des lateinischen Christentums dort geführt hatte (Potthast, Nr. 2382; PL
215, 512-1517). Darin heißt es unter anderem, und zwar in aktualisierender Auslegung von Lk 5,10, Simon Petrus habe bislang im Wasser lebende Fische, das heißt Christen, gefangen, "die aus dem Wasser und dem
Geist wiedergeboren werden". Künftig werde er Menschen fangen, das
heißt, "Juden und Heiden, die nach den irdischen Dingen gaffen und ihnen
anhängen. Aber nachdem alle griechischen Christen ganz und gar zur Obö-
dienz des apostolischen Stuhles zurückgekehrt sein werden, dann wird die
Vollzahl der Heiden eintreten zum Glauben, und so wird ganz Israel das
Heil erlangen" (PL 215, 514; vgl. Röm 11, 25-26).- Das liegt auf der kräftigen Traditionslinie der Kirche, die auf die eschatologische Konvergenz
von Kirche und Synagoge gerichtet ist.

17.-Non minus vom 5.5.1205, an König Alfons VIII. von Kastilien,
unter anderem zum Freikauf konvertierter Judensklaven und zum Problem
des Kirchenzehnten jüdischer Grundbesitzer (Potthast, Nr. 2487; PL 215,
616-617). Der Papst ruft den König wegen seines judenfreundlichen Verhaltens zur Ordnung: "Wenn gekaufte oder als solche bereits geborene Judensklaven sich zum (christlichen) Glauben bekehren, läßt Du, obwohl die
für solche Leute zu gebende Auslösesumme kirchenrechtlich bestimmt ist,
durch die Juden selbst soviel vom bischöflichen Vermögen mit Beschlag
belegen, für wieviel sie (die Juden) selbst den Wert ebendieser Sklaven
eidlich eingeschätzt haben. Daher hast Du neulich von unserem ehrwürdigen Bruder, dem Bischof von Burgos, für die muslimische Magd eines Juden, von der er (der Bischof) versichert, sie sei kaum 10 Solidi wert gewe-

sen, zweihundert Goldstücke (als Auslösesumme durch den Juden) in Empfang nehmen lassen. Zwar haben wir bezüglich dessen, daß Du die Juden und Muslime Deines Reichs nicht zwingen läßt, den (Kirchen-) Zehnten von ihrem Grundbesitz zu zahlen, Dir einen apostolischen Brief übermitteln lassen, Du jedoch, geschweige daß Du sie nicht zur Zehntzahlung veranlassen wolltest, hast Ihnen sogar noch großzügiger gestattet, den Zehnten nicht zu zahlen und noch größere Besitzungen zu kaufen, so daß, während die Synagoge wächst, die Kirche abnimmt und die Magd der Freien vorgezogen wird ... Laß also nicht den Anschein entstehen, geliebtester Sohn in Christus, daß Du die Freiheit der Kirche niederdrückst und Synagoge und Moschee (*Synagogam ac Moskitam*) erhöhst" (PL 215, 617).- Der Loskauf von Judensklaven, die Christen waren oder werden wollten, hatte in der Kirche eine lange Tradition. Schon für Gregor d. Gr. ist dies ein Thema seiner Briefe. Es mußte im Interesse der Kirche sein, die hier liegenden Expansions- und Missionsmöglichkeiten des Judentums zu verhindern. Dagegen ist die Frage der Kirchenzehntzahlung durch Juden vergleichsweise neu; sie wird erst im Laufe des 12. Jh. ein ernstes Problem. Alfons VIII. von Kastilien war wie andere Herrscher seiner Zeit weniger aus Überzeugung judenfreundlich als vielmehr an den Juden als potenten Steuerzahlern interessiert und schirmte sie im Konfliktfall nach Möglichkeit gegen die Ansprüche der Kirche ab (vgl. L. Suarez Fernández, Judíos españolas en la edad media, Madrid 1980, 94-96: "Alfonso VIII y los judíos"; vgl. Fr. Baer, Die Juden im christlichen Spanien, I 2, Berlin 1936, 17-23).

18.-Etsi Judeos vom 15.7.1205 (Potthast, Nr. 2565; PL 215, 694-695; Gregorii Decret. V, 6,13 [Friedberg, col. 775-776]), gerichtet an den Erzbischof von Sens (Petrus von Corbeil) und den Bischof von Paris (Odo von Sully): Christliches Dienstpersonal, besonders auch Ammen, soll nicht für Juden tätig sein. "Wenn auch fromme christliche Liebe (*pietas christiana*) die Juden, die ihre eigene Schuld dem Joch ewiger Knechtschaft (*perpetua servitus*) unterworfen hat, da sie den Herrn kreuzigten, den ihre eigenen Propheten als im Fleisch kommenden Erlöser Israels verkündeten, aufnimmt und das Zusammenwohnen mit ihnen erträgt, die ihres Unglaubens (*perfidia*) wegen sogar die den katholischen Glauben verfolgenden und nicht an den von jenen Gekreuzigten glaubenden Muslime nicht ertragen können, sondern vielmehr aus ihrem Gebiet vertrieben, wobei sie uns ziemlich heftige Vorwürfe machten, daß sie von uns ertragen werden, die wir der Wahrheit gemäß bekennen, daß unser Erlöser von ihnen zum Kreuz verurteilt wurde, wenn dem so ist (d.h. die Christen aus

Toleranz die Juden bei sich wohnen lassen), dürften sie doch uns gegenüber nicht so undankbar sein, den Christen Güte mit Beleidigung und Freundlichkeit mit Verachtung zu vergelten. Wir haben sie aus Mitgefühl (*misericorditer*) sozusagen unsere Hausgenossen werden lassen, sie geben uns dafür jenen Entgelt, den, nach einer gängigen Redensart (d.h. einem Volkssprichwort) eine Maus im (mit Reiseproviant gefüllten) Rucksack, eine Schlange im Schoß und Feuer (*ignis: anguis*? Vgl. Oxford Latin Dictionary 1982, s.v. *sinus*, 2; vgl. Cicero, De haruspicum responso 50 und G. Büchmann, Geflügelte Worte, Frankfurt 1981, s.v. Schlange) im Busen ihren Gastgebern zu erweisen pflegen. Wir haben nämlich vernommen, daß die Juden, durch die Freundlichkeit der Fürsten in ihren Ländern zugelassen (d.h. 1197 nach Frankreich), so dreist geworden sind, daß sie sich Beleidigungen des christlichen Glaubens herausnehmen, die nicht nur auszusprechen sondern sogar zu denken nur mit Schaudern möglich ist. Sie lassen nämlich die christlichen Ammen ihrer Kinder, wenn sie am Ostersonntag Leib und Blut Christi zu sich nehmen, während dreier Tage vor dem Stillen (der jüdischen Kinder) die Milch in den Abtritt schütten. Außerdem begehen sie gegen den katholischen Glauben noch andere scheußliche und unerhörte Dinge, deretwegen die Gläubigen fürchten müssen, sich Gottes Mißfallen zuzuziehen, wenn sie jene (d.h. die Juden) Dinge verüben lassen, die unserem Glauben sehr abträglich sind. So haben wir unserem teuersten Bruder in Christus, Philippus, den erlauchten Frankenkönig, gebeten, und auch den edlen Herrn, den Herzog (Odo III.) von Burgund und die Gräfin (Blanche) von Troyes, die beleidigenden Übergriffe der Juden derart zu verhindern, daß sie nicht wagen, ihren unter das Joch immerwährender Knechtschaft (*perpetua servitus*) gebeugten Nacken zu erheben gegen den hochwürdigen christlichen Glauben; sie sollen mit harter Strenge verhindern, daß sie in Zukunft christliche Ammen und christliches Dienstpersonal haben, damit nicht die Söhne der Freien den Söhnen der Magd dienen (vgl. Gal 4, 21-31), sondern wie vom Herrn, zu dessen Tod sie sich nichtswürdigerweise verschworen haben, verworfene Sklaven sollen sie wenigstens durch die Folgen ihrer Tat sich dessen bewußt werden, daß sie die Sklaven (*servi*) jener sind, die Christi Tod zu Freien gemacht hat, Christi Tod, der (zugleich) jene zu Sklaven werden ließ. Da sie (die Juden) schon begonnen haben, nach Art einer Maus zu nagen und ihre nadelscharfen Zähne wie eine Schlange zu gebrauchen, ist deshalb zu befürchten, daß das Feuer (die Schlange [*anguis*]?), an den Busen genommen, das Zernagte vollends verzehrt. Deshalb geben wir dir, lieber Bruder, durch apostolisches Schreiben den Auftrag, den genannten

König (Philippus) und die anderen in unserem Namen dazu (d.h. zu den gewünschten antijüdischen Maßnahmen) so angelegentlich aufzufordern und wirksam zu veranlassen, daß die ungläubigen Juden hinfort keinesfalls mehr sich dreist gebärden, sondern furchtsam wie Sklaven stets zeigen, daß sie schamvoll an ihre Schuld denken und Ehrerbietung empfinden vor dem angesehenen christlichen Glauben. Wenn aber die Juden ihre Ammen und ihr (sonstiges) christliches Dienstpersonal nicht entlassen, sollt ihr, gestützt durch unsere Amtsgewalt unter (Androhung) der Strafe der Exkommunikation allen Christen streng untersagen, mit ihnen irgendwelchen geschäftliche Beziehungen zu unterhalten."

Die feste Junktur von "Schlange" und "Busen" schon im antiken Sprachgebrauch könnte für *ignis* die Konjektur *anguis* naheliegen. Unabhängig davon ist der von Innozenz gemeinte Sinn wohl: Die Juden als Schoßkind werden übermütig und dem, der sie hätschelt, gefährlich wie eine Schlange am Busen. Die Maus im Reiseranzen zielt auf die im Laufe des 12. Jh. da und dort artikulierte Meinung, die Juden verzehren die Güter der Christen. Darüber hinaus liegt der Tiervergleich im Trend des 12. Jh., die Juden nicht nur mit einem bestimmten Tier (z.B. dem Hund) zu vergleichen, sondern den Tieren schlechthin zuzuordnen.- Das von Innozenz angesprochene Einleiten der Ammenmilch in einen Abtritt sollte, wenn es vorkam, aus jüdischer Sicht wohl keine Sakramentsschändung sein, sondern entsprang der Besorgnis, jüdische Kinder könnten durch nichtjüdische religiöse Riten affiziert werden. Ein diesbezügliches jüdisches Kontaktverbot für eine Dreitagefrist wird Mischna Aboda zara I, 1-2 erwähnt.- Das Leitthema der immerwährenden Knechtschaft erscheint hier - entsprechend einer langen theologischen Tradition, aber doch mit neuer Eindringlichkeit - verbunden mit der herkömmlichen religiösen Begründung (Sühne für Christi Kreuzigung). Die ursprünglich rein geistig-theologische Bedeutung der Knechtschaft ist hier bereits stark überlagert von einer juristisch-sozialpolitischen Sinngebung, welche die drei Jahrzehnte später erfolgende Etablierung der Kammerknechtschaft im Grunde bereits antizipiert, auf jeden Fall aber gedanklich weiter vorbereitete.- Ein versöhnlicher Ton kommt in dieses Dekretale durch die *pietas christiana* (col. 694), die ein Nachhall ähnlicher Gedanken ist, die seit Augustinus und Gregor d. Gr. gerade von den bedeutendsten Theologen und Päpsten formuliert werden.

19.-Orta tempestate vom 26.8.1206 (Potthast, Nr. 2873; PL 215,977-978), an den Klerus von Barcelona, mit der Anweisung, muslimische Sklaven von Juden oder Christen, welche die Taufe begehren, diese zu gewähren, ohne daß die jüdischen oder christlichen Besitzer an die Kirche einen Lösegeldanspruch für diese (nach der Taufe freizulassenden) Sklaven richten können. Ferner sind Juden ebenso wie Muslime, wenn sie das wünschen, zu taufen, und Christen, welche das verhindern wollen, sind durch Kirchenstrafen zur Räson zu bringen. "Den (davon betroffenen) Juden aber, wenn sie nicht (schon) durch unseren teuersten Sohn in Christus, den erlauchten König von Aragón, an diesem unguten Tun gehindert wurden, sollt ihr durch eine kirchliche Anordnung, ohne die Möglichkeit der Appellation einzuräumen, die Handelsbeziehungen mit Christen ganz unterbinden".- Die Lösegeldpraxis, wie sie jahrhundertelang von der Kirche praktiziert wurde, wird hier als offenbar nicht mehr zeitgemäß aufgegeben. Die Christen werden, notfalls auch mit Exkommunikationsdrohung, veranlaßt, durch Unterbrechung des Commercium mit den Juden, also mit massivem wirtschaftlichem Druck, deren Einlenken und Wohlverhalten zu erzwingen.

20.-Debitum officii vom 28.8.1206 (Potthast, Nr. 2875; PL 215,985-986; Gregorii Decret. III, 42,4 [Friedberg, p. 646]), an den Bischof von Metz: "Du hast uns brieflich mitgeteilt, daß ein (bekehrungswilliger) Jude in seiner (vermeintlichen) Todesstunde, da nur Juden um ihn waren, selbst in Wasser eintauchte mit den Worten: 'Ich taufe mich im Namen des Vaters und des Sohnes und des Heiligen Geistes'. Nun aber fragst Du, ob ebendieser Jude, der ein ergebener Anhänger des christlichen Glaubens bleibt, (erneut) getauft werden muß".- Der Papst bejaht diese Frage, weil zum Taufakt zwei Personen gehören, wie Christus ja auch von Johannes getauft worden sei. Gleichwohl wäre der Jude, wenn er gleich nach seiner Selbsttaufe gestorben wäre, in den Himmel gekommen.

21.-Tue fraternitatis vom 16.5.1207 (Potthast, Nr. 3105; PL 215, 1157-1158), an den Bischof von Auxerre: "Eure Weisheit, lieber Bruder, ersuchte den apostolischen Stuhl um Belehrung, wie sie gegen jene Juden verfahren solle, die nach dem Kauf von ländlichen Anwesen, landwirtschaftlich genutzten Ländereien und Weinbergen sich weigern, davon den Kirchen und kirchlichen Personen den geschuldeten (Kirchen-)Zehnten zu geben, da sie nicht durch eine Kirchenstrafe (dazu) gezwungen werden können. Wir nun antworten auf Deine Frage so: Der Landesherr ist angelegentlich zu ermahnen, mit der ihm gegebenen Amtsgewalt sie zur Bezahlung dieses (Zehnten) zu nötigen. Wenn jener etwa es sich nicht angelegen sein läßt, in dieser Sache einzuschreiten, ist den Christen unter (Androhung) der Strafe des Kirchenbannes zu verbieten, mit ebendiesen (Juden) Handelsgeschäfte zu haben, bis sie in der genannten Angelegenheit gehorcht haben".- Hier ist zwar nur beiläufig indirekt, aber doch deutlich der Grundsatz anerkannt, daß das Kirchenrecht Ungetaufte nicht bindet. Aber mittelbarer Zwang über Christen führte ebenfalls zum Erfolg. Es ist besonders auffällig, daß der Papst zwar zunächst den Landesherrn einschreiten lassen will, doch einer Konfrontation mit ihm hier ausweicht, offenbar wissend, daß dieser nach Möglichkeit die von den Juden kommenden Abgaben ungeschmälert in seine eigene Tasche fließen lassen wollte.

22.-Si parietem vom 29.5.1207 (Potthast, Nr. 3114; PL 215, 1166-1168), an Raimund VI., Graf von Toulouse, der in dem Ruf stand, die ketzerischen Katharer (Albigenser) und die Juden zu protegieren. Der Papst rügt diese seine Haltung mit extrem polemischen Formulierungen. Die Juden sind indes in diesem Brief nur ein Randthema, und Innozenz tadelt diesbezüglich lediglich, "daß Du den Juden öffentliche Ämter anvertraust zur Beleidigung des christlichen Glaubens" (PL 215, 1168). Am meisten fällt auf, daß der Papst Polemikmuster verwendet, die traditionell im Umfeld der antijüdischen Polemik erscheinen (steinhartes Herz, geistig verdunkelt, gottlos, ungläubig, verrückt usw.), darunter auch eines, das erst im 12. Jh. als Interpretament für die sonst unbegreifliche Verstocktheit der Juden entwickelt wurde: Gott kann Raimund "das Wesen eines Tieres geben, so daß Du wie ein vernunftloses Wesen ... wirst, der Du die Dir gegebene Vernunft mißbräuchlich gegen Gott verwendest" (*te in bestialem habitum commutare, ut velut irrationabile animal ... fias, qui contra Deum data tibi abuteris ratione*, PL 215, 1166). Was hier einem christlichen Grafen als möglich vor Augen gehalten wird, hat seinen Sitz im Leben in der antijüdischen Apologetik frühscholastischer Theologen (z.B. bei Martin von León), ein Muster, das offenbar Innozenz gut bekannt war.

23.-Ut esset Cain vom 17.1.1208 (Potthast, Nr. 3274; PL 215, 1291-1293), an den Grafen von Nevers. Dieser soll die Begünstigung der missetäterischen Juden einstellen: "Damit Kain unstet und flüchtig auf Erden sei und nicht von jedem getötet werde, gab der Herr ihm ein Kopfschütteln (bzw. Kopfzittern) als Zeichen; deshalb müssen die Juden (deren Typus Kain ist), gegen die das Blut Jesu Christi schreit, wenn sie auch nicht getötet werden dürfen, damit das Christenvolk nicht das göttliche Gesetz vergesse (vgl. Ps 59, 12 [Vulgata]), gleichwohl über die Erde zerstreut werden wie unstete Wanderer, damit ihr Antlitz ganz gezeichnet ist durch brandmarkende Schmach und sie den Namen Jesu Christi suchen. Die den Namen Christi Schmähenden dürfen nämlich nicht von christlichen Herrschern bei der Bedrückung der Knechte des Herrn (noch) begünstigt werden, sondern vielmehr müssen sie in der gedrückten Lage von Sklaven gehalten werden (*comprimi servitute*), die sie sich verdient haben, als sie gegen jenen ihre frevlerischen Hände hoben, der ihnen die wahre Freiheit zu bringen gekommen war, und über sich und ihre Kinder sein Blut herabriefen. Es haben aber, wie uns zu Ohren gekommen ist, gewisse weltliche Herrscher nicht zu Gott, dem alles bloß und offen ist, ihren Blick gerichtet: Da es ihnen selbst peinlich ist, Zinsen zu kassieren (*usuras exigere*), nehmen sie Juden auf in ihren Dörfern und Städten, um sie beim Kassieren der Zinsen zu ihren Bediensteten zu machen, die bedenkenlos Gottes Kirchen und die Armen Christi peinigen. Wenn aber Christen, die von den Juden eine Geldsumme geliehen haben, die (zu verzinsende) Geldsumme und noch ein Draufgeld ihnen zurückzahlen, dann nötigen die Beauftragten und Bediensteten der Machthaber, nachdem sie sich oft Pfänder haben geben und mitunter ebendiese Christen ins Gefängnis werfen lassen, sie zur Bezahlung überaus drückender Zinsen. So kommt es, daß Witwen und Waisen ihres Erbes beraubt werden und Kirchen um ihren Zehnten und andere Einkünfte betrogen werden, da Burgen und Landgüter (z.B. als verfallenes Pfand übernommen) in der Hand von Juden sind, die den Kirchenoberen in rechtlichen Angelegenheiten einer Pfarrei geringschätzig ablehnen, Rede und Antwort zu stehen. Durch sie (d.h. die Juden) wird auch ein erhebliches Ärgernis in der Kirche Christi bewirkt: Einerseits verschmähen sie das von Christen geschlachtete Fleisch als unrein, andererseits haben sie durch die Gunst der Herrscher das Recht, daß (christliche) Fleischer Schlachttiere ihnen übergeben, daß sie dann diese nach jüdischem Ritus zerlegen, davon nehmen, wieviel sie wollen und den Rest den Christen überlassen. Ähnlich verfahren Jüdinnen mit der Milch, die öffentlich verkauft wird zur Ernährung von Kleinkindern. Noch eine andere Sache erlauben sie sich, aus christlicher Sicht nicht weniger abscheulich als dies (eben Erwähnte): Zur Zeit der Weinlese keltert der Jude (*Judaeus*), beschuht mit aus Leinen gefertigter Fußbekleidung; und nachdem er den reineren Wein nach jüdischem Ritus entnommen hat, behalten sie von ebendiesem nach ihrem Belieben; den Rest, gleichsam von ihnen verdorben (*foedatum*) überlassen sie den Christgläubigen; aus ihm wird manchmal (in Gestalt von Meßwein) das Sakrament des Blutes Christi. Darüber hinaus lassen sie christliche Zeugen, wie gut sie auch seien und über jeden Vorbehalt (z.B. Befangenheit, Leumund) erhaben, gegen sich durchaus nicht zu, wobei sie infolge der Begünstigung seitens der Machthaber sich sicher fühlen ..." Der Bischof von Auxerre hatte keinen Erfolg bei dem Versuch, diese abscheulichen Zustände (*abominationes*) in seiner Diözese durch Exkommunikationsdrohungen abzustellen; "denn gewisse vornehme Herren und Machthaber und ihre Beamten schielten nach jüdischen (Bestechungs-)Geschenken, die ihr Herz verderben; und sie erlaubten sich, einigen Christen, die um des Gehorsams willen und aus Furcht vor der bekanntgegebenen Strafe (der Exkommunikation) sich von solchen Dingen fernzuhalten beschlossen hatten, durch Drohungen Angst einzujagen und sie zu beschimpfen ; einige nahmen sie auch fest, zwangen sie, sich loszukaufen und wollten sie dann nur freilassen, wenn es den Juden recht war. Damit diese (weltlichen Herren) nicht durch ein die Person treffendes Exkommunikationsurteil und ein Interdikt in derartigen Aktivitäten gehemmt werden, bemühen sie sich um Schutz durch eine aufschiebende Appellation an den Apostolischen Stuhl, um der Kirchendisziplin ein Schnippchen zu schlagen. Ferner frohlocken die Juden, wenn deswegen gegen Christen einmal ein Exkommunikationsurteil oder Interdikt ergeht, darüber, daß ihretwegen die Kirchenharfen an die Weiden Babylons gehängt werden (d.h. Mißstimmung bei den Christen herrscht, die Juden also Grund zur Schadenfreude haben) und gleichwohl die Priester um ihre Einkünfte gebracht werden. Du aber, der Du wie ein katholischer Mann und Diener Jesu Christi aus Verehrung für ihn dem abergläubischen Judentum entgegentreten müßtest (*Judaicis superstitionibus obviare*), damit nicht die Feinde des Kreuzes bei sich frohlocken gegen die Diener des Gekreuzigten, begünstigst sie in erster Linie, und sie haben Dich bei den genannten Übergriffen als besonderen Beschützer. Mußtest Du nicht Deinem Untertan heftig zürnen, wenn er Deinem Feind half? Um wieviel mehr also kannst Du Gottes Zorn fürchten, weil Du Dich nicht scheust, die zu begünstigen, die Gottes eingeborenen Sohn ans Kreuz zu schlagen wagten und bis heute von ihren Lästerungen nicht ablassen? ..." (PL 215, 1291-1293).- Dem Grafen wird ein langes Sündenregister verlesen, bestehend aus den Missetaten der Juden und dem Fehlverhalten des sie protegierenden Grafen von Nevers. Die Vorwürfe sind fast alle nicht neu, angefangen von der - nachneutestamentlichen (denn das Neue Testament weiß noch nichts vom Kainsschicksal der Juden) - typologischen Beziehung zwischen Kain und den Juden, deren häufige Wiederholung die spätere Ahasverlegende vorbereitet. Seit Agobard von Lyon wird gelegentlich von christlicher Seite gerügt, daß die Juden bei Nahrungsmitteln den Christen das von ihnen selbst Verschmähte beziehungsweise Minderwertige überlassen, was im Falle der Verwendung von Wein als Meßwein für besonders gravierend gehalten wird (z.B. der Trester für die Christen). Herkömmlich ist auch die pauschale Bewertung der jüdischen Religion als "Aberglaube" (col. 1292) und der Juden als "Feinde" des Kreuzes und der

Christen (*inimici crucis*, col. 1292; *inimicus*, col. 1293), auffällig besonders die Formulierung "der Jude" (col. 1292), wo die Juden kollektiv als Gruppe gemeint sind. Als "Kreuziger" Christi erleiden sie im übrigen die verdiente Strafe in Gestalt ihrer Heimatlosigkeit und Knechtschaft.

24.-*Ut contra* vom 9.10.1208 (Potthast, Nr. 3511; PL 215, 1470-1471), an König Philipp II. Augustus von Frankreich. Dieser wird unter anderem gebeten, "daß Du die in Deinem Herrschaftsbereich wohnenden Juden dazu veranlaßt und mit Deiner königlichen Amtsgewalt zwingst, ihren Schuldnern, die zum Dienst für Gott aufbrechen wollen, ganz die Schuldzinsen zu erlassen und nach Möglichkeit die Rückzahlungstermine des geliehenen Kapitals angemessen zu verlängern".- Damit wird vom Papst für den geplanten Kreuzzug gegen die Albigenser in Südfrankreich die gleiche Regelung erstrebt, wie sie seit langem für die Teilnehmer an den Zügen ins Heilige Land praktiziert wurde.

25.-*Gloriantes hactenus* vom 11.11.1209 (Potthast, Nr. 3828; PL 216, 158-159), an den Erzbischof von Arles Michel de Moureze und seine Weihbischöfe. Sie sollen christliche Gläubiger notfalls mit Kirchenstrafen zwingen, die Zahlung von Schuldzinsen für die Teilnehmer am Albigenserfeldzug auszusetzen. Hinsichtlich der jüdischen Gläubiger, die durch Kirchenstrafen nicht erreicht werden, soll so verfahren werden: "Jene, die über die in Euren Diözesen weilenden Juden bekanntermaßen die weltliche Herrschaft haben, sollt Ihr angelegentlich zu bewegen versuchen, daß sie diese (d.h. die Juden) veranlassen und mit der ihnen eigenen Amtsgewalt nötigen, ihren Schuldnern, die zu einem derartigen Dienst für Gott aufbrechen wollen, ganz die Schuldzinsen zu erlassen und nach Möglichkeit die Rückzahlungstermine des geliehenen Kapitals angemessen zu verlängern".- Ansprechpartner des Papstes ist also der hohe Klerus, der den päpstlichen Druck an die weltlichen Herren weitergeben soll, damit diese ihrerseits die Juden zu dem gewünschten Wohlverhalten nötigen. Die Einflußnahme ist also notgedrungen mittelbar und war wohl auch nicht immer wirksam, weil sie, aus der Sicht der weltlichen Herren durchaus unerwünscht, die steuerliche Potenz der Juden schwächte.

26.-*Postulasti* vom 7.6.1212 (Potthast, Nr. 4523; PL 216, 630-631), an William de Joinville, Bischof von Langres (Departement Haute-Marne).- "Du wünschtest, durch den apostolischen Stuhl belehrt zu werden, wie Du gegen einen Juden verfahren sollst, der einen Priester geschlagen hat. Darauf antworten wir Dir, lieber Bruder, in wenigenWorten: Wenn der besagte Jude unter Deiner Jurisdiktion lebt, solltest Du bestrafen mit einer Geldstrafe oder einer anderen passenden weltlichen

Strafe. Andernfalls solltest Du seinen Herrn ermahnen und veranlassen, daß er dem Opfer und der Kirche von diesem (d.h. von dem Juden) angemessene Genugtuung leisten läßt. Wenn nun dessen Herr dieser Aufforderung zu entsprechen versäumt, solltest Du den Christen durch (Androhung einer) Kirchenstrafe untersagen, mit diesem Juden, bevor er Genugtuung leistet, geschäftlich zu verkehren".- Auch hier erfolgt die Druckausübung mittelbar; der Schutzherr des Juden wird, wie auch sonst meist, auffällig geschont beziehungsweise der Druck wird, ist er nicht gleich erfolgreich, auf die christlichen Geschäftspartner des Juden verlagert. Auf den Anlaß und auf eine mögliche Mitschuld des Priesters geht Innozenz nicht ein.

27.-*Quia maior* vom 22.4.1213 (Potthast, Nr. 4718. 4721.4725; PL 216, 817-822), an die Christen der Diözese Mainz (u.a. Diözesen). Ein Aufruf zu dem dann 1217-1221 stattfindenden 5. Kreuzzug. Es erscheint hier wieder die bekannte Forderung: "Die Juden aber, so lautet unser Gebot, sollen durch die weltliche Herrschaft gezwungen werden, ihnen (d.h. den Kreuzfahrern) die Schuldzinsen zu erlassen; und bis sie jene erlassen haben, sollen ihnen von allen Christgläubigen durch (Drohung mit einem) Exkommunikationsspruch sowohl die geschäftlichen wie die sonstigen Beziehungen ganz und gar verweigert werden" (col. 819).- Die Aufteilung der "Gemeinschaft" (*communio*), das heißt der sozialen Kontakte mit den Christen, in geschäftliche und sonstige (d.h. private Kontakte) läßt erkennen, daß das hier aus besonderem Anlaß Verbotene die Regel war.

28.-*Operante illo* vom 10.6.1213 (Potthast, Nr. 4749; PL 216, 885-886), ein Informationsschreiben an den Erzbischof von Sens, Petrus von Corbeil, über die Bekehrung eines Juden: Eine bei dem Juden tätige christliche Magd, die in die "Finsternis des jüdischen Irrglaubens" (*erroris Judaici tenebrae*, col. 885) geraten war, hatte bei der Kommunion eine Hostie im Mund behalten und dem Juden gebracht, wo sie, in eine Büchse mit Geldstücken gelegt, diese in lauter Hostien verwandelte, so daß die von der Magd mitgebrachte nicht mehr identifiziert werden konnte. Der Sohn des Juden, durch das Hostienwunder motiviert, geht nach Rom, um sich taufen zu lassen. Der Papst läßt ihn dies tun, nachdem er mit ihm ausführliche Gespräche über das Gesetz und die Propheten geführt und der Jude gründlichen Taufunterricht gehabt hat. Der Papst hat offenbar etwas Zweifel an dem Wahrheitsgehalt der Wundergeschichte und bittet den Erzbischof um eine Untersuchung und um Bericht des Resultats. Auch soll er den infolge seiner Konversion nun mittellosen Juden dauerhaft finanziell unterstützen.

29.-*Quanto melior* vom 14.5.1214 (Potthast, Nr. 4922; PL 217, 229-230) an Philipp II. Augustus, König von Frankreich. Er soll nicht mehr das Geldverleihen auf Zinsen dulden; denn "in Deinem Reich hat die Pest des Geldverleihens (col. 229: *usuraria pestis*; vgl. col. 230: *mortifera pestis*) ungewöhnlich zugenommen, und in einem solchen Maße verschlingt und verzehrt sie die Geldmittel der Kirchen, der Ritter und vieler anderer, daß, wenn nicht eine wirksame Medizin gegen eine solche Krankheit zur Anwendung kommt, sie nicht ausreichen zur Unterstützung des Heiligen Landes".- Die jüdischen Geldverleiher werden hier nicht ausdrücklich genannt, doch sind sie wohl vor allem gemeint. Es ist im übrigen nicht erkennbar, daß der König dem Wunsch des Papstes entsprochen hätte.

30.-*Quanto amplius.* 4. Laterankonzil (11.11.-30.11.1215), Kanon 67, am 11.11.1215 (Potthast, I, p. 438; Mansi 22, 1053-1056; Gregorii Decret. V, 19, 18 [Friedberg, col. 816]; Hefele-Leclercq V, 2, 1385-1386; Conciliorum oecumenicorum decreta, Bologna 1973, 265-266): "Je mehr sich die christliche Religion beim Kassieren von Schuldzinsen zurückhält, desto drückender bürgert sich diesbezüglich der Unglaube der Juden ein (d.h. desto mehr treten hier die ungläubigen Juden in Erscheinung), so daß sie in kurzer Zeit die Geldmittel der Christen erschöpfen. Wir wollen also, was das angeht, dafür sorgen, daß die Christen nicht von den Juden ungeheuer belastet werden und bestimmen durch Konzilsdekret, daß, wenn weiterhin, unter welchem Vorwand auch immer, die Juden von den Christen unangemessen drückende Schuldzinsen abpressen, ihnen die (Möglichkeit der) Teilnahme am Leben der Christen (d.h. soziale Kontakte aller Art mit den Christen) entzogen wird, bis sie wegen der unangemessenen (Zins-) Belastung angemessen Genugtuung geleistet (d.h. Wucherzinsen erstattet) haben. Auch die Christen sollen notfalls durch eine Kirchenstrafe und ohne Berufungsmöglichkeit gezwungen werden, sich des Handels mit ihnen zu enthalten. Den weltlichen Herrschern aber legen wir als Pflicht auf, deswegen nicht den Christen feindlicher gesonnen zu sein, sondern vielmehr sich zu bemühen, die Juden zu zügeln, solche (Zins-)Lasten aufzulegen. Und mit (Androhung) derselben Strafe (d.h. Unterbrechung der Sozialkontakte zu Christen), so bestimmen wir, sind die Juden zu zwingen, den Anspruch der Kirchen zu befriedigen hinsichtlich des Zehnten und der pflichtmäßigen Abgaben, welche sie (d.h. die Kirchen) von den Christen (als Vorbesitzern) für ihren Haus- und sonstigen Besitz zu erhalten pflegten, bevor dieser, mit welchem Rechtsanspruch auch immer, an Juden fiel; denn (nur) so bleibt den Kirchen Schaden erspart".- Es werden nur die übermäßigen Zinsen verboten, nicht das Zinsnehmen als solches.

Auch gab es - trotz des kanonischen Zinsverbotes - zahlreiche christliche Geldverleiher; denn schon Bernhard von Clairvaux klagte über die *christiani feneratores* (PL 182, 567; ed. Leclercq, VIII, 316; s.o. zu Bernhard von Clairvaux), und Innozenz selbst äußert sich ähnlich drastisch über christliche Wucherer im Artois, Dep. Pas-de-Calais (PL 215, 1380: Würden diese sämtlich [etwa durch Exkommunikation] bestraft, müßten angesichts ihrer großen Zahl die Kirchen geschlossen werden).- Die Boykottdrohungen gegen die Juden dürften angesichts ihrer Protektion durch die Landesherren - die auch hier nur behutsam in Anspruch genommen werden - allenfalls vorübergehende Wirkung gehabt haben. Bezeichnend für die Grundeinstellung dem Judentum gegenüber ist die einleitende Gegenüberstellung: Christliche Religion - Unglaube der Juden (*christiana religio - Judaeorum perfidia*).

31.-In nonnullis. 4. Laterankonzil (11.11.-30.11.1215), Kanon 68 (Potthast, p. 438; Mansi 22, 1055-1056; Gregorii Decret. V, 6, 15 [Friedberg, col. 776-777]; Hefele-Leclercq V, 2, 1387-1388; Conciliorum oecumenicorum decreta, Bologna 1973, 266): "In einigen Kirchenprovinzen unterscheidet bereits die unterschiedliche Tracht (*habitus diversitas*) Juden und Muslime von den Christen; in gewissen (anderen) hat sich jedoch eine Art von Durcheinander so eingebürgert, daß sie durch keinen Unterschied auseinandergehalten werden können. Daher geschieht es manchmal, daß irrtümlich Christen mit jüdischen und muslimischen, Juden und Muslime mit christlichen Frauen Geschlechtsverkehr haben. Damit also nicht Sünden in Gestalt eines so verbrecherischen Verkehrs künftig unter dem Deckmantel des Irrtums eine Ausflucht dieser Art haben können, bestimmen wir, daß solche Leute (d.h. Juden und Muslime) beiderlei Geschlechts in jeder Kirchenprovinz und jederzeit durch eine besondere Tracht (*qualitate habitus*) öffentlich sich von der übrigen Bevölkerung unterscheiden sollen, zumal zu lesen ist, daß eben dies ihnen (d.h. den Juden) schon durch Moses auferlegt ist (vgl. etwa Lv 19, 19, Nm 15, 37-41; Dt 22, 5.11). An den Tagen der Trauer (d.h. von Donnerstag bis Samstag der Karwoche; zur Liturgie dieser drei Kartage gehören die Klagelieder des Propheten Jeremia) und der Passion des Herrn sollen sie (d.h. die Juden) keinesfalls ausgehen und sich in der Öffentlichkeit sehen lassen; denn, wie wir vernommen haben, schämen sich einige von ihnen nicht, gerade an solchen Tagen (vielleicht wegen des etwa gleichzeitigen Passahfestes) im Festgewand einherzugehen, und die Christen, die im Gedenken an die allerheiligste Passion Zeichen der Trauer tragen, zu verspotten. Das aber verbieten wir aufs strengste, daß sie sich irgendwie dreist herauswagen, um den Erlöser zu beleidigen. Und da wir über die Schmähung dessen, der unsere Schandtaten tilgte, nicht einfach hinweggehen dürfen, schreiben wir vor, daß Missetäter dieser Art durch die weltlichen Herrscher mittels Zuerkennung einer angemessenen Strafe in ihre Schranken gewiesen werden, damit sie nicht den für uns Gekreuzigten irgendwie zu lästern wagen."

Schon Kalif Omar hatte (anno 634) angeordnet, daß Nichtmuslime sich durch ihre Kleidung von den Rechtgläubigen unterscheiden sollten. Vielleicht war die einschlägige Praxis im muslimischen Raum dem Konzil bekannt und regte, mutatis mutandis, ähnliche Regelungen auch im christlichen Europa an. Wir werden unten, im zweiten Teil unserer Arbeit, ausführlich nachweisen, daß die westeuropäischen Juden schon sehr lange vor dem 4. Laterankonzil durch ihr (in der christlichen Ikonographie sich spiegelndes) Erscheinungsbild, vor allem die Kopfbedeckung, als Juden kenntlich sind. Dieser Sachverhalt ist bisher allgemein verkannt worden, obwohl das Konzil ausdrücklich von regional bereits vor 1215 vorhandener Judentracht spricht. Die Rätselhaftigkeit der Sache ist wohl durch das völlige Fehlen einschlägiger literarischer Notizen vor 1215 und die bislang noch ganz unzureichende Kenntnis der christlichen Ikonographie des Judenthemas im 11.-12. Jh. verursacht. Offenbar so konnte der ebenso falsche wie verbreitete Eindruck entstehen, das 4. Laterankonzil habe die soziale Isolierung der Juden durch Anordnung einer speziellen Judentracht eingeleitet. Möglicherweise trugen viele westeuropäische Juden von sich aus - und das Fehlen diesbezüglicher christlicher Bestimmungen vor 1215 und der ikonographische Befund machen diese Vermutung unabweisbar -, vielleicht beeinflußt von der Praxis im muslimischen Raum, bereits eine Tracht, die sie von den Christen unterschied und aus christlicher Sicht als Orientalen erscheinen ließ. Absonderung und Selbstabgrenzung sind ja im Judentum nicht ungewöhnlich. So spricht manches dafür, daß das Konzil nur eine regional bereits vorhandene Praxis normieren und allgemein verbindlich machen will. Dies gewiß nicht aus Judenfeindschaft, sondern aus pastoraler Sorge heraus, die aus heutiger Sicht freilich überzogen erscheint. Die Juden sollen nicht aus der christlichen Gemeinschaft verstoßen werden - schon vor 1215 waren sie ja keineswegs integriert -, vielmehr durch Kennzeichnung als Juden sozusagen ungefährlich werden. Muslime gab es kaum inmitten der Christen, Ketzer nur regional und dazu zur Zwangsbekehrung oder Ausrottung anstehend, blieben die Juden. Offenbar konnte aus kirchlicher Sicht Sexualverkehr mit Juden im Sinne schwerer Glaubensgefährdung als häretischer Akt verstanden werden, und auf der jüdischen Seite dachte man ähnlich. Aber wenn da und dort (*inter-*

dum) solch unerwünschter Geschlechtsverkehr vorkam, erforderte das nicht unbedingt eine generelle Kleiderordnung, so daß die Auffassung nicht unbegründet ist, daß die - im Grunde berechtigte - Sorge um das Seelenheil der Christen in ihrer konkreten Umsetzung zu unnötig inhumanen Maßnahmen mit Gefahren für Leib und Leben der Betroffenen führte, was der Papst anscheinend wenig später bemerkte (s.u., Nr. 36-37). Im übrigen wäre eine völlige soziale Isolierung der Juden auch aus kirchlicher Sicht weder sinnvoll noch praktizierbar gewesen; denn als Bankiers befriedigten sie einen gesellschaftlichen Bedarf, der oft auch bei Bischöfen, Klöstern und Kirchen entstand, und zudem wurde die christliche Bereitschaft zu Kontakten und Gesprächen mit Juden nachhaltig aus verschiedenen Quellen gespeist, zu denen der Missionswille und das wissenschaftliche Interesse von Bibelexegeten an der *Hebraica veritas* gehörte. Also sollte die kleidungsmäßige Kennzeichnung wohl nur den unvermeidlichen ständigen Umgang von Christen und Juden für Christen gefahrloser machen. Oft wird versucht, den Kanon 68 apologetisch abschwächend und verharmlosend zu interpretieren in dem Sinne, die öffentliche Kennzeichnung von Juden sei in Deutschland vor dem 15. Jh. überhaupt nicht angewendet worden, falls doch irgendwo in Europa, sei sie lediglich ein (nicht diskriminierendes) Standesmerkmal gewesen. Diese Interpretation erledigt sich durch die sehr umfangreiche mittelalterliche Ikonographie des Judenthemas, die - im zweiten Teil unserer Arbeit annähernd vollständig bis 1215 ermittelt, nach 1215 aber an Umfang noch stark zunehmend - in oft polemisch-denunziatorischer Weise den Judenhut auch als negatives Gruppenmerkmal herausstellt. Vor 1215 freilich konnte dieses Gruppenmerkmal vielleicht auch der jüdischen Selbstabgrenzung und Selbstidentifikation dienen, wozu passen könnte, daß noch bis zum Ende des Spätmittelalters gelegentlich in Miniaturen hebräischer Handschriften Juden mit dem Spitzhut versehen erscheinen.

Die inhaltlichen Elemente des Kanon 68 richten sich - trotz der einleitenden Miterwähnung der Muslime - praktisch allein gegen die Juden. Die biblische Beweisstelle in Gestalt der Zizit von Nm 15, 38-40 (vgl. Lv 19, 19 und Dt 22, 5.11) soll den vorangehenden Vernunftbeweis ergänzen, paßt aber offensichtlich nicht und wirkt 'an den Haaren herbeigezogen'. Im Grunde verstößt das Konzil mit dem Kanon 68 gegen die Prinzipien der Schutzbulle vom 15.9.1199.

32.-Cum sit mimis absurdum. 4. Laterankonzil (11.11.-30.11.1215), Kanon 69 (Potthast, p. 438; Mansi 22, 1057-1058; Gregorii Decret. V, 6,16 [Friedberg, col. 777]; Hefele-Leclercq V, 2, 1387-1388; Conciliorum oecumenicorum decreta, Bologna 1973, 266-267): "Da es über die Maßen unverständlich ist, daß ein Lästerer Christi Amtsgewalt über Christen ausübt, erneuern wir in diesem Abschnitt wegen der Dreistigkeit derjenigen, die sich darüber hinwegsetzen, das, was das (3.) Konzil von Toledo diesbezüglich umsichtig bestimmt hat; wir untersagen, Juden mit der Leitung öffentlicher Ämter zu betrauen, da sie ja unter solchem Vorwand sich den Christen meistens als feindlich erweisen. Wenn aber jemand ihnen ein solches Amt anvertraut hat, soll er durch ein - nach unserer Vorschrift alljährlich zu veranstaltendes - Provinzialkonzil, nach vorangegangener warnender Ermahnung, mit einer angemessenen Strafe in seine Schranken verwiesen werden. Einem (jüdischen) Beamten dieser Art soll so lange der geschäftliche und sonstige soziale Kontakt mit Christen versagt werden, bis nach einer umsichtigen Regelung des Diözesanbischofs armen Christen zugewendet wird, was er sich von den Christen kraft des so übernommenen Amtes angeeignet hat; und er soll mit Schande das Amt aufgeben, das er sich dreist angemaßt hat".- Damit wird eine bereits im Codex Theodosianus begonnene lange Traditionslinie fortgesetzt (Novella Theodosii 3, 1-8; vgl. Verf., Die christlichen Adversus-Judaeos-Texte, 1982, 370).

33.-Quidam sicut accepimus. 4. Laterankonzil (11.11.-30.11.1215), Kanon 70 (Potthast, p. 438; Mansi 22, 1057-1058; Gregorii Decret. V, 9, 4 [Friedberg, col. 791; Hefele-Leclercq V, 2, 1388-1389; Conciliorum oecumenicorum decreta, Bologna 1973, 267): "Gewisse Leute, die freiwillig zum Wasser der heiligenTaufe kamen, ziehen, wie wir erfahren haben, den alten Menschen nicht ganz aus, um den neuen vollkommeneren anzuziehen; denn sie bewahren Reste des früheren Ritus und entstellen mit einer solchen Mischung das glänzende Bild der christlichen Religion. Da aber geschrieben steht: 'Verflucht der Mensch, der auf zwei Wegen wandelt' (d.h. schwankt, in seinem Verhalten keine klare Linie einhält; vgl. Vulgata Jesus Sirach 2, 12; 3, 27) und man nicht ein Gewand anziehen darf, das ein Mischgewebe aus Flachs und Wolle darstellt, bestimmen wir, daß solche Leute durch höhere Geistliche von der Observanz des alten Ritus weg auf jede Art und Weise zur Ordnung gerufen werden, damit der Druck heilsamen Zwanges diejenigen, welche ihre freie Willensentscheidung der christlichen Religion zugeführt hat, in deren Beachtung bewahrt; denn das Nichterkennen des Weges des Herrn ist ein geringeres Übel als der Rückschritt, nachdem man ihn erkannt hat".- Das bedeutet implizit ein Einschwenken auf eine freundliche Haltung, wie sie schon Kaiser Heinrich IV. vertreten hatte: Wer nicht freiwillig getauft wurde, konnte ungestraft dem Christentum wieder den Rücken kehren. Die Praxis der Zwangstaufen, vor allem im Zusammenhang mit den Kreuzzugsverfolgungen, wird also indirekt mißbilligt. Etwas anders als das Konzil hatte der Papst allerdings noch in seinem Schreiben von Sept./Okt. 1201 entschieden.

34.-Ad liberandam Terram sanctam (Kreuzzugsaufruf). 4. Laterankonzil 11.11.-30.11.1215), Kanon 71 (Potthast, p. 438; Mansi 22, 1057-1068; Hefele-Leclercq V, 2, 1388-1389; Conciliorum oecumenicorum decreta, Bologna 1973, 267-271). Es wird, in Anlehnung an frühere einschlägige Regelungen, die Frage der von Kreuzfahrern an Juden zu zahlenden Schuldzinsen geregelt; "Die Juden aber sollen durch die weltliche Herrschaft gezwungen werden, die Zinsen zu erlassen; und solange sie ihnen diese nicht erlassen haben, soll von allen Christgläubigen bei (Androhung) der Strafe der Exkommunikation ihnen gänzlich die soziale Gemeinschaft verweigert werden. Für die aber, welche den Juden die (kontrahierte) Schuldsumme jetzt nicht bezahlen können, sollen die weltlichen Herrscher vorsorglich einen zweckdienlichen Zahlungsaufschub verschaffen; von Antritt der Fahrt bis zu sicherer Nachricht über ihren Tod oder ihre Heimkehr sollen ihnen keine Nachteile in Gestalt eines Auflaufens von Zinsen entstehen; die Juden sollen gezwungen werden, die inzwischen von ihnen selbst kassierten Einkünfte von den Pfändern, abzüglich der ihnen entstehenden notwendigen Auslagen, auf das zu verzinsende Kapital anzurechnen. Dies scheint ja nicht viel Verlust (für die Juden) mit sich zu bringen, weil es zwar die Zurückzahlung aufschiebt, die Schuldsumme aber nicht verschlingt" (col. 1063).- Die relativ behutsame Diktion zeigt, daß damit die europäischen Landesherren angesprochen waren, für welche diese Rechnung einen gewissen Steuerausfall bedeutete. Bei den Pfändern konnte es sich um Äcker handeln, deren Früchte Einkünfte bedeuteten, von denen aber etwaige Kosten für Bewirtschaftung und Saatgut sozusagen betriebswirtschaftlich abzugsfähig waren.

35.-Ad liberandam Terram sanctam vom 14.12.1215. Wiederholung des Kreuzzugsaufrufs des 4. Laterankonzils, Kanon 71 (Potthast, Nr. 5012; PL 217, 269-273; Aronius, 1902, 177; col. 271): *Judaeos vero ad remittendas usuras* etc.

36-37.-Schreiben an die Erzbischöfe und Bischöfe Frankreichs (Potthast, Nr. 5302.5257; PL 216, 994), geschrieben 1215/1216, jedenfalls nach dem 4. Laterankonzil. Die Inhaltsangaben der (nicht erhaltenen) Briefe lauten: "Den Erzbischöfen und Bischöfen Frankreichs wird aufgetragen, allen Christen, besonders den das Kreuzeichen tragenden (d.h. den Kreuzfahrern) zu verbieten, die Juden und ihre Familien zu behelligen ... Den Erzbischöfen und Bischöfen Frankreichs wird aufgetragen, den Juden zu gestatten, eine Tracht (*habitus*) der Art zu tragen, durch welche sie unter den Christen (als Juden) unterschieden werden können; nicht sollen sie sie zwingen, eine Tracht zu tragen, durch welche sie in die Gefahr geraten, ihr Leben zu verlieren".- Der Papst scheint hier eingesehen zu haben, daß der Kanon 68 (*In nonnullis*) des 4. Laterankonzils unbeabsichtigt ungute Konsequenzen hatte, und er versucht wohl, mäßigend einzugreifen. Die in Frankreich von den Bischöfen angeordnete Judentracht könnte ein besonders auffälliger Spitzhut (oder schon ein Judenring, *rota* ? Vgl. unten zu Guillaume de Bourges) gewesen sein, während der Papst vielleicht an die weniger auffällige phrygische Mütze oder einen einfachen konischen Hut denkt. Innozenz will offenbar eine schwere soziale Diskriminierung oder Brandmarkung (mit entsprechender Lebensgefahr der Betroffenen) vermieden wissen, und seine Intention war: Die Juden sollen als nichtchristliche Bevölkerungsgruppe kenntlich sein, so daß Christen bei ihrem Verhalten diese Tatsache berücksichtigen konnten. Objektiv gesehen waren allerdings negative soziale Konsequenzen kaum vermeidbar, nämlich etwa die grundsätzliche Blockade jeder Assimilation und Integration und die Bereitstellung von Sündenböcken, die bei sozialen Spannungen und Katastrophen eine bequeme Zielscheibe für Christen sein konnten, welche die Leitlinie der *pietas christiana* (Brief vom 15.7.1205) aus dem Auge verloren.

38.-Sermo 16 De tempore (PL 217, 385-386 zum Verhältnis Kirche-Synagoge).- In einer aktualisierenden typologischen Exegese von Lk 4, 38-39: "'Und er brach von der Synagoge auf und ging in das Haus des Simon. Die Schwiegermutter des Simon war von einem heftigen Fieber befallen', da er die Ungläubigen verließ und zu den Gläubigen ging. Synagoga aber verwarf er wegen ihres Unglaubens (*propter perfidiam*), und Ecclesia erwählte er wegen ihres Gehorsams ...' Die Schwiegermutter des Simon war von einem heftigen Fieber befallen'. Die er zuvor Synagoga genannt hatte, nennt er nun Simons Schwiegermutter ... Mutter der Ecclesia aber, der Frau Simons ... ist offenbar Synagoga, entsprechend ihren eigenen Worten im Hohenlied: 'Meiner Mutter Söhne kämpften gegen mich' (Hoheslied 1, 6 [Vulgata]) ... Nachdem also Christus von der Synagoga aufgebrochen war, verließ er sie wegen ihres Unglaubens (*propter perfidiam*) ... Denn Synagoga ist besonders von zwei fiebrigen Krankheiten befallen, dem Irrtum (bzw. Irrglauben) und dem Neid ... O wie schwer ist doch der Neid, durch den Synagoga gepeinigt wird, wenn sie Ecclesia sieht im Besitz der Königsherrschaft und des Priestertums, des Tempels und des Altars, des Gesetzes und der Prophetie! ... Von diesen fiebrigen Erkrankungen ist also Simons Schwiegermutter, das ist Synagoga, befallen; aber die im Hause befindlichen Gläubigen beten für sie, bittend, Gott möge die Hülle von ihren Herzen nehmen, daß sie Jesus Christus, der die Wahrheit ist, erkennt".- Da sind zwei herkömmliche Anschauungen der Kirche besonders eindringlich formuliert verbunden: Die Kirche ist die Tochter der Mutter Synagoga. Christus verläßt Synagoga wegen ihres Unglaubens, doch bleibt sie Mutter, für die gebetet wird. Die typologische Deutung von Lk 4, 38-39 verleiht die Gewißheit, daß dieses Beten Erfolg haben wird. Es könnte sein, daß Innozenz hier auch an Beispiele früh- und hochmittelalterlicher Ikonographie von Ecclesia und Synagoga denkt (*videt Ecclesiam habere regnum* etc.): Ecclesia als gekrönte Königin stolz gegenüber der gedemütigten, besiegten Synagoga stehend.

Innozenz war kanonistisch geschult, wie schon sein wichtigster Vorgänger Alexander III., und wie jener steht auch er hinsichtlich der Judenthematik in der Tradition des spätantiken christlichen Kaiserrechts (Codex Theodosianus), doch entwickelt er - und das Konzil auf seiner Linie - die Dinge weiter im Sinne einer stärkeren Kontrolle und Eindämmung von aus seiner Sicht unguten Entwicklungen. Die Übernahme großer Teile seiner einschlägigen Aussagen und jener des Konzils in die Dekretalensammlung Gregors IX. unterstreicht die ihnen von Zeitgenossen und Späteren beigemessene Bedeutung und die Nachhaltigkeit ihrer Wirkung. Durch die Kodifizierung Gregors wurde die judenpolitische Wende vom 3. zum 4. Laterankonzil und von Alexander III. zu Innozenz III. für geraume Zeit festgeschrieben. Bei dieser Festschreibung wurden jedoch die zahlreichen judenfreundlichen Aussagen des Codex Theodosianus deutlich weniger berücksichtigt als dessen repressive Teile beziehungsweise die von beiden Bereichen ausgehenden Traditionslinien.

Der Papst, als Stellvertreter Christi nach seinem Verständnis Herr der ganzen christlichen Welt, wollte christliche Grundsätze in seinem gesamten Einflußbereich durchsetzen und benutzte dafür das Instrument des Kirchenrechts in einem bisher nicht gekannten Ausmaß, auch in manchen eher weltlichen Dingen und - wenn auch indirekt - in der Judenthematik, soweit sie aus kirchlicher Sicht ein Störfaktor war. Für ihn sind die Juden als Ungetaufte in ihrem Verhalten zwar nicht unmittelbar an kirchliche Weisungen gebunden, jedoch mittelbar im Interesse christlicher Ziele steuerbar. Innozenz nahm den Juden nicht das Recht zum Geldverleih und Immobilienerwerb - hier wäre auch der Gegensatz zu den Interessen der Landesherren unüberbrückbar gewesen -, doch wollte er dadurch die Angelegenheiten der Kirche weder direkt noch indirekt beeinträchtigt sehen. Das Ketzerwesen sollte ausgerottet, die Juden dagegen nur in ihre Schranken verwiesen werden. In diesem Zusammenhang bezieht er sich auf konkrete Vorfälle und Verfehlungen der Juden, entgeht aber gerade hier nicht immer der Gefahr der Generalisierung. Negative Wertungen beruhen aber nirgends auf einem rassischen Vorurteil - und insofern ist die häufige Inanspruchnahme gerade dieses Papstes durch Vertreter des neuzeitlichen Antisemitismus unberechtigt - sondern fließen aus einem intensiven Gefühl des Bedrohtseins durch selbstbewußte Vertreter einer starken nichtchristlichen religiösen Tradition, von der sich die Kirche theologisch irgendwie abhängig fühlte, sei es auch nur durch die (seit dem 12. Jh. häufig zugegebene) Tatsache, daß die hebräische Bibel, die Quelle der Septuaginta und Vulgata, nach wie vor von den Juden bewahrt, tradiert, ausgelegt und als *hebraica veritas* mehr und mehr auch von christlichen Exegeten konsultiert wurde. Die Synagoga als "Mutter der Ecclesia" war aber zugleich die Repräsentantin einer ganz anderen, fremden Religion, die Religion der *alieni* und *extranei* (vgl. *Etsi non displiceat* vom 16.1.1205), und die Juden mit ihrer ungebrochenen messianischen Erwartung hielten die Sorge der Kirche vor jüdischen Einflüssen auf glaubensschwache Christen ständig wach. Schon die Ketzer machten ihr ja genug zu schaffen.

Die nachhaltigste Wirkung ging von zwei Faktoren aus. Einmal von der Transsubstantiationslehre (Realpräsenz Christi in Brot und Wein des Altarsakramentes) des 4. Laterankonzils. Sie verstärkte die christlich-jüdische Polarisierung, weil sie die hier besonders stark ablehnende und gegensätzliche Haltung der Juden in den Vordergrund rückte und sowohl das Entstehen zahlreicher Hostienwunder förderte als auch einen fruchtbaren Boden abgab für die Entstehung von unguten Legenden (Hostienraub, Hostienfrevel, Hostienschändung, blutende Hostien usw.). Zum anderen von der alten bei Innozenz kulminierenden christlichen Anschauung, die Juden seien *servi* (Knechte, Sklaven) der Christen und aller christlichen Völker und Herrscher. Die über Jahrhunderte hin wiederholte Behauptung dieser *servitus Judaeorum* führte nach dieser letzten entscheidenden Vorbereitung etwa zwei Jahrzehnte nach Innozenz' Tod fast zwangsläufig zur juristischen Fixierung der 'Kammerknechtschaft' der Juden.

Innozenz' Sicht des Judenthemas ist nur teilweise neutestamentlich und theologisch begründet. Die eigentlich "Knechte" sein sollten, erscheinen ihm oft als solche, die mit ihren Geldgeschäften die Kirche und die kirchlichen Aufgaben beeinträchtigen oder sogar in Not bringen - was beim Ausbleiben des Kirchenzehnts auch wohl nicht selten geschah -, als Leute, die sich zweifellos bisweilen respektlos oder gar spöttisch über die (aus christlicher Sicht heiligsten) Anschauungen von (aus jüdischer Sicht götzendienerischen) Nichtjuden äußerten. Die Protegierung der steuerkräftigen Juden und ihrer Geschäfte durch die weltlichen Herren mußte zusätzlich erbitternd wirken. Gerade so - also keineswegs theologisch begründet - verstehen sich auch einzelne antijüdisch-polemische Aussagen. Immerhin respektiert auch Innozenz das überlieferte Rechtsgut der jüdischen Religionsfreiheit und betont die heilsgeschichtliche Notwendigkeit ihres Überlebens und die ihnen zu erweisende *pietas christiana* (in *Etsi Judeos* vom 15.7.1205). Nicht sein Verdienst und nicht das Verdienst des 4. Laterankonzils ist allerdings die Tatsache, daß die neuen kirchenrechtlichen Normen keineswegs sofort und überall durchgesetzt werden konnten. Das bekunden ihre häufigen Wiederholungen in späteren Konzilstexten. Die gesellschaftlichen Realitäten entzogen sich oft dem normativen und autoritativen kanonistischen Anspruch.

Ausgaben: Mansi 22, 1054 ff; PL 214-217; Conciliorum oecumenicorum decreta, Bologna 1973, 227-271, S. 265-267; Die Register Innozenz' III. Bearbeitet von O. Hageneder (u.a.), Graz-Köln 1964 ff.- *Literatur*: Stobbe, 1866, 106-107.132.173-174. 273.278; M. Güdemann, Geschichte des Erziehungswesens und der Cultur der abendländischen Juden, 3 Bde., Wien 1880-1888 (I, 36.63 f.; II, 49.77-78.85.88 ff. 107.109.256 f.); I. Loeb, La controverse religieuse entre les Chrétiens et les Juifs au moyen âge en France et Espagne, Revue de histoire des religions 17, 1888, 331-337, S. 334-335; I. Ziegler, Religiöse Disputationen im Mittelalter, Frankfurt a.M. 1894, 17 ff.; M. Stern, Urkundliche Beiträge über die Stellung der Päpste zu den Juden, II 1, Kiel 1895, S. 3-11; H. Vogelstein-P. Rieger, Geschichte der Juden in Rom, I, Berlin 1896, 228-231; L. Lucas, Innocent III et les juifs, Revue des études juives 35, 1897, 247-255; Scherer, 1901, 42-43; Aronius, 1902, 155-156.163-164.173.174-177; Caro, 2 Bde., 1908-1920 (I, 288-299; II, 242-243); Hefele-Leclercq, V (1913), 1386-1389; L.Lucas, Judentaufen und Judaismus zur Zeit des Papstes Innozenz III., in: Beiträge zur Geschichte der deutschen Juden. Festschrift M. Philippson, Leipzig 1916, 25-38; M. Elias, Die römische Kurie, besonders Innozenz III., und die Juden, Jahrbuch der Jüdisch-Literarischen Gesellschaft 12, 1918, 37-82; P. Browe, Hostienschändungen der Juden im Mittelalter, Römische Quartalschrift 34, 1926, 167-197, S. 176-177.186.197; J. Höxter, Quellenlesebuch zur jüdischen Geschichte und Literatur, III, Frankfurt a.M. 1927, 15-18; S. Dubnow, Weltgeschichte des jüdischen Volkes, V, Berlin 1927, 15 ff.; H.C. Holdschmidt, Der Jude auf dem Theater des deutschen Mittelalters, Emsdetten 1935, 5.137-139 (antijüdisch); Germania Judaica I (1963) XXX-XXXI. 165.184.233; C.W. Previté-Orton, in: The Cambridge Medieval History VI, 1936, 1-43; J.R. Marcus, The Jew in the Medieval World, Cincinnati 1938, 137-141; Browe, 1942, 66.146.188.191.238.257; G. La Piana, The Church and the Jews, Historia Judaica 11, 1949, 117-144, S. 127-130; C. Roth, European Jewry in the Dark Ages: A Revised Picture, Hebrew Union College Annual 23 II, 1950-1951, 151-169, S. 156.166; W. Maurer, Kirche und Synagoge, Stuttgart 1953, 29-32.78; P. Tillich, Die Judenfrage, ein christliches und ein deutsches Problem, Berlin 1953, 12-13; Fr. X. Seppelt, Geschichte der Päpste, III., München 1956, 319-389; A. Waas, Geschichte der Kreuzzüge, I, Freiburg 1956, 226-242; Baron, IV (1957), 8.13.15-17; IX (1965), 13 ff.19.25.26.27-29. 36 ff.137-138.242-247.251-252; XI (1967), 106.117.166-167; XII (1967), 134; XIII (1969), 10; LThK V (1960) 687-689; VI (1961) 816-817; Grayzel, 1962, 243-280, S. 256-257; H. Liebeschütz, Judaism and Jewry in the Social Doctrine of Thomas Aquinas, The Journal of Jewish Studies 13, 1962, 57-81, S. 67; M. Pinay, Verschwörung gegen die Kirche, Madrid 1963, 635 ff.; K. Kupisch, Durch den Zaun der Geschichte. Beobachtungen und Erkenntnisse, Berlin 1964, 355-356; V. Pfaff, in: Vierteljahrschrift für Sozial- und Wirtschaftsgeschichte 52, 1965, 168-206, S. 182.183.184-195; E.A. Synan, The Popes and the Jews in the Middle Ages, New York-London 1965, 83-106.219-236; S. Grayzel, The Church and the Jews in the XIIIth Century, New York 1966, 10-11.17-18.19.25-26.27.33-34.36.37.41.42-43.47.48.56-57.66.67.69.78.83.86-143.306-313; B. Brilling - H. Richtering (Hgg.), Westfalia Judaica, I, Stuttgart 1967, 33-34; S.Grayzel Jews and the Ecumenical Councils, in: The Twenty-Fifth Anniversary Volume of the Jewish Quarterly Review, ed. by A.A. Neuman and S. Zeitlin, Philadelphia 1967, 286-311, S. 296-299; A. Rubens, A History of Jewish Costume, London 1967, 106-107; K. Bihlmeyer-H. Tüchle, Kirchengeschichte, II, Paderborn 1968, 270-276; W.P. Eckert, in: Kirche und Synagoge, I (1968) 210-211.215.216-217.221-224; E. Wolter, in: Handbuch der Kirchengeschichte, hg. von J. Jedin, III 2, Freiburg 1968, 171-213.219 ff.; H. Jedin, Kleine Konziliengeschichte, Freiburg 1969, 47-50; A. Cutler, Innocent III and the Distinctive Clothing of Jews and Muslims, in: Studies in Medieval Culture, hg. von J.R. Sommerfeld, III, Kalamazoo 1970, 92-116; G. Kisch, The Jews in Medieval Germany. A Study of their Legal and Social Status, New York 1970, 150-151; Encyclopaedia Judaica (Jerusalem 1971) III, 102; IV, 64. 1495; V, 548; X, 1040; F. Lovsky, L'antisémitisme chrétien, Paris 1970, 185-186.216; S.W. Baron, Ancient and Medieval Jewish History, New Brunswick, New Jersey, 1972, 289-291; Czerwinski, 1972, 17.112-117.162 ff.216 ff.221-223.306-308; Pakter, 1974, 8.16-21.22-24.99-100.123.231 ff. 283-284; K. Schubert, Das Judentum in der Umwelt des christlichen Mittelalters, Kairos 17, 1975, 161-217. 200; A. Edelstein, Philo - Semitism and the Survival of European Jewry, Diss. New York (City University) 1977, 119-120.124-125; L. Poliakov, Geschichte des Antisemitismus, I, Worms 1977, 56-57; III, 1979, 157-158; Kisch, I (1978) 68-70; II (1979), 117.123 ff. 129 ff. 147; H.H. Ben-Sasson, Geschichte des jüdischen Volkes, II, München 1979, 116-117; Grayzel, 1979, 151-188, S. 157-159.161.167.168; J. Muldoon, Popes, Lawyers, and Infidels: The Church and the Non-Christian World, 1250-1550, Philadelphia 1979, 77-78.93-94; A. Bein, Die Judenfrage. Biographie eines Weltproblems, I, Stuttgart 1980, 90 ff.; Chazan, 1980, 171-176. 197-198; B. Stemberger, in: Juden in Deutschland, Berlin 1980, 41-43; J.Cohen, The Friars and the Jews, Ithaca and London 1982, 33-38.44-45.46.52.243.247.249; K.R. Stow, Taxation, Community and State. The Jew and the Fiscal Foundations of the Early Modern Papal State, Stuttgart 1982, 53 ff.; W. Imkamp, Das Kirchenbild Innozenz' III (1198-1216), Stuttgart 1983 (bes. S. 266-268: "Der Übergang von der Synagoge zur Kirche"); H. Liebeschütz, Synagoge und Ecclesia, Heidelberg 1983, 211-219; J.M. Rainer, Innozenz III. und das römische Recht, römische historische Mitteilungen 25, 1983, 15-83; Verfasser-lexikon IV (1983) 388-395; M. Toch, Judenfeindschaft im deutschen Spätmittelalter, in: Judentum und Antisemitismus von der Antike bis zur Gegenwart, hg. von Th. Klein (u.a.), Düsseldorf 1984, 65-75, S. 69-70; TRE XVI (1987) 175-182.

Johann ohne Land, 1199-19.10.1216 König von England, betrachtet die Juden wie schon Richard Löwenherz als persönlichen Besitz (*sicut nostre res propie*), über den er beliebig verfügte, wie aus seiner *Carta Judaeorum Angliae* vom 10.4.1201 hervorgeht (zitiert nach Scherer, 1901, 88; der lateinische Text bei J.M. Rigg, Select Pleas, Starrs, and other Records from the Rolls of the Exchequer of the Jews A.D. 1220-1284, XV, London 1901, p. 1, und in: Rotuli chartarum etc. ed. Th. D. Hardy, London 1837, I, p. 93; englische Übersetzung bei Chazan, 1980, 77-79). In der gleichen Charta (eine ausführliche Inhaltsangabe davon bei Scherer, 1901, 92-93) werden unter anderem einigermaßen faire Prozeduren für juristische Streitigkeiten zwischen Christen und Juden angeordnet, die keine der beiden Parteien unangemessen bevorzugen; denn von der Rechtssicherheit hing indirekt auch die Steuerkraft der jüdischen Geldverleiher ab. Unter anderem wird verboten, der Leiche eines Juden die Bestattung so lange zu versagen, bis die finanziellen Verpflichtungen des Verstorbenen beglichen waren; vielmehr sollen seine Erben mit dem Erbe auch die Verpflichtungen übernehmen. Solche Fälle, eine besonders üble Form von Erpressung, kamen offenbar vor. In der dem König von den geistlichen und weltlichen Herren Englands abgezwungenen Magna Charta libertatum vom 15.6.1215 war der Schuldendienst eines Verstorbenen geregelt, der von Juden oder Christen ein Darlehen genommen hatte. Hier wurde dafür gesorgt, daß die Ansprüche der unmündigen Erben und der Witwe nicht zu kurz kamen.- Im Jahre 1203 sandte König Johann ein Schreiben an die Stadt London, in dem er Übergriffe gegen die Juden, die unter seinem speziellen Schutz stünden, verbietet; dies mit der Bemerkung: "Wir sagen das nicht nur um unserer Juden, sondern auch um unseres Friedens willen; denn (auch) wenn wir einem Hund unseren Frieden gewähren, sollte er unverletzlich sein. Wir vertrauen deshalb darauf, daß ihr hinfort für die Sicherheit der Juden Londons sorgt" (Rotuli litterarum etc., ed. Th. D. Hardy, London 1835, p. 33). Der Vergleich mit dem Hund ist vom König weniger abwertend gemeint, als es scheint: Unter dem Schutz des Königsfriedens müßten selbst Hunde (, welche die Juden offensichtlich nicht sind) stehen, wenn der König es befiehlt. Es handelt sich also um ein *Argumen-*

tum e contrario. Immerhin ist nicht auszuschließen, daß hinter dem Vergleich eine Anspielung auf eine in London gängige Bewertung der Juden als Hunde steht.

Literatur: Scherer, 1901, 87-93; Caro, I (1908), 317 ff. 344-353; LThK V (1960) 983; Chazan, 1980, 77-79.122-123; H. Greive, Die Juden. Grundzüge ihrer Geschichte, Darmstadt 1980, 77-78; G.I. Langmuir, 'Tanquam servi': The Change in Jewish Status in French Law about 1200, in: Les Juifs dans l'histoire de France, ed. M. Yardeni, Leiden 1980, 24-54, S. 34 ff.

Peter von Cornwall (von 1197 bis zu seinem Tode im Jahre 1221 Prior eines Augustinerklosters in London), von dem einige unveröffentlichte theologische Werke erhalten sind, zum Beispiel der *Pantheologus*, eine voluminöse Sammlung von *distinctiones*, ist auch der Verfasser einer im Jahre 1208 verfaßten, dem Kardinal und Erzbischof von Canterbury Stephan Langton gewidmeten *Disputation gegen den Juden Symon* (nur z.T. erhalten in: Codex Etoniensis 130; kurze Stücke daraus abgedruckt bei R.W. Hunt, The Disputation of Peter of Cornwall against Symon the Jew, in: Studies in Medieval History, Presented to Fr. M. Powicke, ed. by R.W. Hunt u.a., Oxford 1948, 143-156). Das in lateinischer Sprache geschriebene Werk ist - so weit es uns erhalten ist - in der literarischen Form eines Dialoges gehalten und besteht aus zwei Teilen, dem ersten (nicht erhaltenen) Teil mit dem Titel *Liber allegoriarum Petri contra Symonem Judeum de confutatione Judeorum* (im wesentlichen wohl eine Liste von christlich gedeuteten Bibelstellen), und einem zweiten Teil *Liber disputationum Petri contra Symonem Judeum de confutatione Judeorum* (= Fol. 92-226 des Codex Eton), der seinerseits in 3 Bücher unterteilt ist. Inhalt von Buch I: Vernunftbeweise (*rationes*) und Schriftbeweise (*scripturae*) aus dem Alten Testament dafür, daß der Messias in Gestalt Jesu Christi schon gekommen ist, daß er wahrer Gott und wahrer Mensch ist.- Inhalt von Buch II.: Widerlegung der literalen jüdischen Bibelexegese (zum Thema Sabbat, Beschneidung, Opferkult), Verwerfung der Juden und Berufung der Heiden.- Inhalt von Buch III.: Zum Thema Trinität, Jungfrauengeburt, menschliche und göttliche Natur Christi u.a.

Aus einer lateinischen Chronik des 15. Jh. (Textauszug bei Hunt a.a.O., S. 143, Anm. 2) erfahren wir, daß Peter von Cornwall über einen Zeitraum von drei Jahren Bekehrungsgespräche mit einem Juden geführt habe, die dann schließlich Erfolg hatten, so daß dieser Jude Mitkanoniker Peters in der Holy Trinity-Priorei wurde. Die 'Disputation gegen den Juden Symon' ist also, so könnte man sagen, der literarisch aufgearbeitete

Erfahrungsbericht eines Judenmissionars. Vor allem der Prolog des zweiten Teils dieses Werkes (abgedruckt bei Hunt, a.a.O., S. 153-156) gibt einen guten Einblick in die Entstehungsumstände der Schrift und in die Motive und die Arbeitsweise des Petrus. Da fällt am meisten auf, daß er seine Gespräche mit Symon als "gegenseitige Belehrung" auffaßt (Hunt, S. 154), wie überhaupt die ganze Schrift moderat und unpolemisch ist, entsprechend dem zu Beginn der Gespräche formulierten Grundsatz: "Wir vereinbarten, ohne Streitsucht, ohne uns laut zu beschimpfen und ohne unbedingten Siegeswillen, vielmehr ganz friedlich und ruhig und lediglich mit dem Wunsch der Wahrheitsfindung zu verhandeln" (Hunt, S. 155; vgl. S. 156: *benigno animo et tranquillo et tantum veritatem inquirendi desiderio*). Allerdings stimmt Peter von Cornwall vor Beginn der Gespräche Symon auf seinen Modus procedendi ein: "Wenn Du nämlich etwas von jenen Dingen (d.h. den historischen Begebenheiten der Lebenszeit Christi, wie sie vor allem im Neuen Testament berichtet sind) leugnen willst, so daß Du mir den Weg des Wahrheitsbeweises abschneidest - so verfahren in ihren Disputationen gegen die Christen stets Eure (Glaubens-)Brüder, nämlich die bösen, Christus verfolgenden Juden -, werde ich vergeblich disputieren; denn gegen einen Feind der Wahrheit und Verteidiger der Verkehrtheit scheint es mir sicherer zu schweigen als zu disputieren" (Hunt, S. 156), und der Jude geht einigermaßen bereitwillig und aufgeschlossen darauf ein. Er sagt sogar, auch in einer bestimmten jüdischen Tradition (*scripta secreta*, Hunt, S. 156) hätten sich, ausgehend von der hebräischen Urfassung des Matthäusevangeliums, Berichte über Christus erhalten. Diesbezüglich sei er, Symon, entgegenkommend, wenn nur der Christ sich verpflichte, keine anderen Beweisstellen anzuführen als solche aus dem jüdischen Gesetz (d.h. aus der Bibel).

Großen Wert scheint Peter von Cornwall zu legen auf die geschickte Kombination von Schriftstellen (*scripturae*) und Vernunftgründen (*rationes*), und hier zeigt er einige Kenntnisse scholastischer Methodik. Auch mit den Inhalten und Methoden seiner Vorgänger in der Adversus-Judaeos-Literatur beweist er eine gewisse Vertrautheit, doch sind Einzelheiten von Abhängigkeiten über die Beobachtung von Hunt hinaus nicht sicher zu bestimmen. Vorerst scheint deutlich, daß - z.B. hinsichtlich der Verweise auf Vergils 4. Ekloge und die Sibyllinischen Bücher - Affinitäten zu Petrus von Blois bestehen. Auch zu Petrus Alfonsi, Gilbertus Crispinus und Isidor von Sevilla führen Verbindungslinien. Erst wenn dieser Text, ebenso wie mancher andere gleicher Art, zuverlässig ediert ist, kann eine Qualifikation und eine Einordnung in die gattungsgeschichtlichen Zusammenhänge versucht werden. Es mag aber schon vermerkt sein, daß Peters Art, die neutestamentlichen Berichte als nicht diskutierfähige absolute Wahrheit anzusehen, etwas später bei Guillaume de Bourges wiederkehrt.

Literatur: R.W. Hunt, The Disputation of Peter of Cornwall against Symon the Jew, in: Studies in Medieval History, Presented to Fr. M. Powicke, Oxford 1948, 143-156; R.M. Ames, The Debate Between the Church and the Synagogue in the Literature of Anglo-Saxon and Mediaeval England, Diss. New York (Columbia Univ.) 1950, 58 ff. 209; A.Büchler, in: Journal of Jewish Studies 37, 1986, 207.

Der Zisterzienser **Adam, Abt von Perseigne** in der Diözese Le Mans († um 1221), ist vor allem bekannt als Kreuzzugsprediger. Unter den von ihm erhaltenen Werken befindet sich eine *Epistola ad amicum*, entstanden etwa im Jahre 1198 (PL 211, 653-659) mit überraschenden, unkonventionellen Aussagen zum Judenthema. Darin entschuldigt er sich, allerdings in teilweise aggressiver Form, dafür, daß er nicht dem Wunsch des mit ihm korrespondierenden Klerikers entsprechen und eine einschlägige apologetische Schrift, offenbar als Hilfsbüchlein für Religionsdiskussionen mit Juden, verfassen könne:

"Du batest mich, teuerster Bruder, für Dich eine Schrift zu verfassen, mit deren Hilfe der Glaube der Gläubigen gestärkt und der Starrsinn der Ungläubigen, in erster Linie der Juden, (als unberechtigt) widerlegt werden kann" (PL 211, 653). Adam versagt sich dem Bittsteller hauptsächlich deshalb, weil er den Eindruck hat, daß dieser mehr aus Streitlust und eitlem Selbstbewußtsein als aus Wahrheitsliebe das Disputationsgefecht mit den Juden sucht, die um diese Zeit, nach jahrzehntelanger Vertreibung, durch König Philipp II.Augustus wieder nach Frankreich Zutritt erhielten. Auch hier zeigt sich, daß der von Adam erbetene Adversus-Judaeos-Text in erster Linie der Glaubenssicherung der Christen dient (*credentium fides firmari*, PL 211, 653); denn die Widerlegung der starrsinnigen Juden wird zwar noch als zweites Ziel erwähnt, doch weiß der Abt, daß die in Adversus-Judaeos-Texten geleistete geistige Auseinandersetzung mit den Juden - und dieser Gedanke zieht sich durch einen großen Teil des Briefs - im Grunde ein nutzloses, allenfalls innerchristlich sinnvolles Bemühen ist und daß auf diesem herkömmlichen Weg vor allem eine eitle christliche Selbstbespiegelung geschieht. Adams Reaktion gegen die überlieferte Art der christlichen Auseinandersetzung mit den Juden in Gestalt von (mündlichen oder literarischen) (Schein-)Gefechten klingt fast revolutionär: "Wenn es darum geht, (christliche) Glaubensüberzeugungen zu vermitteln, wirkt das Beispiel des guten Tuns mehr als eine wortreiche Debatte" (PL 211, 656);

aber ähnliche Ansichten äußert bereits Hermann von Scheda etwa in der Mitte des 12. Jh.: Die Christen müssen christlicher werden, um glaubwürdig (und anziehend für Juden) zu sein.

So spricht nicht Resignation, sondern eine realistische Beurteilung der Geschichte der christlich-jüdischen Apologetik aus den Worten des Abtes: "Es ist eine durchaus nutzlose Mühe, über den (christlichen) Glauben mit den Juden zu streiten, die, wie feststeht, durch Gottes Entscheid in die Finsternis innerer (d.h. geistiger) Blindheit geraten sind. Denn verhärtet ist das Herz dieses Volkes, und, bis die Fülle der Heiden eintritt (vgl. Röm 11,25), ist das fleischliche Israel durch seinen Unglauben blind und tappt, wie in der Nacht, so auch am hellichten Tage umher; denn es erstarrte, wiewohl fleischlich, zu Stein, und das Herz tief drinnen wurde hart wie Diamant (vgl. Jr 17,1).Wie nämlich der Diamant so gut wie unspaltbar ist, so wird der harte jüdische Unglaube durch keinen Vernunft- oder Schriftbeweis (*nulla ratione vel auctoritate*) erweicht. Mithin ist es eine (der jüdischen) ähnliche (christliche) Blindheit, mit ihnen um die Wahrheit zu streiten, wo das (Wort-)Gefecht mit ihnen keine Frucht zu bringen vermag. Dennoch gibt es sehr viele - Leute, denen es weniger zu tun ist um die kritische Untersuchung eines Sachverhalts als um ein (reizvolles) Wortgefecht -, die ihre Ehre mehr in dem eitlen Beifall der Menschen finden als in einem kraftvollen Wahrheitsurteil" (PL 211, 654). Hier sieht Adam von Perseigne die Gefahr, daß im Glaubensstreit der Christen mit den Juden oft nur persönliche Eitelkeit befriedigt wurde und der bloße Anschein eines elegant erfochtenen Sieges mehr galt als ernste Wahrheitssuche und das Wichtignehmen und Bedenken der Argumente der Gegenseite.

Kein Wunder, wenn der Abt auch in der alten Frage der Schuld am Tode Jesu vehemente innerchristliche Kritik artikuliert: "Vielmehr soll man eher denen einen Vortrag über den (christlichen) Glauben halten, die, obwohl sie stets den Sohn Gottes im Munde führen, (sozusagen) Judengenossen werden, indem sie Christus abermals kreuzigen" (PL 211, 654-655). Ja, die Schuld sündiger und selbstgerechter Christen wiegt viel schwerer als die Schuld der Juden: "Wie also kann ein derartiger (Priester) mit Argumenten gegen den Unglauben der Juden ankämpfen und ihnen ihre Schuld am Tode des Herrn beweisen, der (seinerseits) die Sakramente unwürdig empfängt und sich (so) in die gleiche Schuld verstrickt. Und jene, hätten sie ihn erkannt, hätten den Herrn der Herrlichkeit niemals gekreuzigt (vgl. 1 Kor 2,8). Du erkennst ihn und tötest ihn, sooft du schuldig wirst durch den unwürdigen Empfang seines Leibes und Blutes. Weit fluchwürdiger ist es, den, der da lebt und herrscht in Ewigkeit, durch schlechten Lebenswandel erneut zu töten als wenn der Jude gegen einen Sterblichen und menschlichen Bedürfnissen (?) Unterworfenen unwissend seinem Grimm freien Lauf lassen wollte. Als Glaubensfeind ist der wissende und (doch) verfolgende Christ verwerflicher als der verfolgende und nichtwissende Jude; jedoch innerchristlich ist niemand schlimmer als der schlechte Priester, der nicht aus arger Unwissenheit, sondern aus Habgier Christus verfolgt" (PL 211, 657) ... Selbst der Teufel wagt es nicht oder kann sich nicht so sehr gegen Christi Majestät versündigen, wie die überaus unseligen Christen Missetaten gegen ihn begehen. Der Teufel und der Jude hätten den Herrn der Herrlichkeit geschont, wenn sie ihn gekannt hätten. Der Christ aber glaubt und verachtet, kennt und mißachtet, betet an und lästert, betet und bekämpft. Handele also Deinem Glauben und Deiner (Amts-) Pflicht gemäß und unterlasse vorläufig das unangebrachte Disputieren mit Juden, weil Dich das nichts angeht. Belehre vielmehr durch Deine Worte und Deine Lebensführung Deine christlichen Glaubensgenossen, die verwerflicher sind als jene" (PL 211, 659).

Die Habgier der Christen rügen zum Beispiel schon Bernhard von Clairvaux und Papst Alexander II., und auch der Gedanke, daß die Christen mit ihren Sünden Christus kreuzigen, ist nicht neu. Neu ist jedoch die paränetisch sehr eindringliche Art der Gegenüberstellung von Christen und Juden. Daß nun auch Priester vor Disputationen mit Juden gewarnt werden, überrascht ebenfalls. Offenbar hat der Abt großen Respekt vor der selbstbewußten Bibelfestigkeit der Juden, einen - gewiß erzwungenen - Respekt aber auch vor ihrem hartnäckigen Unglauben, dem durch *ratio* und *auctoritas*, die üblichen Mittel scholastischen Argumentierens, nicht beizukommen sei. Die herkömmliche antijüdische Apologetik scheint Adam von Perseigne fast für Schaumschlägerei zu halten. Die Weigerung eines bedeutenden Mannes, der immerhin im Jahre 1195 vom Papst mit einer Prüfung der Ansichten des Joachim von Fiore beauftragt wurde, konventionell *Adversus Judaeos* zu schreiben, läßt vermuten, daß manche Christen die traditionellen Formen der geistigen Auseinandersetzung mit dem Judentum in einer Krise befindlich sahen. Konsequent und verständlich kommt der Wunsch auf, die Christen müßten zunächst einmal christlicher werden, bevor sie durch ihr Beispiel anziehend zu wirken versuchen könnten. Mit dieser pastoralen Paränese geht der Abt über Bernhard von Clairvaux, dem er geistig nahe steht, hinaus. Das Vertrauen auf die Verheißung von Röm 11, 25-26 erlaubt es ihm, gut paulinisch auf die Wirkung der Eifersucht der Juden auf das neue überlegene christliche Heil zu bauen und der bemühten Judenmission eine Absage zu erteilen.

Ausgaben: PL 211; SChr 66.- *Literatur*: V. Pfaff, in: Vierteljahrschrift für Sozial- und Wirtschaftsgeschichte 52, 1965, 168-206, S. 170; Blumenkranz, in: Kirche und Synagoge, I (1968) 131-132; Dictionnaire des auteurs cisterciens, Rochefort 1975, 7-8; I. Valetti-Bononi, Crociata e antisemtismo nelle lettere di Adamo di Perseigne, Analecta Cisterciensia (Rom) 36, 1980, 148-163; P. Máthé, Innerkirchliche Kritik an Verfolgungen im Zusammenhang mit den Kreuzzügen und dem Schwarzen Tod, in: Kritik und Gegenkritik in Christentum und Judentum, Bern 1981, 83-117, S. 95; A.J. Andrea, Adam of Perseigne and the fourth Crusade, Citeaux. Commentarii Cistercienses (Achel, Belg.) 36, 1985, 21-37.

Wilhelm von Bourges, ein durch die Bemühungen des Wilhelm von Donjeon, 1199-1209 Bischof von Bourges in Mittelfrankreich, bekehrter Jude, schrieb, wahrscheinlich um 1235, ein *Liber bellorum Domini contra Judeos et hereticos*, also das 'Buch der Kriege des Herrn gegen die Juden und Häretiker' (darin enthalten auch eine *Epistula ad Hebreos* ('Brief an die Hebräer', SChr 288,242-253), die *Controversie inter Dominum et Judeos* ('Die Kontroversen zwischen dem Herrn und den Juden', SChr 288, 254-263) und der *Liber contra Hereticos* ('Buch gegen die Häretiker', SChr 288, 264-273); daneben ist er Verfasser einer *Homilia in Mattheum*, (Matthäushomilie, SChr 288, 274-289) und einer *Homilia in Johannem* (Johanneshomilie, SChr 288, 290-319). Über einige andere handschriftlich erhaltene, noch ungedruckte Werke siehe Dahan in: SChr 288, 19 ff.

Sowohl die Matthäushomilie (Eine Auslegung von Mt, 2, 1-11: Besuch der Weisen aus dem Morgenlande) wie die Joahnneshomilie (Auslegung von Jo 8, 1-11: Die Ehebrecherin) dienen dem Beweis der Überlegenheit des Christentums über das Judentum und sind, wie es scheint, die ersten von einem Diakon aus dem Mittelalter erhaltenen Texte dieser Art. Zu Jo 8, 1-11 vergleicht Wilhelm Synagoge und Ketzer mit den beiden Dirnen von 1 Kg 3, 16-28; die Ketzer entsprechen der Dirne, die das Kind töten lassen will, die Synagoge entspricht der Dirne, die das Kind leben lassen will, das heißt, die Ketzer sind ein ziemlich hoffnungsloser Fall und kommen - wie auch sonst bei Wilhelm - schlechter weg als die Juden, denen er wenigstens noch eine gewisse Einsichtsfähigkeit zutraut. Das 'Buch gegen die Häretiker' scheint sich gegen die albigensische Richtung der Katharer zu richten. Es spiegelt die Erregung der rechtgläubigen Christen Frankreichs und die große Besorgnis der Kirche angesichts einer langanhaltenden und fast tödlich erscheinenden Bedrohung; denn die sonst in der Traditionsliteratur besonders den Juden zugedachte Polemik ergießt sich hier über die Ketzer (Zuordnung zu Antichrist und Teufel, Feinde Gottes usw.). Die 'Kontroversen zwischen dem Herrn und den Juden' zählen Gottes den Juden erwiesene Wohltaten auf und vermerken deren Undankbarkeit. Der 'Brief an die Hebräer' befaßt sich erneut mit den - schon in den 'Kriegen des Herrn' thematisierten - Beweggründen für die Judenbekehrung.

Das 'Buch der Kriege des Herrn gegen die Juden und Ketzer' ist das umfangreichste der in SChr 288 gedruckten Werke Wilhelms. Hier wird deutlich, daß seit seiner Taufe bis zur Abfassung geraume, zum Studium genutzte Zeit verflossen ist, ähnlich wie zum Beispiel schon bei Hermann von Scheda, der ebenfalls erst als Erwachsener getauft wurde. Entsprechend kenntnisreich ist denn auch die Abhandlung. Wilhelm kennt sich nicht nur einigermaßen in der hebräischen Bibel und offenbar auch etwas im Talmud aus - für einen Juden (*olim Judaeus* nennt er sich, SChr 288, 66) ohnehin nicht ungewöhnlich -, sondern weiß auch einiges von der gelehrten theologischen Literatur (lateinische Kirchenväter, Petrus Comestor, Petrus Lombardus u.a.). Immerhin läßt sein lateinischer Stil noch zu wünschen übrig, was auf eine ähnliche Ausgangssituation schließen läßt wie bei Hermann von Scheda, der erst allmählich diese Sprache zu beherrschen lernen mußte. Zum Gegenstand haben die 'Kriege des Herrn' - dieser Titel zitiert Nm 21, 14, ist aber wohl keine Entgegnung auf das 'Buch der Kriege des Herrn' des Jakob ben Reuben, das um 1170-1180 in Südfrankreich entstand. Einige thematische Gemeinsamkeiten Wilhelms mit jenem Werk sind eher durch das gemeinsame kontroverstheologische Bezugsfeld gegeben - den herkömmlichen Schriftbeweis für die Trinität, Jesus Christus und seine Kirche. Breiten Raum findet dabei das ganze Leben Jesu von der Jungfrauengeburt bis zur Passion, Himmelfahrt und Geistausgießung, Erwählung der Heiden usw. Das dreißigste und letzte Kapitel der Schrift behandelt "Die Blindheit der Juden" (*De cecitate Judeorum*, SChr 288, 212-241). Es sollen ausdrücklich 30 Kapitel sein: "Und weil die Juden den für 30 Silberlinge ihnen ausgelieferten Christus aus Mißgunst zugrunde gerichtet haben, deshalb habe ich für sie 30 das Evangelium betreffende alttestamentlich (d.h. durch Verbindungslinien zu den einschlägigen christologisch, mariologisch und ekklesiologisch zu deutenden Stellen des Alten Testaments) bestätigte Kapitel verfaßt, damit sie, an Christus glaubend, die Wahrheit voller verstehen" (SChr 288,76). Neu ist auch, daß der Verfasser (in einer Vorbemerkung zu seinem Werk, zwischen Prolog und Beginn des ersten Kapitels) ankündigt, um der apologetischen Beweiskraft willen fortlaufend lateinisch transkribierte einschlägige Passagen des hebräischen Bibeltextes heranzuziehen: "Damit also die Juden nicht den Bezug der Prophetenstellen auf Christus leugnen können, habe ich, so gut ich konnte, alle Bibelabschnitte in lateinischen Buchstaben und hebräischen Wörtern geschrieben, wie die Juden selbst (den Text) lesen, und ich habe bei den biblischen Beweisstellen den reinen hebräischen Wortlaut anschaulich sichtbar gemacht. Daher bitte ich dringend den Leser und Kopisten (dieser meiner Handschrift), die nach den Textelementen abgeteilten hebräischen Wörter und Textabschnitte gewissenhaft zu beachten, so wie sie (hier) in diesem Buch geschrieben sind, damit nicht meine Arbeit und jenes (d.h. des Lesers) gelehrtes Interesse umsonst sind, wenn die (in diesem Buch mit Bedacht gewählte) Methode der Niederschrift (d.h. die Transkription) und die Aussprache (hebräischer Textteile) wie auch immer gestört werden; denn es sollen ja nicht die Juden über die christlichen Kleriker lachen, wenn sie mit ihnen über diese Dinge disputieren" (SChr 288, 76). Hier wird deutlich, warum auch im Hochmittelalter noch - wie z.B. bei Petrus von Blois besonders ersichtlich - auf christlicher Seite oft Reserven gegenüber Gesprächen mit Juden bestehen. Die Unterlegenheit der christlichen Disputanten wurde von manchen Christen geradezu als glaubensverunsichernd und gefährlich angesehen. Da will Wilhelm von Bourges auf seine Weise Rat und Abhilfe schaffen. Allerdings bleibt die Durchführung hinter der Ankündigung weit zurück; denn hebräische Zitate sind relativ selten und werden noch dazu regelmäßig nur mit den - oft unwesentlichen - Anfangsworten zitiert.

Im Prolog der 'Kriege des Herrn' gibt Wilhelm etwas Auskunft über sich und sein Vorhaben: Er ist Diakon, also eine Art Hilfspriester mit beschränkten liturgischen Befugnissen (*diaconus, olim Judaeus*, SChr 288, 66), bekehrt durch die Bemühungen des Erzbischofs Wilhelm vor Bourges (vgl. zu ihm: LThK X, 1965, 1130), ein Mann ohne Schulung und höhere Bildung (SChr 288, 68: *cum tu iudeus sis et nuper baptizatus, et inter gramaticos atque scolares minime laborasti*. "Angespornt von einigen Christen - so bekenne ich -, die von mir glauben, daß ich mir einige Kenntnisse der hebräischen Sprache erworben habe, sah ich mich gezwungen, über unseren katholischen Glauben, so wie ihn der hebräische Wortlaut der Bibel als wahr bezeugt, ein Disputations(hand-)buch gegen den Unglauben der Juden zu verfassen (*disputationis librum componere contra perfidiam Judaeorum*, SChr 288, 66; vgl. den einschlägigen Werktitel 'Contra perfidiam Judaeorum' des Petrus von Blois), damit sie durch den wahren (d.h. ursprünglichen, authentischen) Sinn, den sie (nur) im Dunkel des Buchstabens besitzen, (das heißt nur) fleischlich, nicht wahr und geistig, damit sie (durch diesen wahren Sinn) vermittels Einsicht und handfester Tatsachen entsprechend dem Zeugnis gerade dieses (authentischen) Textwortlautes widerlegt und zuschanden gemacht werden" (SChr 288,68).- Wer Gott liebt, muß gegen Gottes Feinde kämpfen, wie Wilhelm unter Berufung auf Ps 139, 21-22 und Ps 27, 12 sagt (SChr 288, 68). Aber er unterscheidet deutlich zwischen dem Ketzer, der, weil nicht einsichtsfähig, zu meiden ist, und dem Juden, mit dem man sich befassen soll und der, gemäß Sprüche 26, 4-5, "bisweilen einsichtig ist" (SChr 288, 72).

Die Schrift selbst, obwohl als Handbuch für die Benutzung durch Kleriker gedacht, beginnt mit der (in der Adversus-Judaeos-Literatur im laufenden Text oft eingestreuten) Anrede an die Juden: "O Juden, die ihr bis auf den heutigen Tag die heilige und ungeteilte Trinität leugnet, habt ihr nicht gelesen, was Gott sprach, bevor er Adam bildete, *naase Adam besalmenu*, was bedeutet: 'wir wollen den Menschen machen nach unserem Bilde, und uns ähnlich' (Gn 1,26). Und es sagt euer Kommentar (*glosa vestra*), daß Gott Rat und Hilfe bei der Erschaffung des Menschen verlangt habe, eine Meinung, die (nach Is 40, 13-14) keinen Bestand haben kann ... Also ist euer Kommentar falsch" (SChr 288, 80). Als Trinitätsbeweis dienen zum Beispiel ähnlich und in durchaus herkömmlicher Weise Gn 18 (drei Männer bei Abraham, SChr 288, 80) und Is 6,3 (dreimal "heilig", SChr 288, 84).

Wilhelm von Bourges hat - und dies ist der Vorzug des Konvertiten - neben seiner Kenntnis des Hebräischen einiges Wissen bezüglich der jüdischen Traditionsliteratur, und was er gelegentlich als *glosa Judeorum* (erklärenden Kommentar) anführt, bezieht sich vielleicht auf den Talmud und Raschi. Andererseits hat er sich - wie ähnlich Hermann von Scheda - in der christlichen theologischen Literatur umgesehen und benutzt - zum Teil vielleicht indirekt - Hieronymus, Augustinus, Gregor d. Gr., Isidor von Sevilla und Beda. Vertraut ist ihm auch die Eigenart der antijüdischen literarischen Apologetik, die theologischen Darlegungen aufzulockern durch da und dort eingestreute Anreden an imaginäre Gesprächspartner (*Judei* oder *o Judei*, SChr 288, 90.98.194.198.252) oder durch Formulierungen, welche seine Leser vermuten lassen können, seine Darlegungen seien teilweise ein Erfahrungsbericht über reale Diskussionen mit Juden, z.B. zu Is 2,2-4: "Aber die Juden sagten zu mir: 'Bis jetzt ist der Messias, der Christus heißt, noch nicht gekommen; wenn er da ist, werden die Schlachten ein Ende haben. In der Gegenwart sehen wir jedoch (noch) Volk gegen Volk das Schwert führen'" (SChr 288, 204). Guillaume kennt auch die Überlieferung, daß die Juden zwei Messiasgestalten erwarten, einen leidenden Messias, den Sohn Josephs, und einen glorreichen Messias, den Sohn Davids (SChr 288,138; vgl. den Talmudtraktat Sukka 52 a-b). Er weiß, daß in der hebräischen Bibel das Buch Baruch, das Buch Jesus Sirach und der Lobgesang der drei Jünglinge (Dn 3,24-90) fehlen (SChr 288,240) und referiert die Leugnung der Virginität Marias durch die Juden, was entscheidend zu ihrer Verdammnis beitrage (SChr 288, 102).

Es versteht sich, daß Wilhelm die herkömmliche Auffassung von der Konkordanz des Alten und Neuen Testaments teilt (SChr 288, 274) und dementsprechend umfangreich alle Einzelheiten von Leben und Passion Christi im Alten Testament figuriert sieht und durch Verbindungslinien mit dem Neuen Testament verknüpft. Damit Hand in Hand geht die ebenfalls herkömmliche Relativierung der Tora: "Gott hat nicht angeordnet, sich des Schweinefleisches und der unreinen Vögel und Tiere zu enthalten, und wir müssen nicht die Vorhaut unseres Fleisches beschneiden, weil dies nach dem (Bibel-)Text Moses' Gesetz (nur) für eine gewisse Zeit (d.h. nur vorübergehend) angeordnet hat wegen der Verstocktheit der Juden, und weil er (d.h. Gott) selbst jene (d.h. die Juden) wegen des (im mosaischen Gesetz angeordneten) Scheidebriefs getadelt hat" (SChr 288, 184 zu Mk 10, 3-5). Auch die buchstäbliche Sabbatbeobachtung der Juden sei unberechtigt, weil Gott erst am siebenten Tage sein Schöpfungswerk vollendet habe, an diesem Tage also noch tätig gewesen sei (SChr 288, 186 zu Gn 2,2). In diesem Zusammenhang erscheinen auch als traditionelle Beweisstellen für die Ablehnung der Juden und ihres Kults durch Gott Mal 1,10-11 und Is 1, 11 (SChr 288, 190).

Die christliche Auslegung der Bibel beginnt mit Gn 1, 1, wo *verua eloym meraefeth* der "Heilige Geist" gemeint sei, der "über den Wassern schwebte" (SChr 288,88). Joseph, den seine Brüder nach Ägypten verkauften, ist Typus Christi, dem die Juden mißgünstig gesonnen waren und den sie haßten wie den Joseph seine Brüder (SChr 288, 228-230). In Jesus Christus und der Erleuchtung der Heiden erfüllte sich die Prophetie *lo iathur sebet miuda* von Gn 49, 10 (SChr 288, 202-204.276). Ex 15, 22 ff. figuriert das bittere Wasser von Mara das alte Gesetz, das süßmachende Holz dagegen Christus (SChr 288,182). Der Durchzug der Israeliten durch das Meer (Ex 14,13 ff.) weist voraus auf die Taufe, das Manna (Ex 16) auf den Leib des Herrn (SChr 288, 194). Nm 24, 17 ist Christus gemeint, nicht König David, wie die Juden sagen (SChr 288, 114). Ps 2, 7 ist *Adonay amar elay beni ata* auf Gott Vater und Sohn zu beziehen (SChr 288, 84-86), und Ps 72, 1-2, wo ebenso von Jesus Christus die Rede ist, beziehen die Juden fabulierend auf Salomo. Ps 22, 7 deutet der Wurm (*si-*

ne coitu nascitur et de sola terra procreatur) auf die Geburt des Erlösers durch die reine Jungfrau Maria (SChr 288, 248). Ebenso wird christologisch gedeutet Ps 37, 14-15 (SChr 288, 140), Ps 69, 22 (SChr 288, 148), und Ps 89, 45-46.49 bezieht sich auf Christus, nicht auf König Josia, wie die Juden deuten. Ps 110, 1 meint nicht Abraham und seinen Knecht Eliezer, wie die Juden wähnen, sondern Gott Vater und Jesus Christus (SChr 288, 86-87.140-141). Dn 2,35.45 (dazu SChr 288, 100) und Dn 7, 13-14 (SChr 288, 140-141) sind weitere Gegenstände christologischer Exegese. Dn 9, 24-26 ist zu beziehen auf Christus und darauf, "daß das Volk der Römer Stadt (Jerusalem) und Tempel zuschanden machen wird und daß unter Vespasian die Verwüstung eintrat" (SChr 288, 150-152). Eine besonders hochrangige christologische Beweisstelle ist Is 7, 14 (SChr 288, 94-96.102), wo die Juden 'almā statt "Jungfrau" als junge Frau (*adolescentula*) verstehen, und zwar entsprechend Sprüche 30, 19 (*daeraek gaebaer be'almā*, Weg des Mannes beim Weibe, vgl. den Talmudtraktat Kiduschin 2 b). Is 9,5-6 (und Is 7,14) ist Christus gemeint, keinesfalls Ezechias, wie die Juden sagen (SChr 288, 108.274-276). Wilhelm versteht in der herkömmlichen Weise christologisch Is 11, 1-2 (SChr 288, 92-93), Is 66, 7 (SChr 288, 102), 53,12 (SChr 288, 150) und Is 53,4-5, wobei er zu letzterer Stelle notiert: "Als ich einst als Knabe den Propheten Isaias las und zu dieser Verheißung kam, sagte mir mein böser Lehrer: Junge, lies nicht diese Verheißung, denn sie hat schon viele Juden von unserem Gesetz sich abwenden lassen" (SChr 288, 136; vgl. SChr 288, 140 zu Is 53, 7). Da spiegelt sich die Erfahrung, daß Is 53, 4-5 seit der neutestamentlichen Zeit zu den Schlüsselstellen der christlichen Glaubensüberzeugung und der apologetischen Kontroverse gehört, weil gerade hier das künftige Sühneleiden Christi fast unverhüllt verkündet zu sein schien. Es ist indes möglich, daß Wilhelm aus seiner neugewonnenen christlichen Kenntnis (von der überragenden Bedeutung der Gottesknechtlieder für die Christologie) heraus seinem jüdischen Lehrer eine so präzise Warnung vor einer bestimmten Stelle in den Mund legt; denn dergleichen ist sonst nicht bekannt. Dagegen ist auch sonst gut bezeugt der jüdische Einwand gegen die Deutung der Vision des messianischen Friedens auf die geschehene Ankunft Jesu Christi: "Die Juden sagten (dazu): Christus ist noch nicht gekommen; wir sehen noch nicht den Wolf bei dem Lamm wohnen, einen Löwen zusammen mit einem Kalb und ein kleines Kind zusammen mit einer Schlange" (SChr 288, 116-117). Christologisch ausgelegt werden unter anderem auch Jr 31,22 (SChr 288, 102) und - nach Mt 27, 1 - Zach 11, 12 (SChr 288, 130).

In herkömmlicher Weise gelten die Juden als verstockt und blind (SChr 288, 98. 108, 238). Sie haben "ein Herz von Stein" (SChr 288, 292), und Job 28, 7 ist formuliert im Vorausblick darauf, "daß die Synagoge nicht an Christi Aufstieg in den Himmel glaubte" (SChr 288, 172). Ja, Wilhelm erörtert in einem längeren Textstück speziell die "Blindheit" der Juden samt den üblichen biblischen Beweisstellen. Einmal (SChr 288, 106) interpretiert er die Vulgataversion von Ps 87,6 (*Dominus narrabit in scripturis populorum*) so, daß hier ausdrücklich von den "Völkern" die Rede sei, weil die Juden zwar Gesetz und Schrift haben, aber sie wegen ihrer Verstocktheit und Blindheit nicht verstehen können. Die Schrift ist vielmehr Zeuge gegen die Juden und "bezeugt ihre Verwerfung". "So sind die Juden wie Urias, der einen Brief zum Heerführer Joab brachte und, weil er den Inhalt des ihm übergebenen Briefes nicht erkannte, getötet wurde" (SChr 288, 106 zu Ps 28,5). Da ist eine Spätphase in der Tradierung der einschlägigen Deutung Augustins - die Juden als blinde Bücherträger der Christen - erreicht. Was bei dem Kirchenvater gerade die Notwendigkeit des Überlebens der Juden begründete und sinnhaft machen sollte, wird hier zur Begründung ihres Untergangs.

Von der durch Mt 27,25 begründeten Kollektivschuld ("sein Blut komme über uns und unsere Kinder") kommen die Juden nur los, wenn sie bereuen (SChr 288, 242). Äußeres Zeichen ihres heillosen Zustandes, auf den Ps 109, 9-10 (zur Witwe werde sein Weib. Unstet sollen seine Söhne umherziehen und betteln, hinausgejagt aus ihren verwüsteten Häusern) vorausweist, ist ihre Gefangenschaft (*captivitas*), in die sie von Titus und Vespasian geführt wurden (SChr 288, 130). So ist an den Juden, die den "Eckstein" (d.h. Christus) verwerfen und dadurch "die ewige Verdammnis" sich zuzogen, Is 8, 14-15 erfüllt (SChr 288, 238). Freilich wird der Weg der Reue offengehalten, und es kommt gelegentlich in der einen oder anderen Form zu Bekehrungsaufforderungen an die Juden (z.B. SChr 288, 98.252).

In seiner Polemik bleibt Wilhelm konventionell: Die Juden der neutestamentlichen Zeit gelten ihm als "böse" (SChr 288, 144) und "gottlos" (SChr 288, 156), und die Juden sind ihm generell (in Verallgemeinerung von Jo 8, 44) "Teufelsabkömmlinge" (SChr 288, 236) oder "Söhne des Antichrist" (SChr 288, 190)."Am Karfreitag beugen wir nicht die Knie für die Juden", sagt Wilhelm einmal (SChr 288, 156 zu Mt 27,29), ohne zu sehen, daß im Evangelium da nicht von den Juden, sondern von den (römischen) Soldaten des Statthalters die Rede ist. Ez 1, 15-16 bezieht er aktualisierend auf die Juden im Kanon 68 des 4. Laterankonzils (anno

1215) verordnete kleidungsmäßige Unterscheidung. Er knüpft daran die Bemerkung: "Die Juden sind also dazu anzuhalten, daß sie künftig nicht entsprechend der apostolischen (d.h. päpstlichen) Anordnung, das Ringsymbol auf der Brust (zu tragen) verweigern". Gegen Ende der zwanziger und in den dreißiger Jahren des 13. Jh., als Wilhelm schrieb, scheint sich also das Kennzeichnungsgebot noch nicht allgemein durchgesetzt zu haben. Die Form des Ringes (*rota*) ist im übrigen als Unterscheidungsmerkmal erst seit dem Konzil von Narbonne (anno 1227) definiert.

Weil Wilhelms Werke sich nur in einer einzigen Handschrift erhalten haben, kann die Nachwirkung nicht groß gewesen sein. Bezeichnenderweise gehört die erhaltene Handschrift (Parisinus lat. 18211, 15. Jh.) dem Milieu der Dominikaner an, die seit dem 13. Jh., auch im Zusammenhang mit antijüdischer Apologetik, an den orientalischen Sprachen und der jüdischen Literatur interessiert waren (dazu G. Dahan, in: SChr 288, 53).Da mußte ein Werk mit hebräischem Einschlag, wie das Wilhelms, willkommen sein. Jedenfalls gehört Wilhelm - mit Petrus Alfonsi und Hermann von Scheda - zu den ersten einer langen Reihe von getauften Juden, die mehr oder weniger spontan oder gebeten von ihren neuen Glaubensgenossen, weil sie als besonders sachkundig galten, über das Judenthema schreiben und gewichtige Beiträge zur antijüdischen christlichen Apologetik liefern. Eigenes Profil vor dem weiten Hintergrund der christlichen Apologetik gewinnt Wilhelm vielleicht besonders dadurch, daß er stärker als den Juden gegenüber sonst üblich auf der Beweisebene des Neuen Testaments operiert, vergleichbar in dieser Zeit etwa der 'Disputation gegen den Juden Symon' des Peter von Cornwall. Vielleicht gehört er zu den christlichen Theologen des Hochmittelalters, welchen die alten apologetischen Waffen nicht mehr sämtlich scharf genug erscheinen und die deshalb, in missionarischer Ungeduld, neue Wege versuchen. Auch in dem Titel "Kriege des Herrn gegen die Juden und Häretiker" liegt eine gewisse Schärfe, die an bestimmte unerbittliche Aussagen des Petrus Venerabilis erinnert.

Ausgabe: SChr 288.- *Literatur*: Supplementum patrum, ed. Jacobus Hommey, Paris 1686, 412-418 (mit Abdruck von Teilen des lat. Textes); M. Güdemann, Geschichte des Erziehungswesens und der Cultur der abendländischen Juden, I, Wien 1880, 37-40; B. Blumenkranz, Jüdische und christliche Konvertiten im jüdisch-christlichen Religionsgespräch des Mittelalters, in: Judentum im Mittelalter, hg. von P. Wilpert, Berlin 1966, 264-282, S. 278-279; M.-H. Vicaire, "Contra Judaeos" méridionaux au début du XIII. siècle, in: Juifs et judaïsme de Languedoc, hg. von M.-H. Vicaire, Toulouse 1977, 269-293, S. 282-284.

C. Ikonographie des Judenthemas bis zum 4. Laterankonzil im Jahre 1215.

Bildquellen und Bildinterpretationen

I. 1.-8. Jahrhundert

Vorbemerkung: Das Relief des Titusbogens in Rom und die Judaea-capta-Münzen gehören noch nicht zur christlichen Ikonographie des Judenthemas, sind aber von solcher Bedeutung und entsprechender Wirkung auf die einschlägige christliche Kunst, daß sie einleitend hier mit vorzustellen sind.

Nr. 1.- *Triumphzug in Rom* (71 n. Chr.) nach dem Sieg über die Juden und der Zerstörung Jerusalems (Sommer 70 n. Chr.).- Relief (3,85 x 2,40 m) an der südlichen Durchgangswand des Titusbogens, der nach Titus' Tod (13.9.81 n.Chr.) von Domitian errichtet wurde.- *Rom*, Forum Romanum.- *Literatur*: Rich, 1862, 189-190.261.629.653-654; Fr. Reber, Die Ruinen Roms, Leipzig 1877-1879, S. 396; Revue des études juives 21, 1890, Abb. zu S. LXV ff.; The Jewish Encyclopedia XII, New York 1906, 165; Jüdisches Lexikon V, Berlin 1930, 956-957; Philo-Lexikon, Berlin 1936, Tafel 29; The Universal Jewish Encyclopedia V, New York 1948, 630; R. Hamann, Geschichte der Kunst I, München-Zürich 1952, S. 858, Abb. 911-912; N. Ausubel, The Book of Jewish Knowledge, New York 1964, 311.461; Chr. Rietschl, Sinnzeichen des Glaubens, Kassel 1965, Tafel 67, Abb. 273; Th. Kraus, Das römische Weltreich (Propyläen Kunstgeschichte, 2), Berlin 1967, Abb. 196; Encyclopaedia Judaica (Jerusalem 1971) XI, 1355-1356, Fig. 1; B. Narkiss, in: Journal of Jewish Art 1, 1974, S. 8, Fig. 3; G. Wachmeier, Rom. Die antiken Denkmäler, Zürich 1975, 79-81; Du Mont's Bild-Lexikon der Kunst, hg. von A. Hill, Köln 1976, 599; Der Kunst Brockhaus, II, Wiesbaden 1983, 317.563; M. Pfanner, Der Titusbogen, Mainz 1983; Lexikon der Kunst, hg. von L. Alscher (u.a.), V, Berlin 1984, 161.

Der Titusbogen ist der älteste erhaltene Triumphbogen Roms. Er trägt die Inschrift: "Der Senat und das römische Volk für den göttlichen Titus Vespasianus Augustus, Sohn des göttlichen Vespasianus" (*Senatus populusque Romanus divo Tito divi Vespasiani f. Vespasiano Augusto* (Corpus inscriptionum latinarum VI, 995; H. Dessau, Inscriptiones Latinae selectae, Berlin 1892-1916, 265; Lateinische Inschriften, hg. von H. Willemsen, Zürich 1965, 50). Ein anderer (nicht erhaltener, noch zu Titus'

Lebzeiten errichteter) Ehrenbogen am Circus maximus hatte die Inschrift:
Der Senat und das römische Volk für den Imperator Titus Caesar Vespasianus Augustus, Sohn des göttlichen Vespasianus, Pontifex maximus,
zum zehnten Male (d.h. 1. Juli 80/81) im Besitz der tribunizischen Gewalt,
zum siebzehnten Male Imperator, zum achten Male Consul, dem Vater des
Vaterlandes, seinem Princeps, weil er auf seines Vaters Geheiß und Rat
und unter seinem Oberbefehl das Volk der Juden niedergeworfen und die
Stadt Jerusalem zerstört hat, die vor ihm von allen Feldherren, Königen
und Völkern vergeblich angegriffen oder gar nicht erst angegriffen wurde"
(*Senatus populusq. Romanus imp. Tito Caesari divi Vespasiani f. Vespasiano Augusto, pont. max., trib. pot. X, imp. XVII, cos. VIII, p.p.,
principi suo, quod praeceptis patris consiliisq. et auspiciis gentem Judaeorum domuit et urbem Hierusolymam omnibus ante se ducibus regibus
gentibus aut frustra petitam aut omnino intemptatem delevit*; CIL VI, 944;
Dessau, 264; Willemsen, 50).

Nach der bei Triumphen üblichen Praxis werden kostbare Beutestücke
des gewonnenen Krieges im Zug mitgetragen, hier der goldene siebenarmige Leuchter (beschrieben Ex 25, 31 ff. und Josephus, Bell. Jud. 7,
148-149), der goldene Schaubrottisch (Ex 25, 23-30; Josephus, Bell. Jud.
7, 148) und die beiden silbernen Tempelposaunen (Nm 10, 2). Die Träger
sind wohl nicht Kriegsgefangene, wie oft angenommen wird, sondern Römer (vielleicht bezahlte Zivilpersonen; vgl. Pauly-Wissowa, Realencyklo-
pädie VII A 1, München 1939, 502). Die Inschriften auf den im Triumphzug mitgetragenen hölzernen Tafeln (*tituli*; vgl. die Abb. bei Rich
1862, 629) erläuterten Einzelheiten betreffend die Beute, die eroberten
Städte usw.; Ordner begleiteten offenbar den Zug. An der nördlichen In-
nenwand des Torbogens erscheint unter anderem Titus auf einer Quadriga.
Der siebenarmige Leuchter (*Menora*) wurde im Laufe der Spätantike zum
bedeutendsten Symbol der jüdischen Kunstgeschichte, und in mittelalterlichen Kirchen finden sich zahlreiche Nachbildungen. Der römische Sieg
über das aufrührerische Volk der Juden, wie er auf dem Titusbogen aus
zeitgenössischer Sicht dargestellt ist, wurde im Laufe der christlichen Tradition - vor allem seit Eusebius - zum Strafgericht Gottes (im Sinne von Lk
19, 40-44) und zum unumstößlichen Geschichtsbeweis für die Verwerfung des jüdischen Volkes und den Sieg des Christentums. Die christliche
Legende des Frühmittelalters macht schließlich Titus und Vespasian zu
Kreuzfahrern gegen die Juden des Heiligen Landes und zu Vollstreckern
des göttlichen Strafgerichts (vgl. Verf., Die christlichen Adversus-Judaeos-Texte 1982, 463-465). Die Eroberung Jerusalems durch die Römer

als Erfüllung neutestamentlicher Prophetie ist schon im Frühmittelalter eindrucksvoll ins Bild gesetzt (s. unten Nr. 47: München, Clm 4453, um 1000). Zwar ist das Relief des Titusbogens kein Zeugnis christlicher Kunst, markiert aber den Ausgangspunkt der christlichen Sehweise eines bedeutenden historischen Ereignisses und der im Zusammenhang damit entwickelten Geschichtstheologie, nach der Ecclesia zur triumphierenden Siegerin über Synagoga, ihre allegorische Gegenfigur, wird.- Die im Triumphzug mitgeführten kostbaren Gegenstände aus dem Jerusalemer Tempel ließ Vespasian in dem von ihm erbauten Tempel der Eirene deponieren, von wo sie einige Jahrhunderte später anscheinend durch die Vandalen entführt wurden.

Der Titusbogen (und ähnliche Bögen dieser Art im römischen Reich) hatte erheblichen Einfluß auf die Ausbildung der abendländischen Triumphbogenarchitektur. Das bezeugt schon das (während der französischen Revolution verlorengegangene, aber in guter alter Nachzeichnung [Paris, BN, Ms.fr. 10440] erhaltene) Silberreliquiar in Form eines antiken Triumphbogens, das um 828 der bekannte karolingische Hofmann Einhard dem Kloster Sankt Servatius in Maastricht schenkte, dessen Abt er war. Auf den Innenseiten des Reliquiars standen sich die Reiterbilder Kaiser Konstantins und des seinerzeitigen karolingischen Herrschers gegenüber. Oben befand sich die Inschrift: *Ad tropaeum aeternae victoriae sustinendum Einhardus peccator hunc arcum ponere ac deo dedicare curavit*, das heißt, dieser Bogen ist Zeichen nicht mehr des irdischen Sieges eines heidnischen römischen Kaisers, sondern Symbol des ewigen Sieges des Christentums (Abb. des Reliquiars bei Hubert, 1969, 34, und Lasko, 1972, Pl.20; H. Belting, Der Einhardsbogen, Zeitschrift für Kunstgeschichte 36, 1973, 93-121, mit Abb. S. 94-95). Die Inschrift ist in einen Titulus eingefügt, wie er in genau der gleichen Form auf dem Relief des antiken Titusbogens erscheint, in der Form also, die bei Triumphzügen getragen wurde. Die gleiche Form wählte zum Beispiel Kaiser Justinian für seine Gedenktafel in der Nea Basilika, der 'Neuen Kirche' in Jerusalem (Abb. bei Grant, 1982, 33), und später hat die Tafel über den Darstellungen des Kruzifixus vielfach ebendiese Form. Das meint vielleicht: Die Siegessymbolik römischer Herrscher der Antike wird zum Triumphzeichen auch für den Sieg des Christentums. Die römischen Kriegsfahnen, Lanzen, Schilde usw. auf dem Einhardsbogen finden sich wieder zum Beispiel in der Ausstattung der frühmittelalterlichen allegorischen Personifikation Ecclesia, zumal in der Konfrontation mit ihrer großen (besiegten) Gegnerin Synagoga.

Nr. 2.- *Judaea-capta-Münzen.-* Diese Triumphmünzen Vespasians und Titus' mit Bezug auf ihren Sieg über die Juden sind in verschiedenen Prägungstypen zahlreich erhalten.- *Literatur*: The Jewish Encyclopedia, XII, New York 1906, 163.426; Jüdisches Lexikon III, Berlin 1929, 547; V, 1930, 958; Philo-Lexikon, Berlin 1936, 494; Synagoga (Ausstellungskatalog), Recklinghausen 1960, A 15; Monumenta Judaica. Katalog, Köln 1963, B 30-33; N. Ausubel, The Book of Jewish Knowledge, New York 1964, 126; S.W. Stevenson - C.R. Smith - Fr. W. Madden, Dictionary of Roman Coins, Republic and Imperial, London 1964, 852-854; Encyclopaedia Judaica (Jerusalem 1971) V, 713, Fig, 71-75; IX, 110, Fig, 4; B.R. Kankelfritz, Katalog römischer Münzen, I, München 1974, 83-94; T. Kroha, Lexikon der Numismatik, Gütersloh 1977, 219; J.C. Cooper, Illustriertes Lexikon der traditionellen Symbole, Leipzig 1986, 133 (die Palme ist aber nicht Siegeszeichen, wie Cooper glaubt, sondern Symbol für den Orient, Palästina oder Jerusalem, sowie überhaupt das Judentum).

Sogenannte Judaea-capta-Münzen, (als As, Sesterz, Denar) von Vespasian und Titus geprägt seit 71/72 n.Chr. mit Bezug auf das im Krieg 66-70 n.Chr. besiegte Judaea, sind in verschiedenen Formen bekannt. Zahlreich erhalten ist folgender Typ: Eine vor einer Palme (Symbol des Orients bzw. jüdischen Volkes) sitzende Frauengestalt, allegorische Personifikation Judäas; hinter ihr ein bewaffneter römischer Soldat (nicht Vespasian wie z.T. gedeutet wird) mit Lanze (*lancea*), Schwert (*gladius*) und im Kriegsmantel (*sagum*); Judäa trauert (sie stützt den Kopf auf) und ist in jeder Hinsicht eine Kontrastfigur zu dem stehenden Soldaten - er vertritt die siegreiche Militärmacht Rom - in Siegerhaltung. Die Münzaufschrift *Judaea capta* interpretiert sozusagen die Situation. *S(enatus) C(onsultum)* nimmt Bezug auf das herkömmlich beim Senat liegende Recht der Münzprägung, meint also: Münze geprägt auf Grund eines "Senatsbeschlusses". Dieses Recht wurde allerdings zunehmend zur reinen Formalität, insofern der Senat bald zum bloßen Akklamationsgremium wurde. Die Kaiser pflegten Münzen besonders auch zur Erinnerung an ihre Siege prägen zu lassen, und der Sieg über Judäa war gewiß ein bedeutender Anlaß. Die Vorderseite (Bildseite mit dem Bild des Kaisers) dieser Judaea-capta-Münze hat das Porträt Vespasians und die Aufschrift *IMP(erator) CAES(ar) VESPA-SIAN(us) AUG(ustus) P(ontifex) M(aximus) TR(ibunus) P(lebis) P(ater) P(atriae) CO(n)S(ul) III.* Von diesem Münztyp ist auch eine Version erhalten, bei welcher der hinter der Sitzenden stehende Soldat keine Lanze hält, sondern sich auf einen Schild stützt. Im übrigen erscheint dieses Judaea-capta-Bild auf der Rückseite einer Israel-Liberata-Münze, die 1958, zum zehnten Jahrestag des neuen Staates Israel geschlagen wurde: Auf der Vorderseite ein junges Paar mit Kind unter der gleichen stilisierten Palme (Enc. Jud. XI, 1971, 1169, Fig. 2).

Eine andere Version der Judaea-capta-Münzen zeigt auf der Rückseite eine vor einer Trophäe (dem traditionellen Siegeszeichen nach gewonnener Schlacht) sitzende gefangene *IUDAEA*, auf der Vorderseite Vespasians Bild mit der Inschrift *IMP(erator) CAESAR VESPASIANUS AUG(ustus)*.- Abb. in: Synagoga, A 15; Enc. Jud. V, 1971, 713, Fig 71.

Eine weitere Version zeigt auf der Rückseite einen vor einer Palme sitzenden Juden, die Hände auf dem Rücken gefesselt (Abb. in: Synagoga, A 15; Enc. Jud. IX, 1971, 110, Fig. 4).

Als Legende der Rückseite findet sich auch der griechische Text *Joudaiās heālōkyiās*, als Übersetzung von *Judaea capta* (Jüd. Lex. V, 1930, 958). Diese Rückseite zeigt eine vor einer Trophäe hockende Gestalt mit auf den Rücken gefesselten Händen. Auf der Vorderseite Kaiser Titus' Kopfbild und die *Inschrift Autok(ratōr) Titos Kaisar*.

Beachtenswert ist ein Münztyp, dessen Rückseite zeigt: Sitzende trauernde *IUDAEA (capta)*, noch Lanze und einen leichten Rundschild *(parma)* haltend; neben ihr (bzw. hinter der Palme, vor der sie sitzt) weitere abgelegte Waffen (vgl. ähnlich auch die gefangene *Judaea navalis*, in: The Jewish Encyclopedia XII, 1906, 163). Vorderseite: Bild Vespasians mit der Inschrift: *VESPASIAN AUG COS VIII PP* (Abb. in: Monumenta Judaica. Katalog, 1963, B 31).

Eine andere Münze mit der Rückseiteninschrift *IUDAEA DEVICTA* (ganz und gar besiegte Judäa) oder auch *Joudaiās heālōkyiās* trägt auf dieser Rückseite das Bild der geflügelten, vor einer Trophäe stehenden Siegesgöttin (Nike), dazu, im rechten Bilddrittel, erscheint wieder die sitzende trauernde *Judaea*. Die Vorderseite bietet Vespasians Kopf und die Inschrift *CAES(ar) VESPASIAN(us) AUG(ustus) P(ontifex) M(aximus) T(ribunus) P(lebis) P(ater) P(atriae) CO(n)S(ul) III* (Abb. in: The Jewish Encyclopedia XII, 1906, 163; Enc. Jud. V, 1971, 713-714, Fig. 72-75).

Auf einem Münztyp mit der Rückseiteninschrift *IUDAEA DEVICTA* steht Judäa allein, mit gefesselten Händen und gesenktem Haupt, vor einer stilisierten Palme, während auf der Vorderseite Vespasians Kopf mit der üblichen Inschrift erscheint (Abb. in: Enc. Jud. V, 1971, 713, Fig. 74).

Als letzter Münztyp bleibt zu nennen ein Sesterz des Kaisers Titus (79-81 n. Chr.): Links und rechts neben einer Palme eine sitzende trauernde Jüdin und ein Jude mit auf den Rücken gefesselten Händen. Diese Rückseite hat die Inschrift *IUD(aea) CAP(ta)*. Auf der Vorderseite Titus' Kopf und die Inschrift: *IMP(erator) T(itus) CAES(ar) VESP(asianus) AUG(ustus) P(ontifex) M(aximus) T(ribunus) P(lebis) P(ater) P(atriae)*

CO(n)S(ul) VIII (Abb. in: Philo-Lexikon, 1936, 494; Monumenta Judaica. Katalog, B 32).

Diese im Umlauf befindlichen Typen von Triumphmünzen waren so weit verbreitet, daß sie auch die christliche Meinungsbildung zum Thema des Jahres 70 stark beeinflussen konnten. Und spätestens seit Eusebius' *Historia ecclesiastica* wurde Jerusalems Zerstörung auch als entscheidender Faktor der Kirchengeschichte erkannt und stimulierte das geschichtstheologische und heilstheologische Nachdenken der Christen. In der frühmittelalterlichen Kunst greift die allegorische Personifikation *Synagoga* auf wesentliche Darstellungselemente der *Judaea capta* zurück, während ihre siegreiche Gegnerin Ecclesia, zum Teil ausgestattet mit Kriegsfahne, Lanze und Schild, in der Bildtradition des triumphierenden Römers steht.

Nr. 2a.- In diesem Zusammenhang muß der sogenannte *Augustus von Primaporta* erwähnt werden, die Statue des Kaisers Augustus (63 v.Chr.-14 n.Chr.). *Rom*, Musei Vaticani, Inv.-Nr. 2290. Nach 14 n.Chr. hergestellte Mamorkopie des Originals aus Metall (Gold oder Bronze), das 20-17 v. Chr. entstand. Höhe 204 cm.

Literatur: A.Springer, Die Kunst des Altertums, Leipzig 1915, Abb. 930; L. Bruhns, Die Kunst der Stadt Rom, Wien 1951, Abb. 20-21; Encyclopedia of World Art, XII, New York-Toronto-London 1966, Pl. 283; Th. Kraus, Das römische Weltreich (Propyläen Kunstgeschichte, 2), Berlin 1967, Abb. 288, A. Hill (Hg.), Du Mont's Bild-Lexikon der Kunst, Köln 1976, 499; Der Kunst Brockhaus, II, Wiesbaden 1983, 372.

Das 'erzählende Relief' auf Augustus' Harnisch (ein sogenannter Muskelpanzer) formuliert das Selbstverständnis des Kaisers und das universale Herrschaftsdenken Roms in einer Weise, die deutliche Affinitäten zu den Ecclesia-Synagoga-Reliefs der Karolingerzeit erkennen läßt. 20 v.Chr. wurden von den Parthern die 53 v.Chr. Crassus in der Schlacht bei Carrhae abgenommenen römischen Feldzeichen zurückgegeben. Diese Übergabe zeigt die mittlere Bildzone. Rechts und links davon je eine sitzende Frau, allegorische Personifikationen unterworfener Provinzen des Imperiums Romanum. Oben Sol mit seinem Sonnenwagen, vor dem gegenüber zwei Mädchen (Personifikationen von Morgenröte und Morgentau) fliehen. Ganz unten lagert Gaia (*Tellus, Terra*), darüber Apollon und Diana als Vertreter der Götterwelt. Der kleine Amor zu Augustus' Füßen erinnert an die Herleitung des julischen Hauses aus der Verbindung des Aeneas mit Venus.

Augustus sieht sich als herrscherlichen Repräsentanten des Orbis Romanus und als Weltherrscher. Erde, Himmel und Götter sind Zeugen seiner Macht und seines Anspruchs und bestätigen ihn zugleich. Hier äußert sich ein gelassenes Siegesbewußtsein und ein maßvoller Triumphalismus, ein universaler Anspruch ähnlich dem der Elfenbeintafeln des 9./10. Jahrhunderts, in denen die Kirche Christi (*Ecclesia*) unter der Zeugenschaft des Himmels, der Erde und der Natur die Herrschaft antritt und der Herrschaftswechsel unter anderem dadurch symbolisiert wird, daß *Ecclesia* der besiegt am rechten Bildrand sitzenden *Judaea (-Jerusalem - Synagoga)* die Sphaira (d.h. den Erdkreis) abnimmt; das meint die erzwungene Anerkennung der Oberherrschaft Ecclesias durch das einst mächtige Judentum, ein Sich-Fügen-Müssen der Synagoga in eine neue Machtsituation.

Nr. 2b.- Zum Typus der sitzenden Gefangenen ist auch die 'Gemma Augustea' zu vergleichen (Wien, Kunsthistorisches Museum; Abb. bei G. Bazin, 2000 Jahre Bildhauerkunst der Welt, Freiburg 1973, Abb. 256; A. Hill, Hg., Du Mont's Bild-Lexikon der Kunst, Köln 1976, 246; Der Kunst Brockhaus, I, Wiesbaden 1983, 396), die den Triumph des Tiberius über die Niederwerfung Pannoniens im Jahre 9 n.Chr. feiert. Dem Siegeskranz über dem Haupt des Augustus - neben diesem thront Roma - entspricht der auf manchen frühmittelalterlichen Kreuzigungsbildern über Christi Haupt gehaltene Siegeskranz (vgl. auch bereits Nr. 3: Apsismosaik in S. Pudenziana). Auch Gaia und Okeanos, hier am linken oberen Bildrand, gehören zum Bildinventar frühmittelalterlicher Kreuzigungsdarstellungen mit Ecclesia und Synagoga. Die am Boden liegenden Beutewaffen hat die Gemma Augustea mit den Judaea-capta-Münzen gemeinsam. Der sitzenden Judaea dort entspricht hier das gedemütigt am Boden sitzende Paar gefangener Balkanbewohner. Wir werden die wesentlichen Elemente dieser Triumph- und Siegessymbolik vor allem in der christlichen Ikonographie des Judenthemas im 9.-11. Jh. wiederfinden, dort aber im Rahmen eines theologischen Programms, zu dem integrierend Ecclesias Triumph über Synagoga gehört.

Nr. 3.- *Christus, Apostel, Judenkirche und Heidenkirche.-* Apsismosaik in S. Pudenziana, *Rom,* entstanden unter Innozenz I. (402-427).- *Literatur:* J. Wilpert, Die römischen Mosaiken, III, Freiburg 1916, Tafeln 42-44; Hauttmann, 1929, 167; R. Hamann, Geschichte der Kunst, II, München 1932, S. 83, Abb. 57; L. Bruhns, Die Kunst der Stadt Rom, Wien 1951, Abb. 96; H. Weigert, Geschichte der europäischen Kunst, II, Stuttgart 1951, Tafel 4; Ch.R. Morey, Early Christian Art, Princeton 1953, Abb. 152; W. Fr. Volbach, Frühchristliche Kunst, München 1958, Abb. 130; Monumenta Judaica. Handbuch, Köln 1963, Abb. 59; A. Grabar, Die Kunst im Zeitalter Justinians, München 1967, Ab. 195; A. Grabar, Christian Iconography, Princeton 1968, Abb. 172; Schiller, III (1971), Abb. 618; H. Belting, in: Zeitschrift für Kunstgeschichte 36, 1973,

S. 101, Abb. 4; H.L.C. Jaffé (Hg.), 2000 Jahre Malerei der Welt, Freiburg 1974, Abb. 180; Age of Spirituality, New York 1977-1980, II, Abb. S. 46.

Als Vorläuferinnen der späteren Ecclesia-Jerusalem-Gruppe und der Ecclesia-Synagoga-Gruppe erscheinen hier zwei Frauen in annähernd ähnlicher Gegenüberstellung wie die entsprechenden Figurenpaare des Frühmittelalters. Vor der Architekturkulisse des Himmlischen Jerusalem und vor dem wie ein Triumphator thronenden Christus überreichen sie, gekleidet wie vornehme Römerinnen und hinter Petrus und Paulus stehend nicht Christus, wie bisher meist gedeutet, sondern den Apostelfürsten je einen (Sieges-)Kranz, vermutlich Symbol des siegreichen Kampfes des Christentums, das in dieser Zeit mehr und mehr zur Reichsreligion des römischen Imperiums wird. Das Überreichen ist freilich im Sinne der *corona triumphalis* zu verstehen, die man dem triumphierenden Feldherrn über dem Haupt hielt (vgl. z.B. das Bild vom Titusbogen bei Rich, 1862, 190, oder die 'Gemma Augustea' bei A. Hill, Hg., Du Mont's Bild-Lexikon der Kunst, Köln 1976, 246). Die beiden Frauen stehen wohl, was aus affinen Bildertypen der Spätantike und des frühen Mittelalters geschlossen werden darf, für Bethlehem und Jerusalem beziehungsweise für die Heidenkirche (*Ecclesia ex gentibus*) und Judenkirche (*Ecclesia ex circumcisione*), und zwar im Sinne der neutestamentlichen Junktur Juden-Heiden (vgl. z.B. Röm 9,24; 1 Kor 12,13; Eph 2, 11-22; A. Oepkes Deutung [Das neue Gottesvolk, Gütersloh 1950, 302] auf das Schwesternpaar Pudenziana und Praxedis überzeugt nicht). Im übrigen ist die Affinität der Judenkirche und Heidenkirche zu Petrus und Paulus schon neutestamentlich (Gal 2,7-8).

Das - mehrfach restaurierte - Mosaik ist das vielleicht beeindruckendste Bilddokument des geschichtlichen und heilsgeschichtlichen Selbstverständnisses der Kirche in dieser Zeit. Christus thront wie ein Kaiser, umgeben von den Aposteln im Habitus würdiger römischer Senatoren, die Christi Lehren und Weisungen gemessen erörtern. Das Kreuz ragt, von Christus als dem nicht mehr Leidenden sondern Triumphierenden getrennt, vom Golgathaberg wie ein *Tropaion* (Siegeszeichen) oder Herrschaftssymbol hoch in den Himmel, in dem machtvoll die (aus Apk 4, 6 ff und Ez 1, 5 ff. hergeleiteten) Evangelistensymbole schweben (Engel für Matthäus, Löwe für Markus, Stier für Lukas, Adler für Johannes). Christus hält ein Buch (Text: Christus ist *dominus conservator ecclesiae Pudentianae*, also Schirmherr von S. Pudenziana; das bezieht sich zunächst auf die Tradition, daß die Kirche an der Stelle gebaut wurde, wo das Haus des Senators Pudens stand), was über den unmittelbaren Bezug hinaus ihn als Lehrer himmlischer Weisheit erscheinen läßt. Er thront im Kollegium seiner Apostel wie vielleicht auch der Bischof inmitten seiner Presbyter. Vermutlich geht der Einbau von Sitzreihen in den Chor mittelalterlicher Dome auf die kirchenarchitektonische Wirkung solcher spätantiker Bilder und entsprechende alte Bautraditionen (Presbyterium) zurück.

Das Motiv des Siegeskranzes über dem Haupt wandert aus der vorchristlichen Antike über Bilder wie das Apsismosaik in S. Pudenziana weiter ins Frühmittelalter, wo der Kranz sich oft über dem Haupte des Kruzifixus befindet (z.B. Schiller, II, 1968, Abb. 372 und Abb. 380), auch in Kreuzigungsdarstellungen mit Ecclesia und Synagoga (Schiller, II, 1968, Abb. 377).

Nr. 4.- *Judenkirche und Heidenkirche.-* Wandmosaik in S. Sabina, *Rom*; entstanden zur Zeit Coelestins I. (422-432).- *Literatur*: J. Wilpert, Die römischen Mosaiken, III, Freiburg 1916, Tafel 47; A. Mayer, Das Bild der Kirche, Regensburg 1962, Abb. 1; Encyclopedia of World Art, III, New York 1968, Pl. 314; Schiller, IV 1 (1978), Abb. 93-94; B. Brenk, Spätantike und frühes Christentum (Propyläen Kunstgesch., Suppl. 1), Berlin 1977, Abb. 16.

Die beiden Frauen des Mosaiks sind inschriftlich als *EC(C)LESIA EX CIRCUMCISIONE* (Kirche aus der Beschneidung, d.h. aus den Juden) und *EC(C)LESIA EX GENTIBUS* (Heidenkirche) gekennzeichnet, so daß die früher bisweilen versuchte Deutung auf Ecclesia und Synagoga schon deshalb nicht möglich ist. Wohl aber können sie als eine der Vorstufen dieser späteren Entwicklung gesehen werden. Die neutestamentliche Anbindung ist durch Stellen wie Röm 9, 24 und 1 Kor 12, 13 (vgl. Gal 2,7-8) gegeben: Juden und Heiden bilden die Kirche Christi. Allerdings formuliert das Bild einen gewissen Anachronismus; denn in der Kirche des 5. Jh. spielt eine 'Judenkirche' und spielen 'Judenchristen' keine nennenswerte Rolle mehr. So muß man wohl in dem Wandmosaik von S. Sabina in gewisser Weise einen historisierenden Rückblick auf die Urkirche und ihre beiden konstituierenden Elemente sehen; vielleicht ist auch gedacht an die beiden Stadien eines heilsgeschichtlichen Nacheinanders, was als Bezugnahme auf weitere einschlägige Stellen des Neuen Testaments (im Sinne von "zuerst den Juden, dann den Heiden") verstanden werden könnte (Apg 3,26; 10, 45; 13, 16; Röm 1, 16 usw.) und was dann zugleich ein Schritt hin zu dem späteren Paar Ecclesia-Synagoga wäre, mit dem das heilsgeschichtliche Nacheinander partiell abdriftet zum feindlichen Gegeneinander zweier Religionen. Das Mosaik ruft also wohl die neutestamentlichen Anfänge der Kirche ins Gedächtnis zurück, die dadurch gekennzeichnet sind, daß die beiden Apostelfürsten nebeneinander und gleichgewichtig Apostel der Beschnittenen und der Unbeschnittenen waren (Gal 2, 7-8). Dazu würde passen, daß in dem (402-417 entstandenen) Apsismosaik von S. Pudenziana die allegorischen Personifikationen der Juden- und Heidenkirche offenbar Petrus und Paulus zugeordnet sind.

Hier jedenfalls sind beide Frauen gleichrangig dargestellt. Die Judenkirche ist nur durch zwei Kreuzmedaillons unterschieden. Beide halten ein aufgeschlagenes Buch (mit verschiedener Schrift) und beziehen sich mit dem Lehrgestus der rechten Hand auf den Text dieses Buches. So ist das Mosaik in gewisser Weise auch ein Vorläufer der im Mitelalter häufigen jeweils mit einem Buch in der Hand disputierenden Gruppen von Christen und Juden. Zweifellos besteht eine Affinität zwischen der 'Kirche aus der Beschneidung' und dem Judentum mit seiner Bibeltradition, so daß die spätere ikonographische Entwicklung zur Synagoga-Darstellung (Synagoga oft mit den Gesetzestafeln in der Hand) nicht unvorbereitet ist.

Nr. 5.- *Jerusalem und Bethlehem.-* Mosaik in S. Maria Maggiore, *Rom* (432-440).- *Literatur:* O. Wulf, Altchristliche und byzantinische Kunst, I, Berlin 1914, Tafel XX; J. Wilpert, Die römischen Mosaiken, I, Freiburg 1916, S. 412-512; III, Tafel 73-74; L. Bruhns, Die Kunst der Stadt Rom, Wien 1951, Abb. 97-98; Encyclopedia of World Art, II, New York 1960, Pl. 283; Das Münster 13, 1960, 74, Abb. 1; Hubert, 1968, Abb. 124-125.

Eines der Mosaiken zeigt unter anderem eine Gruppe von je sechs Lämmern (oder Schafen) vor den Stadttoren von *HIERUSALEM* und *BETHLEEM*, womit wohl, wie in ähnlichen Bildern, in denen Gruppen von Lämmern von Jerusalem und Bethlehem her Christus (oder dem Lamm Gottes) zustreben, auf die verschiedenen Gruppen der urchristlichen Gemeinde Bezug genommen wird. Dabei zielt "Jerusalem" anscheinend auf die Judenchristen und "Bethlehem" auf die Heidenchristen. Die Lämmergruppe beziehungsweise die Lämmerprozession repräsentiert also vermutlich die Heterogenität der zu Christus kommenden Gläubigen (vgl. Jo 10, 16), möglicherweise aber auch die (sechs und sechs) Apostel.- Weitere Beispiele solcher Darstellungen sind das Apsisbild der Kirche S. Apollinare in Classe, Ravenna, 2. Viertel 6. Jh. (Schiller, I, 1966, Abb. 405.410-411) und das Apsisbild in S. Cosma e Damiano, Rom, 526-530 (B. Brenk, Spätantike und frühes Christentum, Berlin 1977, Abb. 37).

Nr. 6.- *Abraham und die drei Engel* (Gn 18,1 ff.).- Wandmosaik im Langhaus von S. Maria Maggiore, *Rom* (um 440).- *Literatur:* A. Michel (Hg.), Histoire de l'art, I 1

(Paris 1905) 49, Fig. 28; Th. Ehrenstein, Das Alte Testament im Bilde, Wien 1923, S. 135, Abb. 1; Fr. Haeberlein, in: Kunstgeschichtliches Jahrbuch der Bibliotheca Hertziana 3, 1939, S. 96, Tafel 1; H. Weigert, Geschichte der europäischen Kunst, II, Stuttgart 1951, Farbtafel I (neben Tafel 8); W.A. Byvanck, in: Nederlands Kunsthistorisch Jaarboek 6, 1955, S. 48, Fig. 6; A. Grabar - C. Nordenfalk, Das frühe Mittelalter (Die großen Jahrhunderte der Malerei, 3), Genf 1957, Abb. S. 37; Kindlers Malerei Lexikon, VI, Zürich 1971, 558; Das Münster 34, 1981, 216.

Die typologische Deutung der Szene Gn 18, 1 ff. als *vestigium trinitatis* hat in der Adversus-Judaeos-Literatur seit der Kirchenväterzeit einen hohen Stellenwert. Das Mosaik setzt dies auf seine Weise ins Bild; denn eine Art Mandorla kennzeichnet den mittleren Engel als göttliche Person. Diese indirekte Gottesdarstellung entspricht auch der - durch das jüdische Bilderverbot beeinflußten - Zurückhaltung der byzantinischen Kunst hinsichtlich der Gottesdarstellung.

Nr. 7.- *Der zwölfjährige Jesus im Tempel.*- Teil eines Elfenbeinreliefs aus Ravenna oder Oberitalien, Diptychon, linker Flügel (Maße des Teilreliefs ca. 6 cm x 8 cm).- *Mailand*, Domschatz (2. Hälfte 5. Jh.).- *Literatur*: Schiller, I (1966), Abb. 53.

Der Jesusknabe sitzt nicht mehr "mitten unter den Lehrern, hörte ihnen zu und fragte sie" (Lk 2, 46), sondern thront auf einer Kathedra, von der aus er eine Art Lehrvortrag hält. Von seinen drei Zuhörern sitzt einer auf einem niedrigen Schemel, ein zweiter macht mit Redegestus offenbar Einwände, ein dritter Jude steht, scheint sich aber zum Gehen zu wenden.- Der neutestamentliche Bericht ist bereits ikonographisch verändert, offenbar um Jesus nicht Jude unter Juden sein zu lassen, sondern seine überragende Lehrautorität möglichst weit zurückzudatieren. Szenen dieser Art gehören in eine große Gruppe von Darstellungen, die in der einen oder anderen Weise, teils im Widerspruch zum zeitgeschichtlichen Sachverhalt des Neuen Testaments, Jesus abgrenzen gegen seine jüdische Umgebung oder den Gegensatz stärker hervorheben, als ihn das Neue Testament formuliert, oder bevorzugt solche neutestamentlichen Szenen darstellen, die Jesus in Konfrontation mit den Juden seiner Zeit sehen.

Nr.8.- *Propheten und Apostel, Altes und Neues Testament.*- Wandmosaik, *Ravenna*, S. Vitale, Presbyterium (um 540).- *Literatur*: B. Brenk, Spätantike und frühes Mittelalter (Propyl.-Kunstgesch., Suppl 1), Berlin 1977, Abb. 34.

Dieses Mosaik gehört zu den frühesten Darstellungen, die in typologischer Methode Personen und Szenen des Alten und Neuen Testaments einander gegenüberstellen. Hier thronen auf der einen Seite des Presbyteriums (d.h. des östlichen Endes des Kirchenraumes, wo die Sitze für die

Gemeindevorsteher und der Bischofsstuhl sich befanden) Johannes (mit seinem Adler) und Lukas (mit dem Stier), beide ihr Evangelienbuch auf dem Schoß, über Jeremias (eine Buchrolle haltend) und Moses (das Gesetz von Gott empfangend). Dazu die drei Engel bei Abraham (Gn 18, 1 ff. als alttestamentliche Präfiguration der Trinität) und Isaaks Opferung (Gn 22, 1 ff. als Vorausdarstellung der Passion Jesu). Auf der anderen Seite Matthäus und Markus, darunter Moses und Isaias. Das typologische Übereinander von Propheten und Aposteln meint wohl auch eine Rangordnung, nach welcher den Evangelisten mit ihrem Evangelium - es steht über der Tora - der höhere Platz gebührt. Dieses Motiv erscheint später nicht selten im Hochmittelalter. Auffällig ist im übrigen, daß die Propheten, in ihrer typologischen Rolle sozusagen Prächristen, mit Nimbus versehen sind.

Diese Art der Gegenüberstellung von Altem und Neuen Testament erfolgt im Sinne einer Konkordanz und Harmonie beider Testamente. Sie ist deshalb wohl keine unmittelbare "Vorstufe zur Darstellung von Kirche und Synagoge", wie P. Weber (Geistliches Schauspiel und kirchliche Kunst, Stuttgart 1894, 13) postulierte; denn sie hat nur selten und relativ spät die Inklination zum polemischen Gegeneinander, die den allegorischen Personifikationen Ecclesia und Synagoga von Beginn an zu eigen ist. Wohl aber trägt sie bei zur Vorbereitung der im Mittelalter verbreiteten typologischen Ikonograpie des Alten Testaments.

Nr. 8a.- In diesem Zusammenhang kann eine (nicht genau datierte) altkirchliche Darstellung des Wasserwunders in der Wüste (Ex 17, 1-2; vgl. 1 Kor 10, 4) Erwähnung finden: Eine bärtige Gestalt steht, einen Stab in der Hand, vor einem Felsen, offenbar im Begriff, auf ihn zu schlagen und Wasser hervorfließen zu lassen (Abb. bei H. Detzel, Christliche Ikonographie, II, Freiburg 1896, S. 107; sie gehört zweifellos in die Zeit der Alten Kirche). Die vor dem Felsen stehende Person ist durch Adskript als "Petrus" definiert, so daß Moses und Petrus wie Typus und Realtypus einander zugeordnet sind.

Nr. 9.- *Neutestamentliche Szenen.*- Miniaturen im sogenannten Codex Rossanensis, einer im erzbischöflichen Museum von *Rossano* befindlichen byzantinischen Evangelienhandschrift des 6. Jh.- **9a.** *Vertreibung der Händler aus dem Tempel.*- *Literatur:* Inventario degli ogetti d'arte d'Italia. II. Calabria. La libreria dello stato, 1933, 223.- **9b.** *Jesus vor Pilatus.*- *Literatur:* K.Albiker, in: Marburger Jahrbuch für Kunstwissenschaft 13, 1944, 16, Abb. 5; Kindlers Malerei Lexikon, II, Zürich 1971, Abb. S. 565.- **9c.** *Wahl der Juden zwischen Jesus und Barabbas.*- *Literatur:* A. Michel (Hg.), Histoire de l'art, I 1, Paris 1905, S. 230, Fig. 127; A. Grabar, Die Kunst im Zeitalter Justinians,

München 1967, S. 207, Abb. 332; H.L.C. Jaffé (Hg.), 2000 Jahre Malerei der Welt, Freiburg 1974, Abb. 189; A. Hill (Hg.), Du Mont's Bild-Lexikon der Kunst, Köln 1976, 526; H. Bauer (Hg.), Die große Enzyklopädie der Malerei, VI, Freiburg 1978, 2085; R. Green (Hg.), Herrad of Hohenbourg. Hortus deliciarum, II, London 1979, Abb. 222; Grant, 1982, 46-47.

Von den insgesamt 12 Miniaturen dieses Kodex werden drei hier erwähnt, weil ihre Gegenstände auch in der antijüdischen apologetischen Literatur thematisch relevant sind beziehungsweise weil hier einschlägige ikonographische Traditionslinien beginnen. In der Miniatur Nr. 9b sitzt Pilatus erhöht auf einem Richterstuhl, der seinerseits sich auf einer Bema befindet. Diener hinter ihm halten Kaiserbilder. Rechts außen fünf römische Soldaten, links außen Jesus, von zwei Juden angeklagt. Auf dem Tisch vor Pilatus liegt Schreibgerät. Dramatischer scheint die Wahl der Juden zwischen Jesus und Barabbas inszeniert, jedoch ist keine über das NT hinausgehende polemische Schärfe zu erkennen, was auch für die Vertreibung der Händler aus dem Tempel gilt. Lediglich die Themenwahl des Miniaturisten könnte darauf schließen lassen, daß er bestimmte Akzente setzen wollte.

Nr. 10.- *Letztes Abendmahl.*- Silberpatene (Votivgabe), *Washington*, Dumbarton Oaks Collection, Ende 6. Jh.; aus Riha (Syrien).- *Literatur*: G. de Francovich, in: Römisches Jahrbuch für Kunstgeschichte 6, 1942-44, S. 226, Fig. 206; A. Grabar, Die Kunst im Zeitalter Justinians, München 1967, S. 314, Abb. 362; K. Wessel, Die Kultur von Byzanz, Frankfurt a.M. 1970, S. 136, Abb. 85; Das Münster 31, 1978, 3; E. Coche de la Ferté, Byzantinische Kunst, Freiburg 1982, Abb. 568 (vgl. die sehr ähnliche annähernd gleichzeitige 'Stuma-Patene'; Reproduktionen davon bei A. Grabar, a.a.O. Abb. 365, und bei R. Hamann-McLean, in: Marburger Jahrbuch für Kunstwissenschaft 20, 1981, S. 46, Abb. 43).

Christus, der zweimal dargestellt ist, teilt wie ein Priester bei der Messe seinen Jüngern die Kommunion aus. Gegenüber dem neutestamentlichen Bericht (Lk 22, 7 ff.: Schlachten des Osterlammes, zu Tische liegen usw., d.h. die Einsetzung der Eucharistie erfolgt wohl noch im Rahmen eines Passahmahles; dementsprechend erscheint in vielen mittelalterlichen Darstellungen noch das Passahlamm in einer Schüssel auf dem Tisch) ist die Darstellung des jüdischen zeitgeschichtlichen Hintergrundes entkleidet und in die Sphäre des Christlichen transponiert. Das Letzte Abendmahl hat jeden Bezug zum Passahmahl verloren und die jüdischen Wurzeln des Christentums werden - entgegen den neutestamentlichen Berichten- verdeckt (vgl. ein weiteres byzantinisches Bild dieser Art aus der 2. Hälfte des 6. Jh., Coche de la Ferté, Abb. 569). Das Bild repräsentiert die Tradition der ostkirchlichen 'Apostelkommunion' seit dem 6. Jh.: Christus, zweimal erscheinend, teilt je einer Apostelgruppe Brot und Wein aus. Im literarischen Feld vergleichbar ist die tiefe Abneigung gegen alles Jüdische bei christlichen syrischen Autoren der Spätantike.

Auf andere Weise dem zeitgeschichtlichen Hintergrund entrückt ist Maria mit dem Kind, von den Engeln und den Magier-Königen umgeben auf einem um 600 entstandenen byzantinischen Goldmedaillon (Coche de la Ferté, Abb. 597). Im Gegensatz zu dem sehr konkreten neutestamentlichen Bericht (Lk 2, 1 ff.) und den späteren meist eher realistischen abendländischen Darstellungen der Szene im Stall von Bethlehem ist hier die Geburt Jesu von vornherein fast ein außerweltliches, himmlisches Ereignis, insofern Maria mit dem Kind bereits wie eine Königin im Himmel thront.

Nr. 11.- *Eroberung Jerusalems durch Titus im Jahre 70 n.Chr.*- Flachrelief auf dem sogenannten Runenkästchen von Auzon (benannt nach dem Fundort im Département Haute-Loire; auch Franks' casket genannt, nach Sir A.W. Franks, der es dem British Museum, *London*, stiftete), entstanden wahrscheinlich um 700 in Northhumberland.- *Literatur*: Illustrierte Weltgeschichte, hg. von S. Widmann, 4 Bde., München (o.J.), II, Abb. S. 174; J. Baum, Die Malerei und Plastik des Mittelalters, II, Wildpark-Potsdam 1930, S. 60, Abb. 62; The Universal Jewish Encyclopedia, X, New York 1943, 257; Encyclopedia of World Art, I, New York 1968, 287; D.M. Wilson (Hg.), Kulturen im Norden, München 1980, 30 (vgl. J.Strzygowski, Hg., Der Norden in der bildenden Kunst Westeuropas, Wien 1926, 119); Grant, 1982, 158; Der Kunst Brockhaus, II, Wiesbaden 1983, 863; A. Becker, Franks Casket. Zu den Bildern und Inschriften des Runenkästchens von Auzon, Frankfurt a.M. 1987.

Die Darstellung fußt wahrscheinlich auf dem einschlägigen Bericht in einer Weltchronik. Sie bezeugt das geschichtstheologische christliche Interesse an einem Ereignis, das für das Selbstverständnis des Christentums in seinem Verhältnis zum Judentum von grundlegender Bedeutung war.- Der Text ist in Runenschrift und mit lateinischen Buchstaben geschrieben. Etwa gleichzeitig entstanden Vindicta-Texte, welche das Thema des Jahres 70 auf ihre Weise behandelten (vgl. Verf., Die christlichen Adversus-Judaeos-Texte 1982, 463-465).

Nr. 12.- *Taufe des Juden Judas.*- Miniatur in einer Handschrift der Kreuzauffindungslegende (um 800).- *München*, SB, Cod. lat. 22053, folio 16 verso.- *Literatur*: A. Goldschmidt, Die deutsche Buchmalerei, I. Firenze 1928, Tafel 64; Blumenkranz, 1965, Abb. 3 (u. 1980, Fig. 16); A. Gabler, in: Das Münster 27, 1974, 137.

Bildthema ist die Taufe des Leviten Judas durch einen (die Stola tragenden) Priester und seinen Gehilfen, wohl ebenfalls Priester, worauf die

Tonsur deutet. Es ist das früheste bekannte Bild einer Judentaufe überhaupt. Die Miniatur erscheint hier im Kontext der Legende von der Kreuzauffindung durch Helena, die Mutter Konstantins d. Gr., im Jahre 324. Diese Legende findet sich in ausführlicher Form bei Ps.-Beda (PL 94, 495). Der Täufling von Fol. 16 ist nackt, weil es sich um die Tauchtaufe (Immersionstaufe) handelt. Er ist, obwohl durch die Helena-Legende als Jude definiert, offensichtlich physiognomisch noch nicht von den Christen unterschieden, wie das später oft, zum Teil in polemischer Absicht, geschieht. Dem entspricht vielleicht das überwiegend freundliche Verhältnis zwischen Christen und Juden in der Karolingerzeit, in welche diese Miniatur zu datieren ist.- Der Taufentschluß des Juden ergibt sich nach der Legende im übrigen infolge des Wunders, daß ein Toter, auf den Christi Kreuz gelegt wird, wieder lebendig wird. Das entspricht der im Frühmittelalter verbreiteten Auffassung, daß, wenn überhaupt, Juden nur durch ein Wunder bekehrt werden (vgl. Verf., Die christlichen Adversus-Judaeos-Texte 1982, 746 [Register]).

Nr. 13.- *Isidor von Sevilla bietet sein Buch 'Contra Judaeos' seiner Schwester dar.*- Zeichnung auf Pergament in einer Isidorhandschrift (um 800).- *Paris*, BN, Lat. 13396, folio 1 verso.- *Literatur*: Hubert, 1968, Abb. 184; Karl der Große [Ausstellungskatalog], Düsseldorf 1965, Abb. 52.

Isidor, der Erzbischof von Sevilla († 636) hatte diese Schrift (PL 83, 449-538) auf Bitten seiner jüngeren Schwester Florentina, die als gottgeweihte Jungfrau lebte, verfaßt. Die Miniatur zeigt den Moment der Dedikation des fertigen Werkes mitsamt dem Begleittext: *Soror mea Florentina, accipe codicem quem tibi composui feliciter, Amen* (frei formuliert nach der Epistola dedicatoria, PL 83, 449-450). Damit verbindet sich keinerlei antijüdische Aussage.

II. 9. Jahrhundert

Nr. 14.- *Darstellung Jesu im Tempel.*- Miniatur des sogenannten Psalters von Corbie, Zeichnung auf Pergament (1. Viertel 9. Jh.).- *Amiens*, Bibliothèque municipale (Ms. 18, folio 137 recto).- *Literatur*: Hubert, 1968, S. 203, Abb. 210.

Als erstgeborener Sohn war Jesus Eigentum Gottes und mußte vierzig Tage nach der Geburt diesem dargebracht und symbolisch durch ein Opfer vom Tempeldienst ausgelöst werden. Die Miniatur beschreibt (nach Lk

2,22 ff.), wie der greise Simeon im Tempel das Kind als den verheißenen Messias erkennt. Sein Lobgesang steht unmittelbar unter der Miniatur: *Nunc dimittis servum tuum, domine, secundum verbum tuum in pace. Quia viderunt oculi mei salutare tuum, quod parasti ante faciem omnium populorum.*

Da zeigt sich die kräftige Linie eines Darstellungstyps, in dem die jüdischen religiösen Bräuche samt dem Tempel durch das ganze Mittelalter bis in die Neuzeit durchgehend respektvoll, ja geradezu liebevoll gezeichnet werden. Der *color christianus* ist in Bildern dieser Art meist nur ganz zurückhaltend aufgetragen, hier durch den Nimbus, den außer Maria und dem Jesuskind auch der diese begrüßende Simeon hat. Das zeigt, daß der Jude Simeon wegen seines Glaubens gewissermaßen als eine Gestalt der christlichen Heilsgeschichte gesehen wurde.

Nr. 15.- *(Phantasie-)Bild des jüdischen Historikers Flavius Josephus.-* Miniatur in einer in der ersten Hälfte des 9. Jh. entstandenen lateinischen Handschrift der Antiquitates Judaicae dieses Autors.- Bern, Burgerbibliothek, Cod. 50, folio 2 recto.- *Literatur:* G.N. Deutsch, Iconographie de l'illustration de Flavius Josèphe au temps de Jean Fouquet, Leiden 1986, Fig. 4.

Der durch seine Berichte über das Urchristentum und den Krieg der Juden gegen Rom (66-70 n.Chr.) für die christliche Sicht der neutestamentlichen Zeitgeschichte und der nachneutestamentlichen frühen Kirchengeschichte so bedeutsame jüdische Autor ist hier anscheinend in parthischer Tracht vorgestellt, jedenfalls wie ein Orientale. Ein Supraskript identifiziert ihn als *Yōsyppos Ystōryographos.* Er wirkt exotisch-seltsam, jedoch wohl nicht so finster-beängstigend, wie Deutsch glaubt, der vergleichsweise an den altorientalischen Unheilsgott Nergal denkt und von "le magicien oriental Josephe" spricht. Indes ist einiges dem schlechten Erhaltungszustand der Miniatur zugute zu halten. Deutsch hat wohl nicht gesehen, daß eine Kopfbedeckung dieser Art auch anderweitig ihre Träger als Orientalen beziehungsweise Israeliten oder Juden kennzeichnet, zum Beispiel die drei Jünglinge im Feuerofen in einer christlichen Wandmalerei des 4. Jh.in Rom (Th. Ehrenstein, Das Alte Testament im Bilde, Wien 1923, S. 817, Abb. 2) oder Speerträger und Schwammhalter bei der Kreuzigung in einer frühmittelalterlichen St. Gallener Handschrift (V. Gurewich, in: Journal of the Warburg and Courtauld Institutes 20, 1957, 358-362, Pl. 26 d). Wir werden im weiteren Verlauf unserer chronologischen Darstellung sehen, daß noch im Laufe des Frühmittelalters Speerträger und Schwammhalter oft durch ihre 'phrygische Mütze' als Orientalen (beziehungsweise Juden) gekennzeichnet sind, und zwar in der gleichen Art der Typisierung.

Nr. 16.- *Moses liest den Israeliten das Gesetz vor.-* Miniatur zu Beginn des Buches Exodus in der sogenannten Grandval-Bibel aus der Abtei Moutier-Grandval (entstanden als bedeutendes Werk der karolingischen Buchmalerei in der Schule von Tours, um 840).- *London*, British Museum, Add. 10546, folio 25 verso.- *Literatur:* R. Wesenberg, Bernwardinische Plastik, Berlin 1955, S. 83, Abb. 51; A. Grabar - E. Nordenfalk, Das frühe Mittelalter (Die großen Jahrhunderte der Malerei, 3), Genf 1957, Abb. S. 152; Blumenkranz, 1965, S. 14, Abb. 1; J. Beckwith, Die Kunst des frühen Mittelalters, München 1967, S. 54, Abb. 45; J.E. Gaehde, in: Frühmittelalterliche Studien 5, 1971, Tafel XXII, Abb. 73; R. Mellinkoff, The Horned Moses, Berkeley 1970, Fig. 8; Encyclopaedia Judaica (Jerusalem 1971) X, 266, Fig. 1; Das große Lexikon der Malerei, Braunschweig 1982, Abb. S. 703.

Josue und Aaron tragen je einen Kreuzstab, was sie vielleicht als typologische Vorläufer Christi ausweist, auf jeden Fall aber die ganze Szene als frühes Element der christlichen Heils- und Kirchengeschichte darstellt.

Nr. 16a. Das gleiche Thema bietet eine Miniatur im 'Stuttgarter Psalter', der um 820-830 wahrscheinlich in Saint-Germain-des-Pres entstand; *Stuttgart*, Landesbibliothek, Bibl. fol. 23, folio 90; *Literatur:* Blumenkranz, 1965, S. 13, Abb. 2. Hier ist Moses nimbiert wie ein Prächrist oder christlicher Heiliger, vielleicht auch als Typus des Lehrers Christus gesehen. Wiederum ist die Szene als eine Art Stück der christlichen Vor- und Frühgeschichte dargestellt.

Nr. 16b. Die gleiche Szene findet sich in einer Miniatur der Bibel Karls des Kahlen, 9. Jh. (*Paris*, BN, Lat. 1, folio 27 verso; *Literatur:* Th. Ehrenstein, Das Alte Testament im Bilde, Wien 1923, S. 395, Abb. 54; R. Wesenberg, Bernwardinische Plastik, Berlin 1955, S. 82, Abb. 50; J.E. Gaehde, in: Frühmittelalterliche Studien 5, 1971, Tafel XXI, Abb. 71; Grant, 1982, 122-123). Nur wird hier der christliche Charakter des Geschehens dadurch betont, daß das Gebäude im Bildhintergrund durch ein Kreuz zum christlichen Sakralraum wird.

Nr. 17.- *Kaiser Konstantin läßt die arianischen Schriften verbrennen.-* Miniatur (Zeichnung auf Pergament) in einer kirchenrechtlichen Sammlung der 1. Hälfte des 9. Jh.- *Vercelli*, Biblioteca capitolare, Ms. CLXV, folio 1 verso.- *Literatur:* Hubert, 1968, S. 153, Abb. 157.

Oben thronen Konstantin und die Konzilsväter des Konzils zu Nikaia (325), unten werden die Bücher der *Heretici, Ar(r)iani* und *Damnati* verbrannt. Zum Vergleich bietet sich an die von Lucas Cranach um 1530 gemalte Bücherverbrennung vor einem Herrscher, wo ebenfalls an Arianer gedacht werden kann, aber vielleicht Talmudverbrennungen wie die in Paris (anno 1242) oder sonstwo näher liegen. *Damnati* waren aus christlichrechtgläubiger Sicht jedenfalls beide, Arianer wie Juden.

Nr. 18.- *Kreuzigung.*- Miniatur im Drogo-Sakramentar (entstanden in Metz um 830). *Paris*, BN, Ms. Lat. 9428, folio 43 verso. Eingefügt in die Initiale der Hauptoration des Psalmsonntags: *Omnipotens sempiterne deus* etc. Durchmesser 4,5 cm.- *Literatur*: Weber, 1894, 16; L. Weber, Metzer liturgische Handschriften, I (Metz 1912), Tafel XXII, 5; S. Esche, Adam und Eva, Düsseldorf 1957, S. 42, Abb. XIV; Raddatz, 1959, Abb. 1; Seiferth, 1964, Abb. 1; Schiller, II (1968), Abb. 364; Schubert, 1978, Abb. 25; vgl. Fr. Unterkircher, Zur Ikonographie und Liturgie des Drogo-Sakramentars, Graz 1977.

Das in einer Metzer Werkstatt für Drogo, einen Sohn Karls d. Gr. und Bischof von Metz (826-855), angefertigte Sakramentar (d.h. liturgisches Buch, enthaltend die bei der Messe zu lesenden Gebete) ist mit seiner dem Anfangsbuchstaben O eingefügten Miniatur die anscheinend früheste Darstellung eines Christentum und Judentum allegorisch vertretenden Personenpaares und steht am Anfang einer viele hundert Jahre währenden Entwicklung des Bildtyps der Kreuzigung mit Ecclesia und Synagoga. Denn daß die Gestalt links vom Kreuz mit dem Gonfanon, der Kriegsfahne (vgl. lat. *flammula, vexillum*, Kriegsfahne der römischen Reiterei), und dem Kelch, der Christi aus der Seitenwunde strömendes Blut auffängt, Ecclesia, die Kirche, darstellt, daran ist kein Zweifel. Wer die ihr gegenüber sitzende (oder stehende) allegorische Personifikation ist, scheint zunächst unklar. Sicher ist jedenfalls, daß seit dem 2. Drittel des 9. Jh. Kreuzigungsdarstellungen, als solche vor dem Drogo-Sakramentar noch sehr selten, zunehmend zahlreich erscheinen, und zwar oft und fast regelmäßig ausgestattet mit einer Ecclesia - Hierusalem/Synagoga-Gruppe.

Wesentliche Bildelemente weisen über die christliche Spätantike in die vor- und außerchristliche römische Welt zurück: Der Kranz am oberen Bildrand ist die *corona triumphalis*, die man während des Triumphzuges über dem Haupt des siegreichen Feldherrn hielt (vgl. z.B. das Relief am Triumphbogen des Titus in Rom oder die *Gemma Augustea*), ein Motiv, dessen Rezeption im christlichen Raum am Beispiel des Apsismosaiks in S. Pudenziana in Rom zu sehen ist, wo die Allegorien der Juden- und Heidenkirche solche Kränze über dem Haupt der Apostelfürsten Petrus und Paulus halten. Die Tafel über dem Gekreuzigten ist eine genaue Nachbildung der *tituli*, die beim Triumphzug eines römischen Feldherrn auf Stangen mitgetragen wurden. Ein solcher Titulus enthielt inschriftliche Informationen über die kriegerischen Leistungen des Triumphators. Ein Titulus wurde auch abzuführenden Verbrechern vorangetragen, doch hier, in der Junktur mit dem Siegeskranz und dem Kreuz - das seinerseits eine starke Affinität zum Tropaion hat - ist er wohl eher ein Element der Triumphsymbolik. In der Initiale des Drogo-Sakramentars schwebt der Siegeskranz zwischen zwei nimbierten Engeln (in Halbfigur) und Sonne und Mond (ebenfalls in Halbfigur), den kosmischen Zeugen des von Christus im Tode errungenen Sieges. Sol und Luna sind, ebenso wie die Fahne der Kirche, aus der Vorstellungswelt der römischen Antike übernommen. Das gilt vermutlich auch für das Attribut der Gestalt gegenüber Ecclesia, das vielleicht eine *parma* ist, der kleine Rundschild der römischen Reiterei und der Leichtbewaffneten. Man sieht ihn auch in der Hand der ikonographischen Vorläuferin Synagogas, der *Judaea capta* (dazu oben, Nr. 2), auch sie ein verbreitetes Bildmotiv der römischen Antike. Vielleicht ist aber eher an eine *Sphaira* zu denken, an den Weltkreis als Herrscherattribut. Wir werden auf das Sphaira-Problem später zurückkommen müssen (s.u., zu Nr. 25).

Ganz einer schon längeren ikonographischen Tradition entspricht das nimbierte Paar Maria-Johannes, etwas erhöht postiert, anscheinend die Hand im Trauergestus erhoben. Christus, auf einem Suppedaneum stehend, blickt im Sterben auf Ecclesia, abgewendet von der Gestalt mit dem runden Gegenstand. Ob am Kreuzfuß sich die tödlich getroffene Schlange des Paradieses windet (so z.B. Schiller, II, 117; IV 1, 45; vgl. Kirschbaum, I, 1968 S. 572), ist zweifelhaft. Näher liegt es vielleicht, an die rettende Schlange von Numeri 21, 8-9 zu denken, deren heilbringende Erhöhung Christus als Vorbild seiner eigenen Erhöhung und seines eigenen den Tod überwindenden und das ewige Leben bringenden Opfertodes am Kreuz nennt (Jo 3, 14-15). Damit korrespondiert, daß ein aus seinem Grabe Auferstehender (zwischen Ecclesia und Maria) die Arme im Danksagungsgestus zu Christus emporstreckt (ein zweiter Auferstehender vielleicht zu Füßen des Johannes). U. Diehl, Die Darstellung der Ehernen Schlange von ihren Anfängen bis zum Ende des Mittelalters, Diss. München 1956, geht auf die karolingische Kunst nicht ein und sieht Kreuzigung und Eherne Schlange nicht vor dem 12. Jh. in ikonographischer Junktur, schwerlich zu Recht.

Ecclesia erscheint hier zum ersten Mal als allegorische Personifikation, durch den Kelch des Blutes und den Blickkontakt mit Christus als dessen Heilsverwalterin legitimiert. Ihr Gegenüber mit der Sphaira (oder dem kleinen Rundschild der Reiterei?, Schubert a.a.O., denkt an ein "Tympanon,

465

Zeichen der Herrschaft", andere an ein "Tamburin") ist wohl als Rivalin gesehen, die noch nicht besiegt ist, und das Heben der rechten Hand kann ein Zeichen ihres fassungslosen Unverständnisses angesichts des Geschehens sein; denn auf zahlreichen späteren Bildern dieses Typs (dazu unten) verläßt Synagoga (als Gegenfigur der Ecclesia) die Szene der Kreuzigung, deren Sinn sie nicht versteht oder nicht verstehen will, und weist im Fortgehen mit ähnlichem Gestus (der Verständnislosigkeit, des Unmutes oder zur Begründung ihres Abgangs?) auf Christus. Daß die rechts vom Kreuz sitzende oder stehende Person eine männliche Figur ist (der Hauptmann unter dem Kreuz von Mt 27, 54 oder der Prophet Hosea mit Hosea 13, 14 als biblischem Bezugspunkt; die Deutung auf Hosea wird seit Raddatz stark überwiegend vertreten; L. Edwards, in: Jewish Historical Society of England. Transactions 18, 1953-1954 [London 1958] 66, denkt an "Palestine or Jerusalem"; wieder andere glaubten, hier eine Personifikation des römischen Reiches zu erkennen; A. Weis, in: RDK IV, 1958, 1192, dachte an "Synagoge als Greis mit Tamburin"), ist nicht zu erweisen. Im Gegenteil ist von vornherein wahrscheinlich, daß der weiblichen Ecclesia ein weibliches Gegenüber (d.h. die Rivalin Synagoga) entspricht, und die weitere einschlägige Bildtradition der karolingischen Zeit läßt dies überall erkennen, wie noch zu sehen sein wird.- Für die hier vertretene Deutung im Sinne einer christlichen Rezeption von Elementen der römischen Triumphtradition spricht im übrigen auch, daß die antike Triumphbogenarchitektur in der Gestaltung des Bogens weiterlebt, der das Kirchenlanghaus von Apsis und Chor trennt (sog. *arcus triumphalis*). Es war ja gerade ein überdimensional großes Kreuz, das die Apsis vieler spätantiker Kirchen schmückte und beherrschte.

Nr. 19.- *Kreuzigung.*- Miniatur im 'Stuttgarter Psalter' (vgl. oben Nr. 16a), folio 27 recto, um 820-830.- *Literatur*: V.H. Albern, in: Zeitschrift des Deutschen Vereins für Kunstwissenschaft 17, 1963, S. 143, Abb. 93; R. Suntrup, in: Frühmittelalterliche Studien 3, 1969, Tafel XXI, Abb. 50; C.R. Dodwell, Painting in Europe 800 to 1200, Harmondsworth 1971, Pl. 48; Frühmittelalterliche Studien 6, 1972, Tafel IL, Abb. 128; Hürkey, 1983, Abb. 243 b.

Diese Illustration zu Ps 22, 19.22 (Vulgata 21, 19.22: rette mich, Herr, vor dem Horn des Einhorns und vor dem Rachen des Löwen) stellt die Akteure der Kreuzigung nicht als römische Soldaten dar, sondern stattet sie mit der phrygischen Kappe (statt mit *galea* oder *cassis*) aus, das heißt mit einer Kopfbedeckung, die im frühen und vor allem im hohen Mittelalter regelmäßig und ähnlich häufig wie der konische (oder trichter- und glockenförmige) Hut als (orientalisch-)jüdische Kopfbedeckung erscheint. Dies wird noch im einzelnen zu verfolgen sein, muß aber hier bereits vermerkt werden.

19a.- Guten Vergleichswert hat dazu das Elfenbeinrelief einer Kreuzigungsgruppe mit Longinus und Stephaton (wohl um 900 entsanden, in einem Buchdeckel, München, Clm 4456; Hürkey, 1983, Abb. 2a; Die Regensburger Buchmalerei, München 1987, Tafel 5): Hier trägt Stephaton die phrygische Mütze und ist dadurch als Orientale und vielleicht schon als Jude gekennzeichnet; denn im Zuge einer noch zu verfolgenden, im Frühmittelalter sich entwickelnden ikonographischen Traditionslinie werden Longinus und Stephaton auch als (jüdische) Schergen gesehen und bisweilen durch inschriftliche Adskripte wie *Iudeus* entsprechend identifiziert (So Stephaton in einem Kreuzigungsbild im 'Hortus deliciarum' der Herrad von Landsberg, 2. Hälfte 12. Jh.; die starke ikonographische Affinität Stephaton-Synagoga gehört ebenfalls in diesen Zusammenhang). Auf die Frage des Gruppenmerkmals in Gestalt der phrygischen Mütze wird noch wiederholt einzugehen sein; vorerst ist noch zum Münchener Relief zu registrieren, daß es unter dem Suppedaneum des Kruzifixus wieder die Schlange, offenbar die Eherne Schlange von Nm 21, 6-9 im Sinne von Jo 3, 14, zeigt; denn die unmittelbar daneben, um den Kreuzfuß herum, aus Särgen auferstehenden Toten definieren die Schlange eindeutig als den vom Tod erretenden alttestamentlichen Typus des Gekreuzigten; über dem Kreuz auch wieder der Titulus in der Form der Triumphzugtafeln.- Vgl. im übrigen unten, Bild Nr. 29.

Zum Kreuzigungsbild des Stuttgarter Psalters ist noch anzumerken, daß Löwe und Einhorn heraldisch links neben dem Kreuz hier nicht, wie sonst im Mittelalter, Christussymbole, sondern Allegorien tödlicher Bedrohung sind. Schließlich ist noch zu sehen, daß die Darstellung von Juden (allerdings noch ohne Gruppenmerkmale) im Zusammenhang mit der Passion Christi seit dem Codex Rossanensis (oben, Nr. 9; vgl. auch, im Zusammenhang mit einer Kreuzigung, Christus und die Juden vor Pilatus, im Fuldaer Sakramentar [um 925, Göttingen, Cod. theol. fol. 231, folio 60; siehe A. Goldschmidt, Die deutsche Buchmalerei, II, Firenze 1928, Tafel 106; vgl. unten, Nr. 42) nicht ungewöhnlich ist, aber zunächst noch, ohne die kleidungsmäßige oder physiognomische Identifizierung als Juden, eher den Charakter einer unpolemischen Historienschilderung hat.

Nr. 20.- *Entschleierung des Moses durch die Evangelisten.-* Drei thematisch gleiche Miniaturen als Frontispize zur Apokalypse in karolingischen Bibeln zur Zeit Karls des Kahlen beziehungsweise für ihn angefertigt (2.-3. Viertel 9. Jh.): **1.** - Sogenannte Alkuinbibel aus dem Kloster Moutier-Grandval, um 840 in Tours entstanden.- *London*, British Museum, Add. 10546, folio 449 recto.- *Literatur*: J.E. Gaehde, in: Frühmittelalterliche Studien 5, 1971, Tafel XXXI, Abb. 94; Fr. van der Meer, Apokalypse, Freiburg 1978, S. 79, Abb. 44.- **2.**- Sogenannte Viviansbibel, um 846.- Paris, BN, Lat. 1, folio 416.- *Literatur*: Gaehde, a.a.O., Tafel XXX, Abb. 93; Van der Meer, a.a.O. S. 75 ff.; E.G. Grimme, Das Evangeliar Ottos III. im Domschatz zu Aachen, Freiburg 1984, S. 102, Abb. 15.- **3.**- Bibel von San Paolo fuori le mura (Rom, Abtei von S. Paolo), folio 328 verso, um 869 in Saint-Denis entstanden.- *Literatur*: J. Braun, Der christliche Altar, II, München 1924, Tafel 115; Gaehde, a.a.O., Tafel XXX, Abb. 92; H. Schnitzler, in: Festschrift Fr. Gerke, Baden-Baden 1962, S. 91, Fig. 5a; Van der Meer, a.a.O., S. 79, Abb. 46.

Die Mosesentschleierung ist dem Inhalt von Apk 6-8 (apokalyptische Buchöffnung durch das Lamm) zugeordnet. Alle drei Miniaturen zeigen die Öffnung des ersten Siegels durch das Lamm und dazu ein zweites "Enthüllen" (*apokalyptein*): Die vier Evangelistensymbole (vgl. Apk 4,6-8 und Ez 1, 5 ff.) umringen den thronenden Moses, enthüllen ihn mit Gewalt und entreißen ihm das *velum Mosaicum* (vgl. 2 Kor 3 zu Ex 34, 29-35), das sein Antlitz bedeckte. Bildaussage ist also die Konkordanz der beiden Testamente, und das Neue Testament ist die Entschleierung des Alten Testaments (dieser Gedanke z.B. bei Augustinus, De civitate dei 16,26), in welchem die Christusbotschaft in Gestalt von Typen und Allegorien noch wie hinter einem Schleier verborgen war. Dabei geschieht die Mitwirkung des Matthäussymbols (Engel bzw. Mensch) so, daß es durch ein trichterförmiges Horn von unten her blasend das Tuch wie ein Segel bläht.

Das vom Lamm geöffnete Buch befindet sich auf einem Altar, vor dem Hintergrund eines an Ringen befestigten Vorhanges. Den sieben Siegeln entsprechen sieben Engel, die vor sieben Kirchen thronen. Formal und inhaltlich gehen die Bilder auf Vorlagen der späten Kirchenväterzeit zurück. Eine erläuternde Inschrift im Pariser Kodex Lat. 1 besagt unter anderem: "Das neue Gesetz aus dem Busen des alten quillt aus nährender Brust; siehe, es hat vielen Völkern das Licht gegeben" (*Leges e veteris sinu novellae / almis pectoribus liquantur, ecce / quae lucem populis dedere multis*). Die Bibel von San Paolo erläutert inschriftlich: "Das sündenlose Lamm, für uns zum Opfer geworden, erstand siegreich (vom Tode), enthüllte das Gesetzbuch, und ihm ziemte es, die sieben Siegel des Buches zu öffnen" (*insons pro nobis agnus qui victima factus / detectus victor surgens volumina legis / atque libri septem dignus signacula solvit*).- Im 12. Jh. wird auch die Entschleierung der Synagoga zum ikonographischen Thema, aber der Bezug ist, vor allem in der Exegese des Hohenliedes, ein eschatologischer: Die Konvergenz von Kirche und Judentum.

Nr. 21.- *Der zwölfjährige Jesus im Tempel.*- Elfenbeinrelief (22,2 x 11,6 cm) der Metzer Schule (9. Jh.).- *Berlin*, Staatliche Museen, Inv.-Nr. 598.- *Literatur*: Schiller, I (1966), Abb. 340.
Jesus sitzt nimbiert und in der Größe eines Erwachsenen dargestellt mitten unter den Schriftgelehrten. Seine Mutter - hinter ihr steht Joseph - legt bittend ihre Hand auf seine Schulter. Die Schriftgelehrten halten teils Bücher teils Schriftrollen. Auch Jesus hält ein Buch, es ist wohl das Alte Testament gemeint, in der Hand, so daß die Gesamtsituation in gewisser Weise derjenigen in Religionsdisputationen entspricht, in denen jede Gruppe mit ihrem Text argumentiert. Damit sind Gedanken einer viel späteren Zeit in Lk 2,46-47 hineingelesen (vgl. oben zu Nr. 7).

Nr. 22.- *Teknophagie der Jüdin Maria.*- Miniatur in einer Handschrift der Sacra parallela des Johannes von Damaskus († vor 754).- *Paris*, BN, Ms.gr.923, folio 227 (9. Jh.).- *Literatur*: G.N. Deutsch, Ikonographie de l'illustration de Flavius Josèphe au temps de Jean Fouquet, Leiden 1986, Abb. 1.
Der einschlägige Bericht, den der jüdische Historiker Flavius Josephus in seinem Bellum Judaicum (6, 201-213) über diese Verzweiflungstat der Jüdin Maria im durch Titus belagerten hungernden Jerusalem gab, galt in der christlichen Josephusüberlieferung als besonders denkwürdiges Zeichen des Gottesgerichts über das jüdische Volk.

Nr. 23.- *Steinigung des Stephanus.*- Miniatur in einer Handschrift der um 550 verfaßten 'Christianike topographia' des Kosmas Indikopleustes (9. Jh.).- *Rom*, Bibliotheca apostolica vaticana, Vat. gr. 669, fol. 82 verso.- *Literatur*: Grant, 1982, 35.
Dieses vorgegebene Thema (Apg 7,55-59) gehört zu den im Mittelalter am häufigsten dargestellten Szenen des Neuen Testaments. Nicht das Thema als solches, sondern die ihm überproportional häufig ikonographisch beigemessene Bedeutung konnte dazu beitragen, das christliche Judenbild negativ zu verzeichnen.

Nr. 24.- *Stephanus und die Juden.*- Wandgemälde in *Auxerre*, Saint-Germain, Westkrypta (um 855).- *Literatur*: H. Schrader, Vor- und frühromanische Malerei, Köln 1958, Abb. 23; A. Grabar - C. Nordenfalk, Das frühe Mittelalter (Die großen Jahrhunderte der Malerei, 3), Genf 1957, Abb. S. 72; M. Chatzidakis - A. Grabar, Die Malerei im frühen Mittelalter, Gütersloh 1965, Abb. 159; J. Pichard, Die Malerei der Romanik,

Lausanne 1966, Abb. S. 15; Hubert, 1969, Abb. 7; C.R. Dodwell, Painting in Europe 800 to 1200, Harmondsworth, Middlesex (Penguin Books) 1971, Pl. 7.

Stephanus, als christlicher Heiliger nimbiert, spricht zu den Juden, die noch nicht durch Physiognomie und Kleidung als Juden besonders gekennzeichnet sind. Die Wandmalerei beschreibt unpolemisch zunächst die Verhaftung des Stephanus (Apg 6,4 ff.), dann seine Rede (Apg 7, 1 ff.) und schließlich seine Steinigung (Apg 7,55 ff.). Polemik liegt allenfalls in der Auswahl des neutestamentlichen Stoffes; denn hier ist eine Affinität zur antijüdischen christlichen Apologetik gegeben, die das Stephanus-Geschehen oft als Beleg für eine generelle Christenfeindschaft der Juden und ihre Kollektivschuld betrachtet. Zugleich formuliert dieser häufige Bildtyp wohl auch die andauernde christliche Erfahrung, daß Bekehrungspredigten bei den Juden auf steinigen Boden fielen. Nicht zuletzt erschien die Passion eines Heiligen durch Juden als konsequente Fortsetzung der Passion Christi, auch dies eine in der Adversus-Judaeos-Literatur vorgegebene Auffassung.

Nr. 25.- *Kreuzigung mit Ecclesia und Synagoga.*- Elfenbeinrelief auf dem vorderen Deckel des Perikopenbuchs Heinrichs II., 3. Viertel 9. Jh.; Maße der Elfenbeintafel: 28,1 x 12,8 cm.- *München*, SB, Clm 4452 (Cimelie 57).- *Literatur*: P. Weber, Geistliches Schauspiel und kirchliche Kunst, Stuttgart 1894, Tafel IV; Fr. X. Kraus, Geschichte der christlichen Kunst, II 1, Freiburg 1897, S. 342, Fig. 237; H. Bergner, Handbuch der kirchlichen Kunstaltertümer in Deutschland, Leipzig 1905, 519; Goldschmidt, I (1914), Tafel XX, Nr. 41; Hauttmann, 1929, 327: J. Baum, Die Malerei und Plastik des Mittlalters, II, Wildpark Potsdam 1930, 102: R. Hamann, Geschichte der Kunst, II, München 1932, S. 221, Abb. 230; Ars sacra. Kunst des frühen Mittelalters [Ausstellungskatalog]. Hg. von der Bayerischen Staatsbibliothek, München 1950, S. 45, Abb. 19; O. Källström, in: Münchner Jahrbuch der Bildenden Kunst 2, 1951, S. 63, Abb. 1; H. Weigert, Geschichte der europäischen Kunst, II, Stuttgart 1951, Tafel 34; W. Messerer, Der Bamberger Domschatz, München 1952, Abb. 5; W. Pinder, Die Kunst der deutschen Kaiserzeit, II, Frankfurt 1952, Abb. 32; RDK IV (1958) 1189, Abb. 1; V (1973) 1062; Raddatz, 1959, Abb. 8; P.E. Schramm - Fl. Mütherich, Denkmale der deutschen Könige und Kaiser, München 1962, Tafel 110; V.H. Elbern, in: Zeitschrift des Deutschen Vereins für Kunstwissenschaft 17, 1963, 139, Abb. 92; W. Mersmann, in: Wallraf-Richartz-Jahrbuch 25, 1963, 11, Abb. 4; Monumenta Judaica. Handbuch, Köln 1963, Abb. 60; H. Weigert, Geschichte der deutschen Kunst, I, Frankfurt 1963, Abb. S. 25; Seiferth, 1964, Abb. 5; V.H. Elbern, in: Festschrift H. Schnitzler, Düsseldorf 1965, Tafel LI, Abb. 6; F. Steenbock, Der kirchliche Prachteinband im frühen Mittelalter, Berlin 1965, Abb. 71; J. Beckwith, Die Kunst des frühen Mittelalters, München 1967, Abb. 38. 89; Schiller, II (1968) Abb. 635; Fillitz, 1969, Abb. 94;

Hubert, 1969, Abb. 229; Lasko, 1972, Pl. 29; H. Fillitz, in: Festschrift H. Wentzel, Berlin 1975, S. 49, Abb. 4; Schubert 1978, Abb. 28; D. Bogner, in: Wiener Jahrbuch für Kunstgeschichte 32, 1979, 7-14, Abb. 9; Hürkey, 1983, Abb. 298; L. Kötzsche - P. von der Osten-Sacken (Hgg.), Wenn der Messias kommt, Berlin 1984, Abb. 20.

Schon die christliche Bildkunst der Kirchenväterzeit hatte theologische Begriffspaare entwickelt wie 'Kirche aus der Beschneidung' (*Ecclesia ex circumcisione*) - Heidenkirche (*Ecclesia ex gentibus*) und *Jerusalem - Bethlehem*. Nun, im 9. Jh., erscheinen zunehmend häufig Synagoga und Ecclesia als komplementäres Gegensatzpaar in Kreuzigungsdarstellungen. An der Reimser Hofschule Karls des Kahlen (843-877) entstand im dritten Viertel des 9. Jh. eine Elfenbeintafel, die Anfang des 11. Jh., mit einem kostbaren Rahmen nebst Inschrift versehen, zum vorderen Buchdeckel eines Evangelistars beziehungsweise Perikopenbuches (d.h. die Evangelientexte der Messe enthaltendes Buch) wurde, das Heinrich II. (1002-1024) dem Bamberger Dom stiftete. Dieses Elfenbeinrelief gehört kunstgeschichtlich zur 'Liuthardgruppe', benannt nach dem wichtigsten Schreiber der Hofwerkstatt Karls des Kahlen, der sogenannten Schule von Corbie.

Zentrales Thema des Elfenbeins ist das Karfreitags- und Golgothageschehen, die Erlösung der Menschheit durch Christi Kreuzestod, der als weltgeschichtlich und heilsgeschichtlich fundamentales Ereignis gesehen ist. Die vielfigurige Darstellung des 'erzählenden Reliefs' ist aus Einzelszenen zusammengesetzt, die, gruppiert zum Teil durch terrassenförmige Geländelinien nach dem Vorbild antiker Reliefs, sich zu einer soteriologischen Gesamtkonzeption verbinden.

Ganz oben erscheint aus den Wolken des Himmels die rechte Hand Gottvaters (*Dextera Domini*), ein herkömmliches Zeichen der Präsenz Gottes; sie weist offenbar legitimierend und beglaubigend auf den Sieg Christi und des Christentums. Daß Gottes Hand den Engeln den Weg zum Kreuz weist, wie Seiferth, 1964, 21, deutet, überzeugt nicht; denn in der Mitte der untersten Bildszene entspricht Gottvaters Handbewegung die weisende Geste einer anderen Gestalt (Roma, Hosea oder die Sybille?), die fast kontrapunktisch angelegt erscheint (dazu unten). Sonne und Mond, als zusammengehörige Zweiergruppe schon in der vorchristlichen antiken Vorstellungswelt beheimatet, fahren Fackeln tragend über den Himmel, je mit der herkömmlichen Rosse- und Stierquadriga. Beide sind, zusammen mit Okeanos (*Mare*) und Gaia (*Terra, Tellus*) in der untersten Bildzone, Symbole der vier Elemente Feuer und Luft, Wasser und Erde, geben also, an den vier Ecken des Gesamtbildes befindlich, sozusagen den Rahmen des Heilsgeschehens ab. Sonne und Mond, hier in Medaillons, erscheinen aber wohl auch deshalb auf vielen Kreuzigungsdarstellungen, weil nach Mt 27, 45 (vgl. Lk 23, 45) sich die Sonne beim Tode Jesu verfinsterte; die irdische Welt, vertreten durch ihre auffälligsten Erscheinungsweisen, ist also auch als Mittrauernde in die Darstellung einbezogen, auf manchen Bildern, wie noch zu sehen sein wird, mit deutlichen Trauergebärden.

Die Kreuzigung ist gestaltet nach Jo 19,28-37. Die Schlange am Kreuzesfuß könnte die Schlange von Gn 3, 1 ff. sein - wie ja auch Adam und Eva in der älteren christlichen Bildkunst gelegentlich am Fuß des Kreuzes erscheinen -, aber naheliegender ist wohl der Bezug auf Jo 3, 14 (Moses' Eherne Schlange, Nm 21, 4-9, als Vorausbild des Erlösungswerkes Christi gedeutet). Daß die Schlange "erstirbt" (Raddatz, 1959, 6) ist ebenso phantasievoll wie unrichtig gedeutet. Ebenso unrichtig spricht hier zum Beispiel R. Hamann (Geschichte der Kunst, II, München, Zürich 1932, 221) von einer "widerlichen" Schlange oder W. Messerer (Der Bamberger Domschatz, München 1952, 45; ebenso Fillitz, 1969, 161) von einer "besiegten" Schlange. Als zwingend erweist sich die soteriologische Deutung auch dadurch, daß die Schlange sich auf einer gedachten senkrecht aufsteigenden Linie befindet, die von Hosea (bzw. der Roma oder Sybille?) unten über den Engel vor Christi Grab über die zu Häupten Christi schwebenden Engel bis zur Hand Gottes reicht. Diese Engel betonen verehrend, fast im Sinne einer Apotheose, die Göttlichkeit Christi, den sie vielleicht auch nach seinem Tode zum Himmel geleiten sollen. Das Kreuz, an dem Christus sterbend hängt, hat möglicherweise Astansätze (?), wäre also auf dem Weg zum (Lebens-)Baum (vgl. das spätere 'Lebende Kreuz') dargestellt. Aber vielleicht sollen die Balken nur grob zugeschnitten und noch klobig erscheinen. Allen Bildern dieses Typs ist eigentümlich, daß Christus nach rechts blickt, wo gewöhnlich Maria und/oder Ecclesia stehen.

Zur Linken Christi erscheinen Ecclesia und Longinus, zur Rechten Stephaton (die Namen der Soldaten erst in der nachneutestamentlichen Legende). Longinus und Stephaton agieren wie üblich in anachronistischer Gleichzeitigkeit. Neben Stephaton, der den Essigschwamm reicht, steht der Jo 19, 29 erwähnte Krug. Johannes, mit klagender Geste, befindet sich an seinem traditionellen Platz. Oft hat er als Gegenüber Maria, hier vielleicht eine der fünf klagenden Frauen links neben dem Kreuz (vgl. Jo 19, 25; nach Mt 27, 55 sehen die Frauen "von ferne" zu).

In der unteren Hälfte der mittleren Bildzone erscheint der Gang der Frauen zum (leeren) Grab Jesu, einem dreistöckigen Gebäude (innen erkennbar ein geöffneter Sarkophagdeckel und ein zusammengerolltes Tuch, vielleicht eine Bezugnahme auf das "zusammengefaltete" Tuch von Jo 20, 7), links daneben vier schlafende Wächter mit Lanzen und Schild. Der Engel (mit Kreuzstab) verkündet gerade den ankommenden Frauen die Osterbotschaft. Christi Sühnetod und seine Auferstehung verheißen und gewährleisten zugleich auch die Auferstehung der Toten, die darunter unmittelbar anschließend, ausgehend von Mt 27, 52-53, antizipatorisch realisiert (d.h. Mt 27, 52-53 ausgeweitet und generalisiert) passend im Bild erscheint: Aus Grabbauten und Särgen erheben sich die Auferstehenden. Der innere Bezug zu Christi Tod und Auferstehung ergibt sich wohl auch aus der diagonal angelegten Entsprechung des kleinen leeren Grabbaues rechts unten mit dem leeren Grabbau Christi links oben, beide mit schräg gestelltem (d.h. von innen geöffnetem) Sarkophagdeckel.

In der unteren Hälfte der unteren Bildzone lagern links der gehörnte Okeanos (mit Füllhorn und Wasserkrug), rechts Gaia (mit Füllhorn, Schlangen an der Brust nährend). Sie sind ebenso Zeugen des Kreuzestodes Christi wie die erhöht in der Mitte thronende, auf das oben Geschehende weisende Gestalt, die von manchen Interpreten als Roma angesehen wird, also als allegorische Personifikation des heidnischen römischen Weltreiches. Die Deutung als Frauengestalt erscheint aber zunächst nicht zwingend. Möglich scheint auch eine neuere Deutung auf den alttestamentlichen Propheten Hosea; denn die pseudoaugustinische *Altercatio Ecclesiae et Synagogae*, eine, wie noch weiter zu sehen sein wird, wichtige Textquelle unseres Bildtyps, zitiert Hosea 6,3 (Vulgata), betreffend die Auferstehung am drittenTage: *vivificavit (vivificabit) nos die tertia* (PL 42, 1137; vgl. Hosea 13,14), mithin eine christologische biblische Beweisstelle genau für die Szene in der linken Bildmitte unseres Reliefs; Hosea blickt also mit weisender Geste empor auf das leere Grab Christi (und die damit zusammenhängende Kreuzigung) wie auf die Erfüllung seiner Prophetie. Oder sollte die Sibylle gemeint sein, bei der (z.B. Oracula Sibyllina 8, 302 ff., ed. J. Geffken, p. 161-162: Christi Tod, Zerreißen des Tempelvorhanges, Auferstehung nach drei Tagen, Auferstehung der Toten; vgl. Mt 27, 51-53) die Kirchenväter auch christliche Erlösungsprophetien zu finden glaubten? Zum Beispiel noch Ps.-Bernhard von Clairvaux (PL184, 1327-1328) begründet mit dem Hinweis auf die Christusverheißung der biblischen Propheten *und* der Sibyllinischen Dichtung den an Synagoga gerichteten Bekehrungswunsch.

Die Schlüsselszene des Bildes befindet sich aber in der mittleren Bildzone rechts neben dem Kreuz. Vom Kreuz her und durch das Kreuz legitimiert schreitet Ecclesia auf eine vor einer Gebäudekulisse sitzende Frauengestalt zu - auf anderen Bildern dieses Typs als *Hierusalem* oder *Synagoga* definiert - und legt besitzergreifend die Hand auf einen Gegenstand, der wie eine Handtrommel (*Tympanon*) aussieht, aber wohl den Erdkreis (*Sphaira, gyrus terrae*) symbolisiert. Gleichgewandet ist Ecclesia auch links neben dem Kreuz zu sehen, wo sie Christi Blut aus der Speerwunde auffängt und so gleichsam zur bevollmächtigten Heilsverwalterin und Herrscherin auf der Erde wird, die ihr sozusagen als Lehen Christi zusteht. Als dergestalt ernannte Herrscherin entreißt sie *Jerusalem-Synagoga* die Herrschaft; denn sie ist das wahre Israel im Sinne der pseudoaugustinischen 'Altercatio Ecclesiae et Synagogae' (PL 42, 1131-1140). Der Erdkreis gehört in Zukunft der Ecclesia, was den universalen Anspruch der Kirche betont. Die von manchen Interpreten bevorzugte Deutung "Tympanon" hat wenig für sich. Daß der Wort- und Rechtsstreit (*Altercatio*) der beiden Frauen wie ein ernster Krieg zweier Herrscherinnen gesehen ist, zeigt der dreizipfelige *Gonfanon* (Reiterfahne, Kriegsfahne; vgl. althochdeutsch *fano*, lateinisch *pannus*) als Attribut der Ecclesia. Gleichwohl ist die ganze Szene unpolemisch gesehen. Ecclesia handelt mit ruhiger Bestimmtheit, ohne die Gegnerin zu erniedrigen oder zu demütigen - wie oft auf späteren Bildern dieses Typs zu sehen. Jerusalem-Synagoga trägt hier auch noch die herrscherliche Krone - keine "Mauerkrone" der Stadt Jerusalem, wie manche Interpreten glauben. Die Stadt Jerusalem ist aber mit der Gebäudekulisse hinter Synagoga gemeint, was die Sitzende dem schon aus der Antike bekannten Darstellungstypus der Stadtgöttin zuordnet beziehungsweise der allegorischen Personifikation einer eroberten Stadt oder eines besiegten Landes, man denke etwa an die *Judaea-capta*-Münzen Vespasians und Titus' (in affiner Weise ist so vielleicht schon Mt 23, 37 Jerusalem angeredet).

Die kleine Szene erscheint wie eine bildliche Artikulation des Wortgefechtes zwischen Ecclesia und Synagoga bei Ps.-Augustinus: *ego sceptro et legionibus fulta, apud Jerosolyman purpureo amictu regnabam; ego Romanam possidebam imperium* etc. sagt Synagoga (PL 42, 1131), d.h. "Ich herrschte, ausgestattet mit Zepter und Heer, in Jerusalem, bekleidet mit dem purpurnen (Königs-)Mantel; ich war die Herrin des römischen Reiches". Dagegen setzt Ecclesia ihren Anspruch: "Hör zu, Synagoga, ich bin eine Königin, und ich habe dich entthront" (PL 42, 1135: *Audi, Synagoga, audi ... ego sum regina quae te de regno deposui* etc.). Es scheint, daß das in der theologischen Literatur schon seit mehreren Jahrhunderten (z.B. schon bei Kyrillos von Alexandrien, † 444; vgl. Verf., Die christlichen Adversus-Judaeos-Texte 1982, 738 [Register]) bekannte Allegorienpaar auf unserer Elfenbeintafel zum ersten Mal bildkünstlerisch eindeutig, deutlicher jedenfalls als noch im Drogo-Sakramentar, dargestellt wird, und zwar im Rahmen eines Kreuzigungsbildes, wodurch die heilsgeschichtliche Dimension dieses Themas sehr weit gespannt wird: Die ganze Welt (vertreten durch Sonne und Mond, Meer und Erde) wird zum Zeugen nicht nur des Sieges Christi über den Tod, sondern auch des Sieges der Königin Kirche über die vorchristliche Welt in Gestalt des Judentums und des (auf mythologische Chiffren reduzierten) Heidentums. Die Betonung der Herrschaftsablösung (*depositio*) der Synagoge ist vielleicht auch Ausdruck einer theologischen Gegenbewegung gegen starke judenfreundliche Tendenzen der Karolingerzeit. Das hat besonders Raddatz (1959) zu zeigen versucht (vgl. auch K. Schubert, in: Kairos 17, 1975, 188). An Synagoga soll erinnert werden als eine definitiv Unterlegene und Besiegte, und ein gleichrangiges Nebeneinander beider Religionen ist ganz unmöglich. Synagoga bleibt hier aber ihre Würde; noch wird sie nicht verunglimpft, wie auf zahlreichen Bildern seit dem hohen Mittelalter. Daß aber auch das vorchristliche Judentum in Gestalt der Christuspropheten des Alten Testaments weiter hoch geschätzt wird, zeigt gewiß die exponierte Stellung Hoseas - wenn er es denn ist und nicht doch eher die Sibylle. Im ganzen bietet das erzählende Relief mit seiner Summe von Einzelszenen eine heilsgeschichtlich-theologische Gesamtschau, in der Christi Sühnetod für die Menschheit als Achsenpunkt der Weltgeschichte gesehen ist: Der Alte Bund ist durch den Neuen Bund abgelöst, der Tod ist besiegt, und Auferstehung und Erlösung sind verbürgt.

Mit dem kostbaren Bildrahmen wurde Anfang des 11. Jh. eine Inschrift zugefügt: "Wer den Text der wahren Weisheit zu erforschen sucht, wird sich freuen, mit diesem Geviert eine umfassende Belehrung zu haben. Sieh' hier, die wahren Jünger der Weisheit (d.h. die durch ihre Symbole auf dem Rand des Einbandes vertretenen Evangelisten mitsamt den Aposteln)! König Heinrich schmückt mit diesem Kranz (d.h. der Girlande der das Relief umgebenden Medaillons und Brustbilder Christi, der elf Apostel und vier Evangelisten) den vollkomenen Glauben" (*Grammata qui sophi(a)e querit cognoscere ver(a)e hoc mathesis plenae quadratum plaudet habere. / En, qui veraces sophi(a)e fulsere sequaces, / ornat perfectam rex Heinri(c)h stemmate sectam* [MGH, Poet. lat. 5, 434]).

Das Golgatha-Geschehen ist in diesem Relief das zentrale Ereignis der Welt. Diese ist rahmenhaft zugegen in den (bereits vorchristlichen, heidnisch-antiken) Symbolen und Allegorien Sol und Luna, Okeanos und Gaia. Diesem Bezug auf den Kosmos könnte die Deutung des Gegenstandes in der Hand der Jerusalem-Synagoga als *Sphaira* entsprechen. Und in der Tat bietet sich diese Deutung (gegen die Auffassung als Tamburin, Schild o.ä.) im Hinblick auf die kunstgeschichtlich vorgegebene Herrschersymbolik als naheliegendste an; denn diese Sphaira erscheint bereits in der Hand thronender christlicher Kaiser der Spätantike (Abbildungen z.B. bei P.C. Claussen, in: Wallraf-Richartz-Jahrbuch 39, 1977, 15; G. Egger, in: Jahrbuch der kunsthistorischen Sammlungen in Wien 55, 1959, 14; 64, 1968, 64), später ebenso als Attribut bei christlichen Herrschern des Frühmittelalters (Abbildungen bei G. de Francovich, in: Römisches Jahrbuch für Kunstgeschichte 6, 1942-1944, 189; E.G. Grimme, in: Aachener Kunstblätter 42, 1972, S. 37, Farbtafel VI [Sphaira als 'Reichsapfel']; N. Wibiral, in: Österreichische Zeitschrift für Kunst und Denkmalspflege 40, 1986, 107 [Die *Sphaira* bzw. der *gyrus terrae* in drei Zonen geteilt; Asia, Europa, Africa]; R. Kahn, in: Städel-Jahrbuch 1, 1981, 65; für die spätere Zeit vgl. noch E.G. Grimme, in: Aachener Kunstblätter 42, 1972, Abb. 127). Die Darstellung von M. Lurker, Wörterbuch der Symbolik, Stuttgart 1985, 381, daß die Sphaira erst "ab dem 11. Jh. auch Königen und Kaisern als Herrschaftszeichen diente", ist also nicht zutreffend. Zum *gyrus terrae* als Thron Gottes vgl. H.L. Kessler, in: Jahrbuch der Berliner Museen 8, 1966, 92-93.

Nr. 26.- *Kreuzigung mit Ecclesia und Synagoga.*- Elfenbeinrelief vom Buchdeckel eines Evangeliars, jüngere Metzer Schule, wahrscheinlich 3. Viertel des 9. Jh. entstanden. *Paris*, BN, Lat. 9383. Maße des Reliefs: Höhe 24 cm, Breite 12,1 cm.- *Literatur*: Weber, 1894, Tafel III; A. Michel (Hg.), Histoire de l'art, I 2, Paris 1905, S. 832; Goldschmidt, I (1914), Tafel XXXV, Nr. 83: O. Pelka, Elfenbein, Berlin 1920, S. 117, Abb. 69; W. Molsdorf, Christliche Symbolik der mittelalterlichen Kunst, Stuttgart 1926, Tafel VII; Hauttmann, 1929, S. 330; J. Baum, Die Malerei und Plastik des Mittelalters, II, Wildpark Potsdam 1930, Abb. 69; R. van Marle, Iconographie de l'art profane, II, La Haye 1932, S. 283, Fig. 311; R. Wesenberg, Bernwardinische Plastik, Berlin 1955, S. 139, Abb. 94; Raddatz, 1959, Abb. 21; Chr. Beutler, in: Wallraf-Richartz-Jahrbuch 22, 1960, 62; Fillitz, 1962, Abb. 10; Seiferth, 1964, Abb. 6; Fr. Steenbock, Der kirchliche Prachteinband im frühen Mittelalter, Berlin 1965, Abb. 49; Schiller, II (1968), Abb. 366; Fillitz, 1969, Abb. 93; Lasko, 1972, Pl. 41; RDK VI (1973) 1062, Abb. 2; H. Fillitz, in: Festschrift H. Wentzel, Berlin 1975, 49, Abb. 3; Schubert, 1978, Abb. 27; Hürkey, 1983, Abb. 264a.

Die Elfenbeintafel ist in einen hölzernen Buchdeckel eingelassen. Über mehrere Bildzonen hinweg wird in klarer, übersichtlicher, fast symmetrischer Ordnung der Opfer- und Sühnetod Christi theologisch reflektiert. Die

Erlösungstat Christi wird zu Welt und Himmel in Beziehung gesetzt und in ihrer welt- und heilsgeschichtlichen Dimension ausgelotet.

In der oberen Bildzone sitzen die vier Evangelisten, inspiriert durch ihre vom Himmel (als Quelle der Offenbarung) herabfliegenden Symbole (vgl. Apk 4,6 ff.; Ez 1, 5 ff.): Außen links Matthäus und der Engel, außen rechts Lukas und der Stier; innen links Johannes und der Adler, innen rechts Markus und der Löwe. Alle vier Evangelisten sind nimbiert. Sie sitzen auf einer Bank mit Suppedaneum, das zugleich die Bildzonen, wie sonst die Geländewelle, trennt. Johannes und Markus schreiben, fast wie mittelalterliche Schreiber an Schreibpulten, ihren Evangelientext. Die Szene ist in dieser Form bisher durchaus ungewöhnlich. Text (der Evangelien) und Bild sind aufeinander bezogen, und zwar so, daß das Bild des Kruzifixus die zentrale Botschaft der Evangelien anschaulich macht, nämlich die Erlösung von Sünde und Tod, die seit Adam und Eva in der Welt sind. Die Inschrift auf dem oberen und unteren metallenen Bildrahmen bestätigt dies: "Am Kreuz hat Christus, zum frommen Opfer geworden, wieder hergestellt, was böse Tücke, der Raub der grimmigen Schlange, genommen hatte (*in cruce restituit Christus, pia victima factus, / quod mala fraus tulerat, serpentis preda ferocis*).

Unmittelbar über dem Titulus des Kreuzes (*Jesus Nazarenus rex Judeorum*) erscheinen als Büste der männliche *Sol* (mit Strahlenkrone) und die weibliche *Luna* (mit Mondsichel), hier wohl aus Platzgründen so eng beieinander. Der übergroße Kruzifixus beherrscht in seiner zentralen Position das ganze Bild. Am Kreuzfuß befinden sich Christi zusammengerollter Rock und anscheinend eine Lostrommel zum Schütteln der Lose (vgl. Jo 19, 24). Links neben Christus, zu seiner Rechten, Maria und Johannes mit Orantengestus (Steenbock, a.a.O., S. 110: "in schmerzvoller Gebärde"; Schubert a.a.O., S. 224: "mit klagend ausgebreiteten Händen"; Seiferth, a.a.O., S. 21, deutet offenbar Johannes' Geste als Ausdruck der Bereitschaft, die Mutter des Herrn in seine Obhut zu nehmen), links hintereinander statt der üblichen Gegenüber-Position. Sie stehen auf einem die verschiedenen Szenen optisch trennenden Geländewulst, ähnlich wie Longinus und Stephaton, die hier zu kümmerlichen Randfiguren herabgedrückt sind. Lanze und Schwammrohr, ihre Werkzeuge, sind größer und länger als sie selbst. Später sind die Schergen der Passionsdarstellungen mitunter zwergenhafte, häßliche Gestalten.

Am Rande dieser Bildzone öffnen auferstehende Tote die Türen ihrer Grabbauten, steigen heraus und blicken empor zu Christus, der durch seinen Erlösungstod (im Sinne zum Beispiel von Jo 3, 14) Auferstehung und ewiges Leben verbürgt. Es handelt sich wohl nicht nur um "die Gerechten des Alten Bundes, die durch den Kreuzestod Christi aus der Vorhölle finden" (Fillitz, a.a.O., S. 161, in zu enger Interpretation, sondern, in Ausweitung von Mt 27, 52, um die von allen Christen im Glaubensbekenntnis erwartete "Auferstehung der Toten und das ewige Leben".

Unten links sitzt *Oceanus,* auf einem großen Meerestier reitend und versehen mit einem Ruder, auf der anderen Seite Mutter Erde (*Gaea*) mit ihren herkömmlichen Attributen (Kinder, Füllhorn bzw. Strauß von belaubten Zweigen als Symbol der Vegetation, dazu die auf der Erde kriechende und darum Gaea in besonderer Weise zugeordnete Schlange, die ihren Arm umwindet), von denen die Schlange als Symboltier weiblicher und besonders chtonischer Gottheiten am bekanntesten ist.

Rätselhaft ist die weibliche Gestalt zwischen *Oceanus* und *Gaea.* Die Interpreten denken teils an Roma (als allegorische Personifikation des römischen Reiches), teils an Ecclesia als thronende Herrscherin und Nachfolgerin Synagogas. Fahnenlanze und die runde Scheibe in ihrer Hand lassen eher an Roma denken, die als Vertreterin der antiken Welt auch eher zu Oceanus und Gaea paßt. Problematisch ist allerdings der kreisrunde Gegenstand. Für einen Rundschild wäre er etwas zu klein. Die Interpreten denken sämtlich entweder an die "Weltkugel" oder "Erdkugel" oder an ein "Tympanum". Aber was soll das im Bacchus- und Kybelekult heimische Tamburin hier? Es könnte eine flache Libationsschale gemeint sein (*patera*; Abbildungen bei Rich 1862, 448; vgl. F.X. Kraus, Real-Encyclopädie der christlichen Alterthümer, II, Freiburg 1886, 595) als Symbol des antiken Opferkultes, ein möglicherweise passendes Attribut der Roma, das sie ebenso in ihrer Linken hält wie (Jerusalem-)Synagoga das ihr gemäße Kultsymbol, nämlich ein Beschneidungsmesser. Aber zweifelsfrei überzeugend ist auch diese Deutung nicht. Wahrscheinlich ist wohl doch die zu Nr. 25 beschriebene Sphaira gemeint. Dann ist Roma unten als Herrin der Alten Welt gesehen - wozu Oceanus und Gaia passen -, die Mitte und Gegenwart beherrscht Christus mit Ecclesia, während oben eine Art Himmelszone angedeutet ist. Den Ausschlag für die Deutung auf Roma geben schließlich doch wohl zahlreiche Bilder der Roma mit dem *globus* (Reichsapfel) auf spätantiken Goldmünzen (dazu P.C. Claussen, in: Wallraf-Richartz-Jahrbuch 39, 1977, 14-15).

In der rechten Hälfte der mittleren Bildzone geht Ecclesia mit ihrer Kriegsfahne auf die noch herrscherlich-thronende Synagoga zu. Von Christus herkommend und durch ihn sich zur Nachfolge legitimiert fühlend, weist sie, die Abdankung fordernd, auf die Kriegsfahne ihrer mächtigen, auch körperlich größeren Gegnerin. Sie deutet weder "auf die Stirn der Sitzenden" (so Weber, a.a.O., S. 22), noch hat sie "die Rechte im Redegestus erhoben" (Raddatz, 1959, 8; nach ihm so auch Schubert, a.a.O.). N. Bremer, Das Bild der Juden in den Passionsspielen und in der bildenden Kunst des deutschen Mittelalters, Frankfurt 1986, 172, versteht, anscheinend im Anschluß an Weber: "Sie (Ecclesia) deutet mit der Hand auf deren Stirn: dort sei künftig der Sitz des Heils, nicht im Messer der Beschneidung". Diese Deutung scheitert aber daran, daß Ecclesias Zeigefinger gar nicht auf die Stirn, sondern in Richtung Nase (bzw. auf die Fahne dahinter) zeigt. In Wahrheit ist die Kriegsfahne das Entscheidende, worauf gezeigt wird, und sie ist es ja auch konsequenterweise, die auf späteren Bildern dieses Typs regelmäßig gesenkt oder zerbrochen dargestellt wird; denn die Fahne weist ihre Trägerin als Kriegsherrin aus.

Die theologisch vielleicht wichtigste Aussage ist gegeben mit der thronenden Frau rechts neben dem Kreuz. Der Mauerkranz, eine Art Mauernimbus oder Mauerkrone weist sie als allegorische Personifikation für Jerusalem (oder Judaea) aus, das Attribut des Beschneidungsmessers als Vertreterin des Judentums überhaupt, also als Synagoge. Die turmbewehrte Stadtmauer kann auch als historische Reminiszenz an die Judaea-capta-Darstellungen nach 70 n.Chr. gelten; denn nach der Zerstörung Jerusalems gab es diese Wehr nicht mehr. Der geschichtlichen Situation der Karolingerzeit trägt das Bild insofern Rechnung, als das Judentum noch als lebenskräftige Religion existiert, während Roma, wie Oceanus und Gaea, zum Status einer vergangenen Größe herabgesunken ist, auf die Ebene mythologischer Figuren einer fernen Zeit. Im übrigen sind Ecclesia und (Jerusalem-Judaea-)Synagoga hier noch gleich gekleidet, und die vieltürmige Stadtmauer könnte vielleicht Synagogas noch andauernde geistige Wehrhaftigkeit andeuten, die ja im 9. Jh. noch keineswegs gebrochen erscheint.

Auf jeden Fall läßt die Konfrontationsszene wieder denken an die Streitrede der beiden Königinnen in der pseudoaugustinischen 'Altercatio Ecclesiae et Synagogae', von denen die eine königlich "in Jerusalem herrschte" (*apud Jerosolymam ... regnabam*, PL 42, 1131) und die andere ihre "Absetzung" betreibt: "Höre, Synagoga, ... ich bin eine Königin, und ich habe dich entthront" (*Audi, Synagoga, audi ... ego sum regina quae te de regno deposui* etc., PL 42, 1135).

Es findet hier noch nicht die später häufige schmähliche und demütigende Verstoßung der Synagoga statt. Vielmehr bleibt ihr eine gewisse Würde. Das entspricht der überwiegend guten Situation der Juden, die in den -

noch kleinen - Städten der Karolingerzeit in fast völliger Gewerbefreiheit lebten, noch nicht durch wirtschaftliches Konkurrenzdenken abgedrängt auf das Kreditgeschäft. Im 9. Jh. wirken aber, mit zeitlicher Verzögerung, die Anschauungen der Kirchenväter in die christliche Kunst hinein. Zwar gab es in der theologischen Literatur schon seit Jahrhunderten das allegorische Begriffspaar Ecclesia und Synagoga, nun aber bietet die entwickelte Reliefkunst die Möglichkeit, vor allem durch Attribute und Verhaltensweisen der allegorischen Personifikationen die leitenden theologischen Ideen eindrucksvoll ikonographisch zu gestalten: Die Kirche wird Herrscherin der Welt; das Imperium Romanum mit seiner überholten Mythologie (in Gestalt von Sol, Luna, Oceanus, Gaea und ihren Attributen) wird zur - freilich gern gesehenen und verwendeten - Kulisse des christlichen Sieges, der nicht selten auch durch Anklänge an militärische Symbole siegreicher römischer Feldherren bildkünstlerisch dargestellt wird. Das reicht in dem einen oder anderen Bild vom Siegeskranz zu Häupten der Apostelfürsten oder Christi über die Allegorie der eroberten Provinz und gefallenen Stadt bis zur Kriegsfahne der Ecclesia, die bisweilen geradezu als siegreiche Kriegsherrin mit Speerfahne und Schild dargestellt wird (Trier, Codex 141, um 1170 = Nr. 149).

Nr. 27.- *Hieronymus und sein Hebräischlehrer.*- Miniatur auf Pergament innerhalb des Hieronymus-Zyklus der Bibel von S. Paolo in Rom, entstanden im 3. Viertel des 9. Jh. in der Schule von Tours (vgl. oben zu Nr. 20).- *Rom*, Basilica patriarcale di San Paolo fuori le mura (ohne Nr.), folio 2 verso.- *Literatur*: H. Schnitzler, in: Festschrift H. Kauffmann, Berlin 1956, S. 11-18, Abb. 5; Blumenkranz, 1965, S. 15, Abb. 5; Hubert, 1969, S. 144, Abb. 131; J.E. Gaehde, in: Frühmittelalterliche Studien 5, 1971, Tafel XVII, Abb. 62.

Drei Bildzonen zeigen verschiedene Szenen aus dem Leben des Hieronymus: Seereise von Italien in den Orient; Hieronymus lernt Hebräisch bei einem Juden (vgl.: CSEL 55, 123; dazu Verf., Die christlichen Adversus-Judaeos-Texte 1982, 333); Arbeit an der Bibelübersetzung und Diskussionen mit Schülern und Freunden, darunter Paula und Eustochium; Verteilung der Abschriften der Vulgata.- Der Schüler Hieronymus sitzt des Rangunterschiedes wegen höher als sein jüdischer Lehrer, der noch keinerlei Gruppenkennzeichnung (durch Kleidung, Barttracht) aufweist. Die Darstellung ist jedenfalls unpolemisch. Ob hier Hieronymus in "überheblicher Haltung" gegenüber der "Bescheidenheit und Demut" des "obskuren" jüdischen Hebräischlehrers gezeigt ist, wie Blumenkranz (a.a.O.) meint, erscheint zweifelhaft. Vermutlich mußte der Kirchenvater schon deshalb höher sitzen, um vom Bildbetrachter überhaupt auf den ersten Blick erkannt und unterschieden werden zu können. Auch zeigen ja zahlreiche ähnliche Bilder (z.B. bei Schnitzler, a.a.O., Hieronymus bzw. Gregor d. Gr. hoch über teils geradezu winzig dargestellten Schreibern, *notarii*, denen sie diktieren, dargestellt; vgl. auch die typische frühmittelalterliche Miniatur im Sakramentar von Metz, folio 3, = Paris, BN, Lat. 1141: Hl. Gregor mit Schreibern; Abbildung bei D. Bogner, in: Wiener Jahrbuch für Kunstgeschichte 30-31, 1977-78, 7-46, Abb. 25; etwa gleichgroß, aber tiefer sitzend als der Jude in der Bibel von St. Paul ist der *notarius* des diktierenden Augustinus dargestellt im Berliner Egino-Kodex; in: Festschrift K.H. Usener, Marburg 1967, S. 126, Abb. 10), daß nicht christliche Überheblichkeit gegenüber einem obskuren Juden beziehungsweise der christlich-jüdische Gegensatz ins Bild gesetzt wird, sondern die nun einmal gegebene und entsprechend ikonographisch sichtbar zu machende Bedeutung eines großen Kirchenvaters. Gewiß ist hier nicht an eine Konfrontation Christentum-Judentum gedacht, und Blumenkranz' Deutung geht fehl.

Nr. 27a.- Ein sehr ähnlicher Hieronymus-Zyklus erscheint schon in der Viviansbibel von etwa 846 (s. oben Nr. 20), Paris, BN, Lat. 1, folio 3 verso, nur daß Hieronymus hier nimbiert ist und - vielleicht deshalb - kaum höher sitzt als sein Hebräischlehrer. Auch hier ist die Buchrolle bereits durch den Kodex ersetzt.

Literatur: G. de Francovich, in: Römisches Jahrbuch für Kunstgeschichte 6, 1942-44, S. 223, Fig. 202; Blumenkranz, 1965, S. 15, Abb. 4; Hubert, 1969, S. 139, Abb. 126; J.E. Gaehde, in: Frühmittelalterliche Studien 5, 1971, Tafel XVII, Abb. 63.

Nr. 28.- *Kreuzigung mit Ecclesia und Synagoga.*- Relieftafel aus Elfenbein, 2. Hälfte 9. Jh.- *London*, Victoria and Albert Museum, Nr. 266. 67.- *Literatur*: Weber, 1894, Tafel II; Goldschmidt, I (1914) Nr. 132a; Raddatz, 1959, Abb. 20.

In der obersten der durch strickartige Geländewülste abgeteilten Bildzonen der gekreuzigte Christus mit den beiden Schächern, nach innen gruppiert Maria und Johannes, beide eine Hand trauernd zu den Augen führend, dann Longinus und Stephaton. Letzterer hat das Schwammrohr auf den Boden gestellt, was den Anachronismus der Gleichzeitigkeit seiner Aktion mit der des Longinus vermeidet. Am Kreuzfuß, wie üblich, die Eherne Schlange (vgl. Jo 3, 14-15; Nm 21, 6-9), doch scheint sie hier drohend ihr Haupt zu erheben, so daß ausnahmsweise die Möglichkeit nicht ganz auszuschließen ist, daß der Bildkünstler sie als böse Schlange mißverstanden hat.

Darunter links verlosen drei Soldaten, einer von ihnen stützt sich auf einen Stab, mit einem eigentümlichen Losgerät das (darunter liegende) Gewand Christi. Unter ihnen, vor Christi leerem Grab, der Engel (mit Kreuzstab) im Redegestus gegenüber den drei zum Grabe kommenden Frauen. Rechts die schlafenden Grabwächter. Ganz unten wieder Okeanos, einen Wasserbehälter leerend, und Gaia, wie üblich mit Kind, Schlange und Füllhorn. Die durch Christi Tod (im Sinne der Kreuztypologie von Nm 21, 6-9 und Jo 3, 14-15) gewährleistete Auferstehung der Toten wird durch einen kleinen (noch geschlossenen) Grabbau (oder ist dieser Teil des Grabes Christi?) und einen geöffneten Sarg angedeutet, aus dem sich ein Auferstehender erhebt. Jedoch ist diese Szene - ikonographisch nicht überzeugend - weit von der Kreuzigung getrennt.

In der rechten Bildmitte schreitet Ecclesia - wohl irrtümlich vom Künstler mit Dreizack statt der dreizipfligen Kriegsfahne ausgestattet - auf die thronende (Jerusalem-)Synagoga zu, offenbar ihre Kapitulation und Abdankung fordernd. Diese, wie eine antike Stadtgöttin mit einer Art Mauernimbus versehen, ist noch im Besitz ihrer Kriegsfahne und hält, wie es scheint, ein Messer in der linken Hand. Sie verfügt auch noch, ihrem Rang entsprechend, über bewaffneten Begleitschutz in Gestalt eines Soldaten mit einem kleinen Rundschild, wie er bereits auf den antiken Judaea-capta-Münzen nach dem Jahre 71 erscheint. Sie ist noch nicht, wie später oft, gedemütigt, fliehend oder verstoßen.

Diese Tafel steht bei aller Ausdrucksstärke dem künstlerischen Rang nach unter anderen Reliefs des gleichen Typs. Die Ecclesia-Synagoga-Konfrontation ist vom Kreuz weg in eine tiefere Zone gerückt, behält aber ihre theologische Bedeutung, und der Ausgang der Konfrontation ist ebenso abzusehen wie auf den thematisch affinen Bildtafeln.

Nr. 29.- *Kreuzigung*.- Miniatur auf Pergament (30 cm x 22,5 cm) in einem Evangeliar der 2. Hälfte des 9. Jh.- *Paris*, BN, Lat. 257, folio 12 verso.- *Literatur*: Hubert, 1969, S. 169, Abb. 152.
Darstellung in der antikisierenden Art karolingischer Elfenbeinreliefs: Die Kreuzinschrift hat die Form des bei antiken Triumphzügen verwendeten Titulus, und Sonne und Mond sind Zeugen des Geschehens. Auch die Eherne Schlange ringelt sich um den Kreuzfuß wie auf vielen Reliefs des 9.-10. Jh. Der Schwammhalter (Stephaton) trägt die phrygische Mütze, die ihn als (jüdischen) Orientalen kennzeichnet, die gleiche Mütze, die im Laufe des Mittelalters als 'jüdische' Kopfbedeckung ähnlich häufig zur Tracht von Juden gehört wie der Spitzhut (vgl. oben zu Nr. 19-19a). So über-

rascht die Affinität Stephatons zur Synagoga nicht, die sich allmählich entwickelt und schließlich dazu führt, daß diese verschiedentlich mit
Schwamm und Essigkrug als Attributen dargestellt wird, wie hier noch
Stephaton. Von dieser Entwicklung her ist die 'Judenmütze' Stephatons
ganz konsequent. Seltener erscheint sie bei dem Speerhalter Longinus,
vielleicht wegen seiner Affinität zu Ecclesia, die das durch seinen Lanzenstoß fließende Blut auffängt und wie jener (heraldisch) rechts von Christus
steht, auf der Seite der 'Guten' beim Jüngsten Gericht (vgl. Mt 25, 31 ff).

Nr. 30.- *Kreuzigung mit Ecclesia und Synagoga.*- (teilweise vergoldetes) Elfen-
beinrelief des Buchdeckels eines Evangeliars, Metzer Schule, etwa um 890.- *Paris*, BN,
Lat. 9453. Höhe 22,4 cm, Breite 12,5 cm.- *Literatur*: Goldschmidt, I (1914), Tafel
XXXVI, Nr. 86; O. Pelka, Elfenbein, Berlin 1920, S. 118, Abb. 70; V.H. Elbern, in:
Jahrbuch der Berliner Museen 3, 1961, S. 179, Abb. 27; Fr. Steenbock, Der kirchliche
Prachteinband im frühen Mittelalter, Berlin 1965, Abb. 69; Schiller, II (1968), Abb.
371; Lasko, 1972, Pl. 62; Fr. van der Meer u. H.Sibbelle, Christus. Der Menschensohn
in der abendländischen Plastik, Freiburg 1980, Tafel 22; Hürkey, 1983, Abb. 301.

Auch dieses Relief 'erzählt' das Karfreitags- und Ostergeschehen und
spiegelt die zentralen heilsgeschichtlichen Anschauungen der Kirche. Der
im Angesicht kosmischer, himmlischer und irdischer Zeugen geschehende
Tod Christi (und sein von Ecclesia als Heilsverwalterin aufgefangenes
Blut) verbürgt die Auferstehung und das ewige Leben der an ihn Glaubenden. Wer nicht glaubt (Synagoga), verläßt den Ort dieses Geschehens;
denn der Sinn des Sühnetodes Christi, dieses triumphalen Sieges über
Sünde und Tod, erschließt sich nur dem gläubig Vertrauenden.

In der oberen Bildzone schweben zwei Engel anbetend auf Christus zu,
zwei weitere stehen anscheinend auf je einem Wolkenstreifen (nicht "Geländewülste", wie Raddatz, 1959, 10 meint). Sonne und Mond, auch hier
als Büsten in Medaillons Zeugen des Geschehens, sind beide schon als
vorchristliche Bildmotive auf römischen Sarkophagen zu sehen, bedeuten
aber in christlichem Zusammenhang auch: Christi Tod hat Bedeutung für
alles von ihnen Beschienene, also die ganze Welt. Dem entspricht die zentrale Position des übergroßen Christus. Wieder ist die heilbringende, vor
dem Tod rettende Eherne Schlange von Nm 21, 8-9 als Vorausbild (Typus) der die Menschheit rettenden Kreuzigung Christi gesehen. Sie ringelt
sich freundlich um den Kreuzesfuß (anders z.B. Van der Meer-Sibbelle,
S. 59: "Der Fürst desTodes, die alte Schlange, ringelt sich besiegt um den
Fuß des Kreuzesstammes." Sie verwechseln auch die Pariser Tafel mit einer sehr ähnlichen etwa gleichzeitigen in Gannat) zwischen Longinus und

Stephaton, die ihrerseits durch eine Geländewelle abgegrenzt sind von den über ihnen stehenden Personen. Von diesen breitet links außen Maria verehrend oder anbetend ("klagend" Raddatz, a.a.O., S. 11) die Arme aus, und Johannes hält wie üblich sein Buch. Aus offenen Grabbauten und Sarkophagen recken sich Auferstehende anbetend zu Christus empor, der durch seinen Tod ihre Auferstehung bewirkt.

Die unterste Bildzone zeigt drei Frauen am leeren Grabe und die Botschaft des Engels (Mk 16, 1 ff.), der mit seiner Rechten auf das leere Grab und den leeren Sarkophag weist. Christi Grab ist stattlicher als die Gräber in der Szene darüber, und sein Grabgebäude (mit Langhaus) erinnert vielleicht an die Grabeskirche in Jerusalem. Ecclesia mit dem Kelch des Blutes Christi wird wieder als Verwalterin des Heils und der Sakramente legitimiert. Bei Synagoga, ihrem Gegenüber, sind, wie auch sonst mitunter, Blickrichtung, Gehbewegung und Zeigegestus nicht gleichgeordnet. Als ob sie von Christus nicht loskommt, geht ihr Blick im Wegschreiten zurück zu ihm, freilich ohne daß das Wegschreiten unterbrochen wird. Die Kriegsfahne, die sie festhält und hochhält, betont aber ihre ungebrochene Kampfeslust. Es bleibt die Aussage: Das Judentum hat durch seine Glaubensverweigerung und seine Abwendung von Christus seinen früheren irdischen Rang an Ecclesia verloren und räumt, sei es nun freiwillig oder unfreiwillig, das Feld der Heilsgeschichte.

Nr. 31.- *Kreuzigung mit Ecclesia und Synagoga.*- Elfenbeintafel der jüngeren Metzer Schule (Ende 9. Jh.). *London*, Victoria and Albert Museum, Nr. 250. 67. Höhe 21,1 cm, Breite 12 cm.- *Literatur:* Goldschmidt, I (1914), Tafel XXXVI, Nr. 85; G. Dehio, Geschichte der deutschen Kunst, 4 Bde., Berlin-Leipzig 1930-1934, Abbildungsband I, 1930, S. 203, Abb. 390; Raddatz, 1959, Abb. 32; Monumenta Judaica. Handbuch, Köln 1963, Abb. 61; Seiferth, 1964, Abb. 3; H. Fillitz, in: Aachener Kunstblätter 32, 1966, S. 35, Abb. 17; J. Beckwith, Die Kunst des frühen Mittelalters, München 1967, Abb. 57; Schubert, 1978, Abb. 45; Hürkey, 1983, Abb. 300.

Das Bild ist durch wulstartige Geländefalten in mehrere Bildzonen aufgeteilt. Zahlreiche Bildteile, zum Beispiel die Nimben und Christi Lendenschurz, waren ursprünglich mit einem sehr dünnen Überzug aus Goldblech versehen - mit kleinen Goldstiften befestigt, wovon noch die über das Bild verteilten kleinen Löcher zeugen -, so daß der Gesamteindruck durch den Farbkontrast weiß-gold bestimmt war. Die Elfenbeinplatte befand sich auf dem Deckel eines Evangeliars des 9. Jh. im Schatz der Kathedrale von Verdun. Der Bildrahmen ist mit dem schon in der Antike verbreiteten Akanthusornament versehen.

Sonne und Mond, die kosmischen Zeugen des Geschehens, dessen weltgeschichtliche Bedeutung durch ihre Präsenz unterstrichen wird, erscheinen als Brustbildreliefs in Medaillons, Sol nach rechts, Luna nach links blickend. Diese Anordnung in der Mitte und übereinander erfolgt wohl aus Platzmangel, verkennt aber die ursprüngliche Intention dieses Bildmotivs; denn Sonne und Mond mußten als Gegensatzkomplemente eigentlich getrennt je auf einer Seite einander gegenüberstehen.

Als Sinnbrücke zum Himmel gedacht schweben zwei Engel herab, die Hände im Orantengestus ausgebreitet. Am Bildrand stehen nimbiert Maria, ebenfalls mit Orantengestus, und Johannes, ein Buch in der linken Hand (dadurch als Verfasser seines Evangeliums und Verkünder der christlichen Lehre gekennzeichnet). Mit der freien Hand vollzieht Johannes ebenso eine Anbetung wie der die Lanze auf den Boden stützende Longinus (nach Jo 19, 34 ein römischer Soldat) mit der freien rechten Hand. Dies hat bereits Goldschmidt zutreffend als Zeichen der Bekehrung gedeutet, und konsequent macht ihn eine christliche Legende zum Märtyrer. Auf der anderen Seite des Kreuzes an seinem traditionellen Platz der Schwammhalter Stephaton (so benennen ihn Adskripte auf manchen Bildern; nach Jo 23, 36 ist er ebenfalls römischer Soldat). Beide gehören so sehr zum personellen Bestand der (erst im Frühmittelalter häufiger werdenden) Kreuzigungsdarstellungen, daß ihre ikonographische Präsentation auch ohne Berücksichtigung der Zeitabläufe erfolgt; denn hier reicht der eine dem (also noch lebenden) Christus das Getränk, während der andere nach erfolgtem Stich seine Lanze bereits abgestellt hat.

Die Schlange am Kreuzfuß - sie hat eine Glasperle als Auge - ist wohl wieder im Sinne von Jo 3, 14-15 (typologischer Bezug zur lebensrettenden Ehernen Schlange von Nm 21, 8-9) zu verstehen: Christi Opfertod überwindet den Tod und bringt das ewige Leben. Dem entsprechen, auf der gleichen Bildebene, die aus ihren Grabbauten auferstehenden Toten. Zu Häupten Christi die übliche Schrifttafel (*titulus*); er selbst, übergroß dargestellt, hier ohne Stützbrett für die Füße. In der untersten Bildzone die allegorischen Personifikationen Okeanos und Gaia, ersterer als bärtiger Greis, bei ihm ein Meeresungeheuer mit blattförmigem Schwanzende, er selbst ausgestattet mit dem schon von antiken Sarkophagbildern bekannten Ruder, letztere wie herkömmlich mit ihrer Schlange und zwei Kindern als Attributen, die sie als Allmutter ausweisen. Auch trägt sie einen beblätterten Zweig. Beide, Meer wie Erde, bilden auch hier wieder zusammen mit Sonne und Mond den irdischen Rahmen, in dem sich das entscheidende heils- und weltgeschichtliche Ereignis vollzieht. Ecclesia mit einem zweihenkeligen Kelch, wie üblich links (d.h. heraldisch rechts) vom Kreuz, wird durch das Blut des ihr zugewandten Christus als irdische Heilsverwalterin legitimiert. Sie ist hier nimbiert, aber noch ohne die später übliche Krone. Ihr Gegenüber, Synagoga, hält trotzig- ungebrochen ihre Kriegsfahne, den *Gonfanon* (eine Reiterfahne, entwicklungsgeschichtlich zusammenhängend mit dem *vexillum* bzw. der *flammula* der römischen Reiterei). Mit diesem kriegerischen Attribut und noch ungebrochenen Kampfeswillens verläßt die Rivalin Ecclesias den Schauplatz des Heilsgeschehens, auf dem das Kreuz sozusagen Glauben und Unglauben trennt. Als allegorische Personifikation des Christus leugnenden, verstockten Judentums muß sie abtreten und der neuen Herrrscherin auf Erden Platz machen. Im Weggehen wendet sie sich zurück mit trotzig-hochmütigem Blick (oder wie gebannt, nicht vom Anblick des Gekreuzigten loskommend?! Interpreten wie Weber, 1894, 25 und sonst, denken an "Haß"), und der Zeigefinger ihrer rechten Hand scheint zurückzuweisen auf Christus als Grund ihres Weggehens. Daß hier Synagoga "mit zerbrochener Siegesfahne" geht (so die Interpretation in Monumenta Judaica, a.a.O.), ist nicht richtig. Auffällig ist aber, daß die Fahne entgegengesetzt zur Bewegungsrichtung Synagogas flattert. Deutlich wird, daß die heilsgeschichtliche Situation letztlich noch offen ist. Synagoga (d.h. die Juden) geht noch nicht, wie auf späteren Bildern dieses Typs, geradenwegs in die Hölle, sondern eine Rückkehr bleibt denkbar, vielleicht im Sinne der judenmissionarischen mittelalterlichen Exegese von Hoheslied 7,1 (*Kehr um, Sunamitis*). Vielleicht darf man dies als Aussageabsicht des Elfenbeinschnitzers erkennen, der Synagogas Zurückbleiben auch als bildkünstlerische Antizipation ihrer zu erhoffenden Rückkehr gemeint haben könnte. Noch befindet sie sich ja unter dem weit ausgespannten Arm Christi.

Nr. 32.- *Steinigung des Stephanus.-* Miniatur in einer Handschrift vom Ende des 9. Jh.- *München*, SB, Clm 14345, folio 1.- *Literatur*: RDK III (1954) 1380, Abb. 2.
Die Steinigung des hl. Diakons Stephanus (einer der sieben von den Aposteln in Jerusalem bestellten Armenpfleger, der nach dem Bericht Apg 6,8 ff. von den Juden wegen seiner Angriffe gegen Moses und das Gesetz angeklagt wurde) gehört seit dem 9. Jh. zu den häufigsten Bildthemen der christlichen Ikonographie. Schon Jahrhunderte früher erscheint diese Steinigung (Apg 7, 55 ff.) in den Missetatenkatalogen der patristischen Literatur, so bei Ps.- Ambrosius (PL 17,1209: *Judaei magis saeviunt / saxaque prensant manibus, / currebant ut occiderent / verendum Christi militem* etc.). Die Polemik liegt noch nicht in der bloßen Tatsache der Illustra-

tion eines neutestamentlichen Berichts. Auch sind die Steine werfenden Juden im Aussehen von Stephanus (abgesehen von dessen knöchellanger Tunika und Tonsur; beides kennzeichnet ihn als Kleriker) nicht unterschieden beziehungsweise irgendwie als Juden kenntlich gemacht. Polemisch wirkt allerdings auf die Dauer die stark zunehmende Häufigkeit gerade dieses Bildthemas; denn das Judenbild des Mittelalters konnte durch diese Schwerpunktsetzung undifferenziert einseitig besetzt werden. Die Wirkung war wohl ähnlich wie bei einer anderen Schwerpunktsetzung in Gestalt eines ebenfalls häufigen Bildthemas, der Vertreibung der Händler aus dem Tempel (Mt 21, 12 ff.), zumal wenn die Juden der neutestamentlichen Zeit dabei mit dem mittelalterlichen Judenhut versehen wurden. Beide Themen legten die Juden fest auf ihre Rolle als Gegner Christi und der Christen beziehungsweise als besonders dem Handel und Geldgeschäft zugetane Menschen, als ob dies ihrem Wesen entspräche.- Vgl. zu Nr. 23-24.

Nr. 33.- *Kreuzigung mit Ecclesia und Synagoga.-* Elfenbeinrelief (Metzer Schule, um 900) eines Buchdeckels.- *Florenz*, Museo nazionale, Cat. Supino 1898, Nr. 32. Breite 14 cm, Höhe 16,3 cm.- *Literatur*: Goldschmidt, I (1914), Tafel L, Nr. 114; Raddatz, 1959, Abb. 36; Chr. Beutler, in: Wallraf-Richartz-Jahrbuch 22, 1960, S. 57, Abb. 19; Seiferth, 1964, Abb. 7; Schiller, IV 1 (1976), Abb. 100.
Diese Tafel wandelt das Motiv der aus den Wolken des Himmels kommenden Hand Gottes in der Weise ab, daß diese Hand eine diademartige Krone (d.h. den aus der antiken Triumphsymbolik stammenden Siegeskranz) über Christus als Sieger über Tod und Sünde hält. Sol (mit Strahlenkrone) und Luna (mit Mondsichel), hier seitenvertauscht, blicken als Brustbilder aus ihren Medaillons. Vier Engel auf einer Art Wolkenterrasse sind dienstbereit zu verehrender Anbetung herabgeschwebt und befinden sich neben dem Kreuztitulus (hier: *IHSNAT*). Links außen scheint Maria im Trauergestus mit dem Gewand ihr Gesicht zu verbergen (oder betet sie an, wie unten die Auferstehenden?), während gegenüber Johannes, die Rechte (betend?, weisend?) ausgestreckt, in der Linken sein Buch hält. Wie auch andere Figuren stehen Longinus und Stephaton auf kleinen Geländewülsten, letzterer mit Schwammrohr und in der anderen Hand den Essigeimer (vgl. Mt 27, 34 *Wein mit Galle* [aus Mitleid gegebenes Betäubungsgetränk]; die antiochenische Textrezension korrigiert *Wein* in *Essig*), der sich sonst meist neben ihm auf dem Boden befindet. Zu Füßen Christi, wie üblich, die alttestamentliche Kreuztypologie in Gestalt der rettenden Ehernen Schlange (vgl. Jo 3, 14 und Nm 21, 4-9; Weber 1894, 20 zu unserem Relief spricht unrichtig von einem "Drachen"; die anderen In-

terpreten denken vage an eine "Schlange", ohne aber den Bezug zu Nm 21, 6-9 zu sehen; U. Diehl, Die Darstellung der Ehernen Schlange von ihren Anfängen bis zum Ende des Mittelalters, Diss. München 1956, ignoriert überhaupt die karolingische Zeit und sieht die Darstellung der Ehernen Schlange erst viel später beginnen). Daneben, der Sache nach unmittelbar affin, die durch Christi Kreuz vom Tod Geretteten, die aus ihren Gräbern auferstehen und die verhüllten Hände anscheinend anbetend zu Christus erheben. Gerade auch der hier wie sonst gewöhnlich deutliche enge Zusammenhang zwischen der Errettung vom Tod und der Schlange definiert letztere im Sinne von Nm 21, 6-9 und Jo 3, 14.

Ecclesia, über dem frei fallenden Haar eine reifartige Lilienkrone, trägt ein an Ärmeln, unterem Saum und Halsausschnitt bortenverziertes kostbares Kleid. Schlichter gekleidet ist dagegen ihr Gegenüber: Die fliehende Synagoge, den rechten Arm (in einem Gestus energisch-entschlossener Willensbekundung?; "die Hände verzweifelt zusammenschlagend" deutet Weber, a.a.O., S. 20) erhoben, verläßt schnellen Schrittes die Szene des Heilsgeschehens, ohne Fahne und sonstige Attribute, schon außerhalb des Kreuzschattens. Sie geht als Verliererin, ohne den Blick oder Arm zurückzuwenden, aber offenbar ungebrochen und nicht zum Einlenken bereit. Ihre Position am äußersten Bildrand macht deutlich, daß ihre Distanz zu Christus und Ecclesia gegenüber der Ausgangsposition größer geworden ist.

Nr. 34.- *Kreuzigung mit Ecclesia und Synagoga.*- Elfenbeinrelief (jüngere Metzer Schule, 9./10. Jh.) im Buchdeckel eines Evangeliars.- *Gannat* (Zentralfrankreich), Église Sainte Croix.- *Literatur*: Goldschmidt, I (1914), Tafel XXXVIII, Nr. 89; Raddatz, 1959, Abb. 35; Hürkey, 1983, Abb. 302.

Diese stark abgegriffene Elfenbeintafel ist eine Kopie derjenigen auf dem Buchdeckel eines Evangeliars in Paris, BN, Lat. 9453 (um 890). Die Unterschiede sind minimal: Sol und Luna tragen Fackeln, Johannes hebt die rechte Hand, der Kreuztitulus ist ohne Inschrift, Synagoga hält ihre Fahne mit beiden Händen usw.

Nr. 35.- *Kreuzigung mit Ecclesia und Synagoga.*- Elfenbeinrelief eines Buchdeckels, jüngere Metzer Schule, um 900.- *London*, Victoria and Albert Museum, Nr. 251. 67. Höhe 23 cm, Breite 11,7 cm.- *Literatur*: Goldschmidt, I (1914), Tafel XXXVII, Nr. 88; Raddatz, 1959, Abb. 33; H. Fillitz, in: Jahrbuch der kunsthistorischen Sammlungen in Wien 58, 1962, 7-22, Abb. 12.

Diese Platte ist dem Relief Nr. 250. 67 des Victoria and Albert Museum (Nr. 31 oben) so ähnlich, daß sie wohl eine Kopie ist. Nur scheint die Synagoga der Nr. 251. 67 eine Hand zur Faust zu ballen, und aus den Grabhäusern blicken nur die Köpfe von je sechs Auferstehenden. Auch Okeanos' Ruder weist in eine andere Richtung. Die Übereinstimmungen überwiegen jedenfalls bei weitem, zum Beispiel auch die Übereinanderstellung von Luna und Sol.

Nr. 36.- *Kruzifixus mit Ecclesia und Hierusalem.-* Spätkarolingisches Diptychon (Buchdeckel) aus Elfenbein, sogenanntes Nicasius-Diptychon (um 900).- *Tournai* (Belgien), Notre-Dame, Kirchenschatz.- *Literatur*: Goldschmidt, I (1914), Nr. 160a, S. 78; Ars Belgica. I. De Kathedraal van Doornik. Eerste deel: Romaansche Architectuur en Beeldhouwkunst, door Kan. J. Warichez, Antwerpen 1934, Pl. LXVII, Nr. 131; V.H. Elbern, in: Zeitschrift des Deutschen Vereins für Kunstwissenschaft 17,1963, S. 185, Abb. 131; Monumenta Judaica. Handbuch, Köln 1963, Abb. 108; Seiferth, 1964, Abb. 2; V.H. Elbern, in: Festschrift H. Schnitzler, Düsseldorf 1965, Tafel LI, Abb. 5; Frühmittelalterliche Studien 1, 1967, Tafel XXVI, Abb. 73; Schiller, II (1968), Abb. 367; Hürkey, 1983, Abb. 243c.

Die Tafel bietet ein dreiszeniges Bild: Oben die von den Evangelistensymbolen umgebene Maiestas Domini, in der Mitte, in einem großen Medaillon, zwei das Lamm (*agnus*) verehrende Engel und im unteren Drittel die Kreuzigung Christi. Dieses ist der hier besonders interessierende Teil der Gesamtdarstellung. Oben Sonne (*Sol*) und Mond (*Luna*), beide anscheinend im Begriff, ihr Antlitz zu verhüllen (vgl. Mt 27, 45; Lk 23,45), das heißt trauernd. Im Sinne des Kreuztitels steht neben Christi nimbiertem Haupt: "Dieser ist Jesus von Nazareth, König der Juden" (*Hic est Iesus Nazarenus, rex Iudeorum*). Die Heilige Kirche, *Sancta Ec(c)lesia*, zur linken Seite Christi, fängt das Blut der Seitenwunde in einem Kelch auf; ihr gegenüber eine andere Frauengestalt, in sonstigen Darstellungen dieses Typs regelmäßig als Synagoga identifiziert, hier aber noch durch Beischrift als *Hierusale(m)* bezeichnet. Ecclesia befindet sich vor einer romanischen Kirche, Jerusalem vor einer Stadtmauer mit spitzen Türmen, offenbar die Stadt Jerusalem (vielleicht samt dem dortigen Tempel), durch Architekturkulisse angedeutet. Jerusalem steht als allegorische Personifikation zweifellos auch für das Judentum und die Synagoge; denn das Gegensatzpaar Ecclesia-Synagoga ist seit Jahrhunderten in der Literatur beheimatet. Der Betrachter des Bildes wußte, daß die Kirche blühte, Jerusalem aber schon lange zerstört war und die Juden in der Zerstreuung lebten. Auch hier ist die Kreuzigung als tiefe Zäsur der Menschheitsgeschichte gesehen: Das Judentum ist eine abgetane Größe. Noch stehen sich allerdings beide Frauengestalten fast unterschiedslos gegenüber, nur daß Jerusalem mit einer Geste erschrockener Ratlosigkeit (?) zu Christus aufzuschauen scheint. Dieser allerdings wendet sich der Kirche zu und von Jerusalem und dem Judentum ab. Jerusalem ist, wie in gewisser Weise Synagoga, wohl auch als allegorische Personifikation des Alten Bundes zu sehen. Doch fehlt hier noch die späteren Bildern dieses Typs eigene starke polemische Spannung, und es dominiert offenbar noch die im Frühmittelalter verbreitete oft geradezu hochachtungsvolle Sicht des biblischen Judentums. So gesehen könnte Jerusalems Geste vielleicht auch als (prophetischer) Hinweis des Alten Bundes auf das mit Christus kommende Heil zu verstehen sein. Dazu würde das Medaillon oberhalb der Kreuzigung passen; denn das Lamm Gottes (*agnus dei*), von dem Jo 1, 29 spricht, erscheint ja schon Is 53, 7, im vierten Lied vom Gottesknecht, das als eine der bedeutendsten Christusverheißungen galt. Jedenfalls ist eine gewisse Affinität zum zeigenden Gestus in affinen mittelalterlichen Bildwerken nicht zu übersehen. Vermutlich bildet die Hierusalem des Nicasius-Diptychons in gewisser Weise eine entwicklungsgeschichtliche Brücke von der Jerusalem zugeordneten Frauengestalt der Judenkirche (*Ecclesia ex circumcisione*) spätantiker römischer Mosaiken zu frühmittelalterlichen Synagoga-Darstellungen. Im Vorfeld dieser Entwicklung sind wahrscheinlich schon die sitzenden Frauengestalten als Personifikationen unterworfener Provinzen auf vorchristlichen römischen Bildwerken zu sehen: Die sitzende, besiegte beziehungsweise ihre Herrschaft an Ecclesia abtretende (Jerusalem-)Synagoga, vor der Architekturkulisse Jerusalems oder mit einer Mauerkrone versehen, ist so eine im 9./10. Jh. ebenso konsequente wie verständliche ikonographische Entwicklung.

III. 10. Jahrhundert

Nr. 37.- *Kreuzigung mit Ecclesia und Synagoga.-* Elfenbeinrelief der Metzer Schule, frühes 10. Jh.- *Bonn*, Landesmuseum.- *Literatur*: Fr. Rademacher, in: Pantheon 29-30, 1942, Abb. S. 23.

Diese Elfenbeinplatte ist nahezu identisch mit der etwa gleichzeitigen Londoner Tafel Nr. 251. 67, so daß hier auf eine eigene Interpretation verzichtet werden kann. Rademacher denkt bei der auf Johannes zugehenden Frauengestalt mit dem dreizipfligen Gonfanon an eine Wiederholung der linksseitigen Ecclesia; wohl zu Unrecht; denn ihr Nimbus, wenn das Original einen solchen erkennen läßt, scheint ihr vom Künstler versehentlich gegeben worden zu sein (Mißdeutung des in weitem Bogen um den Kopf geschlungenen Gewandes?!). Ähnliche Versehen der Bildkünstler begegnen ja auch sonst.

Nr. 38.- *Kreuzigung mit Ecclesia und Synagoga.*- Reliefierte Elfenbeinpyxis (Hostienbehälter), Anfang 10. Jh. *Köln*, Domschatz. Höhe 5,5 cm.- *Literatur:* Goldschmidt, I (1914), Tafel LI, Abb. 116b; Raddatz, 1959, Abb. 36.

Die von den Metzern Elfenbeinen beeinflußte wenig kunstvolle Darstellung zeigt als eine der vier Szenen der Pyxis die Kreuzigung unter anderem mit Sol und Luna oben, links neben dem Kreuz Johannes, hinter ihm Maria oder, wahrscheinlicher, Ecclesia. Rechts neben dem Kreuz, um dessen Fuß sich wie üblich die rettende Eherne Schlange (Nm 4,21 ff.; Jo 3, 14) windet, wieder Ecclesia, die auf die sitzende (Jerusalem-)Synagoga zugeht.

Nr. 39.- *Verspottung Pauli durch Juden und Heiden.*- Miniatur.- *St. Gallen*, Stiftsbibliothek, Cod. 64, pag. 12; 1. Hälfte 10. Jh.; 17,2 x 21 cm.- *Literatur:* A. Merton, Die Buchmalerei in St. Gallen, Leipzig 1912, Tafel LII, Nr. 1; A. Goldschmidt, Die deutsche Buchmalerei, I, Firenze 1928, Tafel 78.

Die braune Federzeichnung auf S. 12 der Handschrift zeigt Paulus, wie er, erhöht auf einer Rednertribüne stehend, Juden und Heiden - sie sind durch Adskript so bezeichnet - predigt. In der Linken hält er ein Buch, und die Rechte ist im Rede- und Lehrgestus erhoben. Paulus ist durch den Nimbus (darin das Adskript "Paulus") von den Juden und Heiden abgehoben. Über der Szene steht eine Art einleitende Vorbemerkung zu dem in der Handschrift unmittelbar folgenden Römerbrief, und Vorbemerkung und Miniatur sind aufeinander bezogen; *ARGUMENTUM EPISTOLAE AD ROMANOS. PRAESENS TEXTUS HABET. MERITIS UT GRATIAM DIFFERT. REDDENS CONCORDES REBECCAE VENTRE FREQUENTES.* Das scheint (in nicht ganz klarem Latein) Bezug zu nehmen auf Paulus' Intention, das durch den Glauben kommende Heil Juden und Heiden zu vermitteln. Offenbar wird besonders Bezug genommen auf Röm 9, 12-13, eine seit den Kirchenvätern oft im Rahmen der Kontroverse zwischen Christen und Juden zitierte Stelle, wo von Rebekkas Zwillingen Jakob (in der christlichen Tradition Typus der Heiden bzw. Christen) und Esau (Typus der Juden) die Rede ist. Paulus' Ziel als Missionsprediger ist es, die aus Rebekkas Leib hervorgehenden ungleichen Söhne in der

Eintracht des (christlichen) Glaubens zu vereinen. Der Miniaturist will sagen: Paulus hat mit seinen Missionspredigten nicht immer Erfolg und erfährt oft eine schnöde Behandlung. Besonders die Verspottungsgesten machen das deutlich. Das bewegt sich im Vorfeld eines häufigen Bildtypus, der Passion von christlichen Heiligen durch (Heiden und) Juden.

Nr. 40.- *Kruzifixus und Eherne Schlange*.- Miniatur im Evangeliar aus Kloster Abdinghof in Paderborn; entstanden im 10. Jh., vielleicht im Wesergebiet.- *Kassel*, Landesbibliothek, Cod. theol. fol. 60, folio 1 recto.- *Literatur*: A. Goldschmidt, Die deutsche Buchmalerei, I (Firenze 1928), Tafel 82; T. Buddensieg, in: Festschrift K.H. Usener, Marburg 1967, S. 106, Abb. 27.

Die Darstellung ist entsprechenden Szenen der karolingischen Elfenbeinreliefs des 9. Jh. affin: Der Kruzifixus zwischen Maria und Johannes, unten rechts Gaia (mit Füllhorn als Attribut). Um den Kreuzfuß ringelt sich die Eherne Schlange von Nm 21, 6-9 und Jo 3, 14 als bedeutendstes alttestamentliches Vorausbild des Kruzifixus. Der nach unten hin verlängerte Kreuzstamm ist zugleich sozusagen die Stange, an der sich die Schlange befindet. Typus und Antitypus sind in ihrem Wechselbezug evident gemacht. Das hoffnungsvoll-anbetende Hinschauen Marias und Johannes' ist bereits figuriert in der Gestalt der Israeliten vor der Schlange. Die in der Handschrift unmittelbar folgende Miniatur (Folio 2: drei Frauen am Grabe, Befreiung der Seelen aus dem Limbus) bestätigt diese Deutung auf die Eherne Schlange; denn sie konkretisiert sozusagen die von Tod und Hölle befreiende Wirkung des Kreuzgeschehens. Die in dieser Form im Frühmittelalter oft am Kreuzfuß erscheinende Schlange ist nicht der "Feind", den Christus "unter seine Füße" tritt (so die übliche Deutung; z.B. noch bei Schiller, II 1968, S. 143). Daß hier, wie in manchen anderen ähnlichen Darstellungen, die sich um den Kreuzfuß oder unteren Kreuzstamm ringelnde Schlange nicht die Schlange des Bösen, sondern tatsächlich die Eherne Schlange ist, wird auch dadurch bestätigt, daß die typologische Exegese von Nm 21, 6-9 seit dem Barnabasbrief und Justinos Martyr zum Repertoir der antijüdischen Apologetik gehört (vgl. Verf., Die christlichen Adversus-Judaeos-Texte 1982, 175.189 und sonst); denn da gewöhnlich die christliche Ikonographie, zwar meist erst zeitversetzt, aber doch spätestens nach einigen Jahrhunderten, alle theologischen Themen von Belang reflektiert, wäre eine erstmalige ikonographische Behandlung dieses Themas im 12. Jh. (also erst nach tausend Jahren!), wie von Ursula Diehl in ihrer Dissertation von 1956 und nach ihr von vielen anderen angenommen, extrem unwahrscheinlich.

Nr. 41.- *Kreuzigung mit Ecclesia und Synagoga.*- Byzantinisches Emailtäfelchen (Gold mit Grubenschmelz), wahrscheinlich Mitte 10. Jh. entstanden.- *Tiflis*, Museum.- *Literatur*: Schiller, IV 1 (1976), Abb. 101.

Christus am Kreuz, von zwei (verehrenden oder dienenden) Engeln umflattert, autorisiert Ecclesia durch sein Blut als Heilsverwalterin auf Erden. Synagoga verläßt die Szene des Heilsgeschehens. Nach Jo 19, 26-27 sagt in der griechischen Inschrift Christus zu Maria: "Sieh', dein Sohn", und zu Johannes: "Sieh', deine Mutter". Möglicherweise ist die - im byzantinischen Raum sonst ungewöhnliche - Einbeziehung von Ecclesia und Synagoga in die Kreuzigungsszene vom westlichen, karolingischen Darstellungstypus beeinflußt.

Nr. 42.- *Christus vor Pilatus; Kreuzigung.*- Miniatur in einem um 975 in Fulda entstandenen Sakramentar.- *Göttingen*, Universitätsbibliothek, Ms. 231, folio 60.- *Literatur*: St. Beissel, in: Zeitschrift für christliche Kunst 7, 1894, 69-70, Abb. 2; A. Goldschmidt, Die deutsche Buchmalerei, II, Firenze 1928, Tafel 106; J. Baum, Die Malerei und Plastik des Mittelalters, II, Wildpark-Potsdam 1930, S. 143, Abb. 124; H. Fillitz, in: Festschrift H. Schnitzler, Düsseldorf 1965, Tafel LXI, Abb. 2; Hürkey, 1983, Abb. 280 n.

Die Szene "Christus vor Pilatus" erinnert an die ähnlichen Darstellungen im Codex Rossanensis (6. Jh.): Pilatus, erhöht auf einem Richterstuhl vor seinem Haus sitzend (zuvor im Haus von seiner Frau gewarnt), urteilt über den von den Juden angeklagten Christus. Die Kreuzigung ist den karolingischen Elfenbeinreliefs affin. Zu Füßen des Kreuzes, um dessen Fuß sich wieder die rettende Schlange windet (im Sinne von Jo 3, 14-15 zu Nm 21, 8-9), die Auferstehung der Toten. Ein Paar der vier Auferstehenden willkürlich auf Adam und Eva zu deuten und entsprechend die rettende Schlange auf die Paradiesschlange (so Beissel, S. 71, und Fillitz, S. 799), ist nicht gut möglich; denn die Schlange um den Kreuzfuß ist durch eine lange und kräftige ikonographische Traditionslinie als alttestamentlicher Typus der Kreuzigung gesichert und gerade auch in der senkrechten Anordnung von Typus und Antitypus (Realtypus) exegetisch eindeutig definiert. Fillitz' Interpretation: "Adam und Eva und zwei Gerechte steigen aus ihren Särgen Christus bzw. dem heilbringenden Kreuz entgegen empor" ist ebenfalls nicht zutreffend; denn nur die Auferstehende rechts außen ist eine Frau (Kopftuch!), während die drei anderen mit Sicherheit männliche Wesen sind.

Nr. 43.- *Der zwölfjährige Jesus im Tempel; Jesus und Pilatus.*- Miniaturen im 'Codex Egberti', einem Perikopenbuch (Evangeliar), das um 980 für Erzbischof Egbert von Trier hergestellt wurde.- *Trier*, Stadtbibliothek, Cod. 24.- *Literatur*: K. Berg, in: Festschrift Leo Bruhns, München 1961, S. 42, Abb. 20; Schiller, I (1966), Abb. 341; Vgl. H. Unger, Text und Bild im Mittelalter, Graz 1986, 45-46; Blumenkr. 1980, Fig. 1.

43 a. *Folio 15 verso*: Der Bezugspunkt ist Lk 2, 41-50: "Jesus unter den Lehrern". Der Jesusknabe sitzt auf einer Art eigenem Lehrstuhl mit Fußstütze. Die Rechte im Lehrgestus erhoben, in der Linken eine Buchrolle, wohl den Bibeltext, haltend, aus der er vorzutragen oder die er zu interpretieren scheint. Die jüdischen Lehrer (*doctores*) scheinen erstaunt und verwundert, daß das Kind zum Lehrer wird. Sie sind hier noch nicht, wie später oft, durch Judenhut usw. von Jesus abgegrenzt. Der Miniaturist begnügt sich zur Unterscheidung mit dem Nimbus Christi. Lk 2,41-50 gehört zu den am häufigsten bildlich vergegenwärtigten Szenen des Neuen Testaments, vielleicht weil hier eine Antizipation der späteren Dispute Christi mit den Schriftgelehrten oder spielerische Vorwegnahme der Rolle des erwachsenen Christus - Lehrer Israels - gesehen wurde. Die Szene ist als solche unmittelbar verständlich, so daß die Supraskripte *Josefus et Maria, Jesus Christos, senior(es)* (d.h. Älteste, Schriftgelehrte) im Grunde unnötig sind.

43 b. *Folio 82*: Die Miniatur ist dem Vulgatatext von Jo 18, 38 ff. eingefügt: *Ego nullam causam invenio in eo. Est autem consuetudo vobis, ut unum vobis dimittam in Pascha. Vultis dimittam vobis regem Judaeorum? Clamaverunt ergo rursum omnes dicentes: Non hunc sed Barrabam. Erat autem Barrabas latro. Tunc ergo apprehendit Pilatus Jesum et flagellavit. Et milites plectentes coronam de spinis imposuerunt capiti eius. Et veste pupurea circumdederunt eum.-* Durch Supraskripte und Adskripte sind *Jesus Christus, Pilatus, Pontifices* und *milites* kenntlich gemacht. Die Soldaten zeigen anscheinend schon Verspottungshaltung und Verspottungsgesten. Aus den *Judaei* der Vulgata sind in der Miniatur allerdings die Hohenpriester geworden. Im übrigen ist die Miniatur eher deskriptiv als polemisch, als solche aber vielleicht schon Vorläuferin der später häufigen Ecce-Homo-Darstellung.

Nr. 44.- *Die Predigt des hl. Paulus.*- Miniatur.- *Einsiedeln*, Stiftsbibliothek, Cod. 38, folio 1 verso (3. Drittel 10. Jh.).- *Literatur*: H. Fillitz, in: Festschrift Otto Pächt, Salzburg 1972, S. 61, Abb. 5.

Paulus, nimbiert wie seine christlichen Begleiter, predigt zwei Gruppen von Personen, vielleicht Juden und Griechen; denn in einer der Gruppen trägt ein Zuhörer einen breitkrempigen, oben konisch gestalteten Hut, der ein Vorläufer des jüdischen Spitzhutes sein könnte, der gegen Ende des Frühmittelalters aufkommt. Diese Miniatur ist eine beachtenswerte Ergänzung etwa zur Darstellung des "Juden und Heiden" missionierenden Paulus des Cod. 64 von St. Gallen (s.o. Nr. 39).

Nr. 45.- *Der zwölfjährige Jesus im Tempel.-* Elfenbeinrelief, das vielleicht Teil eines Reliquiars war, entstanden um 1000.- *Literatur:* A. Heimann, in: Nederlands Kunsthistorisch Jaarboek 10, 1959, S. 29, Fig. 18.

Diese erste noch spielerische Konfrontation Jesu mit seiner jüdischen Umwelt, hier in Gestalt der "Lehrer" (d.h. Schriftgelehrten; vgl. Lk 2, 41-50 und oben Nr. 43) nimmt bereits die Rolle als Lehrer Israels vorweg, die er in der christlichen Tradition hat. Daß schon der Knabe vom hohen Sitz herab die Lehrer belehren konnte, verändert Lukas' Aussage, ist aber signifikant für eine christliche Sicht, in der bereits der ganz junge Jesus nicht einfach nur Jude unter Juden sein kann.

Nr. 46.- *Kreuzigung mit Ecclesia und Synagoga.-* Elfenbeinrelief der Metzer Schule, sogenannte Adalbero-Tafel, nach dem im Bildsockel untergebrachten Bild des Auftraggebers und Stifters Adalbero (Bischof von Metz 929-962; ein zweiter gleichen Namens Bischof 984-1005, so daß die Datierung von der durchaus unsicheren Zuordnung abhängt). Die dem Bild beigegebene Inschrift läßt diese Frage offen: *ADALBERO CRUCIS XRI SERVUS).* Vermutlich um 1000 entstanden, steht dieses Elfenbein der Londoner Tafel (Nr. 250. 67; s.o. Nr. 31) vom Ende des 9. Jh. nahe.- Musée de *Metz,* Inv.-Nr. 3550. Maße: 15,2 x 9,2 cm.- *Literatur:* Goldschmidt, I (1914), Tafel XXXII, Nr. 78; O. Pelka, Elfenbein, Berlin 1920, S. 113, Abb. 67; Hauttmann, 1929, 331; R. Wesenberg, Bernwardinische Plastik, Berlin 1955, S. 32, Abb. 18; S. Esche, Adam und Eva, Düsseldorf 1957, Abb. 27; Raddatz, 1959, Abb. 40; V.H. Elbern, in: Jahrbuch der Berliner Museen 3, 1961, S. 161, Abb. 16; Seiferth, 1964, Abb. 4; Schiller, II (1968), Abb. 373; Lasko, 1972, Pl. 109; Rhein und Maas. Kunst und Kultur 800-1400 [Ausstellungskatalog] I, Köln 1972, Abb. S. 181; Schubert, 1978, Abb. 46; K. Schubert, Die Kultur der Juden, II, Wiesbaden 1979, S. 31, Abb. 19; Hürkey, 1983, Abb. 304; Dagmar und Paul von Naredi-Rainer, in: Festschrift H.G. Franz, Graz 1986, S. 599, Abb. 15.

Oben erscheinen zwei Engel, die jeder auf einer zu Christus hin geneigten Wolkenbank stehen und, verehrend die Hände ausstreckend, auf den Gekreuzigten blicken. Unter ihnen in ihren herkömmlichen Medaillons (nicht "Nimben", wie Raddatz, S. 13, meint) Sol und Luna als Brustbilder. Longinus und Stephaton sind, wie auf der Londoner Tafel, tiefer gerückt und haben Platz gemacht für das Doppelpaar Maria-Johannes und Ecclesia-Synagoga. Dabei wird in der Übereinanderstellung in gewisser

Weise die Affinität des Longinus zur Ecclesia und des Stephaton zur Synagoga deutlich. Longinus wird so auch ganz konsequent in einer christlichen Legende zum Märtyrer beziehungsweise Heiligen und christlichen Bischof, während Stephaton, der - vermeintlich boshaft - den Essigtrank reichte, konsequent der Synagoga zugeordnet wird, die deshalb später bisweilen auch Schwammrohr und Essigeimer als Attribute erhält und dazu mit dem spitzen Judenhut versehen wird. Neben Longinus und Stephaton erscheinen wieder die Grabbauten der Londoner Tafel mit den Auferstehenden.

Neu ist hier die Präsenz von Adam und Eva als Verursachern der Erbsünde, von deren Folgen Christus die Menschheit erlöst. Unter dem Kreuzfuß und oberhalb des Kapitells einer weinumrankten Säule langt Eva, unter einem Baum kauernd, nach dem von der Schlange dargebotenen Apfel, während Adam wie schuldbewußt dasitzt, den Kopf gesenkt und auf den linken Arm gestützt. Neu in dieser Form sind auch die theriomorphen Evangelisten beziehungsweise anthropomorphen Evangelistentiere, das heißt, von rechts nach links: Adler (für Johannes), Stier (für Lukas), Löwe (für Markus), Engel (für Matthäus), dabei Johannes, Lukas und Markus als Mischwesen mit Tierkopf und menschlicher Gestalt. Unter ihnen in herkömmlicher Weise Okeanos und Gaia, sowie ganz unten, in einer Nische unter dem Säulenfuß, den Akanthusrahmen durchbrechend, das Brustbild des Stifters Adalbero mit der über alle vier Seiten (nicht "drei" Seiten, wie Raddatz, a.a.O., meint) umlaufenden Inschrift (s.o.). Raddatz' Argument für die Frühdatierung der Adalbero-Tafel und ihre Zuweisung an Adalbero I. (929-962), nämlich die überlieferte Mittrauer der Juden beim Tode Adalberos II. (der also judenfreundlich gewesen sein müsse, was nicht zur theologischen Aussage der Tafel passe; der Bericht über die Mittrauer der Juden in: Germania Judaica I, Tübingen 1963, 231), ist nicht stichhaltig; denn diese Trauer erscheint als literarischer Topos auch in manchen anderen Viten hoher Kleriker, unabhängig davon wie judenfreundlich sie tatsächlich waren. Davon abgesehen bietet die Adalbero-Tafel auch nur den traditionellen kirchlichen Standpunkt zum Judenthema, ohne besondere Polemik; denn Synagoga schreitet vom Kreuz fort, den Blick noch im Gehen wie gebannt (oder trotzig?) zurückwendend (zu phantasievoll A. Oepke, Das neue Gottesvolk, Gütersloh 1950, 309: "Der Gesichtsausdruck deutet auf Verzweiflung oder Haß"). Sie hält noch ihre Kriegsfahne fest in beiden Händen - anders als auf der Londoner Tafel - und wirkt ungebrochen. Auch ist Ecclesia nicht triumphalistisch dargestellt mit Krone, kostbarer Kleidung und Kriegsfahne, nur das Blut Christi gibt ihr Würde und Rang.- Der Gesamteindruck des Reliefs leidet durch Risse und Abrieb, doch sind Komposition und künstlerische Ausdruckskraft in ihrer Wirkung dadurch nicht beeinträchtigt.

Nr. 47.- *Christus weint über die bevorstehende Zerstörung Jerusalems.*- Miniatur im sogenannten Evangeliar Ottos III., *München*, SB, Clm 4453, folio 188 verso. Dieses Evangeliar (276 Blatt, Format: 33,7 x 24,5 cm), das zu den bedeutendsten Werken der mittelalterlichen Buchmalerei gehört, entstand um 1000 in der Reichenauer Malschule. Es kam vermutlich aus Ottos Nachlaß als Geschenk Kaiser Heinrichs II. an den Bamberger Dom.- *Literatur*: G. Leidinger, Miniaturen aus Handschriften der Bayerischen Staatsbibliothek in München. Heft 1: Das sogenannte Evangeliarium Kaiser Otto III., München 1912, Tafel 41; A. Boeckler, Deutsche Buchmalerei vorgotischer Zeit, Königstein im Taunus 1952, 28; W. Messerer, Der Bamberger Domschatz, München 1952, Abb. 27; Monumenta Judaica. Handbuch, Köln 1963, Abb. 107; C.M. Kauffmann, in: Journal of the Warburg and Courtauld Institutes 29, 1966, S. 81, Pl. 29b; Herrad of Hohenbourg. Hortus deliciarum. Edidit Rosalie Green (u.a.), London-Leiden 1979, Abb. 177 (im Anhang); Lexikon der Kunst, hg. von L. Alscher (u.a.), IV, Berlin 1984, 68.

Thema der Miniatur ist die Szene Lk 19, 41-44. Christus, durch Kreuznimbus kenntlich, steht an der Spitze von vier Aposteln auf einer Art Gelände- oder Wolkenterrasse, innerhalb einer Arkadenrahmung. Er blickt, die Hände im rituellen Trauergestus unter dem Gewand zum Gesicht erhoben, auf die (im Jahre 70 durch den römischen Feldherrn Titus geschehende, hier also in visionärer Antizipation vergegenwärtigte) Erfüllung seiner Prophetie. Diese ursprünglich eschatologische Voraussage wurde nach dem Jahre 70 in christlichen Kreisen - auch durch entsprechende Redaktion des Lukastextes - historisiert, das heißt im Lichte der inzwischen geschehenen Geschichte gedeutet. Farben und Einzelheiten der Darstellung fand der Miniaturist im Bellum Judaicum des jüdischen Historikers Flavius Josephus, der als Augenzeuge in den siebziger Jahren des 1. Jh. dieses Geschehen aufzeichnete. Von daher löst sich das Rätsel um die Frauengestalt in der Bildmitte, die ein Messer gegen ein Kind erhebt. Man dachte hier an "die Personifikation Jerusalems, die ihre eigenen Kinder tötet - eine Anspielung auf den Matthäusvers 23, 37: 'Jerusalem, Jerusalem, die du tötest die Propheten und steinigst, die zu dir gesandt sind!'" (P. Bloch in Monumenta Judaica. Handbuch, Köln 1963, 764). Man hätte vielleicht auch denken können an die in der antijüdischen Apologetik beliebten Stellen Is 57, 5 und Ps 106, 37, doch liegt das vergleichsweise noch ferner. Weit näher liegt eine andere Deutung, wenn man den ungeheuren Eindruck bedenkt, den Josephus' Augenzeugenbericht und vor allem die Teknophagie der Maria im belagerten hungernden Jerusalem auf das christliche Mittelalter machte (dazu Verf., in: ANRW II 21, 2, S. 1203). Es handelt sich um die Jüdin Maria, die aus Hunger und Verzweiflung ihr Kleinkind tötet, brät und verzehren will (Josephus, Bell. Jud. 6, 201 ff.). Das unsägliche Leid dieser Frau steht exemplarisch für das Leid der Juden durch die gerechte Strafe, welche sie für ihre Missetaten gegen Jesus erleiden. Die Miniatur illustriert, in wie hohem Maße das christliche Mittelalter die Eroberung und Zerstörung Jerusalems im Jahre 70 als schlechthin überzeugenden Geschichtsbeweis für die überlegene Wahrheit des Christentums und die Verwerfung des jüdischen Volkes wertet.- Am Rande zu registrieren ist, daß die verteidigenden Juden ebenso wie die angreifenden Römer eine Art phrygische Mütze tragen, offenbar, um das Geschehen als im Orient stattfindend zu charakterisieren. Auf ihre Weise deutet hier die phrygische Mütze auf den Orient wie die Palme bei der *Judaea capta* oder der Palmwedel in der Hand der allegorischen Personifikation Synagoga, wie wir noch sehen werden.

Nr. 47 a.- *Vertreibung der Tempelhändler*.- Miniatur, *München*, SB, Clm 4453, folio 120 verso.- *Literatur*: Die Bilder der Handschrift des Kaisers Otto im Münster zu Aachen, Hg. von St. Beissel, Aachen 1886, Tafel XVII; Blumenkranz, 1965, S. 16, Abb. 6; E.G. Grimme, Das Evangeliar Kaiser Ottos III. im Domschatz zu Aachen, Freiburg 1984, Abb. 4; vgl. H. Unger, Text und Bild im Mittelalter, Graz 1986, 46-47.

Hier wird die Mt 21, 12 ff., Mk 11, 15 ff., Jo 2, 13 ff. gegebene Situation beschrieben. Eine Gruppenkennzeichnung der Juden durch Bart oder Kleidung ist noch nicht erkennbar. Jesus ist durch Körpergröße und Nimbus von den Juden abgehoben und in seinem Anderssein betont. Er agiert vor der Architekturkulisse des Tempels, droht mit seiner Geißel und hat bereits einen Faltstuhl (d.h. tragbaren Klappstuhl) umgestürzt (zum Stuhltyp vgl. Hauttmann, 1929, Abb. S. 595). Einer der fliehenden Händler trägt einen Taubenkorb, während andere protestierend (oder ängstlich-abwehrend?) die Hand heben. Rechts unten erscheint auch ein Ochse in Fluchtbewegung.- Zur Problematik des Bildthemas s.u. Nr. 56.

Nr. 48.- *Kreuzigung mit Ecclesia und Synagoga*.- Elfenbeinrelief der Metzer Schule (um 1000?).- *Tournai* (Belgien), Museum.- *Literatur*: Goldschmidt, I (1914), S. 44, Abb. 21; II (1918), S. 7, Abb. 2; Raddatz, 1959, Abb. 39.

Steht der Adalbero-Tafel (und anderen Werken der Metzer Schule) sehr nahe. Siehe zu Nr. 46.

IV. 11. Jahrhundert

Nr. 49.- *Hieronymus und Ecclesia.-* Titelbild (folio 1 recto) der sogenannten Bern-
wardsbibel (genannt nach dem hochgebildeten, kunstliebenden Bischof Bernward von
Hildesheim, † 1022, Initiator der 'Bernwardskunst'), dem Diakon Guntbald zugeschrieben, entstanden Anfang des 11. Jh.- *Hildesheim*, Domschatz.- *Literatur:* H.Appuhn,
Meisterwerke der niedersächsischen Kunst des Mittelalters, Bad Honnef 1963, Farbtafel I
(nach Abb. 8); Seiferth, 1964, Abb. 44; Chr. Rietschl, Sinnzeichen des Glaubens, Kassel 1965, Abb. 128; C. Nordenfalk, in: Festschrift B. Bischof, Stuttgart 1971, Tafel 7;
L. Grodecki (u.a.), Die Zeit der Ottonen und Salier (Universum der Kunst, 11), München
1973, Abb. 100; Schiller, IV 1 (1976), Abb. 95.

Im Schatten eines Kreuzes, das bis in die Wolken des Himmels reicht,
übergibt Hieronymus seine lateinische Bibelübersetzung, von der auf der
aufgerollten Buchrolle Gn 1, 1 sichtbar wird: *In principio creavit deus
caelum et terram.* Die aus einer Wolke rechts oben herauskommende Hand
Gottes legitimiert diesen Vorgang. Hieronymus hat, wie Ecclesia, einen
Nimbus. Formal erinnert das Bild an die Darstellungen von Ecclesia und
Synagoga, weshalb zum Beispiel noch Seiferth (a.a.O.) die männliche Gestalt als Moses deutete und hier an die *Concordia Veteris et Novi Testamenti* dachte, sicher zu Unrecht; denn die priesterliche Tracht und die
Bartlosigkeit entsprechen nicht der üblichen Mosesdarstellung. Thema ist
hier jedenfalls ein Akt, durch den die (jüdische) Bibel gewissermaßen zum
Buch der Kirche wird.

Nr. 50.- *Kruzifixus mit Ecclesia und Synagoga.-* Miniatur im Evangeliar des Abtes Odbert (Amtszeit: 986-1008) von Saint-Bertin (in St.-Omer, Nordfrankreich), entstanden Anfang 11. Jh., Malerei auf Pergament.- *New York*, Pierpont Morgan Library,
Ms. 333, folio 85 (= Zierseite zu Beginn des Johannesevangeliums, Ecclesia und Synagoga in der Initiale "I" von *In principio erat verbum et verbum erat apud Dominum*).
Format: 31 x 20 cm; Höhe der Initiale "I": 25,5 cm.- *Literatur*: M. Schapiro, in: Gazette des Beaux-Arts 23, 1943, 147, Fig. 7; H. Swarzenski, Monuments of Romanesque
Art, Chicago 1953, Abb. 160; C. Roth (Hg.), The World History of the Jewish People,
II 2, London 1966, Fig. 9; Fillitz, 1969, Abb. 67; RDK VI (1973) 1067 (vgl.
1061.1154), Abb. 5.

Im Stamm der Initiale erscheinen, untereinander angeordnet, der Kruzifixus, Maria und Johannes, Ecclesia, Synagoga. Am linken und rechten
Rand finden sich Christi Abstieg zur Hölle und die Frauen am Grabe sowie je zwei Paradiesflüsse. Am oberen Rand Christi Himmelfahrt, am unteren Rand Okeanos und Gaia. Die gekrönte Ecclesia trägt den üblichen
Kelch des Blutes Christi und ein dreizipfliges Banner, in dessen Fahnen-

tuch anscheinend die Form eines Titulus eingewebt ist, wie er in Triumphzügen römischer Feldherren seinen 'Sitz im Leben' hatte. Unter ihren Füßen steht Synagoga, wie Ecclesia inschriftlich identifiziert. Ihr Banner liegt am Boden, so ihre Niederlage dokumentierend. C. Roth (a.a.O.) will die über Synagoga stehende Gestalt nicht als Ecclesia identifizieren, sondern als Paulus, sicher zu Unrecht, schon wegen des Ecclesia als solche identifizierenden Supraskripts.

Nr. 51.- *Die verstockten Juden.*- Miniatur.- *Monte Cassino*, Ms. 132, folio 73 (anno 1023).- *Literatur*: Blumenkranz, 1965, S. 40, Abb. 44; Blumenkr. 1980, Fig. 15.

Eine Gruppe von sechs Juden hält sich teils die Augen, teils die Ohren, teils den Mund zu, anscheinend um die christliche Botschaft weder aufnehmen noch bekennen zu müssen. Die Juden sind nicht durch Adskript als Juden kenntlich gemacht, doch bietet sich diese Deutung durch den Kontext als naheliegend an; denn die Miniatur befindet sich in der Abhandlung *De universo* des Hrabanus Maurus, und zwar unter der Überschrift zum Kapitel VIII (bzw. IX) *De haeresibus Judaeorum* (PL 111, 95-96), in dem kurze Erklärungen der Sadduzäer, Pharisäer, Samaritaner usw. gegeben werden.

Nr. 51a.- Dieselbe Handschrift bietet folio 67 eine Miniatur, in der zwei Personengruppen, anscheinend Mönche beziehungsweise Kleriker und Juden vor je einem Gebäude (Kirche und Synagoge?) stehen (Reproduktion bei C. Roth, Hg., The World History of the Jewish People, II 2, London 1966, Fig. 13).

Nr. 52.- *Kreuzigung mit Ecclesia und Synagoga.*- Maasländisches Elfenbeinrelief (aus Lüttich, 1. Hälfte 11. Jh.).- *Brüssel*, Musées Royaux d'art et d'histoire. Höhe 17,5 cm, Breite 11,3 cm.- *Literatur*: Goldschmidt, II (1918), Tafel XVII, Nr. 55; O. Pelka, Elfenbein, Berlin 1920, S. 150, Abb. 97; K.H. Usener, in: Marburger Jahrbuch für Kunstwissenschaft 7, 1933, S. 83, Abb. 11; K. Böhner (u.a.Hgg.), Das erste Jahrtausend. Kultur und Kunst im werdenden Abendland an Rhein und Ruhr, III, Düsseldorf 1962, Abb. 341; V.H. Elbern, in: Zeitschrift des deutschen Vereins für Kunstwissenschaft 17,1963, S. 144, Abb. 94; W. Mersmann, in: Wallraf-Richartz-Jahrbuch 25, 1963, S. 92, Abb. 82; Seiferth, 1964, Abb. 13; Encyclopedia of World Art X, New York 1965, Pl. 468; Lasko, 1972, Pl. 173; Rhein und Maas. Kunst und Kultur 800-1400 [Ausstellungskatalog] I, Köln 1972, Abb. S. 222; W.M. Hinkle, in: Aachener Kunstblätter 44, 1973, S. 203, Fig. 18; R. Kahsnitz, in: Anzeiger des Germanischen Nationalmuseums 1979, S. 28, Abb. 22.

Neu gegenüber früheren Reliefs mit soteriologischer Thematik dieser
Art ist vor allem die Einbeziehung der Geburt Christi (Mitte der untersten
Bildzone) und seiner Himmelfahrt (Mitte der obersten Bildzone). Auch erscheinen hier die beiden Schächer, links und rechts neben dem Kruzifixus.
Die Auferstehung der Toten ist auf zwei Ebenen dargestellt, und schließlich sind die Evangelisten, alle - assistiert von ihren Symbolen - bei der
Niederschrift ihrer Bücher, auf die vier Bildecken verteilt. Die Himmelfahrt ist (als Aufstieg vom Ölberg vierzig Tage nach der Passion) im Sinne
von Apg 1, 2-3.9-11 geschildert, und Christus selbst öffnet die Himmels-
tore (Lasko deutet indes: "the gates of Hell", offenbar unrichtig). Der ikonographische Synchronismus von Geburt, Passion und Himmelfahrt ist
nicht ungewöhnlich vor dem Hintergrund einer längeren Tradition des erzählenden Reliefs.

Über den sterbenden Sohn hält die Hand Gottvaters eine Siegeskrone,
wie ähnlich ein Kranz über dem Haupt eines römischen Triumphators gehalten wurde. Der Ecclesia mit geschulterter Kreuzfahne und dem Kelch
des Blutes entspricht auf der anderen Bildseite Synagoga, vom Kreuz
weggehend, einen langen stilisierten Palmwedel ("Ysopzweig" unzutreffend Seiferth, S. 27.227) über der rechten Schulter. Er ist wohl Symbol
des Orients (und Jerusalems) beziehungsweise des Judentums. Daß wirklich ein Palmwedel gemeint ist, zeigen die sägezahnähnlichen Blattansätze
an dem in typischer Weise leicht gebogenen Stengel des Wedels. Die gleiche Sägezahnstilisierung von Palmwedeln findet sich in der zweiten Hälfte
des Hochmittelalters auch sonst oft, zum Beispiel in einer Miniatur des Liber floridus des Lambert von St. Omer (Abb. bei L. Behling, in: Zeitschrift für Kunstwissenschaft 13, 1959, S. 143, Abb. 3). Im übrigen wird
der Palmwedel bereits in der kaiserzeitlichen Antike - neben und gleichberechtigt mit Schofar und siebenarmigem Leuchter - zum Symbol für das
Judentum (dazu G. Mayer, in: Forschungsmagazin der Johannes-Guten-
berg-Universität Mainz, Heft 2, 1987, S. 32, Abb. 2). Seiferths Deutung
ist nicht zu halten.

Nr. 53.- *Kruzifixus mit Ecclesia und Synagoga.-* Miniatur, 1. Hälfte 11. Jh., 15 x
21 cm.- *Leiden,* Universitätsbibliothek, Codex Vossianus Lat. Oct. 15, folio 3 verso.-
Literatur: R. Stettiner, Die illustrierten Prudentiushandschriften, Tafelband (Berlin
1905), Tafel 28, 4; C. Roth (Hg.), The World History of the Jewish People, II 2, London 1966, Fig. 11; Blumenkranz, 1980, Fig. 20.

In dieser offenbar für den Eigengebrauch des Schreibers bestimmten
Sammelhandschrift finden sich bunt durcheinander Texte verschiedensten

Inhalts. Die skizzenhaften Miniaturen, zum Teil mit neutestamentlichen Themen, sind oft unvollendet geblieben. Folio 3 verso erscheint (neben dem Judaskuß in der unteren Bildhälfte) die durch die karolingischen Elfenbeinreliefs bekannte Szene: Ecclesia mit Kelch und der Kriegsfahne (*gonfanon*). Synagoga, deren Fahnentuch am Boden liegt, verläßt traurig die Szene des Heilsgeschehens, auf die ihre rechte Hand zurückzuweisen scheint.

Nr. 54.- *Kruzifixus mit Ecclesia und Synagoga.*- Miniatur im Evangelistar (Perikopenbuch), das im Auftrag der Uota von Moosberg, Äbtissin des Benediktinerinnenklosters Niedermünster in Regensburg (1002-1025) entstand.- *München*, Staatsbibliothek, Lat. 13601, folio 3 verso.- *Literatur*: Ch. Cahier - A. Martin, Nouveaux mélanges d'archéologie, I, Paris 1874, Tafel 1 (nach S. 16); A. Woltmann, Die Malerei des Mittelalters, Leipzig 1879, S. 260, Fig. 71; Fr. X. Kraus, Geschichte der christlichen Kunst, II 1, Freiburg 1897, S. 321, Fig. 228; G. Swarzenski, Die Regensburger Buchmalerei des X. und XI. Jahrhunderts, Leipzig 1901, Tafel XIII, Abb. 30; H. Swarzenski, Vorgotische Miniaturen, Königstein i.T.- Leipzig 1927, 38; A. Goldschmidt, Die deutsche Buchmalerei, II, Firenze 1928, Tafel 77; K. Künstle, Ikonographie der christlichen Kunst, I, Freiburg 1928, S. 462, Abb. 239; J. Baum, Die Malerei und Plastik des Mittelalters, II, Wildpark-Potsdam 1930, S. 141, Abb. 122; A. Boeckler, Abendländische Miniaturen bis zum Ausgang der romanischen Zeit, Berlin-Leipzig 1930, Tafel 40; P. Kletler, in: Handbuch der Kulturgeschichte I, 2 (Potsdam 1934), Abb. 90; A. Krücke, in: Marburger Jahrbuch für Kunstwissenschaft 10, 1937, S. 2, Abb. 1; A. Boeckler, Deutsche Buchmalerei vorgotischer Zeit, Königstein i.T. 1952, 35; A. Boeckler, in: Festschrift Belle Da Costa Greene, Princeton 1954, Pl. 171; E. Grube, in: Zeitschrift für Kunstgeschichte 20, 1957, S. 276, Abb. 9; R.L. Füglister, Das lebende Kreuz, Einsiedeln 1964, Abb. 19; J. Beckwith, Die Kunst des frühen Mittelalters, München 1967, S. 116, Abb. 97; Schiller, II (1968), Abb. 385; C.R. Dodwell, Painting in Europe 800 to 1200, Harmondsworth 1971, Pl. 84; L. Grodecki (u.a.), Die Zeit der Ottonen und Salier (Universum der Kunst, 11), München 1973, S. 162, Abb. 152; Benedictus. Eine Kulturgeschichte des Abendlandes. Von Dom Victor Dammertz, O.S.B. (u.a.), Genf 1980, S. 196, Abb. 156; Frühmittelalterliche Studien 10, 1976, Tafel XIV, Abb. 20; E. Hürkey, 1983, Abb. 124 b; R. Mellinkoff, in: Journal of Jewish Art 10, 1984, S. 17, Fig. 3; Regensburger Buchmalerei [Ausstellungskatalog], München 1987, Tafel 10.

Diese (farbige) Miniatur ist bereits weit entfernt vom Stil des 'erzählenden' karolingischen Reliefs, dessen Bildaussage dem Betrachter unmittelbar zugänglich wurde. Die szenenreiche Handlung des Reliefs ist hier erstarrt zu einem aus Bild und Ton lehrhaft arrangierten und konstruktivistisch zusammengesetzten Mosaik, in dem Ornamente und geometrische Muster (Rechtecke, Quadrate, Ovale, Halbkreise) die Figuren einbinden, fast gefangenhalten, so daß sie, obwohl überwiegend allegorische Personifikationen, weniger als szenisch handelnde Personen denn als Abstrakta erscheinen.

Das Ganze ist eine heilsgeschichtliche Deutung des Kreuzestodes Christi, auf den hin Welt und Weltgeschehen strukturiert und dem sie dichotomisch zugeordnet werden: Auf der einen Seite Nacht (vertreten durch *Luna*), *Lex-Synagoga, Mors* und Alter Bund (vertreten durch den zerreißenden Tempelvorhang), auf der anderen Seite das Tageslicht (vertreten durch die Sonne), *Gratia-Ecclesia, Vita* und die durch Christi Erlösungstod bewirkte Auferstehung der Toten. Das geometrisch-symmetrisch angelegte Muster von Flächen und Linien in Verbindung mit den zahlreichen belehrenden Texten ist vielleicht ein Ausdruck der in dieser Zeit allmählich erstarkenden frühscholastischen theologischen Ratio, die aber hier noch nicht zu eindrucksvollem Argumentieren findet, sondern noch manieristisch-verspielte Züge trägt. Ebenso künstlich wie absonderlich mutet etwa der Versuch an, die Vorstellungen frühmittelalterlicher musikalischer Harmonie mit dem Kreuz Christi in einem wesensmäßigen Zusammenhang zu sehen (Skizzen und Inschriften im Kreuzigungsoval). Gewiß bedurfte der erstarrte Symbolismus der Bildfiguren einer Interpretation, aber die Texte, wiewohl auch ästhetisch ein integraler Teil des Gesamtbildes, überwuchern doch das Ganze, überfrachten die Symbolik der Bilder und erschweren eher den Zugang zur Bildaussage. Theologisches Denken wird hier zum fast hermetisch geschlossenen System, das nach außen hin, etwa zum Judentum, kaum noch Dialogfähigkeit erkennen läßt. Bei einem jüdischen Betrachter hätten jedenfalls Bilder dieser Art in ihrer lähmenden Endgültigkeit nur Resignation oder Gleichgültigkeit bewirkt.

Christus erscheint hier zugleich mit dem Diadem eines Herrschers (affin der *corona triumphalis*, die der *crucifixus victor* sonst oft von der Dextera Dei erhält) und mit der Stola (diese kennzeichnete im Frühmittelalter den Kleriker und unterschied ihn vom Laien), vielleicht um ihn als himmlischen Hohenpriester im Sinne von Hebr. 7, 26 ff. zu charakterisieren. Er trägt ein Purpurgewand und ist bärtig; noch nicht sterbend zusammensinkend, mit offenen Augen fest auf einem breiten Suppedaneum stehend, verdrängt er sein Leiden hinter dem Eindruck von Maiestas. Dazu passen auch die unauffälligen kleinen Nägel, mit denen er angenagelt ist. Der Rahmen des Ovals ist mit einem Doppelhexameter beschriftet: *Arce (Ecce* liest Swarzenski, Buchmalerei, S. 94) *crucis herebum cosmum loetumque diablum / haec patris omnipotens vicit sapientia Christus*, das heißt, in etwas wolkigem Latein formuliert, der Gekreuzigte ist Sieger über Hölle und Teufel.

Sol und Luna, in der linken und rechten oberen Rahmenecke, heben die unter einem Gewand verborgenen Hände, um in Mittrauer ihr Antlitz beziehungsweise das ihnen eigene Gestirn zu verhüllen. Bei Sol steht geschrieben: *Igneus sol obscuratur in aethere, quia sol iustitiae patitur in cruce*, das heißt, die feurige Sonne verfinstert sich im Äther, weil die Sonne der Gerechtigkeit am Kreuz leidet. Bei Luna: *Eclypsin patitur et luna, quia de morte Christi dolet ecclesia.*

In der Rahmenecke unten links erscheint die (in diesem Zusammenhang traditionelle) Auferstehung der Toten, wobei regelmäßig, wie schon bei den karolingischen Elfenbeinen, nicht nur an das Geschehen unmittelbar auf Golgatha (Mt 27, 52 ff.) gedacht ist, sondern wohl mehr noch überhaupt an die (im Glaubensbekenntnis formulierte) "Auferstehung der Toten und das ewige Leben", wofür Christus der Garant ist. Umlaufend die Inschrift *Terra concussa mortuos reddidit, quia gentilitas conversa per fidem vivere cepit* (d.h. eine Antizipation der eschatologischen Auferstehung, vielleicht Reminiszenz an Röm 11, 26). In der Rahmenecke unten links der in der Mitte zerrissene Vorhang im Tempel (Mt 27,51), der sich vor dem Allerheiligsten des Jerusalemer Tempels befand. Unser Miniaturist denkt dabei vielleicht auch an den Toraschrein-Vorhang (in Synagogen), worauf die Umschrift deuten könnte: *velum templi scissum est, quia obscuritas legis ablata est* (vgl. 2 Kor 3, 13-16; zum Vorhang auch Hebr 6, 19-20; 9, 3.25). Möglich ist wohl nicht die von A. Krücke vorgeschlagene Deutung, daß nämlich die Worte *obscuritas legis ablata est* ohne Rücksicht auf ihren Sitz im Leben so ins Bild gesetzt sind, daß Synagogas durch den Bildrahmen verdeckte Augen das "verschleierte Gesetz" bildlich darstellen und *ablata est* bezogen ist darauf, daß Synagoga die Gesetzesrolle wie ein Brett auf der linkenSchulter fortträgt. Jedenfalls liegt näher der Gedanke an das *Velum Mosaicum* im Sinne von Abb. Nr. 20 (s.o.).

Im unteren großen Oval das Gegensatzpaar *Vita-Mors*, jeweils durch-Adskript definiert. Vita erhebt demütig-anbetend die Arme und steht anscheinend im Blickkontakt mit dem Kruzifixus. Bei ihr die Inschrift: *Spirat post Dominum sanctorum vita per aevum* (d.h. seit Christi Erlösungstat währt das Leben der Heiligen in alle Ewigkeit; eine Ausweitung des Themas von Mt 27, 52). Bei Mors heißt es: *Mors devicta peris, quia Christum vincere gestis* (Tod, du bist besiegt und gehst zugrunde, weil du Christus besiegen willst). Vita, kostbar gekleidet, trägt eine Krone mit Kreuz, nimmt also Züge der ihr affinen Ecclesia an; Mors, als Allegorie des Todes, weist Charakteristika der Synagoge auf. Seine Lanze ist geknickt, und ihre Spitze richtet sich drohend gegen seinen eigenen Kopf.

Seine zerbrochene Sichel - eine spätere Zeit spricht im Hinblick auf dieses Attribut vom 'Sensenmann' - bestätigt seine todbringende Macht als aufgehoben. Darüber hinaus macht eine klaffende Schulterwunde den rechten Arm aktionsunfähig, und sein Mund ist stumm durch Einwickeln des halben Kopfes. Er bewegt sich wie fallend vom Kreuz weg, in die gleiche Richtung wie Synagoga über ihm, offenbar auch unter der Wirkung einer Art 'Morgenstern', vermutlich einer krallenbewehrten Raubtierpranke, die wie ein Ast aus dem mittleren Kreuzbalken wächst, so daß wir es hier wohl mit einer sehr frühen Form des sogenannten Lebenden Kreuzes zu tun haben. Auf jeden Fall stehen im Hintergrund Stellen wie 1 Kor 15, 55 und Os 13,14; denn der Tod ist für die Glaubenden post Golgatham tot, wie auch die Inschrift bei Mors lautet: *crux est destructio mortis*, und, bei Vita: *crux est reparatio vitae*. Die Deutung des aus dem Kreuzbalken wachsenden Astes ist im übrigen umstritten. Auf einen beißenden Kopf könnte das wörtliche Verständnis von Osee 13, 14 deuten (*ero mors tua, o mors, morsus tuus ero inferne*), und so verstehen zum Beispiel Cahier-Martin, Füglister und Schiller (A. Boeckler, Buchmalerei, S. 78, denkt an eine "flammenbewehrte Kugel").- Non liquet.

Besonderes Interesse beanspruchen wieder Ecclesia (-Gratia) und Synagoga (-Lex) in den Halbkreisen am linken und rechten Bildrand. Ecclesia steht da als nimbierte, mit Krone und Kelch gekrönte Königin, die Fahne in der Hand, vor sich die Inschrift *pia Gratia surgit in ortum*, was, in Zuordnung zur Sonne darüber, meint: Ecclesia (als Vertreterin des Reiches der Gnade) steigt auf im Osten, wie die Sonne. Auf der anderen Seite kehrt Synagoga, ein Opfer- oder Beschneidungsmesser in der Hand, die Augen symbolisch verdeckt durch den Halbkreisrahmen, ein Schriftband (wohl die Tora bzw. *Lex*) als Last oder Joch über der Schulter tragend, wie gebrochen dem Kreuz den Rücken, auf ihre Weise Mors' Bewegung wiederholend. Eine Inschrift erläutert: *Lex tenet occasum*, das heißt: Synagoga (als Vertreterin des Reiches des Gesetzes) befindet sich im Bereich des (Sonnen-)Untergangs, geht unter (anders z.B. R. Mellinkoff, a.a.O., S. 18: "The Law carries its own death"; vgl. jedoch Oxford Latin Dictionary, s.v. tenere: "to occupy a position"; siehe auch unten, Nr. 91).

Das Kreuz trennt Tag und Nacht, Sonne und Dunkel, Gnade und Gesetz, Ecclesia und Synagoga, Glaube und Unglauben und schafft sozusagen Ordnung in der soteriologischen Komposition der Miniatur, die durch weitere - teilweise schwer lesbare - Inschriften erläutert wird (nicht immer richtig entziffert bei Cahier-Martin und Swarzenski, Buchmalerei, S. 93-97). Zu erwähnen ist davon vielleicht noch die Inschrift auf dem breiten umlaufenden Rahmen: *mistica more crucis fit conversatio iustis / lux ope-rum latum (?) tenet (?) et (?) permansio longum / celica spes titulus secreta deique profundum,* also eine - heute nicht leicht verständliche - Kreuzes-mystik, wie ähnlich der Text ganz links außen: *scema crucis typicum me-ditatur vita bonorum.* Die Skizzen und Inschriften im oberen Oval neben dem Kruzifixus hat Swarzenski (Buchmalerei, S. 95-97) transkribiert und interpretiert als graphisch-schematische Darstellung der Sphärenharmonie und als Versuch, "das Verhältnis der mittelalterlichen Wissenschaften, der Musik, Grammatik und Mathematik zum göttlichen Walten auszudrücken" (S. 96). Weitere Inschriften auf dem Kreuzesbalken befassen sich, eben-falls kreuzesmystisch, mit der vom Himmel zu erhoffenden Belohnung für gute Taten (*sublimis spes remuneratio bonorum operum*) usw., so daß al-les in allem das gelehrte Beiwerk zur Hauptsache zu werden scheint und ein Bemühen um eine sozusagen wissenschaftliche Durchdringung des ikonographischen Themas unverkennbar ist.

Nr. 55.- *Maiestas Domini mit den Evangelistensymbolen und den vier großen Propheten.*- Miniatur in einem Evangeliar aus Sancta Maria ad Gradus in Köln.- *Köln,* Priesterseminar, Cod. 1 a (753 b), folio 1 verso; 2. Viertel 11. Jh.- *Literatur*: R. Berg-ner, Die Darstellung des thronenden Christus in der romanischen Kunst, Reutlingen 1926, S. 65, Abb. 39; A. Goldschmidt, Die deutsche Buchmalerei, II, Firenze 1928, Ta-fel 91; Rhein und Maas. Kunst und Kultur 800-1400 [Ausstellungskatalog], I, Köln 1972, Tafel neben S. 165; R. Kashnitz, Der Werdener Psalter in Berlin, Düsseldorf 1979, Abb. 290.

Der thronende Christus hat die rechte Hand im Lehrgestus erhoben und läßt den Bildbetrachter aus dem aufgeschlagenen Buch, das er in der Lin-ken hält, den Text von Apk 1, 8 lesen: *Ego sum Alfa et Omega* (ich bin der Anfang und das Ende). Ihm zur Seite befinden sich die vier Evangeli-stensymbole Engel, Adler, Löwe, Stier. Die vier Ecken des Bildes werden besetzt von den vier großen Propheten, die durch Supraskripte definiert sind: Ezechiel, Daniel, Isaias, Jeremias. Sie halten Schriftrollen, sind also als Träger und Verkünder der christologischen Verheißungen der Bibel aufgefaßt. Auch sind sie nimbiert wie christliche Heilige. Das Alte Testa-ment ist sozusagen als Buch der Kirche gesehen, und Evangelisten und Propheten sind gruppiert im Sinne der Einheit des AltenTestaments (*Con-cordia Veteris et Novi Testamenti*). Christus ist hier Kosmokrator, thro-nend auf der *Sphaira* beziehungsweise dem *gyrus terrae* (Kugel und Kreis als Symbol des Universums bzw. der Erde; zum 'gyrus terrae' als Thron

506

Gottes vgl. H.L. Kessler, in: Jahrbuch der Berliner Museen 8, 1966, 92-93).

Nr. 56.- *Vertreibung der Tempelhändler*.- Codex aureus Epternacensis (*Nürnberg*, Germanisches Nationalmuseum, Cod. AG 50) folio 53.- Dieses Evangeliar mit Goldschrift entstand um 1040 in der Malerschule des Klosters Echternach (Luxemburg). Es erhielt einen (bereits 983/991 für einen anderen Kodex gefertigten) Buchdeckel mit Goldschmuck, so daß der Name 'Goldkodex' sich hier sowohl durch die Goldbuchstaben der Handschrift wie durch den goldenen Einbanddeckel erklärt.- *Literatur*: Blumenkranz, 1965 S. 17, Abb. 7 (hier ist die Entstehungszeit der Handschrift mit der des Buchdeckels verwechselt).

Die Miniatur beschreibt die Mt 21, 12 ff., Mk 11, 15 ff., Jo 2,13 ff. gegebene Situation: Jesus selbst hat sich eine Geißel aus Stricken gemacht (vgl. die Abbildungen römischer Geißeln bei H. Haag, Bibel-Lexikon, Einsiedeln 1968, 533) und treibt damit die Händler und Geldwechsler aus dem äußeren Tempelvorhof, dem sogenannten Vorhof der Heiden. Auf diesem Tempelmarkt wurde das zum Opfer Notwendige (Rinder, Schafe, Tauben, Mehl, Salz) angeboten. Da die Tempelsteuer (eine Doppeldrachme = 1/2 Schekel jährlich für jeden männlichen Juden, auch in der Diaspora, ab einem Alter von zwanzig Jahren), aus welcher der Unterhalt des gesamten Tempelkults bestritten wurde, zur Zeit Jesu in tyrischer Münze bezahlt werden mußte, befanden sich in diesem Vorhof auch Wechsler, welche jüdisches, römisches und griechisches Geld gegen tyrisches eintauschten. Die Wechsler nahmen also Schekel, Denare, Sesterzen usw. an und gaben dafür - gegen Bezahlung einer geringen Gebühr - 'tyrische' Münzen. Diese waren eine besonders geschätzte Form der im Orient üblichen griechischen Münzen. Tyros hatte, auch unter römischer Herrschaft, eigenes Münzrecht und Münzhoheit und war seinerzeit ein blühendes Industrie- und Handelszentrum.

Im übrigen ist offenbar der Tempelmarkt eine sehr alte, schon vorexilische Einrichtung, wie man aus Zach 14, 21 schließen darf, wo anscheinend auch schon Unbehagen darüber artikuliert wird. Zweifellos brachte der Tempelmarkt, vor allem beim Hauptandrang während der Passahzeit, gewisse Störungen für die Andacht der im Tempelbezirk Betenden mit sich. Doch hat offenbar die Notwendigkeit dieses Marktes sein Überdauern gesichert.

Wenn Bilder dieser Art im Laufe des Mittelalters zu einem beliebten Thema werden, so zeigt sich dabei wohl auch eine christliche Animosität gegen die Juden als soziale Gruppe, die vor allem im Geldgeschäft und Handel tätig war. Ob der Bart hier schon Gruppenzeichen der Juden ist - drei der vier Händler tragen ihn -, wie Blumenkranz, a.a.O., erwägt, ist zweifelhaft, da einer der Händler bartlos ist. Aus heutiger Sicht muß jedenfalls bemerkt werden, daß Verkauf von religiösen Büchern, Devotionalien und Waren verschiedenster Art teils vor christlichen Kirchen teils in ihrem (westlichen) Eingangsbereich gang und gäbe ist, besonders auffällig in Wallfahrtsorten. Schließlich muß gesehen werden, daß wohl auch Jesus selbst regelmäßig die Doppeldrachme bezahlt hat und die Dienste der Wechsler in Anspruch nehmen mußte.- Wie üblich, hebt der Nimbus wie auch die Körpergröße Jesus von seiner jüdischen Umgebung ab.

Nr. 56 a.- *Evangelisten und Propheten.*- Miniatur im Codex aureus Epternacensis.- *Nürnberg*, Germanisches Nationalmuseum.- *Literatur*: Das große Lexikon der Malerei, Braunschweig 1982, Abb. S. 728.

Christus, als Lehrer der Welt in einer Mandorla thronend, ist umgeben von den Symbolen der vier Evangelisten und von den vier großen Propheten Isaias, Jeremias, Ezechiel, Daniel. Dieses Aufeinanderbezogensein von Aposteln und Propheten durchzieht als ein konstitutives Element die ganze Geschichte der christlichen Ikonographie. Bisweilen stehen die Evangelisten sogar auf den Schultern der Propheten. Dies ist eine Traditionslinie, die besonders die Konkordanz der beidenTestamente betont. Daneben findet sich später, häufig vor allem in der Reformationszeit, der Hell-Dunkel-Kontrast, z.B. in der Form dürrer Baum - grüner Baum, Gesetz - Gnade usw. Doch ist diese Tradition auch schon im Frühmittelalter vertreten (siehe z.B. oben Nr. 54).

Nr. 57.- *Kruzifixus mit Ecclesia und Synagoga und Eherner Schlange.*- Elfenbeinrelief auf dem Buchdeckel eines Evangelienbuches aus St. Georg in Köln (Mitte 11. Jh.).- *Darmstadt*, Hessisches Landesmuseum. 15,3 x 9,7 cm.- *Literatur*: Goldschmidt, II (1918), Tafel XVIII, Nr. 59; Monumenta Judaica. Katalog, Köln 1963, A 19, Abb. 9; Miscellanea pro arte. Festschrift H. Schnitzler, Düsseldorf 1965,Tafel LXXVIII, Abb. 4; Seiferth, 1964, Abb. 14; Rhein und Maas. Kunst und Kultur 800-1400 [Ausstellungskatalog], I, Köln 1972, Abb. S. 207.

Die Darstellung Synagogas (und damit die christliche Sicht des Judentums) ist hier überraschend freundlich. Synagoga wendet sich nicht zum Gehen ab, sondern steht, als Gegenfigur der von Maria zum Teil verdeckten Ecclesia mit dem Kelch ihrerseits hinter Johannes (dieser hat die Fußstellung der fliehenden Synagoga, was eine versehentliche Fehldeutung karolingischer Bildmuster sein könnte) zwar noch an dem herkömmlichen Platz im Schatten des linken Kreuzbalkens, blickt aber nicht unfreundlich zu Christus auf. Immerhin hält sie noch ihre Kriegsfahne, dadurch als noch nicht Besiegte gekennzeichnet. Doch ist in diesem Bild tatsächlich etwas von der *Concordia Veteris et Novi Testamenti* realisiert.

Einigermaßen geschickt sind Sol und Luna in den freien Flächen der oberen Kreuzwinkel plaziert. In den vier Bildecken erscheinen wieder die vier Evangelistensymbole: Engel für Matthäus, Adler für Johannes, Löwe für Markus und Stier für Lukas; am Kreuzfuß auch die - fast wie ein Mischwesen gestaltete - vor dem Tod rettende Eherne Schlange (Nm 21, 6-9; Jo 3,14), als Typus dem Realtypus in Gestalt Christi beigegeben; darunter (als Auferstehender) Adam, ebenfalls (nach 1 Kor 15, 45 und Röm 5, 12-13) Typus Christi. Bilder, in denen Adam in dieser oder ähnlicher Form am Kreuzfuß erscheint, nehmen offenbar Bezug auf die schon Origenes (GCS 41, 225 zu Mt 27,33) bekannte legendarische Tradition, daß Adam auf Golgatha begraben wurde. Wenn die Schlange am Kreuzfuß bisweilen eher einem Drachen ähnlich ist, so ist das kein Grund, in ihr ein-Symbol des Todes oder überhaupt ein Negativsymbol zu sehen, wie es seit P. Weber (Geistliches Schauspiel und kirchliche Kunst, Stuttgart 1894, 64; vgl. z.B. Monumenta Judaica, a.a.O.: "der Drache als die überwundene Sünde") regelmäßig geschieht; denn durch die Mittelstellung der Schlange zwischen Adam und dem Kelch (als Sinnbild des Opfers Christi) befindet sie sich in einer aufsteigenden Linie von Positivsymbolen, die sich zusammengesetzt aus den beiden Typen Christi (Adam, Eherne Schlange) und dem Kelch und schließlich zu Christus selbst führt. Allein diese Konfiguration schließt die herkömmliche Wertung der Schlange aus. Die Drachenform der Ehernen Schlange wird im Laufe des 12. Jh. ganz üblich, wie zum Beispiel ein Glasfenster der Kirche von Saint Denis (um 1140) zeigt (s. unten), wo auch die Position der Schlange zu Füßen Christi die gleiche ist, nur daß die Stange von Nm 21, 8-9 wie die untere Verlängerung von Christi Kreuzstamm erscheint - oder Christi Kreuzstamm als obere Verlängerung der Stange -, offenbar um den typologischen Bezug der Concordia Veteris et Novi Testamenti ganz einsichtig zu machen. Diesen zeigt bereits ähnlich deutlich

Nr. 57a (Miniatur im Evangeliar aus Kloster Abdinghof in Paderborn, 10. Jh., *Kassel*, Landesbibliothek, Cod. theol. fol. 60, folio 1; *Literatur*: A. Goldschmidt, Die deutsche Buchmalerei, I, Firenze 1928, Tafel 82; Festschrift K.H. Usener, Marburg 1967, S. 106, Abb. 27): Kreuzigung mit Maria und Johannes, Sol und Luna.

Hier bilden Eherne Schlange und Kruzifixus eine Einheit in ihrer ebenfalls vertikalen Anordnung (untere Stammhälfte Eherne Schlange, obere-Stammhälfte, über dem Suppedaneum, Christus). Vgl. oben zu Nr. 40. Ebenfalls ganz ähnlich verfährt

Nr. 57 b (Miniatur in einem Sakramentar des 11. Jh., *St. Gallen*, Cod. 342, pagina 281; *Literatur*: U. Graepler-Diehl, in: Festschrift K.H. Usener, Marburg 1967, S. 170, Abb. 1-2): Kruzifixus mit Eherner Schlange.

Typus und Antitypus (Realtypus), Eherne Schlange und der Kruzifixus, sind in der Art der karolingischen Ecclesia-Synagoga-Reliefs (vgl. Jo 3, 14 zu Nm 21, 6-9) zusammengefaßt, nur daß hier die Schlange oberhalb des Kreuzes und nicht an oder um dessen Fuß herum sich befindet. Diese Deutung auf die Eherne Schlange ist durch ein hexametrisches Adskript gesichert: "Rüttle das träge Herz auf, du am Kreuz hängende Opferschlange" (*Concute cor torpens, cruce pendens hostia serpens*). Ein weiterer Hexameter (schütze uns, du auf die Türbalken gestrichenes Blut des großen Lammes, *protege nos magni litus in postes cruor agni*; vgl. Ex 12, 1 ff.) bezieht sich auf eine ebendort darunter angebrachte Zeichnung (wie die obere in rotbrauner Tinte) einer Stadt- bzw. Hauskulisse, die durch eine von oben her kommende Hand gesegnet bzw. geschützt wird, während ein Engel mit einem Schwert umgeht und die Erstgeborenen der Ägypter tötet.

Dieser Zeichnung kommt nicht nur als hervorragender Illustration einer auslegungsgeschichtlichen Tradition - auch im Zusammenhang der antijüdischen Apologetik - einige Bedeutung zu, sondern auch, weil sie eine erwünschte innere Bestätigung unserer Interpretation der umstrittenen karolingischen Elfenbeine gibt.

Nr. 58.- *Kruzifixus mit Ecclesia und Synagoga.*- Elfenbeinrelief (Buchdeckel eines Evangeliars), 18,4 x 10,8 cm. *Tongeren* (Belgien), Kollegiatkirche Notre-Dame, Domschatz. Mitte 11. Jh.- *Literatur*: J. Helbig, La sculpture et les arts plastiques au pays de Liège et sur le bords de la Meuse, Bruges 1890, Tafel I; Goldschmidt, II (1918), Tafel XVIII, Nr. 57; O. Pelka, Elfenbein, Berlin 1920, S. 148, Abb. 95; Belgische Kunstdenkmäler. Hg. von P. Clemen, I, München 1923, S. 54, Abb. 37; K.H. Usener, in: Marburger Jahrbuch für Kunstwissenschaft 7, 1933, S. 83, Abb. 10; Seiferth, 1964, Abb. 12; E.G. Grimme, in: Aachener Kunstblätter 35, 1968, S. 66, Abb. 61; Lasko, 1972, Pl. XVII, Fig. 172; Rhein und Maas. Kunst und Kultur 800-1400 [Ausstellungskatalog], I, Köln 1972, Tafel neben S. 212 und Abb. S. 220; Schiller, II (1976), Abb. 377; Hürkey, 1983, Abb. 115; de Winter, 1985, Fig. 22.

Das eindrucksvoll komponierte, künstlerisch hochstehende Relief verarbeitet weitgehend die herkömmlichen ikonographischen Elemente. Die aus den Wolken des Himmels kommende Hand Gottes ist die bekannte Chiffre der Präsenz Gottes: Der Sühnetod Christi zur Rettung der Menschheit geschieht mit dem Einverständnis Gottvaters. Zwei (beschädigte) Engel bestätigen dies, indem sie - offensichtlich im himmlischen Auftrag - eine

(Sieges-)Krone über Christi Haupt halten, wie ähnlich der Lorbeerkranz beim Triumphzug über dem Haupt römischer Triumphatoren gehalten wurde. Das meint: Christus ist Sieger über Sünde und Tod, sein Erlösungswerk ist vollbracht. Sein Sieg gewährleistet zugleich auch den Sieg der Kirche über ihre Gegner.

Sonne und Mond, diese wieder als Frau mit der Mondsichel auf ihrem Kopf, jener als männliche Gestalt mit Strahlenkrone, erscheinen inmitten wulstartiger Wolken; beide sind mit einer Fackel versehen. Ecclesia trägt noch die übliche Kriegsfahne (Speerfahne), hält aber in der Rechten an Stelle des Kelches einen dreiblättrigen (fünfblättrigen?) Zweig, wahrscheinlich Symbol des Lebens, so daß sie hier auch die Rolle zu übernehmen scheint, die auf frühmittelalterlichen Bildern dieser Art bisweilen die allegorische Personifikation Vita hat. Unter dem Kreuz wie üblich Maria und Johannes sowie Ecclesia und Synagoga. In der untersten Bildzone verlassen Auferstehende ihre Gräber, erheben die Arme anbetend zu Christus und bezeugen die todüberwindende Kraft des Sühnetodes Christi. Unten, diesmal mit vertauschten Seiten, Gaia, als Symbol der Vegetation und der Fruchtbarkeit des Erdbodens, einen Zweig oder kleinen Baum haltend, den Oberkörper entblößt und an der Brust eine Schlange nährend. Dieses am Boden kriechende und darum der Erde besonders nahestehende Tier ist schon in der vorchristlichen Antike Attribut chthonischer Gottheiten. Es gehört dies wieder zu den zahlreichen Übernahmen aus der antiken Mythologie und Kunst; ähnlich ist Okeanos, unten rechts, wie ein Flußgott mit Wasserkrug - aus dem Wasser fließt - gesehen. Ihm ist ein großes Meerestier beigegeben wie ähnlich auf früheren Bildern dieses Typs. Ungewöhnlich ist aber, daß er zwei (in Schlangenköpfen auslaufende) Hörner (Krebsscheren?) auf dem Kopf hat.

Synagoga, im Weggehen wie gebannt (oder trotzig?) zu Christus zurückblickend, trägt nicht einen Ysopzweig, wie die Interpreten (Seiferth, Schiller u.a.) meinen; denn der Ysop war ein buschig wachsender Staudenmajoran, dessen Büschel als Sprengwedel bei kultischen Entsühnungen und Reinigungen dienten (vgl. Ex 12, 22; Lv 14, 4.6.49-52; Ps 51, 9). G. Schiller meint zum Beispiel: "Der Isopzweig wurde im Tempel Jerusalems zum Rühren des Opferblutes benutzt. Er ist in der Hand der Synagoga ein Hinweis auf das alte Opfer des Tempels, das durch Christi Opfertod abgelöst wurde" (Schiller, a.a.O., IV 1, S. 47). Aber der phantasievolle Gedanke an ein "Rühren des Opferblutes" setzt einen stockähnlichen harten Stengel voraus, während jedoch der biblische Befund auf einen Sprengwedel deutet. Aus diesem Zirkel hilft das Brüsseler Relief der

1. Hälfte des 11. Jh., wo in einem ikonographisch aufs engste verwandten Bild Synagoga deutlich einen Palmwedel trägt (s. oben Nr. 52). Schon auf dem Brüsseler Bild ist die Doppelreihe der Blattspitzen des Wedels allerdings nur noch stilisiert dargestellt und zu einer Art Sägemuster verkürzt (vgl. als Ausgangspunkt etwa das Bild eines Palmwedels bei Rich, 1862, 441). Die Synagoge von Tonger(e)n trägt den gleichen leicht gebogenen Palmwedel, nur daß hier auch das Sägemuster (der beiden Blattreihen) weggelassen ist, die Reduktion also weitergeführt und der ursprüngliche Palmzweig zum bloßen (Palm-)Stengel reduziert ist. Doch verraten sowohl die gleich gebliebene Länge des Stengels wie seine leichte Krümmung noch den ikonographischen Ausgangspunkt der antiken Palmzweigdarstellung, wie sie Rich's Illustration bietet; denn sowohl die Länge wie die Krümmung des Tongern'schen und Brüsseler Palmwedels entsprechen in etwa dem Aussehen des Palmwedels in natura (Rich, a.a.O., S. 441).

Auch hier ist also Synagoga noch mit einem Attribut versehen, das sie dem Orient und Judaea beziehungsweise Jerusalem zuordnet.

Nr. 59.- *Kreuzigung mit Ecclesia und Synagoga.-* Elfenbeinrelief eines Buchdeckels (Evangeliar der Äbtissin Theophanu, 1039-1056).- *Essen*, Stiftskirche. Buchdeckel: 35,7 x 26 cm; Relief: 17,6 x 11,3 cm.- *Literatur:* W. Lübke, Geschichte der deutschen Kunst, Stuttgart 1890, S. 111, Fig. 102; H. Bergner, Handbuch der kirchlichen Kunstaltertümer in Deutschland, Leipzig 1905, S. 346, Fig. 302; Goldschmidt, II (1918), Tafel XVIII, Nr. 58; RDK II (1948) 1371, Abb. 8; J. Lejeune, in: Wallraf-Richartz-Jahrbuch 15, 1953, S. 61, Pl. 47; H. Schnitzler, Rheinische Schatzkammer, I, Düsseldorf 1957, Tafel 137; Das erste Jahrtausend. Kunst und Kultur im werdenden Abendland an Rhein und Ruhr, hg. von K. Böhner (u.a.), III, Düsseldorf 1962, Abb. 383; A. Mayer, Das Bild der Kirche, Regensburg 1962, Abb. 9; Encyclopedia of World Art, X, New York 1965, Pl. 468; Miscellanea pro arte. Festschrift H. Schnitzler, Düsseldorf 1965, Tafel LXXVIII, Abb. 3; Deutsche Kunstdenkmäler. Ein Bildhandbuch. Hg. von R. Hootz [1.] Niederrhein, Darmstadt 1966, Abb. 106; L. Küppers u. P. Mikat, Der Essener Münsterschatz, Essen 1966, Tafel 28-29; G. Bandmann, in: Städel-Jahrbuch 2, 1969, S. 88, Abb. 9; Lasko, 1972, Pl. 141; Rhein und Maas. Kunst und Kultur 800-1400 [Ausstellungskatalog], I, Köln 1972, Abb. S. 191 und 206; L. Grodecki (u.a.), Die Zeit der Ottonen und Salier (Universum der Kunst, 11), München 1973, Abb. 361; L. Küppers (Hg.), Die Gottesmutter. Marienbild in Rheinland und Westfalen, II, Recklinghausen 1974, Abb. 5; M. Gosebruch, in: Niederdeutsche Beiträge zur Kunstgeschichte 18, 1979, S. 32, Abb. 18; G. Duby, Die Kunst des Mittelalters, I, Stuttgart 1984, Abb. S. 27.

Das Elfenbeinrelief selbst ist thematisch und formal dem Brüsseler Relief der ersten Hälfte des 11. Jh. sehr affin. Entweder haben beide eine gemeinsame Vorlage oder das Essener Relief ist vom Brüsseler abhängig. Dem westdeutschen Künstler des Essener Reliefs ist jedenfalls das Mißgeschick unterlaufen, daß er die Himmelstüren als Bücher mißverstand. Anders ist zum Beispiel auch Christi Kleidung dargestellt.

Der Buchdeckel aus getriebenem Goldblech, mit Edelsteinen besetzt, zeigt oben die Maiestas Domini in einem Medaillon, das zwei Engel halten; seitlich links die Heiligen Peter und Paul, rechts Kosmas und Damian; unten die Muttergottes zwischen der heiligen Spinosa links und der heiligen Waldburga rechts, beide durch Adskripte identifiziert. Zu Füßen Marias, die den Jesusknaben auf dem Schoß hat, fußfällig verehrend die Äbtissin Theophanu, ebenfalls durch ein kleines Adskript links über ihrem gebeugten Rücken kenntlich gemacht. Sie ist, wie meist die Auftraggeber oder Stifter solcher Stücke, besonders klein und in Demutshaltung dargestellt. Spinosa und Waldburga scheinen für sie bei der Gottesmutter Fürbitte zu tun.

Im Rahmen der künstlerischen Konzeption wird wieder die theologische Aussage deutlich: Synagoga hat sich von Christus - wie dieser von ihr - abgewendet, ist aber noch auf der soteriologischen Szene präsent, so daß die Situation im Grunde offen bleibt.

Nr. 60.- *Kreuzigung mit Ecclesia und Synagoga.-* Elfenbeinrelief eines Buchdeckels aus Köln, 11. Jh.- *London*, Victoria and Albert Museum, Nr. 252. 67; 13,3 x 9,5 cm.- *Literatur*: Goldschmidt, II (1918), Tafel XXII, Nr. 67; Victoria & Albert Museum, Early Medieval Art in the North, London 1949, Fig. 29.

Die Tafel steht inhaltlich und formal den jüngeren Metzer Elfenbeinen nahe, besonders dem Pariser Lat. 9383 und dem Relief von Gannat (s.o. Nr. 26.34). In der Mitte oben erscheint wieder die Hand Gottes mit dem Siegeskranz, Christus zum Triumphator über Tod und Sünde erklärend. Daneben und darunter Sonne und Mond sowie die verehrend anbetenden Engel. Zu Füßen des Kruzifixus die vor dem Tod rettenden Eherne Schlange von Nm 21, 8-9 und Jo 3, 14, als Typus dem Realtypus beigegeben wie in den Metzer Elfenbeinen. Unter dem Kreuz stehen an ihrem gewohnten Platz außen Maria und Johannes, innen nicht mehr Ecclesia und Synagoga, sondern anscheinend zwei männliche Gestalten, von denen die Ecclesia ersetzende Person mit dem Kelch Christi Blut auffängt; ihr Gegenüber, agierend wie sonst Synagoga (d.h. weggehend und gleichzeitig zurückblickend) trägt einen kurzen Rock, und sein Mantel (*chlamys, sagum*) ist an der rechten Schulter durch eine Spange beziehungsweise

Brosche zusammengehalten, um den Arm freizuhalten. Er könnte der Centurio von Mk 15, 39 sein.

Einigermaßen sicher erscheint Synagoga unten rechts als besiegte weinende (bzw. ein Auge mit der Hand bedeckende?) Frau, einen (in der Spitze umgebogenen, also unbrauchbaren) Speer haltend, der in ihre Richtung weist, sie also selbst gefährdend, statt sie zu verteidigen. Recht ähnlich ist in einer Miniatur des Uota-Evangeliars (1. Hälfte 11. Jh.; S.o. Nr. 54) die Spitze der unbrauchbar gewordenen Lanze des Mors gegen seinen eigenen Kopf gerichtet. Am Kreuzfuß Longinus und Stephaton mit seinem Essigeimer; unten links Synagogas Gegenüber, offenbar ein männlicher Orans. Nicht ganz auszuschließen ist allerdings eine Deutung (Weber, 1894, 65), daß es sich bei den Gestalten in der unteren linken und rechten Ecke um Vita und Mors handelt. In der Tat bestehen Gemeinsamkeiten mit der Darstellung dieser Allegorien im Uota-Evangeliar. Denkbar ist allerdings auch, daß in der Londoner Tafel, die von durchaus mäßiger Qualität ist, der Künstler infolge zu geringer theologischer Sachkenntnis seine Vorlagen sozusagen ungenau zitiert. Die soteriologische Konzeption bleibt aber im wesentlichen die gleiche wie bei älteren Bildern dieses Typs.

Nr. 61.- *Kreuzigung mit Ecclesia und Synagoga.*- Miniatur in einem Evangeliar, byzantinisch, 11. Jh. *Paris*, BN, Cod. gr. 74, fol. 59 recto.- *Literatur*: Schiller, IV 1 (1976), Abb. 104.

Wie auf den karolingischen Elfenbeinen garantiert und bewirkt Christi Erlösungstod die Auferstehung der Toten. Ecclesia wird von einem Engel zu Christus geführt, Synagoga fortgedrängt und 'verstoßen'. Die Gestalt am Kreuzfuß ist bisher nicht sicher gedeutet. Man hat an eine Personifikation der Fides oder der Eucharistie gedacht. Ob der auferstehende Adam gemeint ist?

Nr. 62.- *Gunhildkreuz*; Walroßzahnreliefs, vermutlich etwa 1050-1075 entstanden, vielleicht in Dänemark; Höhe 28,5 cm.- *Kopenhagen*, Nationalmuseum.- *Literatur*: Weber, 1894, 65; Goldschmidt, III (1923), Nr. 124a-b; Das Münster 2, 1948-49, 235, Abb. 8; E. von Philippowich, Elfenbein, Braunschweig 1961, S. 11, Abb. 6; W. Mersmann, in: Wallraf-Richartz-Jahrbuch 25, 1963, S. 79, Abb. 62-64; Seiferth, 1964, Abb. 8-9; Lasko, 1972, Pl. 176; Schiller, IV 1 (1978), Abb. 102 a-d; Schubert, 1978, Abb. 47; X. Barral i Altet (u.a.), Romanische Kunst II, München 1984, Abb. 227-228; P.K. Klein, in: Festschrift Fl. Mütherich, München 1985, S. 112, Abb. 9.

Das sogenannte Gunhildkreuz ist angefertigt (und signiert) von einem sonst nicht weiter bekannten Liutger und inschriftlich als Eigentum einer dänischen Prinzessin Gunhild bezeichnet. Dieses Kreuz hatte in der Mitte der Vorderseite eine - heute nicht mehr erhaltene - Christusfigur; an den vier Kreuzenden ist diese umgeben von vier Medaillons, den Personifikationen beziehungsweise Allegorien der *Ecclesia* und *Synagoga* (linker und rechter Kreuzarm) und des Lebens und Todes (oberes und unteres Kreuzende: *Vita* und *Mors*). Die Rückseite zeigt ebenfalls Christus inmitten von vier umgebenden Medaillons, links und rechts die Auferstehenden und Verdammten, oben und unten die Seligen im Himmel und die Hölle. Dabei ist, entsprechend dem Gesamtthema der Rückseite (Jüngstes Gericht), Christus als Weltenrichter, als Alpha und Omega (d.h. Anfang und Ende der Welt- und Heilsgeschichte) dargestellt, in der Mitte zwischen den Seligen in Abrahams Schoß und den Verdammten in der Hölle. Vorder- und Rückseite sind inhaltlich einander zugeordnet; denn den von Christus fort in die Hölle Gehenden und den in der Hölle Befindlichen der Rückseite entsprechen auf der Vorderseite Synagoga und Mors; Vita und Ecclesia auf der Vorderseite dagegen korrespondieren mit den Seligen im Himmel und den Auferstehenden der Rückseite.

Ecclesia (durch die Schrift in dem aufgeschlagenen Buch als *Ecclesia sancta* identifiziert) erscheint statuarisch ruhig, erhobenen Hauptes, hoheitsvollen Blickes und gekrönt wie eine Königin, ausgestattet mit der üblichen Kriegsfahne (*gonfanon, vexillum,*) hier mit Kreuzspitze, das Buch fest in der Hand haltend - Synagogas Buch ist ihr entglitten und zu Boden gefallen, was auf die ihren Händen entgleitenden Gesetzestafeln späterer Darstellungen hinweist. Die Halbfigur der zur (nicht erhaltenen) Christusfigur blickenden Ecclesia füllt das Medaillon nicht aus, so daß auch dadurch ihr Rang im Vergleich zu der beengt kauernden Synagoga betont wird. Die vordere 'Schauseite' mit Vita und Mors, Ecclesia und Synagoga und die korrelierend auf sie bezogene Kehrseite mit der Endgerichtsthematik bilden theologisch gesehen eine gedankliche Einheit. Heilsgeschichtlich ist Synagoga eine vergangene Größe, als Allegorie eine besiegte, gedemütigte Frauengestalt: Sie ist ohne den Schutz und die Würde der Kleidung, halbnackt, mit entblößtem Oberkörper (ein Zeichen der Schmach), rauft sich, beengt kauernd und eingeschlossen wie eine Gefangene, trauernd die Haare. Ihre Augen sind geschlossen, der Kopf ist gramvoll geneigt und bedarf der Stützung durch die linke Hand. Sie wendet Christus den Rücken zu. Vita trägt im übrigen das Dreiblütenzepter (d.h. ein Lebenszeichen), Mors wird als tuchverhüllte Leiche in einem Sarg dargestellt.

Die ausdrucksstarke Szenerie ist auf der Rückseite sozusagen inschriftlich kommentiert, nach Mt 25, 34.41: "Kommt her, die ihr von meinem Vater gesegnet seid ... Weg von mir, ihr Verfluchten, in das ewige Feuer

(*Venite, benedicti patris mei ... discedite a me, maledicti, in ignem*). Im Sinne dieser Gerichtsvorstellung ist Synagoga, entsprechend der üblichen mittelalterlichen Auffassung, den Verdammten und der Hölle zugeordnet.

Nr. 63.- *Kreuzigung mit Ecclesia und Synagoga.*- Unteritalienisches Elfenbeinrelief aus dem Raum Montecassino, entstanden wahrscheinlich um 1070-1080; 27 x 12 cm.- *Berlin-Dahlem*, Staatliche Museen Preußischer Kulturbesitz, Skulpturenabteilung, Inv.-Nr. 589.- *Literatur*: Königliche Museen zu Berlin. Beschreibung der Bildwerke der christlichen Epochen. Bearbeitet von W. Bode u. H. von Tschudi, Berlin 1888, Tafel LVI, Nr. 454 (Berlin 1902, bearbeitet von W. Vöge, Tafel 21, Abb. 65); Goldschmidt, IV (1926), Tafel LII, Nr. 146a; B. Kurth, in: Journal of the Warburg and Courtauld Institutes 6, 1943, 213-214, Pl. 64 c-d; RDK IV (1958), 1189 ff., Abb. 2; LThK VI (1961) 113; Seiferth, 1964, Abb. 11; H.L. Kessler, in: Jahrbuch der Berliner Museen 8, 1966, S. 68, Fig. I; Schiller, IV 1 (1976), Abb. 103.

Das in Unteritalien unter byzantinischem Einfluß entstandene Relief erscheint auf den ersten Blick als künstlerisch etwas rohe Arbeit, erweist sich aber bei näherem Hinsehen als durchaus eindrucksvoll. Ganz oben die Gestirne Sonne und Mond (*Luna, Sol*; die Inschriften irrtümlich vertauscht) als Symbole der Elemente Feuer und Luft und sozusagen als Zeugen der Szene und Vertreter der Schöpfung, deren Herr Jesus Christus ist. Die Kreuzigung wird so wieder als Weltereignis von fundamentaler Bedeutung qualifiziert. Auch ist Einfluß von Lk 23, 45 (die Sonne verlor bei der Kreuzigung ihren Schein, d.h. trauerte mit) wahrscheinlich. Über den Kreuzarmen, wie oft auf solchen Bildern, verehrende, klagende oder dienstbereite Engel - ihre Funktion ist oft nicht klar abgrenzbar. Christus, nimbiert, mit Schurz versehen, auf einem Schemel oder einer Art Fußbank (*scabellum, suppedaneum*) stehend, hat über seinem Haupt die herkömmliche Inschrift (*IHŪ ŇASARE*). Zu seinen Füßen Longinus (*LONGIŇ*) mit der Lanze und Stephaton (*STEFĀ*) mit dem Essigschwamm (und Essigbehälter bzw. Kelch) an ihrem üblichen Platz. Stephaton, der den Essig (bzw. Wein mit Galle) reichte, erscheint in der christlichen Tradition oft als Vertreter der Christus feindlich gesonnenen boshaften Juden. Beide Namen entstehen erst in der nachneutestamentlichen Legende. Einige Kirchenväter (Origines, Johannes Chrysostomos) glauben zu wissen, daß Adams Grab sich unter dem Kreuz von Golgatha befand. Daher hier der Schädel in einer Grabhöhle unter dem Kreuz. Im übrigen gilt schon dem Neuen Testament Adam als Typus Christi (Röm 5, 12-18; vgl. 1 Kor 15,45), und der Typus als Vorläufer des Realtypus erscheint, wie es sich bereits für die Eherne Schlange zeigte, gern unterhalb des Kruzifixus.- Die unterste Szene des Reliefs bietet links die Kirche (*ECESIA* [sic]), in reichem, byzantinischen Hofgewand, von einem Engel umarmt und zu Christus hin geleitet (als seine Braut; vgl. schon Epheserbrief 5, 32), rechts einen Engel und Synagoga (*ANGELS + SINAGO* [sic]). Der Engel drängt die ärmlich gekleidete alte Frau, die trauernd und klagend (oder erschrokken, ängstlich?) die Arme hebt und deren Haare ungepflegt-strähnig herabhängen, weg. Er verjagt und vertreibt sie (affin der Vertreibung aus dem Paradies) sozusagen vom Ort des Heilsgeschehens. Theologisches Thema ist also auch auf diesem Kreuzigungsbild die Erwählung und Verwerfung, Erlösung und Verdammnis. Später, im *Liber floridus* des Lambert von St.-Omer, ist es Christus selbst, der Synagoga fortschickt; hier, wie sonst auf Bildern dieses Typs, macht das ein - zu diesem Dienst offenbar beauftragter (vgl. z.B. Mt 13, 49-50) - Engel. Das Abdrängen geschieht auch hier nach rechts (heraldisch links) hin, wo ikonographisch regelmäßig der Ort der Hölle ist (dazu Mt 25, 33.41). Literarisch antizipiert ist die Szene übrigens bereits von dem christlichen Dichter Sedulius (5. Jh.): Synagoga mag gehen (*discedat*), Christus hat sich Ecclesia als Gefährtin erwählt (CSEL 10, 140; zu *discedere* vgl. auch oben zu Nr. 62).

Nr. 64.- *Ildefons von Toledo als antijüdischer Apologet.*- Miniatur aus dem Traktat 'De virginitate perpetua sanctae Mariae adversus tres infideles' (vgl. Verf., Die christlichen Adversus-Judaeos-Texte 1982, 447-449).- *Parma*, Biblioteca Palatina, Ms. 1650, folio 4 verso; 2. Hälfte 11. Jh.- *Literatur:* A. Grabar u. C. Nordenfalk, Die romanische Malerei vom elften bis zum dreizehnten Jahrhundert (Die großen Jahrhunderte der Malerei, 4), Genf 1958, Abb. S. 188; C. Roth (Hg.), The World History of the Jewish People, II 2, London 1966, Fig. 14; Benedictus. Eine Kulturgeschichte des Abendlandes. Von Dom Victor Dammertz O.S.B. (u.a.), Genf 1980, S. 206, Abb. 163; Blumenkranz, 1980, Fig. 4-7.

Der durch Adskript kenntlich gemachte heilige Erzbischof vonToledo (†667) sitzt wie ein mittelalterlicher Schreiber an einem Schreibpult, bei der Abfassung seines Traktates über die Jungfrauenschaft der hl. Maria (PL 96, 53-110), die zum größten Teil gegen die Juden gerichtet war, die beim Thema Virginität der Gottesmutter schon immer Zweifel anmeldeten. Ildefons ist nicht etwa in Konsultation mit jüdischen Gelehrten dargestellt, sondern umgeben von Klerikern; dies entspricht der Tatsache, daß die christliche Literatur *Adversus Judaeos* in erster Linie der innerchristlichen Glaubenssicherung diente.

Nr. 65.- *(Phantasie-)Bild des jüdischen Historikers Josephus.*- Miniatur zum Prolog einer Handschrift der 'Antiquitates Judaicae' dieses Autors.- *Brüssel*, Bibl. Roy. II.

1179, folio 1 verso (Ende 11. Jh.).- *Literatur*: G.N. Deutsch, Iconographie de l'illustration de Flavius Josèphe au temps de Jean Fouquet, Leiden 1986, Fig. 5.
Josephus wird bei seiner Schreibtätigkeit sitzend dargestellt. Er hält in der
Linken ein Messer zum Zurechtschneiden der Schreibfeder, die Rechte
tunkt gerade die Schreibfeder in die Schreibflüssigkeit. Sein Habitus ist
der eines alttestamentlichen Propheten; denn aus christlicher Sicht hatte er
mit seinen Berichten über Christus und das Urchristentum einen vergleich-
baren Rang; vgl. C. Gaspar - F. Lyna, Les principaux manuscrits etc.,
Bruxelles 1984, II, Pl. XIII.

Nr. 65 a.- *(Phantasie-)Bild des Josephus*.- Miniatur in der Initiale "C" des Prologs
der lateinischen Übersetzung seines Bellum Judaicum.- *Cambridge*, St. John's College,
Ms. A. 8, folio 103 verso (um 1130).- *Literatur*: C.M. Kauffmann, Romanesque Manuscripts 1066-1190, London 1975, Fig. 118; G.N. Deutsch, Iconographie de l'illustration de Flavius Josèphe au temps de Jean Fouquet, Leiden 1986, Abb. 6.

Reich gewandet, wie man sich im 12. Jh. einen vornehmen Hebräer vor-
stellte, steht der jüdische Autor (Adskript: *Josephus*) vor dem Schreiber
(Supraskript: *Samuel*), der wie ein Mönch im Skriptorium bei seiner Tätigkeit ist. Josephus hält ein aufgeschlagenes Buch in beiden Händen, das
den Anfang des lateinischen Testimonium Flavianum (Josephus, Ant. Jud.
18, 63-64) erkennen läßt: *Fuit autem isdem temporibus* etc. Der jüdische
Autor ist also wie ein Christusprophet dargestellt, was zu seinem fast kir-
chenväterlichen Rang in der christlichen Tradition paßt (vgl. dazu Verf.,
Die Flavius-Josephus-Tradition in Antike und Mittelalter, Leiden 1972,
sowie in: ANRW II, 21, 2, Berlin-New York 1984, S. 1106-1217), den
er vor allem der christlichen Überzeugung verdankte, daß er als Zeuge aus
dem gegnerischen jüdischen Lager einzigartigen Beweiswert für die Wahrheit des christlichen Glaubens hatte. Der tonsurierte *Notarius* repräsentiert
in dieser Miniatur sozusagen das dankbare christliche Publikum. Daß das
Testimonium Flavianum in der erhaltenen Form sicher nicht genuin ist,
wußte man im 12. Jh. nicht (vgl. oben, zu Nr. 15).

Nr. 65 b.- *(Phantasie-)Bild des Josephus*.- Initialminiatur in einer lateinischen Jo-
sephushandschrift aus der Stiftsbibliothek Admont (Ms. 25, folio 2, Anfang des 14.
Buches der Antiquitates Judaicae, Innenbild der Initiale "A"), 2. Hälfte 12. Jh.- *Literatur*: P.Buberl, Die illuminierten Handschriften in Steiermark. 1. Teil, Leipzig 1911, S.
52, Fig. 50; Encyclopaedia Judaica (Berlin 1928 ff.) IX, 410.
Josephus trägt den Judenhut des 12. Jh. und ist dadurch als der *jüdische*
Autor definiert. Er ist bärtig dargestellt, an einem Schreibpult sitzend, gerade damit befaßt, mit dem Messer eine Schreibfeder zurecht zu schneiden.

Nr. 65 c.- *(Phantasie-)Bild des Josephus*.- Initialminiatur zu Beginn einer lateinischen Handschrift der Antiquitates Judaicae des Josephus, die um 1170 in der Abtei von

Sint-Truiden entstand.- *Chantilly*, Musée Condé, Ms. 1632.- *Literatur*: Benedictus. Eine Kulturgeschichte des Abendlandes. Von Dom Victor Dammertz O.S.B. (u.a.), Genf 1980, S. 204, Abb. 161.

Die Autoren dieses Sammelbandes deuten die an einem Schreibpult bei der Arbeit dargestellte Gestalt als "arbeitenden Schreiber", doch lassen seine Barttracht und sein konischer Judenhut eher an den jüdischen Autor denken. Darauf weist auch die Plazierung am Anfang seines Opus.

Nr. 65 d.- *(Phantasie-)Bild des jüdischen Autors Philo.*- Miniatur in der Initiale "P" einer lateinischen Handschrift von Philos Schrift 'De biblicis antiquitatibus' aus der Stiftsbibliothek *Admont*, Ms. 60, folio 1 (2. Hälfte 12. Jh.).- *Literatur*: P. Buberl, Die illuminierten Handschriften in Steiermark, 1. Teil, Leipzig 1911, S. 78, Fig. 79.

Die farbige Federzeichnung stellt Philo als bärtigen Mann dar, ein Buch in der Hand haltend. Sein mit einer Krempe versehener Hut ist gerundet konisch, mit einer knopfartigen Verdickung oben. Er gehört also wohl zu dem im 12. Jh. bei Juden beziehungsweise biblischen Hebräern von uns öfters registrierten Typ 'Knopfhut'.

Nr. 66.- *Einzug Christi in Jerusalem.*- Fresko in *Daphni* bei Athen, Ende 11. Jh.- *Literatur*: M. Chatzidakis - A. Grabar, Die Malerei im frühen Mittelalter, Gütersloh 1965, Abb. 19.

Dieses - seit dem 4. Jh. gängige - Thema (Mt 21, 1-11) wird im weiteren Verlauf des Mittelalters oft dazu genutzt, einen ikonographischen Gegensatz zwischen den Bewohnern Jerusalems (mit Judenhut und Schläfenlocken) und Jesus (gewöhnlich nimbiert) samt den Jüngern herauszuarbeiten. Hier ist ein solcher Gegensatz noch kaum zu sehen. Zur Ausstattung der Szene gehört regelmäßig der Zöllner Zachäus im Baum (transferiert von Lk 19, 1-10).

Nr. 67.- *Kruzifixus mit Longinus und Stephaton.*- Miniatur in einer lateinischen Handschrift vom Ende des 11. Jh.- *Karlsruhe*, Bad. Landesbibl., Cod. Aug. perg. 161, vielleicht bayerischer Provenienz.- *Literatur*: R. Kashnitz, Der Werdener Psalter, Düsseldorf 1979, Abb. 201.

Longinus und Stephaton tragen hier nicht mehr die phrygische Mütze, sondern einen konischen Judenhut, der in dieser Zeit die phrygische Mütze als unterscheidendes Gruppenmerkmal verdrängt. Im Kontext der Miniatur ist von Bosheit und Missetat (*malicia, iniquitas*) die Rede, so daß Bild und Text aufeinander bezogen scheinen (Ps 52, 3-5): *Quid gloriaris in maliciam, qui potens es in iniquitate. Tota die iniusticia cogitavit lingua tua. Sicut novacula acuta fecisti dolum. Dilexisti maliciam super benignitatem, iniquitatem magis quam loqui equitatem.* Die Polemik ist subtil; denn "der

Mensch ohne Gott" dieses Psalms wird in aktualisierender Exegese auf die Juden als Kreuziger und - über die Judenhüte - pauschal auf die mittelalterlichen Juden gedeutet. Daß bei den Stichworten *malicia* und *iniquitas* an die Juden gedacht wurde, ist nicht verwunderlich, gelten sie doch seit der Kirchenväterzeit aus christlicher Sicht als typisch jüdische Verhaltensmuster. Die Miniatur kolportiert und verstärkt diese Typisierung.

Nr. 68.- *Christus lehrt im Tempel; Steinigung des Stephanus.*- Miniaturen in dem von einem Kustos Bertold Ende des 11. Jh. in Salzburg geschriebenen und unter dem Einfluß byzantinischen Stils illuminierten Lektionar (Perikopenbuch, Evangelistar).- *New York*, Pierpont Morgan Library, Cod. M 780.- *Literatur*: G. Swarzenski, Die Regensburger Buchmalerei des X. und XI. Jahrhunderts, Leipzig 1901 (Neudruck 1969), Abb. 75.79; A. Springer, Handbuch der Kunstgeschichte II, Köln 1919, S. 253, Abb. 363.

68 a.- *Folio 6 verso* (zum Fest des hl. Stephanus, am 26. Dezember): Steinigung des Stephanus.- Stephanus ist durch Tonsur und Diakongewand kenntlich, die Juden sind als solche noch nicht ikonographisch definiert. Diese Szene gehört zu den häufigsten Bildthemen der mittelalterlichen Buchmalerei.

68 b.- *Folio 79 recto* (zum 1. Sonntag nach der Erscheinung des Herrn, d.h. nach dem 6. Januar; Fest der hl. Familie): Christus lehrt im Tempel.- Aus dem zwölfjährigen Knaben, der im Tempel den Lehrern zuhört und sie fragt (Lk 2, 40) ist hier der mit Lehrgestus vortragende erwachsene Christus geworden. Auffällig und ungewöhnlich ist, daß die - teils etwas tiefer neben ihm, teils auf dem Fußboden sitzenden - Schriftgelehrten einen Nimbus haben (Verwechslung mit den Aposteln?).- Beide Szenen gehören zu den am häufigsten dargestellten der christlichen Ikonographie, vielleicht weil sie zwei Grundmuster der christlich-jüdischen Beziehungen typisieren.

Nr. 69.- *Der jüdische Historiker Josephus überreicht Vespasian und Titus sein Geschichtswerk.*- Miniatur in einer Handschrift des 'Bellum Judaicum' des Josephus, geschrieben in Toulouse, Ende des 11. Jh.- *Paris*, BN, Lat. 5058, fol. 2 verso - 3 recto.- *Literatur*: J. Porcher, Französische Buchmalerei, Recklinghausen 1959, Tafel XIX; O. Mazal, Buchkunst der Romanik, Graz 1978, Abb. 68; M. Durliat, Romanische Kunst, Freiburg 1983, Abb. 131; G.N. Deutsch, Iconographie de l'illustration de Flavius Josèphe au temps de Jean Fouquet, Leiden 1986, Abb. 2-3.

Dieses ausdrucksvolle Werk der französischen romanischen Buchmalerei zeigt als zweigeteiltes Bild in der linken Hälfte (fol. 2 verso) die herrscherlich gewandeten thronenden Titus und Vespasian mit Krone und Zepter; in der rechten Hälfte (fol. 3 recto) Josephus auf einer gepflasterten Straße sich nähernd, sein in hölzerne Buchdeckel gebundenes Werk ehrerbietig auf einem Tuch präsentierend. Aus Josephus' Schriften ist bekannt, daß er tatsächlich das fertige Werk über den Jüdischen Krieg 66-70 n.Chr., das er in den siebziger Jahren des 1. Jh. in Rom niederschrieb, den Kaisern Vespasian und Titus übergab (Contra Ap. 1, 51; Vita 361). Josephus' Judesein ist hier noch nicht durch ein Gruppenmerkmal kenntlich, während die gleiche Szene in einer Fuldaer Handschrift des 12. Jh. ihn bereits mit dem bekannten trichterförmigen Judenhut darstellt (Abb. in: Encyclopaedia Judaica, IX, Berlin 1932, 403-404; eine etwas anders geartete Konfrontation Titus-Josephus bietet im 15. Jh. Jean Fouquet; eine Abb. davon bei J. Meurgey, Les principaux manuscrits etc., Paris 1930, Pl. LXXXIV). Die Flüchtigkeit oder Unbeholfenheit des Künstlers (Josephus' linkes Bein scheint zu lang geraten, und der rechte Arm fehlt anscheinend) überspielt sein Talent. Deutlich wird hier jedenfalls, von wie großem Interesse aus christlicher Sicht unter den verschiedenen Werken des Josephus gerade das - hier gemeinte - Bellum Judaicum war. Die christliche Geschichtssicht der Eroberung Jerusalems im Jahre 70 (als Gottesurteil gegen die Juden und Bestätigung der christlichen Wahrheit) stützte sich ja vor allem auf dieses Buch eines Kronzeugen aus dem gegnerischen Lager. Das starke christliche Interesse spiegelt sich noch in den dieser Miniatur beigegebenen das Bild interpretierenden Versen: *Quod vates bellum crevit non esse duellum, / edidit et multis vobis qui cernere vultis. / Est Josephus dictus, fert librum corpore pictus*, d.h. "weil der prophetengleiche Autor den Krieg nicht als ein (bedeutungsloses) Scharmützel zweier Gegner ansah, veröffentlichte er (sein Werk) auch für euch, die ihr es in großer Zahl in Augenschein nehmen wollt. Der Besagte ist Josephus, und hier ist er leibhaftig (d.h. in eigener Person) abgebildet, wie er sein Buch (über-)bringt." Der erklärende Text über dem thronenden Herrscherpaar lautet: *stemate vestitus praefulget cum patre Titus*, also "Vorweg (d.h. zu Beginn der Handschrift des 'Bellum Judaicum') erscheinen in aller Pracht, mit einer Krone geschmückt, Titus und sein Vater".- Zur Rezeption des Flavius Josephus in der Alten Kirche ausführlich Verf., in: ANRW II 21, 2, Berlin-New York 1984, S. 1106-1217.

Nr. 70.- *Feigenbaum als Abbild der Synagoge.*- 1098 datiertes Fußbodenmosaik in *Cruas*, Departement Ardèche.- *Literatur:* RDK VII (1981) 1013-1014, Abb. 2.
Die Deutung des Feigenbaums von Mt 21, 18-22 auf Israel und die Juden hat bereits eine lange Tradition (vgl. z.B. Verf., Die christl. Adv.-Jud.-T.,

1982, 118-119.321 und sonst; vgl. weiterhin Remigius von Auxerre, †
um 908, PL 131, 869: *spiritualiter haec arbor Synagogam significat*). Das
auf dem Mosaik sich befindende Beieinander und Gegenüber von Para-
diesbaum (*lignum*) und Feigenbaum (*ficus*) ist vielleicht eine Station auf
dem Entwicklungsweg hin zu der Baumallegorie der Reformationszeit
(*Lex: Gratia*, usw; vgl. schon den Genter 'Liber Floridus' des Lambert
von St.- Omer, um 1100: die *arbor mala*, d.h. die Synagoge, ist ein Feigenbaum; dazu unten, Nr. 73).

Nr. 71.- *Alttestamentliche Gestalten mit Judenhut.-* Glasfenster des *Augsburger*
Doms, um 1100.- *Literatur:* A. Springer, Handbuch der Kunstgeschichte, II (Köln
1919), S. 249, Abb. 441; Th. Ehrenstein, Das Alte Testament im Bilde, Wien 1923,
S. 332, Abb. 9; Hauttmann, 1929, Abb. 676; J. Baum, Die Malerei und Plastik des
Mittelalters. II. Deutschland, Frankreich und Britannien, Wildpark-Potsdam 1930, S.
258, Abb. 252; G. Dehio, Geschichte der deutschen Kunst, I, Berlin 1930, S. 198, Abb.
380; A. Boeckler, in: Zeitschrift des Deutschen Vereins für Kunstwissenschaft 10, 1943,
153-182; W. Pinder, Die Kunst der deutschen Kaiserzeit bis zum Ende der staufischen
Klassik, II, Frankfurt 1952, Abb. 169-170; Hans Weigert, Geschichte der deutschen
Kunst, I, Frankfurt 1963, Abb. S. 169; Deutsche Kunstdenkmäler. Ein Bildhandbuch,
hg. von R. Hootz. [7.] Bayern südlich der Donau, Darmstadt 1967, Abb. 22; Fillitz,
1969, Abb. XLIV b; Kindlers Malerei Lexikon, VI, Zürich 1971, Abb. S. 320; Das
große Lexikon der Malerei, Braunschweig 1982, 737; M. Durliat, Romanische Kunst,
Freiburg 1983, Abb. 516-519; Der Kunst Brockhaus, I, Wiesbaden 1983, 415; Dictionary of the Middle Ages, V (New York 1985), Abb. S. 548.

Diese farbigen Glasfenster gehören zu den frühesten bekannten Glasge-
mälden. Moses, mit der Doppeltafel des Gesetzes ausgestattet, David und
die Propheten (Hosea, Jona, Daniel), zum Teil Schriftbänder mit geeignet
erscheinenden Bibelstellen haltend (z.B. David mit Ps 84,5, Hosea mit Os
5, 2) repräsentieren die rückwärtige Ergänzung des Neuen Testaments im
Sinne einer *Concordia Veteris et Novi Testamenti*. Die Ausstattung mit
den zeitgenössischen konischen Judenhüten - nur David ist davon ausgenommen - bedient sich zwar eines Gruppenmerkmals, doch ist damit keinerlei negative Wertung verbunden. Der Betrachter soll vielmehr auf den
ersten Blick wissen, daß es sich um ehrwürdige Gestalten der vorchristlichen jüdischen Geschichte handelt.

Nr. 72.- *Kruzifixus mit Ecclesia und Synagoga.-* Miniatur im Essener Meßbuch,
einer um 1100 entstandenen rheinischen Arbeit.- *Düsseldorf,* Heinrich-Heine-Institut
(ehemals Landesbibliothek), Cod. D 4, folio 8 verso.- *Literatur:* Schiller, IV 1, (1976),
Abb. 109.

Nur Ecclesia und Synagoga stehen unter dem Kreuz, Ecclesia, wie oft, gekrönt, mit Kreuzfahne und Kelch; Synagoga hält als Geschlagene und Besiegte ihre Speerfahne (bzw. Kriegsfahne) zur Erde gesenkt, ist aber noch verhältnismäßig kostbar gekleidet, freilich schlichter als Ecclesia. Auffällig und hier zum ersten Mal erscheinend ist ihr (abgestumpft bis kuppelförmig) konischer Hut, der im 12. Jh. regelmäßig als Gruppenmerkmal für Juden, auch der biblischen Zeit, dient. Synagoga blickt anscheinend traurig und niedergeschlagen von Christus weg zu Boden, bleibt aber noch unter dem Kreuz stehen, so daß sie noch nicht der endgültigen Verdammnis verfallen scheint und Hoffnung auf ihre Bekehrung besteht. Der Miniaturist will jedenfalls nicht ausschließen, daß der Bildbetrachter noch Mitleid für die besiegte Gegnerin empfindet.

Nr. 73.- *Christus verstößt Synagoga.- Gent* (Belgien), Universitätsbibliothek, Ms. 92 (*Liber floridus* des Benediktinerabtes Lambert von St.-Omer in Nordfrankreich), folio 253 recto (Entstehungszeit: 1100-1120).- *Literatur:* Blumenkranz, 1965, Abb. 68; E. Kirschbaum, Lexikon der christlichen Ikonographie I, Freiburg 1968, 574; Rhein und Maas. Kunst und Kultur 800-1400 [Ausstellungskatalog], II, Köln 1972, Abb. S. 351; Schiller, IV 1 (1976), Abb. 122; Schubert, 1978, Abb. 52; K.Schubert, Die Kultur der Juden, II, Wiesbaden 1979, S. 20, Abb. 12; vgl. H. Unger, Text und Bild im Mittelalter, Graz 1986, 121-122.

Das 'Blumenbuch' (oder 'Blütenlese') des Lambert ist eine - noch ungedruckte - umfangreiche Sammlung von wissenswerten Auszügen und Textstücken historischer, naturwissenschaftlicher und theologischer Natur aus antiken und mittelalterlichen Autoren, darunter auch längere Stücke aus Texten der antijüdischen christlichen Apologetik; daneben enthalten einige Handschriften des Liber floridus eine kurze antijüdisch-apologetische Abhandlung *De bona arbore et mala. Arbor bona - Ecclesia fidelium. Arbor mala - Synagoga* (zu Mk 11, 12-14; Mt 21, 18-22; Lk 13, 6-9: Gleichnis vom unfruchtbaren Feigenbaum). Die ganze - mit Buchmalerei versehene - Sammlung entstand um 1100-1120 und wurde schnell durch Kopien bekannt. Das Urexemplar ist nicht erhalten. Die in Gent befindliche älteste Kopie enthält fol. 253 recto eine bemerkenswerte ikonographische Deutung des christlich-jüdischen Verhältnisses: Christus, nach der Allegorese des Hohenliedes Bräutigam und Richter (*Sponsus qui et iudex*, Honorius Augustodunensis, PL 172, 361), spricht sozusagen sein Urteil über Ecclesia und Synagoga, beide durch ein Supraskript identifiziert. Erstere ist Christus zugewandt, hält den Kelch (*calix*) des Blutes Christi in der einen Hand und in der anderen das hochragende *vexillum* (im römischen Heer die Kriegsfahne der Reiterei, hier, wie oft bei Ecclesia, zur Kreuzfahne ausgestaltet). Zugeordnet ist ihr ein kelchförmiges großes Taufbecken (*baptisterium*), und sie wird vom Gottessohn Christus (*Christus dei filius*) gekrönt. Die Krönung ist gesehen als Zeichen der Erwählung durch den *Sponsus* und als Belehnung mit der Herrschaft. Auf der anderen Seite ist der Synagoga mit der Krone (*corona Synagogae*) auch die Herrschaft genommen (wahrscheinlich Einfluß von Klagelieder 5, 16), sie ist entmachtet; die (kreuzlose) Stange ihrer Kriegsfahne ist zerbrochen (*vexillum Synagogae fractum*). Christus schiebt die kummervoll Blickende von sich fort hin zum geöffneten Rachen der Hölle (*os inferni*). Die Juden, vertreten durch die allegorische Personifikation Synagoga, erwartet also die Hölle als Strafe für ihren Unglauben; die Christen erwartet das durch die Taufe vermittelte Heil. Es stehen sich gegenüber Erlösung und Verdammnis, Erwählung und Verwerfung, und es werden die beiden Phasen der menschlichen Heilsgeschichte gezeigt: Christi Erlösungswerk ist der entscheidende Wendepunkt der Menschheitsgeschichte, und Christus steht trennend zwischen Glauben und Unglauben. Synagoga blickt zwar noch zurück, schreitet aber zugleich weiter auf den Höllenrachen zu. Der christlich-jüdische Konflikt ist sozusagen dramatisch inszeniert auf den Urteilsspruch Christi hin. Das Urteil erscheint endgültig, und an Paulus, Röm 11, besonders 11, 16 ff. 26 ff., wo die heilsgeschichtliche Situation noch offengehalten ist, wird nicht mehr gedacht. Synagogas Vergehen, sie leugnet Christus, den Gottessohn (*Christum dei filium abnegans*), ist unverzeihlich, weshalb sie ohne Krone und Fahne geradenwegs in die Hölle geht (*ad infernum properans*); der Abgang nach rechts (heraldisch links) in die Hölle ist festgelegt durch Mt 25, 33.41. Synagogas Abgang als solcher ist in gewisser Weise bereits im 5. Jh. literarisch antizipiert durch den christlichen Dichter Sedulius (CSEL 10, 140: *discedat Synagoga*). Es zeigt sich in unserem Bilde eine Verschlechterung der im Frühmittelalter noch vielfach relativ unpolemischen christlich-jüdischen Beziehung. Ob diese Verschlechterung im Zusammenhang steht mit dem 1. Kreuzzug (1096-1099), wie B. Blumenkranz vermutete (a.a.O., S. 57-58), mag dahingestellt bleiben; das bedarf weiterer Untersuchung.

Nr. 73 a.- Folio 231 verso und 232 recto: Der Tugend- und Lasterbaum (*Arbor bona, Arbor mala*).-*Literatur*: A. Grabar u. C. Nordenfalk, Die romanische Malerei vom elften bis zum dreizehnten Jahrhundert, Genf 1958, Abb. S. 159; Schiller, IV 1 (1976), Abb. 153-154.

Allegorie der Kirche ist der Baum der Tugenden und des Guten; der Baum des Lasters und des Bösen ist Allegorie der Synagoga. Auf der linken Hälfte des symmetrischen farbig gemalten Gebildes enden die Äste in Blättern als zwölf edle Baumarten, z.b. als Zeder (*cedrus*) und Tanne (*abies*) definiert, und in Medaillon-Bildern von Tugenden wie Geduld (*patientia*) und Enthaltsamkeit (*sobrietas*); dem Stamm beziehungsweise Wurzelstock ist als Grundtugend die Nächstenliebe (*caritas*) zugeordnet. Die *Arbor bona* ist ausdrücklich definiert als Kirche der Christgläubigen (*ecclesia fidelium*), das heißt als christliche Kirche. Im Vergleich zu der vielfarbig gehaltenen und reich strukturierten Kirche ist der Lasterbaum, definiert als *Synagoga*, fast monochrom und weit dürftiger dargestellt. Hier ist keine botanische Vielfalt mehr, sondern es handelt sich um einen einzigen Baum, den früchtelosen Feigenbaum von Mt 21, 18-22, der nur Blätter trägt, denen jeweils monoton das Adskript *ficulnea* (Feigenbaum) beigegeben ist. Es erscheint auch die Axt von Mt 3,10 (innerhalb der Prophetie Johannes des Täufers; links oben zitiert: *securis ad radicem arboris posita est*), nur doppelt, um die Symmetrie nicht zu stören. Die den offenbar dürren Ästen eingefügten Medaillons sind den verschiedenen Untugenden beziehungsweise Lastern zugeordnet, Zorn (*ira*), Ausschweifung (*luxuria*) usw. Der *caritas* im Wurzelstock gegenüber entspricht als ihr Gegenstück die Habgier (*cupiditas sive avaritia*).

Das allegorisch überfrachtete aber eindrucksvolle Bild formuliert eine Ekklesiologie, nach der ein antithetisches Gut-Böse-Denken schematisch auf das christlich-jüdische Gegenüber angewendet wird. Daß Synagoga, allegorisch der Baum des Lasters und des Bösen, in der Miniatur fol. 253 recto geradenwegs zum geöffneten Höllenrachen schreitet, ist von daher gesehen nur konsequent. Zu fragen ist aber aus heutiger Sicht, ob die Ekklesiologie noch neutestamentlich fundiert ist; denn die neutestamentliche Erzählung vom unfruchtbaren Feigenbaum muß nicht als endgültige Verwerfungsaussage gesehen werden, sondern hat, in der Fassung Lk 13, 6-9 (im Unterschied zu Mt 21, 18-22), durchaus versöhnliche Züge: Mit freundlicher gärtnerischer Geduld, durch Bodenlockerung und Düngung, soll versucht werden, den Baum wieder fruchtbar zumachen.

Nr. 74.- *Die Eule als tagblinder Nachtvogel Bild der Juden.*- Walbeinrelief, vielleicht um 1100 im südenglischen Raum entstanden.- *London*, Victoria and Albert Museum, Inv.-Nr. 142-1866.- *Literatur*: Goldschmidt, IV (1926), Tafel IV, Nr. 14; E. von-Philippowich, Elfenbein, Braunschweig 1961, S. 91, Abb. 69; RDK VI (1973) 269, Abb. 2.

Die Eule erscheint im Gesamtzusammenhang der Anbetung der drei Könige. Der Vergleich der Juden mit einer Eule ist in der Physiologustradition zuhause und geht in die mittelalterlichen Bestiarien über (dazu Verf., Die christlichen Adversus-Judaeos-Texte 1982, 550-552). Auf dem Londoner Relief gelten die Juden, vertreten durch die Eule, dem christlichen Heilsgeschehen gegenüber als verständnislos und teilnahmslos, eben als blind. Ein Bezug auf Ps 102, 8 (der verlassene Vogel auf dem Dach), an den Goldschmidt dachte, ist wenig wahrscheinlich.

Nr. 74 a.- Der Jude als Sohn der Dunkelheit in Gestalt einer Eule, attackiert von den Vögeln des Lichts (den Christen?), dargestellt anscheinend auch an einem Kapitell vom Portal des Klosters San Martin in Fuentidueña, Spanien. Eine Abbildung davon bei H.H. Ben-Sasson, Geschichte des jüdischen Volkes, II, München 1979, S. 55, Abb. 6.

Nr. 74 b.- Die von anderen Vögeln (Tagvögeln) angegriffene Eule als Bild des verachteten und verfolgten Juden.- Miniatur in einem lateinischen Bestiar vom Ende des 12. Jh. (London, BM, Ms. Harley 4751, folio 47; Abb. in: RDK VI, 1973, Sp. 271, Abb. 4).

V. 12. und 13. Jahrhundert, bis zum 4. Laterankonzil

a) 1. Hälfte des 12. Jahrhunderts

Nr. 75.- *Kruzifixus mit Ecclesia und Synagoga.*- Wandmalerei in der Klosterkirche von *Kleinkomburg* bei Schwäbisch Hall (Baden-Württemberg), um 1108.- *Literatur*: A. Weckwerth, in: Festschrift H.R. Rosemann, München 1960, S. 97, Abb. 1; Schiller, II (1968), Abb. 432.

Die nimbierte Ecclesia mit dem Becher des Blutes Christi zur Rechten des Gekreuzigten; Synagoga, deren Krone anscheinend gerade von ihrem Haupt gleitet, im Weggehen begriffen. Oberhalb des Kreuzes die Weisheit (vgl. Sprüche 8,1 ff.), unterhalb der Keltertreter von Is 63, 1 ff. als Präfiguration Christi, wobei der Typus, vor allem durch den Nimbus, Züge des Realtypus angenommen hat. Links unten, ebenfalls nimbiert, Isaias als Christusprophet. Der Ecclesia ist eine ihr affine Personengruppe (predigende Apostel, oder etwa Heilige?) zugeordnet, der Synagoge eine Gruppe von (biblischen?) Juden mit dem charakteristischen Gruppenmerkmal des Spitzhutes. Infolge Übermalung bei der Renovierung des Bildes ist auf den Schriftbändern kein Text mehr zu erkennen. Aus ähnlichen Bildern darf man aber vermuten, daß bei der Gruppe der Juden Dt 21, 23 zitiert war. Diese Wandmalerei in Kleinkomburg ist ein frühes Beispiel für die ikonographische Darstellung des Keltertreters. Erst in der zweiten Hälfte des 12. Jh. begegnet dieses Motiv häufiger. Vielleicht ist die starke Hervorhebung und Konkretisierung des Passionsgedankens in diesem Bildtyp (Is 63, 3 spricht von blutbefleckter Gewandung!) eine Reaktion gegen die seinerzeit einflußreichen Vorstellungen der Katharer (Jesus ist kein Gottmensch; er hat nur einen Scheinleib, leidet nicht wirklich usw.).

Nr. 76.- *Christus segnet Ecclesia und verstößt Synagoga.*- Miniatur der sogenannten Hardingbibel aus Citeaux (benannt nach Stephan Harding, Abt von Citeaux, der diese Bibel als normierende Abschriftenvorlage herstellen ließ), zwischen 1098 und 1109 entstanden.- Format der Miniatur: 9 x 10 cm.- *Dijon*, Bibliothèque municipale, Ms. 14, fol. 60.- *Literatur*: Ch. Oursel, La miniature du XIIe siècle à l'abbaye de Citeaux, Dijon 1926, Pl. 8, 1; RDK IV (1958) 1194, Abb. 3; Ch. Oursel, Miniatures Cisterciennes à l'abbaye de Citeaux au temps du second Abbé saint Étienne Harding (1109 vers 1134), Mâcon 1960, Pl. IV; Art de France 1, 1961, 34, Fig. 17.
Die mittelalterliche Hoheliedexegese entwickelt etwa in dieser Zeit Vorstellungen von Christus als Bräutigam und Richter (*sponsus qui et iudex*; siehe zur Miniatur im Genter 'Liber floridus' des Lambert von St.- Omer, um 1100-1120; vgl. auch die hier affine Gerichtsvorstellung von Mt 25, 31 ff.). In diesen Zusammenhang gehört die Miniatur der Hardingbibel, in der Initiale "O" von *Osculetur me osculo oris sui*, Hoheslied 1, 2. Christus, thronend als *Maiestas Domini*, segnet die gekrönte Königin Ecclesia zu seiner Rechten und verstößt zu seiner Linken Synagoga, die zum schmählichen Abgang genötigt wird. Hier kommen polemische Züge in die Sicht des christlich-jüdischen Verhältnisses.

Nr. 77.- *Kruzifixus mit Longinus und Stephaton.*- Miniatur, die ursprünglich zu einem Missale gehörte.- *Auxerre*, Kathedralschatz. Entstanden etwa im 1. Viertel des 12. Jh.- *Literatur*: M. Schapiro, in: Festschrift Belle Da Costa Greene, Princeton 1954, Fig. 254 (nach S. 334); D. Bogner, in: Wiener Jahrbuch für Kunstgeschichte 30-31 (1977-1978), 7-46, Abb. 25.
Eingerahmt von kleinformatigen Szenen der Passion und Auferstehung Christi erscheint in der Bildmitte in großer Darstellung der Kruzifixus mit Longinus und Stephaton. Beide tragen die phrygische Mütze, die bereits in der antiken und frühmittelalterlichen Kunst ihre Träger als Orientalen kennzeichnet und die im Mittelalter, ähnlich wie der Spitzhut, regelmäßig auch als Kopfbedeckung von Juden erscheint. Ob der Miniaturist hier die Kreuzigung als im Orient geschehend kennzeichnen oder Longinus und Stephaton als Juden darstellen will, ist wohl nicht sicher zu entscheiden, doch spricht die synchron zunehmende Tendenz, Longinus und Stephaton

mit dem konischen Judenhut auszustatten (vgl. oben Nr. 67), für die zweite Möglichkeit. Der Stil weist im übrigen darauf, daß der Miniaturist sich von Fresken in einer zeitgenössischen französischen Kirche hat anregen lassen.- Vgl. zu Nr. 29.

Nr. 78.- *Seelenwägung; das schlechte und das gute Regiment.*- Malerei auf Pergament (Gesamthöhe 35 cm, 1. Viertel 12. Jh.).- *Florenz*, Biblioteca Mediceo-Laurenziana, Plut. XII, 17, Folio 1 verso (in England, wahrscheinlich in Canterbury entstandene Handschrift von Augustinus, De civitate dei).- *Literatur:* H. Swarzenski, Monuments of Romanesque Art, Chicago 1953, Fig. 201; C.M. Kauffmann, Romanesque Manuscripts 1066-1190, London 1975, Fig. 49; X. Barral i Altet (u.a.), Romanische Kunst, II Bde. (München 1982-1983), II, S. 207, Abb. 172.

Die Bösen in der mittleren Szene tragen Kopfbedeckungen in der Art einer phrygischen Mütze oder eines Knopfhutes (stumpfkonisch, flachkonisch oder kalottenförmig, mit Knopf als oberen Abschluß), eines Hutes also, wie er im Mittelalter für Juden eigentümlich ist. Daß hier eine Affinität Judenhut - böse Menschen vorausgesetzt ist, kann vermutet werden. Diese Affinität wird bestätigt, insofern etwa in einer Miniatur der Heidelberger Handschrift Cod. pal. germ. 112 (Ende 12. Jh.) von Konrads Rolandslied der Wortführer im Rat der Ungetreuen, die Roland töten wollen, die phrygische Mütze trägt (Illustrierte Weltgeschichte, hg. von S. Widmann u.a., 4 Bde., München, o.J., II. Geschichte des Mittelalters, von W. Felten, Abb. S. 431). Es ist offenbar symptomatisch, daß auch in solchen Miniaturen, die nicht unmittelbar das Judenthema betreffen, mit einer Kopfbedeckung orientalisch-jüdischen Typs böse Menschen assoziiert werden können. Vgl. auch die Miniatur Jena, Univ.-Bibl., Ms. Bos. q. 6, folio 20 verso (12. Jh.): Julius Cäsars Mörder tragen die phrygische Mütze (Abb. bei H. Lülfing u. H. E. Teitge, Handschriften u. alte Drucke, Wiesbaden 1981, 124).

Nr. 79.- *Abraham begrüßt die drei Männer.*- Szene aus dem um 1120 angefertigten sogenannten Abrahams- oder Engelsteppich.- *Halberstadt*, Domschatz.- *Literatur:* RDK I (1937) 95-96, Abb. 13 (vgl. Meyers enzyklopädisches Lexikon I, Mannheim 1971, Abb. S. 116).

Gn 18, 1 ff. wird seit der Zeit der Alten Kirche im apologetischen Gespräch mit Juden als Beweisstelle für die Trinität herangezogen. Der mittlere der drei Engel ist hier nicht durch eine Mandorla als Gottvater herausgehoben, sondern durch sein Größersein.- Vgl. zu Nr. 6.

Nr. 80.- *Geißelung Christi; Judasverrat.*- Miniaturen des Albani-Psalters (ein Hauptwerk der englischen Buchmalerei, entstanden um 1120 in Saint Albans, nordwestlich Londons, einem Benediktinerkloster, das um 793 gegründet wurde, wo der hl. Alban den Märtyrertod erlitten haben soll und das im Hochmittelalter ein Zentrum englischer Gelehrsamkeit und Kunst war).- *Hildesheim*, St. Godehard, p. 44.- *Literatur*: Encyclopaedia Judaica (Jerusalem 1971) VIII, 660, Fig. 20; W. Krause, in: Wiener Jahrbuch für Kunstgeschichte 33, 1980, 17-29, Abb. 8-9; K.E. Haney, The Winchester Psalter, Leicester 1986, Fig. 126.

Der konische Judenhut, der besonders häufig in einschlägigen Darstellungen der 1. Hälfte des 12. Jh. erscheint, charakterisiert einen der Schergen der Geißelung und die Akteure der Gefangennahme Jesu als Juden. Nach dem neutestamentlichen Bericht geschieht zwar die Gefangennahme Jesu durch eine von den Hohenpriestern und Ältesten des Volkes ausgeschickte Gruppe (Mt 26, 47 ff.), doch wird Jesus nach seiner Verurteilung den römischen Soldaten des Statthalters zur Geißelung und Kreuzigung übergeben (Mt 27, 26 ff.). Insofern wird die Darstellung des Neuen Testaments ikonographisch teilweise verschärft. Ein polemisches Element liegt allerdings bereits darin, daß die Judenhutträger des 12. Jh. als Mitschuldige an Jesu Passion erscheinen. Im übrigen sind die Kopfbedeckungen der Gruppe, die Jesus gefangen nimmt, nicht alle rein konisch, sondern sie scheinen sich zum Teil der Form der phrygischen Mütze anzunähern.

Nr. 81.- *Kruzifixus mit Ecclesia und Synagoga.*- Tympanonrelief der Kirche *Saint-Gilles* bei Arles, 1. Hälfte 12. Jh.- *Literatur*: Schiller, IV 1 (1976), Abb. 112; Schubert, 1978, Abb. 49.

Das stark beschädigte Relief zeigt unter dem Kreuz Maria und Johannes und Ecclesia und Synagoga, erstere anscheinend mit der Kreuzfahne in der Rechten. Synagoga wird von einem herabfliegenden Engel heftig vom Kreuz weggestoßen, so daß sie zu fallen droht. Ihr voraus scheint ihre Krone zu fallen, wie ein Turm der Stadt Jerusalem oder des Tempels gestaltet. Am Boden liegt bereits ihre mehrfach geknickte Fahne. Der Engel handelt offensichtlich im Auftrage des Himmels und vollstreckt ein Verwerfungsurteil.

Nr. 82.- *Flucht nach Ägypten.*- Relief am Langhauskapitell der 1120-1132 erbauten Kathedrale St. Lazare in *Autun* (Burgund).- *Literatur*: D. Bogner, in: Wiener Jahrbuch für Kunstgeschichte 32, 1979, 7-14, Abb. 18.

Joseph trägt den (abgestumpft) konischen Judenhut des 12. Jh., oben mit einem runden Knopf versehen. Er ist auch hier lediglich Chiffre des jüdischen Milieus und in solcher Verwendung nie negatives Gruppenmerkmal.- Der konisch geformte Knopfhut wird uns im Laufe des 12. Jh. noch öfter als kennzeichnendes Merkmal für biblisch-israelitische und jüdische Personen begegnen. Eine Frühform dieses Typs Judenhut erscheint schon im Werdener Psalter, folio 74 recto (1040-1050 zu datieren; Abb. bei R. Kashnitz, Der Werdener Psalter in Berlin, Düsseldorf 1979, Abb. 22), wo ihn König Saul trägt. Vgl. oben zu Nr. 78.

Nr. 83.- *Geburt Christi.*- Relief des Taufsteines zu *Freckenhorst* in Westfalen, vom Jahre 1129.- *Literatur:* H. Schnell, in: Das Münster 2, 1948-1949, 146-153, S. 152, Abb. 6; Das Münster 4, 1950, Abb. S. 22; A. Henze, Westfälische Kunstgeschichte, Recklinghausen 1957, Abb. 66; vgl. A. Wolf, Deutsche Kultur im Hochmittelalter. 1150-1250, Essen 1986, S. 225, Abb. 75.

Maria, mit Nimbus versehen ebenso wie das Kind in der Krippe, ruht mit gefalteten Händen, den 'Turm Davids' (Hoheslied 4,4; im Mittelalter ein Symbol der Virginität Marias) im Rücken. Während Maria, dem byzantinischen Typ der Geburtsdarstellung entsprechend, liegend ruht, sitzt Joseph, den Kopf gestützt, offenen Auges sinnend da. Er trägt den konischen Judenhut des 12. Jh., der auch hier lediglich das Judesein Josephs und das jüdische Milieu der Geburt Jesu vergegenwärtigen und anschaulich machen soll.

Nr. 84.- *Kreuzabnahme.*- Externsteine; etwa 5 Meter hohes Felsrelief im Teutoburger Wald, um 1130 entstanden.- *Literatur:* A. Henze, Westfälische Kunstgeschichte, Recklinghausen 1957, Abb. 67-68; H. Weigert, Geschichte der deutschen Kunst, I, Frankfurt 1963, Abb. S. 53; Fr. Badenhausen - H. Thümmler, Romanik in Westfalen, Recklinghausen 1964, Tafel 46; Hürkey, 1983, Abb. 225.

Nikodemus, der Christi Leichnam zu Joseph von Arimathaia herabläßt (die Interpreten denken bei dem, der unten Jesu Körper aufnimmt, auch an Nikodemus, indes ist die Identität der Personen hier unerheblich), trägt den konischen Judenhut des 12. Jh. Er charakterisiert das jüdische Milieu der neutestamentlichen Heilsgeschichte ähnlich wie der Spitzhut des Nährvaters Jesu auf dem Freckenhorster Taufstein (Nr. 83, und sonst oft).- Das Relief ist stark verwittert und beschädigt, doch ist noch zu erkennen, daß die Darstellung Mustern der karolingischen Zeit folgt: Es erscheinen auch Maria und Joseph und als Mittrauernde Sonne und Mond.

Nr. 85.- *Alt- und neutestamentliche Szenen.*- *Verona*, San Zeno (Westportal), reliefierte Bronzeplatten auf hölzernen Türflügeln, um 1130 (teilweise jünger, um 1200).- *Literatur:* A. Rubens, A History of Jewish Costume, London 1967, S. 93, Fig. 118; M. Gosebruch, in: Zeitschrift für Kunstgeschichte 38, 1975, 118-119, Abb. 22-23;

Kunstdenkmäler in Italien. Ein Bildhandbuch. Hg. von R. Hootz [3.] Venetien. Bearbeitet von H. Dellwing, Darmstadt 1976, Abb. S. 297; Benedictus. Eine Kulturgeschichte des Abendlandes. Von Dom Victor Dammertz, O.S.B. (u.a.), Genf 1980, Abb. 211-212; Fr. X. Barral i Altet (u.a.), Romanische Kunst, I (München 1983), Abb. 344; M. Durliat, Romanische Kunst, Freiburg 1983, Tafel 76; U. Mende, Die Bronzetüren des Mittelalters, München 1983, Tafel 61. 64-67. 83.85-88; S. 70, Abb. 66.

Die (israelitischen und jüdischen) Personen in zahlreichen Szenen der verschiedenen Bildfelder tragen teils regelmäßig konisch geformte teils stark trichterförmig verjüngte Judenhüte, (in der Reihenfolge der Bildtafeln bei Mende) besonders bemerkenswert *Tafel 64*: Gefangennahme Christi (zwei Juden ergreifen Christus, zwei weitere halten Fackeln); *Tafel 65*: Kreuztragung (drei jüdische Schergen, von denen zwei Hammer und Nägel halten, treiben den kreuztragenden Christus vorwärts [oder helfen sie tragen?]. Die Architekturkulisse des Hintergrundes meint wohl die Stadtmauern Jerusalems); *Tafel 66*: Geißelung Christi (die Schergen tragen Judenhüte; zwei schlagen offenbar im Takt, einer wendet sich ab; der Spitzhütige oben links, begleitet von einem Trabanten mit Schwert, scheint sich zweifelnd [Züge des Pilatus?] an den Bart zu greifen); *Tafel 67*: Kreuzabnahme (Joseph von Arimathaia und Nikodemus, mit der Nagelzange, bei der Arbeit, ferner Maria und Joseph, Sonne und Mond); *Tafel 83*: Abraham und die drei Engel, Verstoßung der Hagar (Gn 18, 1 ff.; 21, 8 ff.; Abraham, mit langem Bart und Stock, trägt den trichterförmigen Judenhut); *Tafel 85*: Gesetzesübergabe auf dem Sinai, Aarons grünender Stab (Ex 24, 12; 31, 18; 34, 1-28; Nm 17, 6-8; Aaron in Bischofstracht; links vom Altar verkündet Moses, mit einer Art gestuftem Judenhut [vgl. ähnlich bei einem alttestamentlichen Propheten in einem Fresko des 12./13. Jh., bei Th. Ehrenstein, Das Alte Testament im Bilde, Wien 1923, S. 709, Abb. 55], einem Vorläufer späterer Judenhutformen, ausgestattet, den Israeliten das Stabwunder); *Tafel 86*: Die letzte der ägyptischen Plagen, Moses beim Pharao (Ex 12, 7-29; Ex 12, 31; ein Engel tötet den durch eine Krone kenntlichen Sohn Pharaos, während ein Israelit mit Trichterhut seine Haustür mit dem rettenden Lammblut bestreicht); *Tafel 87*: Die Eherne Schlange (Nm 21, 4-9; die mit Trichterhut versehenen Israeliten blicken zum wie der griechische Buchstabe Tau gestalteten Kreuz auf, an dem die rettende Schlange als Typus Christi hängt. Über dem Taukreuz schwebt, wie auf zahlreichen frühmittelalterlichen Kreuzigungsdarstellungen, ein Engel [wohl nicht Gott, wie die Interpreten meinen]); *Tafel 88*: Der Prophet Bileam (Nm 22, 23-34; Bileams Spruchband weist ihn als Christuspropheten aus [vgl. Nm 24, 17-19]. Bileams Judenhut ist flachkonisch, mit kurzem, dickem Stift und knopfartiger Verdickung am oberen Ende, auch dies wie eine Vorwegnahme späterer Judenhutformen; allerdings begegnen schon im 12. Jh. flachkonische und kalottenförmige Judenhüte, die oben eine knopfartige Verdickung aufweisen). Erwähnenswert ist hier vielleicht noch das Bildfeld "Der zwölfjährige Jesus im Tempel" (*Tafel 61* bei Mende).

Von besonderer Bedeutung ist diese Bronzetür deshalb, weil sie, einige Zeit vor dem 4. Laterankonzil von 1215, verschiedene Judenhutformen als offenbar gängiges zeitgenössisches Gruppenmerkmal präsentiert. Deutlich ist auch, daß dieses Gruppenmerkmal als solches noch keine negative Konnotation aufweist (z.b. Joseph von Arimathaia und Nikodemus als Judenhutträger!). Freilich weist z.b. die Darstellung der Schergen bei der Passion Christi die Kollektivschuld der Juden regelmäßig auch den zeitgenössischen Juden des 12. Jh. zu.

Ein kunstgeschichtlicher Vorläufer der Veroneser Tür ist die bronzene Bernwardstür des Hildesheimer Doms (um 1015), wo ebenfalls alt- und neutestamentliche Szenen, teils schon mit typologischen Entsprechungen, dargestellt sind, allerdings noch ohne die typisierenden Judenhüte (Abb. z.B. bei Kurt Böhmer [u.a. Hgg.], Das erste Jahrtausend, III, Düsseldorf 1962, Abb. 427; A. Hill, Du Mont's Bild-Lexikon der Kunst, Köln 1976, 114). Ihrerseits sind die Türen von S. Zeno verwandt mit den etwas später zu datierenden Türen von Nowgorod (dazu unten, Nr. 116).

Nr. 86.- *Moses, Aaron und die Israeliten.-* Miniaturen in der Bibel von Bury Saint Edmunds (im südöstlichen England), entstanden um 1135.- *Cambridge*, Corpus Christi College, Ms. 2.- *Literatur*: C.M. Kauffmann, in: Journal of the Warburg and Courtauld Institutes 29, 1966, 60-81, Plates 14-15; Kindlers Malerei Lexikon III, Zürich 1966, Abb. S. 352; J. Beckwith, Die Kunst des frühen Mittelalters, München 1967, S. 197, Abb. 186; Fillitz, 1969, Abb. 398; R. Mellinkoff, The Horned Moses, Berkeley 1970, Fig. 47; C.M. Kauffmann, Romanesque Manuscripts 1066-1190, London 1975, Fig. 149; Du Mont's Bild-Lexikon der Kunst, Köln 1976, Abb. S. 139; X. Barral i Altet und A.D. Gaborit-Chopin, Romanische Kunst, II, München 1984, Abb. 182.

Nr. 86 a: *Folio 94 recto.-* Das ganzseitige zweistöckige Bild - es ist das Titelbild zum Deuteronomium - zeigt oben Moses und Aaron, den Israeliten predigend, unten Moses allein, wie er den Israeliten das Gesetz von den unreinen Tieren (Dt 14, 3-21) erläutert. Die elegante Darstellung ist vom byzantinischen Stil beeinflußt. Moses und Aaron sind durch den Nimbus (und ihre größere Gestalt) fast wie Prächristen oder christliche Heilige gesehen, sind jedenfalls deutlich abgehoben von den Israeliten, die zum Teil mit dem konischen Judenhut des 12. Jh. versehen sind. Der Moses mit dem Buch in der Hand weist vielleicht auch darauf voraus, daß später ein Buch (d.h. das Alte Testament als bevorzugtes christliches Beweismittel gegenüber Juden) zum ständigen Requisit bei Missionspredigten und Disputationen zwischen Christen und Juden gehört. Moses' Hörner beruhen im übrigen auf dem bekannten christlichen Mißverständnis von Ex 34, 29, wo die Vulgata das *qāran* (strahlen) der Biblia hebraica als "gehörnt sein" mißverstand und von der *cornuta facies* des Moses sprach. Nr. 86 b: *Folio 70 recto* (Titelbild zu Numeri).- Obere Bildhälfte: Moses und Aaron thronend; untere Bildhälfte: Aaron und Moses zählen das Volks Israel.- *Literatur*: Kauffmann, Romanesque Manuscripts, Fig. 149.- Moses und Aaron sind nimbiert. Moses' Nimbus leitet eine Entwicklung ein, in deren Verlauf er noch im 12. Jh. in enger ikonographischer Affinität zum Neuen Testament und zu Christus gesehen wird (dazu unten). Die Judenhüte der Israeliten in der unteren Bildhälfte sind flachkonisch bis rundlich, statt des Knopfes mit einem kleinen gebogenen Stift versehen, der sich wenig später (s.u. zur Lambeth-Bibel) als gerader Stift darstellt, der regelmäßig den für den englischen Raum typischen Judenhut mit oberem Stift kennzeichnet.

Nr. 87.- *Kreuzabnahme*.- Aufsatz (Bronzeguß) auf einem Kästchenreliquiar (oder Hostienbehälter?), Gesamthöhe 20 cm. Um 1140 wahrscheinlich in Trier gefertigt.- *London*, Victoria and Albert Museum, Inv.-Nr. 7944/1882.- *Literatur*: H. Swarzenski, Monuments of Romanesque Art, Chicago 1953, Pl. 154, Fig. 341-342; Die Zeit der Staufer [Ausstellungskatalog], II, Stuttgart 1977, Abb. 482; X. Barral i Altet (u.a.),Romanische Kunst, I, München 1983, S. 284, Abb. 267; M. Durliat, Romanische Kunst, Freiburg 1983, Abb. 545.

Unter dem Kreuz stehen in der herkömmlichen Gruppierung Maria und Johannes, dazu sind zwei spitzhütige Juden damit befaßt, Christi Leichnam vom Kreuz (es hat an den Enden Bergkristallknospen; Zweige und Ranken machen es zu einer Art Lebensbaum) abzunehmen. Man hat an Joseph von Arimathaia und Nikodemus zu denken (vgl. Jo 19, 38-42). Diese Tat 'guter Juden' zeigt besonders deutlich, daß im 12. Jh., lange vor dem 4. Laterankonzil von 1215, der jüdische Spitzhut keineswegs als solcher ein Negativsymbol war. Wenn diese Bronzeplastik gewiß keinerlei antijüdische Tendenz verfolgt, so hat sie vielleicht doch einen apologetischen Akzent und zwar gegen häretische Gruppen (Katharer), welche das Gottmenschtum Christi und damit die Realität seines Todes ablehnten (vgl.

zum Bild Nr. 84).- Die Sitzfiguren eines Diakons und Bischofs sind möglicherweise nach dem Muster der Grabengel geschaffen. Das würde eine Deutung des Kästchens als Hostienbehälter (d.h. Hostiengrab) begünstigen.

Nr. 88.- *Das Perikopenbuch (Evangelistar) aus St. Erentrud in Salzburg (München*, Staatsbibliothek, Cod. lat. 15903), entstanden um 1140, enthält Miniaturen, von den einige hier Interesse beanspruchen können.

1. *Der zwölfjährige Jesus lehrend im Tempel* (fol. 19; Illustration zum Sonntag nach Epiphanias).- *Literatur*: G. Swarzenski, Die Salzburger Malerei, Tafelband, Leipzig 1908, Abb. 163; R. Berger, Die Darstellung des thronenden Christus in der romanischen Kunst, Reutlingen 1926, S. 72, Abb. 43; Schiller, I (1966), Abb. 339.
Christus thront als himmlischer Lehrer unter einer Art Baldachin und hält einen Lehrvortrag vor den aufmerksam lauschenden (auch wohl Einwände vorbringenden, wie aus ihrer Gestik zu schließen ist) "Lehrern", das heißt Schriftgelehrten (vgl. Lk 2, 41-50). Der zwölfjährige Jesus ist nicht kleiner dargestellt als die erwachsenen Lehrer, die er belehrt, überdies nimbiert, und sein Rang wird durch seine erhöhte, zentrale Sitzposition betont. Er agiert sozusagen als der erste Judenmissionar, nicht mehr wie ein (jüdisches) Kind unter erwachsenen Juden. Seine Andersartigkeit, gleichsam sein Nichtjudesein, wird hervorgehoben vor dem Hintergrund der mit dem hochmittelalterlichen abgestumpft-konischen Judenhut versehenen jüdischen Lehrer. Die Bildaussage entfernt sich jedenfalls deutlich vom Text des Neuen Testaments.

2. *Steinigung des Stephanus* (fol. 11 verso; Swarzenski, a.a.O., Abb. 159).- Stephanus wird von den Juden unter billigender Präsenz des bei den Kleidern der Zeugen sitzenden Saulus gesteinigt (vgl. Apg 7, 55-60). Der stumpfkegelige Judenhut des 12. Jh., den ein Teil der Steiniger trägt, lenkt die Schuld dieser Tat im Sinne einer Kollektivschuld auch auf die Juden des Hochmittelalters.

3. *Erweckung der Tochter des Jairus* (fol. 76 verso; Swarzenski, a.a.O., Abb. 191).- Jesus ist ins Haus des Synagogenvorstehers Jairus gegangen und ergreift die Hand des Mädchens, das von seinem Bett aufsteht. Zeugen der Szene sind Jairus, mit flehender Gebärde, durch seinen Judenhut sofort kenntlich, sowie anscheinend die Mutter des Mädchens und ein Diener. Jesus, mit dem üblichen Kreuznimbus ausgestattet, agiert nicht als Jude unter Juden, sondern, auch durch die Übergröße seiner Gestalt, wie ein überirdisches Wesen, und von seinem Judesein wird ganz abgesehen. Der neutestamentliche Bericht (Mk 5, 22 ff.) ist insofern bereits umgedeutet. Allerdings ist der hochmittelalterliche konische Judenhut

des Jairus unpolemisch nichts als ein die rasche Bildidentifikation erleichterndes Gruppenmerkmal. Die Tendenz, Jesus von seinem jüdischen Milieu abzurücken, ja fast zu entrücken, entspricht derjenigen von fol. 19 (der zwölfjährige Jesus im Tempel).

Nr. 89.- *Alttestamentliche Szenen.*- Miniaturen in der 'Gebhardsbibel', einer sogenannten Riesenbibel aus Admont (das dortige Benediktinerkloster gehörte zum Bistum Salzburg) im Stil der zeitgenössischen Salzburger Buchmalerei, um 1140.- *Wien*, Nationalbibliothek, Series nova 2701.- *Literatur*: G. Swarzenski, Die Salzburger Malerei, Tafelband, Leipzig 1908, Abb. 94-95.103.109; P. Buberl, Die illuminierten Handschriften in Steiermark. 1. Teil: Die Stiftsbibliotheken zu Admont und Vorau, Leipzig 1911, Fig. 9-10.12.15 u. Tafel III, V.VII; Th. Ehrenstein, Das Alte Testament im Bilde, Wien 1923, Abb. 8.12.79; A. Grabar - C. Nordenfalk, Die romanische Malerei vom elften bis zum dreizehnten Jahrhundert, Genf 1958, Abb. S. 167; R. Mellinkoff, The Horned Moses, Berkeley 1970, Fig. 49-50; O. Mazal, Buchkunst der Romanik, Graz 1978, Abb. 58; M. Durliat, Romanische Kunst, Freiburg 1983, Abb. 485.

Relevante Miniaturen sind *folio 27* (Jakobs Reise nach Ägypten), *folio 28* (Jakob und seine Söhne vor dem Pharao), *folio 44* (Anbetung des Goldenen Kalbes), *folio 69* (Moses empfängt die Gesetzestafeln), *folio 96* (Gideons Taten), *folio 111* (Heli mit seinen Söhnen), folio 150 (Baalsanbetung); denn hier tragen die Israeliten (Jakob, Gideon usw., jedoch nicht Moses) die spitz- oder stumpfkonischen Judenhüte des 12. Jh. Das Gruppenmerkmal in Gestalt des Judenhutes ist hier noch nicht irgendwie denunzierend und polemisch aufgefaßt, sondern dient lediglich der Identifikation. So bedarf Moses, der die Doppeltafel des Gesetzes (vgl. Ex 31, 18) trägt und gehörnt ist, dieses Merkmals nicht. Zu Fol. 69 deutet Durliat a.a.O.: "Moses schleudert die Gesetzestafeln fort (Dt 9, 17)", sicher unrichtig; denn es kann nur Ex 34, 29-35, gemeint sein. Ein polemisches Element dringt allerdings im Laufe des Mittelalters in die Darstellung der Anbetung des Goldenen Kalbes ein, insofern gerade diese Szene - ähnlich wie etwa die Vertreibung der Geldbeutel tragenden Händler aus dem Tempel - unverhältnismäßig oft mit Judenhutträgern ausgestattet wird, was die alte Bewertung der jüdischen Religion als Aberglaube (*superstitio*) kolportieren konnte, in dem Sinne: Die (vom wahren Glauben abgefallenen) Juden haben im Gotteshaus nichts mehr zu suchen.

Nr. 90.- Um 1140 entstanden die *Glasfenster der Benediktinerabteikirche Saint Denis* (heute am nördlichen Stadtrand von Paris), der Grabstätte des heiligen Dionysius von Paris. Diese Abteikirche wurde während der Amtszeit ihres Abtes Suger (1122-1151) errichtet, der als Spiritus rector seine theologischen Vorstellungen in die künstlerische Gestaltung auch der Glasfenster einfließen ließ. Deren Reste befinden sich heute in einer Kapelle der Kathedrale. Einige dieser Glasfenster sind hier themarelevant:

1. *Christus zwischen Ecclesia und Synagoga.- Literatur:* L. Twining, Symbols and Emblems of Early and Medieval Christian Art, London 1852, Pl. XXVII, Nr. 3; K. Künstle, Ikonographie der christlichen Kunst, I, Freiburg, 1928, S. 61, Abb. 13; Joan Evans, Art in Medieval France, 987-1498, New York 1948, Abb. 48; E. Mâle, L'art religieux du XIIIe siècle en France, Paris 1948, S. 175, Fig. 93; Monumenta Judaica. Handbuch, Köln 1963, Abb. 64; Seiferth, 1964, Abb. 31; Schiller, IV 1 (1976), Abb. 89; H. Rademaker-Chorus, in: Zeitschrift des deutschen Vereins für Kunstwissenschaft 32, 1978, S. 38, Abb. 8.

Nach Is 11, 2 gibt der prophetische Geist dem Messias die sieben hervorragenden Eigenschaften seiner großen Vorväter. Die christliche Exegese sieht hier die sieben Gaben des Heiligen Geistes (Weisheit, Verstand, Wissenschaft, Rat, Stärke, Frömmigkeit, Gottesfurcht), die seit dem 12. Jh. durch Tauben symbolisiert werden. Diese umgeben beziehungsweise umfliegen strahlenförmig Christus, der Ecclesia, die mit dem Kelch seines Blutes ausgestattet ist, segnet ("krönt" deutet Seiferth) und der Synagoge den Schleier von den Augen nimmt (2 Kor 3, 13-16; vgl. Ex 34, 34-35 und auch Klagelieder 5, 17). Das entspricht der Erwartung der eschatologischen Konvergenz von Kirche und Judentum, die schon früh in den mittelalterlichen Hoheliedkommentaren erscheint, und das liegt auch auf den Denklinien des einflußreichen Bernhard von Clairvaux, Sugers Zeitgenossen, der eine intensive Hoffnung auf die endzeitliche Wiedervereinigung hegt. Sugers Fenster begründet eine ikonographische Tradition, welche die Einheit von Altem und Neuem Bund hervorhebt und den Gedanken der Wiedervereinigung im Glauben betont. Davon entfernt sich jene andere bereits einige Jahrzehnte ältere ikonographische Linie weit, der zufolge Synagoga von einem Engel oder Christus fortgestoßen wird und bisweilen - im Sinne von Mt 25,41 - gar in den offenen Höllenrachen hineingeht (vgl. zum Genter 'Liber floridus', um 1100-1120, von dem sich Suger offenbar bewußt absetzt). Auf Sugers Fenster hält Synagoga in ihrer Linken die Doppeltafel des Gesetzes, in ihrer Rechten anscheinend einen stilisierten Palmwedel (an "den Ysop-Zweig, das Zeichen der Buße und Reinigung", denkt Seiferth, a.a.O., S. 150). Im übrigen sind Ecclesia und Synagoga durch Adskripte identifiziert, was sich bei Christus selbst erübrigte.

2. *Christus und Moses.- Literatur*: J. Evans, a.a.O., Abb. 48.- Christus zieht von Moses Antlitz das Tuch weg, von dem 2 Kor 3, 13-16 die Rede ist. Im rechten Arm trägt Moses als sein Attribut die Doppeltafel des Gesetzes. Das Bild wird durch eine halbkreisförmige Inschrift interpretiert (vgl. PL 186, 1237): *Quod Moyses velat, Christi doctrina revelat. Denudant legem, qui spoliant Moysem* ("was Moses verhüllt, das enthüllt Christi Lehre. Das Gesetz enthüllen die, welche Moses entkleiden". Bei Seiferth, S. 150, und Schiller, S. 56, unrichtig übersetzt). Das ist eine freie Interpretation von Ex 34, 34-35, die schon in der Alten Kirche bekannt ist; denn bereits Augustinus lehrte (De civitate dei 16, 26, 2), daß das Neue Testament nichts anderes als die Enthüllung des Alten sei.

3. *Wagen des Am(m)inadab.- Literatur*: W. Neuss, Das Buch Ezechiel in Theologie und Kunst, Münster 1912, S. 244, Fig. 52; K. Künstle, a.a.O., S. 61, Abb. 14; E. Mâle, a.a.O., S. 175, Fig. 94; RDK I (1937) 639, Abb. 1; St. Soltek, in: Niederdeutsche Beiträge zur Kunstgeschichte 24, 1985, S. 13, Abb. 3.

Hoheslied 6, 11 bietet die Vulgata eine vom (unklaren) hebräischen Text abweichende Version: *anima mea conturbavit me propter quadrigas Aminadab* (vgl. *harmata Aminadab* schon in der Septuaginta). *Revertere, revertere Sulamitis* etc. "Aminadab" ist sicher nicht genuin, sondern aus hebräisch *'amī* (mein Volk) und dem folgenden Wort verballhornt. Hochmittelalterliche Exegeten dachten bei diesem fiktiven "Wagen des Aminadab" an den Wagentransport der Bundeslade zum Haus des Abinadab (1. Sam 7,1) und vermengten dies mit dem Namen von Aarons Schwiegervater Amminadab (Ex 6, 23). Aarons wunderbar grünender Stab galt, ebenso wie die Bundeslade, als auf das Evangelium vorausweisendes Symbol. In diesem Zusammenhang schreibt Honorius von Augustodunum (PL 172, 454): Der Wagen ist das Evangelium Christi. Die vier Räder sind die Evangelisten, die mit ihrem Evangelium bis zum Ende der Welt kommen.- In Sugers Fenster erscheint der Wagen mit den vier Rädern, denen die vier Evangelistensymbole zugeordnet sind. Im Wagen befinden sich die Gesetzestafeln und der Aaronsstab, sowie, senkrecht darin stehend und von Gottvater gehalten, der Kruzifixus. Mit den Evangelisten als Rädern fährt also das Evangelium hinaus zu den Völkern der Welt. Das Ganze wird durch ein Adskript bezeichnet als *Quadrig(a)e Aminadab*. Eine weitere Inschrift liefert dem Betrachter die Interpretation dazu (vgl. PL 186, 1237): *F(o)ederis ex arca Christi cruce sistitur ara. / F(o)edere maiori vult ibi vita mori*, das heißt: "Aus der Bundeslade wird durch Christi Kreuz ein Altar. / Gemäß dem ranghöheren Bund will das Leben (d.h. Christus) sterben" (unrichtig übersetzt bei Soltek).- Aus heutiger Sicht erscheint dies als ein durchaus gewaltsames Herstellen von Beziehungen zwischen Altem und Neuen Testament, mit dem Ziel, unter Verwendung (willkürlich zusammengefügter) alttestamentlicher Bausteine den Erlösungstod Christi, die Ausbreitung der Evangelien und die Ablösung des alten Glaubens durch allegorische Bibelexegese anschaulich zu machen.- Vgl. unten, Nr. 128,1.

4. *Eherne Schlange.- Literatur*: Corpus vitrearum medii aevi. France, I, Paris 1978, S. 108, Tafel 8; E.A.R. Brown - M.W. Cothren, in: Journal of the Warburg and Courtauld Institutes 49, 1986, 1-40, Pl. 9 f; vgl. U. Diehl, Die Darstellung der Ehernen Schlange, Diss. München 1956, 32-34.150; U.Graepler-Diehl, in: Festschrift K.H. Usener, Marburg 1967, 167 ff; vgl. oben Nr. 57.

Schon Jo 3,14 ist die vor dem Tode rettende Eherne Schlange von Nm 21, 6-9 Typus der die Menschheit von Sünde und Tod rettenden Kreuzigung Christi. Hier weist Moses, seine Doppeltafel des Gesetzes als Attribut in der Linken, mit der Rechten auf die Stange samt der geflügelten Schlange. Aus dem oberen Teil der Stange wächst schemenhaft der Kruzifixus heraus, so daß in eindrucksvoller Weise Typus und Antitypus übereinander angeordnet sind, sehr ähnlich der Bildanordnung auf karolingischen Elfenbeinen. Eine Inschrift deutet (vgl. PL 186, 1237): *Sicut serpentes serpens necat aeneus omnes, / sic exaltatus hostes necat in cruce Christus*.- Die Israeliten tragen die konischen Judenhüte des 12. Jh.

5. *Das Zeichen Tau.- Literatur*: E. Mâle, L'art religieux du XIIe siècle en France, Paris 1953, S. 155, Fig. 122.- Durch Kombination des rettenden Bestreichens der Türpfosten mit Lammblut (Ex 12, 7.13.22; vgl. Hebr. 11,28) mit Ez 9,4 ("mache ein Kreuz auf die Stirn der Männer" [Jerusalemer Bibel]; der Engel zeichnet die Stirnen der Gerechten mit einem *Taw* [Biblia hebraica; *semeion* Septuaginta; *Tau* Vulgata]) ergibt sich für die mittelalterliche Exegese ein auf das reale Kreuz Christi vorausweisender alttestamentlicher Typus.

6. In einem weiteren, nicht mehr erhaltenen, Glasfenster schütteten die Propheten Korn in eine Mühle, deren Rad der heilige Paulus drehte, der auch das Mehl in Empfang nahm. Das meint: Das Alte Testament wird im Sinne der paulinischen Bibeldeutung verwandelt in etwas Neues. In Sugers Baubericht (in: 'De rebus in administratione sua gestis', PL 186, 1237) ist dazu die interpretierende Inschrift enthalten: *Tollis agendo molam de furfure, Paule, farinam, / Mosaicae legis intima nota facis. / Fit de tot granis verus sine furfure panis, / perpetuusque cibus noster et angelicus*. "Du drehst die Mühle, Paulus, und erhältst Mehl aus der Kleie; mit dem inneren Gehalt des mosaischen Gesetzes machst du (uns) bekannt. Aus soviel Korn wird reines Brot ohne Kleie, unsere immerwäh-

rende Himmelsspeise". Künstle (a.a.O., S. 61) versteht das so, daß ohne Rückstände (in Gestalt von Kleie) das Alte Testament "sich vollständig im Neuen auflösen mußte ... es bleibt nur das Mehl". Richtiger ist wohl: Paulus gewinnt in seiner exegetischen Mühle den Kern und eigentlichen inneren Gehalt des Gesetzes (*intima legis*, d.h. alle durch christologische Deutung zu erhebenden Bestandteile); die Kleie (d.h. Körnerschalen), die äußere Umhüllung sozusagen, bleibt als unverwertbar beiseite.- Zum Gesamtthema vgl. K. Hoffmann, Sugers "anagogisches Fenster" in St. Denis, Wallraf-Richartz-Jahrbuch 30, 1968, 57-88.

Nr. 91.- *Illustrationen zum Alten Testament.-* Miniaturen auf Pergament in der Lambeth-Bibel, entstanden etwa um 1145 in Cambridge.- *London,* Lambeth Palace Library, Ms. 3.- *Literatur:* H. Weigert, Geschichte der europäischen Kunst, II (Tafelband), Stuttgart 1951, Tafel 78; T.S.R. Boase, English Art. 1100-1216, Oxford 1953, Pl. 58; M. Rickert, Painting in Britain. The Middle Ages, London 1954, Pl. 73; A. Grabar - C. Nordenfalk, Die romanische Malerei vom elften bis zum dreizehnten Jahrhundert, Genf 1958, Abb. S. 168; Encyclopedia of World Art XII (1966) Pl. 279; Schiller, I (1966), Abb. 35; Fillitz, 1969, Abb. 399; R. Mellinkoff, The Horned Moses, Berkeley 1970, Fig. 52; C.M. Kauffmann, Romanesque Manuscripts, London 1975, Fig. 32.193.195; Benedictus. Eine Kulturgeschichte des Abendlandes. Von Dom Victor Dammertz (u.a.), Genf 1980, S. 226, Abb. 184; M. Durliat, Romanische Kunst, Freiburg 1983, Abb. 143; O. von Simson, in: Wenn der Messias kommt, hg. von L. Kötzsche und P. von der Osten-Sacken, Berlin 1984, Abb. 41.- Von Interesse sind:

1. *Opferung Isaaks,* Gn 22, 1 ff.; *Jakobs Traum,* Gn 28, 12 ff. (folio 6). Abraham und Jakob tragen den oben mit einem Knopf versehenen flachkonischen beziehungsweise gerundeten Judenhut (Boase, Pl. 58).

2. *Geschichte der Ruth,* Buch Ruth (folio 130): Die männlichen Personen tragen entweder den flachkonischen abgerundeten bis stumpfkonischen Judenhut mit Knopf oder die eher konische, unten glockenförmig gestaltete Hutform mit Stift; dabei ist auch eine Mischform. Der Stift ist noch, vielleicht aus dem Knopf entwickelt, stummelartig kurz, später wird er länger.

3. *Wurzel Jesse* (folio 198, Anfang des Jesajabuches): In der Mitte der farbigen Miniatur wächst Maria aus dem ganz unten liegenden Jesse, Davids Vater (vgl. Mt 1, 1-16: Christi Stammbaum, dazu Is 11, 1-2). Propheten weisen aus den vier Eckmedaillons sowie den beiden unteren Medaillons mit dem Zeigefinger auf Maria beziehungsweise Christus. Die Medaillons neben Maria umschließen die vier Tugenden Erbarmen und Treue, Gerechtigkeit und Frieden (nach Ps 85, 11: die beiden ersteren begegnen sich, die beiden letzteren küssen sich). Die christliche Tradition sah Chri-

stus wie eine Blüte aus Maria (*virga*, Rute = *virgo*) wachsen und die Rute ihrerseits aus der Wurzel Jesse (*radix*) sprießen. Christus ist sternförmig umgeben von sieben Tauben, die in der christlichen Überlieferung, in Anlehnung an Is 11, 2, die sieben Gaben des Hl. Geistes symbolisieren: Weisheit, Verstand, Wissenschaft, Rat, Stärke, Frömmigkeit, Gottesfurcht. In den beiden neben Marias Haupt zu Medaillons stilisierten Ranken erscheinen links Ecclesia mit Krone und Kreuzstab, in der Mitte zwei Propheten, rechts Synagoga, von Moses (und Aaron?) zu Christus geleitet beziehungsweise auf ihn verwiesen. Noch wendet sie ihr Antlitz ab, doch vollzieht Gottes Hand bereits die Entschleierung (vgl. 2 Kor 3, 14-18), so daß sie Christus erkennen kann. Da ist die erhoffte eschatologische Konvergenz von Christen und Juden ins Bild gesetzt.

4. *Moses und die Israeliten* (folio 258). Im Vordergrund der Gruppe von Israeliten erscheint, damit die ganze Gruppe kennzeichnend, ein Judenhutträger. Seine Kopfbedeckung ist konisch bis rund, versehen mit einem Stift.

5. *Kruzifixus mit Ecclesia und Synagoga* (folio 307; Kauffmann, Fig. 193): Eingefügt in die Initiale "O" des Anfangs der Vulgata von Habakuk (*Onus, quod vidit Habacuc propheta*) erscheint der Gekreuzigte. Wie üblich (heraldisch) rechts Ecclesia und zu seiner Linken Synagoga, je mit der Inschrift *Gratia surgit ad ortum* (Gratia steigt auf im Osten, d.h. geht auf wie die Sonne; vgl. oben Nr. 54) und *Lex tenet occasum* (das Gesetz, d.h. Synagoga, befindet sich im Westen, geht unter). Die Krone der vom Kreuz sich abwendenden Lex-Synagoga fällt zu Boden, ihr Gonfanon ist zerbrochen, aber zugleich wird ihr blind machender Schleier gelüftet durch eine aus dem Himmel kommende Hand. Diese ikonographischen Elemente (Besiegtsein und Demütigung einerseits und sanftes Sehendmachen, d.h. Hinführen zu Christus, wohl im Sinne der endzeitlichen Konvergenz) sind hier erstmals vereint. Sie formulieren Grundanschauungen der christlichen Sicht des Judentums.

Nr. 92.- *Apostel und Propheten.*- Wandmalerei in der Apsis der Stiftskirche St. Peter und Paul zu *Reichenau-Niederzell*, wahrscheinlich in den vierziger Jahren des 12. Jh. entstanden.- *Literatur*: G. Dehio, Geschichte der deutschen Kunst, I, Berlin-Leipzig 1930, Abb. 357; Josef und Konrad Hecht, Die frühe mittelalterliche Wandmalerei des Bodenseegebietes, II (Sigmaringen 1979), S. 695, Abb. 440.

Das Bild erinnert stilistisch und inhaltlich an spätantike christliche Mosaiken in Kirchen Italiens. Eine Art apokalyptisches Schaubild zeigt oben in einer Mandorla Christus, als 'Maiestas domini' thronend, im Lehrgestus und mit aufgeschlagenem Buch: *Ego sum via, veritas et vita* (Jo 14, 6). In seiner Bildzone befinden sich die vier Evangelistensymbole, die vierflügeligen, auf einem rollenden Rad sitzenden Cherubim - sie bilden den Thronwagen für die Herrlichkeit Gottes - und Petrus und Paulus, die Patrone der Niederzeller Kirche. Darunter, streng symmetrisch angeordnet, thronen die nimbierten Apostel, das Evangelium haltend beziehungsweise die Hand im Lehrgestus erhoben. Unter ihnen stehen die zwölf Propheten, ihren (Christus verheißenden) Text in Form von Schriftrollen präsentierend und zum Teil die Hand im Lehrgestus erhebend. Dem Heiligenschein der Apostel entspricht der Judenhut der Propheten, der die stumpfkonische oder spitzkonische Form des 12. Jh. hat, hier, wie oft, mit einer schrägen Krempe versehen. Apostel und Propheten stehen jeweils in Arkaden, doch ist das vielfigurige Bild nach theologischen Gesichtspunkten zu einer Einheit integriert. Leitender Gesichtspunkt ist die Konkordanz der beiden Testamente. Die Gruppierung von Propheten und Aposteln übereinander und in diesem Sinne ist ein Bildthema, das im Laufe des Hochmittelalters öfters erscheint. Es veranschaulicht und vertieft die Prinzipien der typologischen Exegese des Alten Testaments.

Der als Kopfbedeckung der Propheten - neben der phrygischen Mütze - nicht seltene Judenhut zeigt auch hier, daß dieser keineswegs als solcher bereits ein Negativsymbol ist.

Nr. 93.- *Farbige Federzeichnungen* auf Pergament in einer Sammelhandschrift aus dem Kloster Zwiefalten in Baden-Württemberg, entstanden um 1147.- *Stuttgart*, Landesbibliothek, Cod. hist. fol. 415. *Literatur*: K. Löffler, Schwäbische Buchmalerei in romanischer Zeit, Augsburg 1928, Tafeln 22.23.32; Suevia sacra, Augsburg 1973, Abb. 171.

1. *Christi Geburt*. Tafel 32 (fol. 82 verso): Unterhalb der Krippe (*praesepium*), in der das Christuskind liegt, ruht Maria, nach byzantinischem Typ dargestellt. Separat, in einem eigenen Raum, sitzt Joseph, durch Wanderstock und Judenhut (mit breiter abfallender Krempe) gekennzeichnet. Der konische Judenhut erscheint auch bei einem der Hirten auf dem Felde (*pastores*), nicht dagegen bei den Steinigern des hl. Stephanus, denen Saulus-Paulus (vgl. Apg 7, 58) und vom Himmel her Christus zusieht. Das zeigt klar, daß der Judenhut hier noch kein Negativsymbol ist, wie später oft.

2. *Christi Beschneidung*. Tafel 23 (fol. 19 verso = Kalenderbild zum Monat Januar): Die *circumcisio domini* wird von einer Person mit großem konischen Judenhut - er hält das Beschneidungsmesser in der rechten

Hand - vorgenommen. Der Ritus wird in keiner Weise diskriminierend gesehen, wie später bisweilen, etwa durch Angsthaltung des Jesusknaben oder furchteinflößendes Aussehen des Beschneiders. Auch reicht Joseph willig das Kind dem Beschneider, der wohl als jüdischer Priester gesehen ist.

3. *Das Bild des Jahres (Annus)* als Zeittafel, umgeben von Tierkreiszeichen und Monatsbildern, Darstellungen der Winde, der Jahres- und Tageszeiten. Tafel 22 (fol. 17 verso): Allegorie des Monats Januar ist ein Jäger mit dem typischen Judenhut, Allegorie des Herbstes (*Autumnus*) ein Mann mit Judenhut bei der Weinlese. Es scheint, daß der Miniaturist sich noch ganz unpolemisch die Juden seiner Zeit in den verschiedensten Berufstätigkeiten vorstellen kann. Alle Judenhüte des Zwiefaltener Sammelkodex haben eine im 12. Jh. übliche konische Form. Sie hat hier konsequent den entwicklungsgeschichtlichen Vorgänger, die phrygische Mütze, abgelöst, die, wie wir noch sehen werden, besonders im antiken Mithraskult zuhause ist, in dem sich auch die Jahreszeitenallegorien finden. Das bestätigt aber vorläufig unsere Vermutungen zur Vorgeschichte und Genese des mittelalterlichen Judenhuts (s.u.).- Hier ist von besonderem Interesse das Kalenderblatt eines Sakramentars aus Fulda vom letzten Drittel des 10. Jh. (Berlin, Staatsbibliothek, Theol. lat. fol. 192; A. Boeckler, Deutsche Buchmalerei vorgotischer Zeit, Königstein i.T. 1952, Abb. 22): Die allegorischen Personifikationen der Jahreszeiten (*Autumnus* usw.) tragen die phrygische Mütze! Daß dann bei den christlichen Ausläufern der (Jahres-) Zeitspekulation des Mithraskultes nacheinander die phrygische Mütze und der konische Judenhut erscheinen, findet im Rahmen unserer Vermutungen zur Vorgeschichte des mittelalterlichen Judenhutes eine einleuchtende Erklärung. Wir können für diese Zusammenhänge auch verweisen auf die Miniaturen der Aratea-Handschrift der Universitätsbibliothek Leiden (um 830-840 entstanden); denn auch hier, in Illustrationen von Sternbildern, von Planeten sowie Jahreszeiten und Monatstätigkeiten erscheint als Kopfbedeckung die phrygische Mütze als Vorgängerin des konischen Judenhutes (Abb. in: Ausstellungskatalog Köln, Schnütgen-Museum, 1987). - Zum Berliner Theol. Lat. Fol. 192 vgl. auch: Zimelien, Wiesbaden 1975, Abb. S. 57, u. G. Duby, Die Kunst des Mittelalters, I, Stuttgart 1984, Abb. S. 120.

Nr. 94.- *Kruzifixus mit Longinus und Stephaton.* Bronzerelief auf einem Taufbekken aus der Sint Germanuskerk in Tienen (Belgien). Inschriftlich 1149 datiert. Höhe des Beckens (ohne den Unterbau): 52 cm.- *Brüssel*, Musées royaux d'art et d'histoire, Inv.-Nr. 354.- *Literatur*: RDK IV (1958) Abb. Sp. 523-524; E. Steingräber, in: Anzeiger des Germanischen Nationalmuseums 1963, S. 18; Rhein und Maas. Kunst und Kultur 800-1400 [Ausstellungskatalog], I, Köln 1972, Abb. S. 70; P. Colman u.B. Lhoist-Colman, in: Aachener Kunstblätter 52, 1984, S. 163, Abb. 8.

Abweichend vom Bericht des Neuen Testaments beziehungsweise über ihn hinausgehend werden Speerträger und Schwammhalter - Longinus und Stephaton in der nachneutestamentlichen Legende - zu Juden, hier ausgestattet mit dem konischen Judenhut des 12. Jh. Sie werden so zu Schergen der Passion Christi, die dadurch als jüdische Tat erscheint und, als Kollektivschuld, auch den Juden des 12. Jh. angelastet wird, an die der zeitgenössische Bildbetrachter dieses 'Dreinagelkruzifixus' (d.h. nur 3 Nägel für die vier Extremitäten) sofort denken mußte. Die Ausstattung der beiden Schergen mit Judenhüten ist im übrigen keineswegs "seltsam" (Rhein und Maas, a.a.O., S. 70), sondern, wie unsere Bildinterpretationen erweisen, Element einer konsequenten Entwicklung im späten Frühmittelalter und in der ersten Hälfte des Hochmittelalters.

Nr. 95.- *Christus krönt Ecclesia und nimmt Synagoga den blindmachenden Augenschleier.-* Relief eines französischen Taufsteins des 12. Jh.- *Amiens*, Musée de Picardie.- *Literatur:* Encyclopaedia Judaica (Jerusalem 1971) VI, 347-348.

Das Bild spiegelt die im 12. Jh. teilweise kräftige christliche Hoffnung auf die endzeitliche Konvergenz von Kirche und Synagoge. Die Deutung von W. Molsdorf (Christliche Symbolik der mittelalterlichen Kunst, Leipzig 1926, 181), "Christus zieht der Synagoge die Binde über die Augen" (ebenso noch Enc. Jud., a.a.O., 347-348: "pulling the veil over Synagoga's eys") ist unrichtig.

Nr. 96.- *Jakob und seine Söhne ziehen nach Ägypten.-* Miniatur in der Initiale *"H" (aec sunt nomina filiorum Israel qui ingressi sunt in Aegyptum* etc.) der Vulgata von Ex 1, 1.- *Amiens*, Bibliothèque municipale, Ms. 21, folio 27 (12. Jh.).- *Literatur:* Encyclopaedia Judaica (Jerusalem 1971) VII, 1001.

Jakob führt zu Pferde eine Gruppe von Israeliten an. Nur er trägt den (flachkonischen, unten glockenförmig weiten und oben mit einem Stift versehenen) Judenhut des 12. Jh. Wie oft, genügt ein Judenhutträger, um die ganze Gruppe zu kennzeichnen.

Nr. 97.- *Jakob segnet Josephs Söhne Ephraim und Manasse.-* Grubenschmelzplatte (Emailarbeit) des 12. Jh.- *Baltimore*, Walters Art Gallery.- *Literatur:* W. Stechow, in: Gazette des Beaux-Arts 23, 1943, 193-208, S. 196, Fig. 3; H. von Einem, Der Segen Jakobs, Bonn 1950, Abb. 14.

Seit der Kirchenväterzeit wird Gn 48, 13-20 typologisch gedeutet: der jüngere Ephraim (d.h. das Christentum) wird dem älteren Manasse (d.h. dem Judentum) vorgezogen. Hier kommt hinzu die typologische Interpretation der gekreuzten Arme auf das Kreuz Christi, eine Entwicklung, die vielleicht im Zusammenhang mit der besonders von dem Abt Suger geförderten Neu- und Höherbewertung der typologischen Exegese des Alten Testaments im 12. Jh. steht. Solchen Typologien wurde ein hoher apologetischer Beweiswert zugemessen, auch bei Disputationen mit Juden.

Nr. 98.- *Isaias' Zersägung.-* Spanisches Altarbild des 12. Jh.- *Barcelona*, Museo de Bellas Artes de Cataluña.- *Literatur*: Encyclopedia of World Art, XII (New York 1966), Pl. 271.

Isaias' Zersägung ist eine apokryphe, außerbiblische Legende, die bei christlichen Autoren (z.B. Justinus Martyr, Dial. 120, 5; neutestamentliche Apokryphen: 'Himmelfahrt des Jesaja') erscheint. Sie gehört zu der Liste von Schuldvorwürfen, die in der antijüdisch apologetischen Literatur gegen die Juden erhoben werden. In solchen Listen erscheinen die Missetaten der Juden gegen Christus und seine Jünger als konsequente Fortsetzung der Missetatenkataloge der biblischen Zeit (Sünde des Goldenen Kalbes, Ermordung der Propheten usw.).

Nr. 99.- *Geburt Christi; Annagelung Christi.-* Relief eines Taufsteins aus (Dortmund-)Aplerbeck, Westfalen. (12. Jh.).- *Dortmund*, Städtisches Museum.- *Literatur*: H.Bergner, Handbuch der kirchlichen Kunstaltertümer in Deutschland, Leipzig 1905, S. 504, Fig. 431; H. Appuhn, in: Aachener Kunstblätter 48,1978-79, Abb. 34.

Die Annagelung erfolgt durch vier mit dem konischen Judenhut des 12. Jh. versehene Schergen. Die Kreuzigung Christi erscheint so als allein jüdische Tat, deren Kollektivschuld auch die Juden des 12. Jh. belastet.- Der Joseph der Geburt Christi trägt einen konischen Judenhut mit Knopf oben.

Nr. 99a.- Mitunter ist in dieser Zeit nur ein Teil der Akteure der Passion durch ein Gruppenmerkmal definiert; so in der Kreuzigungsszene eines um 1165 in Köln oder im maasländischen Raum entstandenen Emails (Nürnberg, Germanisches Nationalmuseum. *Literatur*: Hürkey, 1983, Abb. 263). Hier ist es die phrygische Mütze.

Nr. 100.- *Miniaturen eines Evangeliars* im Domschatz von *Gnesen* (Polen); Mitte 12. Jh. in Westdeutschland entstanden.- *Literatur*: Die Kunstdenkmäler der Provinz Posen. Die Kunstdenkmäler des Regierungsbezirks Bromberg. Bearbeitet von Julius Kohte, Berlin 1897, S. 104, Abb. 96 und S. 103, Abb. 95; Festschrift K.H. Usener,

Marburg 1967, S. 125, Abb. 7; A. Rubens, A History of Jewish Costume, London 1967, Fig. 150.

1. *Gefangennahme Christi.*- In der oberen Hälfte des Blattes (Blattgröße: 22,5 x 32 cm) das Abendmahl (Christus steckt dem bereits isolierten Judas den bewußten Bissen in den Mund), unten der Judaskuß und die Gefangennahme. Die von den Hohenpriestern und Ältesten des Volkes ausgesandten Leute (Mt 26, 47 ff), Juden also, tragen den konischen Judenhut des 12. Jh., einer die phrygische Mütze. Das bestätigt, daß beide Kopfbedeckungen mehr oder weniger auswechselbar sind und die eine wie die andere das Judesein ihrer Träger hervorheben soll. Der Miniaturist erläutert die wichtige Tatsache, daß sich phrygische Mütze und konischer Hut sowohl formal wie der Sache nach sehr nahe stehen, ja daß der - sich sekundär entwickelnde - konische Judenhut im Grunde von seiner Vorstufe sich nur durch die oben steife, zipfellose Gestalt unterscheidet beziehungsweise dadurch daß der charakteristische Zipfel durch einen ebenso auffälligen Knopf oder Stift ersetzt wird.

2. In demselben Evangeliar findet sich eine Darstellung der legendarischen Auffindung (und Neubestattung) des Hauptes Johannes des Täufers (Abb. 95; oder ist die Überreichung der Vulgata an Papst Damasus durch Hieronymus gemeint?). Eine Gruppe von (offenbar staunenden oder überraschten) Juden sieht diesem Ereignis zu. Sie tragen den konischen oder oben teils stark abgerundeten Judenhut des 12. Jh. und sind bärtig.

Nr. 101.- *Geburt Christi.*- Miniatur im Evangeliar aus dem Zisterzienserkloster Hardehausen (Kreis Warburg), 12. Jh.- *Kassel,* Landesbibliothek, Cod. theol. 59, folio 14 recto.- *Literatur:* Die Malerei und Plastik des Mittelalters. II. Deutschland, Frankreich und Britannien. Von J. Baum, Wildpark-Potsdam 1930, S. 278, Abb. 283.

Die ganzseitige Miniatur zeigt die übliche Szenerie, dabei Joseph mit Judenhut, aber ohne Nimbus. Der Hut ist nicht gleichmäßig konisch, sondern unten glockenförmig, nach oben hin sich stark verjüngend.

Nr. 102.- *Judasverrat und Gefangennahme.*- Miniatur in einem in England geschriebenen Psalter (12. Jh.).- *Kopenhagen,* Königliche Bibliothek, Ms. Thott 143, 2⁰, folio 14.- *Literatur:* T.S.R. Boase, English Art. 1100-1216, Oxford 1953, Plate 81 b.

Bei der von den Hohenpriestern und Ältesten des Volkes ausgesandten Schar Juden (vgl. Mt 26, 47 ff.) trägt einer eine phrygische Mütze. Dies zeigt, daß diese genuin orientalische Kopfbedeckung auch im 12. Jh. weiter neben dem konischen Hut zur Typisierung von Juden verwendet wurde.

Nr. 103.- *Geißelung Christi durch einen jüdischen Schergen.*- Miniatur in einer lateinischen Handschrift des 12. Jh.- *Laon,* Bibl. municipale, Cod. 550, folio 6 recto.- *Literatur:* Rosalie Green (u.a.Hgg.), Herrad of Hohenbourg, Hortus deliciarum, London-Leiden 1979, Abb. 228.

Nach dem Text des Neuen Testaments (Jo 19, 1-3; vgl. Mt 27, 27-31) handelt es sich bei dem Exekutionskommando um die römischen Soldaten des Statthalters. Insofern verschärfen und entstellen viele christliche Passionsdarstellungen den neutestamentlichen Bericht. Der Judenhut des Schergen hat die häufige Trichterform (konisch, unten glockenförmig).

Nr. 104.- *Aaron als Tauschreiber.*- Detail eines niederländischen Kruzifixes des 12. Jh.- *London,* Victoria and Albert Museum.- *Literatur:* RDK I (1937) 7, Abb. 3.

Das Tau (bzw. Kreuz, wegen der Kreuzform des griechischen Buchstabens Tau) ist von der christlichen Exegese von Ez 9, 4 (wo im Auftrag Gottes ein Engel ein Taw auf die Stirn der zu schonenden Gerechten machen soll) übertragen auf Ex 12, 7 (rettendes Bestreichen der Türen mit dem Blut des Passahlammes); denn die griechische Schreibweise des hebräischen Buchstabens *taw* von Ez 9,4 (*semeion* Septuaginta, *thau* Vulgata) hatte Kreuzform und galt deshalb als einer der alttestamentlichen Typen des Kreuzes Christi. Das Londoner Bild läßt durch das unten abgebildete Passahlamm den Bezug auf Ex 12,7 deutlich werden. Der nimbierte Aaron (durch Adskript bezeichnet) kann so ins Bild gesetzt werden, weil Gott Ex 12, 1 ff. ausdrücklich zu Moses *und* Aaron spricht. Bilder dieser Art sind gute Beispiele dafür, wie die Typologie neben ihrer antijüdisch-apologetischen Funktion auch das Medium der Ikonographie durchdringt und dort dem Vermitteln und Einsichtigmachen von Glaubensinhalten und der christlichen Erbauung dient; denn die sakrale Kunst der Kirchen und des kirchlichen Inventars hatte als Zielgruppe die Angehörigen des eigenen Glaubens.

104a.- Der Tau-Schreiber Aaron erscheint im übrigen auch auf dem Fuß des wohl etwa gleichzeitigen Scheibenkreuzes im Stift Kremsmünster (Reproduktion bei G. Swarzenski, in: Städel-Jahrbuch 7-8, 1932, S. 348, Abb. 294a). Aaron trägt hier den Judenhut in der Form eines flachen Trichters mit oberem Knopf.

Nr. 105.- *Der Prophet Joel.*- Miniatur in der Initiale "V" (*erbum domini, quod factum est ad Joel filium Fathuel*) der Vulgata von Joel 1,1.- Stavordale Bible (12. Jh.); Provenienz: Nordfrankreich.- *London,* British Museum, Add. Ms. 28106-7.- *Literatur:*

A. Rubens, A History of Jewish Costume, London 1967, S. 92, Fig. 116; Encyclopaedia Judaica (Jerusalem 1971) IV, 64, Fig. 3.
Der Prophet hält als Attribut das von ihm verfaßte Buch aufgeschlagen in beiden Händen. Er trägt den konischen Judenhut des 12. Jahrhunderts. Rubens bemerkt dazu unzutreffend: "The earliest illustration of the Jewish hat".

Nr. 106.- *Miniaturen im Evangeliar aus Averbode*, Belgien (Mitte 12. Jh.).- *Lüttich*, Universitätsbibliothek, Cod. 363 C.- *Literatur*: A. Grabar - C. Nordenfalk, Die romanische Malerei vom elften bis dreizehnten Jahrhundert, Genf 1958, Abb. S. 165; Hürkey, 1983, Abb. 261.
Folio 86 verso: Zwei alttestamentliche Vorausbilder der Kreuzigung. Einmal Elias und die Witwe von Sarepta (1 Kg 17, 12, wo schon die Vulgata "ein paar Stücke Holz" versteht als *duo ligna* und die Bildkunst die naheliegende kreuzförmige Anordnung der beiden Hölzer herstellt), dann das alttestamentliche Schlachtopfer.
Folio 87 recto: Kreuzigung mit Longinus und Stephaton. Beide sind als jüdische Schergen definiert, insofern Longinus die phrygische Mütze trägt und Stephaton den konischen Hut mit (stummelartig kurzem) Stift in der Form eines flachen Trichters. Das Nebeneinander der beiden Typen jüdischer Kopfbedeckung nimmt hier, wie auch sonst nicht selten, nahezu lehrhaften Charakter an (vgl. z.B. zum etwa gleichzeitigen Gnesener Evangeliar, Mitte 12. Jh., oben Nr. 100).

Nr. 107.- *Christus mit Ecclesia und Synagoga.*- Miniatur in der sogenannten Riesenbibel von Montalcino, Italien (12. Jh.).- *Montalcino*, Biblioteca communale, Cod. s.s.B.II, folio 56 recto, in der Initiale "O" (*sculetur me osculo oris sui* des Hohenliedes (1,1).- *Literatur*: Schiller, IV, 1 (1976), Abb. 123.
Ecclesia sitzt (heraldisch gesehen) zur Rechten neben dem thronenden Christus, Synagoga liegt, offenbar verstoßen, auf dem Boden links unterhalb des Thrones, traurig nach oben rechts zurückblickend, wo auch sie neben Christus hätte sitzen können. Das fußt auf der verbreiteten Hohenliedexegese, derzufolge Ecclesia die erwählte Braut des Bräutigams Christus ist. Die verstoßene Synagoga hat als Attribut noch das Böcklein des alttestamentlichen Opferkultes im Arm, und die Verstoßung ist noch keine endgültige Verdammnis (wie in der einschlägigen Miniatur des Genter Liber floridus des Lambert von St.-Omer, um 1100-1120). Es bleibt wohl noch Hoffnung auf Rückkehr im Sinne der christlichen Deutung von Hoheslied 7,1).

Nr. 108.- *Synagogas Lanzenstoß gegen das Lamm Gottes, Eherne Schlange u.a. Themen.*- 'Tatzenkreuz' (d.h. Kreuz mit vier abschließenden Würfeln) aus Walroßzahn geschnitzt, aus mehreren Stücken zusammengesetzt, beidseitig reliefiert; Höhe 57,7 cm, Breite des Querbalkens 35,5 cm. Aus der Abtei Bury St. Edmunds, entstanden in England etwa Mitte 12. Jh.- *New York*, Metropolitan Museum of Art. The Cloisters Collection (früher in der Privatsammlung Topic-Mimara).- *Literatur*: W. Mersmann, in: Wallraf-Richartz-Jahrbuch 25, 1963, 7-108; Seiferth, 1964, Abb. 65; U. Graepler-Diehl, in: Festschrift K.H. Usener, Marburg 1967, S. 175, Abb. 9; Schiller, IV (1976), Abb. 118; X. Barral i Altet (u.a.), Romanische Kunst, II, München 1984, Abb. 245-246; Dictionary of the Middle Ages VII, New York 1986, Abb. S. 23; Zeitschr. f. Kunstgesch. 1985, 39-64.

Die Zeitansätze für die Herstellung dieses Kreuzes differieren von Mitte 11. bis Ende 12. Jh. Soviel läßt sich aber sagen, daß die Formen der Judenhüte etwa in die Mitte des 12. Jh. weisen.- Das Mittelmedaillon der Vorderseite des Kreuzes zeigt Moses und die rettende Eherne Schlange (Nm 21, 6-9; nach Jo, 3,14-15 Typus des rettenden Kruzifixus). Dabei interpretierende Spruchbänder: *Sicut Moyses exaltavit serpentem in deserto, ita exaltari oportet filium hominis*, d.h. Jo 3,14 zu Nm 21,8 (Prophet oben links); *sic erit vita tua pendens ante te et non credes vitae tuae*, d.h. Dt 28, 66 (Spruchband des Moses); *Omnes prophetae testimonium perhibent*, d.h. Apg 10,43 (Spruchband des Propheten links unten); *quare rubrum est indumentum tuum et vestimenta tua sicut calcantium in torculari*, d.h. Is 63, 2 (Spruchband des Propheten rechts unten); *quare futurus es velut vir vagus et fortis qui non potest salvare*, d.h. Jr 14,9 (Spruchband des Propheten über dem Kreis). Das Medaillon wird außen von vier flügellosen Engeln gehalten.- Auf der Rückseite des Mittelmedaillons erscheint Synagoga, abgewendet die Lanze stoßend, die jedoch am unverletzten Lamm zersplittert. Johannes steht trauernd hinter Synagoga. Die ihm zuzuordnenden Spruchbänder lauten: *Et ego flebam multum* (Apk 5,4), *vide ne fleveris* (Apk 5,5), *dignus est agnus qui occisus est accipere virtutem et divinitatem* (Apk 5,12). Der Synagoga ist das Spruchband zugeordnet: *Maledictus omnis qui pendet in ligno* (Dt 21,23 und Gal 3,13), also ein herkömmliches Argument der antichristlichen jüdischen Apologetik. Der untere Prophet hält das Spruchband: *Ego quasi agnus mansuetus qui portatur ad victimam* (Jr 11,19), der Prophet rechts: *eradamus eum de terra viventium* (Jr 11, 19).

Im oberen Viereck der Vorderseite ist Christi Himmelfahrt dargestellt. In der oberen Bildzone, neben dem in den Wolken verschwindenden Christus, Maria und einige Apostel. Hinter dem Berg hervor, von dem Christus auffährt, schauen die Köpfe weiterer Apostel nach oben. Darunter der

Hohepriester mit dem zeitgenössischen konischen Judenhut und Pilatus, sowie auf Jo 19, 21-22 Bezug nehmende Spruchbänder: *Noli scribere rex Judeorum, sed quia dixit rex sum Judeorum, quod scripsi scripsi.*- Auf der Rückseite der Johannesadler.

Auf der Vorderseite der linken Tatze erscheint Christi leeres Grab mit dem Engel und den drei Frauen. Der Engel hält ein Spruchband mit dem (abgekürzt geschriebenen) Text: *Queritis Jesum Nazarenum crucifixum* (Mk 16,6).- Auf der Rückseite der Lukasstier.

Auf der Vorderseite der rechten Tatze werden Kreuzabnahme und Beweinung Christi dargestellt. Der Trauernde links unten hält ein Spruchband: *Plangent eum quasi unigenitum* (Zach 12,10). Zu den Personen der Szene gehören etliche Spitzhutträger.- Auf der Rückseite der Markuslöwe.

Die Vorderseite des Kreuzes zeigt im unteren Teil des Kreuzstammes die Inschrift: *Terra tremit, mors victa gemit surgente sepulto vita cluit Synagoga ruit molimine stulto*, d.h. "Die Erde erzittert, der besiegte Tod stöhnt, der Begrabene steht auf, das Leben triumphiert, Synagoga stürzt in törichtem Fall."

Auf den Schmalseiten (d.h. Kanten) des Kreuzstammes findet sich die Inschrift: *Cham ridet dum nuda videt pudebunda parentis, Judei risere dei penam mortis*, d.h., in verschärfender antijüdisch-typologischer Auslegung von Gn 9, 20 ff.: "Cham lacht, als er die Blöße seines Vaters sieht, die Juden lachten angesichts von Gottes Todesstrafe (am Kreuz)."

Darüber hinaus finden sich auf der Rückseite zahlreiche Prophetenbilder und auf Christus und seine Passion bezogene Prophetenzitate, z.B. über dem Lammkreis Ps 22, 17-18, unter dem Lammkreis Dn 9,26, Hab 2,15 und Os 13,14 (*ero mors tua o mors*). Diese Reihen von Propheten mit ihren Sprüchen erinnern an den *Ordo prophetarum* des mittelalterlichen Schauspiels: Die Propheten treten einzeln vor und legen ihr Zeugnis für Christus ab.

Das theologische Programm des Kreuzes weist zahlreiche Elemente auf, die auch aus der antijüdisch-apologetischen Literatur bekannt sind. Im Lammedaillon wird jedoch eine besondere ikonographische Zuspitzung sichtbar, die trotzige Aggressivität der uneinsichtigen Synagoga als der allegorischen Personifikation des verstockten, christusfeindlichen Judentums. Im ganzen wirkt die Ikonographie bei aller Großartigkeit durch die vielen Inschriften überfrachtet und unübersichtlich.

Nr. 109.- *Kruzifixus mit Witwe von Sarepta und Elias.*- Miniatur in der Chronik des Florentius von Worcester († 1118) und seines Fortsetzers Johannes von Worcester.- *Oxford*, Corpus Christi College, Ms. 157, folio 77 verso; entstanden um 1150 oder früher.- *Literatur*: R.B. Green, in: Festschrift U. Middeldorf, II, Berlin 1968, Tafel XIII; Schiller, II (1968), Abb. 434; C.M. Kauffmann, Romanesque Manuscripts 1066-1190, London 1975, Fig. 141; Hürkey, 1983, Abb. 69.

Unter dem Gekreuzigten stehen an dem sonst für Maria und (dem gewöhnlich bartlosen) Johannes üblichen Platz die Witwe von Sarepta mit ihrem gesammelten Holz (1 Kg 17, 7-24), ein auch in der antijüdischen Apologetik angesiedeltes Vorausbild des Kreuzes Christi, sowie Elias, beide mit einer Buchrolle, also wohl den typologischen Hinweis des Bibeltextes auf Christus demonstrierend. Der Nimbus der Witwe und ihr kostbares Gewand könnten darauf deuten, daß sie mit der Position unter dem Kreuz auch ikonographische Züge Marias übernimmt. Der Erdhügel links und der Fisch rechts scheinen eine Reminiszenz an Gaia und Okeanos zu sein, jene schon antiken Allegorien, die häufig im unteren Teil karolingischer Kreuzigungsdarstellungen erscheinen, wie wir sahen. Möglich ist vielleicht auch, daß der Fisch (ursprünglich als christologisches Symbol wohl aus Mt 4,19 entwickelt: Ichtys - Akronym von *Iēsous Christos theou hyios sōtēr*) ähnlich wie die Kreuzhölzer der Witwe auf den Kruzifixus weisen sollte, so daß Okeanos' Attribut hier sozusagen noch christlich überlagert wäre.

Nicht überzeugend deutet Green die männliche Person auf den leidenden Job als Präfiguration Christi und den Fisch auf den Leviathan (Job 40, 25, wo genuin ein Krokodil gemeint ist). Auch Jona und der Wal (vgl. zur diesbezüglichen Typologie schon Mt 12,40) sind sicher nicht gemeint, da Jona nie die *Passion* Christi figuriert, sondern stets seine Auferstehung nach drei Tagen. Noch unwahrscheinlicher ist die versuchte Identifizierung mit Tobias und seinem Fisch (deuterokanonisches Buch Tobias).

Nr. 110.- *Ecclesia und Synagoga.*- Miniatur in der Initiale "W" (*ere dignum et iustum est equum et salutare*) der Praefatio des Ordo Missae in einem Sakramentar aus Tours (12. Jh.).- *Paris*, BN, Lat. 193, folio 71 recto.- *Literatur*: Blumenkranz, 1965, Abb. 72; Schiller, IV 1 (1976), Abb. 121; Schubert, 1978, Abb. 53; K. Schubert, Die Kultur der Juden, II (Wiesbaden 1979), S. 35, Abb. 22; O. von Simson, in: Wenn der Messias kommt, hg. von L. Kötzsche u. P. von der Osten-Sacken, Berlin 1984, Abb. 37.

Im Sinne von 2 Kor 3, 14-16 wird Synagoga am Ende der Tage von der Hand Gottes entschleiert. Jetzt versteht sie endlich das Gesetz, dessen Symbol, die Tafeln von Ex 31, 18, sie in der Hand hält und ausstreckt in Richtung auf Christus in der Mandorla neben ihr. Der weisende Gestus ihrer rechten Hand meint das Gleiche. Zur anderen Seite Christi, der jetzt lehrend geradeaus blickt und sich nicht mehr Ecclesia zuwendet, Ecclesia mit Kelch und Hostie. Christus trennt hier nicht mehr (als Kruzifixus) Glaube und Unglauben, sondern steht im Zentrum der eschatologischen Konvergenz. Synagoga ist nicht mehr die trotzige oder traurige, jedenfalls besiegte Gestalt vieler Elfenbeinreliefs des Frühmittelalters, sondern integraler Teil der Kirche aus Juden und Heiden, die sozusagen endzeitlich vollkommen realisiert ist.

Nr. 111.- *Ecclesia und Synagoga.*- Miniatur in der Initiale *"W"* (*ere dignum et iustum est, equum et salutare*) in einem Missale des 12. Jh.- *Paris*, BN, Lat. 8884, folio 130.- *Literatur*: Encyclopaedia Judaica (Jerusalem 1971) XVI, 237.

Die nimbierte Ecclesia steht mit ihrem Kelch unter dem *Agnus dei*, dem seit der Zeit des Neuen Testaments häufigsten Symbol Christi. Ihr gegenüber Synagoga, vom Lamm sich abwendend. Synagogas und Ecclesias Verhalten entspricht dem schon auf den Elfenbeinreliefs der karolingischen Zeit entwickelten Muster.

Nr. 112.- *Kreuzigung durch Juden.*- Oberseite (Deckplatte) eines in Westfalen oder Niedersachsen hergestellten Tragaltars (Mitte 12. Jh.); Maße der Grubenschmelzplatte: 9 x 13,5 cm.- *Paris*, Louvre, Sammlung Martin le Roy.- *Literatur*: B. Kleinschmidt, in: Zeitschrift für christliche Kunst 17, 1904, 78; W. Burger, Abendländische Schmelzarbeiten, Berlin 1930, S. 98, Abb. 56; G. Swarzenski, in: Städel-Jahrbuch 7-8, 1932, S. 290, Abb. 231; X. Barral i Altet (u.a.), Romanische Kunst, I, München 1983, S. 281, Abb. 265.

Diese seltsame Kreuzannagelung - Bilder dieses Themas sind im 12. Jh. noch selten - bereitet der Interpretation einige Schwierigkeiten. An den (erst später häufigen) Typus der Kreuzigung Christi durch die Tugenden ist hier keinesfalls zu denken. Die umlaufende Inschrift kann am ehesten das Verstehen erleichtern: *Vinea mea electa, quomodo conversa in amaritudinem me crucifigis?* Das ist als Klage des Gekreuzigten über sein Volk Israel zu verstehen, zu dem er sich gesandt wußte. Es scheint ein vielleicht in freiem Anschluß an Is 5, 1-7 und Dt 32, 32-33 entwickelter Ausdruck der Enttäuschung zu sein. Dazu passen die bekannten konischen Judenhüte der linken Gruppe. Da die bei der Kreuzigung anwesenden Juden sehr oft nur partiell als Juden gekennzeichnet sind, kann aus der Hutlosigkeit der rechten Gruppe nicht geschlossen werden, daß neben den Juden auch eine Gruppe von Heiden die Nägel anreicht (so versteht Barral i Altet, a.a.O.). Ob die mittlere Gestalt der linken Gruppe bereits eine karikierte Judennase

hat, scheint unsicher. Es könnte auch sein, daß der Künstler nur wenig geschickt in der Profildarstellung war. Einigermaßen ungeschickt sind ja
auch die Bäume des Hintergrundes so plaziert, daß leicht an gehörnte Männer gedacht werden kann. Barrel i Altet denkt an den "Baum des Guten
und Bösen", wohl zu Unrecht; denn beide Bäume sind ikonographisch unterschiedslos dargestellt, und der Mithilfe bei der Annagelung machen sich
beide Gruppen schuldig.

Nr. 113.- *Flavius Josephus.*- Miniatur in der Initiale *"P" (rincipio)* zu Beginn der
lateinischen Antiquitates Judaicae dieses jüdischen Autors (12. Jh.).- *Paris*, BN, Lat.
5047, folio 2 recto, col. 2.- *Literatur*: Ph. Lauer, Les enluminures romanes de la
Bibliothèque Nationale, Paris 1927, Pl. XLIII, Nr. 4 Vgl. unten Nr. 181.

Der jüdische Historiker Flavius Josephus, der im Laufe der christlichen
Tradition wegen des Wertes seiner Informationen fast zum Rang eines Kirchenvaters aufstieg, ist hier wie ein alttestamentlicher Prophet dargestellt,
bekleidet mit dem spitzen Judenhut des 12. Jh., der allerdings durch die
Biegung seiner Spitze an die Form der phrygischen Mütze angenähert erscheint, die ebenfalls im Mittelalter als jüdische Kopfbedeckung üblich
war. Josephus erscheint hier sozusagen mit einem orientalisch-jüdischen
Phantasiehut, wie sie ähnlich zur Charakterisierung von neutestamentlichen Juden und alttestamentlichen Israeliten im Spätmittelalter häufig werden. Das Bedürfnis, aus europäischer, westlicher Sicht Angehörige des ursprünglich im Orient beheimateten jüdischen Volkes als Fremdgruppe zu
kennzeichnen, führt offenbar auch zur Erfindung skurriler Mischformen
von Gruppenmerkmalen. Jedenfalls wurde dieses Riesenexemplar von
Judenhut so wohl nicht im 12. Jh. von Juden getragen (vgl. Nr. 169).

Folio 2 recto, col. 1, zu Anfang der Genesisparaphrase des Josephus
und als Erläuterung der *constructio mundi* ist übrigens Christus großfor-
matig dargestellt (Lauer, Pl. XLIII, Nr. 3). Das illustriert auch das hohe
Maß der christlichen Rezeption dieses jüdischen Historikers.

Nr. 114.- *Ecclesia und Synagoga.*- Miniatur in einem Kommentar zum Hohenlied
(12.Jh.).- *Troyes*, Bibliothèque municipale, Ms. 1869, folio 173 recto.- *Literatur*: O.
von Simson, in: Wenn der Messias kommt, hg. von L. Koetzsche u. P. von der Osten-
Sacken, Berlin 1984, Abb. 38.

Synagoga mit der Doppeltafel des Gesetzes und Ecclesia mit Kelch und
(Evangelien-)Buch sitzen einträchtig zusammen. Das entspricht dem gerade in der mittelalterlichen Hohenliedexegese sich artikulierenden Wunsch
nach Konvergenz von Christentum und Judentum.

Nr. 115.- *Geburt Christi; Verkündigung an die Hirten.*- Reliquienkästchen aus Ei-
chenholz mit aufgenageltem Silbermantel und Handgriff auf dem gewölbten Deckel. Eine vielleicht in Köln entstandene Arbeit des 12. Jh.- *Xanten*, Domschatz.- *Literatur*: H.
Schnitzler, Rheinische Schatzkammer, 2 Bde., Düsseldorf 1957-1959, II, Tafel 161; Die
Zeit der Staufer [Ausstellungskatalog], II, Stuttgart 1977, Abb. 360.

Das Reliquiar steht auf stilisierten Löwentatzen (die ursprünglich vorhandene Bodenplatte fehlt). Die um Christus aufgereihten Halbfiguren
(Flachreliefs), zwischen z.t. verlorengegangenen Säulchen stehend, sind
die Märtyrer der sogenannten Thebäischen Legion, einer Abteilung römischer Legionäre, die um 300 in Köln unter ihrem Anführer Gereon das
Martyrium erlitt: Victor, Candidus, Florentius, Mauricius, Mallusius, Cassius. Christus selbst erscheint im Lehrgestus mit Buch, die Soldaten mit
ihren Waffen usw.- Auf der Vorderseite des Deckels in Niellozeichnung
(d.h. Verzierung durch eine schwärzliche Legierung aus Silber, Blei, Kupfer, Schwefel und Salmiak, in eine gravierte Zeichnung eingeschmolzen)
Christi Geburt, dabei das Kind in einer giebelhausförmigen Krippe seitlich
und der hl. Joseph mit Judenhut auf der anderen Seite.- Rückseite des
Deckels: Verkündigung an die Hirten, deren einer den gleichen Judenhut
trägt wie der hl. Joseph. Hier dient das Gruppenkennzeichen dazu, kenntlich zu machen, daß sich das christliche Heilsgeschehen unter Juden und
im Lande der Juden ereignet. Der Judenhut des Hirten ist etwa konisch bis
glockenförmig, der Hut Josephs eher wie ein Trichter dargestellt.

b) 2. Hälfte des 12. Jahrhunderts

Nr. 116.- *Szenen des Neuen Testaments.*- *Nowgorod*, Sophienkirche, Reliefs der
zweiflügeligen Bronzetür (um 1154 in Magdeburg hergestellt); Gesamthöhe: 3,60 m.-
Literatur: H. Appuhn, Meisterwerke der niedersächsischen Kunst des Mittelalters, Bad
Honnef 1963, Abb. 50; Fillitz, 1969, Abb. 321a; Lasko, 1972, Pl. 231; M. Gosebruch,
in: Zeitschrift für Kunstgeschichte 38, 1975, S. 109, Abb. 9-21; X. Barral i Altet (u.a.),
Romanische Kunst, I (München 1983), S. 287, Abb. 271; M. Durliat, Romanische
Kunst, Freiburg 1983, Abb. 337.344-346; U. Mende, Die Bronzetüren des Mittelalters,
München 1983, Tafel 105.108.110.- Drei der zahlreichen Bildfelder beanspruchen hier
besonderes Interesse:

1. *Flucht nach Ägypten.*- Linke Bildhälfte: Maria und Elisabeth (Lk 1,
39 ff.); Flucht nach Ägypten (Maria nimbiert, Joseph mit dem konischen
Judenhut des 12.Jh.; Inschrift: *Maria mater Jesu descendit in Egibtum
cum Ioseph*). Rechte Bildhälfte: Bischof Alexander von Plock an der
Weichsel (zwischen Klerikern stehend dargestellt), der die Tür zwischen

1152 und 1154 in Magdeburg bestellte. Von Plock kam die Tür wohl im
13. Jh. nach Nowgorod. Dabei wurden die lateinischen Inschriften durch
eine russische Übersetzung ergänzt.

2. *Gefangennahme Christi.-* Petrus, Judas und zwei Juden umgeben
den bereits gefesselten Christus. Die Hüte der Juden sind konisch, oben
leicht trichterförmig verjüngt. Inschrift: *Petrus. Iudas tradidit Christum.*
Nach Mt 26, 47 sind es Juden, die Jesus gefangennehmen; deshalb liegt
die Polemik hier in der Ausstattung neutestamentlicher Juden mit dem Judenhut des 12. Jh., ein Anachronismus, der im Sinne der Kollektivschuld-
these konsequent war.

3. *Geißelung Christi.-* Die auf Befehl des Pilatus vor der Kreuzigung
stattfindende Geißelung (Mk 15,15) wird durch die römischen Soldaten
des Statthalters gemacht. Hier sind es Juden, deren Gruppenzugehörigkeit
durch den konischen Hut eindeutig definiert wird. In dieser (denunziatorischen) Verwendung, die den neutestamentlichen Bericht verändert, liegt
ein Element der Polemik. Die Geißeln der Schergen sind heute nicht mehr
erhalten.

Nr. 117.- *Miniaturen im Psalter des Heinrich von Blois* († 1171), auch als Winchester-Psalter bekannt, entstanden etwa um 1155.- *London*, British Library, Ms. Cotton Nero C. IV.- *Literatur*: C.M. Kauffmann, Romanesque Manuscripts 1066-1190,
London 1975, Fig. 223; O. Mazal, Buchkunst der Romanik, Graz 1978, Abb. 51; K.E.
Haney, The Winchester Psalter, Leicester 1986.

Von besonderem Interesse sind hier unter den Gesichtspunkten des Judenthemas und der Kennzeichnung durch Gruppenmerkmale:

Folio 3 (Noe-Erzählung): Noe und (stellvertretend einer für) die Insas-
sen der Arche sind durch die phrygische Mütze als Israeliten kenntlich gemacht.

Folio 14 (Flucht der hl. Familie nach Ägypten): Joseph trägt die phrygische Mütze. Sie nähert sich, wie schon Folio 3, der Form nach dem konischen Judenhut an.

Folio 15, obere Hälfte (Darstellung Jesu im Tempel, Lk 2, 22 ff.): Simeon trägt, als bärtiger Jude, einen flachkonischen - anderweitig auch kalottenförmigen - Judenhut mit ganz kurzem Stift, der in anderen Bildern
mitunter auch die Gestalt eines Knopfes hat.

*Folio 15, untere Hälfte (der zwölfjährige Jesus unter den Lehrern im
Tempel):* Jesus, separat auf einer hohen Thronbank sitzend, ein Buch in
der Linken, die Rechte im Lehrgestus erhoben, disputiert, sozusagen von
oben herab, mit den jüdischen Lehrern. Jesus ist nicht Jude unter Juden,

sondern, auch durch seinen Nimbus, ikonographisch weit abgegrenzt von den bärtigen Juden (Haney, Fig. 14); vgl. bei Haney weitere Darstellungen dieses sehr attraktiven Themas der christlichen Kunst des Mittelalters: Fig. 103 (Berlin, Staatliche Museen, Skulpturenabteilung, Relief einer Elfenbeindose) und Fig. 104 (Escorial, Codex Vitrinas 17, folio 17 verso).

Folio 16, obere Hälfte (der junge Christus mit seinen Eltern): Joseph trägt einen stumpfkonischen bis kalottenförmig gerundeten Judenhut mit einem stummelartig verkürzten, fast knopfförmigen Stift oben. Die regelmäßige Betonung seines Judeseins durch ein entsprechendes Gruppenmerkmal hat bis in die frühe Neuzeit, soweit das Judenhutmotiv überhaupt im Zusammenhang mit Joseph verfolgt werden kann, nie polemische Nebentöne.

Folio 19 (obere Hälfte: Auferweckung des Lazarus; untere Hälfte: Einzug Christi in Jerusalem): Das jüdische Publikum trägt Kopfbedeckungen, die von der Form der phrygischen Mütze bis zum konischen Hut variieren.

Folio 21 (obere Hälfte: Judasverrat und Gefangennahme; untere Hälfte: Geißelung): In beiden Szenen ist jeweils einer der Akteure stellvertretend für die ganze Gruppe durch seine phrygische Mütze als Jude gekennzeichnet. Die Gesichter sind fratzenhaft verzerrt, um die Bosheit des Tuns über die Physiognomie auf eine wesensmäßige Bosheit zurückzuführen. In diesem Sinne sprechen antijüdische apologetische Texte sehr oft von der *malitia* und *malignitas* der Juden.

Folio 22, untere Hälfte (Kreuzabnahme): Nikodemus und Joseph von Arimathaia sind als bärtige Juden dargestellt. Ihr (fast kalottenförmiger) Judenhut hat nicht den sonst üblichen Knopf oder kurzen Stift oben.

Folio 23, obere Hälfte (Grablegung Christi): Christus trägt den (allerdings knopflosen) kalottenförmigen Judenhut genau der gleichen Art wie bei seinen bärtigen Bestattern (darunter Nikodemus und Joseph von Arimathaia), nur daß zwei dieser Dreiergruppe den mit oberem Knopf ausgestatteten Hut tragen.

Folio 25, untere Hälfte (Weg nach Emmaus): Die Emmaus-Jünger tragen einer die phrygische Mütze, der andere den runden Knopfhut. Der sich ihnen unterwegs anschließende Jesus trägt - offenbar zur Tarnung gegenüber den Jüngern - ebenfalls eine phrygische Mütze, die ihn Jude unter Juden sein läßt; er bleibt aber dem Bildbetrachter durch seinen Nimbus kenntlich.- Vgl. unten zum Leidener Psalter von etwa 1200, Nr. 195, und Haney, a.a.O., Fig. 132 (Cambridge, Pembroke College, Ms. 120, folio 4 verso): Emmaus-Erzählung. Die beiden Emmaus-Jünger mit Judenhut versehen, während Jesus anscheinend einen knopflosen Hut trägt und dazu nimbiert ist.

Festzuhalten ist, daß im Winchester-Psalter, in ein- und derselben Handschrift, verschiedene funktionsmäßig offenbar gleichartige Formen 'jüdischer' Kopfbedeckungen erscheinen. So wird einmal mehr evident, daß schon viele Jahrzehnte vor dem 4. Laterankonzil von 1215 eingeführte, gängige Gruppenmerkmale für Juden existieren. Dieses Konzil kann also nicht die ihm in dieser Hinsicht gewöhnlich zugeschriebene entscheidende Bedeutung gehabt haben.

Nr. 118.- *Miniaturen in einer lateinischen Predigtsammlung* (Godefridi I., abbatis Admontensis, Homeliae in festa), um 1160 in Admont, Steiermark, entstanden.- *Admont*, Ms. 62.- *Literatur*: P. Buberl, Die illuminierten Handschriften in Steiermark, 1. Teil, Leipzig 1911, S. 42, Fig. 33; S. 43, Fig. 35.

1. *Folio 22: Darbringung im Tempel.-* Joseph (oder Joachim? vgl. LThK V, 1960, 973) hält die zwei Tauben, von denen Lk 2,24 die Rede ist. Er trägt einen stumpfkonischen Knopfhut und wird dadurch in seinem Judesein definiert. Joseph ist in die Initiale "E" eingefügt (Unzialform des E), während darüber in der Initiale "P" Maria mit dem Kind und Simeon erscheinen.

2. *Folio 109: Joachim und Anna mit der hl. Maria.-* Bezugspunkt der Miniatur ist das apokryphe Jakobusevangelium (vgl. auch Lk 2, 36-38). Joachim ist als Person des jüdischen Umfeldes Jesu gesehen und trägt dementsprechend den (unten glockenförmig weiten) konischen Judenhut, oben mit Knopf versehen.

Nr. 119.- *Kruzifixus mit Ecclesia und Synagoga.-* Grubenschmelzplatte (Emailarbeit) eines Tragaltars aus dem Maasgebiet (vielleicht Werkstatt des Godefroid de Claire, † um 1173). Höhe des Tragaltars 33 cm, Breite 26 cm. Entstehungszeit: um 1160.- *Augsburg*, Maximilianmuseum.- *Literatur*: A. Schnütgen, in: Zeitschrift für christliche Kunst XV, 4 (1902) 125-126; O. von Falke u. H. Frauberger, Deutsche Schmelzarbeiten des Mittelalters, Frankfurt a.M. 1904, Tafel 77; Joseph Braun, Der christliche Altar in seiner geschichtlichen Entwicklung, I, München 1924, Tafel 79; Schiller, II (1968), Abb. 446; P. Springer, in: Anzeiger des Germanischen Nationalmuseums 1975, S. 13, Abb. 13.

Links und rechts neben dem Kruzifixus stehen Ecclesia mit Kreuzfahne und dem Kelch des Blutes Christi, das sie als Verwalterin des sakramentalen Heils legitimiert, und Synagoga. Christus wendet sich ab von Synagoga, die ihrerseits ebenfalls den Blick abwendet. Blind durch eine Augenbinde trägt sie in der einen verhüllten Hand die Dornenkrone Christi - was ihre Schuld an seiner Passion symbolisiert -, in der anderen Hand die zerbrochene Lanze, Symbol ihrer Niederlage und Entmachtung. Dem zentralen Medaillon zugeordnet erscheinen in den vier Ecken die Tugenden: Stärke (*Fortitudo*, mit Schild und Schwert als Attributen), Gerechtigkeit (*Iusticia*, mit Waage und Meßgerät), Mäßigkeit (*Temperancia*, gießt aus einer Kanne Wasser in ein Gefäß), Klugheit (*Prudencia*, mit einer Schlange). Diese Tugenden sind gedacht als segensreiches Geschenk an die Menschheit, als Gabe, die durch Christi Erlösungstod vermittelt wird und insofern in einer Wesensbeziehung zur Erlösungstat Christi steht. Die Kreisinschrift erläutert dies: "Hoherpriester und Opfer, an das Kreuz geheftet schenkt Christus die Tugenden, erquickt die Seelen und läßt die Heilsgaben ausströmen beim Gebet" (*in precibus fixus stans presul et hostia Christus, virtutes donat, animas beat et sacra manat*). In den vier äußeren Bildecken befinden sich schließlich noch die bekannten Evangelistensymbole. Das Passionswerkzeug in der Hand Synagogas steht für die Kollektivschuld der Juden an Christi Passion. Gleichwohl gehört sie, auch in ihrer Blindheit, noch zur Szene des Heilsgeschehens dazu. Sie spielt ihre stumme Rolle, nicht zuletzt, weil im Neuen Testament durch Paulus (bes. Röm 11,26) die Hoffnung genährt wird, daß sie eines Tages sehend wird und Christus doch noch erkennt.

Nr. 120.- *Deckplatte eines Tragaltars* aus Stavelot, Belgien, um 1160 entstanden.- Höhe 10 cm, Länge und Breite 27,5 x 17 cm. Grubenschmelztafeln, gruppiert um eine Bergkristallplatte in der Mitte (mit dem dreimaligen Sanctus von Is 6,3 als Chiffre der Trinität).- *Brüssel*, Musées royaux, Inv.-Nr. 1580.- *Literatur*: O. von Falke u. H. Frauberger, Deutsche Schmelzarbeiten des Mittelalters, Frankfurt a.M. 1904, Tafel 78; B. Kleinschmidt, Der mittelalterliche Tragaltar, Zeitschrift für christliche Kunst 17, 1904, 65-80, Abb. 7; J. Braun, Der christliche Altar in seiner geschichtlichen Entwicklung, I, München 1924, Tafel 93-94; H.Cornell, Biblia pauperum, Stockholm 1925, Tafel E (vor S. 129); Hauttmann, 1929, Abb. 5.605; RDK I (1937) 85-86, Abb. 3; A. Weisgerber, Studien zu Nikolaus von Verdun, Bonn 1940, S. 130, Abb. 40; M.Aubert (u.a.), Le vitrail français, Paris 1958, S. 29, Abb. 10; Blumenkranz, 1965, Abb. 66; Schiller, II (1968), Abb. 428; Rhein und Maas. Kunst und Kultur 800-1400 [Ausstellungskatalog] I, Köln 1972, S. 252 und Tafel G 13 (neben S. 261); E.G. Grimme, Belgien. Spiegelbild Europas, Köln 1975, Abb. 51; Die Zeit der Staufer [Ausstellungskatalog], II, Stuttgart 1977, Abb. 336; Benedictus. Eine Kulturgeschichte des Abendlandes. Von Dom Victor Dammertz O.S.B. (u.a.), Genf 1980, S. 228, Abb. 185; M. Durliat, Romanische Kunst, Freiburg 1983, Abb. 171; R. Suntrup, in: Frühmittelalterliche Studien 18, 1984, Tafel XXXIX, Abb. 86.

Wie es scheint, mit trotzigem Stolz, ebenso blind wie verblendet, zeigt Synagoga (unten, ikonographisch gewöhnlich der Ort der Hölle und des Todes) die Instrumente und Utensilien der Passion vor, Schwammrohr, Speer und (stilisierte) Dornenkrone (nicht die ihr genommene herrscherliche Krone, wie manche Interpreten glauben), so Christi Passion als ihr Werk verkündend. Das ist vorbereitet durch Kreuzigungsdarstellungen, auf denen Longinus und Stephaton mit der phrygischen Mütze oder dem konischen Judenhut erscheinen. Darüber Ecclesia, traditionell mit Kreuzfahne und Kelch. Wie zur Illustration von Synagogas Schuld bietet sich rechts unten die Geißelung Christi dar: Einer der Schergen trägt deutlich den Spitzhut des 12. Jh. Neben der Geißelungsszene (Inschrift: *Flagellatio Domini*) Pilatus vor den Juden (Inschrift : *Pilatus, Judei*) mit dem Zitat von Mt 27,25: *Sanguis eius super nos et super filios nostros*. Links unten das Abendmahl (Inschrift: *Cena*), darüber Melchisedek und Abel; Simson mit den Toren von Gaza (Ri 16, 1-3, Vorausbild der Kreuztragung Christi) und Jonas Errettung (Vorausbild der Auferstehung Christi); darüber Isaaks Opferung durch Abraham und Moses mit der Ehernen Schlange von Nm 21, 6-9, beides Vorausbilder der Kreuzigung Christi; ganz oben die Kreuztragung (*baiulans crucem Christus*), Kreuzigung und der Engel am leeren Grabe. An den Schmalseiten Apostelmartyrien.- Um die obere Rahmenleiste läuft die Inschrift: *Quam colit ecclesia crux mors victoria Christi, / per sanctos patres, patriarchas atque prophetas / ante figurata fuit et presignificata. / Et tamen hec ceca nundum [= nondum] credit Synagoga*. "Kreuz, Tod und Sieg Christi wurden, wie die Kirche verehrend glaubt, durch die heiligen Väter, Patriarchen und Propheten zuvor durch Bilder und Zeichen verkündet. Und dennoch glaubt die Synagoge dies noch nicht". Auf dem Sockel steht: "Dies ist in gleicher Weise durch das fromme (Märtyrer-)Blut dieser Apostel bestätigt. Sie schrieben auf, was Gott sie lehrte, und es wurde durch ihre Martern und ihren Tod als wahr erwiesen, und durch ihren (inspirierten) Mund zugleich vom Himmel her verherrlicht".

Nr. 121.- *Maiestas domini mit Ecclesia und Synagoga.*- Tympanonrelief der Kirche St.- Benigne, *Dijon* (um 1160), nur fragmentarisch erhalten, weil in der französischen Revolution zerstört. Die gedruckten Reproduktionen gehen auf die Zeichnung von U. Plancher zurück.- *Literatur:* U. Plancher, Histoire génerale de Bourgogne, I, Dijon 1739, Tafel zu S. 503; E. Mâle, L'art religieux de XIIe siècle en France, Paris 1924 (1953[4]), S. 217, Fig. 154; Schiller, IV 1 (1976), Abb. 128; O. von Simson, in: Wenn der Messias kommt, hg. von L. Koetzsche - P. von der Osten-Sacken, Berlin 1984, Abb. 35.

Die *Maiestas domini* mit Lehrgestus und Buch, umgeben von den Evangelistensymbolen und zwei Seraphim. Ganz außen Ecclesia und Synagoga, hier wohl zum erstenmal als Figurenpaar in der Kathedralplastik. Darunter die Geburt Christi und die Anbetung der drei Könige. Dieses Tympanon zeigt sehr deutlich das Weiterwirken der Grundanschauung, daß das Judentum, trotz seines Widerstandes und seiner zeitweiligen Entmachtung - hier fällt Synagogas Krone von ihrem Haupt - im christlichen Heilsplan seinen Platz behält, Zeichen der Hoffnung auf eine später am Ende der Zeit stattfindende Konvergenz.

Nr. 122.- *Kreuzigung mit Typus.-* Miniatur in einer flämischen Bibel, um 1160.- *London*, British Museum, Addit. Ms. 17738, folio 187.- *Literatur:* Blumenkranz, 1965, Abb. 63.

Wie schon in der Lütticher Miniatur der Mitte des 12. Jh. (oben, Nr. 106), trägt auch hier der Speerhalter die phrygische Mütze (als jüdisches Gruppenzeichen), der Schwammhalter die flachere und abgerundete fast kalottenförmige Version des Judenhutes, die gewöhnlich oben einen kurzen Stift oder Knopf hat. Der Speerhalter war nach Jo 19, 34 römischer Soldat. Bei dem Schwammträger geben Mt 27, 48; Mk 15, 36 und Jo 19, 29 keinen Identitätsaufschluß, wer genau aus Mitleid den verdünnten Weinessig reichte, Lk 23,36 aber nennt dafür die (römischen) "Soldaten", bei denen dieses gesäuerte Getränk jedoch als Erfrischungstrank galt (ähnlich ist Wein mit Galle [bzw. Myrrhe] vermischt, Mt 27, 34, in Wahrheit ein betäubendes Getränk, das aus Mitleid gegeben wurde). Die Texttraditen und bereits die Synoptiker haben die Aktion als Verhöhnung aufgefaßt.- Unter dem Kruzifixus erscheint das alttestamentliche Schlachtopfer als Typus des Kreuzopfers.

Nr. 123.- *Josua führt die Israeliten trockenen Fußes durch den Jordan.-* Miniatur in der sogenannten Walterbibel im Benediktinerkloster Michaelbeuern bei Salzburg, entstanden um 1160.- *Michaelbeuern* (Walterbibel), folio 74 verso.- *Literatur:* Österreichische Kunsttopographie. X. Die Denkmale des politischen Bezirks Salzburg. Von P. Buberl, Wien 1913, S. 547, Fig. 542; R. Green (u.a. Hgg.), Herrad of Hohenbourg. Hortus deliciarum, II, London-Leiden 1979, Abb. 90.

Dargestellt ist die Szene Josua 3,14-17. Die Israeliten tragen die konischen Judenhüte des 12. Jh.

Nr. 124.- *Kruzifixus mit Ecclesia und Synagoga; Typologien.*- Grubenschmelzbild der Deckplatte eines Tragaltars, um 1160 in Köln entstanden; Maße: 21 x 29,5 cm; Eichenholzkasten, mit vergoldetem beziehungsweise emailliertem Kupferblech beschlagen.- *Mönchengladbach*, ehemalige Benediktinerabteikirche St. Vitus.- *Literatur:* Die Kunstdenkmäler der Rheinprovinz [3,4]. Die Kunstdenkmäler der Städte und Kreise Gladbach und Krefeld, hg. von P. Clemen, Düsseldorf 1896, S. 35, Fig. 15 und Tafel VI (nach S. 34); J. Braun, Der christliche Altar, I, München 1924, Tafel 81; H. Schnitzler, Rheinische Schatzkammer, II. Die Romanik. Tafelband, Düsseldorf 1959, Tafel 141; Monumenta Judaica. Handbuch, Köln 1963, Abb. 63; Die Denkmäler des Rheinlandes. Mönchengladbach. Von C.-W. Clasen, Düsseldorf 1966, Abb. 138; Schiller, II (1968), Abb. 427; St. Soltek, in: Niederdeutsche Beiträge zur Kunstgeschichte 24, 1985, S. 25, Abb. 15.

Um den Altarstein aus Serpentin (Schlangenstein) sind einige auf den Kruzifixus bezogene alttestamentliche Typologien gruppiert: In der oberen Reihe in der Mitte die Opferung Isaaks durch Abraham, mit der Hand Gottes und dem Widder im Gesträuch; dazu links Melchisedek, rechts Abel. Diese Opfertrilogie ist inschriftlich (hexametrisch) erläutert: *Munera ternoru(m) signant hec trina viroru(m), ob nos oblatu(m) summi patris in cruce natum* (die Gaben dreier Männer zeigt diese Gruppe von drei Bildern. Sie weisen voraus auf den für uns am Kreuz geopferten Sohn des allerhöchsten Vaters). Seitlich links darunter Moses mit der Ehernen Schlange (Nm 21, 6-9; Jo 3, 14) und dem (auf Reproduktionen kaum noch lesbaren) Schriftband: *os non com(minuetis) ex eo* (kein Bein soll an ihm zerbrochen werden, Ps 34, 21 mit Jo 19, 36). Darunter der Prophet Zacharias mit dem Schriftband: *videbunt in quem t(ransfixerunt)* (sie werden auf den schauen, den sie durchbohrt haben, Jo 19, 37 mit Zach 12,10). Auf der rechten Seite *s(an)c(tu)s Iob*, der ein Medaillon hält. darin die Allegorie der *Patiencia*; darunter *Isayas* mit dem Schriftband: *sic(ut) o(vis) ad o(ccisionem) d(uctus) est* (Is 53,7). In der unteren Reihe der Kruzifixus mit Maria und Johannes, ihm zur Seite, je auf einer Sphaira sitzend, die nimbierte Ecclesia mit Kreuzfahne und Kelch und die blinde Synagoga mit den Gesetzestafeln (vgl. Ex 31, 18) und Lanze und Schwammrohr als Leidenswerkzeugen. Dazu die Inschrift: *Gaudeat Ecclesia dira de morte redemta. Legis summa perit, dum m(un)du(m) vita redemit* (es freue sich Ecclesia, vom furchtbaren Tod freigekauft. Das Gesetz geht ganz und gar zugrunde, weil ja das Leben die Welt freigekauft hat).

Da ist ein Kerngedanke des christlichen Glaubens ikonographisch formuliert: Christi Erlösungs- und Sühnetod ist typologisch im Alten Testament vorgebildet. Es erlischt die Gültigkeit des mosaischen Gesetzes, da der Mensch post Christum natum zu seiner Rechtfertigung und Erlösung dieses Gesetzes nicht mehr bedarf, aber die Kirche ist eine Kirche aus Juden und Heiden. Auf Synagoga, wiewohl noch blind (Augenbinde!) und schuldbeladen (Passionsinstrumente als ihr Attribut!) kann deshalb nicht verzichtet werden; sie bleibt in der entscheidenden Szene der Kreuzigung präsent, ja behält sogar dort die Sphaira, den königlichen Thronsitz, als Zeichen des Ranges und der bleibenden Würde (vgl. oben Nr. 55). Die Gesetzestafeln fallen nicht zu Boden, wie auf manchen Bildern dieses Typs; denn das Alte Testament mit seinen Präfigurationen wird für die Konkordanz beider Testamente weiter benötigt. Auch entsprechen ja den nimbierten Propheten der Deckplatte die nimbierten Apostel der umlaufenden Arkadenreihe: *Andreas, Iacobus, Matheus, Barth(olomeu)s. Symon. Taddeus* usw., und der leidende Hiob ist ein Vorausbild des leidenden Christus. Dementsprechend sind hier, in diesem theologischen Programm von eher versöhnlicher Struktur, Ecclesia und Synagoga in dieser Gruppierung nicht eigentlich Feindinnen, sondern demonstrieren die Hoffnung künftiger völliger Einheit und Harmonie. Keineswegs verläßt ja hier Synagoga die Szene des Heilsgeschehens oder wandelt gar, von Christus fortgestoßen, in den offenen Höllenrachen hinein, wie etwa im Genter Liber floridus des Lambert von St.- Omer (um 1100-1120).

124a.- H. Graeven (in: Jahrbuch der Königlich Preußischen Sammlungen 21, 1900, S. 86, Fig. 8) hat einen sehr ähnlichen Tragaltardeckel beschrieben, der wohl ebenfalls noch ins 12. Jh. zu datieren ist (ehemals Privatsammlung Spitzer, Paris): Oben Melchisedek, Abraham und Abel, seitlich David, Salomo, Malachias, Isaias. Unten Moses vor der Ehernen Schlange und ein Israelit, anscheinend mit einer jüdischen mittelalterlichen Kopfbedeckung. In der Mitte unten der Kruzifixus mit Ecclesia und Synagoga, letztere allerdings vom Kreuz weggehend, die Doppeltafel des Gesetzes aber ähnlich erhoben haltend wie die thronende Synagoga des Mönchengladbacher Altardeckels.

Nr. 125.- *Kreuzauffindungslegende.-* Grubenschmelzplatten eines Tragaltars von Stavelot, vielleicht um 1160 entstanden.- *New York*, Pierpont Morgan Library.- *Literatur*: O. von Falke u. H. Frauberger, Deutsche Schmelzarbeiten des Mittelalters, Frankfurt a.M. 1904, Tafel 117; J. Beckwith, Die Kunst des frühen Mittelalters, München 1967, Abb. 167; Rhein und Maas. Kunst und Kultur 800-1400 [Ausstellungskatalog], II, Köln 1972, Abb. S. 200; The Stavelot Triptych, New York 1980, Pl. 1.3.

Im Sinne der Kreuzauffindungslegende befragt Helena (*Elene*) eine Gruppe Juden (*Iudei*) beziehungsweise den Anführer (*Iudas*), über den ein Schriftband mitteilt: *Iudas novit*, das heißt, er weiß, wo das Kreuz liegt. Eine weitere Platte zeigt die Ausgrabung des Kreuzes. Die Juden tragen den (teils stumpfkonischen teils spitzkonischen) Judenhut des 12. Jh.

Nr. 126.- *Ecclesia und Synagoga; alttestamentliche Typologien.*- Halbkreisförmige Grubenschmelzplatten, um 1160 im Maasgebiet entstanden; Höhe 10 cm; ursprünglich wohl Teile eines Reliquiars o.ä.- *Troyes*, Schatz der Kathedrale.- *Literatur*: Monumenta Judaica, Katalog, Köln 1963, A 45, Abb. 20; A 24, Abb. 13.

1. *Ecclesia und Synagoga* (Abb. 13).- Ecclesia ist gekrönt; sie hält in der Linken die herkömmliche Kreuzfahne und in der Rechten - dies ist ein neues ikonographisches Element - ein Kirchenmodell als das ihr gemäße Attribut. Synagoga dagegen ist blind, der Schaft ihrer Speerfahne ist zweimal gebrochen, und ihrer Hand entfällt der Essigeimer, ein Passionsinstrument, als ihr Attribut hier erstmals an Stelle des sonst üblichen Schwammrohrs. Auch der Essigeimer (vgl. Jo 19, 29) dient als Chiffre der Schuld am Tode Jesu. Aber die ikonographische Logik ist nicht zwingend; denn wenn auf manchen Bildern ihre Krone vom Haupte fällt oder die Gesetzestafeln ihrer Hand entgleiten, so ist die Symbolik einleuchtend, auf den Essigeimer paßt dies weniger.

2. *Witwe von Sarepta* (1 Kg 17,12).- Aus den *duo ligna* der Vulgata las man später heraus, daß es sich um zwei kreuzförmig gehaltene und also auf Christi Kreuz weisende Hölzer handelte.- *Kundschaftertraube* (Nm 13, 23), wegen der Kreuzform ebenfalls Typus des Kreuzes Christi.

3. *Jakob segnet Josephs Söhne Ephraim und Manasse* (Gn 48,14).- Das kreuzförmige Ausstrecken der Arme deutet auf Christi Kreuz.- *Moses schlägt Wasser aus dem Felsen* (Ex 17,6), was schon früh auf das pneumatische Getränktwerden der Christen durch den "Felsen" Christus gedeutet wurde.

4. *Die Eherne Schlange* (Nm 21, 6-9) gilt mit ihrer vor dem Tod rettenden, heilenden Kraft seit Jo 3, 14-15 als Typus des Kreuzes Christi.- *Das Tau-Zeichen* auf der Stirn der zu schonenden Gerechten (Ez 9, 4; Biblia hebraica: *Taw; sēmeion* LXX; *thau* Vulgata). Vor allem wegen der Affinität zum griechischen T(au) als Typus des Kreuzes Christi gedeutet.

5. *Der Weinberg Israel* (Is 5, 1 ff.). Das scheint dem Künstler typologisch vorauszudeuten auf Christi Verhältnis zu den Juden.

6. *Der sein Haus mit dem Tau-Zeichen versehende Israelit* (Ex 12,7): Das rettende Bestreichen der Türen mit dem Blut des Passahlammes präfiguriert das rettende Blut Christi des Erlösers.

7. *Die Tempelquelle* (Ez 47, 1 ff; vgl. Apk 22, 1 und Jo 7, 38) wurde auf das von Christus ausgehende Heil gedeutet.

Nr. 127.- Das um 1160 entstandene *Antiphonar der Benediktinerabtei St. Peter in Salzburg* ist vielleicht das ikonographisch bemerkenswerteste Beispiel eines Antiphonars (diese enthielten nach den Kirchenfesten geordnete Antiphonen, Gesangstexte der Messe und der Chor- beziehungsweise Stundengebete und waren oft reich illustriert) und deshalb mit verschiedenen thematisch einschlägigen Miniaturen vorzustellen.- *Wien, Österreichische Nationalbibliothek, Cod. Ser. nova 2700.- Literatur:* K. Lind, Ein Antiphonar mit Bilderschmuck aus der Zeit des XI. und XII. Jahrhunderts, im Stift St. Peter zu Salzburg befindlich, Wien 1870, Tafeln XI. XXII. XXXVI; H.Tietze, Die illuminierten Handschriften in Salzburg (Beschreibendes Verzeichnis, II. Band), Leipzig 1905, S. 35, Fig. 16; G. Swarzenski, Die Salzburger Malerei. Tafelband, Leipzig 1908, Abb. 333.349.351.354; H. Swarzenski, Vorgotische Miniaturen, Königstein im Taunus u. Leipzig 1927, Abb. S. 48; Hauttmann, 1929, Abb. S. 647; Fr. Baumgart, Geschichte der abendländischen Malerei, Stuttgart 1952, Abb. 15; Fillitz, 1969, Abb. 412; Österreichische Nationalbibliothek in Wien. Abendländische Buchmalerei. Miniaturen aus Handschriften der Österreichischen Nationalbibliothek. Text von Fr. Unterkircher, Graz [o.J., ca. 1974], Tafel neben S. 58; O. Mazal, Buchkunst der Romanik, Graz 1978, Abb. 77; vgl. H. Unger, Text und Bild im Mittelalter, Graz 1986, 74-75.

1. *Geburt und Namengebung Johannes des Täufers* (p. 361).- Darstellung nach Lk 1, 57 ff.: Das Ehepaar Elisabeth und Zacharias sowie der Knabe Johannes sind als Gestalten der christlichen Heilsgeschichte nimbiert. Der zu Besuch kommende Nachbar trägt als Jude den konischen Judenhut des 12. Jh.

2. *Gefangennahme Jesu und Verhör vor dem Hohenpriester*, Jo 18, 1 ff. 12 ff. (p. 629).- Hier erscheinen zwei verschiedene, uns schon bekannte Formen der jüdischen Kopfbedeckung als Gruppenmerkmal, der Kalottenhut mit oberem Knopf (beim Hohenpriester) und die spitzkonische Version des Judenhuts (bei den gefangennehmenden Juden).

3. *Geißelung und Kreuzabnahme* (p. 630).- Nach dem neutestamentlichen Bericht besteht das Kommando, dem Pilatus Jesus zur Geißelung und Kreuzigung übergibt, aus den römischen Soldaten des Statthalters. Hier sind die Akteure zum Teil durch ihre konischen Judenhüte gekennzeichnet, doch ist vielleicht nicht auszuschließen, daß der vorn Stehende der Römer Pilatus ist. Indes trägt auch diese Person den im 12. Jh. sehr verbreiteten Judenhut. Ob die abstoßende Physiognomie eines der Schergen (mit Schläfenlocken?) "jüdisch" sein soll - er scheint mit seinem offenen Mund Christus zu schmähen -, wie die Interpreten meinen, ist zweifelhaft. In der unteren Bildhälfte nimmt Joseph von Arimathäa Jesus vom Kreuz, assistiert von Maria und Johannes. Joseph trägt ebenso den Kalottenhut mit Knopf wie der Helfer am Kreuzfuß mit der Nagelzange. Bei der Grablegung (p. 631) steht ein Kalottenhutträger im Hintergrund.

4. *Kruzifixus mit Ecclesia und Synagoga* (p. 300: Zeichnung zum Karfreitag). Das Bild liegt inhaltlich auf der Linie der karolingischen Elfenbeinreliefs. Neu ist das (Ochsen-)Joch (d.h. das Joch des Gesetzes) in Synagogas Hand, und ungewöhnlich ist auch die völlige Bedeckung ihrer
Augen durch das Kopftuch. Die Knechtschaft der Juden unter dem Gesetz
gehört seit dem Barnabasbrief zu den Hauptvorwürfen der antijüdischen
Apologetik.

5. *Steinigung des Stephanus* (p. 186).- Christus ist vom Himmel her
Zeuge, wie Stephanus zu Tode gesteinigt wird (Apg 7, 55-60). Durch einzelne Träger des konischen Judenhutes ist die ganze Gruppe wie die Tat
als jüdisch gekennzeichnet. Der konische Hut ist hier genauso oben mit einem Knopf versehen wie bei dem Vordersten der Judengruppe bei der
Geißelung, was auch dort nicht auf Pilatus, sondern einen Juden deutet.

Nr. 128.- *Miniaturen zur Hohenliedexegese des Honorius Augustodunensis.*

128a.- *Sunamitis (-Synagoga) als Braut des Sponsus (-Christus).*- Miniatur (farbige
Federzeichnung) in einer Handschrift des Hohenliedkommentars des Honorius Augustodunensis, etwa um 1160 in Salzburg entstanden.- *Wien, Österreichische Nationalbibliothek, Cod. Lat. 942 (darin fol. 1-108 Honorius August., 'Expositio super Canticum canticorum'; fol. 79-91: 'Liber tercius de Sunamite'; PL 172), folio 79 verso.- *Literatur*: G.
Swarzenski, Die Salzburger Malerei, Tafelband (Leipzig 1908), Abb. 401; Beschreibendes Verzeichnis der illuminierten Handschriften in Österreich, II (Leipzig 1926), von
H.J. Hermann, S. 137, Fig. 82; K. Künstle, Ikonographie der christlichen Kunst, I,
(Freiburg 1928) 318, Abb. 133; RDK I (1937) 640, Abb. 2.- Vgl. oben, Nr. 90,3.

Hoheslied 6, 11-12 *(Biblia hebraica*: "Da - ich weiß nicht, wie - versetzte mich meine Seele [zu] den Wagen meines edlen Volkes", *LXX*: ouk
egnō hē psychē mou. etheto me harmata Aminadab) übersetzt die Vulgata
frei: *Nescivi: anima mea conturbavit me propter quadrigas Aminadab. Revertere, revertere Sulamitis* etc.). Honorius Augustodunensis und die
christliche Hoheliedexegese setzen zu Hoheslied 6, 11-12 in Beziehung
den Abinadab von 1 Sam 7, 1 und 2 Sam 6, 1 ff. (die Bundeslade bei Abinadab, ihre Überführung nach Jerusalem), sowie Am(m)inadab, den
Schwiegervater Aarons (Ex 6, 23; wohl weil der nach Hebr 9,4 in der
Bundeslade liegende Aaronstab eine Interpretationsbrücke zu bieten
schien). Die Bundeslade wird auf einem von Zugtieren gezogenen Wagen
transportiert (1 Sam 6, 7.10 ff.; 7,1; 2 Sam 6, 3 ff.). Für Honorius ist sie
(PL 172, 512) das Evangelium, das durch die Welt fahren soll. Die Sulamitis (im Mittelalter war auch die varia lectio *Sunamitis* als Schreibweise
üblich) von Vulgata Hoheslied 6, 12- 7,1 (LXX: *Soulamitis*; Biblia heb-

raica: *Schulammit*) wurde, wozu vor allem das wiederholte als Bekehrung aufgefaßte *reverti* motivierte, als Typus des sich (endzeitlich) bekehrenden Judentums gedeutet. Aminadabs Wagen ist der alttestamentliche Typus des neuen Wagens (d.h. des Evangeliums), in dem die neu verstandene alte Lehre Israels, repräsentiert durch die bekehrte Sunamitis, zu den Völkern der Welt fährt. Die vier Räder sind in diesem Bilde die vier Evangelisten, vertreten durch ihre Symbole (vgl. Honorius von Augustodunum, PL 172, 455). Die *Quadriga Aminadab* wird geführt vom *Sacerdos Aminadab*. In die beiden Pferde sind drei Köpfe von *Prophete* und *Apostoli* eingezeichnet, im Sinne der Konkordanz vom Alten und Neuen Testament. Links stehen (oder folgen?) fünf *Judei*. Die ihr Gesicht verhüllende, von Wolken umgebene Sonne rechts oben wird bezeichnet als *Occidens* (d.h. Abendsonne, wohl in Fortführung der Mittagsonne der vorangegangenen Miniatur [zu *Filia Babylonis*, d.h. des sich bekehrenden Heidentums], bzw. weil Sunamitis von Westen kommt). Aminadab figuriert Christus, zu dem das bekehrte Judentum in Gestalt der Sunamitis (sie trägt eine Kreuzfahne, deren Tuch allerdings in die verkehrte Richtung flattert) jetzt gehört. Diesen Sachverhalt beschreiben die beiden Hexameter am oberen Bildrand. *Que fuit immitis, mansueta redit Sunamitis. / Hec prius abiecta, regnat captiva revecta* (Sunamitis, die einst störrisch-wild war, kehrt in friedlicher Sanftmut zurück. Die zuvor verworfen war, herrscht jetzt, besiegt und zurückgekehrt, als Königin), das meint, sie hat dem Ruf zur Rückkehr (*revertere*) Folge geleistet, hat sich unterworfen und ist dadurch zu wirklicher Herrschaft gekommen.

128b.- Eine weitere ähnliche Miniatur gleicher Provenienz (d.h. aus einer Handschrift des Hohenliedkommentars des Honorius Augustodunensis, vom Anfang des 3. Buches) aus etwa der gleichen Zeit ist veröffentlicht bei K. Künstle (a.a.O., S. 318, Abb. 133; dieselbe Miniatur auch bei A. Weis, in: Das Münster 1, 1947-1948, S. 77, Abb. 8). Nur fehlen hier Aminadab und die Propheten, auch weht Sunamitis' Fahne in die richtige Richtung.

128c.- Die gleiche Szene wieder in etwas veränderter Form, aber mehr dem Typ von Nr. 1 nahestehend, bietet die Handschrift (ehemals) München, Staatsbibliothek, Clm XCIV (jetzt: Baltimore, Walters Art Gallery, Ms. W. 29), folio 89 verso (Österreichische Kunsttopographie. Band XXXIV. Die Kunstdenkmäler des Gerichtsbezirks Lambach, bearbeitet von Erwin Hainisch, Wien 1959, S. 246, Abb. 302). Die inhaltlichen Abweichungen beschränken sich darauf, daß die Gruppe der Juden links um eine Person vermehrt ist.- Alter der Handschrift: 2. Hälfte 12. Jh; vgl. Year 1200, I, New York 1970, Abb. S. 286.

128d.- Dem Bildtyp 128 a sehr ähnlich, einschließlich der falsch wehenden Fahne, ist eine einschlägige Miniatur in einer Ende des 12. Jh. in Benediktbeuern entstandenen Honorius-Handschrift (München, SB, Clm 4550, folio 77; Die Zeit der Staufer [Ausstellungskatalog], II, Stuttgart 1977, Abb. 532; St. Soltek, in: Niederdeutsche Beiträge zur Kunstgeschichte 24, 1985, S. 15, Abb. 6).

128e.- Im Jahre 1301 entstand die Honoriushandschrift St. Florian (bei Linz, Österreich), Cod. XI, 80; folio 26 verso zum Thema (H. Jerchel, Die ober- und niederösterreichische Buchmalerei der ersten Hälfte des 14. Jahrhunderts, Jahrbuch der kunsthistorischen Sammlungen in Wien 6, 1932, S. 13, Abb. 13). Sie entspricht inhaltlich im wesentlichen dem Bildtyp 128 a, nur hat sich die Hutmode der Juden geändert: Aminadab trägt eine Bischofsmütze und hält einen Krummstab.

Nr. 129.- *Moses und Elias mit Heiligenschein.*- Miniaturen in der spanischen 'León-Bibel' vom Jahre 1162.- *León*, Archiv der Kirche San Isidoro, Ms. 3, folio 90 und 151.- *Literatur*: Encyclopaedia Judaica IV (Jerusalem 1971) 633, Fig. 1 (Elias); XII (1971) 386, Fig. 5 (Moses).

1. Moses und die Israeliten (zu Dt 33, 1 ff.: Segensworte des Mose zu den Israeliten). Moses ist nimbiert, wie oft in christlichen Miniaturen. Später ist er sowohl in christlichen wie in jüdischen Miniaturen verschiedentlich mit dem mittelalterlichen Judenhut ausgestattet.

2. Zur Begebenheit von 1 Kg 17, 6. Die Darstellung des Elias mit Nimbus ist üblich. Später findet man ihn in christlichen und jüdischen Miniaturen gelegentlich mit dem Judenhut ausgestattet. Wie das Alte Testament als Buch der Kirche und sozusagen der christlichen Vor- und Urgeschichte gilt, so sind Gestalten wie Elias in gewisser Weise Personen der christlichen Heilsgeschichte.

Nr. 130.- *Austreibung aus dem Tempel. Passionsszenen.*- Fresken der Kirche in *Bonn-Schwarzrheindorf*, 3. Viertel 12. Jh.- *Literatur*: K. Woermann, Geschichte der Kunst, III (Leipzig 1922), Tafel 45 (nach S. 306); A. Verbeek, Schwarzrheindorf, Düsseldorf 1953, Abb. 35.44; R. Kashnitz, in: Anzeiger des Germanischen Nationalmuseums 1979, S. 24, Abb. 14; N. Bremer, Das Bild der Juden, Frankfurt 1986, Abb. 6.

Die Vertreibung der Händler und Wechsler wird nach Jo 2, 13 ff. dargestellt; Jesus hält ein Schriftband *Auferte (ista hinc*, Jo 2, 26, Vulgata). Statt "den Juden" wird allerdings den aus dem Tempel Verjagten als

Schriftband (in Spiegelschrift) beigelegt *Signum ostende nobis (quia haec facis*, frei nach Jo 2, 18). Jesus ist nimbiert, dagegen tragen die aus dem Tempel Verjagten die konischen Judenhüte des 12. Jh.

Die Passionsszenen sind restauriert, doch läßt eine alte Nachzeichnung noch alles Wesentliche erkennen: "Das Volk", vor dem Pilatus seine Hände wäscht (Mt 27,24), trägt ausnahmslos konische Judenhüte. Einer der (jüdischen) Zuschauer bei der Kreuzigung ist offenbar, zur Kennzeichnung seines Judeseins, mit der phrygischen Mütze ausgestattet. Der Centurio bei der Kreuzigung, der ein (nicht mehr vollständig erhaltenes) Schriftband hält (*Vere filius dei erat iste*, Mt 27,54), sowie Longinus, tragen ebenfalls einen kegelförmigen Hut, aber von gerundeter, vom typischen Judenhut etwas abweichender Form. Dagegen ist einer der um Jesu Gewand würfelnden Soldaten wieder mit einem Judenhut versehen. Das alles zeigt kein nennenswertes Maß an Polemik, wenn man nicht die Vertreibung aus dem Tempel so werten will, weil hier dem mittelalterlichen Bildbetrachter der Gedanke an die Juden seiner eigenen Zeit - über die Brücke in Gestalt des zeitgenössischen Judenhutes - nahe lag, die ja auch mit Geld und Handel zu tun hatten. Polemik liegt aber in der ikonographisch überproportionalen Häufigkeit der Darstellung dieses Themas und in der Ermöglichung eines generalisierenden Schlusses: Die Juden schlechthin haben im Hause Gottes nichts mehr zu suchen.

Nr. 131.- *Ecclesia und Synagoga*.- Farbige Glasgemälde in *Châlons-sur-Marne*, Cathédrale Saint-Etienne, Salle du Trésor; 3. Viertel 12. Jh.- *Literatur*: L. Magne, L'oeuvre des peintres verriers français, Montmorency - Ecouen-Chantilly, Paris 1885, S. IX, Fig. 2-3; G. Maillet, La cathédrale de Châlons-sur-Marne, Paris 1946, 65; C.R. Dodwell, Painting in Europe 800 to 1200, Harmondsworth 1971, Pl. 213; Rhein und Maas. Kunst und Kultur 800-1400 [Ausstellungskatalog], I, Köln 1972, Abb. S. 126.

Der Kruzifixus mit Maria und Johannes ist von vier Halbmedaillons umgeben, die zusammen eine Art Rosette bilden. Links und rechts mit der Opferung Isaaks (Gn 22, 1 ff.) und der Errichtung der Ehernen Schlange (Nm 21, 6-9) zwei der wichtigsten alttestamentlichen Typologien der Kreuzigung Christi. Oben und unten Ecclesia und Synagoga, erstere wie üblich mit Kreuzfahne und Kelch, letztere mit den Instrumenten der Passion Christi: Dornenkrone, Essigschwamm und Speer. Sie ist durch eine Augenbinde blind und trägt in der Rechten das Spruchband: *Sanguis eius super nos et super filios nostros* (Mt 27, 25). Da erfolgt eine undifferenzierte, kollektive und polemische Schuldzuweisung.

Nr. 132.- *Miniaturen im sogenannten Liutold-Evangeliar*, das im 3. Viertel des 12. Jh. in der Benediktinerabtei Mondsee von dem Mönch Liutold unter Mitarbeit eines Gehilfen geschrieben und mit Bildern versehen wurde. Mit seinen farbigen Miniaturen ist es ein Meisterwerk seiner Zeit.- *Wien, Nationalbibliothek, Cod. 1244.*

1. *Messianischer Einzug Jesu in Jerusalem* (Folio 140 verso).- *Literatur*: G. Swarzenski, Die Salzburger Malerei, Tafelband, Leipzig 1908, Abb. 271; Beschreibendes Verzeichnis der illuminierten Handschriften in Österreich, II, Leipzig 1926 (von H.J. Hermann), Tafel XXIV, 1; Blumenkranz, 1965, Abb. 95.

Jesus, auf einer teppichartigen Satteldecke sitzend (vgl. Mt 21, 7: Ein Mantel als Decke auf der Eselin), reitet offenbar in Richtung Stadttor, eigentlich schwebend, weil die Hufe der Eselin den Boden nicht zu berühren scheinen. Seine Rechte hat er segnend erhoben, während die Linke einen stilisierten Palmwedel hält. Auf Bildern dieses Typs erscheint, wie hier, oft ein Mann, der von einem (stilisierten) Baum herab Jesu Weg verfolgt (offenbar der Zachäus von Lk 19, 1 ff.). Er hebt verehrend die Hand. Vor Jesus anscheinend ein Bewohner Jerusalems; denn auf Miniaturen dieser Art befindet sich sonst regelmäßig das Stadttor Jerusalems, gewöhnlich mit wartenden und Jesus begrüßenden Bürgern der Stadt. Hinter Jesus folgen einige Juden, durch ihre spezifischen Hüte gekennzeichnet. Aber in diesem Bildbereich haben gewöhnlich die Apostel ihren festen Platz, so daß zu erwägen ist, ob hier nicht doch (dies gegen Hermann, a.a.O.) die Apostel - als Juden, die sie ja sind - gemeint sind. So scheint auch Blumenkranz (a.a.O.) zu deuten.

Ähnlich ziehen hinter Jesus die (nimbierten) Apostel in Jerusalem ein auf einem italienischen Mosaik des 12. Jh. (Palermo, Cappella Palatina; Literatur: Encyclopedia of World Art XII, New York-Toronto-London 1966, Pl. 277).

2. *Gefangennahme Jesu* (Folio 184 recto).- *Literatur*: G. Swarzenski, a.a.O., Abb. 268; Hermann, a.a.O., Tafel XXV, 2; J. Baum, Die Malerei und Plastik des Mittelalters, II, Wildpark-Potsdam 1930, S. 261, Abb. 257; Blumenkranz, 1965, S. 256, Abb. 11; C. Pfaff, Scriptorium u. Bibl. des Klosters Mondsee, Wien 1967, Tafel XII.

Von links kommen vier Juden, deren vorderster mit einer Keule (bzw. Knüttel, *fustis*, Mt 26, 47) auf Jesus einschlägt. Auf der anderen Seite ergreift ein anderer Jude, mit einer Keule in der Linken, den ausgestreckten linken Arm Jesu. Dahinter bläst ein weiterer Jude in ein Signalhorn (dachte der Miniaturist an den Schofar?). Jesu Rechte weist zum Ohr des Malchus, wohl um das Ohr wieder zu heilen (nach Lk 22, 51). Das Lilien-Ornament auf den konischen Judenhüten (nebst dem Kreuzornament auf dem Gewand) ist anscheinend hier singulär, doch finden sich Lilienornamente nicht selten auch in den Miniaturen hebräischer mittelalterlicher Hand-

schriften.- Nicht schon die Darstellung als solche, sondern die große Häufigkeit des Judaskusses als Thema der Miniaturisten und die Aktualisie-
rung einer Kollektivschuld über den (anachronistischen!) Judenhut machen
das polemische Element dieser Liutold-Miniatur aus.

3. *Kreuzigung und Grablegung Christi* (Folio 188 verso).- *Literatur:* G. Swarzenski, a.a.O., Abb. 272; Hermann, a.a.O., Tafel XXVI, 1.

Maria und Johannes stützen ihr Haupt trauernd in eine Hand, Maria hebt
verehrend die rechte Hand. Vor Maria steht Joseph von Arimathaia, die
Rechte verehrend halb erhoben, mit der Linken auf den Kruzifixus weisend. Er trägt den Judenhut des 12. Jh. ebenso wie Nikodemus auf der anderen Seite, der ebenfalls auf Christus weist. Wie es scheint, hält er in der
Linken ein Gefäß (Bezug auf Jo 19, 39: Myrrhe und Aloe für Jesu Begräb-
nis?; Hermann, a.a.O., denkt an einen "Scheffel"). Das untere Bild zeigt
die drei Marien und wieder Joseph von Arimathaia und Nikodemus, diesmal ohne Spitzhut. Jedenfalls zeigt die Verwendung des Judenhutes im Liutold-Evangeliar einmal mehr, daß dieser nicht schon als solcher ein
Negativsymbol ist.- Vgl. Pfaff, Tafel XIV.

Nr. 133.- *Abendmahl Jesu; Versammlung der Juden.*- Miniatur zu Lk 22, 1 ff. einer lateinischen Bibel aus dem schwäbischen Raum (Ellwangen?, 2. Hälfte 12. Jh., vielleicht um 1165).- *Stuttgart*, Landesbibliothek, Bibl. fol. 60, Blatt 43 verso.- *Literatur:*
K. Löffler, Schwäbische Buchmalerei in romanischer Zeit, Augsburg 1928, Tafel 48 c.

Zwei Bildzonen übereinander zeigen unten Jesus und seine Jünger beim
Abendmahl (Lk 22, 7 ff.), oben, sozusagen als Kontrastbild, die Lk 22, 1
ff. beschriebene Beratung der Hohenpriester und Schriftgelehrten. Die
fünf offenbar im Meinungsaustausch begriffenen Männer tragen die Judenhüte des 12. Jh. Hier, also von der neutestamentlichen Szene her, kommt
wieder ein gewisser denunziatorischer Effekt zustande, insofern der Be-
schluß gegen Jesus kollektiv auch den Judenhutträgern des 12. Jh. angelastet werden konnte.

Nr. 133a.- Blatt 23 verso zeigt die Arbeiter im Weinberg (Mt 20, 1-16),
von denen einer den konischen Hut trägt; Blatt 37 verso in Initialminiaturen die Szene mit dem Jüngling von Nain (die Juden mit konischem Hut,
Jesus nimbiert) und das Gastmahl bei dem Pharisäer Simon (die Juden mit
konischem Hut, Jesus nimbiert; Lk 7, 36 ff.).

Nr. 134.- *Miniaturen* in einer im Benediktinerkloster Zwiefalten vielleicht um
1165, jedenfalls in der 2. Hälfte des 12. Jh. entstandenen Handschrift der Etymologiae
des Isidor von Sevilla.- *Stuttgart*, Cod. poet. et philol. fol. 33.- *Literatur:* K. Löffler,
Schwäbische Buchmalerei in romanischer Zeit, Augsburg 1928.

1. *Mann mit Judenhut beim Zählen* (Blatt 26 der Handschrift; Löffler, Tafel 42 d).- Das von vorn gesehene sägeartige Zählinstrument auf den Knien des Juden könnte ein Rechenbrett beziehungsweise Rechengitter (Abakus) sein, das im Spätmittelalter öfters als Arbeitsinstrument jüdischer Geldverleiher dargestellt ist. Es wäre dann diese Zwiefaltener Miniatur eine frühe Form oder Vorform dieses Bildtyps. Das bleibt aber eine reine Vermutung. Jedenfalls weist diese Miniatur keinerlei polemische Züge auf.

2. *Jüdischer Geometer* (Blatt 28 der Handschrift; Löffler, S. 56, Abb. 22).- Diese Initialminiatur (zum Beginn der Darlegungen Isidors über die Geometrie, Etymologieae 3, 10, 1) könnte die allegorische Personifikation der Geometrie sein, als deren Attribut der Zirkel gilt. Es ist möglich, daß der Miniaturist annahm, gerade Juden hätten eine besondere Beziehung zum Zählen und Messen oder, allgemeiner: Juden sind in bestimmten Berufen besonders geschickt. Wahrscheinlich ist aber, daß beide Miniaturen in den Traditionszusammenhang der als orientalisch geltenden (Jahres-) Zeitvorstellungen (samt affinen Berufsbildern) gehören und daß auch hier die genetisch ältere phrygische Mütze durch den Judenhut abgelöst wurde.

Nr. 135.- *Schändung eines Kruzifixes durch Juden.-* Miniatur in einem Passionale (d.h. liturgisches Buch mit Märtyrerlegenden), das etwa um 1165 in der Benediktinerabtei Zwiefalten entstand.- *Stuttgart,* Landesbibliothek, Bibl. fol. 56, folio 131 b.- *Literatur:* RDK II (1948) 956, Abb. 7.

Vielleicht Reminiszenz einer einschlägigen legendarischen Erzählung, wie es sie seit der christlichen Spätantike gab (vgl. etwa Gregor von Tours, PL 71, 724, sowie die einschlägige Miniatur im Codex Brüssel, Bibliothèque Royale, 3354, II, folio 89 [= Blumenkranz 1965, Abb. 65, wo aber der literarische Bezug unrichtig ist]). A. Boeckler, der dieses Stuttgarter Passionale 1923 herausgab, bemerkt dazu (S. 7): "Juden finden ein Bildnis Christi und kreuzigen es, wie ihre Väter Christus gekreuzigt haben. Oben in dem S ist ein Kruzifix, die 'imago Christi' aufgehängt. Ein Jude führt einen Schwamm zum Munde des Gekreuzigten, ein anderer macht den Lanzenstich. Ein dritter schließlich fängt in einer Schale das Blut aus der Seitenwunde auf und heilt damit einen Paralytiker, der in der unteren Schlinge des S im Bett liegend dargestellt ist. Aus den Fußwunden des Crucifixus fließt Blut auf die Augen eines Blinden, welcher dadurch das Gesicht wieder bekommt." Nur zwei der Personen tragen einen Judenhut, doch deutet der allen gleiche Rock darauf, daß es sich um eine von fünf Juden gespielte Verspottungsszene handelt. Hier hat der Hut eindeutig denunziatorisch-polemische Funktion. Nicht alle Akteure sind mit dem Judenhut ausgestattet, wie oft zur Definition des jüdischen beziehungsweise israelitischen Milieus die Miniaturisten sich damit begnügen, nur einen Teil, bisweilen nur eine Person der Dargestellten als Juden zu kennzeichnen. So verfahren die christlichen Künstler bei Kreuzigungsdarstellungen noch bis weit in die Neuzeit hinein.- Vgl. oben, zu Arnold von Lübeck († 1211/14), Petrus von Blois, Adgar, Ps.- Andronikos Komnenos, Thomas von Monmouth.

Nr. 136.- *Moses.*- Miniatur in einer anonymen Weltchronik, die aus Ekkehard von Aura († 1125) und anderen schöpft, wohl 2. Hälfte 12. Jh. entstanden, vielleicht 1160/1170.- *Stuttgart*, Cod. hist. fol. 411, folio 5 verso.- *Literatur*: K. Löffler, Schwäbische Buchmalerei in romanischer Zeit, Augsburg 1928, Tafel 36.

Diese eindrucksvolle Federzeichnung auf Pergament zeigt die Person, mit deren Namen die auf folio 6 recto einsetzende Weltchronik beginnt: Moses. Mit dem großen konischen Judenhut des 12. Jh. ausgestattet thront er zwischen einem beiderseits gerafften Vorhang. Das großartige Bild wird etwas beeinträchtigt dadurch, daß das Rahmenornament unvollendet geblieben ist. Die aktualisierende Vergegenwärtigung zeigt Moses anscheinend in der Kleidung eines wohlhabenden Juden des Hochmittelalters. Freilich hält er in der Linken nicht "Wachstafeln", wie Löffler meint, sondern die (steinerne) Doppeltafel von Ex 31, 18, die im christlichen Mittelalter zum Symbol des mosaischen Gesetzes wird. Der entwicklungsgeschichtliche Vorläufer dieser Doppeltafel sind allerdings die mit Wachs überzogenen, z.t. mit Scharnieren verbundenen Holztafeln der Antike. Der Kodex in der anderen Hand könnte das Neue Testament sein, auf das die Tora typologisch und allegorisch vielfach vorauswies. Dann wäre diese Miniatur ein gutes ikonographisches Beispiel für das Prinzip der Konkordanz beider Testamente. Auffällig ist im übrigen, daß der neutestamentliche Arm weit kräftiger ausgefallen und der Kodex größer als die Doppeltafel ist. Das meint: Das Alte Testament wird für das Prinzip der Konkordanz weiter benötigt, steht aber an Bedeutung hinter dem Neuen Testament zurück.

Nr. 137.- *Höllengang der Juden; alt- und neutestamentliche Szenen.*- Patene und Kelch (Silber, graviert und nielliert) aus dem ehemaligen Prämonstratenser-Chorherrenstift Wilten (Tirol); um 1160-1170.- *Wien*, Kunsthistorisches Museum.- *Literatur*: H. Klapsia, Der Bertoldus-Kelch aus dem Kloster Wilten, Jahrbuch der kunsthistorischen Sammlungen in Wien 12, 1938, 7-34, Tafeln I.IV.V, Abb. 10-11.17-21; H. Swarzenski, Monuments of Romanesque Art, Chicago 1953, Abb. 437; V.H. Elbern, in: Zeitschrift des Deutschen Vereins für Kunstwissenschaft 17, 1983, 117-188, S. 126, Abb.

86; S. 180, Abb. 125; Seiferth, 1964, Abb. 21; Blumenkranz, 1965, Abb. 69; Lasko, 1972, Pl. 228; K. Schubert, Die Kultur der Juden, II (Wiesbaden 1979), S. 33, Abb. 21.

1. *Patene, Unterseite*, Randzeichnung.- Der vorderste in der Reihe der der Hölle zu schreitenden Juden hält ein Schriftband: *Sinagoga*; das meint nicht die (männliche!) erste Person, sondern die ganze Gruppe. Aus dem Tor der Hölle, die wie der große Torbau einer Stadt dargestellt ist, schlagen Flammen heraus. Der letzte in der Reihe der Juden schaut traurig zur verschlossenen, von zwei Cherubim und einem Engel bewachten Paradiestür zurück. Auf der anderen Seite erlöst Christus die Gerechten aus der (Vor-)Hölle. Das erinnert an den Höllengang der Synagoga im Genter 'Liber floridus' (um 1100-1120; siehe oben, Nr. 73); zur neutestamentlichen Anbindung vgl. Mt 25, 41; Klapsia a.a.O., S. 20, versteht die Szene nicht richtig; ebensowenig H. Swarzenski, S. 75: "The Synagogue, leading the Jews to Hell"). Die von Christus Erlösten (dabei sind Bischöfe, Kleriker und Laien) ziehen dann in langem Zuge hinter ihm her ins Paradies, um vereint zu werden mit den Engeln des Himmels. Die am äußeren Rand umlaufende Inschrift erläutert dies: *Que reprobat Christum Sinagoga meretur abissum. / Ecclesie fidei dat gracia gaudia celi. Hic homo letatur, quod celicolis sociatur* ("Die Christus verwerfende Synagoge verdient die Hölle. Die Gnade des Glaubens gibt der Ecclesia die Freuden des Himmels. Der Mensch hier, auf der anderen Seite, freut sich, weil er in die Gemeinschaft der Himmelsbewohner aufgenommen wird"; Seiferth, a.a.O., S. 143, übersetzt unrichtig und unvollständig). Danach bildet die Gesamtheit der Erlösten die Ecclesia; die Juden, außerhalb der Kirche stehend, werden als solche selbstverständlich der Hölle zugeordnet. Das erinnert an die Juden in der Höllenminiatur des Hortus deliciarum der Herrad von Landsberg, die als Juden, ohne weitere Begründung, von Teufeln in einem großen metallenen Kessel gesotten werden (s. unten, Nr. 170).- Der innere Kreis der Unterseite der Patene zeigt in herkömmlicher Weise den Kruzifixus mit Maria, Johannes und den Evangelistensymbolen. Die umlaufende Inschrift sagt: *Peccatum Christus mundi tollit, crucifixus* ("der gekreuzigte Christus nimmt hinweg die Sünde der Welt").

2. *Patene, Oberseite*.- Im inneren Kreis der Grabbau Christi mit dem Engel am offenen Grabe und den drei Frauen stellt eine Art Kontrastprogramm zur Unterseite dar. Auf dem Patenenrand: Der auferstandene Christus begegnet den beiden Marien, sagt *noli me tangere* zu Maria Magdalena; Die Emmaus-Szene (Lk 24, 30-31); der ungläubige Thomas; die Himmelfahrt. Eine rundläufige Inschrift interpretiert: *Fulgent clara dei vitalis signa trophei / per quem vita datur mortis ius omne fugatur* ("Es leuchten

hell die Siegeszeichen des lebendigen Gottes, durch den das Leben gegeben wird und alle Ansprüche des Todes zurückgewiesen werden").

3. *Kelch* (nach dem inschriftlich eingetragenen Stifter Bertoldus-Kelch
genannt).- Er trägt unter anderem die Inschrift (außen auf der Fußobersei-
te): *In testamento veteri quasi sub tegumento / clausa latet nova lex, novus
in cruce quam reserat rex* (unrichtig aufgelöst bei Klapsia, S. 15, und U.
Diehl, Die Darstellung der Ehernen Schlange, Diss. München 1956, 146;
zu verstehen ist vielmehr: "Im Alten Testament ist wie unter einer Decke
verborgen das neue Gesetz, welches der neue König am Kreuz enthüllen
sollte"). Das formuliert den entscheidenden Kontroverspunkt zwischen
Kirche und Synagoge, die christologische Exegese der Bibel. Zahlreiche
Bilder auf dem Kelch zeigen Szenen des Alten und Neuen Testaments,
wobei jüdische Akteure auch mit dem konischen Judenhut des 12. Jh. versehen sind.

Nr. 138.- *Isaias und Christus.*- Initialminiatur zum Anfang des Buches Isaias in
einer lateinischen Bibel: *"V"(isio Isaiae filii Amos, quam vidit super Iudam et Ierusa-
lem*), um 1160-1170.- *Winchester*, Cathedral Library, folio 131.- *Literatur*: M. Rik-
kert, Painting in Britain. The Middle Ages, London 1954, Pl. 85 B; J. Beckwith, Die
Kunst des frühen Mittelalters, München 1967, Abb. 183; C.M. Kauffmann, Romanesque Manuscripts, London 1975, Fig. 238.

Isaias hält als (Christus-)Prophet ein Schriftband als Symbol seiner auf
Christus weisenden Texte. Gegenüber und Beieinander Christi und des
Propheten ist sinnfälliger Ausdruck des Gegenübers und Miteinanders von
alttestamentlicher Prophezeiung und neutestamentlicher Wirklichkeit. Isaias ist, entsprechend seiner sozusagen vorbereitenden Aufgabe, kleiner dargestellt als sein Gegenüber. Er trägt eine offenbar in England übliche Form
des hochmittelalterlichen Judenhutes (vgl. z.B. die engl. Bibel von 1170 in
New York; siehe unten, Nr. 144), freilich mit einem Knopf statt eines Stif-
tes versehen. Indes ist mitunter der Knopf kaum von einem stummelartig
kurzen Stift zu unterscheiden.

Nr. 139.- *Kreuzigung Christi durch Juden; Kreuztypologie.*- Miniatur in einer niederdeutschen Petrus-Lombardus-Handschrift vom Jahre 1166.- *Davenham*, Malvern (in
Devonshire), Dyson Perrins Library, Ms. 117, folio 119 verso.- *Literatur*: RDK IV
(1958) 819, Abb. 1.

Speerträger und Schwammhalter sind als jüdische Schergen gesehen,
deren Judesein durch den konischen Judenhut des 12. Jh. betont wird, anscheinend auch durch Bart und Schläfenlocken (im Mittelalter entwickelte

sich diese Haartracht aus Lv 19, 27 [Verbot des seitlichen Bartstutzens]).
Den gleichen Hut trägt die Gruppe der Israeliten vor der Ehernen Schlange
am Kreuzfuß, dem korrespondierenden alttestamentlichen Typus (vgl. Jo
3, 14 zu Nm 21,6-9), der offenbar oben am Kreuz noch einmal wiederholt
wird. So ist hier überdeutlich formuliert, was sonst dadurch zum Ausdruck gebracht wird, daß die Eherne Schlange als Vorausbild des rettenden
Kruzifixus *entweder* am unteren Ende *oder* am oberen Ende des Kreuzes
erscheint. In jedem Fall ist der Bezug von Typus und Antitypus (Realtypus) ikonographisch klar artikuliert. Die Miniatur ist der Initiale *"S"(alve
me* etc.) eingefügt. Der Gesichtspunkt der Rettung durch die Eherne
Schlange beziehungsweise Christus ist wiederholt in dem Schriftband des
vordersten Israeliten, der vor (dem hutlosen) Moses steht: Das "Blut"
(*sanguis ... serva nos*) soll vor Tod und Sünde retten, wie seinerzeit die
von Moses errichtete Eherne Schlange die Menschen rettete. Ein Element
des Grotesken bringt der Reitsitz Stephatons ins Spiel. Er weist vielleicht
von fern voraus auf Darstellungen wie den sehr viel späteren Hexenritt des
Hans Baldung.- Vgl. zu Nr. 135.

Nr. 140.- *Bischof Adalbert von Prag* († 23.4.997) betreibt vor Herzog Boleslav
von Böhmen die Freilassung christlicher Judensklaven.- Relief einer Bronzetür des Doms
zu *Gniezno (Gnesen)*, entstanden etwa um 1170.- *Literatur*: Die Kunstdenkmäler der
Provinz Posen. Die Kunstdenkmäler des Regierungsbezirks Bromberg. Bearbeitet von J.
Kohte, Berlin 1897, Tafel IV (nach S. 84); G. Dehio, Geschichte der deutschen Kunst, I
(Berlin-Leipzig 1930) S. 208, Abb. 399; C. Roth (Hg.), The World History of the Jewish People, II 2 (London 1966), Fig. 1; Encyclopaedia Judaica (Jerusalem 1971) XIV,
1661, Fig. 1; Lasko, 1962, Pl. 232; P.C. Claussen, in: Wallraf-Richartz-Jahrbuch 39
(1977) S. 19, Abb. 14; H.H. Ben-Sasson, Geschichte des jüdischen Volkes, II (München 1979), Abb. 7 (nach S. 70); Grant, 1982, S. 149; Der Kunst Brockhaus I (Wiesbaden 1983) 420; U. Mende, Die Bronzetüren des Mittelalters, München 1983, Abb.
78.126.134; L. Alscher (u.a.Hgg.), Lexikon der Kunst, I (Berlin 1984) 95.

Aus literarischer Quelle wissen wir, daß Bischof Adalbert christliche
Sklaven von jüdischen Händlern loskaufte (MG, Scriptores 4, 586). Der
Konflikt zwischen dem kirchenrechtlichen Anspruch, daß Christen (bzw.
Heiden nach ihrer Taufe) nicht Sklaven von Juden sein durften, auf der einen Seite und dem Besitzrecht der jüdischen Kaufleute bzw. Sklaveneigner
andererseits führte im Laufe des Frühmittelalters, wie besonders das Beispiel des Streites Bischof Agobards mit dem Frankenkönig Ludwig dem
Frommen zeigt (dazu Verf., Die chr. Adv.-Jud.-Texte, Frankfurt 1982,
491 ff.), zu ernsten Konflikten; denn die weltlichen Herrscher (als Ge-
richtsherren in solchen Fällen zuständig) neigten dazu, aus Gründen der

Rechtssicherheit und ihrer Steuereinnahmen wegen, etwaige jüdische Besitzrechte nicht anzutasten.

Hier erscheint Adalbert mit zwei Juden, erkennbar an dem konischen Judenhut, deren einer zwei gefesselte Gefangene am Strick mit sich führt (sie haben in stilistischer Verknappung zusammen nur zwei Beine), vor Boleslav in seiner Eigenschaft als Gerichtsherr, offenbar, um wie eineinhalb Jahrhunderte zuvor Agobard, das Recht der Kirche durchzusetzen, vermutlich mit dem Angebot, notfalls die Sklaven loszukaufen, ein Verfahren, das schon Gregor d. Gr. vierhundert Jahre vorher befürwortete (vgl. Verf., a.a.O., S. 429.430).

Das hier interessierende Relief gehört zu den 18 Flachreliefs einer zweiflügeligen Bronzetür (jeder Flügel etwa 3,25 m hoch und etwa 85 cm breit), die Szenen aus der Lebensgeschichte des hl. Adalbert darstellen. Der legendenhafte Bildzusammenhang ist offenbar der, daß Christus dem Bischof im Schlaf erscheint und ihn bittet, die in die Gefangenschaft eines jüdischen Kaufmannes geratenen Christen auszulösen. Anscheinend reicht sein Geld nicht, die von dem Juden geforderte Summe zu zahlen, so daß ein juristischer Disput mit dem Herzog erforderlich wird.- Im übrigen wird das Bild noch bis in die jüngste Zeit falsch interpretiert. So meint Claussen (a.a.O., S. 19), der hl. Adalbert "verklagt zwei gefesselte Juden".

Nr. 141.- *Kruzifixus mit Ecclesia und Synagoga; alt- und neutestamentliche Szenen.*- Patene und Kelch aus der ehemaligen Abteikirche der Augustiner-Chorherren in Tremessen (Trzemeszno), Polen, seit 1958 im Schatz der Kathedrale von *Gnesen (Gniezno)*; um 1170 entstanden.- Durchmesser der Patene: 19,2 cm, Höhe des Kelchs: 17,1 cm.- Material: Silber (z.T. vergoldet), graviert und nielliert.- *Literatur*: Die Kunstdenkmäler der Provinz Posen. Die Kunstdenkmäler des Bezirks Bromberg, bearbeitet von J. Kohte, Berlin 1897, Tafel nach S. 64; V.H. Elbern, in: Zeitschrift des Deutschen Vereins für Kunstwissenschaft 17, 1963, S. 127, Abb. 87; S. 181, Abb. 126; Schiller, II (1968), Abb. 424; Lasko, 1972, Pl. 225; RDK VI (1973) 169, Abb. 9; E.M. Vetter, in: Zeitschrift für Kunstgeschichte 40, 1977, S. 127, Abb. 14; P. Skubiszewski, in: Jahrbuch der Berliner Museen 22, 1980, S. 36, Abb. 1; S. 37, Abb. 2; S. 38, Abb. 3; S. 48, Abb. 17; Hürkey, 1983, Abb. 68; R. Suntrup, in: Frühmittelalterliche Studien 18, 1984, Tafel XLII, Abb. 92.

1. *Patene.*- Innen der Kruzifixus mit Ecclesia und der besiegten, gleichwohl unentbehrlichen - weil den Sieg bezeugenden und anschaulich machenden - Synagoga in der schon in der karolingischen Zeit entwickelten Darstellungsweise. Die Randbilder zeigen christologische Typologien des Alten Testaments: Abrahams Opferung Isaaks (Gn 22, 1 ff.); Melchi-

sedek mit Wein und Brot (Gn 14, 18-20); Jakob träumt von der Himmels-
leiter (Gn 28, 10 ff.); Errichtung der Ehernen Schlange durch Moses (Nm
21, 6-9); Moses schlägt den Quell aus dem Felsen (Ex 17,1-7); die beiden
Kundschafter mit der Weintraube (Nm 13,23; vgl. Verf., Die christlichen
Adversus-Judaeos-Texte, 1982, 368); Gideons Berufung, als er auf der
Tenne drischt (Richter 6; Ährenbündel kreuzweise gelegt, darüber das
Vließ von Richter 6, 36 ff. als Typus der Virginität Marias); Verkündigung
der Geburt Simsons (Richter 13, 1 ff. 19-20); Elias segnet Mehl und Öl
der Witwe von Sarepta (1 Kg 17, 9-16).- Zwei umlaufende hexametrische
Inschriften befinden sich auf der Patene, innen: "Das Leben erleidet den
Tod, die Süße trinkt den Essig. Nicht ein Mensch, sondern ein Wurm
(vgl. Ps 22,7), den Bewaffneten besiegt der Unbewaffnete" (*vita subit le-
tum, dulcedo potat acetum. / Non homo sed vermis, armatum vincit iner-
mis*; U. Diehl, Die Darstellung der Ehernen Schlange, Diss. München
1956, S. 60. 147, deutet *vermis* unrichtig auf die Eherne Schlange); außen: "Die Schriften (des Alten Testaments) verkünden (mit Worten), was
die Bilder gezeigt haben; ein glänzendes Licht leuchtete auf, nachdem die
von Gott (zuvor) gegebenen Zeichen Wirklichkeit wurden; sie gingen voraus, und sie waren Christi Vorausbild" (*Clamant scripture, quod signa-
vere figure; / signis patratis iubar emicuit deidatis; / que precesserunt,
Christi tipus, illa fuerunt.*). Das erläutert das in einigen der umlaufenden
Bilder sehr deutlich beschriebene Verhältnis von alttestamentlichem Typus
(Vorausbild) und neutestamentlicher Realität. Die innere Inschrift nimmt
auf den Essigtrank des sterbenden Christus Bezug, sowie auf die schon
bei Augustinus (CChr 38,1251) formulierte Interpretation zu Ps 22,7
(Vergleich des leidenden Christi mit einem schwachen Wurm).

2. *Kelch.*- Er zeigt oben, jeweils durch eine Säule getrennt: Gott, mit
dem Kreuznimbus versehen, erscheint Moses im brennenden Dornbusch
(Ex 3,1 ff.); Verkündigung des Engels an Maria (Lk 1,28 ff.); Aarons grünender Stab (Nm 17, 16 ff.); Christi Geburt; Christi Taufe; Abendmahl;
am oberen Kelchrand die Inschrift: *Matre deo (dei?) digna sunt hec pro
virgine signa; / pro nostris damnis lavat hunc Jordanicus amnis.* "Der Gottesmutter würdig sind diese Zeichen für (sie als) eine Jungfrau, / für unsere
Sünden benetzt diesen der Jordanfluß". Der brennende, aber nicht verbren-
nende Dornbusch ist eines der herkömmlichen "Zeichen" der Jungfrauenschaft Marias, ebenso der Aaronsstab. Der zweite Hexameter bezieht sich
eher auf Christi Taufe im Jordan (und seine Menschwerdung für die Sünden der Menschheit überhaupt), wohl weniger auf "das dem Jordan ver-
gleichbare Blut Christi" (so Elbern, a.a.O., S. 170).- Unter der oberen

Bildreihe, über den vier Evangelistensymbolen, steht: "Einträchtig verkünden diese die Großtaten Christi" (*Concordes isti fantur magnalia Christi*). Im Rankenwerk des Knaufs erscheinen die vier Paradiesflüsse *Phison, Tigris, Eufrates, Geon*. Darunter, am Schaft, die vier Kardinaltugenden *Iusticia, Temperancia, Fortitudo, Pudencia*. Auf dem Fuß, jeweils in einzelnen Arkaden, die allegorischen Personifikationen der acht Seligpreisungen (Mt 5, 3-10; Lk 6, 20-26), worauf sich die Inschrift um den Kelchfuß bezieht: "Der du die Freuden des hohen Himmels haben möchtest, hänge diesen Tugenden an und liebe sie" (*Gaudia summorum qui queris habere polorum, harum sectator virtutum sis et amator*).

Die Gnesener Gruppe (Patene und Kelch) steht stilistisch und thematisch der Wiener Patene aus Wilten sehr nahe. Beide bieten ein typologisch-theologisches Programm des Erlösungswerkes Christi. Im Hinblick auf das Judentum ist die Gnesener Gruppe offensichtlich versöhnlicher gestimmt.

Nr. 142.- *Paulus als Juden- und Heidenmissionar.*- Grubenschmelzplatte (Email, vergoldete Kupferplatte) englischer Herkunft (etwa um 1170 hergestellt), wahrscheinlich ursprünglich als Schmuckplatte zur Altarverkleidung verwendet.- *London*, Victoria and Albert Museum.- *Literatur*: H. Swarzenski, Monuments of Romanesque Art, Chicago 1953, Plate 194, Fig. 445; Encyclopaedia Judaica VIII (Jerusalem 1971) 662, Fig. 21; J. Beckwith, Die Kunst des frühen Mittelalters, München 1967, S. 201, Abb. 190; Lasko, 1972, Pl. 283; English Romanesque Art 1066-1200 [Ausstellungskatalog], London 1984, Abb. 290 d; de Winter,1985, Fig. 99.

Die bärtigen Gesprächspartner, mit denen Paulus diskutiert und die offenbar entschieden Einwände vorbringen, scheinen Juden zu sein; denn sie tragen eine Kopfbedeckung, die oben in einem knopfartigen Wulst endet, offenbar eine stilisierte phrygische Mütze. Die bartlosen eher passiven Zuhörer sind wohl Heiden bzw. Griechen. Paulus ist schon durch seinen Nimbus von dieser Gruppe abgehoben. Er und der vorderste Jude halten je ein Schriftband, Paulus: *disputabat cum Graecis* (Apg 9, 29); der vorderste Jude: *revincebat Judaeos* (Apg 18, 28).

Nr. 143.- *Eherne Schlange.*- Grubenschmelzplatte, Maasgebiet, um 1170.- *Luzern*, Sammlung Kofler-Truniger.- *Literatur*: Monumenta Judaica. Handbuch, Köln 1963, Abb. 39.

Aus der "Stange" von Nm 21, 8 ist hier, wie auch sonst öfter, eine Säule geworden. Moses mit (christlichem) Nimbus steht vor ihr, ihm gegenüber zwei Israeliten, davon einer mit dem Gruppenmerkmal des Judenhutes: Kalotte mit kurzem Stift darauf. Die Schlange ist inschriftlich definiert als *serpens*, ebenso Moses durch ein Adskript und die ganze Szene als *misteriu(m) crucis*, das heißt als Vorausbild (*typus, figura*) des Kreuzes Christi.

Nr. 144.- *Szenen aus dem Leben Davids.*- Einzelblatt aus einer englischen Bibel, (etwa um 1170), Maße: 57,4 x 38,7 cm.- *New York*, Pierpont Morgan Library, Ms. 619.- *Literatur*: M. Rickert, Painting in Britain. The Middle Ages, London 1954, Pl. 86; Fillitz, 1969, Tafel LVII; C.M. Kauffmann, Romanesque Manuscripts 1066-1190, London 1975, Fig. 241; X. Barral i Altet (u.a.), Romanische Kunst, II (München 1984), S. 226, Abb. 192.

Die drei Bildzonen zeigen, wie David mit Goliath kämpft, wie er vor Saul musiziert und von Samuel gesalbt wird (1 Sam 16, 1 ff.), schließlich unten Absaloms Tod und David, der ihn beweint. Samuel als Prophet und Priester ist nimbiert, im Gegensatz zu David als Krieger und Herrscher. In der rechten Hälfte der mittleren Szene erscheint in der Gruppe der Israeliten als Gruppenmerkmal der in der 2. Hälfte des 12. Jh., anscheinend vor allem im englischen Raum, üblich werdende Judenhut in der Form einer Kalotte, mit einem aufgesetzten kürzeren oder längeren Stift (vgl. z.B. die Winchesterbibel von etwa 1165, oben, Nr. 138). Mit diesem Gruppenmerkmal ist auch hier keinerlei negative Wertung verbunden.

Nr. 145.- *Kruzifixus mit Ecclesia und Synagoga.*- Halbkreisförmige vergoldete und emaillierte Kupferscheibe (15 x 9 cm), ursprünglich Vorderseite eines Reliquiars, das um 1170 oder früher entstand.- *Paris*, Musée Cluny.- *Literatur*: H. Graeven, in: Jahrbuch der Königlich Preußischen Kunstsammlungen 21, 1900, S. 87, Fig. 9; O. von Falke u. H. Frauberger, Deutsche Schmelzarbeiten des Mittelalters, Frankfurt a.M., 1904, S. 106, Abb. 40; Lasko, 1972, Pl. 221; X. Barral i Altet (u.a.), Romanische Kunst, I, München 1983, Abb. 234; vgl. Seiferth, 1964, 146-147 (ohne Abb.); de Winter, 1985, Fig. 90.

In traditioneller Anordnung erscheinen oben als trauernde Zeugen des Geschehens Sonne und Mond, links neben dem Kreuz Maria mit Orantengestus (oder mit einer Geste hilfloser Trauer?) und Ecclesia, mit der üblichen Kriegsfahne beziehungsweise Kreuzfahne und mit Kelch, in dem sie Christi Blut auffängt. Wie Synagoga und im Unterschied zu Maria und Johannes ist sie nicht nimbiert. Christus wendet sich sterbend von Synagoga ab und ihr zu und legitimiert sie als Heilsverwalterin. Synagoga wendet sich ihrerseits von Christus ab und geht. Ihre Augen sind verbunden, Zeichen ihrer Blindheit (*caecitas*), von der die antijüdische Apologetik seit der Kirchenväterzeit redet. Ihre Krone fällt zu Boden (dazu und zur Blindheit vgl. Klagelieder Jeremiae 5, 16-17 und 2 Kor 3, 14). Sie hält in ihrer Lin-

ken Speer und Schwammrohr, übernimmt also die Attribute der - dabei als
Schergen aufgefaßten - Gruppe Longinus und Stephaton. Synagoga ist
Ecclesia unterlegen und von ihr besiegt. Ihr rechter Arm scheint auf den
Grund ihres Abgangs zu weisen. Daß sie sich in dieser Form von Christus
abwendet, erinnert vielleicht auch von fern an Prudentius' Deutung von Ex
34, 30: *Judaea plebs ... faciem retro detorsit impatiens dei* (PL 60, 319).-
Die Platte gehört zu den schönsten Beispielen mittelalterlicher Ikonographie, wo die Interpretation in Gestalt einer Inschrift gleich mitgeliefert
wird: "Diese gebiert (*Hec parit*, d.h. Maria). Diese glaubt (*Hec credit*,
d.h. Ecclesia). Es stirbt dieser (*Obit hic*, d.h. Christus). Es flieht diese
(*Fugit hec*, d.h. Synagoga). Dieser gehorcht" (*Hic obedit*, d.h. Johannes;
vgl. Jo 19, 27). Dem ursprünglichen Zweck - es handelt sich ja um das
Fragment eines Reliquiars - entspricht die Inschrift auf der vorderen Rand-
leiste: "Vom Holz des Herrn, vom Grab des Herrn, von den Haaren, dem
Gewand, dem Bett" usw. (*De ligno Domini, de sepulchro Domini, de ca-
pillis, vestibus, lecto* etc.). Lasko (a.a.O., S. 202) denkt an "a part of the
tomb of Our Lord, and pieces of his hair and vestments", was unmöglich
ist, weil das Reliquiar zwar Partikel vom Kreuz und Grab Christi, aber nur
Haare (und Gewandteile) des Heiligen, nicht Christi selbst bergen konnte.
Die in Demutsgebärde am Kreuzfuß kauernde Gestalt ist vermutlich der
Stifter des Reliquiars. Im übrigen ist auch hier die theologische Aussage
wiederholt: Ecclesia ist erwählt, Synagoga, zumindest zeitweilig und vorerst, verworfen. Das Motiv ihres "Fliehens" vor Christus (*impatiens dei*)
erscheint als fernes Echo noch im 19. Jh. bei Gustav Doré, dessen Ahasver den Anblick des Kruzifixus nicht erträgt und raschen Schrittes an ihm
vorbeigeht, wie um ihm zu entkommen (in: La Légende du Juif errant, Paris 1856; Gustave Doré. Das graphische Werk. Ausgewählt von G. For-
berg, I, München 1975, S. 148-161).

Nr. 145a.- Das gleiche gilt von der Grubenschmelzplatte eines Reliquienkästchens aus Hildesheim, um 1180 entstanden (London, South
Kensington Museum; *Literatur*: O. von Falke, in: Pantheon 5, 1930, S.
272, Abb. 7; de Winter,1985, Fig. 92).

Nr. 145b.- Ebenfalls formal und thematisch ähnlich ist der Kupfer-
schmelzdeckel eines tragaltarförmigen Reliquiars norddeutscher Herkunft,
Ende 12. Jh. gefertigt (London, Victoria and Albert Museum; *Literatur*: O.
von Falke und H. Frauberger, Deutsche Schmelzarbeiten des Mittelalters,
Frankfurt a.M. 1904, S. 113, Abb. 46; P. Skubiszewski, in: Jahrbuch der
Berliner Museen 22, 1980, S. 83, Abb. 61).- Hier hält Synagoga allerdings
dings nicht Schwammrohr und Lanze, sondern nur letztere, und zwar die

Spitze am Boden, so das Besiegtsein andeutend. Auch hier steht sie noch im Schatten des Kreuzes, hat aber den linken Fuß bereits zum Gehen gewandt. Dem trotzig abgewendeten Haupt scheint die auf den Gekreuzigten weisende Rechte zu widersprechen; denn zwar ist mit der Geste einerseits der Grund ihrer Flucht bezeichnet, andererseits könnte es vielleicht auch sein, daß sie damit, wie gegen ihren Willen, Christus bezeugt. Das entspräche dann der schon von Augustinus ausgehenden Bewertung der Juden als der (unfreiwilligen) Zeugen der veritas christiana; vgl. H. Swarzenski u. N. Netzer, Catalogue of Medieval Objects, Boston 1986, Fig. 27.

Nr. 146.- *Kruzifixus mit Ecclesia und Synagoga; Geburt Christi, Virginitätstypologie.*- Miniaturen im sogenannten Stammheimer Missale, hergestellt um 1160-1180 von dem Presbyter Heinrich des Michaelisklosters in Hildesheim.- *Stammheim* (bei Stuttgart), Bibliothek des Grafen Fürstenberg-Brabecke.- *Literatur*: St. Beissel, in: Zeitschrift für christliche Kunst 15, 1902, 309-310, Abb. 7.9.; H. Weigert, Geschichte der deutschen Kunst, I, Frankfurt 1963, Abb. S. 158; Schiller, I (1966), Abb. 171; II (1968), Abb. 433; R. Mellinkoff, in: Journal of Jewish Art 10, 1984, S. 19, Fig. 4; N. Bremer, Das Bild der Juden, Frankfurt 1986, Abb. 13.

1. *Kruzifixus mit Ecclesia und Synagoga.*- In den vier Bildecken erscheinen *Lux* und *Nox* (unten) und *Sol* und *Luna* (oben). Der Keltertreter ist eine aus Is 63,3 (*torcular calcavi solus*, auf Christus gedeutet, dessen Blut oft in einem Kelch unter dem Trog aufgefangen wird) und Apk 19,15 entwickelte Allegorie: Der mit rotem Traubensaft (d.h. Blut) bespritzte Christus überwindet durch seinen Tod alle Feinde. Links und rechts von ihm weisen alttestamentliche Figuren mit passenden Schriftbändern auf diesen Sachverhalt hin: Is 63,2 (*quare rubrum est* etc.), Ps 93,2 (*indutus est Dominus fortitudinem, et praecinxit se*). Darüber *Sancta Maria* und *Sanctus Iohannes*, Longinus mit einer Art phrygischer Mütze und Stephaton. Oberhalb davon *Vita* und *Mors* (letzterer als Teufel dargestellt wegen der Assoziation Tod-Hölle). Darüber Ecclesia und die mit einem Judenhut versehene Synagoga, letztere mit dem Schriftband *maledictus a deo qui pendet in ligno* (Dt 21,23: "denn ein Gehängter ist ein Gottesfluch"), also mit dem in der christlichen Literatur als jüdisch tradierten antichristlichen Argument. Über Christi Arme hängt das Spruchband: *O mors, ero mors tua, morsus tuus ero inferne* (nach Osee 13,14, oft in diesem Sinne christologisch verstanden: vielleicht beeinflußt durch die typologische Beziehung Eherne Schlange - Christus?). Oben, in der Mitte, besagt das Schriftband eines Engels: *Inveni, in quo homini propitier* (Job 33,24),

und Ecclesia links unter ihm weiß: *Christus nos redemit de maledicto legis* (Gal 3, 13). Die ikonographische Aussage ist: Christus ist Sieger über Tod und Hölle. Synagoga erscheint als die Trotzige, Uneinsichtige, in Affinität stehend zu Nacht und Teufel. Ihr konischer Hut bezieht die Juden des 12. Jh. polemisch in diese Bewertung ein.

2. *Geburt Christi: Virginitätstypologie.*- Links oben weist Johannes der Täufer (mit dem Spruchband Jo 3,31: *qui de celo venit, super omnes est*) sozusagen in seiner Eigenschaft als Vorläufer Christi auf das Jesuskind. Daneben, im Dreieck, als Virginitätssymbol der brennende Dornbusch Gottvaters (Spruchband nach Ex 3,10: *veni, mittam te,* d.h. wohlan, ich werde dich zum Pharao senden). Moses, mit dem Judenhut des 12. Jh. ausgestattet, antwortet (nach Ex 4,13): *obsecro, domine, mitte quem missurus es,* d.h. ach Herr, sende, wen du willst. Hinter der liegenden Maria weist Ezechiel auf die geschlossene Pforte (Ez 44,2: *porta hec clausa erit*; vgl. den *hortus conclusus,* Hoheslied 4,12). Unten links Gideon mit dem vom Tau (nicht) benetzten Wollvlies (Ri 6,36-40). Er bittet auf seinem Spruchband: *Oro, domine, ut fiat ros in vellere* (Ri 6,37). Das Vlies entspricht auf seine Weise dem brennenden, aber nicht verbrennenden Dornbusch. Das Einhorn im Schoße der Jungfrau, unten rechts, ist Symbol der Virginität wie die verschlossene Tür und die anderen Typen dieser Miniatur. Die Interpreten schwanken bei der Deutung der Gestalt mit Judenhut zu Füßen Marias zwischen Aaron und Joseph. Aber es kann nur Joseph sein, wie sich aus vielen ähnlichen Darstellungen dieser Szene leicht erweisen läßt. Im übrigen ist auch die Deutung der nimbierten Büste oben auf den präexistenten Christus statt auf Gottvater (so versteht Weigert, a.a.O.) nicht möglich. Wohl aber könnte die Aussendung des Mose ein Vorausbild der Sendung Christi sein; denn Moses ist auch sonst nicht selten der Typus Christi.- Die wiederholte Verwendung des konischen Hutes in den Miniaturen des Stammheimer Missale läßt erkennen, daß der Judenhut auch im Erfahrungsbereich dieses Miniaturisten bereits ein bekanntes Gruppenmerkmal ist.

Nr. 147.- *Alttestamentliche Typologien.*- Kreuzsockel vom Kloster St.- Bertin in St.- Omer, aus Bronze, vergoldet, mit Email; Höhe 30,7 cm, Breite 29,5 cm; entstanden um 1170 im Maasgebiet.- *St.- Omer* (Flandern), Städtisches Museum, Inv.-Nr. 2800.- *Literatur*: O. von Falke u. H. Frauberger, Deutsche Schmelzarbeiten des Mittelalters, Frankfurt a.M. 1904, S. 75, Tafel 116; A. Springer, Handbuch der Kunstgeschichte, II, Köln 1919, S. 265, Abb. 358; E. Mâle, L'art religieux de XIIe siècle en France, Paris 1924, S. 155, Fig. 123; H. Cornell, Biblia pauperum, Stockholm 1925, Tafel D (nach

S. 128); W. Burger, Abendländische Schmelzarbeiten, Berlin 1930, S. 64, Abb. 32;
K.H. Usener, in: Festschrift R. Hamann, Burg bei Magdeburg 1939, S. 163-168, Tafel
41-44; H. von Einem, Rembrandt. Der Segen Jakobs, Bonn 1950, Abb. 10-11; H.
Swarzenski, Monuments of Romanesque Art, Chicago 1953, Pl. 178-179; R. Green, in:
Festschrift E. Panofsky, II, New York 1961, S. 57, Fig. 14; U. Graepler-Diehl, in:
Festschrift K.H. Usener, Marburg 1967, S. 171, Abb. 4-5; Schiller, II (1968), Abb.
419-423; Fillitz, 1969, Abb.346; Lasko, 1972, Pl. 207; Rhein und Maas. Kunst und
Kultur 800-1400 (Ausstellungskatalog), I, Köln 1972, Abb. S. 255; Benedictus. Eine
Kulturgeschichte des Abendlandes. Von Dom Victor Dammertz, O.S.B. (u.a.), Genf
1980, Abb. 186; M. Durliat, Romanische Kunst, Freiburg 1983, Abb. 544; Dictionary
of the Middle Ages V, New York 1985, Abb. S. 570.

Dem hohen Beweiswert, welcher der typologischen Exegese des Alten
Testaments im 12. Jh. gerade auch für Wahrheitsbeweise in der antijüdischen Kontroversliteratur zukam, entspricht die große Zahl der sakralen
Kunstwerke mit typologischer Thematik. Als Beispiel für viele kann dieser
Unterbau eines Altarkruzifixes dienen. Ganz unten erscheinen die Figuren
der vier Evangelisten, darüber die ihnen entsprechenden Symbole (Engel,
Löwe, Stier, Adler) und ganz oben Allegorien der vier Elemente. Das typologische Programm findet sich auf den Emailplatten der kalottenförmigen Basis: Moses, Wasser aus dem Felsen schlagend (Ex 17, 1 ff.; oft gedeutet auf das aus der Seitenwunde Christi strömende Blut und Wasser;
inschriftlich: *Moyses, petra, desertum*); die Eherne Schlange (Nm 21, 6-9:
Vorausbild des rettenden Kreuzes Christi; inschriftlich: *Aaron, Moyses,
vulnerati*); Signieren der Häuser mit dem Zeichen "Tau" (Ex 12,7 von Ez
9,4 her auf das Kreuz gedeutet; im Hauseingang liegt das geschlachtete
Passahlamm, dessen Blut in eine Schlüssel fließt; inschriftlich: *mactatio
agni, hoc est phase*); Jakob segnet kreuzweise Josephs Söhne Ephraim
und Manasse (Gn 48, 13-14 als Typus des Kreuzes Christi).

Die Grubenschmelzplatten auf dem Pfeiler bieten: Isaak, der das Holz
zu seiner Opferung trägt (Gn 22,6; Isaak und das Holz als Typus Christi
und seines Kreuzes); die Kundschaftertraube, Nm 13,23: die Traube meint
Christus; gelegentlich wird der der Traube den Rücken zuwendende Träger
auf die Juden gedeutet, der hintere Träger auf die (Heiden-)Christen; als
Inschrift die Namen der Kundschafter: *K(a)lef, Josue*; Witwe von Sarepta, 1 Kg 17,7 ff.; da die Vulgata *duo ligna* übersetzt, stellte man sich die
Hölzer oft kreuzförmig vor, also auf Christi Kreuz vorausdeutend; inschriftlich: *duo ligna, Helia, affer mic(h)i bucellam panis*; Aaron schreibt
das rettende Tau-Zeichen auf die Stirn der Israeliten (kontaminierende
Übertragung von Ez 9,4 auf Ex 12, 1 ff; inschriftlich: *similis Aaron, sig-
nati*).

Der gesamte Kreuzfuß ist also auf Christus und die Kreuzigung hin angelegt: Die Evangelisten zeichnen in ihrem Text das Passionsgeschehen auf (in ihren aufgeschlagenen Büchern lassen sich einzelne signifikante Stellen der Golgatha-Szene entziffern), und die vier Elemente ganz oben - wo auf karolingischen Reliefs Sonne und Mond erscheinen - sind trauernde Zeugen der Passion. Die Schmelzplatten der Kalotte und des Pfeilers bieten die alttestamentlichen Präfigurationen der Kreuzigung.

Auch für die Entwicklungsgeschichte des mittelalterlichen Judenhutes ist der Kreuzfuß von St. Omer von einiger Bedeutung: Die Israeliten tragen hier vielfach eine zwar noch konische, oben aber eher stumpfe beziehungsweise gerundete Form dieser Kopfbedeckung.

Nr. 148.- *Ecclesia und Synagoga; Typologien u.a.*.- Kreuzreliquiar aus Silber mit Email, um 1170 im Maasgebiet gefertigt. Maße des ganzen Reliquiars: 29 x 22 cm; Flügel des Triptychons je 17 x 5,4 cm.- *Tongern*, Belgien, Kirchenschatz der Marienkirche.- *Literatur*: Ch. Cahier - A. Martin, Noveau mélange d'archéologie etc., I, Paris 1874, S. 102-103 (mit Bildtafeln); Belgische Kunstdenkmäler, hg. von P. Clemen, I, München 1923, S. 131, Abb. 111; H. Swarzenski, Monuments of Romanesque Art, Chicago 1953, Pl. 187, Fig. 424-425; Schiller, II (1968), Abb. 430; Rhein und Maas. Kunst und Kultur 800-1400 [Ausstellungskatalog] II, Köln 1972, Abb. S. 211.

1. *Ecclesia und Synagoga*.- Die nach dem Öffnen der Türchen sichtbar werdende Innenfläche des Reliquiars zeigt links und rechts neben der Kreuzreliquie Maria und Johannes, in den vier Bildecken die vier Evangelistensymbole, unter dem Kreuz Ecclesia und Synagoga, beide inschriftlich definiert. Erstere gekrönt und mit Kelch und Kreuzfahne, letztere mit verbundenen Augen, die zerbrochene Fahne nach unten gekehrt und in der Rechten einen Bockskopf als Symbol des seit der Zerstörung des Tempels in Jerusalem (anno 70) vergangenen jüdischen Opferkults. Dieses Argumentieren mit einem Bockskopf ist vielleicht polemisch, aber es ist eine innerchristliche Aussage, wie meist; denn etwa das Innere eines Kreuzreliquiars - wie ähnlich Evangeliare, Meßbücher, Psalter usw. - war nie für die Augen eines jüdischen Publikums, als Zielgruppe sozusagen, bestimmt. Diesem war im Grunde nur der äußere Kirchenschmuck, zum Beispiel die Portalplastik, zugänglich.

2. Die Innenflächen der Türchen zeigen *Szenen der Kreuzauffindungslegende*: Helena (mit den Inschriften: *sancta Elena* und *inple desiderium meum*), eine Gruppe Juden mit den konischen Judenhüten des 12. Jh., sowie den Leviten Judas, wie er das Kreuz ausgräbt.

3. Unter den äußeren zwanzig Emailfeldern (darunter zu Ex 12,7: Moses beim Kennzeichnen der Türpfosten; die Witwe von Sarepta, 1 Kg 17,12; die Eherne Schlange, Nm 21, 6-9; Porträts der Bischöfe von Tongern) fallen zwei auf, welche wieder die konischen Judenhüte zeigen; davon besonders bemerkenswert ist die *Szene mit der Kundschaftertraube* (Nm 13,23); denn hier ist erstmals für diese Stelle die Auslegung ikonographisch sichtbar gemacht, nach welcher der vordere Träger, weil er der Traube (*Botrys*, d.h. Christus) den Rücken kehrt, Typus der sich von Christus abwendenden Juden ist. So ist er durch seinen Judenhut von dem hinteren Mitträger unterschieden. Der Spitzhut hat also denunziatorische Funktion; denn mit der Kennzeichnung als Jude ist eine negative Bewertung verbunden. Eine "antisemitische Zuspitzung" (so A. Oepke, Das neue Gottesvolk, Gütersloh 1950, 307 zu diesem Bild) ist das freilich noch nicht.wohl kolportiert das Bild den herkömmlichen christlichen Unmut über die Verstocktheit der Juden und bezieht die Juden des 12. Jh. ausdrücklich in diesen Unmut ein, aber von hier bis zu Manifestationen profanen Judenhasses ist noch ein weiter Weg.

Das Kreuzreliquiar ist ein Geschenk des Domkapitels von Legia (d.h. Liège, Leodiun, Lüttich; die Diözese Lüttich hatte ursprünglich ihren Verwaltungssitz in Tungris oder Tungri, d.h. Tongern, bis der Vorstoß Attilas anno 451 und die Zerstörung von Tongern die Verlegung nach Maastricht und schließlich nach Lüttich veranlaßte). So verstehen sich die Inschriften: "Diese (auf dem Rand abgebildeten) Bischöfe durfte das berühmte Tongern haben, bis es das Hunnenvolk zerstören konnte". Und: "Dieses Unterpfand der Liebe des Erlösers (d.h. die Kreuzreliquie) schenkt dir, Tongern, Lüttich, ein (Stück Kreuzes-)Holz als ein für alle verehrungswürdiges Zeichen."

Nr. 149.- *Buchdeckel eines Evangeliars.- Trier*, Domschatz, Codex 141 (um 1170). Aus St. Godehard in Hildesheim. Buchdeckel (26 x 37 cm) mit Eichenholzunterlage. 8 Walroßzahnreliefs am Rande, auf vergoldetem Kupferblech mit (z.T. verlorenen) Halbedelsteinen und Perlen. In der Mitte eine Platte aus Grubenschmelz (Emailtafel, verschiedenfarbig).- *Literatur*: O. von Falke u. H. Frauberger, Deutsche Schmelzarbeiten des Mittelalters, Frankfurt a.M. 1902, Tafel 103; Goldschmidt, III (1923), Tafel XVIII, Nr. 55; N. Irsch, Der Dom zu Trier, Düsseldorf 1931, S. 351, Fig. 230; RDK II (1948) 1372, Abb. 9; H. Swarzenski, Monuments of Romanesque Art, Chicago 1953, Abb. 439; H. Schnitzler, Rheinische Schatzkammer, II, Düsseldorf 1959, Tafel 9; Seiferth, 1964, Abb. 24; Fr. Steenbock, Der kirchliche Prachteinband im frühen Mittelalter, Berlin 1965, Abb. 139; Lasko, 1972, Pl. 221; Die Zeit der Staufer. Katalog der Ausstellung, II, Stuttgart 1977, Abb. 383; W. Nyssen, Romanik - hohe Welt des Menschen,

Trier 1980, Tafel 27; Hürkey, 1983, Abb. 45: St. Soltek, in: Niederdeutsche Beiträge zur Kunstgeschichte 24, 1985, S. 25, Abb. 16; de Winter 1985, Fig. 91.

Die Grubenschmelzplatte in der Mitte des Buchdeckels ist in drei Bildfelder mit Szenen und Personengruppen der Passionsgeschichte gegliedert. Im oberen Drittel erscheint Christus vor Maria von Magdala (Jo 20,11-18; Vers 17: *Dicit ei Jesus: Noli me tangere*). Der Garten, von dem Jo 19,41 die Rede ist, wird hier durch zwei stilisierte Bäume angedeutet. Maria scheint vor Jesus niederknien und seine Knie umfassen zu wollen, daher wohl die abwehrende und warnende Geste Jesu. Im mittleren Bildfeld der Kruzifixus, über ihm Sonne und Mond als (mit-)trauernde kosmische Zeugen eines Geschehens, das so als weltgeschichtlich herausragendes Ereignis qualifiziert wird. Außen stehen, wie üblich, Maria und Johannes (vgl. Jo 19, 25-27), innen beim Kreuz Ecclesia und Synagoga, Ecclesia mit den herkömmlichen Attributen Kelch, Krone, Fahne und Nimbus, als Heilsverwalterin auf Erden legitimiert durch das Blut Christi, der sich ihr zuwendet und von Synagoga abwendet. Die Anwesenheit Ecclesias und Synagogas betont, wie ähnlich das Dabeisein von Sol und Luna, den weiten welt- und heilsgeschichtlichen Horizont, in dem das Passionsgeschehen steht: Mit Christus beginnt eine ganz neue Zeit, und Synagoga ist die Unterlegene, Besiegte, die am Ort des Heilsgeschehens nichts mehr verloren hat. Sie verläßt deshalb die Szene mit einer Geste, die von den Interpreten verschieden gedeutet wird als "Protest" (Seiferth), als "Anklage oder Fluch" (Schiller), jedenfalls geht sie unfreiwillig oder im Streit. Vielleicht weist sie im Gehen auf Christus als Grund ihres Gehens, doch scheint sie in einem inneren Widerstreit zu sein, wie man die gegenläufige Bewegung auch wohl deuten könnte. Hinsichtlich der herabfallenden Krone und des Augenschleiers ist, wie bei anderen Bildern dieses Typs, der Einfluß von Klagelieder 5, 16-17 und 2 Kor 3, 14 deutlich. Einen Grund des Weggehens der Synagoge hat aus christlicher Sicht bereits der Dichter Sedulius (5. Jh.) genannt: Synagoge soll gehen ... Christus hat sich in schöner Liebe mit der Kirche verbunden (*discedat Synagoga ... Ecclesiam Christus pulchro sibi iunxit amore*, PL 19, 752; CSEL 10, 140). Das Weggehen scheint raschen Schrittes zu erfolgen, wie der wehende Schleier (vielleicht ein Witwenschleier, so A. Oepke, Das neue Gottesvolk, Gütersloh 1950, 310) anzudeuten scheint. Ob Johannes sie zurückhalten will, wie man vermutet hat (Oepke, a.a.O., S. 310), oder gar begütigend auf sie einredet, ist unsicher. Offenbar trägt Synagoga Lanze und Schwammrohr, so daß sie in gewisser Weise auch die Rolle Stephatons übernommen hat.

Im unteren Bilddrittel kommen die drei Frauen zum Grabe (vgl. Mk 16, 1-8), wo der Engel sitzt. Der schräggestellte Deckel weist auf das Leersein des Sarkophags. Die vordere Frau trägt anscheinend ein Weihrauchfaß (statt der nach Mk 16,1 zu erwartenden Salbenbüchse).

Die beiden Inschriften interpretieren jeweils die darunter befindlichen Bilder: Diese weint (*Maria*). Diese steigt empor (*Ecclesia*). Dieser stirbt (*Christus*). Diese fällt zu Boden (*Synagoga*). Dieser ist in schmerzvoller Trauer (*Johannes*). Der Engel des Herrn macht froh, die der Tod gepeinigt hatte. ISTA FLET. HEC SURG(IT). OB(IT) HIC. CAD(IT) HEC. DOLET ISTE. ANGELUS EXILARAT DŃI. QUOS MORS CRUCIARAT.

In den vier Ecken des breiten Randes befinden sich die Symbole der vier Evangelisten (Löwe für Markus, Adler für Johannes, Engel für Matthäus, Stier für Lukas, nach Apk 4, 6-8 bzw. Ez 1, 5 ff.), dazu oben und unten die Halbfiguren Marias und eines Bischofs, wahrscheinlich des hl. Godehard († 1038 als Bischof von Hildesheim), alle mit leeren Schriftbändern versehen. Das Ecclesia-Synagoga-Motiv ist auf dem linken und rechten Rand wiederholt. Beide sind hier, vor einem Rundbogen stehend, anscheinend Kriegerinnen, Ecclesia mit Kriegsfahne (Speerfahne) und Schild (und Helm?): Synagogas Niederlage ist wohl schon geschehen, beziehungsweise ikonographisch antizipiert; denn der weitere Kampf wäre für sie aussichtslos, da sie ohne Schild ist. Sie trägt aber eine Art Schwert über der Schulter, wie die Interpreten deuten; doch kann es sich dabei wohl nur um den (als Schwert vom Künstler mißverstandenen?) stilisierten Palmwedel handeln, den Synagoga bisweilen auf frühmittelalterlichen Elfenbeinreliefs trägt. G. Schiller (IV, 1, S. 52-53) denkt an ein "überdimensioniertes Beschneidungsmesser", bleibt aber jeden Beweis dafür schuldig. Synagoga verläßt jedenfalls eilig, mit wehendem Mantel, den Kampfplatz, sei es als Geschlagene oder weil sie den (weiteren) Kampf für aussichtslos hält - was eine gewisse Entsprechung hätte in zahlreichen christlichen antijüdisch-apologetischen Dialogen, in denen Synagoga (bzw. die Juden) sich nach langem Wortgefecht geschlagen gibt. Hier, auf dem rechten Rand unserer Bildtafel, blickt sie im Wegschreiten fast wie gebannt zurück auf Ecclesia und den - beide trennenden - Christus. Das Heben des rechten Armes könnte Ausdruck entschiedener Ablehnung sein. Etwas wie trotzige Verstocktheit und Arroganz (*obstinatio, superbia*) spricht wohl auch aus ihrer Haltung, Eigenschaften, die den Juden seit den Kirchenvätern regelmäßig zugesprochen werden. Synagoga scheint zu wissen, daß für sie bei dieser Gesinnung unter dem Kreuz kein Platz ist. Eine Versöhnung der beiden allegorischen Gestalten ist, jedenfalls nach der theologischen Aussage dieses Bildes, nicht so bald in Sicht.

Nr. 150.- *Kreuzigung.-* Steinrelief (ca. 80 x 80 cm) in *Utrecht*, St. Pieterskerk, eine um 1170 entstandene maasländische Arbeit.- *Literatur*: Hürkey, 1983, Abb. 268. Das Relief zeigt Longinus und Stephaton in Aktion, ein Dritter nagelt noch Jesu Füße an. Im Unterschied zu Longinus tragen Stephaton und der Nagelnde den konischen Judenhut. In solchen Fällen hat das Gruppenmerkmal wieder denunziatorischen Charakter.

Nr. 151.- *Fragmente eines Leben-Jesu-Zyklus.-* Teile eines Glasfensters unsicherer Herkunft, wahrscheinlich aus einer Kirche, entstanden um 1170.- Jetzt in *Wiesbaden*, Museum (Sammlung Nassauischer Altertümer), Inv.Nr. 11030; zwei in Berlin (Deutsches Museum) befindliche Scheiben wurden 1945 zerstört.- *Literatur*: B. Blumenkranz, Das Bilderevangelium des Hasses, in: Judenhaß - Schuld der Christen?!, hg. von W.P. Eckert u. E.L. Ehrlich, Essen 1964, 249-256, Abb. 6; A. Jungjohann, in: Zeitschrift des Deutschen Vereins für Kunstwissenschaft 2, 1935, Abb. 1-4; Die Zeit der Staufer [Ausstellungskatalog], II, Stuttgart 1977, Abb. 203.

1. *Christus zu Gast im Hause des Pharisäers Simon* (Lk 7, 36-50).- Durchmesser des Medaillons 85 cm; ehemals in Berlin.

2. *Erweckung des Lazarus* (Jo 12,1 ff.).- Maße: 106 x 75 cm; Wiesbaden.

3. *Jesus treibt die Händler aus dem Tempel* (Mt 21, 12 ff.).- Durchmesser des Medaillons 90 cm; ehemals Berlin.

4. *Gefangennahme Jesu* (Mt 26, 47 ff.).- Maße; 78 x 87 cm; Wiesbaden. Es handelt sich zweifelos um disiecta membra gleicher Provenienz. Die jüdischen Akteure tragen den konischen Judenhut des 12. Jh., während Jesus und die Apostel nimbiert sind. Nr. 1 weist eine umlaufende Inschrift auf: "Simon beköstigt den (göttlichen) Lehrer (Christus). (Jedoch) die Sünderin erfreut die Sonne; diese sieht Tränen, Haar, Küsse, Salböl, Glauben (*pascit doctorem Symon; oblectat rea solem qui lacrimas crinem videt oscula, balsama, fidem*). Negative Gefühle gegen die Juden des 12. Jh. konnten im Betrachter wachwerden, wenn die Träger des mittelalterlichen Spitzhutes wie hier als Verfolger (bei der Gefangennahme) dargestellt waren oder mit dem Geldbeutel wie mit einem Attribut ausgestattet wurden (bei der Vertreibung der Händler aus dem Tempel).

Nr. 152.- *Synagoge mit Moses, Abraham und den Propheten.-* Miniatur im (um 1170 geschriebenen) 'Liber scivias' der Hildegard von Bingen († 1179). Die Synagoga-Miniatur erscheint innerhalb der fünften Vision des ersten Buches des Liber scivias (CChr, Cont. med. 43, 93-99). Die - vermutlich noch unter Hildegards Anleitung geschriebene und mit Miniaturen versehene - Handschrift befand sich in *Wiesbaden* (Landesbibliothek, Cod. 1) und ist seit dem 2. Weltkrieg verschollen.

Literatur: H. Swarzenski, Vorgotische Miniaturen, Königstein i. Taunus u. Leipzig 1927, 55; Hauttmann, 1929, Tafel XLIII; J. Baum, Die Malerei und Plastik des Mittelalters, II, Wildpark-Potsdam 1930, S. 258, Abb. 253; O. Fischer, Geschichte der deutschen Malerei, München 1942, S. 38, Abb. 21; A. Boeckler, Deutsche Buchmalerei vorgotischer Zeit, Königstein i.T. 1952, 50; M. Boeckler (Hg.), Hildegard von Bingen. Wisse die Wege: Scivias, Salzburg 1954, Tafel 8; Monumenta Judaica. Handbuch, Köln 1963, Abb. 62; R. Mellinkoff, The Horned Moses, Berkeley 1970, Fig. 115; Schiller, IV 1 (1976), Abb. 266; Corpus Christianorum, Continuatio mediaevalis 43, Turnhout 1978, Tafel nach p. 92; vgl. H. Unger, Text und Bild im Mittelalter, Graz 1986, 82-84.

Diese in der Art der Darstellung einzigartige Synagoga ist auch insofern ein Sonderfall, als sie von Hildegard im Kontext ausführlich interpretiert wird (siehe oben zu Hildegard von Bingen), so daß hier kaum noch etwas zu sagen bleibt: Als allegorische Personifikation birgt Synagoga in sich die (Christus verheißende) biblische jüdische Tradition, das heißt Moses mit den Gesetzestafeln, Abraham mit dem Messer der Beschneidung (A. Boeckler, S. 79, denkt unrichtig an das "Opfermesser" der Opferung Isaaks durch Abraham) und die Propheten. Das setzt vielleicht die Auffassung schon der Kirchenväterzeit voraus, daß das Alte Testament mit dem Neuen sozusagen schwanger gehe. Eine gewisse formale Affinität besteht im übrigen zu der seit Lk 16, 22-23 geläufigen Vorstellung von 'Abrahams Schoß' (ins Bild gesetzt z.B. in der Kathedrale von Bourges, 13. Jh.; Abbildung bei L. Reau, Iconographie de l'art chrétien, II 1, Paris 1956, Planche 12).

Nr. 153.- *Verspottung Christi*.- Miniatur in einem Bestiarium (2. Hälfte 12. Jh.).- *Aberdeen*, University Library, Ms. 24, folio 18 verso.- *Literatur*: E.G. Millar, in: Festschrift Belle Da Costa Greene, Princeton 1954, Abb. 232 b.

Zu Beginn eines Abschnitts "Das Wesen der Hunde" (*De natura canum*) erscheint ein Bild, in dessen unteren Hälfte große Hunde Menschen anfallen, angestiftet von Leuten, deren einer die phrygische Mütze trägt, während in der oberen Hälfte Christus von Soldaten verspottet wird (vgl. Mt 27, 27-31, wo freilich von den römischen Soldaten des Statthalters die Rede ist). Ein Teil der Soldaten trägt den flachkonischen Judenhut mit Stift, offenbar vom Bericht des Neuen Testaments abweichend und denunziatorisch. Der Vergleich Hunde - Juden wird suggeriert.

Nr. 154.- *Kreuzabnahme*.- Miniatur in einem in Bamberg entstandenen Lektionar, 2. Hälfte 12. Jh.- *Bamberg*, Staatliche Bibliothek, Ms. Lit. 44, folio 65 verso.- *Literatur*: W. Messerer, Der Bamberger Domschatz, München 1952, Abb. 77.

Joseph von Arimathaia nimmt Jesu Leichnam vom Kreuz. Er trägt den zeitgenössischen konischen Judenhut, der hier lediglich sein Judesein und seine Identität kenntlich macht.

Nr. 155.- *Der Prophet Amos.-* Miniatur in einer englischen Bibel, um 1170-1180.- *Durham,* Cathedral Library, Ms. A. II. 1, Band II, folio 109.- *Literatur:* C.M. Kauffmann, Romanesque Manuscripts 1066-1190, London 1975, Fig. 279.

Amos, eine Schriftrolle seines Buches in der Hand, trägt einen abgestumpft konischen, glockenförmigen Hut mit Stift, wie er besonders im englischen Raum als Gruppenmerkmal der Juden üblich war.

Nr. 156.- *Christus im Verhör.-* Farbige Wandmalerei in der Krypta der ehemaligen Stiftskirche St. Martin in *Emmerich,* 2. Hälfte 12. Jh.- *Literatur:* Die Malerei und Plastik des Mittelalters. II. Deutschland, Frankreich und Britannien. Von Julius Baum, Wildpark-Potsdam 1930, S. 240, Abb. 226; C.R. Dodwell, Painting in Europe 800 to 1200, Harmondsworth 1971, Pl. 183.

Christus steht vor Kaiphas (oder Pilatus? - Die Frage ist wegen des schlechten Erhaltungszustandes kaum sicher zu beantworten). Von den breitkrempig-konischen Hüten der Juden hinter Christus geht eine starke Signalwirkung aus: Der Verhörte ist wie von einem Zaun umstellt. Dies wird noch betont durch die süditalienisch-byzantinisch beeinflußte statuarisch-strenge Bild- und Personengestaltung.

Nr. 157.- *Kruzifixus mit Ecclesia und Synagoga.-* Evangeliar (2. H. 12. Jh., versch. Miniaturen, Dat. unsicher).- *Trier,* Domsch., Cod. 142,fol. 90v.- *Literatur:* St. Beissel, in: Zeitschrift für christliche Kunst, 1, 1888, Abb. Sp. 134; H. Swarzenski, Vorgotische Miniaturen, Königstein i.Ts. und Leipzig 1927, Abb. S. 73; J. Baum, Die Malerei und Plastik des Mittelalters, II, Wildpark-Potsdam 1930, S. 334, Abb. 369; G. Swarzenski, in: Städel-Jahrbuch 7-8, 1932, S. 273, Abb. 222; LThK VI (1961) Abb. S. 113; Anton Mayer, Das Bild der Kirche, Regensburg 1962, Abb. 6; Seiferth, 1964, Abb. 25; Kunst und Kultur im Weserraum 800-1600 [Ausstellungskatalog], II, Münster 1966, Abb. 188; P. Springer, in: Anzeiger des Germanischen Nationalmuseums 1975, S. 25, Abb. 29; H.Belting, in: Zeitschrift für Kunstgeschichte 41, 1978, S. 221, Abb. 1; de Winter, 1985, Abb. S. 105.Vgl. zu Nr. 173.

Unter dem Querbalken des Kreuzes stehen einander gegenüber außen Maria und Johannes, innen Ecclesia und Synagoga; erstere mit Krone, Kelch und einem Spruchband mit dem Text von Hoheslied 5,10: *Dilectus meus candidus et rubicundus* (mein Geliebter ist weiß und rot); letztere hält, als geschlagene Gegnerin, ihre Speerfahne zu Boden gesenkt, hat die Augen verbunden und ist ausgestattet mit einem Spruchband (Dt 21,23):

Maledictus qui pendet in ligno (denn ein Gehängter ist ein Gottesfluch), also einer Stelle, die nicht selten in der antichristlichen jüdischen Apologetik als jüdische Schmähung gegen Jesus von Nazareth angeführt wurde. Irrig bezieht W. Seiferth (a.a.O.) *maledictus qui pendet in ligno* "auf die Strafe für ungehorsame Söhne" und meint: "So erscheint Synagoge hier noch einmal in der Rolle der Mutter Christi, des ungehorsamen Sohnes, dem jener Fluch gilt". Der Rekurs auf Hoheslied 5,10 entspricht der seinerzeit verbreiteten christologischen Deutung des Hohenliedes (Bräutigam-Braut = Christus-Kirche). Auch in der Miniatur des Paderborner Evangeliars verharrt Synagoga noch unter dem Kreuz, so daß - etwa im Sinne von Hoheslied 7,1, einer in literarischen Texten oft dafür herangezogenen Stelle - Hoffnung auf Versöhnung bleibt. Sonne und Mond sind in traditioneller Form als mittrauernde kosmische Zeugen des Geschehens dargestellt. Unter dem Kreuzfuß erscheint Adam, ebenfalls konventionell, als Typus Christi; in den vier Bildecken figurieren Vertreter der biblischen Tradition mit auf Christus vorausweisenden Zitaten.- Weitere Inschriften bei Adam: *Primus homo terrenus*, "der erste irdische Mensch" (vgl. 1 Kor 15, 47); bei den prophetischen Gestalten in den Bildecken: *Foderunt manus meas*, "sie haben meine Hände durchbohrt" (Ps 22,17); *Dixi, ascendam in palmam*, "Ich sprach: Aufsteigen will ich auf die Palme" (Hoheslied 7,9); *Clamantes ante praesidem clavis affixistis me*, "durch euer Geschrei vor dem Statthalter (Pilatus) habt ihr mich mit Nägeln angeheftet" (keine Bibelstelle); *Vere languores nostros iste portavit*, "wahrlich, dieser trug unsere Krankheiten" (Is 53, 4).

Nr. 158.- *Der Perserkönig Kyros erlaubt den jüdischen Exulanten die Rückkehr nach Jerusalem.-* Miniatur am Anfang der 'Expositio in Esdram et Nehemiam' des Beda Venerabilis, in einer theologischen Sammelhandschrift aus dem Benediktinerkloster Weltenburg bei Kehlheim (2. H. 12. Jh.).- Wien, Österreichische Nationalbibliothek, Cod. 741, folio 1 recto.- *Literatur*: Beschreibendes Verzeichnis der illuminierten Handschriften in Österreich, II (Leipzig 1926), von H.J. Hermann, Fig. 35; O. Mazal, Buchkunst der Romanik, Graz 1978, Abb. 72; R. Green (u.a.Hgg.), Herrad of Hohenbourg, II, London-Leiden 1979, Abb. 110.

Kyros' freundliche Politik gegenüber den Juden zeigte sich vor allem in seinem Edikt vom Jahre 538, mit dem er die Rückkehr der verbannten Juden und den Wiederaufbau des Tempels in Jerusalem gestattete (vgl. 2 Chr 36, 22-23; Esr 1, 1-4). Kyros (*rex Persarum*, Initiator des *ire in Jerusalem, reaedificare domum domini*), ist flankiert von Zorobabel (d.h. Serubbabel), unter dessen Führung die jüdische Gemeinde in Jerusalem neu begründet wird, und Nehemia, der, vom persischen Hof (Artaxerxes I.) bevollmächtigt, seit 445 v. Chr. Jerusalems Stadtmauern wiederaufrichten ließ und zusammen mit Esra die Verhältnisse in Jerusalem ordnete. In der unteren Hälfte der Miniatur wird die Rückkehr der Juden nach Jerusalem gezeigt. Ein Spruchband besagt: *Rex nos iubet reverti in Jerusalem, reedificare domum domini.* Zorobabel trägt noch den konischen, offenbar der orientalischen Hutform (phrygische Mütze) als näherstehend empfundenen Judenhut, während die zurückwandernden Juden die jüngere trichterförmige Hutform der 2. Hälfte des 12. Jh. aufweisen. So ist diese Miniatur vielleicht nicht weniger bemerkenswert im Hinblick auf die christliche Sicht der biblischen Geschichte wie auf die Entwicklung der jüdischen Tracht als Gruppenmerkmal.

Nr. 159.- *Alttestamentliche Typologien.*- Fünfeckige Emailtafeln, die vielleicht einmal zu einem Tragaltar beziehungsweise Ziborium gehörten, entstanden um 1170-1180 im Rhein-Maas-Gebiet.- Wien, Diözesanmuseum, Inv.-Nr. L 3.- *Literatur:* H. Swarzenski, Monuments of Romanesque Art, Chicago 1953, Abb. 418; Lasko, 1972, Pl. 287; Die Zeit der Staufer [Ausstellungskatalog], II, Stuttgart 1977, Abb. 354; Das Münster 36, 1983, S. 124, Abb. 6.

1. *Tauschreiber.*- Eine nimbierte Gestalt (vielleicht Moses oder Aaron) bringt von dem Blut des - im Hauseingang geschlachteten - Passahlammes das schützende Zeichen am Hause an. Dabei wird der Bericht Ex 12, 1 ff. kontaminiert mit Ez 9, 4 (ein Tau wird auf die Stirn der zu schonenden Gerechten geschrieben; *taw* Biblia hebraica, *thau* Vulgata, *sēmeion* Septuaginta). Dieses wie ein Kreuz aussehende beziehungsweise vorgestellte Zeichen wurde als Vorausbild des (ebenfalls rettenden) Kreuzes Christi verstanden. Auf diesen Sachverhalt weist auch die Inschrift: *Scribere qui curat Tau vir sacra figurat,* "der Mann, der damit befaßt ist, das Tau zu schreiben, macht ein Vorausbild heiliger Dinge" (d.h. des Kreuzes und der Kreuzigung).

2. *Jakobssegen.*- Jakob segnet mit überkreuzten Armen Josephs Söhne Ephraim und Manasse, mit der mehr Segen spendenden Rechten dabei den Ephraim, der (heraldisch) links von Jakob steht. In der christlichen Auslegungsgeschichte von Gn 48, 14 wird Ephraim (der jüngere, vorgezogene) auf das Christentum und Manasse (der ältere, zurückgesetzte) auf das Judentum gedeutet. Diese Schmelzplatte setzt den Vorgang, der auch in der antijüdischen christlichen Apologetik eine Rolle spielt, eindrucksvoll ins Bild. Eine Inschrift erläutert: *Signa notanda manus sunt, mutat quod nete-*

ranus (verschrieben statt *veteranus*), "das zu beachtende Zeichen sind die Hände, (beziehungsweise) daß der Alte sie vertauscht".

3. *Kundschaftertraube* (Nm 13,23). Inschrift: *Qui cruce portatur botrys botro typicatur*, "die vom Kreuz getragene Traube (d.h. der Kruzifixus) wird durch die Traube als Typus dargestellt".

4. *Isaaks Opferung durch Abraham* (Gn 22, 1-14).- Auch dies galt als christologische Beweisstelle (Typus der Kreuzigung Christi) gegen das Judentum. Inschrift: *Plcna* (verschrieben statt *plena*) *micant sienis* (verschrieben statt *signis*) *aries Abraham puer ignis*, "alles leuchtet im Glanz der (typologischen) Zeichen, der Widder, Abraham, der Knabe und das Feuer".

Nr. 160.- *Kreuzabnahme Christi, mit Ecclesia und Synagoga.-* Marmorrelief in der Cappella Baiardi im Dom S. Maria Assunta zu *Parma*, geschaffen von Benedetto Antelami im Jahre 1178. Breite 2,30 m.- *Literatur:* K. Künstle, Ikonographie der christlichen Kunst, I, Freiburg 1928, S. 477, Abb. 250; Hauttmann, 1929, Abb. S. 527; A. Christoffel, in: Pantheon 26, 1940, 35-41 (mit Abb.); A. Mayer, Das Bild der Kirche, Regensburg 1962, Abb. 10; Der Kunst Brockhaus, I, Wiesbaden 1983, Abb. S. 56; Schiller, II (1968), Abb. 555; O. von Simson, Das Mittelalter II (Propyläen Kunstgeschichte, 6), Berlin 1972, Abb. 344; Fr. Baumgart, Oberitalien. Kunst, Kultur und Landschaft, Köln 1975, Abb. 97; A. Grabois, Illustrierte Enzyklopädie des Mittelalters, Königstein/Ts., 1981, Abb. S. 364; X. Barral i Altet (u.a.), Romanische Kunst, I, München 1983, Abb. 61; M. Durliat, Romanische Kunst, Freiburg 1983, Abb. 289; Hürkey, 1983, Abb. 221.

Hier verbindet sich die feierliche Strenge byzantinischer Kunst mit Einflüssen von den karolingischen Elfenbeinreliefs. Antelamis Relief weist zahlreiche Inschriften auf, welche die Interpretation erleichtern: Ein Engel (*Raphael*) fliegt von oben herab - er handelt also im Auftrage des Himmels - und scheint Synagogas Kopf (der aber möglicherweise schon demütig oder trauernd gesenkt ist) niederzudrücken und vielleicht zugleich ihr den kostbaren, verzierten Rundhelm zu nehmen; Inschrift dazu: *Synagoga deponitur*, "Synagoga verliert ihren Rang", wird abgesetzt; und beim Hauptmann: *vere is filius fierat*, "dieser war wirklich der Sohn (Gottes)". Die Speerfahne Synagogas ist bereits zu Boden gesenkt, so ihr Geschlagensein dokumentierend. Der Fahne soll vielleicht auch der Helm folgen. Auf der anderen Seite des Kreuzes Ecclesia, mit der hochgereckten Fahne in der Linken und dem Kelch des Blutes Christi in der Rechten; Adskript: *Ecclesia exaltatur*, Ecclesia wird erhöht). Es scheint, daß der zweite Engel (*Gabriel*) herabfliegt, um sie zu segnen oder zu Christus zu geleiten. Joseph von Arimathaia und Nikodemus nehmen Christi Leichnam vom

Kreuz. Hinter Ecclesia stehen hintereinander Maria und Johannes, weiter hinten die drei Marien (Inschrift: *Maria Magdalena, Maria Jakobi, Maria Salome*). Auf der anderen Seite ebenfalls eine Reihe von Zeugen des Geschehens, angeführt vom Hauptmann (*centurio* steht auf seinem Schild), der mit weisender Geste die Worte von Mt 27,54 zu sprechen scheint und damit wohl seinen Bekehrungswillen kundtut. Hinter ihm Soldaten oder Leute aus dem Volk, darunter vier, die mit Christi Rock befaßt sind.

Sonne und Mond schauen aus ihren Rosetten als stumme Zeugen auf das Geschehen, dieses so als Himmel und Erde betreffendes säkulares Ereignis ausweisend. Die theologische Aussage liegt offen zutage: Synagoga ist besiegt, bleibt aber vorerst noch am Ort des Heilsereignisses, weil sie für die Demonstration des Sieges, als Gegensatzkomplement, noch benötigt und/oder ihre künftige Bekehrung erwartet wird.

Nr. 161.- *Alt- und neutestamentliche Szenen.*- Miniaturen in der sogenannten Gumpert-Bibel, um 1180 in Salzburg oder Regensburg entstanden.- *Erlangen*, Universitätsbibliothek, Cod. 121.- *Literatur*: G. Swarzenski, Die Salzburger Malerei. Tafelband, Leipzig 1908, Abb. 117. 127. 131. 138; W. Nyssen, Romanik - hohe Welt des Menschen, Trier 1980, Tafel 20.

1. *Folio 33 verso* (zu Beginn des Buches Numeri): Untergang der Rotte Korach; Moses und Aaron.- Die Israeliten tragen einen stumpfkegeligen Judenhut.

2. *Folio 141 recto* (zum Buch der Weisheit): Thronende Sapientia zwischen Geißelung und Kreuzigung Christi.- Ein Teil der Akteure trägt den stumpfkegeligen beziehungsweise oben stark abgerundeten konischen Judenhut.

3. *Folio 233 verso*; Zur Darstellung von Israeliten beziehungsweise Juden werden der stumpfkegelige Hut und die phrygische Mütze verwendet. Eine Szene ist durch ein Spruchband mit dem Text von Amos 4,1 (*audite verbum hoc vaccae pingues*) versehen, wodurch eine negative Junktur zu den Juden überhaupt bis hin zum 12. Jh. hergestellt wird; denn die hinter der Gruppe von Kühen dargestellten Gestalten tragen den konischen Judenhut.

4. *Folio 259 recto*; Judith.- Die Israeliten tragen den konischen Judenhut.

5. *Folio 288 verso* (zum Anfang des Buches Esdras).- Die vor Kyros stehenden Israeliten tragen den konischen Judenhut; rechte Bildhälfte: Wiederaufbau des Tempels in Jerusalem, dabei Träger der phrygischen Mütze.

Nr. 162.- *Apostel sitzen auf den Schultern der Propheten.*- Reliefs eines um 1180 entstandenen steinernen Taufbeckens in *Merseburg*, Dom.- *Literatur*: L. Twining, Symbols and Emblems of Early and Medieval Christian Art, London 1852, S. 88, Pl. XLIII, Fig. 13; Monumenta Judaica. Handbuch, Köln 1963, Abb. 55; Świechowski, in: Zeitschrift für Kunstgeschichte 30, 1967, S. 284, Abb. 20; H. Sachs (u.a.), Erklärendes Wörterbuch zur christlichen Kunst, Hanau (o.J.), Tafel 16; Schiller, IV 1 (1976), Abb. 96.

Hier ist in eindrucksvoller Weise der Gedanke der Einheit des Alten und Neuen Testaments (*Concordia Veteris et Novi Testamenti*) ins Bild gesetzt. Die - durch Schriftbänder gekennzeichneten - Propheten sind sozusagen der tragende Unterbau des neutestamentlichen Heils, vertreten durch die Apostel; also nicht nur Vorbereitung, die zu verschwinden hat, wenn ihre Aufgabe erfüllt ist, nicht nur sich verflüchtigende Schattenbilder, sondern die - vor allem natürlich um der typologischen Exegese willen - weiter benötigte bleibende Voraussetzung des neutestamentlichen Heils. Die Propheten verkünden bereits Christus und halten die Testimonien und Argumente verfügbar, welche unwiderlegbar die Wahrheit des christlichen Glaubens beweisen, auch gegen die Juden und sonstige Nichtchristen.

Nr. 163.- *Alt- und neutestamentliche Szenen.*- Miniaturen in den *Laudes sanctae crucis* (ein anonymes um 1180 entstandenes Werk).- *München, SB, Clm 14159.- Literatur*: A. Boeckler, Die Regensburg-Prüfeninger Buchmalerei des XII. und XIII. Jahrhunderts, München 1924, Tafel XXXII, Abb. 36; XXXIV, Abb. 38; H.Swarzenski, Vorgotische Miniaturen, Königstein i.Ts. u. Leipzig 1927, Abb. S. 59; RDK III (1954), 93, Abb. 2; P. Skubiszewski, in: Jahrbuch der Berliner Museen 22, 1980, S. 49, Abb. 22; Ph. Verdier, in: Wallraf-Richartz-Jahrbuch 43, 1982, S. 73, Fig. 48; R. Suntrup, in: Frühmittelalterliche Studien 18, 1984, Tafel XL und XLII, Abb. 90-91; Regensburger Buchmalerei [Ausstellungskatalog], München 1987, Tafel 30.

Der Autor stellt, beginnend mit dem Genesisbericht der Bibel, sehr viele Typen der Kreuzigung Christi zusammen. Der Miniator hat etliche ganzseitige Federzeichnungen eingefügt. Dabei ist alttestamentlichen Szenen, die als solche noch kein Kreuz enthalten, ein kleines Kreuz eingezeichnet. Die bildbegleitenden Texte sind oft ebenso scharf wie naiv antijüdisch, zum Beispiel, wenn die Tötung Abels durch Kain als Vorausbild der Tötung Jesu durch die Juden bezeichnet wird (Bild und Text bei Swarzenski, a.a.O., S. 59).

Nr. 163 a *(Abb. 36 bei Boeckler)*.

1. *Tod Naboths* (1 Kg 21, 13).- Text (die folgenden Auszüge nach Boeckler, a.a.O., S. 34 ff.): "Der Tod Naboths, den die ruchlose Jezabel mit Hilfe falscher Zeugen herbeiführte, ist Christi Tod, der durch falsche

Zeugnisse von der Synagoge arglistig herbeigeführt wurde. Wie der gottlose König Ahab habsüchtig nach dem Erbe des gerechten Mannes strebte, so sagte das wahnsinnige Volk der Juden, als es Christus sah: 'Das ist der Erbe, lasset uns ihn töten, und die Erbschaft wird unser sein'".- Die Mörder tragen die - hier also denunziatorischen - (stumpfkonischen) Judenhüte der 2. Hälfte des 12. Jh.

2. *Der Keltertreter* (Is 63, 3): *Torcular calcavi solus* als Vorausbild des blutenden Kruzifixus, dessen Blut unter der Kelter aufgefangen wird.

3. *Die Witwe von Sarepta* (1 Kg 17, 7 ff., wo die Vulgata von *duo ligna* spricht). Auf der Miniatur hält die Witwe nicht mehr "ein paar Stükke Holz" (Biblia hebraica), sondern den vollendeten Realtypus, d.h. ein richtiges Kreuz (mit dem Schriftband: *En, colligo duo ligna*).

4. *Elias läßt ein Eisen schwimmen* (2 Kg 6, 1-7).- Text: "Als Christus die unfruchtbaren Bäume, nämlich die Juden, fällte, verließ er, durch sie gekreuzigt, seinen Leib und stieg zur Hölle hinab (wie die Axt vom Stiel ins Wasser fiel und auf den Grund sank), aber sein Geist kehrte zu dem begrabenen Leib (wie das Eisen an den Stiel) zurück und erstand aus dem Grab."

5. *Zwei Bären zerreißen die Knaben*, die den Propheten Elisäus verspottet und ihm *ascende, calve* (komm' herauf, Glatzkopf) nachgerufen haben (2 Kg 2, 23-24).- Text: "Die Flucht des Elisa bezieht sich auf die jüdische Bosheit, welche Christus, der das Kreuz bestieg, verspottete und nach 42 Jahren (entsprechend den 42 von den Bären zerrissenen Kindern) die gerechte Strafe durch die beiden Bestien Titus und Vespasian erlitt. *Calve* riefen die Knaben, weil Christus auf dem Kalvarienberge gekreuzigt wurde."

6. *Job* (Job 1, 7-8).- Der leidende Job ist der Typus des leidenden Christus.

7. *Tobias und der Fisch* (Tobit 6, 2-7).- Text: "In dem Fisch erkenne die Menge der Ungläubigen: Christus hat sie zum Teil aus den Fluten der Welt hervorgezogen, mit den Anfangsgründen des Glaubens gesalzen, im Feuer des Heiligen Geistes gekocht, zu angenehmer Speise verarbeitet und sich einverleibt."

Nr. 163 b *(Abb. 38 bei Boeckler)*

1. *Kreuztragung*, mit dem Adskript *Si quis vult post me venire, abneget (semet ipsum et tollat crucem suam et sequatur me*; nach Mt 16,24).- Die Kreuziger sind mit dem Gruppenmerkmal des (stumpfkonischen) Judenhutes versehen.

2. *Geißelung*, mit der Inschrift *Quae non rapui, tunc exsolvebam* (von Ps 69, 5; der dort Leidende ist Typus Christi; denn auch Christus büßte, was er nicht gesündigt hatte, und bezahlte, was er nicht schuldig war).- Die Schergen tragen Judenhüte.

3. *Der Kruzifixus zwischen Longinus und Stephaton*.- Der untere Teil des Kreuzes durchbohrt - im Sinne der christologischen Deutung von Ps 91, 13 (Vulgata: *super aspidem et basiliscum calcabis, conculcabis leonem et draconem*) - Löwe, Aspis, Basilisk und Drache. Neben dem Kreuzfuß tötet die allegorische Humilitas die Superbia; ein Motiv der Psychomachie, das recht künstlich ebenfalls durch Adskript auf das Kreuz gedeutet wird: *Superbia diaboli vincitur humilitate crucis Christi*, "der Hochmut des Teufels wird besiegt durch die Erniedrigung des Kreuzes Christi".

Nr. 164.- *Apostel und Juden*.- Miniaturen in den 'Vitae et passiones apostolorum' (legendarische Apostelviten), einer um 1180 entstandenen anonymen noch unveröffentlichten Schrift.- *München, SB, Clm 13074*.- *Literatur*: A. Boeckler, Die Regensburg-Prüfeninger Buchmalerei des XII. und XIII. Jahrhunderts, München 1924, Abb. 49.52.53; C.R. Dodwell, Painting in Europe 800 to 1200, Harmondsworth 1971, Pl. 197; Regensburger Buchmalerei [Ausstellungskatalog], München 1987, Tafel 113.

1. *Abb. 49 bei Boeckler* (= Folio 15 verso).- Ganzseitige Federzeichnung. Obere Hälfte: Petrus begrüßt den in Rom ankommenden Paulus. Untere Hälfte: Petrus und Paulus diskutieren mit einer größeren Gruppe von Juden, kenntlich an den konischen Judenhüten des 12. Jahrhunderts. Aus dem parallelen Text geht hervor, daß es sich um die Beilegung eines Streites zwischen Judenchristen und Heidenchristen handelt. Petrus und Paulus sind nimbiert.

2. *Abb. 52 bei Boeckler* (= Folio 53 recto).- Miniaturen zu Jakobus dem Älteren, Sohn des Zebedäus: Hermogenes schickt seinen Schüler Siletus, um Jakobus zu widerlegen; Siletus und die ihn begleitenden Pharisäer disputieren mit Jakobus; Siletus wird von Hermogenes gefesselt, weil er keinen Erfolg hatte; auch die von Hermogenes schließlich geschickten Dämonen können Jakobus nichts anhaben, weil ein Engel sie mit feurigen Fesseln gefesselt hat.

Der Zauberer Hermogenes trägt als Negativfigur den konischen Judenhut, ebenso die Pharisäer in seiner Begleitung, Jakobus dagegen ist nimbiert.

3. *Abb. 53 bei Boeckler* (=Folio 53 verso).- Weitere Miniaturen zu Jakobus dem Älteren: Die beiden zuvor bereits abgebildeten Dämonen bringen Hermogenes gefesselt vor Jakobus. Hermogenes wird von Jakobus

überwunden und wirft seine Zauberbücher ins Meer. Auch hier erscheint er mit dem konischen Judenhut auf dem Kopf. Ein Pharisäer führt Jakobus gefesselt vor Herodes. Jakobus wird auf Herodes Befehl enthauptet.

Nr. 165.- *Verkündigung an die Hirten und Geburt Christi.-* Relief auf der Bronzetür des Doms zu *Pisa*, um 1180 von Bonanus von Pisa geschaffen.- *Literatur:* G. Bazin, 2000 Jahre Bildhauerkunst der Welt, Freiburg 1973, S. 283, Abb. 582; U. Mende, Die Bronzetüren des Mittelalters. 800-1200, München 1983, Tafel 170.

Über der Geburtsgrotte erscheinen auf einer Geländewelle zwei Hirten und zwei Engel. Die Hirten tragen spitzkonische Judenhüte. Inschrift: *Nativitas Domini.* Die Kopfbedeckung deutet das zeitgeschichtlich-jüdische Umfeld der Geburtsszene an und ist eine Art historisierende Chiffre ohne jeden negativen Akzent.

Nr. 165a.- Um 1186 schuf derselbe Künstler die Bronzetüren des Domes von *Monreale* (Sizilien), darauf ein formal und thematisch sehr ähnliches Relief, nur daß hier die Inschrift *Nativitas Domini* seitenverkehrt und in Spiegelschrift zu lesen ist. Ebendort auch ein Relief "Gefangennahme Christi" (Monreale, Dom, Westportal), auf dem geradezu lehrhaft die genetische Affinität von phrygischer Mütze und Spitzhut vorgeführt wird; denn die Teilnehmer der Gruppe Juden, die Jesus gefangennimmt, tragen teils die eine, teils die andere Hutform, wobei die Formen voneinander nur wenig unterschieden sind. Dabei die Inschrift: *Iuda tradit Christum.- Literatur*: A. Boeckler, Die Bronzetüren des Bonanus von Pisa und des Barisanus von Trani, Berlin 1953, Abb. 71; U. Mende, a.a.O., Abb. 106 und Tafel 197.

Nr. 166.- *Kreuztypologien.-* Miniatur (Federzeichnung) zur Initiale "I" (In principio) zum Anfang der Antiquitates Judaicae des Flavius Josephus, Handschrift aus dem Kloster Zwiefalten, um 1180.- *Stuttgart*, Landesbibliothek, Cod. hist. fol. 418, folio 3 recto.- *Literatur*: K. Löffler, Schwäbische Buchmalerei in romanischer Zeit, Augsburg 1928,Tafel 39; RDK IV (1958) 1387, Abb. 11; Schiller, II (1968), Abb. 431; Hürkey, 1983, Abb. 280 o.

Der Kruzifixus, an einem stilisierten Weinstock mit zwei Stämmen hängend, hat, wie sonst Synagoga und Ecclesia, hier bei sich einen Widder (*aries*, d.h. den Abrahamswidder; Hinweis auf die christologische Opfertypologie von Gn 22, 1-19; Schiller deutet den Bock unrichtig als "jüdisches Opfertier" und Symbol für "das überwundene Judentum") und die Witwe von Sarepta (1 Kg 17, 12, wo die Vulgata aus "ein paar Stücken Holz" des hebräischen Textes *duo ligna* macht, also den Ausgangspunkt einer Kreuztypologie). Darüber, mit dem einen Judenhut tragenden Moses und der Ehernen Schlange (Jo 3,14 zu Nm 21, 4-9), eine weitere Kreuztypologie. Ganz unten, wo seit der Zeit der karolingischen Elfenbeine die erlösten Auferstehenden erscheinen, Adam und Eva, und noch ein zweites Mal ganz oben beim Sündenfall; im Anschluß darunter Noahs rettende Arche (mit der Taube), Typus der Errettung durch Christi Kreuzesholz. Das ganze also ein soteriologisches Programm auf bekannter Traditionslinie. Moses' hochmittelalterlicher Judenhut schlägt dabei die Brücke zum zeitgenössischen Judentum des 12. Jh.

Nr. 167.- *Alt- und neutestamentliche Szenen in typologischer Beziehung.*- Kanzelverkleidung (nach 1330 zum Flügelaltar ungearbeitet) des Nikolaus von Verdun, vollendet anno 1181. Vergoldete Kupferplatten auf Holzkern, Emailarbeit (Grubenschmelztechnik). Breite des Mittelteils 263 cm, Flügelbreite 120 cm, Höhe 108 cm.- *Klosterneuburg* (Österreich), Stiftskirche des ehemaligen Augustinerchorherrenstifts.- *Literatur:* W. Burger, Abendländische Schmelzarbeiten, Berlin 1930, S. 69-72, Abb. 36; H.E. van Gelder en J. Duverger, Kunstgeschiedenis der Nederlanden, I, Utrecht 1954, S. 320, Abb. 4; L. Réau, Iconographie de l'art chrétienne, I, Paris 1955, Pl. 9 (vor S. 129); Die Wiener Biblia pauperum. Cod. Vindob. 1198, hg. von Fr. Unterkircher, I, Graz 1962, S. 59, Abb. 1; Blumenkranz, 1965, Abb. 85; Encyclopedia of World Art, X, New York, 1965, Pl. 315; Schiller, I (1966), Abb. 227; II (1968), Abb. 41-43; Kunstdenkmäler in Oberösterreich. Ein Bildhandbuch. Hg. von R. Hootz [3.] Oberösterreich, Niederösterreich, Burgenland, Darmstadt 1967, Abb. S. 128-129; Fillitz, 1969, Abb. 358; V. Griessmaier, Nikolaus von Verdun, Wiener Jahrbuch für Kunstgeschichte 25, 1972, 29-52, Abb. 16-18.24 u.a.; Lasko, 1972, Pl. 288-291; Rhein und Maas. Kunst und Kultur 800-1400 [Ausstellungskatalog], II, Köln 1972, Abb. S. 230-233; Das Münster 27, 1974, Abb. 316; G.G. Sill, A. Handbook of Symbols in Christian Art, London 1975, Abb. S. 96; E. Doberer, in: Zeitschrift des Deutschen Vereins für Kunstwissenschaft 33, 1977, 3-16, Abb. 1-2; H. Bauer, Die große Enzyklopädie der Malerei, VIII, Freiburg 1978, Abb. S. 2738-2739; Der Kunst Brockhaus, II, Wiesbaden 1983, Abb. S. 201; A. Wolf, Deutsche Kultur im Hochmittelalter 1150-1250, Essen 1986, S. 233. 235, Abb. 81-82.

Die ursprünglich 13 Bildgruppen zu je 3 Emailtafeln zeigen, in drei Reihen übereinander und durch Inschriftstreifen getrennt, heilsgeschichtliche Sachverhalte durch typologische Verknüpfung auf. Die einzelnen Szenen befinden sich in je durch ein Säulenpaar getrennten Arkaden, wobei je drei übereinander stehende inhaltlich aufeinander bezogen sind und sozusagen die drei Stufen des göttlichen Heilsplanes darstellen: Oben eine Szene aus vormosaischer Zeit (*ante legem*), unten aus der Zeit von Moses bis Christus (*sub lege*), in der Mitte eine Szene aus neutestamentlicher Zeit (*sub gracia*).

Das Ganze ist eine Art Bilderbibel. Nicht zuletzt beansprucht sie Interesse im Hinblick auf die Geschichte des hochmittelalterlichen Judenhutes, der hier in vielen schönen Darstellungen (Trichterform) erscheint. Die bekannte Datierung (anno 1181)und Lokalisierung hilft vielleicht bei der Ermittlung der genauen chronologischen Entwicklung und regionalen Verteilung der verschiedenen Formen dieses Gruppenmerkmals. Hier können nur einige Bilder kurz erläutert werden:

1. *Beschneidung Isaaks, Jesu, Samsons*.- Die Mutter Sara und der Vater Abraham blicken besorgt, und der Säugling scheint sich zu sträuben, während der junge Mohel gelassen seines Amtes waltet. Bei Samsons Beschneidung zeigt die noch junge Mutter Gelassenheit und beläßt dem jungen Mohel, der sich noch mit dem Vater Manoach bespricht, den Knaben, ohne dessen ängstliche Hinwendung zur Mutter zu beachten. Bei Jesus vollzieht Joseph selbst die Beschneidung. Eine umlaufende Inschrift gibt eine Bewertung des Vorganges (*nostra tulit Christi caro vulnera vulnere tristi*, "Christi Fleisch trug unsere Wunden mit schmerzlicher Wunde") als Sühneleiden für die Menschheit, als Vorspiel und Vorwegnahme der Passion sozusagen. Das weicht von der Haltung des Neuen Testaments ab, wo Jesu Judesein - einschließlich der Beschneidung - als gegeben nicht in Zweifel gezogen oder gar eingeschränkt wird (vgl. z.B. Lk 2,21). Die gleiche negative Bewertung der Beschneidung zeigt die Umschrift zu Isaaks Beschneidung (*flet circumcisus Ysaac, tuus o Sara, risus*, "der beschnittene Isaak, über den du gelacht hast, Sara, weint"). Deutlicher noch der Spruch zu Samson: *vulnere digna reis notatis tum iussio legis*, "mit einer Wunde wie für mit entehrender Strafe belegte Delinquenten bestraft das Gesetzesgebot". Dahinter steht die schon altkirchliche Bewertung der jüdischen Gesetzesvorschriften als bestenfalls erzieherische Strafe.

2. *Geburt Isaaks, Christi, Samsons*.- Beim Vergleich zwischen den Eltern Abraham-Sara, Maria-Joseph, Manoach-Mutter Samsons fällt auf, daß nur Manoach den Judenhut trägt, im Unterschied zur Beschneidungstriade, wo der Aspekt des Judeseins - zu dem wesentlich die Beschneidung gehört - stärker dadurch hervorgehoben ist, daß insgesamt drei Personen den Trichterhut tragen. In der "Geburt Christi" ist Joseph ein alter Mann, der sich müde auf seinen Stock stützt - so ein verbreiteter Darstellungstyp dieser Szene, nach dem Joseph eine kaum beteiligte Randfigur des Geschehens ist.

3. *Moses zieht nach Ägypten (Moyses it in Egiptum)*. Der Bezug ist auf Ex 4, 18 ff. Die Szene erinnert an den Weg der hl. Familie nach Ägypten, nur geht Joseph, oft mit Stock und Judenhut dargestellt, regelmäßig

neben dem Reittier her. Die umlaufende Inschrift sagt: *it redimat gentem dux sub Pharaone gementem*, "es geht der Führer, um das unter dem Pharao seufzende Volk zu befreien." Moses trägt den Trichterhut.

4. *Das Passahlamm (agnus paschalis).*- Auf Bildern dieses Typs liegt gewöhnlich das geschlachtete Lamm im Hauseingang, während ein Mann mit Judenhut (Moses, Aaron) im Sinne von Ex 12, 7.13 mit dem Blut des Tieres das schützende Zeichen anbringt. Hier hebt der Mann nur die Hand zum Himmel, wie um zu zeigen, daß er nach Gottes Willen verfährt. Dazu die Inschrift: *Christi mactandus in formam clauditur agnus*, "das als Figur Christi zu schlachtende Lamm wird ins Innere des Hauses gebracht".

In den Nischen zwischen den einzelnen Arkaden erscheinen in der obersten Reihe die Engel, sozusagen als Wächter; in der Reihe darunter die Propheten als Vorausverkünder des neutestamentlichen Heilsgeschehens; unten die Tugenden.

Nr. 168.- *Christus auf den Schultern Davids.*- Miniatur in einem lateinischen Psalter vielleicht aus Rheinau oder Muri, letztes Drittel 12. Jh.- *Donaueschingen*, Bibliothek des Fürsten zu Fürstenberg, Cod. 180, folio 5 recto, Initialminiatur zu Ps 1 "B"(*eatus vir*).- *Literatur*: RDK III (1954) 1089, Abb. 5; Andachtsbücher des Mittelalters aus Privatbesitz. Bearbeitet von J.-M. Plotzek, Köln 1987, Abb. S. 67.

Diese Miniatur gehört in dem Umkreis der Bilder, die das Verhältnis des Alten zum Neuen Testament betreffen. Nicht selten sind so die Apostel auf den Schultern der Propheten dargestellt. Die Miniatur zu Ps 1 geht auch davon aus, daß David in der christlichen Tradition Christus figuriert, also der alttestamentliche Typus des Realtypus Christus ist.

Nr. 169.- *Moses (?) mit übergroßem Judenhut.*- Zwei farbige Federzeichnungen in einer Handschrift (Augustini in actus Johannis tractatus V), die vor 1165 geschrieben, aber erst im letzten Drittel des 12. Jh. mit diesen (unvollendet gebliebenen) Zeichnungen versehen wurde.- *München*, SB, Clm 13085, Teil II, folio 89 und folio 183.- *Literatur*: A. Boeckler, Die Regensburg-Prüfeninger Buchmalerei des XII. und XIII. Jahrhunderts, München, 1924, Tafel LXXXVIII, Abb. 113.115.

Abb. 113 zeigt einen Mann mit knielangem Bart, Wanderstab und einem trichterförmigen, sehr hoch geratenen Judenhut (folio 89), Abb. 115 denselben Mann auf einer Sphaira (Welt- bzw. Himmelskreis). Boeckler (a.a.O., S. 66) deutet diese rätselhafte Gestalt auf Ahasver, den Ewigen Juden. Doch bildet sich die Ahasver-Legende erst viel später aus, so daß Boecklers Vermutung abwegig ist. Man könnte an den hl. Joseph denken, der oft bärtig, mit Wanderstab und - bisweilen recht groß ausfallendem -

Judenhut dargestellt wird, der offenbar sein Judesein betonen soll. Aber der Fall liegt hier anders; denn Joseph wird nie allein dargestellt und nie mit einem so gewaltigen Zeichen des Judeseins. Weiterhelfen könnte die Sphaira (bzw. *gyrus*), auf der die gleiche Gestalt folio 183 thront. Sie erscheint oft als Thron (bzw. Fußschemel) Christi (vgl. z.B. die Miniatur in einem Kölner Evangeliar vom 2. Viertel des 11. Jh.; s.o., Nr. 55), aber auch als Herrschaftsthron der Ecclesia und Synagoga (Mönchengladbacher Tragaltar, um 1160; s.o., Nr. 124). Wenn nun Synagoga als Allegorie des Judentums annähernd gleichzeitig auf einer Sphaira thronen kann, so liegt nahe, eine solche Möglichkeit auch für einen anderen üblichen Repräsentanten des Judentums, nämlich Moses, anzunehmen. Im Mittelalter sind ja mitunter Synagoga und Moses ikonographisch geradezu austauschbar. Daß Moses in dieser Zeit des 12. Jh. in Einzeldarstellung als thronender Repräsentant des Judentums angesehen werden konnte, zeigt im übrigen bereits die eindrucksvolle Miniatur im Stuttgarter Cod. hist. fol. 411, um 1160-1170 (s.o., Nr. 136).

Nr. 170.- *Hortus deliciarum* (Wonnegarten) der Äbtissin Herrad von Landsberg (1125/30 - um 1196/97), unter ihrer Leitung und maßgeblichen Mitwirkung von den Nonnen ihres Augustinerinnen-Klosters Hohenburg (heute Odilienberg, Elsaß) angelegtes, um 1185 vollendetes Erbauungs- und Lehrbuch. Es enthielt viele Miniaturen, die mitsamt dem Text 1870 (in Straßburg) verloren gingen. Sehr zahlreiche bis 1870 gemachte Textauszüge und Nachzeichnungen von Bildern sind jedoch erhalten. Einige davon betreffen das Judenthema.- *Literatur*: L. Twining, Symbols and Emblems of Early and Medieval Christian Art, London 1852, S. 128, Pl. LXIII, Nr. 19 - 20; Gazette des Beaux-Arts 8, 1873, 555; P. Lacroix, Vie militaire et religieuse au moyen âge, Paris 1873, S. 543, Fig. 394; W. Lübke, Geschichte der deutschen Kunst, Stuttgart 1890, S. 289, Fig. 259; Histoire de l'art. Publiée sous la direction du André Michel, II 1, Paris 1906, S. 324, Fig. 247; W. Neuss, Das Buch Ezechiel in Theologie und Kunst, Münster 1912, S. 242, Fig. 49; Th. Ehrenstein, Das Alte Testament im Bilde, Wien 1923, S. 774, Abb. 2; K. Künstle, Ikonographie der christlichen Kunst, I, Freiburg 1928, S. 463, Abb. 240; A. Weis, in: Das Münster 1, 1947-1948, S. 78, Abb. 9-10; Herrade de Landsberg. Hortus deliciarum, ed. J. Walter, Strasbourg-Paris 1952, Pl. XVII.XXVII. XLII-XLIV; RDK IV (1958) 1195, Abb. 4; Monumenta Judaica. Handbuch, Köln 1963, Abb. 66; Blumenkranz, 1965, Abb. 38; Schiller, IV 1 (1976), Abb. 111; Herrad von Landsberg. Hortus deliciarum. Hg. von O. Gillen, Neustadt 1979, Abb. S. 101.145. u.a.; Herrad of Hohenbourg. Hortus deliciarum, ed. Rosalie Green (u.a.), 2 Bde., London-Leiden 1979 (I, folio 60.64.67.80.150.241.253.255; II, Anhang, Abb.234); H.H. Hofstätter, in: Das Münster 37, 1984, 322.

1. *Folio 60 verso* (jeweils nach der rekonstruierten Fassung bei Green): *Achaschwerosch-Xerxes (485-465), Esther, Mordechai und Haman.*- Illustration zu Esther 7, 10 beziehungsweise Esther, Kapitel 5-7. Mordechai trägt den - hier trichterförmigen - Judenhut des 12. Jh., um sein Judesein und seine Identität auf den ersten Blick deutlich zu machen.

2. *Folio 64 verso: Synagoga und Heresis.*- In freier Interpretation von Zach 3-5 (und affiner Passagen der Johannesapokalypse) sind hier Synagoga und Heresis zwei geflügelte Wesen, welche eine Wanne (d.h. das Epha von Zach 5, 7 ff. bzw. die *Impietas* darin) nach Babylon bringen. Das läßt daran denken, daß in den christlichen Adversus-Judaeos-Texten sehr oft Juden und Ketzer in einem Atemzug genannt sind.

3. *Folio 67 recto; Moses und Christus*, als doppelköpfiges Wesen dargestellt, Christus mit Kelch und Moses mit dem Sprengwedel des jüdischen Kults (vgl. Nm 19, 1-22; darauf bezieht sich hier die Inschrift: *Moyses emundandum populum aspergit sanguine et cinere vitule rufe.* "Moses besprengt zur Reinigung das Volk mit dem Blut und der Asche der roten Kuh"). Dazu die Inschriften: *Vetus et Novum Testamentum in simul iunctum* ("das Alte und Neue Testament in eins verbunden") und unter anderem *Lex per Moysen data est, gracia et veritas per Jhesum Christum facta est* (Jo 1, 17).

4. *Folio 80 verso: Stammbaum Christi.* Innerhalb einer Art Stammbaum Christi (vgl. Mt 1, 1-16) erscheinen, zeitlich vor Maria angeordnet, Hohepriester, Könige, Patriarchen und Propheten Israels. Zu ihnen gehört als oberste Gruppe, unmittelbar neben Maria, eine Gruppe von Juden mit dem hohen Trichterhut der Zeit Herrads.

5. *Folio 150 recto: Kreuzigung mit Ecclesia und Synagoga.*- Synagogas Augen sind durch ihr Kopftuch verdeckt, so daß sie nichts sieht, worauf sich das Adskript bezieht: *Sinagoga excecata* (Synagoga ist ganz und gar blind). Ergänzend besagt die Schrifttafel auf ihrem Schoß: *Et ego nesciebam* ("und ich wußte nichts", nach Gn 28, 16; vgl. Lk 23, 34; 1 Kor 2,8). Das Böckchen und das Opfer- oder Beschneidungsmesser weisen wohl auf die Obsoletheit des jüdischen Kults seit dem Jahre 70. Synagogas Niederlage wird durch das am Boden liegende Fahnentuch dokumentiert. Ihr Reittier ist der Esel: *Animal Synagoge asinus stultus et laxus*, "Synagogas (Reit-)Tier ist der törichte und zuchtlose Esel". Auf Synagoga bezieht sich weiter die Inschrift: *Sub arbore crucis corrupta est Synagoga, quando scribe et Pharisei dixerunt: Sanguis eius super nos et super filios nostros* (Mt 27,25). *Ibi corrupta est genetrix tua*, "Synagoga ist entartet unter dem Kreuzesholz, als die Schriftgelehrten und Pharisäer sagten:

'Sein Blut über uns und unsere Kinder' - Da ist deine Mutter (vgl. Hl 8,5) entartet." Dagegen wird Ecclesia durch Adskript im Sinne von Hl 8,5 und 7, 1 als Christi Braut bezeichnet: *sub arbore malo suscitavi te, et: Reverte-re, Sunamitis* ("unter dem Apfelbaum weckte ich dich, komm zurück Su-namitis"). Auf die Kreuzigungsszenen mit Ecclesia, Synagoga und der Ehernen Schlange in der karolingischen Zeit nehmen die Verse oberhalb des Kreuzes Bezug:

Pro mundi vita suspenditur hostia viva.

Quam mors dum mordet in se sua tela retorquet.

Quod caro quod sanguis deliquit arbor et anguis,

carne fluens sanguis cruce suspensi lavat anguis (id est Christi).

"Ein lebendiges Opfer wird ans Kreuz gehängt für das Leben der Welt. Indem der Tod ihn beißt, richtet er die Waffen gegen sich selbst. Was Fleisch, was Blut, was Baum und Schlange sündigten, das tilgt das aus dem Körper fließende Blut der ans Kreuz aufgehängten Schlange (d.h. Christi)"; denn die Eherne Schlange von Nm 21, 6-9 ist nach Jo 3,14 Typus Christi, so daß für Herrad um des Wortspiels *anguis* willen hier Typus und Antitypus verschmelzen können. Damit bestätigt sich wieder die-Richtigkeit unserer Deutung der rätselhaften Schlange am Fuß der karolingischen Kreuze. An karolingische Art erinnern auch die aus den Gräbern Auferstehenden unterhalb des Kreuzes oder "Adams Grab" (*sepulcrum Ade*). Ecclesia mit ihrem Tetramorph (vgl. Ez 1, 5 ff.) ist das konventionelle Gegenstück Synagogas. Sie und ihr Reittier sind beschriftet: *Ecclesia. Quatuor evangeliste animal ecclesie*, "die vier Evangelisten sind Ecclesias (Reit-)Tier". Weitere Texte erläutern das Bild, zum Beispiel *Christus ascendit crucem*, "Christus besteigt das Kreuz"; *Sol obscuratur*, "die Sonne verdunkelt sich"; *Velum templi scissum est medium* (Mt 27,51); *Maria mater domini, mulier, ecce filius tuus. Ecce, mater tua. Johannes evangelista* (Jo 19, 26-27); *Longinus miles, Stephaton Judeus*, "Longinus der Soldat, Stephaton der Jude" (Das Judesein Stephatons ist ein Echo der ikonographischen Eigenart, die Schergen unter dem Kreuz zunächst-mit der orientalischen - und damit auch jüdischen - phrygischen Mütze und dann auch mit dem konischen Judenhut auszustatten); *Iheronimus refert quod Adam sepultus fuerit in Calvarie loco, ubi crucifixus est dominus*, "Hieronymus berichtet, daß Adam an der Schädelstätte bestattet gewesen ist, wo der Herr gekreuzigt wurde".

6. *Folio 241 verso - 242 recto: Der Antichrist und die Juden.-* Der Antichrist verführt ein staunendes Publikum, zu dem auch *Judei* gehören, durch Wunder: Er läßt plötzlich einen Baum erblühen, läßt einen Feuerre-

gen vom Himmel fallen und läßt das Meer stürmisch werden. Seine rechtgläubigen Gegner erleiden schlimme Folter und den Tod. Einem werden die Augen ausgestochen, ein anderer wird gesteinigt, ein Dritter wird von einem Drachen verschlungen, ein Vierter schließlich stirbt vom Biß einer Schlange.

7. *Folio 242 verso: Judentaufe.*- Die Juden, die zunächst den Antichrist begeistert aufnahmen, werden nach seinem Tode schließlich getauft (*Hic baptizatur sinagoga novissimis temporibus ad Christum conversa*, "hier wird die Synagoge getauft, nachdem sie sich am Ende der Zeit zu Christus bekehrt hat").

8. *Folio 253 verso: Endgericht.*- Zusammen mit anderen Gruppen wie den törichten Jungfrauen und falschen Propheten erwarten auch die Juden und Heiden (*Judei et Pagani*) das Urteil, nach dem sie von Engeln mit Gabeln in die Hölle getrieben werden.

9. *Folio 255 recto: Die Juden in der Hölle.*- Wie Vertreter anderer Missetätergruppen, zum Beispiel die *armati milites* (Soldaten oder Ritter) werden auch die *Judei* in der Hölle gestraft. Wie beim Militär die Zugehörigkeit, genügt ihr Judesein als Grund der Bestrafung. Ihr Gruppenmerkmal ist der hochmittelalterliche Spitzhut, mit dem angetan sie in einem großen metallenen Kessel gebraten oder gesotten werden. Bei anderen Delinquenten wird der Strafgrund, auch nach dem Talionsprinzip, sichtbar gemacht: Links oben der Selbstmörder, der sich zur Strafe immer wieder erstechen muß, dann die von Schlangen gebissene Gruppe der Unzüchtigen, mit dem Adskript nach Mk 9, 48 beziehungsweise Is 66,24: *vermis impiorum non morietur et ignis illorum in sempiternum non exstinguetur* (in der Hölle "wird der Wurm der Frevler nicht sterben und ihr Feuer in Ewigkeit nicht erlöschen"). In der zweiten Höllenetage fällt links der Sünder auf, der sich vor dem üblen Schwefelgeruch die Nase zuhält, dann die Kindsmörderin (vermutlich eine Reminiszenz an die Teknophagie der Maria, Josephus, Bell. Jud. 6, 201-213), die Putzsüchtige, der zwei Teufel wie Kammerdiener assistieren; ein anderer wird genötigt, eine große Kröte zu schlucken. Unten die Bestrafung der Habgier nach der Lex talionis (vgl. z.B. Weisheit Salomos 11,16: womit jemand sündigt, damit wird er auch gestraft). Ganz unten thront *Lucifer ut Satanas*, auf dem Schoß den *Antichristus*. Dieser erfährt also eine Vorzugsbehandlung, ganz im Gegensatz zu den Juden, obwohl in mittelalterlichen Texten oft von ihnen gesagt wird, daß sie mit dem Teufel im Bunde stehen beziehungsweise von ihm zu ihren Taten angestiftet werden.

Nr. 171.- *Geburt Christi.*- Einzelblatt mit Miniaturen aus einer Bilderbibel der Rhein- oder Maasgegend, letztes Viertel 12. Jh.- *Frankfurt*, Privatbesitz.- *Literatur*: G. Swarzenski und R. Schilling, Die illuminierten Handschriften und Einzelminiaturen des Mittelalters und der Renaissance in Frankfurter Besitz, Frankfurt a.M. 1929, Tafel X.

Die vier Szenen der Miniatur zeigen: Sündenfall, Gn 3,1 ff. (die Schlange als großer stehender Hund), Verkündigung an Maria (Lk 1, 26 ff.), Verkündigung an die Hirten auf dem Felde, Geburt Christi. In der Geburtsszene erscheint Joseph mit Stock und hohem Judenhut, der etwas abgeknickt dargestellt wird, um nicht in die Krippe hineinzuragen. Ebenfalls trägt einer der Hirten den Judenhut, allerdings oben nicht spitzkonisch, sondern kuppelförmig abgerundet, von einer im 12. Jh., wie wir sahen, nicht seltenen Form.

Nr. 172.- *Kreuzigung.*- Deckel eines Reliquiars, niedersächsisch (Wesergebiet), entstanden im letzten Viertel des 12. Jh.- *Siegburg*, kathol. Pfarrkirche St. Servatius.- *Literatur*: Hürkey, 1983, Abb. 66.

Synchron mit der Annagelung erfolgen die Aktivitäten des Longinus und Stephaton. Ein Teil der Akteure trägt eine Art Judenhut, der nur bei Longinus einigermaßen deutlich die übliche konische Form hat.

Nr. 173.- *Kruzifixus mit Ecclesia und Synagoga; Geburt Christi.*- Miniatur in einem 1188 für Heinrich den Löwen angefertigten Evangeliar (fol.170 verso), jetzt in Schloß Cumberland; siehe unten, S. 656, Nr. XI, weiteres dazu). Vgl. *Trier*, Domschatz, Cod. 142; ein Einzelblatt aus diesem Evangeliar mit der Darstellung der Geburt Christi befindet sich jetzt in Cleveland, Ohio, Museum of Art, Purchase from the J.H. Wade Fund Nr. 33, 445 a.- *Literatur*: Schiller, I (1966), Abb. 173; Das Münster 32, 1979, Abb. S. 326; R. Haussherr, in: Zeitschrift des Deutschen Vereins für Kunstwissenschaft 34, 1980, S. 8, Abb. 6; TRE XVI, 1 (1986) Tafel 5, Abb. 10 (nach S. 80); de Winter,1985, Abb. S. 105; Stadt im Wandel, hg. von C. Meckseper, II, Stuttgart 1985, Abb. S. 1179.

1. *Kruzifixus mit Ecclesia und Synagoga* (folio 170 verso).- Synagoga, mit fallender Krone, die Fahne zu Boden gesenkt, hält ein Schriftband mit dem Text von Dt 21,23 (*maledictus a Deo est qui pendet in ligno*), der in der antijüdischen christlichen Apologetik verschiedentlich als antichristlich jüdisches Argument zitiert wird. Die obere Hälfte dieses Miniaturblattes wird ausgefüllt von einer Darstellung der Geißelung Christi. Dabei trägt einer der Schergen in jeder Hand ein Rutenbündel, das wie ein Palmzweig dargestellt ist. Möglicherweise sollte im Bildbetrachter die Assoziation Orient-Palme-Juden geweckt werden. Die Palme gehört immerhin schon zur Judaea capta des 1. Jh., und später ist Synagoga bisweilen mit einem

Palmwedel als - auf den Orient und Judaea weisendes - Attribut ausgestattet.

2. *Geburt Christi*.- Unterhalb des in einer altarartigen Krippe liegenden Kindes Maria, halb aufgerichtet, in der üblichen Lage einer erschöpften Wöchnerin. Links von ihr Ecclesia mit dem christologisch-messianischen Schriftband: *E celo rex adveniet per secla futurus*, "vom Himmel her wird der König kommen, der in alle Ewigkeit herrschen wird". Ihr gegenüber und in gewisser Weise den Platz der Synagoge einnehmend sitzt der bärtige Joseph, wie oft schläfrig und wie unbeteiligt. Sein großer trichterförmiger Judenhut ist aus Platzgründen schief aufgesetzt, droht ihm also nicht vom Kopf zu fallen, wie G. Schiller annimmt, die hier zu Unrecht eine Parallele zur fallenden Krone der Synagoga sieht. Joseph ist hier auch, wie oft, etwas kleiner als Maria, und er sitzt, wie auch sonst manchmal, separat in einer Art kleinem Torwächterhäuschen (G. Schiller denkt an eine "Synagoge", wohl zu Unrecht). In der oberen Bildhälfte Salomo (mit dem Schriftband: *in caritate perpetua dilexi te*, Jr 31, 3) und die Königin von Saba (mit dem Schriftband: *osculetur me osculo oris sui*, Hl 1, 2) als Typen Christi und der Ecclesia, das heißt der Braut-Bräutigam-Beziehung. Im Sinne von Ps 85, 11-12 (*misericordia et caritas occurrerunt, iustitia et pax deosculatae sunt, veritas de terra orta est et iustitia de caelo prospexit*) steigt die Wahrheit aus der Erde empor, und die Gerechtigkeit kommt ihr vom Himmel entgegen.

Nr. 174.- *Ecclesia und Synagoga*.- Initialminiaturen im Homiliar (d.h. einer nach dem Kirchenjahr geordneten Predigtsammlung) des - sonst nicht weiter bekannten - Beda von Verdun, letztes Viertel 12. Jh.- *Verdun*, Bibliothèque municipale, Ms. 121.- *Literatur*: Fr. Ronig, in: Aachener Kunstblätter 38, 1969, S. 117, Abb. 111; Schiller, IV 1 (1976), Abb. 125. 142; Schubert, 1978, Abb. 24; K. Schubert, Die Kultur der Juden, II, Wiesbaden 1979, Abb. 11; A. Bennett, in: Journal of the Warburg and Courtauld Institutes 43, 1980, Pl. 13d.

1. *Folio 1 recto*: Initialminiatur "I" zum Sermo des Maximus Confessor († 662) am ersten Adventssonntag: Ecclesia und Synagoga erscheinen als die Frauen an der Mühle (ein Mühlsteinpaar) im Jüngsten Gericht (Lk 17,35). Schon Ambrosius (PL 15, 1779) hat die Lukasstelle so gedeutet, nämlich als allegorische Darstellung des Endgerichts. In der Miniatur liegen die zwei Männer von Lk 17, 34 auf ihrem Bett. Der eine (mit Adskript *Nero*, d.h. Heidentum) schläft, der andere schaut auf zu Christus. So auch Ecclesia im Unterschied zu Synagoga, die ein Böckchen (als Zeichen des alttestamentlichen Opferkultes) hält und anscheinend ein Messer. Ganz

unten erscheint der offene Rachen der Hölle mit den Verdammten. Dieses Bild ist ein gutes Beispiel für die verengende und verschärfende Auslegung von Stellen des Neuen Testaments, die in Literatur und Ikonographie offenbar weitgehend korrelativ verläuft.

2. *Folio 273 recto*: Initiale "Qu" zur Homilie zum Kirchweihfest: Ecclesia steht triumphierend auf der am Boden liegenden Synagoge, deren Augen durch eine Binde verhüllt sind. Sie setzt ihr den Schaft der Kreuzfahne auf den Nacken, wie um auch den noch hochgereckten Kopf niederzudrücken. Aus der zwar Besiegten, aber noch aufrecht im Bereich des Kreuzes stehenden oder trotzig weggehenden Kriegsherrin (z.T. noch mit intaktem Gonfanon) ist hier die gedemütigte Gegnerin geworden. Diese Bildaussage ist durchaus polemisch gestimmt.

Nr. 175.- *Gang zur Hölle.*- Wandmalerei an der Chor-Südwand der ehemaligen Zisterzienserinnen-Klosterkirche St. Marien in *Bergen*, Mecklenburg, Ende 12. Jh.- *Literatur*: Die deutschen Kunstdenkmäler. Ein Bildhandbuch. Hg. von R. Hootz. [13.] Mecklenburg, Darmstadt 1971, Abb. 16.

Im Rahmen einer Darstellung von Hölle und Paradies erscheint eine Gruppe von Delinquenten, mit einer Kette umschlossen, auf dem Weg in die Hölle; dabei ein weltlicher Herrscher, ein Bischof und ein Jude, erkennbar an dem stumpfkegeligen Judenhut der zweiten Hälfte des 12. Jh. und an seinem Bart. Dabei vertritt jeder der drei seinesgleichen mit. Der Judenhut ist also hier ein Gruppenmerkmal, wie der Bischofshut für den (hohen) Klerus überhaupt steht. Rechts daneben ein Gieriger, der in der Hölle zur Strafe (mit Goldstücken?) durch einen Trichter vollgestopft wird. Das erinnert an die ähnliche Strafe nach der Lex talionis bei Herrad (s. oben, Nr. 170).

Nr. 176.- *Kreuzigung Christi.*- Taufsteinrelief, Ende 12. Jh.- *Bochum*, katholische Probsteikirche St. Peter und Paul.- *Literatur*: Deutsche Kunstdenkmäler. Ein Bildhandbuch, hg. von R. Hootz, [4.] Westfalen, Darmstadt 1972, Abb. 25.

Christus wird durch einige Juden, kenntlich an ihrem konischen Hut, ans Kreuz genagelt. Die Darstellung ist denunziatorisch, weil sie die Schuld an der Passion kollektiv den Juden des 12. Jh. anlastet.

Nr. 177.- *Prophetenporträts.*- Miniatur in einem vom Kontinent stammenden Evangeliar (Ende 12. Jh.).- *Cambridge*, Fitzwilliam Museum, Ms. 241, folio 7 (Detail der Matthäus-Initiale).- *Literatur*: G. Schmidt, in: Wiener Jahrbuch für Kunstgeschichte 37, 1984, S. 247, Abb. 17.

Die Propheten tragen eine oben stark abgerundete, kuppelförmige Version des konischen Judenhuts. Ihr weisender Gestus bezieht sich auf die - unter anderem im Matthäusevangelium zu erkennende - Realisierung ihrer Christusverheißungen.

Nr. 178.- *Jude mit Geldbeutel (?).*- Steinplastik auf dem Schrägdach unterhalb des Turms der Kirche des hl. Leodegar (Léger) in *Gebweiler* (Guebwiller), Elsaß, Ende 12. Jh.- *Literatur*: Inventaire géneral des monuments et de richesses artistiques de la France. Comission régionale d'Alsace. Haut-Rhin. Canton Guebwiller (2 Bde., Paris 1972), II, Abb. 244-246; Fr. Raphaël und R. Weyl, Juifs en Alsace, Toulouse 1977, Tafel I (neben S. 48); P. Assall, Juden im Elsaß, Moos 1984, Abb. S. 86.

Wenn die Deutung der Skulptur auf einen Juden zutrifft, wäre dies der erste ikonographische Beleg dieser Art. Zwar gibt es schon die Darstellungen der Austreibung der Händler und Wechsler aus dem Tempel, die, zumal wenn sie oft wiederholt wurden, die mittelalterlichen Betrachter an eine besondere Beziehung der Juden zum Geld denken lassen konnten, aber hier scheint eine gewisse Zuspitzung erreicht, auch durch die bildliche Affinität zu Judas mit seinen dreißig Silberlingen. Vor allem im Spätmittelalter und in der frühen Neuzeit erhielt das Thema "Juden und Geld" eine besondere Gewichtung. Im 12. Jh. ist es vor allem Petrus Venerabilis, der dieses Thema polemisch behandelt.

Zwar fehlen Spitzhut und Bart, aber die Deutung auf einen jüdischen Wucherer läßt sich auch wahrscheinlich machen durch Darstellungen gleichen Typs auf anderen Kirchen: Der Jude mit der Geldbörse auf der Kirche von St. Peter und Paul in Rosheim, Unterelsaß, gebaut etwa 1150/1160 (Abb. bei Assall, a.a.O., S. 88-90). Hierin gehört wohl auch die von Dämonen flankierte sitzende Gestalt mit einem Geldbeutel (?) auf der Konsole oberhalb des nördlichen Querhausportals der Marienkirche in Gelnhausen, Hessen, erbaut um 1200 (G. Troescher, in: Zeitschrift für Kunstgeschichte 21, 1958, S. 163, Abb. 46). Indes bedarf der ganze Komplex weiterer Untersuchung.

Nr. 179.- *Ecclesia und Synagoga.*- Glasmalerei in der Kirche von *Le Mans*, Ende 12. Jh.- *Literatur*: L. Twining, Symbols and Emblems of Early and Medieval Christian Art, London 1852, S. 122, Pl. LX, Nr. 4-5; Seiferth, 1964, Abb. 19.

Ecclesia wird von Petrus gekrönt, während Synagoga, deren Fahnenschaft zerbrochen ist, zu Boden sinkt, aber von Aaron gehalten und vor dem Fall bewahrt wird. Aaron trägt den konischen Judenhut, der oben in einen Knopf mündet.

Nr. 180.- *Hochzeit zu Kana.*- Miniatur in einem Psalter vom Ende des 12. Jh.- *Oxford*, Bodleian Library, Ms. Gough, Liturg. 2, folio 20.- *Literatur*: Blumenkranz, 1965, Abb. 94.

Die Szene Jo 2, 1-12 wird hier im Sinne derjenigen Exegeten gezeichnet, welche sie als Vorspiel und Vorläufer der Einsetzung der Eucharistie beim letzten Passahmahl sahen. Darauf weisen zum Beispiel die mit dem Kreuzzeichen versehenen Brote auf dem Tisch. Christus und seine Mutter sind nimbiert, während die zentrale Gestalt der jüdischen Hochzeit, wohl der Bräutigam, einen groß dimensionierten Judenhut trägt. Er hat hier, wie meist, nichts Denunziatorisches, sondern charakterisiert lediglich das soziale Umfeld, in dem Jesus sich bewegt, als jüdisch.

Nr. 181.- *Weltschöpfung.*- Titelminiatur des ersten Buches der 'Antiquitates Judaicae' des jüdischen Historikers Flavius Josephus, Ende 12. Jh.- *Paris*, BN, Lat. 5047, folio 2 recto.- *Literatur*: Schiller, IV 1 (1976), Abb. 174. Vgl. oben Nr. 113.

Die jüdische Darstellung der Weltschöpfung (zum Beginn der Antiquitates Judaicae) wird christlich interpretiert: Christus als Schöpfer - Logos hat den traditionellen Kreuznimbus. Sapientia-Ecclesia, im zentralen Medaillon, ist schon beim Sechstagewerk gegenwärtig. Die sechs Randbilder zeigen die einzelnen Tage der Schöpfung (vgl. Gn 1, 1-27). Die Miniatur ist charakteristisch für die christliche Rezeptionsgeschichte des jüdischen Autors Josephus, der zu fast kirchenväterlichem Rang aufstieg.

Nr. 182.- *Juden und Fledermäuse.*- Kapitell-Reliefs der Kirche von *Sigolsheim*, Elsaß, um 1190-1200.- *Literatur*: Fr. Raphaël u. R. Weyl, Juifs en Alsace, Toulouse 1977, Tafel III (nach S. 48); P. Assall, Juden im Elsaß, Moos 1984, Abb. S. 74.76.78-79.82.

In der Physiologus-Tradition ist seit langem die Affinität Jude-Eule bekannt. Hier kommt die verunglimpfende Junktur Juden-Fledermäuse dazu - wenn diese (nicht ganz sichere) Deutung zutrifft und nicht eine Eule oder ein monströses Mischwesen gemeint ist. Die Fledermaus gilt überdies nach Lv 11, 19 als unreiner Vogel. Für die christliche Sicht maßgebend war aber wohl die (Tag-)Blindheit der Eule und überhaupt ihre Zuordnung zur Nacht. Schon Synagoga steht ja ikonographisch in Affinität zur Nacht (*nox*), wie wir sahen, andererseits werden Teufel oft mit Fledermausflügeln dargestellt. Die spitzbärtigen Judenköpfe der Sigolsheimer Kapitelle tragen die zeitgenössischen konischen Judenhüte, die hier jedenfalls eindeutig denunziatorische Funktion haben.

Nr. 183.- *Geburt Christi.*- Miniatur in einem Psalter aus dem Benediktinerkloster Rheinau (Kanton Zürich), Ende 12. Jh.- *Zürich*, Zentralbibliothek, Cod. 105 (ganzseitiges Bild: 18,5 x 14 cm).- *Literatur*: Die Kunstdenkmäler der Schweiz. [7.] Die Kunstdenkmäler des Kantons Zürich. Band I. Die Bezirke Affoltern und Andelfingen. Von H. Fietz, Basel 1938, S. 349, Abb. 289.

Joseph, am rechten Bildrand, wie unbeteiligt zur Seite blickend, trägt einen großen, konisch geformten Judenhut.

Nr. 184.- *Ecclesia und Synagoga.*- Farbige Federzeichnung in der Bilderbibel des Petris de Funes (eine Art Skizzenbuch oder Vorlagenbuch mit fast zweitausend Zeichnungen), geschrieben im Jahre 1197 für Sanzio von Navarra.- *Amiens*, Bibliothèque municipale, Cod. 108, folio 43 verso.- *Literatur*: Seiferth, 1964, Abb. 22; Schubert, 1978, Abb. 51; K. Schubert, Die Kultur der Juden, II, Wiesbaden 1979, S. 32, Abb. 20; vgl. Monumenta Judaica. Handbuch, Köln 1963, S. 754.

Die Schlange des Paradieses beziehungsweise der Teufel blendet in diesem recht polemischen Bild Synagoga wie sonst die Augenbinde. Ihre Speerfahne ist gebrochen, Zeichen ihrer Niederlage. Ecclesia blickt zu ihr hin und hebt die Linke, wie um sich zu distanzieren. Diese Ikonographie ist theologisch nicht ganz schlüssig; denn einerseits sind die mittelalterlichen Juden oft dargestellt als Missetäter, die von Teufeln zur Hölle geschleppt und dort gefoltert werden, andererseits erscheinen sie auch mit dem Teufel im Bunde oder gar, wie hier, vom Teufel (in Gestalt der Schlange) blind gemacht.- Die um die Augen Synagogas gewundene Schlange ist übrigens auch von der französischen Kathedralplastik dieser Zeit bekannt (vgl. Monumenta Judaica. Handbuch, Köln 1963, 754, zu Notre Dame, Paris,und St. Seurin, Bordeaux).

Oberhalb der Miniatur erscheint ein bezeichnender Textausschnitt aus Ps.-Bernhard von Clairvaux (PL 184, 1327-1328): *Ysaias cecinit, / Sinagoga meminit, / numquam tamen desinit / esse ceca* (s. oben zu Bernhard von Clairvaux).

c) Die Zeit von 1200 bis 1215

Nr. 185.- *Jüdischer Apotheker (oder Arzt).*- Initialminiatur in einem oberrheinischen medizinischen Sammelwerk, entstanden um 1200.- *Basel*, Universitätsbibliothek, D III 14, folio 58 verso.- *Literatur*: Die Kunstdenkmäler der Schweiz. [52.] Die Kunstdenkmäler des Kantons Basel-Stadt. Band V 2, verfaßt von Fr. Maurer, Basel 1966, S. 313, Abb. 403.

Der konische Judenhut der dargestellten Gestalt läßt darauf schließen, daß es ein jüdischer Apotheker (oder Arzt) ist, der gerade mit einem Mörser Kräuter zerstampft und in einem Brustbeutel offenbar weitere Ingredienzien oder medizinische Mittel (zur Beimischung in das mit dem Mörser Zubereitete?) zur Hand hat. Weniger wahrscheinlich ist, daß hier ein Christ den Judenhut trägt, um darzutun, daß die Heilkunde im 12.-13. Jh. als typisch jüdischer Beruf galt. In den Miniaturen dieser Handschrift erscheinen unter anderem auch Drachen, so daß ein Element des Exotischen ins Spiel kommt, zu dem der Judenhut gut passen würde. Auch hier ist freilich - wie überhaupt bei der Darstellung von verschiedenen Berufen im Hochmittelalter - mit Einflüssen von orientalischen beziehungsweise als orientalisch geltenden Kalenderbildern (samt den Jahreszeiten zugeordneten Tätigkeiten und Berufsbildern) zu rechnen.

Nr. 186.- *Miniaturen des Ingeborg-Psalters*.- Der Psalter, benannt nach der Königin Ingeborg von Dänemark, Gemahlin des französischen Königs Philipp Augustus, entstand wahrscheinlich um 1200 in Paris.- *Chantilly*, Bibliothèque du Musée Condé, Ms. 9.- *Literatur*: Th. Ehrenstein, Das Alte Testament im Bilde, Wien 1923, S. 334, Abb. 18; V. Leroquais, Les psautiers manuscrits latins de bibliothèques publiques de France, 3 Bde., Mâcon 1940-1941, III, Pl. LIII; Der Kunst Brockhaus, I (Wiesbaden 1983), Abb. S. 539; J.B. Russel, Lucifer, Ithaca-London 1984, Abb. S. 75; Faks.-Ausgabe Graz 1985; vgl. H. Unger, Text und Bild im Mittelalter, Graz 1986, 58-60; A. Lefébure, Chantilly, Musée Condé, Ouest-France 1986, Abb. S. 64-65.

1. *Das Opfer Abrahams* (folio 11).- Das zweistöckige Bild schildert die Szene Gn 22, 1 ff.: Links die Gruppe der Knechte und der Esel, in der Mitte der kleine Isaak mit seinen kreuzförmig geschulterten Holzbündeln und der Frage (Gn 22,7): *pater, ecce ignis et ligna; ubi est victima holocausti?* Der nimbierte Abraham antwortet: *fili, deus providebit* (Gn 22,8). Gn 22, 1 ff. spielt in der christlichen Apologetik, auch in der Auseinandersetzung mit den Juden, als Vorausbild des Kreuzes Christi eine große Rolle. Dabei wird nicht selten der Esel (als störrisches, vernunftloses Wesen) als Typus des Judentums gesehen. Abraham ist nimbiert wie ein christlicher Heiliger, und das Ganze ist gestaltet wie ein wesentliches Element der Vor- und Frühgeschichte des Christentums.

2. *Moses empfängt die Gesetzestafel*.- Gottes Hand reicht dem nimbierten Moses die Doppeltafel (vgl. Ex 31,18). Aaron, vor einer Gruppe Israeliten, trägt den konischen Judenhut mit oberem Knopf. Dazu kontrastiert der Brustschild mit den Edelsteinen als Symbol der Stämme Israels (hier anscheinend nur neun Steine).

3. *Theophilus-Legende*.- Der fromme Christ Theophilus (in Adana, Syrien) schließt, verleitet von einem Juden, einen Pakt mit dem Teufel, um Bischof zu werden, bereut aber schließlich und erreicht durch Gebet zu Maria seine Befreiung aus dem Teufelspakt. Dieses Zusammenspiel Jude-Teufel ist charakteristisch für eine bestimmte christliche Sehweise des Judentums, die sich oft auch in der antijüdischen christlichen Apologetik manifestiert.- Eine Illustration der Theophilus-Legende findet sich auch in einem Matutinale (d.h. Zusammenstellung der kanonischen Nachtgebete des ganzen Jahres in einem Band) vom 1. Viertel des 13. Jh. (Matutinale des Abtes Konrad; München, SB; Clm 17404; Histoire de l'art. Publiée sous la direction de André Michel, II 1, Paris 1906, S. 363, Fig. 268). Hier erscheint neben Theophilus auch ein bärtiger Jude mit Trichterhut (zum Stoff vgl. LThK X, 1965, 90-91).- Zur Theophilus-Legende vgl. auch oben, innerhalb der Adversus-Judaeos-Texte, Marbod von Rennes u. Adgar.

Nr. 187.- *Alt- und neutestamentliche Szenen*.- Sogenanntes Psalterium der hl. Elisabeth, mit dem ehemaligen Einbanddeckel des 'Gertrudenpsalters', um 1200.- *Cividale* (Nordwestitalien), Archäologisches Nationalmuseum im Palazzo Nordis.- *Literatur*: A. Haseloff, Eine thüringisch-sächsische Malerschule des 13. Jahrhunderts, Strassburg 1897, Tafel XIV. XXV. XXVII. XXVIII; Th. Ehrenstein, Das Alte Testament im Bilde, Wien 1923, S. 359, Abb. 20; Schiller, IV 1 (1976), Abb. 107; M. Gosebruch, in: Niederdeutsche Beiträge zur Kunstgeschichte 20, 1981, S. 28, Abb. 6; K. Clausberg, in: Städel-Jahrbuch 8, 1981, S. 51, Abb. 27.

1. *Kruzifixus mit Ecclesia und Synagoga*, Holzschnitzerei des Einbanddeckels (Schiller, Abb. 107; Haseloff, Tafel XIV, Abb. 26).- Oben erscheint traditionell die Hand Gottvaters, darunter die Taube des Hl. Geistes. Zwei Engel, am Rande inschriftlich als Gabriel und Michael bezeichnet, fangen das Christi Händen entströmende Blut auf. Von oben herabfliegend erscheinen auch Adler und Mensch als Symbole des Johannes und Matthäus. Dagegen repräsentieren unten Löwe und Stier Markus und Lukas. Maria und Johannes, an ihrem gewohnten Platz, sind inschriftlich definiert, ebenso am Kreuzfuß Ecclesia (also nicht Fides, wie Schiller a.a.O. vermutet), die, ausgestattet mit der Kreuzfahne, das von Christi Füßen herabfließende Blut auffängt, während Synagoga, ihr gegenüber, die Speerfahne gesenkt hält und sich vom Kreuz abwendet. In gewisser Weise sind sie an die Bildposition gerückt, an der sich sonst meist Longinus und Stephaton befinden.

2. *Christus im Hause des Pharisäers Simon* (Lk 7, 36 ff.) (Haseloff, Abb. 53). Christus ist nimbiert, seine jüdischen Tischgenossen tragen den

Judenhut. In solcher Szenengestaltung ist Jesus nicht Jude unter Juden, sondern wird von seiner Umgebung stark abgehoben. Hier scheinen die beiden Juden mit ihm über die Sünderin Magdalena zu seinen Füßen zu diskutieren.

3. *Jakobs Söhne kaufen Getreide in Ägypten* (?) (Gn 42). (Haseloff, Abb. 55).- Die Israeliten tragen den trichterförmigen Judenhut.

4. *Auferweckung des Lazarus* (Jo 11, 1-45).- Reproduktionen: Haseloff, Abb. 60; Clausberg, Abb. 27; Gosebruch, Abb. 6.- Lazarus' Schwestern Maria und Martha benachrichtigen Jesus von der Krankheit ihres Bruders. Lazarus ist nicht in einem Felsengrab bestattet (so Jo 11, 38), sondern in einem Grabhaus (vgl. die karolingischen Kreuzigungsdarstellungen, wo zahlreich solche Grabhäuser dargestellt sind). Im oberen Bildfeld stehen sich Christus mit den (nimbierten) Jüngern und eine Gruppe spitzhütiger Juden gegenüber. Es scheint in ihrer Gestik etwas von der ablehnenden oder skeptischen Haltung zum Ausdruck zu kommen, die Jo 11, 8.46 ff. anklingt.

5. *Gefangene Israeliten vor Nebukadnezar; trauernde Israeliten in Babylon* (Haseloff, Abb. 61).- Es handelt sich um das Thema von 2 Kg 25: Eroberung Jerusalems durch den babylonischen König Nebukadnezar im Jahre 587 und Deportation eines Teils der Bevölkerung, vornweg König Sidkia. Die Israeliten tragen den hochmittelalterlichen Trichterhut.

6. *Disputation des hl. Silvester mit Juden* (Haseloff, Abb. 63).- Thema ist die Silvesterlegende (vgl., Verf., Die christlichen Adversus-Judaeos-Texte, 1982, S. 255-257). Die Juden sind teils bärtig, alle tragen den Trichterhut, der in dieser Zeit in seinem oberen Teil oft die Form eines Spitzkegels hat. Am Boden liegt der Stier der Legende.

7. *Illustration zu Ex 12, 35-36.-* Die die Pretiosen erhaltenden Israeliten tragen den Trichterhut (Reproduktion: Ehrenstein, S. 359, Abb. 20).

Die Miniaturen des sogenannten Gebetbuches der hl. Elisabeth zeigen, soweit zu sehen ist, keine Judenfeindschaft. Der Spitzhut als Gruppenmerkmal wird nicht zum Mittel der Polemik.

Nr. 188.- *Kruzifixus mit Ecclesia und Synagoga.-* Emailbild eines Reliquienkästchens (um 1200).- Kopenhagen, Nationalmuseum, Inv.- Nr. 12531.- *Literatur:* Year 1200, III, 464, Fig. 36.

Dieses künstlerisch nicht bedeutende Bild steht in der Tradition des Trierer Emails (s.oben, Nr. 149). Die blinde Synagoga wendet sich vom Kruzifixus ab.

Nr. 189.- *Christlich-jüdische Disputation.-* Miniatur in der Initiale "V"(*os ego vos inquam ego convenio, o Judei, qui usque in hodiernum negatis filium dei* etc.) der Anfangsworte des Traktates *Adversus Judaeorum inveteratam duritiem* des Petrus Venerabilis († 25.12.1156).- *Douai*, Bibliothèque municipale, Ms. 381, folio 131 (12./13. Jh.).- *Literatur*: Encyclopaedia Judaica VI (Jerusalem 1971) 82; P. Černý, in: Nederlands Kunsthistorisch Jaarboek 36, 1985, S. 53, Abb. 21; vgl. CChr., Cont. med. 58, p. XXXII-XXXIII.

Die Disputation ist eher als Belehrung des Juden durch den christlichen Kleriker gesehen. Dieser, tonsuriert und anscheinend mit einer Mönchskutte bekleidet - so daß Abt Petrus von Cluny und ein fiktiver jüdischer Gesprächspartner gemeint sein könnten - sitzt etwas erhöht, ein Buch in der Hand und spricht im Lehrgestus sozusagen von oben herab zu dem bärtigen Juden. Dieser ist kleiner dargestellt als der Christ und muß stehen, versucht aber anscheinend, unterstützt durch den Sprechgestus der linken Hand, Gegenvorstellungen anzubringen. Seine Kopfbedeckung ist jedenfalls jüdisch (eine Art stilisierte phrygische Mütze). Die ältere Deutung, daß hier ein Bischof mit einem Juden Jakob spreche, überzeugt nicht.

Nr. 190.- *Der jüdische Historiker Josephus vor Vespasian.-* Miniatur einer Josphushandschrift (12./13. Jh.[vor 1188 ?], Fulda, Hess. Landesbibl., C 1, folio 1 verso).- *Literatur*: Encyclopaedia Judaica IX (Berlin 1932) 403-404 (mit Abb.); N. Ausubel, The Book of Jewish Knowledge, New York 1964, 347 (mit Abb.); Suevia sacra, Augsburg 1973, Abb. 176; H. Köllner, Die illum. Hss. d. Hess. Landesbibl. Fulda, I, Stuttgart 1976, Nr. 47.

Josephus erscheint als Führer der Juden - wie er mit dem trichterförmigen Spitzhut der 2. Hälfte des 12. Jh. ausgestattet. Das Attribut der Buchrolle und des Schreibpultes betont seine Rolle als Autor des 'Bellum Judaicum', von dem er tatsächlich ein Exemplar Vespasian und Titus übergab (Contra Apionem 1, 50), in dem er aber auch beschrieb, wie er Vespasian die künftige Kaiserherrschaft prophezeite (Bell. Jud. 3, 399 ff.).

In der christlichen Josephustradition wird Vespasian im Laufe des Frühmittelalters zum abendländischen Herrscher, der in einer Art Kreuzzug ins Heilige Land fährt und die missetäterischen Juden zur Rechenschaft zieht (vgl. Verf., Die christlichen Adversus-Judaeos-Texte, 1982, 463 ff.). Davon wird etwas in dieser Miniatur deutlich; denn der Heide Vespasian ist dargestellt wie ein christlicher Kaiser, auf seine Weise ähnlich ein Zeuge der durch Geschichtsbeweis gesicherten Veritas christiana wie Josephus als Kronzeuge aus dem nichtchristlich-jüdischen Lager.

Nr. 191.- *Auferweckung des Lazarus*.- Miniatur in einem Evangeliar aus Speyer, um 1200.- *Karlsruhe*, Landesbibliothek, folio 17 recto.- *Literatur*: K. Clausberg, in: Städel-Jahrbuch 8, 1981, S. 30, Abb. 10.

Zusammenfassung der Erzählung Jo 11, 1-45. Lazarus' Schwestern Maria und Martha bitten Christus noch um Genesung des Kranken, während bereits Jesu Befehl von Jo 11, 44 (Lösen der Binden) befolgt wird. Die großen trichterförmigen Judenhüte sind hier wie in ähnlichen Bildern kein negatives Gruppenmerkmal, sondern definieren lediglich "die Juden" des Johannes-Berichts und deuten an, daß Jesus in einem jüdischen Umfeld agiert.

Nr. 192.- *Anbetung durch die Hl. Dreikönige*.- Miniatur in einem Evangeliar elsässischer Provenienz, um 1200; aus der ehemaligen Benediktinerabtei St. Peter (im südlichen Schwarzwald) in die Landesbibliothek *Karlsruhe* gekommen, Cod. St. Peter perg. 7, folio 2 verso.- *Literatur*: Blumenkranz, 1965, Abb. 84.

Nach Mt 2,1-12. Den von links her, dem Alter nach geordnet, herantretenden Königen steht auf der anderen Seite Joseph gegenüber, offensichtlich eine 'Randfigur' des Geschehens. Der Judenhut - er hat die hohe Trichterform des Hochmittelalters - identifiziert ihn und sagt zugleich, daß Jesus in eine jüdische Umwelt hineingeboren wurde. Maria thront, wie eine Königin gekrönt, vor einer Art Palastarchitektur.

Nr. 193.- *Kruzifixus*.- Miniatur in einem Evangeliar nordeuropäischer Herkunft, um 1200.- *Kopenhagen*, Nationalmuseum, folio 17 verso.- *Literatur*: B. Blumenkranz, in: Judenhaß - Schuld der Christen?!, hg. von W.P. Eckert u. E.L. Ehrlich, Essen 1964, 249-256, Abb. 21; Year 1200, III, 451, Fig. 5.

Der Kruzifixus ist umgeben von Johannes, Maria und anderen Trauernden. Der Ecclesia (mit dem Kelch) entspricht hier nicht wie üblich Synagoga, sondern die Präsenz von Juden, die im rechten Hintergrund durch einige Spitzhüte angedeutet sind. Sie werden nicht zu bestimmten Personen, weil ihr Gesicht verdeckt ist, so daß damit in gewisser Weise eine kollektive Mitwirkung der Juden am Passionsgeschehen ikonographisch sichtbar gemacht wird. Die Judenhüte haben die Form von Trichtern. Die radikale Verkürzung auf die Chiffre Spitzhüte (= Juden) zeigt, in welch hohem Maße diese Kopfbedeckung als charakteristisches Gruppenmerkmal galt.

Nr. 194.- *Ecclesia und Synagoga*.- Fresko vom Apsisbogen der Kirche von Spentrup (Dänemark), um 1200.- *Kopenhagen*, Nationalmuseum.- *Literatur*: H. de Boor - H.A. Frenzel, Die Kultur Skandinaviens, in: Handbuch der Kulturgeschichte 2, 9b,

Frankfurt a.M. 1964, Abb. 4.- Schiller, IV 1 (1976), Abb. 30; Schubert, 1978, Abb. 48; K. Schubert, Die Kultur der Juden, II, Wiesbaden 1979, S. 43, Abb. 30.

Die blinde Synagoga sticht mit einer Lanze in den Hals des Gotteslammes. Das herausspritzende Blut fängt Ecclesia in ihrem Kelch auf; sie hält in der Linken ein Buch, wohl das Evangelium. In dieser (sich gelegentlich auch sonst im Hochmittelalter findenden) Abwandlung der Ecclesia-Synagoga-Gruppe, die als solche schon in den karolingischen Elfenbeinreliefs erscheint, ist aus der rettenden Ehernen Schlange am Kreuzfuß die Paradiesschlange geworden (vgl. Gn 3, besonders 3,15: "Feindschaft will ich setzen zwischen dir und dem Weibe"); dies antizipiert Ecclesias spätere Ablösung durch Maria.- Nicht Ecclesia trägt hier die Kreuzfahne, sondern das *Agnus dei*. Synagogas Krone fällt von ihrem Haupt, und sie sticht zu, obwohl blind, wie unter einem Zwang. Ihr Tun scheint wie vorgezeichnet in Gottes Heilsplan, zu erkennen in den einschlägigen Typen des Alten Testaments. Ihr Vorausbild ist Kain.- Gn 3, 15 deuteten schon Kirchenväter "er (wird dir den Kopf zermalmen,und du wirst ihn an der Ferse treffen)" auf Christus und meinten seine Mutter mit, weshalb die Vulgata versteht: *ipsa conteret caput tuum*. Das klingt in dem Spentruper Fresko mit an.

Nr. 194 a.- Hier mag eine andere dänische Wandmalerei erwähnt sein, das Fresko in der Kirche von Jelling (Amt Veile, Jütland, Dänemark), die im 12. Jh. entstand (Reproduktion bei H. de Boor - H.A. Frenzel, a.a.O., S. 40, Abb. 25): "Christus, Johannes und die Juden". Johannes der Täufer hält ein Schriftband mit dem Text von Mt 3,3 (*vox clamantis in deserto, parate viam Domini* etc.), den er einer Gruppe von Personen verkündet, die überwiegend den konischen Judenhut des 12. Jh. tragen. Johannes und Christus sind hutlos und nimbiert, wodurch ihr Anderssein hervorgehoben wird.

Nr. 195.- *Jesus und die Emmaus-Jünger.-* Miniatur in einem Psalter englischer Provenienz, um 1200.- *Leiden*, Universitätsbibliothek, P.L. 76 A, folio 27.- *Literatur*: Blumenkranz, 1965, Abb. 98.

Hier wurde ausnahmsweise einmal Jesus mit Judenhut dargestellt, offenbar um das Nichterkennen durch die Emmaus-Jünger glaubhaft zu machen (vgl. Lk 24, 13 ff.). Freilich ist Christi Trichterhut etwas größer und, zusammen mit seinem Nimbus, auch eindrucksvoller als die Judenhüte der beiden Jünger. Oben links nicht die (legendarische) Erscheinung Jesu vor seiner Mutter, wie Blumenkranz deutet, sondern wohl eher die Szene Jo 20, 11-18; unten der ungläubige Thomas.- Dieses Bild hat (zusammen etwa mit der sehr ähnlichen Darstellung des Winchester-Psalters, London,

British Library, Ms. Cotton Nero C. IV, um 1155, s.o. Nr. 117: Jesus mit Nimbus und der phrygischen Mütze, der alternativen Form des Judenhutes) den Charakter einer seltenen Ausnahme; denn es wird sonst regelmäßig vermieden, Jesus mit dem Gruppenmerkmal mittelalterlicher Juden auszustatten. Das deutet darauf, daß entweder der Judenhut doch seinem hochmittelalterlichen Träger - bereits vor dem 4. Laterankonzil - generell eine gewisse Ansehensminderung eintrug oder Jesu Judesein mehr oder weniger unbewußt verdrängt wurde. So versteht sich vielleicht, daß in den beiden hier zu registrierenden (durch die Umstände des Emmaus-Geschehens bedingten) Ausnahmefällen zwar Jesus einen Nimbus hat, die Jünger aber nicht. Er sichert sozusagen ein unverzichtbares Maß von Abgrenzung.

Nr. 196.- *Alt- und neutestamentliche Personen.*- Initialminiatur in der Merseburger Bibel, von 1200.- *Merseburg*, Domschatz, Band I, folio 9.- *Literatur:* A. Stange, in: Münchner Jahrbuch der Bildenden Kunst 6, 1929, 329, Abb. 16; Deutsche Kunstdenkmäler. Ein Bildhandbuch, hg. von R. Hootz [11.] Provinz Sachsen und Anhalt, Darmstadt 1968, Abb. 206.

Sowohl der Spitzhut des 12. Jh. wie die phrygische Mütze erscheinen als Kopfbedeckung jüdischer Personen. Dies bestätigt einmal mehr die Auswechselbarkeit und Funktionsgleichheit beider Formen. Die Miniatur gehört zu der Initiale "In" (*principio creavit Dominus celum et terram. Terra autem erat inanis et vacua*).

Nr. 197.- *Anbetung des Goldenen Kalbes.*- Miniatur in einer Bibelhandschrift, um 1200.- *München*, SB, Clm 3901, folio 28.- *Literatur:* A. Boeckler, Die Regensburg-Prüfeninger Buchmalerei des XII. und XIII. Jahrhunderts, München 1924, Tafel LXXXX, Abb. 119.

Das Bild ist die Initialminiatur zu Numeri 1, 1: "*Lo(cutus est dominus ad Moysen in deserto Synai in tabernaculo federis, prima die mensis secundi etc)*.- Die Szene Ex 32, 1 ff. gilt in der antijüdischen Apologetik und in der christlichen Tradition als Grundmuster des Abfalls Israels von Gott und wurde entsprechend oft in Text und Bild thematisiert. Hier wirkt der zeitgenössische Judenhut mehr oder weniger denunziatorisch, weil die Anbetung des Goldenen Kalbes dadurch als kollektiv gesehene, nicht verziehene, auch die Juden des 12. Jh. noch belastende Missetat gewertet werden konnte.

Nr. 198.- *Die Flucht nach Ägypten.*- Miniatur eines engl. Psalters, um 1190 - 1200.- *Oxford*, Bodleian Library, Ms. Gough Liturg. 2, folio 17.-*Literatur:* T.S.R. Boase, English Art. 1100-1216, Oxford 1953, Pl. 79a; C.M. Kauffmann, Romanesque Manuscripts 1066-1190, London 1975, Fig. 270. Vgl. oben Nr. 180.

Der bärtige Joseph trägt den zeitgenössischen Judenhut. Der Diener dabei betätigt sich als Treiber und trägt unterwegs benötigte Utensilien (Axt für Feuerholz). Josephs Trichterhut ist - wie auch sonst nicht selten - von ansehnlicher Größe. Hier mußte sich der Miniaturist keine Zurückhaltung auferlegen; denn das Judesein Josephs galt eigentlich nie als etwas zu Verdrängendes oder gar Anstößiges.

Nr. 199.- *Miniaturen in einem um 1200 in England entstandenen Bestiarium.- Oxford*, Bodleian Library, Ms. Ashmole 1511.- *Literatur*: M. Durliat, Romanische Kunst, Freiburg 1983, Abb. 136; Fr. Unterkircher, Tiere, Glaube, Aberglaube. Die schönsten Miniaturen aus dem Bestiarium, Graz 1986.

Die Miniaturen beschreiben eine Fülle von Tieren verschiedenster Art, darunter auch viele exotische Tiere und Fabelwesen. Die in Verbindung mit einzelnen Tieren bisweilen dargestellten Personen tragen die besonders im englischen Raum beheimatete Form des Trichterhutes, bei dem der Trichter sich nicht nach oben hin einigermaßen gleichmäßig verjüngt, sondern bei dem auf eine (unten trichterförmig ausgeweitete Kalotte ein Stift aufgesetzt ist, der etwa die gleiche Höhe wie die Kalotte hat. Diese Hutform erscheint in Verbindung mit der Darstellung des Zimtvogels (Unterkircher, S. 49), des Löwen (Unterkircher, S. 60), der Natter (Unterkircher, S. 85), des Walfischs (Unterkircher, S. 93). Einmal ist der gestiftete Judenhut durch die phrygische Mütze ersetzt (zum Einhorn; Unterkircher, S. 67), wie um ihre gleichwertige Bedeutung als Gruppenmerkmal hervorzuheben. Das entspricht unseren früheren Beobachtungen von der Austauschbarkeit beider Formen von Kopfbedeckung. Zugleich bestätigt der ikonographische Kontext wohl auch unsere früheren Feststellungen, daß der Judenhut seinem Träger irgendwie auch den Charakter des Exotischen, Fremdartigen verleiht, was hier vielleicht im Vordergrund steht; denn das Judesein der Personen in den Miniaturen des Bestiariums ist ja sonst kaum motiviert. Vielleicht liegt von weither ein Einfluß von den allegorischen Personifikationen (mit typischen Berufsbildern der einzelnen Jahreszeiten) der Annus-Spekulation vor (s.o. zu Nr. 93,3).

Nr. 200.- *Kain und Abel.*- Miniaturen in einer nordfranzösischen lateinischen Bibel, um 1200.- *Paris*, BN, Lat. 11535, folio 6 verso.- *Literatur*: R. Mellinkoff, in: Journal of Jewish Art 6, 1979, S. 30, Fig. 19-20.

Abels Kopfbedeckung ist die Mitra eines christlichen Bischofs, während Kain die phrygische Mütze oder den (kuppelförmig gerundeten) konischen Judenhut mit Knopf trägt. Sie sind so in gewisser Weise die typologischen Vorläufer von Ecclesia und Synagoga, zunächst aber, im Sinne der literarischen antijüdischen Apologetik, die Vorausbilder (Typen) Jesu und der Juden. Die Verwendung des Judenhuts ist hier eindeutig denunziatorisch und polemisch; denn die typologische Gleichsetzung Kain - Juden wird durch das hochmittelalterliche Gruppenmerkmal zum kollektiven Schuldvorwurf.

Nr. 200 a.- Noch in das 12. Jh. gehört ein Kapitellrelief im Mittelschiff der Kathedrale in Chalon-sur-Saône (südöstliches Frankreich), das die Verfluchung Kains durch Gott darstellt (Gn 4, 10-12). Kain trägt den konischen Hut der Juden des 12. Jh. (Abb. bei R. Mellinkoff, in: Journal of Jewish Art 6, 1979, 26, Fig. 13).

Nr. 201.- *Kain und Abel.-* Zwei Bilder in einer nordfranzösischen Bibel, um 1200.- *Paris*, Bibliothèque Sainte Genevieve, Ms. 8, folio 7 verso.- *Literatur*: R. Mellinkoff, in: Journal of Jewish Art 6, 1979, S. 29, Fig. 17-18.

Kain trägt, als Typus der Christus tötenden Juden, die ihn als Juden kennzeichnende phrygische Mütze und alternativ den runden Judenhut mit Knopf (oder Stift? Die Reproduktion bei Mellinkoff ist hier etwas unscharf). Abels Kopfbedeckung ist durch den Kreisbogen (absichtlich?) verdeckt beziehungsweise er hat eine Tonsur (?).

Nr. 202.- *Psalmillustration.-* Miniatur in einem um 1200 in Canterbury geschriebenen Psalter.- *Paris*, BN, Lat. 8846, folio 90 verso.- *Literatur*: M. Rickert, Painting in Britain. The Middle Ages, London 1954, Pl. 81.

Diese Illustration zu Ps 52 zeigt links unten, wie der Edomiter Doeg Saul verrät, daß der vor Saul fliehende David bei einem Priester aus Nob Zuflucht gefunden hatte. Doeg tötet danach die ganze Priesterschaft. In der Mitte unten die Vernichtung des Bösen und der Gerechte: "Ich bin wie ein Ölbaum" usw. Oben Christus und die Gerechten.- Der Judenhut des Gerechten hat die zeitgenössische Form (konisch, unten sehr weit, mit Stift oben). Er ist hier alles andere als ein negatives Gruppenmerkmal.

Nr. 203.- *Kundschaftertraube.-* Miniatur in einem Canterbury - Psalter etwa vom Jahre 1200.-*Paris*, BN, Lat. 8846, folio 2 verso.- *Literatur*: R. Mellinkoff, The Horned Moses, Berkeley 1970, Fig. 56. Vgl. Nr. 202.

Bei der Darstellung der Kundschaftertraube (Nm 13, 23 ff.) erscheinen unter anderem der nimbierte und gehörnte Moses und eine Gestalt mit einem Hut, der sich terrassenförmig nach oben verjüngt, vermutlich Aaron. Diese Art Judenhut ist neu und wird erst im weiteren Verlauf des Mittelalters häufiger. Einen ähnlichen (Propheten-)Hut bietet etwa in dieser Zeit aber schon die Apsismalerei in der Sitftskirche von Gerresheim (Abb. bei Th. Ehrenstein, Das Alte Testament im Bilde, Wien 1923, S. 709, Abb. 55); vgl. auch Year 1200, I, Abb. S. 258.

Nr. 204.- Gewölbefresko in der Krypta der Stiftskirche von *Quedlinburg*, um 1200.- *Literatur*: Deutsche Kunstdenkmäler. Ein Bildhandbuch. Hg. von R. Hootz [11.] Provinz Sachsen, Land Anhalt, Darmstadt 1968, Abb. 255.

Alt- bzw. neutestamentliche Szenen mit Personen, die den hohen, trichterförmigen Judenhut des 12. Jh. tragen.

Nr. 205.- *Der Jesusknabe als Schüler*.- Miniatur in einem Psalter aus Waldkirch (vgl. u. Nr. 216), um 1200 - 1205. *Stuttgart*, Landesbibl.- *Literatur*: H. Wentzel, in: Zeitschrift des Deutschen Vereins für Kunstwissenschaft 9, 1942, S. 221, Abb. 31.

Der sich sträubende Jesusknabe wird von seiner Mutter zur Schule gebracht. In dem offenen Schulgebäude sitzen an einem Tisch zwei Lehrer, ausgestattet mit dem zeitgenössischen (trichterförmigen) Judenhut. Einer der beiden hält eine Texttafel oder ein Buch mit dem Text *Diligis dominum tuum et viv* ... (ein Lehrsatz?), vor dem anderen liegt eine Doppeltafel mit einer sinnlosen Buchstabenfolge (*phksk-ct.fcy*). Unten sitzen drei Schüler mit dem Schriftrollentext *Nullum malum bonum est* und *Nullum (b)onum est* (Philosophie-Schreibaufgabe?). Die Miniatur ist ein ebenso phantasievoller wie spielerischer und humorvoller Versuch, die Situation des Jesusknaben in der Begegnung mit seiner jüdischen Umwelt zu verstehen, das heißt: in die (unbekannte) jüdische Jugend Jesu werden antizipatorisch die späteren Konflikte und Konfrontationen hineingesehen. Viele Bilder stellen ihn ja auch dar, wie er bereits als Zwölfjähriger die Lehrer im Tempel belehrt. So mußte aus verschiedenen Gründen ein etwa sechsjähriger, vielleicht sogar vom Lehrer gemaßregelter Schüler Jesus (vgl. eine ähnliche, etwa 20 Jahre jüngere Miniatur, Abb. 32 bei Wentzel, ebd.: ein Schüler wird von seinem jüdischen Lehrer derb an den Haaren gefaßt; Maria trägt sogar eine Rute) eine unangemessene Vorstellung sein, die allenfalls scherzhaft bewältigt werden konnte.

Nr. 206.- *Judenhutformen* in Initialminiaturen von Rheinauer Handschriften, entstanden um 1200 in dem ehemaligen Benediktinerkloster Rheinau (Kanton Zürich).- *Zürich*, Zentralbibliothek, Ms. Rh. 5, folio 6 verso, und Ms. Rh. 14, folio 13 und folio 39.- *Literatur*: E.G. Grimme, in: Aachener Kunstblätter 47, 1976-77, S. 55-56, Abb. 80-83.

Die konische Form des Judenhutes ist hier zu einem Spitzkegel geworden, der auf einem relativ flachen Rundhut aufsitzt. Ähnliche Hutformen finden sich vor allem im süddeutschen Raum.

Nr. 207.- *Wunder des grünenden Stabes.*- Fresko in der Pfarrkirche von *Berghausen* (Westfalen), Anfang 13. Jh.- *Literatur*: Fr. Badenheuer - H. Thümmler, Romanik in Westfalen, Recklinghausen 1964, Tafel 52; Jewish Art 12-13, 1986-87, 189.

Diese Illustration zu Nm 17, 16-26 zeigt Moses, wie er die zwölf Fürsten Israels auf das Wunder des grünenden Aaronstabes (Typus der Virginität Marias) hinweist, der als einziger von den zwölf dargebrachten Stäben wieder ausgeschlagen ist. Die Vertreter der zwölf Stämme Israels tragen den Trichterhut des hohen Mittelalters, während Moses nimbiert ist.

Nr. 208.- *Anbetung der Hl. Dreikönige; Einzug in Jerusalem.*- Miniaturen in einem Evangelistar, das Anfang des 13. Jh. im Raum Magdeburg entstand.- *Brandenburg*, Domarchiv (ohne Signatur).- *Literatur*: Die Kunstdenkmäler von Stadt und Dom Brandenburg. Bearbeitet von P. Eichholz, Berlin 1912, Tafel 71.73; E. Rothe, Buchmalerei aus zwölf Jahrhunderten, Berlin 1965, Tafel 36; Deutsche Kunstdenkmäler. Hg. von R. Hootz [14.] Mark Brandenburg und Berlin, Darmstadt 1971, Abb. 27; Die Bau- und Kunstdenkmale in der DDR. Bezirk Potsdam. Bearbeitet von H. Drescher (u.a.), München 1978, S. 78.

1. Oben die Anbetung, unten die Szene vor Herodes (Mt 2, 1 ff.). Die Könige fragen (auf ihrem Spruchband): *Ubi est qui natus est rex Judeorum*; die Hohenpriester und Schriftgelehrten antworten: *In Betleem Judae*; Herodes fordert die Könige auf: *Ite, et interrogate diligenter de puero*. Die Hohenpriester und Schriftgelehrten tragen den hochmittelalterlichen Trichterhut und scheinen unfreundlich dreinzuschauen.

2. Das Zitat von Mt 21, 9 (*benedictus qui venit in nomine Domini*) erlaubt die unmißverständliche Zuordnung des Bildes zu Christi messianischem Einzug in Jerusalem (Mt 21, 1 ff.). Jerusalems Stadttor ist mit einem Kreuz verziert, und Christus und seine Jünger sind durch Nimben von der jüdischen Bevölkerung unterschieden. Deren Spitzhüte sind hier gewiß unpolemische Gruppenmerkmale, lassen in ihrer Andersartigkeit aber vielleicht anklingen, daß aus der Begegnung Christi mit seiner jüdischen Umwelt auch eine Konfrontation werden konnte.

Hinter Christus, der im Damensitz reitet, führt Petrus (mit seinem Schlüssel als Attribut und durch eine Tonsur besonders hervorgehoben) die Gruppe der Apostel an. Der Mann im Baum ist nicht der sonst oft mit dieser Szene verbundene Zöllner Zachäus (Lk 19, 1-10), sondern einer der beiden Leute, die Zweige abhauen, um sie auf den Weg zu streuen (vgl. Mt 21, 8).

Nr. 209.- *Todesforderung der Juden vor Pilatus.*- Portalreliefs der Kirche St. Andreas in *Gögging* (Niederbayern), Anfang 13. Jh.- *Literatur*: Die Kunstdenkmäler von Niederbayern. VII. Bezirksamt Kelheim. Bearbeitet von F. Mader, München 1983, S. 136, Abb. 110 und Tafel VIII.

Der Szenenzyklus ist noch nicht vollständig gedeutet, doch scheinen links oben zwei Juden vor Pilatus zu stehen, und es scheint rechts oben die Kreuzigung dargestellt. Die beiden Juden tragen offensichtlich die im 12. Jh. häufigen konischen Hüte. Hier ist das Gruppenmerkmal so angebracht, daß Kirchenbesucher und Passanten den Tod Jesu als Schuld auch der Juden des Hochmittelalters verstehen mußten.

Nr. 210.- *Auferweckung des Lazarus.*- Miniatur in einem englischen Psalter des frühen 13. Jh.- *London*, British Museum, Royal Ms. I.D.X., folio 4 recto.- *Literatur*: R. Mellinkoff, The Horned Moses, Berkeley 1970, Fig. 71.

Die untere Hälfte der Miniatur bietet die Szene Jo 11. Der vorderste der bei der Auferweckung anwesenden Juden trägt den vor allem im englischen Raum üblichen Judenhut (relativ flache Kalotte mit trichterförmig aufgesetztem Stift). Seine Gestik scheint ungläubige Abwehr anzudeuten.

Nr. 211.- *Ecclesia und Synagoga.*- Miniatur in einem Pontifikale (d.h. liturgischen Sammelwerk, in dem die dem Bischof vorbehaltenen Gebetsformulare z.B. für die Firmung, Weihe von Äbten usw. enthalten waren) vom Anfang des 13. Jh.- *Metz*, Bibliothèque municipale, Ms. 1169, folio 146.- *Literatur*: V. Leroquais, Les pontificaux manuscrits des bibliothèques de France, Paris 1937, Pl. XX; Year 1200, III, 118, Fig. 3.

Der zerbrochene Speer der blinden Synagoga zielt auf das Lamm Gottes im Medaillon des Kreuzmittelpunktes. Ecclesia fängt das herabfließende Blut in ihrem Kelch auf und ist damit als Sakramentsverwalterin legitimiert. Synagogas Gesicht ist in der Handschrift bis zur Unkenntlichkeit zerstört.

Die Miniatur ist in die Initiale *"T"(e igitur)* eingezeichnet, die eine besondere Affinität zum Kreuz hatte (vgl. die schon wiederholt registrierte ikonographische Verarbeitung von Ez 9, 4: *signa thau super frontes viro-*

rum). Die Durchstechung des Lammes durch Synagoga antizipiert in gewisser Weise die Beschuldigung der Hostiendurchstechung, die besonders im Spätmittelalter gegen Juden erhoben wurde.

Nr. 212.- *Ecclesia und Synagoga.*- Miniatur in der Initiale "T" eines Pontifikale aus Paris, Anfang 13. Jh.- *Montpellier*, Fac. de Médecine, Ms. 399, folio 108.- *Literatur*: Blumenkranz, 1965, Abb. 67.
Vgl. zum gleichzeitigen Metzer Pontifikale. Die Ähnlichkeit ist so stark, daß eine gemeinsame Vorlage oder Abhängigkeit vermutet werden muß. Hier ist Synagogas Gesicht nicht zerstört.

Nr. 213.- *Die Juden zu Füßen der Trinität.*- Illustration in einem Psalter vom Anfang des 13. Jh.- *München*, SB.- *Literatur*: Das Münster 35, 1982, 241.
Der christliche Trinitätsglaube gehört zu den häufigsten Kontroverspunkten der christlich-jüdischen Apologetik. Der Triumph ist hier ähnlich ins Bild gesetzt wie dort, wo Ecclesia den Fuß auf die am Boden liegende Synagoga setzt (s.o. Nr. 174).

Nr. 214.- *Kreuzigung mit Longinus und Stephaton.*- Grubenschmelztafel (emailliertes Kupfer), Anfang 13. Jh. in Limoges (Zentralfrankreich) entstanden.- *New York*, Metropolitan Museum of Art, Inv. Nr. 17.190. 448.- *Literatur*: M. Ch. Ross, in: Pantheon 12, 1933, 279; Year 1200, I, Abb. S. 189.
Oben halten flügellose Engel die Symbole von Sonne und Mond. Speerstecher und Schwammhalter, am deutlichsten letzterer, sind mit dem (hier fast glockenförmig) konischen Judenhut ausgestattet, der in der zweiten Hälfte des 12. Jh. oft erscheint. Die Kreuzigung wird in dieser Darstellung zur jüdischen Tat, zu einer Tat, die auch die Judenhutträger des Hochmittelalters belastet.

Nr. 215.- *Neutestamentliche Szenen.*- Miniaturen eines Anfang des 13. Jh. entstandenen Evangeliars (Entstehungsort unbekannt).- *Pommersfelden* (bei Bamberg), Bibliothek der Grafen Schönborn, Ms. 249.- *Literatur*: K. Clausberg, in: Städel-Jahrbuch 8, 1981, 22-56, Abb. 18.20.
1. *Auferweckung des Lazarus* (folio 146 verso).- Dieses Bild (und die anderen Miniaturen der Handschrift) ist so in den laufenden Text eingefügt, daß gleich bei dem Bild der zugehörige Text steht (Jo 11, 24): *Dixit ergo Martha ad Jesum: Domine, si fuisses hic, frater meus non fuisset mortuus.* Martha erscheint ein zweites Mal im Hause neben ihrer Schwester Maria. Die Präsenz der Juden während der ganzen Szene (Jo 11,19.31.33.46) wird vom Miniaturisten angedeutet durch die rechts au-

ßen befindliche Gestalt, deren Judenhut teilweise verdeckt ist, aber offensichtlich die gleiche Form hat wie die Hüte folio 156 verso.

2. *Gefangennahme Jesu* (folio 156 verso).- Begleittext (Jo 18,10): *(et abscidit auriculam eius) dexteram. Erat autem nomen servo Malchus. Dixit ergo Jesus Petro: Mitte gladium tuum in vaginam. Calicem, quem dedit mihi Pater, non bibam illum?* Hinter dem am Ohr blutenden Malchus, der nach rechts wegspringen will, stehen die Büttel der Hohenpriester und Ältesten des Volkes. Sie tragen, im Unterschied zu Christi Jüngern, hochmittelalterliche Judenhüte.

3. *Jesus vor Herodes* (folio 120 verso).- Begleittext (Lk 23, 5-8): *(usque) huc. Pylatus autem audiens Galileam, interrogavit si homo Galilaeus esset. Et ut cognovit quod de Herodis potestate esset, remisit eum ad Herodem, qui et ipse Hierusolimis erat illis diebus. Herodes autem viso Jesu gavisus est valde. Erat enim cupiens ex (multo tempore)* etc. Der hinter Herodes stehende jüdische Büttel oder Soldat trägt eine phrygische Mütze. Das häufige, auch hier im Pommersfeldener Evangeliar sichtbare Nebeneinander und Miteinander von Spitzhut und phrygischer Mütze bestätigt einmal mehr, daß beide Formen entwicklungsgeschichtlich eng zusammengehören und in ihrer charakterisierenden Funktion als Gruppenmerkmal gleichwertig, ja austauschbar sind. Während die phrygische Mütze in ihrem Aussehen fast unverändert aus der Antike übernommen und als (orientalisch-)jüdische Kopfbedeckung das Mittelalter hindurch tradiert wird, nimmt der konische Hut die verschiedensten Formen an. Hier ist er unten glockenförmig weit, verengt sich nach oben hin allmählich und endet oben nicht mehr in einem geraden Stift, sondern, wie auch sonst oft, in einer Art weich modelliertem dicken Fingerling als dem engsten Teil des Trichters.

Nr. 216.- *Gefangennahme Jesu; Jesus vor Pilatus.*- Miniaturen in einem Psalter aus Waldkirch bei Freiburg, Anfang 13. Jh.- *Stuttgart*, Landesbibliothek, Brev. 4° 125.- *Literatur*: H. Swarzenski, Die lateinischen illuminierten Handschriften des XIII. Jahrhunderts in den Ländern an Rhein, Main und Donau, II, Berlin 1936, Abb. 427-428.

1. *Gefangennahme Jesu* (folio 74 verso).- Illustration der Szene Mt 26, 47 ff.: Die von den Hohenpriestern und Ältesten des Volkes ausgeschickte Schar umringt Jesus drohend. Die Judenhüte dieser Zeit nähern sich bisweilen der Form einer Glocke mit schlankem Glockenhals (bzw. Trichter mit langem dünnen Ausguß) an. Dieser Typ löst nun allmählich die im 12. Jh. verbreitete Kegelform (Stumpf- oder Spitzkegel) ab.

2. *Jesus vor Pilatus* (folio 91 verso).- Die Juden halten Spruchbänder (nach Jo 19, 12.15): *Si hunc dimittis, non es amicus Caesaris ... Tolle, tolle, crucifige, crucifige eum*; Pilatus sagt auf seinem Spruchband (nach Jo 19,15): *Regem vestrum crucifigam*? Die Hüte der Pilatus und Jesus umdrängenden Juden sind die gleichen wie auf folio 74.

Nr. 217.- *Kruzifixus mit Ecclesia und Synagoga.*- Miniatur in einem niederdeutschen Psalter vom Anfang des 13. Jh. (aus Kloster Wöltingerode bei Goslar).- *Wolfenbüttel*, Herzogl. Bibliothek, Cod. Helmst. 568.- *Literatur*: H. Cornell, Biblia pauperum, Stockholm 1925, Tafel F (nach S. 144); vgl. A. Haseloff, Eine thüringisch-sächsische Malerschule des 13. Jahrhunderts, Strassburg 1897, 15-16; U. Diehl, Die Darstellung der Ehernen Schlange, Diss. München 1956, 131.

Hier erscheint Ecclesia in einem Medaillon oberhalb des Kreuzes, in der oberen der drei Bildzonen, Synagoga in einem zweiten Medaillon ganz unten, der unteren Bildzone zugeordnet, wie üblich mit verbundenen Augen und gesenkter Fahne. Dem Kreuz zugeordnet sind die traditionellen Typologien: Eherne Schlange, Kundschaftertraube (dabei der vordere Kundschafter mit hohem Trichterhut; weil er der Traube, d.h. Christus, den Rücken zukehrt, ist er Typus der Juden), ferner Abel und Melchisedek, das Tauzeichen und Isaaks Opferung durch Abraham.

Nr. 218.- *Alttestamentliche Szenen.*- Miniaturen im 'Cursus sanctae Mariae' (d.h. einem Gebetbuch, das als eine Art Stundenbuch besondere Gebete zu Maria enthielt, die zu bestimmten Tageszeiten verrichtet wurden), entstanden etwa um 1210 in Böhmen.- *New York*, Pierpont Morgan Library, Ms. M. 739, folio 9 verso.- *Literatur*: R. Mellinkoff, The Horned Moses, Berkeley 1970, Fig. 61.120; R. Mellinkoff, in: Journal of Jewish Art 6, 1979, S. 27, Fig. 14.

1. *Folio 9 verso* (zweiteilige Miniatur). Kain und Abel.- In der zweiten der vier Szenen weist Gottes Hand zustimmend auf Abel, der ein Lamm opfert. Rechts unten noch einmal Gott, mit Nimbus, im Gespräch mit Kain, der Gn 4,9 auf seinem Spruchband zitiert. Kain trägt einen kuppelartigen, fast glockenförmigen Judenhut. Das entspricht der in der antijüdisch-apologetischen Literatur häufigen Typologie Kain - Abel: Juden - Christus. Das Gruppenmerkmal in Gestalt des Judenhutes ist polemisch und denunziatorisch verwendet; Auch die Juden des 13. Jh. sind mit der Schuld Kains und ihrer Christus tötenden Nachfahren belastet.

2. *Folio 16 recto* (dreiteilige Miniatur).- Oben links: Gott spricht mit Moses; oben rechts: Moses schlägt Wasser aus einem Felsen.- Mitte links: Moses empfängt von Gott die Gesetzestafeln; Mitte und rechts: Moses zerbricht die Gesetzestafeln, als er die Anbetung des Goldenen Kalbes sieht.-

Unten: Manna regnet vom Himmel.- Die Israeliten in allen drei Bildzonen tragen einen trichterförmigen Judenhut. Das Nebeneinander beziehungsweise Nacheinander des glockenförmigen und des trichterförmigen Judenhutes entsprechend der zeitlichen Differenz von der biblischen Urgeschichte bis zum Exodusgeschehen macht vielleicht Sinn, wenn der Glockenhut die entwicklungsgeschichtlich ältere Form der jüdischen Kopfbedeckung ist.

Nr. 219.- *Anbetung des Goldenen Kalbes*.- Fresko in einer Kirche in der südschwedischen Provinz *Schonen*, um 1210 entstanden.- *Literatur*: A. Rubens, A History of Jewish Costume, London 1967, S. 95, Fig. 122.

Die Israeliten sind bärtig und tragen den Trichterhut. Der Übergang vom unteren flachen und weiten Teil des Trichters zum oberen konischen Teil ist, wie auch sonst nicht selten, durch eine Art von Zierlinien (Zierstreifen, Ziernähte ?) hervorgehoben.

Nr. 220.- *Die Juden wollen Jesus steinigen* (Jo 8,59).- Miniatur in einem Evangelistar aus St. Martin in Köln, 1. Viertel 13. Jh.- *Brüssel*, Bibliothèque Royale, Ms. 466, folio 58 recto.- *Literatur*: H. Swarzenski, Die lateinischen illuminierten Handschriften des XIII. Jahrhunderts in den Ländern an Rhein, Main und Donau, II, Berlin 1936, Tafel 3, Abb. 9.

Jo 8, 59 scheint außerhalb des byzantinischen Raumes selten dargestellt zu sein, und so ist denn auch hier der Bildstil von der Kunst der Ostkirche beeinflußt. Die Judenhüte haben die schon im 12. Jh. verbreitete Form schlanker Trichter.- Dieselbe Handschrift zeigt unter anderem folio 63 verso Jesus vor Pilatus. Hinter Jesus steht ein Jude mit dem gleichen Bart, wie ihn die Steine aufhebenden Juden von f. 58 aufweisen. Nur trägt er die phrygische Mütze statt des Trichterhutes, was einmal mehr auf die Auswechselbarkeit beider Gruppenmerkmale deutet. Beide charakterisieren das Anderssein der Juden durch eine Kopfbedeckung, die in der älteren Version der phrygischen Mütze schon in der christlichen Spätantike regelmäßig Personen orientalischer Provenienz kennzeichnete. Aus dem zunächst nicht mit einer negativen Bewertung verbundenen Herkunftsmerkmal, das dem Bildbetrachter auch das leichtere Erkennen der Bildsituation ermöglichen sollte, wurde zunehmend ein Gruppenmerkmal, das dann schließlich, wenn das alt- oder neutestamentliche Bildthema dies nahelegte, denunzierend und polemisch auf die Juden des Mittelalters zielte. Das 4. Laterankonzil setzte nur den bekräftigenden Strich unter eine schon Jahrhunderte während Entwicklung.

Nr. 221.- *Kruzifixus mit Ecclesia und Synagoga.*- Miniatur im sogenannten Landgrafenpsalter (d.h. benannt nach dem Landgrafen Hermann von Thüringen, † 1217), um 1213 entstanden.- *Stuttgart*, Landesbibliothek, H.B. II, Fol. 24 (Bibl. fol. 24), folio 73 verso.- *Literatur*: Die Malerei und Plastik des Mittelalters. II. Deutschland, Frankreich und Britannien. Von J. Baum, Wildpark-Potsdam 1930, S. 334, Abb. 370; RDK II (1948) 1472, Abb. 37; Festschrift J. Baum, Stuttgart 1952, Abb. 8; E. Grube, in: Zeitschrift für Kunstgeschichte 20, 1957, S. 275, Abb. 7; G. Spahr, Kreuz und Blut Christi in der Kunst Weingartens, Konstanz 1963, Abb. 34; H. Belting, in: Zeitschrift für Kunstgeschichte 41, 1978, S. 233, Abb. 14.

Statt der üblichen Position rechts-links ist hier für Ecclesia und Synagoga die Position oben-unten gewählt, je in einer Art Medaillon, mit dem Unterschied freilich, daß in Ecclesias Kreis noch ein Teil des Kreuzes hineinragt. Synagoga trägt die sie blind machende Augenbinde, hält in der Linken einen Bockskopf (Symbol des abgetanen Opferkults) und in der Rechten eine zu Boden gesenkte Fahne. Sie scheint im Begriff, fortzugehen. G. Spahr (a.a.O.) deutet: "Synagoga ... trägt ein weißes, mit Flecken bespritztes, goldumsäumtes, ungegürtetes Gewand. Dadurch wird sie zur *meretrix*, Hure und Treulosen gebrandmarkt". Ecclesia dagegen ist gekrönt und durch ihren Kelch als Verwalterin sakramentalen Heils legitimiert.

Nr. 222.- *Vier steinigende Juden.*- Aus Bronze gegossen, ziselierte und vergoldete Figuren, um 1215 gefertigt.- *Halberstadt*, Ev. Domgemeinde, Domschatz, Inv.-Nr. 36.- *Literatur*: Die Zeit der Staufer [Ausstellungskatalog], II, Stuttgart 1977, Abb. 371.

Die Figuren dienten als Füße eines (nicht erhaltenen) Stephanus-Reliquiars. Blick- und Wurfrichtung der vier Steine werfenden Juden (vgl. Apg 7, 55-60) geht nach oben, wo sich eine Stephanus-Figur befand. Die Vierergruppe trägt den Trichterhut des Hochmittelalters. Die Polemik liegt nicht schon im (vorgegebenen) Thema als solchem, sondern in der kollektiven Belastung aller Juden, auch der des Hochmittelalters.

Nr. 223.- *Reliquienschrein der Hl. Dreikönige (Kölner Domschatz)*, gilt als kostbares Hauptwerk der romanischen Goldschmiedekunst. Arbeit des Nikolaus von Verdun und der Kölner Schule. Langjährige Herstellungszeit mit dem Schwerpunkt vielleicht um 1215. Länge 180 cm, Breite 110 cm, Höhe 170 cm.- Material: Gold, Silber, Kupfer. Der Schrein ist nach 1794 stark umgearbeitet worden und nicht in allen Einzelheiten mehr genuin.- *Literatur*: O. Falke, Der Drei-Königenschrein des Nikolaus von Verdun im Cölner Domschatz, M. Gladbach 1911, Tafel VII (Rückseite); H. Schnitzler, Rheinische Schatzkammer, II. Die Romanik. Tafelband, Düsseldorf 1959, Tafel 114; Monumenta Judaica. Handbuch, Köln 1963, Abb. 54: J. Hoster, in: Miscellanea pro arte. Festschrift H. Schnitzler, Düsseldorf 1965, Tafel CV, Abb. 3.

1. *In den Arkaden der Längsseite* sitzen in zwei Etagen übereinander unten Propheten, Könige und Priester des Alten Bundes und oben die Apostel. Dabei bedeutet das räumliche Übereinander ein zeitliches Nacheinander und auch eine Rangordnung, allerdings im Sinne der *Concordia Veteris et Novi Testamenti.* Diese Anordnung ist im Hochmittelalter gar nicht selten (z.b.: Fürstenportal des Bamberger Doms).

2. *Rückwärtige Schmalseite*: Geißelung Christi und Kreuzigung.- Die Kreuzigung ist konventionell (Kruzifixus mit Maria und Johannes) angelegt; die Geißelung dagegen ist hochpolemisch. Sie leitete nach römischem Brauch die Kreuzigung ein, die Pilatus seinen Soldaten befohlen hatte (Mt 27,26-27). Hier sind es zwei jüdische Büttel, mit dem hochmittelalterlichen Trichterhut (mit tellerförmig flachem Unterteil) versehen, die ihre Rutenbündel schwingen. Das jüdische Gruppenmerkmal hat wohl denunziatorische Funktion. Es befestigt das Gruppenvorurteil gegen die Juden schlechthin als die bösen Feinde Christi.

Auf der vorderen Schmalseite thront Maria, dabei die Dreikönige und Otto IV. als Stifter.

Nr. 224.- *Geißelung Christi.-* Miniatur im Fragment eines lateinischen Psalters (folio 32 verso), entstanden um 1215 im Raum Niedersachsen.- Privatbesitz.- *Literatur*: Die Zeit der Staufer [Ausstellungskatalog], II, Stuttgart 1977, Abb. 557; Andachtsbücher des Mittelalters aus Privatbesitz. Bearbeitet von J.M. Plotzek, Köln 1987, S. 69, Abb. 2.

Pilatus sitzt vor der Geißelungsszene wie ein hochadeliger Gerichtsherr des Mittelalters, kostbar gekleidet und mit dem Richtschwert auf den Knieen. Sein Spruchband besagt: *nullam causam mortis invenio in eo* (ich finde bei ihm keinen Grund für die Todesstrafe). Hinter Pilatus eine Gruppe Juden, kenntlich durch das Gruppenmerkmal in Gestalt des Trichterhutes. Vom vordersten (bärtigen) Juden geht ein Schriftband aus: *hic dixit, filius dei sum* (dieser sagte: ich bin der Sohn Gottes), womit zutreffend ein Hauptelement der antichristlichen jüdischen Apologetik angeführt wird, die Bestreitung der Göttlichkeit Jesu. Das Bild verknüpft Lk 22,70 mit Lk 23,22.

Nr. 225.- *Gefangennahme Jesu.-* Miniatur des sogenannten Berthold-Psalters, vielleicht um 1215 im bayerischen Raum entstanden; Maße: ca. 13,5 x 16 cm. Der Stil weist englischen oder flämischen Einfluß auf.- *Paris, BN, Lat. 17961, folio 113 verso.-* *Literatur*: Ph. Lauer, Les enluminures romanes des manuscrits de la Bibliothèque nationale, Paris 1927, Pl. LXXX; R. Mellinkoff, in: Journal of Jewish Art 9, 1982, S. 37, Fig. 5.

Jesus und der ihn küssende Judas sind sozusagen eingerahmt von den Juden (vgl. Mt 26, 47 ff.). Petrus steht bekümmert etwas abseits. Der ursprünglich konische Judenhut ist hier stark abgeflacht und fast tellerförmig, hat aber die charakteristische stiftförmige Spitze, die an den sich stark verjüngenden Ausfluß eines Trichters erinnert. Über diesen sehr auffälligen Judenhut konnte die Kollektivschuld der Juden an Jesu Tod leicht auch den Juden des 12. Jh. angelastet werden.

VI. Zur Vorgeschichte des mittelalterlichen Judenhutes

Wir haben gesehen, daß bis zum Jahre 1215 in der christlichen Bildkunst im wesentlichen zwei Kopfbedeckungen als jüdisches Gruppenmerkmal verwendet werden, die phrygische Mütze (*mitra, tiara phrygia*) und der konische Hut. Es konnten oft Zwischenformen registriert werden, welche auf die aus okzidentaler christlicher Sicht bestehende genetische Verwandtschaft, ja ursprüngliche Identität beider Typen weisen. Der konische (bzw. kegelförmige) Judenhut erscheint bereits vor dem 4. Laterankonzil in einer Reihe verschiedener Formen (Hut mit Knopf, Stift oder Schaft, als Trichter, Glocke, Kuppel oder wie ein fast flacher Teller geformt, dann aber oben mit einem längeren Stift versehen. Die phrygische Mütze ist dagegen vergleichsweise wenig variabel.

Die mit der Entwicklung dieses Gruppenmerkmals verbundenen sozialgeschichtlichen Gesichtspunkte und Motive haben eine solche Bedeutung, daß wir hier in einem kleinen Anhang unseren Vermutungen bezüglich der orientalischen Provenienz nachgehen müssen. Die Vorfelduntersuchung läßt sich zweckmäßig so anlegen, daß wir registrieren, welche Personen oder Personengruppen in der vorchristlichen antiken und in der altchristlichen und frühmittelalterlichen Kunst die phrygische Mütze (oder eine affine konische Kopfbedeckung) tragen. Wenn dies - an Hand von Beispielen - festgestellt ist, wird vielleicht das Motiv dafür erkennbar, warum im frühen und hohen Mittelalter die Juden als Randgruppe bestimmte, sie als Fremdgruppe charakterisierende Kopfbedeckungen tragen.

1. *Paris und die Trojaner, Phrygier, Kleinasiaten, Orientalen.*- Einschlägige Abbildungen bei: Th. Kraus, Das römische Weltreich (Propyläen Kunstgeschichte, 2), Berlin 1967, Abb. 171.237; Rich, 1862, Abb. S.

397.467.514.625; M. Hengel, Achilleus in Jerusalem, Heidelberg 1982, Tafel XVI.XVII.XXI.; G. Bazin, 2000 Jahre Bildkunst der Welt, Freiburg 1976, Abb. 315; Kindlers Malerei Lexikon VI, Zürich 1971, Abb. S. 176; Hubert, 1968, Abb. 127; D.H. Wright, in: Festschrift Fl. Mütherich, München 1985, Abb. S. 62; F. Saxl, in: Journal of the Warburg and Courtauld Institutes 2, 1938-1939, 346-367, Pl. 58b.- Wenn der Typus des Ehebrechers mit phrygischer Mütze dargestellt wird (P. Buberl, Die illuminierten Handschriften in Steiermark. 1. Teil, Leipzig 1911, S. 86, Fig. 89), könnte leicht an Paris gedacht werden.- Vgl. auch die Miniaturen in Vat. Lat. 3867 (6. Jh., Vergils Aeneis): Die Trojaner mit phryg. Mütze. Faksimile-Ausgabe Stuttgart (Belser); Age of Spirituality. Late Antiquity and Early Christian Art, hg. von K. Weitzmann, New York 1977,S. 201.228 u. Pl. VI; G. Boesen, Danish Museums, Copenhagen 1966, Abb. S. 31.

2. *Orpheus.-* G. Deckers (u.a.), Die Katakombe "Santi Marcellino e Pietro", Rom 1987, Frontispiz; A. Grabar, Die Kunst im Zeitalter Justinians, I, München 1967, Abb. 119; Fr. Redenbacher, in: Festschrift Karl Oettinger, Erlangen 1967, S. 250, Abb. 6; U. Liepmann, in: Niederdeutsche Beiträge zur Kunstgeschichte 19, 1974, S. 9.19, Abb. 9-10; Age of Spirituality, a.a.O., S. 131. 520.521; Spätantike und frühes Christentum (Ausstellungskatalog), Frankfurt 1983, Abb. S. 599; Enc. Jud. (Jerusalem 1971), XV, 571, Fig. 3.- Nach spätantikem und wohl auch frühmittelalterlichem Verständnis begann aus okzidentaler Sicht der Orient an der dalmatinischen Küste, umfaßte also auch den byzantinischen Raum samt Thrakien (H.M. Klinkenberg, in: Orientalische Kultur und europäisches Mittelalter, Berlin 1985, 376).

3. *Attis, der phrygisch-kleinasiatische Gott.-* Festschrift O.H. Förster, Köln 1960, Abb. 52-53 (antike römische Sarkophag- und Grabsteinreliefs); R. Schindler, Führer durch das Landesmuseum Trier, Trier 1977, Abb. 233; vgl. Trier. Kaiserresidenz und Bischofssitz, Mainz 1984, Abb. S. 207.

4. *Mithras.-* R. Merkelbach, Mithras, Königstein/Ts., 1985, Frontispiz; L. Voelkli, in: Das Münster 16, 1963, S. 255, Abb. 42; H.H. Schader, Die Kultur des Vorderen Orients (in: Handbuch der Kulturgeschichte 2,5), Frankfurt 1966, Abb. 26.40; Age of Spirituality, a.a.O., S. 130.194; Spätantike u. fr. Chr., a.a.O., Abb. S. 127.131.536-537.

5. *Die drei Jünglinge im Feuerofen (Dn 3).-* Th. Ehrenstein, Das Alte Testament im Bilde, Wien 1923, S. 818, Abb. 5.8.10; A. Rubens, A History of Jewish Costume, London 1967, S. 22, Fig. 14; Chr. Dohmen u.

Th. Sternberg (Hgg.),...kein bildnis machen. Kunst u. Theologie im Gespräch, Würzburg 1987, Abb. S. 41.

6. *Daniel in der Löwengrube (Dn 6).*- Th. Ehrenstein, Das Alte Testament im Bilde, Wien 1923, S. 799, Abb. 15; Age of Spirituality, a.a.O., S. 470.485.

7. *Die drei Magier aus dem Orient (magi ab oriente,* Mt 2,1-12). F.X. Kraus, Real-Encyklopädie der christlichen Alterthümer, II, Freiburg 1886, S. 349, Fig. 194; P. Kletler, Deutsche Kultur zwischen Völkerwanderung und Kreuzzügen, Potsdam 1934, S. 56, Abb. 39; Fr. Baumgart, Geschichte der abendländischen Malerei, Stuttgart 1952, Abb. 9; L. Voelkli, in: Das Münster 16 (1963) 254, Abb. 40, und 33 (1980) Abb. S. 347; J. Beckwith, Die Kunst im frühen Mittelalter, München 1967, Abb. 58; A. Grabar, Die Kunst des frühen Christentums, München 1967, Abb. 141; Festschrift K.H. Usener, Marburg 1967, S. 4, Abb. 4; S. 6, Abb. 7; Hubert, 1968, Abb. 152; L. Grodecki (u.a.), Die Zeit der Ottonen und Salier (Universum der Kunst, 11), München 1973, Abb. 242; E. Revel-Neher, in: Journal of Jewish Art 1, 1974, S. 60, Fig. 11; G. Dogo (Hg.), Kunst in Italien, Stuttgart 1975, sub voce Ravenna (ohne Seitenzählung); Frühmittelalterliche Studien 10, 1976, Abb. 29-30; E. Haney, The Winchester Psalter, Leicester 1986, Fig. 91.93-94.106; Age of Spirituality, a.a.O., S. 531; Spätantike u. fr. Chr., a.a.O., Abb. S. 207.324.350.351.355; Suevia sacra, Augsburg 1973, Abb. 140; Victoria & Albert Mus., London 1983, S. 140.

Hier, in Nr. 7, dominiert, wie auch sonst, zur Charakterisierung der orientalischen Herkunft ganz stark die phrygische Mütze.- Da und dort nähert diese sich jedoch der konischen Form an, die bisweilen sogar oben einen Knopf aufweist (Haney, 1986, Fig. 93.106). Besonders evident ist die Brücke zu den mittelalterlichen Judenhutformen bei der Darstellung der drei Magier auf einem im Louvre, Paris, befindlichen Elfenbeinkasten der Metzer Schule, vielleicht um 875 entstanden (Victor H. Elbern, in: Zeitschrift des Deutschen Vereins für Kunstwissenschaft 20, 1966, S. 6, Abb. 2a); denn hier ist die bei den drei Magiern übliche Form der phrygischen Mütze (durch Streckung und Aufrechtstellung des Zipfels, mit der Tendenz zur späteren Entwicklung des *pileus cornutus*) bereits zu einem (trichterförmigen) konischen Hut geworden, wie er im späten Frühmittelalter und frühen Hochmittelalter regelmäßig das charakteristische Erkennungsmerkmal von Juden ist. Doch eine geringfügige Abweichung von der reinen Kegel- bzw. Konusform verrät noch die Verwandtschaft von Spitzhut und phrygischer Mütze und erinnert an die im Laufe unserer Darstellung häufig registrierten Mischformen. Unsere früheren Beobachtungen hinsichtlich der funktionellen Identität beider Arten von Kopfbedeckung werden jedenfalls jetzt verständlicher, und einleuchtender wird auch das oben öfter zu verzeichnende fast 'didaktische' Bemühen mittelalterlicher Ikonographen, diese Identität der beiden Gruppenmerkmale durch ein Nebeneinander der Verwendung bei ein- und derselben Personengruppe sichtbar zu machen.

Nach dem Überblick über die sieben Personen(-Gruppen), die regelmäßig im Vorfeld der Träger des mittelalterlichen Judenhutes erscheinen, können wir einigermaßen sicher die Frage beantworten, warum gerade diese Formen von Kopfbedeckung zum Gruppenmerkmal wurden; denn daß dem sehr breiten Spektrum des ikonographischen Befundes die tatsächliche, wenn auch regional verschiedene, Tracht der europäischen Juden - und von *bereits vorhandenen* regionalen Verschiedenheiten redet ja auch, was offenbar übersehen wurde, schon das 4. Laterankonzil - als Minderheitsgruppe entspricht, liegt in der Natur der Sache. Was ist also das Motiv? Die Antwort kann nur sein: Offenbar soll ihre Huttracht die Juden als Orientalen und Kleinasiaten charakterisieren. Das kann um so sicherer ausgesagt werden, als ein System in der Tatsache liegt, daß gerade diese sieben (Personen-)Gruppen ziemlich stereotyp mit orientalischer Kopfbedeckung ausgestattet erscheinen. Das alle Gruppen Verbindende ist ja ihre - tatsächliche oder vermeintliche - orientalische Heimat! Daß auch eine *saga* (Zauberin, weise Frau) schon in der antiken römischen Bildkunst mit einem Trichterhut als Attribut erscheint (Rich, Abb. S. 530; vgl. Oxford Latin Dictionary, Oxford 1982, p. 1678), paßt in dieses Bild und entspricht einer gewissen Affinität zur Darstellung der *Magoi* von Mt 2, 1-12; denn den Römern galt der Orient als besondere Heimat der Magie und Zauberei. Mit einem Wort: Es entsteht schon lange vor 1215 ein okzidentales Fremdenbild der Juden als Orientalen; sie sind sozusagen die *alieni ab oriente*.

Wir könnten es hierbei bewenden lassen, wollen aber abschließend noch einen ganz kurzen Blick auf die Hutformen des alten Vorderen Orients und des Fernen Ostens werfen. Und da zeigt sich, daß hier, also sozusagen im Vorfeld und Umfeld der phrygischen Mütze, bereits die verschiedensten Spitzhutformen erscheinen, die im Mittelalter, zum Teil kaum verändert, wieder als jüdisches Gruppenmerkmal auftauchen. Dabei finden sich konische bzw. kegelförmige Hüte und Spitzmützen verschiedenster Form, auch bereits Mischformen zwischen phrygischer Mütze und konischem Hut. Einschlägige Beispiele bieten: O. Gamber, in: Jahrbuch der kunsthistorischen Sammlungen in Wien 62, 1966, S. 31, Abb. 49-52; H.H. Schader, Die Kultur des Vorderen Orients (Handbuch der Kulturgeschichte 2,5), Frankfurt a.M. 1966, S. 19, Abb. 13; S. 47, Abb. 39; A. Rubens, A History of Jewish Costume, London 1967, S. 31, Fig. 26 (Fig. 27 der Kalottenhut mit oberem Knopf), J. Wiesner, Die Kulturen der frühen Reitervölker (Handbuch der Kulturgeschichte 2, 13), Frankfurt a.M. 1968, S. 11, Abb. 6; K. Oberhuber, die Kultur des Alten Orients (Handbuch der Kulturgeschichte 2,4), Frankfurt a.M. 1972, S. 13, Abb. 8; S. 234, Abb. 133; S. 270, Abb. 154; S. 273, Abb. 156; S. 283, Abb. 168; vgl. auch Rubens, a.a.O., S. 30, Abb. 24; Dictionary of the Middle Ages III, New York 1983, Abb. S. 620; vgl. auch The Universal Jewish Encyclopedia III, New York 1941, Abb. S. 35; ein kürzlich in der Oberstadt der hethitischen Residenz Hattuscha (bei Bogazkale, früher Bogazköy) bei Ausgrabungen aufgefundenes Relief des Großkönigs Tuthalija zeigt diesen mit einer charakteristischen Spitzmütze.

Die Nachgeschichte der phrygischen Mütze über die Jakobinermütze bis hin zur Kopfbedeckung des mitteleuropäischen Gartenzwerges zu verfolgen, ist nicht unsere Sache. Doch ist nicht zu übersehen, daß diese orientalische Kopfbedeckung im Westen vielfach fremdartig oder skurril, jedenfalls exotisch wirkte. So konnte zum Beispiel in einer Miniatur des 9. Jh. n. Chr. ein Zentaur als monströses Mischwesen oder ethnologisches Kuriosum angemessen mit einer phrygischen Mütze ausgestattet werden (Prag, Universitätsbibliothek, Ms. 1717; Abb. bei K. Fischer, in: Journal of the Warburg and Courtauld Institutes 27, 1964, 311-312, Pl. 36 f.), und im Spätmittelalter entwickeln sich aus dem jüdischen Gruppenmerkmal orientalisierende Phantasieformen von geradezu grotesker Wirkung, die nun oft nicht mehr der tatsächlichen Judentracht entsprechen.

Daß Innozenz III. die Juden als "Fremde" (*alieni, extranei*) sieht, macht auch und gerade vor dem hier skizzierten Hintergrund Sinn. Die Frage bedarf jedoch noch weiterer Untersuchung, ob und wieweit die frühmittelalterlichen Juden bereits von sich aus, vielleicht nach Vertreibung oder Auswanderung aus dem islamischen Orient - dort gab es seit Kalif Omars Anordnung vom Jahre 634 Kleidungsvorschriften für alle Nichtmuslime - mitgebracht, eine Tracht trugen, zu der auch ein auffälliger beziehungsweise im Westen orientalisch wirkender Hut gehören konnte, der hier zunächst freiwillig, dann obligatorisch getragen wurde. Weiter klärungsbedürftig ist schließlich auch die Selbstdarstellung von Juden mit Judenhut in manchen Miniaturen mittelalterlicher hebräischer Handschriften. Noch in nachmittelalterlicher Zeit gab es jedenfalls europäische Juden, die ihren Judenhut nicht aufgeben wollten (L. Poliakov, Geschichte des Antisemitismus, VI, Worms 1987, 52). Spielt hier der *amor fati* eine Rolle oder der

Gesichtspunkt der Selbstabsonderung und Selbstabgrenzung durch ein -als eine Art Traditionsgut akzeptiertes - Identitätsmerkmal?

Ein möglicher, wenn auch nur marginaler Einwand gegen unsere Darstellung der Entwicklung könnte sein, daß Kegelhut und phrygische Mütze zwei ganz verschiedene Dinge seien. Aber einmal hat unsere Untersuchung so oft ein geradezu lehrhaft angelegtes funktionsgleiches Nebeneinander und Ineinanderübergehen beider Hutformen ermittelt, daß dieser Einwand nicht verfängt, und zum anderen könnte eine Weiterführung der ikonographischen Untersuchung über 1215 hinaus leicht zeigen, daß dieses Wissen um die Varianten einer bestimmten orientalischen Kopfbedeckung fortdauert; denn sehr oft, besonders im französischen Raum, tritt im 13. und 14. Jh. neben die kegelförmige hohe Mütze jene Form, bei welcher die Spitze oder Kuppe des Kegels mehr oder weniger weit nach vorn - sehr selten auch nach hinten - geneigt ist, wobei der Grad dieser Neigung, bis hin zum flachen Aufliegen des Zipfels, davon abhängt, ob und wie sehr die Kegelkuppe ausgestopft ist. Sehr oft bleibt jedenfalls noch klar erkennbar, vor allem durch verschiedene Übergangsformen vom reinen Kegelhut zur phrygischen Mütze mit halb aufrecht stehendem oder liegendem Zipfel, daß die *mitra* oder *tiara phrygia* genannte orientalische Kopfbedeckung im Okzident zwar in der Form variiert, ihre Identität und damit ihre Funktion als Gruppenmerkmal aber sehr lange behält. Vielleicht steht noch der krempenlose Spitzkegelhut, den die todeswürdigen Opfer der spanischen Inquisition zu tragen hatten, in einer entwicklungsgeschichtlichen Beziehung zur Tiara phrygia. Möglicherweise war hier ein ähnliches Motiv am Werk, nämlich die Absicht, Häretiker und Apostaten durch einen auffälligen Ketzerhut gruppenmäßig auszugrenzen und zu denunzieren. Beachtenswert ist schließlich der Umstand, daß phrygische Mütze und Palme mitunter sogar zugleich auf dem selben Bild plakativ Symbol des Orients sind, so in der Darstellung der *magi ab oriente* eines Mosaiks des 6. Jh. in San Apollinare Nuovo in Ravenna (s.o. zu Nr. 7, bei Revel-Neher und Dogo). Das bestätigt unsere Feststellung einer engen ikonographischen Affinität von Palme und orientalisch-jüdischer Kopfbedeckung. Über die ermittelten sieben Personen(-Gruppen) als Träger dieser Kopfbedeckung gelingt es jedenfalls, eine lückenlose schlüssige Vorgeschichte des mittelalterlichen Judenhutes zu erkennen. Sie reicht vom 12. Jahrhundert über das europäische Frühmittelalter bis in die christliche und vorchristliche Antike. Vor allem die sehr häufige Darstellung der heiligen Dreikönige als *magi ab oriente* mit der phrygischen Mütze fungiert dabei als Traditions- und Verständnisbrücke und erhellt die innere Konsequenz der Entwicklung: Die phrygische Mütze charakterisiert bereits in der vor- und außerchristlichen Kunst ihre Träger als Orientalen. Die christliche Kunst tradiert diese Darstellung in der ausgedehntesten Weise (z.B. in Miniaturen von Vergil-Handschriften zum Thema Trojaner) und erweitert sie im Rahmen ihrer Ikonographie, indem sie neben den dazu besonders prädestinierten Dreikönigen auch andere dafür sich anbietende Gestalten des Alten Testaments (Danielbuch!) durch die bekannte Kopfbedeckung als Orientalen erscheinen läßt. Kein Wunder, wenn noch im Frühmittelalter schließlich auch die Juden, die im Westen stets als 'orientalisches' Volk galten, mit der *tiara phrygia* dargestellt werden. Ob und wie diese Entwicklung durch die tatsächliche Tracht von nach Westen einwandernden Juden begünstigt wurde, muß zunächst offen bleiben. Zu einer aus dem Orient mitgebrachten Huttracht könnte allerdings die Tatsache passen, daß der konische Hut - im Unterschied zum Judenring (*rota*), der in der Selbstdarstellung mittelalterlicher jüdischer Miniaturisten kaum erscheint - innerjüdisch weniger oder gar nicht als diskriminierendes Gruppenmerkmal empfunden wurde. Auf jeden Fall erklärt unsere Theorie, daß der mittelalterliche Judenhut in der byzantinischen, ostkirchlichen Ikonographie fehlt; denn nur im Okzident konnten die Juden überhaupt als Orientalen betrachtet werden!

Schließlich bleibt zu sehen, daß unsere Ermittlungen zur Geschichte des Judenhutes Schlüsse hinsichtlich der Entwicklung und Eigenart des Antijudaismus im Abendland als dessen zentralem Ereignisraum ermöglichen; denn der Judenhut als *das* jüdische Gruppenmerkmal schlechthin ist in gewisser Weise eine Art Leitfossil für die Stratigraphie der christlich-jüdischen Konfliktgeschichte. Erst nach dem 4. Laterankonzil erscheint auch die *rota* als Signum (von allerdings vergleichsweise geringerer Bedeutung). Die Untersuchung ihrer sozialgeschichtlichen Funktion muß deshalb einer Darstellung der einschlägigen Texte und Bilder des 13. - 15. Jh. vorbehalten bleiben.

D. Schlußbemerkungen

Die aktuelle Relevanz großer Teile der aus dem Hochmittelalter überlieferten christlichen Adversus-Judaeos-Texte steht und fällt nicht zuletzt mit der Form der Bibelexegese, durch die sie sehr viele ihrer Argumentationen absichert. Nun ist aber die Einsicht weit verbreitet, "daß die Typologie in ihrer herkömmlichen, selbst gemäßigten Gestalt heute nicht mehr anwendbar ist, darüber dürfte ein weitgehender Konsens bestehen. Nach fast zweitausend Jahren christlichen Umgangs mit dem Alten Testament hat sie ihre Schuldigkeit getan. Ihre Verbindlichkeit kann auch daraus nicht abgeleitet werden, daß die neutestamentlichen Schriftsteller sich ihrer bedienen. Denn dann müßte man mit gleichem Recht auch die Allegorese für verbindlich erklären, was aber niemand tut" (H. Haag, Vom Eigenwert des Alten Testaments, Theologische Quartalschrift 160, 1980, 2-16, S. 3; vgl. S. 5: "bei näherem Zusehen haben die Propheten weniger auf Christus hin als an ihm vorbeigeredet"; Haag wäre allerdings zu widersprechen, wollte er auch die wesentlichen christologischen Bezugnahmen des NT auf das AT nicht anerkennen beziehungsweise die einschlägigen typologischen Verbindungslinien durchtrennen). Insofern stellt sich hier, im Bereich des Hochmittelalters, das gleiche Problem wie für die Contra-Judaeos-Literatur der Kirchenväterzeit und des frühen Mittelalters, die man auch nicht einfach in den Asservatenkammern der Literaturgeschichte verschwinden lassen kann, da sie vielfach aus der Feder bedeutender Theologen geflossen sind. So gering auch das theologische Gewicht mancher Texte heute sein mag, so lehrreich sind sie doch oft im Hinblick auf ein Verstehen - und künftiges Vermeiden - der Ursachen eines christlichen Antijudaismus, der dazu beigetragen hat, daß die Geschichte des christlich-jüdischen Verhältnisses im Hochmittelalter gegenüber dem Frühmittelalter sich deutlich weiter verdüstert. Heute ist zu sehen, daß eine wesentliche Quelle antijüdischer Haltungen die dualistische Sicht von Altem und Neuem Testament war, welche das Alte Testament - nicht zuletzt durch eine exzessive typologische und allegorische Exegese - wertmäßig stark herabminderte, einen Graben zwischen ihm und dem Neuen Testament grub und hinter den skizzenhaften Vorausbildern Christi nicht mehr den Eigenwert der jüdischen Bibel (als Zeugnis des Handelns Gottes mit seinem Volk) sehen wollte. Eine auch im Hochmittelalter weiter sprudelnde Quelle der christlichen Judengegnerschaft war das Gefühl des steten Dilemmas: Man benötigte die Juden und ihre Bibel nach wie vor als Wahrheitsbeweis des christlichen Glaubens, mußte aber zugleich in Kauf nehmen, daß sie durch ihre Glaubensverweigerung, ja durch ihre bloße Weiterexistenz post Christum den christlichen Glauben in Frage stellten. Diese Dauerneurose des christlichen Selbstverständnisses angesichts eines nun schon tausend Jahre hindurch an seiner biblischen Tradition weiter festhaltenden Judentums ließ manchen christlichen Theologen vom Pfad gelassener Apologetik abweichen. Auf der Linie bestimmter Tendenzen der patristischen Exegese - z.B. bei Johannes Chrysostomus - definieren Leute wie Petrus Venerabilis, Martin von León und Petrus von Blois die christliche Identität nicht mehr in respektvollem geistigen Austausch *mit* dem älteren Bruder und apologetischen Gegner, sondern *gegen* ihn, durch Ausgrenzung und Verdammung der mit den eigenen unvereinbar scheinenden Positionen als Superstitio und Apostasie. Aus der - im Grunde berechtigten - Abgrenzungssorge wurde vielfach eine Abgrenzungsneurose, ja -Hysterie, mit offensichtlichen Überreaktionen, die jeder neutestamentlichen Begründung entbehren. Die Juden werden schließlich - zum kleineren Teil wohl aus Selbstabsonderung und Selbstabgrenzung, zum größeren Teil wegen ihrer Gefährlichkeit für das christliche Seelenheil - zur Fremdgruppe am Rande der mittelalterlichen Gesellschaft, was dann wiederum verstärkt die (schon aus der vor- und außerchristlichen Antike bekannten) sozialpsychologischen Faktoren (Gruppenvorurteile usw.) zur Wirkung kommen läßt.

Erstmals stehen für ein Erfassen des Gesamtbildes in umfassender Weise - wenn auch nicht vollständig - die Bildquellen zur Verfügung. Sie erweitern den Blick nach allen Seiten über das ohnehin schon breite Terrain der Textquellen hinaus und begünstigen eine flächenmäßige Betrachtung des Ereignisfeldes und eine relativ genaue Analyse des Entstehens und des Verlaufs bestimmter Denkwege. Hier sind um so mehr Fortschritte zu erwarten, weil nicht nur sehr viele der hier vorgestellten Bilder erstmals für die Diskussion der Geschichte der christlich-jüdischen Beziehungen erschlossen sind, sondern auch nicht wenige Textquellen zur Darstellung gekommen sind, die bei A.L. Williams (Adversus Judaeos, London 1935), J. Aronius (Regesten zur Geschichte der Juden, Berlin 1902), in Germania Judaica (Tübingen 1963-1987) und in affinen Werken wegen ihrer anders gerichteten Zielsetzung nicht berücksichtigt werden konnten. In verschiedener Hinsicht waren unserem Bemühen besonders deutliche Grenzen gesetzt: Die Fülle der im Hochmittelalter sich anbietenden Text- und Bildquellen zwang - mit der Vorgabe subjektiven Ermessens - zu einer Beschränkung auf wirklich relevante Gegenstände. Zum anderen mußte aus der immer zahlreicher und unüberschaubarer werdenden wissenschaftlichen Literatur jeweils ausgewählt werden, so daß auch hier Judaisten, Kunsthistoriker, Literaturwissenschaftler, Historiker und Kirchengeschichtler den einen oder anderen ihnen wichtig erscheinenden Titel vermissen und vielleicht andere überflüssig finden werden. Eine dritte wesentliche Einschränkung liegt darin, daß auf Gemeinsamkeiten und Affinitäten der christlichen zur islamischen antijüdischen Apologetik des Hochmittelalters nicht eingegangen werden konnte. Wenigstens am Rande vermerkt werden soll aber, daß "Islamic polemics directed against Jews and Judaism originated from and was fed by Christian sources, partly pre-Islamic, flowing into the Islamic milieu with the mass conversion of Christians ... There was a stock of arguments for Islam and against the older faiths, a stock supplied by Jewish and Christian converts to Islam" (M. Perlman, The Medieval Polemics between Islam and Judaism, in: Religion in a Religious Age, ed. by S.D. Goitein, Cambridge, Mass., 1974, 103-138, S. 106). Auch eine andere für die christliche Apologetik gegen die Juden typische Eigenart findet sich hier, daß nämlich die gegen die Juden schreibenden muslimischen Apologeten dies tun "for Muslims, i.e., not to persuade a Jewish reader but to aid a Muslim to argue against a Jew in a disputation" (Perlman, S. 110), was ziemlich genau der Intention christlicher Apologetik entspricht, die mit ihren einschlägigen Traktaten weniger oder gar nicht die Juden missionieren, sondern defensiv der innerchristlichen Glaubenssicherung dienen und, wenn es zu Gesprächen mit Juden kam, diesen den Sieg nicht zu leicht machen wollte. Andere aus der christlichen antijüdischen Apologetik wohlbekannte Elemente erscheinen auch hier: Abrogation der jüdischen Religion, die nun nutz- und sinnlos ist, Vorausverkündigung des Kommens Mohammeds in der Bibel, Zerstreuung und erniedrigende Sklaverei der Juden als Strafe Gottes usw. (Perlman, S. 114 ff.), und es finden sich antijüdische Polemikkataloge, die den christlichen zum Verwechseln ähnlich sind: Die Juden sind "filthy and witless rabble, most repulsive, vile, perfidious, cowardly, despicable, mendacious, the lowest in aspiration" usw. (Perlman, S. 111). Auch gegen die unangemessenen Anthropomorphismen der Bibel wird gefochten (Perlman, S. 118).

Eine weitere Grenze unserer Bemühungen ist dadurch gegeben, daß die Verbindungslinien zwischen Texten und Bildern und christlichen und jüdischen Texten nicht so oft gezogen wurden, wie das wünschenswert wäre, vor allem im Hinblick auf die wechselseitige Wirkungsgeschichte von Text und Bild und das Dialektischerwerden der christlich-jüdischen Kontroverse im Vergleich zum Frühmittelalter. Das Terrain ist dafür wohl auch noch zu wenig erschlossen. Offen zutage liegt freilich, daß manche Themen der apologetischen Literatur in der christlichen Bildkunst wiederkehren, zum Beispiel im Bereich der typologischen Exegese. Hier sind für den Bild- und Textbereich wechselweise Interpretationshilfen gegeben, die zu konkreten Resultaten führen. So hat sich uns gezeigt, daß die - seit dem 2. Jh. in der antijüdischen Apologetik als Typus Christi verwendete - Eherne Schlange von Nm 21, 8-9 nicht erst im 12. Jh. in Verbindung mit dem Kruzifixus zum ikonographischen Thema wird, wie seit U.Diehl (Die Darstellung der Ehernen Schlange von ihren Anfängen bis zum Ende des Mittelalters, Diss. München 1956) angenommen wurde, sondern bereits in karolingischen Elfenbeinreliefs; ein um volle tausend Jahre verzögertes Erscheinen dieser vielzitierten Beweisstelle in der Bildkunst, und zwar mit dem Bezug Typus-Realtypus, wäre auch aus inneren Gründen wenig glaubhaft.

Zu den wichtigen Resultaten unserer Arbeit gehört auf jeden Fall die Beobachtung, daß im Bereich der Ikonographie mit der Synagoga-Darstellung sich oft geradezu lehrhaft die bildliche Präsentation typologischer Beziehungen zwischen Altem und Neuem Testament verbindet und umgekehrt, das heißt, daß die typologische Thematik vielfach fast zwangsläufig nach einer theologischen Reflexion des Judenthemas ruft. Dahinter steht unausgesprochen die apologetische Überzeugung, daß vor allem mit der Typologie der Wahrheitsanspruch des Christentums Nichtchristen einsichtig zu machen ist und daß die den Juden zugeschriebene - und in Synagogas Augenbinde signifikant gemachte - Blindheit im wesentlichen ein Blindsein für die typologischen Zusammenhänge zwischen Altem und Neuem Testament ist. So könnte ein Überdenken der theologischen Relevanz der Typologie, wie es von den meisten heutigen Exegeten (z.B. H. Haag) angestrebt wird, auch grundlegende Konsequenzen für eine neue, entkrampfte, von der Last des Rechtfertigungsdruckes befreite Sicht des christlich-jüdischen Verhältnisses haben; denn nun wäre Raum für das gelassene Vertrauen auf die werbende Kraft eines Christentums, das sich in seinem eigenen Raum und Einflußbereich um ein Sichtbarwerden und eine Realisierung des (messianischen) Friedens bemüht, von dem das Neue Testament oft spricht (z.B. Röm 12, 10 ff.; 15, 33). Daß die hochmittelalterliche Adversus-Judaeos-Literatur dadurch mehr und mehr an Bedeutung verliert, dürfte kein allzugroßes Bedauern auslösen. Ist sie es doch, die nach dem Versagen der typologischen Beweisführung gegenüber den Juden die neuartigen scholastischen Vernunftbeweise gegen jene ins Feld führte und, als sich auch diese Waffe als zu stumpf erwies, den Juden die Vernunft absprach, sie zu vernunftlosen Wesen und "Tieren" erklärte und damit eine verhängnisvolle Denklinie begann, auf der schließlich im außerchristlichen Raum des neuzeitlichen Rassismus die Juden tatsächlich zu tierischen Schädlingen werden konnten, die eliminiert werden durften.

Von der christlichen Antike bis zur Reformation hatte vor allem die westliche Kirche ein recht positives Verhältnis zum Bild als - neben Text und Wort - zweitem Weg der religiösen Verkündigung (zum Wandel im 16. Jh. M. Stirm, Die Bilderfrage in der Reformation, Gütersloh 1977). Auf dem Wege über ihre Arbeitsaufträge- und fast alle christliche Ikonographie war Auftragskunst - gab die Kirche dem Künstler in aller Regel die gewünschten Inhalte vor. Das einzelne Bild wurde so zu einer Art "Spiegel des kirchlichen Selbstverständnisses" (Raddatz, 1959, 3). Die Kirche, vertreten etwa durch den beauftragenden Bischof oder Abt, ließ in die künstlerische Darstellung auch ihre jeweilige Einstellung zum Judenthema einfließen, etwa in Gestalt der Verhaltensweisen und Attribute der Synagoga in den zahlreichen Synagoga-Ecclesia-Gruppen unter dem Kreuz. So wird die im Laufe des Hochmittelalters sich verschärfende Einstellung vieler christlicher Theologen anschaulich etwa in der am Boden liegenden oder in den offenen Höllenrachen abgehenden Synagoga, vorher schon in der Ausstattung der Akteure der Kreuzigung mit Judenhüten. Freilich gibt es daneben auch eine versöhnliche Darstellungslinie, auf der Synagoga wieder sehend wird und zu Christus findet. Besondere Bedeutung bei den Illustrationen zum Neuen Testament haben etwa solche Szenen, in denen Jesus mehr oder weniger konfrontativ seinen jüdischen Mitbürgern gegenübersteht und die neutestamentlichen Juden dabei mittelalterliche Judenhüte tragen (z.B. die Geldwechsler und Händler, Mt 21, 12-13). Dies konnte leicht negativ auf die kollektive Bewertung der Juden des Mittelalters abfärben, insofern dem Bildbetrachter der Schluß nahegelegt wurde: Auch die gegenwärtig lebenden Juden sind mit den mit Spitzhut und Geldbeutel versehenen von Jesus traktierten Personen gemeint.

Wir haben zu zeigen versucht, daß (entgegen der herrschenden Meinung, z.B. noch bei Niedermeier, in: Judaica 36, 1980, 115 ff.; vgl. diesbezüglich ebenfalls E. Revel-Neher, in: Jewish Art 12-13, 1986-87, 145; ähnlich N. Heutger, in: Friede über Israel 70, 1987, 157) ein breites Spektrum von Gruppenmerkmalen für Juden schon lange vor dem 4. Laterankonzil von 1215 existierte. Das hier vorgelegte reiche kunstgeschichtliche Material belegt eine jahrhundertelange kontinuierliche Entwicklung, die vom Konzil also nicht erst begründet, sondern sozusagen legalisiert und zur kirchenrechtlichen Norm erhoben wird. Das ist ein Umstand von einiger Bedeutung für die Sozialgeschichte des späten Frühmittelalters und der ersten Hälfte des Hochmittelalters. Wir sahen, daß der europäische Judenhut sich im späten Frühmittelalter aus einer (im Westen als typisch orientalisch-kleinasiatisch empfundenen) Kopfbedeckung entwickelte, die wegen ihrer Provenienz auffällig genug war und offenbar die Wirkung hatte, ihren Träger von seiner anders gekleideten Umgebung auf den ersten Blick abzuheben und zu unterscheiden. Die Grundtypen waren die phrygische Mütze und der ihr genetisch affine konische Hut, der stumpf- oder spitzkegelig, glocken-, trichter- oder kalottenförmig sein konnte und oft oben einen Knopf oder Stift (bzw. Schaft), später auch einen Stift (bzw. Schaft) mit Knopf (Kugelknauf) trug. Die Krempe war mal schmal, mal breiter und bog in verschiedenen Winkeln nach unten hin ab. Die Hüte - ihr Material war wohl oft Filz - hatten die verschiedensten Farben. Vorgeschrieben beziehungsweise üblich war vermutlich nur die Auffälligkeit der Kopfbedeckung, nicht ihr genaues farbliches Aussehen. Bezüglich der Hutform jedoch lassen sich anscheinend bestimmte Typen einer bestimmten Region und Zeit zuweisen. Dieses Gruppenmerkmal hat als solches ikonographisch noch keineswegs eine negative Konnotation, gewinnt diese vielmehr erst - allerdings insgesamt recht oft - im Zusammenhang der dargestellten Szene (Beispiel: Mt 21, 12-13). Die Intention, den Judenhutträger als Orientalen (und Nichtchristen) erscheinen zu lassen, dauert das ganze Mittelalter hindurch an. Dies zeigt sich zum Beispiel im Spätmittelalter und in der frühen Neuzeit daran, daß als Alternative zu dem spezifischen Judenhut Israeliten und Juden mehr und mehr orientalische beziehungsweise orientalisierende Phantasiehüte tragen, teilweise von geradezu skurriler und grotesker, auf jeden Fall exotisch wirkender Form, zum Beispiel einen Turban mit konischem Aufsatz.

Diese Judendarstellung erfolgt vom christlichen Standpunkt aus und denkt an Christen als Bildbetrachter, wie ja überhaupt fast die ganze christliche Ikonographie Juden nicht zugänglich war; allenfalls die Portalplastik und Tympana-Reliefs konnten von jüdischen Passanten betrachtet werden. Die christlichen Gläubigen konnten dagegen die ganze Fülle des Bildschmucks innerhalb der Kirchen sehen, einschließlich der nur von innen her zu betrachtenden Glasmalerei der Fenster; zumeist nur der Klerus hatte Zugang zu den reichen Schätzen der Buchmalerei, vermittelte aber als eine Art Multiplikator die Inhalte und Aussagen der Miniaturen in Bibeln und liturgischen Büchern. Das entspricht dem Sachverhalt bei der Adversus-Judaeos-Literatur, deren Zielpublikum Kleriker und Theologen waren, nicht Juden, die im Hochmittelalter nur selten des Lateinischen mächtig waren. Gewöhnlich erst indirekt, über christliche Disputanten, die das Waffenarsenal der einschlägigen Traktate kannten, wurden auch Juden mit den dort bereitgestellten Argumenten bekannt. Auch im Hochmittelalter behielt die apologetische Literatur gegen die Juden vor allem den Zweck im Auge, Christen gegen die oft als überlegen empfundene jüdische Disputierkunst zu wappnen und schon im Vorfeld judaisierenden Tendenzen zu wehren bei solchen Christen, auf welche die Argumente der jüdischen Seite tatsächlich oder vermeintlich Eindruck machten. Die häufige Anrede "o Juden" oder ähnlich in den Adversus-Judaeos-Texten hat lange die irrige Meinung begünstigt, diese Texte seien tatsächlich an die Juden gerichtete Bekehrungsschriften. Vielmehr sind solche Anreden fast immer ein herkömmliches rhetorisches Stilmittel, um die oft ermüdend eintönigen theologischen Darlegungen und Listen von *auctoritates* dialogisch aufzulockern und sie realistischer erscheinen zu lassen; die Realitätsferne vieler Traktate bleibt gleichwohl evident.

Auf Einzelergebnisse unserer Untersuchung von Bildern und Texten des Hochmittelalters können wir hier nicht weiter eingehen, doch sei auf die besondere Relevanz einiger Themen noch einmal hingewiesen: Die Knechtschaft der Juden (*servitus Judaeorum*), eine schon aus der Kirchenväterzeit datierende theologische Fiktion, gewinnt in dem von uns hier untersuchten Zeitraum weiter an Bedeutung, so daß die in der ersten Hälfte des 13. Jh. erfolgende sozialpolitische Konkretisierung in Gestalt der Kammerknechtschaft der Juden wie eine allmählich reifende und schließlich fallende Frucht erscheint. Zwar stabilisieren die päpstlichen *Sicut-Judaeis*-Bullen, die man wegen ihres Bemühens um Ausgewogenheit besser *Sicut-ita*-Bullen nennen könnte, die gesellschaftliche Situation der Juden auf ihre Weise, doch setzen sie dem Besitzanspruch der weltlichen Herrscher keinen wirklichen Widerstand entgegen, können und wollen wohl auch nicht verhindern, daß die Juden allenthalben von öffentlichen Ämtern ferngehalten werden. Letzteres wurde allerdings angesichts der üblichen jüdischen Selbstabgrenzung gegen die nichtjüdische Umwelt und der hohen Wertschätzung innerjüdischer religiöser Autonomie eigentlich auch kaum von den Juden als schwerer Nachteil empfunden.

Stark wächst im Hochmittelalter der christliche Sinn für die *Veritas Hebraica*, den hebräischen Urtext der Bibel, und im Zusammenhang damit die Einsicht in den Wert christlicher Hebräischkenntnis, freilich auch oft eine die Gereiztheit verstärkende Furcht, den bibelkundigeren Juden zum Gespött zu werden. Dem entspricht der nun heftiger werdende christliche Unmut über die nachbiblische jüdische Traditionsliteratur, zu der man kaum sprachlichen Zugang hatte und von der man demgemäß wenig wußte und das Schlimmste annahm. Die christliche Talmudgegnerschaft wird so im 12. Jh. zu einem beherrschenden Thema der antijüdischen apologetischen Literatur. Aus der Gedankenwelt der Frühscholastik, die mehr und mehr den Vernunftbeweis (*ratio*) gleichrangig neben den Schriftbeweis (*scriptura, auctoritas*) setzt, entsteht die ebenso konsequente wie folgenreiche Anschauung: da die Juden den christlich-theologischen Vernunftbeweisen nicht zugänglich sind, sind sie vernunftlose Wesen, also Tiere. Dieses Thema fehlt noch in der zeitgenössischen Bildkunst, wie überhaupt die Ikonographie meist erst geraume Zeit später die Themen der literarischen Diskussion aufgreift, besonders deutlich zu sehen am Beispiel der allegorischen Personifikation Synagoga, die schon früh in der Literatur der Kirchenväterzeit erscheint (vgl. Verf., Die christlichen Adversus-Judaeos-Texte, 1982, Register, S. 738), aber erst im Laufe des 9. Jh. erstmals zum Thema der christlichen Bildkunst wird.- Weitere Themen von Bedeutung, vor allem im Zusammenhang mit Vernunftbeweisen, sind die (an sich ratio-widrige, deshalb im 12. Jh. um so erbitterter mit 'Vernunftbeweisen' gestützte) Virginität Marias und der Heilige Geist. Am eindrucksvollsten ist aber die da und dort erscheinende Einsicht, daß die Christen und die christlichen Völker zunächst selbst friedlicher werden und das Eingetretensein des mit Christus gekommenen messianischen Friedens und Heils bezeugen müssen, wenn sie auf Juden missionarischen Eindruck machen wollen. Solche selbstkritischen Töne sind neu und für die damalige Zeit beachtlich; wünschen doch judenmissionarisch orientierte Christen noch bis auf den heutigen Tag jenes *Pax super Israel* (Ps 125, 5), ohne zugleich auf eine inzwischen friedlich gewordene christliche Welt und eine Realisierung des *Pacem habete* von 2 Kor 13,11 verweisen zu können.

Unsere früheren Feststellungen, daß dort, wo die geistige Auseinandersetzung mit den Juden im Rahmen der Adversus-Judaeos-Texte den legitimen Rahmen apologetischer Wahrheitssuche überschreitet und polemisch entgleist, für diese Entgleisungen nie theologische Argumente beigebracht werden, gilt in vollem Maße auch für die hochmittelalterliche Literatur. Auch hier entladen sich bei manchen Autoren, zum Beispiel bei Petrus Venerabilis und Martin von León, letztlich gruppenpsychologisch bedingte Ängste, die bisweilen in eine irrationale Aggressivität umschlagen. Einiges wirkt wie eine innerchristliche Gespensterbeschwörung ohne jeden Realitätsbezug. Aus Angst werden Festungsmauern und Bollwerke errichtet, die eher die Christen einmauern als dem Gegner Eindruck machen. Das Gruppenvorurteil gegen die Juden schafft sich sozusagen seine eigene Gruppensprache in Gestalt verbaler und ikonographischer Polemik, wobei die Abwertung des Gegners meist gar nicht durch - selten genug erfolgende - persönliche Begegnungen und Erfahrungen begründet werden kann, sondern wie eine zwanghafte pauschale Herabwürdigung wirkt, nach der ein wirkliches Eingehen auf die Argumente derart böser Menschen sich erübrigt. Wie Gruppenvorurteile sich sogar bei einem Kirchengeschichtler vom Rang eines Peter Browe einschleichen, dessen eindrucksvoll objektives Werk "Die Judenmission im Mittelalter und die Päpste", Rom 1942, kein Geringerer als B. Blumenkranz mit einem rühmenden Vorwort neu herausgab (Rom 1973), zeigt ein Aufsatz Browes in der Römischen Quartalschrift 34, 1926, 167-197, wo er unter anderem die jüdischen "Stammessünden des Geizes und Wuchers" beklagt und pauschal vom "alten Haß (der Juden) gegen den Gekreuzigten" spricht (S. 195.197).

Die von uns angeführten jüdischen Texte des Hochmittelalters zeigen in der Regel entschiedene Abgrenzung, doch kaum je die Aggressivität eines Petrus Venerabilis. Sie konnten aber zumeist, schon wegen der Sprachbarriere, keinen echten Meinungsaustausch mit christlichen Theologen in Gang bringen, der diesen zum Beispiel die Einsicht vermittelt hätte, daß die Juden, nachdem sie nur durch ihr Anderssein bis dahin überlebt hatten, ihre Identität nicht aufgeben wollten zugunsten des Erscheinungsbildes einer Religion, die aus jüdischer Sicht weit hinter dem christlichen Anspruch einer Realisierung des messianischen Friedens auf Erden zurückblieb. Soweit jüdische Autoren des Hochmittelalters überhaupt Kenntnis nicht nur von wichtigen Positionen der antijüdischen Apologetik, sondern auch von einzelnen Traktaten dieser Literatur hatten - letzteres war gewiß selten -, mußten sie sich von der teilweise aggressiven Polemik abgestoßen fühlen. Ihnen konnte nicht entgangen sein, daß in dieser Polemik auch sehr alte Elemente enthalten waren, die seit vielen Jahrhunderten, zum Teil bereits aus dem vor- und außerchristlichen Antijudaismus rezipiert, immer aufs neue gegen sie gewendet wurden, eine Polemik, für die sie weder als Ganzes noch in ihren Teilen theologisch-argumentative Begründungen erhielten.

In der Tat läßt sich die große Fülle der von uns ermittelten Polemikmuster nur im Rahmen der Sozialanthropologie verstehen. Die Voraussetzungen zu sozialpathologischen Entwicklungen liegen freilich noch innerhalb der theologischen Positionssuche und Meinungsbildung, und zwar da, wo die Suchenden die Gebote der Nächstenliebe und Mitmenschlichkeit und damit das Christentum überhaupt aus dem Auge verlieren und statt dessen glaubensfremden Denkmustern Tür und Tor öffnen. Sozio-psychologische Faktoren bewirken offenbar ein Abdriften aus der rein apologetisch-theologischen Gegnerschaft hin zur Gruppenfeindschaft, innerhalb deren Gruppenspannungen, wie man heute weiß, unkontrolliert eskalieren können.

Daß scholastische Theologen den ihren Vernunftbeweisen nicht zugänglichen Juden die Vernunftlosigkeit von Tieren unterstellen, ist vielleicht die entscheidende Weichenstellung, die den theologischen Antijudaismus des Mittelalters oft entgleisen und im 19. Jh. zum (rassistischen) Antisemitismus mutieren läßt; denn Tieren gebührte weder *caritas* noch *humanitas* (vgl. zu diesem Thema den Beitrag des Verf. in der Gedenkschrift für B. Brilling, Hamburg 1988). Wenn die hier eingeleitete ungute Entwicklung erst viele Jahrhunderte später eskalierte, so ist dies vermutlich dem mäßigenden Einfluß der Sicut-Judaeis-Bullen und des Kirchenrechts zu danken. Selbst Innozenz III. sieht die Juden zwar als "Fremde", will ihnen aber auf jeden Fall noch "freundliche christliche Liebe" zukommen lassen.

Eine andere Weichenstellung geschieht unauffälliger und über Jahrhunderte hinweg, nämlich das Entstehen eines okzidentalen Judenbildes im frühen und hohen Mittelalter. Von der Palme (als Symbol des Orients) bei der *Judaea capta* über den Palmwedel als Attribut der besiegten Synagoga und von der orientalisch-jüdischen phrygischen Mütze bei den Schergen der Kreuzigung über den charakteristischen Judenhut der Kreuziger Christi führt eine konsequente Denklinie, an deren vorläufigem Kulminationspunkt im Hochmittelalter die Synagoga unter dem Kreuz selbst entweder den Judenhut trägt oder mit Speer und Schwammrohr sozusagen die Passionsinstrumente der jüdischen Schergen als Attribut erhält oder gar selbst mit dem Speer nach dem Gotteslamm sticht.

1. Altes und Neues Testament

Gn	Genesis	Prd	Prediger (Ecclesiastes)
Ex	Exodus	Hl	Hoheslied
Lv	Leviticus	Weish	Weisheit
Nm	Numeri	Sir	Sirach (Ecclesiasticus)
Dt	Deuteronomium	Is	Isaias
Jos	Josue	Jr	Jeremias
Ri	Richter	Klgl	Klagelieder
1 Sam	1. Samuel	Ez	Ezechiel
2 Sam	2.Samuel	Dn	Daniel
1 Kg	1. Könige	Os	Osee
2 Kg	2. Könige	Am	Amos
1 Chr	1. Chronik	Jon	Jonas
2 Chr	2. Chronik	Mich	Michäas
Neh	Nehemias	Nah	Nahum
Tob	Tobias	Hab	Habakuk
Est	Esther	Soph	Sophonias
Ps	Psalm	Zach	Zacharias
Spr	Sprüche	Mal	Malachias

Mt	Matthäusevangelium	Kol	Kolosserbrief
Mk	Markusevangelium	1 Thess	1. Thessalonicherbrief
Lk	Lukasevangelium	2 Thess	2. Thessalonicherbrief
Jo	Johannesevangelium	1 Tim	1. Timotheusbrief
Apg	Apostelgeschichte	2 Tim	2. Timotheusbrief
Röm	Römerbrief	Hebr	Hebräerbrief
1 Kor	1. Korintherbrief	Jak	Jakobusbrief
2 Kor	2. Korintherbrief	1 Petr	1. Petrusbrief
Gal	Galaterbrief	2 Petr	2. Petrusbrief
Eph	Epheserbrief	1 Jo	1. Johannesbrief
Phil	Philipperbrief	Apk	Johannesapokalyse

Textsammlungen, Handbücher und allgemeine Abkürzungen

a.a.O.	am angegebenen Ort
Abb.	Abbildung(en)
ANRW	Aufstieg und Niedergang der römischen Welt, hg. von H. Temporini und W. Haase, Berlin-New York 1972 ff.
Ant. Jud.	Flavius Josephus, Antiquitates Judaicae
Aronius	J. Aronius, Regesten zur Geschichte der Juden im fränkischen und deutschen Reich bis zum Jahre 1273, Berlin 1902
AT	Altes Testament
Awerbuch	M. Awerbuch, Christlich-jüdische Begegnung im Zeitalter der Frühscholastik, München 1980
Baron	S.W. Baron, A Social and Religious History of the Jews, 18 Bde., New York 1952-1983
Bd., Bde.	Band, Bände
Beck	H.-G. Beck, Kirche und theologische Literatur im byzantinischen Reich, München 1977
Bell. Jud.	Flavius Josephus, Bellum Judaicum
Blumenkranz	B. Blumenkranz, Juden und Judentum in der mittelalterlichen Kunst, Stuttgart 1965; ders., in: Gli Ebrei nell' alto medioevo, II, Spoleto 1980, 987-1014
BN	(Paris,) Bibliothèque Nationale
de Boor-Newald	H. de Boor - R. Newald (Hgg.), Geschichte der deutschen Literatur, I-II, München 1979
Browe	P. Browe, Die Judenmission im Mittelalter und die Päpste, Rom 1942
bzw.	beziehungsweise
c.	capitulum, Kapitel
ca.	circa
Caro	G. Caro, Sozial- und Wirtschaftsgeschichte der Juden im Mittelalter und der Neuzeit, I, Leipzig 1908 (u. 1924); II, Leipzig 1920
CChr	Corpus Christianorum, Turnhout-Paris 1953 ff; Cont. med.(C.m.)= Continuatio mediaevalis

Chazan	R. Chazan, Church, State and Jew in the Middle Ages, New York 1980
col.	Kolumne
CSCO	Corpus Scriptorum Christianorum Orientalium, Paris 1903 ff.
CSEL	Corpus Scriptorum Ecclesiasticorum Latinorum, Wien 1866 ff.
Czerwinski	Fr. R. Czerwinski, The Teachings of the Twelfth and Thirteenth Century Canonists about the Jews (Diss. Cornell University), Ann Arbor, Michigan 1973
DA	Dissertation Abstracts International, Ann Arbor, Mich.
ders.	derselbe
d.Gr.	der Große, des Großen usw.
d.h.	das heißt
Diss.	Dissertation
DMA	Dictionary of the Middle Ages, New York 1982 ff.
ebd.	ebenda, ebendort
ed.	edidit, ediderunt
Ehrismann	G. Ehrismann, Geschichte der deutschen Literatur bis zum Ausgang des Mittelalters, München 1932-1935
etc.	et cetera
f., ff.	folgend(e)
Fillitz	H. Fillitz, Das Mittelalter, I (Propyläen Kunstgeschichte, 5), Berlin 1969
GCS	Die griechischen christlichen Schriftsteller der ersten drei Jahrhunderte, Leipzig 1897 ff.
Goldschmidt	Die Elfenbeinskulpturen aus der Zeit der karolingischen und sächsischen Kaiser. VIII.-XI. Jahrhundert. Bearbeitet von A. Goldschmidt, 4 Bde., Berlin 1914-1926
Grant	M. Grant, Morgen des Mittelalters, Bergisch-Gladbach 1982
Grayzel 1962	S. Grayzel, The Papal Bulls 'Sicut Judaeis', in: Festschrift A.A. Neuman, Leiden 1962, 243-280
Grayzel 1979	S. Grayzel, Pope, Jews, and Inquisition from "Sicut" to "Turbato", in: Essays on the Occasion of

the seventieth Anniversary of the Dropsie University (1909-1979). Edited by A.I. Katsh and L. Nemoy, Philadelphia 1979, 151-188

Hauttmann
M. Hauttmann, Die Kunst des frühen Mittelalters, Berlin 1929

Hefele-Leclercq
Histoire des conciles d'après les documents originaux, par Ch. J. Hefele. Traduite par H. Leclercq, 9 Bde., Paris 1907 ff.

hg., Hg(g).
herausgegeben, Herausgeber

hl, Hl.
heilig, Heiliger

Hubert 1968
J. Hubert - J. Porcher - W.Fr. Volbach, Frühzeit des Mittelalters. Von der Völkerwanderung bis an die Schwelle der Karolingerzeit (Universum der Kunst, 9), München 1968

Hubert 1969
J. Hubert (u.a.), Die Kunst der Karolingerzeit. Von Karl dem Großen bis zum Ausgang des 9. Jahrhunderts (Universum der Kunst, 10), München 1969

Hürkey
E. Hürkey, Das Bild des Gekreuzigten im Mittelalter, Worms 1983

Jaffé(-Loewenfeld)
Regesta pontificum romanorum, ed. Ph. Jaffé. Editionem secundam correctam et auctam curaverunt S. Loewenfeld (u.a.), 2 Bde., Leipzig 1885-1888

Jh.
Jahrhundert

Kirche und Synagoge
Kirche und Synagoge. Handbuch zur Geschichte von Christen und Juden. Darstellung mit Quellen. Hg. von K.H. Rengstorf und S. v. Kortzfleisch, 2 Bde., Stuttgart 1968-1970

Kirschbaum
E. Kirschbaum, Lexikon der christlichen Ikonographie, 8 Bde., Freiburg 1968-1976

Kisch
G. Kisch, Ausgewählte Schriften, 2 Bde., Sigmaringen 1978-1979 (I = Forschungen zur Rechts- und Sozialgeschichte der Juden in Deutschland während des Mittelalters; II = Forschungen zur Rechts-, Wirtschafts- und Sozialgeschichte der Juden)

Kniewasser
M. Kniewasser, Die Kenntnis der nachbiblischen jüdischen Literatur und ihre Rolle für die Polemik

	bei den lateinischen Autoren vom 9. bis zum 13. Jahrhundert, Diss. Wien 1979 (vgl. Kniewasser, in: Kairos, 22, 1980, 34-76)
Kosch	Deutsches Literatur-Lexikon. Biographisch-Bibliographisches Handbuch, begründet von W. Kosch, Bern-München 1968 ff.
Krumbacher	K. Krumbacher, Geschichte der byzantinischen Litteratur, München 1897.
Labriolle	Histoire de la littérature latine chrétienne. Par P. de Labriolle. Troisième édition, revue et augmentée par G. Bardy, Paris 1947
Lasko	P. Lasko, Ars sacra 800-1200, Harmondsworth, Middlesex, 1972
LMA	Lexikon des Mittelalters, München-Zürich 1980 ff.
LThK	Lexikon für Theologie und Kirche, 11 Bde., Freiburg 1957-1967
Manitius	M. Manitius, Geschichte der lateinischen Literatur des Mittelalters, 3 Bde., München 1911-1931
Mansi	J.D. Mansi, Sacrorum conciliorum nova et amplissima collectio, Paris 1899-1927
MG	Monumenta Germaniae Historica, Hannover-Berlin 1826 ff.
Mon. Jud.	Monumenta Judaica. Katalog und Handbuch, Köln 1963
Murawski	Fr. Murawski, Die Juden bei den Kirchenvätern und Scholastikern, Berlin 1925
n.Chr.	nach Christus
N.F.	Neue Folge
NT	Neues Testament
ps., Ps.	pseudo-, Pseudo-
p.	pagina
Pakter	W.J. Pakter, De his qui foris sunt: The Teachings of the Medieval Canon and Civil Lawyers concerning the Jews, Diss. The Johns Hopkins University 1974
PG	Patrologia Graeca, hg. von J.-P. Migne, Paris 1857 ff.
PL	Patrologia Latina, hg. von J.-P. Migne, Paris 1844 ff.

Pl.	Plate, Planche
Potthast	Regesta pontificum romanorum, hg. von A. Potthast, 2 Bde., Berlin 1874-1875
R.	Rab, Rabban, Rabbi
Raddatz	A. Raddatz, Die Entstehung des Motivs "Ecclesia und Synagoge". Geschichtliche Hintergründe und Deutung, Diss. Berlin 1959
RDK	Reallexikon zur deutschen Kunstgeschichte, Stuttgart 1937 ff.
Rich	A. Rich, Illustrirtes Wörterbuch der römischen Alterthümer, Paris-Leipzig 1862 (Nachdruck Leipzig 1984)
S.	Seite, Seiten
SB	(München, Bayerische) Staatsbibliothek
sc.	scilicet
Scherer	J.E. Scherer, Die Rechtsverhältnisse der Juden in den deutsch-österreichischen Ländern, Leipzig 1901
Schiller	G. Schiller, Ikonographie der christlichen Kunst, 4 Bde., Gütersloh 1966 ff.
Schmid	H. Schmid, Die christlich-jüdische Auseinandersetzung um das Alte Testament in hermeneutischer Sicht, Zürich 1971
SChr	Sources chrétiennes, Paris 1941 ff.
Schubert	K. Schubert (Hg.), Judentum im Mittelalter, (Katalog der) Ausstellung im Schloß Halbturn, Eisenstadt 1978
Seiferth	W. Seiferth, Synagoge und Kirche im Mittelalter, München 1964 (= Synagogue and Church in the Middle Ages. Two Symbols in Art and Literature, NewYork 1970)
s.o., s. oben	siehe oben
Sp.	Spalte
Starr	J. Starr, The Jews in the Byzantine Empire. 641-1204, Athen 1939
Stobbe	O. Stobbe, Die Juden in Deutschland während des Mittelalters, Braunschweig 1866
s.u., s. unten	siehe unten
Suppl.	Supplementband

s.v.	sub voce
TRE	Theologische Realenzyklopädie, Berlin - New York 1977 ff.
u.	und
u.a.	und andere, unter anderem
übers., Übers.	übersetzt, Übersetzer, Übersetzung
u.ö.	und öfter
usw.	und so weiter
v.Chr.	vor Christus
Verf.	Verfasser
vgl.	vergleiche
Verfasserlexikon	Die deutsche Literatur des Mittelalters. Verfasserlexikon, Berlin 1933 ff. (I 1933, II 1934, III 1943, IV 1953, V 1955); Berlin-New York 1978 ff.
Weber	P. Weber, Geistliches Schauspiel und kirchliche Kunst in ihrem Verhältnis, erläutert an einer Ikonographie der Kirche und Synagoge. Eine kunsthistorische Studie, Stuttgart 1894
Williams	A.L. Williams, Adversus Judaeos. A Bird's-Eye View of Christian 'Apologiae' until the Renaissance, London 1935
de Winter	P. M. de Winter, The Sacral Treasure of the Guelphs, Cleveland 1985
Year 1200	The Year 1200. A Centenial Exhibition at the Metropolitan Museum of Art, 3 Bde., New York 1970-1975
Z.	Zeile
z.B.	zum Beispiel
z.T.	zum Teil

Nachträge

Nr. I.- Die Synagoge Satans (Apk 2,9; 3,9).- Miniatur in einer Handschrift der Johannesapokalypse (etwa um 800).- *Trier*, Stadtbibliothek, Ms. 31, folio 7 verso.- *Literatur*: Blumenkranz 1980, Tafel XIII.- Eine Gruppe von einer Kette umschlungener Personen wird vom Satan in ein Gebäude hineingezogen, das offenbar Gegenstück eines zweiten Gebäudes ist, welches als Kirche anzusehen ist.

Nr. II.- Heilige Familie.- Miniatur in einem Osnabrücker Graduale vom Jahre 1130.- *Literatur*: Verzeichnis der Photographien westfälischer Alterthümer und Kunsterzeugnisse [Ausstellungskatalog], Münster 1879, Abb. Nr. 1567.- Joseph, einmal bei der Geburt Christi, ein zweites Mal bei der Flucht nach Ägypten, trägt einen breitkrempigen trichterförmigen Judenhut.

Nr. III.- Miniaturen auf Einzelblättern eines Psalters, der vielleicht in Canterbury etwa um 1140 entstand.- *Literatur*: The Victoria & Albert Museum [Katalog], London 1983, Abb. S. 17; English Romanesque Art. 1066-1200 [Ausstellungskatalog], London 1984, Abb. S. 54.- Dargestellt sind zahlreiche Szenen des NT, mit der Passion Christi als Schwerpunkt. Die Heiligen Dreikönige und die jüdischen Akteure tragen die phrygische Mütze oder den konischen Judenhut, z.T. mit einem Knopf oben.

Nr. IV.- Geburt Christi.- Miniatur in einem Sakramentar aus Maria Laach (um 1150).- *Darmstadt*, Landesbibliothek, Hs. 891.- *Literatur:* Schatzkunst Trier, Trier 1984, Abb. S. 124.- Joseph, ein schläfriger alter Herr, trägt den konischen Judenhut des 12. Jh., der durch eine geringe Zipfelung noch die Affinität zur phrygischen Mütze erkennen läßt.

Nr. V (zu Nr. 99 oben).- Geburt Christi: Joseph mit dem konischen Judenhut des 12. Jh.; eine gute Abb. in: Die Bau- und Kunstdenkmäler von Westfalen [4.] Kreis Hörde. Bearbeitet von A. Ludorff, Münster 1895, Tafel 5.

Nr. VI (zu Nr. 101 oben).- Zur "Geburt Christi" vgl. auch: Religiöse Kunst aus Hessen und Nassau [Ausstellungskatalog], hg. von H. Deckert u.a., Tafelband I, Marburg 1928, Tafel 152.- Ebendort Tafel 155: Himmelfahrt Christi (folio 17 verso; eine farbige ganzseitige Miniatur; vgl. Bau- und Kunstdenkmäler von Westfalen [44.], Kreis Warburg. Bearbeitet von N. Rodenkirchen, Münster 1939, Abb. S. 371): Der auffahrende Christus, von zwei Dienstengeln begleitet und die dreizipflige Kreuzfahne haltend, weist auf den (nicht mehr eingetragenen) Text des Schriftbandes ("die Rechte segnend gesenkt" deutet der Marburger Katalog, sicher unrichtig). In der unteren Bildhälfte die Jünger und Maria auf der einen Seite eines mit Blumen bewachsenen Hügels, auf der anderen Seite ehrfürchtig-andächtige Zuschauer, die durch ihr Gruppenmerkmal (Judenhut in Trichterform) als Juden gekennzeichnet sind. Das Gruppenmerkmal hat hier keine negative Konnotation.- Vgl. Apg 1, 9-11.

Nr. VII.- Paulus als Missionar.- Initialminiatur zu Beginn einer lateinischen Handschrift der Paulusbriefe, die Mitte des 12. Jh., vielleicht in Winchester, entstand.- *Oxford*, Bodleian Library, Ms. Auct. D. 1.13, folio 1.- *Literatur*: C.M. Kauffmann, Romanesque Manuscripts 1066-1190, London 1975, Il1.212; English Romanesque Art 1066-1200 [Ausstellungskatalog], London 1984, Abb. 60.- Dem lehrenden Paulus sitzt eine Gruppe von Zuhörern gegenüber, von denen einer auffällig die phrygische Mütze trägt, offenbar um ihn (und wahrscheinlich damit die ganze Gruppe) als Juden zu charakterisieren.

Nr. VIII.- Verleugnung des Petrus (Mt 26,69-75).- Miniatur in einer Handschrift der 'Versus de mysterio missae' des Hildebert von Lavardin († 1134). Die Handschrift ist im 12. Jh., wahrscheinlich im österreichischen Raum, entstanden.- *Würzburg*, Universitätsbibliothek, M. p. th. q. 50, folio 7 recto.- *Literatur*: Universitätsbibliothek Würzburg. Kostbare Handschriften [Ausstellungskatalog]. Von G. Mälzer und H. Thurn, Wiesbaden 1982, Abb. S. 89.- Dargestellt ist die Szene im Hof des Hohenpriesters, wo Petrus bei den Dienern des Hauses das Resultat des Verhörs vor dem Hohen Rat abwartet. Das szenische Milieu ist also jüdisch. Von daher versteht sich das Gruppenmerkmal in Gestalt der Kopfbedeckung der drei männlichen Personen: Phrygische Mütze, konischer Hut, Trichterhut. Damit ist in fast lehrhaftem ikonographischen Nebeneinander eine Art Entwicklungsgeschichte des Judenhutes gegeben. Eine Inschrift erklärt: *Abnegat ecce fidem Petrus, quod Christus eidem ante prophetavit, quod galli voce probavit.*

Nr. IX.- Herodes befiehlt die Ermordung der unschuldigen Knaben zu Bethlehem.- Miniatur in einem Psalter der Maasgegend von etwa 1160.- *Berlin*, Staatliche Museen, Kupferstichkabinett, Ms. 78 A 6, folio 8.- *Literatur*: P.M. de Winter, The Sacral Treasure of the Guelphs [Ausstellungskatalog], Cleveland 1985, S. 63, Fig. 71.- Die Schergen tragen den konischen Judenhut, der bei einigen durch eine leichte Zipfelung den entwicklungsgeschichtlichen Zusammenhang mit der phrygischen Mütze deutlich macht.

Nr. X.- Moses und die Eherne Schlange (Nm 21, 6-9).- Emailtafel aus der Maasgegend, etwa um 1160.- *London*, Victoria & Albert Museum, M. 59. 1952.- *Literatur*: Victoria & Albert Museum [Katalog], London 1983, Abb. S. 143.- Aaron und Moses sind nimbiert, die Gruppe der Israeliten trägt den konischen Judenhut des 12. Jh.

Nr. XI.- Gleichnis vom barmherzigen Samariter (Lk 10, 29-37).- Miniatur im Evangeliar Heinrichs des Löwen, hergestellt in Helmarshausen um 1188.- Kgl. Ernst-August-Bibliothek, *Schloß Cumberland bei Gmunden*, folio 112.- *Literatur*: Alte Kunst im Weserland. Bearbeitet von E. Eckhardt, Köln 1967, Abb. 58.- Der Samariter, der Priester und einer der Räuber tragen konische Judenhüte, offenbar um das orientalisch-jüdische Umfeld des neutestamentlichen Gleichnisses deutlich zu machen. Cf. S.605.

Nr. XII.- Missionsgespräch des Apostels Petrus mit den Juden.- Miniatur eines Blattfragments aus einem lateinischen Pergamentkodex mit Gebeten und Texten zur Messe.- *Nürnberg*, Germanisches Nationalmuseum, Mm 173 kl. F (oberdeutsch, letztes Drittel des 12. Jh.).- *Literatur*: Katalog der mittelalterlichen Miniaturen des Germanischen Nationalmuseums. Verfaßt von E.W. Bredt, Nürnberg 1903, Tafel I.- Der Schreiber bzw. Miniaturist erläutert das Bild in einem noch partiell erhaltenen Adskript: Die Juden bezichtigten die zwölf Boten, sie wären trunken, so manche Sprache sprächen sie. Das redet ihnen St. Peter aus (vgl. Apg 2, 11-13). Die Juden tragen breitkrempige, mit dickem, oben abgerundetem bzw. kuppelförmigem Schaft versehene Judenhüte, die auch sonst aus süddeutschen Miniaturen des 12. Jh. bekannt sind (z.B. oben, Nr. 163: Laudes sanctae crucis).

Nr. XIII.- Anbetung der Heiligen Dreikönige.- Tympanonrelief der Kirche in *Opherdicke* (um 1180).- *Literatur*: Die Bau- und Kunstdenkmäler von Westfalen [4.] Kreis Hörde. Bearbeitet von A. Ludorff, Münster 1895, Tafel 15.- Der am rechten Bildrand sitzende Joseph trägt einen zeitgenössischen Judenhut in der hohen Trichterform.

Nr. XIV (zu Nr. 176 oben: Taufsteinrelief, Bochum).- Vgl. dazu die guten Rundum-Abb. in: Die Bau- und Kunstdenkmäler von Westfalen [17.] Kreis Bochum-Stadt. Bearbeitet von A. Ludorff, Münster 1906, Tafeln 3-5.- Der Joseph der "Geburt Christi" trägt den krempenlosen konischen Judenhut, ebenso eine Person in Begleitung der Heiligen Dreikönige. Außerhalb der Annagelungsszene ist der Hut wieder neutrales Symbol des jüdischen Umfeldes des neutestamentlichen Berichts.

Nr. XV (zu Nr. 68 oben).- Geburt Christi.- Miniatur im sogenannten Perikopenbuch des Custos Pertholt (Bertold), entstanden gegen Ende des 11. Jh. im Kloster St. Peter in Salzburg.- *New York*, Pierpont Morgan Library, Cod. M. 780.- *Literatur*: Mediaeval & Renaissance Manuscripts. Major Acquisitions of the Pierpont Morgan Library 1924-1974, New York 1974, Abb. Nr. 11; Das älteste Kloster im deutschen Sprachraum. St. Peter in Salzburg [Ausstellungskatalog], Salzburg 1982, Abb. S. 156.- Die Hirten tragen einen konischen Judenhut, dessen entwicklungsgeschichtliche Affinität zur phrygischen Mütze noch erkennbar ist.

Nr. XVI (zu Nr. 186 oben: Ingeborg-Psalter).- Bemerkenswert ist auch die Darstellung der Kreuzigung (folio 27 recto; eine gute Abb. in: Year 1200, II, Nr. 193): Fast schon aus dem rechten Bildrand herausgedrängt erscheint - als Gegenüber Ecclesias - Synagoga, mit fallender Krone, aber noch die Fahne festhaltend.- In der ebenfalls ganzseitigen Miniatur "Wurzel Jesse" desselben Psalters (A. Lefébure, Chantilly. Musée Condé, Ouest-France 1986, Abb. S. 64) tragen Jesse und Aaron den krempenlosen kalottenförmigen bzw. konischen Judenhut mit oberem Knopf.

Nr. XVII.- Isaaks Opferung durch Abraham (Gn 22).- Wandgemälde in der Kirche von *Grissian*, Südtirol (etwa um 1200).- *Literatur*: Year 1200, III, 118, Fig. 23.- Abraham (bzw. die den Esel treibende Person) trägt den kuppelförmigen Judenhut, ähnlich dem oben in Nr. XII.

Nr. XVIII.- Miniaturen in einer Handschrift des 'Liber Scivias' der Hildegard von Bingen, entstanden um 1200, vermutlich in Salem.- *Heidelberg*, Cod. Sal. X 16.- *Literatur*: Die Miniaturen der Universitätsbibliothek zu Heidelberg. Beschrieben von A. von Oechelhaeser, Erster Theil, Heidelberg 1887, Tafel 12; Cimelia Heidelbergensia. 30 illuminierte Handschriften der Universitätsbibliothek Heidelberg, ausgewählt und vorgestellt von Wilfried Werner, Wiesbaden o.J., Tafel S. 54.

1. Werner, Tafel S. 54 (= Folio 176 verso).- Illustrationen zur vierten und zehnten Vision des dritten Buches. Alttestamentliche Propheten und weitere Personen tragen den trichterförmigen Judenhut des 12. Jh., teils eine phrygische Mütze.

2. Oechelhaeser, Tafel 12.- Bild des Jahres (*Annus*), sehr ähnlich dem einschlägigen Bild in der Sammelhandschrift des Klosters Zwiefalten vom Jahre 1147 (s.oben, Nr. 93). Auch hier erscheint am linken Bildrand als allegorische Personifikation der winterlichen Frostzeit ein Judenhutträger. Zur Bedeutung vgl. oben zu Nr. 93.

Nr. XIX (zu Nr. 202 f.).- Brennender Dornbusch (Ex 3, 1-6). Miniatur in einer Psalterhandschrift (etwa um 1200).- *Paris*, BN, Ms. lat. 8846, folio 2 recto.- *Literatur*: Year 1200, III, 335, Fig. 14.- Moses trägt den aus dem 12. Jh. auch sonst bekannten kalottenförmigen Judenhut mit oberem Knopf.

Nr. XX (zu Nr. 196 oben: Merseburger Bibel von 1200).- Beachtung verdient auch die Illustration zu Gn 37, 25-36 (eine gute Abb. bei Gerd Baier [u.a.], Kirchen, Klöster und ihre Kunstschätze in der DDR, München 1982, Abb. 252): Der arabische Kaufmann an der Spitze der Kamelkarawane ist durch seine phrygische Mütze auffällig als Orientale gekennzeichnet.

Nr. XXI.- Geburt Christi.- Psalter-Miniatur (Einzelblatt) vom Anfang des 13. Jh., Thüringisch-sächsische Schule.- *Berlin*, Staatliche Museen, Kupferstichkabinett, Nr. 636.- *Literatur*: Beschreibendes Verzeichnis der Miniaturen-Handschriften und Einzelblätter des Kupferstichkabinetts der Staatlichen Museen Berlin. Bearbeitet von P. Wescher, Leipzig 1931, Abb. S. 14.- Joseph, auf einen Stock gestützt, sitzt in verkleinerter Gestalt am Rande der Szene. Er ist nimbiert und trägt zugleich einen Judenhut (flacher Trichter mit hohem Schaft).

Nr. XXII.- Christus und die Ehebrecherin (Jo 8, 2-11).- Medaillon im Scheibenkreuz (um 1200) von St. Marien zur Höhe, Soest.- Foto: Landesamt für Denkmalpflege von Westfalen -Lippe.- Die "Schriftgelehrten und Pharisäer" tragen die trichterförmigen Judenhüte des 12. Jh., während Christus und die Apostel nimbiert sind (Hinweis von R. Kampling).

Register

Altes und Neues Testament

1. Samuel

1,21: 359
2,36: 134
4,17-18: 330
6,7.10 ff.: 564
7,1: 537.564
16,1 ff.: 578
17,8: 202
21,4-7: 240

2. Samuel

6,1 ff.: 564
7,12-14: 336
23,1-2: 336

1. Könige

5,4: 221
6,29: 63
7,25: 63
8,6: 63
12,28 ff.: 76
17,6: 566
17,7-24: 336.547.550.576.582.
   584.595.597
18,34: 336
21,23-24: 594.595

2. Könige

5: 163.329
6,1-7: 595
25: 613

1. Chronik

17,11-14: 79

2. Chronik

15,3: 162.338.352
36,22-23: 590

Esdras

1,1-4: 590

Tobias

6,2-7: 595

Esther

5-7: 607
7,10: 602

Job

1,7-8: 595
6,8: 204
7-8: 395
28,7: 445
33,4: 141
33,24: 580
37,21: 345
38,41: 285
40,25: 550

Psalmen

2,1.7-8: 38.64.66.86.88.92.141.
   183.203.273.278.336.361.371.
   443
3,6: 92
7,12: 72
7,15: 170
15,10-11: 66

19,5: 92
21: 66
22: 38.273
22,7: 211.443.576
22,17-19: 92.161.184.336.364.
    466.549.590
22,22: 466
27,12: 442
28,5: 445
33,6: 66.78
33,18: 212
34,16.20: 212
34,21: 560
36,10: 66
37,14-15: 444
40,7-8: 93
45: 184
45,7-8: 79.160.278
47,6: 92
49,13.21: 184
50: 104
51,12-14: 160.361
52: 619
52,3-5: 519
57,6: 81
59,5: 405
59,12: 106.170.171.299.359.394.
    403.417
61,7: 80.336.339
66,3: 372.373
67,7-8: 160
68,22: 66
69,5: 596
69,22: 161.444
69,24: 64.298
69,26-27: 271
72: 352
72,1 ff.: 79.184.443
72,11: 239

72,17: 66.271
81,10: 88
84,5: 522
85,11-12: 539.606
86,9: 299
87,5: 278
87,6: 445
88,6: 64
89,27: 88
89,45-46.99: 77.444
91,13: 596
93,2: 580
96,10: 364
97,7: 364
102,8: 526
102,15: 130
102,26-27: 62
104,30: 66.337.361
105,4: 79
106,35: 126
106,36-37: 67.497
107,20: 66
109,9-10: 445
110: 38.103.184.278
110,1.3: 64.66.92.212.271.361.
    371.444
110,4: 93
118,22: 161
119: 142.175
119,89: 361
125,5: 644
139,21-22: 442
147,2: 170
147,5: 352
147,18: 361
147,19-20: 258

28,16: 161
29,11.14.17-18: 298.352
30,26: 168
31,31-32: 66
32,15: 337
33,10: 80
33,12: 113
33,22: 336
35,1-2: 66
35,4-6: 66
40,13-14: 442
40,28: 351
42,1-4.6: 79.352
43,8: 280
43,20: 279
44,3: 337
44,4-5: 39
45,1.5.8: 79.103.239.278.336.
  352.364.365
48,6: 141
48,12-16: 66.336
49,1: 39
49,8: 66
50,6: 66
51,4: 66
51,5: 239
52,6.8.10: 64.161.204
52,13-53,12: 39.64.66.80.87.91.
  92.108.126.128.207.216.222.
  336.352.364.372.444.490.560.
  590
54,1: 66
55,1: 272
57,1-4: 39
57,5: 67.497
57,21: 113
60,10: 374.
61,1: 141
61,4: 334

62,6: 66
62,8: 72
62,11: 239
63,1-9: 161.336.526.527.548.580.
  595
65,1-2: 336
65,8: 76
65,13-15: 284
65,25: 80
66,7: 161.444
66,24: 604

Jeremias

1,5: 136
3,23: 197
4,4: 211
5: 74
6,20: 66.299
7,2-3: 164
7,4: 336
7,28: 299
11,19: 39.548
14,9: 548
17,1: 437
17,5: 259
23,5: 272.278
23,6: 409
27,5: 37
30,11: 112
31,3: 606
31,22: 204.337.444
31,31 ff.: 161.272.299.352
32,37: 352

Klagelieder: 423

1,15: 339
2,7: 339

3,8: 77
3,14: 336
3,18: 339
3,44: 77
3,45-46: 272
4,20: 2
5,2: 409.411
5,16-17: 524.536.578.585

Baruch

3,6: 66
3,36-38: 62.64.66.161.204.271.
  364

Ezechiel

1,5 ff.: 364.454.468.477.586.603
1,10: 63
1,15-16: 445
2,6: 291
9,4: 538.546.562.582.591.622
9,8: 336
10,10: 373
16: 280
20,25: 352
33,11: 240
36,25: 111
39,21: 339
44,2-3: 62.110.161.239.364.365.
  371.394
44,9: 211
47,1 ff.: 562

Daniel

2,34-35: 92.161.352.371.444
2,44: 92
2,45: 444

3: 352.393.630
3,24-25.92: 160.164.184.337.361.
  371.443
6: 631
7: 352
7,7: 105
7,9-14: 81
7,13-14: 66.161.336.444
9: 108.112.184.204.216.352.371
9,24-27: 79.92.103.105.161.211.
  216.239.272.336.352.363.371.
  372.394.444.549
11,14: 380
13,23: 259

Osee

3,3-5: 281.353.372
4,6: 339
5,2: 522
6,1-3: 66.161.364.473
10,12: 204
13,14: 466.473.505.549.580

Joel

1,1: 546
2,23: 204
2,32: 299
3,1 ff.: 111.120
3,4: 84.206

Amos

2,6: 76
4,1: 593
4,12: 64.204.364

Abdias

1: 204

Michäas

1,3: 336
3,8: 337
4,1-2: 272.278.336
4,14: 204
5,1-2: 66.79.141.161.204.216.
278.336.352.364.371

Habakuk

2,1: 204
2,3.8: 336
2,15: 549
3,2: 164
3,3: 204
3,4: 161.204.336
3,13.18: 239

Sophonias

3,4: 339
3,6: 113
3,9: 39.380
3,14-15: 204

Aggäus

2,7-8: 204

Zacharias

4,6: 337
5,7 ff.: 315.602
6,12: 39

9,9 ff.: 39.204.336
11,10-13: 336.444
12,8: 79
12,10-11: 161.549.560
13,3: 372
13,6-7: 161.336.372
14,9: 39
14,12.14: 102
14,21: 507

Malachias

1,10-11: 92.204.338.443
2,2: 338
2,3: 204.206
3,1: 204.336
3,4: 78
3,23: 352
4,5: 204

Neues Testament

Matthäusevangelium: 239.435

1,1-16: 539.602
1,22-23: 197.216.220.371
2,1-12: 216.439.615.621.631.632
3,3: 616
3,10: 525
3,13-17: 239.275
4,2: 240
4,7: 240
4,19: 550
5,3-10: 577
5,17: 123
5,39: 124
7,16: 340
8,1-4: 240
8,12: 227

667

1,39 ff.: 353
1,57 ff.: 563
2,1 ff.: 460
2,7: 395
2,21: 599
2,22-24: 461-462.554.556
2,36-38: 556
2,40: 520
2,41-50: 354.364.457.469.494.
495.534
4,38-39: 428-429
5,10: 412
6,20-26: 577
6,34-35: 318.396
7,11-17: 569
7,36-50: 569.587.612
10,29-37: 656
10,38: 115
11,27: 54
13,6-9: 68.523.525
14,23: 246
15,11-32: 100-101.106.175.227.
314.322.348.395
16,19-31: 211.588
17,34.35.: 606
19,1-10: 519.568.622
19,40-44: 166.298.448.497
21,6: 194
21,20-24: 105
22,1 ff.: 569
22,7 ff.: 459.569
22,51: 568
2,64: 201
22,70: 628
23,22: 628
23,28: 166
23,34: 141.212.213.263.386.602
23,36: 559

23,45: 472.489.516
24,13 ff.: 616

Johannesevangelium

1,1: 88
1,11: 226.395
1,29: 490
2,1-12: 609
2,13 ff.: 498.507.566
2,26: 566
2,18: 567
3,14-15: 465.467.472.477.481.
485.487.491.492.493.509.510.
513.538.548.560.562.574.598.
603
3,31: 581
4,22: 248.263
5,1 ff.: 354
5,43.88.355
7,38: 562
8,1-11: 439.658
8,25: 88
8,44: 106.170.288.445
8,59: 626
9,39: 299.355
10,16: 456
11: 622
11,1-46: 613.615.623
12,1 ff.: 587
13,33: 49
14,6: 541
18,1 ff.: 563
18,10: 624
18,38 ff.: 494
19,1-3: 546
19,15: 184.204.352.625
19,21-22: 549
19,24: 477

2. *Korintherbrief*

3: 468
3,12-14: 316
13,11: 644
13,13-16: 199.261.298.504.536.
   537.550.578.585

Galaterbrief

2,7-8: 454.455.456
3,10: 259
3,13: 299.548.581
4,21-31: 99.279.283.408.410.414

Epheserbrief

2,11-22: 454
5,32: 517
6,5-8: 313

Kolosserbrief

3,11: 81
3,22-25: 313

2. *Thessalonicherbrief*

2: 197

1. *Timotheusbrief*

1,4: 120
1,8: 60
4,4: 54
4,8: 402
6,1-2: 313.366-367

2. *Timotheusbrief*

2,25-26: 265

Hebräerbrief

6,19-20: 504
7,26 ff.: 503
9,3.25: 504
9,4: 564
11,28: 538

Jakobusbrief

1,17: 62
4,11: 259

1. *Petrusbrief*

2,9: 248

2. *Petrusbrief*

2,22: 46.151.246.349

Johannesapokalypse: 72.83.315

1,8: 506
2,3: 654
2,9 u. 3,9: 191.263.288.654
4,6-8: 454.468.477.586
5,4.5.12: 548
6-8: 468
18: 350
19,15: 580
20: 356.357
20,1-6: 357
22,1: 562

Apion: 20.21.155
Apollonios Molon: 20
Apostel s. Propheten
Apuleius: 20
Arianer, arianisch: 121.463-464
Aristoteles, aristotelisch: 51.88.112.127.128-129.130.135.201.234.242.
  243.377.383
'Arma contra Judaeos': 324
Arnold von Lübeck: 399.577
Aronius, J.: 638
Asaria, Z.: 261
auctoritas s. Ratio
Augsburg, Dom: 522
  Maximilianmuseum: 556
Augustinus, augustinisch, Ps.-Augustinus: 17.20.32.51.53.101.106.112.
  119.130.142.148.154.156.158-159.163.164.172.173.181.182.184.
  193. 194.239.262.265.269.274.293.294.299.311.316.317.321.323.
  350.369.370.374.375.382.391.392.405.415.442.445.468.473.474.
  479.537.576.580
Autun, Kathedrale St.-Lazare: 529
Auxerre, St.-Germain, Kathedralschatz: 469.527

Bacher, W.: 201
Baer, Y.: 131
'Bahir': 345
Balduin von Canterbury: 298-299
Baltimore
  Walters Art Gallery: 543
  Walters Art Gallery, Ms.W.29: 565
Bamberg, Dom: 628
  Staatliche Bibliothek, Ms.Lit.44: 588
Barcelona, Museo de Bellas Artes de Cataluña: 544
'Barnabasbrief': 492.564
Baron, S.W.: 12.350.355
Barral i Altet: 551.552
Bartholomäus von Exeter: 268-269
Basel, Univ.-Bibl., D III 14: 610
Basileios d.Gr.: 66
Bein, A.: 12

Beissel, St.: 493
Ben David s. Messias
Benjamin von Tudela: 243
Berg, D.: 329
Bergen (Mecklenburg), St.Marien: 607
Berghausen (Westfalen), Pfarrkirche: 621
Berlin
    Staatliche Museen, Inv.-Nr. 598: 469
    Staatliche Museen, Inv.-Nr. 589: 516
    Staatliche Museen, Skulpturenabteilung: 555
    Staatliche Museen, Kupferstichkabinett, Nr. 636: 658
    Staatliche Museen, Kupferstichkabinett, Ms.78 A 6: 655
    Staatsbibliothek, Theol.lat.Fol.192: 542
Bern, Burgerbibliothek, Cod.50: 462
Bernhard von Clairvaux: 15.116.117.133.141.168-178.179.180.193.
    195.227.230.359.382.405.423.438.473.536.610
Bernhard von Pavia: 398
Bernold von Konstanz: 34-35
Beschneidung: 56.58.66.81.101.104.124.136.138.140.146.147.151.
    159.161.203.211.215-216.226.229.235.272.277.279.282.283.323.
    373.386.434.599
    Beschneidung Christi: 541
Beschneidungsmesser s. Messer
Bestiarien s. Physiologus
Bethlehem: 216.272
    als allegorische Personifikation: 454.456
Bienert, W.: 12
Bild, Heiligenbilder, Bilderverehrung: 63.81.93.101.103.112.124.216.
    259.260.262.272.337.364.380
    Reliquien, Reliquienverehrung: 216
    Marienbild s. Maria
    Schändung eines Bildes s. Juden; vgl. Kreuz
Bloch, P.: 497
Blumenkranz, B.: 11.25.58 ff.84.258.264.323.480.508.524.568.616.
    645
Blut: 218
Bochum, St. Peter und Paul: 607.656
Böckchen, Bockskopf (als Symbol des alttestamentalischen Opferkults,
    Attribut der Synagoga): 314.574.583.602.606.627

Boëthius: 51.53.119
Bologna: 144.243
Bonifatius VIII., Papst: 15
Bonn
    Landesmuseum: 490
    Bonn-Schwarzrheindorf, Kirche: 566
Bordeaux, St.-Seurin: 610
Borst, A.: 257
Bourges, Kathedrale: 588
Bowman, St.B.: 17
Brandenburg, Domarchiv: 621
Bremer, N.: 479
Brombeerdornen s. Dornbusch
Browe, P.: 39.145.191.645
Bruno von Segni: 87
Brüssel
    Musées Royaux: 500.512
    Musées Royaux, Inv.-Nr.354: 542
    Musées Royaux, Inv.-Nr.1580: 557
    Bibliothèque Royale II. 1179: 518
    Bibliothèque Royale 3354 II: 570
    Bibliothèque Royale Ms.466: 626
'Buch des Turmes zum Ausschauen und Kämpfen': 159
Büchler, A.: 70
Burchard von Worms: 56.144.152
Byzanz, byzantinisch: 27
    byzantinischer Judeneid s. Judeneid

Calixtus II., Papst: 95-97.178.244.245.404
Cambridge
    Corpus Christi College, Ms.2: 532
    Fitzwilliam Museum, Ms.241: 607
    Pembroke College, Ms. 120: 555
    St. John's College, Ms. A.8: 518
Caritas s. Juden
(Julius) Cäsar: 47
Chalon-sur-Saône, Kathedrale: 619
Châlons-sur-Marne, St.-Etienne, Kathedralschatz: 567

Darmstadt
  Hessisches Landesmuseum: 508
  Landesbibliothek, Hs. 891: 654
Dasberg, L.: 21.174
'Das Jüdel': 393-394
Dathan und Abiram: 162.328-329.330
Davenham, Malvern (Devonshire), Dyson Perrins Library, Ms. 117: 573
David: 38.93.164.443.522.561.578.600.619
'De bona arbore et mala': 68.523
'De cecitate Judeorum': 440
'De Emmanuele': 218
'De fide sanctae Ecclesiae et de vocatione Synagogae ad fidem: 394
'De incarnatione contra Judaeos': 90
'De Judaeis et Sarracenis et eorum servis': 398
'De Judaeorum excaecatione': 298
'De quodam Judeo': 89
'De ratione qua oportet contra Judaeos respondere': 235
'Der Wilde Mann': 237-238
deuterosis: 120
'Dialogi in quibus impiae Judaeorum opiniones ... confutantur': 69
'Dialogus contra Judaeos ad corrigendum et perficiendum destinatus': 268
'Dialogus contra Judaeos Christiani et Judaei': 269
'Dialogus inter Christianum et Judaeum de fide catholica': 64.85
'Dialogus inter Philosophum, Judaeum et Christianum': 133
'Dialogus Judaei cum Christiano quodam caeco': 35
'Dialogus Petri cognomento Alphonsi ex Judaeo Christiani et Moysi Ju-
  daei': 69
Diehl, U.: 465.488.492.573.675.640
Dijon
  St.-Benigne: 558
  Bibliothèque municipale, Ms.14: 527
Diodor: 20
Dionysios bar Salibi: 214-217
'Disputatio contra incredulitatem Judeorum': 324.375
'Disputatio Judaei cum Christiano, Disputatio Judaei et Christiani': 51.
  58 ff.
'Disputatio contra Judaeos': 193.394
'Disputatio contra Judaeum Leonem nomine': 53.68
'Disputation gegen den Juden Symon': 434

Ephraim bar Jakob: 174.232
Ephräm: 214
'Epistola ad amicum': 436 ff.
'Epistula ad Hebreos': 439
Erbsünde: 55.85.91.210.213.335.386
Erfurter Judeneid s. Judeneid
Erlangen, Univ.-Bibl., Cod. 121: 593
'Esau und Jakob': 308
Escorial, Codex Vitrinas 17: 555
Essen, Stiftskirche: 512
Essig (und Galle), Essigkrug, Essigeimer: 104.272.472.483.487.496.
    514.516.559.562.567.576
Eugen III., Papst: 168.173.178-179.181.244.245.404
Eusebios: 194.239.373.448.452
Euthymios Zigabenos: 65-67
Eva s. Adam
Evangelistensymbole: 63.458.467-468.477.489.496.501.506.508.509.
    541.557.565.572.582.583.586.612; Tetramorph: 314.603
Ewiger Jude, Ahasver, Ahasverlegende: 174.419.579.600
'Excerpta ex libris beati Augustini infidelitati Judaeorum obviantia': 158-
    159
Exegese
– christologische Exegese: 37.38.62.92.103.164.201.205.211.216.221.
    223.351.375.440.444.473.539.573.575.590
– typologische und allegorische Exegese, Typologie: 24.61.71.86.106.
    115.175.223.239.269.277.279.314.323.337.544.549.550.560.562.
    571.576.578.580 ff.
– trinitarische Exegese, Testimonia Trinitatis, Trinität: 50.61.66.78.79.
    82.88.93.101.103 f.121.127.140.141.159.160.167.181.201.203.
    207.210.212.216.217.218.226.239.241.348.350.351.361.368.369.
    371.378.379.382.434.440.442.457.458.528.557.623
Exkommunikation, Kirchenbann, Kirchenstrafe: 56.96.150.217.218.244.
    245.249.250.252.253.254.306.312.320.378.388.390.392.396.397.
    401.404.405.407.409.412.415.416.418.419.421.423.427 und sonst;
    Anathema: 163
Externsteine: 530; vgl. Teutoburger Wald
Extra ecclesiam nulla salus: 112
Ezechias: 205.210.444
Ezechiel: 506.508.581

Fahnenlanze s. Speerfahne
Falk, Z.W.: 16
Feigenbaum: 68.88.240.521.523-525
Fillitz, H.: 472.478.493
Florenz
  Museo nazionale, Cat. Supino 1898, Nr. 32: 487
  Bibliotheca Mediceo-Laurenziana, Plut. XII, 17: 528
Florus von Lyon: 56
'Fortalicium fidei': 159
Frank, K.S.: 17
Frankfurt, Privatbesitz: 605
Franz, G.: 116
Frau, Weib, Tochter: 54.91.142.149.261.265.276.278; Nonnen: 134.
  196.225-233.246.313-316; vgl. Maria (Virginität); vgl. Josephus
  (Teknophagie der Maria)
Freckenhorst (Westfalen), Taufstein: 530
Freisen, J.: 150
Fremdgruppe s. Gruppe
Friedhof, jüdischer: 96.245.297.404
Friedman, L.M.: 26
Friedman, Y.: 180.186
Friedrich I. Barbarossa: 197.199.300-307.318
Friedrich II., Kaiser: 41.45.300.304 f.
Fuentidueña, Kloster San Martin: 526
Füglister, R.L.: 505
Fulda, Hessische Landesbibliothek, Cod. C. 1: 522.614

Gamaliel: 322-323
Gannat, Église Sainte Croix: 488.513
Gebweiler (Elsaß), St. Leodegar: 608
Gechasi: 329.330
'Gegen die Hebräer': 65
'Gegen die Juden': 50.214
Gelnhausen (Hessen), Marienkirche: 608
Gent, Univ.-Bibl., Ms.92:523
Gerhoh von Reichersberg: 173
Germania Judaica: 638
Gerresheim, Stiftskirche: 620
Geschichtsbeweis s. Jerusalem

Gesetz s. Tora

Gesetzestafeln, Doppeltafel des Gesetzes, Diptychon (als Attribut des Moses und der Synagoga): 228.456.515.522.535.536.537.538.550. 552.560.561.562.571.588.611.625; vgl. Tora

'Gesta Treverorum': 107-108

Gideon: 535.576.581

Gilbertus Crispinus: 31.53.58-65.68.85.86.87.238.258.361.435

Glas, Kristall: 86.111.364

Glassman, B.: 14

Gnesen (Gniezno), Dom und Domschatz: 544.574.575

Goez, W.: 265

Gögging (Niederbayern), St. Andreas: 622

Goldenes Kalb: 123.535.544.617.625.626

Goldschmidt, A.: 526

Gonfanon s. Speerfahne

Gottesknecht, Gottesknechtslieder: 39.80.207.444

Gottesmord s. Juden

Gottesurteil, Ordal: 42.302

Gottfried von Auxerre: 349

Gottfried von Viterbo: 360

Göttingen
Univ.-Bibl., Ms. 231: 467.493

Gratia s. Lex

Gratian: 144-154.243.297.305.311.317.321.366.390.391.398

Graus, Fr.: 176

Grayzel, S.: 95

Green, R.B.: 550

Gregor I., d.Gr.: 32.56.57.90.96.106.146.148.151.152.153.239.246. 247.255.284.294.309.317.322.367.368.391.398.407-408.411.413. 415.442.575

Gregor VII.: 41

Gregor IX.: 145.244.250.251.429

Gregor von Nyssa: 66

Gregor von Tours: 393.570

Greive, H.: 57

Griechen: 126

Grissian (Südtirol), Pfarrkirche: 657

Gruppe, Bevölkerungsgruppe, Fremdgruppe: 298.367.390.411.420.607; vgl. Juden

Gruppenmerkmal: 26.27
Gruppenpolemik, Gruppenhaß: 188.292.359
Gruppenvorurteil, Gruppenpsychologie, Gruppenemotionen: 18.19.21.
   22.29.116.117.169.175.190.191.211.213.235.258.290.292.293.318.
   377.628.638.644-645
Güdemann, M.: 245.402
Guibert von Nogent: 90-95
Guillaume de Bourges s. Wilhelm von Bourges

Haag, H.: 24.507.637.640
Habakuk: 164
Halberstadt
   Domschatz: 528
   Domschatz, Inv.-Nr. 36: 627
Haman, Hamanbild: 272.602
Hamann, R.: 472
Haymenon: 204
Hebräisch, hebräische Sprache, hebräische Bibel, hebräischer Wortlaut
   des AT, *hebraica veritas*: 36.53.109.119.126.134.145.156-157.160.
   161.162.180.184.186.202.213.218.219.222.234.269.274.311.349.
   362.425.430.441 ff.533.538.564.591.595.597.643
Hebräischlehrer des Hieronymus: 480-481
Heckel, R. von: 246
Hegel: 346
Hegesippus (Ps.-Ambrosius): 235
Hehlerrecht s. Juden
Heidelberg, Univ.-Bibl., Cod.Sal.X 16: 657
Heiliger Geist: 78.79.88.92.101.111.121.122.141.188.196.203.239.
   279.336.338.346.348.349.351.352.353.354.355.356.361.371.375.
   376.399.406.443.536.540.612.644
Heiligenbilder s. Bild
Heinemann, I.: 19.20.21
Heinrich IV., Kaiser: 32.33.34.40-49.190.193.300.304.305.340.344.
   403.411.426
Heinrich V., Kaiser: 41
Heinrich VI.; Kaiser: 318-319
Heinrich I., König von England: 70
Heinrich II., König von England: 249.253.297-298.325
Hekataios: 20

Helena s. Kreuzauffindungslegende
Heli s. Eli
Henoch: 81.136.198
Hermann, H.J.: 568.569
Hermann von Scheda: 100.142.237.256-267.337.347.387.393.440.442.
446
Herrad von Landsberg: 188.467.572.601-604.607
Heutger, M.: 641
Hieronymus: 37.57.62.109.119.134.145.156.182.210.212.221.222.
239.311.349.368.372.392.442.480.499.545.603; vgl. Vulgata
Hildebert von Lavardin: 110-111
Hildegard von Bingen: 225-231.587-588
Hildesheim
Dom St. Godehard, Bernwardstür: 532
Dom St. Godehard, Domschatz: 499.529
Hiob s. Job
Hirsch-Reich, B.: 346.348.351.353.355.356
Hiskia: 38.39.79.212
Hoheslied: 38.107.115.171.175.196.362.377.469.523.527.536.547.
552.564-566.590
Hölle: 314.517.524.538.561.571 f.604.607.610.641; vgl. Juden
Holtzmann, W.: 246.247.248.319
Honorius Augustodunensis: 114-116.523.537.564-566
Horaz: 169.180.337
Hortus conclusus (Hl 4,12): 581
Hosea: 466.471 ff.475.522
Hostienfrevel, Hostienwunder s. Juden
Hrabanus Maurus: 550
Hugo von St. Victor: 119-121.169.322
Huguccio: 391-393
Humanitas s. Juden
Hunger, H.: 270
Hunt, R.W.: 324.375.434-435

Ildefons von Toledo: 517
infideles: 50.51
infidelitas s. Juden
Inkarnation, Menschwerdung Gottes: 50.51.54.62.66.79.82.85.91.93.
103.108.110.111.159.160.162.201.204.205.208.211.212.213.214.

Joachim von Fiore: 345-358.438

Job, Hiob: 81.136.550.561.595

Joch, Ochsenjoch, Joch des Gesetzes: 564

Jochanan ben Zakkai: 75

Joel: 546

Johann ohne Land: 327.433-434

Johannes Baptista: 581

Johannes Beleth: 201-202

Johannes Chrysostomos: 45.66.67.180.294.516.638

Johannes von Damaskus: 66

Johannes von Faënza: 297

Johannes von Oppido, Obadja: 84

Johannes von Salisbury: 232-234

Johannes Teutonicus: 391

Jona: 522.550.558

Joseph, Sohn Jakobs: 278.443

Joseph, Mann Marias: 111.240.271.274-275.277.364.541.542.544.553.
554.555.556.581.599.600.606.610.615.654.658

Joseph von Arimathaia und Nikodemus: 27.343.530.531.532.533.555.
563.569.592

Joseph Bechor Schor: 222

Joseph ben Isaak Kimchi: 210-214

Joseph ben Simon Kara: 119

Josephus Flavius, Teknophagie der Jüdin Maria bei Josephus und in der
christlichen Ikonographie: 20.21.35.49-50.67.68.69.98.103.105.114.
154.155.166.167.182.185.194.195.215.233.234.235.237.331.332.
334.342.360.368.372.373.448.462.469.497 f.517 f.520-521.552.
557.604.609.614

Josia(s): 80.444

Josippon: 201

Josua ben Levi: 74.186

Josue: 463.559

Judaea, Judaea capta, Judaea-capta-Münzen: 447.450 ff.453.465.474.
479.482.498.512.646

Judaisieren von Christen: 53.173.219.222

Juden

- ihre (Christus-)Blindheit, die Blindheit der Synagoga: 25.67.82.86.87.
102.104.106.114.115.120.151.171.172.175.184.195.205.219.226.
229.230.263.268.280.286.298.299.315.354.355.370.374.376.386.

400.408.411.437.440.445.558.561.562.564.567.578.602.607.610.
613.616.625.627.640
- ihre Unwissenheit, Unkenntnis, Irrtum: 82.121.141.198.219.226.227.
230.244.280.285.297.355
- ihr Unglaube (*perfidia, infidelitas, incredulitas*): 52.76.86.87.104.
108.110.151.156.160.170.184.188.194.219.226.227.229.230.233.
234.252.263.265.286.287 f.315.321.324.339.347.375.394.396.399.
401.403.408.411.413.415.422.423.428.436 f.438.441.505.524.551
- ihr Aberglaube (*superstitio*), Irrglaube (*error*): 35.56.57.94.149.252.
259.260.262.265.288.339.364.392.406.408.419.535.638.421.428.
339.364.392.406.408.419.535.638
- werden zusammen mit den Ketzern genannt und ihnen mehr oder weniger gleichgestellt: 65.94.147.189.190.201.311.369.370.376.389.
394.395.602
- ihre Gottlosigkeit (*impietas, impius*): 20.67.189.194.273.288.393.445
- ihre Schlechtigkeit, Bosheit, Bösartigkeit: 189.190.280.289.290 f.296.
299.319.320.343.395.399.445.516.519 f.
- ihre Verlogenheit, ihre Lügen: 142.289.335.339.372
- ihr Neid, ihre Mißgunst (*invidia*) gegen Christus und die Christen: 80.
82.94.171.175.281.283.291.299.311.317.360.372.386.395.428
- ihr Haß und ihre Feindschaft gegen Christus, die Christen und die
christliche Wahrheit, ihre feindselige Aggressivität, ihr blasphemisches
Reden und Lästern: 87.102.106.108.124.182.184.185.188.189.236.
251.265.268.281.287.290.291.342.347.355.369.376.394.411.419.
424.470.487.549.590.645
- ihr Erwählungsbewußtsein, ihre (Erwählungs-)Arroganz, Überheblichkeit, Unverschämtheit: 33.67.87.103.123.125.132.137.139.142.171.
175.183.216.251.258.273.276.287.299.335.339.355.373.374.376.
378
- sie lachen über die (ihnen apologetisch nicht gewachsenen) Christen,
machen sich lustig über sie, verspotten sie: 51.54.156.202.206.217.
410.423.430.441.644
- sind Kreuziger Christi, Gottesmörder: 18.51.67.70.76.80.105.106.
114.121.138.141.161.184.188.190.195.198.206.212.233.236.251.
263.270.272.273.281.292.297.307.317.331.338.343.355.386.392 f.
395.409.413.415.419.437.520.544.573.594
- ihre Selbstverfluchung (Mt 27,25), Kollektivschuld, der auf ihnen la-
stende Fluch: 51.76.108.195.281.445.532.534.543.544.554.557.567.
569.607.619.629

– sie sind kein Gottesvolk mehr, sind verstoßen und verworfen, fallen der Verdammnis anheim: 36.82.87.93.101.105 f.116.162.172.185. 188.204.280.281.282.284.285.288 f.292.319.376.379.434.443.445. 514.517.523.524.527.547.579
– gerechte Strafe und vergeltende Rache (*ultio, ulcisci, vindicta*) für ihre Missetaten, Vergeltungsdenken der Christen: 35.38.46.49-50.137-138. 164.166.188.189.194.215.342.343 f.; vgl. 'Vindicta Salvatoris', Talion
– ihre Gefangenschaft (*captivitas*) und Knechtschaft (*servitus*) bei den Heidenvölkern (d.h. den Christen) seit dem Jahre 70, ihre 'Kammerknechtschaft': 15.20.43.45.47.64.67.69.75.76.77.98.99.102.103. 105.116.126.128.137.254.272.281.282 f.284 f.289.297.298.301. 304.305.306.326 f.351.363.369.372.373.408.409.410.413.415.417. 430.433.643; vgl. Jerusalem, Geschichtsbeweis
– ihr Schutz (*tuicio, defensio, patrocinium, protectio*) durch Landesherren, Päpste und kirchenrechtliche Regelungen: 41.45.46.47.58.95. 96.109-110.138.245.255.300.304.325 ff.404
– sie tragen keine Waffen, sind vom Kriegsdienst befreit: 58.127 ihre Heimatlosigkeit und Zerstreuung seit dem Jahre 70, ruheloses Umherirren auf der Erde, ihr Typus ist Kain: 37.93.98.99.102.105 f.113. 114.132.139.166.170.172.173.184.188.191.195.235.237.263.280. 281.282 f.284.299.316.338.408.419; vgl. Jerusalem
– sie sollten nicht christliche Sklaven oder (in ihrem Haushalt wohnendes und lebendes bzw. von ihnen abhängiges) christliches Dienstpersonal haben: 16.42.44.45.56.57.97.146.147.190.220.232.244.250.251. 252.253 f.389.390.392.396.397.398.413.415.574
– sie sollten nicht (als Vorgesetzte) Christen gegenüber Weisungsbefugnis haben, sollten nicht zum öffentlichen Dienst zugelassen werden bzw. sind aus ihm zu entfernen: 57.112.127.146.147.152.247.249. 312.313.389.390.395.417.426.643
– Christen sollten die Gemeinschaft mit ihnen meiden, sollten sie sozial isolieren: 14.57.58.60.148.150.319-321.388.391-392.398.405.407. 421.422.423.424.425.426.427
– sexuelle Beziehungen zu Juden und Mischehen sind abzulehnen: 16.24. 56.150.391
– Christen sollten nicht ärztliche Hilfe oder Medikamente von ihnen annehmen: 43.44.45.58.150.244.392.398
– ihre Gruppenmerkmale (Judenhut, Judenring, Physiognomie, Bart, Schläfenlocken): 24.26.388.423.424.425.428.446.467.470.480.487.

494.508.518 f.521.522.526.529.530 ff.535.573.615.617.618.619.
624.626.628.629 ff.641 ff. und sonst
– die Juden als Fremdgruppe, als Orientalen: 27.97.424.428.552.638;
vgl. Orient, Gruppe
– ihre Selbstabsonderung, Gegnerschaft gegen Nichtjuden: 20.21.140.
150; verschwören sich gegen Nichtjuden: 155
– sollten zufrieden sein, daß man sie überhaupt leben läßt: 138.182.369
– als vernunftlose Wesen begreifen sie nicht die Vernunftbeweise für die
Wahrheit der christlichen Religion, sie sind, als Wesen ohne *ratio,* mit
Tieren zu vergleichen, ja sie sind Tiere: 34.46.52.60.106.111.142.183.
184.185.186.189.203.211.224.226.236.241.258.259 f.262.268.269.
278.280.281.285.286.292-293.307.315.317.335.370.376.377.405.
414-415.417.433-434.525.588.602.609.611.644.646
– ihre mißratene Verkehrtheit (*perversitas*), krumme Mißgestalt, sie sind
abnorm, abartig, monströs, geistig nicht mehr normal: 93.94.189.291f.
339.375.376
– der Messias, auf den sie noch warten, ist der Antichrist; s. Messias
– ihr Verhältnis zu Teufeln und Dämonen, die Juden als Teufelssöhne
(vgl. auch s.v.Hölle): 32.34.89.94.97.106.175.188.189.190.226.229.
230.231.237.252.263.265.288 f.293.341.343.355.374.375.376.379.
396.440.486.571 f.581.604.610.612.654
– sie praktizieren Ritualmord an Nichtjuden bzw. Christen: 21.97.154.
155.376.411
– Hostienfrevel, Hostienwunder, Sakramentsschändung: 421.430 (vgl.
218.387.414.418.623)
– sie schänden Bilder Christi und Marias: 272.341.342.399.570
– sie sind schmutzig, unrein: 93.98.291
– ihr übler Geruch: 20.21.344
– sie sind ein Schandfleck der Menschheit: 283.292
– ihre Liebe zu irdischen Dingen, Sinnlichkeit, Wollust: 21.183.211.229.
278; vgl. 627
– ihr Reichtum, ihre Habgier, ihr Wucher, Ausbeutung der Christen: 93.
97.98.140.182.190.191.340.359.397.409.415.422.645; Geldbeutel
als ihr Attribut: 587.608.648
– ihr 'Hehlerprivileg', Hehlerrecht: 43.190.301.340.344.410.411
ihre beruflichen Tätigkeiten (Ärzte, Geldwechsler, Geldverleiher,
Händler usw.): 29.70.99.117.121.131.138.140.173.190.209.232.
256.261.265.297.298.301.305.327.344.390.409.411.433.480.487.
507.567.570.611

- christliche Toleranz, Caritas, Humanitas, Pietas, Brüderlichkeit ihnen
  gegenüber: 52.60.95.98.142.143.174.176.237.245.246.253.254.255.
  263.264.268.284.289.305.308-309.339.355.356.404.405.413.414.
  415.428.431.446
- Taufe, Zwangstaufe, Zwangsmission der Juden: 43.45.46.57.94.95.
  96.98.108.145.151.152.173.176.179.245.246.263.266.301.310.353.
  391.407 f.426 f.; Konfiskation des Vermögens der Getauften durch
  ihre jüdischen Verwandten: 42.44.46.247.253 f.255.301.303.312; vgl.
  Judenmission
- Rückfall getaufter Juden, Rückkehr ins Judentum: 34.39.57.98.146.
  149.151.231.246.310.367.402.406.426
- ihre Endbekehrung, eschatologische Konvergenz von Ecclesia und
  Synagoga: s. Kirche
- ihre Sammlung aus der Zerstreuung und Heimholung, Restitution in
  Israel: 55.77.82.118.130.170.183.338.352.374.380
- Jesus von Nazareth und das Christentum in jüdischer Sicht, antichrist-
  liche Argumentation und Apologetik: 14.55.59.60 ff.101 f.128.137 ff.
  168.201.203.204.205.210 ff.215.217.218.235 f.239 ff.258 f.262.
  275 ff.337 f.347 f.350 f.352.363 f.365.376.377 ff.386.444
  vgl. Hölle, Jerusalem
Judenbischof: 45.300
Judeneid, byzantinischer Judeneid: 42.148.162-163.302.328-331
  Erfurter Judeneid: 328-329
Judenhut s. konischer Judenhut, s. phrygische Mütze
Judenkarikatur: 551
Judenmission, Judenbekehrung: 44.51.52.58.59.60.81.82.86.87.93.106.
  108.116.149.151.152.158.159-161.165.170.176.181.187.204.205.
  215.225.234.256.257.261.263f.265.266.268.270.276.284.285.289.
  294.297.300.303.309.312.320.324.339.347.353.367.370.371.391.
  393.395.401 ff.406.412.416.421.425.426.434 f.438.440.445.446.
  460 f.470.486.533.577.593.639.644.656
  vgl. Kirche, Taufe, Karwoche
Judenring (*rota*): 428.446.635
Julian, Kaiser: 67
Jungfrauengeburt s. Maria
Justinus Martyr: 239.492.544
Justitia: 197

Kabbala: 78.83

Kain: 163.317.594.616.618.619.625; s. Juden

Kaiphas: 589

Kaiserchronik: 165-168

Kammerknechtschaft s. Juden

Kampling, R.: 658

Karl d. Gr.: 329

Karlsruhe
  Landesbibliothek: 615
  Landesbibliothek, Cod.Aug.perg.161: 515
  Landesbibliothek, Cod.St.Peter perg.7: 615

Karwoche, Karfreitag, Karfreitagsliturgie, Gebet für die Juden: 106.170.
  201-202.250.251.307.399.400.410.423.443

Kassel
  Landesbibliothek, Cod.theol.60: 492.509
  Landesbibliothek, Cod.theol.59: 545

'Kata Hebraiōn': 65

'Kata Judaiōn': 27

Katharer, Albigenser: 351.360.364.390.400.417.420.439.527.533

Katz, J.: 379

Kawerschen s. Lombarden

Kedrenos, Georgios: 35-36

Kelsos: 20.142

Keltertreter (vgl. auch Register zu Is 63,3): 526 f.580.595

Kirche: 38.170.174.321.380.405.408

– Kirche als wahres Israel: 18

– Ecclesia und Synagoga, Christen und Juden: 24.25.87-88.99.107.115.
  171.175.196.197-199.225.228-230.263.271.277.278.279.280 f.
  283 f.288 f.291.314.315.322 f.335.337.338.339.354.374.395.412.
  413.428 f.430.439.445.449.452 f.454.455.458.464.470 ff.476 ff.
  481 f.483 und sonst

– Endbekehrung der Juden, eschatologische Konvergenz von Ecclesia
  und Synagoga: 40.48.111.115.171.172.175.176.188.195.196.198.
  226.227.229.230.237.272.273.285.339.346.347.353.354.355.370.
  374.375.381.391.395.400.408.412.468-469.536.540.543.551.552.
  557.559.561.565.604

Kirchenbann, Kirchenstrafe s. Exkommunikation

Kirkisani: 201

Kirschbaum, E.: 465

3. Toledo (589): 426
4. Toledo (633): 407
Vannes (461/492): 44.388
Westminster (1173): 220
vgl. Odo von Sully (S. 387-388)
Kopenhagen
Nationalmuseum: 514.615
Nationalmuseum, Inv.-Nr. 12531: 613
Königliche Bibliothek, Ms. Thott 143: 545
Korach: 73.163.187.593
Koran s. Islam
Kosmas von Prag: 97-99
Kranz, Siegeskranz, Siegeskrone, *corona triumphalis*: 464.480.487.501.
503.511.513
Kremsmünster, Stift: 546
Kreuz, Kreuzesholz, Kruzifix, Kruzifixus, Kreuzigung: 81.91.93.216.
259.278.280.337.339.364.367.369.410.470.476.481.482.483.484.
487 und passim
Schändung eines Christusbildes s. Juden
Kreuzauffindungslegende, Helena und die Juden: 460-461.561.583
Kreuzesmystik: 506
Kreuzzüge, Kreuzfahrer, Judenverfolgungen während der Kreuzzüge: 29-
32.33.34-35.39.43.45.46.57.69.84.95.97.108.109.112.118.134.140.
151.152.168 f.169.171.178.179.180 f.182.190.197.217.231.261.
263.295.297.306.308.310.318.325.359.372.401.406.412.421.427.
524
Wendenkreuzzüge: 173.176
Kriegsfahne s. Speerfahne
Kristall s. Glas
Krone s. Kranz
Krücke, A.: 504
Kühner, H.: 174
Kundschaftertraube (s. auch Register zu Nm 13,23): 584.592.619.625
Künstle, K.: 539
Kyrillos von Alexandrien: 474

Lambert von St.Omer: 67.501.517.522.523-525.527.561.572
Lamm s. Passahfest
Landfrieden s. Reichsfrieden

Longinus und Stephaton (Speerträger und Schwammhalter bei der Kreu-
zigung): 462 f.467.472.477.481.482.483 f.485.487.495 f.514.516.
519.527.542.547.558.567.574.579.580.586.587.596.603.605.612.
623
Lortz, J.: 257
Lot: 136.194
Lotter, Fr.: 57.153.176
Löwe: 72.186.466.467
Lucas, L.: 89
'Ludus de Antichristo': 196-200
Ludwig d. Fromme, Kaiser: 41.43.182
Ludwig VII., König von Frankreich: 168.178.180 f.182.190.231-232.
255
Lurker, M.: 476
Luther: 12.37.70.191.285.356
    Reformation, Reformationszeit: 508.522.641
Leiden, Univ.-Bibl., Cod. 363 C: 547

magi ab oriente s. Dreikönige
Maier, J.: 18
Mailand: 457
    Domschatz: 457
Maimonides: 128.377-385
Mainz: 36.45.46.47.169.257.261
Manitius, M.: 35.339
Manna: 86.123.278.330.343.626
Marbod von Rennes: 89.612
Marī ibn Sulaimān: 159
Maria, Marias Virginität, Jungfrauengeburt: 50.54.62.66.70.79.86.91.92.
    110.111.115.122.167.172.186.187.196.201.204.212.219.235.239.
    240.248.271.296.324.335.337.338.350.364.371.393.394.411.434.
    440.443.444.460.462 und sonst
    Marienlegenden: 340 ff.
    Marienbild, wundertätiges: 342.393
Martial: 21
Martin von León: 274.295.638.644
Máthé, P.: 174
Mayer, G.: 501
Melchisedech: 136.215.558.560.561.575.625

696

Mellinkoff, R.: 505
Merseburg, Dom: 594.617
Messer: 497
  Beschneidungsmesser, Opfermesser (Attribut der Synagoga): 228.314.
  478.479.482.505.541.586.588.602.606
  Messer zum Zurechtschneiden der Schreibfeder: 518
Messerer, W.: 472
Messias und messianische Hoffnung der Juden: 39.61.62.77.79.80.82.
  84.86.87.92.93.102.112.120.128.131.161.182.183.187.204.205.
  223.236.239.270.277.315.318.335.337.338.350.362.363.372.377.
  378.380.386.430.442 f.
  der Messias, auf den die Juden warten, ist der Antichrist: 88.93.106.
  124.183.191.198.288.289.338.353.354.355.374.375.440
  die Juden sind Söhne des Antichrist: 445
  Messias ben David: 77.127.335
Metz
  Museum, Inv.-Nr. 3550: 495
  Bibliothèque municipale, Ms. 1169: 622
Michael Glykas: 234-236
Michael I., der Syrer: 331
Michaelbeuern, Walterbibel: 559
Minim: 36.37.122.210.221.260
Misericordia: 197
Mithraskult: 542.630
mitra s. phrygische Mütze
Mittelfränkische Reimbibel: 68-69
Mohammed s. Islam
Molsdorf, W.: 543
Mönchengladbach, St.Vitus: 560
Monreale, Dom: 597
Montalcino, Biblioteca communale, Cod. s.s.B.II: 547
Monte Cassino, Ms. 132: 500
Montpellier, Fac.de Médecine, Ms.399: 623
'Morant und Galie': 344-345
Mors-Vita, Tod-Leben: 503.505.511.514 f.560.576.580
Moschee s. Islam
Moses: 60.67.74.75.79.81.105.111.123.128.162.164.182.187.227.228.
  229.236.261.271.272.278.329.342.352.353.369.373.378.382.423.
  443.458.463.467 f.472.486.499.522.531.532.533.535.537.540.546.

Nonnen s. Frau
Norwich: 154.359
Nowgorod, Sophienkirche: 553
Nürnberg
    Germanisches Nationalmuseum: 544
    Germanisches Nationalmuseum, Cod.AG 50: 507
    Germanisches Nationalmuseum, Mm 173 kl.F: 656

Obadja s. Johannes von Oppido
Odo von Cambrai: 51.53-55.68
Odo von Ourscamp: 217.388
Odo von Sully: 218.387-388
Oepke, A.: 25.454.496.584.585
Okzident s. Orient
Opfermesser s. Messer
Opherdicke, Pfarrkirche: 656
'Opusculum de conversione sua': 256 ff.
Oracula Sibyllina s. Sibyllinische Dichtung
Ordericus Vitalis: 116.154
Ordo prophetarum s. Prophetenspiel
Orient, Orientale, orientalisch, Orient und Okzident: 26.27.29.446.450.
    462 f.467.482.498.501.507.512.527.528.552.570.603.605.611.624.
    626.629-635.642.646.656.658
Origenes: 19.20.142.392.509.510
Orleans: 321
Osterfest, Osterlamm s. Passahfest
Otto von Freising: 193-196
Ovid: 169.180
Oxford
    Corpus Christi College, Ms. 157: 550
    Bodleian Library, Ms. Ashmole 1511: 618
    Bodleian Library, Ms. Gough, Liturg.2: 609.617
    Bodleian Library, Ms. Auct.D.1.13: 655

Pakter, W.J.: 16.43.57
Palermo, Cappella Palatina: 568
Palme, Palmwedel: 450.451.498.501.512.536.568.586.605.634.646
Paradies, Paradiestür, Paradiesflüsse: 74.122.209.499.517.572.577

'Quaestiones ad decipiendum tam haereticos quam Judaeos': 394
Quedlinburg, Stiftskirche: 620
Quintilian: 20
Quodvultdeus: 182

Rabbinische Literatur s. Talmud
Rache s. Juden
Rachel: 81
Raddatz, A.: 25.466.472.475.479.483.495.496.641
Rademacher, Fr.: 490
Radulf, monachus: 169.170.174.175.195
Radulfus de Diceto: 358-359
Raimund Martini: 82.190.353
Raschi: 36-40.109.119.168.203.222.337.442
Rassismus, rassistisch, Vorbehalte gegen getaufte Juden wegen ihrer Herkunft: 116.147.150.174.248.265.399.430.641.646
Ratio (*ratio*), Vernunftschlüsse, Verstandes- und Vernunftbeweis, Vernunft- und Schriftbeweis (*ratio et auctoritas, ratio et scriptura*): 50.51.
52.54.55.59.60.62.71.72.73.82.85.89.90.93.100.121.122.123.124.
127.130.134.135.142.160.162.184.191.205.206.207.208.213.224.
230.234.236.258.260.262.265.266.275.276.278.280.292-293.305.
360 f.363.364.365.368.370.371.377 f.386.398.425.434.435.437.
438.503.641.644.646
rationalistisch, rationalistische Kritik: 168.201.206.240.243.383
Ravenna
  S. Vitale: 457
  S. Apollinare Nuovo: 634
Rebekka: 81.187.394.491
Rechtfertigung, gerechtfertigt, Gott wohlgefällig: 55.102.104.136.137.
175.211.215.226.277.560
Reformationszeit s. Luther
Regensburg: 46.99.114.304 f.
Regino von Prüm: 56
Rehabeam: 221
Reichenau-Niederzell, Stiftskirche: 540
Reichsfrieden, Landfrieden: 47.304
Religionsgespräch, Religionsdisputation, Glaubensgespräch: 58 ff.100.
121 ff.167.180.202.223-224.258 ff.270.323 f.339.369.388.436.442.
469.533

öffentliche Religionsgespräche: 290
Trialog: 135.223-224
Reliquien, Reliquienverehrung s. Bild
Remigius von Auxerre: 522
Revel-Neher, E.: 641
Rich, A.: 26.448.512
Richard I. Löwenherz: 324-328
Richard von Cluny: 108 f.
Richard von St.Victor: 218-220.222.262
Ritualmord s. Juden
Robert de Boron: 343-344
Rom: 95.96.178.242.244.333
    Roma (allegorische Personifikation): 453.471 ff.478.479
    Forum Romanum: 447
    S. Paolo fuori le mura: 468.480
    S. Maria Maggiore: 456
    S. Pudenziana: 453
    S. Sabina: 455
    Musei Vaticani, Inv.-Nr. 2290: 452
    Bibliotheca apostolica Vaticana, Vat.gr.669: 469
Römisches Recht, Codex Theodosianus, Codex Justinianus: 43.44.56.57.
    96.144.152.153.179.243.244.247.248.250.254.255.303.305.317.
    322.329.367.389.397.408.426.429
Rosenzweig, Fr.: 356
Rosheim (Elsaß), St.Peter und Paul: 608
Rossano, Erzbischöfliches Museum: 458.493
rota s. Judenring
Roth, C.: 388.500
Rouen: 33.94.310.319 f.
Rubens, A.: 547
Rückfall getaufter Juden s. Juden
Rufinus, der Kanonist: 297.311.366
Rupert von Deutz: 100-107.237.238.257.258 ff.266.315

Saadja ben Joseph: 71.77.83.238
Sabbat, Sabbatjahr, Sabbatruhe: 20.81.90.104.126.159.203.235.240.
    273.279.352.373.434.443
Sabrīschōʾibn Fūlus: 323-324
Sachs, H.: 26

Teufel s. Juden; vgl. Hölle
Teutoburger Wald (Horn bei Detmold), Externsteine: 530
Theophanes von Nikaia: 50
Theophilus (-Legende): 89.341.612
Theophylaktos von Achrida: 49-50
Thoma, Cl.: 18.131
Thomas von Aquin: 172.383
Thomas von Monmouth: 154.571
tiara phrygia s. phrygische Mütze
Tiberius, Kaiser: 165.373
Tiflis, Museum: 493
Titulus: 464.467.477.482.485.488.489.500
Titus, Vespasian: 68.75.76.79.98.99.105.113-114.165 f.195.204.205.
    237.272.307.332 f.338.342.343 f.360.372.444.445.450 ff.460.469.
    474.497.520.595.614
    Titusbogen in Rom: 447-449
Tobias: 354.550.595
Toledo: 341
Toleranz: 130; s. Juden
Tonger(e)n, Notre Dame, Domschatz: 510.583
Tora, Gesetz, Gesetzesrolle (*rotulus*): 60.76.77.81.86.101.102.103.104.
    112.123.125.132.136.137.142.159.175.187.201.203.207.210.211.
    214.215.216.230.235.239.240.243.244.259.272.277.279.323.326.
    330.335.346.352.361.362.369.373.377.378.379.380.382.383.386.
    392.435.443.458.504 f.560.571
    Toraschrein-Vorhang: 504; vgl. Gesetzestafeln
Tournai
    Notre Dame, Kirchenschatz: 489
    Museum: 498
'Tractatus adversus Judaeum': 202-206
'Tractatus sive dialogus ... contra Judaeos': 334
Transsubstantiationslehre: 430
Trialog s. Religionsgespräch
Trichterhut s. konischer Hut
Trier
    Domschatz, Cod. 141: 480.584
    Domschatz, Cod. 142: 589.605
    Stadtbibliothek, Ms. 24: 494
    Stadtbibliothek, Ms. 31: 654

Weigert, H.: 581
Weihnachtsspiel, Benediktbeurer: 197
Wein: 43.44.139.217-218
Weis, A.: 115.466
Weltalter, Weltzeiten: 112.115
Weltgerichtsdarstellung (s. auch Register zu Mt 25,31-46): 314
westgotische Judengesetzgebung: 110.112.118
Westminster: 58.59
Wibiral, N.: 476
Wien
    Diözesanmuseum, Inv.-Nr. L 3: 591
    Kunsthistorisches Museum: 453.571
    Österreichische Nationalbibliothek, Cod. 741: 590
    Österreichische Nationalbibliothek, Cod. 1244: 568
    Österreichische Nationalbibliothek, Cod. Lat. 942: 564
    Österreichische Nationalbibliothek, Cod. Series nova 2700: 563
    Österreichische Nationalbibliothek, Cod. Series nova 2701: 535
Wiesbaden
    Landesbibliothek, Cod. 1: 587
    Museum (Samml.Nass.Altert.), Inv.-Nr. 11030: 587
Wilhelm II. Rufus: 33
Wilhelm von Bourges, Guillaume de B.: 23.428.436.439-446
Wilhelm von Champeaux: 64.85-87.169
Wilhelm von Malmesbury: 32.33
Wilhelm von Newburgh: 298
Williams, A.L.: 11.74.191.203.638
Williram: 196
Winchester, Cathedral Library: 573
Winter: 227.542
Witwe von Sarepta (s. auch Register zu 1 Kg 17,12): 547.550.562.576.
    582.584.595.597
Wolfenbüttel, Herzogliche Bibliothek, Cod. Helmst. 568: 625
Worms: 34.36.41.45.46.261.265.300 ff.411
Würzburg, Univ.-Bibl., M.p.th.q.50: 655

Xanten, Domschatz: 553

'Ysagoge in theologiam': 159-162
Ysopzweig: 511.536

Nachwort zur 2. Auflage

Die Neuauflage dieses 1988 in erster Auflage erschienenen Bandes erforderte keine inhaltlichen Änderungen. Dagegen schien es sinnvoll, innerhalb der *Addenda et Corrigenda* und der *Nachträge* den seither aus neuen beziehungsweise nachträglich ermittelten Bild- und Textquellen resultierenden Kenntniszuwachs zu registrieren. Dahin gehört auch neue teils weit gestreute Sekundärliteratur; denn die in unserem Werk erörterten Texte und Bilder betreffen theologische, judaistische und kunstgeschichtliche Themen, die heute vielfach interdisziplinär untersucht werden, so daß unter Umständen auch scheinbar entlegene Dinge Beachtung verdienen. Das gilt etwa für Faksimile-Ausgaben mittelalterlicher Bilderhandschriften, die neuerdings zahlreicher erscheinen, deren hohes Informationspotential aber erst wenig genutzt wird.

So ist bislang die umfangreiche mittelalterliche christliche Ikonographie des Judenthemas noch kaum untersucht, weder als solche noch im Hinblick auf die Auslegungsgeschichte des Alten und Neuen Testaments noch in Bezug auf die Geschichte der Juden im christlichen Europa. Nicht zuletzt ist der gegenwärtige Kenntnisstand betreffend die mittelalterliche jüdische Sondertracht (Judenhut, Judenring usw.) mehr als dürftig, obwohl sie als unterscheidendes Gruppenmerkmal große sozialgeschichtliche Bedeutung hat. Zwar wird gelegentlich festgestellt, daß der Spitzhut der europäischen Juden schon vor dem 4. Laterankonzil des Jahres 1215 getragen wurde (A. Rubens, A History of Jewish Costume, London 1981, 92; ebd. S. 80: "the distinctive Jewish hat imported from the Orient probably came into use at an early date"; vgl. Germania Judaica II 1, Tübingen 1968, p. XXXI), doch sind solche Feststellungen eher die Ausnahme und bleiben vage. Es dominiert weiterhin die irrige Auffassung, die Juden Europas seien erst seit 1215 durch den spitzen Judenhut gekennzeichnet gewesen (z.B. H. Sachs [u.a.], Erklärendes Wörterbuch zur christlichen Kunst, Hanau [1983], 202; vgl. J. Seibert, Lexikon christlicher Kunst, Freiburg 1987, 168: "Der spitze 'Judenhut' kennzeichnet Juden seit dem 13. Jh."); G. Kisch, Ausgew. Schriften, Sigmaringen 1979, 117, spricht von "the assumption, universally accepted among scholars, that the mediaeval era knew of no specifically Jewish attire prior to 1215". Ja, Rubens (a.a.O., S. 30-31) schließt sogar aus dem Vorkommen von Spitzhüten im China des 7.-10. Jh., daß es sich da um Juden handele. In Wahrheit ging der Einfluß der Tracht aus dem (klein-) asiatischen Raum in Richtung Europa, nicht umgekehrt von Westen nach Osten.

In diesen wichtigen Fragen Klarheit zu schaffen, war eine der Aufgaben des Ikonographie-Teils unserer Arbeit (S. 447-635). Es zeigte sich, daß die Juden Europas schon Jahrhunderte *vor* 1215 orientalische Tracht trugen. Der Forderung des 4. Laterankonzils, daß Muslime und Juden auf der einen Seite von den Christen auf der anderen Seite unterscheidbar bleiben sollten, konnte durch Beibehaltung der herkömmlichen orientalischen Tracht entsprochen werden oder durch die Einführung neuer unterscheidender Abzeichen. Die auffälligsten Formen der traditionellen Tracht sind offensichtlich der konische Hut (Trichterhut) und die phrygische Mütze. Beide gelten in der christlichen Kunst der Antike und des Frühmittelalters als Symbol und ikonographische Chiffre des Orients, nicht nur die Phrygiermütze, wie J. Seibert annimmt (a.a.O., S. 149). Dann wird aber der Schluß unausweichlich, daß die Juden des Okzidents durch ihre Tracht als aus dem Orient zugewanderte nichtchristliche Fremdgruppe bereits über lange Zeiträume hin als solche erkennbar waren, bevor Innozenz III. im 4. Lateranum normierend tätig wurde.

Die ikonographischen Nachträge am Ende dieses Bandes sollen den Sachverhalt weiter klären helfen. Da bekannt ist, daß die christliche mittelalterliche Kunst alt- und neutestamentliche Szenen und Themen zumeist aktualisierend im Milieu und Ambiente der eigenen Zeit beschreibt, ist damit zu rechnen, daß etwa die Judenhüte der Pharisäer und Schriftgelehrten in der Regel die Tracht reflektieren, der die Miniatoren tagtäglich auf den Straßen und Plätzen der Städte ansichtig wurden. Diese Vermutung wird dadurch bestätigt, daß bereits der vorläufige ikonographische Befund erlaubt, bestimmte Judenhutformen bestimmten Regionen zuzuweisen, zum Beispiel dem bayerisch-schwäbischen Raum (kuppel- oder glockenförmig, mit breiter, schräg abfallender Krempe), England (wie die Schale einer Halbkugel, mit kürzerem oder längerem Stift) oder Frankreich (hier wird, allerdings erst im 13.-14. Jh., neben dem konischen Hut die phrygische Mütze zur dominierenden Form). So ist es jetzt vielleicht möglich, eine Art Verteilungsraster der regionalen okzidentalen Judenhutformen der Zeit vor 1215 zu erstellen.

Freilich geben unsere Bilder keinen rechten Aufschluß für die Frage, wie die Situation im islamischen Raum war. Zwar wissen wir, daß Kalif

Omar im Jahre 634 aus ähnlichen Gründen wie später das (davon möglicherweise inspirierte) 4. Laterankonzil anordnete, daß alle Nichtmuslime sich von den Rechtgläubigen unterscheiden sollten: Durch einen Gürtel, eine Kopfbinde und eine Naht auf dem Oberkleid beziehungsweise auf den Schultern, die bei den Juden gelb, bei den Christen blau sein sollte (so bereits F. Singermann, Über Juden-Abzeichen, Berlin 1915, 9). Muslime trugen überwiegend einen weißen Turban, das heißt eine Filz- oder Tuchkappe, mit weißem Musselin oder mit Seide drapiert. So kann man vermuten, daß Nichtmuslime vor allem an einer der im Orient überhaupt verbreiteten Kopfbedeckungen erkennbar waren. Grundformen: kalottenförmige, halbkugelige oder konische Kappe; konischer Hut, dessen oberer Teil je nach der Konsistenz des verwendeten Stoffes durch eine nach vorn geneigte konkave Zipfelung zur phrygischen Mütze wurde. Auch das Material war dabei also von gewisser Bedeutung; denn formbeständige Formen mußten aus Filz oder filzähnlichem Tuch sein. Bezeichnenderweise begegnet im europäischen Mittelalter das lateinische Wort für Filzkappe, Filzmütze *(pileus)* auch als Terminus technicus für den Judenhut *(pileus cornutus)*. So weist eigentlich alles darauf hin, daß die von uns in den Bildquellen der Zeit vor 1215 belegten Judenhutformen die Weiterführung oder Weiterentwicklung einer orientalischen Tracht sind, welche die über Nordafrika oder Byzanz einwandernden Juden als Traditionselement mitbrachten.

Münster, im Februar 1991   H. Schreckenberg

Addenda et Corrigenda

7,	28	Weltliches Judenrecht
35,	17	*Zum Dialogus Judei cum Christiano quodam ceco* siehe auch Kosch III (1971) 152-153.
49,	24	*Adde* W. Pakter, Medieval Canon Law and the Jews, Ebelsbach 1988, 103-104. 170 ff.; D. Willoweit, in: Geschichte und Kultur des Judentums, hg. von K. Müller u. K. Wittstadt, Würzburg 1988, 71-89, S. 74 ff.
55,	38	*Adde* A. B. Sapir Abulafia, in: Theoretische Geschiedenis 16, 1989, 383-391.
56,	7	*Adde* Vgl. L. Waldmüller, Die Synoden in Dalmatien, Kroatien und Ungarn, Paderborn 1987, 125-130.
58,	18	*Adde* Pakter 1988, 100. 105-107.
64,	29	*Adde* G. R. Evans – A. S. Abulafia (edd.), The Works of Gilbert Crispin Abbot of Westminster, Oxford 1986
67,	33-34	Diese umfangreiche Sammlung (ed. E. I. Strube – A. Derolez, 1968).
85,	15	*Adde* A. Scheiber, Geniza Studies, Hildesheim 1981, 453-476.
89,	7	*Adde* R. Grégoire, Bruno de Segni, Spoleto 1965, 338-341.
95,	2	*Adde* LMA IV, 8 (1989) 1768-1769; A. B. Sapir Abulafia, a.a.O. 1989, 383-391.
97,	14	*Adde* S. Simonsohn, The Apostolic See and the Jews. Documents: 492-1404, Toronto 1988, 44.
117,	16	*Adde* M. Stroll, The Jewish Pope. Ideology and Politics in the Papal Schism of 1130, Leiden 1987.
133,	32	*Adde* Jehuda Halevi. Der Kusari hebräisch-deutsch. Einleitung und revidierte Übersetzung von David Cassel 1853, Zürich 1989; J. Maier, in: Lex et Sacramentum im Mittelalter, hg. von P. Wilpert, Berlin 1969, 65-83, S. 72-74; L. Bodoff, in: Judaism 38, 2 (1989) 174-184.
154,	10	*Adde* Pakter 1988, 47-48. 108-110; LMA IV, 8 (1989) 1658.

155-156		*Adde* Papst Lucius II. (12.3.1144 - 15.2.1145), Brief an den Bischof von Rimini vom 21.5.1144, in dem u.a. von Juden stammende Einnahmen der Kirche von Rimini erwähnt werden (Simonsohn 1988, 45-46).
165,	3	Zum Prophetenspiel *(Ordo prophetarum)* siehe Kosch XI (1988) 698-699.
168		Hier ist eine im 12. Jh. entstandene hebräische Abhandlung gegen das Christentum nachzutragen, von der ein Fragment erhalten ist (übersetzt und untersucht von N. R. M. de Lange, Journal of Jewish Studies 41, 1990, 92-100). Darin wird u.a. gegen die Göttlichkeit Christi und die Inkarnation argumentiert.
178,	5	*Adde* D. L. Lowell, Bernard of Clairvaux, Diss. Arlington (Univ. of Texas) 1989.
179,	19	*Adde* Simonsohn 1988, 47.
192,	1	*Adde* CChr, Cont. med. 83.
192,	5	*Adde* L. Hagemann, in: Orientalische Kultur und europäisches Mittelalter, hg. von A. Zimmermann u. I. Craemer-Ruegenberg. Berlin 1985, 45-58, S. 48-50.55; J. P. Torrell, Les Juifs dans l'oeuvre de Pierre le Vénerable, Cahiers de Civilisation médiévale 30, 1987, 331-346.
193		*Adde* Papst Anastasius IV. (8.7.1153-3.12.1154), Bestätigung der Privilegien für die Kirche in Arles, einschließlich der Jurisdiktion über die Juden, in einem Schreiben vom 26.12.1153 (Simonsohn 1988, 48-49).
214,	25	*Adde* Fr. Talmage, in: Freiburger Rundbrief XXX, Nr. 113-116, S. 212-216; H. Trautner Kroman, in: Temenos (Helsinki) 20, 1984, 52-65, S. 57-58.
217,	11	*Adde* B. Keryo, Denys Bar Salibi (+ 1171) *Traité contra Judaeos,* Diss. Paris (Sorbonne) 1985 (Einleitung, französ. Übers., Anmerkungen).
220,	3	*Adde* Trois opuscules spirituels de Richard de St. Victor, ed. J. Châtillon, Paris 1986.
220,	17	*Adde* J. W. M. van Zwieten, in: Bijdragen 48, 1987, 327-335 (zur jüd. u. christl. Exegese von Is 7, 14 in *De Emmanuele).*
231,	22	*Adde* A. Führkötter (Hg.), Kosmos und Mensch aus der Sicht Hildegards von Bingen, Trier 1987.

256,	5	*Adde* Simonsohn 1988, 50-62; Geschichte der ökumenischen Konzilien, hg. von G. Dumeige u. H. Bacht, VI, Mainz 1970 (dt. Übers.).
256,	28	*Adde* Pakter 1988, 49-51. 173-176.
267,	42	*Adde* A. Saltman, in: Revue des études juives 147, 1988, 31-56 (bestreitet die Echtheit des *Opusculum de conversione sua* und hält es für eine fiktive christliche Erbauungsschrift; nicht überzeugend).
295		*Adde* Papst Lucius III. (1.9.1181-25.11.1185). Erwähnenswert sind zwei Schreiben betreffend eine zur Kirche umgewidmete Synagoge in Étampes (Simonsohn 1988, 63-64).
308,	34	1879, 874
308,	35	Nr. 16577; der lat. Text jetzt bei Simonsohn 1988, 66)
309,	4	Nr. 16595; der lat. Text jetzt bei Simonsohn 1988, 65)
313,	16	*Adde* Pakter 1988, 110 ff.; DMA X (1988) 545-546.
322,	12	*Adde* Simonsohn 1988, 66-70.
322,	19	Pakter 1988, 58 ff.
340,	29	*Adde* DMA XII (1989) 531-532.
368,	13	*Adde* DMA XI (1988) 481.
377,	21	*Adde* M. Markowski, Peter of Blois, Writer and Reformer, Diss. Syracuse Univ. 1988.
383,	35	*Adde* Die Hilchoth Teschubah. Die Hilchoth Deoth. Hg. u. übers. von B. Jacobson, Zürich 1988 (Reprint).
385,	37	*Adde* Fr. Niewöhner, Maimonides, Wolfenbüttel 1988.
388,	39	*Adde* P. Johannek, in: Proceedings of the VIIth Intern. Congr. of Medieval Canon Law, ed. P. Linehan, Rom 1988, 327-347.
393,	11	*Adde* Pakter 1988, 51 ff. 113 ff. 176-178.
394,	24	Léon
422,	30	feindlich
426,	24	den neuen in vollkommener Weise anzuziehen
431,	16	*Adde* Simonsohn 1988, 71-100. Geschichte der ökum. Konz., hg. von G. Dumeige u. H. Bacht, VI, Mainz 1970 (dt. Übers.).
433,	5	*Adde* Pakter 1988, 58 ff. 292 f.
462,	27	Josèphe

478,	35	1977, 14-15; zum *globus* als Herrschaftszeichen vgl. D. Chapeauroux, Einführung in die Geschichte der christlichen Symbole, Darmstadt 1987, 59-61.
521,	6	den Feldherren beziehungsweise Kaisern
523,	21-22	eine umfangreiche Sammlung (ed. E. I. Strube - A. Derolez, 1968).
541,	23	um 1162
569,	35-36	Zwiefalten vor 1140 entstandenen
600,	30	*Adde* A. J. van Run, in: Nederlands Kunsthistorisch Jaarboek 38, 1987, 292-301 (nicht überzeugend).
651,	35	*Adde* W. Pakter, Medieval Canon Law and the Jews, Ebelsbach 1988
682,	26	Cod. C 1 : 614
689,	19	- ihre Heimatlosigkeit
692,	10	161 : 519
695,	38	Cotton Nero C IV
704,	35	*Adde* 178
49,	24	*Adde* Vgl. K. Lohrmann, Judenrecht und Judenpolitik im mittelalterlichen Österreich, Köln 1990, 14. 23ff. 154
307,	12	*Adde* Vgl. Lohrmann, a.a.O., S. 23. 32 ff.

Nachträge zur Ikonographie des Judenthemas

(abgeschlossen im Februar 1991)

1.- Der konische Hut sowie die dem Typus der phrygischen Mütze entsprechenden Kopfbedeckungen sind auch in der Ikonographie des 10.-12. Jh. verbreitet, um die drei Weisen aus dem Morgenland (vgl. Mt 2, 1 ff.) als Orientalen zu kennzeichnen. Einige charakteristische Beispiele auch bei C. Nordenfalk, in: The Burlington Magazine 130, 1 (1988) 4-9, S. 7, Fig. 7-8; L'arte nell medioevo. Dalle catacombi alle cathedrali romaniche, 2 Bde., Milano 1964 (=Conosci l'Italia, vol. VIII-IX), I, S. 51, Abb. 36 (vgl. ebd. Abb. 41: Konischer Hut und phrygische Mütze in einem Relief orientalischer Provenienz, 5. Jh.); E. Waterman Antony, Romanesque Frescos, Westport 1951, Abb. 71; O. Mazal, Buchkunst der Romanik, Graz 1978, Abb. 59.

2.- *Der zwölfjährige Jesus unter den jüdischen Lehrern* (Lk. 2, 41-50).- Miniatur in einem Evangelistar der 2. Hälfte des 10. Jh.- Brüssel, Bibl. Royale, Ms. 9428, folio 19 verso (E. Klemm, Ein romanischer Miniaturenzyklus aus dem Maasgebiet, Wien 1973, Abb. 90).- Die Lehrer weisen hier noch nicht die später üblichen (oft polemisch-karikierenden) Gruppenmerkmale auf.

3.- *Beratung der Juden* (Mt 26, 3-5).- Miniatur in einem Evangelistar (um 1055).- Berlin, Kupferstichkabinett, 78 A2, folio 26 verso ('Reichenauer Evangelistar'. Vollständige Faksimile-Ausgabe, ed. P. Bloch, Graz 1972).- Zwei der Juden tragen eine im christlichen Europa des 11.-12. Jh. verbreitete Form des Judenhutes (kuppel- oder glockenförmig, mit schräg abfallender breiter Krempe); sie sind bärtig, mit langen Mänteln bekleidet, und stellen offenbar, wie viele andere Bilder, die Juden entsprechend ihrem zeitgenössischen Erscheinungsbild in der Öffentlichkeit dar.

4.- *Ildefons von Toledo und die Juden*.- Miniatur in einer Handschrift der vor allem gegen die Juden gerichteten Abhandlung *De virginitate,* etwa 1075-1100 entstanden (vgl. oben, S. 517, Nr. 64).- Parma, Bibliotheca Palatina, Ms. 1650 (B. Blumenkranz, in: Gli Ebrei nell' Alto Medioevo, II, Spoleto 1980, Tafel V, Fig. 5).- Zwei der mit Ildefons über Glaubensfragen diskutierenden Juden tragen den im 10.-12. Jh. verbreiteten kuppelförmigen Judenhut mit breiter abfallender Krempe; der jüdische Wortführer weist dazu einen charakteristischen Judenbart auf (vgl. ebd., Fig. 6-7).

5.- *Kreuzigung mit Ecclesia und Synagoga*.- Miniatur in einem Sakramentar, etwa um 1100.- Wien, Rossiana, Cod. 4 (VIII, 143), Blatt 9a (E.F. Bange, Eine bayerische Malerschule des XI. und XII. Jahrhunderts, München 1923, Abb. 100).- Ecclesia (mit Krone und Kelch) und Synagoga (mit geöffneter Gesetzesrolle, die den größten Teil ihres Gesichts verdeckt, d.h. sie blind für Christus macht) erscheinen in den Seitenmedaillons.

6.- *Monatsbild Mann mit Judenhut*.- Miniatur in einer 1111/1120 im Kloster Zwiefalten (bei Reutlingen) entstandenen Handschrift, die unter anderem Kalendertafeln und Zeitberechnungen enthält.- Stuttgart, Landesbibliothek, Cod. theol. et phil. 4°141, folio 32 recto (Die romanischen Handschriften der Württembergischen Landesbibliothek Stuttgart, Teil 1: Provenienz Zwiefalten. Bearb. von S. von Borries-Schulten, Stuttgart 1987, Abb. 294): Mann mit Judenhut (stumpfkonisch, mit schräg abfallender Krempe). Zum Sitz im Leben dieses Bildtypus siehe oben, S. 542.

7.- *Matthäus und 12 Juden*.- Miniatur in einer Handschrift der vier Evangelien, etwa um 1125.- Dresden, ehemals Königliche öffentliche Bibliothek, Ms. A 94, Blatt 1, Beginn des Matthäusevangeliums (R. Bruck, Die Malereien in den Handschriften des Königreiches Sachsen, Dresden 1906, Abb. 30).- Die Juden tragen ihre im 12. Jh. übliche traditionelle Tracht: Weiße Hüte, wadenlange Mäntel, Bart. Sie bilden eine Art mißvergnügtes Auditorium. Den gleichen Hut, dazu unter dem Mantel einen Kaftan mit Gürtel, trugen Prager Juden des 12. Jh. (Jüdisches Lexikon, III, Berlin 1929, Abb. Sp. 414).

8.- *Jesus mit phrygischer Mütze in Emmaus* (Lk 24, 13-32).- Teil eines mehrszenigen Tafelbildes in der Pfarrkirche von Rosano bei Pontassieve (Firenze), etwa um 1140 (E. Carli, Pittura medievale Pisana, Milano 1958, Tafel 6).- Jesus trägt eine - noch der konischen Form affine - phrygische Mütze und ist damit als Jude getarnt (vgl. oben, S. 555).

9.- *Ecclesia und Synagoga*.- Miniatur in einer um 1140 in Zwiefalten entstandenen Handschrift der Etymologiae des Isidor von Sevilla (siehe oben S. 569), folio 66 recto (von Borries-Schulten, a.a.O., Abb. 184): Die gekrönte Ecclesia mit erhobener Speerfahne, die nur ein Kopftuch tragende Synagoga mit gesenkter Fahne.

10.- *Beschneidung Jesu* (Lk 2, 21).- Miniatur im Perikopenbuch aus St. Erentrud in Salzburg, um 1140-1150.- München, SB, Clm 15903, folio 15 verso (vgl. oben S. 534).- Ein in ein fußlanges Gewand gekleideter bärtiger Jude vollzieht mit einem großen Messer den Ritus. Er trägt noch nicht den Judenhut, wie oft in späteren Darstellungen dieser Szene, doch fehlt ihm der Nimbus, der alle übrigen Anwesenden charakterisiert. Gleichwohl ist die Szene unpolemisch dargestellt (E. Klemm, Die romanischen Handschriften der Bayerischen Staatsbibliothek, 2 Teile, Wiesbaden 1980-88, I, Abb. 597).

11.- *Neutestamentliche Juden in der Judentracht des 12. Jh.*- Miniaturenblatt (Fragment) eines vielleicht um 1147 in Canterbury entstandenen Psalters.- London, Victoria & Albert Museum, Ms 816-1894 (The Victoria & Albert Museum, London 1983, Abb. S. 17).- Die Juden tragen einen konischen Hut (teils oben mit Knopf, Stift oder Schaft) oder die phrygische Mütze.

12.- *Böse Menschen mit phrygischer Mütze.*- Miniatur in einem Oktateuch (12. Jh.).- Paris, BN, Lat. 52, folio 42 (J. Gutbrod, Die Initiale in Handschriften des achten bis dreizehnten Jahrhunderts, Stuttgart 1965, Abb. 73).- Dargestellt sind böse, sündige Menschen, vermutlich solche, die gegen die zahlreichen Gesetze des Buches Leviticus verstoßen. Dieser Typ Kopfbedeckung erscheint im Laufe des Mittelalters oft mit polemischer Absicht in der Darstellung jüdischer Akteure bei der Passion Jesu, ähnlich schon anno 999 im Odbert-Psalter beim Bethlehemitischen Kindermord (R. Kashnitz, in: Zeitschrift für Kunstgeschichte 51, 1988, 33-125, Abb. 9).

13.- Für das 12. Jh. finden sich weitere Beispiele der Darstellung von alt- und neutestamentlichen Juden mit stumpf- oder spitzkonischem Hut, der mitunter sich der Form der phrygischen Mütze annähert, bei von Borries-Schulten, a.a.O., Abb. 119.215.219; H. Swarzenski, The Berthold Missal, 2 Bde., New York 1943, II (Texts), Fig. 22; E. Klemm, a.a.O. 1973, Abb. 27.82; E. Waterman-Antony, a.a.O., 1951, Fig. 459; B. Laule (u.a.), Kunstdenkmäler Südfrankreichs, Darmstadt 1989, Abb. 265; The Pierpont Morgan Library. Exhibition of Illuminated Manuscripts. Catalogus by Belle da Costa Green and Meta P. Harrsen, New York 1933-34, Pl. 30.

14.- *Marias Mann Joseph mit Judenhut.*- Zahlreiche Bilder des 12. Jh. zeigen, vor allem in der Geburt Jesu zu Bethlehem, Joseph mit einer der Formen des hochmittelalterlichen Judenhutes ausgestattet (konisch, Trichter, halbkugelige Kappe mit aufgesetztem Knopf, stummelförmigem Stift oder Schaft), um damit unpolemisch die jüdische Umwelt anzudeuten, in die Jesus hineingeboren wird (Beispiele in: Die romanischen Handschriften der Württembergischen Landesbibliothek Stuttgart, Teil 2, bearb. von A. Butz, Stuttgart 1987, Abb. 59; J. Sommer, Das Deckenbild der Michaeliskirche zu Hildesheim, Hildesheim 1966, Abb. 97; J. K. Eberlein, Apparitio regis - revelatio veritatis, Wiesbaden 1982, Abb. 85; Kopenhagen, Königl. Bibl., Hs. Thott 143, folio 9 verso; Y. Bonnefoy, Peintures murales de la France gothique, Paris 1954, Tafel 4; English Romanesque Art 1066-1200 [Katalog], London 1984, Abb. S. 54).

15.- *Himmelfahrt Christi* (Apg 1, 11).- Miniatur im Evangeliar aus Hardehausen (Kassel, Landesbibliothek, Ms. Theol. 59, um 1160; vgl. oben S. 545, Nr. 101).- Nachzutragen ist folio 17 verso (Religiöse Kunst aus Hessen und Nassau [Katalog], Marburg 1928. Tafel 155; ebd. Tafel 152 'Geburt Christi').- Die Himmelfahrt geschieht unter den andächtigen Blicken von einander je als Gruppe gegenüberstehenden Christen und Juden. Die Christen sind nimbiert, während die Juden einen (trichter- oder glockenförmigen) konischen Hut tragen.

16.- Nachträge zum Antiphonar von St. Peter in Salzburg, um 1160 (siehe oben, S. 563).- Faksimile-Ausgabe von Fr. Unterkircher - O. Demus, Graz 1974, S. 519.668:

a.- (S. 519): *Beschneidung Christi* (Lk 2,21).- Eine freundliche Darstellung des Themas, das im späteren Mittelalter oft polemisch behandelt wird.

b.- (S. 668): *Petri Pfingstpredigt* (Apg 2, 14-36).- Petrus mit einem Buch in der Hand, wie in Disputationsdarstellungen üblich, ist Wortführer der Gruppe der (mit ihm) 11 Apostel gegenüber den Juden, die zum Teil die konischen Judenhüte des 12. Jh. tragen.

17.- Miniaturen im Cod. hist. fol. 415 der Landesbibliothek Stuttgart, um 1162 (Nachträge zu oben, S. 541-542, Nr. 93; Quelle: S. von Borries-Schulten, a.a.O., Abb. 245. 249. 250):

a.- Abb. 245 (folio 65 verso): Der bärtige *Josue,* wie ein Jude des 12. Jh. mit großem, trichterförmig konischen Judenhut ausgestattet.

b.- Abb. 249 (folio 39 recto): *Kreuzauffindungslegende.* Der Levit Judas trägt, wie üblich bei Darstellungen dieser Szene, den Judenhut; denn die Legende legt Wert darauf, daß gerade ein Jude - wie, mutatis mutandis, sonst oft Flavius Josephus - die christliche Wahrheit bezeugt. Der Hut ist also Erkennungszeichen des Judeseins.

c.- Abb. 250 (folio 44 verso): Obere Bildhälfte: *Beschneidung Johannes des Täufers.* Elisabeth auf dem Wöchnerinnenbett, dazu Zacharias und der beschneidende Priester, beide mit dem trichterförmigen Judenhut. Zacharias' Hut fällt herab ("Ablegen des alten Glaubens", S. von Borries-Schulten). Unten: *Zacharias* als Priester mit Rauchfaß und Büchse, sowie der Engel Gabriel.- Inschriften: *Nativitas Johannis Baptistae. Circumcisio eius* und *Ingressio Zacharia templum domini aparuit (sic) ei Gabriel angelus.*

18.- Miniaturen zum Neuen Testament in einer lateinischen Bibel aus dem schwäbischen Raum, 3. Viertel 12. Jh., Nachträge zu oben S. 569, Nr. 133 (A. Butz, a.a.O., 1987, Abb. 13.18.21.23.28-30.32.36.41.44).

a.- Abb. 13: *Schreibender Hieronymus* und zwei Gegner, davon einer vermutlich Aquila (mit Judenhut).

b.- Abb. 18: *Geburt Christi.*- Die Hirten (Lk 7, 15 ff.) tragen Judenhüte.

c.- Abb. 21: *Der zwölfjährige Jesus unter den jüdischen Lehrern* (Lk 2, 41-50). Die Lehrer tragen Judenhüte, während Jesus mit dem üblichen Kreuznimbus versehen ist.

d.- Abb. 23: Oben *Jesus im Hause Simons* (Lk 7, 36-50); unten *Versammlung der Hohenpriester und Schriftgelehrten,* Todesbeschluß gegen Jesus (Mt 26, 1-5). Die zehn Hohenpriester und Schriftgelehrten tragen den Judenhut.

e.- Abb. 28 (siehe auch oben, S. 569): *Auferweckung des Jünglings von Naim* (Lk 7, 11-17). Die Einwohner von Naim tragen den Judenhut.

f.- Abb. 29 (siehe auch oben, S. 568): *Gastmahl im Hause des Pharisäers Simon* (Lk 7, 36-50). Die anwesenden Juden tragen den Judenhut.

g.- Abb. 30: *Jairus vor Jesus* (Lk 8, 40 ff.). Drei der vier Juden tragen den Judenhut.

h.- Abb. 32: *Pharisäer und Schriftgelehrte* - sie tragen den Judenhut - murren über Jesu Tischgemeinschaft mit Zöllnern und Sündern (Lk 15, 1 ff.).

i.- Abb. 36: *Pharisäer mit Judenhut* und Zöllner (Lk 15, 9 ff).

j.- Abb. 41 (siehe auch oben, S. 569): *Verschwörung der* (den Judenhut tragenden) *Hohenpriester und Schriftgelehrten* (Lk 22, 1-2).

k.- Abb. 44: *Gefangennahme Jesu* (Jo 18, 1 ff.).- Ein Teil der Schergen trägt den Judenhut.

Die in diesen Miniaturen des Stuttgarter Cod. bibl. fol. 60 erscheinenden Judenhüte sind teils rein konisch, teils abgestumpft konisch, teils glocken- und trichterförmig, lauter Formen, die auch in vielen anderen einschlägigen Bildern des 11.-12. Jh. bezeugt sind, so daß sie wohl die tatsächliche zeitgenössische Judentracht widerspiegeln.

19. Miniaturen in einer Petrus-Lombardus-Handschrift, Psalmenkommentar, entstanden in Südwestdeutschland, 3. Viertel des 12. Jh.-Stutt-

gart, Landesbibliothek, Cod. theol. et phil. fol. 341 (A. Butz, a.a.O., 1987, Abb. 247.252).

a.- Abb. 247 (folio 2 verso): In die Initiale *C (um omnes prophetas)* sind Prophetenköpfe gemalt, die zeitgenössische Judenhüte tragen, teils konisch (der phrygischen Mütze affin), teils mit Knauf auf einer halbkugelförmigen Kappe, teils mit trichterförmig nach oben verlängertem Schaft, so daß sich ein fast lehrhaftes Nebeneinander ergibt.

b.- Abb. 252 (folio 5 recto): Initialminiatur zu Ps 2, 1-2; die gleichen Judenhutformen, hier anscheinend zur Darstellung christusfeindlicher böser Menschen.

20.- *Der jüdische Priester Mattathias* (und seine Söhne), Stammvater der Makkabäer beziehungsweise Hasmonäer.- Miniatur in einer historischen Sammelhandschrift, entstanden in Zwiefalten um 1160-1170 (vgl. oben, S. 571).- S. von Borries-Schulten, a.a.O., 1987, Abb. 269 (folio 30 recto): Mattathias' Judesein wird durch einen großen konischen Hut hervorgehoben.

21.- Miniaturen einer im Kloster Schäftlarn (südlich von München) um 1165-1170 entstandenen Handschrift des Decretum Gratiani.- München, SB, Clm 17161, folio 91 recto und folio 165 recto (E. Klemm, a.a.O., II, Abb. 291.297):

a.- Abb. 297 (folio 91 recto): *Kleriker machen Geschäfte mit Juden.* Der das Geld von dem Kleriker übernehmende (d.h. wie ein Bankier fungierende) Jude trägt einen großen trichterförmigen Judenhut mit breiter, schräg abfallender Krempe.

b.- Abb. 291 (folio 165 recto): *Konsanguinitätstafel* in Form eines Stammbaums beziehungsweise einer Ahnentafel. Am Fuß des Baumes stehen eine Frau (mit Kleinkind im Arm) und ein Mann mit T-Stab und trichterförmigem Judenhut (Eva und Adam?).

22.- *Sunamitis (-Synagoga) und die Juden.*- Miniatur in einer Handschrift der Hohenliedexegese des Honorius Augustodunensis.- Augsburg, Universitätsbibliothek, Cod. I. 2.2°13, entstanden in der 2. Hälfte des 12. Jh. im Raum Bayern/Österreich (R. Frankenberger - P. B. Rupp, Hgg., Universitätsbibliothek Augsburg. Wertvolle Handschriften und Einbände aus der ehemaligen Oettingen-Wallersteinschen Bibliothek, Wiesbaden 1987, Tafel 46).- Sunamitis symbolisiert die kurz vor dem Weltende sich bekehrenden Juden, von denen fünf als ihr Gefolge erscheinen. Sie tragen die zeitgenössischen Judenhüte (trichterförmig langgezogen, oben jedoch nicht spitz, sondern stumpfkonisch beziehungsweise stark abgerundet). Vgl. oben, S. 564-566.

23.- *Steinigung des Stephanus* (Apg 7, 55 ff.).- Miniatur in einer in der 2. Hälfte des 12. Jh. geschriebenen aus dem Nonnenstift Seckau (Steiermark) stammenden Handschrift.- Graz, Universitätsbibliothek, Cod. 832, folio 17 verso.- M. Schaffler, Romanische Miniaturhandschriften aus Seckau in der Universitätsbibliothek Graz, Diss. 1952, S. 25-26; hier ist Herrn Dr. Hans Zotter, Universitätsbibliothek Graz, für eine briefliche Auskunft zu danken): Die steinigenden Juden tragen trichterförmige Judenhüte. Eine umlaufende lateinische Inschrift besagt: "Wie gut wütest du, Saulus; fürwahr, diese Wut dient dir zum Heil. Du fändest nicht Christus, wenn du diesen nicht gesteinigt hättest".- Eine Abbildung bei Schaffler, a.a.O., und bei Unterkircher-Demus, a.a.O., 1974, Abb. 24.

24.- *Auferweckung des Lazarus* (Jo 11, 1-44).- Miniatur im sogenannten Gebetbuch der Hildegard von Bingen, einer um 1175-1180 in Trier entstandenen Handschrift.- München, SB, Clm 935, folio 47 verso (E. Klemm, a.a.O., II, Abb. 678): Eine Gruppe von Juden mit trichterförmigen Judenhüten schaut dem Wunder zu. In einer Schriftrolle wird kommentiert: *Si credideris, videbis mirabilia. Lazara veni foras.*

25.- *Der zwölfjährige Jesus unter den jüdischen Lehrern* (Lk 2, 41-50).- Canterbury, Christ Church Cathedral, um 1178-80 (M. Harrison Caviness, The Windows of Christ Church Cathedral Canterbury, London 1981, Fig. 173): Der nimbierte Jesus, zur Linken und zur Rechten je vier bärtige Juden, sitzt auf einem besonderen Sitz mit Fußbank. Während der Knabe mit Lehrgestus redet, hören die Lehrer (einer mit aufgeschlagenem Buch in der Hand, ein anderer mit Argumentiergestus) zu. Die Darstellung ist hier noch unpolemisch.

26.- *Evangeliar Heinrichs des Löwen*, 1188 in der Abtei Helmarshausen (Hessen) gefertigt (vgl. oben, S. 605), ehemals in Schloß Cumberland bei Gmunden, seit 1989 in Wolfenbüttel, Herzog-August-Bibliothek, Cod. Guelf. 105 Noviss.20, und erst seit 1989 auch als Faksimileausgabe zugänglich.- Das Evangeliar Heinrichs des Löwen. Erläutert von E. Klemm, Frankfurt 1988 (relevant sind im Hinblick auf die Ikonographie des Judenthemas besonders Tafel 7.14-16.23-25.32; vgl. Wolfenbütteler Cimelien [Katalog], Weinheim 1989).

a.- Tafel 7 (folio 20 recto): *König Herodes* zwischen den drei Weisen aus dem Morgenland und einer Gruppe von Hohenpriestern und Schriftgelehrten (Mt 2, 1 ff.) in der Tracht vornehmer Juden des 12. Jh.

b.- Tafel 14 (folio 73 verso): *Tanz der Salome vor Herodes.* Ein Teilnehmer des Gelages trägt auffällig eine phrygische Mütze.

c.- Tafel 15 (folio 74 recto): *Bußpredigt Johannes des Täufers*. Die jüdischen Adressaten sind orientalisch gewandet, mit den trichterförmigen Judenhüten des 12. Jh.

d.- Tafel 16 (folio 74 verso): *Grablegung Christi* durch Joseph von Arimathaia (Mt 27, 57-60), dessen Judesein durch seine phrygische Mütze hervorgehoben ist.

e.- Tafel 23 (folio 111 recto): *Verkündigung an die Hirten*. Einer der beiden Hirten trägt einen Judenhut (stumpfer, abgerundeter Trichter mit Knauf).

f.- Tafel 24 (folio 111verso): *Jesus zu Gast bei dem Pharisäer Simon* (Lk 7, 36-50). Dieser trägt den konischen Judenhut.

g.- Tafel 25 (folio 112 recto): *Der barmherzige Samariter* (Lk 10, 33 ff.) trägt den konischen Judenhut.

h.- Tafel 32 (folio 170 verso): *Kruzifixus mit Ecclesia und Synagoga* (siehe oben, S. 605-606).

Auch in Nr. 26 erscheinen Trichterhut und konischer Judenhut, letzterer, wie oft, der Form der phrygischen Mütze affin, als austauschbare Gruppenmerkmale.

27.- *Tau-Schreiber* (Ex 12, 7; vgl. Ez 9, 7).- Glasmalerei in der Kirche von Orbais (Marne), um 1190 (L. Grodecki, Romanische Glasmalerei, Stuttgart 1977, Abb. 111): Der Tau-Schreiber trägt den konischen Judenhut, der sich hier der Trichterform annähert (vgl. oben, S. 546.591).

28.- *Messianischer Einzug Christi in Jerusalem* (Mt 21, 1-11).- Miniatur in einem um 1200 im Kloster Wöltingerode (bei Goslar) entstandenen Psalter.- Wolfenbüttel, Cod. Guelf. 521, folio 80 verso (Wolfenbütteler Cimelien [Katalog], Weinheim 1989, Abb. 70): Einer der Zweige aus den Bäumen schlagenden Juden trägt den trichterförmigen Judenhut des 12. Jh.

29.- *Tracht französischer Juden um 1200*.- Paris, BN, Cod. fr. 403 (J. Quicherat, Histoire du costume en France, Paris 1875, Abb. S. 194): Der Jude ist als solcher erkennbar, vor allem an seinem auffälligen Judenhut (halbkugelig, mit zu einem spitzen Pickel geformten Stift und waagerechter Krempe); er ist bärtig, und seine Gewandung ist orientalisch.

30.- *Die phrygische Mütze als Gruppenmerkmal von Orientalen*.- Miniatur in der um 1200 entstandenen Merseburger Bibel (Provenienz: Kloster Posa bei Zeitz).- Merseburg, Domstiftsbibliothek, Cod. 1, folio 8 recto (Gerd Baier [u.a.], Kirchen, Klöster und Kunstschätze in der DDR, München 1982, Abb. 252): Als Orientale trägt der ismaelitische Kaufmann der Josephsgeschichte (Gn 37, 25 ff.) eine phrygische Mütze.

31.- Miniaturen in einem um 1200 in Canterbury entstandenen Psalter (Nachträge zu oben, S. 619.657-658).- Weitere thematisch relevante Miniaturen sind abgebildet und diskutiert bei O. Pächt (u.a.), The St. Albans Psalter (Albani Psalter), London 1960, Pl. 104 c; R. Mellinkoff, The Horned Moses, Berkeley 1970, Fig. 56; The Year 1200 [Katalog], I, New York 1970, Abb. S. 258; D. M. Robb, The Art of the Illuminated Manuscript, London 1973, fig. 117; G. Stemberger, Die Bibel, Augsburg 1987, Abb. S. 600; M. Schawe, in: Niederdeutsche Beiträge zur Kunstgeschichte 27, 1988, 63-84, Abb. 11.- die Tracht der in diesen Miniaturen dargestellten alt- und neutestamentlichen Juden spiegelt das Erscheinungsbild englischer Juden des 12./13. Jh., wie es auch anderweitig reich bezeugt ist: Überwiegend bärtig, mit fuß- oder wadenlangem Rock beziehungsweise Mantel, Judenhut. Dieser ist abgerundet konisch bis halbkugelförmig, oben mit Knauf, Stift oder Schaft, statt der Krempe mit einem umlaufenden Wulst oder Rand versehen. Daneben findet sich verschiedentlich ein Hut in der Art einer terrassenartigen Rundpyramide *(tiara)*, wie sie schon im Frühmittelalter vor allem bei der Darstellung der drei Weisen aus dem Morgenlande verwendet wird (z.B. bei P. Metz, Ottonische Buchmalerei, München 1959, Tafel S. 59; J. Hoster, Der Dom zu Köln, Köln 1964, Abb. 71).

32.- *Messianischer Einzug Christi in Jerusalem* (Mt 21, 1-11).- Miniatur in einem Evangeliar aus Speyer.- Karlsruhe, Landesbibliothek, folio 17 recto, untere Hälfte (vgl. oben, S. 615, Nr. 191), um 1200 (Das Evangeliar des Speyerer Domes. Einführung von K. Preisendanz und O. Homburger, Leipzig 1930, Tafel 19): Die Jesus am Stadttor Jerusalems erwartenden Juden tragen große trichterförmige Judenhüte. Dieses Gruppenmerkmal unterscheidet sie von den hutlosen Jüngern Jesu, die ihrerseits durch einen Nimbus definiert sind.

33.- Miniaturen in einem Evangelistar elsässischer Provenienz, um 1200 (siehe oben, S. 615, nr. 192). Weitere themarelevante Abbildungen in: Das Evangelistar aus St. Peter. Vollfaksimile-Ausgabe, hg. von Fr. A. Schmitt. Kunstgesch. Bearb. von E. J. Beer, Basel 1961.

a.- Tafel folio 1 verso: *Geburt Christi*. Joseph mit großem, trichterförmigen Judenhut.

b.- Tafel folio 10 verso: *Geburt Marias*. Joachim trägt wie Joseph einen großen, trichterförmigen Judenhut, ist orientalisch lang gewandet und bärtig.

34.- *Jesu Gefangennahme* (Mt 26, 47-56).- Tympanonrelief, Freiburger Dom, um 1200 (N. Bremer, Das Bild des Juden, Frankfurt 1986,

Abb. 43): Von den Jesus gefangennehmenden Bütteln trägt einer die phrygische Mütze, ein anderer den der Trichterform angenäherten konischen Judenhut.

35.- Neutestamentliche Juden in der Tracht europäischer Juden des Hochmittelalters.- Miniaturen in einem Anfang des 13. Jh. entstandenen Evangeliar (K. Clausberg, Der Erfurter Codex Aureus in Pommersfelden [Ms. 249/2869], Wiesbaden 1986, Tafeln 7 A. 20 B. 29 A):

a.- Tafel 7 A (folio 17 recto): *Auszahlung des Judaslohnes* (Mt 26, 14-15). Die Hohenpriester tragen trichterförmige Judenhüte.

b.- Tafel 20 B: *Krankenheilung am Sabbat.*- Die mißbilligend zusehenden Juden tragen Trichterhüte.

c.- Tafel 29 A: *Kreuzigung.*- Einer der drei zur Linken Christi unter dem Kreuz Stehenden trägt den trichterförmigen Judenhut.

36.- *Jakob und seine Söhne* (Gn 49).- Miniatur in einer lateinischen Bibel, Anfang 13. Jh.- Oxford, Bodleian Library, Ms. Laud Lat. 90, folio 102 (O. Pächt - J.J.G. Alexander, Illuminated Manuscripts in the Bodleian Library Oxford, I, Oxford 1960, Fig. 111): Jakob und elf seiner Söhne tragen den Trichterhut mit sehr hohem dünnen Schaft; Joseph ist anscheinend mit einer phrygischen Mütze ausgestattet.

37.- *Christi Geburt und Verkündigung an die Hirten.*- Miniatur in einem Evangeliar aus St. Lambrecht, Steiermark, vom Anfang des 13. Jh.- Graz, Universitätsbibliothek, Cod. 185, folio 13 recto (Fr. Unterkircher, La miniature autrichienne, Milano 1954, Pl. 29): Die Hirten tragen den Judenhut in der reinen, schön modellierten Trichterform.

38.- *Der Apostel Petrus und die Juden.*- Glasmalerei in einer Kirche in Poitiers, Anfang 13. Jh. (G. Heinersdorff, Die Glasmalerei, Berlin 1914, Tafel 10): Petrus, nimbiert und mit großem Schlüssel, steht vor einer Gruppe von Juden (vielleicht Bezug auf Apg 2, 14 ff.), welche die phrygische Mütze tragen, was sie als nichtchristliche Orientalen kennzeichnet.

39.- *Turmbau zu Babel* (Gn 11).- Miniatur in einem Anfang des 13. Jh. in England entstandenen Psalter.- München, SB, Clm 835, folio 10 recto (Year 1200, a.a.O. III, S. 312, Fig. 9): Einige Bauleute tragen den im 12./13. Jh. in England üblichen Judenhut (halbkugelförmig, mit Randwulst und aufgesetztem Stift).

40.- *Siebenschläfer-Legende von Ephesus.*- Glasmalerei in der Kirche Notre Dame in Rouen, um 1205-1210, jetzt in Worcester (Massachusetts), Art Museum (L. Grodecki - C. Brisac, Gothic Stained Glass. 1200-1300, London 1985, fig. 39): Die Kaiser Theodosius II. von dem zweihundertjährigen Schlaf der lebend begrabenen sieben jungen Christen berichtenden Boten tragen phrygische Mützen, weil Ephesus im phrygischen Kleinasien lag. Diese *mitra (tiara) phrygia* galt also im okzidentalen Hochmittelalter als Symbol und ikonographische Chiffre des Orients.

41.- Neutestamentliche Szenen.- Miniaturen eines im schwäbischen Raum entstandenen Psalters, frühes 13. Jh.- Freiburg, Universitätsbibliothek, Ms. 24 (U. Engelmann, Wurzel Jesse. Buchmalerei des frühen 13. Jahrhunderts, Beuron [o.J., ca. 1985], Abb. S. 29 *(Verlobung Marias)*. 33 *(Geburt Christi)*. 41 *(Flucht nach Ägypten)*. 57 *(Gefangennahme Christi und Kreuzigung)*.- Marias Mann Joseph, ihr Vater Joachim und die Jesus gefangennehmenden Büttel tragen hohe trichterförmige Judenhüte.

42.- *Anbetung des Goldenen Kalbes*.- Fresko in einer Kirche der südschwedischen Provinz Schonen, um 1210 (A. Rubens, A History of Jewish Costume, London 1967, Fig. 122). Die bärtigen Israeliten tragen den trichterförmigen Judenhut.

43.- Reliefs neutestamentlicher Szenen auf einem etwa um 1210 entstandenen Scheibenkreuz.- Soest, St. Marien zur Höhe (A. Legner, Deutsche Kunst der Romanik, München 1982, Abb. 275): Die neutestamentlichen Juden tragen hohe trichterförmige Judenhüte, so in der *Gefangennahme Jesu* (Mt 26, 47 ff.) und in der Szene *Christus und die Ehebrecherin* (Jo 8, 3-11); hier stehen sich als Gruppe gegenüber die nimbierten Jünger und die Schriftgelehrten und Pharisäer mit ihrem auffälligen, charakteristischen Gruppenmerkmal.

44.- Moralisierende Miniaturen im Bestiarium des Guillaume le Clerc, 1210/1211 entstanden.- Paris, BN, Ms. fr. 14969.

a.- *Höllengang der Juden*.- Abb. in Revue de l'art chrétien 5, 1861, 157: Die sich vom Kruzifixus abwendenden Juden - sie tragen teils konische, teils trichterförmige Hüte - wandern in den flammenlodernden Rachen der Hölle.

b.- *Höllengang der Juden*.- S. Lewis, in: The Art Bulletin 68, 1986, 555, Fig. 14 (folio 13): Ein Engel und ein Teufel treiben die Juden in die Hölle. Sie tragen den konischen oder den halbkugelig-kalottenförmigen Judenhut mit aufgesetztem Stift.

c.- *Christusgläubige und böse Juden*.- S. Lewis, a.a.O., Fig. 6 (folio 29 verso): Eine Gruppe von bösen Juden betet das Goldene Kalb an, die 'guten' Juden dagegen beten Christus an. Beide Gruppen tragen den halbkugeligen Stifthut (Typ 'Pickelhaube') und sind so auf einen Blick als Juden zu erkennen.

45.- *Passion Christi,* im 'Cursus sanctae Mariae' (siehe oben, S. 625-630, Nr. 218), entstanden um 1215 in Böhmen.- Nachtrag (Krumauer Bildercodex. Textband von G. Schmidt und Fr. Unterkircher, Graz 1967, Tafel IV, Abb. 14): Folio 23 eine dreiteilige Miniatur *Gefangennahme, Geißelung, Kreuzigung.* Die Büttel (d.h. die von den Hohenpriestern und Ältesten des Volkes ausgesandte Schar Juden, Mt 26, 47) sind karikiert dargestellt, ebenso wie die Akteure der Geißelung.- Die Miniaturen dieser Handschrift lassen verschiedene Formen des hochmittelalterlichen Judenhutes erkennen: Trichterform, teils etwa nach den Maßen eines gleichseitigen Dreiecks, (seitlich mehr oder weniger konkav, wie oft bei diesem Modell), teils mit lang hochgezogenem Schaft; Kuppel- oder Glockenform; der phrygischen Mütze affine Formen.- Nachtrag zu S. 493: Um 962 entstand im Rheinland die Reichskrone, auf deren Emailbildern ein bekannter Typus des mittelalterlichen Judenhutes als Attribut alttestamentlicher Gestalten erscheint (Mon. Jud. 1963, Nr. A 81, Tafel 33: Gerundet konisch, mit oberem Knopf beziehungsweise Stift und einem Randwulst statt der Krempe; vgl. z.B. oben, S. 120, Nr. 14).

Bibliographische Nachträge (3. Auflage)

S. 29-32 (Kreuzzüge): R. Chazan, European Jewry and the First Crusade, Berkeley 1987; TRE XX (1990) 1-10; H.H. Ben-Sasson (Hg.), Geschichte des jüdischen Volkes, München 1992, 507-517; H. Möhring, in: Rheinische Vierteljahrsblätter 56, 1992, 97-111; K.R. Stow, Alienated Minority, Cambridge, Mass., 1992, 102-120; J. Cohen, in: Zion 59, 1994, 169-208; G. Dahan, in: Judaica 52, 1996, 221-236; H.-J. Gilomen, in: Judaica 52, 1996, 237-270 (vgl. ebendort S. 289-292.294).

S. 36-40 (Raschi): E. Touitou, in: Hebrew Union College Annual 61, 1990, 159-183; H.H. Ben-Sasson (Hg.), Geschichte des jüdischen Volkes, München 1992, 565-566; G. Mayer (Hg.), Das Judentum, Stuttgart 1994, 151-152; LMA VII (1995) 445-446.

S. 40-49 (Heinrich IV.): F. Lotter, in: Aschkenas 1, 1991, 23-64, S. 24ff. 32-33.45.57-58.

S. 50-53 (Anselm von Canterbury): G. Dahan, Les intellectuels chrétiens et les juifs au moyen âge, Paris 1990, 633-637; A. Sapir Abulafia, in: Religionsgespräche im Mittelalter, hg. von B. Lewis und F. Niewöhner, Wiesbaden 1992, 131-148; A. Funkenstein, Perceptions of Jewish History, Berkeley 1993, 178-183; LThK I (1993) 711-712.

S. 53 (Sigebert von Gembloux): Verfasserlexikon VIII (1992) 1214-1231; LMA VII (1995) 1879-1880.

S. 53-55 (Odo von Cambrai): W. Bunte, Religionsgespräche zwischen Christen und Juden in den Niederlanden (1100-1500), Frankfurt 1990, 17-50; G. Dahan, La Polémique chrétienne contre le judaïsme au Moyen Âge, Paris 1991, 72-73; LMA VI (1993) 1358; I.M. Resnick, Odo of Tournai, „On original sin" and „A disputation with the Jew, Leo, concerning the advent of Christ, the Son of God". Two Theological Treatises. Translated with Introduction and Notes, Philadelphia 1994; A. Sapir Abulafia, in: Contra Iudaeos, ed. by O. Limor and G.G. Stroumsa, Tübingen 1996, 161-175.

S. 56-58 (Ivo von Chartres): LMA V (1991) 839-840; LThK V (1996) 702. - Regino von Prüm: H. Siems, Handel und Wucher im Spiegel frühmittelalterlicher Rechtsquellen, Hannover 1992, 30; LMA VII (1995) 579-580. - Burchard von Worms: J. Gilchrist, in: Zeitschrift der Savigny-Stiftung für Rechtsgeschichte. Kanonist. Abt. 106, 1989, 70-106, S. 71ff.; F. Brunhölzl, Geschichte der lateinischen Literatur des Mittelalters II (München 1992) 435-437; F. Lotter, in: Neues Lexikon des Judentums, hg. von J.H. Schoeps, Gütersloh 1992, 87-88; LThK II (1994) 799-780.

S. 58-65 (Gilbertus Crispinus): G. Dahan, Les intellectuels chrétiens et les juifs au moyen âge, Paris 1990, 341-343.416-418; G. Dahan, La Polémique chrétienne contre le judaïsme au Moyen Âge, Paris 1991, 71-72.135-136 (vgl. Bar-Ilan Studies in History 2, 1984, 849-899); A. Sapir Abulafia, in: Religionsgespräche im Mittelalter, hg. von B. Lewis und F. Niewöhner, Wiesbaden 1992, 131-148; R. Berndt, in: Theologie und Philosophie 68, 1993, 530-552, S. 542-546; LThK IV (1995) 647.

S. 65-67 (Euthymios Zigabenos): LThK III (1995) 1022.

S. 69-84 (Petrus Alfonsi): K.-P. Mieth, Der Dialog des Petrus Alfonsi. Seine Überlieferung im Druck und in den Handschriften. Textedition, Diss. Berlin 1982; J. Cohen, in: The American Historical Review 91, 1986, 598-599; A.H. and H.E. Cutler, The Jew as Ally of the Muslim, Notre Dame, Ind., 1986, 52-80; G. Dahan, La Polémique chrétienne contre le judaïsme au Moyen Âge, Paris 1991, 73-74; K. Smolak, in: Die Juden in ihrer mittelalterlichen Umwelt, hg. von H. Birkhan, Bern 1992, 79-96; A. Funkenstein, Perceptions of Jewish History, Berkeley 1993, 183-189; R. Berndt, in: Theologie und Philosophie 68, 1993, 530-552, S. 538-539; LMA VI (1993) 1960-1961; J. Tolan, Petrus Alfonsi and his Medieval Readers, Gainesville 1993; B. McGinn, in: Jewish Christians and Christian Jews, ed. by R.H. Popkin, Dordrecht 1994, 12-14.

S. 84-85 (Johannes von Oppido, Obadia): R. Berndt, in: Theologie und Philosophie 68, 1993, 537-538.

85-87 (Wilhelm von Champeaux): A. Sapir Abulafia, in: Journal of Medieval History 15, 1989, 105-125.

S. 87-89 (Bruno von Segni): LThK II (1994) 733-734.

S. 89-90 (Marbod von Rennes): W. Bunte, Juden und Judentum in der mittelniederländischen Literatur, Frankfurt 1989, 452-455.

S. 90-95 (Guibert von Nogent): G. Dahan, Les intellectuels chrétiens et les juifs au moyen âge, Paris 1990, 235-237; G. Dahan, La Polémique chrétienne contre le judaïsme au Moyen Âge, Paris 1991, 90-91; Guibert de Nogent et ses secrétaires, cura et studio M.-C. Garand, Turnholti 1995; LThK IV (1995) 1093; A. Sapir Abulafia, in: Contra Iudaeos, ed. by O. Limor and G.N. Stroumsa, Tübingen 1986, 161-175.

S. 97-99 (Kosmas von Prag): A. Patschovsky, in: Zeitschrift der Savigny-Stiftung für Rechtsgeschichte. Germanist. Abt. 110, 1993, 331-371, S. 368-371.

S. 100-107 (Rupert von Deutz): M.L. Arduini, Rupert von Deutz (1076-1129) und der „Status Christianitatis" seiner Zeit, Köln 1987; D.E. Timmer, in: Church History 58, 1989, 309-321; W. Bunte, Religionsgespräche zwischen Christen und Juden in den Niederlanden (1100-1500), Frankfurt 1990, 103-262; G. Dahan, Les intellectuels chrétiens et les juifs au moyen âge, Paris 1990, 500-502; G. Dahan, La Polémique chrétienne contre le judaïsme au Moyen Âge, Paris 1991, 74-75; Deutsches Literatur-Lexikon XIII (Bern 1991) 579-580; Verfasserlexikon VIII (1992) 402-415; LMA VII (1995) 1107.

S. 109 (Stephan Harding): R. Berndt, in: Theologie und Philosophie 68, 1993, 548; F. Lotter, in: Bibel in jüdischer und christlicher Tradition (Festschrift J. Maier), hg. von H. Merklein (u.a.), Frankfurt 1993, 479-517, S. 486-488; LMA VIII,1 (1997) 119-120.

S. 110-111 (Hildebert von Lavardin): LMA V (1991) 11-12; A. Sapir Abulafia, in: Contra Iudaeos, ed. by O. Limor and G.G. Stroumsa, Tübingen 1996, 161-175; LThK V (1996) 104.

S. 112-113 (Abraham bar Chija): J.H. Schoeps (Hg.), Neues Lexikon des Judentums, Gütersloh 1992, 14; LThK I (1993) 66-67.

S. 116-117 (Anaklet II.): D.L. Lerner, in: Judaica 40, 1991, 148-170.

S. 119-121 (Hugo von St. Victor): G. Dahan, Les intellectuels chrétiens et les juifs au moyen âge, Paris 1990, 281-283.295-298; LMA V (1991) 177-178; P. Sicard, Hugues de Saint-Victor et son École, Turnhout 1991; Dictionnaire d'histoire et de géographie ecclésiastiques, Fasc. 144-145 (1994) 289-290.

S. 121-133 (Jehuda Halevi): Y. Baer, A History of the Jews in Christian Spain I (Philadelphia 1961) 67-76. 389-392; H.J. Schoeps, Jüdisches und christliches Religionsgespräch in neunzehn Jahrhunderten, Königstein/Ts. 1984, 81-87; D.J. Lasker, in: Jewish Quarterly Review 81, 1990, 75-92; Der Kusari. Ins Deutsche übers., mit der hebr. Fassung des Jehuda Ibn Tibbon, Zürich 1990 (1853 ¹); H.H. Ben-Sasson (Hg.), Geschichte des jüdischen Volkes, München 1992, 657-659; M.-R. Hayoun, L'exégèse philosophique dans le judaïsme médiéval, Tübingen 1992, 119-138; St. S. Schwarzschild und A. Grabois, in: Religionsgespräche im Mittelalter, Wiesbaden 1992, 27-41.149-167; G. Mayer (Hg.), Das Judentum, Stuttgart 1994, 188-

190; Y. Silman, Philosopher and Prophet, Albany 1995; LThK V (1996) 766.

S. 133-144 (Abælard): G. Dahan, La Polémique chrétienne contre le judaïsme au Moyen Âge, Paris 1991, 83-84; A. Grabois, in: Religionsgespräche im Mittelalter, hg. von B. Lewis und F. Niewöhner, Wiesbaden 1992, 149-167; LThK I (1993) 9-10; M. Lemoine, in: Revue des études juives 153, 1994, 253-267; H.-W. Krautz (Übers. und Hg.), Petrus Abælardus, Gespräche eines Philosophen, eines Juden und eines Christen, Frankfurt 1995.

S. 144-154 (Decretum Gratiani): LThK IV (1995) 988.

S. 154-155 (Thomas von Monmouth): F. Lotter, in: Die Legende vom Ritualmord, hg. von R. Erb, Berlin 1993, 25-72.

S. 156-158 (Nicolaus Maniacoria): G. Dahan, Les intellectuels chrétiens et les juifs au moyen âge, Paris 1990, 274-276; F. Lotter, in: Bibel in jüdischer und christlicher Tradition (Festschrift J. Maier), hg. von H. Merklein (u.a.), Frankfurt 1993, 489-496.

S. 159-162 (Ysagoge in theologiam): D. Berger, in: The American Historical Review 91, 1986, 576-591, S. 584; M. Evans, in: Journal of the Warburg and Courtauld Institutes 54, 1991, 1-42; G. Dahan, les intellectuels chrétiens et les juifs au moyen âge, Paris 1990, 252-253. 445-448.490-492.500-501; G. Dahan, La Polémique chrétienne contre le judaïsme au Moyen Âge, Paris 1991, 108; F. Lotter, in: Aschkenas 6, 1996, 185.

S. 163-165 (Adamsspiel): Jeu d'Adam, ed. W. Noomen, Paris 1971; R.M. Evitt, Anti-Judaism and the medieval Prophet Plays, Diss. Univ. of Virginia 1992.

S. 168-178 (Bernhard von Clairvaux): G. Dahan, in: Archives juives 23, 1987, 59-64; M. Diers, Bernhard von Clairvaux, München 1991; B.P. McGuire, The Difficult Saint, Kalamazoo 1991; Bernard de Clairvaux. Histoire, mentalités, spiritualité. Colloque de Lyon, Citeaux, Dijon, Paris 1992 (=SChr 380; cf. SChr 367.390); F. Lotter, in: Bibel in jüdischer und christlicher Tradition (Festschrift J. Maier), hg. von H. Merklein (u.a.), Frankfurt 1993, 479-517, S. 480-481. 501-517; G. Wendelborn, Bernhard von Clairvaux, Frankfurt 1993; K. Elm (Hg.), Bernhard von Clairvaux. Rezeption und Werbung im Mittelalter und in der Neuzeit, Wiesbaden 1994; LThK II (1994) 268-270; M. Stickelbroeck, Mysterium venerandum, Münster 1994; Bernard von

Clairvaux. Sämtliche Werke (lat.-deutsch), hg. von G.B. Winkler, Innsbruck: Tyrolia Verlag.

S. 180-193 (Petrus Venerabilis): A.H. and H.E. Cutler, The Jew as Ally of the Muslim, Notre Dame 1986, 22-51; E. Werner, in: Zeitschrift für Geschichtswissenschaft 34, 1986, 883-885; G. Dahan, La Polémique chrétienne contre le judaïsme au Moyen Âge, Paris 1991, 61-63. 109; A. Funkenstein, Perceptions of Jewish History, Berkeley 1993, 189-193; LMA VI (1993) 1985-1987; G. Stemberger, in: Jahrbuch für Biblische Theologie 8, 1993, 241-242.

S. 193 (Paschalis Romanus): G. Dahan, La Polémique chrétienne contre le judaïsme au Moyen Âge, Paris 1991, 75-76.

S. 193-196 (Otto von Freising): LMA VI (1993) 1581-1583.

S. 196-200 (Ludus de Antichristo): M. Litz, Theatrum sacrum und symbolische Weltsicht, Frankfurt 1990; H.-D. Kahl, in: Mediaevistik 4, 1991, 53-148; Verfasserlexikon IX (1995) 673-679.

S. 202-206 (Tractatus adversus Iudaeum): W. Bunte (Hg.), Tractatus adversus Iudaeum, Frankfurt 1993.

S. 206-208 (Abraham ben Meïr ibn Esra): Commentary on the Pentateuch, vol. 3 (Leviticus), transl. by Jay F. Shachter, New York 1986; Commentary on the Pentateuch, vol. 1 (Genesis), transl. and annot. by A.M. Silver, New York 1988; M.-R. Hayoun, L'exégèse philosophique dans le judaïsme médiéval, Tübingen 1992, 139-168; LThK I (1993) 67-68; G. Mayer (Hg.), Judentum, Stuttgart 1994, 153-154. 188.

S. 210-214 (Joseph Kimchi): G. Dahan, La Polémique chrétienne contre le judaïsme au Moyen Âge, Paris 1991, 116-117; R. Chazan, in: Harvard Theological Review 85, 1992, 417-432; H. Trautner-Kromann, Shield and Sword, Tübingen 1993, 61-72.84-90; D. Börner-Klein, in: Judentum - Ausblicke und Einsichten (Festschrift Kurt Schubert), hg. von C. Thoma und G. Stemberger, Frankfurt 1993, 209-251 (mit deutscher Übers. des Sefer ha-Berit).

S. 214-217 (Dionysios bar Salibi): LThK III (1995) 244.

S. 218-220.222-223 (Richard und Andreas von St. Victor): R. Berndt, in: Recherches Augustiniennes 24, 1989, 199-240; R. Berndt, André de Saint-Victor, Paris 1991; G. Dahan, Les intellectuels chrétiens et les juifs au moyen âge, Paris 1990, 267-278.283-285.295-298. 303-305; G. Dahan, La Polémique chrétienne contre le judaïsme au Moyen Âge; Paris 1991, 91-92; R. Berndt, in: Theologie und

Philosophie 68, 1993, 548-550; LThK I (1993) 633; LMA VII (1995) 825-826; Corpus Christianorum, Cont. Med. LIII B, E, F.

S. 225-231 (Hildegard von Bingen): S. Flanagan, Hildegard of Bingen 1098-1179, London 1989; W. Storch, Hildegard von Bingen, „Scivias", Augsburg 1990 (deutsche Übers.); Dictionnaire d'histoire et de géographie ecclésiastiques, Fasc. 139-140 (1991) 493-496; Chr. Feldmann, Hildegard von Bingen, Freiburg 1991; R.C. Craine, The „Heavenly Jerusalem" as an Eschatological Symbol in St. Hildegard of Bingen's „Scivias", Diss. Fordham Univ. 1992; S.S. Cannon, The Medicine of Hildegard of Bingen, Diss. Los Angeles (Univ. of California) 1993; G. Lautenschläger, Hildegard von Bingen, Stuttgart 1994; U.G. Trzaskalik, Hildegard of Bingen, Diss. New York Univ. 1993; I. Riedel, Hildegard von Bingen, Stuttgart 1994; H. Schipperges, Hildegard von Bingen, München 1995; Corpus Christianorum, Cont. Med. XC.XCIA; Scivias, transl. by C. Hart and J. Bishop, New York 1990; LThK V (1996) 105-107.

S. 231 (neu): Die Disputation zu Ceuta (1179): Es handelt sich um ein Religionsgespräch, das im Jahre 1179 in Ceuta zwischen dem Genueser Kaufmann Guglielmo Alfachino (Guilielmus Alphachinus) und einem jüdischen Gelehrten stattgefunden haben soll. Ergebnis: Der Jude will sich taufen lassen. Die in mangelhaftem Latein verfaßte Schrift enthält die üblichen Themen der christlich-jüdischen Apologetik. Es ist nicht sicher, ob es sich um den Bericht über eine tatsächlich stattgefundene Disputation handelt. - Literatur: O. Limor (Hg.), Die Disputationen zu Ceuta (1179) und Mallorca (1286). Zwei antijüdische Schriften aus dem mittelalterlichen Genua, München 1994; S. 137-166 eine kritische Edition des lat. Textes der Disputation zu Ceuta; vgl. Journal of Jewish Studies 46, 1995, 311-314; Historische Zeitschrift 262 (1996) 567-568; Revue d'hist. eccl. 91 (1996) 314-315.

S. 238-242 (Jakob ben Reuben): R. Chazan, The Christian Position in Jacob Ben Reuben's Milhamot ha-Schem (nach Elenchus of Biblica 7, 1991, 605); G. Dahan, La Polémique chrétienne contre le judaïsme au Moyen Âge, Paris 1991, 40; J. Cohen, in: Religionsgespräche im Mittelalter, hg. von B. Lewis und F. Niewöhner, Wiesbaden 1992, 100ff; C. Del Valle, in: Polémica Judéo-Cristiana, hg. von C. Del Valle (u.a.), Madrid 1992, 59-65; R.-P. Schmitz, in: Kairos 34-35, 1992-93, 108-117; H. Trautner-Kromann, Shield and Sword, Tübingen 1993, 49-61.

S. 242 (Abraham ben David ha-Levi): LThK I (1993) 67.

S. 256-267 (Hermann von Scheda): Dictionnaire d'histoire et de géographie ecclésiastiques, Fasc. 138 (1991) 43-44; Biographisch-bibliographisches Kirchenlexikon III (1992) 724-727; F. Lotter, in: Aschkenas 2, 1992, 207ff.; G. Dahan, La Polémique chrétienne contre le judaïsme au Moyen Âge, Paris 1991, 94; A.M. Kleinberg, in: Revue des études juives 151, 1992, 337-353; R. Berndt, in: Theologie und Philosophie 68, 1993, 539-541; L. Horstkötter, in: Analecta Praemonstratensia 71, 1995, 52-76; LThK IV (1995) 1445-1446.

S. 268-269 (Bartholomäus von Exeter): G. Dahan, La Polémique chrétienne contre le judaïsme au Moyen Âge, Paris 1991, 81-82.

S. 274-295 (Martin von León): R. McClusky, The Life and Works of Martin of León (c. 1130-1203), Diss. Oxford 1989.

S. 300-307 (Friedrich Barbarossa): F. Lotter, in: Aschkenas 1, 1991, 32. 34-35; F. Opll, Friedrich Barbarossa, Darmstadt 1994; I. Ivanji, Barbarossas Jude, Wien 1996.

S. 307-308 (Chrestien de Troyes): M. Schöler-Beinhauer, Chrétien de Troyes. Der Percevalroman übersetzt und eingeleitet, München 1991.

S. 316-318 (Petrus Cantor): G. Dahan, in: The Bible in the Medieval World. Essays in Memory of Beryl Smalley, Oxford 1985, 131-155.

S. 322-323 (Altercatio Synagogae et Ecclesiae): R. Bultot, in: Recherches de théologie ancienne et médiévale 32, 1965, 263-276 (Autor dieses anonymen Textes ist wohl Konrad von Hirsau, + Ende 12. Jh.; zu ihm Deutsches Literaturlexikon IX, Bern 1984, 223-224; Verfasserlexikon V, Berlin 1985, 204-208).

S. 334-340 (Walter von Châtillon): W. Bunte, Religionsgespräche zwischen Christen und Juden in den Niederlanden (1100-1500), Frankfurt 1990, 263-366; G. Dahan, La Polémique chrétienne contre le judaïsme au Moyen Âge, Paris 1991, 40.82.

S. 340-343 (Adgar): P.M. Spangenberg, in: Die Legende vom Ritualmord, hg. von R. Erb, Berlin 1993, 157-177; LMA VIII, 3 (1996) 667-670 (zur Theophilus-Legende).

S. 345 (Sefer ha-Bahir): Das Buch Bahir (in deutscher Übers. von G. Scholem), Darmstadt 1989; G. Mayer (Hg.), Das Judentum, Stuttgart 1994, 190-191.

S. 345-358 (Joachim von Fiore): St.E. Wessley, Joachim of Fiore and Monastic Reform, New York 1990; G. Dahan, La Polémique chrétienne contre le judaïsme au Moyen Âge, Paris 1991, 64-65; F. Förschner, in: Wissenschaft und Weisheit 58, 1995, 117-136; LThK V (1996) 853-854.

S. 360-366 (Alanus ab Insulis): W. Bunte, Religionsgespräche zwischen Christen und Juden in den Niederlanden (1100-1500), Frankfurt 1990, 367-427; G. Dahan, La Polémique chrétienne contre le judaïsme au Moyen Âge, Paris 1991, 92.117; LThK I (1993) 316.

S. 368-377 (Petrus von Blois): D. Berger, in: American Historical Review 91, 1986, 580-581; G. Dahan, La Polémique chrétienne contre le judaïsme au Moyen Âge, Paris 1991, 63-64.101; LMA VI (1993) 1963-1964; L.K.M. Wahlgren Smith, The Letter Collections of Peter of Blois, Diss. Göteborg Universitet 1993; The Later Letters of Peter of Blois, edited by E. Revell, New York 1993.

S. 377-385 (Maimonides): Die Hilchoth teschubah. Die Hilchoth deoth des Maimonides, ins Deutsche übertragen von B.S. Jacobson, Zürich 1988; F. Niewöhner, Aufklärung und Toleranz im Mittelalter, Heidelberg 1988; M. Fox, Interpreting Maimonides, Chicago 1990; H.H. Ben-Sasson, Geschichte des jüdischen Volkes, München 1992, 665-668; M.-R. Hayoun, L'exégèse philosophique dans le judaïsme médiéval, Tübingen 1992, 171-233; LMA VI (1993) 127-128; G. Mayer(Hg.), Das Judentum, Stuttgart 1994, 90-93.202-206; TRE XXIII (1994) 357-362.

S. 387-388 (Odo von Sully): O. Pontal (Ed.), Les statuts de Paris et synodal de l'Ouest, Paris 1971; LMA VIII,2 (1996) 301.

S. 391-393 (Huguccio): G. Dahan, Les intellectuels chrétiens et les juifs au moyen âge, Paris 1990, 145-148; H. Castritius, in: Archiv für Kulturgeschichte 75, 1993, 25-26; Dictionnaire d'histoire et de géographie ecclésiastiques, Fasc. 144-145 (1994) 171-172; W.P. Müller, Huguccio, Washington 1994 (vgl. Diss. Abstr. Intern. 52, 1992, 3035-A; Historische Zeitschrift 262, 1996, 564-565); LThK V (1996) 314.

S. 393-394 (Das Jüdel): W. Hofmeister, in: Die Juden in der mittelalterlichen Umwelt, hg. von A. Ebenbauer und K. Zatloukal, Wien 1991, 91-103 (vgl. ebendort S. 168-175).

S. 394 (Eberhard von Béthune): W. Bunte, Religionsgespräche zwischen Christen und Juden in den Niederlanden (1100-1500), Frankfurt 1990, 433-446.

S. 400-433 (Innozenz III. und das 4. Laterankonzil): A.H. und H.E. Cutler, The Jew as Ally of the Muslim, Notre Dame, Indiana, 1986, 183-204; G. Dahan, Les intellectuels chrétiens et les juifs au moyen âge, Paris 1990, 161-163.179-182.210-212; H.H. Ben-Sasson (Hg.), Geschichte des jüdischen Volkes, München 1992, 594-595; J.E. Sayers, Innocent III., London 1994; Dictionnaire d'histoire et de géographie ecclésiastiques XXV (1995) 1259-1263; LThK V (1996) 516-518.

S. 434-436 (Peter von Cornwall): G. Dahan, La Polémique chrétienne contre le judaïsme au Moyen Âge. Paris 1991, 77-78.

S. 436-439 (Adam von Perseigne): D. Berger, in: American Historical Review 91, 1986, 579; G. Dahan, La Polémique chrétienne contre le judaïsme au Moyen Âge, Paris 1991, 101-102; F. Lotter, in: Bibel in jüdischer und christlicher Tradition (Festschrift Johann Maier), hg. von H. Merklein (u.a.), Frankfurt 1993, 482-486.496.

S. 439-446 (Wilhelm von Bourges): G. Dahan, Les intellectuels chrétiens et les juifs au moyen âge, Paris 1990, 499-507; G. Dahan, La Polémique chrétienne contre le judaïsme au Moyen Âge, Paris 1991, 65-67.107-108.

S. 447 (Triumphzug in Rom): L. Yarden, The Spoils of Jerusalem on the Arch of Titus, Stockholm 1991.

S. 460,24: LMA V (1991) 1035-1036.

S. 523,20: W. Bunte, Religionsgespräche, Frankfurt 1990, 51-80; LMA V (1991) 1944.

S. 588,9: M. Fox, Illumination of Hildegard von Bingen, Santa Fe 1985; LMA V (1991) 13-15.

S. 601,38 (Hortus): LMA IV (1989) 2179; LThK V (1996) 17-18.282.

Corrigenda:

S. 426,36 (Das)-427,3 (entschieden) delenda. - S. 474, Zeile 1: León (+ 1203). - S. 310,23-24: daß der Gegenpapst Clemens III. in einem Schreiben. - S. 450,10: Kankelfitz. - S. 474,31: Romanum. - S. 485,18: nach Lk 23,36. - S. 491,13: Nm 21,4ff. - S. 500,10: hält sich teils die Ohren. - S. 500,16: Kapitel IX De. - S. 523,21-22: ist eine von A. Derolez (Gandavi: Story-Scientia 1968) edierte umfangreiche

Sammlung. - S. 576,12: Unbewaffnete. - S. 601,17: Herrad von Hohenburg. - S. 604,34: Lucifer vel Satanas. - S. 613,5-6: delenda. - S. 613,27: zu Ps 105,37 und Ex 12,35-36. - S. 614,20: Josephus-handschrift. - S. 647,31: Johannesapokalypse. - S. 669,38: 23,36: 485.589 (S. 670,8: „23,36: 485" delenda). - S. 696,35: 274-295.